# 헬터 스켈터

**Helter Skelter**: The True Story of the Manson Murders
Copyright ⓒ 1974 by Vincent Bugliosi and Curt Gentry
Korean Translation Copyright ⓒ 2025 by Geulhangari Publishers
Korean edition is published by arrangement with Global Lion Intellectual Property
Mgt., Inc. through Duran Kim Agency.

이 책의 한국어판 저작권은 듀란킴 에이전시를 통한 Global Lion Intellectual Property
Mgt., Inc.와의 독점계약으로 (주)글항아리에 있습니다. 저작권법에 의하여 한국 내에서
보호를 받는 저작물이므로 무단 전재와 복제를 금합니다.

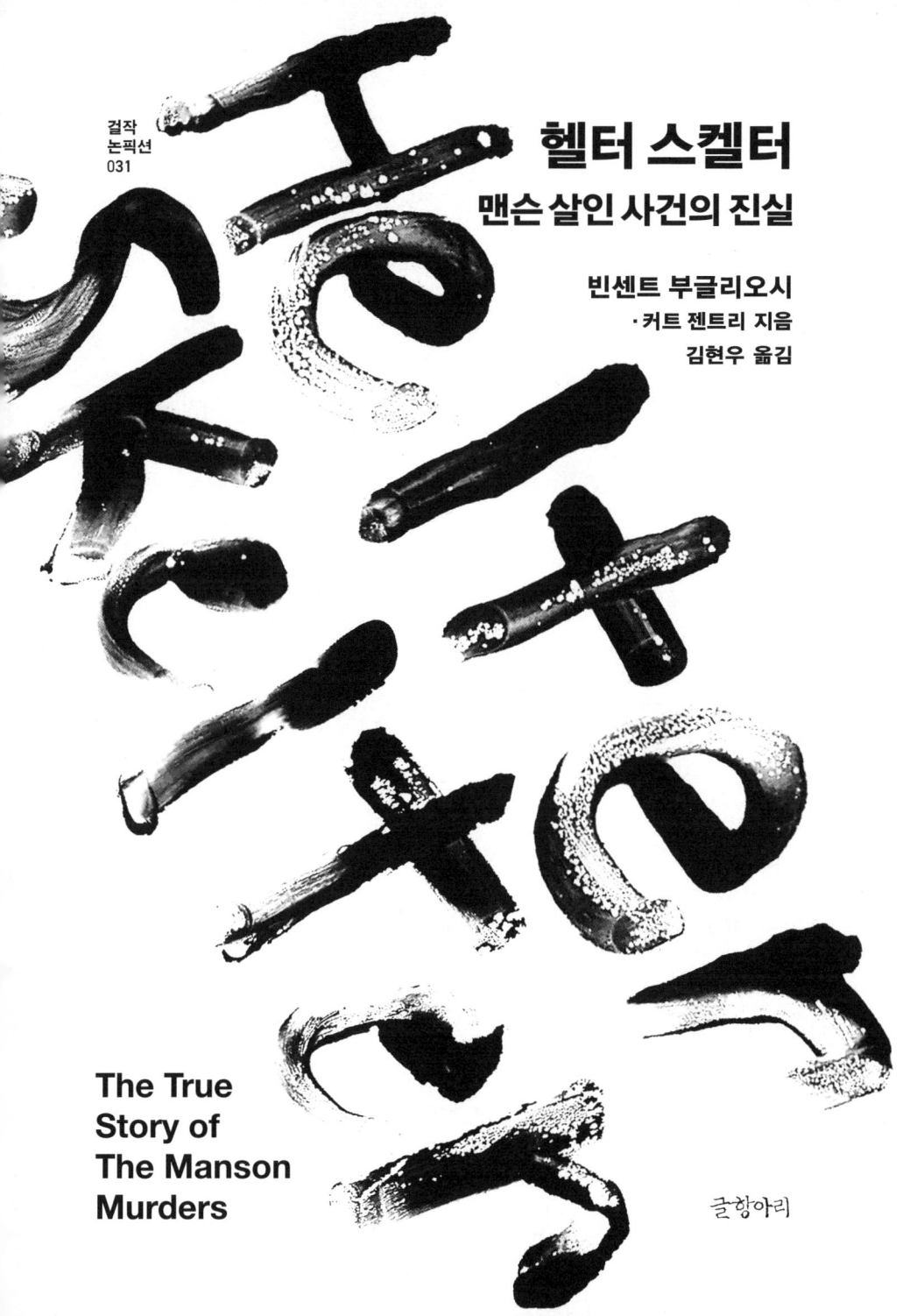

걸작
논픽션
031

# 헬터 스켈터
## 맨슨 살인 사건의 진실

**빈센트 부글리오시
· 커트 젠트리** 지음
김현우 옮김

**The True
Story of
The Manson
Murders**

글항아리

**일러두기**
• 첨자로 부연 설명한 것은 원주다.
• 하단 각주는 옮긴이의 것이다.
• 이탤릭체와 볼드체, 고딕체는 저자가 강조한 것이다.

게일과 블란시에게

# 차례

## 1부
## 살인

| | |
|---|---|
| 1969년 8월 9일 토요일 | 13 |
| 1969년 8월 10일 일요일 | 59 |
| 1969년 8월 11일 월요일 | 93 |
| 1969년 8월 12~15일 | 106 |
| 1969년 8월 16~30일 | 120 |
| 1969년 9월 | 147 |
| 1969년 10월 | 155 |

## 2부
## 살인자들

| | |
|---|---|
| 1969년 10월 15~31일 | 161 |
| 1969년 11월 1~12일 | 166 |
| 1969년 11월 12~16일 | 190 |
| 1969년 11월 17일 | 212 |

## 3부
## 수사 — 제2단계

| | |
|---|---|
| 1969년 11월 18일 | 275 |
| 1969년 11월 19~21일 | 282 |
| 1969년 11월 22~23일 | 318 |
| 1969년 11월 24~26일 | 342 |
| 1969년 11월 27~30일 | 360 |
| 1969년 12월 1일 | 367 |
| 1969년 12월 2일 | 372 |
| 1969년 12월 3일 | 384 |
| 1969년 12월 4일 | 387 |
| 1969년 12월 5일 | 394 |
| 1969년 12월 6~8일 | 423 |
| 1969년 12월 9~12일 | 430 |
| 1969년 12월 14일 | 438 |
| 1969년 12월 15~25일 | 444 |
| 1969년 12월 26~31일 | 458 |

## 4부
## 동기를 찾아서: 성서, 비틀스, 그리고 헬터 스켈터

| | |
|---|---|
| 1970년 1월 | 473 |
| 1970년 2월 | 493 |

## 5부
## "지금 누구를 처형하고 있는지 모르는 겁니까?"

| | |
|---|---|
| 1970년 3월 | 595 |
| 1970년 4월 | 648 |
| 1970년 5월 | 669 |
| 1970년 6월 1~14일 | 675 |

## 6부
## 재판

| | | | |
|---|---|---|---|
| 1970년 6월 15일~7월 23일 | 691 | | |
| 1970년 7월 24~26일 | 706 | | |
| 1970년 7월 27일~8월 3일 | 719 | 1970년 9월 7~10일 | 782 |
| 1970년 8월 3~19일 | 733 | 1970년 9월 11~17일 | 790 |
| 1970년 8월 19일~9월 6일 | 758 | 1970년 9월 18일 | 801 |
| | | 1970년 9월 21~26일 | 807 |
| | | 1970년 9월 27일~10월 5일 | 816 |
| | | 1970년 10월 6~31일 | 833 |
| | | 1970년 11월 1~19일 | 853 |

## 7부
## 바람 속의 살인

1970년 11월 19일~12월 20일     863

1970년 12월 21일~1971년 1월 25일     884

## 8부
## 여러분의 도시에서 일어나는 불길

1971년 1월 26일~3월 17일     925

1971년 3월 18~29일     993

1971년 4월 19일     1017

## 에필로그_공유된 광기     1019
## 후기     1081
## 옮긴이의 말     1137

# 1부
# 살인

"그런 기분은 어때?
아름다운 사람 중
한 명이 된다는 건."

―비틀스, 「Baby You're a Rich Man」, Magical Mystery Tour 앨범

## 1969년 8월 9일 토요일

아주 조용했다고, 살인자들 중 한 명이 나중에 말했다. 계곡 아래쪽 집들에서 칵테일 셰이커가 딸각거리는 소리까지 들을 수 있었다.

할리우드와 베벌리힐스의 계곡에서는 소리가 왜곡된다. 1.6킬로미터 거리에서 똑똑히 들을 수 있는 소리를 몇백 미터에서 거리에서는 분간도 못 할 수 있다.

그날 밤은 더웠지만, 기온이 섭씨 33.3도 밑으로 떨어지지 않았던 전날 밤만큼 덥지는 않았다. 사흘 동안 이어지던 무더위가 몇 시간 전인 금요일 밤 10시쯤에 멈췄고, 그렇게 똑같이 무더웠던 4년 전 와츠의 폭력 사태를 기억하고 있던 로스앤젤레스 주민들은 심리적으로뿐만 아니라 물리적으로도 안도했다. 태평양 쪽에서 바다 안개가 몰려오고 있었지만, 로스앤젤레스는 뜨겁고 눅눅했으며, 도시 자체가 내뿜는 열기로 찌는 듯했다. 하지만 거기, 도시 대부분의 지역보다 높고, 심지어 안개보다 높은 그곳은 적어도 5도는 더 시원했다. 그럼에도 여전히 열기가 남아 있었고 주민 대부분은 떠돌아다니는 바람을 맞아보려는 희망으로 창문을 열어둔 채 잠을 잤다.

모든 것을 고려할 때, 대부분의 주민이 아무 소리도 듣지 못했다는 것은 놀랍다.

하지만 늦은 시간이었다. 자정 직후였고, 시엘로 드라이브 10050번지는 고립된 곳이었다.

고립되었다는 건, 또한 취약하다는 뜻이었다.

시엘로 드라이브는 베니딕트 캐니언 로드에서 위쪽으로 급격히 꺾이는 좁은 도로였다. 정면으로 마주하고 있는 벨라 드라이브에서도 쉽게 보이지 않는, 10050번지의 높은 철문 앞에서 끝나는 막힌 길들 중 하나였다. 철문 사이로는 본채와 그 뒤로 조금 떨어진 별채가 보이지 않고, 포장된 주차 구역 끝으로 차고 모퉁이와, 그보다 조금 위에 있는 목책만 보였다. 아직 8월이었지만 목책에는 크리스마스 장식용 전구가 걸려 있었다.

선셋 스트립에서 오는 내내 볼 수 있었던 그 불빛은, 여배우 캔디스 버건이 시엘로 드라이브 10050번지의 전 세입자인 텔레비전 및 음반 제작자 테리 멜처와 함께 지낼 때 설치한 것들이었다. 도리스 데이의 아들 멜처가 말리부에 있는 어머니 소유의 해변 주택으로 이사한 후에도 새로운 세입자는 그 전구들을 그대로 두었다. 불빛들은 그날 밤에도 켜져 있었고, 매일 밤 그랬듯이, 베니딕트 캐니언에 연중 내내 휴일 분위기를 더해주었다.

본채 현관에서 철문까지의 거리는 30미터가 넘는다. 철문에서 가장 가까운 이웃집인 시엘로 10070번지까지는 거의 90미터 거리였다.

시엘로 10070번지의 시모어 코트 부부는 이미 잠자리에 들었다. 자정 무렵 손님들이 떠날 때 코트 부인은 총소리 같은 게 서너 번 연달아 울리는 것을 들었다. 소리는 10050번지의 철문 근처에서 나는 것 같았다. 그녀는 시간을 확인하진 않았지만, 나중에 12시 30분에서 새벽 1시 사이였던 것 같다고 말했다. 더 이상 아무 소리가 들리지 않자 코트 부인은 잠자리에 들었다.

시엘로 드라이브 10050번지에서 정남향으로 1.2킬로미터 떨어진 언덕 아래에 있던 팀 아일랜드는, 야영 중인 서른다섯 명의 웨스트레이크 여학교의 학생들을 지도하는 상담교사 다섯 사람 중 한 명이었다. 다른 상담교사들은 잠자리에 들었지만 아일랜드는 자원해서 밤을 새우기로 했다. 12시 40분쯤 그는 멀리, 북쪽 혹은 북동쪽에서 나는 어떤 남자의 목소리를 들은 것 같았다. 남자는 "아, 세상에, 안 돼, 제발 하지 마! 아, 세상에, 안 돼, 하지 마, 하지 마, 하지 마……"라고 비명을 질렀다.

비명은 10초에서 15초쯤 이어지다 멈췄고, 갑작스러운 침묵은 비명만큼이나 서늘했다. 아일랜드는 황급히 야영장을 확인했지만, 아이들은 모두 자고 있었다. 그는 언덕 아래 학교에서 자고 있던 상관 리치 스파크스에게 전화해 자신이 어떤 소리를 들었다고 전했고, 허락을 얻은 후 차를 타고 주변을 돌며 도움이 필요한 사람이 없는지 확인했다. 아일랜드는 학교가 있는 노스 페어링 로드에서 시작해 남쪽으로 베니딕트 캐니언 로드와 선셋 대로까지 갔다가, 베벌리 글렌을 지나 북쪽으로 되돌아오는 경로를 확인했다. 개 짖는 소리가 몇 번 들렸지만 특이한 점은 없었다.

토요일 동이 틀 때까지 집 안에서는 다른 소리들이 들렸다.

베벌리 그로브 드라이브 9951번지의 에밋 스틸은 자신이 키우는 사냥개 두 마리가 짖는 소리에 잠이 깼다. 일상적인 소리는 무시하지만 총소리에는 사납게 반응하는 녀석들이었다. 스틸은 일어나 주변을 살폈지만, 집 안에 아무 일이 없는 것을 보고는 다시 잠자리에 들었다. 시간은 아마 새벽 2시에서 3시 사이였을 거라고 그는 기억했다.

부유층 지역의 사설 보안을 담당하는 벨에어패트롤사 직원 로버트 벌링턴은 서밋 리지 드라이브 2175번지 앞에서 차창을 내린 채 주차해 있다가 총소리 같은 게 몇 초 간격으로 세 번 울리는 것을 들었다. 벌링턴은 보고했고, 보안 회사 본사 사무실에 있던 에릭 칼슨의 기록에 따르면 보고 시각은 4시 11분이었다. 칼슨은 이어서 로스앤젤레스 경찰청LAPD 웨스트 로스앤젤레스서에 전화를 걸어 보고 내용을 전달했다. 그 전화를 받았던 경관은 "살인 사건이 아니기를 바랐습니다. 막 그 부근에서 여자 비명을 들었다는 신고가 있었거든요"라고 말했다.

『로스앤젤레스타임스』 배달 소년 스티브 섀넌은 4시 30분에서 4시 45분 사이, 자전거를 타고 시엘로 드라이브를 올라갈 때 특이

한 소리를 전혀 듣지 못했다. 하지만 10050번지의 우편함에 신문을 넣을 때 철문에 전화선처럼 보이는 게 걸려 있는 것을 알아차렸다. 그는 또한, 철문 사이로 저 멀리, 차고 옆면에 달려 있는 노란색 방충등이 여전히 켜져 있는 것을 보았다.

시모어 코트도 오전 7시 30분, 신문을 가지러 나왔다가 그 등과 철문에 걸린 전선을 발견했다.

오전 8시경, 위니프리드 채프먼은 버스를 타고 오다가 샌타모니카와 캐니언 드라이브의 교차로에서 내렸다. 50대 중반의 밝은 피부 흑인인 채프먼은 시엘로 10050번지의 가정부였는데, LA의 끔찍한 버스 운행 방식 탓에 지각하게 생겨서 짜증이 난 터였다. 하지만 행운은 그녀의 편이었다. 막 택시를 잡으려던 찰나 이전에 함께 일했던 남자를 발견했고, 그가 거의 철문 앞까지 그녀를 태워주었다.

그녀는 곧 전선을 발견했고, 기분이 찜찜했다.

철문 정면 왼쪽에 철제 기둥이 있고 그 위에 철문 개폐 장치가, 감춰둔 것은 아니지만 그렇다고 눈에 잘 띄지도 않는 상태로 있었다. 버튼을 누르자 문이 열렸다. 바닥에도 비슷한 장치가 있었는데, 둘 다 운전자가 차에서 내리지 않은 상태로 조작할 수 있는 위치에 있었다.

전선 때문에 채프먼 부인은 전기가 나간 걸로 생각했지만, 버튼을 누르자 문이 열렸다. 우편함에서 『로스앤젤레스타임스』를 꺼낸 그녀는 서둘러 건물로 걸어갔고, 못 보던 차인 흰색 램블러가 이상한 각도로 진입로에 주차되어 있는 것을 발견했다. 그 차와 차고 옆 다른 차들을 몇 대 지나치면서도 그녀는 별생각이 없었다. 밤샘 손님들은 드물지 않았다. 누군가 건물 밖 등을 밤새 켜두었고, 그녀는 차고 모퉁이에 있는 스위치로 등을 껐다.

포장된 진입로 끝에는 본채 현관까지 이어지는 판석이 깔린 보도가 있었다. 하지만 그녀는 보도에 이르기 전에 오른쪽으로 돌아, 건물 뒤쪽에 있는 가정부 출입구로 갔다. 열쇠는 문 위의 서까래에 숨겨두었다. 열쇠를 꺼낸 그녀는 문을 열고 안으로 들어가, 곧장 부엌으로 직행한 다음 내선전화를 집어들었다. 전화는 죽어 있었다.

전화가 죽었다는 걸 누군가에게 알려야겠다고 생각한 그녀는, 식당을 지나 거실로 나갔다. 그러다 갑자기 걸음을 멈췄다. 전날 오후에 퇴근할 때는 보이지 않던 커다란 파란색 여행 가방 두 개와 눈앞의 풍경이 그녀를 가로막았다.

여행 가방과 그 옆의 바닥, 그리고 현관 입구에 있는 수건 두 개에 피가 묻어 있었다. 거실 전체는 볼 수 없었지만—벽난로 앞에 있는 기다란 소파가 공간을 나누고 있었다—어디를 봐도 붉은 얼룩이 튀어 있었다. 정면의 문은 살짝 열려 있었다. 밖을 내다보자 현관 입구의 보도에도 피가 몇 군데 고여 있었다. 그리고 더 멀리, 잔디밭에 시신이 보였다.

비명을 지르며 그녀는 뒤돌아 집 안을 가로질러 달렸고, 왔던 길을 되돌아 나가다가 진입로에서 철문 개폐 버튼이 있는 반대쪽으로 향했다. 그러던 중 흰색 램블러의 반대편 면을 지나쳤고, 자동차 안에도 시신이 있는 것을 처음으로 보았다.

일단 철문을 나선 그녀는 언덕을 달려 내려가, 처음 나오는 집인 10070번지 초인종을 누르고 대문을 두드렸다. 코트 부부가 대답하지 않자, 그녀는 옆집인 10090번지 문을 두드리며 소리쳤다. "살인이요, 사람이 죽었어요, 시체, 피가 있어요!"

열다섯 살의 짐 에이신은 밖에서 가족의 차를 세차하고 있었다. 토요일이었고, 보이스카우트에서 법 집행을 담당하는 800단 소속이었던 짐은, 업무 보조 활동을 하기로 되어 있는 LAPD 웨스트 로스앤젤레스서까지 아버지 레이 에이신이 태워주기를 기다리고 있었다. 현관에 이르기 전에 부모님이 대문을 열어주었다. 부모님이 채프먼 부인을 진정시키는 사이 짐이 경찰의 긴급전화로 신고했다. 스카우트에서 정확해야 한다는 훈련을 받았던 그는 시간을 기록했다. 8시 33분이었다.

경찰을 기다리는 동안 아버지와 아들은 문제의 철문까지 걸어갔다. 흰색 램블러는 저택 안쪽 9미터쯤 되는 곳에 있었는데, 너무 멀어서 내부를 확인하기는 어려웠지만, 전선은 하나가 아니라 몇 개나 걸려 있었다. 일부러 자른 것처럼 보였다.

집으로 돌아온 짐은 경찰에 두 번째로 전화했고, 몇 분 후 세 번째로 걸었다.

신고 대응에 대해서는 약간의 혼선이 있다. 경찰 공식 기록에는 다음과 같이 적혀 있을 뿐이다. "시각 0914, 웨스트 로스앤젤레스서 8L5조와 8L62조에 무선 연락 전달, '코드2, 살인 추정, 시엘로 드라이브 10050번지.'"

여기서 '조'란 한 명이 운행하는 순찰차를 말한다. 8L5를 타고 있던 제리 조 데로사 경관은 경광등을 켜고 사이렌을 울렸다. 순찰조가 도착한 시간에 대해서도 혼선이 있다. 데로사 경관은 나중에 자신이 9시 5분에 도착했다고 증언했는데, 이는 코드2 지령이 내려졌다고 알려진 시각 전이었다. 다음에 도착한 휘센헌트 경관은 자신의 도착 시간이 9시 15분과 25분 사이였다고 했다. 반면 두 사람보다 늦게 도착한 버브리지 경관은 자신이 8시 40분에 도착했다고 증언했다. 데로사는 채프먼 부인의 이야기를 청취했지만 쉽지 않았다. 그녀는 여전히 히스테리 상태인 데다, 자신이 본 것에 대해서도 뚜렷이 말하지 못했기 때문에ㅡ"온갖 곳에 피와 시체가 있어요"ㅡ정확한 이름과 관계를 밝히기가 어려웠다. 폴란스키. 앨토벨리. 프라이코프스키.

시엘로 10050번지 주민을 알고 있었던 레이 에이신이 끼어들었다. 집은 루디 앨토벨리 소유였다. 그는 유럽에 있었지만, 윌리엄 개럿슨이라는 젊은이를 고용해 저택을 돌보게 했다. 개럿슨은 부지 뒤쪽에 있는 별채에서 지냈다. 앨토벨리는 본채를 영화감독인 로만 폴란스키와 그 아내에게 빌려주었다. 하지만 폴란스키 부부는 3월에 유럽으로 갔고, 그들이 없는 동안 두 사람의 친구인 애비게일 폴저와 보이텍 프라이코프스키가 들어와 지내고 있었다. 폴란스키 부인은 한 달쯤 전에 돌아왔는데, 프라이코프스키와 폴저는 그녀의 남편이 돌아올 때까지 함께 지냈다. 폴란스키 부인은 영화배우였다. 그녀의 이름은 샤론 테이트였다.

데로사의 질문을 받은 채프먼 부인은 자신이 본 시신 두 구가 위의 사람들인지, 그렇다면 그들 중 누구인지 말할 수 있는 상태가 아니었다. 그녀는 다른 이름도 덧붙였는데, 유명한 남성 미용사이자 폴란스키 부인의 친구였던 제이 세브링이었다. 그의 이름을 언급한 건 차고 옆에 세워둔 자동차 중 그의 검은색 포르셰도 있었기 때문이다.

순찰차에서 소총을 꺼내든 데로사는 채프먼 부인에게 철문을 열어달라고 했다. 램블러가 주차된 곳까지 조심스레 올라가 열린 차창 안쪽을 들여다보았다. 과연 안에는 시신이 있었는데, 운전석에 앉은 채 조수석 쪽으로 기울어진 상태였다. 남성, 백인, 붉은 머리, 체크무늬 셔츠, 청바지. 셔츠와 청바지는 모두 피에 젖어 있었다. 젊어 보였는데, 아마 십대인 듯했다.

이때쯤 윌리엄 T. 휘센헌트 경관이 운전하는 8L62조 순찰차가 철문 앞에 주차했다. 데로사 경관이 돌아와 휘센헌트에게 살인으로 추정된다고 말했다. 데로사는 또한 철문 여는 법을 알려주었고, 두 사람은 함께 진입로를 올라갔다. 데로사는 여전히 소총을 들고 있었고, 휘센헌트는 산탄총을 들고 있었다. 휘센헌트는 램블러를 지날 때 차 안을 들여다보았고, 운전석 쪽 차창이 내려져 있으며 전조등과 시동이 꺼져 있다는 것을 확인했다. 두 사람은 나머지 차들도 살펴봤는데 모두 비어 있었고, 차고와 그 위의 방도 조사했다. 여전히 아무도 없었다.

세 번째 경관 로버트 버브리지가 두 사람과 합류했다. 세 남자는 주차 구역 끝에 이르렀고, 잔디밭에 하나가 아니라 두 구의 시신이 늘어져 있는 것을 발견했다. 멀리서 보면 붉은색 페인트에 담근 후 아무렇게나 잔디밭에 던져놓은 마네킹 같았다.

조경을 한 덤불과 꽃, 나무가 있는 잘 관리된 정원에 놓인 그 시신들은 엽기적이고 어색했다. 오른쪽은 곧장 본채였는데, 길고 어수선한, 과시적이기보다는 안락해 보이는 건물이었고, 현관문 앞에 있는 장식등은 여전히 밝게 빛나고 있었다. 멀리, 집의 남쪽 끝 모퉁이 너머로 수영장 끝자락이 보였고, 아침 햇살을 받은 수면이 청록색으로 반짝이고 있었다. 좀 떨어진 옆에는 소원을 비는 낡은 우물이 있었다. 왼쪽으로 목책이 세워져 있고, 크리스마스 장식 전구가 여전히 불을 밝히고 있었다. 담장 너머로 로스앤젤레스 시내를 지나 해변까지 탁 트인 전경이 압도적으로 펼쳐져 있었다. 거기는 여전히 삶이 이어지고 있었지만, 이곳에선 멈춰버렸다.

첫 번째 시신은 본채로부터 5.5미터나 6미터쯤 떨어진 곳에 있었다. 가까이 다가갈수록 상황은 더 나빴다. 남성, 백인, 삼십대로 추정, 178센티미터 정도, 짧은 부츠, 여러 색이 섞인 나팔바지, 보라색 셔츠, 캐주얼 조끼. 남자는 옆으로 오른팔을 베고 누워 있고, 왼팔은 잔디를 부여잡고 있었다. 머리와 얼굴은 끔찍하게 짓이겨졌고, 몸통과 팔다리에는 말 그대로 수십 개의 상처로 구멍이 나 있었다. 단 한 명이 그렇게 야만적인 공격을 받았다는 게 믿기지 않았다.

두 번째 시신은 첫 번째 시신 너머 7.5미터쯤 떨어진 곳에 있었다. 여성, 백인, 짙은 색 긴 머리, 이십대 후반으로 추정. 그녀는 팔을 뻗은 채 반듯이 누워 있었다. 맨발이었고, 긴 실내용 가운 차림이었는데, 수많은 자상이 생기기 전에는 아마 흰색이었을 것이다.

적막함이 경관들을 사로잡았다. 모든 것이 고요하고, 너무 고요했다. 그 엄숙함 자체가 점차 사악하게 느껴졌다. 건물 전면에 창문들이 있었고, 어느 창문 뒤에선가 살인자가 숨어서 지켜보고 있을지도 몰랐다.

데로사를 잔디밭에 남겨둔 채, 휘센헌트와 버브리지는 본채의 북쪽 끝으로 돌아와 다른 입구를 찾아보았다. 현관으로 들어가면 무방비 상태로 목표물이 될 터였다. 정면의 창문 중 하나의 가림막이 떨어진 채 건물 옆면에 기대어 세워져 있었다. 휘센헌트는 가림막 아래쪽에 가로로 칼자국이 나 있는 것도 알아차렸다. 살인자 혹은 살인자들이 그곳을 통해 안으로 들어간 거라고 생각한 경관들은 다른 진입 방법을 찾아보기로 했다. 옆면의 창문 하나가 열려 있었다. 안을 들여다보니 막 새로 칠을 한, 가구가 없는 방처럼 보였다. 창문을 넘어 들어갔다.

데로사는 동료들이 집 안에 보일 때까지 기다렸다가, 현관문으로 다가갔다. 덤불 울타리 사이 보도에도 핏자국이 있었다. 포치 오른쪽 모퉁이에 몇 군데 더 있었고, 문 바로 앞 왼쪽과 문설주 자체에도 있었다. 발자국도 몇 개 있었지만, 그는 보지 못했거나 혹은 나중에 기억하지 못했다. 문은 안쪽으로 열려 있었고, 포치에 있던 데로사는 아래쪽에 뭔가가 휘갈겨져 있는 것을 발견했다.

피로 쓴 듯한 글씨는 세 글자였다. 돼지PIG.

휘센헌트와 버브리지가 주방과 거실 수색을 마쳤을 때쯤, 데로사가 현관 앞 복도에 들어섰다. 왼쪽 거실로 향하던 그의 앞에 파란색 여행 가방 두 개가 부분적으로 길을 막아선 채 놓여 있었다. 가방들은 세로로 놓여 있다가, 하나가 다른 하나에 부딪히며 쓰러진 듯했다. 데로사는 여행 가방들 옆 바닥에 뿔테 안경 하나가 떨어져 있는 것도 발견했다. 그를 따라 거실로 들어온 버브리지는 다른 것을 발견했다. 입구 왼쪽 카펫에 작은 나뭇조각 두 개가 떨어져 있었다. 부서진 총 손잡이의 일부일 듯싶었다.

시신이 두 구일 것으로 예상했지만, 사실은 세 구였다. 이제 그들은 더 나올 시신보다는 설명할 거리를 찾고 있었다. 용의자, 단서들.

방은 밝고 바람이 잘 통했다. 책상, 의자, 피아노. 뭔가 이상한 점도 있었다. 한가운데에 벽난로를 마주한 채 긴 소파가 놓여 있었다. 그리고 등받이 부분에는 커다란 성조기가 걸쳐져 있었다.

소파에 가까이 다가가고 나서야 경관들은 반대편에 놓여 있는 것을 발견했다.

그녀는 젊고, 금발이며, 임신한 상태였다. 왼쪽으로 누워 있는데, 소파 바로 앞에, 꽃봉오리처럼 다리를 배 쪽으로 오므린 채였다. 세트로 보이는 꽃무늬 브래지어와 팬티 차림이었는데, 피 때문에 무늬는 거의 알아보기 힘들었다. 피는 그녀의 몸 전체에서 흘러나온 듯했다. 흰색 나일론 끈이 목에 두 번 감겨 있는데, 한쪽 끝은 천장의 서까래까지 이어지고, 다른 쪽 끝은 바닥을 지나 또 다른 시신에

이어져 있었다. 1.2미터쯤 떨어진 곳에 있는 남성 시신이었다.

남성의 목에도 끈이 두 번 감겨 있고, 한쪽 끝이 몸 아래를 지나 몇 미터 너머까지 늘어져 있었다. 남성의 얼굴에 피 묻은 수건이 덮여 있어 특징을 알아볼 수는 없었다. 167센티미터 정도로 키가 작았는데, 오른쪽으로 누워 있었고, 여전히 공격을 피하려는 듯 손으로 머리를 감싸고 있었다. 그의 옷도―파란색 셔츠, 검은색 세로 줄무늬가 있는 흰색 바지, 유행하던 넓은 벨트, 검은색 부츠―피에 흠뻑 젖어 있었다.

경관 중 누구도 시신의 맥박을 확인해볼 생각은 하지 않았다. 자동차 안의 시신이나 잔디밭에 있는 두 구의 시신과 마찬가지로 그럴 필요가 없다는 건 분명했다.

데로사와 휘센헌트, 버브리지는 강력반 형사가 아니라 순경이었지만, 모두 근무 중에 죽음을 목격한 적이 있었다. 하지만 이런 경우는 없었다. 시엘로 드라이브 10050번지는 인간 도살장이었다.

충격을 받은 그들은 흩어져서 집 안의 나머지 부분을 수색했다. 거실 위에 복층 공간이 있었다. 데로사가 나무 사다리를 타고 올라가 조심스레 윗부분을 살펴봤지만 아무도 없었다. 거실에서 복도를 지나면 본채의 남쪽 끝이었다. 복도에는 모두 두 군데에 핏자국이 있었다. 왼쪽으로, 핏자국 중 하나를 지나면 바로 침실이었고, 문은 열려 있었다. 담요와 베개가 구겨져 있고 옷들이 흩어져 있는 것이 마치 누군가가―아마 잔디밭에 있는 가운 차림의 여성―살인자 혹은 살인자들이 나타나기 전에 옷을 벗고 잠자리에 든 것 같았다. 침대 머리판 위에 장난감 토끼가 다리를 늘어뜨린 채 놓여 있는데, 귀를 쫑긋 세우고 방 안에 펼쳐진 광경을 살피고 있는 것처럼 보였다. 그 방에는 혈흔이 없고, 몸싸움한 흔적도 전혀 없었다.

복도 건너편은 주 침실이었다. 그 문 역시 열려 있고, 방 반대쪽의 미늘문도 마찬가지였는데 그 너머로 수영장이 보였다.

이쪽 침대는 더 크고 단정하다. 흰색 침대보를 걷어서 화려한 꽃무늬 이불과 금빛 기하학 무늬의 속이불이 그대로 드러나 있었다. 머리 부분이 아니라 가운데에 베개 두 개가 놓여 있어서, 잠을 잔 부분과 눕지 않은 부분을 가르고 있었다. 방 건너편 침대 맞은편에 텔레비전이 있고, 양옆으로 근사한 옷장이 자리 잡고 있는데, 위에는 흰색의 중세 투구가 놓여 있었다.

쪽문들은 살짝 열려 있었는데, 옷방, 벽장, 욕실, 다시 벽장이었다. 거기도 몸싸움한 흔적은 없었다. 침대 옆 탁자에 있는 전화기는 수화기가 놓인 채였다. 어지럽거나 어수선한 면은 전혀 없었다.

하지만 미늘창이 있는 프랑스식 문의 왼쪽 안에 피가 묻어 있어서, 누군가, 역시 잔디밭의 여성이었을 것 같은데, 그쪽으로 달려나가며 탈출을 시도한 것으로 보였다.

밖으로 나온 경관들은 수영장에서 반사되는 빛 때문에 잠깐 앞을 볼 수 없었다. 에이신이 본채 뒤의 별채 이야기를 했다. 이제 그 별채의 모퉁이가 보였는데, 남동쪽으로 18미터쯤 떨어진 곳에, 관목 덤불을 지나서 있었다.

조용히 별채에 다가가면서, 그들은 저택에 들어온 후 처음으로 무슨 소리를 들었다. 개 짖는 소리와 남자 목소리였다. "쉿, 조용히 해."

휘센헌트는 집 뒤쪽을 돌아 오른편으로 갔다. 데로사는 왼쪽으로 돌아 정면으로 갔고, 버브리지가 지원을 맡았다. 유리문을 단 포치로 올라선 데로사는 거실을 볼 수 있었는데, 현관을 마주 보며 놓인 소파에 열여덟 살쯤 된 젊은이가 있었다. 바지만 입고 셔츠는 입지 않은 상태였는데, 무장한 것 같진 않지만, 그렇다고, 나중에 데로사가 설명한 바에 따르면, 가까운 곳에 무기가 없다는 뜻은 아니었다.

"꼼짝 마!"라고 소리치며 데로사는 앞문을 발로 차 열었다.

깜짝 놀란 청년은 고개를 들었고, 총 한 자루가 자신을 겨누고 있는 것을 보았고, 총은 이내 세 정으로 늘어났다. 앨토벨리가 키우는 커다란 바이마라너 종 크리스토퍼가 휘센헌트에게 달려들어 그의 총부리를 물고 늘어졌다. 휘센헌트가 머리로 포치 문을 연 다음 개를 몰아넣고, 청년이 물러나라고 할 때까지 가둬두었다.

실제 있었던 일에 대해서는 이야기들이 상반된다.

스스로를 관리인이라고 밝힌 청년 윌리엄 개럿슨은 나중에 밝히기를, 경관들이 자신을 쓰러뜨리고 수갑을 채운 다음, 일어서라고 소리치고 잔디밭으로 끌고 나가서 다시 쓰러뜨렸다고 했다.

데로사는 나중에 개럿슨과 관련해 질문을 받았다

문."그가 한 번이라도 바닥에 쓰러지거나 넘어진 적이 있습니까?"

답. "그랬을 수 있습니다. 그랬는지 안 그랬는지 정확히 기억나지 않습니다."

문. "바깥에 나와서 그에게 바닥에 엎드리라고 지시했습니까?"

답. "제가 지시했습니다, 네, 바닥에 엎드리라고 했습니다. 네."

문. "그를 잡고 바닥에 엎드리게 했습니까?"

답. "아니요, 스스로 엎드렸습니다."

개럿슨은 계속 물었다, "무슨 일입니까? 무슨 일입니까?" 경관 중 한 명이 대답했다, "직접 보세요!" 그들이 개럿슨을 일으켜 세웠고, 데로사와 버브리지가 그를 데리고 왔던 길을 따라 본채로 돌아갔다.

휘센헌트는 그대로 남아 무기나 피 묻은 옷들이 있는지 수색했다. 어느 것도 발견하지 못했지만, 집 안의 세부를 면밀히 살펴보았다. 대수롭지 않다고 여겨 곧 잊었지만 나중에 조사받을 때 떠오른 게 한 가지 있었다. 소파 옆에 전축이 있었다. 그들이 집 안에 들어갔을 당시에는 꺼져 있었다. 리모컨을 확인한 휘센헌트는 볼륨이 4와 5 사이에 맞춰져 있는 것을 확인했다.

그사이 개럿슨은 잔디밭의 시신 두 구를 지나쳤다. 첫 번째 젊은 여성의 시신을 발견한 그가, 그것을 흑인 가정부 채프먼 부인의 시신으로 착각했던 것을 보면, 상황이 얼마나 끔찍했는지 알 수 있다. 남성 시신에 대해서는 "동생 폴란스키"라고 확인해주었다. 만약 채프먼과 에이신의 말대로 폴란스키가 유럽에 있는 거라면, 그건 말이 안 되는 증언이었다. 당시 경관들이 몰랐던 사실은, 개럿슨이 보이텍 프라이코프스키를 폴란스키의 동생으로 알고 있었다는 점이다. 개럿슨은 램블러 안의 젊은 남자를 완전히 엉뚱한 인물로 오인했다. 왜 그가 자신이 알고 있던 젊은 남자를 알아보지 못했는지는 수수께끼다. 가장 그럴듯한 설명은 개럿슨이 충격을 받았다는 것이다. 또한 그런 혼란스러운 상태에 더해, 그때쯤엔 철문 밖으로 위니프리드 채프먼의 모습도 볼 수 있었다. 죽었다고 생각했던 그녀가 멀쩡히 살아서 경관과 이야기를 나누고 있었던 것이다.

어느 순간, 정확히 언제인지는 아무도 기억하지 못했지만, 개럿슨은 자신의 권리를 고지받은 후 살인죄로 체포된다는 말을 들었다. 전날 밤 자신의 행동에 대해 질문을 받은 그는, 밤새 음악을 듣고 편지를 쓰며 깨어 있었지만, 아무것도 듣거나 보지 못했다고 말했다. 그는 있을 법하지 않은 알리바이를 댔고, 대답은 "모호하고, 비현실적"이었으며, 시신에 대한 증언도 혼란스러웠기 때문에 체포에 나선 경관들은 용의자가 거짓말을 하고 있다고 결론 내렸다.

다섯 건의 살인이 있었는데—그중 네 건은 30미터도 채 떨어지지 않은 곳에서 벌어졌다—아무 소리도 듣지 못했다고?

진입로를 따라 개럿슨을 데리고 내려오며, 데로사는 철문 개폐 장치가 안쪽 기둥에 있는 것을 보았다. 버튼에 피가 묻어 있는 것도 확인했다.

논리적인 추론은 누군가, 아마 살인자가 밖으로 나가며 그 버튼을 눌렀다는 것이고, 따라서 그 과정에서 지문을 남겼을 가능성이 높았다.

데로사 경관은 수사관들이 도착할 때까지 현장을 보존하고 유지할 책임을 맡은 터였지만, 직접 그 버튼을 눌렀고, 덕분에 철문을 열 수는 있었지만 거기 있었을지도 모르는 지문을 지워버렸다.

나중에 데로사는 이 점에 대해 조사를 받았다.

문. "철문을 여는 버튼에 피가 묻어 있었는데, 그걸 본인 손으로 누른 특별한 이유가 있습니까?"

답. "밖으로 나가려고 그랬습니다."

문. "의도적으로 그랬다는 겁니까?"

답. "밖으로 나가야 했으니까요."

시각은 9시 40분이었다. 데로사는 전화를 걸어, 다섯 명이 사망했으며 용의자를 확보했다고 보고했다. 버브리지가 본채에 남아 수사관들의 도착을 기다리는 동안, 데로사와 휘센헌트는 심문을 위해 개럿슨을 웨스트 로스앤젤레스서로 데리고 갔다. 거기서 다른 경관이 채프먼 부인을 맡았지만, 그녀는 히스테리가 심해 먼저 UCLA 메디컬센터에 데리고 가 진정시켜야 했다.

데로사의 보고에 따라 네 명의 웨스트 로스앤젤레스서 형사가 현장에 파견되었다. R. C. 매드록 경위, J. J. 그레고어 경위, F. 그라반테 경사, 그리고 T. L. 로저스 경사가 모두 한 시간 안에 도착했다. 마지막 형사가 도착할 즈음엔 이미 첫 번째 보도진이 철문 앞에 자리를 잡고 있었다.

경찰 무선 기록을 수신하던 그들은 다섯 명이 사망했다는 소식을 들었다. 로스앤젤레스는 덥고 건조했으며, 산불이 늘 걱정거리였는데, 지옥 같은 불길 속에 몇 분 만에 생명과 재산이 날아가버릴 수 있는 구릉 지대에서는 특히 그랬다. 누군가 사망한 다섯 명이 산불로 희생된 거라고 가정했던 것 같다. 경찰 무선 연락 중에 누군가 제이 세브링의 이름을 언급한 게 틀림없는데, 어떤 기자가 그의 집에 전화해 집사인 아모스 러셀에게 "화재로 인한 사망 사건"에 대해 아는 것이 있는지 물었기 때문이다. 러셀은 세브링 인터내셔널의 사장 존 매든에게 전화해 그 통화에 대해 보고했다. 매든은 걱정되었다. 그의 비서나 세브링의 비서 모두 어제 늦은 오후 이후 세브링의 소식을 듣지 못하고 있었기 때문이다. 매든은 샌프란시스코에 있는 샤론 테이트의 어머니에게 전화를 넣었다. 육군 정보부 대령이었던 샤론의 아버지는 포트 베이커 인근에서 지내고 있었고, 테이트 부인도 거기에 가 있었다. 아니었다, 그녀 역시 샤론에게서 아무 소식을 듣지 못했다고 했다. 그날 샌프란시스코에 오기로 했던 제이에 대해서도 마찬가지였다.

로만 폴란스키와 결혼하기 전 샤론 테이트는 제이 세브링과 동거했다. 비록 폴란드 영화감독에게 밀려나기는 했지만, 세브링은 여전히 샤론과 로만뿐 아니라 샤론의 부모님과도 친구로 지내고 있었고, 샌프란시스코에 올 때마다 보통은 테이트 대령에게 연락을 해왔다.

매든의 전화를 끊고 테이트 부인은 샤론에게 전화했다. 신호만 계속 갈 뿐, 아무도 받지 않았다.

집 안은 매우 조용했다. 전화 건 사람은 신호를 들을 수 있었지만, 전화선은 끊어진 상태였다. LAPD 과학수사국의 감식화학자 조 그라나도가 오전 10시쯤 도착해 이미 작업 중이었다. 피가 있는 곳마다 샘플을 채취하는 것이 그라나도의 일이었다. 일반적인 살인사건에서 그라나도의 작업은 한두 시간이면 끝났다. 시엘로 드라이브 10050번지는 달랐다.

테이트 부인은 샤론의 가까운 친구이자 로만 폴란스키의 매니저인 윌리엄 테넌트의 아내 샌디 테넌트에게 전화했다. 아니었다, 그녀와 빌 역시 전날 늦은 오후 이후로 샤론의 소식을 듣지 못했다. 마지막 통화에서 샤론이 그날 밤은 기비(애비게일 폴저), 보이텍(프라이코프스키)과 함께 있을 거라고 했다. 제이도 밤늦게 오기로 했다며, 샌디에게도 오라고 했다. 파티는 아니고, 그냥 집에서 조용히 저녁을 보낼 예정이었다. 막 수두에서 회복한 샌디는 거절했다. 테이트 부인과 마찬가지로 그녀도 그날 오전 샤론에게 전화를 걸어 봤지만, 통화하지 못했다.

샌디는 화재 신고가 시엘로 드라이브 10050번지와는 상관없을 거라고 확인해주었다. 하지만 테이트 부인과 통화를 마친 후 남편이 다니는 테니스 클럽에 전화해 메모를 남겼다. 중요한 일이라고, 그녀는 말했다.

오전 10시에서 11시 사이, 전화 회사 직원 레이먼드 킬그로는 시엘로 드라이브 10050번지 철문 앞의 전신주에 올라가 전선 네 개가 잘려 있는 것을 발견했다. 전신주에 가까운 부분에서 잘린 것으로 보아, 범인도 전신주를 타고 올라와 자른 듯했다. 킬그로는 전선 두 개를 복구하고, 나머지는 형사들이 조사할 수 있게 남겨두었다.

이제 경찰차가 몇 분 간격으로 속속 현장에 도착했다. 경관 수가 늘어나면서 현장 상황은 달라졌다.

데로사와 휘센헌트, 버브리지가 최초로 발견했던 여행 가방 옆의 뿔테 안경은 어쩐 일인지 1.8미터 떨어진 책상 위에 놓여 있었다.

처음엔 입구 가까이 있었던 총 손잡이 조각 두 개는 이제 거실 의자 밑에 있었다. LAPD 공식 보고서에 따르면 "최초로 도착한 경관들이 발로 차서 의자 밑에 들어간 것으로 보이지만, 아무도 인정하지 않고 있다"고 했다. 데로사, 휘센헌트, 버브리지보다 나중에 도착한 그라나도 역시 입구 근처에서 조각들을 발견했기 때문에 최초의 경관들 책임은 아닌 것으로 보인다.

다른 것들보다 작은 세 번째 조각이 나중에 정면 포치에서 발견되었다.

한 명 혹은 그 이상의 경관이 혈흔을 따라 실내에서 정면 포치 쪽으로 이동하면서, 이미 있던 피 묻은 발자국 외에 다른 발자국들이 추가되었다. 추가된 발자국들을 제외하려면 현장에 있었던 경관들을 한 명 한 명 불러서, 그날 작업화를 신었는지, 밑창에 무늬가 있는 신발을 신었는지, 밑창이 매끈한 신발을 신었는지 일일이 확인해야 했다.

그라나도는 계속 혈액 샘플을 채취하고 있었다. 나중에 경찰서 연구실에서 이중면역확산법 검사를 통해 그것이 동물의 피인지 인간의 피인지 확인해야 했다. 만약 인간의 피라면 다른 검사를 통해 혈액형—A, B, AB, 혹은 O—및 세부 유형을 확인하게 될 것이다. 하지만 채취 당시에 이미 말라버린 상태라면 MNSs식 분류법에 따라 M, N, 혹은 MN 세 가지 유형으로만 나눌 수 있다. 밤새 날씨는 따뜻했고, 다시 하루의 무더위가 시작되고 있었다. 그라나도가 작업을 시작할 때는, 안쪽의 시신 근처에 고여 있던 피를 제외하고는 대부분 말라버린 상태였다.

이어지는 며칠 동안 그라나도는 시신보관소에서 확보한 피해자들의 혈액 샘플을 받아와, 이미 채취한 혈액 샘플과 비교하는 작업을 하게 될 것이다. 일반적인 살인 사건에서는, 범죄 현장에 두 가지 혈액 유형이 존재한다면 피해자뿐 아니라 살인자도 부상을 당했다는 뜻이고, 그건 살인자의 정체를 밝히는 중요한 단서가 될 수 있었다.

하지만 이건 평범한 살인 사건이 아니었다. 시신이 하나가 아니라 다섯 구였다.

사실 피가 너무 많아서 그라나도는 몇몇 혈흔을 놓쳤다. 정면 포치 오른쪽, 보도에서 올라서는 부분에 몇 군데 피가 고여 있었다. 그라나도는 그중 한 군데에서만 혈액을 채취했는데, 나중에 말한 바에 따르면 모두 같은 사람의 피로 짐작했다고 한다. 포치 오른쪽의 덤불 울타리가 망가진 것처럼 보였는데, 누군가 그 위로 넘어진 듯했다. 주변에 튀어 있는 혈흔이 그런 가정을 뒷받침해주었다. 그라나도는 그 혈흔도 놓쳤다. 뿐만 아니라 거실에 있는 시신 두 구와 정원에 있던 시신 두 구 옆에 고인 피도 채취하지 않았는데, 나중에 증언한 바에 따르면, 그것들은 당연히 바로 옆에 있는 시신에서 나온 피일 거라고, 시신보관소에서 샘플을 받으면 될 거라고 판단했다고 했다.

그라나도는 모두 45개의 혈액 샘플을 채취했다. 하지만 알 수 없는 이유로, 그중 21개에 대해서는 세부 유형 검사를 하지 않았다. 채취 후 1, 2주 안에 검사를 하지 않으면 혈액의 구성 성분은 해체되어버린다.

나중에 현장 검증을 할 때, 이렇게 빠트린 정보들이 많은 문제를 낳는다.

정오 직전에 윌리엄 테넌트가 여전히 테니스복 차림으로 현장에 도착해, 경찰의 안내를 받으며 철문 안으로 들어왔다. 시신들을 하나씩 확인하는 과정은 마치 악몽 속으로 끌려들어가는 것만 같았다. 그는 정원의 남성이 보이텍 프라이코프스키이며 여성은 애비게일 폴저라고 확인해주었고, 거실의 두 시신은 샤론 테이트 폴란스키와, 일단은, 제이 세브링인 것 같다고 했다. 경관이 피 묻은 수건을 치웠을 때 남성의 얼굴에 자상이 너무 심해서 테넌트도 확신할 수 없었다. 그런 다음 그는 밖으로 나가 토했다.

경찰 사진사가 작업을 마치고, 다른 경관이 이불장에서 시트를 가지고 와 시신들을 덮었다.

철문 밖에는 기자와 사진기자가 수십 명 모여 있었고, 더 많은 사람이 시시각각 도착하고 있었다. 시엘로 드라이브에 경찰차와 언론사 차량들이 대책 없이 엉켰고, 경관 몇 명이 나서서 정체를 풀어보려 애썼다. 테넌트가 사람들 사이를 헤치고 나와 배를 움켜쥐고 헐떡이자, 기자들이 달려가 질문을 퍼부었다. "샤론이 사망했습니까?" "살해당한 겁니까?" "로만 폴란스키에게는 알렸나요?" 그는 질문들을 무시했지만, 이미 그의 얼굴에 대답이 쓰여 있었다.

현장에 있던 사람들이 모두 대답을 할 수 없었던 것은 아니다. "집 안이 전쟁터 같습니다", 스탠리 클로먼 경사가 기자들에게 말했다. 집 안에서 본 광경에 충격을 받은 그의 얼굴은 굳어 있었다. 밝혀지지 않은 또 한 명의 경관은 "마치 무슨 의식을 치른 것 같습니다"라고 말했다. 이 한마디가, 괴상한 짐작들이 믿을 수 없을 정도로 쏟아져나오는 근거가 되었다.

살인 소식은 지진파처럼 퍼져나갔다.

"벨 에어에서 다섯 명 참살"은 AP에서 가장 먼저 내보낸 통신 뉴스 제목이었다. 피해자들의 신원이 밝혀지기 전에 나온 뉴스지만, 시신들이 발견된 위치나 전화선이 절단되었다는 사실, 그리고 무장하지 않은 용의자가 체포된 것 등은 정확하게 보도했다. 잘못된 정보들도 있었고, 그중 하나는 자주 반복되었는데, "피해자 중 한 명이 머리에 두건을 두르고 있었다……"는 것이다.

LAPD는 테이트 부부와 존 매든에게 사건 소식을 전했고, 이어서 매든이 세브링의 부모와 애비게일의 아버지 피터 폴저에게 전했다. 사회적 명사였던 애비게일의 부모는 이혼한 상태였다. A. J. 폴저 커피 회사의 이사장이었던 아버지는 우드사이드에, 어머니 이네즈 미지아 폴저는 샌프란시스코에 각각 살고 있었다. 하지만 폴저 부인은 집이 아니라 코네티컷에 있었는데, 지중해 유람선 여행 후 친구들을 방문 중이었다. 폴저 씨가 그곳에 있는 전처에게 연락했다. 그녀는 믿을 수 없었다. 전날 밤 10시쯤에도 애비게일과 통화한 터였다. 어머니와 딸은 바로 그날 샌프란시스코에서 만나기로 되어 있었고, 애비게일은 유나이티드 항공사의 10시 비행기를 예약해놓은 상태였다.

집에 돌아온 윌리엄 테넌트는, 본인으로서는 가장 어려운 전화를 했다. 그는 폴란스키의 매니저일 뿐 아니라 친한 친구이기도 했다. 테넌트는 시간을 확인하고, 아홉 시간을 더해 런던 현지 시각을 계산했다. 늦은 저녁일 테지만, 폴란스키는 돌아오는 화요일 귀국 전에 이런저런 영화 계획을 마무리하느라 깨어 있을 거라 짐작하고, 그의 런던 집으로 전화를 걸었다. 짐작이 옳았다. 전화가 울렸을 때 폴란스키는 몇몇 관련자와 함께 「돌고래의 날The Day of the Dolphin」 대본을 놓고 장면을 검토 중이었다.

폴란스키는 당시 대화를 다음과 같이 기억하게 된다.

"로만, 집에 끔찍한 재앙이 일어났습니다."

"어느 집 말입니까?"

"감독님 집이요." 그리고 서둘러 덧붙였다, "샤론이 죽었어요. 보이텍과 기비, 제이도 죽었습니다."

"안 돼, 안 돼, 안 돼, 안 돼!" 뭔가 잘못된 것이 분명했다. 두 남자는 이제 흐느끼고 있었다. 테넌트는 사실이라고 다시 한번 말했다. 자신이 직접 집에 다녀왔다고 했다.

"어떻게 된 겁니까?" 폴란스키가 물었다. 나중에 말하기를, 그는 화재가 아니라 산사태를 떠올렸다고 했다. 로스앤젤레스 구릉 지대에서는, 특히 폭우가 내린 후에는 드물지 않은 일이었다. 종종 집 전체가 파묻히는 일도 있었고, 그렇다면 아직 그들이 살아 있을 가능성도 있었다. 그제야 테넌트는 그들이 살해되었다고 말했다.

보이텍 프라이코프스키에게 폴란드에 살고 있는 아들이 있다는 것을 경찰은 알게 되었지만, 미국에는 친척이 한 명도 없었다. 램블러 안의 젊은이는 여전히 신원이 확인되지 않아 이내 이름을 붙여주었다. 그는 존 도John Doe* 85번으로 지정되었다.

뉴스는 급속도로 퍼져나갔다―그와 함께 소문도 퍼져나갔다. 시엘로 저택의 소유주이자 몇몇 연예인의 매니저이기도 했던 루디 앨토벨리는 로마에 있었다. 그의 고객 중 한 명인 여배우가 전화를 걸어, 샤론과 다른 네 명이 그의 집에서 살해되었으며, 앨토벨리가

---

\* 경찰이 신원 미상의 인물에게 붙여주는 이름.

고용한 관리인 개럿슨이 범행을 자백했다고 알려주었다.

개럿슨은 자백하지 않았지만, 앨토벨리는 미국에 돌아오기 전까지 그 사실을 모르고 있었다.

정오쯤엔 전문가들이 도착했다.

LAPD 과학수사국 잠재지문 담당인 제롬 A. 보엔 경관과 D. L. 거트 경관이 본채와 별채를 샅샅이 살피며 지문을 채취했다.

지문에 가루를 뿌리고("지문 인화"), 점착성 투명 테이프를 그 위에 놓은 다음, 지문이 보이면 "뜯어서" 대조되는 색깔의 카드에 고정한다. 뒷면에 위치, 날짜, 시간, 담당 경관의 이니셜을 기록한다.

보엔이 작업한 "뜯어낸" 카드 한 장에는 이렇게 적혀 있다. "8-9-69/10050 시엘로/1400/JAB/프랑스식 문 왼쪽 손잡이 안쪽/침실에서 수영장으로 나가는 방향/손잡이 있는 쪽."

같은 시각에 작성한 또 다른 카드에는 이렇게 적혀 있다. "현관문 바깥/손잡이 있는 쪽/손잡이 위."

본채와 별채를 모두 확인하는 데 여섯 시간이 걸렸다. 그날 오후 D. E. 도먼 경관과 웬델 클레먼츠가 합류했는데, 클레먼츠는 민간인 지문 전문가로 네 대의 차량에 집중했다.

일반인들의 생각과 달리 해독 가능한 지문은 굉장히 드물다. 대부분의 옷이나 천 같은 표면에는 지문이 찍히지 않는다. 지문이 찍히는 표면이라고 해도, 보통은 손가락 일부만 닿아서 부분적인 굴곡만 남게 마련인데, 이는 비교 대상으로는 쓸모가 없다. 손가락을 움직이면 결과는 읽을 수 없게 뭉개진다. 그리고 데로사 경관이 철문 버튼에서 보여주었듯이, 이미 있던 지문 위에 다른 지문이 겹쳐지면 이 역시 신원 파악을 하는 데는 아무 쓸모가 없어진다. 그러니까 일반적으로 어떤 범죄 현장에서든, 깨끗하고 해독 가능한 지문, 비교해볼 만한 지점들을 충분히 지닌 지문은 놀라울 만큼 적다.

나중에 LAPD 소속 경관들의 것으로 밝혀진 것들을 제외하면, 시엘로 드라이브 10050번지의 본채와 별채, 그리고 차량에서 모두 50점의 지문 카드를 작성했다. 그중 7점은 윌리엄 개럿슨의 것으로 밝혀져 제외되었다(모두 별채에서 발견되었다. 개럿슨의 지문은 본채와 차량에서는 하나도 나오지 않았다). 추가로 15점은 피해자들의 것으로 밝혀져 제외되었고, 3점은 비교 대상으로 쓸 수 없을 정도로 흐릿했다. 결과적으로 모두 25점의 미확인 잠재지문이 남았고, 그중 어느 것이든 살인자 혹은 살인자들의 것이 될 수 있었다―물론 아닐 수도 있었다.

오후 1시 30분, 살인 사건 담당 형사가 처음으로 도착했다. 사고사나 자살이 아닌 게 확인된 후, 매드록 경위는 사건을 강력반에 다시 배정해야 한다고 요청했다. 수사 감독관 로버트 J. 헬더 경위가 책임자가 되었다. 그는 다시 마이클 J. 맥간과 제스 버클스에게 사건을 배정했다. (맥간의 평소 파트너인 로버트 칼킨스 경사는 휴가 중이었고, 복귀 후 버클스와 교대할 예정이었다.) 추가로 E. 헨더슨 경사, 더들리 바니 경사, 대니 갈린도 경사 셋이 수사를 지원하기로 했다.

살인 사건이 발생했다는 소식을 들은 로스앤젤레스 카운티 검시관 토머스 노구치는 검시관실 직원이 시신을 확인하기 전에는 시신에 손대지 말아달라고 경찰에 요청했다. 부검시관 존 핀켄이 1시 45분쯤 도착하고, 나중에 노구치 본인도 도착했다. 핀켄이 공식적으로 사망을 확인했다. 간을 적출하고 주변의 기온을 측정했다(오후 2시였고, 정원은 섭씨 34.4도, 실내는 28.3도였다). 테이트와 세브링을 묶고 있던 끈을 자르고, 직접 만든 것인지 구매한 것인지 확인할 수 있게 일부를 형사들에게 넘겼다. 세 가닥의 나일론으로 꼰 흰색 끈이었고, 전체 길이는 13.3미터였다. 그라나도가 끈에서 혈액 샘플을 채취했지만, 이번에도 지레짐작으로 세부 유형 검사는 하지 않았다. 핀켈은 피해자의 시신에서 개인 물품들도 떼어냈다. 샤론 테이트는 노란색 결혼반지와 귀걸이였다. 제이 세브링은 카르티에 손목시계였는데, 나중에 1500달러가 넘는 물건으로 밝혀졌다. 존도 85번은 루체른 손목시계와, 다양한 문서만 있고 신분증은 없는 손가방이었다. 애비게일 폴저와 보이텍 프라이코프스키는 소지한 개인 물품이 하나도 없었다. 몸싸움 중 손톱 밑에 끼었을 수도 있는 털이나 피부조직을 보존하기 위해 피해자들의 손에 비닐을 씌운 다음, 핀켈은 시신을 덮어서 바퀴 달린 들것에 눕히고, 구급차에 신고, 로스앤젤레스 시내에 있는 법무부의 검시관실로 보냈다.

철문 앞에서 기자들에게 둘러싸인 노구치 박사는, 이튿날 정오에 부검 결과를 공식 발표하기 전에는 어떤 이야기도 하지 않겠다고 했다.

하지만 노구치와 핀켈은 개인적으로는 형사들에게 자신들이 알게 된 것을 말해주었다.

성적으로 괴롭히거나 공격한 증거는 없었다.

피해자 중 셋—존 도, 세브링, 프라이코프스키—은 총에 맞았다. 왼손 바닥의 방어흔, 손목시계 줄까지 잘라버린 그 상처를 제외하면, 존 도는 칼에 찔리지 않았다. 하지만 나머지 넷은 많이, 아주 많이 찔렸다. 뿐만 아니라 세브링은 적어도 한 번 이상 얼굴을 가격당했고, 프라이코스프키는 뭉툭한 물체로 반복해서 머리를 두들겨 맞았다.

정확한 결과는 부검을 기다려야겠지만, 검시관들은 총상의 구멍으로 미루어 사용된 총은 아마 22구경일 것 같다고 결론 내렸다. 경찰도 이미 그럴 거라 짐작하고 있었다. 램블러 수색 과정에서, 바니 경사는 조수석과 차 문 사이에서 네 개의 총탄 파편을 발견했다. 또한 뒷좌석에서도 산탄의 일부가 발견되었다. 모두 비교 대상으로 삼기에는 너무 작았지만, 그것들도 22구경인 듯했다.

자상에 대해서는, 상처의 패턴이 총검에 의한 자상과 다르지 않은 것 같다는 의견을 제시했다. 공식 보고서에서 형사들은 한발 더 나아가 "자상을 남긴 칼은 아마 총검인 것 같다"고 결론 내렸다. 이는 많은 가능성을 차단했을 뿐 아니라, 단 한 자루의 칼이 사용되었음을 가정하고 있는 것이다.

상처의 깊이(12센티미터가 넘는 것도 많았다)와 폭(2.5센티미터에서 3.8센티미터 사이였다), 그리고 두께(3밀리미터에서 6밀리미터 사이였다)를 볼 때 식칼이나 일반적인 주머니칼은 제외해야 했다.

우연히도, 집 안에서 발견된 두 개의 칼은 식칼과 주머니칼이었다.

주방 싱크대에서 스테이크 칼이 발견되었다. 그라나도가 벤지딘 검사를 실시하자 혈액 반응이 나왔지만, 이중면역확산법 검사에서 음성인 것으로 미루어 인간의 피가 아니라 동물의 피였다. 보엔이 지문을 채취해보려 했지만, 부분 지문밖에 나오지 않았다. 나중에 채프먼 부인이 그 칼은 폴란스키 부부가 가지고 있는 스테이크 칼 세트 중 하나라고 확인해주었고, 서랍장 안에 있는 세트의 나머지 칼들도 보여주었다. 하지만 그 전에 이미 경찰은 칼의 크기, 특히 그 얇은 두께 때문에 수사 대상에서 제외했다. 아주 난폭하게 찔러댔기 때문에 그런 칼날은 부러지고 말았을 것이다.

그라나도는 거실에 있는 샤론 테이트의 시신으로부터 1.2미터 떨어진 곳에서 두 번째 칼을 발견했다. 의자들 중 하나의 쿠션 뒤에, 칼날 부분이 위를 향한 채 끼어 있었다. 벅사社의 걸쇠형 접이식 칼로 날의 폭은 7.5밀리미터, 길이는 9.7센티미터였는데, 대부분의 상처를 만들어내기에는 너무 작았다. 칼날 옆면에서 얼룩을 발견한 그라나도는 혈액 검사를 해봤지만 음성이었다. 거트가 지문 채취를 시도했으나 읽을 수 없이 뭉개진 것들뿐이었다.

채프먼 부인은 그 칼은 본 적이 없다고 했다. 그 점이, 그 칼이 놓여 있던 곳이 어색했다는 사실과 함께, 범인(들)이 두고 간 것임을 암시했다.

문학에서는 살인 사건 현장을 종종 하나의 직소 퍼즐에 비유하곤 한다. 인내심을 갖고 노력하면 결국 모든 조각이 제자리에 맞아들어간다는 것이다.

베테랑 경관들은 그렇지 않다는 것을 알고 있다. 더 적절한 비유는 두 개, 세 개, 혹은 그 이상의 직소 퍼즐이다. 그중 하나로는 완성되지 않는다. 심지어 해결책이 나온 후에도—만약 나온다면—아직 남은 조각들이 있고, 맞아들어가지 않는 증거들이 있다. 그리고 어떤 조각들은 늘 없어진다.

성조기가 있었고, 이 때문에 이미 끔찍했던 살육 현장에 기괴한 분위기까지 더해졌다. 그것이 암시하는 바는 정치적 스펙트럼의 한쪽 극단에서 다른 쪽 극단까지 다양할 수 있지만, 위니프리드 채프먼이 나중에 그 깃발은 몇 주째 집 안에 있던 거라고 경찰에게 확인해주었다.

몇몇 증거는 너무 쉽게 무시되었다. 현관문 앞에 피로 쓴 글씨들이 있었다. 최근 들어 '돼지'라는 단어가 새로운 의미를 띠기 시작했는데, 경찰에게는 아주 익숙한 의미였다. 하지만 거기 그렇게 적힌 글씨는 무엇을 의미했던 걸까?

끈도 있었다. 채프먼 부인은 그런 끈을 집 안에서 한 번도 본 적이 없다고 단언했다. 범인(들)이 가지고 온 걸까? 그렇다면 이유는?

피해자 두 명을 끈으로 묶어놓았다는 사실이 의미하는 바는 무엇일까, 샤론 테이트와 제이 세브링은 전 연인이었을까? 혹은 "전이라는 표현이 맞는 걸까? 폴란스키가 집을 비운 사이에 세브링은 거기서 뭘 하고 있었던 걸까? 이건 수많은 신문에서도 던지게 될 질문이었다.

뿔테 안경은—지문과 혈흔 모두 나오지 않았다—피해자의 것일까, 범인의 것일까, 아니면 사건과 전혀 관련 없는 누군가의 것일까? 혹은—질문을 하나 할 때마다 여러 가능성이 무한하게 펼쳐졌다—그 안경을 거짓 단서로 남겨놓은 걸까?

복도의 여행 가방 두 개. 가정부는 전날 오후 4시 30분에 자신이 집에서 나올 때는 그 가방들이 없었다고 했다. 누가, 언제 가지고 온 걸까, 이 인물은 뭔가를 봤던 걸까?

왜 범인(들)은 가림막을 찢고 뜯어내는 수고를 했던 걸까? 아직 태어나지 않은 폴란스키 아이의 육아실로 쓰기 위해 새로 페인트칠을 한 방의 창문들이 열려 있고, 가림막도 없었는데 말이다.

존 도 85번, 램블러 안의 젊은이. 채프먼과 개럿슨, 테넌트는 그가 누군지 몰랐다. 그는 누구이며 시엘로 드라이브 10050번지에서 뭘 하고 있었던 걸까? 그는 다른 살인을 목격했을까, 아니면 다른 살인이 일어나기 전에 살해당한 걸까? 만약 전이라면, 다른 사람들이 총소리를 듣지 않았을까? 그의 옆자리에는 소니사의 AM-FM 디지매틱 시계라디오가 놓여 있었다. 시계는 오전 12시 15분에 멈춰 있었다. 우연일까, 아니면 의미가 있는 걸까?

범행 시간에 대해서는, 총성 및 다른 소리들이 들렸다는 신고가 들어온 시각은 자정 직후부터 오전 4시 10분 사이였다.

모든 증거가 확정적이지 않은 것은 아니었다. 몇몇 조각은 맞아들어갔다. 저택 어디에서도 탄피가 발견되지 않았다는 것은 사용된 총이 리볼버였음을 암시한다. 자동 권총과 달리 리볼버에서는 탄피가 나오지 않는다.

권총 손잡이의 검은색 목재 조각을 맞춰본 결과 오른쪽 면의 조각이었다. 따라서 경찰은 그들이 찾고 있는 총이 오른쪽 손잡이 부분이 떨어진 22구경 리볼버임을 알 수 있었다. 손잡이 조각들을 통해 제조사와 모델을 확정할 수 있을 것이다. 세 조각 모두 사람의 피가 묻어 있었지만, 그중 하나만 분석 가능했다. 결과는 O-MN이었다. 다섯 명의 피해자 중 세브링만 O-MN 혈액형이었고, 이는 그의 얼굴을 가격한 뭉툭한 물체가 리볼버의 손잡이였음을 암시한다.

현관문에 피로 쓴 글씨의 혈액형은 O-M이었다. 이번에도, 피해자 중 한 명만이 같은 혈액형이었다. 돼지라는 단어는 샤론 테이트의 피로 쓴 것이었다.

진입로의 차량은 모두 네 대였는데, 거기 있어야 할 한 대, 즉 샤론 테이트의 빨간색 페라리는 없었다. 범인(들)이 그 스포츠카를 타고 달아났을 가능성이 있어 해당 차량은 "수배"되었다.

시신을 옮긴 후에도 형사들은 현장에 남아 의미 있는 패턴을 찾아보려 했다.

의미심장한 패턴을 몇 개 발견했다.

집 안을 뒤지거나 물건을 훔쳐간 흔적은 없었다. 맥간은 거실 의자 등받이에 걸려 있던 세브링의 재킷 안주머니에서 지갑을 발견했다. 거기에는 80달러가 들어 있었다. 존 도는 지갑에 9달러를 가지고 있었고, 프라이코프스키는 지갑과 바지 주머니에 2달러 44센트를 가지고 있었으며, 폴저는 손가방에 9달러 64센트를 가지고 있었다. 샤론 테이트의 침대 옆 탁자에는 10달러 지폐 한 장, 5달러 한 장, 1달러 세 장이 쉽게 눈에 띄는 자리에 놓여 있었다. 분명 값비싼 물건들―비디오 플레이어, 텔레비전, 전축, 세브링의 손목시계, 그의 포르셰―이 그대로 있었다. 며칠 후 경찰은 위니프리드 채프먼을 시엘로 10050번지로 다시 데리고 와 사라진 물건이 있는지 확인했다. 그녀가 없어졌다고 한 물건은 복도 수납장에 넣어둔 카메라 삼각대밖에 없었다. 믿을 수 없을 만큼 야만적인 다섯 건의 살인이 카메라 삼각대 때문에 벌어진 것이 아님은 분명했다. 삼각대는 아마 누군가에게 빌려주었거나 그냥 잃어버렸을 것이다.

가택 절도 중에 살인이 일어났을 가능성을 완전히 배제할 순 없겠지만―피해자들이 작업 중인 절도범(들)을 놀라게 한 경우―이런 점 때문에 확실히 우선순위에서는 많이 내려갔다.

다른 발견들 덕분에 좀더 그럴듯한 방향이 제시되었다.

세브링의 포르셰에서 코카인 1그램이 나왔고, 마리화나 6.3그램과 5센티미터짜리 "바퀴벌레"도 발견되었다. "바퀴벌레"는 피우고 남은 마리화나 꽁초를 지칭하는 속어다.

본채 거실의 옷장에 있는 비닐봉지에 6.9그램의 마리화나가 들어 있었다. 프라이코프스키와 폴저가 사용한 침실의 침대 옆 탁자에 30그램의 대마초와 알약 10개가 있었는데, 분석 결과 그 알약은 MDA로 알려진 신종 약물이었다. 샤론 테이트의 침대 옆 탁자에 놓인 재떨이에 마리화나 잔여물이 있었고, 현관문 옆의 책상에도 마리화나 담배가 있었으며 LAPD는 이 부분을 놓친 것으로 보인다, 이 마리화나는 8월 17일 저택을 방문한 로만 폴란스키가 발견했다, 별채에도 두 개 더 있었다.

마약 파티를 벌이다 그중 한 명이 "맛이 가서" 함께 있던 다른 사람들을 모두 살해한 걸까? 경찰은 이 가설을 가장 가능성 높은 살인의 이유로 봤는데, 거기에는 몇 가지 약점이 있다는 것도 잘 알고 있었다. 가장 큰 약점은 이 가설이 단독범을 가정하고 있다는 점이다. 한 손에 총을, 다른 손에는 총검을 들고, 거기에 13미터짜리 끈도 지니고 있었다는 뜻인데, 마침 그 모든 것을 우연히 함께 가지고 들어왔어야 했다. 그리고 전화선 문제도 있다. 살인 전에 전화선을 자른 거라면, 이는 사건이 임의로 벌어진 것이 아니라 사전 준비가 있었음을 암시한다. 만약 사건 후에 잘랐다면, 그 이유는 뭘까?

아니면 살인은 마약 "사기"의 결과였을까? 범인(들)이 마약을 배달하거나 구입하기 위해 도착했고, 돈이나 마약의 질에 대한 말다툼이 폭력으로 번진 걸까? 이는 형사들이 최초 수사 보고서에서 언급한 다섯 가설 중 여러 면에서 두 번째로 가능성이 높은 것이었다.

세 번째는 두 번째 가설의 변형으로, 범인(들)이 돈과 마약을 모두 챙기려 했다는 것이다.

네 번째는 가택 절도 가설이었다.

다섯 번째 가설은 "청부 살인"이었다. 범인(들)은 피해자 중 한 명 혹은 그 이상을 죽이는 임무를 맡았고, 자신들의 정체를 숨기기 위해 거기 있는 사람을 모두 죽여야만 했다. 하지만 살인 청부업자가 총검처럼 크고, 눈에 띄며, 다루기 어려운 무기를 선택했을까? 그리고 이번 사건에서 보이는 것처럼 미친 듯이 찌르고 찌르고 또 찔렀을까?

마약 가설이 가장 그럴듯해 보였다. 이어진 수사에서 피해자들의 지인들을 조사하고, 그들의 습관과 생활 방식이 분명히 드러나면서, 마약이 어떤 식으로든 동기와 관련 있을 가능성이 몇몇 사람의 머릿속에 확실히 자리 잡았고, 이 때문에 사건을 해결할 단서가 주어졌을 때도 그들은 그 점을 고려하지 않으려 했다.

마약 생각을 한 건 경찰만이 아니었다.

제이 세브링의 오랜 친구이기도 한 배우 스티브 매퀸은, 사망 소식을 듣고는 미용사의 가족과 사업을 보호하기 위해 그의 집에서 약들을 치워야 한다고 했다. 매퀸 본인이 "청소" 작업에 직접 참여하지는 않았지만, LAPD가 세브링의 거주지를 수색하기 위해 도착했을 때 낯을 붉힐 만한 것들은 이미 제거된 상태였다.

다른 사람들은 즉시 공황 상태에 빠졌다. 경찰이 누구를, 그리고 언제 조사할지 확신할 수 없었다. 신분을 밝히지 않은 어떤 영화계 인사는 『라이프』 기자에게 이렇게 말했다. "베벌리힐스의 모든 변기에서 물을 내리고 있습니다. 로스앤젤레스 하수도 전체가 막혔어요."

영화 스타 외 4명
피범벅 제사에서 사망
샤론 테이트, 살인 "의식"의 피해자가 되다

머리기사들이 석간 신문의 1면을 장식하고, 라디오와 텔레비전에서도 큰 뉴스가 되었다. 사건의 기괴한 특징, 피해자의 숫자, 그리고 그 유명세—아름다운 여배우, 커피 재벌의 상속녀, 그녀의 잘 나가는 바람둥이 연인, 국제적으로 유명한 미용사—가 결합되며, 존 F. 케네디 대통령 암살을 제외하면 미국 역사에서 가장 유명한 살인 사건이 될 것 같았다. 1면에 살인 사건을 싣는 일이 거의 없는 근엄한 『뉴욕타임스』마저 이튿날 아침부터 며칠 동안 그 소식을 전했다.

사건 당일과 이어진 날들에 쏟아진 설명에는 엄청난 양의 세부 사항이 담겨 있었다. 정보가 너무 많아서 수사관들이 용의자들을 심문할 때 사용할 "거짓말탐지기 핵심 요소"를 정하기 어려울 정도였다.

어떤 살인 사건에서든 경찰과 범인(들)만 알고 있는 어떤 정보는 숨기는 것이 기본이다. 용의자가 자백하거나, 거짓말탐지기 검사에 동의하면, 이 핵심 요소들이 그가 사실을 말하고 있는지 판단하는 기준이 된다.

많은 정보가 새버리는 바람에 "테이트 사건", 이미 언론에서는 살인 사건으로 부르고 있는 이 건에 배정된 형사들은 다음의 다섯 가지 핵심 요소만 정할 수 있었다. (1) 범행에 사용된 칼이 총검이라는 점. (2) 총은 22구경 리볼버라는 점. (3) 피해자들을 묶는 데 사용된 끈의 길이와 묶인 방식. 그리고 (4)번과 (5)번은 각각 현장에서 발견된 뿔테 안경과 벅사의 접이식 칼.

비공식적으로 유출된 정보의 양이 LAPD 고위직들을 너무 괴롭혔기 때문에 추가 정보에 대해서는 철저하게 비밀을 유지했다. 기자들은 그 점을 마음에 들어하지 않았고, 사실과 관련된 보도가 없는 상황에서 추측과 억측들은 쏟아졌다. 이어진 며칠 동안 기념비적으로 많은 거짓 정보가 발표되었다. 예를 들어 샤론 테이트의 배 속에 있던 태아를 꺼냈다는 기사, 그녀의 가슴 한쪽 혹은 양쪽을 도려냈다는 기사, 피해자 중 몇 명의 성기가 훼손되었다는 기사 등이 광범위하게 보도되었다. 세브링의 얼굴을 덮고 있던 수건은 신문이나 잡지에 따라 흰색(KKK?) 혹은 검은색 두건(악마 숭배자?)이 되었다.

하지만 살인으로 기소된 남자에 대한 정보는 거의 없었다. 처음에는 경찰이 개럿슨의 권리를 보호하기 위해 침묵을 지키고 있는 것으로 여겨졌다. 또한 LAPD가 그에 대한 강력한 증거를 가지고 있으며, 그렇지 않다면 그를 체포할 수 없었을 거라고 여겨졌다.

패서디나의 한 신문에서 조각 정보들을 모아 빈틈을 메워보려 했다. 그 신문에서는 경관들이 개럿슨을 발견했을 때, 그가 "형사님들은 언제 오는 건가요?"라고 물었다고 보도했다. 그 말에 담긴 암시는 분명했는데, 무슨 일이 벌어졌는지 개럿슨은 알고 있었다는 의미였다. 개럿슨이 그렇게 물은 것은 사실이지만, 그건 체포되고 한참 후 철문을 지날 때 했던 질문이며, 그나마 데로사 경관이 앞서 했던 말에 대한 반응이었다. 신문에서는 또한 익명의 경관의 말을 인용하며, "이 날씬한 젊은이의 바지 무릎 부분이 찢어져 있었으며, 그가 지내고 있는 별채에는 몸싸움의 흔적이 남아 있었다"고 보도했다. 그 몸싸움의 흔적이 개럿슨이 체포되기 전이 아니라, 도중에 생긴 것임을 모르는 사람이 보면 결정적인 증거였다.

처음 며칠 동안 모두 43명의 경관이 범죄 현장에 출동해 무기와 기타 증거들을 수색했다. 거실 위의 다락방을 수색하는 동안 마이크 맥간 경사는 비디오테이프가 담긴 필름 통을 발견했다. 에드 헨더슨 경사가 테이프를 영사실이 있는 경찰학교로 가지고 갔다. 영상에는 샤론과 로만 폴란스키의 애정 행각이 담겨 있었다. 확실히 민감한 자료였기 때문에 그 테이프는 증거로 등록되지 않고, 원래 있던 다락방에 돌려놓았다. 나중에 어떤 작가는 경찰이 저택에서 방대한 양의 포르노그래피를 발견했으며, 거기에는 유명한 할리우드 스타들의 다양한 성행위를 담고 있는 필름과 사진이 다수 포함되어 있다고 주장했다. 위에서 말한 것을 포함해 공개되지 않은 비디오테이프 몇 개 외에, 저택에서 발견된 포르노그래피는 샤론 테이트의 결혼사진과 다수의 홍보 사진밖에 없었다. 같은 작가는 또한 다락방에서 검은색 두건도 몇 개 발견되었다고 주장했다. 두건 비슷한 것은 하나도 나오지 않았기 때문에 이 역시 사진 이야기가 실렸던 그 자료를 보고 그가 상상으로 만들어 낸 듯하다.

건물을 수색하는 것에 더해 형사들은 이웃을 조사하며 주변에서 낯선 사람을 본 적이 없는지 물었다.

레이 에이신은 두어 달 전 시엘로 드라이브 10050번지에서 거창한 파티가 열렸고, 손님들은 "히피 복장"을 하고 왔다고 전했다. 하지만 실제로 히피들은 아닌 듯한 인상을 받았는데, 왜냐하면 대부분 롤스로이스나 캐딜락을 타고 도착했기 때문이다.

전날 밤 자신의 사냥개가 짓는 바람에 잠에서 깼다는 에밋 스틸은, 최근 몇 주 동안 누군가 한밤중에 사막용 사륜구동차를 타고 주변을 오르내렸던 것을 떠올렸지만, 운전자나 승객의 얼굴을 확인할 만큼 가까이서 보지는 못했다고 했다.

조사에 응했던 사람 대부분은 특이한 점을 보거나 듣지 못했다고 했다.

형사들은 대답보다 의문점을 더 많이 얻은 셈이었다. 하지만 그들은 단 한 명, 즉 윌리엄 개럿슨이 수수께끼를 풀어줄 거라는 희망을 품고 있었다.

시내의 형사들은 그보다는 덜 낙관적이었다. 체포 후 열아홉 살 청년은 웨스트 로스앤젤레스 구치소로 옮겨져 조사를 받았다. 수사관들은 그의 대답이 "혼미하고 질문과 관련이 없다"고 판단했고,

아직 약에 취한 상태인 것 같다는 의견을 냈다. 혹은 개럿슨의 주장대로, 그가 새벽에 몇 시간 잠든 것을 제외하면 전날 밤 거의 잠을 자지 못했고, 지친 상태에서 겁을 집어먹고 있었던 것일 수도 있다.

조사 직후 개럿슨은 배리 탈로 변호사의 도움을 받을 수 있었다. 탈로가 동석한 두 번째 조사는 로스앤젤레스 경찰 본부인 파커 센터에서 진행되었다. 경찰 입장에서 보면 생산적이지 않은 조사였다. 개럿슨은 그가 그 집에서 살고 있긴 하지만, 본채의 사람들과는 거의 접촉이 없었다고 주장했다. 전날 자신을 찾아온 손님은 스티브 페어런트라는 청년 한 명뿐인데, 11시 45분에 와서 30분 만에 떠났다고 했다. 페어런트에 관한 질문을 받자 개럿슨은 잘 아는 사이가 아니라고 했다. 2주 전 어느 날 밤 그의 차를 얻어 타고 협곡을 오른 적이 있고, 철문 앞에서 내리며 스티브에게 부근에 사는 거면 언제 한번 들르라고 말했다. 뒤쪽 별채에서 개를 제외하면 혼자 살았던 개럿슨은, 그렇게 다른 사람들을 초대하는 일이 종종 있었다고 했다. 스티브가 나타났을 때는, 놀랐다. 전에는 그런 사람이 한번도 없었기 때문이다. 하지만 스티브도 오래 있지는 않았고, 자신이 파는 시계라디오에 개럿슨이 관심 없다는 걸 알고 나서는 곧바로 자리를 떴다.

이 단계에서 경찰은 개럿슨의 손님과 램블러 안의 청년을 연결 짓지는 않았는데, 아마 개럿슨이 피해자를 알아보지 못했기 때문인 것으로 보인다.

탈로와 상의한 후, 개럿슨은 거짓말탐지기 검사에 동의했고, 일정은 이튿날 오후로 잡혔다.

시신들을 발견하고 열두 시간이 지났다. 존 도 85번의 신원은 여전히 밝혀지지 않았다. 사건을 강력반에 넘기기 전 몇 시간 동안 수사 책임자였던 로버트 매드록 경위는 나중에 이렇게 말했다. "자동차 안의 [피해자] 시신을 처음 발견했을 때, 우리는 동시에 열네 개쯤 되는 방향으로 뛰고 있었습니다. 해야 할 일이 너무 많았고, 자동차등록증을 확인할 생각을 못 했던 것뿐입니다."

윌프레드와 후아니타 페어런트는 종일 기다리며 걱정했다. 두 사람의 열여덟 살 된 아들 스티븐이 전날 밤 집에 돌아오지 않은 것이다. "전화도 없고, 말도 없었거든요. 전에는 이런 적이 한 번도 없었어요"라고 후아니타 페어런트는 말했다.

저녁 8시경, 아내가 정신이 없어 저녁 준비도 못 하고 있는 것을 알게 된 윌프레드 페어런트는 아내와 세 자녀를 차에 태우고 식당으로 갔다. 돌아왔을 때쯤엔 스티브도 와 있을 거라고, 아내에게 말했다.

시엘로 10050번지의 철문 바깥에서 흰색 램블러의 등록번호를 알아볼 수 있었다. ZLR694. 한 기자가 그 번호를 받아적었고, 자동차등록사업소를 통해 직접 확인한 후, 차량 소유주가 "캘리포니아, 엘 몬테, 브라이언트 드라이브 11214번지의 윌프레드 혹은 후아니타 D. 페어런트"임을 알게 되었다.

그 기자가 시엘로 드라이브에서 40킬로미터가량 떨어진 로스앤젤레스 교외 지역인 엘 몬테에 도착했을 때 집에는 아무도 없었다. 이웃에 확인한 결과 그 집에 십대 후반의 아들이 있음을 알게 되었다. 뿐만 아니라 가족의 담당 사제인 예수탄생교회 로버트 번 신부의 연락처를 확인하고는 그에게 전화했다. 번은 그 젊은이와 가족을 잘 알고 있었다. 사제는 스티브가 아는 영화배우는 한 명도 없고, 그 모든 상황이 실수일 거라고 확신했지만, 기자를 따라 카운티 시신안치소에 가보기로 했다. 가는 길에 스티브 이야기를 했다. 그 친구는 음향"광"이라고, 번 신부는 말했다. 전축이나 라디오에 대해 알고 싶은 게 있으면 스티브가 대답해주었다. 번 신부는 그의 장래에 큰 희망을 품고 있었다.

그사이 LAPD는 지문과 등록증 확인을 통해 젊은이의 신원을 알게 되었다. 페어런트 부부가 집으로 돌아온 직후, 엘 몬테 경관 한 명이 찾아와 전화번호가 적힌 쪽지를 건네며 그쪽으로 전화를 해보라고 했다. 경관은 그 외에 다른 말은 하지 않고 떠났다.

페어런트가 전화했다.

"카운티 검시관 사무실입니다", 어떤 남자가 대답했다.

당황한 페어런트는 자신을 밝히고 경찰이 전화번호를 알려줬다고 설명했다.

전화가 부검시관에게 연결되었고, 그가 페어런트에게 말했다. "아드님이 총격 사건에 휘말린 것 같습니다."

"죽었습니까?" 페어런트가 놀라며 물었다. 그 질문을 들은 아내는 히스테리 반응을 보였다.

"여기 청년 시신이 하나 있는데요", 부검시관이 대답했다. "우리가 보기에는 댁의 아드님 같습니다." 그는 계속해서 신체적 특징을 묘사했다. 일치했다.

페어런트는 전화를 끊고 흐느끼기 시작했다. 나중에 그는 꽤 씁쓸한 어투로 이렇게 말했다. "제가 말할 수 있는 건, 누군가에게 아들이 죽었다는 말을 전하는 방식치고는 너무 지독했다는 겁니다."

비슷한 시각, 번 신부는 시신을 보고 신원을 확인해주었다. 존 도 85번은 스티브 얼 페어런트가 되었다. 엘 몬테 출신의, 하이파이에 빠져 있는 열여덟 살 청년이었다.

페어런트 부부는 새벽 5시에 잠자리에 들었다. "아내와 저는 마침내 아이들과 함께 침대에 누울 수 있었습니다. 그렇게 다섯 명이서 손을 꼭 붙잡고 울기만 하다가 잠들었습니다."

같은 1969년 8월 9일 토요일 밤 9시경, 레노와 로즈메리 라비앙카, 그리고 로즈메리가 이전 결혼에서 낳은 스물한 살짜리 딸 수잰 스트루더스는 이저벨라 호수를 떠나 로스앤젤레스로 돌아오는 긴 여정에 올랐다.

수잰의 동생인 열다섯 살의 프랭크 스트루더스 주니어가 친구 짐 새피의 가족 별장이 있는 이저벨라 호수에서 그와 함께 방학을 보내고 있었다. 레노와 로즈메리는 전주 화요일에 차를 타고 와서 아이들이 탈 고속보트를 전해주었고, 토요일 아침에 다시 와서 프랭크와 보트를 챙겨 돌아가려 했다. 하지만 아이가 무척 즐거운 시간을 보내고 있어 결국 라비앙카 부부는 프랭크를 하루 더 남겨두기로 했다. 그래서 그들은 지금 아들 없이, 1968년식 녹색 선더버드를 타고, 뒤쪽 트레일러에 고속보트를 매단 채 돌아오는 중이었다.

로스앤젤레스의 슈퍼마켓 체인 사장인 레노는 마흔다섯 살의 이탈리아인이고, 몸무게는 100킬로그램으로 약간 과체중이었다. 날씬하고 매력적인 로즈메리는 서른여덟 살의 갈색머리 여인으로, 전직 식당 종업원이었고, 웨이트리스 일을 전전하다 결혼에 실패했지만, 로스앤젤레스 노스 피게로아에 부티크 캐리지라는 자신의 의상실을 개업한 후로는 큰 성공을 거두었다. 그녀와 레노는 1959년에 결혼했다.

보트 때문에 레노는 원하는 만큼 속도를 낼 수 없었고, 토요일 밤에 로스앤젤레스와 인근 지역을 향해 빠르게 달리는 고속도로의 다른 차량들에 뒤처진 상태였다. 그날 밤 많은 사람이 그랬던 것처럼 그들도 라디오를 켜고 테이트 살인 사건 소식을 듣고 있었다. 수잰에 따르면 특히 로즈메리가 혼란스러워하는 것처럼 보였는데, 그녀는 몇 주 전 친한 친구에게 이렇게 말한 적이 있었다. "우리가 없는 동안 누군가 집에 들어온 것 같아. 물건들을 뒤졌고, 집 안에 있어야 할 개들도 밖에 나와 있었거든."

## 1969년 8월 10일 일요일

새벽 1시경 라비앙카 부부는 로스앤젤레스 로스 펠리스 구역, 그린우드 플레이스의 아파트에 수잰을 내려주었다. 레노와 로즈메리는 같은 동네, 그리피스 공원에서 멀지 않은 웨이벌리 드라이브 3301번지에 살고 있었다.

라비앙카 부부는 곧장 집으로 향하지 않고 힐허스트와 프랭클린이 교차하는 모퉁이로 차를 몰았다. 거기서 신문 가판대를 하고 있는 존 포키아노스는 보트를 매단 녹색 선더버드가 건너편 스탠더드 주유소로 들어가는 것을 알아보았고, 차가 유턴해서 자신의 가판대 앞으로 오는 동안 『로스앤젤레스헤럴드이그재미너』의 일요일판과 경마 신문을 한 부씩 꺼냈다. 레노는 단골이었다.

포키아노스의 눈에 라비앙카 부부는 긴 여정에 지친 것처럼 보였다. 값은 느릿느릿 치러졌고, 그들은 "그날의 화젯거리이자 대단한 뉴스였던 테이트 사건에 대해" 이야기했다. 포키아노스는 라비앙카 부인이 죽을 듯이 몸을 심하게 떨고 있었다고 회상했다. 그에게는 살인 사건을 좀더 길게 다룬 『로스앤젤레스타임스』 일요일판의 추가 지면도 있었던 터라 돈을 받지 않고 두 사람에게 한 부를 건넸다.

그는 부부가 차를 타고 멀어지는 모습을 지켜봤다. 정확한 시간은 확인하지 못했지만, 새벽 1시에서 2시 사이였다. 술집들이 문을 닫은 지 얼마 안 됐고, 업장 주위가 어수선한 분위기였던 것으로 미루어 아마 2시에 더 가까웠을 것이다.

적어도 알려진 바로는, 존 포키아노스가 로즈메리와 레노 라비앙카의 생전 모습을 ― 범인(들)을 제외하고 ― 마지막으로 본 사람이다.

일요일 정오, 정의의 전당 Hall of Justice* 1층에 있는 부검실 바깥 복도는 검시관의 발표를 기다리는 기자와 텔레비전 카메라맨들로 가득했다.

그들은 오래 기다려야 했다. 부검은 9시 50분에 시작되었고, 다수의 부검시관이 동원되었지만, 마지막 부검까지 마친 것은 오후 3시였다.

R. C. 헨리 박사가 폴저와 세브링의 부검을 담당했고, 개스턴 에레라 박사가 프라이코스프키와 페어런트의 부검을 담당했다. 노구치 박사는 그 네 건의 부검을 지휘했고, 거기에 더해 11시 20분에

---

\* 캘리포니아주 검찰청이 있는 건물.

시작된 나머지 한 건의 부검은 직접 담당했다.

샤론 마리 폴란스키, 시엘로 드라이브 10050번지, 여성, 백인, 26세, 160센티미터, 61킬로그램. 금발. 적갈색 눈. 피해자의 직업, 배우……

부검 보고서는 무뚝뚝한 문서다. 냉정하고, 사실적인 그 문서는 피해자가 어떻게 사망했는지를 암시하고, 그들의 마지막 순간에 대한 단서를 제공하지만, 어디에서도 피해자들은, 아주 짧게라도, 인간으로 등장하지 않는다. 각각의 보고서는 그 자체로 한 인생의 총합이지만, 그 인생이 어떻게 살아왔는지에 대해서는 거의 보여주는 것이 없다. 좋아하는 것, 싫어하는 것, 사랑, 증오, 두려움, 열망, 혹은 다른 인간적인 감정들은 없다. 그저 의학적인 마무리 문장뿐이다. "시신은 정상적인 발달 과정을 보인다…… 췌장의 광택은 특별할 것이 없다. 심장은 340그램이고 대칭적이다……."

하지만 피해자들에게도 인생이 있었고, 한 명 한 명이 과거를 지니고 있다.

샤론 테이트의 이야기는 대부분 영화사의 보도자료 같다. 그녀는 늘 영화배우가 되고 싶었던 모양이다. 6개월 되었을 때 댈러스의 미스 타이니 탓에 선정되었고, 열여섯 살에는 워싱턴주의 미스 리치랜드로 선정되었고, 그다음엔 미스 오토라마로 선정되었다. 직업군인이었던 아버지가 샌페드로에 부임하자, 그녀는 차를 얻어 타고 근처의 로스앤젤레스로 가서 영화사들을 찾아다녔다.

그런 야망에 더해 그녀에게는 장점이 하나 더 있었는데, 대단한 미인이었다. 그녀는 에이전트를 고용했고, 몇몇 광고에 출연하는 데 성공했으며, 그다음엔 1963년 텔레비전 시리즈 「페티코트 교차로Petticoat Junction」 오디션을 보게 된다. 프로듀서인 마틴 랜소호프는, 영화사의 홍보자료에 따르면, 세트장에 있는 예쁜 스무 살 아가씨를 보고는 "자기야, 내가 스타로 만들어줄게"라고 말했다고 한다.

스타로 올라서기까지는 오랜 시간이 걸렸다. 노래와 춤, 연기 수업을 듣는 중간중간에 「베벌리 힐빌리스The Beverly Hillbillies」나 「페티코트 교차로」에 보통은 검은 가발을 쓴 채 단역으로 출연했고, 랜소호프가 제작한 두 편의 영화 「에밀리, 미국인이 되다The Americanization of Emily」와 「샌드파이퍼The Sandpiper」에도 출연했다. 엘리자베스 테일러, 리처드 버턴과 공연한 후자는 빅 서에서 촬영했는데, 그녀는 그 장엄한 해안선과 사랑에 빠졌다. 정신없는 할리우드를 떠나고 싶을 때마다 그녀는 그곳으로 날아갔다. 화장을 지우고 딧젠스 빅 서 인에 묵곤 했는데, 혼자일 때도 있고, 다른 여자친구들과 함께 간 적도 있었다. 등산하고, 해변에서 일광욕을 하고, 네펜데 식당의 단골손님들과 어울려 지냈다. 많은 사람이 그녀가 사망한 후에야 배우였다는 것을 알게 되었다.

친한 친구들에 따르면, 샤론 테이트는 스타 무리에 속한 것처럼 보였지만 적어도 한 가지 면에서는 그런 이미지와 맞지 않았다. 그녀는 문란하지 않았다. 남자관계가 많지 않았고, 있더라도 가볍게 생각하지 않았다. 적어도 그녀 쪽에서는 그랬다. 그녀는 지배적인 남성에게 끌리는 듯했다. 할리우드에서 활동하는 동안 어떤 프랑스 배우와 오래 사귀었다. 제정신이 아닐 정도로 화가 난 상태에서 한번은 그가 그녀를 심하게 때렸고, 그녀는 UCLA 메디컬센터에서 치료를 받아야 했다. LAPD는 샤론의 부모를 통해 이 남자에 대해 알게 되었다. 또한 세브링의 전 여자친구 중 한 명을 통해 이 남자가 살인 사건이 일어나기 며칠 전 할리우드의 디스코텍에서 세브링과도 말다툼을 벌였다는 사실을 알게 되었다. 이 남자의 알리바이를 확인한 후 경찰은 남자가 살인 사건과 관련 없다고 판단했다. 말다툼 자체도 사소한 것이었는데, 세브링이 여성을 꼬드기려던 중 이 남자가 끼어들었던 것이다. 그 사건 직후인 1963년 제이 세브링이 영화 시사회장에서 그녀를 발견했고, 친구를 졸라 소개해달라고 했으며, 짧지만 공개적인 구애 후에 두 사람은 연인이 되었지만 그 관계는 그녀가 로만 폴란스키를 만날 때까지만 유지되었다.

1965년 자신의 문하생이 극영화를 할 준비가 되었다고 판단한 랜소호프는, 데버라 커와 데이비드 니번이 출연한 「악마의 눈Eye of The Devil」에 그녀를 출연시켰다. 크레디트에 일곱 번째로 이름을 올린 샤론 테이트는 마녀 같은 힘을 지닌 시골 아가씨 역을 맡았다. 대사는 열 줄도 안 되었는데, 그녀의 주된 역할은 아름다워 보이는 것이었고 그 역할을 해냈다. 이는 그녀가 출연한 영화 대부분에서 사실이다.

이 영화에서 니번은 사람들이 두건을 쓴 채 희생물을 바치는 의

식의 피해자가 된다.

배경은 프랑스지만 영화는 런던에서 촬영되었고, 바로 거기서 1966년 여름 그녀는 로만 폴란스키를 만났다.

당시 폴란스키는 서른세 살이었고, 이미 유럽의 대표적인 감독으로 명성을 떨치고 있었다. 그는 파리에서 태어났는데, 아버지는 유대계 러시아인이고 어머니는 러시아 혈통의 폴란드인이었다. 로만이 세 살 때 가족은 크라쿠프로 이사했다. 1940년 독일군이 침공해 유대인 게토를 봉쇄할 때에도 가족은 그곳에 살고 있었다. 아버지의 도움으로 로만은 간신히 탈출해 전쟁이 끝날 때까지 가족의 지인들과 함께 지냈다. 하지만 부모님은 두 분 다 강제수용소로 보내졌고, 어머니는 아우슈비츠에서 사망했다.

전쟁이 끝나고 그는 우치에 있는 폴란드 국립영화학교에서 5년을 보낸다. 졸업작품으로 「두 남자와 옷장 Two Men and a Wardrobe」의 대본을 쓰고 연출했는데, 이 초현실주의 단편영화가 격찬을 받는다. 이어서 몇 편의 단편영화를 제작하는데, 그중 「포유류들 Mammals」에서 폴란드인 친구 보이텍 프라이코프스키가 도둑 역할로 출연했다. 파리에 얼마간 머무른 후 폴란스키는 폴란드로 돌아와 첫 번째 극영화 「물속의 칼 Knife in th Water」을 만들었다. 이 영화가 베니스영화제에서 비평가상을 수상하고 아카데미상 후보에도 오르며, 당시 스물일곱 살에 불과했던 폴란스키는 유럽의 전도유망한 영화 제작자 중 한 명이 된다.

1965년 폴란스키는 영어로 한 첫 번째 영화 「혐오 Repulsion」를 만들었고, 캐서린 드뇌브가 출연했다. 다음 영화 「막다른 골목Cul de Sac」은 베를린영화제 최우수작품상, 베니스영화제 비평가상, 에든버러영화제 공로상, 로마영화제 주피터 자본상을 수상했다. 테이트 살인 사건 후 나온 기사에서, 기자들은 「혐오」에서 드뇌브 양이 미처 두 남자를 살해했고, 「막다른 골목」에서는 외딴 성에 사는 주민들이 기괴한 운명을 맞아 결국에는 단 한 명만 살아남았다는 점을 재빨리 지적했다. 그들은 또한 폴란스키가 "폭력에 대한 기호"를 보인다고도 했는데, 그의 영화에서 폭력은 대부분 암시될 뿐 노골적으로 드러나지 않는다는 점은 덧붙이지 않았다.

폴란스키의 사생활도 그의 영화만큼이나 논쟁을 불러일으켰다. 1962년 폴란드 영화계의 스타 바르바라 라스와의 결혼생활이 끝나자, 폴란스키는 바람둥이 감독이라고 소문났다. 그의 친구 한 명은 폴란스키가 자신의 연락처 목록을 뒤지며 "오늘 밤은 누구를 만족시켜줄까나?"라며 혼잣말하곤 했다고 회상했다. 또 다른 친구는 폴란스키의 엄청난 재능을 오직 그의 자아만 감당할 수 있었다고 했다. 친구가 아닌 사람도 많았는데, 그들은 폴란스키에 대해 험담했다. 어떤 이는 폴란스키의 키가 152센티미터를 간신히 넘겼다면서, 그를 "150밖에 안 되는, 누구도 엮이길 원하지 않는 폴란드인"이라고 했다. 그의 장난꾸러기 같은 매력에 사로잡힌 사람이든, 그의 오만함을 역겨워하는 사람이든, 그는 만나는 이들 거의 모두에게 강한 감정을 불러일으켰다.

샤론 테이트와의 관계에서는, 적어도 처음에는, 그렇지 않았다.

랜소호프가 성대한 파티에서 로만과 샤론을 소개시켜주었을 때 어느 쪽도 특별한 인상을 받지는 못했다. 그 만남은 우연이 아니었다. 폴란스키가 공포영화들을 조롱하는 영화를 고려하고 있다는 것을 알게 된 랜소호프는 자신이 제작을 맡겠다고 제안했다. 그는 샤론이 그 영화의 여주인공이 되기를 바라고 있었다. 폴란스키는 그녀를 대상으로 스크린 테스트를 했고, 그 역에 어울린다고 판단했다. 폴란스키가 각본과 연출을 맡고 출연까지 한 그 영화는 「박쥐성의 무도회The Fearless Vampire Killers」였다. 하지만 편집은 랜소호프가 맡았고, 폴란드 감독은 몹시 불쾌해하며 영화의 최종판을 인정하지 않았다. 그 영화는 예술이라기보다 풍자에 가까웠지만, 폴란스키는 흡혈귀를 쫓는 학자의 실수투성이 조수를 우스꽝스럽게 그려내며 본인의 다양한 재능의 또 다른 면을 보여주었다. 샤론은 이번에도 예쁘게 보였고, 대사는 열 줄도 되지 않았다. 영화 초반부에 흡혈귀의 희생자가 되었던 그녀는 마지막 장면에서 연인 폴란스키를 깨물고, 그렇게 또 다른 괴물을 만들어낸다.

촬영이 끝나기 전에, 그리고 폴란스키 입장에서는 대단히 길었던 구애 끝에 샤론과 로만은 스크린 밖에서도 연인이 된다. 세브링이 런던으로 날아갔을 때 샤론은 그 소식을 전했다. 충격받았을 수도 있지만 그는 티를 내지 않았고, 가족의 친구로서 자신의 역할을 신속히 받아들였다. 몇몇 지인에게만 했다는 이야기에 따르면, 세브링으로서는 샤론이 결국 로만에게 싫증을 내거나, 그 반대의 일이 벌어지길 바랐던 것 같은데, 그런 일이 일어났을 때 자신이 주변에 있는 상황을 가정했던 것이다. 세브링이 여전히 샤론을 사랑하고 있었다고 주장하는 사람들의 생각일 뿐이었지만—세브링은 수백 명을 알고 지냈지만 정말로 가까운 친구는 거의 없는 듯했고, 자신의 속 감정은 대부분 혼자서만 간직한 채 지냈다—비록 사랑의 성격이 달라졌다고 해도 깊은 애착은 남아 있었다고 생각하는 것이 안전한 추측이었다. 결별 후 세브링은 많은 여성과 어울렸지만, LAPD의 조사 기록에 따르면 대부분은 감정적이라기보다 성적인 관계였고, 대다수가 "하룻밤 관계"였다.

패러마운트사에서 폴란스키에게 아이라 레빈의 소설 『로즈메리의 아기Rosemary's Baby』를 영화화하는 작업을 부탁했다. 미아 패로가 악마의 아기를 갖는 젊은 여성 역을 맡은 이 영화는 1967년 후반에 완성되었다. 1968년 1월 20일, 다시는 결혼하지 않겠다는 폴란스키의 맹세를 들었던 친구들의 놀라움 속에서 그와 샤론은 런던에서 최신 유행의 결혼식을 올렸다.

「로즈메리의 아기」는 6월에 공개되었다. 같은 달, 폴란스키 부부는 로스앤젤레스 서밋 리지 드라이브 1600번지에 있는 배우 패티 듀크의 집을 빌렸다. 두 사람이 거기에 사는 동안 채프먼 부인이 가정부 일을 시작했다. 1969년 초 그들은 시엘로 드라이브 10050번지가 빌 거라는 소식을 들었다. 직접 만난 적은 없지만, 샤론은 테리 멜처와 여러 차례 전화로 이야기하며 그의 임대 계약을 물려받기로 했다. 폴란스키 부부는 1969년 2월 12일에 월세 1200달러의 임대계약서에 서명했고, 사흘 후에 이사했다.

「로즈메리의 아기」는 대성공을 거두었지만 샤론 본인의 경력은 전혀 도약하지 못했다. 그녀는 『플레이보이』 1967년 3월호에 세미누드로 등장했고(폴란스키 본인이 「박쥐성의 무도회」 세트장에서 찍은 사진들이었다), 함께 실린 기사는 다음과 같은 문장으로 시작됐다. "올해는 샤론 테이트가 아마……" 하지만 그 예측은 적어도 그해에는 실현되지 못했다. 몇몇 평론가가 그녀의 놀랄 만한 외모를 언급했지만, 그 영화는 물론 그녀가 출연한 두 편의 다른 영화를 통해서도—토니 커티스와 공연한 「파도를 일으키지 마Don't Make Waves」와 딘 마틴과 공연한 「레킹 크루Wrecking Crew」였다—스타의 반열 가까이에는 가지 못했다. 가장 큰 역은 1967년 「인형의 계곡Valley of the Dolls」에서 맡은 것인데, 그 영화에서는 유방암 판정을 받은 후 수면제를 과다 복용하는 여배우 제니퍼를 연기했다. 영화에서 죽음을 앞둔 제니퍼는 이렇게 말한다. "내겐 재능이 없어. 있는 건 몸뿐이야."

그 대사가 샤론 테이트의 연기를 적절하게 요약하고 있다고 생각하는 평론가들이 있었다. 공정하게 말하자면, 그때까지 그녀는 자신에게 있을지도 모르는 연기력을 보여줄 기회가 될 만한 역할은 하나도 받지 못한 상태였다.

그녀는 스타가 아니었다, 아직은. 그녀의 경력은 돌파구 앞에서 잠시 머뭇거리는 것 같았지만, 그대로 멈춰버리거나 아예 다른 방향으로 풀려버릴 수도 있었다.

하지만 그녀 인생에서 처음으로 샤론의 야망이 뒤로 밀려났다.

결혼과 임신이 그녀 삶의 전부가 되었다. 가까운 친구들에 따르면, 그녀는 다른 것은 모두 잊어버린 상태였다고 했다.

결혼생활에 문제가 있다는 소문들이 있었다. LAPD 조사에서, 샤론의 여성 친구 몇몇은 그녀가 낙태할 수 있는 시기가 지난 후에야 로만에게 임신 사실을 알렸다고 이야기했다. 폴란스키가 결혼 후에도 바람둥이로 지낼까봐 걱정했는지는 모르지만, 그랬다고 해도 그녀는 그런 걱정을 숨겼다. 샤론 본인이 당시 영화계에서 유행하던 이야기, 차를 타고 베벌리힐스를 지나던 로만이 앞에 걸어가는 예쁜 아가씨를 보고 "아가씨, 엉덩이가 예~뻐~요"라고 외쳤다는 이야기를 전하기도 했다. 아가씨가 돌아보고 나서야 폴란스키가 자신의 아내를 알아봤다는 이야기였다. 하지만 아기가 그 결혼을 더 친밀하게 만들어주기를 그녀가 바랐다는 점만은 분명했다.

할리우드는 선정적인 동네다. 피해자 지인들을 조사하는 과정에서 LAPD는 믿을 수 없을 만큼의 사악함을 마주하게 된다. 흥미롭게도 수십 건의 조사에서 실제로 샤론 테이트를 알고 지낸 사람들은 아무도 그녀에 대해 나쁜 이야기를 하지 않았다. 아주 다정하고, 조금 순진하다─이런 표현이 가장 많이 나왔다.

그 일요일에, 샤론을 알고 지냈던 『로스앤젤레스타임스』의 어떤 기자는 그녀를 "조각상 같은 몸매와 대단히 섬세한 얼굴을 지닌, 놀랄 만큼 아름다운 여인"으로 묘사했다.

그는 노구치 검시관의 시선으로 그녀를 볼 수는 없었다.

사망 원인: 가슴과 등에 여러 차례 자상, 심장과 폐, 간 손상에 따

른 막대한 출혈. 피해자는 모두 16회 칼에 찔렸으며, 그중 5회는 그 자체로 치명적임.

*제이 세브링, 로스앤젤레스 베니딕트 캐니언 이스턴 드라이브 9860번지, 남성, 백인, 35세, 168센티미터, 55킬로그램, 검정 머리, 갈색 눈, 피해자는 미용사이며 세브링 인터내셔널이라는 회사 소유……*

미시간주 디트로이트에서 태어난 토머스 존 쿠머는, 해군 이발사로 4년을 보낸 후 할리우드에 와서 이름을 제이 세브링으로 바꾸었다. 세브링이란 성은 플로리다의 유명한 스포츠카 경주장에서 가지고 온 것인데, 그는 그 이미지가 좋았다.

직업뿐 아니라 사생활에서도 그에게는 겉으로 보이는 것이 전부였다. 비싼 스포츠카를 탔고, "잘나가는" 클럽에 드나들었고, 심지어 리바이스 재킷도 주문 제작해서 입고 다녔다. 상근직 집사를 고용했고, 화려한 파티를 열었으며, 베니딕트 캐니언 이스트 드라이브 9860번지의 "마가 낀" 저택에 살았다. 한때 여배우 진 할로와 제작자 폴 번의 사랑의 보금자리였지만 결혼 후 두 달 만에 번이 할로의 침실에서 자살한 집이었다. 지인들에 따르면 세브링은 "특이한" 유명세 때문에 그 집을 구매했다고 한다.

영화사에서 오직 조지 페파드의 머리를 깎아주기 위해 2만 5000달러를 들여 세브링을 런던으로 보냈던 이야기는 널리 알려져 있었다. 그 기사가 최신 정보일 뿐 아니라 사실이기도 하다면, 그는 가라테 검은 띠도 가지고 있었다(리샤오룽李小龍에게 몇 번 가르침을 받았다). 그는 의심할 여지 없이 미국 최고의 남성 전문 미용사였고, 그 누구보다 남성 헤어 관리 분야에서 혁명을 일으킨 인물이었다. 폐파드 외에 그의 고객으로는 프랭크 시나트라, 폴 뉴먼, 스티브 매퀸, 피터 로퍼드를 비롯해 많은 영화계 스타가 있었고, 그중 여럿이 그의 회사 세브링 인터내셔널에 기꺼이 투자하겠다고 약속했다. 그는 로스앤젤레스 노스 페어팩스 725번지의 본점을 계속 운영하면서 프랜차이즈 매장을 열고, 자신의 이름을 내건 남성 욕실용품을 시장에 선보일 계획을 가지고 있었다. 첫 번째 매장이 1969년 5월 샌프란시스코에서 문을 열었고, 개장식에는 애비게일 폴저를 비롯해 폴 테이트 대령과 부인도 참석했다.

1968년 4월 9일, 세브링은 캘리포니아의 옥시덴탈 보험사에서 50만 달러짜리 회사 중역 보호 보험에 가입했다. 리테일 크레디트사에서 작성한 배경 조사에 따르면 그의 재산은 총 10만 달러였고, 그중 8만 달러는 저택의 평가 가치였다. 원래의 회사인 세브링사는 15만 달러의 자산을 보유하고 있었고, 부채는 11만5000달러였다.

수사관들은 세브링의 사생활도 조사했다. 그는 1960년 10월에 한 번 결혼했다. 모델이었던 아내 카미와는 1963년 8월부터 별거에 들어갔고, 마침내 1965년 3월에 정식으로 이혼했으며, 둘 사이에 자녀는 없었다. 기사에 따르면 세브링은 결코 "습관적으로 마약을 복용한 적이 없다". LAPD는 다르게 알고 있었다.

경찰은 신용평가사 조사관이 절대 발견하지 못한 다른 것들도 알고 있었다. 경찰 조사에서는 세브링 성품의 어두운 면이 여러 차례 드러났다. 공식 보고서에 따르면 이렇다. "그는 여자들의 남자로 여겨졌으며, 할리우드 언덕에 있는 자신의 집에 수많은 여성을 데리고 왔다. 그는 여성들을 창문에 달린 끈으로 묶은 다음, 상대가 동의하면 채찍질한 뒤 성관계를 가졌다."

그런 소문은 오랫동안 할리우드에 떠돌았다. 이제 언론이 그것을 물었고, 이에 기반한 수많은 가설이 쏟아졌는데, 그중에는 1969년 8월 9일 밤 시엘로 드라이브 10050번지에서 사도마조히즘과 관련된 난교 파티가 벌어졌다는 이야기도 있었다.

LAPD는 세브링의 특이한 성생활을 살인의 원인으로 진지하게 고려하지는 않았다. 조사에 응한 여성들은—숫자가 엄청났는데, 세브링은 일주일에 대여섯 명의 여성과 데이트를 즐기곤 했다—세브링이 자신들에게 아픈 척 연기를 해달라고 부탁한 적은 종종 있지만, 실제로 다치게 한 적은 한 번도 없다고 했다. 또한, 적어도 밝혀진 바에 따르면, 세브링이 집단 섹스에 가담한 적도 없었다. 그는 자신의 은밀하고 기이한 습성이 비웃음을 살까봐 두려워했다. 식상한 진실이지만, 정교하게 다듬은 공적 이미지 뒤에는 문제를 겪고 있는 외로운 남성, 자신의 역할에 불안감을 느낀 나머지 성생활에서도 환상에 의존해야 했던 남성이 있었던 것이다.

사망 원인: 과다 출혈. 피해자는 말 그대로 피를 흘리며 죽어갔다. 피해자는 7회 칼에 찔리고 총 한 발을 맞았다. 자상 중 적어도

세 곳과 총상 한 곳이 치명적임.

  애비게일 앤 폴저, 여성, 백인, 25세, 165센티미터, 55킬로그램, 갈색 머리, 적갈색 눈, 4월 1일부터 시엘로 드라이브 10050번지에 거주. 이전에는 우드스톡가 2774번지에 거주. 직업, 폴저 커피 회사 상속녀……

  애비게일 "기비" 폴저의 사교계 데뷔 파티는 1961년 12월 21일, 샌프란시스코의 세인트 프랜시스 호텔에서 열렸다. 이탈리아식 무도회는 사교계 행사의 하이라이트였고, 그날 처음 모습을 드러낸 주인공은 지난여름 파리에서 산 밝은 노란색 디오르를 입고 있었다.
  이후 그녀는 래드클리프 여대를 다녔고, 훌륭한 성적으로 졸업했고, 잠시 버클리의 캘리포니아 미술관 홍보 담당자로 일하다가, 그 일을 그만두고는 뉴욕의 서점에서 일했고, 그다음엔 빈민가에서 사회봉사 활동에도 참여했다. 뉴욕에서 지내던 1968년 초, 폴란드 소설가 예지 코신스키가 그녀를 보이텍 프라이코프스키에게 소개해주었다. 두 사람은 8월에 함께 뉴욕을 떠나 차를 타고 로스앤젤레스로 왔고, 할리우드 언덕의 멀홀랜드 외곽에 있는 우드스톡가 2774번지를 빌렸다. 프라이코프스키를 통해 그녀는 폴란스키와 세브링 무리를 만나게 되었다. 그녀도 세브링 인터내셔널의 투자자 중 한 명이었다.
  서던캘리포니아에 온 지 얼마 안 돼 그녀는 로스앤젤레스 복지국에 자원봉사자로 등록했고, 매일 새벽에 일어나 와츠, 파코이마 같은 빈민가에 가서 주어진 일을 했다. 그녀는 프라이코프스키와 함께 시엘로 드라이브 10050번지로 이사하기 전날까지 그 일을 했다.

이사 후 뭔가가 달라졌다. 아마 여러 가지가 복합적으로 작용한 것 같다. 그녀는 자신의 활동으로는 아무것도 이룰 수 없다고, 문제는 여전히 너무 크다며 낙담했다. "많은 사회복지사가 밤에 집에 돌아가서는 목욕을 하고, 그렇게 낮에 있었던 일을 씻어내는 것 같아." 그녀는 샌프란시스코의 오랜 친구에게 말했다. "나는 그럴 수가 없는 거야. 고통이 계속 몸 안에 남아 있다고." 5월에 흑인 시의원 토머스 브래들리가 로스앤젤레스 시장 선거에서 현직인 새뮤얼 요티에게 도전했다. 인종차별적 오점이 가득한 선거에서 브래들리가 패배하자, 그녀는 환멸을 느끼며 비통함에 빠졌다. 그녀는 다시 사회봉사 활동을 할 수 없었다. 프라이코프스키와의 관계 또한 혼란스러웠는데, 이미 두 사람의 마약 복용은 시험 삼아 해보는 단계를 넘어선 상태였다.

그녀는 이 모든 이야기를 담당 정신과 의사인 마빈 플리커 박사에게 털어놓았다. 그녀는 일주일에 다섯 번, 월요일에서 금요일까지 오후 4시 30분에 그와 상담을 했다.

그 금요일에도 상담에 다녀왔다.

플리커는 경찰에서 애비게일이 프라이코프스키와 헤어질 준비가 거의 되어 있었다고, 혼자 헤쳐나갈 결심을 굳히려 애쓰는 중이었다고 말했다.

경찰은 폴저와 프라이코프스키가 정확히 언제부터 다량의 마약을 규칙적으로 사용했는지 확정할 수 없었다. 국토 횡단 중이던 두 사람이 텍사스 어빙에서 해당 지역은 물론 댈러스 경찰에까지 잘 알려진 거물 마약상과 며칠을 함께 보낸 것이 밝혀졌다. 우드스톡 집에 살 때나 시엘로 드라이브로 이사한 후에도 마약상들은 정기적으로 그들의 집을 방문했다. 윌리엄 테넌트는 경찰에서, 시엘로 드라이브에 갈 때마다 애비게일은 "늘 약에 취해 멍한 상태인 것 같았다"고 말했다. 그 주 금요일 밤 10시경 마지막으로 통화했던 그녀의 어머니는, 기비가 또박또박 말했지만 "조금 취해 있었다"고 했다. 딸의 문제를 모르지 않았던 폴저 부인은 약물 남용 치료와 관련해 선도적인 역할을 하고 있던 헤이트 애시베리 무료 진료소에 상당한 돈과 시간을 기부하기도 했다.

검시관은 애비게일 폴저의 체내에서 메릴렌디옥시암페타민 MDA 2.4밀리그램을 발견했다. 그 양이 보이텍 프라이코프스키의 몸에서 발견된 것—0.6밀리그램—보다 많았다고 해서, 반드시 그녀가 더 많은 양의 약물을 복용했다고 할 순 없지만, 그녀가 더 늦은 시점에 복용했을 수는 있다.

약물의 효과는 개인이나 복용량에 따라 다르지만, 한 가지는 분명하다. 그날 밤 그녀는 무슨 일이 벌어지고 있는지 완벽하게 인지하고 있었다.

피해자는 모두 28회 칼에 찔렸다.

보이치크 "보이텍" 프라이코프스키, 남성, 백인, 32세, 178센티 미터. 75킬로그램, 금발, 청색 눈. 프라이코프스키는 애비게일 폴저와 사실혼 관계이며……

"보이텍은 재능은 없지만 엄청난 매력을 지닌 사람입니다"라고 로만 폴란스키는 나중에 기자들에게 말한다. 두 사람은 폴란드에서 친구 사이였고, 프라이코프스키의 아버지는 폴란스키의 초기 영화에 재정적 지원을 한 것으로 유명하다. 프라이코프스키는 바람둥이로 알려져 있었다. 동료 이민자들에 따르면 그는 한때 비밀경찰 두 명을 사귀었다가 그들이 옷을 벗게 만들었고, 그 일이 1967년 폴란드에서 탈출한 것과 관련 있을 거라고 했다. 두 번 결혼했고, 아들이 한 명 있었지만 그대로 남겨둔 채 파리로 이주했다. 거기서, 그리고 나중에 뉴욕에서도 폴란스키는 보이텍을 금전적으로 지원하고 용기를 갖도록 북돋웠으며, 그의 원대한 계획들이 언젠가 실현되리라는 희망을 지니고 있었다—하지만 보이텍을 잘 알던 그는 그리 낙관적이지 않았다. 그 계획 중 어떤 것도 실현되지 않았다. 그는 사람들에게 본인을 작가로 소개했지만, 그가 쓴 글을 읽어본 이는 아무도 없었다.

애비게일 폴저의 친구들은 프라이코프스키가 그녀를 자신의 통제 아래 두기 위해 약물의 세계로 끌어들인 거라고 경찰에서 말했다. 보이텍 프라이코프스키의 친구들은 반대로 말했는데—그러니까 폴저가 그를 잃지 않기 위해 약물을 공급했다는 이야기였다.

경찰 보고서에 따르면 "그는 생계 수단이 없었으며 폴저의 재산으로 생활했고…… 코카인, 메스칼린, LSD, 마리화나, 대마를 다량 복용했다…… 외향적인 인물로 사람들을 만날 때마다 거의 언제나 자신의 집으로 초대했다…… 마약 파티는 시대의 유행이었다".

그는 목숨을 지키기 위해 격렬히 저항했다. 피해자는 총을 두 발 맞았고, 뭉툭한 물체로 머리를 13회 가격당했으며, 칼에 51회 찔렸다.

*스티븐 얼 페어런트, 남성, 백인, 18세, 183센티미터, 80킬로그램, 붉은 머리, 갈색 눈……*

그는 6월에 아로요 고등학교를 졸업했다. 여러 명의 여학생과 데이트를 했지만 특정한 한 명은 없었다. 배관 회사의 상근직 배달원이었으며, 부업으로 저녁에는 음향 기기 상점의 영업사원으로 일했다. 두 개의 일자리를 유지하며 9월에는 2년제 대학에 진학할 예정이었다.

피해자에게는 방어흔이 한 군데 있고, 총을 네 발 맞았다.

세브링의 부검에서 이루어진 형광투시법 검사에서, 노구치 박사는 세브링의 등과 셔츠 사이에 낀 총탄 하나를 발견했다. 전체 부검에서 총탄 세 개가 추가로 발견되었는데, 프라이코프스키의 몸에서 하나, 페어런트의 몸에서 두 개였다. 그것들은 — 페어런트의 자동차에서 발견된 산탄 및 파편과 함께 — 분석을 위해 과학수사국

화기 및 폭발물 반의 윌리엄 리 경사에게 전달되었다. 리는 그 총탄들이 같은 총에서 발사되었으며, 22구경인 것 같다고 결론지었다.

부검이 진행되는 동안 로스앤젤레스 보안관서LASO 강력반의 폴 화이틀리 경사와 찰스 군서 경사가, 로스앤젤레스 경찰서 테이트 살인 사건 담당인 제스 버클스 경사에게 연락해 몹시 흥미로운 이야기를 전했다.

7월 3일, 두 사람은 말리부의 올드 토팽가 964번지에 살인 사건으로 추정되는 신고를 조사하러 출동했다. 그들은 서른네 살의 음악 교사 게리 힌먼의 시신을 발견했다. 사인은 자상이었다.

흥미로운 점은, 테이트 살인 사건과 마찬가지로 현장에 메시지가 남아 있다는 점이었다. 힌먼의 시신에서 멀지 않은 거실 벽에, 정치적 돼지라는 글씨가 피해자의 피로 적혀 있었다.

화이틀리는 또한 버클스에게 살인 사건의 용의자를 검거했다고도 알려주었는데, 젊은 히피 음악가 로버트 "바비" 보솔레이라는 인물이었다. 그는 힌먼 소유의 자동차를 몰고 있었고, 셔츠와 바지에 피가 묻어 있었으며, 트렁크의 예비 타이어 자리에 칼이 숨겨져 있었다. 체포는 8월 6일에 이루어졌고, 따라서 그는 테이트 살인 사건 당시에는 구금 상태였다. 하지만 힌먼 살인 사건에 가담했던 범인이 힌먼 한 명이 아니었을 가능성도 있다. 보솔레이는 로스앤젤레스 외곽 채츠워스의 낡은 영화 촬영장인 스팬 목장에서, 다른 히피 무리와 함께 지내고 있었다. 기이한 집단이었고, 그들의 지도자인 찰리라는 인물은 자신이 예수 그리스도라는 생각을 구성원들에게 강하게 심어둔 듯했다.

히피 이야기가 나오자 버클스는 관심을 잃었다고, 나중에 화이틀리는 회상했다. "아닙니다. 우리는 이 살인 사건들의 배후를 알고 있어요. 이건 거대한 마약 유통의 일부입니다"라고 버클스는 대답했다.

화이틀리는 다시 한번 기이한 유사성을 강조했다. 사망 방식도 마찬가지다. 두 사건 모두 메시지가 남겨져 있었다. 둘 다 벽에 적혀 있었다. 둘 다 피해자의 피로 쓴 글씨였다. 두 경우 모두 **돼지**라는 단어가 등장한다. 이 중 하나만 있어도 대단히 특이하다고 할 수 있다. 하지만 모두라면—이 일치가 우연이 아닐 확률은 어마어마하다고 할 수 있다.

LAPD의 버클스 경사는 LASO의 화이틀리 경사와 군서 경사에게 "일주일 안에 우리 쪽에서 연락이 가지 않으면, 다른 방향에서 수사를 하고 있는 것으로 생각하십시오"라고 말했다.

테이트 사건 피해자들을 발견하고 24시간이 조금 더 지난 시점에, 로스앤젤레스 경찰서가 로스앤젤레스 보안관서 직원에게서 단서를 제공받았다. 이 단서를 따랐다면 사건을 해결할 수 있었을 것이다.

버클스는 다시 전화하지 않았고, 부검실을 건너가 자신의 상사이자 테이트 사건 책임자인 로버트 헬더 경위에게 대화 내용을 전할 만큼 중요한 정보라고 생각하지도 않았다.

헬더 경위의 제안에 따라 노구치 박사는 기자들에게 구체적인 정보를 밝히지 않았다. 상처의 수를 언급하지 않았고, 피해자 가운데 두 명이 약물을 복용한 상태라는 이야기도 하지 않았다. 그는 다시 한번, 성적인 훼손 그리고/혹은 절단이 있었다는 여러 보도를 부인했다. 둘 중 어느 것도 없었다고, 그는 강조했다.

샤론의 태아에 대해서는, 폴란스키 부인이 임신 8개월 차였고, 완벽한 형태를 갖춘 남자아이였으며, 만약 산모 사망 후 최초 20분 안에 제왕절개로 꺼냈더라면 아기의 생명은 구할 수 있었을 거라고 했다. "하지만 시신들이 발견됐을 즈음에는 이미 너무 늦어버렸습니다."

헬더 경위는 그날 기자들에게 이런 이야기도 했다. 그렇다, 개럿슨은 여전히 구금 상태다. 아니다, 헬더는 개럿슨을 용의자로 보는 증거에 대해서는 언급할 수 없으며, 현재 경찰이 그의 지인들을 조사 중이라고만 했다.

더 압박을 받자 헬더는 이렇게 인정했다. "용의자가 단 한 명이라고 단언할 만한 정보는 없습니다. 단독범일 수도 있습니다. 두 명일 수도 있고, 세 명일 수도 있습니다."

"하지만", 그가 덧붙였다. "지금 미친놈이 활보하고 있다고 생각하진 않습니다."

A. H. 버딕 경위가 그날 오후 4시 25분, 파커 센터에서 윌리엄 개

렇슨의 거짓말탐지기 검사를 실시했다.

버딕은 곧장 개럿슨을 엮으려 하지 않았다. 일상 절차에 따라, 초반에는 그냥 대화를 이어갔는데, 용의자를 편하게 해주면서 가능한 한 많은 배경 정보를 얻도록 노력했다.

눈에 띄게 겁먹은 상태였지만, 개럿슨은 이야기를 하면서 조금 긴장을 풀었다. 그는 버딕에게 자신은 열아홉 살이고, 오하이오 출신이며, 앨토벨리가 유럽으로 떠나기 직전인 3월에 그에게 고용되었다고 말했다. 할 일은 간단했다. 별채와 앨토벨리의 개 세 마리를 돌보는 것. 대가로 그는 지낼 곳을 얻는 것 외에 주급 35달러와, 앨토벨리가 돌아온 후 오하이오로 돌아갈 항공편을 약속받았다.

본채에 사는 사람들과는 거의 관계가 없었다고 개럿슨은 주장했다. 몇몇 대답에서 그의 면모가 드러나는 듯했다. 예를 들어 그는 그때까지도 프라이코프스키를 "동생 폴란스키"라고 불렀고, 세브링이라는 이름이나 그 인물에게도 익숙하지 않은 듯했지만, 검은색 포르셰가 진입로에 서 있는 것은 몇 번 봤다.

범행 전 자신이 했던 일들에 대해 이야기해달라는 요청을 받은 개럿슨은, 목요일 밤에 어떤 지인이 여자친구과 함께 찾아왔다고 했다. 그들은 여섯 병들이 맥주 한 팩과 대마초도 가지고 왔다. 개럿슨은 목요일 밤이 분명했다고 했는데, 그의 지인이 유부남이었고, 아내가 외출을 허락하는 목요일에만 종종 여자친구를 데리고 왔기 때문이다.

<u>문.</u> "두 사람이 당신의 침실을 사용했습니까?"

답. "네, 그랬어요. 저는 두 사람이 연애하는 동안 맥주를 마셨는데……"

개럿슨은 자신이 맥주를 네 병 마시고, 대마초 두 대를 피우고, 덱세드린을 복용하고, 금요일에는 속이 아파서 종일 누워 있었다고 했다.

금요일 밤 8시 30분 혹은 9시에, 개럿슨에 따르면, 그는 선셋 스트립에 나가 담배 한 갑과 냉동식품을 샀다. 돌아온 시간은 10시쯤인 것 같은데, 시계를 가지고 있지 않았기에 확실하지는 않다고 했다. 본채를 지날 때 불이 켜져 있는 것을 알아차렸지만, 사람은 아무도 보지 못했다. 평소와 다른 점도 전혀 파악하지 못했다.

그러다 "12시 15분이나 그즈음에, 스티브 [페어런트]가 올라왔는데, 아시다시피, 라디오를 가지고 왔어요. 그 친구가 라디오를 가지고 있었거든요, 시계라디오. 그 친구한테 기대하는 건 전혀 없었고, 그 친구는 내가 어떻게 지내는지 물었는데……" 페어런트는 라디오 전원을 꽂고, 작동 방식을 보여줬지만 개럿슨은 관심이 없었다.

그리고 "제가 맥주를 한 병 줬어요…… 그 친구는 그걸 마신 다음 어딘가 전화를 했습니다—샌타모니카와 도헤니에 있는 사람이었어요. 거기에 갈 거라고 말했고, 그렇게 나갔습니다. 그러니까, 아시겠지만, 그게 제가 그 친구를 마지막으로 본 겁니다."

페어런트의 자동차에서 발견된 시계라디오는 살인이 일어난 시간과 대략 겹치는 12시 15분에 멈춰 있었다. 대단한 우연일 수 있지만, 페어런트가 개럿슨에게 시범을 보이는 동안 그 시간에 맞췄다가, 별채를 나오기 직전에 전원을 뽑았다고 보는 것이 논리적인 가정이다. 이는 개럿슨이 추정한 시간과도 일치한다.

개럿슨에 따르면, 페어런트가 떠난 후 그는 편지를 몇 장 쓰고, 음악을 들으며, 새벽까지 자지 않았다. 밤새 이상한 소리는 전혀 들은 바 없다고 주장했지만, "겁먹은" 건 사실이라고 인정했다.

왜? 버딕이 물었다. 음, 개럿슨은 대답했다, 스티브가 나가고 오래지 않아 누군가 집 안에 들어오려는 것처럼 문손잡이가 돌아갔다. 그리고 시간을 확인하기 위해 수화기를 들었을 때 전화가 먹통이라는 것을 알게 되었다.

다른 경관들과 마찬가지로, 버딕도 밤새 깨어 있었지만 아무것도 듣지 못했다는 개럿슨의 말을 믿을 수 없었다. 더 멀리 있었던 이웃들도 총소리와 비명을 들었으니 말이다. 하지만 개럿슨은 아무것도 보거나 듣지 못했다는 주장을 고수했다. 반면 다른 것들—이를테면 앨토벨리의 개들을 산책시킬 때 뒷마당으로 나간 적이 있는지 등—에 대해서는 확신이 없었다. 버딕에게는 그가 그 점에 대해서만 대답을 피하는 것처럼 보였다. 그 마당에서는 본채가 보이지 않았지만, 소리는 들을 수 있었을 것이다.

적어도 LAPD 입장에서는 진실의 순간이 다가오고 있었다. 버딕은 거짓말탐지기를 설치하고 동시에 개럿슨에게 자신이 할 질문들을 사전에 읽어주었다.

이 역시 표준적인 검사 절차이며, 약간은 심리적인 장치다. 특정 질문이 나올 것을 알고 있지만 언제 나올지는 모르는 상태가 피검사자를 긴장하게 만들고, 그의 반응을 두드러지게 만든다. 버딕이 검사를 시작했다.

문. "개럿슨은 당신의 본명입니까?"

답. "네."

의미 있는 반응은 아니다.

문. "스티브 이야기입니다, 당신이 그를 죽게 했습니까?"

답. "아니오."

정면을 향하고 있던 개럿슨은 버딕의 얼굴을 볼 수 없었다. 버딕은 목소리를 최대한 사무적으로 유지하며 다음 질문으로 넘어갔다. 그래프의 철제 펜들이 크게 튀었다는 것에 대해서는 전혀 티를 내지 않았다.

문. "질문을 제대로 이해한 겁니까?"

답. "네."

문. "스티브의 죽음에 책임을 느낍니까?"

답. "그 친구가 나를 알고 있었다는 점에서, 네."

문. "응?"

답. "그 친구가 나를 알고 있었다는 점에서요. 그러니까 그날 밤 별채에 올라오지 않았다면, 그 친구에게 그런 일은 절대 일어나지 않았을 테니까요."

버딕은 개럿슨의 팔뚝을 누르던 압박용 컵을 풀어주며, 긴장을 풀라고 말하고, 얼마간은 편하게 이야기를 했다. 그리고 다시 압력을 높였다, 이번엔 질문을 조금 바꾸었다.

문. "개럿슨이 당신의 본명입니까?"

답. "네."

문. "당신이 스티브를 쐈습니까?"

답. "아니오."

의미 있는 반응은 아니다.

질문이 이어진다. "폴란스키 부인을 죽게 한 사람이 누구인지 압니까?"

답. "아니오."

문. "당신이 폴란스키 부인을 죽게 했습니까?"

답. "아니오."

여전히 의미 있는 반응은 아니다.

자신은 페어런트의 죽음에 대해서는 책임을 느끼지만, 다른 살인들에는 전혀 관여하지 않았고, 그런 일을 유도하지도 않았다는 개럿슨의 설명을 버딕은 받아들였다. 검사는 다시 30분 정도 이어졌고, 그 시간 동안 버딕은 몇몇 수사 방향을 제외할 수 있었다. 개럿슨은 동성애자가 아니었다. 그는 피해자 가운데 누구와도 성관계를 한 적이 없었다. 그는 마약도 팔지 않았다.

개럿슨이 거짓말을 했다는 신호는 없었지만, 그는 검사 내내 초조해했다. 버딕이 이유를 물었다. 개럿슨은 구치소로 이송될 때 경관 한 명이 자신을 가리키며 "저놈이 그 모든 사람을 죽였어"라고 말했다고 설명했다.

문. "그 말에 당신이 동요했을 것 같네요. 그렇다고 당신이 거짓말을 했다는 뜻은 아닙니다."

답. "네, 저는 그냥 혼란스러울 뿐입니다."

문. "왜 혼란스럽죠?"

답. "먼저, 왜 저는 살해되지 않았을까요?"

문. "저도 모르겠네요."

법적으로는 증거로 쓰일 수 없지만 경찰은 거짓말탐지기를 신뢰한다. 1972년 로스앤젤레스 대법원은 전례를 깨고, 어떤 마리화나 사건에서 거짓말탐지기 결과를 증거로 인정했다. 당시에는 알려지지 않았지만, 개럿슨은 통과했다. 과학수사국장 돈 마틴 경감은 공식 보고서에 "검사 결과에 따르면, 조사관은 개럿슨 씨가 진실을 말했으며, 폴란스키 살인에 가담하지 않았다는 의견을 표명했다"고 적었다.

비공식적으로는, 버딕은 개럿슨이 범죄 가담에 관해서는 "깨끗"하지만, 범죄의 인지 여부에 대해서는 조금 "흐릿"하다고 느꼈다. 그렇다면 그는 무슨 소린가를 듣고, 겁을 집어먹어서 새벽까지 숨어 있었던 것이 된다. 하지만 이는 추측일 뿐이다.

거의 모든 면에서, 거짓말탐지기 결과와 함께 윌리엄 이스턴 개럿슨은 더 이상 "유력한 용의자"가 아니었다. 하지만 성가신 문제가 남았다. 시엘로 드라이브 10050번지에 있었던 사람들은 한 명만 제외하고 모두 살해되었다. 왜?

즉각적인 대답이 없었기 때문에, 그리고 부분적으로는 그 집에 있었던 유일한 생존자였기 때문에 그는 여전히 용의자였고, 하루

더 구금된다.

같은 일요일, UCLA 학생 제럴드 D. 프리드먼이 경찰에 연락해, 금요일 밤 11시 45분쯤 스티브 페어런트와 통화한 사람은 자신이었다고 알렸다. 페어런트가 프리드먼의 음향 장비를 설치해줄 예정이었고, 그는 세부 사항을 논의하고 싶어했다. 프리드먼은 늦은 시간이라며 만남을 피하고 싶었지만, 결국 포기하고 몇 분 후에 들르겠다고 했다. 페어런트가 시간을 물었고, 대답을 들은 후에는 12시 30분까지는 약속 장소에 갈 수 있다고 했다. 페어런트가 시간을 물었을 때, 그가 여전히 라디오시계를 켜두고 있었을 가능성도 있다. 프리드먼에 따르면, 그는 "나타나지 않았다".

그 일요일, LAPD는 그때까지 가장 유력했던 용의자를 잃었을 뿐 아니라, 또 하나의 기대했던 단서마저 흐지부지한 것이 되어버렸다. 경찰이 도주 차량으로 활용된 게 틀림없다고 여기던 샤론 테이트의 빨간 페라리가, 전주에 그녀가 수리를 맡겼던 베벌리힐스의 정비소에서 발견된 것이다.

그날 저녁, 로만 폴란스키가 런던에서 돌아왔다. 공항에서 그를 본 기자들은 "끔찍하게 망가졌고" "비극적 사건에 충격을 받은" 모습이었다고 기술했다. 그는 언론 인터뷰를 거절했고, 대변인이 부부간의 불화에 대한 소문은 전혀 사실이 아니라며 부인했다. 폴란스키가 그때까지 런던에 머물러 있었던 건 그쪽에서의 작업이 끝나지 않았기 때문이다. 샤론은 임신 마지막 2개월 동안은 비행기

탑승을 제한하는 규정 때문에 일찍 배편으로 귀국한 상태였다.

폴란스키는 패러마운트 부지 안의 아파트로 이동해, 외부와 차단된 상태에서 의료진의 보살핌을 받았다. 그날 밤 경찰이 그와 간략하게 이야기했지만, 대화 내내 폴란스키는 이런 살인을 저지를 만한 동기를 가진 사람을 떠올릴 수가 없었다.

프랭크 스트루더스도 같은 일요일 저녁에 로스앤젤레스로 돌아왔다. 밤 8시 30분, 새피 가족이 그를 라비앙카의 집으로 이어지는 기다란 진입로 끝에 내려주었다. 여행 가방과 캠핑 장비를 끌고 진입로를 올라가던 열다섯 살 소년은 고속보트가 여전히 레노의 선더버드 뒤 트레일러 위에 놓여 있는 것을 알아차렸다. 그건 이상했다, 의붓아버지는 보트를 밤새 방치하는 것을 좋아하지 않았다. 장비들을 차고에 넣은 후 그는 집 뒷문으로 향했다.

그제야 그는 모든 창문의 가림막이 내려져 있다는 것을 알아차렸다. 전에는 그런 식으로 되어 있는 것을 한 번도 보지 못했고, 조금 겁이 났다. 주방에 불이 켜져 있어 문을 두드렸다. 반응이 없었다. 그는 가족을 불렀다. 이번에도 대답이 없었다.

이제 정말로 당황한 그는 가장 가까운 공중전화로 걸어갔고, 그건 하이페리온 대로와 로웨나 대로가 교차하는 곳에 있는 햄버거 가게였다. 그는 집으로 전화했고, 아무도 받지 않자 누나가 일하는 식당에 전화해 그녀와 통화하려 했다. 그날은 수잰이 일하는 날이 아니었지만, 점장은 아파트로 연락해보겠다고 했다. 프랭크는 점장에게 공중전화 번호를 알려주었다.

9시가 지난 직후 그녀가 전화했다. 전날 밤 자신을 아파트 앞에 내려준 후로 그녀도 어머니와 의붓아버지를 만나거나 통화한 적이 없었다. 프랭크에게 그 자리에 그대로 있으라고 말한 후, 그녀는 남자친구 조 도건에게 전화해 프랭크가 집에 무슨 일이 생긴 걸로 생각하고 있다고 전했다. 9시 30분쯤 조와 수잰은 햄버거 가게에서 프랭크를 태우고, 그렇게 세 사람은 곧장 웨이벌리 드라이브 3301번지로 향했다.

로즈메리는 종종 집 열쇠를 자신의 자동차에 보관했다. 그들은 열쇠를 찾아 뒷문을 열었다. 이전에는 아무도 뒷문을 열려고 하지 않았기 때문에 그것이 잠겨 있는지는 알 수 없었다. 도건은 자신과 프랭크가 집 안의 나머지 부분을 확인하는 동안 수잰에게는 밖에 있으라고 했다. 두 사람은 주방을 지났다. 거실에 이르렀을 때, 레노가 보였다.

그는 안락의자와 다른 의자 사이에 등을 대고 뻗어 있었다. 머리 위에 베개가 놓여 있고, 목에는 일종의 전선 같은 것이 있었으며, 잠옷 바지 윗부분이 뜯어져 아랫배가 그대로 드러난 모습이었다. 배에서 뭔가가 튀어나와 있었다.

레노가 미동도 하지 않아 두 사람은 그가 죽었다는 것을 알 수 있었다.

겁에 질린 수잰이 두 사람을 따라 들어왔고, 두 사람이 본 것을 봤다. 그들은 주방으로 돌아왔다. 조가 주방 전화를 들고 경찰에 신고하려 했지만, 순간 자신이 증거를 훼손하고 있는 건지도 모른다는 생각이 들어 그대로 내려놓았다. 그가 수잰에게 말했다. "다 괜찮아. 이대로 나가자." 하지만 수잰은 다 괜찮은 게 아니라는 것을 알고 있었다. 냉장고 문에 누군가 빨간색 페인트 같은 것으로 뭔가를 적어놓았다.

황급히 진입로를 내려온 그들은 건너편 2세대용 주택 앞에 멈췄고, 도건이 웨이벌리 드라이브 3308번지의 초인종을 눌렀다. 문의 작은 구멍이 열렸다. 도건은 칼부림이 있었고 경찰을 부르고 싶다고 했다. 집 안에 있던 사람은 문을 열어주지는 않았고, "우리가 경찰에 전화해줄게요"라고 말했다.

LAPD 교환실 기록에 따르면 그 전화는 10시 26분에 왔고, 전화를 건 사람은 청소년들이 소란을 피우고 있다고 불평했다.

그 사람이 정말로 전화를 했는지 확신할 수 없었던 도건은 이미 3306번지 다른 아파트의 초인종을 누른 상태였다. 박사이기도 한 메리 J. 브라이엄 여사가 세 젊은이를 집 안으로 들였다. 하지만 그들이 너무 흥분한 상태여서 브라이엄 부인은 전화를 먼저 마쳐야만 했다. 10시 35분, W. C. 로드리게스 경관과 J. C. 토니 경관이 타고 있던 6A39조 순찰차에 주소가 전달되었고, 그들은 대단히 빨리, 5분 혹은 7분 후에 도착했다.

로드리게스는 갓 14개월밖에 근무하지 않은 상태였고, 전에는 시신을 본 적이 한 번도 없었다.

몇 분 후 G-1조 구급차가 도착했고, 레노 라비앙카는 DOA(dead on arrival—도착 시 이미 사망) 판정을 받았다. 프랭크와 조가 봤던 베개 외에 그의 머리 위에는 피 묻은 베갯잇도 씌워져 있었다. 목에 감긴 전선은 커다란 등에 이어져 있었는데, 매듭이 너무 꽉 조여 있어 그 때문에 질식사한 것처럼 보였다. 손은 뒤로 돌린 채 가죽끈으로 묶여 있었다. 배에서 튀어나온 물체는 상아색 손잡이가 달리고 두 갈래로 갈라진, 고기 집는 포크였다. 복부의 여러 자상 외에 누군가 그의 맨살에 전쟁이라고 새겨놓았다.

구급차가 도착한 직후 에드워드 L. 클라인이 타고 있던 6L40조가 지원팀으로 도착했다. 16년 경력의 노련한 클라인이 상황을 맡기로 했고, 구급대원 두 명이 떠나기 전에 분홍색 DOA 인식표 한 장을 건네받았다.

두 사람이 진입로로 향하는 동안 로드리게스가 다시 불렀다. 클라인이 침실에서 또 하나의 시신을 발견한 것이다.

로즈메리 라비앙카는 침실 바닥에 커다랗게 고인 핏덩이 위에, 침대나 옷장과 나란하게 엎드린 상태였다. 그녀는 분홍색 짧은 나이트가운을 입고 그 위에 비싼 원피스를 걸치고 있었는데, 파란색 바탕에 흰색 세로 줄무늬가 들어간 그 원피스는, 나중에 수잰이 확인해준 바에 따르면, 어머니가 좋아하는 옷이었다. 잠옷과 원피스가 모두 머리 위로 들쳐져 있어서 등과 엉덩이, 다리가 그대로 드러났다. 클라인은 자상 개수를 세어볼 엄두도 나지 않았다. 너무 많았다. 손이 묶여 있지는 않았지만, 레노와 마찬가지로, 그녀 역시 얼굴에 베갯잇이 씌워져 있었고, 목에는 전선이 감겨 있었다. 전선은 두 개의 침실등 중 하나에 이어진 것이었고, 등은 두 개 모두 쓰러져 있었다. 전선이 팽팽한 점, 그리고 시신에서 60센티미터 떨어진 곳에 두 번째 핏자국이 있는 점으로 미루어 그녀가 기어서 움직이려 애썼고, 그 와중에 등들을 쓰러뜨린 듯했다.

로즈메리 라비앙카 부인용으로 두 번째 DOA 인식표를 작성했다. 조 도건이 수잰과 프랭크에게 그 소식을 알려야만 했다.

집 안에서 모두 세 군데에 피로 쓴 듯한 글씨가 있었다. 거실 북쪽 벽 높은 곳, 몇몇 그림들 위에는 돼지들에게 죽음을이라고 적혀 있었다. 현관문 옆의 남쪽 벽에는, 더 높은 곳에 일어나라라고 적혀 있었다. 주방의 냉장고 문에는 두 단어가 적혀 있었는데, 첫 번째 단어에는 오타가 있었다. 헤엘터 스켈터HEALTER SKELTER.

## 1969년 8월 11일 월요일

오전 12시 15분. 사건은 강력반에 배정되었다. 전날 밤 테이트 저택에서 경계 근무를 섰던 대니 갈린도 경사가 오전 1시쯤 가장 먼저 도착했다. 잠시 후 K. J. 매콜리 조사관을 비롯한 몇몇 형사가 합류했고, 추가로 도착한 순경들은 클라인의 명령으로 현장을 봉쇄했다. 하지만 테이트 살인 사건 때와 마찬가지로, 이미 도착한 기자들은 내부 정보를 얻는 데 큰 어려움이 없었다.

갈린도는 단층 건물을 꼼꼼히 수색했다. 쓰러진 등들 외에 몸싸움의 흔적은 없었다. 강도가 목적이었다는 증거도 없었다. 갈린도가 카운티 공공행정부 보고서에 기록한 물품은 다음과 같다. 남성 금반지, 1캐럿 다이아몬드 원석, 그 밖에 더 작은 다이아몬드 원석들, 여성 반지 두 개, 둘 다 비싼 것으로 침실 옷장의 잘 보이는 곳에 있었음, 목걸이, 팔찌, 카메라 장비, 권총, 산탄총, 장총. 동전 수집품, 유통되지 않는 동전들이 든 가방, 레노의 선더버드 트렁크에서 발견, 액면가 400달러 이상. 레노 라비앙카의 손가방, 신용카드와 현금 들었음, 그의 자동차 글러브박스에서 발견. 시계 몇 점, 그 중 하나는 경마에 쓰이는 것과 같은 유형의 스톱워치. 그 밖에 쉽게 장물로 넘길 수 있는 물품 다수.

며칠 후 프랭크 스트루더스가 경찰과 함께 집으로 돌아왔다. 사라진 물건은, 소년이 확인한 바로는, 로즈메리의 손가방과 손목시계밖에 없었다.

갈린도는 강제 침입을 암시하는 단서도 찾을 수 없었다. 하지만 뒷문을 확인한 결과 쇠지레 등으로 쉽게 열 수 있는 것이었다. 심지어 그는 카메라 필름으로도 열 수 있었다.

형사들이 다른 것도 발견했다. 레노의 배에 꽂혀 있던 상아 손잡이의 고기 써는 포크는 주방 서랍에 있는 세트의 일부였다. 싱크대에는 수박 껍질이 있었다. 또한 싱크대와 뒤쪽 욕실에도 핏자국이 있었다. 그리고 피가 묻은 종이가 거실 바닥에서 발견되었고, 끝부분이 닳은 것으로 보아 벽에 글씨를 찍을 때 사용된 듯했다.

여러 면에서 웨이벌리 드라이브 3301번지에서 그날 밤 벌어진 일은, 그보다 48시간 전에 시엘로 드라이브 10050번지에서 벌어진 일들의 재판再版이었다. 심지어 새벽 3시에 조 그라나도 경사가 혈액 샘플을 채취하기 위해 도착하면서, 몇몇 수사관에게도 마찬가지였다.

주방 싱크대에서 나온 샘플은 동물의 것인지 인간의 것인지 판단하기에 충분치 않았지만, 나머지 샘플들은 이중면역확산법 결과 양성이었고, 모두 인간의 피였다. 뒤쪽 욕실의 피와 로즈메리 라비앙카 시신 근처의 피는 A형 — 로즈메리의 혈액형 — 이었다. 나머지 샘플은 모두, 구겨진 종이와 여러 글씨에서 채취한 것까지 포함해 B형 — 레노 라비앙카의 혈액형 — 이었다.

이 사건에서 그라노도는 어떤 세부 유형 검사도 하지 않았다.

과학수사국의 지문 담당자 해럴드 돌런과 J. 클래본 경사가 25점의 잠재지문을 확보했고, 그중 6점을 제외하고는 모두 레노와 로즈메리, 혹은 프랭크의 것이었다. 지문이 있어야 할 자리들을 점검한 결과, 돌런이 보기에는 지문을 지우려는 시도가 있었던 게 분명했다. 예를 들어 고기 포크의 상아 손잡이나 냉장고의 크롬 손잡이, 혹은 냉장고 문 자체의 에나멜 마감 부분 — 지문이 잘 남는 표면들 — 에는 심지어 뭉개진 지문조차 없었다. 냉장고 문을 정밀 감식한 결과 닦아낸 흔적이 드러났다.

경찰 사진사가 작업을 마치고, 부검시관이 지켜보는 가운데 시신이 옮겨졌다. 베갯잇은 그대로 피해자들의 머리에 씌워두었고, 전선은 조사를 위해 매듭을 남겨둔 채 아랫부분에서 잘랐다. 동물규제국에서 나온 직원이 세 마리 개를 처리했는데, 경관들이 처음 도착했을 때 집 안에서 발견된 것들이었다.

수수께끼 조각들이 남았다. 하지만 이번에는 적어도 그 유사성을 통해 부분적인 패턴을 알아볼 수 있었다.

캘리포니아주 로스앤젤레스, 이틀 밤 연속, 다중 살인, 피해자들은 부유한 백인, 여러 차례의 자상, 믿을 수 없을 만큼 야만적임, 전형적인 동기가 안 보임, 집 안을 뒤진 강도 흔적 없음, 테이트 사건 피해자 두 명의 목에는 끈이, 라비앙카 부부의 목에는 전선이 감겨 있음. 그리고 피로 쓴 글씨.

하지만 24시간도 지나지 않아 경찰은 두 사건 사이에 연관성이 없다는 결론을 내리게 된다.

### 두 번째 "의식" 살인이 이곳에서 벌어지다
### 로스 펠리스 지역 부부 살해, 5인 살인 현장과의 관련성

월요일 아침 신문 1면의 머리기사들은 비명을 지르는 듯했고, 텔레비전 프로그램들도 정규 방송을 멈춘 뒤 속보를 전했다. 고속도로를 타고 출근하는 로스앤젤레스 시민 수백만 명은 라디오에서 다른 소식을 거의 들을 수 없었다. 일부 세부 사항에서 혼동이 있었다. 예를 들어 베갯잇이 흰색 두건이라고 보도되었고, 피로 쓴 '돼지들에게 죽음을'이라는 문구가 냉장고 문에 적혀 있었다고도 했는데, 실제로는 거실 벽에 적혀 있었다. 하지만 너무 많은 정보가 새어나가서, 이번에도 형사들은 거짓말탐지기에 사용할 핵심 요소를 정하는 데 애를 먹었다.

그때부터 두려움이 시작되었다.

테이트 살인 사건이 발생했다는 뉴스가 나왔을 때는, 심지어 피해자들을 알고 있던 사람들조차 공포보다는 충격을 느꼈는데, 사건 소식과 동시에 용의자가 체포되고 살인 혐의로 기소되었다는 발표가 있었기 때문이다. 하지만 개럿슨은 새로운 살인 사건이 일어난 시점에는 구금 상태였다. 그리고 월요일에 그가 풀려나면서

—경찰에 "체포"될 때만큼이나 어리둥절하고 겁먹은 모습이었다—공황이 시작되었고, 또 퍼져갔다.

개럿슨이 무죄라면 죄가 있는 누군가가 여전히 활보하고 다닌다는 뜻이었다. 로스 펠리스나 벨 에어처럼 넓은 의미에서 폐쇄적인 지역에서, 영화계 명사들 혹은 식료품점 주인과 그 아내처럼 다른 부류의 사람들에게 일어난 사건이라면, 그건 어디에서나 누구에게든 일어날 수 있다는 뜻이었다.

종종 두려움은 측정 가능하다. 그 점을 알 수 있는 척도 중 하나로, 이틀 만에 베벌리힐스 사냥용품점 한 곳에서만 200점의 총기가 팔렸다. 살인 사건들이 발생하기 전에는 하루 평균 서너 점 정도 팔리고 있었다. 개인 경호 회사가 직원을 두 배로 늘렸다가, 다시 세 배로 늘렸다. 과거에 200달러였던 경비견의 값은 1500달러로 치솟았고, 이내 공급업체가 바닥났다. 자물쇠 업자를 부르면 작업까지 2주를 기다려야 했다. 총기 사고와 의심스러운 인물에 대한 신고도 갑자기 증가했다.

그 주 주말에 로스앤젤레스에서 28건의 살인 사건이 벌어졌다는 (평균은 하루에 1건 정도였다) 소식도 불안을 잠재우지는 못했다.

프랭크 시나트라가 은신처에 숨었다는 소식이 전해졌다. 미아 패로는 친구인 샤론 테이트의 장례식에 참석하지 않을 예정이었는데, 지인은 "미아는 자신이 다음 차례가 될 거라며 두려워하고 있다"고 설명했다. 토니 베넷은 "보안을 강화하기 위해" 베벌리힐스 호텔 야외의 방갈로 별장에서 건물 내부의 스위트룸으로 짐을 옮겼다. 스티브 매퀸은 자신의 스포츠카 운전석 밑에 무기를 두고 다녔다. 제리 루이스는 자신의 집에 폐쇄회로와 연결된 경보 시스템을 설치했다. 코니 스티븐스는 자신의 베벌리힐스 저택을 요새로 개조했다고 나중에 인정했다. "샤론 테이트 살인 사건이 가장 큰 이유였죠. 그게 모든 사람을 혼비백산하게 만들었습니다."

우정에 금이 가고, 연애가 깨지고, 사람들이 갑자기 초대 목록에서 사라지고, 파티가 취소되었다—두려움과 함께 의심이 생겼기 때문이다. 누구든 살인자, 혹은 살인자들이 될 수 있었다.

두려움이라는 구름이 서던캘리포니아의 스모그보다 더 짙게 깔렸다. 몇 달 안에 걷힐 것 같지도 않았다. 이듬해 3월이 되어서도 윌리엄 클로먼은 『에스콰이어』에 이렇게 적었다. "벨 에어의 대저택들에서는, 두려움에 휩싸인 사람들이 바깥에 있는 나무에서 가지만 떨어져도 신고 전화를 하고 있다."

정치적 돼지—힌먼
돼지—테이트
돼지에게 죽음을—라비앙카

각각의 사건에서, 피해자 가운데 한 명의 피로 쓴 글씨였다.
버클스 경사는 아직도 더 확인해보는 건 의미가 없다고 생각하고 있었다.

부검시관 데이비드 가쓰야마가 라비앙카의 부검을 맡았다. 시작 전에 그는 피해자들의 머리에서 베갯잇을 벗겼다. 그제야 복부에 꽂힌 고기용 포크 외에 레노 라비앙카의 목에도 칼이 꽂혀 있었다는 걸 알게 되었다.

현장에 있던 사람 중 누구도 이 칼을 보지 못했기 때문에 이것이 라비앙카 사건 거짓말탐지기 검사의 핵심 요소 중 하나가 되었다. 두 가지가 더 있었다. 어떤 이유에선지, 돼지에게 죽음을이라는 문구는 언론에 흘러나갔지만, 일어나라와 헤엘터 스켈터는 아니었다.

*레노 라비앙카, 웨이벌리 드라이브 3301번지, 남성, 백인, 44세, 183센티미터, 99킬로그램, 갈색 눈, 갈색 머리……*

로스앤젤레스에서 스테이트 홀세일 그로서리사 창립자의 아들로 태어난 레노는, 서던캘리포니아대학 졸업 후 가족 사업에 합류했고, 서던캘리포니아 지역의 슈퍼마켓 체인인 게이트웨이 마케츠 사장이 되었다.

적어도 경찰이 판단하기에 레노에게는 적이 없었다. 하지만 그에게도 비밀스러운 면이 있다는 게 곧 밝혀졌다. 친구와 친척들은 그가 조용하고 보수적인 사람이라고 했다. 그 사람들은 그가 가장 유명한 킬데어 레이디를 비롯해 아홉 마리의 순혈 경주마를 소유하고 있고, 경주가 열릴 때마다 경마장에 나가서 한 번에 500달러씩 거는 상습적인 도박꾼이라는 사실을 알고는 놀랐다. 사망 당시에 그에게 23만 달러의 빚이 있었다는 사실도 그들은 모르고 있었다.

이어진 몇 주 동안 라비앙카 사건 담당 형사들은 복잡하게 얽힌 라비앙카의 재정 상태를 추적하는 범상치 않은 작업을 하게 된다. 하지만 레노가 사채업자에게 당했을 수도 있다는 가능성은 이내 사라졌는데, 로즈메리 라비앙카 본인도 꽤 부자였다는 것, 레노의 빚을 갚아주고도 남을 만큼의 재산이 있다는 것을 알게 되었기 때문이다.

레노의 이전 동업자이자 마찬가지로 이탈리아 출신이고, 그의 도박 습관까지 알고 있었던 어떤 지인은 경찰에서 마피아의 소행일 수도 있다고 말했다. 그런 가정을 뒷받침할 증거는 없었지만, 형사들은 레노가 잠시나마 할리우드의 어떤 은행 이사회에 이름을 올린 적이 있음을 알게 되었다. LAPD나 LASO의 정보부에서 "깡패들 돈"으로 지원받고 있다고 믿는 은행이었다. 해당 은행의 몇몇 이사가 금융사기 사건으로 기소되고 형을 받기는 했지만, 이 사건과의 연관성은 증명할 수 없었다. 마피아 연관설은 확인해야 할 여러 단서 중 하나였다.

레노는 전과가 없었다. 로즈메리는 오래전 1957년에 교통 위반으로 소환된 적이 한 번 있었다.

레노는 10만 달러 보험에 가입해 있었지만, 보험금은 수잰과 프랭크 그리고 이전 결혼에서 낳은 세 자녀에게 똑같이 배분될 예정이었기에 동기에서 제외되었다.

레노 라비앙카는 자신이 태어난 집에서 사망했는데, 1968년

11월에 어머니로부터 구입했고, 로즈메리와 함께 거기서 살고 있었다.

사망 원인: 여러 차례의 자상. 피해자에게는 12회의 자상과 고기용 포크에 찔린 상처 14곳까지 포함해 모두 26개의 상처가 있음. 그중 6개는 어느 것이든 치명적일 수 있음.

로즈메리 라비앙카, 웨이벌리 드라이브 3301번지, 여성, 백인, 38세, 165센티미터, 54킬로그램, 갈색 머리, 갈색 눈······

로즈메리 본인도 자신의 어린 시절에 대해서는 아는 게 많지 않은 듯했다. 그녀는 멕시코에서 미국인 부모 사이에서 태어난 것으로 알려졌고, 그 후에 애리조나에서 고아가 되거나 버려졌다. 그곳 고아원에서 열두 살까지 지내다가, 하먼 가족에게 입양되어 캘리포니아로 이사했다. 아직 십대였던 1940년대 후반, 로스 펠리스 지역의 브라운 더비 드라이브인 식당에서 종업원으로 일하던 중 첫 번째 남편을 만났다. 두 사람은 1958년에 이혼했고, 그 직후에 로스 펠리스 인의 웨이트리스로 일하던 중 레노 라비앙카를 만나 결혼했다.

그녀의 전남편은 거짓말탐지기 검사를 통과했고, 사건과 아무 관련이 없는 것으로 밝혀졌다. 전 직원, 전 남자친구, 현재의 사업 관계자들을 조사했지만, 누구도 그녀를 싫어하는 사람을 떠올리지 못했다.

부티크 캐리지의 동업자 루스 시비크에 따르면, 로즈메리는 사업에 대한 감각이 좋다고 했다. 의상실이 성공적이었을 뿐 아니라, 그녀는 주식과 상품에도 투자했는데 실적이 좋았다. 얼마나 좋았는지는 유산 집행을 위해 재산을 검인하는 과정에서 비로소 밝혀졌는데, 유산이 260만 달러였다. 시엘로 살인 사건에서 희생된 상속녀 애비게일 폴저의 유산은 그것의 5분의 1도 되지 않았다.

시비크 부인이 로즈메리를 마지막으로 본 것은 금요일, 상점에서 쇼핑할 때였다. 로즈메리가 토요일 오전에 전화해서는, 이저벨라 호수에 갈 거라며, 시비크 부인이 오후에 들러서 세 마리 개에게 먹이를 좀 줄 수 있을지 물었다. 오후 6시쯤 그녀가 집에 다가가자 녀석들이 사납게 짖었다. 개들에게 먹이를 준 후—냉장고에 든 사료를 꺼내서 주었다—시비크 부인은 문들을 확인하고—모두 잠겨 있었다—그곳을 떠났다.

시비크 부인의 증언에 따라, 냉장고 문에서 지문을 지운 자가 누구든, 그녀가 다녀간 후에 닦았다는 점이 분명해졌다.

로즈메리 라비앙카는 식당 종업원에서 백만장자가 되었다가, 살인 사건 피해자가 되었다.

사망 원인: 여러 차례의 자상. 피해자는 모두 41차례 찔렸으며, 그중 6개는 어느 것이든 치명적일 수 있음.

레노 라비앙카의 상처는 하나를 제외하고는 모두 몸의 앞쪽에 있었다. 로즈메리 라비앙카의 상처 41개 중 36개는 등과 엉덩이에 있었다. 레노에게는 방어흔이 없었고, 이는 칼에 찔릴 당시 그의 손이 묶여 있었음을 암시한다. 로즈메리는 왼쪽 턱에 방어를 하다 스친 상처가 있었다. 이 상처는, 레노의 목에 꽂혀 있던 칼과 함께, 피해자들의 머리에 베갯잇을 씌운 행동이 사후에, 아마 그들이 사망한 후에 이루어졌음을 암시한다.

베갯잇은 라비앙카 부부의 것으로 밝혀졌고, 두 사람의 침대에서 가지고 온 것이었다.

레노의 목에서 발견된 칼도 그들의 것이었다. 포크와 다른, 주방 서랍에 있던 다른 세트의 일부였다. 날은 길이 12.3센티미터, 두께 1.5밀리미터, 폭은 가장 넓은 부분이 20.6밀리미터, 가장 좁은 부분은 9.3밀리미터였다.

라비앙카 사건 담당 형사들은 나중에 보고서에 이렇게 적었다. "그의 목에서 발견된 칼이 두 사람을 살해한 흉기인 것으로 보인다."

이는 가정에 불과했는데, 무슨 이유에선지 가쓰야마 박사는, 테이트 사건 부검을 담당했던 노구치 박사와 달리, 상처들의 크기를 측정하지 않았기 때문이다. 라비앙카 사건의 담당 형사들 역시 그런 수치를 요구하지 않았다.

이 한 가지 가정에서 이어진 결과들은 어마어마했다. 흉기가 하나였다는 건 살인자도 한 명이었음을 암시한다. 흉기가 집 안에 있는 것이었다는 사실은, 그 범인이 아마 무장하지 않은 채로 도착했으며, 부부를 죽이겠다는 결정은 집 안에 들어온 후에 이루어졌다는 뜻이다. 이는 다시 다음과 같은 점을 암시한다. (1) 살인자는 절도 혹은 다른 범죄를 위해 집에 들어왔다가 라비앙카 부부가 돌아오자 놀랐다. 혹은 (2) 피해자들은 범인을 알고 있었고, 그가 새벽 2시 혹은 그 이후에도 계속 머물게 할 정도로 신뢰했다.

작은 가정이지만, 이는 나중에 많은, 정말 많은 문제를 일으킨다.

사망 추정 시각도 마찬가지였다.

사망 시각을 확정해달라는 형사들의 요청에, 가쓰야마는 일요일 오후 3시라고 밝혔다. 다른 증거들과 충돌하는 것처럼 보였고, 형사들은 가쓰야마에게 다시 계산해달라고 했다. 그는 이제 레노 라비앙카는 일요일 오전 12시 30분에서 오후 8시 30분 사이에, 로즈메리는 그보다 한 시간 후에 사망했다고 판정했다. 하지만 사망 시간은 실내 온도와 다른 변수들에 영향을 받을 수 있다고 덧붙였다.

이 모든 것이 너무나 불명확해서 형사들은 그저 무시했다. 그들은 프랭크 스트루더스의 증언에 따라, 레노가 규칙적인 사람이라는 것을 알고 있었다. 그는 매일 밤 신문을 사서 잠자리에 들기 전에 읽었으며, 늘 스포츠면부터 살폈다. 스포츠면이 커피 테이블에 펼쳐져 있었고, 옆에는 레노의 독서용 안경이 놓여 있었다. 이 점을 비롯해 다른 증거들(레노가 잠옷 차림이었다는 점, 침대에 들어간 흔적이 없다는 점 등등)을 검토한 결과, 형사들은 라비앙카 부부가 포키아노스의 가판대를 떠나고 한 시간 내에, 즉 일요일 오전 2시에서 3시 사이에 살해된 것으로 결론 내렸다.

월요일까지도 경찰은 두 사건 사이의 유사성을 최소화하고 있었다. K. J. 매콜리 조사관은 기자들에게 이렇게 말했다. "본 살인 사건과 다른 사건들 사이의 관련성은 전혀 보이지 않습니다. 너무 동떨어져 있어요. 관련성은 보이지 않습니다." 브라이스 호친 경사는 이렇게 언급했다. "유사성이 있긴 하지만, 동일한 용의자인지 아니면 모방범인지 아직은 알 수 없습니다."

유사성을 무시할 이유로는 여러 가지가 있었다. 그중 하나는 피해자들 사이에 눈에 띄는 연결점이 없다는 것이었고, 또 하나는 현장 사이의 거리다. 하나 더, 동기를 구성하는 데 있어 중요했던 것은, 시엘로 드라이브 10050번지에서는 약물이 발견되었지만 웨이벌리 3301번지에서는 전혀 없었다는 점이다.

또 한 가지 이유, 아마 가장 큰 영향을 미쳤을 이유는 개럿슨이 풀려나기 전에 이미 테이트 형사들이 여러 명의 유력한 새 용의자를 확보하고 있었다는 점이다.

## 1969년 8월 12~15일

　로만 폴란스키의 매니저였던 윌리엄 테넌트를 통해 LAPD는 폴란스키가 3월 중순 100명이 넘는 손님을 불러 시엘로에서 음식이 있는 파티를 열었다는 사실을 알게 되었다. 할리우드의 여느 큰 모임에서 그렇듯이, 그날도 불청객들이 있었고 그중에는 +허브 윌슨, +래리 매디건, +제프리 피킷(일명 "픽")도 있었다. 이 책에 실린 모든 이야기는 사실에 기반하고 있다. 몇몇은 법적인 이유로 등장하는 이들의 이름을 바꾸었는데, 덧셈 기호(+)는 본명이 아닌 가명을 사용했다는 의미이다. 하지만 그들도 실제 인물이며, 묘사된 사건들도 전적으로 사실이다. 이 셋은 모두 이십대 후반으로, 유명한 마약상들이었다. 파티 도중 윌슨이 테넌트의 발을 밟은 것으로 보인다. 말다툼이 이어졌고, 매디건과 피킷이 윌슨의 편을 들었다. 화가 난 로만 폴란스키가 세 사람을 쫓아냈다.
　작은 사고이고, 그 자체로는 다섯 건의 야만적인 살인 사건을 일으킬 만한 일이 아니지만, 테넌트는 다른 이야기를 들었다. "픽"이 과거에 프라이코프스키를 죽여버리겠다고 한 적이 있다는 것이다.

이 정보는 보이텍의 친구이자, 위톨드 K.로 알려진 화가 위톨드 카차노프스키를 통해 전해졌다.

"픽Pic"과 테이트 저택 현관문에 피로 적혀 있던 "돼지Pig"의 유사성을 염두에 둔 채 형사들은 위톨드 K.를 조사했다. 그를 통해 폴란스키가 유럽으로 떠난 후 윌슨, 피킷, 매디건과 제4의 인물 +제럴드 존스가 시엘로 저택을 자주 방문했다는 것을 알게 되었다. 윌슨과 매디건은, 위톨드에 따르면, 보이텍과 기비가 사용하는 마약 대부분을 공급하고 있었고, 거기에는 그들이 사망 전 복용했던 MDA도 포함되어 있었다. 그리고 제프리 피킷은, 기비와 보이텍이 시엘로로 이사한 후 그들의 우드스톡 집을 이어받은 인물이었다. 위톨드도 그 집에 머물고 있었다. 한번은 말다툼을 하던 중 피킷이 위톨드의 목을 조르려 했다. 그 소식을 들은 보이텍은 피킷에게 당장 나가라고 했다. 화가 난 픽은 "저 인간들 모두 죽여버릴 거야, 보이텍이 맨 먼저야"라고 단언했다.

다른 많은 사람도 한 명 혹은 그 이상의 사람이 연관되었다고 느꼈고, 그런 의심을 경찰에게 전했다. 마마스 앤 파파스의 전 멤버이자 테이트 사건 피해자 다섯 명 중 네 명과 친구였던 존과 미셸 필립스는, 윌슨이 종종 보이텍에게 총을 겨눴다고 했다. 선셋 스트립의 여러 단골은 윌슨이 종종 자신은 청부살인업자라고 과시했고, 칼을 잘 다루는 존스는 늘 한 자루를 지니고 다녔으며, 매디건은 세브링의 "사탕 장수", 즉 코카인 공급책이라고 주장했다.

테이트 살인 사건이 마약 사고, 혹은 환각 상태의 결과라고 더욱

더 확신하게 된 LAPD는 윌슨, 매디건, 피킷, 존스를 찾아나섰다.

10년 동안 샤론 테이트는 스타가 되기를 원했다. 이제 그녀는 단 사흘 만에 그렇게 되었다. 8월 12일 화요일, 그녀의 이름은 신문 머리기사에서 극장 간판으로 옮겨졌다. 「인형의 계곡」이 전국적으로 재개봉되었고, 로스앤젤레스 지역에서만 모두 열두 군데 극장에서 상영되었다. 곧 「박쥐성의 무도회」를 비롯해 그녀가 출연했던 다른 영화들도 뒤를 이었는데, 차이라면 이제 그녀는 흥행용 스타가 되어 있었다는 점이다.

같은 날 경찰은 기자들에게 테이트와 라비앙카 살인 사건의 관련성을 공식적으로 부인했다. 『로스앤젤레스타임스』에 따르면 "복수의 경관들이, 두 번째 학살은 모방범의 작업으로 믿는 듯한 인상이었다".

처음부터 두 수사는 별도로 진행되었고 배정된 형사들도 달랐다. 그들은 각각의 팀이 각자의 단서를 쫓으며 계속 그런 식으로 진행할 예정이었다.

그들에게도 한 가지 공통점은 있었지만, 그 유사성이 두 팀 사이의 거리를 더 멀어지게 했다. 두 팀 다 기본적인 가정, 즉 모든 살인 사건의 90퍼센트는 면식범에 의한 것이라는 가정을 기반으로 움직이고 있었다. 두 수사 모두에서 이제 초점은 피해자의 지인들이었다.

마피아 관련설을 조사하던 라비앙카 사건 담당 형사들은 레노의 사업관계 지인들을 하나하나 조사했다. 모두 살인이 마피아와 관련 있다는 것을 미심쩍게 생각했다. 그중 한 명은 형사들에게 만약 마피아 짓이라면 자신이 "아마 들었을 거"라고 이야기했다. 수사는 철저했고, 형사들은 심지어 레노가 1968년 휴가 중에 구입한 고속보트를 판매한 샌디에이고의 상점이 마피아의 지원을 받고 있는 것은 아닌지도 확인했다. 미션 베이 지역의 다른 많은 상점이 "유대계 마피아 자금"을 받고 있었지만, 그 상점은 아니었다.

경찰은 레노의 어머니까지 조사했고, 어머니는 이렇게 말했다. "착한 아이였습니다. 조직에 속한 적은 전혀 없어요."

마피아 연관설의 가능성이 사라진 후에도 라비앙카 형사들은 의심을 거두지 않았다. 부부의 이웃을 조사하던 중 웨이벌리 드라이브 3267번지의 동쪽에 있는 집이 비어 있고, 몇 달째 그런 상태임을 알게 되었다. 그 전에는 히피들이 드나들던 곳이었다. 히피는 형사들의 관심사가 아니었지만, 또 다른 전 세입자인 +프레드 가드너에게는 관심이 갔다. 아주 많이.

전과 기록과 조사를 통해 형사들은 젊은 변호사 가드너가 "과거에 정신병력이 있었으며, 자신은 얼마 동안 정신이 나가기 때문에 자신의 행동에 책임이 없다고 주장한다……"는 것을 알게 되었다. 아버지와의 말싸움 도중에 "식탁에서 칼을 집어들고는 죽여버리겠다고 말하며 쫓아간" 적도 있었다. 1968년 9월, 결혼한 지 2주 만에 "특별한 이유 없이 아내를 가혹하게 폭행했으며, 그다음엔 주방 서랍에서 칼을 꺼내 아내를 살해하려 했다. 그녀는 공격을 피하고 간신히 탈출해 경찰에 신고했다". 살인미수로 기소된 그는 법원에서 지정한 정신과 의사에게 감정을 받았고, 의사는 그가 "통제 불능의 공격적인 정신이상 기질"을 지니고 있다고 판정했다. 그럼에도 그에 대한 혐의는 단순 폭행으로 경감되었다. 그는 보호관찰 조건으로 석방되었고, 변호사 활동을 재개할 수 있었다.

그 후로도 가드너는 주취 혹은 마약 복용으로 여러 차례 체포되었다. 처방전 위조로 마지막으로 체포되었을 때는 900달러의 보석금을 내고 풀려났고, 즉시 도주했다. 그에 대한 체포영장은 라비앙카 살인 사건 9일 전인 8월 1일에 발급되었다. 그는 뉴욕에 있는 것으로 짐작되었다.

경찰이 가드너의 전처를 조사했을 때, 그녀는 가드너가 라비앙카 부부를 일곱 차례 방문했던 것을 기억하고 있었고, 그때마다 돈이나 위스키를 들고 돌아왔다고 했다. 어떻게 된 일이냐고 물었을 때, 가드너는 "괜찮아. 내가 저 부부를 잘 아는데, 다른 데 쓰는 것보다는 나한테 주는 게 저 사람들한테도 더 나을 거야"라는 식으로 대답했다.

만약 가드너가, 식칼에 대한 애착이 있는 그가 다시 한번 라비앙카 부부에게 뭔가를 뜯어내려 했고, 이번에는 부부가 거절했다면? 경찰은 뉴욕의 FBI 요원에게 연락해 가드너의 현재 소재가 파악 가능한지 물었다.

> 로만의 사랑스러운 아내
> 샤론 테이트 폴란스키
> 1943~1969
> 그리고 두 사람의 아이
> 폴 리처드 폴란스키

수요일은 장례식이 열리는 날이었다. 홀리 크로스 묘지에서 열린 샤론 테이트의 마지막 의식에 150명 이상의 조문객이 참석했다. 그중에는 커크 더글러스, 워런 비티, 스티브 매퀸, 제임스 코번, 리 마빈, 율 브리너, 피터 셀러스, 존과 미셸 필립스 등이 있었다. 짙은 색 선글라스를 끼고 의사와 함께 나타난 로만 폴란스키는 장례식 도중 몇 번이나 쓰러졌고, 샤론의 부모와 그녀의 두 여동생 퍼트리샤와 데버라도 마찬가지였다.

대부분 같은 사람들이, 폴란스키도 포함해서, 후에 포레스트 론 묘지의 위커크 오더 히더에서 열린 제이 세브링의 추모 예배에 참석했다. 폴 뉴먼, 헨리와 피터 폰다, 알렉스 코드, 조지 해밀턴 등 더 늘어난 유명인들은 모두 세브링의 이전 고객이었다.

도시 반대편, 자그마한 엘 몬테 교회에서 열린 추모 예배 후에 여섯 명의 고등학교 동창이 스티븐 페어런트의 시신을 옮기는 곳에서는 사람들이나 카메라 플래시가 훨씬 적었다.

애비게일 폴저는 조부모가 설립한 아워 레이디 오브 웨이사이드 교회에서 열린 장엄미사 후에 자신이 자랐던 샌프란시스코 반도 인근 북부 캘리포니아에 묻혔다.

보이텍 프라이코프스키의 시신은 폴란드의 친척이 매장을 위한 송환 절차를 마무리할 때까지 로스앤젤레스에 남아 있었다.

테이트 사건 희생자들이 묻히는 동안에도 경찰은 그들의 삶, 특히 마지막 날을 재구성해보려 시도하고 있었다.

8월 8일 금요일.

오전 8시경. 채프먼 부인이 시엘로에 도착했다. 남은 설거지를 하고, 일상적인 집안일을 시작했다.

오전 8시 30분경. 프랭크 게레로가 본채 북쪽 끝방의 페인트 작업을 위해 도착했다. 그 방은 육아실이 될 예정이었다. 작업 전에 게레로는 창문에 있던 가림막을 떼어냈다.

오전 11시. 로만 폴란스키가 런던에서 전화했다. 채프먼 부인에게도 샤론이 하는 말이 들렸다. 샤론은 8월 18일 로만의 생일 전에 그가 돌아올 수 없을까봐 걱정했다. 그는 예정대로 8월 12일까지는 돌아올 수 있다고 샤론을 안심시킨 것 같은데, 이는 샤론이 나중에 테이트 부인에게 해준 이야기였다. 샤론은 로만에게 그를 예비 아버지 학교에 등록했다고 알려주었다.

샤론은 다른 전화도 몇 통 받았는데, 그중 하나는 그 집에 들어온 이웃집 새끼 고양이에 관한 것이었다. 그녀가 점안기로 녀석에게 먹이를 주었다. 테리 멜처는 그 집에서 나가면서 고양이를 꽤 많이 남겨두었고, 샤론은 녀석들을 잘 돌보겠다고 약속했다. 그 후로 고양이 숫자가 늘었고, 샤론은 모두 스물여섯 마리를 돌보고 있었으며, 게다가 개도 두 마리 있었다. 그녀와 애비게일이 키우는 개들이었다.

샤론은 대부분 비키니 팬티와 브라 차림이었다. 이는, 채프먼 부인에 따르면, 더운 날씨에 집에 있을 때 입는 평상복이었다.

정오 직전에 채프먼 부인은 현관문에 개 발자국와 침이 묻어 있는 것을 발견하고는 식초와 물로 문 바깥쪽 전체를 닦았다. 작은 세부 사항이지만, 나중에 대단히 중요해지는 점이다.

스티븐 페어런트는 엘 몬테의 집에서 점심 식사를 했다. 직장인 배관용품점으로 돌아가기 전에 그는 어머니에게, 오후에 두 번째 직장인 음향 기기 상점에 갈 때 얼른 갈아입을 수 있게 깨끗한 옷을 챙겨달라고 부탁했다.

12시 30분경, 샤론의 친구인 조애나 페텟(알렉스 코드 부인)이는 여배우 조애나 페텟이 잔혹한 죽음을 아슬아슬하게 피한 두 번째 사례였다. 그녀는 재니스 와일리의 친구이기도 했는데, 와일리는 룸메이트인 에밀리 호퍼트와 함께 1963년 여름 뉴욕에서 살해되었다. 이 사건은 "전문직 여성 살인 사건"으로 알려진다과 바버라 루이스가 점심 식사를 위해 시엘로 드라이브에 도착했다. 채프먼 부인이 식사를 준비했다. 사소한 이야기, 대부분은 태어날 아기에 대한 이야기를 했다고 두 여성은 기억했다. 샤론이 두 여성에게 육아실을 보여주었고, 게레로를 소개했다.

오후 1시경. 샌디 테넌트가 샤론에게 전화했다. 앞서 기술했듯이, 샤론은 그날 저녁에 파티 계획은 없지만 샌디에게 잠깐 들르라고 초대했다. 샌디는 어렵겠다고 했다.

(이어진 이야기들을 믿는다면, 할리우드의 절반이 그날 저녁 시엘로 드라이브 10080번지에서 열릴 파티에 초대되었지만, 마지막 순간에 생각을 바꾸었다. 위니프리드 채프먼, 샌디 테넌트, 에비 테이트, 그리고 샤론과 가까운 지인들에 따르면 그날 밤에 파티는 없었고, 계획도 없었다. 하지만 LAPD는 있지도 않은 일정에 참석한 것으로 보이는 사람들을 찾기 위해 100시간을 허비했다.)

초벌 칠을 마친 게레로는 1시 30분경에 떠났다. 가림막을 다시 달지는 않았는데, 월요일에 와서 마무리 칠을 할 예정이었기 때문이다. 나중에 경찰은 범인(들)이 가림막이 떨어진 것을 몰랐거나, 새로 페인트칠을 한 방에 들어가는 게 무서웠을 거라는 결론을 내렸다.

오후 2시경. 애비게일이 샌타모니카 대로의 상점에서 자전거를 구입하고, 오후에 배달을 받기로 했다. 같은 시간 앨토벨리의 두 정원사 중 한 명인 데이비드 마르티네즈가 시엘로 10050번지에 도착해 작업을 시작했다. 보이텍과 애비게일도 잠시 후 도착했고, 샤론과 그녀의 손님들과 함께 늦은 점심 식사를 했다.

오후 3시경. 두 번째 정원사 톰 바르가스가 도착했다. 그가 철문을 통과할 때, 애비게일은 자신의 카마로를 타고 나갔다. 5분 후 보이텍도 파이어버드를 타고 나갔다.

조애나 페텟과 바버라 루이스는 3시 30분경 떠났다.

거의 같은 시각에 세브링의 집사 아모스 러셀은, 제이와 그의 여성 일행이 있는 침대에 커피를 전해주었다. LAPD는 결국 이 여성을 찾았지만, 그날 밤 테이트 저택까지 세브링과 함께 가지는 않았다고 판단했다. 3시 45분경, 제이는 샤론에게 전화해서, 아마 예정보다 일찍 도착할 것 같다고 이야기한 것으로 보인다. 그는 나중에 비서에게 전화해 자신에게 온 새로운 소식을 확인했고, 존 매든과는 이튿날 있을 샌프란시스코 매장 방문에 대해 상의했다. 저녁에 있을 테이트 저택 방문 이야기는 아무에게도 하지 않았고, 매든에게는 새로운 프랜차이즈 매장의 상호 디자인 작업 때문에 너무 힘들다고 했다.

세브링이 샤론에게 전화한 직후, 채프먼 부인은 일을 마쳤으니 퇴근하겠다고 전했다. 도심은 너무 더웠던 터라 샤론은 채프먼 부인에게 집에서 자고 가는 게 어떻겠냐고 물었다. 채프먼 부인은 괜찮다고 했다. 의심할 것 없이 그녀 인생에서 가장 중요한 결정이었다.

데이비드 마르티네즈가 막 떠나려던 참이라 채프먼 부인을 버스 정류장까지 태워주었다. 바르가스는 남아서 작업을 마무리했다. 저택 주변을 정리하던 그는 샤론이 자신의 방 침대에서 자고 있는 것을 보았다. 항공우편사 배달 기사가 파란색 여행 가방 두 개를 가지고 왔고, 폴란스키 부인을 깨우고 싶지 않았던 바르가스가 대신 서명했다. 영수증에 적힌 시각은 오후 4시 30분이었다. 가방에는 로만이 런던에서 보낸 샤론의 옷들이 들어 있었다.

애비게일은 플리커 박사와의 4시 30분 약속을 지켰다.

4시 45분경. 바르가스는 떠나기 전에 별채로 가서 개럿슨에게, 주말 동안 너무 덥고 건조할 것 같으니 정원에 물 좀 줄 수 있겠냐고 물었다.

도시 반대편 엘 몬테에서, 스티븐 페어런트는 서둘러 집으로 돌아와 옷을 갈아입고, 어머니에게 인사하고, 두 번째 직장으로 향했다.

오후 5시 30분에서 6시 사이. 이스턴 드라이브 9845번지의 테리 케이 부인은, 제이 세브링이 자신의 포르쉐를 타고 지나가는 것을 보았다. 서두르는 것처럼 보였다. 아마 자신의 차가 그의 길을 막고 있었기 때문에 평소처럼 다정하게 손을 흔들어주지는 않은 것 같았다.

오후 6시에서 6시 30분 사이. 샤론의 열세 살짜리 동생 데비가 전화해서, 그날 저녁 친구들과 함께 와줄 수 있는지 물었다. 배가 불러올수록 쉽게 피로해졌던 샤론은 다음에 보자고 했다.

오후 7시 30분에서 8시 사이. 데니스 허스트가 시엘로에 도착해 애비게일이 그날 아버지의 상점에서 구입한 자전거를 전해주었다. 세브링이(나중에 허스트가 사진을 보고 확인했다) 문을 열어주었다. 허스트는 다른 사람은 보지 못했고 의심스러운 면도 없었다.

오후 9시 45분에서 10시 사이. 베벌리 대로 식당 델 코요테의 매니저 존 델 가우디오는, 저녁 식사 예약 손님 목록에서 제이 세브링의 이름을 발견했다. 일행은 네 명이었다. 델 가우디오는 실제로 세브링이나 다른 사람들을 보지는 못했는데, 아마 그가 시간을 착각한 듯했다. 네 명을 담당했던 종업원 캐시 파머는, 테이블이 준비될 때까지 그들이 15분에서 20분 정도 바에서 기다렸고, 식사를 마친 후에는 9시 45분에서 10시 사이에 식당을 나섰다고 기억했다. 사진을 보여줬지만, 그녀는 세브링과 테이트, 프라이코프스키, 폴저를 확실히 알아보지는 못했다.

애비게일도 동행했다면, 일행은 10시 전에 식당을 나선 것이 분명하다. 그때쯤 폴저 부인이 시엘로에 전화해서 딸과 이야기를 나누었기 때문인데, 통화에서 어머니는 다음 날 오전 10시 샌프란시스코에서 출발하는 유나이티드 항공을 탈 예정이라고 확인해주었다. 폴저 부인은 경찰에서 "애비게일은 신변의 안전이나 폴란스키의 상황에 대해 어떤 놀라움이나 염려도 드러내지 않았다"고 말했다.

다수의 사람이 그날 밤 캔디 스토어와 더 팩토리, 더 데이지, 혹은 다른 여러 클럽에서 샤론 그리고/혹은 제이를 봤다고 제보했다. 몇몇은 오후 10시에서 자정 사이에 피해자 중 누군가와 전화 통화를 했다고 주장했다. 구체적인 질문을 하면 그들은 갑자기 다른 이야기를 하는 식이어서, 경찰은 그들이 헷갈렸거나 거짓말을 하는 거라고 결론지었다.

오후 11시경. 스티븐 페어런트가 엘 몬테의 데일스 상점에 들러 친구 존 르페부어에게 함께 드라이브를 갈지 물었다. 페어런트는 존의 여동생 진과 사귀고 있었다. 존은 다른 날 가자고 했다.

45분 후 스티븐 페어런트가 윌리엄 개럿슨에게 시계라디오를 팔아보려는 희망을 가지고 시엘로에 도착했다. 페어런트는 12시 15분에 별채를 나섰지만, 고작 자신의 램블러까지밖에 가지 못했다.

경찰은 또한 8월 8일 저녁에 세브링과 함께 있었다고 소문이 도는 아가씨들도 여럿 만났다.

"세브링의 전 여자친구가 69-8-8에 그와 함께 있었던 것으로 짐작됨. 마지막으로 그와 잠자리를 한 것은 69-7-5. 협조적, 그가 'C'를 사용한 것을 알고 있음. 그녀는……"

"……석 달 동안 그를 만났음…… 그의 별난 성생활에 대해서는 전혀 모름……"

"……그날 밤 시엘로의 파티에 갈 예정이었지만, 대신 영화관에 감……"

이 미용사가 만났던 여성들의 숫자를 생각하면 작은 일이 아니었지만, 형사들이 불평했다는 이야기는 듣지 못했다. 신인 배우나 모델, 『플레이보이』 모델, 심지어 라스베이거스 스타더스트 호텔의 리도 쇼에 등장하는 댄서들을 만나는 일은 그들이 일상적으로 얻을 수 있는 기회가 아니었다.

두려움을 말해주는 또 다른 척도가 있었다. 경찰이 사람들을 찾아내는 일은 너무 어려웠다. 범죄 후 갑자기 며칠씩 사라지는 일은, 일상적인 환경이었다면 의심스러운 행동으로 여겨졌을 것이다. 하지만 이 사건에서는 아니었다. 다음과 같은 기사가 전형적이었다. "왜 살인 사건 직후에 모습을 감추었냐는 질문에 대해, 그녀는 정확한 이유는 모르겠지만, 할리우드의 다른 사람들처럼 그냥 막연히 두려웠다고 대답했다……."

## 1969년 8월 16~30일

경찰은 언론에 "새롭게 진전된 것은 없다"고 했지만, 보도되지 않은 진행 상황들이 일부 있었다. 혈액 검사 후, 조 그라나도 경사는 총의 손잡이에서 떨어진 조각을 과학수사국 화기 및 폭발물 반의 윌리엄 리 경사에게 넘겼다. 리는 자신의 자료집을 확인할 필요도 없었다. 딱 봐도 그 조각들이 하이 스탠더드사의 총에서 떨어진 것임을 알 수 있었다. 그는 하이 스탠더드를 소유하고 있는 회사의 제품 관리자 에드 로맥스에게 전화했고, 경찰학교에서 만나기로 했다. 로맥스 역시 금방 총을 확인해주었다. "그런 손잡이가 달린 건 하나밖에 없습니다", 그가 리에게 말했다. "하이 스탠더드 22구경 롱혼 리볼버", 일반적으로는 "번틀라인 스페셜"로 알려진 모델이었다. 서부극 작가 네드 번틀라인이 연방보안관 와이어트 어프를 위해 만들었던 리볼버를 본뜬 총으로, 구체적인 사양은 다음과 같다. 9연발, 배럴 25.4센티미터, 전체 길이 38센티미터, 호두나무 손잡이, 파란색 마감, 무게 990그램, 권장소비자가 69달러 95센트.

"좀 특이한 모델"이라고 로맥스는 말했다. 1967년 4월에 출시되었고, 해당 손잡이가 달린 모델은 2700자루만 생산되었다.

리는 로맥스로부터 해당 모델이 판매된 상점 목록과 총의 사진을 받았고, LAPD는 미국 전역과 캐나다의 모든 경찰서에 보낼 전단지를 준비했다.

리-로맥스 미팅 며칠 후에 과학수사국 범죄학자 드웨인 울퍼가 시엘로 10050번지에서, 비명이나 총소리를 듣지 못했다는 개럿슨의 주장을 검증 혹은 반증하기 위해 음향 테스트를 했다.

일반적인 음향측정기와 22구경의 리볼버를 사용해 살인 사건이 있던 밤의 상황을 최대한 가깝게 재연한 다음, 울퍼와 그의 조수는 다음과 같은 사항을 확인했다. (1) 개럿슨이 본인의 주장대로 별채에 있었다면 스티븐 페어런트를 죽인 총소리를 들을 수 없었는가, 그리고 (2) 전축의 볼륨을 4 혹은 5에 맞춰놓았을 때 그가 본채 앞, 혹은 안에서 난 비명과 총소리를 들을 수 없었는가. 개럿슨을 체포한 후 휘센헌트 경관이 별채를 수색했을 때, 그는 전축의 볼륨이 4와 5 사이에 맞춰져 있는 것을 확인했다. 자신은 어떤 총소리도 듣지 못했다는 개럿슨의 주장을 뒷받침하는 결과가 나왔다.

하지만 울퍼의 과학적 검증에도 불구하고, LAPD 내부에는 여전히 개럿슨이 무슨 소리를 들었을 거라고 믿는 사람들이 있었다. 마치 그가 너무나 좋은 용의자라서, 아무 잘못이 없다고 인정하기를 망설이는 것만 같았다. 8월 말에 작성된 사건 요약 보고서에서 테이트 사건 담당 형사들은 이렇게 기록했다. "수사 담당관의 의견 및 과학수사국의 과학적 조사에 따르면, 개럿슨이 매우 가까운 거리에서 발생한 비명과 총소리 및 다중 살인 사건에 따른 기타 소음을 듣지 못했을 가능성은 매우 낮다. 그렇다고 해서 개럿슨이 살인 사건과 관련된 일들을 듣거나 보지 못했을 가능성을 완전히 배제할 수는 없다."

8월 16일 토요일 저녁, 로만 폴란스키가 LAPD에서 몇 시간 동안 조사를 받았다. 이튿날 그는 살인 사건 이후 처음으로 시엘로 드라이브 10050번지의 집으로 돌아갔다. 『라이프』 기자와 사진가, 그리고 유명한 심령술사 피터 허코스가 동행했는데, 허코스는 세브링의 친구가 현장을 "읽어"보라며 고용했다.

폴란스키가 신분을 밝히고 철문 안으로 들어설 때도 여전히 LAPD가 보안을 위해 부지를 지키고 있었고, 그는 『라이프』 기자이자 오랜 지인인 토머스 톰프슨에게 "여기가 세상에서 제일 유명한 난교가 있었던 집이군요"라며 불평했다. 톰프슨은 기비와 보이텍이 그곳에 얼마나 오래 머물렀는지 물었다. "너무 오래였겠죠", 그가 대답했다.

애비게일 폴저를 덮고 있던 파란색 침대보가 여전히 잔디밭에 놓여 있었다. 문에 피로 적혀 있던 글씨는 희미해졌지만, 세 글자는 여전히 알아볼 수 있었다. 엉망이 된 실내를 보며 그는 잠시 놀라는 듯했고, 복도에 있는 짙은 얼룩도 마찬가지로 알아볼 수 있었다. 그리고 일단 거실에 들어선 후에는 소파 앞에 더 큰 얼룩이 있었다.

폴란스키는 사다리를 타고 다락방으로 올라갔고, LAPD가 다시 갖다놓은 비디오테이프를 찾아서는, 현장에 있던 한 경관에 따르면, 자신의 주머니에 넣었다. 다락방에서 내려온 그는 방들을 돌아다 녔고, 마치 과거를 떠올리듯 여기저기 만져보았다. 베개는 사건 당일 아침과 마찬가지로 침대 가운데에 함께 놓여 있었다. 자신이 없을 때는 늘 그런 모습이라고, 그는 톰프슨에게 말했다. 그리고 "아내가 나 대신 저걸 껴안고 자는 거죠"라고 간단히 덧붙였다. 샤론이 아기 물건을 보관하던 옷장 앞에서는 꽤 오래 머물렀다.

『라이프』 사진기자는 처음에는 빛과 구도, 각도를 확인하기 위해 폴라로이드 사진을 몇 장 찍었다. 보통은 정식 사진을 찍은 후에 버리지만, 허코스가 "인상"을 얻는 데 도움이 될 것 같다며 달라고 부탁했고, 몇 장이 그에게 주어졌다. 이는 해당 사진가는 물론 『라이프』도 곧 후회하게 될 행동이었다.

한때 친숙했지만 이제는 기괴한 것이 되어버린 물건들을 바라보며 폴란스키는 계속 "왜?"라고 물었다. 그는 현관문 앞에서 망연자실한 표정을 지으며 자세를 취했는데, 마치 자신의 영화 촬영장에 들어서서는 모든 게 되돌릴 수 없을 만큼 심하게 바뀌어버린 것을 발견한 것만 같았다.

허코스는 나중에 언론에 이렇게 말했다. "샤론 테이트와 나머지 네 명을 죽인 범인은 세 명입니다―나는 그들이 누군지 압니다. 경찰에 살인자들의 정체를 알려주었고, 그자들을 조만간 멈추게 해야 한다고 말했습니다. 그러지 않으면 다시 살인을 저지를 거라고요." 그는 살인자들이 샤론 테이트의 친구이며, LSD를 너무 많이 해서 "미친 살인광"이 되어버렸다고도 덧붙였다. 또한 그는 살인은 "구나 구나"라는 흑마술 의식 도중에 폭발적으로 일어났고, 너무나 갑자기 벌어진 일이라 피해자들은 전혀 알아차리지 못했다고 말한 것으로 알려졌다.

허코스가 LAPD에 세 남자의 정체를 알려줬는지 어쨌는지에 대해서 말하자면, 아무도 그 일을 보고하지 않았다. 반대로 알려진 경우도 많은 것 같지만, 법집행기구에서는 그런 정보를 처리하는 표준 절차가 있다. 정중하게 들어준 다음 잊어버리는 것이다. 증거로 받아들일 수 없는 정보는 아무 가치가 없다.

허코스의 설명에 시큰둥했던 건 폴란스키도 마찬가지였다. 그는 이어진 며칠 동안 여러 차례 집을 다시 방문했는데, 다른 사람은 해줄 수 없는 대답을 찾으려는 것만 같았다.

그 주 『로스앤젤레스타임스』의 일요판 B면, 즉 지역 뉴스 면에 흥미로운 이야기들이 나란히 실렸다.

큰 이야기인 테이트에 관한 것이 맨 위에 실렸고 제목은 "할리우드 집단 살인 사건의 해부"였다.

그 밑에 실린 작은 이야기의 제목은 다음과 같았다. "라비앙카 부부, 최후의 의식을 치른 살인자에게 희생."

테이트 이야기 왼쪽, 화가가 그린 테이트 저택의 그림 위로, 훨씬 더 짧고 관련도 없어 보이는, 아마 그 자리에 들어갈 정도로 짧았기 때문에 선택된 것처럼 보이는 기사가 있었다. 제목은 다음과 같았다. "경찰, 목장 급습 후 차량 절도단 용의자 26명 체포."

기사의 시작 부분은 이렇다. "고립된 채츠워스 목장의 버려진 영화 촬영장에서 지내던 26명이, 토요일 새벽 보안관서 부관들의 급습 후에 체포되었다. 그들은 차량 절도 사건 용의자로 알려졌다."

부관들에 따르면, 문제의 집단은 폴크스바겐을 훔쳐서는 사막용 사륜구동으로 개조했다. 기사에는 체포된 자들의 이름이 없었지만, 상당한 양의 무기가 압수되었다고 적혀 있었고, 마지막 문장은 다음과 같다. "목장은 조지 스팬 소유인데, 그는 맹인이었고, 반쯤 누워 지내는 여든 살 노인이다. 목장은 샌타수재너 패스 로드 12000번지의 시미 힐스에 위치해 있다. 부관들은 목장에서 혼자 지내는 스팬도 촬영장에 사람들이 살고 있는 것을 알았지만, 거기서 뭘 하는지는 몰랐던 것 같다고 말했다. 거동이 불편한 그는 그 무리를 무서워했다."

작은 이야기였고, 며칠 후 용의자들이 석방되었을 때에는 후속 기사도 없었다. 체포에 사용한 영장의 기한은 지났던 것으로 밝혀졌다.

윌슨, 매디건, 피킷 그리고 존스가 캐나다에 있다는 보고에 따라 LAPD는 캐나다 경찰청에 네 인물에 대한 "요청"을 보냈다. 캐나다 경찰은 해당 내용을 발표했고, 비상 대기 중이던 기자들이 기사로 썼고, 몇 시간 후 미국의 뉴스 미디어가 "테이트 사건의 돌파구"를 알렸다.

　LAPD는 네 사람이 용의자가 아니며, 단지 조사를 위해 찾고 있었을 뿐이라고 했지만, 체포가 임박했다는 분위기는 여전했다. 전화가 쇄도했고, 그중 한 통은 매디건, 다른 한 통은 존스가 건 것이었다.

　존스는 자메이카에 있다며, 경찰이 자신과 이야기하고 싶다면 기꺼이 비행기를 타고 돌아가겠다고 했다. 그들은 자신들이 한 짓을 인정했다. 매디건은 변호사와 함께 파커 센터에 출두했다. 그는 전적으로 협조했으며, 마약류의 사용 및 판매와 관련될 법한 질문을 제외하면 어떤 것에도 대답하겠다고 동의했다. 살인 사건 전주에 시엘로 저택을 방문해 프라이코프스키를 만난 적이 있다고 인정했고, 따라서 그의 지문이 나온 것은 가능한 일이었다. 매디건은, 살인 사건이 있던 밤에는 자신의 아파트 아래층에 사는 항공사 승무원이 연 파티에 참석했다고 했다. 그는 새벽 2시 혹은 3시에 파티를 떠났다. 이는 나중에 LAPD에 의해 확인되었고, 시엘로 저택에 있던 미확인 지문과 그의 지문을 대조했지만 성과는 없었다.

　매디건은 거짓말탐지기 검사를 받았고, 통과했다. 자메이카에서 돌아온 존스도 마찬가지였다. 존스는 자신과 윌슨이 7월 12일부터 8월 17일까지 자메이카에 있었으며, 17일에 각자 비행기를 타고 자신은 로스앤젤레스로 왔고, 윌슨은 토론토에 간 거라고 했다. 자메이카에는 무슨 일로 갔느냐는 질문에, 그는 "마리화나에 대한 영화를 제작"하고 있었다고 대답했다. 존스의 알리바이는 확인이 필요했지만, 거짓말탐지기 검사를 통과하고, 지문 대조에도 실패하자 그는 더 이상 유력한 용의자가 아니었다.

이제 허브 윌슨과 제프리 피킷, 일명 픽이 남았다. 이때쯤 LAPD는 두 사람이 어디 있는지 알고 있었다.

여론은 나빴다. 이 점에 대해서는 논란의 여지가 없었다. 『뉴욕 타임스』의 로스앤젤레스 지국장 스티븐 로버츠는 나중에 이렇게 말했다. "기사들에는 공통된 맥락이 있었다. 피해자들이 살인 사건을 자초한 거라는 이야기였다…… 그런 태도는 '괴상하게 살다가, 괴상하게 죽었다'라는 표현으로 요약할 수 있었다."

엽기적인 소재에 대한 로만 폴란스키의 취향, 세브링의 성적 특이함에 대한 소문, 남편이 없는 동안 테이트와 그녀의 전 연인이 죽음의 현장에 함께 있었던 것, 할리우드 제트족의 "될 대로 되라"는 식의 이미지, 약물, 그리고 갑자기 정보 유출을 단속하는 경찰까지. 이 모든 것을 바탕으로 어떤 줄거리든 꾸며낼 수 있었고, 실제로도 그랬다. 샤론 테이트에게는 "할리우드 난교의 여왕"에서부터 "악마적 예술에 발을 들인 사람"까지 다양한 호칭이 붙었다. 폴란스키 본인도 예외가 아니었다. 독자들은 같은 신문에서, 이 감독이 비통함에 빠져 말도 못 하고 지낸다는 칼럼니스트의 글과 그가 항공사 승무원들과 함께 나이트클럽을 전전하고 있다는 또 다른 글을 동시에 볼 수 있었다. 폴란스키는 직접적으로 살인 사건에 책임이 없지만, 적어도 한 곳 이상의 신문에서는 그가 범인을 알고 있는 것이

틀림없다고 암시했다.

다음은 전국적인 주간지에 실린 기사다.

"샤론의 시신은 발가벗은 상태였고, 처음 알려진 대로 비키니 팬티와 브라 차림이 아니었다. (…) 세브링은 찢어진 반바지 조각만 걸치고 있었다. (…) 프라이코프스키의 바지는 발목까지 내려진 상태였다. (…) 세브링과 테이트는 모두 전 연인의 이름을 몸에 새기고 있었다. (…) 테이트 양의 가슴 한쪽은 절단된 상태였고, 이는 무차별적인 칼질의 결과인 것으로 보인다. (…) 세브링의 몸에도 성적 훼손이 있었다……." 나머지 부분의 정확성도 마찬가지였다. "어디에서도 지문은 발견되지 않았고…… 시신 다섯 구의 몸 어디에서도 약물의 흔적은 나오지 않았다……." 이런 식이다.

옛날 잡지 『기밀Confidential』*에 나오는 기사처럼 보이지만, 이 기사는 『타임』에 실린 것이다. 작성자는 자신이 상상력으로 덧붙인 부분이 편집자에게 발각되었을 때 꽤나 자세히 설명해야 했을 것이다.

"수많은 비방"에 분개한 로만 폴란스키는 8월 19일 기자회견을 열어 "이기적인 이유로, 아내에 대해 끔찍한 이야기들을 쓰고 있는" 기자들을 맹비난했다. 부부간의 갈등은 없었다고 그는 다시 한 번 말했다. 약물도, 난교도 없었다. 그의 아내는 "아름다웠고" "선한 사람이었으며" "그녀와 함께 보낸 지난 몇 년은 내 인생에서 진정

---

\* 1952년부터 1978년까지 발행된 미국 잡지. 폭로 기사로 유명했다.

행복했던 유일한 시절······"이었다.

몇몇 기자는 언론에 대한 폴란스키의 불평을 조금도 동정적으로 보지 않았는데, 그가 살인 현장 촬영을 『라이프』에만 독점으로 허락했다는 것을 이제 막 알게 되었기 때문이다.

"독점"은 아니었다. 『라이프』가 판매점에 도착하기도 전에 폴라로이드 사진 몇 장이 할리우드의 『시티즌뉴스』에 실린 것이다.

『라이프』는 본인들이 찍은 사진으로 독점을 빼앗겼다.

폴란스키가 언론은 물론 친한 친구들에게도 말하지 않은 것들이 있었다. 그중 하나는 자신이 로스앤젤레스 경찰청에서 거짓말탐지기 검사를 받기로 동의했다는 사실이다.

폴란스키의 거짓말탐지기 검사는 파커 센터에서 얼 디머 경사가 진행했다.

<u>문</u>. "로만이라고 불러도 되겠습니까? 제 이름은 얼입니다."

<u>답</u>. "그럼요······ 검사 중에 거짓말을 한두 개 할 겁니다, 나중에 말해줄게요. 괜찮습니까?"

<u>문</u>. "네······ 좋습니다······."

디머는 처음에 아내를 어떻게 만났는지 물었다.

폴란스키는 한숨을 쉬고는 이야기를 시작했다. "샤론은 4년 전, 마티 랜소호프라는 할리우드 거물 제작자가 연 일종의 파티에서 처음 만났습니다. 「베벌리 힐빌리스」를 비롯해 온갖 종류의 쓰레기를 만든 사람이죠. 하지만 그는 예술에 대한 이야기로 나를 꼬드겼고, 저는 그와 함께 영화, 그러니까 흡혈귀에 대한 그 풍자영화를 만든 거죠, 아시겠지만.

그렇게 파티에서 샤론을 처음 만났습니다. 당시 아내는 런던에서 랜소호프의 또 다른 영화를 찍고 있었죠. 혼자 런던에 있었던 거예요. 랜소호프가 '기다렸다가 우리 주연 아가씨 만나보세요, 샤론 테이트 말입니다!'라고 말했습니다.

저는 아내가 무척 예쁘다고 생각했습니다. 하지만 당시엔 큰 인상을 받지 못했죠. 그러다 아내를 다시 보게 되었습니다. 밖으로 데리고 나와서, 네, 아주 많은 이야기를 나눴습니다. 당시에 저는 정말로 막살고 있었거든요. 관심사라고는 한 아가씨와 자고, 또 다른 여자로 옮겨가는 것뿐이었습니다. 아시겠지만, 첫 결혼은 좋지 못했습니다. 오래전에요. 나쁘지는 않았어요, 아름다웠지만, 아내가 저를 버렸고, 저는 정말 기분이 좋았습니다. 왜냐하면 저는 여자들과 잘 지냈고 그렇게 섹스만 하며 돌아다닐 수 있었으니까요. 막살았습니다. 네.

그래서 아내를 몇 번 더 만났습니다. 제이랑 사귀는 건 알고 있었어요. 그러다 [랜소호프가] 아내를 영화에 써보라고 해서 테스트를 했죠.

한번은 아내와 데이트를 하려고 했는데, 까다롭게 굴었습니다. 데이트를 하고 싶다고 했다가, 하고 싶지 않다고 하길래 '꺼져'라고 말하고는 전화를 끊었죠. 아마 거기서부터 모든 게 시작된 것 같습니다, 네."

문. "다정한 말을 해주셨군요."

답. "그렇죠. 아내가 저한테 끌렸습니다. 그리고 저는 냉정하게 행동했습니다. 데이트를 한참 한 후에야 비로소 아내가 나를 좋아하는 게 보이기 시작했죠.

하룻밤 보낸 게 기억납니다―제가 열쇠를 잃어버려서―아내 집에서 같은 침대에서 하룻밤을 보낸 거죠, 네, 섹스는 전혀 고려 대상이 아니라는 건 알고 있었습니다. 아내는 그런 여성이었으니까요.

그러니까 정말로 그런 일이 나한테 생긴 겁니다!

그리고 촬영에 들어갔는데―두세 달 후의 이야기입니다. 촬영장에서 영화를 찍으면서 제가 물었습니다. '나랑 자고 싶어요?'라고 물었더니 아내가, 아주 다정하게 '네'라고 대답하더군요. 그때 처음으로 아내에게 감동을 받았습니다, 네. 그래서 정기적으로 함께 자기 시작했죠. 아내가 너무 다정하고 사랑스러워서 믿을 수가 없었습니다, 네. 저는 안 좋은 경험이 있어서, 그런 사람이 존재할 수 있다는 걸 믿지 않았거든요, 저는 아내가 자신의 진면목을 보여줄 때까지 오랫동안 기다렸던 겁니다. 그렇죠?

아내는 *아름다웠습니다*, 아무 거짓도 없어요. 아내는 환상적이었습니다. 아내는 저를 사랑했어요. 저는 다른 집에서 지내고 있었습니다. 아내가 제집에 오는 건 원치 않았어요. 그러면 아내는 '내가 자기를 숨 막히게 하려는 게 아니에요. 그냥 함께 있고 싶은 것뿐이야' 같은 말을 했지요. 제가 말했습니다. '내가 어떤지 알잖아.

아무하고나 자고 다닌다고'라고요. 그러면 아내는 '당신을 바꾸려는 게 아니에요'라고 말했죠. 아내는 저와 함께 있을 수 있다면 뭐든 할 준비가 되어 있었던 겁니다. 아내는 완전 천사였습니다. 아주 특별해서 그런 사람은 제 평생 다시 만날 수 없을 겁니다."

디머는 세브링을 처음 만났던 상황에 대해 물었다. 런던의 식당이었다고 폴란스키는 말했다. 자신은 아주 초조해했고, 세브링은 "이해합니다, 친구. 이해합니다"라는 말로 어색한 분위기를 깨보려 했다. 더 중요하게는, "그는 샤론이 행복한 것을 보고 행복해하는 것" 같았다. 이어서 몇 번을 만나는 동안에도 로만은 조금 불편했다. "하지만 제가 로스앤젤레스에 와서 이곳에 살면서부터는 제이도 우리가 여는 파티에 오곤 했습니다. 저도 그가 아주 마음에 들기 시작했고요. 무척 다정한 사람입니다. 아, 저도 그 사람 고민거리는 알고 있습니다. 여자들한테 채찍질하는 걸 좋아하죠. 샤론이 이야기해줬습니다. 아내를 침대에 묶은 적도 있어요. 아내가 그 이야기를 해줬죠. 그러면서 그 사람을 놀렸는데…… 아내가 보기에 그건 웃기지만, 슬프기도 했답니다…….

그리고 그는 더 자주 우리 집에 왔습니다. 그냥 어슬렁거리고, 또 어슬렁거리고 그랬는데, 샤론은 그가 너무 오래 머무른다고 불평하기도 했어요. 늘 마지막까지 남아 있는 사람이었으니까요, 네.

우리 관계의 초반에는 분명히 그가 샤론을 사랑하는 마음이 여전히 있었겠지만, 대부분은 사라졌을 거라 생각합니다. 확실해요."

문. "그러니까 샤론이 세브링에게 돌아갔다는 암시 같은 건 없었다는 말이네요."

답. "전혀요! 제가 나쁜 놈입니다. 늘 바람을 피우고 다녔으니까요. 그게 샤론의 큰 고민거리였습니다, 네. 하지만 샤론은 제이에게는 전혀 관심이 없었습니다."

문. "다른 남자에게는 관심이 있었을까요?"

답. "아니요! 다른 어떤 남자도 샤론에게 가까이 다가갈 기회는 없었습니다."

문. "알겠습니다. 계속 그렇게 해주시면 됩니다. 이제 시작하겠습니다. 어떻게 하는 건지 말씀드리겠습니다, 로만." 디머는 거짓말탐지기의 작동 방식을 설명하고, 이렇게 덧붙였다. "침묵을 지키는 게 중요합니다. 말씀하실 때 손을 많이 쓰시네요. 감정적인 분이십니다. 연기자 유형이니까, 조금은 어려울 수도 있겠지만…… 압박이 느껴질 때는 침묵을 지키세요. 압박이 사라지면, 그때 말씀하시고 손도 자유롭게 쓰세요. 이성적이어야 합니다."

"네"와 "아니오"라고만 대답하고 설명은 나중에 해달라고 폴란스키에게 설명한 다음, 디머는 심문을 시작했다.

문. "캘리포니아주 운전면허증을 갖고 있습니까?"

답. "네."

문. "오늘 점심은 먹었나요?"

답. "아니오."

문. "보이텍과 그 밖의 사람들을 죽인 인물을 알고 있습니까?"

답. "아니오."

문. "담배 피우십니까?"

답. "네." 긴 침묵이 흐르고, 폴란스키가 웃음을 터뜨렸다.

문. "그렇게 쓸데없는 행동을 하면 어떻게 되는지 아시죠? 처음부터 다시 시작해야 합니다!"

답. "죄송합니다."

문. "담배에 대해 거짓말할 때 혈압이 오른 걸 보세요. 툭, 툭, 툭, 계단처럼 오릅니다. 좋습니다. 다시 시작하죠……. 현재 당신은 로스앤젤레스에 있습니까?"

답. "네."

문. "당신은 보이텍과 그 밖의 사람들이 살해된 일과 어떤 식으로든 관련이 있습니까?"

답. "아니오."

문. "오늘 점심은 먹었나요?"

답. "아니오."

문. "보이텍과 그 밖의 사람들의 죽음에 책임감을 느낍니까?"

답. "네. 제가 그 자리에 없었다는 것에 책임감을 느낍니다, 그것뿐입니다."

문. "당신은 이번 일을 반복적으로 떠올렸을 거라고 생각합니다. 누가 이번 사건의 목표였을까요? 샤론이 목표였다고, 누군가 그녀를 상대로 그 정도의 광기를 품고 있었다고 생각하지는 않았을 겁니다. 이런 행동의 목표가 될 수 있는 사람이, 당신 생각에는, 그녀 외에 누가 있었을까요?"

답. "온갖 생각을 했습니다. 제가 목표였을 수도 있다고 생각했습니다."

문. "이유는요?"

답. "그러니까, 질투나 음모 뭐 그런 것일 수도 있겠죠. 샤론이 직접적인 목표일 수는 없습니다. 만약 샤론이 목표였다면, 그건 제가 목표라는 의미이기도 합니다. 제이가 목표일 수도 있고, 보이텍일 수도 있습니다. 아니면 그저 멍청한 짓이거나, 누군가 그냥 범죄를 저지르기로 한 것일 수도 있습니다."

문. "예를 들면 세브링은 자신이 한 어떤 일 때문에 목표가 될 수 있었을까요?"

답. "돈과 관련 있겠죠, 아마. 약물 이야기는 저도 많이 들었습니다, 마약 운반 관련 이야기요. 저로서는 믿기 어렵습니다……." 폴란스키는 언제나 세브링이 "어느 정도 풍족한 남자"일 거라고 생각했지만, 최근에 그에게 빚이 있다는 이야기를 들었다. "겉보기와 달리, 심각한 재정적 문제가 있는 게 틀림없다는 인상을 받았습니다."

문. "빚을 돌려받는 방식치고는 끔찍했네요. 그렇게 가서 다섯 명을 죽이는 건 일상적인 수금업자의 일이 아닙니다."

답. "아니, 아니죠. 제 말은 그런 이유로, 세브링이 돈을 벌기 위해 위험한 곳에 발을 들였을 수도 있다는 겁니다. 이해하시겠어요? 절박한 심정에, 불법적인 사람들과 어울렸을 수도 있잖아요, 네?"

문. "샤론과 배 속의 아기를 제외하고, 남은 셋 중에 당신은 논리적으로 세브링이 목표가 되었을 거라고 생각하는군요, 그렇죠?"

답. "범죄 자체가 비논리적으로 보입니다.

제가 동기를 찾아본다면, 경찰이 평소 사용하는 일상적인 기준에 들어맞지 않는 뭔가를 찾아보겠습니다. 훨씬 더 나아간 뭔가를요……."

디머는 폴란스키에게 「로즈메리의 아기」 때문에 협박 편지를 받은 일이 있는지 물었다. 그는 그런 일이 있었다며 말했다. "일종의 마법일 수도 있죠, 네. 미친 사람이나 그런 거요. 이런 처형, 이런 비극은 일종의 미친놈들 짓일 거라고 생각합니다, 네.

제가 목표였다고 해도 놀랍지 않습니다. 이 약물, 마약 이야기가 있지만요. 제 생각에는 경찰이 이 단서에만 서둘러 달려든 것 같아요. 제가 알기로 보이텍이 어떤 식으로든 마약과 관련 있다면, 마리화나를 피운 것뿐입니다. 제이도 마찬가지고요. 게다가 코카인, 그것도 했다는 거 압니다. 처음에는 그냥 틈틈이 하는 걸로 생각했죠. 샤론과 이야기했을 때 '장난해요? 2년째 정기적으로 하고 있다고요'라고 하더군요."

문. "샤론도 어느 정도는 마약을 했습니까, 마리화나 외에?"

답. "저와 만나기 전에 LSD를 했습니다. 여러 번이요. 우리는 함께 그 일에 대해 상의했고…… 저도 세 번 했습니다. 아직 합법일 때요." 그는 그렇게 덧붙이고는 웃음을 터뜨렸다. 다시 진지함을 되찾은 폴란스키는 유일하게 둘이서 함께 LSD를 했을 때를 회상했다. 1965년 말경이었다. 그로서는 세 번째였고, 샤론은 열다섯 번 혹은 열여섯 번째였다. 즐거운 상태에서 시작했고, 둘은 밤새 이야기를 나누었다. 하지만 "아침이 되자 아내가 몸을 뒤집으며 비명을 질렀고, 저는 죽을 만큼 무서웠습니다. 그 일이 있고 나서 아내가 '말했듯이 이젠 못 하겠어요, 이걸로 끝이야'라고 하더군요. 그게 마지막이었습니다, 아내나 저나.

이 말씀은 드릴 수 있습니다, 확실하게요. 아내는 약물을 전혀 하지 않았습니다, 마리화나만 했는데, 그것도 많이는 안 했습니다. 그리고 임신 중에는 말할 것도 없습니다. 아내는 임신 사실이 너무 기뻐서 아무것도 안 했습니다. 제가 와인을 한 잔 따라줘도 손도 대지 않았으니까요."

디머는 한 차례 더 질문하고 검사를 마쳤다. 로만 폴란스키가 아내를 비롯한 다른 사람들의 살인 사건에 전혀 관여하지 않았고, 혼자만 알고 있는 것도 없다는 사실에 만족했다.

떠나기 전에 로만이 말했다. "이제 저도 이 일에 헌신할 겁니다." 그는 자신의 친구들도 조사해볼 생각이었다. "하지만 아주 천천히 할 겁니다, 친구들이 의심받지 않게요. 제가 여기 있다는 건 아무도 모릅니다. 제가 어떤 식으로든 경찰을 도와주고 있다는 걸 알리고 싶지 않습니다. 네. 그렇게 하면 친구들도 좀더 진지하게 생각하겠죠."

문. "계속 씩씩하게 지내셔야죠."
폴란스키는 고맙다고 인사하고, 담배에 불을 붙인 다음, 떠났다.
문. "저기요, 담배 안 피우시는 줄 알았는데요!"
하지만 폴란스키는 이미 나가고 없었다.

8월 20일, 피터 허코스가 로만 폴란스키와 함께 시엘로 저택을 다녀가고 사흘 후, 그의 사진이 『시티즌뉴스』에 실렸다. 다음과 같은 설명이 붙어 있었다.

"유명 심령술사—(현재 샤론 테이트 학살 사건을 포함해) 살인 사건 관련 자문으로 유명한 피터 허코스, 금요일 밤 헌팅턴 하트퍼드에서 강연, 8월 30일까지."

매디건과 존스는 용의자에서 제외되었다. 윌슨과 피킷은 남아 있었다.

사건에 익숙하다는 이유로 디머 경사를 동부로 보내 두 사람을 조사하게 했다.

제프리 "픽" 피킷은 그의 지인을 통해 연락이 닿았고, 워싱턴DC의 호텔 방에서 약속이 잡혔다. 유명한 국무부 관료의 아들이었던 피킷은 디머가 보기에는 "마약, 아마 흥분제를 한 상태"인 것처럼 보였다. 손에는 붕대도 감고 있었다. 디머가 손은 어떻게 된 거냐며 관심을 보이자, 피킷은 주방에서 칼에 베인 거라고 애매하게 대답했다. 거짓말탐지기 검사에 동의하기는 했지만, 피킷은 차분하지 못했고 지시를 따르지도 않았기에 디머는 비공식적으로 조사했다. 그는 살인 사건이 있었던 날 매사추세츠주 셰필드의 자동차 회사에서 일하고 있었다고 주장했다. 무기를 가지고 있냐는 질문에 벅사의 칼을 가지고 있다고 인정했다. 매사추세츠 말버러의 상점에서 친구의 신용카드로 산 것이라고 했다.

나중에 피킷은 디머에게 칼을 내주었다. 시엘로에서 발견된 것과 비슷했다. 또한 그는 애비게일 폴저와 보이텍 프라이코프스키가 테이트 저택의 파티에서 마약을 하고 있는 장면을 찍은 비디오테이프도 제출했다. 피킷은 자신이 어떻게 그 영상들을 소지하게 되었는지, 혹은 그 영상을 어떻게 활용할 계획이었는지는 말하지 않았다.

맥간 경사와 함께 디머는 매사추세츠로 갔다. 셰필드의 자동차 회사 출근 카드를 확인한 결과, 피킷의 마지막 근무일은 8월 1일, 살인 사건이 있기 8일 전이었다. 뿐만 아니라 말버러에서 벅 칼을 파는 상점은 두 곳 있었지만, 두 곳 다 그 특정 모델을 가지고 있지는 않았다.

용의자로서 피킷에 대한 의심은 당연히 커졌지만, 형사들이 그가 말한 친구를 조사할 때까지만 그랬다. 친구의 신용카드 영수증을 조사한 결과 벅 칼을 산 영수증이 한 장 나왔다. 살인 사건 한참 후인 8월 21일, 매사추세츠주 서드버리에서 구입한 칼이었다. 친구와 그의 아내는 또한 피킷은 잊어버렸던 어떤 일을 기억하고 있었다. 8월 8일에서 10일 주말, 피킷은 친구 부부와 함께 해변으로 갔다. 피킷은 이후에 거짓말탐지기 검사를 두 번 받았다. 두 번 다 그가 사실을 말했고 사건과 관련이 없는 것으로 밝혀졌다. 피킷 제외.

토론토로 날아간 디머는 허브 윌슨을 조사했다. 처음에는 거짓말탐지기 검사에 미온적이었지만, 디머가 캐나다 법원의 마약 수사에 활용될 수 있는 질문은 하지 않겠다고 하자 검사에 응했다. 그도 검사를 통과했다. 윌슨 제외.

피킷과 윌슨의 지문을 테이트에서 나온 잠재지문과 비교했지만 일치하지 않았다.

테이트 사건의 첫 번째 수사 보고서—8월 9일에서 31일까지의 수사 상황—에서 윌슨, 매디건, 피킷, 존스가 "보고서 작성 당시 용의자에서 제외되었다"고 결론 내렸지만, 디머와 맥간은 9월 초에 자메이카 오초 리오스로 날아가 윌슨과 존스의 알리바이를 확인했다. 두 사람은 7월 8일에서 8월 17일까지 그곳에서 "마리화나에 대한 영화를 제작"하고 있었다고 주장했다.

부동산 중개인, 가정부, 항공권 판매사 등을 조사한 결과 이야기의 절반은 사실이었다. 살인 사건 당시 둘은 자메이카에 있었다. 그리고 마리화나와 관련해 무슨 일인가를 꾸몄을 가능성도 높았다. 둘을 정기적으로 방문했던 사람은, 여성 친구들을 제외하면 항공기 조종사가 있었는데, 잘나가던 항공사의 급여가 높은 자리를 몇 주 전에 아무런 설명 없이 그만두고, 자메이카와 미국 사이를 홀로 비정기적으로 왔다 갔다 하고 있었다.

하지만 영화와 관련해서 형사들은 확실히 의심스럽다고 판단했다. 가정부는 집에서 본 카메라는 작은 코닥밖에 없었다고 말했다.

피킷이 디머에게 준 비디오테이프를 과학수사국 연구소에서 검토했다. 다락방에서 발견된 것과는 확연히 다른 내용이었다.

폴란스키 부부가 없는 동안 촬영된 것으로 보이는 영상에서는, 애비게일 폴저와 보이텍 프라이코프스키, 위톨드 K, 그리고 신원을 알 수 없는 젊은 여성이 테이트 저택의 벽난로 앞에서 저녁 식사를 하고 있었다. 비디오카메라는 일단 켜놓은 채였고, 영상 속 사람들은 그 존재를 잊어버린 것처럼 보였다.

애비게일은 머리를 뒤로 묶었는데, 단단하게 땋아서 뒷머리에 붙인 것 같았다. 다른 사진에서보다 더 나이 들고 피곤해 보였다. 보이텍은 흐트러진 모습이다. 마리화나처럼 보이는 것을 피우고 있었지만 약보다는 술에 더 취한 것 같았다. 초반부에 애비게일은 그에게 과한 애정을 보이는데, 마치 말 안 듣는 아이에게 맞춰주는 듯한 태도였다.

하지만 잠시 후 분위기가 서서히 달라졌다. 애비게일을 무시하려는 듯 보이텍이 폴란드어로 말하기 시작했다. 애비게일도 장단을 맞추려는 듯 그의 투박한 농담에 재치 있는 응답을 하며 귀족 부인 흉내를 냈다. 보이텍은 그녀를 "폴저 부인"이라 부르기 시작했고, 잠시 후 더 취했을 때는 "F. 부인"이라고 불렀다. 애비게일은 마치 그가 자리에 없는 것처럼 삼인칭으로 불렀고, 역겹다는 듯이, 약에서 깨려고 술을 마시는 그의 버릇에 대해 이야기했다.

테이프를 본 사람들에게 그 내용은 너무 길고, 지루하게 이어지는 말다툼 이상으로는 보이지 않았을 것이다. 하지만 두 사건은, 바로 그 집에서 영상 속 인물 중 두 명에게 벌어진 일을 고려할 때, 「로즈메리의 아기」처럼 서늘하고 괴상한 느낌을 주었다.

저녁을 차리던 애비게일이, 보이텍이 약에 취한 상태에서 벽난로를 들여다보며 이상한 형체가 보인다고 했던 일을 이야기했다. 그는 서둘러 카메라를 찾았고, 찍으려던 그 형체는 불타는 돼지머리였다.

두 번째 사건은, 그 자체로 더 혼란스러웠다. 마이크는 식탁 위의 로스트비프 옆에 놓여 있었다. 고기를 자르고 집어들 때마다 자꾸 또 자꾸 칼이 뼈에 닿는 소리가 놀랄 만큼 크게 들렸다.

테이트 살인 사건을 해결하겠다고 자원한 "전문가"가 허코스 한 명만 있었던 건 아니다. 8월 27일, 트루먼 커포티가 자니 카슨의 「투나이트 쇼」에 출연해 이 범죄에 대해 이야기했다.

단독범이, 혼자서 살인을 저지른 거라고 『인 콜드 블러드』의 저자는 자신 있게 말했다.

살인범은 남자이고, 사건이 있기 전에 이미 그 집에 있었다. 무슨 일인가가 벌어지며 "일종의 망상에 방아쇠를 당"겼다. 이후 범인은 그곳을 떠났고, 자기 집으로 가 칼과 총을 챙긴 다음, 되돌아와 그곳에 있던 이들을 치밀하게 살해했다. 커포티의 추론에 따르면, 스티븐 페어런트가 마지막으로 사망했다.

기소된 살인자들과 백 번의 인터뷰를 진행하며 얻은 지식을 바탕으로 커포티는 범인이 "아주 젊고, 분노에 찬 편집증 환자"라고 폭로했다. 살인을 저지르는 동안 그는 아마 성적인 해방감을 경험했을 테고, 그런 다음엔 지친 상태에서 집으로 가 이틀 동안 잠만 잤을 거라고 했다.

커포티는 단독범 가설을 제시했지만, 테이트 사건 담당 형사들은 이제 그쪽은 포기한 상태였다. 애초에 그 가설을 세웠던 유일한 이유―개럿슨―가 더 이상 고려 사항이 아니었던 것이다. 피해자의 수, 그리고 둘 혹은 그 이상의 무기가 사용된 것 때문에 이제 그들은 "적어도 두 명의 용의자"가 관여했다고 확신하고 있었다.

살인자들. 복수. 하지만 그들의 정체에 대해서는 조금도 아는 바가 없었다.

8월 말, 테이트 사건과 라비앙카 사건 양쪽의 담당 형사들이 요약 보고를 했다.

「일급 살인 상황 보고서―테이트」는 33쪽에 이른다. 그 어디에도 라비앙카 살인 사건에 대한 언급은 없다.

「일급 살인 상황 보고서―라비앙카」는 17쪽이었다. 두 사건의 유사성이 많았음에도 불구하고 이 보고서에도 테이트 살인 사건에 대한 언급은 전혀 없었다.

둘은 완전히 별도의 사건으로 남아 있었다.

밥 헬더 경위는 테이트 사건에 열두 명의 전담 형사를 붙였지만,

마이클 맥간과 로버트 칼킨스, 제스 버클스 경사가 핵심 수사를 하고 있었다. 모두 오랫동안 현역에 있는 베테랑들이었고, 밑바닥부터 열심히 노력해서 형사 지위까지 올라온 사람들이었다. 이들은 경찰학교도 없고, 교육이나 업무평가보다는 연공年功이 더 중요했던 시절을 잘 기억하고 있었다. 그들은 경험이 있었고, 자신들의 방식에 집착하는 경향이 있었다.

폴 러페이지 경위가 지휘하는 라비앙카 수사팀은 여러 기간에 걸쳐 여섯 명에서 열 명 사이였고, 프랭크 패칫, 마누엘 구티에레즈, 마이클 닐슨, 필립 사투치, 게리 브로다가 핵심 수사를 하고 있었다. 라비앙카 담당 형사들은 일반적으로 젊었고, 교육을 더 잘 받았으며, 경험은 훨씬 적었다. 대부분 경찰학교 출신이었고, 현대 수사 기법을 좀더 활용하려는 경향이 있었다. 예를 들어 그들은 조사했던 거의 모든 사람의 지문을 채취했다. 거짓말탐지기를 더 많이 활용했고, 범행 수법modus operandi, MO을 더 많이 작성했으며, 지문은 캘리포니아주 범죄수사 및 신원확인국CII 자료와 대조했다. 또한 피해자들의 배경을 더 깊이 파고들었는데, 심지어 7년 전 휴가 중에 라비앙카가 모텔에서 외부로 걸었던 전화까지 확인했다.

또한 그들은 "멀리 나간" 가설까지 고려하는 경향이 있었다. 예를 들어 테이트 보고서에서는 현관문에 피로 적혀 있던 글씨를 해석해보려는 시도를 하지 않았지만, 라비앙카 보고서에서는 웨이벌리 드라이브의 저택 내부에서 발견된 글의 의미에 대해 진지하게 숙고해보았다. 심지어 가능성이 너무 희박해서 멋대로 해본 생각이라고 하기도 어려운 추측을 하곤 했다. 보고서에는 이렇게 적혀 있었다. "수사를 통해 음악 그룹 비틀스의 최신 음반인 SWBO 101번*에 「헬터 스켈터」와 「피기스」 그리고 「블랙버드」라는 곡이 있다는 것을 알아냈다. 「블랙버드」의 가사에서 '일어나다, 일어나다arise'라는 단어가 자주 나오는데, 이는 현관 가까이에 적힌 '일어나라rise'의 의미일 수도 있다."

이 생각은 그냥 튀어나온 것인데, 금세 잊혔기 때문에 나중에는 누구의 생각이었는지도 기억할 수 없었다.

하지만 두 수사팀에는 공통점도 있었다. 그때까지 라비앙카 팀이 150여 명을 조사하고, 테이트 팀은 그보다 두 배 이상 조사했지만, 양쪽 다 시신이 처음 발견되었을 때와 견주어 사건 '해결'에 많이 접근했다고는 할 수 없었다.

테이트 보고서에서는 용의자 다섯 명—개럿슨, 윌슨, 매디건, 피킷, 존스—을 언급했지만, 이들 모두 그때쯤엔 제외된 상태였다.

라비앙카 보고서의 용의자는 열다섯 명이었는데, 거기에는 프랭크와 수잰 스트루더스, 조 도건을 비롯해 절대 용의자가 될 수 없는 사람이 여럿 포함되어 있었다. 그 열다섯 명 중 가드너만이 가능성이 있었고, 최종적으로 용의선상에서 제외하려면 손바닥 지문이 필요했지만(이는 레노의 책상에 있던 은행 용지 묶음에서 발견되었다), 일단

* 일명 '화이트' 앨범.

그의 손가락 지문을 저택에서 발견된 것들과 비교했을 때는 일치하는 것이 없었다.

이후의 보고서는 엄격하게 경찰 내부에서만 돌았고, 언론은 절대 볼 수 없었다.

하지만 몇몇 기자는 경찰이 공식적으로 침묵을 지키는 이유가 보고할 내용이 없기 때문이라고 의심하기 시작했다.

## 1969년 9월

    1969년 9월 1일 월요일 정오 무렵, 열 살의 스티븐 와이스는 자기 집 뒤쪽 언덕에 있는 스프링클러를 수리하다가 총 한 자루를 발견했다.

    스티븐과 부모님은 셔먼 오크스의 롱뷰 밸리 3627번지에 살았다. 언덕 꼭대기에서 롱뷰와 나란히 내려오는 길은 베벌리 글렌이었다.

    총은 스프링클러 옆 덤불, 가파른 언덕의 해발 27미터—절반 정도—위치에 놓여 있었다. 스티븐은 텔레비전에서 「드래그넷」*을 봤고, 총을 어떻게 다루어야 하는지 알고 있었다. 지문이 지워지지 않게 총신 끝을 잡고 조심스럽게 집어든 후, 집으로 가지고 와 아버지 버나드 와이스에게 보여주었다. 아버지 와이스는 총을 살펴본 후 LAPD에 신고했다.

---

\* 1967년부터 미국에서 방송된 LA 배경의 형사물.

마이클 왓슨 경관은 해당 지역을 순찰하다가 무선 연락에 응답했다. 1년여 후 스티븐은 증언대에서 질문을 받는다.

문. "그 사람[왓슨]에게 총을 보여주었습니까?"

답. "네."

문. "총에 손을 댔습니까?"

답. "네."

문. "어떻게 손을 댔습니까?"

답. "양손으로, 총을 감싸쥐고요."

그걸로 「드래그넷」도 끝이었다.

왓슨은 탄창에서 카트리지를 꺼냈다. 모두 아홉 발이 들어가는데, 일곱 발은 비었고 두 발은 실탄이었다. 총은 22구경 하이 스탠더드 롱혼 리볼버였다. 먼지가 쌓이고 녹이 슬어 있었다. 방아쇠 부분이 깨졌고, 마치 총을 들고 뭔가를 내려친 것처럼 총신이 약간 휘어 있었다. 손잡이의 오른쪽 커버도 사라지고 없었다.

왓슨 경관은 그 총과 탄피를 밴 나이스에 있는 LAPD 밸리 경찰서로 가지고 와 '습득물'로 등록하고 자산 담당 부서에 넘겼다. 자산 부서에서는 꼬리표를 붙이고 노란 봉투에 담아 처리했다.

9월 3일에서 5일 사이, LAPD는 테이트 총을 찾는다는 기밀 '전단지'를 처음으로 배포했다. 하이 스탠더드 22구경 롱혼 리볼버의 사진과, 로맥스에게 받은 하이 스탠더드사 제품 판매점 목록과 함께 부서장 로버트 호턴은 해당 총을 구입한 사람을 모두 조사하고, "원래의 손잡이 부분이 그대로 있는지 확인"하라는 편지를 보냈다. 언론에 노출되는 것을 피하기 위해 그는 해당 총이 다른 절도 사건에서 발견되었고, 그 소유관계를 확인 중이라는 구실을 대라고 했다.

LAPD는 해당 전단지 300여 장을 캘리포니아의 다양한 법집행 기구와 미국 내 다른 지역, 그리고 캐나다까지 보냈다.

누군가 그 전단지를 밴 나이스의 밸리 서비스 경찰서에 보내는 것을 빼먹었다.

9월 10일―테이트 살인 사건 한 달 후―로스앤젤레스 지역 신문들에 커다란 광고가 실렸다.

포상금

2만5000달러

로만 폴란스키와 폴란스키 가족의 친구들은 샤론 테이트와 그녀의 태어나지 못한 아기, 그리고 다른 네 명의 피해자를 살해한 범인, 혹은 범인들을 체포하고 기소하는 데 도움이 되는 정보를 제공하는 사람, 혹은 사람들에게 2만5000달러의 포상금을 제공하겠습니다.

정보는 아래 주소로 보내주시길 바랍니다.

사서함 60048

터미널 애넥스

로스앤젤레스 캘리포니아 90069

익명을 원하는 제보자는 나중에 본인 확인을 할 수 있는 방법을 활용해주시길 바랍니다. 그런 방법 중 하나로, 본 광고를 찢은 다음 반쪽을 정보와 함께 보내고, 나머지 반쪽은 이후 확인을 위해 보관해 주시길 바랍니다. 포상금을 받는 사람이 한 명 이상이라면 동등하게 나누어 지급됩니다.

포상금 발표와 관련하여 워런 비티, 율 브리너를 비롯한 여러 사람과 함께 돈을 보탠 피터 셀러스는 이렇게 말했다. "분명 뭔가를 알고 있거나 짚이는 점이 있는 사람들이 있을 겁니다. 어쩌면 무서워서 드러내지 못하고 있을 수도 있습니다. 누군가 피에 젖은 옷이나 칼, 총 혹은 도주에 사용된 차를 가지고 있는 게 분명합니다. 누군가의 도움이 꼭 필요합니다."

언론에 발표되지는 않았지만, 다른 사람들도 자신만의 비공식적인 조사를 시작한 상태였다. 샤론의 아버지 폴 테이트 대령은 8월에 육군에서 퇴역했다. 수염을 기르고 머리도 길게 늘어뜨린 전직 정보장교는 선셋 스트립과 히피 소굴, 마약 거래처 등을 돌아다니며 자신의 딸과 다른 이들을 죽인 범인(들)과 관련된 단서를 찾고 있었다.

경찰은 테이트 대령의 개인적인 조사가 개인적인 전쟁이 될까 봐 두려워했는데, 그가 현장에 비무장 상태로 나가지 않았기 때문이다.

경찰로서는 포상금 광고도 반갑지 않았다. 거기에는 LAPD가 자체 능력으로 사건을 해결할 수 없을 거라는 암시가 담겨 있을 뿐 아니라, 그런 광고가 나가면 보통 미치광이들의 전화만 쏟아질 것이기 때문이었다. 그런 전화라면 이미 넘치게 받고 있었다.

제보 전화는 대부분 개럿슨이 풀려난 후에 걸려왔다. 전화한 사람들은 그 살인 사건의 원인으로 블랙파워 운동부터 폴란드의 정보기관까지 지목했고, 정보의 원천은 상상력, 소문, 심지어 교령회 도중에 부활한 샤론 본인이었다. 어떤 아내는 경찰에 전화해 남편을 고발했는데, "이 사람이 그날 저녁에 어디 있었는지 말을 안 해요"라고 했다.

도박사, 미용사, 배우, 여배우, 심령술사, 정신병자까지 모두 달려들었다. 그 전화들은 할리우드의 밑바닥뿐 아니라 인간 본성의 밑바닥까지 드러냈다. 피해자들의 특이한 성적 일탈에 대한 비난이 쏟아졌지만, 특이하기로 치면 그런 전화를 하는 사람들의 정신도 마찬가지였다. LAPD의 일을 더 복잡하게 만든 것은, 많은 사람이—종종 익명이 아니기도 했고 몇몇은 아주 유명한 사람이었다—자신의 친구들이 살인 사건까지는 아니더라도, 적어도 마약 사용과는 관련이 있다는 것을 알리지 못해 안달이었다는 점이다.

모든 가설에는 각각의 지지자들이 있었다. '마피아 짓이다.' '살인이 너무 전문적이지 않았기 때문에 마피아가 했을 리 없다.' '마피아가 의심을 피하기 위해 의도적으로 어설프게 살인을 집행했다.'

집요하게 전화한 사람들 중에 전직 칼럼니스트 스티브 브란트도 있었다. 그는 테이트 피해자 다섯 명 중 네 명과 친구였던 터라—샤론과 로만의 결혼식에도 참석했다—경찰도 처음에는 그의 제보를 진지하게 취급했다. 브란트는 윌슨과 피킷 무리에 대해 상당한 정보를 제공했다. 하지만 전화가 잦아지고 점점 더 유명한 이름들이 나오면서, 브란트가 살인 사건에 강박적으로 매달리고 있다는 게 뚜렷해졌다. 그는 분명 살인 목록이 있고 자신이 다음 차례라고 생각했으며, 두 번이나 자살 시도를 했다. 로스앤젤레스에서 했던 첫 번째 시도에서는 친구가 제시간에 도착했다. 두 번째 시도는 뉴욕에서 했는데, 우선 그는 롤링스톤스의 공연장을 나와 호텔로 돌아왔다. 여배우 울트라 바이올렛이 전화했을 때 그는 괜찮다고, 수면제를 먹었다고 말했다. 그녀는 즉시 호텔의 안내 데스크에 전화했지만, 직원이 도착했을 때 이미 브란트는 사망한 상태였다.

그 정도로 유명한 사건치고 '자백'은 놀라울 정도로 없었다. 사건이 너무 끔찍해서 늘 자기 짓이라고 주장하던 상습범들도 관여하고 싶지 않은 듯했다. 최근에 기소된 악당들, '거래'하고 싶어 안달난 그들이, 다른 누군가가 그 살인에 관여했다고 자랑하는 걸 들은 적이 있다고 주장했지만, 조사해보면 그런 이야기는 모두 허풍이었다.

하나하나 단서들을 확인하고 지워나갔지만, 경찰은 살인이 발생했을 당시에 비해 해결책에 조금도 더 가까이 다가가지 못했다.

다른 단서들이 사라지면서, 9월 중순이 되자 그동안 잊고 있던, 테이트 저택 거실의 여행 가방 옆에서 발견된 도수 있는 안경이 가장 중요한 단서들 중 하나가 되었다.

이달 초 형사들은 그 안경을 여러 광학 회사 직원들에게 보여주었다. 이를 통해 알게 된 것은 부분적으로는 실망스러웠다. '맨해튼' 스타일의 유명한 안경테는 즉시 사용할 수 있는 상태였으며, 도수가 있는 렌즈 역시 기성품이라서 반드시 주문을 통해 생산되는 것은 아니었다. 하지만 긍정적인 면은, 그 안경을 쓴 인물에 대해 몇 가지를 알게 되었다는 것이다.

안경의 주인은 아마 남자였을 것이다. 머리는 배구공 모양으로 작다. 눈과 눈 사이는 넓다. 왼쪽 귀가 오른쪽 귀에 비해 6밀리미터에서 12밀리미터 정도 높다. 그리고 근시가 대단히 심했다— 만약 여분의 안경이 없었다면, 이내 새로운 안경을 맞춰야만 했을 것이다.

테이트 살인범들 중 한 명의 부분적인 특징일까? 그럴 것이다. 물론 이 안경이 범죄와 전혀 관련 없는 인물의 것일 수도 있고, 혹은 가짜 단서로 거기에 놓여 있었을 수도 있다.

적어도 계속 조사해야 할 단서였다. 또 다른 전단지가 안경의 정확한 도수까지 포함해서 전미 안경사 협회, 캘리포니아 안경사 협회, 로스앤젤레스 카운티 안경사 협회, 남캘리포니아 안과의사 협회에 전달되었다. 경찰로서는 총에 대한 전단지보다는 더 나은 결과를 기대했다.

캘리포니아에서 팔린 하이 스탠더드 롱혼 리볼버 131정에 대해서 법집행기구는 105정의 소재를 파악했는데, 대부분의 소유자가 다른 행정 기구로 옮겨간 것을 생각하면 대단히 놀라운 수치였다. 소재 파악은 이어졌지만 이때까지 유력한 용의자는 한 명도 나타나지 않았다. 최근 몇 달 사이 롱혼 모델의 손잡이 교체 주문을 받은 미국 내 열세 곳의 총기상을 대상으로 두 번째 편지를 보냈다. 답장은 한참 후에야 도착했고, 그나마도 성과가 없었다.

라비앙카 사건 담당 형사들도 운이 없기는 마찬가지였다. 그때까지 열한 번의 거짓말탐지기 검사를 했지만, 결과는 모두 부정적이었다. CII 컴퓨터를 통해 범행 수법을 분석하고, 140명의 용의자 지문을 대조했다. 은행 용지 묶음에 찍힌 손바닥 지문은 2150명의 용의자와 대조했으며, 술 장에서 발견된 지문은 모두 4만1034명의 용의자와 대조했다. 결과는 하나같이 부정적이었다.

9월 말, 테이트 사건과 라비앙카 사건의 담당 형사들은 어느 쪽도 수사 상황 보고서를 쓰지 않았다.

## 1969년 10월

10월 10일, 테이트 살인 사건 후 두 달이 지났다. 할리우드 『시티즌뉴스』 1면 사설에 "샤론 테이트와 그 밖의 네 명이 살해당한 엽기적인 사건에 대한 로스앤젤레스 경찰 수사 현장(정말로 수사를 하고 있다면) 뒤에서 무슨 일이 벌어지고 있는가?"라는 기사가 실렸다.

공식적으로 LAPD는, 9월 3일에 있었던 기자회견 이후로 침묵을 지키고 있었다. 당시 호턴 부서장은 아직 범인이 누구인지 모른다고 인정하면서도, 형사들이 "엄청난 진전"을 보이고 있다고 말했다.

"정확히 어떤 진전입니까?" 기자들이 물었다. 압박이 쌓여가고 있었다. 유명 텔레비전 평론가가 노골적으로 암시한 것처럼, 경찰이 "연예계에서 유명한" 인물, 혹은 인물들을 보호하고 있는 것 같다는 소문 때문에 두려움은 여전했고, 어쩌면 더 커지고 있었다.

그사이에도 정보는 계속 새고 있었다. 언론에서는 테이트 저택 곳곳에서 마약이 발견되었으며, 피해자 가운데 일부는 살해될 당시 마약에 취한 상태였다고 보도했다. 10월이 되자 경찰이 찾고 있는 총이 22구경이라는 것(대신 리볼버가 아니라 피스톨이라고 했다)이 공공연히 알려졌고, 심지어 텔레비전 기자 한 명은 총의 손잡이에서 떨어진 조각이 현장에서 발견되었다고 보도했다―경찰은 얼른 침묵을 깨고 해당 보도를 부인했다. 해당 방송국은 공식적인 부인에도 불구하고 그 정보에 집착했다.

22구경 손잡이 조각. 버나드 와이스는 아들 스티븐이 발견한 총에 대해 여러 차례 의구심이 생겼다. 그 총이 테이트 살인 사건에 쓰인 흉기일까?

하지만 그건 말이 안 되는 이야기였다. 어쨌든 경찰이 총을 확보하고 있는 데다, 만약 그 총이 문제의 흉기라면 자신들을 다시 찾아와 추가 질문을 하고 언덕을 수색했을 것이다. 9월 1일에 총을 넘긴 후로 와이스는 어떤 소식도 듣지 못했다. 추가 수사가 없자 스티븐이 혼자서 주변을 수색한 적은 있었다. 아무것도 찾지 못했다. 게다가 베벌리 글렌은 시엘로 드라이브에서 멀리 떨어진 곳도 아니며, 둘 사이의 거리는 3.2킬로미터 정도에 불과했다.

하지만 버나드 와이스는 형사 놀이 말고도 할 일이 많았다. 그건 LAPD가 할 일이었다.

10월 17일, 헬더 경위와 호턴 부서장은 기자들에게, 제대로만 추적하면 샤론 테이트와 다른 네 명을 살해한 "범인들"―복수―을 찾을 수 있는 증거를 가지고 있다고 말했다. 구체적인 이야기는 없었다.

LAPD에 가해지는 압박을 덜기 위해 열린 기자회견이었다. 확실한 정보는 나오지 않았고, 현재 돌고 있는 몇몇 소문은 부인되었다.

일주일도 지나지 않은 10월 23일, LAPD는 황급히 또 한 번의 기자회견을 열어 테이트 사건의 다섯 희생자를 살해한 "범인"—단수—의 정체를 밝혀줄 단서를 발표했다. 현장에서 발견된 도수 안경 하나였다.

그 발표가 있었던 건 같은 날 나온 몇몇 신문에서 안경을 찾는다는 "요청" 전단지를 이미 보도해버렸기 때문이었다.

약 1만 8000명의 안과 의사가 다양한 협회를 통해 해당 전단지를 받았다. 거기에 더해 『옵토메트릭 위클리』와 『아이, 이어, 노즈 앤 스로트 먼슬리』에 전단지가 그대로 복사되어 실렸는데, 두 잡지는 합쳐서 전국적으로 2만 9000부가 발행되었다. 놀라운 점은 그 이야기가 유출되었다는 사실이 아니라, 유출되기까지 그렇게 오래 걸렸다는 것이다.

확실한 뉴스에 굶주려 있던 언론은, 테이트 사건 피해자들이 발견된 직후부터 경찰이 그 안경을 확보하고 있었다는 명백한 사실은 간과한 채 "사건의 중요 돌파구 마련"이라는 기사를 냈다.

경찰 내부에 탁월한 정보원을 둔 게 분명한 기자가, 안경 전단지를 통해 용의자 일곱 명이 나왔지만 모두 용의선상에서 제외되었다는 것이 사실인지 물었을 때, 헬더 경위는 대답을 거부했다.

기자회견 전날에 준비한 두 번째 수사 보고서에서, "이 시점에서 개럿슨이 확실히 용의선상에서 제외되었다고 할 수 없다"라고 한 것을 보면, 테이트 사건 형사들이 얼마나 절박했는지를 알 수 있다.

1969년 9월 1일에서 10월 22일까지 상황을 정리한 테이트 보고서는 26쪽이고, 대부분은 윌슨, 피킷 등등에 대한 혐의를 종결하는 내용으로 채워졌다.

10월 15일에 마감한 라비앙카 보고서는 좀더 짧아서 22쪽이었지만, 훨씬 더 흥미로웠다.

보고서 한 부분에서 형사들은 CII 컴퓨터를 활용한 이야기를 적었다. "현재 피해자들의 손이 묶여 있던 범죄에 대한 범행 수법을 분석 중이다. 이어서 해당 절도 범죄들의 특징, 장갑 사용, 안경 착용 혹은 전화선 절단과 관련된 범죄들에 대해서도 작업할 예정이다."

절도범죄들, 복수, 안경 착용, 전화선 절단. 라비앙카 저택의 전화선은 절단되지 않았고, 라비앙카 사건의 범인이 안경을 썼다는 증거도 없었다. 이런 것들은 테이트 사건에 대한 언급이다.

다음과 같은 결론을 피할 수 없다. 라비앙카 사건 담당 형사들은 ─자체적으로, 테이트 수사팀과 협의 없이─ 자신들이 라비앙카 사건뿐 아니라, 테이트 사건까지 해결할 수 있을지 알아보기로 한 것이다.

라비앙카 사건의 두 번째 수사 보고서가 흥미로운 이유는 또 있다.

보고서에서는 열한 명의 용의자를 명시했는데 그중 마지막은 찰스 맨슨이었다.

# 2부
# 살인자들

"이보다 더 근사한 사람들은 만날 수 없어요."
―레슬리 밴하우튼, 마이클 맥간 경사에게 맨슨 패밀리에 대해 묘사하며

"열두 시에 탁자 주위에 모여
어둠 속에서 교령회를 하지
알 수 없는 곳에서 들리는 목소리
특히 아이들이 장난으로 내는 그"
―비틀스, 「Cry Baby Cry」, White 앨범

"사람들을 위해 이런 일을 하려면
마음속에 진짜 사랑이 있어야 해요."
―수전 앳킨스, 버지니아 그레이엄에게 샤론 테이트를 찌른 이유를 전하며

## 1969년 10월 15~31일

로스앤젤레스 경찰청 본부인 파커 센터와, 로스앤젤레스 카운티 보안관서가 있는 정의의 전당 사이의 물리적 거리는 네 블록이다. 전화 한 통 거는 시간이면 건너갈 수 있는 거리다.

하지만 늘 쉽지는 않았다. LAPD와 LASO는 두 관할 구역을 포함하는 사건이라면 협력했지만, 두 기관 사이에는 어느 정도 시기심도 있었다.

라비앙카 수사팀의 경관 한 명은 나중에, 동료 경관들과 함께 8월 중순 LASO 강력반에 연락해 유사한 살인 사건이 있었는지 확인해봤어야 했다고 인정했다. 그들은 10월 15일, 다른 단서들이 모두 사라진 후에야 행동에 옮겼다.

그제야 그들은 힌먼 사건을 알게 되었다. 그리고 테이트 팀의 버클스 경사와 달리 그들은 놀랄 만한 유사성을 발견하고, 추가 수사를 해볼 가치가 있다고 판단했다.

힌먼 사건에서는 최근 약간의 진전이 있었다고, 화이틀리 경사와 군서 경사가 말했다. 일주일 전 인요 카운티 경관들이 데스밸리 국립공원 남쪽, 대단히 험준하고 거의 접근 불가능한 지역에 있는 고립된 바커 목장을 습격했다. 중절도에서 방화까지 다양한 혐의를 근거로 이루어진 그 습격에서, '맨슨 패밀리'로 알려진 히피 광신도 집단의 구성원 스물네 명을 검거했다. 똑같은 무리는—그들의 지도자이자 서른네 살의 전직 사기꾼이며, 길고 복잡한 범죄 이력이 있는 찰스 맨슨도 포함되어 있었다—8월 16일, LASO가 채츠워스의 영화 촬영장인 스팬 목장을 습격했을 때도 체포된 적이 있었다.

습격이 이루어진 사흘 동안, 두 젊은 여성이 목장에서 몇 킬로미터 떨어진 숲속에서 튀어나와 경찰에게 보호를 요청했다. 그들은 자신들이 "패밀리"에서 달아나려 했고, 목숨을 잃을까봐 두렵다고 했다. 한 명은 스테퍼니 슈람, 다른 한 명은 키티 루트싱어였다.

화이틀리와 군서는 키티 루트싱어가 히먼 살인 사건의 용의자 바비 보솔레이의 여자친구라는 것을 알게 된 후 그녀를 찾고 있었다. 그녀를 확보한 그들은 362킬로미터 떨어진 인요 카운티의 중심지 인디펜던스로 데리고 와 심문했다.

주근깨가 많고 겁먹은 열일곱 살의 키티는 임신 5개월 상태였고, 아이의 아버지는 보솔레이였다. 그녀는 패밀리와 함께 지내고 있었지만, 그들의 신뢰는 얻지 못한 상태였다. 8월 초 보솔레이가 스팬 목장에서 사라졌고, 아무도 그녀에게 바비가 어디로 갔는지 말해주지 않았다. 몇 주 후에야 그녀는 그가 체포되었다는 것을 알게 되었고, 훨씬 더 나중에야 그가 게리 힌먼을 살해한 혐의를 받고 있음을 알게 되었다.

살인 사건에 대해 질문을 받은 키티는, 맨슨이 보솔레이와 수전 앳킨스라는 여성을 힌먼의 집에 보내 돈을 받아오게 했다는 이야기를 들었다고 했다. 다툼이 일었고, 힌먼은 살해되었다. 키티는 누구에게 그 이야기를 들었는지 정확히 기억하지 못했고, 그냥 목장에 떠도는 것이었다고 했다. 하지만 수전 앳킨스가 자신을 비롯한 몇몇 여자에게 했던 이야기, 그러니까 수전이 자신의 머리채를 잡은 남자와 싸움을 했고, 그 남자의 다리를 서너 번 찔렀다는 내용은 정확히 기억하고 있었다.

수전 앳킨스는 바커 목장 습격에서 체포되었고 '세이디 매 글루츠'라는 이름으로 기록되어 있었다. 그녀는 여전히 구금 상태였다. 키티를 조사한 이튿날인 10월 13일, 화이틀리 경사와 군서 경사는 그녀를 심문했다.

수전은 자신과 바비 보솔레이에게 힌먼의 집으로 가서 그가 상속받은 것으로 알려진 돈을 받아오라는 지시가 내려졌다고 했다. 힌먼이 돈을 줄 수 없다고 하자 보솔레이가 칼을 꺼내 힌먼의 얼굴을 그었다. 이틀 밤낮 동안 두 남녀는 번갈아 불침번을 서며 힌먼이 도망가지 못하게 지켰다. 그리고 그 집에서 지낸 마지막 날, 주방에 있던 그녀는 힌먼이 "하지 마, 바비!"라고 외치는 소리를 들었다. 잠시 후 힌먼이 가슴에 피를 흘린 채 비틀거리며 주방으로 들어왔다.

심지어 그 후에도 힌먼은 죽지 않았다. 집 안에 있던 지문들을 지우고(효과적이지는 않았다, 보솔레이의 손바닥 지문과 손가락 지문이 모두 발견되었다) 현관을 나서려 할 때 힌먼의 신음이 들렸다. 보솔레이가 다시 집 안으로 들어갔고, 그녀는 "아, 안 돼, 바비, 제발!" 하고 외치는 힌먼의 비명을 들었다. 그녀는 "사람이 죽을 때 내는 꾸르륵거리는 소리 비슷한 것"도 들었다고 했다.

보솔레이가 힌먼의 1965년 폴크스바겐 버스에 시동을 걸었고, 둘은 그 차를 타고 스팬 목장으로 돌아왔다.

화이틀리와 군서는 수전에게 그 이야기를 녹음기 앞에서 다시 한번 해줄 수 있는지 물었다. 그녀는 거부했다. 그녀는 샌디마스의 보안관서로 이송되었고, 살인 혐의가 덧붙여졌다.

수전 앳킨스는—키티 루트싱어의 발언과 달리—힌먼 살인 사건에 맨슨이 관여했음을 암시하지 않았고, 또한 키티가 했던 말과는 달리, 자신은 아무도 찌르지 않았다고 했다. 화이틀리와 군서는 그녀가 이미 경찰이 알고 있는 것만 말하고 있다며 강하게 의심했다.

라비앙카 사건 담당 형사들도 그리 큰 인상은 받지 않았다. 힌먼은 맨슨 패밀리와 가까웠다. 그 구성원 중 몇몇은—보솔레이, 앳킨스, 심지어 맨슨 본인을 포함해서—과거 여러 곳에서 힌먼과 함께 지냈다. 요약하자면, 연결점이 있었다. 하지만 맨슨이나 그의 추종자 중 누구도 라비앙카 부부 혹은 시엘로 드라이브 10050번지의 사람들을 알고 있었다는 증거는 없었다.

그럼에도 그것은 단서였고, 그들은 확인 작업을 이어갔다. 키티는 풀려난 뒤 부모의 보호 아래 있었고, 주소지가 지역 내에 있었기 때문에 그 집에서 다시 조사했다. LASO, 인요 카운티 공무원, 맨슨의 가석방 담당관과 그 밖의 사람들이 함께 패밀리 구성원들의 이름과 특징, 지문 등을 수집하기 시작했다. 키티는 패밀리가 아직 스팬에서 지내고 있을 때, 맨슨이 오토바이 갱단 스트레이트 세이튼스를 개인 경호단으로 고용하려 시도했다고도 전했다. 대니라는 단원 한 명을 제외하고 갱단은 맨슨을 비웃었다. 대니는 몇 달 동안 패밀리와 함께 지냈다.

해당 오토바이 갱단이 캘리포니아주 베니스 인근에 있다는 것을 알게 된 라비앙카 팀 형사들은, 베니스 경찰서에 연락해 스트레이트 세이튼스 단원 중 대니라는 사람을 찾을 수 있을지 문의했다.

키티 루트싱어의 발언 중 화이틀리와 군서를 혼란스럽게 하는 뭔가가 있었다. 처음에는 그냥 말이 맞지 않는다고만 생각했다. 하지만 궁금해졌다. 키티에 따르면, 수전 앳킨스는 어떤 남자의 다리를 서너 번 찔렀다고 시인했다.

게리 힌먼은 다리에 칼을 맞지 않았다.

보이텍 프라이코프스키는 맞았다.

전에 한 번 무시당한 적이 있지만, 10월 20일 보안관서 부관들은 다시 LAPD의 테이트 팀 형사들에게 연락해 자신들이 알게 된 것을 전했다.

테이트 팀 형사들의 관심사는 정확히 측정 가능하다. 열하루가 지난 10월 31일에야 키티 루트싱어를 조사했다.

## 1969년 11월 1~12일

11월은 자백의 달이었다. 초반에는 아무도 믿지 못했다.

힌먼 살인 사건으로 기소된 후에 수전 데니즈 앳킨스, 약칭 세이디 매 글루츠는 로스앤젤레스의 여성 구류시설 시빌 브랜드 인스티튜트로 이송되었다. 11월 1일, 입소 절차를 마친 그녀는 8000번 기숙사에 배정되었고, 반대편 침상의 주인은 로니 하워드였다. 풍만한 전직 콜걸이었던 하워드 양은 30년 넘는 기간에 약 열여덟 개의 가명으로 활동했고, 당시에는 처방전 위조 혐의로 재판을 앞두고 있었다.

수전이 8000번 기숙사로 이송되던 그날, 버지니아 그레이엄도 이송되었다. 역시 여러 개의 가명을 가지고 있던 전직 콜걸 그레이엄 양은 가석방 조건을 위반한 혐의로 체포되었다. 두 사람은 5년 동안 만나지 못했지만, 로니와 버지니아는 그저 친구이자 사업 동료, "호출"에 함께 나가는 사이만은 아니었다. 로니는 버지니아의 전남편과 결혼했다.

구금시설 내 작업으로, 수전 앳킨스와 버지니아 그레이엄은 "러너runner", 즉 교도소 시설 내에서 소식을 전하는 일에 배정되었다. 일감이 많지 않은 한가한 시간이면 둘은 메시지 센터 "컨트롤"의 등받이 없는 의자에 앉아 이야기를 했다.

밤에 소등 후에도 로니 하워드와 수전은 이야기를 나누었다.

수전은 이야기하는 것을 좋아했다. 로니와 버지니아는 이야기에 빠져들었다.

1969년 11월 2일, 스티브 자브리스케라는 사람이 오리건주 포틀랜드의 한 경찰서에 나타나 리처드 경사에게 "찰리"와 "클렘"이 테이트 사건과 라비앙카 사건을 모두 저질렀다고 말했다.

열아홉 살의 자브리스케 본인은 그 이야기를 에드 베일리와 번 플럼리에게 들었는데, 두 사람은 캘리포니아에서 온 히피 부류로 자브리스케와는 포틀랜드에서 만났다. 자브리스케는 또한 찰리와 클렘이 현재 차량 절도라는 다른 혐의로 로스앤젤레스에 구금 중이라는 점도 리처드에게 전해주었다.

베일리가 다른 이야기도 해주었다고, 자브리스케는 말했다. 찰리가 45구경 자동소총으로 사람의 머리를 쏘는 걸 자신이 직접 봤다는 것이었다. 데스밸리에서 있었던 일이다.

리처드 경사는 자브리스케에게 그중 어떤 것이든 증명할 수 있냐고 물었다. 자브리스케는 할 수 없다고 시인했다. 하지만 매부인

마이클 로이드 카터도 그 대화 자리에 있었으니까, 리처드 경사가 원한다면 그가 자신의 이야기를 뒷받침해줄 거라고 했다.

리처드 경사는 그렇게 하지 않았다. 왜냐하면 자브리스케가 "인물들의 성을 말하지 않았을뿐더러, 자기 말이 사실임을 확증해줄 어떤 구체적인 정보도 가지고 있지 않았기 때문"이다. 공식 보고서에 따르면 리처드 경사는 "그 면담을 전혀 신뢰할 수 없었고, 로스앤젤레스 경찰청에 보고하지도 않았다……".

8000번 기숙사의 여성들은 세이디 매 글루츠를—수전 앳킨스는 자신을 그렇게 불러달라고 요구했다—"미친 세이디"라고 불렀다. 그건 그냥 조롱하는 별명이 아니었다. 그녀는 구류시설에 갇혀 있는데도 지나치게 행복해했다. 어울리지 않는 때에 웃음을 터뜨리거나 노래를 했다. 아무런 예고 없이, 무슨 일을 하고 있든 상관없이, 하던 일을 멈추고 고고 댄스를 추곤 했다. 운동할 때는 속옷을 입지 않았다. 섹스와 관련해서는 모든 것을 다 해봤다고 자랑했고, 동료 수감자에게 수작을 건 것도 최소 한 번 이상이었다.

버지니아 그레이엄은 그녀가 일종의 "길 잃은 여자아이" 같다고, 자신이 얼마나 겁먹고 있는지 숨기기 위해 일부러 과장되게 행동하는 거라고 생각했다.

어느 날 메시지 센터에 앉아 있을 때 버지니아가 물었다. "뭣 땜에 들어온 거야?"

"일급 살인", 수전이 아무렇지도 않다는 듯 대답했다.

버지니아는 믿을 수 없었다. 수전이 너무 어려 보였기 때문이다.

이날, 아마 11월 3일에 있었던 듯한 그 대화에서 수전은 살인 자체에 대해서는 많이 이야기하지 않았고, 자신은 공동 피고인 것 같다고, 카운티 감옥에 있는 남자가 자신을 밀고한 것 같다고만 했다. 조사 과정에서 화이틀리와 군서는 키티 루트싱어가 세이디 이야기를 했다는 것을 알려주지 않았고, 그래서 그녀는 밀고자가 바비 보솔레이일 거라고 짐작한 것이다.

이튿날 수전은 버지니아에게 자신은 살해 혐의를 받고 있고, 피해자는 게리 힌먼이라는 남자라고 했다. 자신과 바비, 그리고 또 한 명의 여성이 관련되어 있었다. 나머지 한 여성은 살인 혐의로 잡혀오진 않았지만, 이전에 다른 혐의로 시빌 브랜드에 수감된 적이 있다고 했다. 당시 그녀는 아기를 낳으러 위스콘신에 가 있었다. 그녀가 언급하는 인물은 메리 브루너로, 패밀리의 초창기 구성원이었고, 맨슨의 아기를 임신했다. 당시 경찰은 그녀가 힌먼 살인 사건과 관련돼 있다는 사실은 인지하지 못했다.

버지니아가 물었다. "그러니까, 네가 한 거야?"

수전은 그녀를 바라보고 미소 지은 후 말했다. "당연하죠." 그런 식이었다.

경찰이 잘못 알고 있는 것뿐이라고 그녀는 말했다. 경찰은 그녀가 피해자를 잡고 있는 동안 남성 범인이 찌른 거라고 했지만, 그건 말이 되지 않았다. 왜냐하면 그녀는 그렇게 덩치가 큰 남자를 붙잡고 있을 수 없었기 때문이다. 반대였다. 남성 범인이 피해자를 붙잡고 있었고, 그녀가 찔렀다. 네다섯 번을.

버지니아를 놀라게 한 것은, 나중에 이야기한 바에 따르면, 수전이 그런 이야기를 "매일매일 하는 너무나 자연스러운 일처럼" 묘사했다는 사실이다.

수전의 대화 내용은 살인에만 한정되지 않았다. 주제는 심령 현상부터 샌프란시스코에서 토플리스 댄서로 일했던 경험까지 다양했다. 거기에서, 버지니아에게 말한 바에 따르면, 그녀는 "이 찰리라는 남자"를 만났다. 살아 있는 사람 중 가장 강한 남자였다. 그는 교도소에 있었지만 전혀 망가지지 않았다. 수전은 그의 명령을 의심 없이 따랐다고 했다―모두가 그랬다, 그와 함께 살았던 모든 젊은이가. 그는 그들의 아버지였고, 지도자였으며, 연인이었다.

자신에게 세이디 매 글루츠라는 이름을 지어준 것도 찰리였다고, 그녀는 말했다.

버지니아는 그런 건 대단한 호의가 아닌 것 같다고 했다.

찰리가 그들을 사막으로 이끌었다고 수전은 말했다. 데스밸리에 구멍이 하나 있었다. 오직 찰리만이 그 위치를 아는데, 그 구멍 깊은 곳 지구의 중심에 하나의 온전한 문명이 있었다. 찰리는 "패밀리", 그러니까 선택된 소수를 데리고 갈 예정이었고, 그들은 그 바닥 없는 구덩이로 내려가 살 계획이었다.

수전은 확신을 가지고 버지니아에게 말했다, 찰리는 예수 그리스도라고.

수전은 또라이라고, 버지니아는 판단했다.

11월 5일 수요일 밤, 테이트-라비앙카 살인 사건의 해결책을 제공할 수도 있었던 젊은이가 세상에서 사라졌다.

오후 7시 35분. 베니스 경찰서의 경관들은 신고 전화를 받고 클럽하우스 대로 28번지에 도착했다. 마크 로스라는 인물이 임대한 해변 주택이었다. 경관들은 어떤 젊은이가—스물두 살가량, 별명은 '제로'이고 본명은 알려져 있지 않았다—침실 바닥 매트리스 위에 누워 있는 것을 발견했다. 사망자의 몸에는 아직 온기가 남아 있었다. 베개에 피가 묻어 있고, 오른쪽 관자놀이에 총탄이 들어간 자리처럼 보이는 상처가 있었다. 시신 옆에는 가죽 총집과, 아이버앤존슨사의 22구경 8연발 리볼버가 놓여 있었다. 현장에 있던 다른 사람들—남자 한 명과 세 명의 젊은 여성—의 말에 따르면, 제로는 러시안룰렛을 하던 중 자살한 것이었다.

증인들의 이야기는—이들은 브루스 데이비스, 린다 볼드윈, 수 바텔, 캐서린 질리스라고 스스로를 밝혔는데, 로스가 없는 동안 그 집에서 지내고 있는 거라고 했다—완벽하게 일치했다. 린다 볼드윈은 자신이 매트리스 오른쪽, 제로가 왼쪽에 누워 있었는데, 제로가 침대 옆 옷걸이게 걸려 있던 총집을 발견하고는, "어, 총이 있네"라고 말했다고 했다. 볼드윈 양에 따르면, 제로는 총집에서 총을 꺼낸 후, "총탄이 한 발밖에 없어"라고 말했다. 오른손으로 총을 쥔 채 실린더를 한 번 돌리고, 총구를 오른쪽 관자놀이에 댄 다음, 방아쇠를 당겼다.

집 안 여기저기에 있던 다른 사람들은 폭죽이 터지는 듯한 소리를 들었다고 말했다. 침실로 온 그들에게 볼드윈 양이 말했다, "제로가 자기를 쐈어, 진짜 영화처럼." 브루스 데이비스는 자신이 총을 집어들었다고 인정했다. 그런 다음 그들은 경찰에 신고했다.

경관들은 현장에 있던 사람들이 모두 맨슨 패밀리의 구성원이며, 바커 목장 습격에서 체포되었다가 풀려난 후 베니스의 그 주택에서 살고 있는 거라는 사실을 모르고 있었다. 개별적으로 심문했을 때 모두가 본질적으로 같은 이야기를 하자, 경찰은 러시안룰렛이었다는 설명을 인정했고, 사인은 자살로 기록했다.

그 설명을 의심해볼 만한 이유가 아주 많았지만, 아무도 하지 않았던 것으로 보인다.

제롬 보엔 경관이 잠재지문 확인을 위해 가루를 묻히고 살펴봤지만, 지문은 전혀 없었다. 가죽 총집에도 지문은 없었다.

리볼버를 확인했을 때, 경관들은 제로가 정말로 대단한 도박을 했음을 알게 되었다. 총에는 일곱 발의 실탄과 하나의 빈자리가 있었다. 총은 빈자리 없이 완전히 장전되어 있었던 것이다.

맨슨 본인을 포함해 많은 패밀리 구성원은 여전히 인디펜던스의 감옥에 있었다. 11월 6일, 라비앙카 수사팀의 패칫 형사와 사투치 형사는 과학수사국의 버딕 경사와 함께 교도소로 가서 그들을 조사했다.

패칫은 맨슨에게 테이트 살인 사건이나 라비앙카 살인 사건에 대해 아는 것이 있는지 물었다. 맨슨은 "아니요"라고 대답했고, 그걸로 끝이었다.

패칫은 맨슨에게 별 인상을 받지 못했기 때문에 그 조사의 보고서도 쓰지 않았다. 형사들이 이야기를 나눈 아홉 명의 패밀리 구성원 중 한 명만이 기록으로 남길 만했다. 그날 오후 1시 30분경, 버딕 경사는 레슬리 생크스턴이라는 이름으로 기소된 젊은 여성을 조사했고, 이렇게 기록을 남겼다. "대화 중에 나는 생크스턴 양에게 세이디[수전 앳킨스]가 게리 힌먼 살인 사건과 관련되었다는 이야기를 알고 있느냐고 물었다. 그녀는 그렇다고 대답했다. 나는 그녀에게 테이트 살인 사건과 라비앙카 살인 사건을 알고 있느냐고 물었다. 그녀는 테이트 사건을 알고 있다는 암시를 했지만, 라비앙카 사건에는 익숙지 않은 것처럼 보였다. 나는 무리 사람들 중 테이트 살인 사건이나 라비앙카 살인 사건과 관련 있을 수 있는 사람을 아느냐고 물었다. 그녀는 무리 중 누군가가 테이트 사건과 관련 있다고 믿을 만한 '뭔가'가 있다는 암시를 했다. 나는 그 '뭔가'를 구체적으로 이야기해달라고 했지만, 그녀는 자신이 말하려던 것을 밝히길 거부하고, 하룻밤 더 생각해보겠다고 했다. 그녀는 혼란스러워했고 어쩔 줄 몰라 했다. 정말 다음 날에는 말을 해줄 것 같은 암시가 있었다."

하지만 이튿날 오전 버딕이 다시 조사했을 때, "그녀는 그 이야기를 더 이상 하지 않기로 결정했고, 그걸로 대화는 종결되었다."

조사에서 나온 것은 없었지만, 라비앙카 팀 형사들은 가능성 있는 단서를 하나 잡았다. 인디펜던스를 떠나기 전에 패칫은 맨슨의 개인 소지품을 보여달라고 부탁했다. 체포 당시 맨슨이 입고 있던 옷을 살펴보던 중 모카신 구두와 바지의 재봉선 부분에 가죽 끈이 붙어 있는 것을 발견했다. 그는 양쪽 구두끈의 샘플을 로스앤젤레스로 가지고 와 레노 라비앙카의 손을 묶었던 가죽끈과 비교했다.

가죽끈은 가죽끈일 뿐이라고 과학수사국에서는 말했다. 가죽끈들이 비슷해 보이기는 하지만, 그게 같은 가죽 조각에서 나온 것인지 알 방법은 없었다.

LAPD와 LASO 사이의 시기심에 특별할 것은 없었다. 그런 시기심은 모든 법집행기구 사이에 얼마간 존재하며, 심지어 같은 기구 안에서도 있다.

로스앤젤레스 경찰청의 강력반은 파커 센터 3층의 318호다. 직사각형의 커다란 사무실이지만, 칸막이는 없고 두 개의 기다란 테이블이 놓여 있을 뿐이다. 형사들은 모두 테이블의 어느 한쪽에서 일했다. 테이트 형사들과 라비앙카 형사들 사이의 거리는 몇 미터에 불과했다.

하지만 물리적 거리 외에 심리적인 거리도 있었고, 앞서 말했듯이, 테이트 형사들이 거의 다 '구식 정통파'인 반면, 라비앙카 형사들은 대부분 '젊은 신진'이었다. 또한 최근 LA에서 가장 시끌벅적했던 사건인 시르한 시르한의 로버트 F. 케네디 암살 사건 수사에 전자가 아니라 후자의 형사 몇 명이 투입되었던 일 때문에 두 집단 사이에는 여전히 씁쓸한 감정이 남아 있었다. 말하자면, 두 집단 사이에 어느 정도의 시기심이 있었다. 그리고 소통은 없었다.

그 결과 라비앙카 형사들 중 누구도 몇 미터를 걸어가 테이트 형사들에게 자신들이 두 살인 사건을 연결시켜줄 단서를 쫓고 있다는 이야기를 해주지 않았다. 아무도 테이트 사건 수사의 책임자였던 헬더 경위에게, 자신들이 인디펜던스에 가서 놀랄 만큼 유사한 두 살인과 관련된 것으로 보이는 찰스 맨슨을 조사했으며, 거기서 그의 추종자 중 한 명인 레슬리 생크스턴이라는 여성이, 무리의 누군가가 테이트 살인 사건과 관계있음을 인정했다는 이야기를 해주지 않았다.

라비앙카 형사들은 계속 독자적으로 수사를 진행했다.

만약 레슬리 생크스턴(본명은 레슬리 밴하우튼)이 이야기를 하고 싶은 충동에 굴복했더라면, 그녀는 테이트 살인에 대해 많은 이야기를 해주고, 라비앙카 학살에 대해서는 더 많은 이야기를 해줄 수 있었을 것이다.

하지만 이때쯤엔 이미 수전 앳킨스가 두 사건에 대해 충분히 이야기를 하고 있었다.

11월 6일 목요일 오후 4시 45분경, 수전은 버지니아 그레이엄의 침대로 다가가 걸터앉았다. 두 사람은 그날의 작업을 마쳤고, 수전/세이디는 이야기가 하고 싶은 상태였다. 그녀는 자신의 LSD 경험과 업보, 좋은 영기靈氣와 나쁜 영기에 대해, 그리고 힌먼 살인 사건에 대해 이야기했다. 버지니아는 너무 많은 이야기를 하면 안 된다며 주의를 줬다. 그녀는 교도소의 동료 수감자에게 이야기한 내용 때문에 기소된 남자를 알고 있었다.

수전이 대답했다, "아, 알았어요. 다른 사람한테는 이야기 안 했어요. 그러니까, 언니를 보면 뭔가 있는 걸 알 수 있거든. 언니한테는 이야기해도 된다는 거 알아요." 또한 그녀는 경찰에 대해서도 걱정하지 않았다. 일을 잘하는 경찰이 아니었다. "그러니까, 지금 사건이 하나 있는데, 경찰이 너무 헛다리를 짚다보니 무슨 일이 벌어지고 있는지도 모르더라고요."

버지니아가 물었다. "그건 무슨 말이야?"

"그 베니딕트 캐니언에서 있었던 사건이요."

"베니딕트 캐니언? 샤론 테이트 이야기는 아니겠지?"

"맞아요." 수전은 아주 신이 난 듯 보였고, 서둘러 다음 말이 튀어나왔다. "그게 누구 짓인지 알죠, 그렇죠?"

"모르지."

"뭐, 지금 그 범인을 보고 계신 거예요."

버지니아는 숨이 막혔다. "농담이지?"

수전은 그저 미소만 지으며 "하하"라고 말했다. 앳킨스-그레이엄-하워드 사이의 대화는 버지니아 그레이엄과 로니 하워드에 대한 LAPD의 심문 녹취, 내가 두 사람에 대해 진행한 조사, 두 사람의 법정 증언, 그리고 내가 수전 앳킨스에 대해 진행한 조사에서 발췌했다. 물론 표현상의 작은 차이들은 있다. 커다란 불일치에 대해서는 따로 언급하겠다.

나중에 버지니아 그레이엄은 그들이 얼마나 오래 이야기했는지 기억할 수 없었다―아마 35분에서 1시간, 어쩌면 더 길었을 수도 있다고 했다. 그녀는 또한 몇몇 세부 사항에 대한 이야기가 그날 오후에 나왔는지 아니면 그다음 대화에서 나왔는지, 그리고 특정 화제들이 어떤 순서로 이어졌는지도 혼동했다.

하지만 이야기의 내용은 기억하고 있었다. 그건, 나중에 말한 바에 따르면, 죽을 때까지 절대 잊을 수 없는 것이었다.

그녀는 큰 질문을 먼저 했다. 왜, 세이디, 왜? 왜냐하면, 수전이 말했다. "(우리는) 세상을 놀라게 할 범죄, 세상이 벌떡 일어나서 관심을 가질 만한 범죄를 저지르고 싶었거든요." 그런데 왜 테이트 저택이었을까? 수전의 대답은 너무 단순해서 소름이 끼쳤다. "고립된 곳이니까." 그 장소는 무작위로 고른 곳이었다. 1년 전쯤에는 집주인이 테리 멜처, 도리스 데이의 아들인 그 사람이라는 것을 알고 있었지만, 지금 누가 살고 있는지는 몰랐다. 버지니아 그레이엄은 집주인 루디 앨토벨리가 텔레비전에 나온 것을 본 적이 있다. 그의 이름은 기억나지 않았지만, 테리 멜처가 아니라는 것은 알고 있었다. 이것이 초반에 그녀가 수전 앳킨스의 이야기를 믿지 못했던 이유들 중 하나였다. 하지만 수전은, 멜처가 주인이라고 주장했고, 그렇게 믿는 것처럼 보였다. 하지만 그런 건 중요하지 않았다, 한 명이 있든 열 명이 있든, 모두를 죽여버릴 생각으로 들어갔다.

"그러니까 네 말은, 제이 세브링이나 그 밖의 사람들은 전혀 모른다는 거야?" 버지니아가 물었다.

"몰라요", 수전이 대답했다.

"내가 뭐 좀 물어봐도 돼? 그러니까, 궁금해서 말이야." 수전은 신경 쓰지 않았다. 그녀는 버지니아의 눈이 다정한 갈색 눈이라고, 사람의 눈을 들여다보면 그의 영혼을 볼 수 있다고 말했다.

버지니아는 수전에게 정확히 어떤 일이 있었는지 알고 싶다고 말했다. "궁금해서 죽을 지경이야", 그녀가 덧붙였다.

수전은 알려주었다. 목장을 나서기 전 찰리가 그들에게 지침을 내렸다. 어두운색 옷을 입어야 했다. 차에는 갈아입을 옷도 준비해 두었다. 철문까지 차를 타고 올라갔다가, 언덕 아래로 내려와 차를 세우고, 걸어서 다시 올라갔다.

버지니아가 끼어들었다. "그렇다면 너 혼자가 아니었던 거네?"

"어, 아니죠", 수전이 말했다. "모두 네 명이었어요." 본인 외에 다른 여성 둘과 남성 한 명이 있었다.

철문에 도착해서는, 수전이 말을 이었다, '그'가 전화선을 끊었다. 버지니아가 다시 끼어들어서는, 그 남자는 전선을 자를 때 걱정하지 않았느냐고, 전기가 나가면 사람들이 뭔가 잘못됐다고 주의를 기울일 텐데 괜찮았냐고 물었다. 수전이 대답했다, "아, 아니요, 그 사람은 뭘 해야 할지 알고 있었어요." 버지니아는, 그녀의 말 자체보다는 그녀가 말하는 태도를 보고, 이 남자가 전에 그곳에 와본 적이 있는 듯한 인상을 받았다.

수전은 어떻게 철문을 통과했는지는 말하지 않았다. 청년을 먼저 죽였다고 했다. 버지니아가 이유를 묻자, 수전은 청년이 자신들을 봤기 때문이라고 했다. "그래서 그 사람을 쏴야만 했어요. 네 발 쐈어요."

이 시점에서 버지니아는 조금 혼란스러웠다. 나중에 그녀는 이렇게 말했다, "수전이 말하기로는—확실치는 않지만—이 찰스라는 자가 총을 쐈다고 했던 것 같습니다." 대화 초반에 버지니아는 찰리가 그들에게 뭘 해야 할지 지침을 내리기는 했지만, 함께 가지는 않았다는 뜻으로 이해했다. 하지만 이제는 그도 함께 왔던 것처럼 보였다.

버지니아가 몰랐던 것은 패밀리에 찰스가 두 명이었다는 사실이다. 찰스 맨슨과 찰스 "텍스" 왓슨이었다. 이 단순한 오해 때문에 나중에 문제는 엄청나게 복잡해진다.

집 안에 들어간 그들은—수전은 어떻게 들어갔는지는 말하지 않았다—거실 소파에 앉아 책을 읽고 있는 남자와 여자를 발견했는데, 여자는 "앤 폴저"였다고 수전이 알아보았다. 그녀는 고개를 들지 않았다.

버지니아는 그 사람들 이름은 어떻게 알고 있었냐고 물었다. "몰랐어요", 수전이 대답했다, "다음 날까지는."

어느 시점엔가 무리는 나뉜 것으로 보인다. 수전은 침실로 향했고, 다른 이들은 거실에 남아 있었다.

"샤론이 침대에 앉아 있더라고요. 제이는 침대 끝에 걸터앉아 샤론과 이야기하고 있었고요."

"아, 정말?" 버지니아가 물었다. "그 여자는 뭘 입고 있었지?"

"비키니 브라와 팬티요."

"농담하지 마. 그 여자 임신했는데?"

"맞아요. 두 사람이 고개를 들고는 아주 놀랐어요!"

"와! 싸움이 벌어지거나 그러진 않았어?"

"아니요. 그 사람들은 너무 놀랐고, 우리가 진심이라는 걸 알았으니까요."

수전은 이야기를 건너뛰었다. 마치 그녀가 '환각에 빠져서' 한 주제에서 다른 주제로 아무렇게나 옮겨다니는 것 같았다. 갑자기 그들은 거실로 나와 있었고, 샤론과 제이는 목에 올가미가 묶여 있어서 움직이려고 애를 쓰면 목이 막혔다. 버지니아는 세브링의 머리에는 왜 두건을 씌웠냐고 물었다. "머리에 두건 같은 건 씌우지 않았어요", 수전이 정정해주었다. "신문에 그렇게 적혀 있었어, 세이디." "그러니까, 후드 같은 건 없었다니까요," 수전이 다시 말했다. 그 점에 대해서는 꽤 확고했다.

그때 다른 남자[프라이코프스키]가 갑자기 문을 향해 달렸다. "피투성이였거든요", 수전이 말했다. 그녀는 그를 서너 번 찔렀다. "피를 흘리며 집 정면 쪽으로 달려서" 문을 지나고 잔디밭까지 나갔고, "믿을 수 있겠어요? 그 남자가 '도와주세요, 도와주세요, 제발 누가 좀 도와주세요'라고 외쳤는데, 아무도 안 왔다는 거?"

투박하게, 아무런 미사여구도 없이 덧붙였다. "그다음에 우리가 그 남자를 끝장낸 거예요."

버지니아는 이제 어떤 질문도 하지 않았다. 어린 아가씨의 동화처럼 시작됐던 이야기가 두려움 가득한 악몽이 되어버렸다.

애비게일 폴저나 제이 세브링에게 무슨 일이 있었는지에 대한 언급은 전혀 없었고, "샤론이 마지막으로 죽었어요"라는 말만 있었다. 그렇게 말하며 수전은 웃음을 터뜨렸다.

수전은 자신이 뒤에서 샤론의 팔을 잡고 있었는데, 샤론이 돌아보고 울면서 "제발 살려주세요. 살려주세요. 죽고 싶지 않아요. 살고 싶어요. 아기 낳고 싶어요. 아기 낳고 싶어요"라고 간청했다고 했다.

수전은 샤론의 눈을 똑바로 쳐다보며 이렇게 말했다고 했다. "봐, 쌍년아, 너 같은 건 신경도 안 써. 네가 아기를 낳든 말든 신경 안 쓴다고. 준비나 해. 너 죽을 거야, 그리고 나는 거기에 대해 아무런 느낌도 없어."

이어서 수전은 말했다. "몇 분 후에 그 여자를 죽였고, 그렇게 죽은 거예요."

샤론을 죽인 후 수전은 자기 손에 피가 묻은 것을 알아차렸다. 맛을 봤다. "와, 완전 뿅 갔어요!" 그녀가 버지니아에게 말했다. "'죽음의 맛이 생명을 주는구나'라고 생각했어요." 그녀는 버지니아에게 피 맛을 본 적이 있는지 물었다. "따뜻하고 끈적끈적하고, 근사해요."

버지니아는 간신히 물어볼 수 있었다. 임신한 샤론 테이트를 죽이는 게 아무렇지도 않았을까?

수전은 알 수 없다는 표정으로 버지니아를 쳐다보며 말했다, "뭐, 언니는 이해한 줄 알았는데. 저 그 여자 사랑했어요, 제가 그 여자를 죽이려면요, 제가 그 여자를 죽이면 제 일부도 죽이는 거거든요."

버지니아가 대답했다, "아, 맞아, 나도 이해했어."

배를 가르고 아기도 꺼내고 싶었다고, 수전은 말했다. 하지만 시간이 없었다. 사람들의 눈알을 파내고, 벽에 찧은 다음, 손가락도 잘라내고 싶었다. "모두 토막 낼 예정이었는데, 그럴 기회가 없었어요."

버지니아는 살인 후에 어떤 느낌이 들었는지 물었다. 수전이 대답했다, "아주 우쭐했어요. 피곤하긴 했지만, 나 자신은 아주 평화로웠어요. 헬터 스켈터의 시작에 불과하다는 걸 알았어요. 이제 세상이 우리 말에 귀를 기울일 거예요."

버지니아는 '헬터 스켈터'가 무슨 의미인지 몰랐고, 수전은 설명해주려고 시도했다. 하지만 말이 몹시 빨랐고, 너무 흥분한 상태였기 때문에 버지니아는 이야기를 따라갈 수가 없었다. 버지니아가 이해하기로는 이 무리, 이 선택받은 자들, 찰리가 함께 데리고 온 이들은 선택받았기 때문에, 이 새로운 집단이 밖으로 나가, 온 나라와 온 세계로 나가 무작위로 사람들을 골라 처형해야 했고, 그건 사람들을 지상에서 해방시켜주는 행위였다. "사람들을 위해 이런 일을 하려면 마음속에 진짜 사랑이 있어야 해요." 수전이 설명했다.

수전이 이야기하는 동안 버지니아는 네다섯 번이나 목소리를 낮추라고, 누가 들을지도 모른다고 주의를 줘야 했다. 수전은 미소를 지으며 자신은 그런 건 걱정하지 않는다고 했다. 그녀는 미친 척 연기하는 데는 아주 능숙했다.

테이트 저택을 나선 후에, 수전은 이야기를 이어갔다. 그녀는 자신이 칼을 잊어버렸다는 걸 알게 되었다. 아마 개가 물고 간 것 같다고 생각했다. "개들이 어떤지 아시잖아요", 돌아가서 찾아올까 싶기도 했지만 그러지 않기로 했다. 책상에 지문도 남겨둔 채 나왔다. "그건 나중에 생각났어요", 수전이 말했다. "하지만 제 영혼이 아주 강하기 때문에 분명 그 지문은 들키지 않을 거예요. 그게 아니라면 벌써 저를 잡았겠죠."

버지니아가 이해하기로는, 테이트 저택을 나선 후 그들은 차를 타고 상당한 거리를 이동했고, 손을 씻기 위해 분수인지, 그냥 야외에 물이 있는 곳인지에 멈추었다. 어떤 남자가 나와서 그들이 뭘 하는지 살펴봤다. 남자가 소리치기 시작했다. "그게 누구였는지 알아요?" 수전이 물었다.

"모르지." 버지니아가 대답했다.

"베벌리힐스 보안관이었다고요."

버지니아는 베벌리힐스에는 보안관이 없을 거라고 했다.

"그럼", 수전이 기분이 상한 듯 말했다. "보안관이든 시장이든, 뭐 그런 거였어요."

남자가 차 안으로 손을 뻗어 열쇠를 빼앗으려 했고, 그때 "찰리가 열쇠를 돌렸어요. 진짜, 우리가 해냈다고요. 돌아오는 길 내내 크게 웃었어요", 수전은 그렇게 말하고는 덧붙였다. "그 남자가 그 사실을 알았다면!"

잠시 수전은 말이 없었다. 그러곤 소녀 같은 미소를 지으며 물었다. "다음 날 밤에 죽은 두 명도 알아요?"

버지니아는 슈퍼마켓 사장과 그 아내를 퍼뜩 떠올렸다, 라비앙카 부부. "알지, 그것도 너야?"

수전은 윙크를 하며 말했다, "언니 생각은 어때요?"

"하지만 그것도 계획의 일부예요", 그녀가 말을 이었다. "그리고 더 있는데—"

하지만 버지니아에게 그날의 이야기는 충분했다. 그녀는 실례하겠다고 말하고는 샤워를 하러 갔다.

버지니아는 그 이야기를 떠올리며 생각했다, 농담이야! 모두 개가 꾸며낸 거야. 너무 야만적이고, 너무 환상적이야!

하지만 그때 수전이 잡혀오게 된 혐의가 생각났다—일급 살인.

버지니아는 그 누구에게 어떤 이야기도 하지 않기로 결심했다. 너무 믿을 수 없는 이야기였다. 또한 그녀는, 가능한 한 수전을 피해야겠다고 결심했다.

하지만 다음 날, 버지니아는 로니 하워드의 침대로 다가가 할 이야기가 있다고 했다. 자신의 침대에 누워 있던 수전이 끼어들었다.

"버지니아, 버지니아, 내가 이야기했던 그 예쁜 고양이 기억나요? 언니한테 녀석 이름 좀 생각해보라고 했잖아요. 자 들어봐요, 녀석의 이름은 맨슨이에요—사람의 아들Man's Son이요." 그녀는 버지니아가 이해할 수 있게 몇 번이나 말했다. 그녀는 마치 놀라움으로 가득한 아이처럼 말했다.

그녀는 더 이상 혼자만 알고 있을 수 없었다. 그저 감당이 안 됐다. 처음으로 로니 하워드와 단둘이 있게 되자, 버지니아 그레이엄은 수전 앳킨스가 말한 내용을 전했다. "너라면 어떻게 할 거야?" 그녀가 로니에게 물었다. "만약 그게 사실이라면—세상에, 끔찍한 일이야. 걔가 나한테 이야기하지 않았더라면 더 좋았을걸."

로니는 "(세이디가) 모두 꾸며낸 거야. 신문을 보면 다 알 수 있는 내용이잖아"라고 말했다.

확실히 알 수 있는 유일한 방법은 버지니아가 더 자세하게 물어보는 방법, 오직 범인들만 아는 사실들을 들을 수 있을지 알아보는 방법밖에 없다고 두 사람은 판단했다.

버지니아는 수전의 의심을 사지 않고 그렇게 할 수 있는 아이디어가 있었다. 수전 앳킨스에게 말하지는 않았지만 버지니아 그레이엄은 테이트 사건에 그냥 지나가는 흥미 이상으로 관심이 있었다. 그녀는 제이 세브링과 아는 사이였다. 세브링의 손톱 관리 담당자로 일했던 그녀의 친구가 몇 년 전, 세브링이 페어팩스에 지점을 연 직후 하와이안 식당 루아우에서 두 사람을 소개시켜준 적이 있었다. 가벼운 만남이었고, 그는 고객도 친구도 아닌, 다만 파티나 식당에서 만났을 때 아는 척하며 "안녕하세요"라고 인사할 수 있는 사람이었다. 수전이 그녀에게 입을 연 것은 별난 우연이었다. 하지만 더 별난 우연의 일치도 있었다. 버지니아는 시엘로 드라이브 10050번지에 가본 적도 있었다. 지난 1962년 그녀와 당시 그녀의 남편, 그리도 또 한 명의 여성 친구는 이런저런 것에서 벗어난 조용한 집을 찾고 있었고, 시엘로 드라이브 10050번지가 임대로 나와 있다는 것을 알게 되었다. 집을 보여줄 사람이 없어서 본채의 창문 안으로 살펴봐야만 했다. 기억나는 것은 거의 없었고, 붉은색 차고처럼 보였던 것만 떠올랐다. 이튿날 점심 시간에 그녀는 수전에게 그 집에 가봤던 이야기를 하며, 여전히 실내가 금색과 흰색으로 장식되어 있더냐고 물었다. 그냥 짐작에 불과했다. 수전은, "어, 뭐"라고만 대답할 뿐 자세히 이야기하지 않았다. 버지니아는 이어서 세브링을 안다고도 말했지만, 수전은 별 관심을 보이지 않았다. 이번에는 수전이 그리 말이 많지 않았지만, 버지니아는 사소한 조각이나 정보를 얻기 위해 끈질기게 매달렸다.

그들은 록그룹 비치보이스의 멤버 중 한 명인 데니스 윌슨을 통해 테리 멜처를 만났다. 그들―찰리, 수전, 그리고 나머지 사람들―은 잠시 데니스와 함께 살기도 했다. 버지니아는 그들이 돈에만 관심 있는 멜처에게 감정이 좋지 않았다는 것을 알게 되었다. 또한 테이트 살인 사건이 자정에서 아침 시간 사이에 벌어졌다는 것, "찰리는 사랑, 순수한 사랑"이라는 것, 그리고 누군가를 찌를 때는 "칼이 들어갈 때 기분이 좋다는 것"도 알게 되었다.

또한 그녀는 힌먼, 테이트, 라비앙카 살인 사건 외에 "더 있다는 것—과거에 더 있었고⋯⋯ 사막에도 세 명이 묻혀 있다는 것⋯⋯"을 알게 되었다.

조각과 정보들. 수전은 자신의 이야기가 진실인지 아닌지 확실히 알 수 있게 하는 말은 전혀 하지 않았다.

그날 오후 수전이 다가와 버지니아의 침대에 앉았다. 버지니아는 영화 잡지를 뒤적이고 있었다. 수전이 그 모습을 보고 이야기를 시작했다. 그녀가 전한 이야기는, 버지니아가 한참 후에 생각했을 때, 이미 했던 이야기들보다 훨씬 더 엽기적인 것이었다. 전혀 믿을 수가 없어서 버지니아는 로니에게 전하지도 않았다. 아무도 믿을 수 없을 거라고 그녀는 판단했다. 수전 앳킨스가, 쉴 새 없이 말하던 중, 다음에 살해될 사람들의 '살인 목록'을 알려줬던 것이다. 모두 유명인이었다. 그런 다음 그녀는, 버지니아에 따르면, 엘리자베스 테일러, 리처드 버턴, 톰 존스, 스티브 매퀸, 그리고 프랭크 시나트라가 어떻게 죽을지를 소름 끼치도록 상세하게 묘사했다.

11월 10일 월요일, 시빌 브랜드의 수전 앳킨스에게 수 바텔이 면회 와서는 제로가 죽었다는 소식을 전했다. 수가 떠난 후 수전은 로니에게 그 이야기를 했다. 그녀가 과장한 것인지는 알 수 없다. 수전에 따르면, 제로가 사망할 때 한 여성이 그의 손을 잡고 있었다고 했다. 총이 발사되고, "그는 온몸으로 절정을 경험했다".

수전은 제로의 사망 소식을 듣고도 동요가 없는 듯했다. 오히려 그 일은 그녀를 흥분시켰다. "그런 일이 벌어졌을 때 현장에 있었다면 얼마나 아름다웠을지 생각해봐요!" 그녀는 로니에게 그렇게 말했다.

11월 12일 수요일, 수전 앳킨스는 힌먼 살인 사건에 대한 예비 청취를 위해 법원에 소환되었다. 그곳에서 자신을 밀고한 사람이 키티 루트싱어였다는—보솔레이가 아니라—화이틀리 경사의 증언을 듣게 된다. 감옥에 돌아온 수전은 버지니아에게 검찰 측의 깜짝 증인이 있었지만, 그녀의 증언에 대해서는 전혀 걱정하지 않는다고 했다. "걔 인생은 전혀 가치가 없거든요."

같은 날 버지니아 그레이엄은 나쁜 소식을 들었다. 그녀는 코로나 여성 교도소로 이송되어 남은 형기를 보내게 되었다. 그날 오후에 떠나야 했다. 짐을 싸고 있을 때 로니가 다가와 물었다. "어떻게 생각해?"

"모르겠어", 버지니아가 말했다. "로니, 만약 네가 계속 이어서 할 생각이면—"

"내가 매일 밤 그 여자애랑 이야기하고 있는데", 로니가 말했다. "야, 걔 진짜 이상해. 걔 짓일 수도 있어, 정말로."

버지니아는 수전에게 '돼지'에 대해 묻는 것을 잊어버렸다. 신문에서는 그 단어가 테이트 저택의 문에 피로 적혀 있었다고 했다. 그녀는 로니에게 그 단어, 혹은 수전의 이야기가 사실임을 암시하는 거라면 뭐든 생각나는 대로 물어보라고 했다.

그렇게 될 때까지 둘은 다른 사람들에게는 그 일을 언급하지 않기로 했다.

같은 날 라비앙카 팀 형사들은 베니스 경찰서에서 온 전화를 받았다. 아직도 스트레이트 세이튼스 단원을 만나보길 원하느냐는 문의였고, 앨 스프링어라는 단원 한 명을 다른 혐의로 조사 중이라고 했다.

라비앙카 팀 형사들은 스프링어를 파커 센터로 연행해 취조 과정을 녹음했다. 스프링어의 이야기가 너무 예상 밖이어서 형사들은 믿기 어려웠다. 스프링어는 8월 11일 혹은 12일에—테이트 살인 사건 이틀 혹은 사흘 후였다—찰리 맨슨이 자신에게 살인에 대해 자랑했고, 그 와중에 "우리가 다섯 명 해치웠습니다. 그저께 밤에"라고 말했다고 했다.

## 1969년 11월 12~16일

라비앙카 팀 형사 닐슨, 구티에레즈, 패칫은 LAPD 강력반 조사실에서 스프링어를 조사하고, 그 과정을 녹음했다. 스프링어는 스물여섯 살, 키 175센티미터, 몸무게 59킬로그램이었고, 으레 그렇듯 지저분하고 낡은 바이커 재킷의 '문양'을 제외하고는 '무법자' 오토바이 갱단 단원치고 놀랄 만큼 깔끔했다.

알고 보니 스프링어는 깔끔한 모습을 유지하는 것에 자부심을 가지고 있었다. 그리고 그것이 맨슨 및 그의 여자들과 개인적으로 얽히지 않으려 했던 이유 중 하나였다고 말했다. 하지만 스트레이트 세이튼스의 경리 담당이었던 대니 디칼로는 그들과 어울려 다니며 종종 모임에 빠지는 일도 있었다. 그래서 8월 11일 혹은 12일에 그가, 그러니까 스프링어가 대니에게 돌아오라고 설득하기 위해 스팬 목장으로 갔다. "……모든 곳에 파리가 가득하고, 거기 있는 사람들은 짐승처럼 지내고 있었어요, 믿지 못하겠더라고요, 네. 보시다시피 저는 진짜 깔끔하거든요, 정말로요. 어떤 남자들은 아주 지저분한데, 저는 주변을 깔끔히 정돈하는 걸 좋아합니다."

"그러니까, 이 찰리라는 자가 와서는…… 대니에게 목장을 방문해달라고 했어요, 대니 옷 등에 문양이 있었거든요. 술주정뱅이들이 거기서 여자들을 희롱하며 그 친구들에게 시비를 걸기 시작했거든요. 그래서 대니가 스트레이트 세이튼스 문양을 단 채로 갔고, 그러고 나서는 아무도 찰리에게 시비를 걸지 않았습니다. 네.

그래서 제가 다시 데리러 갔더니 찰리가 거기 있더군요. 찰리가 이렇게 말했어요. '잠깐만요, 어쩌면 내가 당신에게 지금 가진 것보다 더 좋은 걸 줄 수 있을지도 모르겠습니다'라고요. 제가 물었죠, '그게 뭘까요?' 찰리가 말했습니다. '여기로 올라와요, 원하는 여자는 모두 가질 수 있습니다, 전부 다요. 전부 당신 거예요, 마음대로 할 수 있습니다, 뭐든.' 그자는 사람을 세뇌하는 유형입니다. 그래서 제가 말했죠, '뭐, 여기서 어떻게 계속 지내죠? 그러니까 스무 명, 서른 명의 아가씨를 어떻게 먹여 살립니까?' 그가 말하더군요. '저 친구들이 나를 위해 발품을 팔죠. 나는 밤에 나가서 내 일을 합니다.' 제가 말했습니다. '그, 당신 일이라는 게 뭔가요, 내려가서 하는 일이요.' 그는 제가 오토바이 라이더라는 사실을 알고 있었습니다, 제가 살인까지 포함해 모든 일을 받아들일 거라는 점을요.

그러더니 그가 제 귀에 대고는, 자신은 부유한 동네에 가서 부자들하고 지낸다고 했어요, 그리고 경찰을 '돼지들'이나 뭐 그렇게 불렀습니다. 그냥 가서 문을 두드리고, 상대가 문을 열어주면 그대로 단도를 들고 들어가 도륙하는 거라고요, 네."

문. "그자가 그렇게 말했습니까?"

답. "그가 말한 그대로입니다, 제 면전에서요."

문. "장난이죠? 정말 그렇게 들었습니까?"

답. "네. 제가 이렇게 물었습니다. '마지막으로 한 게 언제예요?' 라고요. 그자가 이렇게 대답했어요. '그게, 우리가 다섯 명 해치웠습니다. 그저께 밤에.'"

문. "그러니까 그자가 당신한테 말했다는 거죠―본인이 다섯 명을 해치웠다고 찰리가 당신한테 말했습니까?"

답. "맞습니다. 찰리랑 텍스가요."

스프링어는 맨슨이 사용한 단어를 정확히 기억하지는 못했다. 그건 '사람들'이 아니었다. '돼지들' 혹은 '부자 돼지들'이었을 것이다.

라비앙카 팀 형사들은 크게 놀랐고, 스프링어에게 같은 진술을 두 번, 세 번 반복하게 했다.

답. "형사님들이 찾던 사람을 잡은 것 같네요. 진짜로."

문. "그런 거라고 확신하지만, 요즘은 사람들에게 자신들의 권리를 알려줘야 하는 시절이라서, 온당하게 사건을 만들려면 본인의 진술만으로는 안 됩니다."

정확히 언제 맨슨은 스프링어에게 이 이야기를 했을까? 그러니까 그가 처음 농장에 갔을 때, 8월 11일 혹은 12일이었다―정확한 날짜는 기억하지 못했다. 하지만 그 광경은 정확히 기억했다. "평생 그런 건 처음 봤습니다. 나체주의자 마을에 가본 적도 없고, 진짜 바보 천치들이 멋대로 활보하는 것도 본 적이 없거든요." 어디를 봐도 벌거벗은 여자들뿐이었다. 열여덟 명 정도는 성년, 그러니까 열여덟 살 이상으로 보였지만, 나머지 비슷한 숫자의 여성들은 성년이 아니었다. 어린 여성들은 덤불 뒤에 숨어 있었다. 찰리는 그에게 원하는 여자를 고르라고 했다. 그리고 함께 지내겠다고 하면 사막용 사륜구동차와 새 오토바이까지 사주겠다고 했다.

진정한 방향 전환이었다. 찰리 맨슨, 별칭 예수 그리스도가 스트레이트 세이튼스를 유혹하다니.*

스프링어가 그 유혹에 넘어가지 않은 것은 부분적으로는, 갱단의 다른 단원들도 이전에 그곳에 와본 적이 있다는 사실을 알고 있었기 때문이다. "다들 성병에 걸려서 고생했거든요…… 그 목장은 완전히 손쓸 수 없는 상태라서……"

처음 방문했을 때 맨슨은 칼, 특히 단검을 다루는 솜씨를 보여줬다. 스프링어는 찰리가 칼을 15미터 정도 던지는 것을 봤는데, 말하자면 열 번에 여덟 번은 맞히는 것 같았다. 그 칼이, 스프링어에 따르면, 찰리가 사람들을 "토막 낼 때" 사용하는 칼이었다.

"귀가 잘린 시체 보신 적 있나요?" 스프링어가 느닷없이 물었다. 형사들 중 한 명이 고개를 끄덕였고, 스프링어가 이어서 말했다, "네, 이자가 형사님들이 찾는 사람입니다." 찰리는 그에게 사람들 귀 자르는 이야기를 해주었다. 대니가 함께 있었다면 그 이야기를

---

\* 스프링어가 속한 오토바이 갱단의 이름에 들어간 '세이튼스satans'는 그리스도의 적인 '사탄'을 뜻하기도 한다.

해줄 수 있었을 것이다. 유일한 문제는, "대니가 그런 걸 너무 무서워했거든요. 어쩌면 이미 그를 죽이려고 시도했을지도 모릅니다."

스프링어는 텍스와 클렘을 언급했다. 형사들은 그 두 사람의 특징을 이야기해달라고 했다.

클렘은 바보 천치가 분명하다고 스프링어는 말했다. 카마릴로 주립 정신병원에서 탈출한 환자였다. 찰리가 무슨 말을 하든 클렘은 앵무새처럼 따라했다. 스프링어가 보기에 "거기서 뇌가 있는 사람은 찰리와 텍스뿐"이었다. 클렘과 달리 텍스는 말이 많지 않았다. "그는 말이 없었고, 진짜로 엄격했어요. 아주 말쑥했죠. 머리가 좀 길기는 했지만, 그러니까―무슨 대학생 같았습니다." 텍스는 대부분의 시간을 사막용 사륜구동차를 만지며 보냈다.

찰리는 사막용 사륜구동차에 관심이 있었다. 그는 대시보드의 스위치를 조작해 미등이 작동하지 않게 하려고 했다. 그런 다음 캘리포니아 고속도로순찰대가 고속도로에서 딱지를 떼기 위해 세우면, 장총으로 무장한 두 명이 뒤에서 나타나고, 순찰대가 가까이 다가오면 "빵, 그렇게 날리는 거예요".

문. "왜 그런 일을 하고 싶다고 말했을까요?"

답. "아, 그자는 스스로 세계의 지도자가 되는 준비를 하려고 했어요. 그는 미쳤습니다."

문. "그자의 집단에 이름이 있습니까?"

답. "패밀리요."

칼 이야기로 돌아가서, 스프링어는 그 칼의 특징을 이야기해줄 수 있었을까? 당연했다, 그건 커틀러스cutlass, 진짜 해적들이 쓰는 칼이었다.* 스프링어에 따르면, 그 칼은 몇 달 전까지는 스트레이트 세이튼스의 전 대장이 쓰던 물건인데, 언젠가 사라졌고, 아마 단원 중 누군가가 찰리에게 준 것 같다고 했다.

대니에게 들은 바에 따르면, 그 칼이 "헨랜드라는 남자, 네, 그 남자"를 죽일 때 쓴 것이라고 했다. 그자가 귀 잘린 사람이었다.

'헨랜드' 살인 사건에 대해서는 얼마나 알고 있는지 스프링어에게 형사들이 물었다. 대니에게 들은 바에 따르면 '바우슬리'라는 남자와 다른 한두 명이 그를 죽였다고, 스프링어는 말했다. 대니는 이렇게 말했다고 했다. "보슬리인지 바우슬리인지가 이 남자를 죽였고, 찰리도 직접 가담했다는 것에 대해서는 거의 의심의 여지가 없어. 뭐, 어쨌든 누군가 그 남자의 귀를 잘랐다고." 클렘 역시 그에게 말해주었다고 스프링어는 전했다. "씨발 어떤 멍청이의 귀를 자르고, 벽에 글씨를 적고 표범 손인지 앞발인지를 찍었다고 했어요. 팬더스를 모욕하기 위해서요.** 무슨 일을 하든 그들은 흑인들을 욕합니다. 네. 흑인들을 증오해서, 전에는 어떤 흑인을 죽인 적도 있어요."

다섯 명. 거기에 '헨랜드'(힌먼). 그리고 '어떤 흑인'. 현재까지 모두 일곱. 형사들은 계속 추적했다.

---

\* 커틀러스는 날이 휘고 무거운 단검이다.
\*\* 표범Panthers은 1960년에 미국의 유명한 흑인 인권 단체 블랙 팬더스Black Panthers의 이름이기도 하다.

목장에 있는 동안 다른 무기는 보지 못했을까? 있었다. 처음 그곳을 방문했을 때 찰리는 무기고 전체를 보여주었다. 장총, 사냥총, 45구경 권총 등이 있었다. 그리고 "사람들 이야기도 그렇고 대니에게도 들은 적이 있는데, 22구경 번틀라인, 총신이 긴 9연발 총도 가지고 있다고 했습니다. 이건 대니한테 들은 이야기인데, 그 친구가 총을 좀 압니다. 아마 그 총을 그, 어, 블랙 팬더를 죽일 때 사용한 것 같다고 했습니다".

찰리는 그 이야기도 해주었다. 앨이 기억하기로는, 텍스가 마리화나 거래 중에 이 흑인 남자를 태워버렸다고 했다. 찰리가 돈을 주지 않자 남자는 팬더 형제를 목장으로 데리고 와 모두 쓸어버리겠다고 위협했다. "그래서 찰리가 총을 꺼낸 겁니다, 누군가 다른 사람이 할 계획이었는데, 찰리가 직접 총을 꺼내서 그 남자에게 겨누었습니다. 방아쇠를 당겼는데 딸깍, 딸깍, 딸깍, 딸깍, 총이 나가지를 않았던 거예요, 네다섯 번을요. 그래서 남자가 자리에서 일어나 이렇게 말했답니다. '하, 빈 총을 들고 여기에 왔구먼.' 찰리가 '딸깍, 빵'이라고 말했고, 가슴 부근에 맞았다고 하더군요. 직접 제 면전에서 그렇게 말했습니다, 그때 번틀라인을 쓴 거예요, 총신이 긴 그 총을."

할리우드 부근에서 있었던 그 살인 후에 팬더스 친구들이 "시신을 무슨 공원으로 가지고 갔다고 했습니다. 그리피스 공원이나 뭐 그런 데요…… 이건 모두 소문이지만, 찰리가 직접 말해준 소문입니다."

답. "그런데 냉장고에 뭐가 적힌 현장이 있었나요?"

갑자기 침묵이 내려앉았고, 라비앙카 팀 형사들 중 한 명이 물었다, "갑자기 왜 그 이야기를 하죠?"

답. "냉장고에 뭐라고 썼던 이야기를 저한테 해줬거든요."

문. "냉장고에 글자를 쓴 이야기는 누가 해준 겁니까?"

답. "찰리가요. 찰리가 씨발 냉장고 문에 피로 뭔가를 적었다고 했어요."

문. "뭐라고 썼다던가요?"

답. "돼지인가 흑인인가, 뭐 그런 것에 관한 말이었습니다."

만약 스프링어의 이야기가 사실이라면, 만약 맨슨이 그저 그에게 인상을 남기기 위해 허풍을 떤 게 아니라면, 그건 맨슨이 라비앙카 살인 사건에도 관여를 했다는 의미였다. 그렇다면 피해자는 지금까지 아홉 명이다.

하지만 라비앙카 팀 형사들은 그 진술을 의심할 만한 근거가 있었다. 언론 보도와 달리, 돼지에게 죽음을이라는 피로 쓴 문구는 냉장고 문에 있지 않았다. 실제로는 거실 벽에 적혀 있었고, 일어나라라는 단어도 마찬가지였다. 냉장고 문에 적혀 있던 문구는 헤엘터 스켈터였다.

스프링어가 조사를 받는 동안 라비앙카 팀 형사 중 한 명이 조사실을 나갔다. 그는 몇 분 후에 다른 남자 한 명을 데리고 돌아왔다.

문. "여기는 동료 형사, 마이크 맥간입니다. 알. 여기 탁자 좀 치울게요. 여기 방금 들어온 형사님께 지금까지 우리가 했던 이야기를 다시 해주시기 바랍니다."

맥간은 테이트 팀 형사 중 한 명이었다. 라비앙카 팀 형사들은 마침내 몇 걸음을 나아가서, 자신들이 알게 된 것을 공유하기로 결정했다. 이때쯤엔 "저기요, 우리가 뭘 알아냈는지 한번 보세요"라고 말하고 싶은 욕망을 참기 어려웠을 것이다.

스프링어에게 같은 이야기를 다시 한번 들려달라고 했다. 맥간은 귀를 기울였고, 별 인상을 받지 못한 것 같았다. 그러자 스프링어가 또 다른 살인 사건, '쇼티'라는 카우보이 살인 사건을 이야기했다. 처음 목장을 방문했을 때 만난 적이 있는 사람이었다. 언제 어떻게 쇼티의 사망 소식을 들은 거냐고 형사들 중 한 명이 물었다. "대니에게서 들었습니다." 대니는 목장의 여자들에게 그 이야기를 들었는데, 쇼티가 "너무 많은 것을 알게 되고, 너무 많은 것을 들어서, 걱정이 너무 많아졌"고, "그의 팔다리, 그리고 머리를 잘라서……" 대니는 쇼티를 좋아했기 때문에 그 이야기를 듣고는 마음이 많이 안 좋았다.

열 명. 그렇다면.

**문.** (맥간에게) "뭐 궁금하신 거 있을까요?"

**답.** "네, 그들이 왜 이 유색인—팬더 단원으로 짐작되는 사람을 죽였는지 묻고 싶네요. 언제 벌어진 일입니까, 아시나요?"

스프링어는 확신할 수 없지만, 자신이 목장에 가기 일주일쯤 전 같다고 했다. 그건 대니가 말해줄 수 있을 것이다.

밑줄.  "찰리가 본인이 8월 초에 죽였다고 말한 다섯 사람을 특정 사건과 연관시킬 수 있겠습니까?"
답. "그럼요, 테이트 사건."
문. "그렇게 연결해봤습니까?"
답. "그럼요."

좁혀가기 시작했다. 찰리가 그 다섯 명을 살해했다고 자백할 때 다른 사람도 그곳에 있었는가? 아니요. 테이트라는 이름이 구체적으로 언급된 적이 있는가? 아니요. 목장에서 안경 쓴 사람을 본 적이 있는가? 아니요. 맨슨이 총을 들고 있는 걸 본 적이 있는가? 아니요, 그냥 칼만. "그자는 칼에 미쳐 있습니다." 당신이 본 커틀러스나 그 밖의 다른 칼들은 양날이었는가? 그랬다고 생각하지만, 확신할 수는 없다. 찰리가 그 칼들을 어디론가 보내서 갈아오게 한 적이 있다고 대니가 말했다. 그곳에서 끈을 본 적이 있는가? 네, 그들은 온갖 종류의 끈을 사용한다. 테이트 살인 사건에 2만5000달러의 포상금이 걸려 있다는 걸 알고 있는가? 네, "아마 제가 그 돈을 쓸 수 있을 것 같네요."

스프링어는 스팬 목장을 모두 세 번 방문했고, 두 번째 방문은 첫 번째 방문 다음 날이었다. 오토바이를 타던 중 모자를 잃어버려서 그걸 찾으러 다시 간 것이었는데, 오토바이가 고장 나는 바람에 수리를 위해 하룻밤 묵어야 했다. 다시 한번 찰리와 텍스 그리고 클렘이 그를 무리에 합류시키기 위해 작업했다. 세 번째이자 마지막 방문이 있던 날은 8월 15일 금요일이었다. 보안관들이 스팬 목장을 습격하기 전날 밤이었기 때문에 형사들은 그 날짜를 특정할 수 있었다. 또한 스트레이트 세이튼스도 금요일 저녁에 모임을 갖고, 대니를 찰리에게서 빼내오는 일에 대해 논의했다. "모임의 많은 단원이 그곳으로 쳐들어가 그를 흠씬 두들겨 패고, 우리 단원들을 세뇌시키지 말라는 가르침을 주려고 했습니다……." 실제로 여덟 명 혹은 아홉 명의 단원이 그날 밤 스팬으로 갔지만, "일이 그런 식으로 풀리지는 않았"다.

찰리가 대원 중 몇몇에게 사기를 쳤다. 여자들은 다른 단원들을 이끌고 덤불 속으로 들어갔다. 그리고 실제로 단원들이 물건을 부수기 시작하자 찰리는 훈련받은 구성원들이 지붕 위에서 그들을 겨누고 있다고 말했다. 스프링어는 단원들 중 한 명을 보내 지난 방문에서 찰리가 보여준 무기고를 확인하게 했다. 장총 두 자루가 보이지 않았다. 얼마 후 단원들은 배기가스와 욕설을 내뱉으며 떠났고, 좀더 멀쩡한 단원 중 한 명인 로버트 라인하드는 남았다가 다음 날 대니를 데려오기로 했다. 하지만 다음 날엔 "경찰이 사방에 깔렸고" 찰리와 다른 사람들은 물론, 디칼로와 라인하드까지 체포됐다.

모두들 며칠 후에 풀려났고, 대니에 따르면, 쇼티는 그로부터 얼마 후에 살해되었다.

다음 차례는 자신이 될지도 모른다는 두려움에 대니는 자신의 트럭을 타고 베니스로 튀었다. 어느 날 밤 늦은 시각, 클렘과 찰리를 따르는 또 한 명의 심복 브루스 데이비스가 그의 트럭에 몰래 접근했다. 지렛대로 문을 여는 데 성공했고, 그 소리를 들은 대니는

45구경 권총을 집어들었다. 스프링어에 따르면, 대니는 그들이 "자신을 해치우기 위해" 온 거라고 확신했다. 그는 지금도 겁을 먹고 있는데, 본인에 대한 위협 때문만이 아니라 현재 어린 아들도 함께 살고 있기 때문이다. 스프링어는 대니가 겁에 질려 있기 때문에 경찰에도 기꺼이 이야기할 거라고 했다. 베니스의 형사들이라면 "평생 알고 지냈기 때문에" 그들과 이야기하는 건 전혀 문제가 안 되지만, 파커 센터까지 그를 데려오는 건 다른 문제였다. 하지만 스프링어는, 대니가 제 발로 올 수 있게 설득해보겠다고 약속했다, 가능하다면 바로 다음 날에.

스프링어의 집에는 전화가 없었다. 형사들은 "그가 부담 없이 전화를 받을 수 있는 곳, 자주 만나는 여자친구 집 같은 곳"이 없는지 물었다.

답. "아내랑 애들밖에 없습니다."

깔끔하고, 단정하고, 일부일처제를 지키는 스프링어는 바이커에 대한 선입견을 따르지 않았다. 형사들 중 한 명은 이렇게 말했다. "당신은 오토바이 갱단에 대한 새로운 이미지를 세상에 심어줄 것 같네요."

앨 스프링어는 진실을 말한 것으로 보이지만, 형사들은 그의 이야기에 큰 인상을 받지 못했다. 그는 외부인이며 패밀리의 구성원이 아니었는데, 그가 처음 스팬 목장을 방문했을 때 맨슨은 자신이 적어도 아홉 건 이상의 살인을 저질렀다고 자백했다. 그건 그냥 말이 되지 않는다. 맨슨과 가까웠던 대니 디칼로가 자신에게 해준 이야기를 스프링어가 그대로 전했다고 하는 것이 더 그럴듯하다. 또한 맨슨이 라이더들에게 인상을 남기기 위해 자신과는 관련 없는 살인을 저질렀다고 허풍을 떨었을 가능성도 있다.

테이트 팀의 맥간은 전혀 인상을 받지 못했고, 나중에 스프링어에게 질문한 것은 고사하고 그의 이야기를 들었던 일조차 기억하지 못했다.

인터뷰를 녹음하기는 했지만 라비앙카 팀 형사들은 특정 부분만 녹취했는데, 자신들의 사건과 관련된 부분이 아니라, 전체 길이가 한 쪽도 되지 않는 부분, "우리가 다섯 명을 해치웠습니다. 그저께 밤에"라고 맨슨이 자백한 것처럼 보이는 부분이었다. 라비앙카 팀 형사들은 그런 다음 녹음테이프를 보관하고, 그 한 쪽의 녹취록은 '욕조', 즉 경찰의 사건 파일에 넣었다. 사건이 다른 방향으로 진행되면서 그들도 그 일은 잊어버린 듯했다.

하지만 1969년 11월 12일에 있었던 스프링어 조사는 어떤 의미에서는 중요한 전환점이었다. 테이트-라비앙카 살인 사건이 있고 석 달 후, LAPD는 자신들이 오랫동안 믿어왔던 것과 달리 두 사건에 관련성이 없지 않다는 가능성을 진지하게 고려하기 시작했다. 적어도 라비앙카 수사의 초점은 단 하나의 용의자 집단, 즉 찰리 맨슨과 그의 패밀리에 맞춰져 있었다. 라비앙카 팀 형사들이 루트싱어-스프링어-디칼로 단서를 계속 파고들었다면—심지어 수전 앳킨스의 자백을 모르는 상태에서도—스티븐 페어런트, 애비게일 폴저, 보이텍 프라이코프스키, 제이 세브링, 샤론 테이트, 그리고 로즈메리와 레노 라비앙카 부부의 살인범을 찾을 수 있었을 거라는 점은 거의 확실해 보인다.

그러는 사이에 두 사람이 각각 — 한 명은 시빌 브랜드에서, 다른 한 명은 코로나에서 — 서로의 존재를 모르는 상태에서, 자신이 그 살인 사건에 대해 아는 바를 누군가에게 전하려고 노력했다. 하지만 둘 다 운이 없었다.

수전 앳킨스가 로니 하워드와 최초로 테이트-라비앙카 살인 사건 이야기를 나눈 시점에 대해서는 약간의 혼선이 있다. 날짜와 상관없이 그 이야기가 나온 방식은 유사한데, 수전은 먼저 자신이 힌먼 살인 사건에 가담했다고 인정한 후, 여자아이 같은 태도로 더 놀라운 다른 폭로를 해 로니를 놀라게 했다.

로니에 따르면, 어느 날 저녁 수전이 다가와서는 침대에 앉아 자신의 경험을 수다스럽게 늘어놓았다. 수전은 자신이 여러 차례 "애시드도 맛봤고"(LSD 복용), 사실 할 수 있는 것은 다 해봤기 때문에 거의 남은 게 없다고 말했다. 그녀는 더 이상 아무것에도 놀라지 않는 상태에 이르렀다.

로니는 본인 역시 놀랄 일이 그리 많지 않다고 대답했다. 열일곱 살에 강도죄로 2년 형을 받고 연방 교도소에 들어간 이후로 로니도 꽤 많은 것을 봐왔다.

"장담하는데, 제 이야기 들으면 정신이 번쩍 들 거예요", 수전이 말했다.

"나는 그렇게 생각 안 하는데", 로니의 반응이었다.

"테이트 사건 기억나죠?"

"응."

"저도 거기 있었어요. 우리가 한 거예요."

"정말, 누구든 그런 말은 할 수 있지."

"아니, 알려줄게요." 그리고 과연 수전 앳킨스는 이야기를 해주었다.

수전은 한 가지 생각에서 다른 생각으로 너무 급하게 건너뛰었기 때문에 로니는 종종 따라잡을 수가 없었다. 또한 세부 사항—특히 이름과 날짜, 장소—에 대한 로니의 기억 역시 버지니아의 기억만큼이나 좋지 않았다. 예를 들어 나중에 그녀는 관련된 사람이 몇 명이었는지에 대해서도 확신이 없었다. 어느 순간에는 수전이 다섯 명—본인, 다른 여성 두 명, 찰리, 그리고 차에 남아 있었던 남성—이라고 말했고, 다른 순간에는 차에 있던 남자를 빼고 네 명이라고 말했다고 기억했다. 케이티라는 여성이 살인에 가담했다는 건 알았지만, 어느 살인이었는지—힌먼, 테이트, 혹은 라비앙카—로니는 확신하지 못했다. 하지만 그녀는 수전이 버지니아에게는 말하지 않았던, 혹은 버지니아가 기억하지 못했던 세부 사항을 떠올리기도 했다. 찰리는 총을 들고 있었고, 여성들은 모두 칼을 들고 있었다. 찰리가 전화선을 잘랐고, 자동차 안에 있던 남자를 쐈으며, 소파에서 자고 있던 남성(프라이코프스키)을 깨워 눈앞에 총을 겨눴다.

샤론 테이트가 간청하고 수전이 야만적으로 대응했다는 내용은 로니와 버지니아의 진술에서 거의 일치한다. 하지만 샤론이 죽는 상황에 대한 묘사는 조금 다르다. 로니가 이해하기로는 다른 여성 두 명이 그녀를 붙잡고 있었고, 수전의 표현을 빌리자면 "이어서 내가 그 여자를 찔렀어요"라고 했다.

"처음 그 여자를 찔렀을 때 느낌이 너무 좋았거든요. 그 여자가 나를 향해 비명을 지르니까 내 안에서 뭔가가 움직이면서 맹렬히 치솟는 것 같았어요. 그래서 한 번 더 찔렀죠."

로니는 어디를 찔렀냐고 물었다. 수전은 가슴이라고 했다, 배가 아니라.

"몇 번이나?"

"기억 안 나요. 그냥 여자가 비명을 멈출 때까지 계속 찔렀어요."

로니는 그 주제에 대해서라면 조금 알고 있었다. 옛날에 남편을 찌른 적이 한 번 있었다. "약간 베개 같은 느낌 아니었니?"

"맞아요", 수전은 로니가 이해하는 것을 보고 반가워하며 대답했다. "텅 빈 곳으로 들어가는, 허공으로 들어가는 것 같았어요." 하지만 살인 자체는 다른 문제였다. "섹스하면서 쌀 때 같았어요", 수전이 말했다. "특히 그 피가 뿜어져 나오는 걸 볼 때는 절정보다 더 좋았어요."

버지니아의 질문을 떠올리며 로니는 수전에게 '돼지'라는 단어에 대해 물었다. 수전은 자신이 문에 그 글씨를 찍어 쓴 거라고 했다, 샤론 테이트의 피에 적신 수건으로.

대화의 어느 단계에선가 수전이 물었다. "배에 포크 꽂힌 채 발견된 남자 기억 나요? 우리가 피로 '일어나라' '돼지에게 죽음을' 그리고 '헬터 스켈터'라고 썼어요."

"그것도 똑같이 너랑 네 친구들이었니?" 로니가 물었다.

"아니, 이번에는 세 명뿐이었어요."

"모두 여자였고?"

"아니요, 여자 둘이랑 찰리요. 린다는 이번엔 끼지 않았어요."

수전은 다양한 주제에 대해 이야기를 늘어놓았다. 맨슨(그는 예수 그리스도이면서 동시에 악마였다), 헬터 스켈터(로니는 자신이 그 말을 이해하지 못했음을 인정했고, "살기 위해 죽어야만 한다"라는 뜻일 거라고 생각했다), 섹스("세상 모든 것이 하나의 커다란 섹스 같아요—모든 게 들어갔다 나오는 거잖아요—담배, 식사, 칼로 찌르기"), 정신과 의사를 속이기 위해 미친 짓을 하는 것("그냥 평범한 척 연기하면 되는 거야"라고 로니는 조언했다), 아이들(그녀가 아이를 낳을 때 찰리가 도와주었고, 아기 이름은 제조조스 재드프랙 글루츠로 지었다. 아이가 태어나고 두 달 후 그녀는 아이에게 펠라티오를 해주기 시작했다), 바이커들(오토바이 갱단을 옆에 세우면 그들은 "정말로 세상을 두렵게 할 수 있을 것" 같았다), 그리고 살인. 수전은 살인에 대해 이야기하는 것을 좋아했다. "하면 할수록 점점 더 좋아하게 되거든요." 살인 이야기만 해도 그녀는 흥분되는 것 같았다. 웃으며, 그녀는 로니에게 어떤 남자의 "머리를 잘랐던" 이야기를 했다, 사막 아니면 골짜기에서 벌어진 일이었다.

또한 그녀는 로니에게 이렇게 말했다. "경찰이 절대 해결할 수 없는 살인이 열한 건 있었어요." 게다가 앞으로 많이, 더 많이 생길 예정이었다. 비록 찰리는 "인디오의" 감옥에 있지만, 대부분의 패밀리 구성원은 여전히 자유로운 상태였다.

수전이 이야기하는 동안 로니 하워드는 여전히 놀랄 만한 일이 많이 있음을 깨달았다. 하나는 이 조그만 아가씨, 스물한 살이지만 가끔은 더 어려 보이기도 하는 이 친구가 아마 그 모든 살인을 저질렀을지도 모른다는 점이었다. 다른 하나는 이것이 시작에 불과하다고, 앞으로 더 많은 살인이 이어질 거라고 수전이 주장하고 있다는 점이었다.

로니 하워드는 나중에 이렇게 말했다. "전에는 누구를 밀고했던 적이 한 번도 없지만, 이번 건은 혼자서 안고 갈 수 없었습니다. 내가 말하지 않으면 이 사람들은 자유롭게 풀려날 거라는 생각이 계속 들었어요. 다른 집들을 무작위로 고르겠죠. 그 모든 죄 없는 사람들이 죽어가는 걸 볼 수는 없었어요. 다음 차례는 우리 집이나 여러분의 집, 그 누구의 집이 될 수도 있으니까요."

로니는 "경찰에게 말해야만 한다"고 결심했다.

감옥에 있는 수감자라면 경관과 이야기하는 것이 상대적으로 쉬울 거라고 생각하기 쉽다. 로니 하워드는 그 반대임을 깨달았다.

다시 한번 날짜는 애매하지만, 로니에 따르면, 그녀는 시빌 브랜드의 여성 부관 중 한 명인 +브룸 경사 부관과 그녀의 상사인 경위 모두 인터뷰를 할 수 없었기 때문에, 이 사항에 대한 그들의 이야기를 들을 수 없었다. 책에서는 두 사람 다 가명으로 표기한다에게 테이트 사건과 라비앙카 사건의 범인을 알고 있다고 말했다. 자신에게 그 이야기를 해준 사람이 사건에 관여했고 지금은 구금 중이라고, 하지만 다른 범인들은 자유로운 상태에 있으니 서둘러 잡지 않으면 살인이 더 일어날 거라고 했다. 로니는 LAPD에 전화를 걸 수 있게 해달라고 부탁했다.

브룸 경사는 그 요청을 상사인 +존스 경위에게 전하겠다고 했다.

사흘을 기다려도 아무 대답이 없자, 로니는 브룸 경사에게 자신의 요청이 어떻게 됐는지 물었다. 존스 경위는 그 이야기를 별것 아닌 것으로 생각한다고 경사가 말했다. 그때쯤 경위는 아마 그런 요청 자체를 잊어버렸을 거라면서 브룸 경사는 이렇게 덧붙였다. "너도 그냥 잊어버리는 게 어때, 로니?"

그러자 로니는, 본인의 표현에 따르면, 말 그대로 싹싹 빌었다. 빨리 경찰에 경고하지 않으면 사람들이 죽을 것이다. 저 대신 전화해주시면 안 될까요? 로니가 부탁했다. *제발요!*

교도관이 수감자를 대신해 전화해주는 것은 규정 위반이라고, 브룸 경사는 로니에게 알려주었다.

11월 13일 목요일, 바이커 대니 디칼로가 파커 센터에 출두해 라비앙카 팀 형사들의 조사를 받았다. 조사는 길지 않았고 녹음도 하지 않았다. 디칼로가 맨슨과 그의 무리의 활동에 대해 많은 정보를 가지고 있고 그들과 다섯 달 이상 함께 살기도 했지만, 찰리가 테이트나 라비앙카 살인 사건에 관여했음을 인정한 적은 한 번도 없었다.

이 조사 때문에 경관들은 스프링어의 이야기에 더 회의를 품었고, 아마 이 시점에 그들은 스프링어를 믿을 만한 정보원에서 지워 버렸을 것이다. 다음 주에 스프링어가 다시 방문했을 때, 그는 사진 몇 장에 대해 확인해달라는 요청을 받았을 뿐, 질문은 거의 받지 않았다.

디칼로는 11월 17일 월요일에 다시 출두해 녹음기를 놓고 길게 조사받기로 했다. 오전 8시 30분에 출두할 예정이었다.

로니 하워드는 브룸 경사에게 계속 졸랐고, 경사는 마침내 존스 경위에게 두 번째로 전달했다. 경위는 로니에게 좀더 상세한 내용을 물어보라고 말했다.

브룸 경사는 지시를 따랐고, 로니는—아직 사건과 관련된 사람들은 언급하지 않은 채—자신이 알게 된 것을 일부 이야기했다. 범인들은 테리 멜처를 알고 있었다. 그들은 먼저 청년, 그러니까 스티븐 페어런트에게 네 발을 쐈는데, 그가 그들을 봤기 때문이다. 샤론 테이트가 마지막으로 죽었다. '돼지'라는 단어는 그녀의 피로 쓴 것이었다. 샤론의 아기를 꺼낼 생각이었지만, 행동에 옮기지는 않았다. 그녀는 더 많은 살인 계획이 있다고 다시 한번 강조했다.

브룸 경사는 로니의 말을 잘못 알아들었는지, 존스 경위에게 범인들이 배를 가르고 아기를 *꺼냈다고* 전달했다. 존스 경위는 그것이 사실이 아님을 알고 있었다.

네 정보는 거짓이라고 브룸 경사는 로니에게 말했고, 이유를 알려주었다.

이제 거의 신경쇠약에 걸릴 것만 같았던 로니는 브룸 경사에게 자신의 말을 잘못 알아들은 거라고 했다. 존스 경위와 직접 이야기할 수는 없을까?

하지만 브룸 경사는 이미 경위를 충분히 귀찮게 한 거라고 판단했다. 적어도 자신이 보기에 그 문제는 종결된 것 같다고, 그녀는 로니에게 전했다.

한 가지 얄궂은 점이 있는데, 비록 로니는 모르고 있었고, 알았다고 해도 반가워하지는 않았겠지만, 브룸 경사는 테이트 팀 형사들 중 한 명과 연인관계였다. 하지만 두 사람에게는 더 중요한, 다른 이야깃거리가 있었던 모양이다.

버지니아 그레이엄은 본인 나름대로 관료주의 때문에 힘들어하고 있었다. 로니 하워드와 달리, 그녀는 아직 수전 앳킨스가 진실을 말했다고 확신하지는 못했지만, 마찬가지로 다른 살인들이 더 있을 가능성 때문에 걱정하고 있었다. 11월 14일, 코로나로 이송되고 이틀 후 그녀는 누군가에게 자신이 들은 것을 전해야겠다고 결심했다. 감옥 안에서 그녀가 알고 또 믿고 있는 사람은 단 한 명, 직원이자 심리학자인 베라 드라이저 박사뿐이었다.

코로나에서 수감자가 직원과 이야기하기 위해서는 '파란 용지',

즉 면담 신청서를 작성해야만 한다. 버지니아는 신청서를 쓰고 거기에 "드라이저 박사님, 아주 중요한 내용으로 말씀드릴 게 있습니다"라고 적었다.

신청서는 반려되었는데, 그레이엄이 파란 용지를 하나 더 작성해서 자신이 있는 동의 관리자 오언스 박사에게 제출해야 한다고 적혀 있었다. 하지만 버지니아는 오언스 박사와는 이야기하고 싶지 않았다. 다시 한번 그녀는 드라이저 박사와의 개인 면담을 요청했다.

요청은 받아들여졌다. 하지만 12월이 되어서야 가능했다. 그때쯤엔 버지니아가 드라이저 박사에게 이야기하려 했던 내용을 온 세상이 다 알고 있었다.

## 1969년 11월 17일

대니 디칼로는 월요일 오전 8시 30분에 LAPD 강력반에 출두하기로 되어 있었다. 하지만 그는 나타나지 않았다. 형사들은 먼저 그의 집에 전화를 걸었지만 아무도 받지 않았고, 다시 그의 어머니 집에 전화를 걸었다. 아니, 어머니는 대니를 보지 못했다고 했고 조금 걱정하고 있었다. 대니는 LAPD에서 조사를 받는 동안 어머니가 아들을 봐주도록 맡겨놓을 예정이었지만, 그때까지 전화도 없었다.

디칼로가 도주했을 가능성도 있었다. 전주 목요일 형사들과 이야기할 때 그는 아주 많이 겁먹은 상태였다.

다른 가능성도 있었다. 형사들로서는 생각하고 싶지 않은 가능성이었다.

같은 날 로니 하워드는 샌타모니카의 법원에 출두해 위조 혐의에 대한 재판을 받았다. 시빌 브랜드의 수감자가 법원에 출두할 때는 먼저 부세가에 있는 남자 교도소로 이송된 후 거기서 버스를 타고 정해진 기관으로 이동해야 했다. 버스가 도착할 때까지 보통은 몇 분의 여유가 있고, 그사이에 수감자들은 각자 공중전화로 전화를 한 통 할 수 있었다.

로니는 기회라고 생각하고 줄을 섰다. 하지만 시간은 점점 줄어들었고 그녀 앞에는 아직 두 명이 더 있었다. 그녀는 두 사람에게 각각 50센트씩 주고 자신이 먼저 하게 해달라고 했다.

로니는 베벌리힐스 경찰서에 전화를 걸어 강력반 형사를 바꿔달라고 했다. 형사가 나오자 그녀는 이름과 수감 번호를 밝히고, 자신이 테이트 사건과 라비앙카 사건의 범인을 알고 있다고 말했다. 경관은 해당 사건들이 LAPD의 할리우드 경찰서 담당이니 그쪽으로 전화를 해보라고 했다.

로니는 다시 할리우드 경찰서에 전화해 두 번째 형사에게도 같은 정보를 제공했다. 형사는 곧장 사람을 보내겠다고 했지만, 그녀는 자신이 그날 남은 시간 동안에는 법원에 있어야 한다고 했다.

그녀는 경관이 어느 법원이냐고 묻기도 전에 전화를 끊어버렸다.

종일 법원에서 로니 하워드는 누군가가 자신을 지켜보는 듯한 느낌이 들었다. 두 남자, 법원 뒤쪽에 있는 그들이 형사라고 확신했고, 그들이 언제든 자신과 이야기를 할 거라고 예상했다. 하지만 그들은 그렇게 하지 않았다. 정회가 선언되고, 그녀는 버스를 타고 다시 시빌 브랜드 8000번 기숙사와 수전 앳킨스에게로 돌아왔다.

오후 5시 직전에 대니 디칼로가 LAPD 강력반에 도착했다. 오전에 시내에 나오는 길에 기름이 떨어진 것을 알고는 주유소에 들렀다. 주유소를 나서며 불법 회전을 하다 순찰차에 발각되었고, 그다음엔 경관들이 그의 차를 수색하다가 엄청난 양의 교통 위반 딱지를 발견했고, 그렇게 경찰서에 끌려갔다. 그를 꺼내는 데 꼬박 하루가 걸렸다.

앨 스프링어와 달리 대니 디칼로는 바이커처럼 보였고, 거기에 어울리게 말하고 행동했다. 키가 작아 163센티미터, 몸무게는 59킬로그램이었고, 오토바이 손잡이 모양의 콧수염을 기르고, 양팔에 문신이 있고, 오토바이 다중 추돌 사고를 당해 한쪽 팔과 양쪽 다리에 흉터가 있었다. 경계심이 강해서 마치 등 뒤에 누가 있는 것처럼 자주 돌아보았고, 말할 때는 현란한 속어를 사용해서 조사하던 경관들도—닐슨, 구티에레즈, 그리고 맥간—무의식적으로 따라하고 말았다. 스물다섯 살의 그는 토론토에서 태어났고, 해안경비대로 4년간 복무한 후 미국 시민권을 얻었다. 직업은 무기 전문가였다. 현재는 아버지와 함께 총기상을 운영하고 있었다. 스팬 목장에 있는 총기에 관해서라면 형사들은 그보다 더 좋은 정보원을 찾을 수 없을 정도였다. 술을 마시거나 여자들 뒤꽁무니를 쫓아다닐 때가 아니면—대부분의 시간을 그 두 가지 일로 보낸다고 그는 인정했다—그는 총기 관리를 하고 있었다. 깨끗이 닦고 수선하는 데 그치지 않고, 무기 보관소에서 잠을 잤다. 어떤 무기가 나오든 대니는 잘 알고 있었다.

그는 영화 촬영장이었던 스팬 목장에 대해서도 많은 것을 알고 있었다. 베벌리힐스 중심가에서 28킬로미터 정도밖에 떨어지지 않은 채츠워스에 있는 목장이지만, 보기에는 완전히 다른 세상이었다. 한때 윌리엄 S. 하트, 톰 믹스, 조니 맥 브라운, 월러스 비리 같은 사람들이 거기서 영화를 찍었다. 하워드 휴스가 「무법자the outlaw」의 일부분을 찍기 위해 개인적으로 스팬을 찾아온 적이 있었다. 본채 뒤편으로 이어지는 언덕들은 「백주의 결투Duel in the Sun」의 배경이었다. 하지만 지금은 종종 말버러 담배 광고나 「보난자」에피소드를 찍을 때를 제외하면 주된 사업은 주말 손님들에게 말을 빌려주는 것이었다. 샌타수재너 패스 로드에 면해 있는 영화 세트들— 서부 시대 여관, 식당, 장의사 건물, 감옥—은 이제 오래되어 쓰러지기 직전이었고, 그건 눈이 거의 멀어버린 여든한 살의 목장주 조지 스팬도 마찬가지였다. 서커스에서 말타기 마술을 하다가 말 사육사가 된 루비 펄이 오랫동안 조지를 위해 마구간을 관리해주고 있었다. 건초를 마련하고, 카우보이들을 고용하거나 해고하고, 그들이 말들을 잘 돌보고 승마 수업을 받으러 오는 너무 어린 여자아이들에게 손을 대지 않도록 관리하는 일이었다. 거의 앞을 보지 못했던 조지는 루비에게 의존하고 있었지만, 일과가 끝나면 그녀는 남편과 다른 삶이 있는 집으로 돌아갔다.

오랜 시간에 걸쳐 조지는 열 명의 자녀를 두었고, 그들 모두에게 자신이 좋아하는 말 이름을 붙여주었다. 그 이름들은 세세하게 떠올릴 수 있었지만, 자식들에 대한 기억은 흐릿했다. 모두 다른 곳에 살고 있었고, 몇 명만 정기적으로 그를 찾아왔다. 1968년 가을에 맨슨 패밀리가 찾아왔을 때, 조지는 지저분한 트레일러에서 혼자 지내고 있었고, 나이 들고 외롭고 버려진 느낌에 빠져 있었다.

그것들은 대니 디칼로가 패밀리와 엮이기 한참 전의 일이었지만, 그는 당시부터 있었던 사람들로부터 그 이야기를 자주 들었다.

맨슨은 처음에는 스팬에게 며칠만 머무르게 해달라고 했고, 자신과 함께 온 사람들이 스물다섯 명에서 서른 명 정도 된다는 이야기는 하지 않았다. 그는 스퀴키를 시켜 조지를 돌보게 했다.

스퀴키—본명은 리넷 프롬—는 무리에 최초로 합류한 여성들 중 한 명으로, 당시 1년 넘게 맨슨과 함께 지내고 있었다. 마르고, 머리칼은 붉으며, 주근깨가 많았다. 열아홉 살이지만 그보다 훨씬 어려 보였다. 디칼로는 형사들에게 이렇게 말했다. "걔는 조지를 완전 손바닥 위에 놓고 가지고 놀았어요. 청소하고, 요리하고, 장부 정리하고, 섹스도 해줬거든요."

문. (믿을 수 없다는 듯) "그렇습니까?! 이런 늙은 개새끼 같으니!"

답. "네…… 찰리의 환상은, 조지를 사로잡아 그가 스퀴키를 신뢰하게 만드는 거였어요. 그래서 조지가 행복한 내세로 사냥여행을 떠날 때가 되면, 그 목장을 스퀴키에게 물려주게 만드는 거죠. 그게 그들의 계획이었습니다. 찰리는 조지에게 어떤 말을 해야 할지 스퀴키에게 알려주었고…… 스퀴키는 다른 사람들이 조지에게 한 말을 모두 찰리에게 전해주었습니다."

스퀴키는 자신이 조지의 눈이라고 말하고 다녔다. 디칼로에 따르면, 그들은 찰리 맨슨이 보여주고 싶어하는 것만 봤다고 했다.

어쩌면 의심이 있었기 때문에, 또 어쩌면 종종 찾아오는 자식들이 강하게 반대했기 때문에 조지는 절대 그곳을 스퀴키에게 넘기려 하지 않았다. 어쩌면 그것이 그가 지금까지도 스팬 목장에서 살아서 지낼 수 있는 이유였을 것이다.

조지 스팬은 찰리의 계획에서 짜증나는 요소였다. 대니 디칼로는 그들과 함께 어울렸지만, 또 다른 계획—디칼로의 표현에 따르면 "사회를 위협하는" 일에 오토바이 갱단을 합류시키려는 기획—은 실패했다. 대니는 1969년 3월, 아내와 헤어진 직후 맨슨을 만났다. 오토바이 수리를 위해 스팬에 갔다가 그대로 머물렀다. "재미있었거든요," 그는 나중에 인정했다. 맨슨의 여자들은 아기를 갖고 남자들을 챙기는 것이 자기 인생의 유일한 목적이라고 배웠다. 디칼로는 챙김받는 것을 좋아했고, 그 여성들도, 적어도 초반에는 "당나귀 댄"에게 무척 호감을 가지고 있는 것처럼 보였다. 맨슨은 자신이 좋은 체격을 타고나지 못했기 때문에 여자들이 도망가지 못하게 디칼로가 있어줘야 한다고 그에게 말했다. 맨슨의 계략처럼 들리지만, 디칼로는 그 말이 사실이었다고 주장한다. 당나귀 댄은 특정한 신체적 능력 때문에 여자들이 그에게 붙여준 별명이었다.

문제가 좀 있었다. 찰리는 음주에는 반대했다. 대니는 맥주를 폭음하고 햇빛 아래 누워 있는 것을 무엇보다 좋아했다—나중에 그는 스팬에서 "지냈던 시간의 90퍼센트쯤"은 곤드레만드레 취해 있었다고 증언했다. 그리고 두 명의 "특별히 귀여웠던" 아가씨를 제외하고, 디칼로는 이내 모든 여성에게 싫증을 내게 된다. "늘 설교를 하려 했거든요. 찰리가 그 친구들에게 전했던 그 쓰레기 설교였습니다."

8월 15일 스트레이트 세이튼스를 방문한 후로 맨슨은 바이커들을 합류시키는 건 절대 불가능하다고 깨달았던 게 틀림없다. 그 후로 대니는 무시당했고, 패밀리 회의에서 열외되었으며, 아가씨들도 그에게 호의를 보이지 않았다. 그들과 함께 바커 목장으로 이동했지만, 사흘만 머물렀을 뿐이다. 그는 갈라섰는데, 본인에 따르면 자신이 들은 그 모든 "살인 이야기"를 믿기 시작했기 때문이고, 떠나지 않으면 자신이 다음 대상이 될 거라는 강한 의심이 들었기 때문이다. "그 후로는 뒤를 살피기 시작했습니다." 그가 말했다.

라비앙카 팀 형사들이 지난 목요일에 디칼로와 이야기했을 때, 그는 맨슨의 칼을 찾아보겠다고 약속했다. 그 칼을 구티에레즈 경사에게 제출했고, 경사는 "맨슨, 찰리 M."의 개인 물품으로 등록했다. "187 PC" 살인 사건의 범행 도구로 짐작되는 것이었다.

사연들이 겹겹이 담겨 있는 칼이었다. 대니가 스팬으로 들어가고 몇 주 후, 스트레이트 세이튼스의 단장 조지 놀, 일명 "86 조지"가 그를 찾아왔다. 맨슨은 조지의 칼이 탐났고, 조지에게 부과된 교통 위반 벌금 20달러를 대신 내주겠다고 말하고는 그 칼을 받았다. 대니에 따르면, 그 칼은 찰리가 아끼는 흉기들 중 하나가 되었다. 자신의 사막용 사륜구동차 운전석 옆에 특별히 철제 칼집을 제작해 붙였다. 8월 15일 밤 스트레이트 세이튼스가 대니를 찾으러 왔을 때, 그들은 그 칼을 발견하고는 돌려달라고 했다. 그 칼이 "더러워졌음"을, 즉 범죄에 사용되었음을 알게 된 그들은 칼을 두 동강 냈다. 디칼로가 구티에레즈에게 제출한 것은 그 두 조각이었다.

전체 길이 50센티미터, 날 길이는 38센티미터였다. 넓적한 칼날은 면도날처럼 날카롭고, 양쪽으로 날이 선 끝부분은 2.5센티미터였다.

디칼로에 따르면, 그게 맨슨이 게리 힌먼의 귀를 자를 때 사용한 칼이었다.

디칼로를 통해 형사들은 이제 바비 보솔레이와 수전 앳킨스 외에 세 명, 그러니까 맨슨, 메리 브루너, 그리고 브루스 데이비스가 힌먼 살인 사건에 관여했음을 알게 되었다. 디칼로가 준 정보의 주 원천은 보솔레이였는데, 그는 살인 후 스팬에 돌아와 자신이 한 일을 디칼로에게 자랑했다. 대니는 이렇게 말했다, "그 친구는 다음 날 잔뜩 기고만장해서 돌아왔습니다, 네, 마치 대단한 일을 해낸 것처럼요."

보솔레이가 자신에게 해주었다고 디칼로가 주장하는 이야기는 다음과 같다. 메리 브루너, 수전 앳킨스, 그리고 바비 보솔레이는 힌먼의 집에 들러 "옛날이야기나 그런 온갖 헛소리를 떠들어댔다". 그러다 바비가 게리에게 가진 돈을 전부 내놓으라고, 자신들에게 돈이 필요하다고 말했다. 게리가 한 푼도 없다고 하자 바비가 총—9밀리, 폴란드 라돔사의 자동권총—을 꺼내 총구를 그에게 겨눴다. 몸싸움 중에 총이 발사되었고, 총탄은 아무도 맞히지 못했지만 주방에 이리저리 튕겼다. (LASO는 9밀리 산탄을 주방 싱크대 밑에서 발견했다.)

그런 다음 보솔레이가 스팬 목장에 있는 맨슨에게 전화를 걸어, "와보셔야 할 것 같아요, 찰리. 게리가 비협조적입니다"라고 말했다. 말리부에 있는 힌먼의 집과 채츠워스에 있는 스팬의 영화 촬영장 목장은 같은 전신국에 속해 있기 때문에 시외통화가 아니었다. 따라서 전화 회사에는 해당 통화 기록이 남아 있지 않다. 얼마 후 맨슨과 브루스 데이비스가 힌먼의 집에 도착했다. 정신이 없고 다치기도 했던 게리는 다른 사람들을 데리고 나가달라고 찰리에게 간청했다. 문제가 발생하는 건 원치 않고, 왜 그들이 자신에게 그런 짓을 하는지 이해할 수 없다고, 늘 친구로 지내지 않았느냐고 했다. 디칼로는 이렇게 말했다. "찰리는 아무 말도 하지 않았습니다. 그냥 칼로 내리쳤죠. 휙. 그리고 게리의 귀를 일부, 혹은 전부 잘랐습니다. 힌먼의 왼쪽 귀는 반으로 갈라져 있었다.

"그래서 게리는 쓰러졌고, 귀를 잃은 후 진짜 뭔가 변화를 겪은 거죠……." 맨슨은 그에게 선택하라고 했다, 모든 것을 내놓든지, 아니면 죽든지. 맨슨과 데이비스는 그런 다음 자리를 떴다.

보솔레이는 힌먼의 차량 두 대에서 "분홍색 서류"(캘리포니아주 자동차등록증)를 확보하기는 했지만, 게리는 계속 돈이 하나도 없다고 주장했다. 다시 총구를 들이대도 그를 굴복시킬 수 없자, 바비는 또 스팬에 있는 맨슨에게 전화를 걸어 이렇게 말했다, "이자한테 아무것도 못 뽑아낼 것 같아요. 아무것도 안 내놓을 것 같네요. 그냥 떠날 수는 없습니다. 귀를 아작냈으니까 경찰에 신고할 거예요." 맨슨이 대답했다, "뭐, 어떻게 해야 하는지 알잖아." 보솔레이는 그대로 했다.

"바비는 다시 게리에게 다가갔습니다. 칼을 꺼내서 그를 내리쳤죠. 서너 번을 내리쳐야 했다고 말했어요…… [힌먼은] 진짜 피를 많이 흘리면서, 숨을 쉬려고 헐떡였고, 바비 말로는, 자기가 그 옆에 무릎 꿇고 앉아서 이렇게 말했다고 합니다. '게리, 그거 알아? 이제 당신은 더 이상 지구상에 있을 이유가 없어. 당신은 그냥 돼지고 사회는 당신을 필요로 하지 않는다고, 그러니 이게 당신한테는 최선이야, 당신을 비극에서 꺼내주는 나한테 고마워해야 하는 거야.' 그리고 [힌먼의] 목에서 무슨 소리가 났는데, 그게 마지막 숨소리였습니다, 그리고 와우, 그렇게 간 거예요."

문. "그러니까 바비가 그에게 '돼지'라고 했다는 겁니까?"

답. "맞아요. 그러니까, 사회에 대한 전쟁이 첫 번째 요소거든요, 이……"

문. (냉소적으로) "네에. 그자의 철학이나 그런 쓰레기에 대해서는 나중에 이야기하고……"

그들은 그렇게 하지 않았다.

디칼로는 이야기를 이어갔다. 그 집을 나서기 전에 그들은 벽에 "'백돼지' 혹은 '흰둥이' 혹은 '돼지들을 죽이자' 같은 말을 적었습니다". 보솔레이는 또한 자신의 손에 힌먼의 피를 묻힌 다음, 손바닥으로 벽에 자국을 남겼다. 손바닥 자국을 상징으로 사용하는 "블랙 팬더에게 모함을 뒤집어씌우려는" 계획이었다. 그런 다음 그들은 힌먼의 폴크스바겐 미니 버스와 피아트 스테이션 왜건에 강제로 시동을 걸어 스팬 목장으로 돌아왔고, 거기서 보솔레이는 자신의 약탈 행위를 디칼로에게 자랑했다.

나중에, 손바닥 지문에서 신분이 드러날 것을 두려워한 보솔레이가, 힌먼의 집으로 돌아가 손자국을 벽에서 지우려 했지만 실패했다. 이는 힌먼이 사망하고 며칠 후의 일이며, 보솔레이는 나중에 디칼로에게 자신은 "구더기가 게리를 갉아먹는 소리를 들었다"고 말했다. 보솔레이와 브루너, 그리고 앳킨스는 1969년 7월 25일 금요일에 힌먼의 집에 갔다. 맨슨은 그날 밤 늦은 시간에 힌먼의 귀를 잘랐다. 하지만 힌먼은 7월 27일 일요일까지는 살아 있었고, LASO가 그의 시신을 발견한 것은 며칠째 힌먼을 만나려고 애쓰던 그의 친구가 신고를 한 다음인 7월 31일 목요일이었다.

살인자로서 그들은 치명적으로 미숙했다. 손자국은 판독이 가능했고, 보솔레이가 주방에 남긴 잠재지문도 마찬가지였다. 그들은 힌먼의 폴크스바겐과 피아트를 며칠 동안 목장에 방치했고, 많은 사람이 그 차들을 봤다. 공교롭게도 7월 28일에 두 명의 LASO 부관—옴스태드와 그랩—이 다른 문제로 스팬 목장을 방문했다. 피아트를 발견한 그들은 현장에서 등록증을 확인했고, 게리 힌먼 소유의 차량임을 알게 되었다. 그랩은 힌먼을 알고 있었고, 그가 스팬 목장의 사람들과 친구라는 것도 알고 있었던 터라 스테이션 왜건이 거기에 서 있는 게 의심스럽다는 느낌은 들지 않았다. 이 시점에 힌먼은 사망했지만, 아직 그의 시신은 발견되지 않은 상태였다.

7월 31일 시신이 발견된 후 LASO는 힌먼의 차량에 대한 '수배령'을 내렸다. 그랩은 그 사실은 물론, 힌먼의 사망 소식도 한참 후까지 알지 못했다. 만약 알았더라면 당연히 수사는, 키티 루트싱어가 앳킨스와 다른 이들을 밀고하기 몇 달 전에, 스팬 목장과 맨슨 패밀리로 향했을 것이다. 힌먼은 백파이프를 연주했는데, 대단히 평범하지 않은 악기였다. 보솔레이와 여성들은 그의 악기를 스팬 목장으로 가지고 왔고, 얼마간 그곳 주방의 선반에 보관했다. 디칼로는 그것을 연주해보려고 한번 시도했다. 보솔레이는 칼을 버리지 않고 계속 가지고 다녔다. 8월 6일, 힌먼의 피아트를 타고 다니다 체포되었을 때 그 칼은 예비 타이어 밑에 있었다.

디칼로는 보솔레이가 힌먼을 찌를 때 사용했다고 주장한 칼을 그려서 보여주었다. 연필처럼 가는 소형 사냥칼이었는데, 손잡이에는 독수리 그림이 있고, 날에는 멕시코식 문양이 새겨져 있었다. 칼은 피아트에서 발견된 것과 정확히 일치했다. 디칼로는 또한 9밀리 권총도 그려주었다. 라돔 권총은 아직 발견되지 않은 상태였다.

형사들은 스팬에서 본 다른 총들에 대해서도 물었다.

답. "그게, 22구경 번틀라인이 있었습니다. 블랙 팬더 단원에게 그 총을 썼는데, 나는 손도 대기 싫었습니다. 그걸 씻는 것도 싫었습니다. 그 총 근처에는 절대 가고 싶지 않았어요."

디칼로는 그 총의 주인이 누구인지 모른다고 주장했지만, 이런 말은 했다. "찰리는 늘 총집에 그걸 넣고 다녔습니다. 그 총은 어느 정도는 늘 그와 함께 있었습니다."

"7월쯤, 아마 6월에" 그 총은 "갑자기 툭 튀어나왔"다. 그가 마지막으로 본 건 언제였을까? "적어도 습격 일주일 전부터는 못 본 것 같습니다."

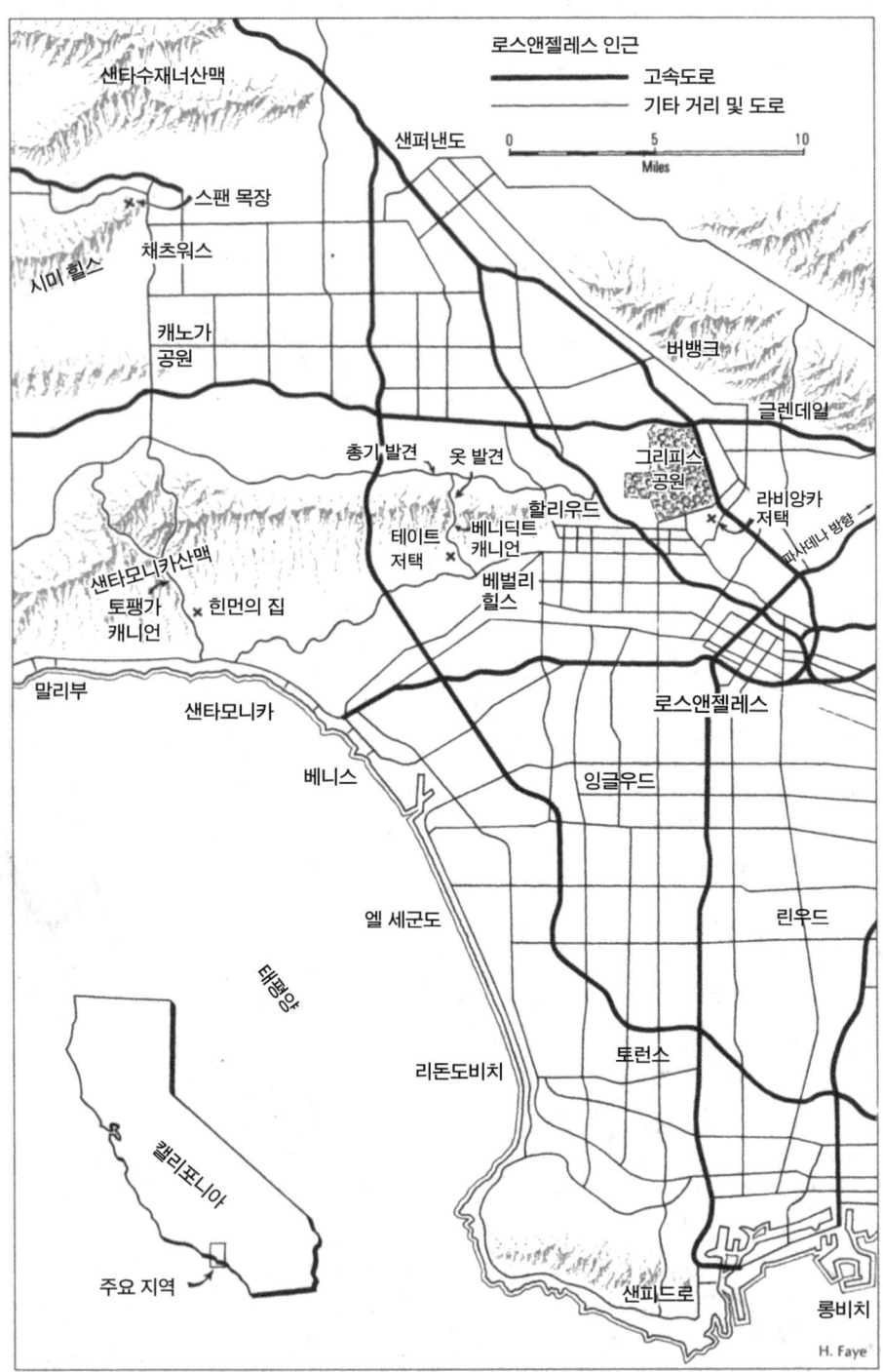

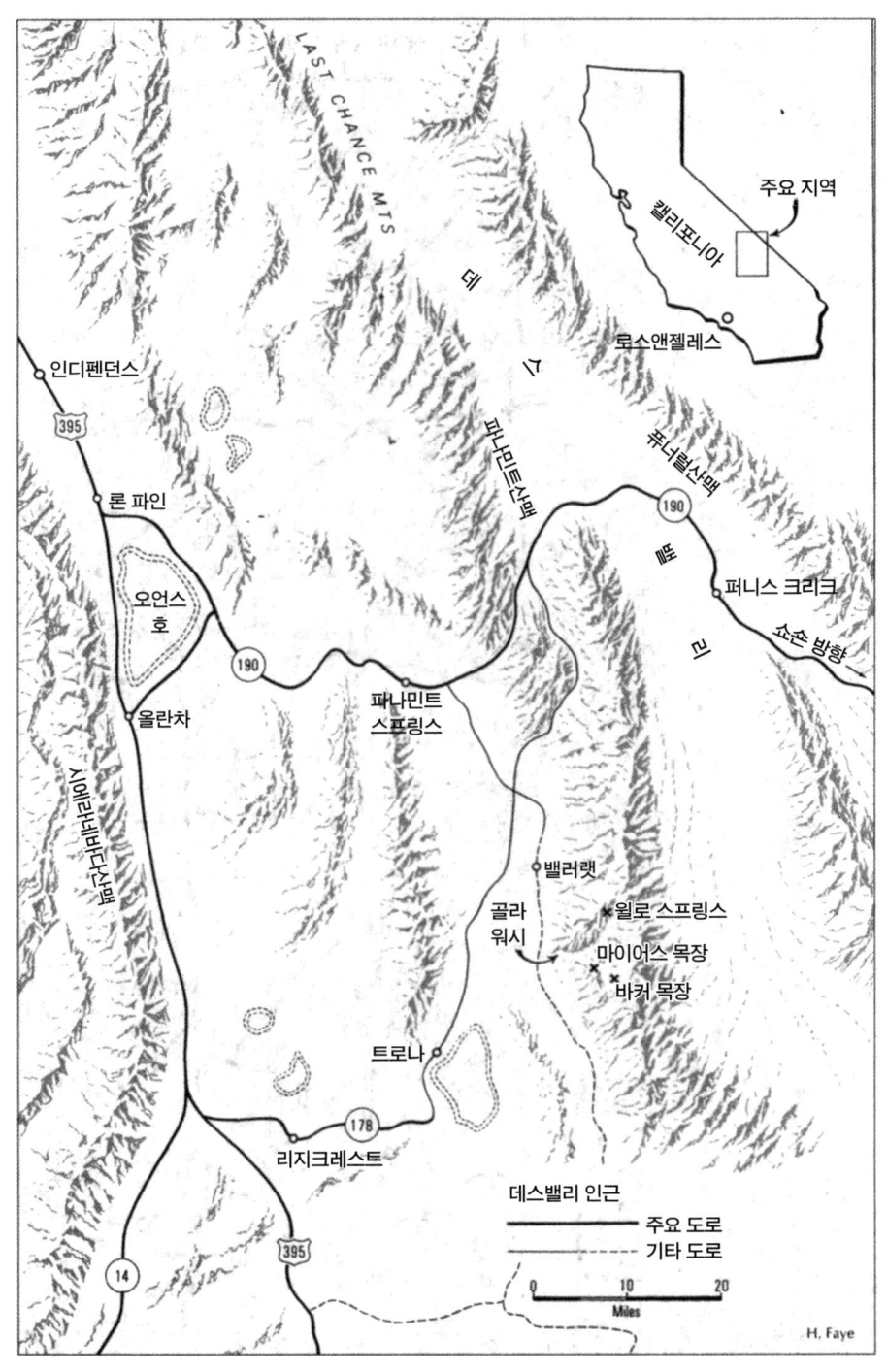

# 살인

시엘로 드라이브 10050번지, 로스앤젤레스 도심에서 떨어진 높은 곳에 있는, 막다른 길의 고립된 집이다. 사건이 있었던 밤이 닥치기 전에 샤론 테이트는 이곳을 자신의 "사랑의 집"이라고 불렀다.

먼저 전화선을 잘랐다.

그들은 전기가 흐를 것에 대비해 철문은 피했다.

대신 철문 오른쪽 경사면을 기어올랐다.

나중에 현장에서 벗어날 때, 살인범들 중 한 명이 철문 개폐 장치 버튼에 피 묻은 지문을 남겼다. 이후에 LAPD 경관이 버튼을 누르면서, 지문이 겹쳐 앞선 지문은 지워졌다.

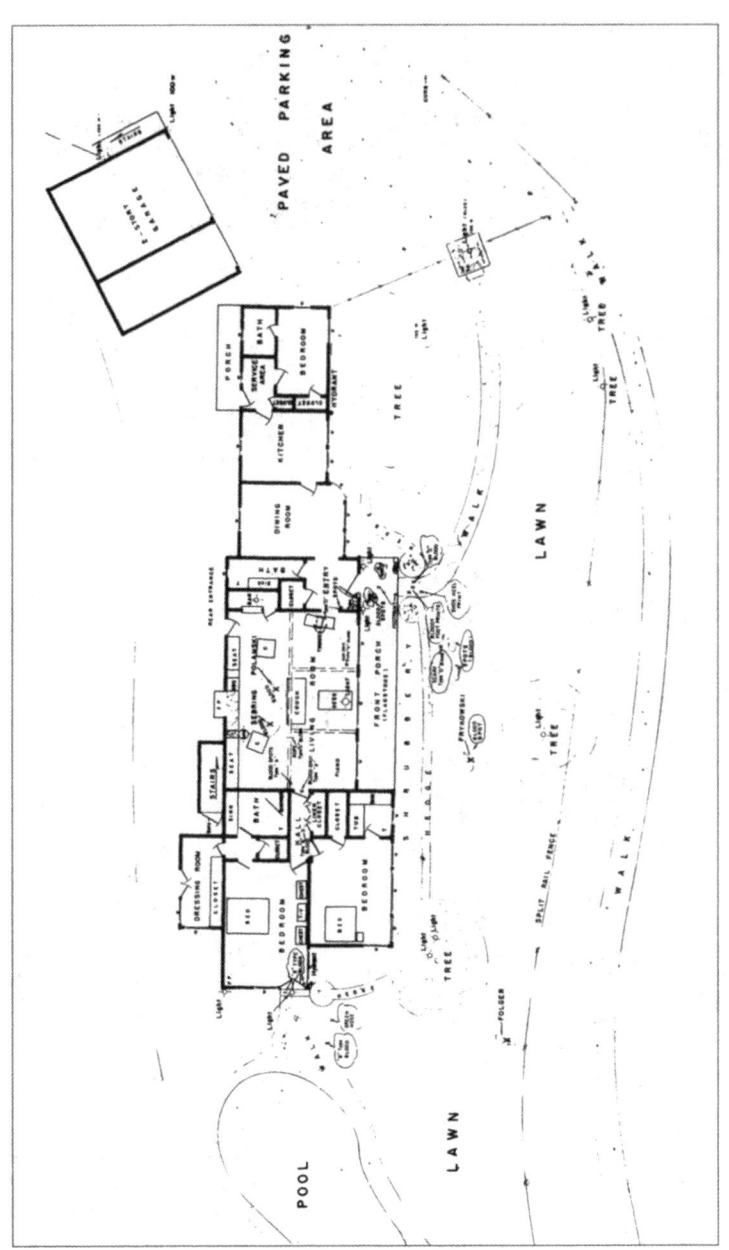

테이트 저택의 축약도를 통해 다섯 구의 시신 중 네 구의 위치를 알 수 있다. 페어런트의 램블러는 오른쪽 철문으로 이어지는 포장된 주차 구역 윗부분에 있었다. 별채는 수영장을 지나 왼쪽으로 한참 떨어진 위치에 있다.

 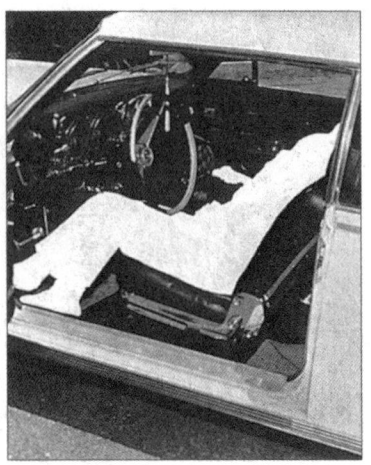

스티븐 얼 페어런트(18세). 고등학교 졸업무도회 사진. 하이파이 광이었던 그는 그해 가을 대학 진학을 위한 돈을 마련하고자 두 곳에서 일하고 있었다.

스티븐 얼 페어런트—살인 피해자. 잘못된 시간에 잘못된 곳에 있었던 페어런트는 살인자들이 도착할 때 철문을 향해 운전 중이었다. 그는 맨 처음 살해되었다.

페어런트의 시신을 발견한 후, 최초로 도착한 경관들은 진입로를 따라 본채로 접근했다. 집 안과 주변은 무서울 정도로 고요했다.

커피 상속녀 애비게일 폴저(25세)와 그녀의 폴란드인 연인 보이텍 프라이코프스키(32세). 두 사람은 시엘로 드라이브를 떠나려 했지만, 샤론은 남편인 영화감독 로만 폴란스키가 돌아오는 다음 주까지 있어달라고 했다.

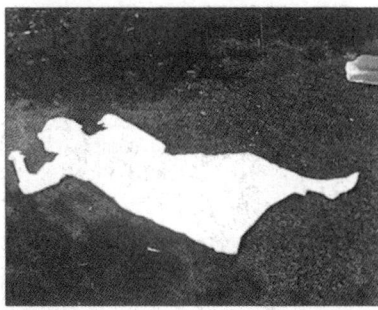

애비게일 폴저—살인 피해자. 그녀의 시신 역시 잔디밭에, 프라이코프스키의 시신에서 조금 떨어진 곳에 있었다. 칼에 너무 많이 찔린 나머지 그녀의 흰색 가운은 빨간색처럼 보였다.

보이텍 프라이코프스키—살인 피해자. 현관문 앞 잔디밭에 쓰러진 상태로 발견되었다. 프라이코프스키는 목숨을 지키려고 강하게 저항했다. 그는 총을 두 발 맞았고, 둔기로 머리를 13차례 가격당했으며, 칼에 51차례 찔렸다.

테이트 저택의 현관문으로 이어지는 보행로. 핏물이 고인 웅덩이는 이곳에서 있었던 거친 몸싸움을 말해주는 소리 없는 증거였다.

경관들은 현관문에 가까이 다가가서야 살인범들이 남긴 기괴한 메시지를 볼 수 있었다. 문에는 샤론 테이트의 피로 '돼지'라는 단어가 찍혀 있었다.

거실 소파 등받이에는 성조기가 걸쳐져 있었다. 맞은편 벽난로 앞에 펼쳐진 광경은 너무나 믿을 수 없어서, 사건으로 단련된 형사들마저 대부분 몸서리를 쳤다.

국제적으로 유명한 남성 전문 미용사 제이 세브링(35세)은 한때 샤론 테이트의 연인이었다. 사람들에 따르면 그는 여전히 그녀를 사랑하고 있었다고 한다.

벌꿀 같은 금발의 아름다운 여배우 샤론 테이트(26세).「인형의 계곡」에 출연한 적도 있지만, 그녀는 살해된 후에야 명사가 되었다.

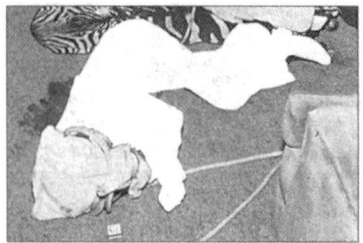 

제이 세브링—살인 피해자. 그의 머리에는 피 묻은 수건이 씌워져 있었다. 그의 목에 감긴 끈은 다른 시신에게 이어져 있었다.

샤론 테이트 폴란스키—살인 피해자. 임신 8개월이었던 그녀는 아기를 살려달라고 간청했다. 살인범들 중 한 명이 "이봐, 나는 자비가 없어"라고 대답했다.

거실 위의 다락. 칼에 찔려 죽기 전 샤론 테이트는 서까래 중 하나에 목이 매달렸다. 살인범들이 남기고 간 끈은 중요한 단서가 되었다.

다른 단서들도 있다. 안경 한 벌. 부서진 권총 손잡이 세 조각. 그리고 거실 소파의 쿠션에 튀어나와 있던 벽사의 칼.

폴저-프라이코프스키의 침실. 살인범들이 복도로 다가오는 동안 애비게일 폴저는 책을 읽고 있었다. 폴란스키의 친구들일 거라고 생각한 그녀는 고개를 들고 미소를 지었다.

샤론 테이트의 침실, 살인 사건 다음 날 모습. 옷장 위의 요람은 한 번도 사용되지 못했다.

살인범들 중 한 명에게 쫓긴 애비게일 폴저는 샤론의 침실에서 수영장으로 이어지는 문을 통해 도망치려 했지만, 범인들이 잔디밭에서 그녀를 잡았다.

부지 끝에 있는 별채. 개 짖는 소리와 "쉿, 조용히 해"라는 말소리를 들은 경관들이 별채를 포위하고, 저택 내에서 유일하게 살아 있던 인물인 19세의 임시 관리인 윌리엄 개럿슨을 체포했다. 다섯 건의 살인 혐의로 기소된 그는 거짓말탐지기 검사를 통과한 후 석방되었다.

로스앤젤레스 로스 펠리스 구역, 웨이블리 드라이브 3301번지의 항공사진. 한때 해럴드 트루가 살았던 3267번지가 오른쪽에 보인다. 살인범들은 사진 속 자동차가 보이는 곳에 주차하고, 3267번지로 이어지는 곡선 진입로를 걸어가다 정원을 가로질러 라비앙카 저택으로 접근했다.

다시 한번, 전날 밤에 있었던 다섯 건의 살인과 마찬가지로, 경찰은 기괴한 단서를 다수 발견했다. 거실 벽에 '돼지들에게 죽음을' '일어나라'라는 말이 찍혀 있었고, 냉장고 문에는 '헬엘터 스켈터'라고 오타가 난 채 찍혀 있었다. 모두 피해자들의 피로 찍은 것이었다.

 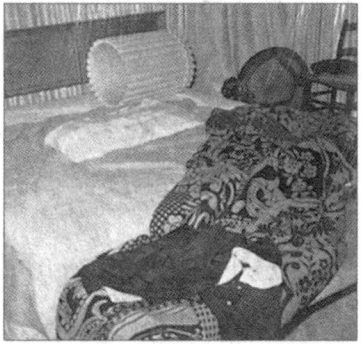

죽음 같은 악몽이 시작되기 전, 레노 라비앙카는 쇼파에 앉아 일요일자 신문을 읽고 있었다.

침실. 남편의 비명을 들은 로즈메리 라비앙카는 몸싸움을 벌였다. 살인범은 그녀가 죽은 후에도 계속 찔렀다.

슈퍼마켓 체인 소유주인 레노 라비앙카(44세)는 테이트 피해자들과는 공통점이 전혀 없는 것으로 보였다. 많은 유사점에도 불구하고 경찰은 두 사건이 관련 없다고 결론지었다.

로즈메리 라비앙카(38세). 사망 며칠 전 그녀는 친구에게 자신과 남편이 없는 동안 누군가 자신들의 집에 들어왔다고 친구에게 말했다.

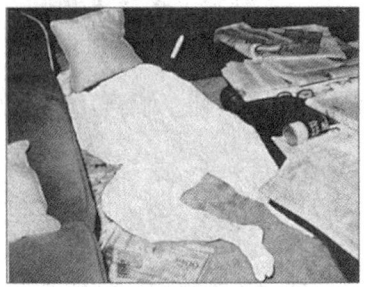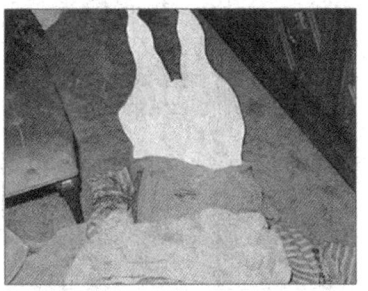

레노 라비앙카—살인 피해자. 다수의 자상 외에 그의 배에는 칼과 포크가 꽂혀 있었고, 배에는 '전쟁'이란 단어가 새겨져 있었다.

로즈메리 라비앙카—살인 피해자. 사용된 칼은 전날 밤 사용된 칼들과 아주 유사했다. 살인범은 그녀를 41차례 찔렀다.

테이트 저택 현관문에 찍힌 '돼지'라는 단어를 발견하고 24시간도 지나기 전에, 사건을 담당한 형사들 중 한 명은 불과 3주 전 말리부에서 있었던, 놀랄 만큼 유사한 살인 사건에 대한 정보를 듣는다. 그 사건에서는 '정치적 돼지'라는 단어가 피해자인 음악가 게리 힌먼의 피로 찍혀 있었다. '돼지들에게 죽음을'이라는 피로 찍은 단어가 라비앙카 저택에서 발견된 후에도 해당 형사는 그 단서를 수사해볼 생각을 하지 못했다.

음악 강사 게리 힌먼—살인 피해자. 그는 자신의 살인범들과 친구가 되는 실수를 저질렀다.

포부가 큰 배우이자 스팬 목장의 카우보이 "쇼티" 세이—살인 피해자. 샤론 테이트와 마찬가지로 그는 스타가 되기를 원했지만 죽음을 맞이했다. 그의 시신은 발견되지 않았다.

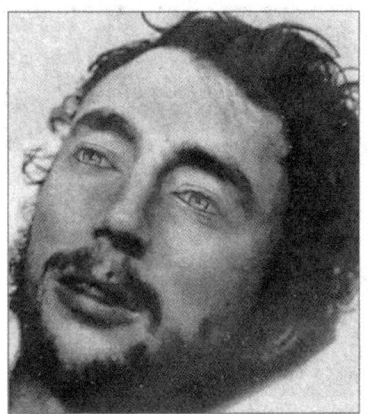

존 필립 호트, 별칭 크리스토퍼 지저스, 별칭 제로—살인 피해자 혹은 자살? 현장에 있었던 다른 사람들은 그가 러시안룰렛을 하고 있었다고 주장했다. 총은 완전히 장전되어 있었고 지문은 전혀 없었다.

로널드 휴스 변호사—살인 피해자. 테이트-라비앙카 살인범들 중 한 명을 변호하려던 시도 때문에 그는 목숨을 잃었다. 이 책에서 처음 밝혔듯이, 휴스를 살해한 것은 "첫 번째 보복 살인"이었다.

## 맨슨 패밀리 앨범

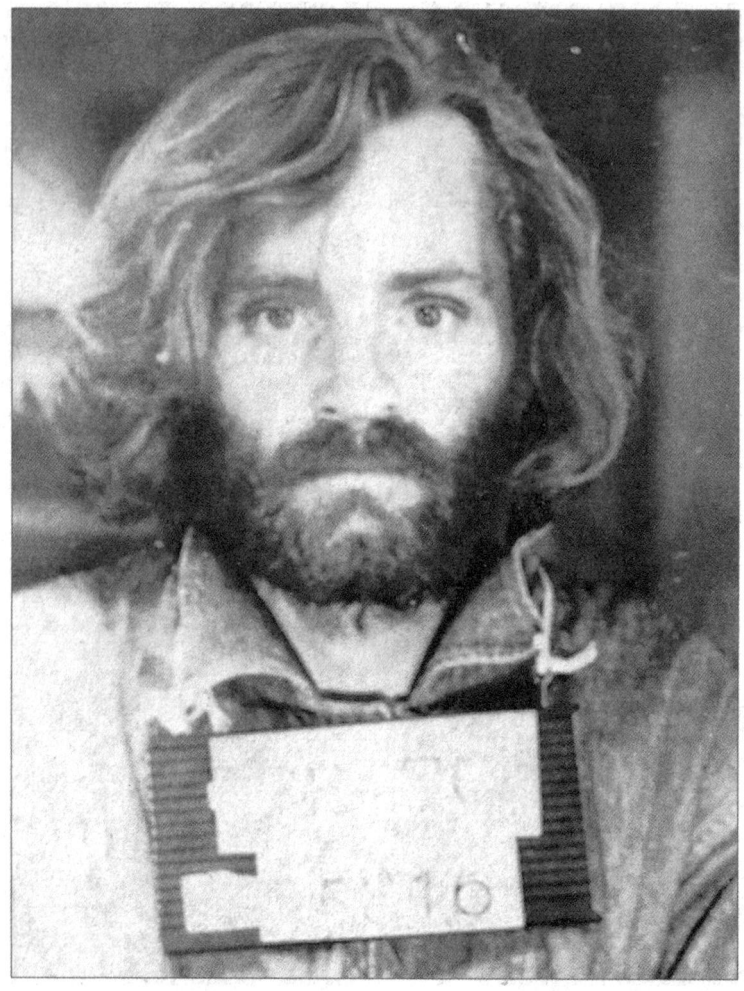

찰스 밀스 맨슨, 별칭 예수 그리스도, 신. 재판에 회부된 건 하나도 없지만 맨슨은 35건의 살인을 저질렀다고 자랑하고 다녔다.

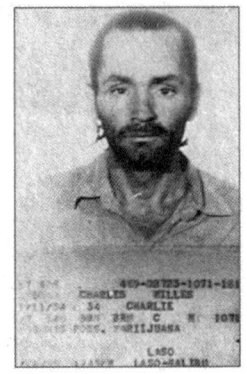

빈집털이, 자동차 절도, 위조, 포주. 32세가 될 때까지 맨슨은 17년—인생의 절반 이상—을 교도소에서 보냈다. 하찮은 건달을 우리 시대의 가장 악명 높은 살인자로 변모시킨 건 무엇이었을까?

1969년 8월 16일, 스팬 목장 습격 당시의 찰스 맨슨. 테이트 살인 사건 일주일 후였지만, 살인자들 중 한 명만, 그것도 자동차 절도 혐의로 체포된 상태였다. 영장의 날짜가 잘못됐다는 게 밝혀진 후 48시간 만에 모두 석방되었다.

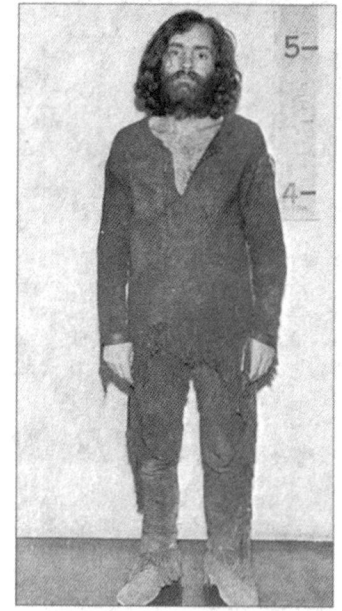

1969년 10월 10일에서 12일 사이, 데스밸리의 고립된 바커 목장 습격에서 맨슨은 자동차 절도와 방화 혐의로 체포되었다. 키가 158센티미터에 불과한 맨슨은 다른 사람에게 살인을 시킬 수 있고, 실제로 그렇게 한 사람처럼 보이지 않았다.

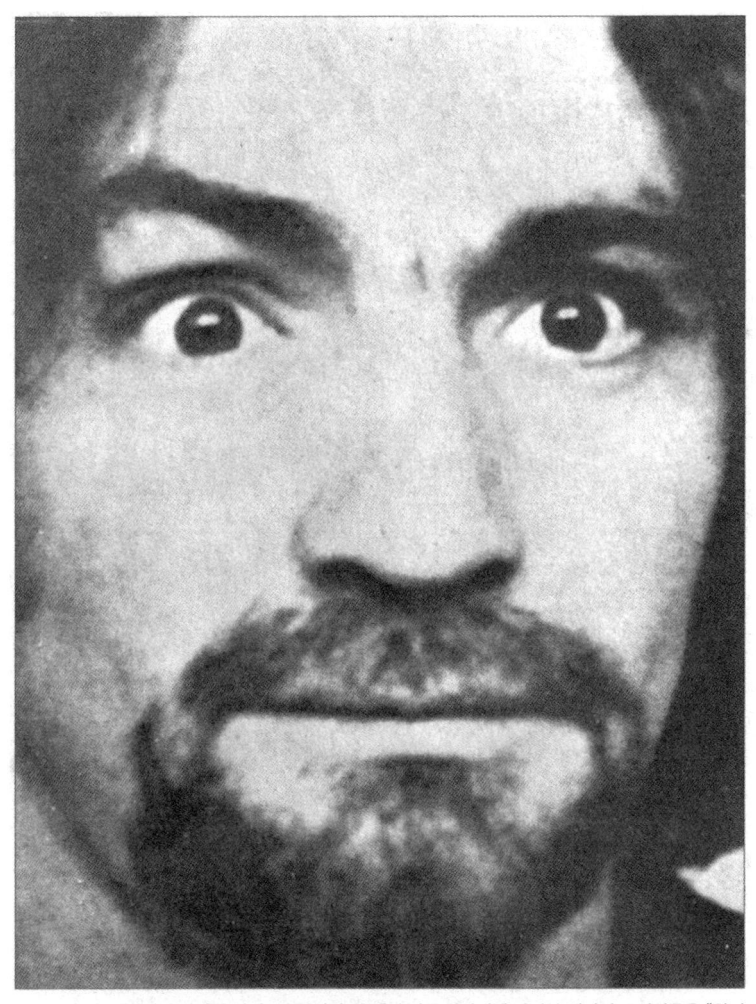

찰스 맨슨의 가장 널리 알려진 사진. 이 사진이 전 세계 신문 가판대에 깔리자 패밀리 구성원들은 "찰리가 『라이프』 표지에 실렸어!"라며 자랑스럽게 외쳤다.

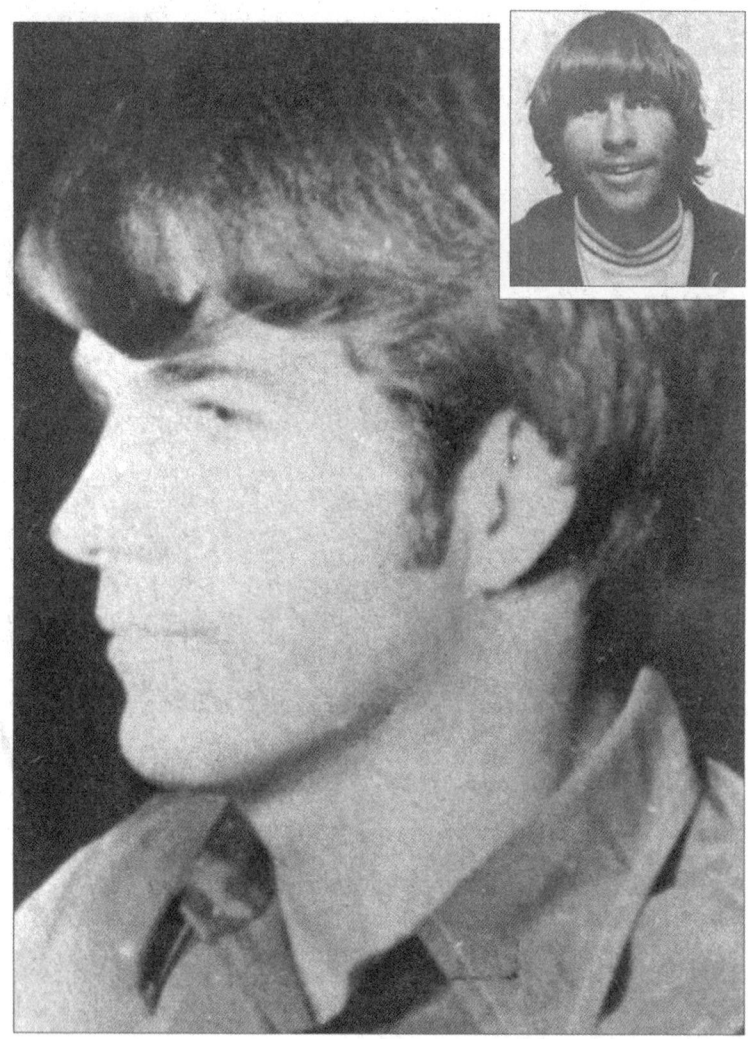

찰스 왓슨, 별칭 텍스, 23세—살인자

수전 데니스 앳킨스, 별칭 세이디 매 글루츠, 21세―살인자

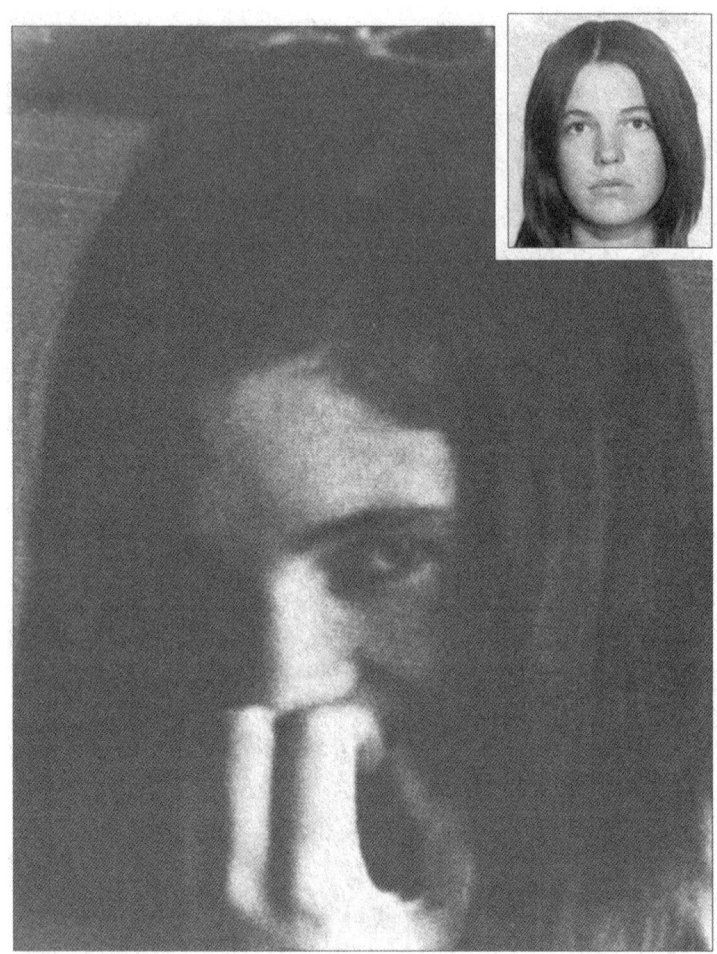

레슬리 밴하우튼, 별칭 룰루, 20세—살인자

퍼트리샤 크렌윙클, 별칭 케이티, 21세—살인자

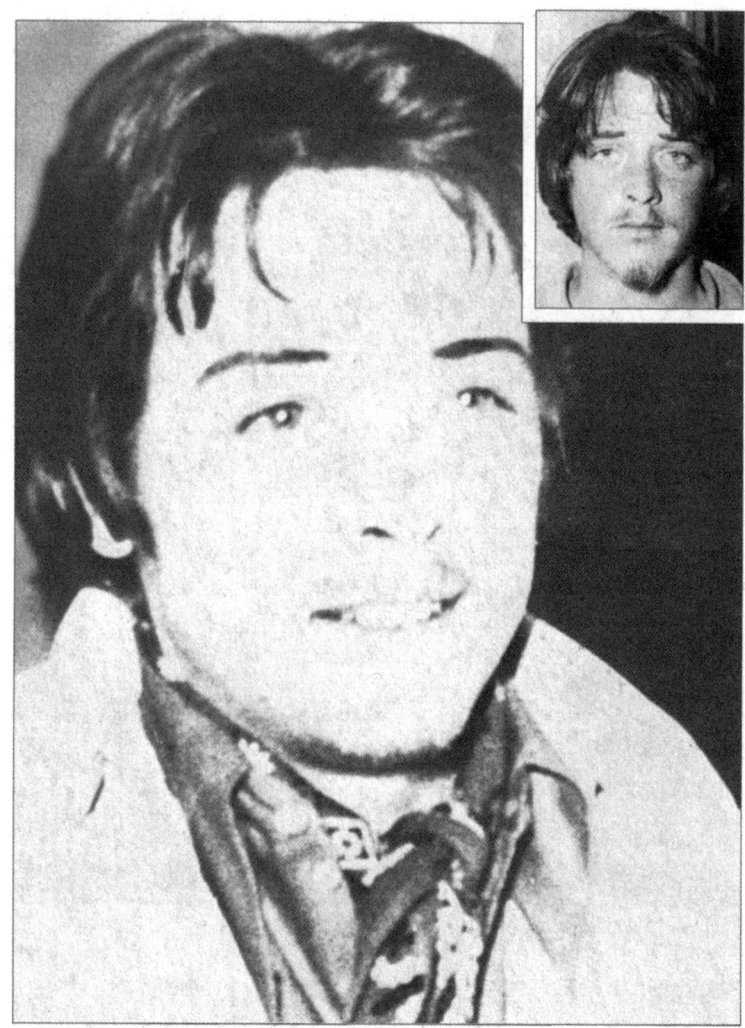

로버트 "바비" 보솔레이, 별칭 큐피드, 22세—살인자

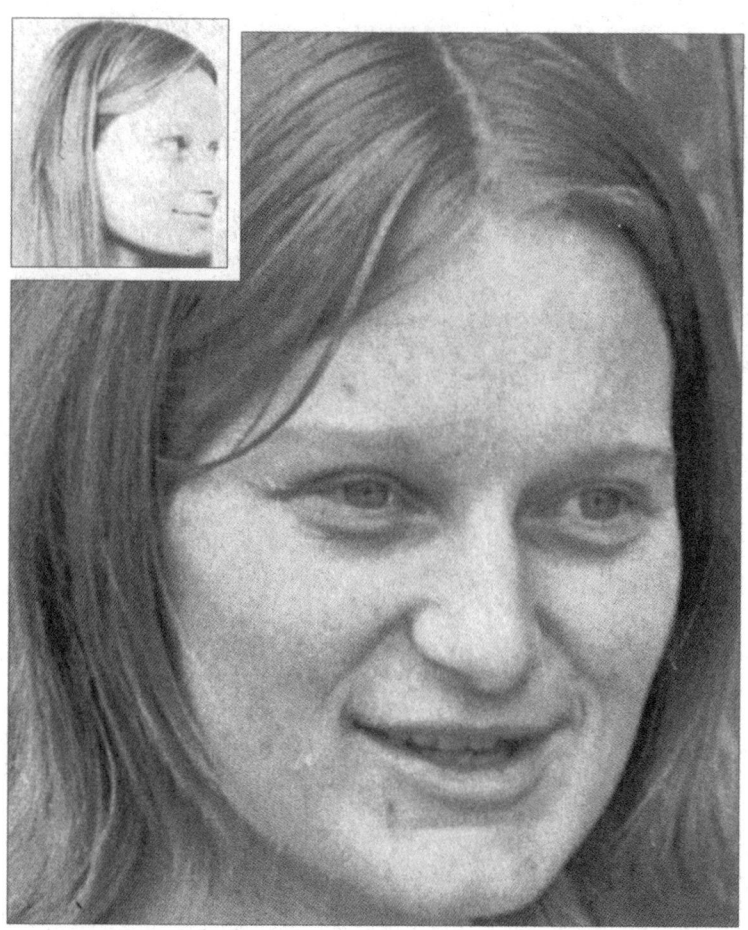

메리 테리사 브루너, 25세—살인자

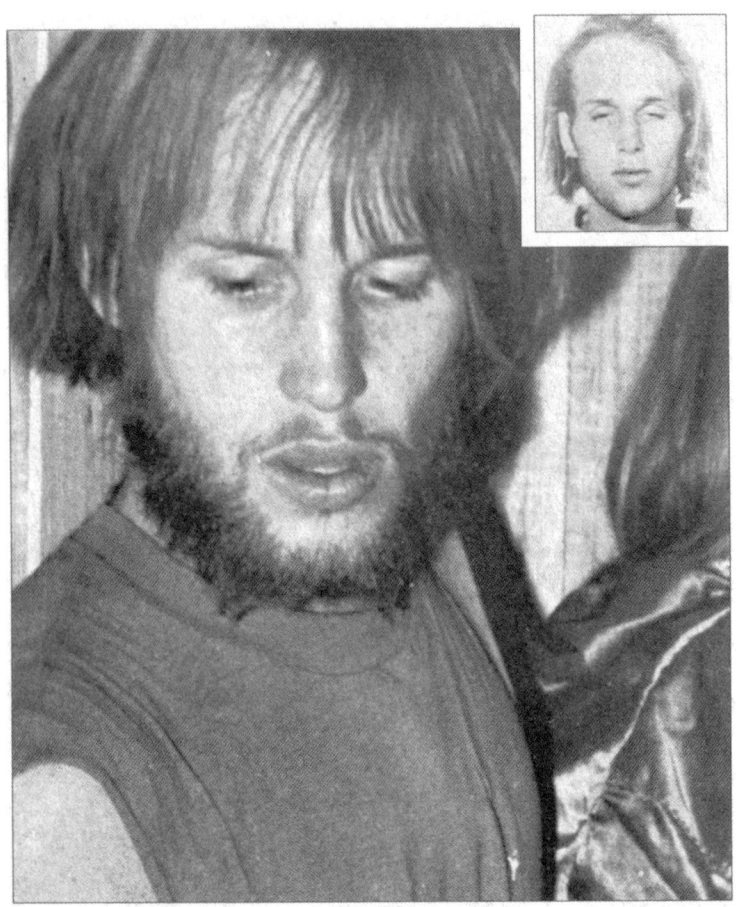

스티브 그로건, 별칭 클렘, 17세—살인자

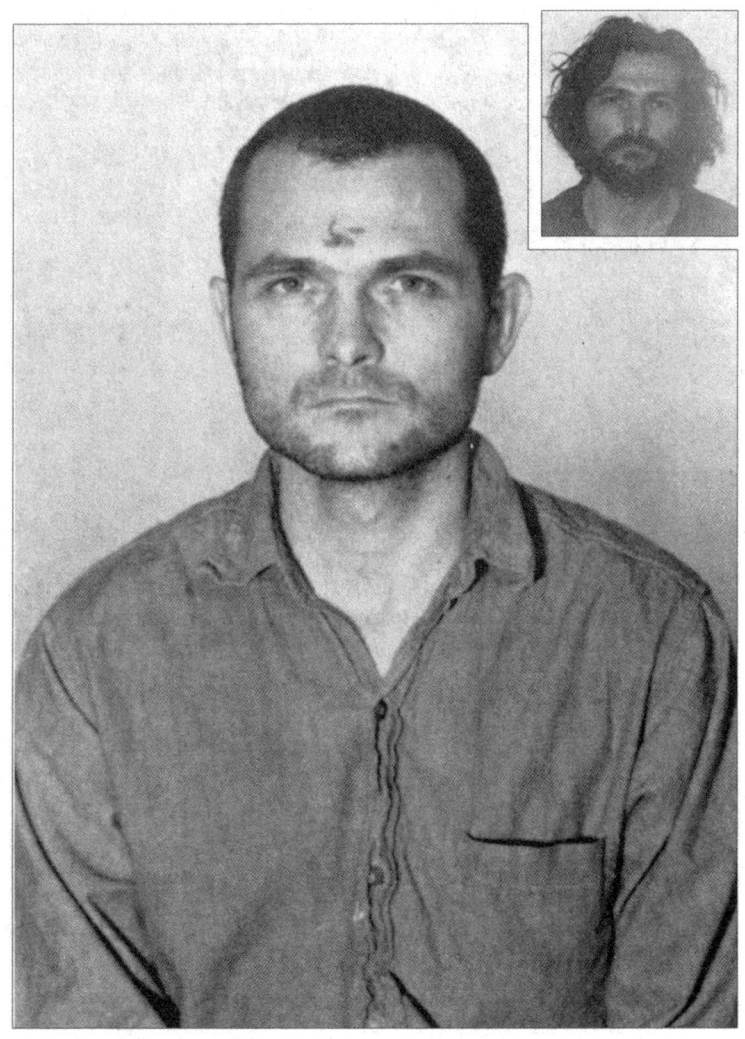

브루스 맥그리거 데이비스, 26세―살인자

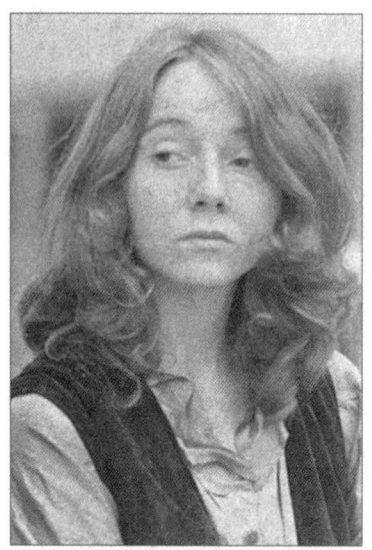

리넷 프롬, 별칭 스퀴키, 20세. 맨슨 부재 시 패밀리 지도자 역할을 했던 그녀는 검찰 측 증인 바버라 호이트 살인미수 혐의와 관련돼 체포되었고, 90일 징역형을 받았다.

샌드라 굿, 별칭 샌디, 25세. 샌디에이고 주식 중개인의 딸이자 샌프란시스코 주립대학 학생이었던 그녀는 맨슨 패밀리가 로널드 휴스 변호사를 죽였다고 자랑했다.

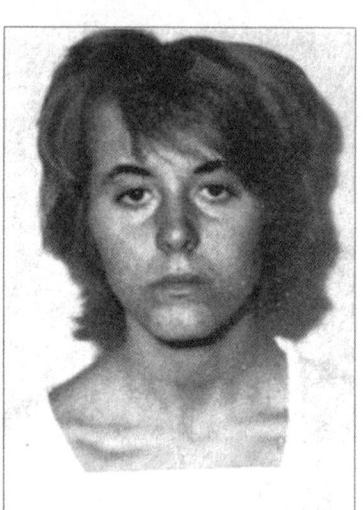

낸시 피트먼, 별칭 브렌다 매칸, 18세. 그녀는 1972년 로런 윌렛 살인 사건의 종범으로 유죄 판결을 받았다. 로런은 역시 살해당한 남편 제임스가 휴스 살인 사건에 대해 지나치게 많이 알고 있었을 수 있다. 맨슨은 피트먼을 자신의 최고 암살자로 지명했다.

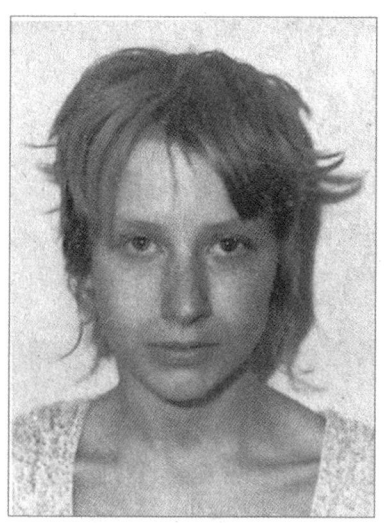

캐서린 질리스, 별칭 캐피스트라노, 18세. 그녀의 할머니가 마이어스 목장의 소유주였다. 캐서린의 유산을 가로채려던 맨슨의 계획은 펑크 난 타이어 때문에 좌절되었다.

루스 앤 무어하우스, 별칭 위시, 17세. 검찰 측 증인에 대한 살인미수로 체포되었던 그녀는 자필 서약서를 쓰고 석방되었지만, 판결에는 나타나지 않았다.

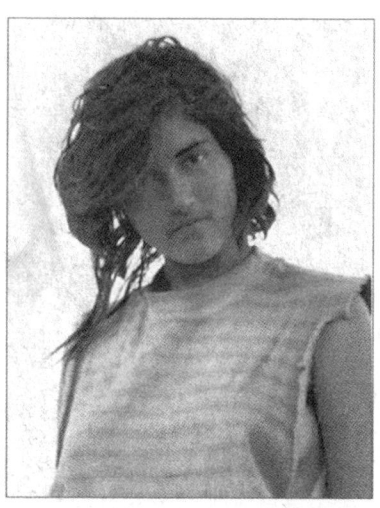

캐서린 셰어, 별칭 집시, 27세. 맨슨과 다른 패밀리 구성원을 석방하기 위해 747기를 납치하겠다는 계획을 세우고, 다섯 건의 무장 강도 사건을 일으킨 혐의로 유죄 판결을 받았다.

스팬 농장 습격은 8월 16일에 있었다. 일주일 전이면 8월 9일, 테이트 살인 사건이 일어난 날이다.

문. "찰리에게 '당신 총은 어디 있습니까?'라고 물어본 적 있습니까?"

답. "본인 말로는 '그냥 줘버렸어요'라더군요. 찰리가 그 총을 좋아했기 때문에 어디 숨겨둔 모양이라고 짐작했습니다."

형사들이 디칼로에게 번틀라인을 그려보라고 했다. LAPD 전단지에 실린 하이 스탠더드 롱혼의 사진과 거의 일치했다. 잠시 후 디칼로에게 그 전단을 보여주며 물었다, "이 총이 당신이 말한 것과 비슷하게 생겼습니까?"

답. "확실히 그러네요."

문. "그 총과 지금 본 이 총의 차이는 뭡니까?"

답. "전혀 차이가 없습니다. 손잡이 오른쪽만 다르네요. 이 총은 손잡이 커버가 없으니까."

형사들은 블랙 팬더 단원 살인 사건에 대해 아는 대로 이야기해보라고 했다. 스프링어를 조사할 때 그가 먼저 그 사건에 대해 언급한 적이 있다. 그사이에 몇 가지를 확인해봤지만 문제가 있었다. 그런 살인 사건은 보고된 게 없었던 것이다.

디칼로에 따르면, 마리화나 거래에서 텍스가 2500달러를 떼어먹은 후로, 팬더 단원이 스팬 목장의 찰리에게 전화해서는 약속을 지키지 않으면 그와 형제들이 가서 목장 전체를 쓸어버릴 거라고 위협했다. 그날 밤 찰리와 T. J.라는 자가 노스 할리우드에 있는 팬더 단원들의 집합소로 갔다. 찰리에게는 계획이 하나 있었다.

그는 22구경 번틀라인을 바지 뒤춤에 꽂고 갔다. 신호를 보내면 T. J.가 찰리 뒤쪽으로 물러나며 총을 꺼내고, 그대로 팬더 단원에게 한 방 먹일 생각이었다. 그 자리에서 보내는 거였다. 다만 T.J.가 두려운 나머지 꽁무니를 빼는 바람에 맨슨이 직접 총을 쏴야 했다. 그 자리에 있던 흑인 친구들이 나중에 시신을 그리피스 공원에 버렸다고, 대니는 말했다.

대니는 문제의 2500달러도 봤고, 이튿날 아침 맨슨이 겁먹고 물러난 T. J.를 비난할 때도 함께 있었다. 디칼로는 T. J.에 대해 "정말 좋은 친구"라고, "겉으로는 찰리의 부하가 되고 싶다고 하지만, 속으로도 그렇게 생각하는 건 아니"라고 했다. T. J.는 지금까지 모든 것을 맨슨과 함께해왔지만, 디칼로에게는 "사람들 조지는 일에는 조금도 관여하고 싶지 않거든요"라고 말했다. 며칠 후 그는 "바람 속으로 사라졌"다.

문. "그 위에서 누가 또 죽었습니까? 쇼티는 어때요? 그 사건에 대해서도 아는 게 있습니까?"

긴 침묵이 흐르다가 디칼로가 말했다. "그건 제 비장의 카드인데요."

문. "어떻게요?"

답. "마지막까지 아껴둘 생각입니다."

문. "뭐, 지금 다 털어놓는 게 좋을 겁니다. 찰리가 뭔가 당신의 오점에 대해 알고 있는 게 있어서 그런—"

답. "아니요, 전혀요. 없습니다."

하지만 디칼로가 걱정하는 것이 한 가지 있었다. 1966년 그는 중죄로 실형을 받은 적이 있었다. 멕시코 국경을 넘어 마리화나를 밀수한 사건으로, 연방 판결이었다. 현재는 항소 중이었다. 그 외에도 두 건의 추가 기소가 있었다. 먼저 앨 스프링어를 비롯한 스트레이트 세이튼스 단원 몇 명과 함께 훔친 오토바이 엔진을 판매한 건은 주 정부 기소였다. 그리고 무기를 구매하며 가짜 정보를 제공한 것(가명을 쓰며 이전에 중죄로 실형을 받은 적이 있다는 사실은 숨겼다)은 연방 기소였다. 맨슨은 현재 연방 교도소에서 가석방된 상태였다. "만약 나를 같은 교도소로 보내면 어떻게 되는 겁니까? 등 뒤에서 칼을 맞고 돌아섰더니 그 개새끼가 서 있는 상황은 원하지 않거든요."

문. "한 가지 설명해드릴게요, 대니, 그러니까 당신은 본인의 위치를 알고 있네요. 지금 우리는 열세 건의 살인 사건을 저지른 것으로 확신이 가는 자에 대한 이야기를 하고 있습니다. 그중 일부는 당신이 모르는 사건이고요."

열세 건이라는 숫자는 단지 짐작에 불과했지만, 디칼로는 다음의 말로 형사들을 놀라게 했다. "나도 대충 압니다─나는 그자가 테이트 건도 저질렀다고 확신합니다."

문. "좋습니다, 팬더 건은 이야기했고, 게리 힌먼 건도 이야기했습니다. 쇼티 건을 이야기하려던 참이고, 당신 생각으론 테이트 건도 있다고 하니, 여덟 건입니다. 그러면 다섯 건이 남습니다. 그렇죠? 자, 찰리에게는 약간 정신적인 문제가 있다는 게 우리 생각입니다만.

다른 살인에 대한 정보가 필요한 게 아니라면, 다른 이유에서 당신이든 그 누구든 위험에 빠트릴 생각은 없습니다. 살인을 멈추게 하는 게 우리 일이니까요. 그리고 이런 일에서는, 열세 건의 살인을 해결한다 해도, 다른 누군가가 죽는다면 아무 소용이 없죠. 그러면 열네 건이 되는 거니까요."

답. "저는 그저 지저분한 오토바이 라이더일 뿐입니다."

문. "당신 개인이 어떤 사람인지에는 관심이 없습니다."

답. "경찰들이 보통은 저를 아무것도 아닌 걸로 보니까요."

문. "내 생각은 그렇지 않습니다."

답. "제가 훌륭한 시민은 아니니까—"

문. "며칠 전에도 말했지만, 대니, 당신은 우리한테 솔직하게 이야기해줬습니다, 줄곧 그랬죠, 처음부터 끝까지, 엿 먹이는 일은 없었습니다—나도 당신을 엿 먹이지 않겠습니다, 당신도 엿 먹이지 마세요—우리는 서로 솔직하게 이야기했고, 나는 100퍼센트 당신 편입니다. 진심이에요. 그러니까 당신이 감방에 갈 일은 없습니다."

문. (다른 형사) "전에도 오토바이 라이더들이나 온갖 종류의 사람을 상대해본 적이 있습니다. 그 사람들이 우리를 도와줬기 때문에, 그들을 돕기 위해 위험을 감수한 적도 있어요. 그게 오토바이 라이더든 세상에서 가장 훌륭한 시민이든 상관없이 우리는 아무도 죽지 않게 하려고 최선을 다할 겁니다.
이제 쇼티에 대해 아는 걸 이야기해주세요."

같은 날인 1969년 11월 17일 이른 저녁, LAPD 강력반 소속의 모스먼 경사와 브라운 경사가 시빌 브랜드 인스티튜트에 출두해 로니 하워드에게 면회 신청을 했다.

조사는 간략했다. 하지만 형사들은 자신들이 들은 것만으로도 뭔가 큰 건이 걸려들었음을 깨닫기에 충분했다. 그리고 로니 하워드를 수전 앳킨스와 같은 기숙사에 두는 것은 좋은 생각이 아니라고 판단하기에도 충분했다. 시빌 브랜드를 떠나기 전에 형사들은 로니를 별도의 건물에 이감하도록 조치를 취했다. 그런 다음 파커 센터로 돌아와서는 다른 형사들에게 자신들이 "사건을 해결했다"고 말하고 싶어 견딜 수가 없었다.

닐슨, 구티에레즈, 그리고 맥간은 여전히 디칼로에게 쇼티 사건에 대해 묻고 있었다. 스프링어와 디칼로에게 이야기를 듣기 전부터 이미 어느 정도는 알고 있었는데, 화이틀리 경사와 군서 경사가 키티 루트싱어를 조사한 후에 별도로 "살인 가능성"을 수사하고 있었기 때문이다.

"쇼티"가 도널드 제롬 셰이라는 서른여섯 살의 백인 남성이고, 지난 15년 동안 스팬 목장에서 틈틈이 카우보이로 일해온 사람이라는 것은 알고 있었다. 스팬 영화 촬영용 목장을 들락거리는 대부분의 다른 카우보이들과 마찬가지로, 쇼티 역시 어떤 영화 제작자가 나타나 자신이 새로운 존 웨인이나 클린트 이스트우드가 될 잠재력을 지니고 있음을 알아주기만 기다리고 있었다. 연기와 관련된 전망이 구체적으로 보일 때마다 쇼티는 즉시 일을 그만두고는, 그 손에 잡히지 않는 유명세를 찾아 나섰다. 그래서 8월 말 그가 스팬에서 사라졌을 때도 아무도 깊이 생각하지 않았다. 처음에는 그랬다.

키티는 LASO 조사에서 맨슨, 클렘, 브루스, 그리고 아마 텍스가 그 살인 사건에 관여했고, 패밀리의 여성 일부가 범죄의 흔적을 지우는 데 도움을 주었을 거라고 했다. 형사들이 몰랐던 것, 그래서 지금 대니에게 묻고 있는 것은 이것이었다. "왜 그런 짓을 한 겁니까?"

답. "쇼티가 스팬 노인에게 가서 고자질할 참이었으니까요. 찰리는 고자질을 싫어했습니다."

문. "목장에서 벌어지는 소소한 헛짓거리에 대해서요?"

답. "그렇죠. 쇼티는 스팬 노인에게 자기를 책임자로 해주면 모두 쓸어버리겠다고 했습니다. 간단한 명령만 내려주면 맨슨과 그의 패밀리를 쫓아내겠다고 했습니다. 하지만 쇼티는 치명적인 실수를 저지른 거죠. 어린 스쿼키가 조지의 눈일 뿐 아니라, 찰리의 귀이기도 했다는 걸 잊어먹은 겁니다."

다른 이유들도 있었다면서 대니는 하나씩 열거했다. 쇼티는 흑인 토플리스 댄서와 결혼했는데, 찰리는 인종 간 결혼과 흑인들에 대해서 "감정이 있었"다. ("찰리에게는 두 가지 적이 있었습니다. 경찰과 깜둥이들이요, 그 순서대로"라고 디칼로는 말했다.) 찰리는 또한 쇼티가 8월 16일의 스팬 농장 습격에 도움을 준 거라고 의심하고 있었다—쇼티는 그로부터 열흘쯤 후 "제거"되었다. 셰이의 정확한 사망일은 아직도 밝혀지지 않았다. 아마 1969년 8월 25일 월요일 밤이나 8월 26일 화요일 밤이었을 것으로 추정된다. 그리고 다른 가능성도 있었는데, 이건 디칼로의 짐작일 뿐이지만, 쇼티가 다른 살인 사건들에 대해 뭔가 엿들었을 수도 있었다.

자신에게 쇼티의 살인에 대해 이야기해준 건 브루스 데이비스였다고 디칼로는 말했다. 몇몇 여성도 그 이야기를 했고, 클렘과 맨슨도 마찬가지였다. 대니는 몇몇 세부 사항에 대해서는—어떻게 쇼티를 무방비 상태로 만들었는지, 그리고 어디서 죽였는지—확실히 알지 못했지만, 살해 방식에 대해서는 필요 이상으로 생생하게 묘사했다. "카이사르를 죽일 때 같았답니다." 그들은 무기고로 가서 장검 하나와 독일제 총검 네 자루를 챙겼다. 총검은 군용제품 상점에서 자루당 1달러에 사서 면도날처럼 예리하게 갈아놓은 것들이었다. 그런 다음 쇼티를 무장 해제시키고는 "마치 크리스마스 칠면조를 자르듯이 찔러댔는데…… 브루스 말로는 모두 아홉 부분으로 토막 냈다고 했습니다. 머리를 잘랐고요. 그런 다음엔 팔도 잘라서 신분을 확인할 방법이 없어진 거죠. 그 생각에 웃음을 터뜨렸다고 했습니다."

죽인 후에는 시신을 나뭇잎으로 덮었는데(디칼로의 짐작이지만 확실치는 않은데, 아마 목장 건물 뒤쪽의 계곡 어딘가에서 벌어진 일일 것이다), 일부 여성이 쇼티의 피 묻은 옷과 자동차, 기타 소지품의 처분을 도왔다. 그런 다음, "클렘이 이튿날 혹은 당일 밤에 돌아와 영원히 묻어버린 거죠."

문. (주인을 알 수 없는 목소리) "15분만 쉴까, 대니한테 커피도 좀 갖다주고? 사고가 하나 났는데 자네들도 좀 들어봐야 할 것 같아."

문. "그러죠."

문. "대니를 8층에 데려다주겠습니다. 그리고 15분 후에 다시 여기서 보죠."

답. "여기 그냥 있겠습니다." 대니는 자신이 LAPD 복도를 돌아다니는 모습을 들킬까봐 불안해했다.

문. "15분 이상은 걸리지 않을 겁니다. 문을 닫아둘 테니 당신이 여기 있는 건 아무도 볼 수 없습니다."

사고는 없었다. 모스먼과 브라운이 시빌 브랜드에서 돌아온 것이었다. 그들이 자신들이 들은 이야기를 전했고, 15분은 거의 45분으로 늘어났다. 앳킨스-하워드 사이의 대화에는 미비한 부분이 많았지만, 형사들은 이제 테이트 사건과 라비앙카 사건이 "해결"된 거라고 확신했다.명백하게 밝혀지겠지만, 이 단계에서 "해결"이란, 실제로 그렇게 되었다고 해도 잘못된 발언이었다. 수전 앳킨스는 로니 하워드에게 범인들만 알 수 있는 세부 사항을—라비앙카 저택에 있었던 공개되지 않은 문구들, 테이트 저택에서 사라진 칼 등—이야기했다. 헬더 경위(테이트 팀)와 러페이지 경위(라비앙카 팀)에게도 보고가 들어갔다.

형사들이 조사실로 돌아왔을 때 그들은 훨씬 더 가벼운 기분이었다.

문. "직전에 쇼티 이야기까지 했죠, 아홉 토막이 나고 머리와 팔도 잘렸다고 했는데……"

디칼로는 형사들이 알게 된 내용을 듣지 못했다. 하지만 질문이 어딘가 달라졌다는 건 감지했음에 틀림없다. 쇼티 문제는 서둘러 마무리됐다. 테이트가 새로운 화제였다. 정확히 어떤 이유로 대니는 맨슨이 그 사건에 관여했다고 생각하는가?

두 가지 사건이 있었다. 어쩌면 같은 사건일 수도 있지만, 대니는 확신이 없었다. 아무튼 "언젠가 그 사람들이 절도하러 나가서 75달러를 훔쳐왔거든요. 텍스도 그중 하나였죠. 그 친구가 다리를 다쳤는데, 누군가를 공격하다 그렇게 된 것 같습니다. 그 친구가 정신을 잃었는지 어땠는지는 모르지만, 아무튼 75달러를 가져왔어요."

스팬 목장에는 달력이 없다고 디칼로는 조사 초반부에 말했다. 날짜 따위는 아무도 신경 쓰지 않았다. 하지만 목장에 있는 사람들이 모두 기억하는 날짜는 8월 16일, 습격이 있던 날이었다. 위의 사건은 그 전이었다.

문. "얼마나 전이었죠?"

답. "어, 2주 전이요."

디칼로의 추측이 맞는다면, 그건 테이트 사건 이전이다. 다른 사건은 뭘까?

답. "어느 날 밤 그 사람들이 나갔다 왔거든요, 브루스 빼고 전부요."

문. "누가 나갔죠?"

답. "찰리, 텍스, 클렘이요. 그렇게 세 명입니다. 그래서 다음 날 아침에—"

형사들 중 한 명이 끼어들었다. 대니는 그들이 나가는 걸 직접 봤는가? 아니었다, 이튿날 아침에 봤을 뿐이다—다른 질문, 여성들 중에도 그날 밤에 나간 사람이 있는가?

답. "아닐 겁니다—아니, 그렇게 세 명만 나간 거라고 거의 확신합니다."

문. "그렇다면 남은 여성들이 그날 밤 목장에 있었던 것은 기억합니까?"

답. "보세요, 여자들은 목장 곳곳에 흩어져 있거든요, 누가 있고 없는지를 일일이 확인할 방법은 없습니다……"

여성들이 외출했지만 디칼로는 몰랐을 수도 있다. 그렇다면 날짜는?

대니는 그 날짜를 어느 정도는 기억했는데, 그날 오토바이 엔진을 수리했고 베어링을 사기 위해 시내에 나갔다 왔기 때문이다. 8월 "9일, 10일, 혹은 11일쯤"이었다. "그 사람들은 밤에 나갔다가 다음 날 아침에 돌아왔습니다."

클렘이 주방 앞에 서 있었다고, 디칼로가 말했다. 대니가 다가가 물었다. "어젯밤에 뭐 한 거야?" 클렘은, 대니에 따르면, "진짜 바보 같은 미소"를 지어 보였다. 대니가 뒤를 돌아보니 찰리가 서 있었다. 클렘은 뭔가 말하려 했지만 찰리가 조용히 하라는 신호를 보낸 것 같았다. 클렘은 "걱정 마세요. 다 잘됐어요"나, 그런 비슷한 말을 했다. 그때쯤 찰리가 방을 나갔다. 클렘은 찰리를 쫓아 나가며 대니의 팔을 잡고는 "돼지 다섯 마리 해치웠어요"라고 말했다. 그의 얼굴에 커다란 미소가 퍼져 있었다.

클렘은 디칼로에게 "돼지 다섯 마리 해치웠어요"라고 말했고, 맨슨은 스프링어에게 "우리가 다섯 명을 해치웠습니다. 그저께 밤에"라고 말했다. 앳킨스는 하워드에게 자신이 샤론 테이트와 보이텍 프라이코프스키를 찔렀다고 털어놓았다. 보솔레이는 디칼로에게 자신이 힌먼을 찔렀다고 털어놓았다. 앳킨스는 *자기가* 찌른 거라고 하워드에게 말했다.

갑자기 수사진 주변에 자백이 넘쳐났다. 너무 많아서 누가 어떤 살인에 관여했는지 완전히 헷갈려버렸다.

아무튼 보안관서 사건인 힌먼 사건을 제쳐두고, 테이트 사건에만 집중하면 두 가지 버전이 있었다.

(1) 디칼로는 찰리, 클렘, 그리고 텍스가—여성들의 도움은 전혀 없이—샤론 테이트와 다른 이들을 죽인 거라고 생각했다.

(2) 로니 하워드는 수전 앳킨스가 다른 여성 두 명("린다"와 "케이

티"라는 이름이 나왔지만, 그들이 이 특정 살인 사건에 관여했는지는 확실하지 않다), 거기에 "찰리", 그리고 또 다른 남성 한 명과 함께 시엘로 드라이브 10050번지에 간 것으로 이해하고 있다.

라비앙카 사건에 대해서는, 그들이 아는 바는 "여성 두 명과 찰리"가 있었다는 것, "린다는 이 사건에 관여하지 않았다"는 것, 그리고 앳킨스는 어떻게든 이 "우리"에 포함되었다는 것뿐이었다.

형사들은 다른 식으로, 즉 목장에 있었던 다른 여성들을 통해 접근해보기로 했다. 하지만 먼저 몇 가지 확실히 하고 싶은 점이 있었다. 세 명의 남성은 무슨 옷을 입고 있었는가? 짙은 색 옷이었다고 디칼로는 대답했다. 찰리는 검은색 스웨터에 리바이스, 그리고 모카신 구두였다. 텍스도 비슷한 옷차림이었다고 생각되지만 신발은 부츠였을 수 있다, 확실하진 않다. 클렘도 리바이스와 모카신이었고, 거기에 황록색 필드재킷 차림이었다. 이튿날 아침 그들을 봤을 때 옷에 피가 묻어 있었는가? 아니었지만, 당시에는 유심히 살펴보지 않았다. 그들이 무슨 자동차를 타고 갔는지 아는가? 확실하다, 조니 슈워츠의 1959년식 포드였다. 당시 운행 가능한 자동차는 그것밖에 없었다. 그 차는 지금 어디 있을까? 8월 16일 습격에서 견인됐고, 대니가 아는 한 지금도 캐노가 공원의 압류 차량 보관소에 있을 것이다. 슈워츠는 농장 일꾼들 중 한 명으로 패밀리 구성원은 아니지만, 그들이 차를 쓰도록 빌려주었다. 텍스의 본명은 혹시 알고 있는가? 이름은 "찰스"라고, 대니가 말했다. 자동차등록증에서 성을 본 적도 있는데 기억나지 않는다고 했다. "찰스 몽고메리?"라고 물으면서 형사들은 키티 루트싱어가 알려준 이름을 확인했다. 아니, 그런 이름은 들어본 적 없는 것 같다고 했다. 클렘은 어떤가, "터프츠"라는 이름이 혹시 맞는가? 아니, 대니는 클렘이 그렇게 불리는 건 한 번도 들어본 적 없다며 이렇게 말했다. "토팽가 캐니언에서 총에 맞은 채 발견된 남자아이, 그 열여섯 살짜리요. 그 친구 이름이 터프츠 아니었습니까?" 형사들 중 한 명이 대답했다. "모르겠네요. 그건 보안관서 담당 사건이라. 지금 살인 사건이 너무 많습니다."

좋다, 지금부터는 여성들 이야기. "거기 있는 계집애들은 얼마나 알고 있습니까?"

답. "아주 잘 알죠, 그럼요." [웃음]

형사들은 스팬과 바커 습격 당시에 체포된 여성들이 사용한 이름을 훑었다. 그리고 즉시 문제에 봉착했다. 여성들은 구금 당시뿐 아니라 목장에서도 가명을 사용한 것이다. 그것도 하나가 아니라 여러 개여서 마치 옷을 갈아입듯 기분에 따라 이름을 바꿔가며 썼다. 상황을 더 복잡하게 만든 것은, 그들이 심지어 이름을 교환하기도 했다는 점이다.

그걸로 문제가 충분하지 않았던 듯, 대니도 하나 더 추가했다. 그는 여성들 중 누가 살인을 저질렀을 가능성이 있는지에 관해서는 지나치게 말을 아꼈다.

남자들에 대해서는 달랐다. 바비, 텍스, 브루스, 클렘, 누구든 사람을 죽일 수 있었을 거라고 디칼로는 느꼈다. 그러니까 찰리가 명령을 내리면 말이다. (나중에 밝혀지지만, 모두 그랬다.)

엘라 조 베일리는 제외되었다. 그녀는 살인 사건 전에 목장을 떠났다. 메리 브루너와 샌드라 굿도 제외되었다. 둘은 두 밤 모두 감옥에 있었다.

루스 앤 스맥, 일명 루스 앤 휴벨허스트는 어떤가? (이 둘은 구금 당시 이름이다. 본명은 루스 앤 무어하우스이며 패밀리 안에서는 "위시"로 알려져 있었다. 대니는 그 사실을 알고 있었지만, 개인적인 이유로 형사들에게는 일부러 알려주지 않았다.)

문. "이 여성에 대해 아는 것이 있습니까?"

답. "제가 개인적으로 좋아하는 아가씨들 중 한 명이었습니다."

문. "이 여성이 무자비한 살인에 가담할 배짱이 있다고 생각합니까?"

대니는 한참을 망설이다 대답했다. "아시겠지만, 그 친구는 너무 사랑스럽습니다. 제가 정말 고통스러운 건, 어느 날 밤 그 친구가 거기 사막에서 저를 찾아와 이렇게 말했다는 겁니다. '첫 번째 돼지 사냥을 더는 못 기다리겠어요'라고요.

열일곱 살짜리가요! 저는 마치 제 딸을 보듯 쳐다봤습니다, 평생 동안 만나고 싶었던 그런 사랑스러운 애거든요. 너무 아름답고 너무 다정했습니다. 그런데 찰리가 그런 애의 생각을 많이 바꿔놓을 걸 보면 속이 뒤집히죠."

그녀가 디칼로에게 그렇게 이야기했던 날은 9월 1일경이었던 것으로 밝혀졌다. 그때까지 살인을 하지 않았다면, 그녀가 라비앙카 사건이나 테이트 사건에 관여했을 수는 없다. 루스 앤 제외.

대니는 케이티를 알고 있었을까? 물론이다. 하지만 그녀의 본명은 몰랐다. "저는 거기 있는 사람들 본명은 하나도 모릅니다", 디칼로가 말했다. 케이티는 나이가 좀 많은 아가씨였고, 가출하지도 않았다. 그녀는 베니스 인근 출신이었다. 케이티에 대한 디칼로의 묘사는 분명치 않았지만, 몸에 털이 너무 많아서 남자들 중 누구도 그녀와 그 짓을 하길 원치 않았다는 점은 분명했다.

린다는 어땠을까? 키가 작은 아가씨라고 대니가 말했다. 하지만 그녀는 오래 머물지 않았는데, 아마 한두 달밖에 안 됐기 때문에 그녀에 대해서는 아는 게 많지 않았다. 스팬 목장 습격 당시에 그녀는 목장을 떠난 상태였다.

세이디가 "소름끼치는" 일을 하러 나갈 때 무기를 들고 갔을까? 형사들 중 한 명이 물었다.

답. "작은 칼을 들고 갔습니다⋯⋯ 작은 사냥용 칼이 잔뜩 있었거든요, 벅 사냥칼이요."

문. "벅 칼이라고?"

답. "벅 칼, 네⋯⋯."

이제 형사들은 디칼로에게 구체적인 질문을 쏟아냈다. 이탈리아 이름이 적힌 신용카드를 본 적 있는가? 누군가 보트를 소유한 사람에 대해 이야기하는 것을 들은 적 있는가? "라비앙카"라는 이름을 쓰는 사람의 이야기를 들은 적 있는가? 대니는 이 질문에 모두 "아니요"라고 대답했다.

안경은? 스팬에 있는 사람 중 안경을 쓴 이가 있는가? "한 명도 없습니다, 찰리가 안경 쓰는 걸 허락하지 않아서요." 메리 브루너가 안경을 몇 개 가지고 있었지만, 찰리가 모두 부숴버렸다.

디칼로에게 두 가닥으로 꼰 나일론 끈을 보여주었다. 스팬에서 이런 종류의 끈을 본 적이 있는가? 없었다, 하지만 세 가닥 끈은 본 적이 있었다. 찰리가 샌타모니카의 잭 프로스트 공구점에서 그런 끈을 60미터 정도 사온 적이 있다, 6월 혹은 7월에.

확실한가? 대니는 확실하다고 했다. 찰리가 끈을 사러 갈 때 그도 함께 갔다. 나중에 돌기가 생기지 않게 본인이 직접 말았다고 했다. 해안경비대의 초계어뢰정에서 쓰는 것과 같은 종류였다. 대니가 수백 번도 더 다뤄본 끈이었다.

대니는 모르고 있었지만, 테이트와 세브링을 묶은 끈도 세 가닥으로 꼰 것이었다.

아마 사전에 정해져 있었겠지만, 형사들은 거친 톤으로 디칼로를 압박하기 시작했다.

문. "당신은 그자들과 범행하는 데 어울린 적 없습니까?"
답. "씨발, 아닙니다. 전혀요. 거기 여자들 아무나 붙잡고 물어보세요."
문. "당신은 쇼티의 죽음과 관련 없습니까?"

디칼로는 사납게 부인했다. 쇼티는 그의 친구였다. 뿐만 아니라 "저는 누구를 죽일 배짱도 없습니다"라고 말했다. 하지만 대답을 상당히 망설였던 것을 보면 뭔가 숨기고 있는 듯했다. 더 압박을 받자 디칼로는 쇼티의 총에 대해 이야기했다. 쇼티는 콜트 45구경을 두 정 가지고 있었다. 그는 늘 그 권총들을 저당 잡혔다가 찾아오곤 했다. 8월 말 혹은 9월 초에—쇼티가 사라진 후였지만, 디칼로는 아직 그에게 무슨 일이 생겼는지 모르고 있던 시점이다—브루스 데이비스가 디칼로에게 빌린 돈을 갚는 대신, 쇼티의 이름으로 된 전당포 접수증을 주었다. 대니가 그 총들을 찾아왔다. 나중에 쇼티가 죽었다는 것을 알고 나서 그는 그 총들을 컬버 시티의 상점에 75달러에 팔았다.

 문. "그렇다면 당신도 꽤 곤란한 상황에 처한 건데, 알고는 있습니까?"

 대니는 알고 있었다. 형사들 중 한 명이 라임에 대해서도 알고 있냐고 묻자 그는 더 곤란한 입장이 되었다. 체포 당시에 메리 브루너는 맨슨이 작성한 쇼핑 목록을 지니고 있었다. 그중에 "라임"도 있었다. 왜 찰리에게 라임이 필요했는지 짐작 가는 바 있는가?

 대니는 찰리가 언젠가 "시신을 썩게 하는 데" 뭘 쓰면 좋은지 물어봤던 일이 떠올랐다. 그는 라임이 최고라고, 언젠가 자기 집 밑에서 죽은 고양이 시신을 처리할 때 써본 적이 있어서 안다고 대답했다.

 문. "왜 그렇게 말했습니까?"

 답. "특별한 이유는 없습니다. 물어봐서 대답한 것뿐입니다."

 문. "뭐라고 물었죠?"

답. "어, 그게, 아시겠지만, 시체를 가장 빨리 처리할 수 있는 방법이 뭐냐고요."

문. "'도대체 씨발 왜 그런 걸 묻는 겁니까, 찰리?'라고 따져볼 생각은 안 했습니까?"

답. "안 했습니다, 그자는 미친놈이니까요."

문. "그 대화를 한 건 언제입니까?"

답. "정확히는, 어, 정확히는 쇼티가 사라졌던 무렵입니다."

상황이 좋지 않았지만, 형사들은 그대로 두었다. 개인적으로는 그들도 디칼로의 말을 인정하고 싶었지만, 비록 그가 살인에 가담하지 않았다 해도, 여전히 그는 자신이 이야기하는 것보다는 더 많은 것을 알고 있었고, 그래서 형사들은 좀더 수위를 높여 자신들이 원하는 바를 얻고자 했다.

형사들이 원하는 건 두 가지였다.

문. "스팬 목장에 남은 자들 중 당신이 아는 사람이 있습니까?"

답. "제가 알기론 없습니다. 거기 누가 있는지 모릅니다. 그리고 그걸 알아보러 거기 가고 싶지도 않아요. 그곳이랑은 전혀 얽히고 싶지 않습니다."

문. "내가 그곳을 살펴보고 싶습니다. 그런데 안내해줄 사람이 필요합니다."

대니는 자원하지 않았다.

형사들은 곧장 다른 요구를 했다.

문. "증언할 수 있겠습니까?"

답. "싫습니다!"

그에게 두 가지 혐의가 걸려 있다고, 그들은 다시 확인해주었다. 오토바이 엔진 절도와 관련해서는 이렇게 말했다. "어쩌면 우리가 가벼운 형으로 바꿔줄 수 있을 겁니다. 완전히 없던 일로 해줄 수도 있을 것 같아요. 그리고 연방 기소와 관련해서는 우리가 얼마나 힘이 돼줄 수 있을지 모르겠습니다. 그래도 노력은 해보겠습니다."

답. "애써주시면 좋겠습니다. 제가 부탁할 건 그것밖에 없습니다."

증언하거나 감옥에 가는 것 가운데서 고르라면—

디칼로는 망설였다. "그러다 그자가 출소하면—"

문. "피해자가 다섯 명이나 되는 일급 살인이면 출소 못 할 겁니다. 만약 맨슨이 테이트 살인 사건 현장에 있었는지에 관해서는, 아직 그것까지 사실로 확인된 건 아니지만, 그것과 관련해서 많은 정보를 가지고 있습니다."

답. "보상금도 있다고 들었는데요."

문. "네, 있습니다. 꽤 큰 보상금이죠. 2만5000달러니까. 꼭 한 명이 받는 것은 아니지만, 나눈다고 해도 꽤나 큰 현금입니다."

답. "그 돈이면 아들을 사관학교에 보낼 수 있겠네요."

문. "자, 어떻습니까, 이 사람들에 맞서서 증언할 의향이 있습니까?"

답. "그자가 거기 앉아서 나를 쳐다볼 겁니다. 맨슨이요, 그렇지 않습니까?"

문. "당신이 재판에 가서 증언한다면 그렇겠지요. 자, 당신은 맨슨이 얼마나 무서운 겁니까?"

답. "지릴 만큼 무섭습니다. 그자를 보면 그대로 굳어버릴 것 같습니다. 그자는 1초도 망설이지 않을 겁니다. 만약 10년 형 정도를 받는다면, 그자는 내 아들을 찾아내서 갈기갈기 찢어 놓을 거라고요."

문. "그 개새끼를 필요 이상으로 믿는 것 같군요. 맨슨이 무슨 신이라도 돼서 감옥을 부수고 탈옥하고, 그렇게 돌아와 자신에게 불리한 증언을 한 사람을 모두 죽여버릴 거라고 생각하는 겁니까―"

하지만 디칼로는 맨슨이 그럴 수 있다고 생각하는 것이 분명했다. 그자는 감옥에 있다 해도, 다른 사람들이 또 있었다.

답. "클렘은요? 그 친구도 잡아들였습니까?"

문. "네. 클렘은 저기 인디펜던스 감방에 처박혀 있습니다, 찰리와 함께."

답. "텍스랑 브루스는요?"

문. "그 둘은 밖에 있습니다. 브루스 데이비스는, 내가 마지막으로 소식을 들은 게 이달 초쯤인데, 베니스에 있었습니다."

답. "브루스가 베니스에 있다고요, 네? 조심해야겠네요⋯⋯ 우리 형제들 중 한 명이 베니스에서 아가씨도 두어 명 봤다던데."

형사들은 데이비스가 마지막으로 등장한 시점을 디칼로에게 말해주지 않았는데, 그건 11월 5일, 또 하나의 죽음, 즉 제로의 "자살"과 관련 있는 날이었다. 이때쯤 LAPD는 제로—일명 크리스토퍼 지저스, 본명은 존 필립 호트—가 바커 습격에서 체포된 적이 있음을 알고 있었다. 조사 초반부에 사진들을 확인하던 중 디칼로는 "스코티"와 "제로"는 오하이오 출신 청년들로, 패밀리와 잠시 함께 지냈지만 "잘 맞지는 않았"다고 했다. 형사들 중 한 명이 "제로는 이제 함께 없어"라고 말했다.

답. "무슨 뜻입니까, '이제 함께 없다'는 게?"
문. "죽은 사람들과 함께 있습니다."
답. "이런, 젠장, 그래요?"
문. "네, 어느 날 약에 너무 취해서 러시안룰렛을 했습니다. 자기 머리에 총탄을 박은 거지."

형사들은 브루스 데이비스나 다른 사람들이 전한 제로의 사망 경위를 믿는 것 같았지만, 대니는 그렇게 생각하지 않았다. 조금도.

아니, 대니는 증언을 하지 않겠다고 했다.

형사들은 내버려두었다. 아직 그가 마음을 바꿀 시간은 있었다. 그리고 어쨌든 그들은 로니 하워드를 확보하고 있었다. 그들은 대니에게 다음 날 전화를 달라고 말한 다음 그를 보내주었다.

대니가 나가고 아직 녹음기가 돌아가던 중 형사들 가운데 한 명이 이렇게 말했다. "오늘 일은 다 한 것 같은데."

디칼로를 조사하는 데는 7시간 넘게 걸렸다. 이제 자정이 지나 1969년 11월 18일 화요일이었다. 나는 자고 있었고, 몇 시간 후면 지방검사장과 직원들의 아침 회의 결과, 내가 테이트-라비앙카 살인 사건의 범인들을 기소하게 되리라는 사실을 모르고 있었다.

# 3부
# 수사—제2단계

"어떤 의미도 의미 없다."

—찰스 맨슨

## 1969년 11월 18일

 이제 독자들은 테이트-라비앙카 살인 사건에 대해 내가 사건을 배정받았던 날 알고 있던 것보다 더 많은 것을 알고 있다. 사실 앞서 말한 내용의 많은 부분이 그 시점까지 공개되지 않았기 때문에, 독자들은 어떤 의미에서는, 살인 사건에서는 매우 예외적으로 내부자가 된 셈이다. 그리고 어떤 면에서 나는 신참, 난입자다. 보이지 않는 배경 해설자에서 아주 개인적인 이야기 전달자로의 갑작스러운 전환은 놀라움을 주게 마련이다. 그 충격을 완화하는 최선의 방법은, 내 생각에는, 나 자신을 소개하는 일일 것 같다. 그런 다음 그 소개를 물려놓고 우리는 함께 해설로 돌아갈 수 있을 것이다. 이런 여담은 아쉽게도 꼭 필요한 것이지만, 최대한 짧게 하겠다.
 맨슨 재판 이전이라면 관습적인 개인정보는 대략 다음과 같을 것이다. 빈센트 T. 부글리오시, 35세, 캘리포니아주 로스앤젤레스 지방검사. 미네소타주 히빙 출생. 할리우드 고등학교 졸업. 테니스 장학생으로 마이애미대학 진학. 학사 및 경영학 학사. 법률에 뜻을 두고 UCLA 진학, 법학 석사. 1964년 졸업반 대표. 같은 해 로스앤젤레스 검찰청에 합류. 플로이드-밀턴, 퍼벨러-크롬웰 등 매우 유명한 살인 사건을 다수 맡아 모두 유죄 판결을 얻어냄. 104건의 흉악 범죄 기소에서 단 한 번만 패소. 지방검사 업무에 더해, 부글리오시는 로스앤젤레스 베벌리 로스쿨의 형사법 교수로도 재직. 잭 웹의 텔레비전 시리즈 「지방검사」 대본의 기술 자문 및 편집에 참여. 시리즈의 주인공 로버트 콘래드가 맡은 젊은 검사 역의 모델. 기혼. 자녀 둘.

아마 이 정도 내용일 테지만, 이는 내 직업에 대한 나의 감정에 대해선 아무것도 말해주지 못하는데, 그 감정이 훨씬 더 중요하다.

"공공 기소에 관여하는 법관의 주된 의무는 유죄 판결이 아니라, 정의를 실현하는 것이며……"

이 말은 미국법률가협회의 오래된 윤리강령에 나오는 표현이다. 검사로 활동한 5년 동안 나는 이 말을 자주 떠올렸다. 대단히 현실적인 의미에서 이 말이 나의 개인적인 신조가 되었다. 만약, 어떤 사건에서, 유죄 판결이 정의라면 그렇게 되어야 한다. 아니라면, 나는 그 사건에 관여하고 싶지 않다.

너무 오랫동안 검사의 이미지에 대한 고정관념은, 어떤 대가를 치르고라도 유죄 판결을 받아내는, 법과 질서를 지키려는 우파 유형이거나, 늘 허둥대고 실수하면서 무고한 사람들을 재판에 세우는 해밀턴 버거였다. 이 무고한 사람들은 다행히 마지막 순간에 영리하고 수완 좋은 페리 메이슨에 의해 구제를 받는다.*

나는 피고 측 변호사들만이 무고함과 공정함, 그리고 정의에 대해 독점적으로 관심을 보이는 거라고 느낀 적이 한 번도 없었다. 검찰청에 합류한 이후로 나는 1000건에 가까운 재판에 참여했다. 아주 많은 사건에서 나는 증거가 뒷받침한다고 믿었기 때문에 유죄 판결을 받기 위해 노력했고, 또 받아냈다. 또한 아주 많은 사건에서는 증거가 불충분하다고 느꼈고, 그럴 때면 법정에서 일어나 기소를 취하해줄 것을 요청하거나, 기소 내용 혹은 판결을 경감해줄 것을 요구했다.

후자의 사건들은 좀처럼 신문 머리기사를 장식하지 못한다. 대중은 그저 이따금씩만 그런 사건들에 대해 알게 된다. 그렇게 고정관념은 남는다. 하지만 훨씬 더 중요한 것은 공정함과 정의가 실현되었다는 인식이다.

나는 이러한 고정관념을 따르려는 조바심이 조금도 없을 뿐 아니라, 또 다른 고정관념에도 맞섰다. 전통적으로 검사의 역할에는 두 가지가 있다. 사건의 법적 측면을 다루는 것, 그리고 법집행기구가 수집한 증거들을 법정에서 제시하는 것이다. 나는 이러한 제약을 절대 받아들이지 않았다. 과거 사건들에서 나는 늘 수사에 합류했다—나가서 직접 증인들을 조사하고, 새로운 단서를 추적하고 발전시켰으며, 다른 경우라면 간과됐을 증거를 종종 찾아내기도 했다. 몇몇 사건에서는 그런 활동이 용의자를 풀어주는 결과로 이

---

\* 해밀턴 버거와 페리 메이슨은 1950년대와 1960년대에 미국에서 방영된 법정 드라마 「페리 메이슨」의 주인공들이다.

어졌다. 또 다른 사건들에서는, 다른 방식으로는 얻어낼 수 없었던 유죄 판결을 받아내기도 했다.

나는 법률가가 자신이 할 수 있는 최대치를 하지 않는 것은 의뢰인에 대한 배신이라는 느낌을 강하게 가지고 있다. 형사 재판에서는 변호사와 그의 의뢰인인 피고에게 초점이 맞춰지는 경향이 있지만, 검사 또한 법률가이며 그에게도 의뢰인은 있다. 바로 대중이다. 그리고 대중도 똑같이 법정에 설 자격이 있고, 공정하고 공평한 재판을 받을 권리, 정의를 요구할 자격이 있다.

1969년 11월 18일 오후, 테이트-라비앙카 살인 사건은 전혀 내 머릿속에 있지 않았다. 길었던 재판을 하나 마치고 검찰청으로 돌아오던 중 재판부 부장이자 450명의 검사로 구성된 검찰청 최고 재판 전문가 중 한 명인 애런 스토비츠가 내 팔을 잡더니 아무런 설명도 없이 중앙운영부 부장 J. 밀러 리비의 사무실로 데리고 갔다.

리비는 이전에 나와도 일해본 적 있는 LAPD 경위들인 밥 헬더, 폴 러페이지와 이야기를 나누던 중이었다. 잠시 들어보니 "테이트"라는 단어가 나왔다. 내가 애런을 돌아보며 물었다, "우리가 맡는 겁니까?"

그가 맞다는 뜻으로 고개를 끄덕였다. 나의 유일한 반응은 낮게 휘파람을 부는 것이었다.

헬더와 러페이지가 로니 하워드의 증언을 간략히 요약해주었다.

모스먼과 브라운이 전날 밤에 찾아가서 들은 내용을 보강하기 위해 두 명의 경관이 그날 아침 다시 시빌 브랜드에 가서 로니 하워드와 두 시간 동안 이야기를 나누었다. 두 사람은 꽤 많은 세부 사항을 추가로 확보할 수 있었지만, 여전히 그 이야기에는 커다란 빈틈들이 있었다.

이 단계에서 테이트와 라비앙카 사건이 "해결"됐다고 하는 건 대단한 과장일 것이다. 분명, 어떤 살인 사건에서든 범인을 찾는 것은 대단히 중요하다. 하지만 그것은 첫 단계일 뿐이다. 피고를 찾고 체포하는 것은 물론, 그자를 기소하는 것은 증거로서 가치가 없을뿐더러 그 어떤 것도 유죄의 증거가 될 수는 없다. 일단 살인범이 밝혀지더라도, 받아들여질 강력한 증거와 그를 연결시키고, 배심원 앞에서든 판사 앞에서든 합리적 의심을 넘어 그의 유죄를 증명해야 하는 어려운(가끔은 극복할 수 없는) 문제가 있다.

하지만 우리는 두 번째 단계는 고사하고 첫 번째 단계도 나아가지 못했다. 로니 하워드와 이야기할 때 수전 앳킨스는 자신과 "찰스"를 암시했고, 이는 아마 찰스 맨슨을 뜻하는 것 같았다. 하지만 수전은 다른 이들도 관여했다고 말했고, 우리는 그들의 실체를 모르고 있었다. 이는 테이트 사건에 대한 이야기다. 라비앙카 사건에 대해서는 사실상 어떤 정보도 없었다.

하워드와 디칼로의 증언을 검토한 후 내가 가장 먼저 하고 싶었던 일은 스팬 목장 방문이었다. 이튿날 오전 몇몇 형사와 함께 그곳으로 가는 일정이 정해졌다. 나는 애런에게도 함께 가고 싶냐고 물었지만, 그는 시간을 낼 수 없었다. 검찰에서 애런은 나의 상사였지만, 우리는 공동 검사로 지명되었고 사건 처리에서 동등한 발언권을 가지고 있었다. 전국적으로 유명한 형사사건들은 그 중요성이나 복잡성이 훨씬 덜하더라도 서너 명의 전담 검사가 투입되는 일이 종종 있는데, 무슨 이유에서인지 이 사건을 배정받은 검사는 애런과 나 둘뿐이었다. 몇 달 후 그가 이 사건에서 빠지고 나 혼자 남으리란 사실은 애런도 나도 예상하지 못했지만, 나는 처음부터 재판부 부장으로서의 다른 업무 때문에 애런의 재판 전 참여에는 제약이 따를 것임을 깨닫고 있었다.

그날 오후 집으로 돌아와 아내 게일에게 애런과 내가 테이트 사건을 담당하게 되었다고 말하자, 아내도 나와 함께 흥분을 감추지 못했다. 하지만 조건이 있었다. 아내는 휴가를 바라고 있었다. 몇 달째 나는 하루를 온전히 쉰 적이 없었다. 저녁에 집에 있을 때도 기록을 읽거나 관련 법률을 조사하거나, 변론을 준비했다. 매일 두 아이, 세 살짜리 빈스 주니어, 그리고 다섯 살짜리 웬디와 시간을 보내려고 다짐했지만, 큰 사건을 맡으면 거기에만 빠져 지냈다. 나는 게일에게 반드시 며칠 휴가를 내겠다고 약속했지만, 그때까지 시간이 좀 걸릴 거라고 솔직하게 인정해야 했다.

그 시점에는 다행히 내가 테이트-라비앙카 사건과 함께 2년을 보내게 될 거라는 사실, 주당 평균 100시간을 일하고, 항상은 아니지만, 일주일 내내 새벽 2시 전에 잠자리에 드는 일은 거의 없을 거라는 사실을 몰랐다. 그리고 게일과 아이들, 나에게 사생활은 사라질 거라는 사실, 우리 집이 요새로 변하고, 경호원들이 우리와 함께 사는 것은 물론 내가 어디를 가든 함께 다니게 될 거라는 사실도 몰랐다. "부글리오시를 죽이겠다"는 찰스 맨슨의 협박에 따른 조치였다.

## 1969년 11월 19~21일

우리가 고른 날은 조사를 하기에는 최악이었다. 바람이 믿을 수 없을 정도로 불었다. 채츠워스에 도착할 때쯤에는 바람 때문에 거의 도로에서 날아가버릴 수준이었다.

오래 걸리지는 않아서 한 시간이 채 안 됐다. 로스앤젤레스 중심가에 있는 정의의 전당에서 채츠워스까지는 약 48킬로미터였다. 토팽가 캐니언 대로를 타고 북쪽으로 달리다가, 데번셔를 지나 3.6킬로미터 지점에서 좌회전해 샌타수재너 패스 로드로 접어든다. 한때 교통량이 많았지만 최근에는 더 빠른 고속도로에 밀려난 이 이차로는 3.5킬로미터 정도 구불구불 오르막이 이어졌다. 그러다 갑자기 왼쪽으로 꺾으면 거기였다. 스팬 영화 촬영 목장.

금방이라도 허물어질 듯한 세트장의 중심 거리는 고속도로에서 고작 18미터쯤 떨어져 있어서 똑똑히 보였다. 고장 난 자동차와 트럭 차체가 곳곳에 흩어져 있었다. 생명의 기운은 없었다.

그 장소에는 어떤 비현실감이 있었는데, 바람이 요란하게 불고 완전히 버려진 상태여서 그런 느낌은 더 강했고, 만약 앳킨스-하워드의 이야기가 사실이라면, 그곳이 모든 사태의 시작과 끝이라는 사실 때문에 더 그러했다. 황폐한 영화 촬영장, 어딘지 모를 곳 한가운데에 동떨어진 이곳에서 검정 옷을 입은 암살자들이 밤이면 튀어나오고, 사람들을 겁주고 살해한 뒤 동 트기 전에 돌아와 주변 환경 속으로 사라진다. 무슨 공포영화의 줄거리 같지만, 샤론 테이트를 비롯해 적어도 여덟 명의 사람이 실제로 죽었다는 점은 달랐다.

우리는 흙길에 차를 세우고, 롱 브랜치 살룬 앞에서 멈췄다. 나를 비롯해 테이트 팀의 헬더 경위와 칼킨스 경사, 과학수사국의 리 경사, LASO의 군서 경사와 화이틀리 경사, 윌리엄 글리슨 경사, 그리고 우리의 안내자 대니 디칼로가 있었다. 대니는 결국 우리와 동행하기로 했지만, 수갑을 채우지 않는다는 조건을 달았다. 그렇게 하면 혹시 패밀리 구성원 중 누군가 주변에 남아 있다 해도, 그가 자발적으로 "짭새에게 설레발 치는 것"이라고는 생각하지 않았을 것이다.

보안관서 부관도 전에 목장에 와본 적이 있지만 디칼로를 동행시킨 건 특별한 이유가 있어서인데, 맨슨과 패밀리가 표적지를 놓고 사격 연습을 했던 구역을 특정하기 위해서였다. 우리 조사의 목적은 22구경 총탄, 그리고/혹은 탄피를 찾는 것이었다.

하지만 먼저 농장 수색에 대해 조지 스팬의 동의를 얻어야만 했다. 군서가 오른쪽, 서부영화 세트에서 떨어진 곳에 있는 스팬의 판잣집을 가리켰다. 문을 두드리자 젊은 여성의 목소리가 들렸다. "어서 들어오세요."

주변의 파리들이 모두 폭풍을 피해 그곳에 모인 것 같았다. 여든한 살의 조지 스팬은 카우보이모자와 선글라스를 쓴 채 썩어가는 안락의자에 앉아 있었다. 무릎 위에는 치와와, 발밑에는 코커스패니얼이 한 마리씩 있었다. 열여덟 살쯤으로 보이는 히피 아가씨가 그의 점심 식사를 차리고 있었고, 카우보이 채널에 맞춰놓은 라디오에서는 소니 제임스의 「젊은 연인들」이 요란하게 흘러나오고 있었다.

촬영장 자체처럼 그 장면도 연출한 것만 같았다. 디칼로에 따르면 맨슨은 자신의 아가씨들을 "젊은 연인들"이라고 불렀다.

스팬은 거의 눈이 멀었기 때문에 칼킨스가 경찰 배지를 건네서 만져보게 했다. 우리가 누군지 알고 나서 스팬은 긴장을 푸는 것 같았다. 수색 허가를 부탁하자 그는 간신히 대답했다. "여기는 내 농장이고, 원할 때면 언제든 수색하실 수 있습니다, 밤이든 낮이든 언제든지요." 나는 그의 법적 권리에 대해 설명해줬다. 법에 따르면 수색영장은 필요 없고 그의 허가만 있으면 되는 상황이었다. 하지만 허락을 하면 나중에 법정에 나와 증언하는 게 필요할 수도 있었다. 스팬은 그 점에도 동의했다.

맨슨과 그의 패밀리에 대한 언급은 없었다. 하지만 스팬은 우리가 거기에 간 이유가 어떤 식으로든 그들 때문임을 알고 있었던 게 틀림없다. 다른 경우라면 나는 조지를 길게 조사했겠지만, 당시 우리 대화는 짧았고 수색에 대한 것이 전부였다.

우리가 다시 밖으로 나왔을 때 거의 모든 건물에서 사람들이 나왔다. 열 명에서 열다섯 명이었고, 대부분 젊었으며, 대체로 히피처럼 입고 있었지만, 몇 명은 목장의 일꾼처럼 보였다. 그중 패밀리 구성원이 있는지, 있다면 몇 명이나 될지 우리는 알 수 없었다. 주변을 살피는 동안 개집에서 뭔가 이상한 소리가 들렸다. 몸을 숙이고 들여다보니 개 두 마리가 있고, 이가 빠지고 백발인 팔십대 할머니 한 명이 구석에 웅크리고 있었다. 나중에 농장 일꾼 중 한 명에게 할머니가 도움을 필요로 하는 건지 물었지만, 일꾼은 할머니가 거기서 행복하게 지내고 있다고 했다.

대단히 이상한 곳이었다.

건물들이 모여 있는 곳에서 90미터쯤 뒤는 가파른 절벽이었고, 그 너머로, 샌타수재너산맥의 일부를 이루는 봉우리들이 솟아 있었다. 바위가 많고 관목으로 뒤덮인 그 지역은 실제보다 훨씬 더 험악해 보였다. 어린 시절 B급 서부영화에서 그런 광경을 얼마나 많이 봤을지 궁금했다. 루트싱어와 디칼로에 따르면 패밀리가 경찰을 피해 숨었던 데가 바로 그곳, 목장 뒤쪽의 골짜기와 도랑들, 그리고 도로 건너편의 데블스 캐니언이었다고 한다. 또한 여기 어딘가에, 여러 설명이 맞는다면, 도널드 "쇼티" 셰이의 유해도 있을 것이다.

디칼로에 따르면, 찰리가 좋아했던 사격 장소는 도로에서는 보이지 않는 개울가였다. 표적으로는 담장 기둥과 쓰레기통을 사용했다. 리 경사의 지휘 아래 우리는 수색을 시작했다. 시엘로 드라이브 10050번지에서 탄피가 발견되지는 않았지만—번틀라인은 리볼버여서, 자동으로 탄피가 튀어나오지 않는다—우리는 총 혹은 추가 증거가 나올 경우를 대비해 탄피를 확보하길 원했다.

개울가를 수색하는 동안 나는 줄곧 조지 스팬, 눈이 먼 상태에서 거의 무방비로 홀로 지내는 그에 대해 생각했다. "누구 녹음기 가지고 있습니까?" 내가 물었다. 칼킨스가 가지고 있었고 그의 자동차 뒤에 실려 있었다. "돌아가서 스팬의 동의 내용을 녹음합시다", 내가 말했다. "지금부터 재판이 열릴 때까지, 어떤 개새끼가 스팬의 목에 칼을 들이대고 자신은 수색을 허가하지 않았다고 말하게 하는 상황은 원하지 않습니다." 우리는 돌아가서 스팬의 동의 내용을 녹음했다. 우리뿐 아니라 그를 보호하기 위한 조치였다. 테이프가 존재한다는 걸 아는 것만으로도 억제책이 될 수 있었다.

디칼로가 다른 구역을 가리켰다. 골짜기 위로 400미터쯤 올라간 곳이었는데 찰리와 남자들이 거기서도 표적을 놓고 연습했다고 했다. 그곳에서 총탄과 탄피를 다수 발견했다. 바람과 흙먼지 때문에 수색은 내가 기대했던 것만큼 철저하지 못했지만, 리 경사는 나중에 다시 와서 더 찾아보겠다고 약속했다.

그날 우리는 대략 예순여덟 개의 22구경 총탄과(대략인 이유는 일부가 온전한 총탄이 아니었기 때문이다) 같은 구경의 탄피 스물두 개를 발견했다. 리가 그것들을 봉투에 담고, 발견 장소와 시간을 기록한 후 경찰 실험실로 가지고 갔다.

울타리 주변을 살피다가 흰색 나일론 끈을 발견했지만, 그건 세 가닥이 아니라 두 가닥으로 꼰 것이었다.

군서와 화이틀리도 나름대로 대니 디칼로에게서 알아낸 것이 있었다. 그날 오후 두 사람은 힌먼 살인 사건과 보솔레이의 자백에 대해 그를 조사했다. 유일한 문제는 보솔레이의 재판이 일주일째 진행 중이고, 검찰 측과 변호인 측 모두 휴정 중이었다는 사실이다.

보솔레이 측 변호인들의 반대에도 불구하고 재판은 다음 월요일까지 연기되었고, 그때가 되면 검찰 측은 재판을 속개하며 보솔레이의 자백을 공개할 수 있기를 기대하고 있었다.

디칼로가 보솔레이 재판에서 증언하면 오토바이 엔진 절도 건은 취하해주기로 LASO는 동의했다.

내가 정의의 전당에 돌아왔을 때 당시 지방검사보였던 조지프 부시의 사무실에서 회의가 열리고 있었다. 참석자는 검찰 측에서는 부시 본인과 스토비츠, 그리고 나, LAPD 대표로는 폴 러페이지 경위(라비앙카 팀), 마이크 맥간 경사(테이트 팀)였다.

경찰은 사건을 마무리 짓고 싶어한다고, 러페이지 경위가 알려주었다. 사건을 해결하라는 대중의 압박은 믿을 수 없을 정도였다. 에드워드 M. 데이비스 청장은 기자들을 만날 때마다 "테이트 사건에서 뭐 나온 거 없습니까?"라는 질문을 받고 있었다.

LAPD는 살인 사건에 대해 아는 것을 이야기하는 대가로 수전 앳킨스에게 면책권을 주려 했다.

나는 전혀 동의하지 않았다. "그 여자가 로니 하워드에게 한 이야기가 사실이라면, 앳킨스 본인이 샤론 테이트와 게리 힌먼을 직접 찔러서 살해했고, 그 외에 또 누가 얼마나 있을지 모릅니다. 그 여자에겐 아무것도 내줄 수 없습니다!"

데이비스 청장은 사건을 서둘러 대배심으로 가지고 가고 싶어한다고 러페이지가 말했다. 하지만 그 전에 큰 기자회견을 열어 우리가 살인범을 체포했다는 소식을 전하고 싶어했다.

"대배심까지 갈 사건도 없습니다", 내가 러페이지에게 말했다. "누가 살인범인지 확실치 않습니다, 놈들이 자유로운 상태인지 잡혀 있는지도요. 지금 가진 건 유력한 단서뿐이지만, 점점 접근하고 있습니다. 우리 힘으로 체포에 충분한 증거를 확보할 수 있을지 한번 보자고요. 그게 안 되면 마지막 수단으로—진짜 진짜 마지막 수단으로 앳킨스에게 의지해볼 수 있을 겁니다."

LAPD의 사정도 이해는 갔다. 거의 매일 언론이 경찰청에 폭격을 퍼붓고 있었다. 하지만 수전 앳킨스가 처벌을 면한 채 풀려났을 때 대중이 보일 반응에 비하면 아무것도 아니었다. 나는 수전이 샤론 테이트의 피를 맛보았을 때 한 이야기를 잊을 수 없었다. "와, 완전 뿅갔어요."

러페이지는 단호했다. LAPD는 거래를 원했다. 나는 부시, 스토비츠와 상의했다. 두 사람은 나만큼 확고하지 않았다. 내가 강하게 반대했음에도 부시는 지방검찰은 수전 앳킨스에게 이급 살인 혐의를 거는 것으로 만족한다고 러페이지에게 말했다.

수전 앳킨스는 거래 제안을 받을 것이다. 정확한 조건이 뭔지, 혹은 그녀가 제안을 수락할지 여부도 알 수 없었다.

그날 저녁 8시, 로스앤젤레스 시민들이 여전히 테이트-라비앙카 사건의 범인은 전혀 밝혀지지 않고 있다고 생각하는 사이, 두 대의 차량이 전속력으로 도시를 벗어나고 있었다. 목적지는 맨슨 패밀리의 마지막 거처, 데스밸리였다.

살인에 이어 맨슨이 피난처로 택한 장소가 그렇게 적절한 이름을 가진 곳이었다는 사실이 얄궂게 보이지만은 않았다.

닐슨 경사, 사투치 경사, 그리고 그라나도가 같은 차에 타고, 맥간 경사와 진 카마도이, 그리고 내가 또 다른 차에 탔다. 가는 길에 속도 제한을 몇 번 어기며 새벽 1시 30분에 캘리포니아주 인디펜던스에 도착했다.

인요 카운티에 자리잡은 인디펜던스는 대도시가 아니었다. 카운티 자체는 주에서 두 번째로 컸지만 인구는 1만6000명, 1평방마일당 한 명이 겨우 넘는 수준이었다. 은신처를 찾는 사람에게 이보다 더 나은 곳은 거의 없었다.

우리는 위니더마 호텔에 방을 잡고 긴 낮잠보다 나을 것 없는 휴식을 취했다. 5시 30분에 일어나보니 기온은 영하로 떨어져 있었다. 잠옷 위로 옷을 걸쳐 입었지만 그래도 추웠다.

로스앤젤레스를 떠나기 전 인요 카운티의 지방검사장 프랭크 파울스에게 전화를 해두었고, 근처 카페에서 오전 6시에 만나기로 했다. 파울스와 지방검사 벅 기븐스, 수사관 잭 가디너가 이미 나와 있었다. 곧 알게 되었는데 세 남자는 대단히 의욕적이었다. 이들이 이후 몇 달 동안 상당한 도움을 제공하게 된다. 그리고 당시 그들은 꽤 흥분한 상태이기도 했다. 기대치 않게, 그들은 미국 현대사에서 가장 유명해진 살인 사건, 테이트 사건의 한가운데에 놓인 것이다. 당시 그들은 소매 밖으로 잠옷이 삐져나온 모습의 대도시 검사를 의아하다는 눈길로 흘긋 쳐다보았다.

파울스는 10월에 바커 목장을 습격했을 당시 맨슨의 물건을 일부 압수했지만, 여전히 많은 물건이 거기 그대로 남아 있고, 그중에는 옷과 기타 물건이 가득한 낡은 스쿨버스 한 대도 포함되어 있다고 말했다. 나는 우리가 인디펜던스를 떠나기 전 목장에 대한 수색영장을 받고, 영장에서 스쿨버스를 구체적으로 언급하는 것이 좋겠다고 제안했다.

파울스는 그 제안에 놀랐다. 나는 우리가 증거를 찾아서 재판에 활용하려면, 어떤 사람이 갑자기 자동차등록증을 들고 나타나 "내가 그 버스의 실제 소유주입니다. 찰리에게 빌려준 것뿐인데, 당신들이 내 허락은 안 받았습니다"라고 말하는 바람에 그 증거를 버려야 하는 상황은 피해야 한다고 설명했다.

파울스는 그 점을 이해했다. 그는 다만 인요 카운티에서는 그런 방식으로 일하지 않았다며 알쏭달쏭한 설명을 했다. 우리는 그의 사무실로 이동했고, 타자수가 오기를 기다렸다가 내가 영장 내용을 불러주었다.

우리가 찾고 있는 것을 정확히 명시할 필요가 있었다. 내가 기록한 물품들 중에는 다음과 같은 것이 포함되었다. 22구경 리볼버, 칼과 기타 흉기, 끈, 철사 절단기, 손가방, 운전면허증, 로즈메리 라비앙카 소유의 신용카드. 모든 종류의 자동차 번호판, 신발을 포함한 남성 그리고/혹은 여성의 의복 일체.

구체적인 범죄―187 PC, 살인―와 용의자들―"현 단계에서는 찰스 맨슨, 클렘 터프츠, 찰스 몽고메리, 세이디 글루츠, 그리고 한 명 혹은 그 이상의 여성들로 추정됨"―을 분명히 할 필요도 있었다. 해당 정보는 두 명의 "확인되지 않은 정보 제공자"의 증언에 따른 것이었고, 정보 제공자의 이름을 밝히지는 않았지만 그건 로니 하워드와 대니 디칼로였다.

타자로 치고 보니 영장은 16쪽이었다. 인상적인 문서였는데, 거기에 언급한 증거만으로도 수색영장을 받기에는 충분해 보였다. 나는 우리가 맡은 사건이 실제로 얼마나 취약한 것인지를 알게 되었다.

맥간과 나를 뒤에 단 채, 파울스는 영장을 존 P. 맥머리 판사의 사무실로 가지고 갔다. 백발의 판사는 칠십대쯤으로 보였다. 그는 은퇴가 얼마 안 남았다고 우리에게 말했다.

수색영장이라니! 맥머리 판사는 재미있다는 듯 영장을 쳐다봤다. 18년 만에 처음 보는 수색영장이라고 했다. 그의 설명에 따르면, 인요에서는 사나이들 방식으로 한다고 했다. 문을 두드렸는데 안에 있는 사람이 들여보내주지 않는다면, 그건 그들이 뭔가를 숨기고 있다는 뜻이고, 그때는 그냥 문을 부수고 들어가는 거라고 했다. 수색영장이라니! 어쨌든 그는 영장을 읽어보고 서명했다. 1971년 로널드 레이건 캘리포니아 주지사는 맥머리 판사가 은퇴를 미루고 앤절라 데이비스 사건을 맡을 수 있게 했다. 변호인 측이 그런 이유로 그를 공격했다.

바커 목장까지는 세 시간 거리였고, 그렇다면 해가 지기 전에 한 시간 남짓 수색할 수 있었다. 가는 길에 파울스가 맨슨 패밀리에 대해 알게 된 사실들을 말해주었다. 정확한 날짜와 세부 사항, 수사관들의 보고 내용 등에 대해서는 이튿날 여러 법집행기관의 보고서를 검토하는 과정에서 확보했다.

체포 당시 패밀리 구성원들은 거의 모두 가명을 사용했다. 여러 사건에서 그들의 본명은 아주 나중에야 밝혀졌다. 독자들이 당시 내가 겪었던 혼란을 겪지 않도록 그들의 본명과 가장 자주 사용했던 가명을 꺾쇠괄호 안에 표기했다. 최초의 몇몇 구성원이—사실상 모집책이었다—그 지역에 나타난 건 1968년 가을이었다. 데스밸리 가장자리에 살기를 원하는 사람이라면 어딘가 남다른 면이 있게 마련이어서, 해당 지역의 주민들 사이에는 다른 곳에서라면 이상한 사람 취급을 받을 이들에 대한 관용적인 태도가 형성되어 있었다. 히피라고 해서 그곳을 지나는 다른 사람들—투기꾼, 사막에서 금을 찾는 사람, 지금은 사라진 전설 속의 금광을 쫓는 사람들—보다 더 이상할 것은 없었다. 당국과는 몇 건의 소소한 마찰이 있었을 뿐이지만—쇼숀에서는 낯선 사람이 주는 물건을 받지 말라는 충고를 여자아이들에게 하고 있었는데, 누군가 열다섯 살 된 여자아이에게 마리화나를 건네는 실수를 저질렀고, 그 여자아이는 마침 보안관의 조카였다—그러던 중 1969년 9월 9일, 국립공원 관리원이 누군가 데스밸리 국립공원의 도로에 주차되어 있던 미시간 불도저에 불을 지르려 시도한 것을 발견했다. 무분별한 기물 파손 행위처럼 보였다. 해당 구역에서 빠져나간 차량의 바퀴 자국은 도요타의 것으로 밝혀졌다. 몇몇 사람이 히피들이 빨간색 도요타와 사막용 사륜구동차를 타고 다니는 것을 본 적이 있다고 했다. 9월 21일, 공원 관리원 딕 파월이 헤일앤홀 지역에서 1969년식 빨간색 도요타를 발견했다. 차량에 타고 있던 네 명의 여성과 한 명의 남성을 조사했지만 구금하지는 않았다. 파월은 나중에 번호판을 확인했고, 도요타에 붙어 있던 번호판이 다른 차량의 것임을 알게 되었다. 9월 24일, 파월은 무리를 찾기 위해 현장으로 돌아갔지만 그들은 사라지고 없었다. 9월 29일, 파월은 캘리포니아 고속도로 순찰관 제임스 퍼셀과 함께 바커 목장을 수색해 보기로 했다. 거기서 이전의 아가씨 두 명을 찾았지만, 차량은 없었다. 그 집단과 접촉할 때면 늘 그랬듯이, 아가씨들은 질문에 대해 모호하고 뜻을 알 수 없는 대답을 했다. 경관들이 그곳을 떠날 때, 마흔네 살의 지역 광부 폴 크로켓이 모는 트럭과 마주쳤다. 트럭에는 과거에 히피 무리에 속해 있었지만 지금은 크로켓 밑에서 일하는 열여덟 살의 브룩스 포스턴이 함께 있었다. 문제의 아가씨 두 명이 목장에 있다는 이야기를 들은 크로켓과 포스턴은 겁을 먹은 듯 보였고, 경관들이 캐묻자 자신들은 생명의 위협을 받고 있다고 마침내 실토했다.

파월과 퍼셀은 두 사람과 함께 바커로 돌아가기로 결정했다. 두 아가씨는 사라졌지만, 경관들은 두 사람이 여전히 근처에 있을 거라고, 아마 자신들을 지켜보고 있을 거라고 가정했다. 그들은 크로켓과 포스턴을 조사했다.

경관들은 방화 용의자, 그리고 아마도 도난 차량을 찾기 위해 온 것이었다. 하지만 완전히 예상치 못한 일을 알게 되었다. 퍼셀의 보고서에는 이렇게 적혀 있다. "조사 결과 지금까지 들은 것 중 가장 믿을 수 없고 기상천외한 일을 알게 되었다. 약물 복용, 난교, 밤이면 사막용 사륜구동차를 타고 사막을 가로지르며 로멜과 사막군단의 대결을 재연한 일, 인근에서 발견된 신속한 통신을 위한 야전용 무전기, 자신이 예수 그리스도라고 주장하며 일종의 광신자 집단을 만들려는 지도자……"

놀라운 일은 거기서 그치지 않았다. 바커를 떠나기 전에 파월과 퍼셀은 목장 뒤쪽의 도랑 몇 군데를 수색해보기로 했다. 파월의 보고서에는 이렇게 적혀 있다. "도중에 우리는 일곱 명의 여성 무리와 마주쳤다. 모두 알몸, 혹은 부분적인 알몸 상태로 산쑥 덤불 뒤에 숨어 있었다." 남성도 한 명 있었지만, 그는 두 사람이 다가가자 이내 도망쳤다. 경관들이 여성들을 조사했지만 쓸모 있는 정보는 없었다. 주변을 수색하던 중 경관들은 방수포로 치밀하게 가려둔 빨간색 도요타와 사막용 사륜구동차를 발견했다.

경관들에게는 문제가 하나 있었다. 파나민트산맥 때문에 경찰

무전을 사용할 수 없었던 것이다. 일단 철수했다가 나중에 더 많은 인력을 데리고 돌아오기로 했다. 떠나기 전 그들은 도요타 엔진의 몇몇 부품을 떼어내 작동할 수 없게 만들었다. 사막용 사륜구동차에는 엔진이 없어 신경 쓰지 않았다.

나중에 그들은 "우리가 떠나자마자 용의자들이 덤불 밑에서 폴크스바겐 엔진을 통째로 꺼내 못쓰게 된 사막용 사륜구동차에 끼웠고, 두 시간 안에 그곳을 떠났"음을 알게 되었다.

두 대의 차량은 모두 "수배" 중인 것으로 밝혀졌다. 도요타는 로스앤젤레스 인근 엔시노의 허츠 대리점에서 대여한 차량인데, 대여에 사용한 신용카드 역시 가택 절도로 훔친 것이었다. 사막용 사륜구동차는 파월과 퍼셀이 발견하기 불과 사흘 전 중고차 매장에서 훔친 것이었다.

10월 9일 저녁, 캘리포니아 고속도로순찰대, 인요 카운티 보안관서, 국립공원 관리소 소속 경관들이 이튿날 아침에 있을 대규모 습격을 위해 바커 목장 인근에 모였다.

새벽 4시, 목장에서 꽤 떨어진 개울을 따라 내려가던 몇몇 경관이, 맨땅에서 자고 있는 남성 두 명을 발견했다. 두 남성, 클렘 터프츠[본명 스티브 그로건]와 랜디 모글리[본명 휴 로키 토드]는 체포되었다. 경관들은 모르고 있었지만, 둘은 전날 목장에서 도망쳐 나온 열일곱 살 소녀 스테퍼니 슈람과 키티 루트싱어를 쫓고 있었다.

또 다른 남성 로버트 아이번 레인[별칭 수프스푼]이 목장이 내려다보이는 언덕에서 체포되었다. 레인은 망을 보는 역할이었지만 잠들고 말았다. 망을 보는 장소가 한 곳 더 있었지만, 목장 남쪽에 있는 이곳은 움집의 양철 지붕 위에 덤불과 흙을 덮어서 잘 위장해 놓은 상태였다. 경관들은 그곳을 그냥 지나칠 뻔했지만, 여성 한 명이 덤불에서 나와 쭈그려 앉아 오줌을 눈 다음 다시 사라지는 것을 보고 알게 되었다. 경관 두 명이 소총을 들고 입구를 지켰고, 다른 한 명이 움집 위로 올라가 양철 지붕에 커다란 돌덩이를 떨어뜨렸다. 안에 있던 사람들이 튀어나왔다. 체포된 이들은 다음과 같다. 루엘라 맥스웰 알렉산드리아[본명 레슬리 밴하우튼, 별칭 레슬리 생크스턴], 마니 케이 리브스[본명 퍼트리샤 크렌윙클], 마논 미넷[본명 캐서린 셰어, 별칭 집시].

목장 안에 있던 사람들은 자신들도 모르는 사이에 잡혔고, 아무런 저항도 하지 않았다. 그들은 다음과 같다. 도나 케이 파월[본명 수전 데니즈 앳킨스, 별칭 세이디 매 글루츠], 엘리자베스 일레인 윌리엄슨[본명 리넷 프롬, 별칭 스퀴키], 린다 볼드윈[본명 매달린 코티지, 별칭 리틀 패티].

습격팀의 다른 경관들은 그들 무리가 머무르고 있는 또 다른 장소인 근의 마이어스 목장을 포위했고, 다음 인물들을 체포했다. 샌드라 콜린스 퓨[결혼 후 이름. 결혼 전 이름은 샌드라 굿, 별칭 샌디], 레이첼 수전 모스[본명 루스 앤 무어하우스, 별칭 위시], 메리 앤 슈웜[본명 다이앤 본 안], 시뎃 퍼렐[본명 낸시 피트먼, 별칭 브렌다 매칸].

바커 목장 1차 습격에서 모두 열 명의 여성과 세 명의 남성을 체포했다. 나이는 열여섯에서 스물여섯 살까지 다양했고, 평균 열아홉 혹은 스무 살이었다. 아기도 두 명 발견했다. 제조조스 재드프랙 글루츠는 한 살이고, 엄마는 수전 앳킨스였다. 선스톤 호크는 생후 1개월이고, 엄마는 샌드라 굿이었다. 두 아기 모두 햇볕에 그을렸다. 여성 관리원으로 동행했던 딕 파월의 아내 파월 부인이 두 아기를 보살폈다.

주변 지역을 수색한 결과 발견된 물품은 다음과 같다. 숨겨둔 차량 다수, 대부분 사막용 사륜구동차이며 도난당한 것이었다. 22구경 루거 단발 리볼버가 든 우편 가방, 역시 도난당한 물품. 다수의 칼, 휴대용 식량, 휘발유, 기타 보급품. 빈 슬리핑 백도 여러 개 발견되어서 주변에 다른 사람들이 더 있다는 것을 알 수 있었다.

경관들은 잡힌 사람들을 인디펜던스로 데리고 와 구금하고, 다른 사람들이 돌아올 것에 대비해 나중에 한 번 더 급습하기로 했다.

그 전략이 통했다. 두 번째 습격은 이틀 후인 10월 12일에 있었다. 지원대보다 먼저 도착해 덤불에 숨어 있던 캘리포니아 고속도로순찰대 소속의 퍼셀 경사와 공원 관리원 두 명은, 남성 네 명이 도랑에서 나와 목장 주택에 들어가는 것을 발견했다. 퍼셀은 지원대 소속의 보안관서 부관 돈 워드가 멀리서 다가오는 것을 알아봤다. 이미 저녁 6시였고, 어스름은 빠르게 어둠으로 변하고 있었다. 한밤에 총격전이 벌어지는 것을 원치 않았던 퍼셀은 행동에 나서기로 했다. 파월이 건물 전면을 엄호하는 동안 퍼셀은 총을 꺼내들었고, 그의 보고서에 따르면 이렇게 행동했다. "나는 급히 뒷문으로 이동해 문을 열고, 왼쪽 벽을 최대한 활용해 실내에 있던 사람들에게 머리 위로 손을 들고 꼼짝 말라고 명령했다."

대부분 주방 식탁에 앉아 있던 그들 무리는 밖으로 끌려나왔고, 나란히 선 채 몸수색을 당했다. 여성은 세 명, 다이앤 블루스타인[본명 다이앤 레이크, 별칭 스네이크], 베스 트레이시[본명 콜리 싱클레어], 셰리 앤드루스[본명 클로디아 리 스미스]였고, 남성은 네 명, 브루스 맥그리거 데이비스[별칭 브루스 맥밀런], 크리스토퍼 지저스[본명 존 필립 호트, 별칭 제로, 이로부터 한 달도 지나지 않아 러시안룰렛을 하던 중 죽음을 맞는다], 케네스 리처드 브라운[별칭 스콧 벨 데이비스, 오하이오에서 온 제로의 파트너], 그리고 로런스 베일리[별칭 래리 존스]였다.

무리의 지도자 찰스 맨슨의 흔적은 없었다. 퍼셀은 주택을 다시 수색해보기로 했다. 이제 완전히 깜깜해졌다. 하지만 수제로 만든 초가 식탁 위에 놓인 유리잔에서 타고 있었고, 퍼셀은 그 유리잔을 들고 방들을 살펴보았다. 침실에 들어섰을 때, "촛불이 아주 약했기 때문에 나는 촛불을 이리저리 움직여야 했다. 세면대와 그 아래 작은 선반 쪽으로 낮게 촛불을 비췄을 때, 살짝 열린 선반 문밖으로 긴 머리칼이 늘어져 있었다". 그런 작은 공간에 사람이 들어가는 것은 불가능해 보였지만, 퍼셀이 따로 말할 필요도 없이, "그렇게 작은 공간에서 누군가 나오기 시작했다. 나는 그 사람에게 그렇게 밖으로 나오라고, 허튼 행동은 하지 않는 게 좋다고 말했다. 밖으로 나온 그는 조금은 장난스러운 투로, 그렇게 비좁은 곳에서 나오게 되어 기쁘다고 말했다."

"그자는 우리가 체포한 여느 사람들과 달리, 온통 사슴가죽 복장을 갖춰 입고 있었다…… 내가 그자에게 신분을 밝히라고 했다. 그는 즉시 대답했다. '찰리 맨슨입니다.' 그를 뒷문으로 데리고 나와 밖에 있던 경관에게 넘겼다."

다시 집 안으로 들어간 퍼셀은, 막 침실에서 나오고 있던 또 다른 남성을 발견했다. 데이비드 리 해믹[별칭 빌 밴스, 맨슨보다 가명이 더 많은 전직 사기꾼이었다]이었다. 퍼셀이 시간을 기록했다. 오후 6시 40분. 식탁 주위에는 칼집에 든 칼이 몇 자루 있었지만 용의자들은 아무도 무장하지 않은 상태였다.

체포된 사람들은 수갑을 찬 손을 머리 위로 올린 채 경관들이 두 대의 픽업트럭을 세워둔 사워도 스프링스 쪽으로 한 줄로 걸어서 이동했다. 이동 중에 식료품을 가득 실은 자동차를 탄 여성 두 명을 추가로 마주쳤다. 그들도 체포되었다. 패티 수 자딘[본명 캐서린 질리스]과 수 바텔[별칭 컨트리 수]이었다. 용의자를 모두 트럭 한 대의 짐칸에 태우고, 다른 한 대는 길을 밝히기 위해 바로 뒤에서 따라왔다. 바커에서 5킬로미터쯤 떨어진 로터스 광산 지역에 이르렀을 때, 맨슨은 그곳 길가에 자신의 짐을 두고 왔다고 경관들에게 말했다. 퍼셀의 보고, "그는 차를 멈추고 그 짐을 챙겨달라고 했고, 우리도 동의했다. 하지만 그가 말한 곳에서는 짐을 찾을 수 없었고, 본인의 요청대로 직접 짐을 찾게 풀어줄 수는 없었다".

인디펜던스로 가는 길에 맨슨은 퍼셀과 워드에게 흑인들이 미국을 강탈할 것이며, 자신과 자신의 무리는 그런 갈등에서 벗어나 조용하고 평화로운 곳을 찾길 원했을 뿐이라고 말했다. 하지만 경찰로 대변되는 기성 세력이 그들을 내버려두지 않으려 했다. 그는 또한 그 사람들, 그러니까 경찰과 백인 모두 큰 문제에 빠졌고, 아직 기회가 있을 때 사막이나 어딘가로 탈출해야 한다고도 했다.

차를 타고 이동하는 동안, 다시 퍼셀에 따르면, 이런 일도 있었다. "맨슨이라는 자가 무리에 행사하는 지도력을 보여주는 일이 두 가지 있었다. 찰리가 뭐라 말하고 다른 사람들이 동시에 두세 번씩 '아멘'이라고 말하는 상황이 적어도 두 번 있었다. 또한 자기네끼리 속삭이거나 키득거리며 대화하던 이들이, 찰리가 그저 쳐다보기만 해도 조용해지는 일도 몇 번인가 있었다.

'그의 시선이 놀라웠던 것은, 말 한마디 없이도 분명히 효과를 낸다는 점이었다'라고 퍼셀은 지적했다.

인디펜던스에 도착해서, 용의자들은 차량 절도와 방화, 그 외 다양한 범죄로 기소되었다. 패밀리 지도자의 지문을 채취하고, 사진을 찍고, 다음의 이름으로 기록했다. "맨슨, 찰스 M., 별칭 예수 그리스도, 신."

프랭크 파울스에 따르면, 확보한 열한 대의 차량 중 세 대를 제외하고는 모두 훔친 것이었지만, 무리의 사람 대부분을 그 절도와 연관시키기에는 증거가 부족했고, 며칠 후 절반은 석방되었다. 대부분 그 지역을 떠났지만, 스퀴키와 샌디라는 두 아가씨는 모텔 방을 빌려 계속 인디펜던스에 머무르면서 맨슨을 비롯해 여전히 수감 중인 사람들의 뒷바라지를 했다.

나는 파울스에게 이 무리가 최초에 이 지역으로 들어온 이유를 아느냐고 물었다. 그는 여성 중 한 명인 캐시 질리스가 마이어스 목장 소유주 여성의 손녀라고 했다. 패밀리는 최초에 그곳에 자리를 잡은 것으로 보이는데, 이후 근처의 바커로 이동했다. 습격 후 보안서 부관이 파나민트 밸리의 인디언 목장에 살고 있는 알린 바커 부인을 조사했다. 그녀는 1년 전쯤 맨슨이 자신을 찾아와 바커 목장에서의 야영을 허락해달라고 부탁했다고 말했다. 조지 스팬과 마찬가지로 그녀도 사람이 몇 명 안 되고 며칠만 머무를 걸로 예상했다. 그 방문에서 맨슨은 바커 부인에게 비치 보이스가 「비치 보이스 투데이」 음반의 100만 달러 매출 기념으로 받은 황금 레코드를 선물로 건넸다. 그는 자신이 그 밴드의 작곡가 혹은 편곡가라고 말했다. 10월의 습격이 있기 2, 3주 전에 맨슨은 다시 그녀에게 연락해서 바커 목장을 구매하고 싶다고 했다. 그녀는 현금을 원한다고 했고, 맨슨은 돈이 생기면 다시 찾아오겠다고 했다.

맨슨은 실제로 자신이 그 땅을 소유하게 되면 지역 내 법집행기구와의 문제가 훨씬 더 줄어들 걸로 생각한 것 같다.

그때까지 나는 맨슨이 다른 계획을 가지고 있었다는 걸 몰랐는데, 그 계획이란 마이어스 목장을 손아귀에 넣는 것으로, 그러려면 캐시의 할머니를 죽여야 했다. 캐시 질리스도 이 계획에 가담했다는 증거는 없다. 하지만 그 계획은 아주 단순하고 흔한 이유로 좌절됐는데, 그녀의 집으로 가는 동안 그가 고른 세 명의 살인자가 타고 있던 차에 펑크가 난 것이다.

　나는 농장 습격과 뒤이은 수색을 통해 확보한 증거에 대해 물었다. 벅사의 칼이 있었을까? 그렇다, 몇 개 있었다. 끈은? 없었다. 철사 절단기는? 그렇다, 크고 빨간 절단기가 두 개 있었다. 그 물건들은 사막용 사륜구동차 뒤에서 발견되었는데, 그건 맨슨 개인의 지휘용 차량이었다. 루거 22구경과 클렘의 엽총 외에 다른 화기는? 하나도 없었다고 파울스는 말했다. 수색 작업에서는 어떤 경관도 크로켓과 포스턴을 비롯해 여러 사람이 패밀리가 소유하고 있다고 말한 자동소총과 엽총, 소총, 권총과 다량의 탄약은 발견하지 못했다.

　이어진 재판 내내 우리는 아직 잡히지 않은 패밀리 구성원들이 상당한 양의 무기와 탄약에 접근할 수 있다는 것을 깊이 인지하고 있었다.


　바커 목장은 파나민트산맥의 마른 도랑 중 하나인 골라 워시에 있는데, 밸러랫에서 남동쪽으로 약 35킬로미터 떨어진 곳이다. 파울스는 온 나라를 돌아다녔지만, 그 마른 도랑이 자신이 본 지역 중 가장 험한 땅이라고 했다. 그 지역에 갈 때면 반드시 걸어서 돌아다녀야 하는데, 그렇게 하지 않으면 파울스가 고른 사륜구동차 지붕에 내내 머리를 찧을 거라고 했다.

　"왜 그래요, 프랭크, 그렇게 험할 리 없잖아요." 내가 말했다.

　험했다. 마른 도랑은 대단히 좁고 자갈투성이였다. 도랑을 따라 올라가는 동안 30센티미터 전진했다가 타이어에서 찢어질 듯한 소리가 나면서 60센티미터 후진하는 일이 자주 있었다. 타이어 타는 냄새가 났다. 결국 파울스와 나는 차에서 내려 걸으며, 맥간이 운전하는 차가 30센티미터씩 전진할 수 있게 앞에 놓인 돌들을 치워야 했다. 8킬로미터를 이동하는 데 두 시간이 걸렸다.

파울스에게 마른 도랑의 사진을 찍게 했다. 배심원들에게 살인자들이 은신처로 삼은 곳이 얼마나 고립되고 외딴 지역인지 보여주고 싶었다. 정황 증거, 작은 점에 불과하지만, 그런 점들이 하나하나 모여 강렬한 사건들이 성립된다.

서로 400미터 떨어진 바커 목장이나 마이어스 목장에 살기로 한 사람이라면, 이유는 한 가지밖에 없었다. 거기엔 물이 있었다. 바커에는 심지어 수영장도 있었지만, 돌로 지은 목장 주택이나 그 앞에 늘어선 판잣집들과 마찬가지로, 그곳 역시 수리가 필요한 상태였다. 주택은 작아서 거실, 침실, 주방, 욕실만 있었다. 나는 맨슨이 숨어 있던 세면대 밑의 찬장 사진도 찍게 했다. 폭 90센티미터, 높이 15센티미터, 깊이 15센티미터였다. 퍼셀이 왜 그렇게 놀랐는지 알 것 같았다.

커다란 스쿨버스를 봤을 때, 맨슨이 마른 도랑을 따라 그 차를 끌고 왔다는 걸 믿을 수 없었다. 그런 일은 없었다고, 파울스가 말해주었다. 맨슨은 라스베이거스 쪽으로 난 도로를 통해 몰고 온 것이었다. 그것도 꽤나 고된 일이었고, 버스 상태가 그런 상황을 보여주었다. 녹색과 흰색으로 된 지저분한 버스였다. 옆면에는 미국 국기 장식과 함께 '미국—사랑하든가 떠나든가'라는 문구가 적혀 있었다. 사투치와 다른 사람들이 주택을 수색하는 동안 나는 버려진 버스로 가서 작업했다.

영장을 붙일 위치는 생각해봐야 했다. 눈에 띄는 곳이어야 했다. 하지만 그렇게 하면, 누군가 와서 영장을 떼어버릴 수 있었다. 변호인이 우리가 수색에 필요한 조치를 하지 않았다고 주장하는 상황은 원치 않았다. 나는 버스 지붕 바로 아래 선반에 영장을 붙였다. 고개를 들면 볼 수 있는 위치였다.

바닥에는 30센티미터 정도 높이로 옷들이 쌓여 있었다. 나중에 알게 된 바에 따르면 패밀리는 어디를 가든 무리의 옷을 한곳에 쌓아두고 지냈다고 한다. 어떤 옷이 필요하면 그 옷을 찾을 때까지 옷 더미를 뒤졌다. 나도 무릎 꿇고 엎드려서 뒤졌다. 특히 두 가지를 찾았는데, 피 묻은 옷과 부츠였다. 테이트 저택의 현관문 앞에는 부츠 뒷굽 모양의 핏자국이 있었다. 내가 찾길 바란 부츠는 뒷굽에 작게 톱니꼴 자국이 있는 것이었다. 부츠를 몇 켤레 찾긴 했지만, 그런 자국이 있는 것은 없었다. 또한 조 그라나도가 벤지딘 검사를 했을 때 모든 옷에서 음성 판정이 나왔다. 그럼에도 나는 과학수사국이 뭔가 발견해줄 것을 기대하며 그 옷들을 모두 LA로 가지고 왔다.

버스에는 잡지가 여덟 권에서 열 권 정도 있었고, 그중 절반은 『내셔널 지오그래픽』이었다. 그 잡지들을 뒤지며 나는 한 가지가 궁금해졌다. 모두 1939년에서 1945년 사이에 발행된 것이었고, 전부 히틀러에 대한 기사를 담고 있었다. 그중 한 권에는 로멜과 그의 사막부대 사진도 실려 있었다.

하지만 우리가 발견한 건 그게 전부였다. 우리의 수색에 수확이 있다 해도, 증거로서 가치 있는 것은 거의 없을 듯싶었다. 하지만 나는 습격에서 확보한 물건들을 몹시 살펴보고 싶었다.

인디펜던스로 돌아오는 길에 우리는 론 파인에 잠시 멈췄다. 경관들과 맥주를 마실 때 사투치는 자신과 패칫이 몇 주 전 맨슨을 조사했을 때, 라비앙카 사건뿐 아니라 테이트 사건에 대해서도 물어봤다고 했다. 나는 이튿날 헬더 경위와 통화할 때, 경위가 당시의 조사 보고서를 가지고 있을 걸로 생각하고 그 이야기를 꺼냈다. 헬더는 놀란 듯했다. LAPD의 누군가가 맨슨과 이야기한 적이 있다고는 생각지 못한 것이다. 테이트 수사팀과 라비앙카 수사팀이 협조적으로 일하지 않는다는 인상을 받은 것은 이때가 처음이다.

헬더에게 다른 소식이 있기는 했다. 좋은 건 아니었는데, 리 경사가 우리가 스팬에서 찾은 22구경 총탄들을 가지고 비교해본 결과, 모두 시엘로 드라이브 10050번지에서 발견된 것과는 달랐다.

나는 그렇게 쉽게 포기하고 싶지 않았다. 스팬 목장을 좀더 면밀히 수색해보고 싶었다.

그날 밤은 다시 위니더마에서 묵었다. 이튿날 아침 일찍 법원까지 걸었다. 신선한 공기가 뭔지 그동안 잊고 있었다. 나무와 풀에는 냄새가 있다. LA에는 냄새가 없고 스모그만 있다. 법원에서 몇 블록 떨어진 곳에서 두 명의 젊은 여성을 봤고, 그중 한 명은 아기를 안고 있었다. 아무렇게나 추측하면서 내가 물었다, "두 분이 샌디와 스퀴키인가요?" 두 사람은 그렇다고 했다. 나는 신분을 밝히고 오후 1시에 두 사람과 지방검사 사무실에서 이야기를 나누고 싶다고 전했다. 두 사람은 과자를 사주면 가겠다고 했다. 나는 사주겠다고 했다.

지방검사 사무실에서 파울스가 수사 파일을 꺼내 자신이 맨슨 패밀리에 대해 알고 있는 모든 것을 보여주었다. 사투치는 복사할 준비를 했다.

자료를 살피던 중 크로켓과 포스턴에 대한 언급을 발견했다. "인요 카운티 보안관서 부관 돈 워드가 쇼숀에서 두 광부와 이야기를 나눴고, 대화 전체가 녹음되어 있음." 나는 그 두 사람을 조사하고 싶었지만, 먼저 녹음테이프를 들으면 시간을 아낄 수 있을 것 같았기에 워드에게 연락해 테이프를 좀 갖다달라고 맥간에게 전했다.

캘리포니아 고속도로순찰대의 1969년 10월 2일 보고서에 다음과 같은 내용도 있었다. "데니스 콕스 부관이 용의자인 찰스 몽고메리, 23세(1945년 2월 12일 출생)에 대한 현장 검문 카드 작성." 현장 검문 카드란 어떤 사람을 세우고 검문할 때마다 작성하는, 세로 7.6센티미터, 가로 12.7센티미터의 문서다. 나는 그 카드를 보고 싶었다. 스팬 혹은 바커 습격에서 체포된 텍스에 대해서는 여전히 아는 게 거의 없었다.

엄청난 서류 더미를 확인한 후 나는 10월 10일에서 12일 사이에 있었던 습격으로부터 확보한 증거들을 살펴보기 시작했다. 철사 절단기는 크고 무거웠다. 그걸 가지고 전신주를 올라가기는 어려웠을 것이다. 하지만 쓸 수 있는 물건은 그 두 개밖에 없었을 것이다. 나는 과학수사국에서 테이트 저택의 전화선을 자른 것과 비교해볼 수 있게 그것들을 경관에게 넘겼다. 부츠가 있지만 특정한 자국은 없었다. 그것도 과학수사국이 볼 수 있게 챙겼다. 모든 옷의 상표를 확인했는데, 몇몇 여성 속옷은 비록 지저분했지만, 비싼 상점에서 구입한 것들이었다. 그것들도 분석을 위해 LA로 가지고 가게 했다. 위니프리드 채프먼과 수잰 스트루더스가 그것들을 보고, 혹시 샤론 테이트, 애비게일 폴저, 혹은 로즈메리 라비앙카의 것이 아닌지 확인해줘야 할 것 같았다.

스퀴키와 샌디는 약속을 지켰다. 나는 그들과 이야기하기 전에 조금 확인을 해봤다. 개략적인 정보밖에 없었지만, 두 사람 다 서던 캘리포니아에서 태어났고, 꽤 유복한 가정 출신이었다. 스퀴키의 부모는 샌타모니카에 살았고 아버지는 항공 기술자였다. 샌디의 부모는 이혼했고 각자 재혼했다. 아버지는 샌디에이고의 주식 중개인이었다. 디칼로에 따르면, 1968년 초 샌디가 패밀리에 합류했을 때 그녀에게는 6000달러 정도의 주식이 있었는데, 그녀는 그 주식을 판 돈을 맨슨에게 줬다. 그녀와 아기는 당시 복지수당으로 살고 있었다. 두 아가씨 모두 대학에 들어갔지만, 중간에 그만뒀다. 스퀴키는 토런스의 엘 카미노 주니어 칼리지, 샌디는 오리건대학과 샌프란시스코 주립대학이었다. 스퀴키는 패밀리에 가장 먼저 합류한 구성원 중 한 명이었는데, 나중에 알게 된 바에 따르면, 1967년 맨슨이 출소한 지 몇 달 만에 그와 운명을 같이하기로 했다.

기껏해야 주변인에 불과했던 디칼로를 제외하면, 그들이 내가 처음으로 이야기를 나눠본 패밀리 구성원이었다. 나는 두 사람의 표정에 곧장 충격을 받았다. 내적인 충만감으로 빛나는 표정이었다. 그런 표정을 지닌 사람들—신실한 사람들, 광신자들—은 전에도 본 적이 있지만, 그럼에도 충격적이었고, 인상에 남았다. 어떤 것도 그들을 꺾을 수 없을 듯싶었다. 그들은 말의 내용에 상관없이 거의 쉼 없이 미소를 지었다. 그들에겐 모든 질문에 답이 있었다. 진실을 발견했기 때문에 더 이상 답을 찾을 필요가 없었다. 그리고 그들의 진실이란, "찰리는 사랑이다"였다.

그 사랑에 대해 이야기해달라고 내가 말했다. 그러니까 이건 남성-여성의 의미에서 그렇다는 겁니까? 그렇다고, 그것도 있다고 했지만, 그건 일부일 뿐이라고 했다. 좀더 포괄적인 겁니까? 그렇다, 하지만 "사랑은 사랑일 뿐, 그걸 정의할 수는 없다".

그건 찰리가 가르쳐준 겁니까? 내가 물었다, 정말 궁금했다. 찰리는 그들에게 뭔가를 가르칠 필요가 없었다고, 두 사람은 말했다. 찰리는 그저 자신들이 몸을 돌려 스스로를 바라보고, 자신들 안에 있는 사랑을 볼 수 있게 해주었을 뿐이다. 그들은 정말 찰리가 예수 그리스도라고 믿었을까? 두 사람은 마치 다른 사람들은 이해할 수 없는 비밀을 공유하는 듯, 수수께끼 같은 미소만 지어 보였다.

스퀴키는 스물한 살, 샌디는 스물다섯 살이었지만, 그들에게는 어린 소녀 같은 면모가 있었고, 마치 성장하지 않고 유아기의 어느 시점에 멈춘 것 같았다. 여자아이들이 여자아이들 놀이를 하고 있었다. 거기에 살인도 포함되는 걸까? 나는 궁금했다.

찰리에 대한 여러분의 사랑은, 말하자면 조지 스팬에 대한 사랑과는 다른 것입니까? 스퀴키에게 물었다. 아니요, 사랑은 사랑이죠, 스퀴키가 말했다. 모두 같아요. 하지만 그녀는 대답 전에 잠시 망설였는데, 그렇게 대답을 해야 하지만 거기에는, 그러니까 찰리의 특별함을 부정하는 것에는 약간의 이단적인 뜻도 있음을 암시했다. 아마 그 점을 극복하기 위해서인지, 그녀는 자신과 조지 스팬의 관계에 대해서도 이야기했다. 자신은 조지와 사랑에 빠졌다고 스퀴키는 말했다. 그가 청혼하면 받아들일 거라고 했다. 조지는 내면이 아름다운 사람이라고 그녀는 계속 말했다. 그리고 침대에서도 아주 훌륭하다고, 아마 나를 놀라게 하려는 듯 덧붙였다. 그녀는 아주 구체적으로 이야기했다.

"당신의 성생활에는 관심 없습니다, 스퀴키." 내가 말했다. "하지만 당신이 테이트와 라비앙카, 힌먼, 그리고 그 외 살인 사건에 대해 알고 있는 사실에는 관심이 아주 많습니다."

두 사람의 표정은 조금도 바뀌지 않았다. 여전히 미소를 짓고 있었다. 그들은 범죄에 대해선 아는 것이 없었다. 그들이 아는 건 사랑뿐이었다.

나는 그들과 오래 이야기했고 그때쯤엔 구체적인 질문들을 던졌지만, 뜬금없는 대답밖에 들을 수 없었다. 예를 들어 특정한 날짜에 어디에 있었냐고 물으면, 그들은 "시간 같은 건 없어요"라고 대답했다. 관련성이 없으면서 방어적이기도 한 대답들이었다. 나는 그 방어벽을 뚫고 그들의 진짜 감정을 알고 싶었지만 그럴 수 없었다.

뭔가 다른 것을 감지했다. 두 사람 다 각자의 방식으로 예쁜 아가씨들이었다. 하지만 그런 개성보다 더 강렬한 공통점이 있었다. 그날 오후 패밀리의 다른 여성 구성원들과 이야기할 때도 그 점을 알 수 있었다. 똑같은 표정, 똑같은 유형의 대답, 똑같은 목소리 톤, 똑같이 개성을 결여한 모습. 그런 깨달음은 충격이었다. 그들은 내게 사람이 아니라 바비 인형을 생각나게 했다.

샌디의 거의 행복에 넘친 미소를 바라보며, 나는 프랭크 파울스가 했던 말을 떠올리고는 등골이 오싹해졌다.

아직 인디펜던스의 유치장에 있을 때, 샌디가 패밀리의 다른 아가씨들에게 이렇게 말한 적이 있다. 그녀는 "이제 나는 마침내 우리 부모님을 죽일 수 있는 단계에 이른 것 같아"라고 말했던 것이다.

레슬리, 위시, 스네이크, 브렌다, 집시―프랭크 파울스가 바커 습격에 따른 혐의로 아직 수감 중이던 그들을 유치장에서 데리고 왔다. 스퀴키와 샌디처럼 그들도 나의 "뇌물", 즉 과자나 껌을 받아들였지만, 중요한 이야기는 하나도 해주지 않았다. 그들은 대답을 연습한 것 같았고, 종종 똑같은 대답을 하기도 했다.

그들에게서 뭔가 이야기를 끌어내려면 서로 떨어뜨려놓아야만 한다는 것을 알게 되었다. 그들을 하나로 뭉치게 하는 유대감, 일종의 시멘트가 있었다. 그 유대감의 일부는 찰리 맨슨과의 이 이상한 —그리고 여전히 내게는 혼란스러운—관계였다. 부분적으로는 그들의 공통 경험, 패밀리라고 알려진 그 세계 때문이었다. 하지만 나는 그 유대감의 또 다른 요소가 두려움은 아닐지 하는 궁금증이 일었다. 자신들이 입을 열면 다른 사람들이 무슨 말을 할지, 무슨 짓을 할지 모른다는 두려움.

알아낼 방법은 그들을 계속 떨어뜨려놓는 것뿐인데, 유치장이 너무 작기 때문에 인디펜던트에서는 불가능했다.

맨슨을 제외하면, 패밀리의 남성들 가운데 여전히 수감 중인 인물은 클렘 터프츠(본명 스티브 그로건)밖에 없었다. 파울스의 수사관 잭 가디너가 열여덟 살인 그로건의 전과 기록을 내게 전해주었다.

1966년 3월 22일, 위험 약물 소지, 6개월 형. 보호관찰. 1966년 4월 27일, 상점 절도, 보호관찰 유지. 1966년 6월 23일, 풍기 문란, 보호관찰 유지. 1966년 9월 27일, 보호관찰 종료. 1967년 6월 5일, 마리화나 소지, 상담 후 방면. 1967년 8월 12일, 상점 절도, 보석금 몰수, 1968년 1월 22일, 배회, 조사 후 방면, 1969년 4월 5일, 금전 절도 및 배회, 증거 불충분으로 방면. 1969년 5월 20일, 차량 절도, 증거 불충분으로 방면. 1969년 6월 11일, 아동 학대 및 부적절한 노출······

그로건이 네다섯 살 된 아이들 앞에서 자신을 노출한 일이 있었다. "애들도 나를 원했다고요"라며 그는 현장에서 체포한 경관에게 말했다. "내가 법을 어기긴 했죠, 물건이 바지 밖으로 나왔을 때 부모들은 흥분했거든요", 나중에 법원이 지정한 정신과 의사에게는 그렇게 말했다. 그로건과의 면담 후에 정신과 의사는 그를 카마릴로 주립병원에 입원시키는 것에 반대했는데, 이유는 "이 미성년자가 지나치게 공격적이기 때문에 감금 시설이 없는 환경에 둘 순 없기 때문"이었다.

법원은 그 제안과 반대로, 그를 카마릴로에 보내 90일 동안 관찰하기로 했다. 그는 이틀 동안 머무르다 사라졌는데, 나중에 알게 된 바로는 패밀리의 한 아가씨가 도움을 주었다.

탈출 사건은 1969년 7월 19일에 있었다. 힌먼, 테이트, 라비앙카 살인 사건 발생 당시에 그는 스팬 목장에 돌아와 있었다. 8월 16일의 스팬 습격에서 체포되었지만, 이틀 후 석방되었다. 쇼티 셰이의 머리가 잘렸던 때다.

당시 그는 바커 습격의 결과 차량 절도와 불법 무기, 즉 총신을 자른 소총을 소지한 혐의를 받고 있었다. 나는 파울스에게 그 사건이 현재 어떤 상태인지 물었다.

파울스는, 그로건이 변호사의 조언에 따라 정신과 의사에게 두 차례 검사를 받았고, 그 의사들이 그를 "현재 심신상실 상태"로 판정했다고 했다.

나는 그가 정식 재판을 요청하고 심신상실을 호소했으면 좋겠다고 파울스에게 말했다. 만약 테이트 살인 사건에 관여한 혐의로 클렘을 로스앤젤레스 법정에 세우게 된다면, 그때 변호인 측이 인요 카운티 법원에서 이미 그를 심신상실로 판정했다는 것을 증거로 내세우는 상황은 피하고 싶었다. 프랭크도 그 방향을 따르기로 했다.

당시 그로건에 대한 우리 혐의는 아주 희박해서 거의 없는 거나 마찬가지였다. 도널드 "쇼티" 셰이가 죽었다는 증거조차 없었다. 그때까지 사체는 발견되지 않고 있었다. 테이트 사건에 관한 한 우리가 가진 것은 클렘이 "돼지 다섯 마리 해치웠어요"라고 말했다는 디칼로의 증언이 전부였다.

공동심리가 열릴 경우 그 증언을 사용할 수 있는 방법은 없다. 1965년 캘리포니아 대법원은 *아란다* 재판에서 검찰은 특정 피고인의 증언을, 공범인 다른 피고인의 범죄를 입증하는 증거로 사용할 수 없다고 판정했다.

*아란다* 재판은 맨슨 패밀리 구성원들에 대한 모든 재판과 관련 있기 때문에 간략히 설명하고 넘어가는 것이 좋겠다. 예를 들어 피고가 한 명보다 많은 공동심리가 열린다면 우리는 수전 앳킨스가 로니 하워드에게 했던 "우리가 한 거예요"라는 말을 사용할 수가 없다. 복수의 주어는 공범을 내포한다는 이유로 받아들여지지 않기 때문이다. 하지만 "내가 샤론 테이트를 찔렀어요"라는 그녀의 말은 사용할 수 있다. 아란다 원칙을 위반하지 않기 위해 몇몇 발언을 "세탁"할 수는 있다. 수전 앳킨스가 화이틀리와 군서에게 했던 자백, 즉 "게리의 집에 갔어요, 바비 보솔레이와"는 "게리의 집에 갔어요"로 편집할 수 있는데, 유능한 변호사라면 이의를 제기할 수 있겠지만, 검사 혹은 판사가 누구냐에 따라 종종 그 정도 발언은 위반

으로 여기지 않을 수도 있다. 하지만 "우리"라는 대명사라면 피할 방법이 없다.

따라서 맨슨이 스프링어에게 했다는 "우리가 다섯 명 해치웠습니다. 그저께 밤에"라는 말은 아무 쓸모가 없었다. 클렘이 디칼로에게 했다는 "돼지 다섯 마리 해치웠어요"라는 말도 마찬가지였다.

맨슨과 그로건이 전국적인 텔레비전 방송에서 그런 자백을 했다 해도, 공동심리가 열리면 그런 발언은 그들을 기소하는 데 절대 사용할 수 없었다.

따라서 우리는 클렘에 관한 한 사실상 아무것도 없는 상태였다.

그로건의 자료를 살피는 동안 나는 그의 형제 가운데 한 명이 캘리포니아 고속도로순찰대에 탄원서를 보냈다는 것을 알게 되었다. 어쩌면 그 형제가 클렘이 우리에게 협조하는 데 영향을 미칠 수도 있겠다는 생각에 그 점을 기억해두었다. 디칼로는 그로건을 두 단어로 묘사했다. "녀석은 바보예요." 경찰에 있는 사진—크고 환한 미소, 부러진 앞니, 멍한 시선—을 보면, 과연 천치 같았다. 나는 파울스에게 최근의 정신감정 보고서를 갖다달라고 했다.

"왜 아버지를 싫어하십니까?"라는 질문에 그로건은 이렇게 대답했다. "내가 내 아버지인데, 나는 나 자신을 싫어하지 않습니다." 그는 약물 사용을 부인했다. "나에게는 나만의 자극제가 있습니다, 아드레날린이라고. 두려움이라 불리죠." 또한 "사랑이 전부"라고 주장했지만, 정신과 의사에 따르면 "다른 인종들 사이의 형제애라는 이념은 받아들일 수 없다는 것을 드러냈다. 아마 성서에 나오는 것으로 보이는 성적 상호관계에 대한 구절을 근거로 자신의 그런 태도를 방어했다".

그 외에도 클렘은 다음과 같은 말을 했다. "나는 매일 조금씩 죽어가고 있습니다. 내 자아는 죽어가고 있고, 나 자신이 죽어가고 있음을 알고 열심히 투쟁하고 있습니다. 자아에서 벗어나면 모든 것에서 벗어나는 겁니다…… 내가 무슨 말을 하든 내게는 그것이 옳은 말입니다…… 당신이 나를 뭘로 생각하든, 그게 바로 납니다."

클렘의 철학일까? 아니면 찰리 맨슨의? 똑같은 생각을 패밀리의 여성들에게서도 들었고, 몇몇은 단어까지 똑같았다.

정신과 의사들이 맨슨의 추종자 중 한 명을 검사하고 그 대답을 근거로 심신상실 판정을 내린 거라면, 그 지도자는 어땠을까?

나는 그날 처음으로 찰스 맨슨을 봤다. 그는 미시간 불도저 방화 건에 대한 인정 절차를 위해 법정으로 이동 중이었고, 다섯 명의 보안관서 부관이 동행했다.

그가 얼마나 작은지 나는 모르고 있었다. 키가 158센티미터였다. 말랐으며, 허약한 몸집에, 등이 조금 굽었고, 갈색 머리를 길게, 거의 어깨까지 기르고 있었고, 스팬 목장 습격에 따른 체포 후에 수염을 길게 기른 상태였다—LASO와 인요에서 체포 후에 찍은 사진과 비교해 알 수 있었다. 술이 달린 사슴가죽 옷을 입고 있었는데, 싼 것은 아니었다. 수갑을 차고 있었지만, 그의 걸음은 경직되기보다는 완전히 편안한 사람처럼 가벼웠다.

이렇게 작은 사람이 그가 했다고 알려진 그 일들을 모두 저질렀다는 것을 믿기 힘들었다. 하지만 그를 과소평가하는 것은 내가 할 수 있는 가장 큰 실수임을 알고 있었다. 앳킨스와 디칼로가 했던 이야기가 사실이라면, 그는 직접 살인을 저지를 수 있을 뿐 아니라, 자신을 위해 다른 사람에게 살인을 명령할 수 있는 믿기 힘든 능력까지 지니고 있기 때문이다.

맨슨의 여자들은 인디언들이 말하는 업보karma라는 개념에 대해 많이 이야기했다. 그것은 부메랑 같은 거라고 했다. 여러분이 던진 뭔가는 결국 여러분에게 돌아온다는 것이다. 나는 맨슨 본인이 이것을 정말로 믿었을지, 그래서 그런 끔찍한 살인을 저지르고 거의 석 달 반이 지난 그 시점에, 본인의 업보가 마침내 자신에게 돌아오고 있음을 감지했을지 궁금했다. 감지했음에 틀림없다. 방화범 한 명에게 보안관서 부관 다섯 명을 붙이지는 않는다. 당시에는 몰랐다고 해도, 머잖아 우리가 던진 질문들이 감옥 안에서 퍼지기 시작할 때쯤엔 분명 알게 될 것이었다.

인디펜던스를 떠나기 전에 프랭크 파울스에게 내 집과 사무실 전화번호 둘 다 알려주었다. 뭔가 진척이 있으면, 어느 때건 상관없이 소식을 듣고 싶었다. 맨슨은 방화 혐의에 대해 무죄를 주장했고, 보석금은 2만5000달러로 정해졌다. 누군가 그 금액을 낸다면 나는 즉시 확인하고, 곧장 살인 혐의를 적용할 생각이었다. 그건 준비가 안 된 상태로 사건을 진행한다는 의미였지만, 다른 선택은 더 나빴다. 자신이 살인 혐의를 받고 있다는 것을 알게 된 맨슨은 풀려나는 즉시 도주할 테고, 그렇게 맨슨이 자유롭게 돌아다닌다면 누군가 입을 연다는 건 지극히 어려운 일이 될 것이기 때문이다.

## 1969년 11월 22~23일

그 주 주말 나는 LAPD의 테이트-라비앙카 살인 사건 자료, 인요 카운티 자료, 스팬 목장 습격 및 패밀리 구성원들과의 접촉 후 LASO가 작성한 보고서, 그리고 수많은 전과 기록을 검토했다. LAPD는 테이트 사건에 대해서만 450건이 넘는 조사를 진행했는데, 비록 전직 매춘부에게서 걸려온 시내전화만큼의 가치도 없었지만, 그동안 어떤 작업이 있었고, 어떤 작업이 없었는지를 파악해야만 했다. 나는 특히 테이트-라비앙카 사건의 피해자들과 맨슨 무리 사이에서 연결점을 찾을 수 있을지 확인하는 일에 관심이 있었다. 또한 이번 학살의 배후에 있는 동기에 대한 단서를 찾고 있었다.

이따금 작가들이 "동기 없는 범죄"라는 말을 한다. 나는 그런 짐승을 단 한 번도 본 적이 없고, 그런 것은 존재하지 않는다고 확신한다. 이유가 관습적이지 않을 수는 있다. 오직 살인자 혹은 살인자들에게만 보이는 이유일 수도 있다. 심지어 대부분 무의식적일 수도 있다. 하지만 모든 범죄는 특정한 이유로 저질러진다. 문제는,

특히 이번 사건에서는, 그것을 찾는 일이었다.

대니얼 디칼로 조사를 녹음한 7시간짜리 테이프를 들어본 후 나는 찰스 M. 맨슨이라는 자의 범죄 기록을 살펴보기 시작했다.

내가 마주하게 될 남자에 대해 알고 싶어졌다.

찰스 맨슨은 1934년 11월 12일 오하이오주 신시내티에서 태어났는데, 출생 당시 이름은 "무명의 매덕스"였고, 캐슬린 매덕스라는 열여섯 살 소녀의 사생아였다. 맨슨의 어린 시절에 대한 기록이 대부분 그렇듯, 심지어 그의 출생일도 보통은 잘못 알려져 있는데, 거기에는 그럴 만한 이유가 있다. 아들의 생일을 기억하지 못한 어머니가 그냥 11월 11일로 바꿔버린 것이다. 휴전 기념일이기도 하고 기억하기도 쉬웠다.

맨슨 본인은 나중에 자기 어머니가 십대의 매춘부였다고 주장했지만, 다른 친척들은 그녀가 그저 "느슨"했을 뿐이라고 말한다. 그중 한 명은 "걔는 늘 여기저기 돌아다니고, 술 마시고, 문제에 휘말렸다"고 말했다. 사정이야 어떻든, 그녀에게는 남자가 끊이질 않았다. 그중 한 명, 그녀보다 훨씬 더 나이가 많았던 윌리엄 맨슨과는 결혼도 했는데, 그는 아이에게 자신의 성을 물려줄 수 있을 만큼 오랫동안 그녀 곁에 머물렀다.

찰스 맨슨 아버지의 정체는 미스터리라고 할 수 있다. 1936년, 캐슬린은 켄터키주 보이드 카운티 법원에 친자 확인 소송을 제기했고, 상대는 켄터키주 애시랜드 주민인 "스콧 대령"이라는 인물이었다. 이 남자의 이름은 지금도 밝혀지지 않았다. 심지어 공식 기록에서도 그는 "스콧 대령"이라고 언급되고 있다. 4월 19일, 법원은 캐슬린에게 25달러를 지급하고, 추가로 "찰스 밀스 맨슨"의 양육비로 매달 5달러를 지급한다는 판결을 내렸다. "합의 판결"이었음에도 스콧 대령은 그 결과를 존중하지 않았던 것으로 보이는데, 1940년에 캐슬린이 그의 봉급을 압류하려 시도했기 때문이다. 대부분의 설명에 따르면 스콧 대령은 1954년에 사망했다. 공식적으로 확인된 사실은 아니지만, 맨슨 본인도 그렇게 믿었던 것 같다. 그는 또한 자신은 아버지를 만난 적이 한 번도 없다고 여러 차례 이야기했다.

캐슬린 본인의 친척들에 따르면, 그녀는 아이를 친절한 이웃들에게 맡기고 며칠, 혹은 몇 주씩 사라지곤 했다. 보통은 맨슨의 할머니나 이모가 그를 돌봐야 했다. 그는 어린 시절 대부분을 그들 중 한 명과 함께 웨스트버지니아, 켄터키, 오하이오에서 지냈다.

1939년, 캐슬린은 자신의 오빠 루서와 웨스트버지니아주 찰스턴의 주유소를 털었고, 코카콜라 병으로 종업원을 때려 기절시켰다. 두 사람은 무장 강도 혐의로 주립교도소에서 5년 형을 선고받았다. 어머니가 교도소에 있는 동안 맨슨은 웨스트버지니아주 맥메첸에서 이모, 이모부와 함께 지냈다. 맨슨은 훗날 국립소년훈련원* 상담원에게 이모부와 이모는 "결혼생활에 어려움을 겪고 있었고, 종교에 흥미를 가진 후로는 광신자가 되었다"고 말했다.

모든 쾌락은 죄악이라고 생각하는 대단히 엄격한 이모였지만 그

* 미국 연방정부에서 운영하는 청소년 교정시설, 워싱턴DC 소재.

에게는 사랑을 베풀었다. 난잡했던 어머니는, 아들이 자신을 귀찮게 하지만 않는다면 뭐든 원하는 대로 하도록 내버려뒀다. 어린애는 이 둘 사이의 줄다리기에 매달려 있었다.

1942년 가석방된 캐슬린은, 이제 여덟 살이 된 찰스의 양육권을 다시 가지고 왔다. 이어진 몇 년은 낡은 호텔 방과 새로 등장한 "삼촌들"이 뒤섞인 시기였는데, 어머니와 마찬가지로 그들도 대부분 엄청난 술꾼이었다. 1947년 캐슬린은 아들을 위탁가정에 맡기려고 시도했지만 갈 집이 없었고, 법원은 그를 인디애나주 테레 호테에 있는 보육 기관인 기보 소년학교에 보냈다. 당시 열두 살이었다.

학교 기록에 따르면 그는 "학교에 잘 적응하지 못했"고, "수업 태도는 기껏해야 무난한 정도"였다. "즐거워하고, 행복을 느끼는 짧은 순간에는 호감 가는 아이의 모습을 보여주기도" 했지만, "우울함과 피해망상을 보이는 경향"이 있었다. 그는 기보에 8개월간 머무르다가 도망쳐서 어머니에게 돌아갔다.

어머니는 아들을 원하지 않았고, 그는 다시 도망쳤다. 식료품점을 털었고, 방 하나를 빌리는 데 충분한 돈을 훔쳤다. 이어서 다른 상점들에 침입해 물건을 훔쳤고, 그중에는 무엇보다 자전거가 있었다. 현행범으로 체포된 그는 인디애나폴리스의 청소년 센터에 유치되었다. 그는 이튿날 탈출했다. 다시 체포되었을 때 법원은, 맨슨이 가톨릭 신자라는 잘못된 정보를 접했고, 지역 성직자를 통해 그를 플래너건 신부의 소년 마을에 보냈다.*

그는 그 시설의 저명한 졸업생 목록에 이름을 올리지 못했다. 도착한 지 나흘 만에 블래키 닐슨이라는 다른 소년과 함께 자동차를 훔쳐, 일리노이주 피오리아에 있는 블래키의 삼촌 집으로 도망쳤다. 가는 길에 그들은 두 건의 무장 강도를 저질렀는데, 한 건은 식료품점, 다른 한 건은 카지노 도박장이었다. 법 자체도 그렇지만, 범죄자들 사이에서도 비폭력 범죄와 폭력 범죄 사이의 구분은 존재한다. 맨슨은 열세 살에 첫 무장 강도를 저지름으로써 "졸업"한 셈이었다.

그 삼촌은 두 사람을 반겼다. 두 소년 다 지붕창을 통과할 정도로 몸집이 작았다. 피오리아에 도착한 지 일주일 만에 이인조는 식료품점에 침입해 1500달러를 훔쳤다. 두 사람의 노력에 대해 삼촌은 150달러를 주었다. 2주 후 그들은 같은 범죄를 시도했고, 이번에는 붙잡혔다. 둘은 입을 맞춰 삼촌을 연루시켰다. 아직 열세 살이던 찰스 맨슨은 플레인필드의 인디애나 소년교도소에 보내졌다.

그는 그곳에서 3년을 지냈고, 모두 열여덟 번의 탈출 시도를 했다. 교사들에 따르면, "그는 누구도 신뢰하지 않았"으며, "자신이 얻을 게 있다고 생각되는 사람 앞에서만 착한 짓을 했다".

1951년 2월, 찰스 맨슨과 열여섯 살의 다른 소년 두 명이 탈출해 캘리포니아로 향했다. 이동을 위해 그들은 자동차를 훔쳤다. 여비를 마련하기 위해서는 주유소를 털었다. 맨슨 본인의 계산에 따르면 그들은 열다섯 곳 혹은 스무 곳을 턴 후 유타주 비버 외곽에서

---

\* Father Flanagan's Boys Town은 1917년 네브래스카주 오마하에 설립된 소년 교정 시설.

절도 용의자 체포를 위해 도로를 폐쇄했을 때 검거되었다.

훔친 차를 타고 주 경계선을 넘으면서 이 젊은이들은 연방법인 다이어 법을 어긴 셈이었다. 이는 찰스 맨슨이 저지른 일련의 연방 범죄의 시작이었다. 연방 범죄는 지역 범죄나 개별 주 범죄보다 훨씬 더 엄한 형량을 받는다.

1951년 3월 9일, 성인이 될 때까지 맨슨을 워싱턴DC의 국립소년훈련원에 수감하라는 명령이 떨어졌다.

찰스 맨슨이 그곳에 있었던 동안의 기록은 세세하게 남아 있다. 나는 이 기록을 한참 후에야 얻을 수 있었지만, 일부는 여기서 인용하기로 한다. 도착 직후 그는 일련의 적성 및 지능검사를 받았다. 맨슨의 IQ는 109였다. 4년의 교과과정을 완수했지만, 그는 여전히 문맹이었다. 지능, 기술적 적성, 기민성은 모두 보통이었다. 가장 좋아하는 과목은 음악. 그를 담당했던 첫 번째 복지사는 꽤 조심스레 이렇게 적었다. "찰스는 우호적이지 않은 가정생활을 보낸 열여섯 살 소년이다. 그런 것도 가정생활이라고 부를 수 있다면 말이다." 그는 공격적으로 반사회적이라고 복지사는 결론 내렸다.

도착 한 달 후, "이 소년은 자신이 최선을 다해 적응하고 있다는 인상을 주려고 애쓰지만, 실제로는 어떤 노력도 하고 있지 않다…… 나는 종종 이 아이가 문제를 일으킬 것 같다는 느낌을 받는다".

석 달 후, "맨슨은 '제도권 정치가' 비슷한 뭔가가 되었다. 이 아이는 그럭저럭 지낼 만큼만 노력하고…… 대개는 불안하며 침울하다. 수업 시간은 대부분 친구들을 즐겁게 해주는 일에 할애한다". 보고서는 다음과 같이 결론 내렸다. "이 아이는 감정적으로 대단히 어지러운 상태로, 정신과 지도가 명백히 필요해 보인다."

맨슨은 최소한의 보안만 있는 내추럴 브리지 오너 캠프로 옮겨지기를 갈망했다. 탈주 기록 때문에 학교 당국은 정반대의 조치, 즉 교정시설로 옮기는 것이 순서라고 생각했지만, 최종 결정은 소년이 정신감정을 받은 후에 내리기로 했다.

1951년 6월 29일, 찰스 맨슨은 블록 박사에게 검사를 받았다. 정신과 의사는 맨슨의 성장 환경에는 "거부감, 불만감, 그리고 심리적 외상의 정도가 현저하다"고 평가했다. 어머니와의 관계에서 열등감이 너무 강해, "어머니에 대한 생각은 어떤 것이든 억눌러야" 한다고 계속해서 느꼈다. 왜소한 몸집, 문맹, 그리고 부모의 사랑을 받지 못했다는 사실 때문에 "그는 다른 소년들 사이에서 지위를 끊임없이 갈망한다". 그 지위를 얻기 위해 맨슨은 "사람을 다루는 손쉬운 기술을 개발했다. 그 기술이란 대부분은 유머 감각", 그리고 "사람들의 환심을 사는 능력이었다…… 이런 면모를 모두 더하면 제도권에 적응한 꽤 '매끈한' 젊은이를 생각하기 쉽지만, 이 모든 면모 뒤에 대단히 예민한 소년, 세상으로부터 일종의 사랑과 애정을 받길 바라는 마음을 아직 포기 못 한 소년이 있다는 느낌을 지울 수 없다".

의사는 맨슨이 "어떤 권위적인 지도도 받아들일 수 없다"고 판단했지만, "정신과 상담에서 나온 제안은 재빨리 받아들였다"고도 했다.

 의사가 그 점을 의심했다면, 자신의 보고서에서 그런 언급을 하지도 않았을 것이다. 이어진 석 달 동안 그는 맨슨에게 개인적인 정신과 치료를 실시했다. 찰스 맨슨도 의사에게 협조했다고 할 수 있는데, 10월 1일 보고서에서 블록 박사는 맨슨에게 가장 필요한 것은 자신감을 쌓아갈 수 있는 경험이라고 확신했다. 그 말은 곧 맨슨에게는 신뢰받는 경험이 필요하다는 뜻이었다. 의사는 이감을 제안했다.

 찰스 맨슨은 자신의 첫 번째 정신과 의사에게 사기를 친 것처럼 보인다. 학교 당국은 그를 기껏해야 "예측 가능한 위험" 정도로 여겼고, 의사의 제안을 받아들여 1951년 10월 24일 그를 내추럴 브리지 캠프로 이감했다.

 그해 11월 그는 열일곱 살이 되었다. 생일 직후에 이모가 찾아와 만약 아이가 석방되면 자신이 집과 일자리를 제공하겠다고 학교 당국에 이야기했다. 그는 1952년 2월에 가석방 심사를 받기로 되어 있었고, 이모의 제안 덕분에 가석방 허가가 날 가능성이 높았다. 하지만 심사가 한 달도 남지 않은 시점에 그는 다른 소년의 목에 면도칼을 갖다 댄 채 비역질을 했다.

 그 공격의 결과 그는 97일 동안의 좋은 시간을 잃어버렸고, 1952년 1월 18일 버지니아주 피터스버그의 연방 소년원으로 이감되었다. 한 관리자에 따르면 그는 "위험한" 인물로 간주되었고, "어떤 상황에서도 믿을 수 없다"고 했다. 8월까지 여덟 건의 심각한 규정 위반과 세 건의 동성애 행위를 저질렀다. 그의 개선 보고서에 따르면, 그렇게 불러도 되는지 모르겠지만, "맨슨은 명백히 동성애적이고 공격적인 성향을 보인다"고 했다. 그는 "감독하에서만 안전한" 인물로 분류되었다. 다른 사람들은 물론 본인을 보호하기 위해, 당국은 그를 더 엄중한 시설인 오하이오주 칠리코시의 연방 소년원으로 이감하기로 결정했다. 그는 1952년 9월 22일에 이감되었다.

칠리코시 기록 파일에 따르면, "(그는) 문제아들과 어울리고…… 작업장에서든 숙소에서든 감시가 필요한, 예측 불가능한 부류의 수감자다…… 어린 나이임에도 범죄적으로는 정교하고…… 칠리코시 같은 개방적인 교정시설에 두는 것은 대단히 적합하지 않은 것으로 보인다……". 이감된 지 한 달도 지나지 않은 시점에 나온 보고서다.

그러다가 갑자기 맨슨이 달라졌다. 그해 남은 기간에 심각한 규정 위반은 없었다. 사소한 규칙 위반이나, 지속적으로 "권위에 대해 불손한 태도"를 보이는 것 외에 그의 바른 품행은 1953년까지 이어졌다. 10월의 개선 보고서에 따르면, "맨슨은 일반적인 태도와 관리자에 대한 협조성에서 눈에 띄는 개선을 보였으며, 학습 프로그램에도 적극적인 관심을 보이고 있다…… 특히 자신의 학력 수준이 [4학년 초급 수준에서 7학년 상급 수준으로] 올랐고, 이제 대부분의 자료를 읽을 수 있고 간단한 계산을 할 수 있게 되었다는 점을 자랑스러워했다".

성적 향상, 그리고 소년원 소유의 차량들을 수리, 관리하는 수송부에서의 훌륭한 작업 태도 덕분에 그는 1954년 1월 1일 우수봉사상을 받았다. 맨슨에게 훨씬 더 중요한 것은, 1954년 5월 8일 가석방 허가를 받은 일이었다. 그는 열아홉 살이었다.

가석방 조건 중 하나는 그가 맥메첸에서 이모, 이모부와 함께 살아야 한다는 것이었다. 그는 당분간 그들과 살다가, 어머니가 근처 휠링으로 이사하자 그 집으로 들어갔다. 두 사람은 서로에게 끌리는 것 같았지만, 얼마간의 시간이 지나면 서로를 견디지 못했다.

열네 살 이후로 찰스 맨슨의 성적 접촉은 동성애뿐이었다. 가석방 직후 그는 맥메첸의 지역 병원 식당에서 종업원으로 일하던 열일곱 살의 로잘리 진 윌리스를 만났다. 두 사람은 1955년 1월 결혼했다. 생계를 위해 맨슨은 웨이터 조수, 주유소 보조원, 주차장 관리 등의 일을 했다. 그리고 차량 절도도 했다. 나중에 모두 여섯 대의 차량을 훔쳤다고 인정했다. 배운 것이 없었는지, 적어도 두 대의 차량을 타고 주 경계선을 넘었다. 한 대는 웨스트버지니아주 휠링에서 훔쳐 플로리다주 포트 로더데일에 버렸다. 1955년 7월에는, 두 번째 차량인 1951년식 머큐리를 타고 오하이오주 브리지포트에서 로스앤젤레스까지 이동했고, 임신한 아내도 함께였다. 맨슨이 마침내 골든 스테이트에 입성한 것이다. 그는 석 달 후에 체포되었고, 두 건의 다이어 법 위반을 인정했다. 연방법원에서는 머큐리 차량 절도를 인정하며 정신과 도움을 받고 싶다고 탄원했다. "저는 1954년 칠리코시에서 석방되었는데, 9년 동안 수감생활을 했습니다. 정신과 치료가 절실히 필요합니다. 저는 정신적으로 혼란스러우며, 제가 처한 정신적 혼란에서 심리적으로 탈출하기 위한 수단으로 차량 절도를 했습니다."

판사는 정신감정 보고서를 요청했다. 맨슨은 1955년 10월 26일 에드윈 맥닐 박사에게 검사를 받았다. 그는 의사에게 자신의 과거를 간략히 전했고, 자신이 처음 시설에 간 것은 "어머니에게 심술궂게 굴었기 때문"이라고 했다. 아내에 대해서는 이렇게 말했다. "그 여자는 한 남자가 얻을 수 있는 최고의 아내입니다. 여기 오기 전까지는 아내가 얼마나 좋은 사람인지 깨닫지 못했습니다. 제가 몇 번 때린 적도 있습니다. 아내는 늘 제게 편지를 씁니다. 곧 아기가 태어날 겁니다."

그는 또한 맥닐에게 "시설에서 너무 오래 지내서 '바깥세상의 진짜 삶이 어떤 것인지' 제대로 배울 수 없었습니다. 또한 아내가 있고 이제 곧 아버지가 될 예정이므로 밖에 나가 아내와 함께 지내려고 노력하는 것이 중요해졌습니다. 제 삶에서 이렇게 아끼는 사람은 아내가 유일합니다"라고 말했다.

맥닐 박사의 관찰은 다음과 같다. "그가 매우 불안한 인성을 지니고 있으며, 평생에 걸쳐 좋지 않은 환경의 영향을 받았다는 점은 명백하다…… 이 불쌍한 청년은 보호관찰을 해도 큰 위험이 없다는 것이 나의 의견이다. 다른 한편 그는 시설에서 9년을 보냈지만, 그런 조치는 그를 사회에 내보내지 않았다는 사실 외에는 어떤 이득도 없었다. 아내가 있다는 점, 그리고 곧 아버지가 된다는 점을 감안하면 그가 바로 설 가능성은 있다. 따라서 나는, 이 사건에 대해서는 면밀한 감시를 전제로 보호관찰을 고려해주실 것을 법원에 정중히 요청하는 바다." 이 제안을 받아들여 법원은 1955년 11월 7일, 맨슨에게 보호관찰 5년을 선고했다.

플로리다 혐의가 남아 있었다. 보호관찰형을 받을 가능성이 높았지만 그는 심사에 출석하지 않았다. 체포영장이 발부되었다. 그는 1956년 3월 14일 인디애나폴리스에서 체포되어 로스앤젤레스로 압송되었다. 보호관찰은 철회되었고, 캘리포니아주 샌페드로의 터미널 아일랜드에 있는 교도소에서 3년 형을 선고받았다. 찰스 맨슨 주니어가 태어날 무렵 아이의 아버지는 다시 감옥에 있었다.

"이 수감자는 분명 머지않아 심각한 문제를 일으킬 것이다"라고 안내를 맡은 교도관은 적었다. "이 친구는 어리고, 작고, 아기 얼굴을 하고 있으며, 본인을 통제하지 못한다……."

다시 일련의 검사를 받은 맨슨은 모든 영역에서 평균이었지만, "어휘력"에서만 고득점이었다. 이제 IQ는 120이었다. 직관적으로 작업 배정을 받을 때 맨슨은 "주위에 남자가 너무 많지 않은 소소한 작업을 요청했다. 그는 주변에 남자들 무리가 있으면 자신이 짜증을 내고 잘못된 행동을 하는 경향이 있다고 말했다".

로잘리는 이제 그의 어머니와 함께 로스앤젤레스에서 살고 있었다. 터미널 아일랜드에 수감된 첫해에 그녀는 매주 면회를 왔고, 어머니는 그만큼 자주 오지 않았다. "맨슨의 작업 습관과 태도는 좋을 때도 있고 나쁠 때도 있다"라고 1957년 3월의 보고서에 적혀 있다. "하지만 가석방 심사가 다가오자 그의 작업 성과는 좋음에서 탁월함으로 치솟았는데, 이는 그가 마음만 먹으면 잘 적응할 수 있음을 보여주는 것이다."

가석방 심사일은 4월 22일이었다. 3월에 그의 아내가 면회 오는 것을 멈췄다. 맨슨의 어머니는 로잘리가 다른 남자와 살고 있다고 전했다. 4월 초 그는 최소한의 감시만 있는 해안경비대로 이감되었다. 4월 10일, 민간인 복장을 한 맨슨이 해안경비대 주차장에서 차량을 훔치다 발각되었다. 탈옥 혐의로 기소된 그는 유죄 판결을 받았고, 현재 형기를 마친 후부터 5년간의 보호관찰형이 추가되었다. 4월 22일, 가석방 요청은 기각되었다.

그 사건 이후 얼마 지나지 않아 로잘리가 이혼 서류를 제출했고, 최종적으로 1958년에 이혼이 성립되었다. 그녀는 찰스 주니어의 양육권을 가졌고, 재혼했으며, 이후 맨슨이나 그의 어머니와 접촉한 일은 없었다.

1958년 4월, 연례 보고서. 그의 작업 성과는 "기복을 보임"이고, 행동은 계속 "변덕스럽고 침울하다". 거의 예외 없이 그는 자신에게 기대를 걸었던 이들을 실망시킨다. 보고서에는 이렇게 적혀 있다. "예를 들어 그는 현재 진행 중인 데일 카네기 코스에 참가자로 선발되었다. 그에게 도움이 될 것 같았고, 본인도 등록을 간절히 열망했기에 수많은 지원자를 제치고 된 것이다. 몇몇 수업에 참석하고 탁월한 성과를 내는 것처럼 보였지만, 뭔가에 마음이 상해 그만

두었고, 이후로는 어떤 교육 과정에도 참여하지 않았다."

맨슨은 "교과서에 나오는 전통적인 교정시설 수감자라고 할 수 있다…… 그는 대단히 어려운 사례이며, 향후에 얼마나 개선될지 정확히 예측하는 것은 불가능하다".

그는 1958년 9월 30일, 5년 보호관찰 조건으로 가석방되었다.

11월에 맨슨은 새로운 직업을 구했는데, 바로 포주였다. 스승은 말리부의 바텐더이자 매춘업자인 +프랭크 피터스였는데, 당시 맨슨은 그와 함께 살았다.

맨슨은 몰랐지만, 그는 교도소에서 석방된 후로 줄곧 FBI의 감시를 받고 있었다. 한때 피터스와 함께 살았던 탈옥범을 쫓고 있던 연방요원은, 맨슨의 가석방 담당관에게 맨슨이 데리고 있는 "일급 선수"는 주디라는 열여섯 살 아가씨이며, 본인이 직접 "발굴"한 사람이라고 알려주었다. 거기에 부수입으로 "팻 플로"라는 아가씨에게 돈을 뜯어내고 있다고도 했다. 팻 플로는 패서디나 출신으로 매력이 없었지만 돈 많은 부모가 있었다.

가석방 담당관이 이야기를 하자며 그를 불러들였다. 맨슨은 자신은 포주 일을 하지 않는다며 부인했다. 이제 피터스와 살지도 않는다고 했다. 주디는 다시 만나지 않겠다고 약속했다. 하지만 "돈과 섹스 때문에" 플로와의 관계는 이어가고 싶다고 했다. 어찌 됐든 본인은 "너무 오래 갇혀 있었다"고 했다. 면담 후에 가석방 담당관은 이렇게 적었다. "이 친구는 대단히 위태로운 감찰 대상자이며, 심각한 문제를 일으키는 건 시간문제일 것으로 보인다."

1959년 5월 1일, 맨슨은 랠프스 슈퍼마켓에서 37.5달러짜리 미 재무부 위조 수표를 현금으로 바꾸려다 체포된다. 그를 직접 체포한 경관에 따르면, 맨슨은 어떤 우편함에서 그 수표를 훔쳤다고 말했다고 한다. 연방 범죄가 두 건 추가되었다.

LAPD는 조사를 위해 그를 재무부 검찰국에 넘겼다. 그리고 거기서 낯부끄러운 일이 발생했다. 사고 보고서에 따르면 "안타깝게도, 문제의 수표가 사라져버렸다. 잠시 한눈판 사이 용의자가 탁자 위에 있던 수표를 삼켜버린 것이 분명하다고 수사관들은 생각하고 있다". 하지만 혐의는 그대로 유지되었다.

6월 중순, 열아홉 살의 매력적인 여성 레오나가 맨슨의 가석방 담당관에게 전화해 자신이 찰리의 아기를 가졌다고 말했다. 가석방 담당관은 그 말을 의심하며 의료 기록서를 보여달라고 했다. 그는 그녀의 배경에 대한 조사도 시작했다.

변호사의 도움으로 맨슨은 재판에서 거래를 할 수 있었다. 수표 위조 혐의를 인정하면 우편함 절도 혐의는 벗게 해주겠다는 것이었다. 판사는 정신과 감정을 명령했고, 맥닐 박사는 두 번째로 맨슨을 검사했다.

1959년 9월 28일 맨슨이 법정에 나타났을 때, 맥닐 박사와 미 법무부, 그리고 보호관찰 담당 부서가 모두 보호관찰 처분에 반대했다. 레오나가 법정에 나와 눈물을 흘리며 맨슨의 선처를 호소했다. 자신들은 사랑에 깊이 빠졌고, 찰리가 자유로운 몸이 되면 결혼할 거라고 판사에게 말했다. 임신했다는 레오나의 말은 거짓으로 판명되었고, 게다가 그녀는 캔디 스티븐스라는 이름으로 매춘을 하다 체포된 이력도 있었지만, 판사는 레오나의 청원과 바르게 살겠다는 맨슨의 약속에 감동받고, 피고에게 10년 형을 선고한 다음 그 집행을 유예하고 보호관찰을 결정했다.

맨슨은 다시 포주로 활동하며 연방법을 위반했다.

12월까지 그는 LAPD에 두 번 더 체포되었는데, 각각 차량 절도와 훔친 신용카드 사용 때문이었다. 두 혐의 모두 증거 불충분으로 기각되었다. 같은 달에 그는 매춘을 목적으로 레오나(혹은 캔디)와 캘리포니아주 니들스 출신의 엘리자베스라는 아가씨를 뉴멕시코주 로즈버그로 데리고 갔는데, 이는 또 다른 연방법인 만 법Mann Act*을 위반한 것이었다.

잠시 구류되었다가 조사를 받고 풀려난 그는 자신이 "벌은 면한 것"이라고 생각했다. 하지만 수사는 이어질 걸로 예상했다. 레오나가 자신에게 불리한 증언을 하는 것을 사전에 막기 위해 그는 정말로 그녀와 결혼했는데, 보호관찰 담당관에게는 그 사실을 알리지 않았다. 1960년 1월 내내 그는 자유로운 상태였지만, 그사이 FBI는 사건을 준비하고 있었다.

2월 하순 디트로이트 출신의 +랠프 새뮤얼스라는 아버지가 화

---

\* 매춘 등 비윤리적인 목적을 위해 여성을 주 경계선 밖으로 이동시키는 것을 금지하는 법안.

가 난 채 맨슨의 보호관찰 담당관을 찾아왔다. 새뮤얼스의 열아홉 살 된 딸 +조 앤이 항공기 승무원 학원 광고를 보고 캘리포니아로 왔는데, 학비를 다 내고 나서야 그 학원이 사기라는 걸 알게 되었다고 했다. 하지만 딸에게는 저축한 돈 700달러가 남아 있었고, 역시 사기를 당한 다른 학원생 +베스 벨던과 함께 할리우드에 아파트를 빌려서 지내고 있었다. 1959년 11월경 조 앤은 불행히도 찰스 맨슨을 만났는데, 그는 완벽하게 인쇄된 명함을 내밀며 "나이트클럽, 라디오 및 TV 제작사 스리스타 엔터테인먼트"의 사장이라고 자신을 소개했다. 맨슨은 그녀를 속여 저축한 돈을 존재하지도 않는 회사에 투자하게 했고, 그녀의 룸메이트에게 약을 먹인 후 강간하고, 조 앤을 임신시켰다. 자궁외임신이었고, 태아가 나팔관 안에서 자라며 그녀는 거의 사망할 뻔했다.

하지만 찰스 맨슨은 이미 사라진 터라 보호관찰 담당관으로서 공감하며 들어주는 것 외에 해줄 수 있는 일은 없었다. 법원의 체포영장이 떨어졌고, 4월 28일 연방 대법원은 맨슨을 만 법 위반 혐의로 기소했다. 6월 1일 그는 텍사스주 라레도에서 체포되었는데, 경찰이 그가 데리고 있던 여성들 중 한 명을 매춘 혐의로 조사한 직후였다. 로스앤젤레스로 압송된 그는 1960년 6월 23일에 재판을 받았고, 법원에서는 보호관찰 위반을 확정하고 10년 형기의 남은 기간을 교도소에서 보낼 것을 선고했다. 판사는 "스스로 보호관찰에 적합하지 않음을 과시한 사람이 있다면, 이자가 바로 그런 사람이다"라고 평가했다. 전해 9월에 그에게 보호관찰을 허가했던 바로 그 판사였다.

만 법 위반 혐의는 나중에 기각되었다. 맨슨은 1년을 꼬박 로스앤젤레스 카운티 감옥에서 지내며 재심을 청구했다. 청구는 기각되었고, 그는 1961년 7월 워싱턴주 맥닐 아일랜드에 있는 미합중국 교도소에 수감되었다. 그의 나이 스물여섯 살이었다.

직원들의 평가에 따르면 맨슨은 배우 비슷한 존재가 되었다. "그는 겉으로 비위를 맞추며 그 아래 자신의 외로움과 분노, 적대감을 숨겼다…… 활력 있고 어려 보이며, 아무렇지 않게 유창한 말솜씨를 보였던 그는, 현란한 몸짓을 섞어가며 극적으로 상황을 전하고 듣는 이의 관심을 끌었다." 또한 교도소 기록에서는, 그리고 한참 뒤 출옥 후 인터뷰에서도 특정 의견이 다양한 형태로 반복되었다. "그는 시설 생활이 자기 삶의 방식이 되었다고, 시설에 있으면 안전을 보장받을 수 있는데 그건 바깥세상에서는 얻을 수 없는 거라고 말했다."

맨슨은 자신이 "사이언톨로지"를 믿는다고 했는데, "특정한 종교적 교리를 자신의 신념으로 삼아 안주한 적은 한 번도 없지만, 지금은 사이언톨로지로 알려진 새로운 정신건강 교단에서 자신의 질문에 대한 답을 찾고 있다"고 말했다.

공상과학소설가 L. 론 허버드의 다이어네틱스에서 파생된 사이언톨로지는 당시 막 유행을 타고 있었다. 맨슨의 스승, 즉 "감사역"은 또 다른 수감자였던 레이니어 레이너였다. 맨슨은 훗날 교도소에 있는 동안 자신은 사이언톨로지의 가장 높은 단계인 "테트라 클리어"를 획득했다고 주장했다. 홍보 책자에서 허버드는 "클리어"란 "이번 생에서 자기 삶을 바로 잡은 사람"이라고 정의했다. 이런 정의가 어떻게 찰스 맨슨에게 적용될 수 있는지는 납득하기 어렵다.

사이언톨로지에 대한 맨슨의 관심은, 음악을 제외하면, 다른 어떤 대상들에 대한 관심보다 오래 지속되었다. 하지만 데일 카네기 과정과 마찬가지로, 그는 자신의 열정이 유지되는 동안만 거기에 매달렸다가, 이내 버렸고, 몇몇 용어나 구절("감사역" "존재하기를 멈추다" "현재에 진입하다")과 개념들(업보, 윤회 등)만 빌려와 계속 활용했다. 그런 용어들은, 어쩌면 적절하게도, 우선은 사이언톨로지부터가 다른 곳에서 빌려온 것이었다.

9월에 연례 개선 보고서를 작성할 때도 그는 여전히 사이언톨로지에 관심을 갖고 있었다. 뿐만 아니라, 보고서에 따르면 그 관심 덕분에 그는 "자신에 인성에 대해 반쯤은 전문적인 평가를 하게 되었고, 그 결과는 신기하게도 이전의 사회학적 연구에서 나온 평가와 상당히 일치했다. 그는 이러한 원칙에 대한 학습을 통해 자신의 문제를 어느 정도 통찰하게 되었다. 맨슨은 난생처음 나아지는 모습을 보이고 있다".

이 보고서는 또한 맨슨이 "소프트볼과 야구, 크리켓에서 적극적인 모습을 보이고 있으며, 연극반 및 자기 개선 모임의 회원이다"라고 적고 있다. 그는 "기타 연주에도 어느 정도 열정적인 모습을 보이고 있다". 사실 그는 훨씬 더 험한 기관으로 알려진 리벤워스로의 이감을 요청했는데, "기타 연습을 더 자주 할 수 있을 거라고 주장했"던 것이다. 이 요청은 거부되었다.

그는 11개월 동안 한 작업장에서 안정적으로 일했는데, 이는 그가 교도소에서 가장 오래 유지했던 작업이지만, 감방에서 물건을 밀매한 후 다시 잡역부로 일해야 했다.

그해 9월의 연례 보고서는, 스물여덟 살의 이 수감자에 대해 아주 자세하고 가혹한 평가를 내리고 있다.

"찰스 맨슨은 관심을 받고 싶어하는 몹시 강렬한 욕망을 지니고 있다. 보통 긍정적인 행동을 통해서는 성공할 수 없기 때문에, 종종 그 욕망을 충족시키기 위해 부정적인 행동에 의존한다. 자아를 '발견'하려는 노력의 일환으로 맨슨은 사이언톨로지나 불교 같은 서로 다른 종교 교리를 통독하지만, 의미 있는 성과를 얻을 만큼 충분히 오래 어떤 가르침에 빠져 지내지는 못한다. 맨슨은 일반적인 수준 이상으로 직원들의 관심 대상이 되었지만, 그의 품행에서는 어떤 변화의 암시도 읽어낼 수 없었다. 깊이 박힌 인성 문제를 고려할 때…… 지속적인 수감생활이 필요해 보인다."

1963년 10월 1일, 교도소 당국은 다음과 같은 보고를 받는다. "본 기관이 수령한 법원 문서에 따르면 맨슨은 1959년 캘리포니아주에서 레오나 맨슨과 결혼했으며, 이 결혼은 1963년 4월 10일 콜로라도주 덴버에서 이혼 판결을 받으며 끝났다. 이혼의 원인은 정신적 학대 및 흉악 범죄로 인한 수감이었다. 한 명의 자녀 찰스 루서 맨슨은 이 결혼에서 태어난 것으로 보인다."

맨슨의 기록에서 두 번째 결혼과 두 번째 자녀에 대한 언급은 이

것이 유일하다.

맨슨에 대한 1964년 9월의 연례 보고서도 그의 행동들을 명확하게 기록하고 있는데, 전혀 고무적이지 않다. "과거에 보였던 작업장에서의 불안정함이 계속되고…… 관심을 받으려는 강력한 욕구를 가진 것으로 보이며…… 감정적으로 불안하고 다양한 광적인 관심사에 관여하려는 경향을 보인다."

이 "광적인 관심사"는 교도소 보고서에 적시되어 있지 않지만, 적어도 몇 가지는 알려져 있다. 사이언톨로지 등과 함께 이제 세 번째 관심사가 생겼다. 1964년 1월 「아이 원트 투 홀드 유어 핸드 I Want to Hold Your Hand」가 미국 음반 차트 1위에 올랐다. 다음 달 "리버풀 출신의 네 청년"이 뉴욕에 도착하면서 미국은 '비틀스 열풍'에 휩싸였는데, 영국보다 빠르지는 않았지만 그 열기만큼은 뒤지지 않았다. 동료 수감자였던 맥닐에 따르면, 비틀스에 대한 맨슨의 관심은 강박에 가까웠다. 그건 팬이었기 때문에 당연히 따라오는 관심이 아니었다. 그의 반응에는 적잖은 질투가 섞여 있었다. 맨슨은 기회만 주어진다면 자신이 비틀스보다 훨씬 더 크게 될 수 있다고 여러 사람에게 말했다. 그중 한 명은 마 바커 범죄단의 유일한 생존자 앨빈 카피스였다.* 맨슨은 늙어가던 이 범죄자가 기타를 칠 수 있다는 것을 알고 나서는 그와 우정을 쌓아갔다. 카피스는 맨슨에게 기타를 가르쳐주었다. 다시 한번 눈에 띄는 패턴이다. 맨슨은 자

---

\* 바커 범죄단은 케이트 바커를 중심으로 활동한 1930년대 미국의 가족 범죄단이다.

신과 관련 있는 거의 모든 사람에게서 어떻게든 뭔가를 얻어냈다.

1966년 5월 "맨슨은 계속 깔끔한 행동 기록을 유지하고 있다…… 최근에는 자유 시간 대부분을 작곡에 바치고 있는데, 지난 1년 동안 80곡에서 90곡 정도 쌓아두었고, 석방 후에 그 곡들을 팔기를 희망하고 있다…… 그는 기타와 드럼 연주도 하고 있으며, 기타 연주자나 드러머, 혹은 가수로서 안정적인 일자리를 얻기를 바라고 있다…….

그가 교도소에서 나가 자유세계에 적응하려면 상당한 도움이 필요할 것이다."

1966년 6월 찰스 맨슨은 석방을 위해 터미널 아일랜드로 돌아왔다.

1966년 8월 "맨슨은 10년 형기의 끝을 앞두고 있다. 범죄와 수감을 반복하는 그의 패턴은 십대 시절까지 거슬러 올라간다. 이 패턴은 자유로운 사회에 있든 시설 공동체에 있든 그가 보인 불안정한 모습들 중 하나다. 그의 태도나 행위, 혹은 행동 방식에서 변화는 거의 기대할 수 없다……." 이 마지막 보고서는 맨슨이 더는 학업이나 직업 교육에 관심이 없다고 지적했다. 또한 그는 더 이상 사이언톨로지 옹호자가 아니며, "자신의 기타와 음악을 숭배하게" 되었으며, 마지막으로, "갈 곳이 없기 때문에 석방 후의 계획도 전혀 없는 상태다"라고 지적했다.

찰스 맨슨이 석방되던 날 아침, 그는 계속 교도소에 남게 해달라고 당국에 간청했다. 교도소가 그의 집이 된 거라고, 그는 말했다. 그는 자신이 바깥세상에 적응할 수 없을 것 같다고 했다.

그의 요청은 거부되었다. 그는 1967년 3월 21일 오전 8시 15분에 석방되었고, 로스앤젤레스까지 교통편이 제공되었다. 같은 날 그는 샌프란시스코에 보내달라고 요청했고, 그 요청은 받아들여졌다. 바로 그곳 헤이트 애시베리 교차로에서, 그해 봄 패밀리가 탄생했다.

찰스 맨슨은 서른두 살이었다. 그중 17년, 그러니까 인생의 절반 이상을 시설에서 보냈다. 그 17년 동안 맨슨이 정신감정을 받은 것은 세 번뿐이었고, 그나마 대단히 피상적이었다.

맨슨의 기록들을 조사한 나는 폭력이 지속적이지 않다는 것을 발견하고 놀랐다. 열세 살에 무장 강도, 열일곱 살에 동성 강간, 스무 살에 아내 폭력, 그게 전부였다. 하지만 나는 연방 범죄의 수치를 보고는 그냥 놀라는 것 이상으로 대경실색했다. 100건의 범죄가 있으면 그중 99건은 절대 연방법원까지 가지 않는다. 하지만 여기서 맨슨은 "교묘한 범죄"를 저지르는 것으로 묘사되고 있는데, 다이어 법과 만 법을 어겼고, 우편물 탈취, 정부 수표 위조 등을 범했다. 만약 맨슨이 주 법원에서 유사한 범죄로 재판을 받았다면, 아마 그의 형기는 17년이 아니라 *5년 미만*이었을 것이다.

왜 그랬을까? 나로서는 짐작만 해볼 수 있을 뿐이다. 어쩌면 터미널 아일랜드에서 마지못해 석방되면서 본인이 말했던 것처럼, 교도소가 그에게는 유일한 집이었기 때문일 수도 있다. 또한 의식적으로든 무의식적으로든, 그가 엄한 처벌을 받는 범죄만 찾아다

넣을 수도 있다. 세 번째 추측은—나는 이 세 가지가 결합되었을 가능성도 배제하지 않고 있다—가장 강력한 권위에 도전하려는 욕구, 강박에 가까운 욕구에 따른 것일 수도 있다.

아직 찰스 맨슨을 이해하려면 한참 멀었다. 비록 그의 행동에서 패턴을 찾아냈고, 이는 그의 다음 행동을 알려주는 단서가 될 수는 있지만, 여전히 많은 부분이 빠져 있었다.

강도, 차량 절도범, 위조범, 포주, 이것이 집단 살인자의 초상이었을까?

내게는 질문이 대답보다 훨씬 더 많았다. 그리고 아직은, 그의 동기를 밝혀주는 단서는 하나도 없었다.

## 1969년 11월 24~26일

헬더와 러페이지 경위가 여전히 테이트와 라비앙카 사건의 담당자였지만, 그러한 배정은 기능적이라기보다는 관할에 따른 것이라고 할 수 있는데, 각각의 경사는 다수의 다른 살인 사건도 담당하고 있었기 때문이다. 원래 두 사건에는 열아홉 명의 형사가 배정되었다. 그 숫자가 이제 여섯 명으로 축소되었다. 뿐만 아니라, 이상한 이유로, 라비앙카 사건에는 피해자가 두 명밖에 없었지만 네 명의 형사가 배정되었다. 필립 사투치, 마이크 닐슨, 마누엘 "칙" 구티에레즈, 그리고 프랭크 패칫 경사였다. 하지만 피해자가 다섯 명인 테이트 사건에는 형사가 두 명뿐이었는데, 로버트 칼킨스와 마이크 맥간 경사였다.

나는 칼킨스와 맥간을 불러 회의를 열고, 필요한 작업의 목록을 전달했다. 예를 들면 이런 것이다.

테리 멜처를 조사할 것.

시엘로 드라이브 10050번지에서 발견된 잠재지문을 패밀리 구성원 전원의 지문과 대조해볼 것.

1969년 8월 21일 인요 카운티 보안관서의 데니스 콕스 부관이 작성한 현장 검문 카드에 적힌 특징들(남성/백인/186센티미터/66킬로그램/날씬한 몸매/붉은 피부색/1945년 12월 2일생)을 바탕으로 찰스 "텍스" 몽고메리에 대한 지명 수배를 내릴 것. 나는 그가 체포되기 전에 사건이 해결돼버리면 절대 그를 찾을 수 없을 거라고 말했다.

패밀리 구성원 전원의 사진을 채프먼과 개럿슨, 테이트의 정원사, 그리고 피해자들의 가족과 친구, 사업 관련자들에게 보여줄 것. 연결점이 나오면 나에게 보고할 것.

패밀리 구성원 중 안경을 쓰는 인물이 있는지 확인하고, 테이트 살인 현장에서 발견된 안경이 패밀리 구성원의 것인지도 확인할 것.

"그 일을 어떻게 합니까?" 칼킨스가 물었다. "그들이 인정하지 않으려 할 텐데요."

"키티 루트싱어나 스테퍼니 슈람처럼 협조할 의사가 있는 패밀리 구성원의 지인이나 부모, 친척들과 이야기해보셔야 할 겁니다." 내가 말했다. "미국 전역과 캐나다의 안과 의사들에게 안경알을 확인하면, 분명 서른다섯 명쯤은 맞춰볼 수 있을 겁니다."

그 정도가 초기에 우리가 짐작했던 패밀리의 규모였다. 나중에는 그 숫자가 100명 혹은 그 이상이라고 몇 번이나 들었다. 핵심 구성원, 즉 상당 기간 머무르며 그 안에서 벌어지는 일에 관여했던 인물의 숫자는 스물다섯 명에서 서른 명 사이였다.

뭔가 떠올랐다. "개럿슨은 확인해보셨죠, 그렇지 않습니까? 그러니까 안경이 그 사람 것인지 말입니다."

두 사람은 확신이 없었다. 그 건은 다시 확인해주기로 했다.

나중에 나는 개럿슨이 최초의 (그리고 얼마 동안은 유일한) 용의자였지만, 살인 현장에서 발견된 유일하게 중요한 단서였던 그 안경이 그의 것인지 확인해볼 생각을 한 사람은 아무도 없었다는 것을 알게 되었다. 수사진은 그가 안경을 쓰는지 여부도 묻지 않았다. 그는 가끔 안경을 썼다. 그 사실은 그의 변호사인 배리 탈로와 이야기하던 중 알게 되었다. 나는 LAPD를 통해 개럿슨이 석방 후 돌아간 고향인 오하이오주 랭커스터의 경찰에게 연락했고, 그쪽 경찰이 지역 안과 의사에게 처방전을 확인했다. 비슷하지도 않았다.

그동안 확인한 증거를 보면 개럿슨이 살인에 관여했다고는 생각되지 않는데, 나는 피고의 변호사가 이 용의자에게 손가락질하거나 혹은 안경을 들이대는 상황은 피하고 싶었다.

그리고 그 안경이 누구 것인지 궁금하기도 했다.

칼킨스와 맥간이 떠난 후, 나는 라비앙카 팀 형사들과 접촉해 사진이나 웨이벌리 드라이브에서 나온 잠재지문과 관련해 비슷한 지시를 내렸다.


맨슨의 구성원 여성 중 다섯 명이 여전히 인디펜던스의 감옥에 있었다. LAPD는 그들을 로스앤젤레스로 데리고 와 개별적으로 심문하기로 했다. 그들은 시빌 브랜드에 송치될 예정이었고, 한 명 한 명 "분리"하기로 했다. 이는 그들이 서로는 물론, LAPD가 지정한 인물 외에는 그 누구와도, 예를 들어 수전 앳킨스와도 접촉할 수 없다는 뜻이었다.

LAPD로서는 좋은 시도였다. 개별적으로 조사하면, 한 명 혹은 그 이상이 입을 열기로 마음먹을 가능성이 있었다.

그날 저녁, TV 해설자인 조지 퍼트넘이 수요일에 테이트 살인 사건의 범인을 발표하겠다는 말로 시청자들을 놀라게 했다. 우리 사무실에서 LAPD에 연락했고, LAPD 홍보 대변인인 헤이건 경위가 퍼트넘을 비롯한 언론사와 접촉해 발표를 미루어달라고 요청했다. 그런 보도는 수사 과정에 방해가 될 것이기 때문이다. 신문사와 통신사, 그리고 라디오와 TV 방송국들이 모두 그 이야기를 묻어두기로 했지만, 12월 1일 월요일까지 단 일주일 미루는 것뿐이었다. 너무나 큰 뉴스였고, 다른 언론이 특종을 낼까봐 모두들 두려워하고 있었다.

정보가 샌 것이다. 이 일이 마지막이 되지도 않을 것이다.

화요일인 25일 인요 카운티 지방검사 프랭크 파울스에게서 전화가 왔고, 우리는 몇몇 정보를 교환했다.

파울스는 샌드라 굿이 하는 이야기를 또 건너 들었다고 했다. 그녀가 다른 패밀리 구성원에게 찰리가 "알리바이를 만들" 거라고 이야기했다는 것이다. 그가 테이트-라비앙카 사건으로 재판에 서게 된다면, 살인 사건이 벌어질 당시에 찰리가 아예 로스앤젤레스에 있지도 않았음을 보여주는 증거를 만들어낼 거라고 했다.

나는 내가 들은 소문을 파울스에게 들려주었다. 맥간에 따르면, 라스베이거스 경찰의 정보원이 찰스 "텍스" 몽고메리와 브루스 데이비스가 전날 녹색 폴크스바겐을 몰고 그곳에 나타났다고 알려주었다고 했다. 그들은 돈을 따서 맨슨의 보석금을 마련할 예정이며, 이 일에 실패하면 누군가를 죽일 거라고 말했다.

파울스도 맨슨의 아가씨들 사이에서 비슷한 소문을 들었다. 그는 그 이야기를 진지하게 받아들인 나머지, 인요 카운티에 있는 자신의 가족을 추수감사절 주말에 다른 곳으로 보내기도 했다. 하지만 본인은 보석 시도를 미연에 방지하기 위해 남은 것이었다.

통화를 마친 나는 라비앙카 팀의 패칫과 구티에레즈에게 전화해, 살인 사건이 있던 주말에 맨슨의 행적에 대한 자세한 보고서를 작성해달라고 했다. 테이트 팀 형사들과 달리, 그들은 어떻게 하면 되는지 묻지 않았다. 그들은 그냥 나가서 일을 해냈고, 증거를 가지고 왔다. 우리가 확보한 다른 정보와 그 증거를 합치면, 어떤 알리바이도 박살낼 수 있을 것 같았다.

그날 오후 맥간과 패칫이 로니 하워드를 한 번 더 조사했고, 이번에는 녹음도 했다. 그녀는 LAPD와 마지막으로 이야기한 후 추가로 기억해낸 몇몇 세부 사항을 알려주었지만, 현재 수사에 도움이 될 만한 것은 없었다. 우리는 아직 그 살인범들이 누구인지 모르고 있었다.

11월 26일 수요일. "보솔레이에 대해 배심원 불일치 평결." 부검사 한 명이 내 방문 앞에서 소리쳤다. "유죄 8 대 무죄 4."

사건이 너무 빈약해서 검찰에서는 사형을 구형할 수도 없었다. 또한 배심원단이 대니 디칼로를 신뢰하지 않았다. 마지막 순간에 적절한 준비도 없이 불려나온 그는 믿을 만한 증인이 되지 못했다.

그날 늦게 LASO가, 새로운 재판에서는 내가 보솔레이의 기소를 맡아줄 수 있을지 문의했고, 나는 이미 담당하고 있는 두 건에 더해 이 사건까지 맡게 되었다.

같은 날 오전, 버지니아 그레이엄이 자신이 아는 것을 누군가에게 털어놓기로 결심했다. 며칠 전 그녀의 남편이 코로나에 있는 그녀를 찾아왔다. 면회실에서 유리창 너머의 전화로 속삭이던 그녀는, 베니딕트 캐니언 살인 사건에 대해 누군가 이야기하는 것을 들었다며, 어떻게 해야 할지 모르겠다고 말했다.

남편이 조언했다. "자기 일이나 잘 챙겨."

하지만 나중에 그녀는 이렇게 말했다. "차마 말할 수 없는 많은 것을 알게 됐는데, 역겨워. 상황이 너무 안 좋고, 이런 상황에서 누가 자기 일이나 잘 챙길 수 있겠어?" 버지니아 그레이엄은 로니 하워드가 이미 경찰에 이야기했다는 사실은 몰랐다고 나중에 말했다. 하지만 이 일 직전에 한 무리의 여성들이 시빌 브랜드에서 코로나로 이송되었고, 그들과 함께 교도소에 떠도는 풍문이 전해졌을 가능성은 있다.

드라이저 박사와 면담을 잡지 못한 버지니아는 대신 상담사를 찾아갔다. 코로나 교도소 당국자가 LAPD에 전화했다. 그날 오후 3시 15분, 닐슨 경사가 교도소에 도착해 그녀의 증언을 녹음했다.

테이트 살인 사건에 관여한 사람이 네 명인지 다섯 명인지 확신하지 못했던 로니와 달리, 버지니아는 여자 셋과 남자 하나가 있었다는 세이디의 말을 기억하고 있었다. 하지만 로니와 마찬가지로 그녀 역시 그 남자, 즉 "찰스"는 맨슨이었을 거라고 가정했다.

다섯 명의 여성에 대한 개별적인 조사가 같은 날 오후와 저녁에 시빌 브랜드에서 진행되었다.

마누엘 "칙" 구티에레즈 경사가 다이앤 블루스타인(별칭 스네이크, 본명 다이앤 레이크, 21세로 알려졌지만 실제 나이는 16세)을 조사했다. 대화는 녹음되었다. 나중에 그 테이프를 들은 나는 내 귀를 의심했다.

문. "나는 구티에레즈 경사이고, 로스앤젤레스 경찰청 강력반에서 일하고 있습니다…… 이미 몇몇 여성과는 이야기를 나누었습니다. 모두 아주 착했고, 우리는 꽤 길게, 길게 이야기했습니다. 스팬에서 있었던 일에 대해서는 우리도 많이 알고 있습니다. 다른 곳에서 벌어진 일도 많이 알고 있습니다. 누가 관여했고, 누가 관여하지 않았는지 압니다. 그리고 어쩌면 당신은 모르고 있는 일들도 우리는 알고 있고, 그 점에 대해서는 적절한 때가 되기 전에 말해줄 수 없지만, 관여한 사람들과는 모두 이야기를 해야 합니다, 무슨 뜻인지 알겠죠? 나는 찰리와 패밀리, 그리고 그 모든 사람에 대해 이야기하는 겁니다. 당신이 패밀리에 얼마나 단단히 결속되어 있는지는 모릅니다. 정말 단단히 결속되어 있을 수도 있겠지만, 누군가는 파멸을 맞을 테고, 누군가는 여러 건의 살인 사건 때문에 가스실에서 약을 먹게 될 겁니다. 당신이 그 사건들에 참여했을 수도 있겠죠, 몇몇 사람이 그런 암시를 하고 있으니까."

다이앤이 그 어떤 살인에 관여했다는 증거는 전혀 없었지만, "칙"은 그런 점을 신경 쓰지 않았다.

"내가 여기 온 건 특별한 이유가 있어서인데, 그건 당신 이야기를 듣는 것, 당신이 무슨 말을 하는지 확인하는 겁니다. 그런 다음 지방검사에게 가서 '저기요, 다이앤이 이렇게 말했는데, 석방을 대가로 증언을 하겠답니다'라고 말하는 거지. 우리는 당신을 잡아두는 일에는 관심 없어요. 우리는 큰 놈에게 관심이 있고, 그게 누군지는 알고 있죠, 그렇죠, 자기?"

답. [대답 소리 안 들림]

문. "자, 누군가는 가스실에 들어가야 해요, 그건 알고 있겠죠? 너무 큰 사건이라서 말이야. 이번 세기 최대 사건이니까. 그건 당신도 알고 나도 압니다. 그러니까, 당신이 기소당하고 남은 인생을 감옥에서 보내는 상황을 피하려면, 무슨 대답이든 해야 한다는 거예요…… 지금 열네 건의 살인 이야기를 하는 겁니다, 내가 무슨 사건 이야기하는 건지 알죠?"

답. [알아들을 수 없는 소리]

구티에레즈는 다이앤에게 그녀가 열네 건 모두에 관여되었다고 말했다. 그리고 말을 이었다. "나는 당신한테 완전한 면책권을 줄 준비가 돼 있어요, 그러니까 당신이 나한테 솔직하게 말해주면, 조금도 숨기는 것 없이 그렇게 해주면, 나도 솔직하게 말할 거고, 그러면 내 보장하지만, 당신은 감옥을 나가서 자유로운 여성으로 새로 시작하고, 절대 저기 인디펜던스에 다시 갈 일은 없다는 겁니다. 내가 진심이 아니라면 이런 말을 하지 않아요, 알겠죠?"

사실 구티에레즈 경사는 이런 것을 보장할 권한이 없었다. 면책권을 주는 것은 복잡한 절차로, 경찰뿐 아니라 검찰의 승인도 필요하며, 최종 결정은 법원에서 내려진다. 구티에레즈는 마치 면책권이 무슨 껌이라도 되는 양 아무렇지 않게 제안한 것이다.

다이앤이 아무 말 없자 구티에레즈 경사는 이렇게 말한다. "자, 아무 말이 없다는 건 무슨 뜻일까요, 어? 그건 지금 자기가 그 찰리라는 작자를 위해 위험을 무릅쓰고 있다는 증거예요. 자, 찰리가 도대체 뭔데? 그 작자가 당신들 모두를 문제에 끌어들인 거잖아요. 지금 이 자리에서 그 문제로부터 벗어나 바로잡을 수 있는데, 당신은 뭐 땜에 침묵을 지키고 있냐고요? 찰리를 위해서? 찰리는 절대 감옥에서 못 나옵니다. 알잖아요, 그렇죠? 이제 좋은 관계에서 다시 이야기해볼까요? 어?"

답. "네."

문. "좋습니다. 나는 망치나 호스 같은 걸로 당신 머리를 때리지 않을 거예요. 내가 원하는 건 사이좋게 이야기하는 것뿐이니까……"

구티에레즈는 거의 두 시간 동안 다이앤을 조사했지만, 이 열여섯 살 아가씨에게 얻어낸 정보라고는 그녀가 사탕을 좋아한다는 사실 정도밖에 없었다.

나중에 다이앤 레이크는 검찰의 중요한 증인 중 한 명이 된다. 하지만 이는 인요 카운티 당국자들, 특히 기븐스와 가디너의 공이었는데, 그들은 협박이 아니라 인내심과 공감 어린 이해심을 바탕으로 대화를 시도했다. 그것이 모든 차이를 만들어냈다.

다이앤에게서 아무것도 얻어내지 못한 구티에레즈는 다음으로 레이철 모스(별칭 위시, 본명 루스 앤 무어하우스, 18세)를 조사했다. 루스 앤은 대니 디칼로가 자신이 "좋아했던 아가씨"라고 밝힌 인물이며, 바커 목장에서 그에게 첫 살인을 하고 싶어 못 견딜 지경이라고 말했던 인물이다.

다이앤과 달리 루스 앤은 구티에레즈의 질문에 대답했지만, 대부분은 거짓말이었다. 그녀는 쇼티나 게리 힌먼, 케이티라는 이름을 들어본 적이 없다고 했다. 자신이 아는 게 거의 없는 이유는, 패밀리와 아주 짧은 시간 동안만 함께 지냈기 때문이라고, 스팬 목장 습격이 있기까지 한 달 정도만 함께 지냈기 때문이라고 했다(다섯 명의 여성이 모두 이렇게 말했는데, 사전에 입을 맞춘 것이 분명했다).

문. "당신이 아는 건 전부 이야기해주세요, 아마 당신은 대배심에서도 증언하게 될 테니까."

답. "저는 아무것도 몰라요."

문. "그럼 나머지 사람들과 함께 지내야겠네요. 당신은 감옥에 갈 겁니다. 협조하지 않으면 감옥에 갈 텐데, 거기가 어떤 곳인지는 내가 말해줄게요. 거기 가면 당신한테 약을 먹일 거예요. 청산가리 알약."

답. (거의 비명을 지르며) "저는 아무 짓도 안 했다고요! 아무것도 몰라요."

그리고, 잠시 후.

문. "몇 살이죠?"

답. "열여덟이요."

문. "그러면 가스실에 보낼 수 있는 나이네."

그녀가 그 어떤 살인 사건에 관여했다는 증거 역시 없었지만, 구티에레즈는 이렇게 말했다. "살인이 열네 건이고, 당신은 그 모든 사건에 관여했어요!" 그는 또한 완전한 면책권을 약속하고("살인죄로 저기 감옥에 가거나, 아니면 자유롭게 풀려나는 겁니다"), "게다가 보상금도 2만5000달러나 된다고요"라고 덧붙였다. 마논 미넷(별칭 집시, 본명 캐서린 셰어, 27세)은 패밀리의 여성 구성원 중 나이가 가장 많았지만, 형사에게 쓸모 있는 정보는 하나도 주지 않았다. 브렌다 매칸(본명 낸시 피트먼, 18세)도 마찬가지였다.

하지만 스무 살의 레슬리 생크스턴은 달랐다.

그때까지 알려져 있지 않던 레슬리 생크스턴(본명 밴하우튼)은 마이크 맥간이 조사했다. 맥간은 그녀의 부모를 팔고, 양심에 호소하고, 범죄의 잔혹함을 이야기하고, 다른 사람들이 이미 그녀의 사건 관여를 이야기했다고 떠보기도 했지만, 아무것도 통하지 않았다. 레슬리에게 통한 것은 소녀 같은 장난, '나는 네가 모르는 것을 알고 있는데' 식의 놀이였다. 그녀는 자기가 판 함정에 여러 번이나 빠졌다.

문. "거기 있을 때 테이트 살인 사건에 대해 들은 것이 있습니까?"

답. "나 귀먹었어요. 아무것도 안 들려요." [웃음]

문. "거기서 다섯 명이 죽었습니다, 언덕에서요. 세 명이 거기 갔다는 건 확실히 알고 있습니다. 네 번째 인물도 알 것 같습니다. 그런데 다섯 번째 인물은 모르겠어요. 그게 당신이 아닐까 의심하고 있습니다. 왜 말을 안 하는 거죠? 무슨 일이 있었는지 알고 있잖아요."

답. "나한테 좋은 생각이 있어요."

문. "나는 누가 관여했는지 알고 싶습니다. 어떻게 진행되었는지. 아주 작은 세부 사항까지요."

답. "[인디펜던스의] 패칫 씨에게 생각이 바뀌면 말하겠다고 했어요. 아직 생각 안 바뀌었어요."

문. "언젠가는 말해야만 할 겁니다."

답. "오늘은 아니에요······ 어떻게 스팬까지 거슬러 올라갈 생각을 했어요?"

문. "8월 8일 밤에 외출한 사람이 누굽니까?"

답. [웃음] "아, 그날 밤은 제가 일찍 잠들어서요. 진짜예요, 그 이야기는 하고 싶지 않아요."

문. "누가 나갔습니까?"

답. "바로 그 이야기를 하고 싶지 않다고요."

이 모든 것이, 적극적 참여라고는 할 수 없지만, 적어도 자신이 아는 것에 대한 인정이었다.

그녀는 살인에 대해서는 이야기하고 싶지 않다고 했지만, 패밀리 이야기는 피하지 않았다. "이보다 더 근사한 사람들은 만날 수 없어요", 그녀가 맥간에게 말했다. "목장에 있는 남자들 중 나는 클램을 제일 좋아했어요. 그 사람이랑 함께 있으면 재미있어요." 바보 같은 미소의 클램은 어린이들 앞에서 맨몸을 노출하는 일을 즐겼던 인물이다. 세이디 역시 "진짜 근사한 사람이지만, 그녀는 종종 거친 모습을 보이는 경향이 있었다……". 샤론 테이트와 게리 힌먼에 대해, 그리고 발견된 다른 사람들에 대해서라면 브루스 데이비스가 모두 이야기해주었다고, 그 사람은 누군가를 날려버릴 거라고 늘 말하고 다녔다고 레슬리는 말했지만, 그건 "단지 말뿐"이었을 거라고 확신했다. 그녀는 다른 사람들에 대해서도 언급했지만, 찰리 이야기는 없었다. 인디펜던스에서 이송된 다른 네 명의 여성과 마찬가지로, 그녀는 맨슨에 대한 이야기는 피했다.

문. "패밀리는 이제 없어요, 레슬리." 찰리는 감옥에 있고, 클램도 감옥에 있었다. 제로는 러시안룰렛을 하다 스스로 목숨을 끊었다.

답. "제로!"

눈에 띄게 충격을 받은 그녀는 소녀 역할을 내려놓고는, 자세히 이야기해달라고 맥간을 압박했다. 그는 현장에 브루스 데이비스도 있었다고 알려주었다.

답. "브루스도 게임을 같이 했나요?"

문. "아니요."

답. (믿을 수 없다는 듯) "제로가 혼자 러시안룰렛을 했다고요?"

문. "좀 이상하죠, 그렇지 않습니까?"

유리한 입장이 된 맥간은 한발 더 들어갔다. 그는 테이트 저택에 다섯 명이 들어갔다는 것을 알고 있다고, 여성 셋과 남성 둘인데, 남성 중 한 명은 찰스 맨슨이었다고 말했다.

답. "찰리는 거기 섞이지 않았을 거예요."

레슬리는 테이트 저택에 간 건 네 명이라고 들었다고 말했다. "그중 셋은 여자였다고 말할 수 있어요. 여자가 남자보다 많았다고 말할 수 있어요." 그리고 잠시 후 "여자 한 명은 사람을 죽이지 않았다고 들었어요, 그러니까 거기서요."

문. "그게 누구죠?"

답. "린다라는 여자요."

수전 앳킨스는 로니 하워드에게 둘째 날 밤의 살인에 대해 이야기하며, "린다는 이번엔 끼지 않았어요"라고 말했다. 아마 첫째 밤에는 함께했다는 뜻인 것 같지만, 당시 우리는 그 점에 대해 확신할 수 없었다.

린다의 성이 뭐냐는 질문에 레슬리는 자기도 모른다고 했다. 린

1969년 11월 24~26일

다는 스팬에 짧게만 있었고, 자신들과 함께 체포되지도 않았다고, 그리고 그녀는 자그마해서 키는 157센티미터쯤 되고, 말랐고, 머리는 밝은 갈색이라고 했다.

맥간은 린다가 테이트에 함께 갔다는 이야기는 누가 해줬냐고 물었다. 레슬리는 퉁명스럽게 이렇게 대답했다. "기억 안 나요. 그런 세세한 걸 누가 이야기해줬는지 기억 안 난다고요!" 왜 흥분하느냐고, 맥간이 물었다. "왜냐하면 내 친구들이 많이 나가떨어지고 있으니까요, 내가 알지도 못하는 이유로요."

맥간은 바커 습격 후에 찍은 얼굴 사진들을 보여주었다. 본인도 그 자리에 있었지만 레슬리는 대부분의 사람을 알아보지 못했다. "마니 리브스"라고 적힌 여성의 사진을 건네자 레슬리가 "이 사람이 케이티예요"라고 말했다.

문. "케이티가 마니 리브스라고?"

레슬리는 말을 얼버무렸다. 확신이 들지 않는다고 했다. 사실 그녀는 누구도 잘 알지 못했다. 스팬과 바커 양쪽 모두에서 패밀리와 함께 생활했지만, 그녀는 대부분 오토바이 라이더들과 어울려 지냈다. 그녀는 그 사람들이 더 멋지다고 생각했다.

맥간은 다시 살인 사건에 대해 질문했다. 레슬리는 다시 장난에 빠져들었고, 그 과정에서 몇 가지를 인정했다. 그녀는 모두 열한 명이 살해당한 사실을 알고 있음을 암시했다. 힌먼 1, 테이트 5, 라비앙카 2, 셰이 1, 모두 합쳐 아홉 명이지만, 그녀는 나머지 둘에 대해서는 구체적으로 언급하지 않았다. 마치 농구 시합의 득점을 기록하는 것 같았다.

　질문을 멈췄다. 피의자를 잠시 홀로 두는 것은 경찰 조사 과정에서 일반적인 절차다. 상대가 자신의 대답에 대해 생각해보도록 하는 한편, "부드러운" 취조와 "강한" 취조 사이에서 분위기 전환을 위한 것이기도 하다. 그사이에 경관들이 화장실에 다녀올 수도 있다.
　돌아온 맥간은 레슬리를 조금 더 흔들어보기로 했다.
　문. "세이디가 이미 교도소 사람 열다섯 명에게 자신이 거기 있었다고, 범죄에 참여했다고 말했습니다."
　답. "믿을 수 없네요." 그리고 잠시 쉬었다가, "다른 사람 이야기도 했어요?"
　문. "아니요. 찰리 이야기만 했습니다. 그리고 케이티랑."
　답. "찰리와 케이티 이야기를 했다고요?"
　문. "그렇습니다."
　답. "정말 역겹네요."
　문. "케이티가 거기 있었다고 했습니다, 그러니까 마니 리브스죠. 당신도 마니 리브스였다는 건 알죠?"
　이 시점에서, 맥간이 나중에 내게 전한 바에 따르면, 레슬리는 긍정의 뜻으로 고개를 끄덕였다.
　문. "세이디는 이런 말도 했습니다, '다음 날 밤에 나가서 두 명을 더 죽였어요, 거기 언덕에서'라고."
　답. "세이디가 그런 말을 했다니!"

레슬리는 깜짝 놀랐다. 그럴 이유가 충분했다. 당시에 우리는 모르고 있었지만, 레슬리는 수전 앳킨스가 라비앙카 저택에는 들어간 적이 없다는 것을 알고 있었다. 그녀가 알고 있었던 이유는 본인이 그 집에 들어간 사람들 중 한 명이었기 때문이다.

이후로 레슬리는 더 이상의 질문에는 답하지 않겠다고 했다. 맥간이 이유를 물었다.

답. "왜냐하면 제로가 갑자기 러시안룰렛을 하다 발견됐다면, 나도 러시안룰렛을 하다 발견될 수 있으니까요."

문. "지금부터 우리가 24시간 보호해주겠습니다."

답. (믿을 수 없다는 듯이 웃으며) "아, 그러면 정말 좋겠네요! 차라리 그냥 감옥에 있을래요."

레슬리를 통해 우리는 세 명의 여성, 즉 세이디, 케이티, 린다가 테이트 저택에 갔다는 것을 알게 되었다. 우리는 또한 린다는 "사람을 죽이지 않은 한 명"이라는 사실을 알게 되었고, 그건 다른 두 명은 죽였다는 것을 분명하게 암시하는 말이었다. 하지만 린다에 대한 레슬리의 제한적인 묘사를 제외하면, 우리는 그녀에 대해 아는 것이 전혀 없었다.

우리는 또한 케이티가 "마니 리브스"라는 것도 알게 되었다. 인요에서 체포될 당시의 서류를 보면, 그녀의 키는 167센티미터, 몸무게는 55킬로그램, 머리는 밝은 갈색, 눈은 파란색이었다. 사진을 봐서는 그리 매력적이지 않았는데, 머리가 아주 길고 어딘가 남자

같은 얼굴이었다. 본인이 밝힌 나이인 스물두 살보다는 더 들어 보였다. 바커 습격과 스팬 습격에서 찍은 사진들을 비교해본 결과, 그녀가 1차 습격에서도 체포되었으며, 당시에는 자신의 이름을 '메리 앤 스콧'이라고 밝혔다. '케이티' '마니 리브스' '메리 앤 스콧'이 모두 가명일 수도 있다. 그녀는 바커 습격 며칠 후에 석방되었고, 당시 소재는 파악되지 않은 상태였다.

반대로 레슬리도 맥간을 통해 몇 가지 사실을 알게 되었다. 텍스, 케이티, 린다가 여전히 잡히지 않았다는 것, 그리고 더 중요하게는 수전 앳킨스, 즉 세이디 매 글루츠가 고자질쟁이라는 것이었다.

여성들을 "분리"했다고 하지만, 이런 정보가 맨슨에게 전해지기까지 오래 걸리지 않을 것 같았다.

## 1969년 11월 27~30일

우리는 인디펜던스와 LA 사이의 개인 전화도 이용할 수 있었다. 파울스와 나는 하루 평균 열두 통 정도는 쉽게 통화했다. 그때까지 맨슨의 보증보험인을 만나려는 시도는 없었고, 텍스나 브루스의 움직임도 없었다. 하지만 인디펜던스 전역에 기자들이 있었고, KNXT*는 다음 날 촬영팀을 보내 골라 워시를 촬영할 예정이었다. 나는 헤이건 경위를 시켜 방송국에 전화하게 했다. 방송국에서는 다음 월요일인 1일, 그러니까 합의한 날까지는 해당 영상을 사용하지 않겠다고 했지만, 수요일까지 연기해달라는 내 요청은 받아들이지 않았다.

언론에는 아무것도 실리지 않았지만, 정보 유출은 계속되고 있었다. 데이비스 청장은 분개했다. 그는 본인이 뉴스를 터뜨리기를 원했다. 누군가가 입을 열고 있었고, 그는 그자를 찾고 싶어했다.

* LA 지역의 텔레비전 방송국.

범인을 찾기 위해 그는 사건에 투입된 인원들 전원, LAPD와 검찰청 사람 모두 거짓말탐지기 검사를 받자고 제안했다.

경찰청 내부에서 그 제안은 거부되었지만, 나는 대신 살인자들을 잡는 일에 집중하자고 말하고 싶은 충동을 억눌러야 했다.

토요일, 패칫 경위가 그레그 제이컵슨을 조사했다. 연예계 신인 스카우터인 그는 과거 코미디언인 루 코스텔로의 딸과 결혼했고, 1968년 5월 록그룹 비치 보이스의 멤버 데니스 윌슨의 선셋 대로 저택에서 찰스 맨슨을 처음 만났다.

제이컵슨은 맨슨을 도리스 데이의 아들 테리 멜처에게 소개해주었는데, 아직 멜처가 시엘로 드라이브 10050번지에 살고 있을 때였다. 어머니가 출연하는 텔레비전 방송 외에 멜처는 음반 회사를 포함해 다른 사업에도 관여하고 있었고, 제이컵슨은 그를 설득해 맨슨의 음반을 녹음하려고 시도했다. 맨슨의 연주와 노래를 들은 후에 멜처는 거절했다.

멜처는 맨슨에게 별다른 인상을 받지 못했지만, 제이컵슨은 노래와 철학, 생활 방식을 포함해 "찰리 맨슨의 모든 것"에 매혹되었다. 1년 반 정도에 걸쳐 그는 맨슨과 많은 이야기를 나누었다. 찰리는 자신의 인생관에 대해 떠드는 것을 무척 좋아했다고 그레그가 말했지만, 패칫은 그 주제에는 딱히 관심이 없었기 때문에 다른 주제로 넘어갔다.

찰스 "텍스" 몽고메리를 아느냐고 패칫이 물었다. 네, 잘 알죠, 제이컵슨이 대답했다. 다만 본명은 몽고메리가 아니었다. 왓슨이었다.

일요일, 11월 30일. LAPD, 오후 8시 30분에서 자정까지.

찰스 덴턴 왓슨은 1969년 4월 23일, 캘리포니아주 밴 나이스에서 약물에 취한 상태로 체포되었다. 이튿날 석방되었지만, 체포 당시에 채취해둔 지문이 있었다.

오후 10시 30분. 잠재지문 담당 부서에서 헬더 경위에게 전화했다. 왓슨의 오른손 무명지 지문이 테이트 저택 현관문에서 발견된 잠재지문과 일치했다.

헬더와 나는 어린아이처럼 펄쩍펄쩍 뛰었다. 이는 범죄 현장과 용의자들을 연결하는 첫 번째 물적 증거였다.

헬더는 열다섯 명의 형사를 왓슨의 과거 주소지들로 보내 그의 소재를 파악하려 했지만 모두 운이 없었다. 하지만 왓슨이 텍사스주의 작은 마을 매키니 출신이라는 사실은 알게 되었다.

지도를 확인한 우리는 매키니가 콜린 카운티에 속해 있다는 것을 알게 되었다. 패칫이 콜린의 보안관에게 전화해 과거 그곳 주민이었던 찰스 덴턴 왓슨이 캘리포니아주 형법 187조, 즉 살인 혐의로 수배 중이라고 전했다.

보안관의 이름은 톰 몽고메리였다. 우연일까, 왓슨이 지역 보안관의 이름을 가명으로 사용한 것은? 그뿐만이 아니었다. 몽고메리 보안관은 왓슨의 육촌 형제였다.

"찰스는 지금 여기 살고 있습니다", 몽고메리 보안관이 말했다.

"덴턴에 아파트가 있어요. 내가 데리고 오겠습니다."

보안관은, 나중에 밝혀진 바에 따르면, 왓슨의 삼촌인 모리스 몽고메리에게 전화해 "찰스 좀 감옥에 데리고 오실래요? 문제가 좀 생겨서요"라고 말했다.

모리스는 조카를 픽업트럭에 태워서 매키니에 데리고 왔다. "오는 길에 말을 많이 하지는 않았습니다"라며 그는 나중에 말했다. "나는 대체 무슨 일인지 몰랐지만, 녀석은 내내 알고 있었던 것 같습니다."

왓슨은 별다른 말이 없었던 것 같고, 지역 감옥에 수감되었다.

텍사스 사람들은 직설적이라고, LAPD가 내게 말했다. 그들은 우리가 체포영장을 들고 찾아갈 때까지 왓슨을 잡아둘 예정이었다.

모험을 하고 싶지 않았던 나는 누군가 영장을 들고 매키니에 가야 한다고 제안했고, 사투치와 닐슨이 이튿날 아침 11시에 출발하기로 했다.

맨슨, 앳킨스, 그리고 왓슨은 이제 신병을 확보한 상태였지만, 나머지 두 용의자는 여전히 잡히지 않고 있었다. 스팬 목장에서 일했던 일꾼의 이야기를 통해 LAPD는 린다의 성이 캐서비언이고, 당시 뉴멕시코주의 한 수녀원에 체류 중임을 알게 되었다. 여기에 약간의 혼동이 있었는데, "수녀원"을 또 다른 "공동체"로 받아들였다. 소문에 따르면 마니 리브스는 앨라배마주 모빌 인근의 농장에 있다고 했다.

같은 날, 패칫은 테리 멜처를 찾아가 맨슨과 만났던 일에 대해 조사했다. 멜처는 제이컵슨의 이야기를 확인해주었다. 그는 맨슨의 노래를 듣고 여성들의 공연을 보기 위해 스팬 목장에 두 번 갔지만, "열광"하지는 않았다. 그 전에도 데니스 윌슨의 집에서 맨슨을 만난 적이 두 번 있었다. 그리고 멜처는 제이컵슨이 언급하지 않은 중요한 세부 사항을 덧붙였다.

윌슨의 집에서 만났을 때, 늦은 밤에 윌슨이 멜처를 시엘로 드라이브의 집까지 차로 데려다준 적이 있었다. 맨슨도 뒷좌석에 함께 타서 기타를 치며 노래를 불렀다. 멜처는 철문 앞에서 자신이 내리고, 윌슨과 맨슨은 계속 차를 타고 갔다고 말했다.

이제 우리는 찰스 맨슨이 살인 사건 전에 적어도 한 번은 시엘로 드라이브 10050번지에 와본 적이 있음을 알게 되었다. 그가 집 안으로 들어갔다는 증거는 없지만 말이다.

일요일 오후 5시 30분, 여전히 LAPD에서 나는 리처드 카바예로와 이야기를 나누었다. 전직 검사보이자 당시에는 변호사로 활동하고 있던 카바예로는, 힌먼 사건에서 수전 앳킨스를 변호하고 있었다. 그는 사전에 애런 스토비츠를 만나, 검찰이 무슨 일로 자신의 의뢰인을 조사하고 있는지 물었다. 애런이 개요를 말해주었다. 시빌 브랜드에 있을 때, 수전 앳킨스가 다른 수감자 두 명에게 자신이 힌먼 사건뿐 아니라 테이트와 라비앙카 살인 사건에 관여했다고 자백했다. 애런은 로니 하워드와 버니지아 그레이엄이 LAPD에서 했던 증언 녹취록 사본을 카바예로에게 주었다.

증거 공표법에 따르면, 검찰은 변호인의 의뢰인에게 불리한 증거는 빠짐없이 전부 변호인 측에 제공해야 한다. 이는 일방적인 조항이다. 규정에 따라 변호인 측은 검사가 어떤 증거를 가지고 있는지 사전에 알 수 있지만, 거꾸로 변호인 측은 검찰에 어떤 것도 이야기할 의무가 없다. 일반적으로 공표는 법원에 정식으로 요청해 이루어지지만, 애런은 카바예로에게 우리가 다루는 사건의 심각성을 알리고, 그의 의뢰인이 협조를 결심해주기를 바라며 알려줬던 것이다.

카바예로는 나와 형사들이 어떤 형량 거래를 해줄 수 있는지 알아보기 위해 파커 센터로 왔다. 검찰과 LAPD가 사전에 협의했던 대로, 우리는 수전이 우리에게 협조하면, 이급 살인으로 기소하고, 그렇게 되면 사형이 아니라 종신형을 구형할 수도 있을 거라고 했다.

카바예로는 시빌 브랜드에 가서 의뢰인과 이야기했다. 그는 나중에 이렇게 증언했다. "나는 그녀에게 문제가 뭔지 말해줬고, 그녀에게 불리한 증거를 내가 들은 그대로 전해줬습니다. 거기에는 힌먼 사건(이미 본인이 LASO에서 자백했던) 외에 테이트-라비앙카 사건도 포함되어 있었습니다. 결과적으로, 나는 검찰이 틀림없이 사형을 구형할 테고, 아마 그 판결을 받을 걸로 생각한다고 그녀에게 말했습니다. 이렇게 말했습니다, '당신에게 유죄 판결을 내릴 증거가 충분합니다. 당신은 유죄 판결을 받을 거예요.'라고."

9시 30분경 카바예로가 LAPD로 돌아왔다. 수전은 마음을 정하지 못했다. 대배심에서라면 기꺼이 증언하겠지만, 그 외의 다른 법정에서는 절대 증언하지 않겠다고 했다. 그녀는 여전히 맨슨의 지배하에 있었다. 언제든 다시 그에게 황급히 돌아갈 수 있었다. 카바예로는 수전이 최종적으로 결심하면 내게 알려주기로 했다.

그렇게 답보 상태였다. 우리는 앳킨스의 범죄를 암시하는 하워드와 그레이엄의 증언, 그리고 왓슨을 테이트 사건 현장과 연결시키는 물적 증거를 가지고 있었지만, 맨슨과 나머지 사람들에 대한 전체 수사는 세이디 매 글루츠의 결정에 달려 있었다.

## 1969년 12월 1일

애런이 집에 있는 내게 연락했다. 몽고메리 보안관에게서 막 전화가 왔다고 했다. 만약 두 시간 안에 영장을 받지 못하면 왓슨을 석방할 예정이라고 말했다고 전했다.

나는 사무실로 달려가 소장을 작성했다. 맥간과 내가 앤토니오 차베즈 판사에게 전달했고, 판사가 체포영장에 서명하고, LAPD가 정확히 1분을 남기고 몽고메리 보안관에게 텔레타이프로 전달했다.

나는 소장을 두 건 더 작성했다. 하나는 린다 캐서비언, 다른 하나는 퍼트리샤 크렌윙클에 대한 것이었다. 퍼트리샤 크렌윙클은, LAPD가 LASO로부터 받은 정보에 따르면, 마니 리브스, 별칭 케이티의 본명이었다. 스팬 습격 후에 캘리포니아주 잉글우드에 사는 보험 영업사원인 퍼트리샤의 아버지 조지프 크렌윙클이 그녀의 석방을 위한 절차를 진행했다. 그 사실을 알게 된 닐슨 경사가 크렌윙클 씨에게 전화해 딸의 소재를 물었다. 크렌윙클 씨는 딸이 앨라배마주 모빌의 친척 집에 머무르고 있다며 주소를 알려주었다. LAPD는 이어서 앨라배마주 모빌의 경찰서장 제임스 로빈슨에게 연락했고, 서장은 그녀를 찾기 위해 직원을 보냈다. 차베즈 판사는 이 두 체포영장에도 서명했다.

벅 콤프턴 수석 검사보가 내게 전화를 걸어 데이비스 청장이 그날 오후 2시에 기자회견을 열 예정이라고 알려주었다. 애런과 나는 1시 30분에 그의 사무실로 갔다. "벅, 아직 너무 어설픕니다!" 내가 말했다. "맨슨을 기소할 수 있는 자료가 충분하지 않습니다. 유죄 판결은 말할 것도 없고요. 크렌윙클과 캐서비언도, 체포 전에 이 이야기가 발표되면 절대 잡을 수 없을지도 모릅니다. 데이비스 청장을 설득해서 연기할 수는 없을까요?" 벅은 애써보겠다고 약속했다.

적어도 내 걱정 중 일부는 필요 없는 것이었다. 퍼트리샤 크렌윙클은 우리가 콤프턴의 사무실에 도착하기 몇 분 전에 체포되었다. 모빌 경찰이 그녀의 고모인 가넷 리브스의 집에 가봤지만 퍼트리샤는 없었다. 그러나 차를 타고 그 집 앞 도로를 지나던 윌리엄 매켈러 경사와 그의 동료는, 젊은 남녀가 타고 있는 스포츠카 한 대를 발견했다. 두 차가 교차하는 순간, 매켈러는 "차 안의 여성이 모자를 얼굴 위로 깊이 내려쓰고 있는 것"을 알아차렸다. "신분을 숨기려는 의도"가 분명하다고 파악한 그는 얼른 차를 돌리고, 사이렌을 울리며 그 차를 멈추게 했다. 여성의 외모는 텔레타이프에 적힌 묘사와 일치했지만, 그녀는 자신의 이름이 몽고메리라고 했다(왓슨이 사용한 가명과 같았다). 하지만 고모 집에 도착한 그녀는 자신의 정체를 인정했다. 동네 지인이었던 젊은 남성은 조사 후에 풀려났다. 모빌 현지 시간으로 오후 3시 20분, 퍼트리샤 크렌윙클은 자신의 권리에 대해 들은 후 체포되었다.

오후 1시 30분. 벅, 애런, 그리고 나는 데이비스 청장을 만났다. 나는 데이비스에게 크렌윙클과 캐서비언의 체포영장을 발부하기에 충분한 증거는 간신히 긁어모았지만, 모두 받아들여지기 어려운 소문에 불과하다고 이야기했다. 레슬리 생크스턴이 맥간에게 했던 말, 수전 앳킨스가 버지니아 그레이엄과 로니 하워드에게 했던 말들이었다. 그걸로는 대배심에서 기소할 수 없다고 나는 말했고, 이렇게 덧붙였다. "수전 앳킨스가 협조하지 않으면 방법이 없습니다."

경찰청 강당에 200명 이상의 기자와 촬영감독이 와 있다고, 데이비스가 말했다. 방송국이나 통신사 사람들뿐 아니라 전 세계 신문사 기자들도 있었다. 이제 와서 취소할 수는 없었.

기자회견 직전에 헬더 경위가 로만 폴란스키와 폴 테이트 대령에게 전화해 소식을 전했다. 테이트 대령에게 그 소식은 몇 달에 걸친 자신의 개인적 수사가 끝나는 것을 의미했다. 열심히 했지만, 그는 우리에게 도움이 될 만한 내용은 하나도 얻지 못했다. 하지만 적어도 이제 의문점이나 의심은 해결되었다.

오후 2시. 열다섯 개의 마이크와 수십 개의 조명 앞에서 에드워드 M. 데이비스는, 8750시간 동안의 수사 끝에 LAPD가 테이트 사건을 "해결"했다고 발표했다. 세 명에 대한 체포영장이 발부되었다. 찰스 E. 왓슨, 24세, 현재 텍사스주 매키니에 구금 중. 퍼트리샤 크렌윙클, 21세, 앨라배마주 모빌에 구금 중. 린다 캐서비언, 연령 및 현재 소재지 불명. 로스앤젤레스 카운티 대법원에서 진행될 재판에서는 추가로 네다섯 명이 더 기소될 예정이다. (찰스 맨슨과 수전 앳킨스의 이름은 이 기자회견에서는 언급되지 않았다.)

이 사람들이 또한 로즈메리와 레노 라비앙카 살인 사건에도 관여했다고, 데이비스는 이어서 말했다.

LAPD는 처음부터 두 살인 사건 사이에 연관성이 없다고 주장해왔기 때문에 이 발언은 기자들에게 대단히 놀라운 것이었다. 몇몇 기자는 두 범죄가 이어져 있을 거라고 의심했지만, LAPD에게는 그런 가정이 먹히지 않았다.

데이비스가 계속 말했다. "로스앤젤레스 경찰청은 앞에 언급한 두 사건과 관련된 정보를 구축하는 데 있어 다른 법집행기구, 특히 로스앤젤레스 보안관서가 보여준 탁월한 협조에 감사를 표하는 바입니다."

데이비스는 LASO가 테이트 살인 사건 다음 날 제공한 단서를, LAPD는 두 달이 지나서야 추적하기 시작했다는 이야기는 하지 않았다.

기자들의 질문을 받은 데이비스는 "강력반 형사들이 끈질기게 수사해서", 수사의 돌파구를 마련한 거라고 말했다. 그는 수사관들이 "스팬 목장 주변 지역 및 목장과 관련된 인물들에게 의심을 품고 정력적으로 수사에 임했으며, 그 덕에 오늘의 결과가 나온 것"이라고 했다.

(수전이 걸었던) 공중전화에 대한 언급도 없었다.

기자들이 전화기 쪽으로 달려갔다.

카바예로가 애런에게 전화했다. 수전 앳킨스와의 대화를 녹음하고 싶은데 시빌 브랜드에서는 할 수가 없었다. 거기서는 맨슨의 다른 여성들이 대화를 엿들을 수 있다고 했다. 또한 다른 환경에서라면 수전이 좀더 자유롭게 이야기할 수 있을 것 같았다. 그는 수전을 자신의 사무실로 데리고 오는 방법을 제안했다.

예외적인 요구였지만, 전례가 없는 것은 아니었다. 애런은 이송명령서를 작성했고, 윌리엄 킨 판사가 서명했다. 그날 저녁 수전 앳킨스는 보안관서 부관 두 명과 함께 카바예로의 사무실로 호송되었고, 카바예로는 자신의 동료 폴 카루소와 함께 그녀를 조사하며 그 과정을 녹음했다.

녹음의 목적은 두 가지라고, 카바예로는 애런에게 말했다. 심신상실을 주장하려면 정신과 의사에게 그것을 들려줘야 했다. 그리고 형량 거래가 더 진행되면 사건을 대배심에 가지고 가기 전에 우리 검찰 측에 그 내용을 들려줄 생각이었다.

## 1969년 12월 2일

내가 사무실에 도착하고 몇 분 후 LAPD에서 전화가 왔다. 다섯 명의 용의자 모두 구금되었는데, 린다 캐서비언이 뉴햄프셔주 콩코드의 경찰에 자수했다고 했다. 그녀의 어머니에 따르면, 린다는 테이트 저택에 있었던 것은 인정하지만 살인에는 가담하지 않았다고 주장하고 있었다. 그녀는 LA로 송환되는 일에는 저항하지 않을 것처럼 보였다.

텍사스에서는 조금 다른 소식이 전해졌다.

매키니는 댈러스에서 북쪽으로 48킬로미터도 떨어지지 않은 곳으로, 찰스 왓슨이 자라며 학교를 다닌 파머스빌과는 불과 몇 킬로미터 거리밖에 되지 않았다. 오디 머피*도 파머스빌 출신이다. 이제 또 한 명의 지역 내 유명인이 생겼다.

* 제2차 세계대전 당시 가장 많은 훈장을 받은 미군 병사.

사투치와 닐슨이 매키니에 도착할 때쯤에는 이미 뉴스가 터져나온 후였다. 텍사스 신문에 실린 이야기에 따르면 왓슨은 고등학교 시절 미식축구와 농구, 육상 스타였는데, 여전히 200미터 허들의 주 기록을 보유하고 있었다. 지역 주민 대부분은 충격적이고 믿을 수 없다고 했다. "찰스는 옆집 아이였어요", 한 주민이 말했다. "약물 땜에 그렇게 된 겁니다"라고 그의 삼촌은 말했다. "대학에서 약물을 시작했고, 거기서 문제가 비롯된 거죠." 파머스빌 고등학교 교장은 다음과 같이 말했다. "이제 아이들을 대학에 보내는 게 두려울 지경입니다."

왓슨의 변호사 빌 보이드의 지침에 따라 로스앤젤레스 형사들은 보이드의 의뢰인과 이야기를 나눌 수 없었다. 몽고메리 변호사는 심지어 그의 지문도 채취할 수 없게 했다. 사투치와 닐슨은 하지만 우연히 왓슨을 볼 수는 있었다. 보안관과 이야기를 나누던 중 면회실로 향하던 왓슨과 계단에서 마주친 것이다. 두 사람의 보고서에 따르면, 그는 옷을 잘 입고 있었고, 깨끗하게 면도하고, 머리는 길지 않고 짧았다. 건강 상태도 좋은 것 같고 마치 "단정한 대학생"처럼 보였다.

매키니에 있는 동안 형사들은 왓슨이 1967년 캘리포니아에 갔으며, 1969년 11월까지는 돌아오지 않았다는 것을 확인했다. 살인사건이 일어나고 한참 후였다.

사투치와 닐슨은 지역 당국으로부터 거의 협조를 받을 수 없다고 확신한 채 로스앤젤레스로 돌아왔다. 단지 친척들만의 문제가 아니었다. 어쩐 일인지 문제 전체가 주 정부의 정치와 관련이 있는 것 같았다.

"거의 협조를 받을 수 없었다"는 표현도 과분할 정도였다.

기자들은 유목생활을 했던 패밀리의 흔적을 추적하고, 구금 상태가 아닌 구성원들을 취재하느라 바빴다. 나는 신문에 실린 인터뷰들이 나중에 유용하게 쓰일 것임을 알았기에 게일에게 그것들을 정리해두라고 했다. 아직 살인 혐의를 받고 있지는 않지만, 찰스 맨슨이 이제 중심인물이었다. 샌디, "처음 그 사람의 노래를 들었을 때 천사인 줄 알았어요……." 스퀴키, "여러 마술을 부렸어요. 하지만 그 사람은 일종의 변신 요정이었죠. 볼 때마다 변신하는 것 같았어요. 나이도 짐작 안 되고……."

용의자들의 지인과 친척들 인터뷰도 있었다. 조지프 크렌윙클은 1967년 9월 자신의 딸 퍼트리샤가 맨해튼 비치의 아파트와 일자리, 자동차를 버려둔 채, 심지어 수표책도 챙기지 않고 맨슨 무리에 합류했다고 말했다. "나는 그자가 일종의 최면술사라고 확신합니다."

그런 암시를 한 사람이 크렌윙클만은 아니었다. 카바예로 변호사는 자신의 의뢰인이 힌먼 사건에 대해 무죄라는 항변서를 제출한 후 샌타모니카 법원 앞에서 기자들과 인터뷰를 진행했다. 카바예로는 수전 앳킨스가 맨슨에 의해 "최면 상태"에 빠져 있었으며, 비록 그녀가 힌먼과 테이트의 집에 있었던 것은 사실이지만 "살인과는 전혀 관련이 없다"고 주장했다.

카바예로는 또한 자신의 의뢰인이 대배심에서 모든 것을 밝힐 예정이라고 말했다. 수전 앳킨스가 협조에 동의했음을 처음으로 확인해준 것이다.

같은 날 LAPD는 부모에게 설득당해 경찰에 연락한 바버라 호이트를 조사했다. 바버라는 1969년 이후로 틈틈이 패밀리와 함께 지냈고, 스팬, 마이어스, 그리고 바커 목장 습격 당시에도 그들과 함께 있었다.

예쁘장한 열일곱 살 아가씨의 이야기는, 여러 차례의 조사를 거치며 조각조각 흘러나왔다. 그녀가 밝힌 것은 다음과 같다.

8월 16일 습격이 있고 일주일쯤 지난 어느 저녁, 바버라는 계곡 아래쪽에서 비명 같은 것을 들었다. 그 소리는 5분에서 10분쯤 이어졌고, 그녀는 쇼티의 비명이 분명하다고 확신했다. 그날 밤 이후로 그녀는 쇼티를 다시 볼 수 없었다.

이튿날, 그녀는 맨슨이 대니 디칼로에게 하는 이야기를 엿들었다. 쇼티가 "우리 도움으로" 자살했다는 이야기였다. 맨슨은 또한 디칼로에게 라임이 시신을 썩게 하는 데 도움이 되는지도 물었다.

1969년 9월 초 마이어스 목장에서 지낼 때, 바버라는 맨슨이 다른 누군가에게—누구인지는 확정하지 못했다—이야기하는 것을 엿들었다. 맨슨은 쇼티가 도중에 "깨어나는 바람에" 죽이는 게 진짜 힘들었다고 말했다. 그들은 파이프로 쇼티의 머리를 때렸고, 이어서 모두들 칼로 찔렀고, 마지막에 클렘이 그의 목을 잘랐다. 그 후 시신을 아홉 토막 냈다.

역시 마이어스에 있는 동안, 바버라는 세이디가 애비게일 폴저와 샤론 테이트 살인에 대해 위시에게 이야기하는 것도 들었다. 얼마 후 위시는 바버라에게 그들이 살해한 사람을 열 명쯤 더 알고 있다고 말했다.

오래 지나지 않아 바버라와 또 다른 여성—셰리 앤 쿠퍼, 별칭 시미 밸리 셰리—은 패밀리의 데스밸리 은신처에서 탈출했다. 맨슨은 밸러랫에서 두 사람과 마주쳤지만, 다른 이들이 있었기 때문에 그대로 가게 내버려두었고, 심지어 로스앤젤레스까지의 버스요금 20달러를 주었다. 나중에 우리는 맨슨이 추종자 세 명을 보내, 두 사람을 데려오거나, 아니면 죽이라고 시켰음을 암시하는 정보를 얻었지만, 증명할 수는 없었다. 이는 마이어스 목장의 소유주인 캐시 질리스를 살해하러 갔다가 타이어에 펑크가 나는 바람에 실패했던 바로 그 여정이었다.

이때쯤 맨슨의 여성들 중 또 한 명이 경찰에 협조하기로 했다. 협조할 거라고 전혀 기대하지 않았던 인물, 바로 맨슨 패밀리의 초기 구성원인 메리 브루너였다.

1967년 3월 교도소에서 출감한 찰스 맨슨은 샌프란시스코로 갔다. 교도소 지인이 만 건너 버클리에 있는 그를 발견했다. 서둘러 일자리를 찾지도 않은 채 주로 구걸로 먹고 살던 맨슨은, 텔레그래프 대로를 어슬렁거리거나, 캘리포니아대학 입구의 새터 게이트 계단에 앉아 기타를 연주했다. 그러던 어느 날 이 도서관 직원이 나타났다. 찰리가 대니 디칼로에게 이야기한 바에 따르면, "그녀는 개를 산책시키던 중이었습니다. 블라우스 단추를 끝까지 채운 채, 고개를 꼿꼿이 들고 작은 푸들과 함께 걷고 있었죠. 그리고 찰리는 막 감방에서 나온 상태였고, 말도 안 되는 이야기들을 쏟아냈습니다".

당시 스물세 살이던 메리 브루너는 위스콘신대학을 졸업한 역사학 학사로, 캘리포니아대학 도서관의 사서 조수로 일하고 있었다. 눈에 띄는 매력은 없었는데, 맨슨은 그녀의 매력을 계발해볼 가치가 있다고 생각한 최초의 인물들 중 한 명이었다. 어쩌면 그는 팻 플로에게 빌붙어 지내던 때를 떠올렸을 수도 있다.

"그렇게 한 가지 일이 다른 일을 낳는 거죠", 디칼로가 말을 이었다. "그는 메리와 함께 살기 시작했습니다. 그다음엔 다른 여자를 만났죠. '안 돼, 다른 여자가 함께 들어와 사는 건 안 된다고!' 메리가 말했습니다. 그녀는 그런 생각 자체를 거부한 거죠. 하지만 그 아가씨는 들어왔고, 두 명이 더 합류했습니다. 메리가 말했습니다, '한 명은 받아들이지만 세 명은 절대 안 돼!' 네 명, 다섯 명, 모두 해서 18명이 되었습니다. 그곳은 샌프란시스코였습니다. 메리가 첫 번째였죠."

패밀리의 탄생이었다.

이때쯤 맨슨은 헤이트를 발견했다. 맨슨 본인이 추종자들에게 종종 말했던 바에 따르면, 어느 날 어떤 청년이 그에게 꽃 한 송이를 건넸다고 한다. "완전히 정신이 나갔었다." 그는 회상했다. 청년에게 이것저것 물어본 그는, 샌프란시스코에는 공짜 음식과 음악, 마약, 그리고 사랑이 있어서 그저 가지기만 하면 된다는 것을 알게 되었다. 청년이 그를 헤이트 애시베리로 데리고 갔다. 맨슨은 나중에 지하신문 『화요일의 아이들』의 기자 스티븐 알렉산더에게 이렇게 이야기했다. "우리는 공원에서 잠자고 길거리에서 살았습니다. 나는 머리를 조금 길렀고 음악을 연주하기 시작했죠, 사람들이 내 음악을 좋아하고, 내게 미소 짓고, 팔을 뻗어 나를 안아주었습니다. 어떻게 해야 할지 몰랐어요. 그냥 넋이 나간 거죠. 완전히 푹 빠졌는데, 그러니까, 거기 사람들은 진짜였던 겁니다."

그곳에는 순진하고, 뭔가를 믿고 싶고, 더 중요하게는 어딘가에 소속되고 싶은 젊은이들도 있었다. 자칭 스승guru이라는 사람들에게는 추종자도 많았다. 맨슨이 그 점을 알아차리기까지는 오랜 시간이 걸리지 않았다. 우연히 들어간 그 지하 영역에서는 전과자라는 사실에도 어느 정도의 지위가 부여되었다. 포주 경험뿐 아니라 감방 속어나 사이언톨로지에서 빌려온 개념으로 형이상학적 사기를 치면서, 맨슨은 추종자들을 모으기 시작했다. 초기에는 대부분 여성이었고, 이어서 몇몇 남성도 합류했다.

"주변엔 찰리 같은 사람이 아주 많았습니다, 믿어도 됩니다." 맨슨의 샌프란시스코 시절 가석방 담당관이었던 로저 스미스가 말했다.

하지만 커다란 차이점이 한 가지 있었다. 그 과정 어디에선가—어떻게, 어디서, 혹은 언제인지는 아직 확신할 수 없지만—맨슨은 추종자에 대한 지배력을 갖게 되었고, 그 힘이 너무나 절대적이어서 그가 궁극적인 금기를 어기라고 요구하면, 예를 들어 "죽여라"라고 하면 추종자들은 그 말을 따르게 되었다.

많은 사람이 그 대답은 당연히 약물이라고 가정했다. 하지만 헤이트 애시베리 무료 진료소에서 일하며 맨슨 패밀리를 알게 된 데이비드 스미스 박사는, 그 집단의 공통 요소는 "약물이 아니라 섹스였던 것 같다"고 말했다. "찰리의 패밀리에 새로 합류한 여성은 중산층의 도덕성을 어느 정도 지니고 있었다. 찰리가 가장 먼저 했던 일은 그 모든 게 낡아빠졌음을 알아본 것이었습니다. 그런 식으로 그는 일반적으로 우리 삶을 지배하는 통제력을 제거할 수 있었던 거죠."

섹스와 약물, 그것은 분명 대답의 일부이지만, 그리고 나는 맨슨이 그 두 가지를 얼마나 많이 활용했는지 알게 됐지만, 그것은 부분적인 요소였을 뿐이다. 그것을 능가하는 훨씬 더 큰 뭔가가 있었다.

맨슨 본인은, 적어도 자신과 관련해서는 약물의 역할을 강조하지 않았다. 이 시기에 처음으로 그는 LSD 환각을 체험했다. 나중에 그는 그 경험이 "내 의식을 깨워주었다"고 말했지만, "그렇게 오랫동안 감옥에서 지내며 이미 내 의식은 꽤 열려 있는 상태였다"라고 덧붙였다. 찰리는 각성한 상태였던 것이다.

맨슨은 헤이트 지역이 만개하기 전에 이미 자신은 그 몰락을 예견했다고 주장했다. 경찰의 학대, 약물의 악영향, 무거운 분위기, 서로를 속이는 사람들, 그리고 길거리에서 보는 약물 남용 등. 그 유명했던 사랑의 여름, 무료 록 공연이 열리고, 오슬리 LCD*가 나오고, 매일 100명의 젊은이가 새로 도착했던 그 무렵, 맨슨은 낡은 스쿨버스를 구해 추종자들을 태우고 "인간들에게서 벗어나 새로운 장소를 찾기 위해" 떠나기로 했다.

메리 브루너는 일자리를 버리고 맨슨의 유랑단에 합류했다. 그녀는 맨슨의 아들 마이클 맨슨을 낳았다. 패밀리 구성원 모두가 출산을 도왔고, 맨슨 본인이 이로 탯줄을 끊었다.

출소 후 지내고 있던 위스콘신주 오클레어에서 조사를 받은 메리 브루너는, 힌먼 살인 사건에 대해 면책권을 받는 조건으로 경찰에 협조하기로 했다. 그녀는 힌먼 사건과 관련해 수많은 세부 정보를 제공했다. 또한 그녀는 1969년 9월 말, 텍스 왓슨이 자신에게 쇼티를 살해한 일을 이야기해주었다고도 했다. 쇼티의 시신은 스팬에 있는 철로 근처에서 태웠다고 텍스는 말했고, 그의 차는 집시가 끌고 가 한때 패밀리가 지냈던 그래섬가의 주택 근처 캐노가 공원에 버렸다고 했다. 이 정보를 바탕으로 LASO는 유해와 차량에 대한 수색 작업에 착수했다.

확실히 메리 브루너는 힌먼 사건과 셰이 사건의 주요 증인이 될 것이다. 테이트 사건과 라비앙카 사건이 발생할 당시 그녀는 감옥에 있었지만, 나는 그 두 사건에서도 그녀를 증인으로 활용하는 방법을 고려했다. 그녀가 패밀리의 시작과 관련해 증언해줄 수 있었

---

\* 스탠리 오슬리가 제조한 고급 LCD.

기 때문이다. 하지만 나는 그녀에 대해서는 매우 조심스러웠다. 그동안 조사했던 다른 사람들에 따르면, 맨슨에 대한 그녀의 헌신은 광적이었기 때문이다. 또한 나는 본인 아들의 아버지에 대해 불리한 증언을 하는 그녀의 모습을 상상할 수가 없었다.

사건 발생 후에 테이트 사건은 해외에서도 커다란 뉴스였고, 심지어 채퍼퀴딕 사건도 묻어버릴 정도였다.* 범인 체포도 그만큼 관심의 대상이었다.

시차 때문에 "히피들의 살인 숭배" 기사가 런던에 전해진 것은 12월 1일 자정에 가까운 시각이었다. 미국에서와 마찬가지로, 거기서도 자극적인 기사들이 다음 날 신문 머리기사와 라디오, 혹은 TV 방송의 뉴스를 장식했다.

그날 오전 11시, 런던 탈가스가에 있는 탈가스 호텔의 종업원은 미국인 젊은이 조엘 퓨가 묵고 있는 방의 문을 열려고 했다. 방문은 안에서 잠겨 있었다. 오후 6시가 조금 지났을 때, 호텔 지배인이 마스터키로 방문을 열었다. "1피트 정도만 열렸습니다. 문 뒤에 뭔가가 받치고 있는 것 같았어요." 지배인이 말했다. 그는 무릎을 꿇고 손을 뻗었다. "사람 팔처럼 느껴지는 뭔가가 만져졌습니다." 그는 서둘러 경찰에 신고했다. 몇 분 후 해머스미스 역에 있던 경관이 출동해 문을 밀어서 열었다. 문 뒤에 조엘 퓨의 시신이 있었다. 그

---

* 1969년 채퍼퀴딕섬의 다리를 지나던 케네디 상원의원의 차량이 사고를 일으킨 사건.

는 등을 대고 누운 자세였고, 하반신을 덮은 수건 외에는 발가벗고 있었다. 목에 칼자국이 두 군데 있었다. 이마에 멍이 들어 있었고, 양쪽 손목에 긁힌 자국이 있었으며, 시신에서 2피트쯤 떨어진 곳에 피 묻은 면도날 두 개가 떨어져 있었다. 메모는 없었지만, 거울에 거꾸로 쓴 "글씨"가 적혀 있었고, "만화 같은 그림"도 함께 있었다.

지배인에 따르면 퓨는 10월 27일 젊은 여성과 함께 투숙했고, 여성은 3주 후에 떠났다고 했다. "히피 같은 겉모습"이었지만 퓨는 조용하고, 좀처럼 밖에 나오지 않았으며, 친구는 없는 것 같았다.

"스스로 내는 것이 불가능한 상처는 없었기 때문에" 검시관은 퓨가 "정신적 균형을 잃은 상태에서 스스로 목숨을 끊은 것"이라고 결론지었다.

상처들을 포함해서, 죽음을 맞이한 상황이 살인에 더 가깝다고는 할 수 없지만, 그 가능성을 부인할 수도 없었다. 결론은 평범한 자살이었다. 거울의 그림과 글씨는 대수롭지 않게 생각했던 터라 아무도 받아적지 않았다(지배인은 나중에 "잭과 질"이라는 단어만 떠올릴 수 있었다). 사망 시각을 확인하려는 시도도 없었다. 뿐만 아니라 퓨의 방이 1층이었기 때문에 누군가 창문으로 들어왔다 나가는 것도 가능했지만, 잠재지문을 채취할 필요가 있다고 생각한 사람도 없었다.

당시에는 아무도 그 죽음과 그날 미국에서 전해진 큰 뉴스를 연결해보지 않았다. 한 달 후에 도착한 어떤 편지에서 그 사건이 간략히 언급되지 않았다면, 우리는 조엘 딘 퓨, 맨슨 패밀리의 전 구성원이자 또 다른 구성원 샌드라 굿의 남편이기도 했던 스물아홉 살의 그 남자 역시 이 사건과 관련된 의문의 살인 사건 목록에 포함된다는 사실을 몰랐을 것이다.

스퀴키와 함께 머물고 있던 인디펜던스의 모텔을 나오면서 샌디는 이런저런 문서들을 남겼다. 그중에 정체를 알 수 없는 전 패밀리 구성원이 보낸 편지가 있었고, 거기에 다음과 같이 적혀 있었다. "나는 조엘에게 일어난 일이 내게도 일어나는 것을 원치 않아."

## 1969년 12월 3일

그날 밤 8시경, 리처드 카바예로가 수전 앳킨스의 테이프를 LAPD에 가지고 왔다. 그는 복사본을 만드는 건 안 되지만, 내가 메모를 하는 건 괜찮다고 했다. 테이프를 듣는 동안 나 말고도 헬더 경위와 러페이지 경위, 그에 더해 네다섯 명의 형사가 함께 있었다. 수전 앳킨스가 일곱 명을 도살한 상황을 있는 그대로, 마치 그날 학교에서 있었던 일을 이야기하는 어린아이처럼 아무렇지 않게 이야기하는 동안 우리는 거의 말이 없었다.

젊은 여성의 목소리였다. 하지만 가끔 키득거리는 것을 빼고는—"샤론은 조금씩 다른 모습을 보였어요[웃음], 꽤 다른 모습이요"—단조롭고 감정이 없는, 죽은 목소리였다. 마치 모든 인간적 감정이 지워져버린 것만 같았다. 이건 대체 어떻게 된 인간인가?라며 나는 궁금해했다.

곧 알게 될 터였다. 카바예로는 사건을 대배심에 가지고 가기 전에 내가 개인적으로 수전 앳킨스를 조사하는 것에 동의했다.

테이프는 약 두 시간 길이였다. 그들이 유죄임을 밝히는 기념비적 작업이 남아 있었지만, 녹음 끝부분에 카바예로가 수전에게 이렇게 말했다. "좋습니다, 이제 먹을 것 좀 갖다줄게요, 아이스크림도 포함해서." 이제 우리는 처음으로, 적어도 테이트와 라비앙카 살인 사건에 관여한 인물들이 누구인지 정확히 알게 되었다.

맨슨은 시엘로 드라이브 10050번지에 살인자들을 보냈지만, 본인이 직접 가지는 않았다. 현장에 갔던 사람은 찰스 "텍스" 왓슨, 수전 앳킨스, 퍼트리샤 크렌윙클, 그리고 린다 캐서비언이었다. 남성 한 명과 여성 세 명이 다섯 사람을 쏘고 찔러서 무자비하게 살해했다.

하지만 이튿날 밤, 맨슨은 웨이벌리 드라이브의 저택에 직접 들어가 로즈메리와 레노 라비앙카를 묶었다. 그런 다음 그는 왓슨과 크렌윙클, 그리고 레슬리 밴하우튼, 별칭 생크스턴을 들여보내며 "그들을 죽이라"는 지시를 내렸다.

수전 앳킨스 본인은 라비앙카의 집에 들어가지 않았다. 그녀는 클렘, 린다와 함께 차량에 남아 있었다. 하지만—맨슨, 크렌윙클, 밴하우튼으로부터—집 안에서 무슨 일이 있었는지 들었다.

녹음테이프로 일부 해소되기는 했지만 여전히 많은 의문점이 남아 있었다. 또한 일치하지 않는 점들도 있었다. 예를 들어 수전은 덩치 큰 남자(프라이코프스키)를 대여섯 번 찔렀다고 인정했지만, 그건 '정당방위'였다고 말했다. 샤론 테이트에 대해서는 아무 말도 하지 않았다. 버지니아 그레이엄이나 로니 하워드에게 이야기했던 것과 달리, 수전은 이제 텍스가 샤론을 찌르는 동안 자신은 그녀를 잡고 있었을 뿐이라고 주장했다.

사무실에 돌아온 나는 매번 조사 후에 하는 일, 즉 메모를 질문으로 바꾸는 작업을 했다. 세이디 매 글루츠에게 물어보고 싶은 것이 많았다.

같은 날, 린다 캐서비언은 송환 절차를 생략한 채 비행기를 타고 로스앤젤레스로 돌아왔다. 그녀는 오후 11시 15분 시빌 브랜드에 수감되었다. 애런과 린다의 변호사 게리 플라이슈만이 그 자리에 있었다. 플라이슈만은 애런이 그녀에게 패밀리 구성원들의 몇몇 사진을 보여주며 신원을 확인하는 것을 허락했지만, 질문은 허락하지 않았다. 하지만 애런은 그녀에게 기분이 어떤지 물었고 그녀는 "피곤하지만 안심이 되네요"라고 대답했다. 애런은 린다 본인도 자신이 아는 것을 이야기하고 싶어한다는 인상을 받았지만, 플라이슈만이 형량 거래를 위해 만류하고 있었다.

## 1969년 12월 4일

비밀 각서

수신: 이벨 J. 영거 지방검사

발신: 애런 H. 스토비츠

내용: 수전 앳킨스 건

회의는 금일 영거 씨 사무실에서 있었고, 오전 10시 20분에 시작해 오전 11시에 끝났다. 참석자는 다음과 같다. 영거 씨, 폴 카루소, 리처드 카바예로, 애런 스토비츠, 그리고 빈센트 부글리오시.

대배심 및 이어진 재판에서의 증언에 대한 대가로 수전 앳킨스에게 면책권을 제공할지 여부를 놓고 토론했다.

카바예로 씨는 현 단계에서 자신의 의뢰인이 대배심에서 증언하지 않을 수도 있음을 밝혔다. 찰스 맨슨을 비롯해 샤론 테이트 살인 사건에 관여했던 인물들이 재판정에 있는 것을 두려워하기 때문이다.

수전 앳킨스의 증언이 갖는 가치에 대해서 토론했다. 다음과 같은 점에 대해 합의가 이루어졌다.

1. 수전 앳킨스의 증언은 법 집행을 위해 꼭 필요하다.
2. 과거 그녀의 협조 내용, 그리고 대배심에서 충실하게 증언하는 경우를 감안하여 검찰은 현 단계에서 경찰이 인지하고 있는 세 가지 사건, 즉 힌먼 살인 사건, 샤론 테이트 살인 사건, 라비앙카 살인 사건과 관련해 그녀에게 사형을 구형하지 않는다.
3. 일급 살인 혐의, 혹은 종신형보다 가벼운 판결을 받아내는 데 있어 지방검찰청이 피고 측 변호인을 지원하는 정도는, 수전 앳킨스의 지속적인 협조 여부에 따라 달라질 수 있다.
4. 수전 앳킨스가 재판에서 증언하지 않거나, 검사 측이 재판에서 그녀를 증인으로 활용하지 않는 경우, 검찰은 그녀가 대배심에서 한 증언을 그녀에게 불리한 용도로 사용하지 않는다.

카바예로는 적어도 자신의 의뢰인과 관련해서는 탁월한 거래를 했다. 만약 그녀가 대배심에서 충실하게 증언한다면 우리는 힌먼, 테이트, 라비앙카 사건에 대해 사형을 구형하지 않을 뿐 아니라, 그 대배심 증언을 그녀와 그녀의 공동 피고에 대한 재판에서 불리하게 사용하지 않기로 했다. 나중에 카바예로가 적었듯이, "그녀는 아무것도 내놓지 않은 채 그 대가로 모든 것을 가졌다".

우리로서는 손해를 본 듯한 느낌을 받았다. 수전 앳킨스는 대배심에서 자신의 이야기를 하게 될 것이다. 우리는 기소장을 낼 수 있을 것이다. 그게 전부였다, 그러니까 종이 한 장. 카바예로는 그녀가 재판에서는 증언하지 않을 거라고 확신했다. 그는 심지어 그 순간에도 그녀가 갑자기 마음을 바꿀까봐 걱정했다.

우리는 서둘러 사건을 대배심에 제출하는 수밖에 없었고, 대배심 회의는 이틀날이었다.

사건이 점점 커지고 있었다. 전날 모빌 경찰서의 샘 맥라티 경사가 퍼트리샤 크렌윙클의 지문을 채취했다. 모빌에서 온 지문 사본을 가지고 LAPD의 프랭크 마즈 경사가 하나의 지문을 "만들었다". 크렌윙클의 왼손 새끼손가락 지문이, 보엔 순경이 샤론 테이트의 침실 프렌치 도어 왼쪽 문틀에서 발견한 잠재지문과 일치했다. 마당의 수영장으로 이어지는, 피가 튀었던 문이다.

우리는 이제 또 다른 용의자를 범죄 현장과 연결해주는 두 번째 물적 증거를 갖게 되었다.

하지만 우리는 두 용의자 중 어느 쪽도 확보하지 못했다. 왓슨과 마찬가지로 크렌윙클도 송환을 피하려 했다. 그녀는 보석 없이 14일 동안 구금된 상태였다. 만약 15일째에 송환장이 도착하지 않으면 그대로 석방될 예정이었다.

카바예로의 차를 타고 그의 베벌리힐스 사무실로 갔다. 5시 30분에 도착했을 때 수전 앳킨스는 이미 거기에 있었다. 애런이 신청한 별도 법원 명령으로 시빌 브랜드에서 나온 것이었다. 카바예로는 시빌 브랜드가 아니라 자신의 사무실에서라면 수전이 나와 훨씬 더 자유롭게 이야기를 할 수 있을 거라고 했고, 밀러 리비와 애런, 그리고 나도 그 점에 동의했다.

버지니아 그레이엄과 로니 하워드에게 자신의 이야기를 털어놓은 그녀였지만, 테이트-라비앙카 살인 사건에 대한 내 조사는 법집행기구 사람과는 처음 하는 인터뷰였다. 또한 마지막이 되기도 했다.

21세, 신장 165센티미터, 체중 55킬로그램, 긴 갈색 머리, 갈색 눈, 매력적이지 않은 얼굴이었고, 먼 곳을 보는 듯한 표정은 샌디나 스퀴키와 비슷했지만 더 두드러졌다.

수전 앳킨스와의 첫 대면이었지만, 나는 이미 그녀에 대해 많은 것을 알고 있었다. 그녀는 캘리포니아주 샌게이브리얼에서 태어나 새너제이에서 성장했다. 어머니는 수전이 십대일 때 암으로 사망했고, 이후 아버지와 여러 차례 말다툼을 했던 그녀는 고등학교를 중퇴하고 샌프란시스코로 갔다. 매춘부, 토플리스 댄서, 정부情婦, 폭력 단원 애인 등 그 모든 일을 거친 뒤 찰스 맨슨을 만났다. 나는 그녀가 꽤 안쓰럽게 여겨졌다. 그녀를 이해해보려고 최선을 다했다. 하지만 테이트 사건 피해자들에게 한 짓을 사진으로 본 다음에는 좀처럼 그녀에게 동정심을 가질 수 없었다.

카바예로가 우리를 소개했고, 나는 그녀의 법적 권리를 알려주었으며, 조사해도 좋다는 동의를 받았다.

카바예로의 사무실 문 앞에는 남성과 여성 보안관서 부관이 각각 앉아서 수전의 행동거지를 일일이 주시했다. 카바예로는 전화를 받기 위해 몇 번 자리를 비운 것 외에는 줄곧 함께 있었다. 나는 수전에게 1967년 헤이트 애시베리에서 맨슨을 처음 만난 날부터 현재까지 있었던 이야기를 모두 해달라고 했다. 중간중간 그녀의 이야기를 끊고 질문했다.

"테이트 살인 사건이 있던 날 밤 당신과 텍스, 혹은 다른 사람들이 LSD나 다른 약물을 한 상태였습니까?"

"아니요."

"다음 날 밤에는요? 라비앙카 부부가 살해된 날 밤 말입니다."

"아니요, 그날도 안 했어요."

그녀에게는 조금 알 수 없는 면모가 있었다. 몇 분간 빠르게 이야기하다가 멈추고, 마치 다른 누군가의 목소리를 감지한 것처럼 고개를 기울이곤 했다.

"그러니까, 찰리는 지금도 우리를 지켜보고 있고, 우리가 하는 이야기를 다 들을 수 있거든요."

"찰리는 저기 인디펜던스에 있습니다, 세이디."

그녀는 미소를 지어 보였다. 자신이 옳고, 외부자이자 믿음이 없는 나는 틀린 거라고 확신했다.

뭐 이런 여자가 다 있냐고, 나는 생각했다. 이 사람이 검찰의 핵심 증인이라고? 이 정도로 심하게, 심하게 이상한 아가씨의 증언을 바탕으로 사건을 구성해야 한단 말인가?

그녀는 미쳤다. 이 점에 관한 한 의심의 여지는 없었다. 법적으로 심신상실은 아닐 수도 있지만, 그럼에도 불구하고 미쳤다.

테이프에 있는 것처럼 그녀는 프라이코프스키를 찌른 것을 인정했지만, 샤론 테이트는 찌르지 않았다고 했다. 나는 그때까지 수백 건의 조사를 했고, 누군가 거짓말을 할 때 보이는 신체적 반응을 알고 있었다. 나는 그녀가 샤론 테이트를 찔렀지만, 그것을 내 앞에서 인정하지 않으려 한다는 것을 감지했다.

나는 그날 밤 열두 명의 다른 증인도 조사해야 했다. 위니프리드 채프먼, 시엘로와 웨이벌리에 최초로 도착했던 경관들, 그라나도와 지문 채취 담장자, 하이 스탠더드사의 로맥스, 노구치 검시관과 가쓰야마 부검시관, 디칼로, 멜처, 제이컵슨. 한 명 한 명이 다 특별한 문제를 가지고 있었다. 위니프리드 채프먼은 퉁명스럽고 화를 잘 내는 사람이었다. 그녀는 시신이나 핏자국 등등을 봤다는 증언은 할 수 없다고 했다……. 노구치 검시관은 한량이었다. 그를 한가지 주제에 집중하게 만들려면 특별한 준비가 필요했다. 대니 디칼로는 보솔레이 재판에서 믿을 만하지 못했다. 대배심원들이 그를 신뢰할 수 있게 만들어야 했다. 각자 자신의 영역에서 전문가인 이 이질적인 증인들로부터 사건과 관련 있는 정보를 정확히 뽑아내는 것은 물론, 그 조각들을 모아 단단하고 확실한 사건을 만들어낼 필요가 있었다.

일곱 명의 살인 사건 피해자, 복수의 피고. 이런 종류의 사건은 전례가 없을 뿐 아니라, 준비에만 몇 주가 필요했다. 하지만 데이비스 청장이 발표를 서두르고 있는 상황에서 우리에겐 며칠밖에 주어지지 않았다.

조사를 마쳤을 때는 새벽 2시였다. 내가 했던 메모들을 질문지로 바꾸는 일이 남았다. 그것까지 마쳤을 때는 3시 30분이었다. 나는 오전 6시에 잠에서 깼다. 세 시간 안에 테이트와 라비앙카 사건을 로스앤젤레스 카운티 대배심에 제출해야 했다.

## 1969년 12월 5일

"죄송합니다. 드릴 말씀 없습니다." 대배심 절차는 법적 기밀이다. 검찰청은 물론 증인과 배심원도 특정 증거에 대해 말해서는 안 되지만, 그렇다고 기자들의 시도까지 막을 수는 없다. 대배심실 앞 좁은 복도에 100여 명의 기자가 모였고, 일부는 탁자 위에도 올라가서, 마치 기자들이 천장까지 쌓여 있는 것처럼 보였다.

로스앤젤레스의 대배심은 모두 23명으로 구성되는데, 배심원은 대법원 판사들이 제출한 후보 목록에서 선택된 사람들이다. 그중 21명이 참석했고, 참석자의 3분의 2가 증거를 인정하면 기소가 진행된다. 평의 자체는 보통 짧게 끝난다. 검찰 측은 기소 및 이후 절차를 얻어내기 위해 사건을 충분히 설명한다. 이 사건의 증언은 이틀에 걸쳐 진행될 예정이지만, "검찰 측 핵심 증인"은 하루만 증언에 참석할 것이다.

리처드 카바예로 변호사가 첫 증인으로 나와 자신의 의뢰인에게 본인의 권리를 인지시켰음을 증언했다. 그다음에 카바예로는 심리실을 나갔다. 증인들은 변호사를 동석시킬 수 없을 뿐 아니라, 다른 증인들이 들을 수 없는 곳에서 증언한다.

무장 경관이 외쳤다, "수전 앳킨스".

남성 7명과 여성 14명으로 구성된 배심원단은 호기심 가득한 표정으로 그녀를 쳐다봤다.

애런이 수전에게 그녀의 권리를 고지했고, 거기에는 본인이 연루된 부분을 말하지 않을 권리도 포함되었다. 그녀는 그 권리를 포기했다. 이어서 내가 질문했는데, 그녀가 찰스 맨슨을 알고 있다는 것을 확인하고, 그들이 처음 만났던 날에 대해 물었다. 2년 전이었다. 그녀는 샌프란시스코 헤이트 애시베리 구역의 리옹가에 있는 집에 살고 있었다. 다른 젊은이들과 함께였는데, 대부분은 약물에 빠져 있었다.

답. "……제가 거실에 앉아 있을 때 어떤 남자가 들어왔는데, 남자는 기타를 들고 있었고, 갑자기 여자애들이 남자를 둘러싸고 모였습니다." 남자는 앉아서 연주를 시작했다, "제가 가장 관심을 가졌던 곡은 「네 미소의 그늘The Shadow of Your Smile」이었는데, 마치 천사의 목소리 같았어요."

문. "찰스 맨슨을 말하는 거죠?"

답. "네. 그가 노래를 마쳤을 때, 제가 그 사람의 관심을 끌고 싶어서, 저도 기타 한번 쳐봐도 되냐고 물었어요…… 그랬더니 그 사람이 기타를 넘겨줬는데, 저는 '나 기타 못 치잖아'라고 생각했는데, 그 사람이 저를 보며 '원하면 칠 수 있는 거예요'

라고 말했습니다.

그 사람이 '나 기타 못 치잖아'라는 말을 들은 게 아니거든요, 저는 그냥 생각만 했으니까. 그래서 내가 칠 수 있다고 그 사람이 말했을 때 저는 완전히 정신이 나갔어요. 왜냐하면 그 사람이 제 머릿속에 들어온 거니까요. 그때 저는 그가 제가 찾아 헤매던 사람이라는 것을 알게 되었고…… 그대로 무릎 꿇고 그 사람 발에 입을 맞췄어요."

하루 또는 이틀 후 맨슨이 그 집에 다시 나타나 그녀에게 산책하러 나가자고 했다. "그래서 두 블록 걸어서 다른 집으로 갔는데, 거기서 그 사람이 저랑 자고 싶다고 했거든요.

뭐, 저도 그 사람이랑 자고 싶었다고 했고, 그 사람이 저한테 옷을 벗으라고 했어요. 그래서 제가 거리낌 없이 옷을 벗었는데, 마침 그 방에 전신 거울이 있었고, 그 사람은 저한테 거울 앞으로 가서 제 모습을 보라고 했어요.

저는 그러고 싶지 않았기 때문에 그 사람이 제 손을 잡고 거울 앞으로 데리고 갔거든요, 제가 물러나니까 그 사람이 말했어요, '가서 당신 모습을 봐요. 당신은 아무 문제 없습니다. 완벽해요. 당신은 늘 완벽했습니다'라고요."

문. "그다음엔 어떻게 됐습니까?"

답. "그 사람이 저한테 아버지와 잠자리를 가져본 적이 있냐고 물었습니다. 저는 키득거리면서 그 사람을 보고 말했어요, '아니요'라고. 그러자 그 사람이 말했어요, '아버지와 잠자리를 갖는 걸 생각해본 적은 있습니까?' 제가 '네'라고 대답했죠. 그 사람이 말했어요, '좋습니다, 저랑 사랑을 나누면서…… 제가 당신 아버지라고 생각해주세요.' 그래서 제가, 제가 그렇게 했거든요, 정말 아름다운 경험이었습니다."

수전은 맨슨을 만나기 전까지 자신에게 "뭔가 빠져 있다"는 느낌이 있었다고 말했다. 하지만 그때 "그 사람에게 저 자신을 주고 나니까, 그 대가로 그 사람은 저 자신을 돌려주었어요. 그 사람은 제가 여자라는 것을 알 수 있게 제 안에 확신을 주었습니다".

1, 2주 후에 그녀와 맨슨, 메리 브루너, 엘라 조 베일리, 리넷 프롬, 퍼트리샤 크렌윙클은 이름이 기억나지 않는 남성 서너 명과 함께 낡은 스쿨버스를 타고 샌프란시스코를 떠났다. 좌석을 모두 뜯어내고 밝은색 카펫과 베개로 장식한 버스였다. 이어지는 1년 반 동안 그들은 여기저기 돌아다녔다. 북쪽으로는 멘도시노, 오리건, 워싱턴까지, 남쪽으로는 빅서, 로스앤젤레스, 멕시코, 네바다, 애리조나, 뉴멕시코까지 갔다가 마침내 LA로 돌아왔다. 처음에는 토팽가 캐니언, 말리부, 베니스의 여러 집에서 지냈고, 이후에는 최종적으로 스팬 목장에 정착했다. 그러는 동안 다른 이들이 합류했는데, 몇몇은 계속 남았고, 대부분은 잠깐 동안만 머물렀다. 수전에 따르면, 그들은 변화를 경험하고 사랑하는 법을 배웠다. 여성들은 남성 한 명 한 명과 잠자리를 가졌고, 자기네끼리도 가졌다. 하지만 찰리는 완벽한 사랑이었다. 그녀와 자주 섹스를 하지는 않았지만(2년 이상 함께 지내며 겨우 여섯 번뿐이었다) "그 사람은 자신을 완전히 내어

주었어요".

 문. "당신은 그 사람을 많이 사랑했습니까, 수전?"

 답. "저는 그림자와 사랑에 빠졌고, 제가 말하는 그림자란 찰리 맨슨의 것입니다."

 문. "당신이 그 사람을 위해 할 수 있는 일에는 한계가 없습니까?"

 답. "없습니다."

나는 이 사건에서 맨슨을 잡는 데 가장 핵심적인 부분을 위해 기초를 쌓고 있었다. 그러니까 수전과 다른 사람들이 그를 위해서라면 무슨 일이든 할 수 있었고, 거기에는 그의 명령에 따라 살인을 저지르는 일까지 포함된다는 점 말이다.

 문. "찰리의 어떤 점 때문에 당신 같은 여성들이 그와 사랑에 빠지고, 그가 시키는 일을 하는 겁니까?"

 답. "찰리는 제가 이 지상에서 만난 사람들 중…… 유일하게…… 완벽한 사람이니까요. 그 사람은 여자가 말대꾸하는 걸 인정하지 않았어요. 여자들이 자신에게 뭔가 시키는 것도 허용하지 않았죠. 그 사람은 남자였어요."

찰리는 그녀에게 세이디 매 글루츠라는 이름을 지어주었다. "제가 정신을 완전히 해방시키고, 제 과거를 완전히 잊을 수 있게 해주려고 그랬어요. 그렇게 할 수 있는, 정체성을 바꾸는 가장 쉬운 방법이 이름부터 바꾸는 거니까요."

수전에 따르면 찰리 본인은 악마, 사탄, 영혼 등 다양한 이름으로 본인을 칭했다.

문. "맨슨 씨가 자신을 예수라고 칭하기도 했습니까?"

답. "개인적으로 자신을 예수라고 한 적은 한 번도 없습니다."

문. "당신이 그를 예수라고 부른 적은 있습니까?" 전날의 조사를 통해 나는 수전이 이 질문은 피해갈 거라고 예상했고, 결과는 예상대로였다.

답. "그 사람은 제게 예수 그리스도 같은 분이었습니다."

문. "찰리가 사악한 사람이라고 생각합니까?"

답. "사악함에 대한 검사님의 기준에 따르면, 검사님의 눈으로 보면 그렇다고 해야겠죠. 제 눈으로 보면 그 사람은 사악한 만큼 선하고, 선한 만큼 사악합니다. 그 사람을 판단하는 건 불가능해요."

수전은 맨슨을 그리스도로 믿는다고 말하지 않았지만, 그런 암시는 담겨 있었다. 그 시점에는 나 자신도 온전히 이해하지 못했지만, 부분적으로나마 추종자들을 조종하는 맨슨의 능력에 대해 배심원들에게 설명하는 것이 중요했다. 대부분 중산층이고 또 중장년층이었던 배심원들에게는 그 모든 것이 믿을 수 없는 이야기였겠지만, 살인이 일어났던 이틀 밤에 대한 그녀의 이야기에 비하면 아무것도 아니었다.

나는 천천히 그 이야기로 다가가고 있었는데, 그녀에게 스팬 목장과 그곳 생활에 대해 묻고, 어떻게 생계를 유지했는지 물었다. 사람들이 이것저것 줬다고, 수전은 말했다. 그리고 구걸도 했다. "로스앤젤레스 전역에 있는 슈퍼마켓에서 매일 멀쩡한 것들을 버리거든요. 신선한 야채에 가끔은 달걀, 유통기한이 있는 치즈 같은 것도 있었어요. 하지만 식료품은 여전히 먹을 만했고, 우리 여자들이 가서 '쓰레기통 원정'을 했죠."

디칼로가 그런 쓰레기통 원정들 중 한 사례에 대해 이야기해주었다. 여자들이 데니스 윌슨의 롤스로이스를 타고 가는 바람에 슈퍼마켓 종업원이 크게 놀랐다고 했다.

그들은 신용카드나 그런 것들을 훔치기도 했다.

문. "찰리가 도둑질을 시켰습니까?"

답. "아니요, 제가 스스로 한 일입니다. 저는, 우리는 이런저런 일들을 하기로 정해져 있었으니까요."

문. "찰리가 정한 겁니까?"

답. "찰리가 정했죠, 하지만 그 방식, 제가 이해하는 그 방식을 검사님도 이해하실 수 있게 설명하기는 어렵습니다. 찰리의 입에서 나오는 말은 그 사람에게서 나오는 것이 아니거든요, [그것들은] 제가 무한이라고 부르는 곳에서 나오는 겁니다."

그리고 종종, 밤이면 그들은 "스멀스멀 기어다니기"도 했다.

문. "여기 배심원분들께 설명해주시기 바랍니다."

답. "아무도 우리를 보거나 들을 수 없게, 소리 없이 움직이는 거죠…… 아주 짙은 색 옷을 입고……"

문. "밤에 남의 거주지에 들어가는 거죠?"

답. "네."

로스앤젤레스에 있는 어떤 집을 무작위로 골라서 거주자가 잠든 사이에 몰래 들어갔다. 소리 없이 이 방 저 방 스멀스멀 기어다니며 물건의 위치를 바꿔서, 잠에서 깬 거주자들이 잠자리에 들기 전과는 다른 곳에 있다고 느끼게 만들었다. 모두들 칼을 휴대하고 다녔다. 수전은 "패밀리의 다른 구성원들도 모두 했기 때문에", 자신도 한번 경험해보고 싶어서 했다고 말했다.

이 스멀스멀 기어다니기 모험이 살인을 위한 예행연습이었음을, 배심원들이 확실히 짐작했을 거라고 나는 감지했다.

문. "당신들 무리를 부르는 이름이 있었습니까, 수전?"

답. "우리끼리는 스스로 가족Family이라고 불렀습니다." 수전에 따르면 그건 "그 어떤 가족과도 다른 가족"이었다.

배심원 중 누군가가 "하느님 맙소사!"라며 탄식하는 소리가 들렸다.

문. "수전, 1969년 8월 8일에 당신은 스팬 목장에서 지내고 있었습니까?"

답. "네."

문. "수전, 같은 날 찰리 맨슨이 당신과 패밀리 구성원 몇 명에게 뭔가를 시켰습니까?"

답. "갈아입을 옷과 칼을 챙긴 후 정확히 텍스가 시키는 대로 하라는 것 외에, 찰리로부터 직접 지시를 들은 것은 기억나지 않습니다."

문. "찰리가 특정한 종류의 옷을 입으라고 암시했습니까?"

답. "그 사람이 제게…… 짙은 색 옷을 입으라고 했습니다."

수전은 왓슨, 크렌윙클, 캐서비언의 사진을 확인했고, 네 사람이 목장을 나설 때 탔던 낡은 포드 자동차 사진도 확인했다. 출발할 때는 찰리가 손을 흔들며 배웅해주었다. 수전은 시간을 확인하지 않았지만 밤이었다. 뒷좌석에는 철사 절단기 두 개와 끈도 있었다. 그녀와 케이티, 린다는 각자 칼을 소지하고 있었다. 텍스는 총은 물론, 그녀가 보기에는 칼도 소지하고 있었다. 도로에 접어들고 나서야 텍스는 그들에게 목적을 말해주었는데, 수전이 인용한 바에 따르면 그들은 "한때 테리 멜처 소유였던 언덕 위의 어떤 집으로 가는 중이었고, 그 집으로 가는 유일한 이유는 텍스가 집의 구조를 대충 알고 있었기 때문이다".

문. "텍스는 당신들이 테리 멜처의 이전 거주지로 가는 이유를 말해주었습니까?"

있는 그대로, 어떤 감정도 없이 수전이 대답했다. "거기 있는 사람들을 죽이고, 그 사람들 돈을 모두 훔치려고요."

문. "거기 있는 사람이 누구든 상관없이 죽이라는 이야기를 들었다는 거죠. 맞습니까?"

답. "네."

그들은 도중에 길을 잃어버렸다. 하지만 텍스가 마침내 출구를 찾아내 언덕 위로 올라갔다. 차에서 내린 텍스가 전신주를 타고 올라가, 철사 절단기를 사용해 전선을 잘랐다(LAPD는 바커에서 나온 철사 절단기의 시험 결과를 아직 내게 알려주지 않고 있었다). 텍스가 자동차로 돌아온 다음엔 언덕을 내려가 초입에 주차하고, 여분의 옷을 챙겨 들고 걸어서 다시 올라왔다. "경보 시스템이나 전기 장치가 있을 거라고 생각했기 때문에" 철문을 통해 집 안으로 들어가지는 않았다. 철문 오른쪽은 덤불이 있는 가파른 경사지였다. 그쪽은 담장이 그리 높지 않았다. 수전은 자신의 옷 뭉치를 던져넣고, 칼을 입에 문 채 담장을 넘었다. 다른 사람들도 뒤따랐다.

수전이 자동차 전조등을 발견했고 모두들 자신의 옷을 덤불에 숨겼다. 자동차는 진입로를 따라 철문 쪽으로 다가왔다. "텍스가 우리 여자들한테 엎드려서 움직이지 말고, 소리도 내지 말라고 했습니다. 그가 잠시 사라졌는데…… '멈춰'라고 말하는 게 들렸어요." 수전은 다른 목소리, 남자 목소리도 들었다. "제발 해치지 마세요, 아무 말도 안 하겠습니다." "그다음엔 총소리가 들렸고, 총소리가 또 들렸고, 한 번 더, 또 한 번 들렸어요." 네 발, 그다음에 텍스가 돌아와 그들에게 나오라고 했다. 자동차에 다가갔을 때 텍스가 안으로 손을 뻗어 전조등을 껐다. 그런 다음 그들은 자동차를 철문에서 밀어 다시 진입로에 내려놓았다.

나는 수전에게 램블러 차량의 사진을 보여주었다. "비슷한 것 같네요, 네." 다음으로 나는 경찰이 찍은, 자동차 안에 있는 스티븐 페어런트의 사진을 보여주었다.

답. "제가 차 안에서 본 것입니다."

배심원들 사이에서 숨 고르는 소리가 들렸다.

문. "'것'이라는 건 사람을 말하는 것입니까?"

1969년 12월 5일

답. "네, 사람이요."

배심원들은 수전 앳킨스의 마음속을 보았고, 거긴 얼음처럼 차가웠다.

그들은 진입로를 따라 차고를 지나 본채로 다가갔다. 내가 준비한 배치도를 보며 수전은 자신들이 접근했던 거실 창문을 가리켰다. "텍스가 창문을 열고 안으로 들어갔습니다. 그다음엔 그가 현관문 앞에 있었어요."

문. "당신네 여성들도 모두 그때 들어갔습니까?"

답. "둘만 들어갔습니다. 한 명은 남았어요."

문. "밖에 남았던 사람은 누구죠?"

답. "린다 캐서비언입니다."

수전과 케이티가 텍스와 합류했다. 소파에 남자 한 명이 누워 있었다(수전은 보이텍 프라이코프스키의 사진을 확인했다). "남자가 기지개를 켜며 깨어났어요. 어디서 자기 친구들이 온 걸로 생각했던 것 같습니다. 남자가 말했어요, '몇 시지?'…… 텍스가 남자 앞으로 튀어가 얼굴에 총을 겨누며 말했습니다. '조용히 해. 움직이면 죽는 거야.' 프라이코프스키가 '누굽니까, 여기서 뭐 하는 거예요?' 같은 말을 했어요."

문. "거기에 대해 텍스는 뭐라고 했습니까, 말을 했나요?"

답. "이렇게 말했어요, '나는 악마다, 악마의 일을 수행하기 위해 여기 왔다……'"

다음으로 텍스는 다른 사람들이 있는지 확인해보라고 했다. 첫 번째 침실에서 한 여성이 책을 읽고 있었다. (수전은 애비게일 폴저의 사진을 확인했다.) "그 여자가 저를 보며 미소 지었고, 저도 그 여자를 보며 미소 지었습니다." 그녀는 계속 갔다. 다음 침실엔 남자 한 명과 여자 한 명이 있었다. 남자는 침대 끝에 앉아 수전에게 등을 보이고 있었다. 여자는 임신을 했고, 침대에 누워 있었다. (수전은 제이 세브링과 샤론 테이트의 사진을 확인했다.) 두 사람은 대화 중이었고 어느 쪽도 수전을 보지 못했다. 거실로 돌아온 수전은 텍스에게 세 명이 더 있다고 전했다.

텍스는 그녀에게 끈을 주며 소파 위의 남자를 묶으라고 했다. 그 일을 마치자 텍스는 나머지 사람들도 데려오라고 했다. 수전은 애비게일 폴저의 침실로 갔다. "칼을 들이대고 이렇게 말했어요, '일어나서 거실로 가. 아무것도 묻지 말고 그냥 시키는 대로 해.'" 수전이 다른 두 명을 데리러 간 사이 역시 칼을 가지고 있던 케이티가 폴저를 잡고 있었다.

아무도 저항하지 않았다. 모두 똑같이 "충격받은" 표정을 짓고 있었다.

거실에 온 세브링이 텍스에게 물었다, "여기서 뭐 하는 겁니까?" 텍스는 닥치라고 하고, 세 사람에게 벽난로 앞에 배를 대고 엎드리라고 명령했다. "이 사람 임신한 거 안 보입니까?" 세브링이 말했다. "이 사람은 앉으라고 하세요."

세브링이 "텍스의 명령을 따르지 않자…… 텍스가 그대로 쐈어요."

문. "텍스가 제이 세브링을 쏘는 걸 봤습니까?"

답. "네."

문. "스팬 목장에서 가지고 온 총으로 쐈습니까?"

답. "네."

문. "그다음엔 어떻게 됐습니까?"

답. "제이 세브링이 벽난로 앞에 쓰러지고, 샤론과 애비게일이 비명을 질렀습니다."

텍스는 조용히 하라고 했다. 돈이 있냐고 물었더니 애비게일은 침실의 자기 지갑에 조금 있다고 했다. 수전이 그녀와 함께 돈을 가지러 갔다. 애비게일은 72달러를 건네며 신용카드도 원하는지 물었다. 수전은 필요 없다고 했다. 두 사람이 거실로 돌아오자 텍스는 수전에게 수건을 가지고 와 프라이코프스키의 손을 다시 묶으라고 했다. 그녀는 시키는 대로 했다고 말했지만, 매듭을 단단히 묶을 수는 없었다. 텍스는 끈으로 세브링의 목을 먼저 묶고, 이어서 애비게일과 샤론의 목도 묶었다. 끈을 천장의 들보에 던져서 건 다음 당겼다. "그래서 샤론과 애비게일은 일어섰지만 목 졸려 죽을 만큼은 아니었거든요……." 그리고 "누구였는지는 기억나지 않지만, 피해자들 중 한 명이 '우리를 어쩌려는 거예요?'라고 물었어요. 텍스는 '너네 모두 죽을 거야'라고 대답했어요. 그러자 그 사람들이 살려달라고 간청했습니다".

문. "그다음엔 어떻게 됐습니까?"

답. "텍스가 저한테 프라이코프스키를 죽이라고 지시했습니다."

그녀가 칼을 들자 간신히 끈을 풀고 자유로워진 프라이코프스키가 달려들었다. "저를 쓰러뜨렸어요. 저도 그를 부여잡고, 저나 그 사람이나 목숨을 건 싸움이었습니다.

그 사람이 제 머리채를 잡고 너무 세게 당기는 바람에 저는 비명을 지르며 텍스든 누구든 저를 도와달라고 했고, 프라이코프스키도 비명을 질렀어요.

그 사람이 제 뒤로 왔고, 저는 오른손에 칼을 들고 있었는데, 제가, 제가, 어딘지 모르겠지만 그냥 칼을 휘둘렀고, 뒤에 있는 그 사람을 네 번인가 다섯 번 반복해서 쳤던 것 같습니다. 어디를 찔렀는지는 몰랐습니다."

문. "사람 몸이라는 건 알았겠죠?"

답. "전에는 사람을 찔러본 적이 한 번도 없지만, 칼이 어딘가에 들어가는 건 알았습니다."

문. "프라이코프스키였을 수도 있습니까?"

답. "프라이코프스키였을 수도 있고, 소파였을 수도 있죠. 뭐였는지 모르겠어요."

수전은 말을 바꿨다. 나와 인터뷰할 때는 물론 녹음테이프에서도 그녀는 "프라이코프스키의 다리를 서너 번 찔렀다"고 인정했다. 또한 그녀가 버지니아 그레이엄에게 했던 이야기가 사실이라면, 그녀는 사람, 예를 들어 게리 힌먼을 찔렀을 때 어떤 느낌인지 정확히 알고 있었다.

프라이코프스키가 현관 쪽으로 달려가며 "살려달라고, 도와달라고" 비명을 질렀다. 텍스가 그를 잡고 머리를 몇 차례 가격했다. "총의 손잡이 같았어요." 텍스는 나중에 프라이코프스키를 때릴 때 총이 망가져서 쓸 수 없게 되었다고 그녀에게 말했다. 프라이코프스키는 총을 두 발 맞았지만, 수전은 총을 쏜 것을 기억하지 못했고, 정확한 총격 발생 시점은 계속 의문으로 남았다. 칼을 준비하고 있던 텍스는 "프라이코프스키가 계속 저항했기 때문에" 있는 힘껏 그를 찔렀고, 그사이 "애비게일 폴저가 끈을 풀고 케이티, 퍼트리샤 크렌윙클과 싸움을 했는데……"

배심장. "배심원 한 분이 잠시 양해를 구하십니다."

휴정이 선언되었다. 배심원 중 얼굴이 창백한 사람은 한 명만이 아니었다.

수전이 말을 중단한 시점부터 다시 시작했다. 누군가 흐느꼈다고, 그녀는 말했다. 텍스가 세브링에게 달려갔고, "몸을 숙인 채 그의 등을 몇 차례나 사납게 찔렀거든요……

샤론 테이트가 끈을 풀려고 애쓰는 모습을 봤던 게 기억납니다." 텍스가 수전에게 그녀를 처리하라고 지시했다. 수전은 샤론의 목에 팔을 두르고, 다시 소파에 앉혔다. 샤론이 살려달라고 간청했다. "제가 그 여자를 보며 말했어요, '이봐, 나는 자비가 없어'라고요. 저는 그 말이 그 여자가 아니라 저 자신에게 하는 말이라는 걸 알고 있었습니다……"

문. "그때 샤론이 아기에 대해서 뭔가 말했습니까?"
답. "이렇게 말했습니다, '제발 놔줘요. 내가 바라는 건 아기를 낳는 것뿐이에요.'

아주 난장판이었어요…… 텍스가 가서 케이티를 도왔고…… 텍스가 애비게일 폴저를 찌르는 걸 봤는데, 그 직전에, 아마 텍스가 그 여자를 찌르기 직전인 것 같은데요, 그 여자가 텍스를 보고 팔을 내려놓고는 우리 모두를 돌아보며 말했어요, '포기했어. 죽여'라고요."

나는 수전에게 텍스가 애비게일을 몇 차례 찔렀는지 물었다. "한 번만요", 수전이 대답했다. "그 여자가 자신의 배를 쥔 채 바닥에 쓰러졌습니다."

그런 다음 텍스는 밖으로 나갔다. 수전은 샤론을 잡고 있던 손을 풀었지만 여전히 그녀를 막고 있었다. 텍스가 돌아와서 수전에게 말했다. "죽여." 하지만 수전의 지금 이야기에 따르면 "할 수가 없었"다. 대신 "내가 그 여자를 죽일 수 없다는 걸 텍스에게 보이지 않으려고 저는 그 여자의 손과 팔을 잡았어요, 그리고 텍스가 그 여자의 가슴 부위를 찌르는 걸 봤습니다."(수전은 텍스가 샤론을 한 번만 찔렀다고 했다. 부검 보고서에 따르면 그녀는 열여섯 번 찔렸다. 로니 하워드에 따르면, 수전은 "여자가 비명을 멈출 때까지 계속 찔렀어요"라고 했다.)

다음으로 그녀가 떠올린 일은, 현재 수전의 증언에 따르면, 자신과 텍스, 케이티가 밖으로 나왔다는 것이다. "애비게일 폴저가 정원에, 잔디밭에 쓰러져 있는 걸 봤습니다…… 그 여자가 밖으로 나가는 건 못 봤는데…… 텍스가 다가가서 서너 번 더 찔렀어요. 몇 번이었는지는 모르겠습니다……"(애비게일 폴저에게는 스물여덟 개의 자상이 있었다). "텍스가 그렇게 하는 동안 케이티와 저는 린다를 찾으러 갔어요, 주변에 안 보였거든요…… 그다음엔 텍스가 프라이코프스키에게 다가가 머리를 찼습니다." 프라이코프스키는 현관문에서 멀리 떨어진 잔디밭에 있었다. 텍스가 발길질할 때도 "몸이 크게 움직이지는 않았어요. 당시에 이미 죽은 거라고 생각했습니다". (이는 놀랍지 않다, 보이텍 프라이코프스키는 총을 두 발 맞았고, 둔기로 머리를 열세 차례 가격당했고, 칼을 쉰한 번 맞았다.)

그런 다음 "텍스는 제게 집 안으로 돌아가 피해자의 피로 현관문에 뭔가를 적으라고 했습니다…… '세상을 놀라게 할 뭔가를 적어'라고 말했어요. 전에도 비슷한 상황[힌먼]에 처한 적이 있고, 그때 '정치적 돼지'라는 말이 벽에 적혀 있는 걸 봤기 때문에 그게 머릿속에 깊이 박혀 있어서……." 다시 집 안으로 돌아온 그녀는 프라이코프스키의 손을 묶었던 수건을 집어들고 샤론 테이트에게 다가갔다. 그때 어떤 소리가 들렸다.

문. "어떤 소리였습니까?"
답. "심장에서 쏟아진 피가 몸에서 흘러나오는, 꿀럭거리는 소리였습니다."
문. "그래서 당신은 어떻게 했습니까?"
답. "제가 수건을 집어들고 고개를 돌려 그 여자의 가슴에 댔는데, 그때 그녀가 임신했다는 것, 그 여자의 몸 안에 생명체가 있다는 걸 알았고, 그것까지 죽이고 싶었지만 용기가 없어서 행동에 옮기지는 못했습니다…… 저는 수건에 샤론 테이트의 피를 적시고, 문에 가서 수건으로 돼지라고 적었습니다."

수전은 그런 다음 수건을 거실에 던졌다. 어디에 떨어졌는지는 확인하지 못했다. (수건은 세브링의 얼굴에 떨어졌고, 언론에서는 그것을 "두건"이라고 언급했다.)

세이디, 텍스, 케이티는 덤불에 숨겨두었던 여분의 옷을 챙겼다. 텍스가 버튼을 눌러서 철문 밖으로 나왔고, 서둘러 언덕을 내려갔다. "자동차에 다다르자 린다 캐서비언이 차를 출발시켰어요. 텍스가 달려가서 린다에게 말했습니다. '뭐 하는 거야? 조수석으로 가. 내가 지시하기 전에는 아무 짓도 하지 마.' 그렇게 우리는 그곳을 떠났습니다."

그들은 차에서 옷을 갈아입었는데, 집 안에 들어가지 않아서 피가 묻지 않은 린다만 예외였다. 차를 타고 돌아오며 수전이 칼을 잃어버렸다고 말했지만, 텍스는 돌아가지 않았다.

그들은 계속 달렸다. "베니딕트 캐니언, 멀홀랜드 드라이브 등을 지났는데, [거리 이름은] 모르겠습니다…… 그러다 막다른 곳에 이르렀는데, 마치 한쪽은 산이고 다른 쪽은 절벽 같은 그런 경사지였거든요." 그들은 차를 세웠고, "린다가 피 묻은 옷들을 모두 언덕 아래쪽으로 버렸습니다……." 무기, 그러니까 칼과 총은 "서로 다른 서너 장소에 버렸는데, 정확히 몇 군데였는지는 기억나지 않습니다."

이어서 수전은, 버지니아 그레이엄과 로니 하워드에게 말했던 것처럼, 도롯가에 차를 세우고 정원의 호스를 사용해 피를 씻어냈다고 했다. 어떤 남성과 여성이 집에서 나와 경찰에 신고하겠다고 위협했다. "텍스가 그 사람들을 보며 말했습니다, '이런, 죄송합니다. 댁에 계신 줄 몰랐네요. 그냥 지나가다 물이 마시고 싶었을 뿐입니다. 주무시는 걸 깨우거나 방해할 생각은 없었어요.' 그랬더니 남자가 도로를 보며 말했어요. '당신들 찹니까?' 텍스가 '아닙니다, 저희는 걸어가던 중입니다'라고 대답했고, 남자가 다시 말했어요. '당신들 차라는 거 압니다. 얼른 타고 가세요.'"

그들은 차에 올랐고, 남자는 그들을 막으려는 듯 자동차 키로 손을 뻗었다. 하지만 텍스가 얼른 차를 출발시켰고, 그렇게 달아났다.

선셋 대로의 주유소에 들른 그들은 차례로 화장실에 들어가 "핏자국이 남아 있는지" 확인했고, 그다음 스팬 목장으로 돌아왔는데, 수전의 짐작으로는 새벽 2시쯤이었다.

옛날 영화 촬영장의 널빤지 길에 차를 세웠을 때 찰스 맨슨이 기다리고 있었다. 그가 다가와 안을 들여다보며 물었다. "왜 이렇게 일찍 돌아왔어요?"

수전에 따르면, 텍스는 맨슨에게 이렇게 말했다. "기본적으로는 할 일을 마쳤기 때문이죠. 모두 완벽하게 됐습니다. 정말(아주 순식간이었어요), 정말 흥분한 채로 텍스가 있었던 일을 말했어요. '저런, 확실히 대혼란helter skelter이었네요.'"

주유소에서 수전은 자동차 문의 손잡이와 운전대에 피가 묻어 있는 것을 발견했다. 그녀는 목장 주방으로 가서 헝겊과 스펀지를 가지고 와 피를 닦아냈다.

문. "당신들이 스팬 목장으로 돌아왔을 때 찰스 맨슨은 어떻게 행동했습니까?"

답. "찰스 맨슨은 그때그때 다르거든요. 원하면 누구든 될 수 있습니다. 어떤 순간에 어떤 표정이든 지을 수 있다고요."

퍼트리샤는 "아무 말이 없었"다. 텍스는 "막 트라우마를 겪은 사람처럼 불안"해했다.

문. "당신들이 저지른 짓에 대해 당신은 어떻게 생각했습니까?"

답. "저는 거의 정신을 잃었습니다. 마치 저 자신을 죽인 것만 같았어요. 죽은 것 같은 느낌이었어요. 저는 죽었습니다."

세차를 마친 후 수전과 다른 이들은 잠자리로 향했다. 누군가와 섹스를 했는데, 아마 클렘이었던 것 같지만, 어쩌면 그것은 상상에 불과했을 수도 있다.

정오에 정회가 선포되었다.

증언 내내 수전은 피해자들을 이름으로 칭했다. 정회 후 나는 사건 당일에 그녀는 피해자들의 이름을 몰랐고, 이전에 알던 사람들도 아니었음을 확인했다. "······처음 봤을 때 제 반응은 '와, 정말 잘생긴 사람들이네'였어요."

수전은 사건 이튿날, 조지 스팬의 집 옆에 있는 트레일러에서 TV

뉴스를 보고 피해자들의 이름을 처음 알게 되었다. 텍스, 케이티, 클렘이 그 자리에 함께 있었고, 수전은 확신하지 못했지만, 린다도 있었던 것 같다.

문. "텔레비전 뉴스를 보는 동안 누군가가 무슨 말을 했습니까?"

누군가(수전은 자신이 말했다고 생각했지만, 그것도 확실하지는 않았다) "영혼이 끝내주는 일을 했네" 혹은 "영혼이 좋은 일을 했네"라고 말했다. 그녀는 그 일로 "목적을 달성했다"는 취지의 말을 했다고 기억했다. 무슨 뜻이냐고, 내가 물었다.

답. "기성 체제에 두려움을 심어주는 거죠."

나는 수전 무리가 테이트 살인 사건을 저질렀다는 것을, 패밀리의 다른 구성원들은 알았냐고 물었다.

답. "패밀리는 모두 한 몸이기 때문에 아무것도 말할 필요가 없습니다. 우리는 서로가 뭘 하는지, 뭘 했는지 그냥 알아요."

이제 두 번째 밤, 8월 9일 저녁부터 8월 10일 새벽까지 있었던 일로 넘어왔다.

그날 저녁 맨슨은 다시 수전에게 여분의 옷을 챙기라고 했다. "그 사람을 보니 제가 뭔가 해주기를 원한다는 걸 알았습니다. 그래서 잠깐 한숨을 쉬고, 가서 시키는 일을 했어요."

문. "그날 저녁에 당신이 나가서 할 일이 뭔지 그가 말해줬습니까?" 내가 물었다.

답. "나가서 전날 밤에 했던 것과 같은 일을 할 거라고 했어요…… 다른 두 집에서……"

같은 차량과 같은 사람들(수전, 케이티, 린다, 그리고 텍스)이었고, 세 명이 추가되었는데 찰리, 클렘, 레슬리였다. 수전은 칼을 보진 못했고, 찰리가 가진 총 한 자루뿐이었다.

그들은 어떤 집 앞에 차를 세웠다. "패서디나 인근 어디였던 것 같습니다, 제 생각에는." 찰리가 내렸고, 나머지는 차를 타고 주변을 맴돌다, 돌아와 그를 다시 태웠다. "창문으로 보니 아이들 사진이 있어서, 그 집은 하고 싶지 않다고 했습니다." 하지만 앞으로는, 맨슨의 설명에 따르면, 그들은 아이들까지 죽여야 하는 상황에 놓일 수도 있었다.

다른 집 앞에 다시 차를 세웠지만, 주변에 사람들이 있었고, 그들은 자동차 안에서 기다리다 몇 분 후 떠났다. 어느 시점에선가 자신은 잠이 들었다고, 수전이 말했다. 잠에서 깼을 때 그들은 익숙한 동네에 있었는데, 약 1년 전 그녀와 찰리, 그리고 다른 사람 열다섯 명 정도가 LSD 파티를 했던 집 근처였다. "해럴드"라는 사람의 집이었다. 남자의 성은 기억나지 않았다.

찰리가 밖으로 나갔지만, 그는 그 집의 진입로가 아니라 옆집으로 향했다. 수전은 다시 잠들었다. 찰리가 돌아왔을 때 그녀는 잠에서 깼다. "그 사람이 말했어요, '텍스, 케이티, 레슬리, 집 안으로 들어가세요. 내가 사람들을 묶어놨습니다. 아주 조용해요'라고요."

"그 사람은 전날 밤 텍스가 사람들을 죽이겠다고 했을 때, 사람들이 난리를 피웠던 일을 염두에 두고 말한 거예요. 그래서 찰리는 미소를 지으며 아주 차분하게, 아무도 다치지 않을 거라고 안심시켜준 거죠…… 그래서 텍스, 레슬리, 케이티가 차에서 내렸습니다."

나는 찰리가 그 세 사람에게 또 무슨 말을 했는지 수전에게 물었다. 그녀는 자기 "생각"에는, 어쩌면 "제 상상에 불과한 것일 수도 있지만, 찰리는 들어가서 그 사람들을 죽이라고 했습니다"라고 말했다. 그리고 그들에게 "누구도 상상하지 못했던 무시무시한 그림을 그려놓으라고" 했다고 회상했다. 그리고 찰리는 일을 마치고 목장으로 돌아올 때는 차를 얻어 타고 오라고 말했다.

자동차로 돌아온 찰리는 여성용 손가방을 가지고 있었다. 그런 다음 그들은 "흑인 밀집 구역"을 지나서 돌아왔다.

문. "다음엔 어떻게 됐습니까?"

수전은 주유소에 들렀다고 했다. "찰리는 린다 캐서비언에게 여성용 손가방을 주며, 주유소 화장실에 두고 오라고 했습니다. 손가방을 발견한 누군가가 신용카드를 사용하고, 살인범으로 잡히도록 하기 위해서요……."

나는 그 손가방이 궁금했다. 그때까지 로즈메리 라비앙카의 신용카드 중 어떤 것도 사용되지 않았다.

주유소를 떠난 후, 수전 본인의 표현에 따르면, 그녀는 다시 잠들었다. "당시에 약물을 하지는 않았지만, 마치 약에 취한 것 같았어요." 잠에서 깼을 때는 목장에 돌아와 있었다.

(이 시점에서 우리는 수전 앳킨스가 대배심 증언에서 뭔가를 크게 생략했다는 것을 몰랐는데, 거기에는 또 다른 세 건의 살인 시도도 포함되어 있었다. 당시에 알았다면 클렘에 대한 기소도 할 수 있었을 것이다. 하지만

당시 클렘에 대한 정보는 그가 자동차 안에 있었다는 수전의 발언뿐이었다. 우리는 고속도로순찰대 교육원에서 만났던 그의 형이, 우리에게 협조하도록 동생을 설득해주기를 기다리고 있었다.)

수전은 라비앙카의 집에 들어가지 않았지만, 이튿날 오전, 케이티가 집 안에서 무슨 일이 있었는지 이야기해주었다.

답. "집에 들어가서는 침대에 있는 여성을 발견했는데, 자신들이 그녀를 침대에 잡고 있는 동안 텍스는 거실에서 남자를 상대했다고 했습니다…… 그리고 케이티 말로는, 남편이 살해당하는 소리를 들은 여자가 '남편한테 무슨 짓을 하는 거야?'라고 소리 질렀다고 했어요. 케이티가 이어서 그 여자를 찔렀다고 했는데……."

문. "그러는 동안 레슬리가 뭘 하고 있었는지도 이야기했습니까?"

답. "레슬리는 케이티를 도와 여자를 붙잡고 있었어요. 그 여자가 죽을 때까지 계속 저항했으니까요……." 나중에 케이티는 여성의 마지막 말, "남편한테 무슨 짓을 하는 거야?"라는 그 말은, 그녀가 저승까지 가지고 갔을 거라고 수전에게 말했다.

얼마 후 케이티는 수전에게 "냉장고 문, 아니면 현관문에 '돼지에게 죽음을'이라고 적었다"고 말했다. "제 생각에는 '헬터 스켈터' '일어나라'라는 말도 적었던 것 같아요."

다음에 케이티는 주방에서 포크를 챙겨 거실로 나갔다. "남자의 배를 쳐다보다가 손에 들고 있던 포크를 그대로 꽂은 다음, 앞뒤로 흔들리는 모습을 지켜봤다고 했습니다. 완전히 매혹됐다고 했어요."

수전은 남자의 배에 "전쟁"이라는 단어를 새긴 것도 "케이티였을 거라고 생각한다"고 말했다.

세 사람은 샤워를 했고, 배가 고팠기 때문에 주방에 가서 먹을 것을 챙겼다.

수전에 따르면 케이티는 그 부부에게 자녀가 있다고 생각했고, 그 자녀들이 일요일 저녁 식사를 하러 오면 시신을 발견하게 될 것으로 짐작했다고 말했다.

그 집을 나온 다음 "입던 옷은 몇 블록 떨어진 곳, 1.6킬로미터쯤 떨어진 곳에 있는 쓰레기통에 버렸습니다". 그리고 차를 얻어 타고, 동틀 무렵에 스팬 목장으로 돌아왔다.

문. "수전, 찰리가 '돼지' 혹은 '돼지들'이라는 단어를 자주 사용했습니까?"

답. "네."

문. "'헬터 스켈터'는요?"

답. "네."

문. "'돼지'나 '헬터 스켈터'라는 단어를 자주, 매우 자주 사용했습니까?"

답. "뭐, 찰리는 말이 아주 많았으니까…… 그가 작곡한 노래 중에 「헬터 스켈터」라는 곡도 있고, 그 사람이 헬터 스켈터에 대해 말하기도 했어요. 우리 모두 헬터 스켈터에 대해 이야기 했습니다."

문. "'우리'라는 건, 패밀리를 말하는 겁니까?"

답. "네."

문. "'돼지'나 '돼지들' 같은 단어는 당신들 패밀리에게는 어떤 의미입니까?"

답. "'돼지'는 기성 체제를 일컫는 말입니다. 하지만 모든 단어가 우리에게는 아무 의미가 없다는 걸 이해하셔야 합니다. '헬터 스켈터'에 대해서는 설명을 들었습니다."

문. "누구에게요?"

답. "찰리요. 찰리라고 하기도 애매한데, 차라리 그 말이 그 사람 입을 통해 흘러나왔다고 해야 할 것 같아요. 헬터 스켈터는 지상의 마지막 전쟁이라고 했어요. 그건 세상의 모든 전쟁이 뒤엉키는 그런 전쟁, 아무도 상상할 수 없는 일입니다. 모든 사람이 스스로를 심판하고, 지상의 다른 모든 사람도 그렇게 심판하면 어떻게 될지 상상도 못 하실 거예요."

질문을 몇 개 더 던진 후에 나는 수전 앳킨스의 증언을 마쳤다. 차분하게 증언대에서 내려오는 그녀의 모습을 배심원들은 믿을 수 없다는 듯이 쳐다봤다. 그녀는 반성이나 애도, 죄의식은 단 한 번도 내비치지 않았다.

그날 다른 증인은 네 명밖에 없었다. 수전 앳킨스가 방에서 나간 후, 윌프레드 페어런트가 들어와 고등학교 무도회에서 찍은 아들의 사진을 확인했다. 위니프리드 채프먼은 테이트 사건의 다른 피해자들 사진을 확인한 후, 8월 8일 금요일 정오 직전에 자신이 테이트 저택의 현관문을 닦았다고 증언했다. 이는 중요한 정보였는데, 그렇다면 오후 4시 채프먼 부인이 떠난 후에 찰스 "텍스" 왓슨이 다시 그곳에 왔어야만 했다는 뜻이기 때문이다.

테리 멜처는 애런이 담당했다. 멜처는 맨슨을 만났던 일을 이야기했다. 데니스 윌슨이 자신을 시엘로 드라이브 10050번지에 데려다줄 때 맨슨도 함께 있었다고 했고, 자신이 스팬 목장을 두 번 방문했던 일도 간략히 이야기했다. 처음은 맨슨의 오디션을 위해서였고, 두 번째는 그를 마이클 디지에게 소개하는 자리였다. 디지는 이동식 녹음 장비를 가지고 있었고, 맨슨에 대해 자신보다 더 관심이 많을 걸로 생각했다고 말했다. 맨슨이 디지에게 약간의 LSD를 주었다. 끔찍한 "환각" 경험을 했던 디지는 더 이상 맨슨, 혹은 그의 패밀리와는 얽히기를 원치 않았다.

복수의 패밀리 구성원에 따르면 멜처는 맨슨에게 많은 약속을 했고, 그것들을 지키지 않았다. 멜처는 그 점을 부인했다. 처음 스팬에 갔을 때 그는 맨슨에게 50달러를 주었다. 자신이 가지고 있던 돈의 전부였는데, 그 이유는 "그 사람들이 안됐다고 생각했기 때문"이다. 그건 녹음 계약의 선금이 아니라, 음식을 사 먹으라는 돈이었다. 그는 어떤 약속도 하지 않았다. 맨슨의 재능에 대해서는 "(준비해서 녹음하는 일에) 시간을 들일 만큼 인상적이지는 않았다"

고 했다.

나는 멜처를 심도 있게 조사하고 싶었다. 그가 뭔가를 숨기고 있다는 느낌이 들었지만, 대부분의 배심원과 마찬가지로 그 역시 제한적인 목적으로 그 자리에 나왔고, 제대로 파고드는 조사까지는 기다려야만 했다.

로스앤젤레스 검시관 토머스 노구치는 테이트 피해자 다섯 명의 부검 결과에 대해 증언했다. 그의 증언이 끝나고, 회의는 월요일까지 정회가 선포되었다.

회의가 비공개로 열리면서 추측이 난무했고, 그중 몇몇은 그저 짐작이 아니라 마치 사실처럼 적었다. 그날 오후 로스앤젤레스『헤럴드이그재미너』의 머리기사는 다음과 같다.

### 살인자들 LSD 복용,
### 대배심원 발언

이는 사실이 아니었다. 수전 앳킨스는 정반대로, 이틀 중 어느 밤에도 살인자들은 약물을 하지 않았다고 말했다. 하지만 어떤 신화가 탄생했고, 그것은 끈질기게 퍼져나갔다. 아마 그것이 실제 있었던 일에 대한 가장 쉬운 설명이기 때문일 것이다.

약물은 맨슨이 추종자들을 조종하기 위해 사용한 여러 수단 중 하나였음을 나는 곧 알게 되었지만, 이 범죄들에서는 사용되지 않았다. 이유는 간단했다. 야만적인 살인이 있었던 그 이틀 밤에 찰스 맨슨은 자신의 암살범들의 몸 상태가 최상이기를 원했기 때문이다.

현실은, 그리고 그 현실이 암시하는 바는 신화보다 훨씬 더 무시무시했다.

## 1969년 12월 6~8일

토요일에 조 그라나도는 캐노가 공원의 압류 차량 보관소에 있는 존 슈워츠의 1959년식 포드를 감식하러 갔다. 8월 16일 스팬 목장 습격 후에 줄곧 거기 보관되어 있던 그 차량이, 수전 앳킨스에 따르면, 살인자들이 이틀 모두 사용한 것이었다.

글러브박스 오른쪽 윗부분에서 벤지딘 검사 양성반응이 나왔고, 이는 혈액 반응이었지만, 동물의 피인지 사람의 피인지 확정하기에는 충분치 않았다.

내가 마지막으로 조의 서면 보고서를 봤을 때 혈흔에 대한 언급은 없었다. 이유를 묻자 조는 양이 너무 적어서 굳이 언급할 필요가 없었다고 했다. 나는 조에게 혈액에 대해 기록한 새로운 보고서를 요구했다. 지금까지 우리 사건은 기본적으로 정황밖에 없었고, 그런 사건에서는 한 줌의 증거라도 중요했다.

"방금 게리 플라이슈만과 이야기를 했는데, 빈스", 애런이 말했다. "자신의 의뢰인 린다 캐서비언과 관련된 거래를 원한대. 재판에서 증언하는 대가로 완전 면책권을 달라네. 고의적 살인에 대한 탄원은 생각해보겠지만, 그 이상은—"

"세상에, 애런," 내가 끼어들었다. "수전 앳킨스에게 뭔가를 내준 것도 충분히 나쁩니다! 한번 보자고요. 크렌윙클은 앨라배마에, 왓슨은 텍사스에 있습니다. 우리가 아는 한 다른 사람들이 재판에 서기 전에 그 둘을 송환하지 못할 수도 있습니다. 그리고 밴하우튼은 테이트 사건 당일엔 같이 나가지도 않았고요. 앳킨스, 캐서비언과 거래를 해버리면 다섯 건의 테이트 살인 사건에 대해 누구를 기소합니까? 찰리 한 명요? 시민들이 받아들이지 못할 겁니다. 사람들이 이 범죄에 충격을 받고 분노하고 있잖아요. 언제 벨 에어 지역을 한 바퀴 돌아보세요. 아직도 공포가 생생하게 느껴질 정돕니다."

플라이슈만에 따르면, 린다는 증언을 하고 싶어 안달이라고 했다. 플라이슈만은 송환에 응하지 말라고 조언했다. 그녀가 조언을 무시하고 캘리포니아로 돌아온 건 전부 이야기하고 싶었기 때문이다.

"좋습니다. 그 여자가 뭘 증언할 수 있죠? 수전에 따르면, 린다는 테이트나 라비앙카의 집에 들어가지도 않았습니다. 우리가 아는 한 그 여자는 어떤 살인도 목격하지 않았습니다. 어쩌면 스티븐 페어런트의 살인은 봤을지도 모르죠. 더 중요한 것은, 우리가 수전을 확보하고 있는 한 린다의 증언은 전혀 쓸모가 없다는 점입니다. 둘 다 공범이니까요. 아시겠지만, 이 점에 대해서 법 조항은 분명합니다. '특정 공범의 증언은 다른 공범의 증언을 확증하는 목적으로는 사용될 수 없다.' 우리가 정말로 필요로 하는 건, 그 무엇보다 필요로 하는 건 확증이잖아요."

이것이 우리의 가장 큰 문제였다. 어떤 의미에서는 최종적으로 핵심 증인이 누가 되느냐 하는 것은 중요하지 않았다. 확증이 없으면 이 사건은 법리 싸움에서 지게 되어 있었다. 피고들 각각에 대한 확증을 찾아야 할 뿐 아니라, 그 확증을 위한 증거는 공범의 증언과는 완벽하게 독립된 것이어야 했다.

애런은 린다가 시빌 브랜드에 수감되어 있을 때 잠깐 만난 적이 있었다. 나는 그녀를 본 적이 없었다. 내가 아는 한 그녀도 세이디 매 글루츠만큼이나 괴상했다.

"만약 수전이 찰리 쪽으로 돌아서면요", 내가 말했다, "우리는 재판에 활용할 핵심 증인이 한 명도 없는 거예요. 그렇게 될 것 같은데, 그때 린다랑 거래 이야기를 하죠. 사실 상황이 그렇게 되면 린다가 유일한 희망입니다."

월요일에 대배심에 재개되고, 우리는 남은 증언 청취를 신속히 진행했다. 마이클 맥간 경사가 1969년 8월 9일, 시엘로 드라이브 10050번지에서 확인한 사항들을 이야기했다. 프랭크 에스컬랜티 경사는 1969년 4월 23일, 찰스 왓슨이 마약 혐의로 체포되었을 때 지문을 채취했다고 증언했다. 과학수사국의 제롬 보엔이 테이트 저택의 현관문에서 잠재지문을 채취한 경위를 설명했고, 역시 과학수사국 소속의 해럴드 돌런이 그 잠재지문을 왓슨의 지문 사본과 대조했고, 18개의 일치점을 발견했다고 증언했다. LAPD가 일치 판정을 내릴 때 기준으로 하는 8개보다 많았다. 윌리엄 리 경사가 총의 손잡이 조각과 22구경 탄피에 대해 증언했다. 하이 스탠더드 사의 에드워드 로맥스가 해당 손잡이는 자사의 22구경 롱혼 리볼버의 것이라고 설명하고, 그 모델은 생산량이 적었기 때문에 "꽤 특이한" 모델이라고 수치를 들어가며 설명했다. 그레그 제이컵슨이 맨슨을 멜처에게 소개해주었다고 이야기했다. 그라나도가 끈과 총 손잡이의 혈흔, 그리고 벽사의 칼을 발견한 정황에 대해 증언했다.

대부분은 기계적인 증언이었지만, 대니얼 디칼로가 등장하자 잠시 분위기가 전환되고, 약간의 지역색도 가미되었다.

애런이 대니얼에게 물었다. "당신이 목장에 머물렀던 특별한 이유가 있습니까?"

답. "예쁜 아가씨가 많았으니까요."

특정 아가씨와 어울렸던 것일까, 예를 들면 케이티랑?

답. "우리는 이야기만 했습니다. 그게 다예요. 다른 짓은 전혀 하지 않았습니다. 그러니까, 후리거나 뭐 그런 적은 한 번도 없습니다."

문. "당신이 속한 오토바이 모임은 시내에 가서 모두들 겁주고 그럽니까?"

답. "아닙니다, 그런 건 영화에서만 있는 일입니다."

디칼로의 등장은, 우스꽝스러운 기분 전환을 위해서만 의도된 것이 아니었다. 그는 맨슨, 왓슨, 그리고 본인을 포함해 여러 사람이 스팬 목장에서 표적지를 놓고 22구경 번틀라인 리볼버의 사격 연습을 했다고 증언했다. 그는 8월 16일보다 "일주일 혹은 일주일 반" 전에 그 총을 마지막으로 봤고, 이후로는 보지 못했다고 말했다. 그 총이 테이트 살인 사건의 무기로 사용되었다는 것을 알기 전에 그가 LAPD에 그려주었던 총 그림이 증거로 제출되었다. 디칼로는 또한 1969년 6월, 자신과 찰리가 샌타모니카의 잭 프로스트 상점에서 세 가닥 나일론 끈(전직 해안경비대원이었던 그는 그 끈을 "선"이라고 불렀다)을 구입한 일도 떠올렸고, 시엘로 현장에서 발견된 끈을 보며 "똑같다"고 증언했다.

수전 앳킨스를 겪고 나니, 무법자 오토바이 라이더는 거의 모범 시민처럼 보였다.

디칼로에 이어 부검시관 데이비드 가쓰야마가 등장했다. 가쓰야마는 라비앙카 사건의 부검을 담당했다. 내가 보기에는 문제가 많은, 아주 많은 증인이었다. 대배심은 그 문제의 일부만 드러냈을 뿐이다. 애런이 가쓰야마에게 가죽끈으로 묶인 레노 라비앙카의 손 사진을 보여주었다. 디칼로가 다시 등장해 찰리는 늘 목에 가죽끈을 두르고 다녔다고 말했다. 패칫 경사가 이어서 인디펜던스에 있는 맨슨의 소지품 사이에서 발견한 가죽끈을 제시했다. 그는 두 끈이 "유사하다"고 증언할 준비도 되어 있었다.

애런이 가쓰야마에게 사진을 보여주며 레노 라비앙카의 손을 묶은 끈의 재료가 뭔지 물었다. "전선입니다", 그가 대답했다. 나는 신음이 나오려는 것을 참았다. 전선은 라비앙카 피해자들의 목에 감겨 있었다. 사진을 좀더 가까이서 보면 어떨까? 가쓰야마에게는 여전히 전선으로 보였다. 나는 결국 그에게 본인의 부검 보고서를 보여줘야만 했다. 본인이 직접 "양손은 가는 가죽끈으로 묶여 있었다"라고 적은 보고서였다.

LAPD 경관이자 레노의 평생 친구인 록시 루카렐리가 라비앙카 부부의 사진을 보고 확인했다. 수잰과 프랭크 스트루더스는 아직 살인 사건의 충격에서 벗어나지 못해 증언할 수 없었다. 대니 갈린도 경사가 1969년 8월 10일과 11일에 웨이벌리 드라이브 3301번지에서 발견한 정황에 대해 이야기하고, 해당 저택을 수색했을 때 로즈메리 라비앙카의 손가방 소재는 파악할 수 없었다고 말했다.

인디펜던스에서 데리고 온 다섯 명의 여성 중 캐서린 셰어, 별칭 집시는 증언을 거부했다. 레슬리 밴하우튼은 이제 라비앙카 살인자들 중 한 명이라는 사실을 알게 되었기 때문에 부르지 않았다. 나머지 세 명, 즉 다이앤 레이크, 별칭 스네이크, 낸시 피트먼, 별칭 브랜다, 루스 앤 무어하우스, 별칭 위시는 모두 살인 사건에 대해서는 모른다고 말했다.

그 점은 예상했지만, 내가 그들을 부른 이유는 또 있었다. 만약 재판에서 그들이 변호인 측 증인으로 나올 경우 그들이 대배심과 재판에서 하는 이야기가 서로 다르면, 나는 진술 불일치를 근거로 그들의 증언을 문제 삼을 수 있을 것이다.

오후 4시 17분. 로스앤젤레스 대배심이 평의에 들어갔다. 정확히

20분 후 다시 나타난 배심원단은 다음과 같은 기소를 결정했다. 레슬리 밴하우튼, 살인 두 건, 살인 공모 한 건, 찰스 맨슨, 찰스 왓슨, 퍼트리샤 크렌윙클, 수전 앳킨스, 린다 캐서비언, 살인 일곱 건 및 살인 공모 한 건.

우리는 기소를 얻어냈다. 그리고 우리가 가진 건 그것뿐이었다.

## 1969년 12월 9~12일

애런과 나는 둘 다 우리에게 온 전화를 기록해두지 않았다. 하루에도 100통 이상의 전화가 쇄도했고, 우리 대답이 대부분 "드릴 말씀 없습니다"였다는 건 쉽게 짐작할 수 있을 것이다. 언론은 광적이었다. 기소 사실이 공표되었지만 대배심 회의록은 "봉인"되었고, 마지막 증인의 인정 청취 후에 일주일 혹은 열흘 정도는 그대로 기밀로 유지될 예정이었다. 어떤 잡지사에서 사본을 보게 해주면 1만 달러를 내겠다고 제안했다는 소문이 있었다.

오리건주의 토머스 드라이넌이란 경관이 전화를 했다. 1966년, 노상강도 사건과 관련해 수전 앳킨스를 체포한 적이 있다고 했다. 체포 당시 그녀는 25구경 권총을 소지하고 있었고, 드라이넌이 먼저 총을 내리지 않으면 죽이겠다고 위협했다. 당시 수사 단계에서는 관련이 없는 정보였다. 하지만 나중에 유용하게 활용할 기회가 생길 수도 있으므로 나는 그의 이름과 전화번호를 적어두었다.

정의의 전당에 있는 내 사무실은 가로 6미터, 세로 3미터인데,

가구로는 낡은 책상과, 점심 시간에 잠깐 쪽잠을 자기 위해 들여놓은 간이침대, 자료용 캐비닛, 의자 두 개, 그리고 보통은 자료 사본과 증거 자료들이 잔뜩 쌓여 있는 테이블이 있다. 어떤 기자가 1930년대 시카고풍 실내장식이라고 한 적이 있다. 그 점에 있어서 나는 운이 좋았는데, 다른 검사보들 중에는 사무실을 함께 쓰는 이들도 있었기 때문이다. 증인을 조사할 때면 나는 다른 사람을 모두 내보내는데, 늘 우호적인 건 아니다. 그래도 전화는 남는데, 검사보는 비서가 없기 때문에 전화가 오면 직접 받아야 한다.

매일 새로운 상황이 전개되고 있었다. 당시까지 보안관서 부관들이 스팬 목장을 대규모로 파헤쳤지만, 도널드 "쇼티" 셰이의 유해는 전혀 발견되지 않았다. 하지만 메리 브루너가 제공한 정보에 근거해 LASO는 캐노가 공원과 그레셤가 20910번지 인근을 수색했고, 패밀리의 전 거주지 모퉁이에서 셰이의 1962년식 머큐리를 발견했다. 먼지에 뒤덮이고 빗물에 오염된 차량은 몇 달째 그 자리에 방치된 것처럼 보였다. 차량 안에 셰이의 개인 물품이 담긴 작은 여행 가방이 있었다. 먼지를 떨어낸 다음 LASO는 한 쌍의 손바닥 지문을 발견했는데, 나중에 패밀리 구성원 브루스 데이비스의 것과 일치하는 것으로 밝혀졌다. 셰이의 카우보이 부츠도 차량 안에서 발견되었다. 마른 핏자국이 잔뜩 있었다.

12월 9일, 캘리포니아주 인디펜던스. 찰스 밀스 맨슨(별칭 예수 그리스도, 35세, 주소 불명, 직업 음악가)이 테이트-라비앙카 살인 혐의로 기소되었다. 사투치와 구티에레즈가 그를 로스앤젤레스로 데리고 왔다.

맨슨의 인정 청취는 나머지 피고들과는 다른 날로 잡았는데, 앳킨스와 맨슨이 법정에서 만날 경우 그에게 설득당한 그녀가 증언을 철회할 위험이 있었기 때문이다.

어떤 기자가 새너제이에 있는 수전 앳킨스의 아버지와 접촉했다. 그는 수전이 맨슨의 "최면술"에 빠졌다는 주장을 믿을 수 없다고 했다. "그냥 책임을 면하려고 그렇게 말했을 거라고 생각합니다. 딸은 아픈 사람이고 도움이 필요합니다." 기자에 따르면 앳킨스 씨는 수전이 그렇게 된 건 마약 탓이라고, 법원의 선처를 바란다고 했다. 지난 3년 동안 반항심 강한 자기 딸이 길거리 생활을 청산할 수 있게 해달라고 법원에 요청했으며, 만약 그렇게 됐다면 이런 사건은 일어나지 않을 거라고 암시했다.

수전에게는 패밀리가 유일한 가족이었음을 나는 깨달았다. 그녀가 패밀리 무리로 돌아가는 건 시간문제라고 카바예로가 말했던 이유도 이제 이해될 것 같았다.

12월 10일 수전 앳킨스, 린다 캐서비언, 레슬리 밴하우튼이 윌리엄 킨 판사 앞에 출두했다. 세 명 모두 답변서 제출 연기를 요청했고, 요청은 받아들여졌다.

내가 캐서비언을 본 건 처음이었다. 키는 155센티미터 정도로 작았고, 짙은 금발은 길었으며, 눈은 녹색이었고, 누가 봐도 임신한 상태였다. 스무 살보다는 나이가 더 들어 보였다. 청취 내내 미소를 짓거나 키득거렸던 수전이나 레슬리와 달리 린다는 곧 울음을 터뜨릴 것만 같았다.

대배심 심사 후에 킨 판사는 애런과 나를 자신의 사무실로 불렀다. 당시 그는 검찰청이 이 사건에 대해 언론에 이야기하고 있지 않기 때문에 자신이 "공표 금지 의무"(혹은 더 흔하게는 "재갈 의무"라고 한다)를 내릴 필요는 없을 것 같다고 말했다. 하지만 재판 전에 나온 믿을 수 없을 만큼 방대한 기사 때문에(『뉴욕타임스』 기자는 이미 기사량이 샘 셰퍼드의 첫 재판 때를 넘어섰다고 내게 말했다), 킨 판사는 우리 검찰청과 협의 없이 구체적인 공표 금지 의무를 부과할 수밖에 없었다. 나중에 수정하기는 했지만, 내용이 열두 쪽이 넘었다. 핵심은, 사건 관련자(검사, 변호사, 경관, 증인 등등) 누구도 증거와 관련해서 언론에 이야기할 수 없다는 것이었다.

당시 나는 모르고 있었지만, 살인 사건에 관한 내부 정보가 전 세계 언론의 머리기사를 장식하는 것을 막기에는 너무 늦은 명령이었다. 전날 저녁, 리처드 카바예로 변호사가 수전 앳킨스와의 합의를 근거로, 그녀의 이야기를 판매할 준비를 마쳤다.

LAPD에서 전화가 왔다. 실마의 엔세나다 대로 12881번지에 있는 스탠더드 주유소 직원 찰스 쾨닉이 여자 화장실에서 물이 흐르는 것을 발견하고 청소하던 중이었다. 탱크의 뚜껑을 열어본 그는 물 내리는 장치 위에, 축축하지만 물에 빠지지는 않은 상태의 여성 손가방을 발견했다. 운전면허증과 신용카드를 확인한 그는 "로즈메리 라비앙카"라는 이름을 보고 즉시 LAPD에 신고했다.

과학수사국은 손가방에서 지문 채취를 시도했지만 소재의 특성과 습기 때문에 아무것도 찾을 수 없었다.

내게는 손가방을 발견한 것만으로도 충분했는데, 수전 앳킨스의 이야기를 뒷받침하는 독립된 증거가 될 수 있었기 때문이다. 표면상으로 그 손가방은, 정확히 넉 달 전 라비앙카 살인 사건이 있던 날 밤에 린다 캐서비언이 버린 후로, 발견되지 않은 채 줄곧 거기에 있었던 것 같았다.

12월 11일 오전 11시, 사슴가죽 복장 차림의 찰스 맨슨이 윌리엄 킨 판사 앞에 출두했다. 법정은 기자와 구경꾼들로 가득 차서 발 디딜 틈도 없었다. 맨슨은 변호사를 고용할 돈이 없었기에 킨이 폴 피츠제럴드를 관선 변호사로 선임했다. 나는 몇몇 재판에서 폴을 상대해본 적이 있던 터라 그가 꽤 이름난 관선 변호사라는 것을 알고 있었다. 맨슨의 인정 절차가 진행되었고, 그의 답변서 제출은 12월 22일까지 연기되었다.

인디펜던스에서 나와 이야기했던 샌드라 굿은, 언젠가 사막에서 찰리가 죽은 새를 집어들고 숨을 불어넣자 새가 되살아나서 날아간 적이 있다고 했다. 아무렴요, 샌디, 아무렴요, 라고 나는 대답했다. 이후로 나는 맨슨이 지니고 있다는 "위력"에 대해 수도 없이 들었다. 예를 들어 수전 앳킨스는 자신이 하는 행동이나 말을 맨슨이 모두 보고 듣는 것 같다고 했다.

인정 절차 중간에 나는 내 시계를 확인했다. 멈춰 있었다. 이상했다. 그런 일은 처음이었다. 그때 맨슨이 나를 똑바로 쳐다보며 희미하게 미소 짓고 있다는 것을 알아차렸다.

그저 우연의 일치일 뿐이라고 속으로 생각했다.

인정 절차에 이어 폴 피츠제럴드는『로스앤젤레스타임스』의 범죄 관련 고참 기자 론 아인스토스에게 이렇게 말했다. "맨슨과 다른 피고들에 대한 소송은 없습니다. 검찰 측이 가진 건 지문 두 개와 빈스 부글리오시뿐입니다."

우리 소송이 빈약하다는 피츠제럴드의 말은 옳았다. 하지만 나는 그런 상태로 내버려둘 생각이 없었다. 거의 3주 전, 나는 테이트 담당 형사인 칼킨스와 맥간에게 해야 할 작업의 목록을 전달했다. 테리 멜처를 조사할 것, 테이트 저택에서 발견된 잠재지문을 패밀리 구성원 전원의 지문과 대조할 것, 피해자들의 친구 및 친지들에게 패밀리 구성원들의 사진을 보여줄 것, 현장에서 발견된 안경이 패밀리 구성원의 것인지 확인할 것 등이었다.

칼킨스와 맥간에게 전화해 진행 상황을 보고해달라고 요청했다. 목록에 있던 작업 중 하나만 완료된 상태였다. 멜처를 라비앙카 팀 형사들이 조사한 것이다.

그때까지 LAPD는 테이트 사건에 사용된 흉기와 옷에 대한 수색도 시작하지 않고 있었다. 수전 앳킨스가 그것들이 있을 법한 위치에 대한 단서를 제공했음에도 불구하고 말이다. 우리 사무실에서 약속을 잡고, 다음 일요일에 시빌 브랜드에 있는 수전을 데리고 나와, 린다 캐서비언이 이런저런 물건들을 버린 위치를 확인해줄 수 있을지 알아보기로 했다.

우리 소송이 빈약하다고 느낀 사람은 피츠제럴드만이 아니었다. 검찰은 물론 로스앤젤레스 법조계의 전반적인 분위기에 따르면, 맨슨과 대부분의 피고에 대한 소송은 1118조 처분을 받을 걸로 예상되었다(여러 사람에게 그런 이야기를 들었는데, 몇몇은 "그런 쓰레기 같은 사건에 얽혀서 너무 안됐어"라고 말했다).

캘리포니아 형법 1118조 1항에 따르면, 형사 소송 결과 검찰이 유죄 혐의를 유지할 만한 증거를 충분히 제시하지 못하면, 판사는 피고들에 대한 무혐의 판정을 내릴 권한이 있다. 심지어 피고들은 자신들의 혐의에 대해 변호할 의무도 없다.

일부는 거기까지 나가지도 않았다. 『뉴스위크』는 익명의 로스앤젤레스 검사보의 말을 인용해, 맨슨에 대한 소송은 근거가 너무 없어서 재판에 가기도 전에 폐기될 거라고 적었다.

그런 이야기들 때문에, 뿐만 아니라 그런 사건을 담당하는 변호사에게 따라올 전국적인 유명세에 대한 기대까지 더해지면서 로스앤젤레스 카운티 감옥에 있는 맨슨에게 수많은 방문객이 쇄도했다. 어떤 보안관서 부관은 "여기서 무슨 변호사회 모임이 열리는 것 같았다"고 말했다. (1969년 12월 11일에서 1970년 1월 21일 사이 맨슨은 237회의 면회를 했고, 그중 139회가 한 명 혹은 여러 명의 변호사 면회였다.) 초반에 그에게 연락한 변호사들 중에는 아이라 라이너, 데이신, 로널드 휴스가 있었다. 당시에는 모르는 사람들이었지만, 재판이 끝날 무렵엔 나는 그들 셋을 훨씬 더 잘 알게 되었다.

소문은 박테리아처럼 퍼져나갔다. 그중 하나는, 재갈 의무가 내려지기 전에 카바예로가, 대배심 회의록이 공개되기 전까지 미국에서는 발표하지 않는다는 조건하에, 앳킨스의 이야기를 유럽의 통신사에 팔아넘겼다는 소문이었다. 만약 사실이라면, 미국 언론이 그런 합의를 존중할 것인지 나는 매우 의심스러웠다. 이야기가 새어나올 것이 틀림없었다.

## 1969년 12월 14일

외국 신문을 파는 신문 가판대를 살펴볼 필요도 없었다. 일요일 아침에 일어나 현관문을 열고 나가 몸을 숙이고 『로스앤젤레스타임스』를 집어들기만 해도 알 수 있었다.

**이틀 밤의 살인에 대한 수전 앳킨스의 이야기**

기사는 거의 세 면에 걸쳐 있었다. 편집을 하고, 어린 시절 이야기들을 조금 추가해 다시 쓴 기사임이 분명했지만, 본질적으로는 수전 앳킨스가 카바예로의 사무실에서 녹음기를 놓고 했던 이야기와 같았다.

재판 자체가 열리기 전까지 배후의 이야기를 할 수가 없었다. 다음 이야기는 법정 증언을 재구성한 것이다. 나는 증언이 정확하다고 주장할 수는 없고, 여러 참여자가 선서하고 증언한 내용이라고 말할 수 있을 뿐이다.

재갈 의무가 내려지기 전에, 자칭 할리우드의 "언론인이자 소통인"이라는 로런스 실러가 리처드 카바예로와 그의 사무실 공동 경영자 폴 카루소에게 접근해, 살인 사건에 대한 수전 앳킨스의 일인칭 이야기를 거래할 생각이 있는지 물었다. 수전과 상의한 후 합의가 성사되었고, 기사 작성을 위해 "유령 기자"(회사에 휴가를 내고 나온 『로스앤젤레스타임스』의 제리 코언이었다)가 고용되었다. 실러가 공동 필자로 적혀 있기는 하지만, 그는 이야기를 하나도 쓰지 않았고 심지어 수전 앳킨스를 만나지도 않았다. 재판 과정에서 제시된 증거에 따르면 계약 조건은 다음과 같다. 실러가 25퍼센트를 가지고, 남은 75퍼센트의 60퍼센트는 수전 앳킨스, 40퍼센트는 변호인들이 가지기로 했다. 12월 1일의 녹음테이프를 주된 자료로 해서, 코언은 실러의 집에 있는 방에 처박혀 이틀 만에 이야기를 완성했다. "독점"을 유지하기 위해 실러는 코언이 먹지를 가지고 오지 못하게 했고, 전화도 못 쓰게 했다. 그리고 최종 원고를 제외하고는 모든 자료를 폐기했다.

나중의 법원 증언에서 카바예로와 카루소는, 처음엔 그 이야기가 유럽에서만 발표되는 줄 알았고, 발표 일자도 12월 14일 일요일로 알고 있었다고 했다.

실러에 따르면, 12월 12일에 원고를 세 부 복사해서 한 부는 카바예로, 한 부는 원고의 권리를 샀던 독일인 편집자에게 주었다. 그는 독일로 돌아가 번역할 계획이었다. 세 번째 원고는 특별 항공편을 통해 런던의 『뉴스오브더월드』에 보냈는데, 4만 달러를 내고 영어 원고에 대한 독점권을 확보한 회사였다. 원본은 실러가 자신의 금고에 보관했다.

　이튿날인 12월 13일 토요일, 실러는 (1) 『로스앤젤레스타임스』도 원고의 사본을 가지고 있다는 것, 그리고 (2) 『타임스』가 다음 날 원고를 전재할 예정이라는 것을 알게 되었다. 그는 저작권 침해를 언급하며 기사를 막아보려 했지만, 성공하지 못했다.

　『로스앤젤레스타임스』가 어떻게 원고를 구했는지는 알려지지 않았다. 재판 과정에서 카바예로는 실러가 의심스럽다고 암시했고, 실러는 카바예로 탓으로 돌리려 했다.

　이 사안 전체의 윤리적 문제가 뭐든, 앳킨스 이야기 때문에 변호인 측과 검찰 측 모두 재판 내내 골치를 앓았다. 그 이야기가 전 세계 신문에 다시 실렸을 뿐 아니라, 심지어 재판이 시작되기 전에 『샤론 테이트 살인』이란 제목의 책—타임스 미러 컴퍼니 소유의 뉴아메리칸 라이브러리에서 출간되었다. 타임스 미러 컴퍼니는 『로스앤젤레스타임스』의 소유주이기도 하다—까지 등장할 정도였다. 앳킨스의 폭로 때문에 피고들이 공정한 재판을 받는 것이 불가능할 거라고 이야기하는 사람들도 있었다. 애런과 나는, 그리고 나중에는 재판을 맡은 판사도 그렇게 생각하지 않았지만, 그 이야기가 나오자마자 우리는, 그 이야기를 읽거나 듣지 않았고, 법정 밖에서도 이야기하지 않을 수 있는 배심원들을 찾는 것이 어려울 거라고 생각했다.

　『타임스』에 실린 수전 앳킨스의 이야기를 읽은 로스앤젤레스 시민 중 같은 시간에 그녀가 중무장한 일반 차량을 타고 로스앤젤레스와 인근 지역을 지나고 있었음을 아는 사람은 거의 없었다. 우리는 테이트 살인 후에 흉기와 옷을 버린 장소를 그녀가 말해주길 바라고 있었다.

그날 밤 시빌 브랜드로 돌아온 수전은 교도소 동료인 킷 플레처에게 편지를 써서 자신의 외출에 대해 적었다. "변호사가 대단해요. 오늘은 자기 사무실에서 나와 일곱 시간 동안 돌아다닐 수 있게 해줬어요. 차를 타고 테이트 저택이랑 계곡을 다녔는데, LAPD가 이런저런 사건이 있었던 곳이 기억나는지 물었어요. 너무 아름다운 날이었고, 기억이 하나도 안 나더라고요."

대부분의 교도소가 그렇듯이 시빌 브랜드에서는 우편물을 검열하고, 수신 및 송신되는 편지는 교도소 관계자들이 먼저 읽는다. 법률에 위반되는 내용이 있으면 복사 후 검찰청에 전달된다. 현행법 아래서 이는 수감자의 인권 침해가 아니다.

수전/세이디는 편지를 쓰고 싶은 마음이었다. 대배심 증언과 달리 몇몇 편지에서는 자신의 잘못을 인정했고, 우리가 마음먹으면 이는 재판에서 그녀에게 불리하게 작용할 수도 있었다. 13일에 미시간 시절 친구였던 조 스티븐슨에게 쓴 편지에서 그녀는 이렇게 적었다. "샤론 테이트 살인 사건이랑 라비아카 살인 사건 기억나지? 내가 감방 동료들에게 떠벌리는 바람에 나랑 다른 사람 다섯 명이 방금 기소됐어……."오타 및 문법 실수는 수전 앳킨스의 편지 그대로임.

우리 사건과 관련이 있고, 더 시사점이 있는 것은 수전이 로니 하워드에게 보낸 "연"이었다. 감옥에서 통하는 속어로 연은 불법적인 소통 수단을 말한다. 시빌 브랜드의 지하 통신을 통해 수전이 로니에게 보낸 편지에서 그녀는 이렇게 적었다.

"언니 입장은 잘 알 것 같아요. 언니한테 화난 거 아니에요. 나는 나만 알 수 있는 방식으로 상처받았어요. 누군가에게 뭔가 말했다는 것에 대해 나 자신을 비난하는 거죠…… 맞아요, 나는 세상이 M을 알아주기를 원했어요. 이제 확실히 안 것 같네요. 이 모든 일의 배후에는 소위 동기라는 것이 있어요. 그건 돼지들에게 두려움을 심어주고, 이제 모두에게 닥칠 심판의 날을 앞당기는 거죠.

살인에서, 죽는 것은 자아뿐이죠. 모든 자아는 어떻게든 죽어야만 한다고 적혀 있어요. 맞아요, 언니의 집이 될 수도 있었고, 우리 아버지 집이 될 수도 있었죠. 누군가를 물리적으로 죽이는 건 그의 영혼을 해방시켜주는 일일 뿐이에요. 삶에는 경계가 없고 죽음은 환상일 뿐이죠. 언니가 그리스도의 재림을 믿는다면, M.이 바로 우리를 구원하기 위해 온 사람이에요…… 이렇게 말하면 언니가 이해할 수 있을지도 모르겠는데…… 내가 두 번째 집에 들어갔다고 인정하지 않은 건, 두 번째 집에 들어가지 않았기 때문이에요.

내가 대배심에 나가기로 한 건 언니의 증언만으로도 나와 다른 사람들을 기소하는 데 충분하다고 변호사가 이야기했기 때문이에요. 변호사는 그것이 나를 구할 수 있는 유일한 기회라고도 했어요. 그래서 나 자신을 구하기 위해 갔던 거예요. 그 이후에 내가 뭔가 변화를 겪었고…… 지금은 모든 것이 완벽했다는 걸 알아요. 그 사람들은 증오나 추한 이유로 죽은 게 아니에요. 나는 우리 신념을 옹호하지 않을 거예요. 그냥 있는 그대로를 말할 뿐이죠…… 언니에게 이렇게 편지를 쓰다보니 나도 마음이 편해져요. 언니가 밀고자라는 말을 처음 들었을 때는 목을 따버리고 싶었어요. 그러나 진짜 밀고자는 나이고, 내가 따버릴 목은 바로 내 목이라는 생각이 퍼뜩 들었죠. 지금은 머릿속에서 모든 과거를 죽여버렸기 때문에 그런 마음도 지나갔어요. 결국 모두 괜찮아질 거라는 건 언니도 알겠죠. M이 있든 없든, 세이디가 있든 없든, 사랑이 영원히 퍼지겠죠. 나는 매일매일 그 사랑에 조금 더 가까워지기 위해 나 자신을 버리는 거예요……."

수전은 맨슨의 노래 가사를 인용하며 편지를 마쳤다. "존재를 멈추고, 그냥 와서 사랑한다고 말해요. 당신을 사랑해요, 아니면 당신 안에 있는 나(나의 사랑)를 사랑한다고 해야 할지도.

이제 언니도 조금 더 이해할 수 있기를 바라요. 아니라면, 물어보세요."

이제 수전이 죽을 만큼 두려웠던 로니는 그 편지를 자신의 변호사 웨슬리 러셀에게 전했고, 변호사가 우리 사무실에 가지고 왔다. 수전에게는 『로스앤젤레스타임스』에 실린 자백보다 훨씬 더 손해가 되는 내용이었다.

## 1969년 12월 15~25일

사건을 맡고 있을 때면 나는 LAPD의 "창고" 혹은 파일을 뒤지는 습관이 있다. 경찰이 보기에는 증거로서의 가치가 없지만 사건에서 유용하게 쓰일 수 있는 뭔가를 찾는 것이다.

라비앙카 창고를 뒤지다가 두 가지를 발견했다. 첫 번째는 앨 스프링어를 조사했던 자료였다. 단 한 쪽이었는데, 거기 맨슨이 스프링어에게 "우리가 다섯 명 해치웠습니다. 그저께 밤에"라고 말했다는 내용이 있었다.

우리는 절박하게 증거를 찾고 있었지만, 형사들 중 누구도 스프링어의 발언을 내게 말해주지 않았다. 헬더 경위와 러페이지 경위에게 물어봤지만, 두 사람도 자신들의 수사 파일에 맨슨의 자백이 있다는 사실은 모르고 있었다. 나는 녹음테이프를 가지고 와 녹취하고, 이미 길었던 '해야 할 일' 목록에 앨 스프링어의 조사도 포함시켰다. 아란다 판례 때문에 맨슨의 자백을 본인의 재판에서 사용할 수 없었지만, 사용할 수 있는 다른 자백을 했을 가능성도 있었다.

두 번째 발견은 맨슨이 인디펜던스에 있는 동안 그에게 온 편지들을 복사해둔 자료였다. 무해한 내용이었지만, "해럴드"라는 서명이 있었다. 대배심에서 수전 앳킨스는 1년 전쯤 자신과 찰리, 그리고 다른 사람들이 LSD 파티를 위해 라비앙카 저택의 옆집에 갔을 때, 그 집에는 "해럴드"라는 사람이 살고 있었다고 말했다. 동일 인물일 거라는 느낌이 들었고, 라비앙카 형사들의 작업 목록에 "해럴드를 찾을 것"을 추가했다. 편지에 셔먼 오크스에 있는 주소와 전화번호 두 개를 적어두었기 때문에 그리 어려운 작업은 아닐 듯싶었다.

왜 그랬을까? 가장 크고 혼란스러운 문제가 남았다. 맨슨의 동기는 무엇이었을까? 맨슨이 종종 추종자들에게 자신의 별자리가 전갈자리라고 말했던 것을 알고 나서는, 점성술에 대한 그의 믿음이 동기 중 하나가 될 수 있을 거라 생각했다. 『로스앤젤레스타임스』에 실린 캐럴 라이터의 "별자리 운수"에서 전갈자리에 대한 내용을 확인해봤다.

8월 8일. 뭐든 생각하고 있는 일을 하면 당신의 영향력을 확장할 수 있습니다. 그 개인적인 작업을 현명하게 잘하세요. 제대로 된 정보를 구하고, 그것을 영리하게 활용하세요.
8월 9일. 빈틈없이 일을 진행하면 망설이던 동료가 당신의 생각을 이해할 수 있을 겁니다. 문제가 생기면 이 동료와 협력하세요.
8월 10일. 주변 모든 곳에 좋은 기회가 있습니다. 망설이지 말고 최고의 기회를 잡으세요. 당신의 영향력을 확장하세요…….

그런 운세에서는 원하는 의미가 어떤 것이든 읽어낼 수 있음을 나는 알게 되었다. 거기에 살인도 포함될까?

맨슨이 살인 지시를 내린 이유를 확정해보겠다고 그런 것까지 오랫동안 살폈다는 사실이 우리가 얼마나 절박했는지 말해준다.

나는 맨슨이 신문을 보는지 여부도 알 수 없었다.

처음 이야기가 발표된 후 LAPD에는 여러 경찰서의 문의가 쇄도했다. 자신들의 관할구역에서 발생한 미제 사건 중 맨슨 패밀리의 구성원 혹은 구성원들이 저지른 것으로 보이는 사건에 대한 문의였다. 나는 그 보고서들을 검토한 후, 많은 사건을 제외하고 몇몇은 "가능성 있음"으로 분류했다. 이 사건들에 대해서는 책의 후반부에서 검토하겠다. 주된 관심사는 테이트-라비앙카 사건이지만, 시엘로 드라이브와 웨이벌리 드라이브에서 발생한 살인을 설명하는 데 도움이 될 만한 패턴이 있는지 확인하고 싶었다. 그런 패턴이 있는지 모르겠으나, 그때까지는 하나도 찾을 수 없었다.

신문에 실린 수전 앳킨스의 "자백"에 따르면, 자동차에서 옷을 갈아입은 후 테이트 살인자들은 한쪽에는 산, 다른 쪽에는 절벽이 있는 "가파른 경사지를 따라" 차를 몰았다. "차를 세우고 린다가 옷들을 버렸는데, 피 묻은 그 옷을 모두 (…) 도로 옆으로 던졌다."

17번 채널의 KACT-TV는 『타임스』를 조수석에 놓은 채 그 이야기에 나오는 장면을 그대로 재연하려고 시도했다. 시엘로 드라이브 10050번지에서 출발해 베니딕트 캐니언을 따라 내려갔는데, 차에 탄 사람들이 중간에 옷을 갈아입는 것만 제외하고는 똑같았다. 옷을 완전히 갈아입는 데는 6분 20초가 걸렸는데, 제작진은 자신들이 바보가 된 기분이 들었다고 인정했다. 처음으로 차를 세울 수 있는 자리, 즉 베니딕트 캐니언 로드 2901번지 맞은편의 넓은 갓길에서 그들은 차를 세우고 나왔다.

한쪽은 산, 다른 쪽은 협곡이었다. 기자인 앨 와이먼이 가파른 경사면을 내려다보았고, 15미터쯤 아래에 있는 검은색 물체를 가리키고는 웃으면서 "저게 옷처럼 보입니다"라고 말했다. 촬영감독 킹 배곳과 오디오맨 에디 베이커도 같은 곳을 보며 그런 것 같다고 했다.

만약 옷들이 길에서 보이는 곳에 있었다면 그걸 찾는 건 너무 쉬운 일이었고, LAPD도 지금쯤은 찾았어야 했다. 그럼에도 제작진은 직접 확인해보기로 했다. 경사지를 막 내려가려던 순간, 차량에 있는 무선 장치가 울렸고 그들은 다른 촬영을 위해 이동해야 했다.

다른 일을 하면서도 그들은 그 검은 물체를 잊을 수가 없었다. 오후 3시쯤 그 자리로 돌아왔다. 베이커가 먼저 내려가고, 배곳이 뒤를 따랐다. 각각 세 벌의 상하의를 발견했는데, 검은 바지 하나, 청바지 하나, 검은색 티셔츠 둘, 검은색 벨루어 터틀넥 하나, 그리고 마른 피처럼 보이는 얼룩이 묻은 흰색 티셔츠 하나였다. 몇몇 옷에는 미끄러지며 묻은 흙이 있었지만, 모두 1제곱미터 안에 모여 있어서 마치 한 뭉치로 던진 것 같았다.

두 사람은 자신들이 발견한 것을 와이먼에게 전했고, 와이먼은 LAPD에 연락했다. 맥간과 세 명의 다른 형사가 도착했을 때는 5시 직전으로 어둑해지기 시작했고, 촬영팀이 조명을 설치했다. 형사들이 옷을 비닐 가방에 넣는 동안 배곳이 그 장면을 촬영했다.

습득물을 발견한 후 나는 테이트 형사들에게 주변 지역을 철저히 수색하고, 흉기를 찾아보라고 했다. 한 번이 아니라 여러 번, 아주 여러 번 요청해야 했다. 그사이, 최초 발견이 있고 일주일 후, 배곳과 베이커가 현장으로 돌아가 독자적으로 수색을 진행하고, 칼 한 자루를 찾았다. 낡고 심하게 녹슨 부엌칼이었고, 크기나 무뎌진 날을 볼 때 살인 흉기 후보에서 제외할 수 있었지만, 옷들이 발견된 지점에서 15미터쯤 떨어진 곳에, 쉽게 눈에 띄는 위치에 있었다.

TV 촬영팀이 옷을 찾았다는 건 LAPD에게는 수치스러운 일이었다. 하지만 다음 날이 지나기 전에 파커 센터의 사람들을 더욱더 낯을 붉히게 된다.

12월 16일 화요일, 수전 앳킨스는 자신에게 씌워진 여덟 건의 혐의에 대해 킨 판사 앞에서 무죄를 주장했다. 킨은 재판일을 1970년 2월 9일로 정했다. 바비 보솔레이의 재심과 같은 날이었기 때문에 나는 보솔레이-힌먼 사건에서는 제외되었고, 대신 버턴 카츠 검사보가 맡았다. 나는 기분 나쁘지 않았다. 테이트-라비앙카 사건만으로도 할 일이 넘쳤다.

그 화요일이 버나드 와이스에게는 가장 고된 날이었다.

와이스는 『로스앤젤레스타임스』에 실린 수전 앳킨스의 이야기를 읽지는 않았지만, 그 기사를 읽은 직장 동료가 22구경 권총이 테이트 살인 사건에 사용된 것이 분명하다고 알려주었다. 자기 아들이 비슷한 총을 발견했던 건 기이한 우연일까?

와이스는 그보다는 큰일이라고 생각했다. 어쨌든 아들이 총을 발견한 것은 9월 1일이었고, 그건 테이트 사건이 발생하고 2주가 조금 더 지난 시점이었다. 그들의 집은 테이트 저택에서 멀지 않았다. 그리고 스티븐이 총을 발견한 곳은 언덕 바로 위의 길인 베벌리 글렌이었다. 그날 아침, 와이스는 LAPD 밴 나이스 경찰서에 연락해 사라진 테이트 사건의 총을 발견한 것 같다고 말했다. 밴 나이스 서에서는 그를 파커 센터의 LAPD 강력반으로 연결해주었다.

와이스는 12시쯤 LAPD에 전화해 같은 이야기를 반복했다. 아들이 발견한 총은 방아쇠가 망가지고 나무로 된 손잡이 조각 일부가 떨어지고 없었다. "네, 그 총일 수도 있겠네요. 한번 확인해보겠습니다"라고 형사가 말했다.

와이스는 형사가 다시 연락해오기를 기다렸지만, 전화는 오지 않았다. 그날 저녁 집에 돌아온 와이스는 앳킨스 기사를 읽었다. 확신이 생겼다. 오후 6시쯤, 그는 다시 LAPD 강력반에 전화를 걸었다. 정오에 통화했던 경관은 없었고, 그 탓에 그는 같은 이야기를 세 번째로 해야만 했다. 이번 경관은 이렇게 말했다. "여기서는 총을 그렇게 오래 보관하지 않습니다. 잠시 보관하다 바다에 버립니다." 와이스가 말했다. "테이트 사건에서 가장 중요한 증거를 버리다니 믿을 수가 없네요." "잘 들으세요, 선생님", 경관이 다시 말했다. "총을 발견할 때마다 모든 시민의 신고를 확인할 수는 없습니다. 해마다 수천 건의 총기 신고가 들어오거든요." 대화는 곧 언쟁이 되었고, 두 사람 다 전화를 끊었다.

이후에 와이스는 이웃인 채널 2의 기자 클리트 로버츠에게 전화를 걸어서 자신의 이야기를 전했다. 로버츠가 다시 LAPD의 누군가에게 전화했다.

다섯 번의 통화 중 어떤 통화였는지 알 수 없지만, 적어도 한 통에는 반응이 있었다. 오후 10시, 그러니까 와이스가 왓슨 경관에게 총을 건네고 석 달 반이 지난 후에야 칼킨 경사와 맥간 경사가 밴나이스에 가서 22구경 하이 스탠더드 롱혼 리볼버를 가지고 왔다.

**경찰, 테이트 피해자 3명의 살해에 사용된 것으로 추정되는 총기 발견**

총을 발견했다는 소식은 나흘 후에 『로스앤젤레스타임스』에 "유출"되었다. 부분적 유출이어서 그 총이 언제 어디서, 누구에 의해 발견되었는지에 대한 정보는 없었다. 대신 LAPD가 옷을 발견한 후 같은 지역에서 찾게 되었다는 암시가 있었다.

실린더에는 두 발의 실탄이 있었고, 나머지 일곱 구멍은 비어 있었다. 이는 세브링과 프라이코프스키가 한 발씩 맞고, 페어런트는 다섯 발을 맞았다는 최초의 부검 보고서와 정확히 일치한다. 한 가지 문제가 있다면, 나는 이미 최초의 부검 보고서에 오류가 있다는 걸 알게 되었다는 점이다.

텍스 왓슨이 페어런트에게 네 발(다섯 발이 아니라)을 쐈다는 수전 앳킨스의 증언 후 나는 노구치 검시관에게 페어런트의 부검 사진을 다시 확인해달라고 했다. 확인 후 두 발의 총상이 하나의 총탄으로 생긴 것임을 발견했다. 덕분에 페어런트가 맞은 총탄은 네 발로 줄었고, 남은 한 발을 설명해야 하는 문제가 남았다.

이번에는 노구치에게 부검 사진을 전부 다시 확인하라고 했다. 그 결과 프라이코프스키가 한 발이 아니라 두 발을 맞았지만, 부검 당시에 다리에 있는 총상을 보지 못했음이 밝혀졌다. 따라서 부검 보고서는 잘못됐지만, 계산은 맞았다.

과학수사국의 빌 리가 총의 밑부분과 총잡이 조각 세 개를 비교했다. 완벽하게 맞아들어갔다. 조 그라나도가 총신에 묻은 갈색 얼룩을 확인했다. 혈흔, 인간, 제이 세브링의 것과 같은 혈액형이었다. 시험 발사 후 리는 시험 총탄과 테이트 총탄을 현미경으로 비교했다. 테이트 살인 사건 현장에서 발견된 총탄 네 개 중 셋은 너무 조각나거나 망가져서 찰흔擦痕을 비교하기 어려웠다. 네 번째 총탄, 세브링이 맞은 총탄에서 긍정적인 결과가 나왔다. 22구경 롱혼에서 발사된 총탄이 틀림없다고 그는 말했다.

대단히 중요한 한 단계가 남았다. 그 총을 찰스 맨슨과 연결시키는 것이었다. 그 총을 디칼로에게 보여주고, 맨슨과 다른 남자들이 스팬에서 표적을 놓고 연습할 때 사용했던 것과 같은 것인지 알아보라고 했다. 그리고 하이 스탠더드사에서 제조되었을 때부터 스티븐 와이스가 발견했을 때까지 그 총의 이력을 최대한 추적해보라고 요청했다.

집시와 브렌다를 기소하기에는 증거가 불충분하다는 결정이 내려졌고, 두 명의 골수 맨슨 패밀리 구성원은 석방되었다. 브렌다는 잠시 부모에게 돌아갔다가 스팬에 있던 스퀴키, 샌디, 그리고 네 명의 패밀리 구성원과 합류했다. 외로운 조지는 몸이 쇠약해졌고, 그들이 다시 목장으로 돌아올 수 있게 허락해주었다.

맨슨이 법원에 자주 출몰하면서 그를 연구해볼 기회가 생겼다. 공식적인 학교 교육은 받지 못했지만, 그는 또박또박 말했고, 확실히 영리했다. 질문의 미묘한 의미 차이를 파악했고, 숨은 면을 모두 고려한 후 대답하는 것처럼 보였다. 기분은 변덕스러웠고, 표정은 카멜레온 같았다. 하지만 그 밑에는 이상한 밀도가 있었다. 심지어 농담할 때도 그런 면을 느낄 수 있었는데, 위중한 혐의를 받고 있었음에도 곧잘 농담을 했다. 늘 가득 찼던 법정에서, 충성심 강한 패밀리 구성원들뿐 아니라 언론과 방청객들 앞에서도 그는 놀이를 했다. 예쁜 여성을 발견하면 종종 미소 짓거나 윙크를 했다. 그러면 여성들은 기분이 상하기보다는 즐거워하는 듯했다.

그들의 반응은 나를 놀라게 했지만, 놀랄 일이 아니었다. 이미 맨슨이 많은 우편물을 받고 있다는 이야기를 들었고, 그중에는 "연애편지"도 많았다. 대부분은 패밀리에 합류하고 싶다는 젊은 여성들이 보낸 편지였다.

12월 17일, 킨 판사 앞에 출두한 맨슨은 관선 변호사를 해임해달라고 요청했다. 그는 본인이 직접 변호하고 싶다고 말했다.

킨 판사는 맨슨이 스스로를 변호할 능력이 있을지, 혹은 법정 속어로는, "인 프로 퍼in pro per"\*할 수 있을지 확신이 없다고 말했다.

맨슨, "존경하는 재판장님, 이 문제와 관련해서는 제 목소리를 내지 않을 수 없습니다. 제가 직접 말하지 않으면 모든 게 끝장입니다. 제가 직접 자신을 변호하며 이 법정에서 자유롭게 말할 수 없다면, 저는 등 뒤로 양손이 묶이는 것과 다름없습니다. 제가 목소리를 내지 못한다면 변호에 아무 의미도 없습니다."

킨은 22일에 맨슨의 제안을 다시 생각해보겠다고 했다.

자신만이 자신에 대해 말할 수 있다는 맨슨의 주장뿐 아니라, 주목받는 상황을 명백히 즐기는 그의 모습을 보며 나는 한 가지 결론에 이르렀다. 때가 되면 그는 증언대에 서고 싶은 마음을 억누를 수 없을 것이다.

나는 반대 심문에서 그에게 던질 질문들을 노트에 기록하기 시

---

\* '본인이 직접'이라는 뜻의 라틴어 'in propria persona'의 약자. 영어 발음으로는 '제대로in proper'라는 뜻이다.

작했다. 머지않아 두 번째, 세 번째 노트가 필요했다.

19일, 레슬리 밴하우튼 또한 자신의 현재 변호사 도널드 바넷을 해임해달라고 요청했다. 킨은 그 요청을 인정하고 마빈 파트를 밴하우튼의 공식 변호사로 선임했다.

우리는 나중에야 이면에서 어떤 일들이 벌어지고 있는지 알게 되었다. 맨슨이 자신만의 소통 수단을 구축한 것이다. 여성들의 변호사 중 누군가가 의뢰인을 위해 뭔가를 시도하고, 그 시도가 맨슨 본인의 변호에는 불리하게 작용할 것 같으면 며칠 후 그 변호사는 해임되었다. 바넷은 정신과 의사가 레슬리를 감정해주길 원했다. 그 사실을 알게 된 맨슨은 반대했고, 정신과 의사가 시빌 브랜드에 도착했을 때 레슬리는 만남을 거부했다. 그녀가 바넷을 해임해달라고 한 건 그 사건 직후였다.

맨슨의 목표는 모든 변호를 자신이 직접 맡는 것이었다. 법정뿐 아니라 바깥에서도, 찰리는 패밀리를 완벽히 통제하려 했다.

맨슨은 법정에서 자신을 직접 변호하겠다고 했는데, 왜냐하면 "변호사들은 사람들에게 장난을 치는데, 저는 한 인간이고 이 문제와 관련해서는 장난의 대상이 되고 싶지 않기 때문"이라고 했다. 대부분의 변호사는 단 한 가지, 홍보에만 관심이 있다고 맨슨은 말했다. 그는 최근에 적잖은 변호사를 만났고, 자신이 무슨 말을 하는지 알고 있었다. 또한 검사 출신의 변호사는 누구든 안 된다고 덧붙였다. 그는 다른 피고들 중 두 명에게 검사 출신의 변호사[카바예로와 파트]가 지정되었다는 사실을 알고 있었다.

킨 판사는 형사 소송 분야에서 활동 중인 많은 변호사가 지방법원이나 시 법원, 혹은 연방법원에서 검사로 활동한 이력이 있다고 설명했다. 기소 절차를 알고 있기 때문에 종종 의뢰인에게 도움이 되기도 했다.

맨슨, "그쪽에서 보자면 그렇겠지만, 여기서는 아닙니다."

"존경하는 재판장님", 맨슨이 계속 말했다. "저는 입장이 다릅니다. 언론에서 이미 저를 처단하고 묻어버렸습니다…… 누군가 최면에 걸린다면, 사람들이 자신이 들은 거짓말 때문에 최면에 걸린다면…… 이 세상에 저를 한 인간으로 대변해줄 변호사는 없습니다. 제가 직접 해야만 합니다."

킨 판사가 한 가지 제안을 했다. 경험이 풍부한 변호사가 그와 상의할 수 있게 해주겠다는 것이었다. 맨슨이 이야기한 여느 변호사들과 달리 이 사람은 자기 홍보에는 조금도 관심이 없었다. 그는 오직 법적인 문제와, 그를 변호하는 일에 따를 수 있는 위험을 상의하는 일만 할 거라고 했다. 맨슨이 그 제안을 받아들였고, 재판이 끝난 후 킨은 주 변호사협회 전직 회장이자 워런 위원회 특별검사였던 조지프 볼에게 맨슨을 만나보라고 했다.

맨슨은 볼과 이야기를 나누었고, 24일 킨 판사에게 "아주 근사한 신사분"을 알게 됐다고 말했다. "볼 씨는 아마 법에 대해 알아야 할 것은 모두 이해하시겠지요, 하지만 그분은 세대 차이를 이해하지 못하십니다. 자유로운 사랑이 있는 사회도 이해하지 못하십니다. 이 모든 사태의 근저에서 벗어나려고 애쓰는 사람들도 이해하지 못하십니다……."

그런가 하면 볼은 맨슨이 "능력 있고 지적인 젊은이이며, 조용히 말하고 성품이 온순하다……"고 했다. 능숙한 변호사의 도움을 받으면 이득이 되는 점이 있을 거라고 그를 설득하려 했지만, 실패했다. 볼은 맨슨에게 깊은 인상을 받은 것이 분명했다. "우리는 법과 관련된 여러 문제를 상의했고, 그가 이해력이 좋다는 걸 알게 되었습니다…… 탁월한 이해력이었죠. 사실 그는 머리가 아주 좋습니다. 나는 그 점을 칭찬했습니다. 지능지수가 높다는 이야기는 했던 것 같습니다. 그런 식의 대화를 할 수 있으려면 머리가 좋아야겠죠." 맨슨이 "사회에 분개하는 것은 아니"라고 볼은 말했다. "그는 재판에서 자신이 배심원과 판사에게 이야기하고 참모습을 보여준다면, 자신이 그런 끔찍한 범죄를 저지르는 종류의 사람이 아니라는 것을 그들도 알게 될 거라고 했습니다."

볼이 자기 일을 마친 후 킨 판사는 한 시간 이상 맨슨과 이야기했다. 법적 절차에 대한 그의 지식을 확인하고, 그에게 씌워진 혐의로 받을 수 있는 처벌에 대해 알려주며, 사실상 직접 변호하겠다는 그의 생각을 재고해보라고 간청했다.

맨슨, "적어도 제가 기억하는 한, 저는 평생 법원의 충고를 받았습니다. 얼굴은 매번 달랐지만 같은 법원, 같은 건물이었습니다…… 평생 저는 좁은 틈을 지나야 했습니다, 재판장님. 저는 그 길을 따랐습니다…… 저로서는 어떻게든 제가 아는 방식으로 맞서 싸우는 길밖에 없습니다. 왜냐하면 판사님과 지방검사와 제가 만났던 변호사들은 모두 같은 편이기 때문입니다. 경찰도 같은 편이고 언론도 같은 편인데, 모두 저를 겨냥하고 있습니다, 개인적으로요…… 안 됩니다. 저는 생각을 바꿀 수 없습니다."

법원, "맨슨 씨, 저는 그렇게 하지 마시라고 간청합니다. 직접 변호사를 선임하거나, 그럴 수 없다면, 법원이 선임할 수 있게 해달라고 간청하는 바입니다."

하지만 맨슨은 이미 결심한 상태였고, 킨 판사는 마침내 이렇게 결론 내렸다. "당신이 그런 결정을 내리는 것은 아주 슬프고 비극적인 실수라고 법원은 생각합니다. 하지만 당신을 설득할 수가 없네요…… 맨슨 씨, 당신이 당신 본인의 변호사입니다."

크리스마스이브였다. 나는 오전 2시까지 일하고, 이튿날은 휴가를 냈다.

## 1969년 12월 26~31일

    LAPD에서 전화가 왔다. 브렌우드 컨트리클럽의 수석 지배인 루돌프 웨버가 8월 9일 오전 1시 테이트 살인자들이 호스로 몸을 씻었던 집의 주인이라고, 컨트리클럽 요리사가 신고했다. 칼킨스와 나는 사진사를 동반하고 포톨라 드라이브 9870번지 웨버의 집으로 그를 만나러 갔다. 베니딕트 캐니언 드라이브에서 막 벗어난 갓길이고, 테이트 저택과의 거리는 3.2킬로미터 미만이었다. 웨버의 이야기를 들으며 나는 그가 좋은 증인이 될 것임을 알게 되었다. 기억력이 아주 좋았고, 자신이 기억하는 바를 정확히 이야기했고, 자신이 모르는 부분은 함부로 짐작하지 않았다. 내가 보여준 사진 더미에서 정확히 인물들을 찾아내지는 못했지만, 전체적인 묘사는 일치했다. 네 명 모두 젊었고(왓슨, 앳킨스, 크렌윙클, 캐서비언은 모두 이십대 초반이었다), 남성은 키가 컸으며(왓슨은 185센티미터였다), 여성들 중 한 명은 키가 작았다(캐서비언은 155센티미터였다). 차량에 대한 묘사도(이는 신문에 실리지 않았다) 번호판 색이 바랜 것까지 정확했다. 자동차는 그렇게까지 정확히 기억하면서 사람들의 얼굴을 기억하지 못하는 이유는 뭘까? 아주 간단하다. 차량이 있는 곳까지 네 사람을 따라갈 때, 그가 손전등을 켜고 번호판을 확인했기 때문이다. 하지만 거리의 호스 근처에서 봤을 때는 그들이 어둠 속에 있었다.

웨버는 깜짝 선물을 가지고 있었다. 아주 큰 선물이었다. 그날 이후 그 넷이 어쩌면 주변에서 절도를 했을지도 모른다고 생각한 그는 차량의 번호를 적어두었다. 이후에 메모는 버렸지만(나는 가슴이 내려앉았다) 번호는 여전히 기억하고 있었다. GYY435였다.

대체 어떻게 그것까지 기억할 수 있었을까? 내가 물었다. 직업이 지배인이기 때문에 숫자들을 잘 기억해야 한다고 그는 대답했다.

변호인 측에서 문제 삼을 수도 있을 것 같아서 웨버가 앳킨스 이야기를 읽은 적이 있는지 물었다. 그는 읽지 않았다고 했다.

사무실로 돌아온 나는 존 슈워츠의 차량에 대한 압수 보고서를 확인했다. "1959년식 포드. 문 네 개, 등록번호 GYY435."

슈워츠를 조사할 때 스팬 목장의 전직 일꾼은 맨슨과 여성들이 자주 자신의 차를 빌렸다고 했다. 사실 그는 패밀리가 "쓰레기통 원정"을 나갈 때 커다란 상자를 실을 수 있게 뒷좌석을 비워주었다. 특별했던 하룻밤을 제외하고, 그들은 차를 타고 나가기 전에 꼭 그의 허락을 받았다.

그건 어느 날 밤이었을까? 글쎄, 그는 날짜를 정확히 기억하지는 못했지만 목장 습격이 있기 일주일, 혹은 이주일 전이었다. 그 특별한 밤에 무슨 일이 있었던 걸까? 자신의 차가 출발하는 소리를 들었을 때 그는 이미 잠자리에 든 상태였다. 그게 몇 시였는지 기억나는가? 글쎄, 보통은 10시쯤 잠자리에 드니까, 아마 그 후였을 것이다. 이튿날 아침 눈을 떴을 때 차는 돌아와 있었다고 슈워츠는 말했다. 찰리에게 왜 말도 없이 차를 가져갔느냐고 물었고, 찰리는 그를 깨우고 싶지 않았다고 대답했다.

같은 기간에 맨슨이 그의 차를 빌렸던 밤이 또 있었을까? 내가 물었다. 그럼요, 다른 날 밤에도 찰리와 여자들, 그리고 다른 친구들이(그는 정확히 어떤 여성과 남성들이었는지는 기억하지 못했다) 시내에 가서 음악을 좀 할 거라고 했다.

슈워츠는 그날 밤의 날짜도 특정하지 못했지만, 허락 없이 차를 가지고 나갔던 날 무렵이라고 했다. 그 전일까 아니면 후일까? 그는 기억하지 못했다. 이틀 연속이었을까? 그것도 기억하지 못했다.

나는 슈워츠에게 패밀리에 속했던 적이 있는지 물었다. "전혀 없습니다", 그는 아주 힘주어 대답했다. 한번은, 습격 후에, 쇼티도 사라진 후에, 자신과 맨슨이 말다툼을 벌인 적이 있다고 슈워츠가 말했다. 찰리가 그에게 말했다. "언제든 당신을 죽일 수 있어요. 언제든 당신이 자고 있는 곳에 들어갈 수 있다고요." 그날 이후 그는 1963년 이후로 틈틈이 일했던 스팬 목장을 나와 다른 목장에서 일자리를 구했다.

쇼티의 실종에 대해서 그는 아는 게 있을까? 글쎄, 습격이 있고 한두 주 후에 쇼티가 더 이상 주변에 보이지 않았다. 찰리에게 어디 있는지 아느냐고 물었더니 이렇게 대답했다. "일자리 때문에 샌프란시스코에 갔어요. 내가 거기 일자리를 소개해줬거든요." 슈워츠는 그 설명을 확신할 수 없었다고 했고, 빌 밴스와 대니 디칼로가 각각 쇼티의 45구경 권총을 가지고 있는 것을 본 후에는 더더욱 확신할 수 없었다.

쇼티가 자신과 잘 어울렸던 그 권총들을 스스로 내놓았을 리 없다고, 슈워츠는 말했다, 아무리 쪼들려도 그럴 리 없었다.

미국 헌법에 따르면 송환은 필수이고, 임의로 정할 수 있는 게 아니다. 4조의 세부 조항 2항에 따르면 다음과 같다. "어떤 주에서든 반란, 흉악 범죄 혹은 그 밖의 범죄를 저지른 자가, 사법 정의를 피해 도주할 우려가 있고, 다른 주에서 발견된 경우에는, 그가 도주한 주 당국의 요청에 따라 송환되어야 하며, 해당 범죄의 사법권을 가진 주가 송환을 수행한다." 만약 어떤 주에서 유효하고 적법하게 진행된 기소가 이루어지면(찰스 "텍스" 왓슨 사건에 대한 우리의 기소가 그랬다), 기소된 자가 그에 따라 송환되지 않을 법적 근거는 없다.

텍사스주 콜린 카운티의 몇몇 권력자는 생각이 달랐다. 왓슨의 변호사 빌 보이드는 연방대법원까지 가는 한이 있더라도, 자신의 의뢰인이 텍사스에 계속 머무를 수 있도록 싸울 거라고 언론에 말했다.

빌 보이드의 아버지 롤런드 보이드는 샘 레이번파에 속한 남부의 유력 정치인이었다. 그는 또한 텍사스주 검찰총장 후보의 선거운동 책임자이기도 했다. 왓슨의 송환 요청서를 받고, 아들 보이드의 의뢰인을 위해 송환을 자꾸만 미루고 있던 데이비드 브라운 판사가 바로 그 후보였다.

빌 보이드 본인이 유망한 정치인이었다. 텍사스의 지방검사보 톰 라이언은 『로스앤젤레스타임스』 기자에게 다음과 같이 말했다. "빌이 미국 대통령이 되기를 원한다고 들었습니다. 그다음엔 신이 되려 하고요."

『타임』에서는 이렇게 보도했다. "교도소에 있는 자신의 고객을 취재하기 위해 기자들이 벌떼처럼 몰려들자, 보이드는 '만약 상당한 제안을 한다면' 왓슨의 가족이 응할 수도 있다는 암시를 마구 흘렸다. 사진기자 한 명이 1800달러를 제안했다. '그보다 훨씬 더 많은 돈이 필요합니다', 보이드가 반박했다. 얼마나 많이? '5만 달러 정도요.' 변호사가 말했다. 기자들은 물러섰지만, 보이드는 의뢰인의 가격을 낮추지 않았다. 그리고 그는 결국 자신이 그 돈을 얻게 될 것임을 확신했다."

그사이 텍스는 부당하게 고통을 받고 있지는 않은 것처럼 보였다. 다양한 소식통을 통해 들은 바에 따르면, 그의 독방에는 안락한 가구가 갖추어져 있고, 심지어 개인 전축과 음반들도 있다고 했다. 채식주의 식단은 그의 어머니가 직접 요리했다. 그는 자신의 옷을 입고 지냈고, 세탁도 어머니가 해주었다. 친구가 전혀 없는 것도 아니어서, 그의 감방은 여성 수감자들이 있는 방이었다.

왓슨의 송환은 어려워 보였지만, 케이티 크렌윙클은 맨슨의 명령에 따라 자발적으로 돌아오기로 결정한 듯했다. 맨슨의 연락책으로 활동하던 스쿼키가 크렌윙클에게 편지와 전보를 마구 쏟아붓고 있었고, 우리는 앨라배마주 모빌 당국으로부터 사본을 받아 보았다. "우리가 함께 선다면…… 네가 조금 더 노력하면 좋을 거야…….''

나는 또한 그 메시지들에서 언급한 '함께'라는 말을, 맨슨이 어떤 연합, 우산, 혹은 방어책을 의도하고 있다는 의미로 받아들였다.

패밀리가 크렌윙클과는 접촉하면서도, 적어도 우리가 판단하기로는 왓슨과는 접촉하지 않고 있었기에 나는 내 추측을 조금 더 진전시켰고, 사건이 재판에 회부되면 맨슨과 여성들이 왓슨에게 죄를 뒤집어씌울 거라고 예상했다.

그들이 테이트-라비앙카 살인 사건의 핵심 인물을 찰리가 아닌 텍스로 입증하기 위해 노력할 거라고 가정한 나는, 맨슨과 왓슨의 관계, 그리고 패밀리 내에서 두 사람의 역할에 대해 알려주는 증거들을 모조리 찾아내는 작업에 착수했다.

로스앤젤레스에서 취조를 받을 때 열여섯 살의 다이앤 레이크는 가스실에서 처형당할 수도 있다고 협박받았다. 그리고 아무 말도 하지 않았다. 인요 카운티 검사보 벅 기븐스와 수사관 잭 가디너는 친절하게 대하려 노력했고, 그건 다이앤이 평생 알지 못했던 어떤 태도였다.

다이앤의 부모는 아직 그녀가 어릴 때 "히피로 변신"했다. 열세 살이 되었을 때 그녀는 돼지농장 공동체*의 일원이 되었고, 집단 섹스와 LSD에 노출되었다. 열네 살 생일을 앞두고 맨슨 패밀리에 합류할 때 그녀의 부모도 동의했다.

다이앤이 고분고분하지 않다는 것을 알게 된 맨슨은 여러 번이나 그녀의 입을 때리고, 방 건너편으로 발길질하고, 의자 다리로 머리를 때리고, 전깃줄로 채찍질했다. 그런 취급에도 불구하고 그녀는 계속 머물렀다. 그녀에게 가능했던 다른 삶들을 고려해볼 때 그건 뭔가 비극적인 상황을 암시한다.

다이앤이 인디펜던스로 돌아온 후, 기븐스와 가디너는 몇 번이나 그녀와 긴 대화를 나누었다. 그들은 진정 그녀를 아끼는 사람들이 있다는 확신을 주었다. 가디너의 아내와 자녀들도 정기적으로 찾아왔다. 처음에는 망설였던 다이앤도, 점차 자신이 아는 것을 경관들에게 말하기 시작했다. 그리고, 대배심에서 이야기했던 것과 달리, 그녀는 아주 많이 알고 있었다. 예를 들어 텍스는 자신이 샤론 테이트를 찔렀다고 그녀 앞에서 시인했다. 텍스가 다이앤에게 한 이야기에 따르면, 그건 찰리가 살인을 지시했기 때문이다.

12월 30일, 사투치와 닐슨이 인디펜던스에서 다이앤을 조사했다. 그날 아침의 조사에서 그녀는, 아마 8월 16일의 습격이 있기 일

---

\* 1960년대 미국의 농업 공동체.

주일 혹은 이주일 전에 레슬리가 스팬의 별채에 손가방과 끈, 그리고 동전이 든 봉투를 들고 나타났다고 했다. 그녀는 그것들을 담요 밑에 숨겼다. 잠시 후 어떤 남자가 나타나 문을 발로 차 열었고, 레슬리는 몸을 숨겼다. 그녀는 다이앤에게 그 남자가 그리피스 공원에서부터 자신을 태워주었는데, 자신이 거기 있다는 걸 들키고 싶어하지 않는다고 했다.

두 라비앙카 형사는 눈빛을 주고받았다. 그리피스 공원은 웨이벌리 드라이브에서 멀지 않았다.

남자가 떠난 후 레슬리는 담요 밑에서 나왔고, 다이앤은 그녀가 돈 세는 걸 도와주었다. 비닐 봉투에 든 돈은 8달러쯤 됐다.

레노 라비앙카의 동전 수집품 때문에 형사들은 그 동전 봉투에 관심이 아주 많았다.

문. "좋아요, 레슬리가 돈, 그러니까 동전 세는 걸 도와줬다고 했는데, 그중 외국 동전도 있었습니까?"

답. "캐나다 거요."

레슬리는 그런 다음 불을 피워서 손가방과(다이앤은 갈색 가죽 손가방으로 기억하고 있었다), 신용카드 몇 장(그중 하나는 주유소 카드였다), 끈(길이 1.2미터, 지름 3.8센티미터였다)을 태웠다. 그리고 입고 있던 옷도 벗어서 태웠다. 다이앤은 그 옷에서 핏자국을 봤을까? 아니었다.

나중에, 그러니까 8월 말인가 9월 초 바커 목장에서 16킬로미터쯤 떨어진 윌로 스프링스에 있을 때, 레슬리는 자신이 이미 죽은 누군가를 찌른 적이 있다고 다이앤에게 말했다. 여자였을까 남자였을까? 레슬리는 말해주지 않았다.

레슬리는 또한 살인은 그리피스 공원과 로스 펠리스 근처에서 일어났고, 누군가 냉장고 문에 피로 뭔가를 적었고, 그런 다음 그녀, 그러니까 레슬리가 지문이 남지 않게 모든 곳을 닦았는데, 손대지 않은 물건까지 모두 닦았다고 했다. 그 집을 나설 때는 식료품을 챙겼다. 어떤 식료품이었을까? 초콜릿 우유 한 통이었다.

레슬리는 테이트 살인 사건에 대해서도 이야기했을까? 본인은 그 사건에 나가지 않았다고 했다.

사투치가 세부 사항을 조금 더 파고들었다. 다이앤이 기억하는 건 집 바깥에 커다란 보트가 있었다는 것뿐이었다. 하지만 그녀는 레슬리가 그 보트 이야기를 한 건지, 아니면 자신이 신문에서 읽은 것인지 헷갈린다고 했다. 다만 레슬리가 그 보트에 대해 묘사한 것은 기억난다고 했다.

그때까지 레슬리 밴하우튼을 라비앙카 사건과 연결하는 유일한 증거는 수전 앳킨스의 증언뿐이었다. 수전도 공범이었기 때문에 이는 별도의 확증 없이는 법원에서 쓸 수 없는 증거였다.

다이앤 레이크가 그 확증을 제공해주었다.

하지만 다이앤이 법원의 재판에서 증언할 수 있을지가 의문스러웠다. 그녀는 명백하게 감정적으로 혼란스러운 상태였다. 종종 LSD 환각에 빠졌다. 그녀는 맨슨을 두려워했고, 또한 사랑했다. 가끔씩 그녀는 맨슨이 자기 머릿속에 있다고 생각했다. 새해 첫날 직후에 인요 카운티 법원은 그녀를 패튼 주립병원에 입원시켰다. 부분적으로는 그녀의 감정적 문제를 치료하기 위해서였고, 부분적으로는 법원이 달리 할 수 있는 일이 없었기 때문이다.

필요한 작업 목록이 또 추가되었다. 라비앙카 부부의 신용카드 중 분실된 것이 있는지 확인할 것. 의사의 허락이 떨어지면 다이앤을 조사할 것. 별채 혹은 윌로 스프링스에서 있었던 대화에 참석한 다른 구성원이 있는지 알아볼 것. 라비앙카의 자상 중 사후에 생긴 것이 있는지 가쓰야마에게 확인할 것. 수잰 스트루더스에게 어머니의 손가방 중 갈색 가방이 있었는지, 그리고 혹시 그 손가방이 사라졌는지 물어볼 것. 수잰 그리고/혹은 프랭크 스트루더스에게 부모님 중 누군가가 초콜릿 우유를 좋아했는지 물어볼 것.

세세한 부분이었지만, 그런 게 중요한 정보가 될 수도 있었다.

내가 테이트 창고에서 발견한 편지에 등장한 "해럴드"는 수전 앳킨스가 대배심 증언에서 언급한 "해럴드"였다. 성명은 해럴드 트루, 학생이었다. LAPD가 그를 찾아냈을 때 나는 다른 조사로 바빴고, 애런이 자원해서 그를 만나러 갔다.

계속 맨슨과 친하게 지내고, 카운티 감옥에 있는 그를 몇 번 찾아가기도 했던 트루에게서 애런이 들은 바에 따르면, 그는 1968년 3월 패밀리가 토팽가 캐니언에 살고 있을 때 찰리를 만났다. 다음 날 찰리를 포함해 열 명쯤 되는 사람(세이디, 케이티, 스쿼키, 브렌다가 있었고, 텍스와 레슬리는 없었다)이 웨이벌리 드라이브 3267번지에 나타나 밤새 머물렀다. 트루가 세 명의 다른 젊은이와 나눠 쓰고 있던 집이었다. 1968년 9월, 트루가 그 집에서 나올 때까지 맨슨은 네다섯 번 그를 찾아왔던 것 같다. 트루는 자신들이 여전히 웨이벌리에 살고 있으며, 이웃들이 소란스러운 파티 때문에 자주 불평한다고 했다.

애런은 그런 불평을 했던 이웃 중 라비앙카 부부도 있었는지는 묻지 않았지만, 나는 이 부분을 확인해야겠다고 표시했다. 확인 결과, 트루는 라비앙카 부부를 봤는지 기억나지 않는다고 했다. 최대한 기억을 떠올려봐도, 자신들이 살고 있는 동안 웨이벌리 드라이브 3301번지는 줄곧 비어 있었다.

라비앙카 수사 보고서를 다시 확인한 나는, 레노와 로즈메리는 1968년 11월에야 웨이벌리 드라이브로 이사했다는 것을 알게 되었고, 그건 트루와 지인들이 이사 나간 후였다.

나는 라비앙카 부부와 패밀리 사이에 있었을 법한 사건을 찾고 있었다. 그런 사건은 없었다. 하지만 두 가지 사실은 남았다. 맨슨이 라비앙카 저택의 옆집에 대여섯 번 갔다는 것, 그리고 테이트 저택의 철문 앞까지 간 적도 최소 한 번은 있었다는 것이다.

우연의 일치일까? 아마 맨슨의 변호사가 그렇게 주장할 것이라고 예상하며 나는 반박을 위한 몇 가지 생각을 적었다.

찰스 맨슨은 유머 감각이 없지 않았다. 카운티 감옥에 있는 동안 그는 유니언 오일사의 신용카드 신청서를 구할 수 있었다. 그는 신청서를 쓰며 자신의 본명과 감옥의 주소를 적었다. 전 거주지는 "스팬 목장 촬영장"으로 적고, 조지 스팬을 보증인으로 했다. 직업은 "전도사", 업종은 "종교", 경력 기간은 "20년"으로 적었다. 그리고 아내의 이름을 적는 칸에는 "없음"이라고 적었고, 부양 가족은 "16명"이었다.

신청서는 감옥으로부터 패서디나에 전해졌다. 유니언 오일의 누군가가(분명 컴퓨터는 아니었다) 그 이름을 알아봤고, 찰스 맨슨은 자신이 신청한 두 장의 신용카드를 받을 수 없었다.

법원에서 맨슨을 관찰하며 내가 알아차린 또 다른 특징은 잘난 척이었다. 새로 얻은 유명세 때문에 그런 태도를 가진 것이다. 1969년 12월 초만 해도 찰스 맨슨의 이름을 들어본 사람은 거의 없었다. 그달 말이 되자 이 살인자는 이미 자신이 죽인 피해자의 유명세를 넘어서 있었다. 흥분한 패밀리 구성원 한 명은 "찰리 맨슨이 『라이프』 표지를 장식했어"라고 말했다.

하지만 그 이상이었다. 자신이 했던 말이 있었음에도 불구하고, 맨슨은 자신이 무죄를 받으리라 확신했던 것 같다.

그만 그런 느낌을 받았던 것이 아니다. 레슬리 밴하우튼은 부모님에게 쓴 편지에서 유죄 판결을 받는다 하더라도 7년이면 나올 수 있을 거라 했고(캘리포니아에서는 종신형을 받은 사람도 7년 후에는 가석방을 신청할 수 있었다), 바비 보솔레이는 몇몇 여자친구에게 적은 편지에서 새로운 재판에서 무죄를 받을 테고, 그러면 자신만의 패밀리를 만들 거라고 했다.

문제는, 당시 상황만 보면 적어도 맨슨의 말처럼 될 가능성이 높았다는 점이다.

"맨슨이 당장 재판하자고 요구하면 어떻게 될까?"

애런과 나는 이 문제를 길게 논의했다. 변호인 측은 헌법에 따라 신속한 재판을 요구하고, 주 법에 따라 기소 6일 후에 재판을 시작할 권리가 있었다. 만약 맨슨이 그 권리를 주장하면 우리는 매우 곤란해질 것이다.

우리로서는 두 가지 이유로 시간이 필요했다. 우리는 여전히 수전 앳킨스의 증언을 확증해줄 증거를 절박하게 찾고 있었다. 물론 (이는 아주 큰 전제였는데) 그녀가 증언하기로 동의했을 때의 문제였다. 그리고 두 명의 피고인 왓슨과 크렌윙클이 여전히 캘리포니아 밖에 있었다. 우연히도 그 둘은 유죄에 대한 과학적 증거, 즉 테이트 저택에서 나온 지문이 확보된 피고들이었다. 우리가 원한 대로 공동 재판을 열려면, 적어도 그중 한 명은 피고석에 앉혀야만 했다.

나는 허세를 부리자고 제안했다. 법원에 갈 때마다 우리 쪽에서 신속한 재판을 원한다는 인상을 주자는 것이다. 맨슨이 그게 자신에게 불리하다고 생각하고, 일부러 시간을 끄는 상황을 기대했다.

도박이었다. 찰리가 허세를 간파하고, 그 이상한 미소를 지으며 "좋습니다, 당장 재판하시죠"라고 말할 현실적인 가능성도 있었다.

# 4부
# 동기를 찾아서
## 성서, 비틀스, 그리고 헬터 스켈터

"동기를 찾아보자면,
평소 경찰들이 사용하는 기준에는 맞지 않는
뭔가를 찾아야 할 것 같습니다.
거기서 훨씬 더 벗어난 뭔가를요."

―로만 폴란스키, 얼 디머 경위에게

## 1970년 1월

비밀 각서
발신: 빈센트 부글리오시 검사보
수신: 이벨 영거 지방검사
내용: 테이트 & 라비앙카 사건에 관한 건

각서는 모두 열세 쪽이었지만, 핵심은 한 문장으로 정리할 수 있었다.

"테이트 사건에서 수전 앳킨스의 증언이 없으면, 5인의 피고 중 2인[맨슨과 캐서비언]에 대한 혐의는 빈약해집니다. 라비앙카 사건에서는 그녀의 증언을 제외하고 6인의 피고 중 5인[밴하우튼을 제외한 전원]에 대한 증거가 전혀 없습니다."

그런 상황이었다. 세이디가 없으면 여전히 사건을 구성할 수가 없었다.

1월 2일, 나는 테이트와 라비앙카 사건의 형사들을 불러 모아 42건의 수사 목록을 전달했다.

재차 요구하는 작업이 많았다. 옷과 총이 발견된 장소에 가서 칼을 찾아볼 것. 그러나도는 테이트 저택의 현관문 앞에 찍혀 있던 부츠 뒷굽 모양의 핏자국이 어떤 부츠 자국인지 알아볼 수 있었나? 과학수사국에서는 지금쯤 철사 절단기와, 방송국 사람들이 발견한 옷에 대한 분석 결과가 나와 있어야 했다. 인요 카운티 보안관서의 워드 부관이 두 광부인 크로켓과 포스턴을 조사했던 녹음테이프는 어디에 있는가? 테이트와 라비앙카, 그리고 스팬 목장의 통화 기록은 어디에 있는가? 전화 회사에서는 6개월 후 통화 기록을 파기한다. 서둘러야 한다.

요구가 없더라도 형사들이 알아서 미리 했어야 할 후속 작업 역시 많았다. 앳킨스의 글씨 표본을 테이트 현장 현관문에 있던 돼지라는 글씨와 비교하는 것. 밴하우튼, 크렌윙클, 왓슨의 글씨 표본을 라비앙카 저택의 글씨와 비교하는 것. 이 사건에서 도난된 신용카드에 관한 보고서를 완성하는 것(우리는 끈과 벅 칼의 매출 전표를 찾기를 바라고 있었다). 디칼로는 1969년 6월, 맨슨이 샌타모니카의 잭 프로스트 상점에서 세 가닥 나일론 끈을 구입할 때 함께 갔다고 했다. 프로스트 직원에게 그런 끈을 팔았는지 확인하는 것. "패밀리 사진"을 보여주며 맨슨 그리고/혹은 디칼로를 알아보는지 확인하는 것. 로즈메리 라비앙카의 손가방이 발견된 실마의 스탠더드 주유소 직원들에게 맨슨과 앳킨스, 캐서비언과 나머지 사람들의 사진을 보여주는 것.

형사들에게 목록을 전달한 후 내가 물었다. "제가 드린 목록에 더해 여러분도 독자적으로 수사하고 있는 거죠?" 이어진 긴 침묵이 대답이었다. 그리고 칼킨스가 불평했다. "우리가 어떻게 이런 일들을 합니까? 우리는 경찰이지 변호사가 아닙니다."

"잠깐만요", 내가 말했다. "여기 적은 마흔두 가지 사항은 법과는 아무 관련이 없습니다. 하나하나가 증거를 확보하고 형사사건을 탄탄하게 만들어주는 일입니다."

"하지만 우리 일은 아닙니다", 칼킨스가 계속 항의했다.

그의 말이 너무 놀라워서 나는 화를 가라앉혀야 했다. "사건 수사, 증거 확보, 명백한 범죄 증거와 피고를 연결시키는 것, 이게 경찰 일 아닙니까? 왜 이러세요, 밥. 형사잖아요. 애런과 저는 법률가고요. 각자 할 일이 있는 겁니다. 만약 우리 중 어느 한쪽이 맡은 일을 못 하면 맨슨은 풀려나는 겁니다. 그 생각을 해보세요."

형사들이 다른 일도 맡고 있었다면 이해했겠지만, 그들은 이 사건에만 전담으로 투입된 터였다.

칼킨스와 달리 마이크 맥간은 불평이 거의 없었지만, 그도 일을 잘해내지는 못했다. 한 명 한 명의 면모를 보면 라비앙카 형사들이 훨씬 더 성실했다. 그 전주에 나는 그들에게 라비앙카 사건뿐 아니라 테이트 살인 사건과 관련 있는 작업들도 지시했는데, 라비앙카 팀이 최선을 다하고 있다는 것을 알고 있었기 때문이다. 헬더 경위가 칼킨스와 맥간은 그냥 일을 못 하는 거라고 솔직히 인정한 후에 그렇게 했다.

경찰에 위안이 있다면(아마 그러지 않았을 것 같지만), 내 목록이 그들이 작성한 목록보다 훨씬 더 길었다는 점이다. 목록에는 가령 「헬터 스켈터」가 실린 비틀스의 앨범을 확보하는 단순한 일부터 조사 대상이 되는 50명 이상의 잠재적 증인을 확보하는 것까지 포함되었다. 또한 구체적인 일들도 있었는데, 이를테면 라비앙카 사건에서 사용된 칼의 크기를 확정하기 위해 피해자들의 상처 크기를 정확히 확인하는 일이었다(최초의 담당 경관들은 부검시관 가쓰야마에게 이 부분을 확인하지 않았다).

라비앙카 피해자들의 상처를 측정하는 것은 대단히 중요했다. 상처 유형이 라비앙카 주방의 칼과 일치한다면, 피고들은 비무장 상태로 집에 들어갔으며 집 안에 있던 칼로 라비앙카 부부를 죽였다는 논리적 추론이 가능하다. 맨슨이 이들 부부를 죽이려는 의도가 있었다면 무장하지 않은 사람들을 보냈겠느냐고 변호인 측은 분명 따지고 들 것이다.

수사 목록에는 그보다 더 중요한 것도 있었다. 맨슨이 누군가에게 뭔가를 하라고 지시를 내린 사례들, 혹은 같은 내용을 말해줄 수 있는 증인들을 확보할 것.

여러분이 배심원석에 앉았다고 가정해보자. 스팬 목장에서 한 작은 남자가 여섯 명의 사람에게, 대부분 여성이었던 그들에게 자신을 위해 살인하라는 지시를 내렸다고 검사가 주장한다면, 그 피해자는 당사자들이 모르는 사람, 딱히 불만도 없는 완전히 낯선 사람이고, 거기에 임신부도 포함되어 있다면, 그럼에도 그들이 어떤 불평도 없이 그 지시를 따랐다고 말한다면 어떻게 들리겠는가?

배심원들을 납득시키려면 나는 먼저 맨슨이 패밀리에 대해, 특히 자신의 공범들에 대해 완벽한 지배력을 지녔음을 납득시켜야 했다. 총체적이고 아주 완벽한 지배력, 그래서 그가 시키는 일이라면 뭐든, 심지어 살인까지 할 수 있게 만드는 지배력이었다.

패밀리와 관련된 사람들을 조사할 때마다 나는 맨슨이 지배력을 보여주었던 사례를 묻곤 했다. 증인들은 종종 구체적인 사례를 떠올리지 못했고, 나는 그것들을 캐내기 위해 더 깊이 파고들어야 했다. 왜 맨슨은 다이앤 레이크를 때렸을까, 그녀가 뭔가 그의 지시를 따르지 않았기 때문일까? 목장에서의 잡일은 누가 배정할까? 경비나 보초를 서는 것은 누구일까? 혹시라도 텍스가 찰리에게 대들었던 적은 한 번도 없었을까?

그 증거를 찾는 게 특히 어려웠던 이유는 맨슨이 좀처럼 직접적인 지시를 내리지 않았기 때문이다. 보통 그는 명령보다는 암시를 했는데, 그 암시는 명령과 같은 힘을 가지고 있었다.

*지배*. 어떤 합리적 의심도 할 수 없을 정도로 그것을 증명하지 못하면, 우리는 절대 맨슨의 유죄 판결을 받아내지 못할 것 같았다.

피고 측 변호사들이 증거 확인을 요청했기 때문에 나는 그들을 사무실로 불러 수사 파일을 살펴보게 했다. 이제 맨슨이 스스로를 변호하므로 그도 그 파일을 볼 수 있었는데, 유일한 차이라면 자료들을 실어 카운티 감옥에 보내면 거기서 검토해야 한다는 점이었다. 결국 법원의 명령에 따라 우리 사무실의 비서가 파일을 모두 복사하고, 각각의 변호사에게 보내야 한다.

두 가지만 보류했다. 나는 법원에 이렇게 주장했다. "우리는 맨슨 씨에게 잠재적 증인의 주소와 특히 전화번호를 제공하는 것에는 강력히 반대하는 바입니다, 존경하는 재판장님." 나는 또한 변호인 측에 시신의 사진을 전달하는 것에도 강하게 반대했다. 독일의 잡지사에서 그 사진들을 입수하는 데 10만 달러를 내겠다는 제안을 했다고 들었다. 피해자 가족들이 잡지를 살피다가 사랑하는 사람들이 끔찍하게 도살된 사진을 보는 상황은 원치 않았다.

그 두 가지만 예외로 하고(법원은 우리에게 우호적이었다), 검찰은 법에 따라 변호인 측에 원하는 것을 모두 주어야 했다. 그러한 공표는 일방적이어서, 변호인 측에서는 우리에게 *아무것도 주지 않았*다. 그들이 부를 예정인 증인 목록조차 받을 수 없었다. 나는 여전히 신문이나 잡지 기사를 보며 단서들을 찾고 있었다.

그 작업도 말처럼 간단하지는 않았다. 전에 패밀리와 관련 있었던 사람들은 목숨을 잃을까 두려워하고 있었다. 비치 보이스의 데니스 윌슨을 포함해 몇 명은 이미 살인 위협을 받았다. 실명을 밝히려는 사람이 거의 없었기 때문에 기사에서는 종종 가명이 사용되었다. 기껏 누군가를 추적해 찾아냈더니 이미 조사한 사람인 적도 있다. 그리고 꾸며낸 이야기가 사실처럼 전해지는 일이 더 많았다.

어떤 기사에서는, 로만과 샤론이 1969년 초반에 시엘로 드라이브 10050번지에서 열었던 파티에 맨슨과 다른 패밀리 구성원 몇 명이 참석했다고 주장하기도 했다. 기자를 찾아 만났더니 테리 멜처의 절친인 앨런 워네케가 그렇게 말했다고 알려주었다. 워네케에게 물었더니 자신은 그런 이야기를 한 적이 없다고 했다. 결국 나는 그 파티에 참석했던 사람들의 목록을 만들었고, 소재가 파악된 이들을 최대한 조사했다. 그날뿐 아니라 그 어떤 때에도, 시엘로 드라이브 10050번지에서 맨슨이나 다른 구성원들을 봤다는 사람은 전혀 없었다.

『발라키 보고서』의 저자 피터 마스는 『레이디스 홈 저널』에 "샤론 테이트 살인 사건"이라는 기사를 썼다. 거기에 이런 문장이 있다.

"어떻게 하면 기성 체제를 장악할 수 있을까? 노래를 불러주는 것으로는 안 돼. 나도 그렇게 해봤거든. 그들을 구원하려고 노력했지만, 듣지를 않았어. 이제 그들을 파괴해야만 하는 거야.' 찰스 맨슨이 1969년 여름 한 친구에게 그렇게 말했다."

사실이라면 강력한 증거였고, 나는 마스가 인용한 정보의 제공자를 간절히 알고 싶었다.

족히 열두 통은 되는 전화를 돌린 후에야 마스가 뉴욕시티에 있다는 것을 알게 되었다. 다른 몇몇 인용에 대해서 그는 얼른 제공자를 알려주었다. 하지만 위의 핵심적인 인용, 『저널』에서 기사 맨 앞부분에 이탤릭체로 강조까지 했던 그 문장에 대해서는, 마스도 누가 말해줬는지 기억나지 않는다고 했다.

기대되는 단서처럼 보였던 것이 또 하나 사라졌다.

1968년 8월 9일, 테이트 사건이 있기 정확히 1년 전, 그레그 제이컵슨은 밴 나이스에 있는 스튜디오에서 맨슨의 녹음 일정을 잡았다. 나는 그 테이프를 들어보기 위해 스튜디오로 갔다. 그 테이프는 해당 스튜디오를 대리하는 할리우드의 변호사 허브 와이저가 가지고 있었다.

전문적이지 않은 내 입장에서 칭찬하자면, 맨슨은 당시 잘나가던 가수들보다 나쁘지 않았다. 나중에 그 테이프를 들어본 포크송 전문가는 그 노래들이 "독창성 면에서 매우 부족하다"고 했다. 그의 노트에는 이렇게 적혀 있다. "곳곳에서 맨슨이 꽤 괜찮은 기타 연주를 보인다. 곡 자체에 독창성은 전혀 없다. 하지만 가사는 좀 다르다. 적대감이 놀라울 정도로 많이 담겨 있다('너도 언젠가는 죗값을 치를 거야' 같은). 이런 것은 포크송에서 드물다. 과거에 처형 민요가 있었지만, 그런 노래에서도 늘 과거형으로 적었다. 맨슨의 가사에는 이런 표현이 앞으로 벌어질 상황을 말하고 있다. 매우 음산하다. 전체적으로 판단하자면, 약간의 재능이 있는 아마추어라고 할 수 있다." 하지만 찰리의 음악적 재능은 내 관심사가 아니었다. 앳킨스와 디칼로는 모두 맨슨의 곡들 중 적어도 한 곡 이상에서 '헬터 스켈터'라는 단어가 등장한다고 했다. 내가 두 사람에게 물었다. "그냥 비틀스의 노래 「헬터 스켈터」를 연주했던 아닙니까?" 아니라고, 둘 다 대답했다. 찰리의 자작곡 이야기였다. 그의 가사에서 "헬터 스켈터"나 "돼지" "돼지들에게 죽음을" 혹은 "일어나라" 같은 말들을 찾을 수 있다면, 강력한 정황 증거가 될 듯싶었다.

그런 행운은 없었다.

잠시나마 왓슨의 송환과 관련해서는 운이 좀더 있는 것처럼 보였다. 1월 5일, 오스틴에서 있었던 심리 후에 텍사스주 국무장관 마틴 다이스 주니어는 왓슨의 캘리포니아 송환을 명령했다. 매키니로 돌아온 보이드는 인신보호영장을 작성해, 다이스의 명령을 취소해줄 것을 요청했다. 영장은 브라운 판사가 심사했다. 1월 16일, 브라운은 보이드의 요청을 30일 연장하도록 승인했다. 텍스는 텍사스에 남았다.

로스앤젤레스에서는, 린다 캐서비언이 1월 6일 열린 인정 절차에서 "무죄"를 주장했다. 같은 날 마빈 파트 변호사는 법원이 정신과 의사를 지정해 자신의 의뢰인 레슬리 밴하우튼을 감정해줄 것을 요청했다. 킨 판사는 블레이크 스크들라 박사를 지정했고, 박사는 파트에게 비밀 보고서를 제출해야 했다. 이전에 파트는 레슬리의 증언을 녹음하는 것을 요청해 허락을 받아내기도 했다. 검찰은 그 테이프를 들을 수 없고, 보고서를 볼 수도 없었지만, 파트 역시 자신의 전임자였던 바넷과 마찬가지로 심신상실에 의한 면책을 요구하리라는 점은 쉽게 짐작할 수 있었다.

맨슨의 반응은 오래 기다릴 것도 없었다.

19일에 밴하우튼은 파트를 변호사에서 해임하고, 대신 아이라 라이너를 지정해줄 것을 요청했다.

사안의 민감성을 감안해 조지 M. 델 판사는 방청객과 언론이 없는 방에서 그 요청을 심의하기로 했다. 이렇게 진행된 심의의 회의록은 재판의 결론이 날 때까지는 봉인되었다. 종종 내용이 유출되기도 했지만, 이 책에 실린 내용은 대부분 최초로 공개되는 것이다.

파트는 레슬리 밴하우튼이 이성적인 판단을 할 수 없다며 변호사 교체에 반대했다. "이 여성은 찰스 맨슨, 혹은 소위 맨슨 패밀리의 구성원들 중 아무나가 시키는 대로 할 겁니다…… 이 여성에게는 자신의 의지가 남아 있지 않습니다…… 찰스 맨슨과 패밀리가 그녀에 대해 갖는 이러한 장악력 때문에, 그녀는 자신이 공동 재판을 받고 가스실에 가는지 여부를 개의치 않습니다. 그녀는 그저 패밀리와 함께 있고 싶을 뿐입니다."

라이너를 지정하면 이해 충돌의 문제가 생기고, 그건 밴하우튼 양에게 치명적인 해를 끼칠 거라고 파트는 주장했다.

파트는 그런 교체 요청이 들어온 배경도 말했다. 일주일쯤 전 스퀴키가 레슬리를 방문했다. 파트도 그 자리에 있었지만, 스퀴키는 "우리는 네가 다른 변호사를 구해야 한다고 생각해"라고 말하며 라이너의 명함을 주었다. 레슬리는 "찰리가 원하는 일이라면 뭐든 할 거야"라고 대답했다. 며칠 후 레슬리는 (1) 정신과 의사의 감정을 거부했고, (2) 파트에게 자신의 변호사는 더 이상 그가 아니라 라이너라고 통보했다.

파트는 델 판사에게 자신이 녹음한 레슬리의 테이프를 들어보라고 요청했다. 그 내용을 듣고 나면, 레슬리 밴하우튼이 자신에게 이로운 행동을 할 능력이 없다는 것을 법원도 알 수 있을 거라고 했다.

이제 파트는 공동 재판과 "우산" 변호가 자신의 의뢰인에게는 해가 되리라고 생각하는 게 분명했다. 다른 피고들이 일곱 건의 살인으로 기소된 것에 비해, 레슬리는 단 두 건뿐이었다. 그리고 그녀에 대한 증거도 약했다. "제가 아는 한, 그녀가 한 짓은 이미 죽은 사람을 다시 찌른 것뿐인 듯합니다." 파트는 증거 공표를 통해 알게 된 다이앤 레이크의 증언을 언급하며 그렇게 말했다.

이어서 델 판사는 아이라 라이너에게 질문했고, 라이너는 자신이 맨슨과 "열두 번쯤" 대화를 나누었다고 인정했다. 또한 그는 자신이 레슬리를 변호해야 한다고 말한 여러 사람 중 한 명이라고도 인정했다. 하지만 그는 실제로 맨슨을 대리한 적은 없고, 밴하우튼에게 정식 요청서를 받은 후에야 그녀를 만나러 갔다고 했다.

델 판사는 두 변호사를 내보낸 후 레슬리에게 물었다. 그녀는 자신의 판단에 대해 확고했다. 그녀는 라이너를 원했다.

파트는 자신이 만든 레슬리의 녹음테이프를 들어보라고, 델 판사에게 말 그대로 간청했다. 그는 "이 여성은 거의 공상과학소설에 나오는 사람처럼 제정신이 아닙니다"라고 말했다.

델 판사는 테이프를 듣지 않겠다고 했다. 그가 걱정하는 건 한 가지, 밴하우튼 양의 정신 상태가 변호사 교체 문제를 지적으로 판단할 수 있는 상태인가 하는 것뿐이었다. 그 판단을 하기 위해 세 명의 정신과 의사에게 테이프를 들려주고 레슬리를 감정하게 했다. 그 문제만을 다루는 비밀 보고서는 곧장 그에게 전달될 것이다.

맨슨 본인은 17일에 델 판사 앞에 출두했다.

맨슨, "발의할 사항이 있습니다. 이질적인 발의인데, 아마 전에는 한 번도 이런 발의가 없었을 것 같습니다만—"

법원, "해보세요."

검토 후에 판사는 동의했다. "확실히 흥미로운 문서네요."

"찰스 맨슨, 별칭 예수 그리스도인 수감자는", 자신들을 "영원한 영혼의 가족 주식회사"라고 부르는 여섯 명의 당사자와 함께, 맨슨-그리스도의 인신보호영장을 청구했다. 보안관서에서 그의 영적·정신적·신체적 자유를 박탈했으며, 이는 인간의 법은 물론 신의 법에도 어긋나는 것이므로, 이 시점부터 그의 석방을 요청한다는 이야기였다.

델 판사는 발의를 거부했다.

맨슨, "친애하는 재판장님, 거창한 말과 이 모든 혼란과 그 법복 뒤에서 재판장님은 진실을 가리고 있습니다."

법원, "고의는 아닙니다."

맨슨, "종종 재판장님이 상황을 제대로 알고 있는지 의심이 듭니다."

법원, "나도 종종 그렇습니다, 맨슨 씨. 종종 자기 의심이 듭니다만…… 이 법복을 입은 우리도 우리 일을 하고 있는 겁니다."

맨슨은 몇 가지 요청(녹음기, 무제한 전화 사용 등등)을 전달했지만, 보안관서와 검찰 모두 거부했다고 주장했다. 델이 바로잡아주었다.

법원, "검사는 보안관서보다 훨씬 더 엄격히 할 용의도 있습니다, 사실대로 말하자면."

맨슨, "글쎄요, 저는 검사에게도 그 모든 조치를 취소해달라고 요청할 생각입니다. 많은 문제를 해결할 수 있을 겁니다."

법원, "이 모든 사람을 실망시키게요? 절대로 안 됩니다, 맨슨 씨."

28일에 다시 델 판사 앞에 출두했을 때도 맨슨은 여전히 자신의 변호사로서 특권이 제한되는 것에 불만을 표했다. 예를 들어 그는 로버트 보솔레이, 린다 캐서비언, 세이디 매 글루츠와 면회를 하고 싶었지만, 그들의 변호사가 거부했다고 했다. 델 판사는 변호사들에게 그럴 권리가 있다고 알려주었다.

맨슨, "세이디에게 연락을 받았습니다. 자신이 한 말은 지방검사가 억지로 시켜서 한 거라더군요."

맨슨은 언론을 활용하고 있었다. 언론이 그러한 주장을 보도할 거라고 확신했고, 그건 사실이었다. 직접 수전에게 전화를 걸어 증언을 철회하라고 말하는 것 다음으로 좋은 방법이었다.

애런이 허세를 부리며, 검찰은 재판에 돌입할 준비가 되어 있다고 말했다.

다행히 맨슨은 시간을 더 달라고 했다.

델 판사는 윌리엄 킨 판사에게 재판을 배정하고, 2월 9일에 다시 심의하고 재판 일정도 확정하겠다고 했다.

우리에게는 정말 다행이었다. 아직 사건이 빈약했을 뿐 아니라, 애런과 나는 동기에 대해서도 합의를 보지 못하고 있었다.

검찰은 동기를 증명해야 할 법적 의무가 없다. 하지만 동기는 대단히 중요한 증거다. 배심원은 이유를 알고 싶어한다. 피고에게 살인을 저지를 동기가 있음을 보여주는 것이 유죄 판결을 위한 정황 증거가 되는 것과 마찬가지로, 동기가 없으면 무죄의 정황 증거가 된다.

이 사건에서는 동기를 증명하는 것이 다른 대부분의 사건보다 훨씬 더 중요했는데, 왜냐하면 이 살인들이 완전히 무의미한 것처럼 보였기 때문이다. 맨슨의 경우에는 그가 살인이 벌어질 때 현장에 없었기 때문에 더더욱 중요했다. 맨슨이, 오직 맨슨만이 그 살인 사건들을 저지를 동기가 있었음을 배심원들에게 증명해 보일 수 있다면, 이는 그가 지시를 내렸다는 혐의에 대해서도 강력한 정황 증거가 될 수 있었다.

애런과 나는 오랜 친구였다. 서로를 존중하기 때문에 각자의 느낌을 있는 그대로 말할 수 있고, 꽤 자주 뜨거운 논쟁을 벌이기도 한다. 이번에도 예외가 아니었다. 애런은 동기가 절도였다고 주장해야 한다고 생각했다. 나는 그런 가설은 말도 안 되는 거라고 꽤 솔직하게 말했다. 뭘 훔쳐갔단 말인가? 애비게일 폴저에게서 훔친 70달러 남짓, 로즈메리 라비앙카의 손가방(돈은 건드리지도 않고 버렸다), 어쩌면 동전 주머니 하나, 초콜릿 우유 한 통. 그게 전부였다.

우리가 아는 한 어느 집에서도 사라진 것은 없었다. 집 안을 뒤지거나 뭔가를 훔쳐간 증거가 없다는 경찰 보고서도 여러 건 있었다. 수천 달러의 값어치가 나가는 물건들이 쉽게 눈에 띄는 곳에 있었지만, 그들은 그대로 두고 떠났다.

애런이 제안한 또 다른 동기는, 맨슨이 메리 브루너의 보석금을 내기 위해 돈을 마련하려 했다는 것이었다. 그의 아이를 낳았던 그녀는, 훔친 신용카드를 쓴 혐의로 8월 8일 오후에 체포되었다. 나는 다시 악역을 맡았다. 일곱 건의 살인, 다섯 건은 첫날 밤에 있었고, 두 건은 둘째 날 밤에 있었다. 자상이 169개였다. 피해자들의 피로 쓴 글씨. 한 피해자는 목에 칼이 꽂혀 있고, 배에는 포크가 꽂혀 있었다. 그 배에 전쟁이라고 새겨져 있었다. 이 모든 게 625달러의 보석금 때문이었다고?

동기가 없는 건 아니었다. 애런과 LAPD는 동의하지 않았지만, 나는 우리가 동기를 확보했다는 느낌이 들었다. 다만 그것이 믿을 수 없을 만큼 괴상할 뿐이었다.

12월 4일 수전 앳킨스를 조사했을 때 그녀는 이렇게 말했다. "모두 기성 체제에 두려움을 심어주고 혼란을 불러일으키기 위해 한 거예요. 그리고 흑인들에게 백인을 정복하는 방법을 보여주기 위해서였어요." 그 일은, 그녀에 따르면 "헬터 스켈터"의 시작이었다. 그게 뭐냐고 다음 날 대배심에서 내가 묻자, 그녀는 다음과 같이 정의했다. "지상의 마지막 전쟁이라고 했어요. 세상의 모든 전쟁이 뒤엉키는 그런 전쟁……."

"이 모든 일의 배후에는 소위 동기라는 것이 있어요"라고 수전은 로니 하워드에게 쓴 편지에 적었다. "그건 돼지들에게 두려움을 심어주고, 이제 모두에게 닥칠 심판의 날을 앞당기는 거죠."

심판의 날, 아마겟돈, 헬터 스켈터, 맨슨에게는 이 모든 것이 같은 말이었는데, 그건 흑인들이 승리자가 되는 인종 대학살이었다. "업보는 돌고 도는 겁니다. 이제 흑인들이 위로 올라갈 차례죠." 대니 디칼로는 맨슨이 쉬지 않고 그렇게 설교하는 것을 들었다고 말했다. 스팬 목장을 몇 번 방문했을 뿐인, 거의 이방인이나 다름없던 라이더 앨 스프링어도 "헬터 스켈터"는 찰리가 "좋아하는 말"이었고, 그 말을 매우 자주 사용했다고 했다.

맨슨이 흑인과 백인 사이의 전쟁을 예견했다는 건 환상이 아니다. 많은 사람이 그런 전쟁이 언젠가 일어날 거라고 믿고 있었다. 환상이 있다면, 자신이 개인적으로 직접 그 전쟁을 시작할 수 있노라고 확신했다는 점, 마치 흑인이 일곱 명의 백인 피해자를 살해한 것처럼 보이게 만듦으로써 백인 공동체를 흑인 공동체에 맞서게 할 수 있다고 확신했다는 점이었다.

그리고 테이트 살인 사건에는 부차적인 동기가 적어도 하나 이상 있었다는 것도 알고 있었다. 수전 앳킨스는 카바예로의 녹음테이프에서 "맨슨이 그 집을 고른 건, 테리 멜처에게 겁을 주기 위해서였어요. 왜냐하면 테리 멜처가 우리에게 몇 가지를 약속해놓고 지키지 않았으니까요"라고 말했다. 하지만 그게 주된 동기는 확실히 아니었는데, 그레그 제이컵슨에 따르면, 멜처가 더 이상 시엘로 드라이브 10050번지에 살지 않는다는 건 맨슨도 알고 있었기 때문이다.

그때까지 우리가 확보한 증거는 모두 단 하나의 주된 동기, 즉 헬터 스켈터를 가리키고 있다고 나는 감지했다. 막연했지만, 그렇게 말하자면 살인 사건 자체도 마찬가지였다. 괴상한 사건이라는 건 알려져 있었지만, 처음 사건을 맡을 때부터 나는 이 정도로 괴상한 살인 사건이라면, 그 동기 자체도 그에 못지않게 낯선 것이 되리라고, 경찰학 교과서에서 찾아볼 수 있는 그런 것은 아닐 거라고 줄곧 생각했다.

배심원들은 헬터 스켈터를 절대 인정하지 않을 거라고, 뭔가 그들이 이해할 만한 동기를 제시해야 한다고 애런이 말했다. 나는 증거가 있는 다른 동기를 그가 제시할 수 있으면, 헬터 스켈터 가설은 2초 만에 버리겠다고 말했다.

하지만 애런이 옳았다. 배심원들은 과연 헬터 스켈터를 인정하지 않았다. 우리 가설에는 많은 조각은 물론 아주 중요한 하나의 연결점이 빠져 있었다.

맨슨이 이런 행동을 통해 실제로 자신이 인종 전쟁을 일으킬 수 있다고 믿었다고 가정했을 때, 이를 통해 찰스 맨슨 본인이 개인적으로 얻을 수 있는 이득은 무엇인가?

이 질문에 대해 나는 대답할 수 없었다. 그리고 거기에 대답할 수 없다면 이 동기는 말이 되지 않았다.

"늘 지금을 생각해…… 돌아볼 시간은 없어…… 어떻게, 라고 말할 시간도 없어." 이 후렴구는 샌디, 스퀴키, 집시, 혹은 브렌다가 피고들에게 보낸 모든 편지에서 반복되고 있었다. 의미는 분명했다. 아무 말도 하지 말라는 뜻이었다.

편지와 전보를 퍼부으며, 그리고 면회를 시도하며, 맨슨의 여성들은 보솔레이와 앳킨스, 그리고 캐서비언이 현재의 변호사를 해임하고, 지금까지 했을지도 모르는 유죄 인정 발언들을 철회하고, 공동 방어선에 합류하도록 재촉하고 있었다.

보솔레이는 "패밀리가 각자의 머릿속에서 함께 있고, 흩어지지 않고, 적에게 맞서 증언하는 데 모든 것이 달려 있다"는 점에는 동의했지만, "현재의 변호사를 그대로 유지"하기로 결정했다.

바비 보솔레이는 늘 어딘가 독립적이었다. 잘생겼다기보다는 "예쁜" 편이었던 보솔레이는(아가씨들은 그에게 "큐피드"라는 별명을 붙여주었다) 몇몇 영화에 단역으로 출연했고, 곡을 썼으며, 록그룹을 결성했고, 자신만의 여성 무리를 거느리기도 했지만, 모두 맨슨을 만나기 전의 일이었다. 레슬리, 집시, 키티는 모두 찰리 무리에 합류하기 전에 바비와 함께 지냈다.

보솔레이는 스퀴키를 비롯한 다른 사람들에게 면회를 너무 자주 오지는 말아달라고 요청했다. 그들이 면회 시간을 너무 많이 잡아먹고 있었는데, 그가 정말로 보고 싶었던 사람은 한 달 안에 그의 아기를 낳을 예정인 키티였다.

압박을 받고 있는 사람은 보솔레이만이 아니었다. 수전 앳킨스가 아니었다면 맨슨에 대한 기소는 없었을 테고, 맨슨도 그 점을 알고 있었다. 패밀리 구성원들은 밤낮으로 카바예로에게 전화를 걸었다. 감언이설이 통하지 않자 그들은 협박을 시도했다. 그들의 압박이 아니라 의뢰인 본인의 요청 때문에, 카바예로는 결국 굴복하고 맨슨의 여자 몇 명에게—맨슨 본인은 불가였다—수전의 면회를 허용했다.

그건 기껏해야 지연 작전이었다. 수전은 언제든 찰리를 만나게 해달라고 요청할 수 있었고, 카바예로가 그것까지 막을 수는 없을 것이다. 수전의 이야기가 『로스앤젤레스타임스』에 실린 후 시빌 브랜드 담장에 "세이디 글루츠는 고자질쟁이다"라는 작은 낙서가 등장했다. 이 사건은 수전을 몹시 동요하게 만들었다. 그리고 이런 일이 하나씩 생길 때마다 저울은 조금씩 맨슨에게 유리한 쪽으로 기우는 것 같았다.

수전 앳킨스가 재판에서 증언을 거부한다면 우리의 희망은 린다 캐서비언밖에 없다는 것을 맨슨도 알고 있었다. 집시가 너무 끈질기게 찾아오자 린다의 변호사 게리 플라이슈만은 그녀와의 면담을 거부했다. 만약 린다가 증언하지 않으면 모두 풀려날 수 있다고, 집시는 몇 번이나 변호사에게 말했다. 한번은 플라이슈만이 의뢰인을 만나러 갈 때 집시를 데리고 가기도 했다. 집시는 (다른 사람들도 있는 자리에서) 린다에게 거짓말을 하라고, 테이트-라비앙카 살인 사건이 있던 날 밤 스팬 목장을 나가지 않았고, 폭포 근처에 남아 있었다고 말하라고 했다. 집시는 자신이 그 이야기에 장단을 맞취주겠다고 약속했다.

수전과 린다 중에서 검찰 측 핵심 증인을 선택하라면, 나는 린다 쪽을 훨씬 더 선호했다. 그녀는 아무도 죽이지 않았다. 하지만 사건을 대배심에 가지고 가는 것이 급했기 때문에 우리는 수전과 거래를 했고, 좋든 싫든 그대로 밀고 나가야 했다. 수전이 도망치지 않는다면 말이다.

하지만 그건 그 자체로 문제가 있었다. 수전이 증언을 하지 않을 경우 우리에게는 린다가 필요했지만, 수전의 증언이 없으면 린다에 대한 증거도 사라지고, 우리가 그녀에게 줄 것은 없어진다. 플라이슈만은 자신의 의뢰인에게 면책권을 요구하고 있었지만, 린다 입장에서는 재판에서 무죄를 받는 편이 면책권을 얻는 것보다 나았다. 면책권을 얻고 맨슨과 다른 피고들에게 불리한 증언을 하면, 패밀리에게 복수당하는 것을 감수해야 했다.

이 시점에 우리에게는 걱정이 아주 많았다. 얼마나 걱정했는지는 내가 했던 전화 한 통을 보면 알 수 있다. 맨슨이 테이트-라비앙카 살인 사건으로 기소된 후에 인요 카운티 당국은 아주 확실한 사건이었음에도 불구하고 그에게 내려졌던 방화와 관련된 기소를 취하했다. 나는 프랭크 파울스에게 전화를 걸어 다시 기소해달라고 요청했고, 그는 2월 6일에 그 요청을 들어주었다. 우리는 맨슨이 풀려나는 것을 그 정도로 두려워하고 있었다.

## 1970년 2월

다중 살인으로 기소된 살인자가 반문화 영웅으로 부상한다는 건 생각할 수도 없는 일 같았다. 하지만 어떤 사람들에겐 찰스 맨슨이 하나의 대의가 되었다.

지하세계로 사라지기 직전에 버나딘 돈은 민주사회를 위한 학생연합에서 다음과 같이 연설했다. "그 부유한 돼지들을 본인들의 포크와 칼로 절단 내고, 바로 그 방에서 식사를 하다니, 너무 참신하잖아요! 웨더맨은 찰스 맨슨이 마음에 듭니다."*

이피yippie**들의 목소리를 자처하는 지하신문 『튜즈데이스 차일드』는 맨슨을 지나치게 홍보한다며 경쟁지 로스앤젤레스 『프리 프레스』를 공격했지만, 자신들의 신문 전면에 '올해의 인물'이라는 문구와 함께 맨슨의 사진을 실었다.

다음 호의 표지는 십자가에 매달린 맨슨의 이미지였다.

\* 버나딘 돈은 1970년대 미국의 극좌 폭력조직 웨더맨 언더그라운드의 지도자다.
\*\* 1960년대 반전주의 청년 모임.

맨슨 포스터와 티셔츠가 사이키델릭 상점에 등장했고, '맨슨에게 자유를'이라는 배지도 나왔다.

집시를 비롯한 패밀리의 대변인들은 심야 라디오 프로그램에 출연해 찰리의 노래를 부르고, 이번 기소를 "무고한 사람을 가둔" 것이라며 비난했다.

맨슨 본인도 직접 변호의 이점을 최대한 활용하며 지하언론에 다수의 인터뷰를 허락했다. 또한 카운티 감옥의 전화를 통해 몇몇 라디오 방송국과도 인터뷰를 진행했다. 그의 면회객 목록에는 "중요 증인"을 포함해 몇몇 익숙한 이름이 포함되기도 했다.

"나는 TV에서 찰스 맨슨의 아기 같은 얼굴과 반짝이는 눈을 처음 봤을 때 사랑에 빠졌다"며 제리 루빈은 감탄했다. 시카고 세븐 재판 휴정 중에 연설 투어에 나선 루빈은 감옥에 있는 맨슨을 방문했고,* 덕분에 맨슨 역시 본인의 재판 도중에 비슷한 교란책을 고려할 가능성이 있었다. 루빈에 따르면 찰리는 세 시간 동안 떠들었는데, 특히 이런 말을 했다고 한다. "루빈, 저는 당신과 같은 세계에 있지 않습니다. 저는 평생을 감옥에서 보냈어요. 어릴 때는 너무 못생긴 고아라서 입양도 안 됐죠. 지금의 저는 너무 아름다워서 자유를 얻지 못하는 겁니다."

"그의 말과 용기는 우리에게 영감을 주었다. 맨슨의 영혼은 있는 그대로 드러나기 때문에 쉽게 손에 닿을 수 있다"라고 루빈은 나중

---

* 제리 루빈은 미국의 반정부 지도자이며, 시카고 세븐 재판은 그를 포함해 일곱 명의 피고에게 반란죄를 적용하며 열렸던 재판이다.

에 적었다. 제리 루빈, 『우리는 어디에나 있다We Are Everywhere』, New York: Harper&Row, 1971.

하지만 찰스 맨슨의 혁명적 순교자 이미지가 유지되기는 어려웠다. 루빈 역시 맨슨의 "믿을 수 없을 정도의 남성 중심 성차별주의"에는 화가 났다고 인정했다. 『프리 프레스』 기자는 맨슨의 반유대인, 반흑인 정서에 놀랐다. 그리고 또 다른 인터뷰어가 맨슨은 휴이 뉴턴\*과 같은 정치범 같다고 말하자, 찰리는 어리둥절한 표정으로 "그게 누굽니까?"라고 물었다.

맨슨에게 우호적인 사람들은 목소리가 크긴 했지만 소수였던 것으로 보인다. 신문사나 TV 기자들의 말이 옳다면, 미디어에서 '히피'라고 묶어 부르는 젊은이 대다수는 맨슨과의 관련성을 부인했다. 많은 사람이 맨슨이 지지하는 것, 예를 들면 폭력은 자신들의 신념에 정면으로 배치되는 것이라고 했다. 그리고 자신들이 공범 취급 받는 것에 씁쓸함을 느끼는 이들도 적지 않았다. 이제 히치하이킹은 못 할 것 같다며 한 젊은이는 『뉴욕타임스』 기자에게 말했다. "젊고 수염을 길렀다면, 거기에 머리까지 길다면, 운전자들이 당신을 '살인에 미친 광신도'로 보고 속도를 높일 거예요."

모순적인 점은, 맨슨 본인은 자신을 히피라고 생각한 적이 없고, 그들의 평화주의를 약함과 동일시했다는 사실이다. 만약 패밀리 구성원에게 어떤 이름을 붙여야만 한다면 "슬리피스"라고 하는 편

\* 급진적 흑인 정치 단체 블랙 팬더스의 창설자.

이 낫겠다고 그는 추종자들에게 말했는데, 으스스한 그들의 임무를 고려하면 어울리지 않는다고 할 수는 없을 것 같다.

가장 위협적인 점은 패밀리 자체가 커지고 있다는 사실이었다. 스펜에 있는 이의 숫자가 눈에 띄게 증가했다. 맨슨이 법정에 나타날 때마다 익숙한 패밀리 구성원들 틈에서 새로운 얼굴들을 볼 수 있었다.

새로운 "개종자들" 중 다수가 화제를 쫓아다니는 이들, 유명세를 쫓아 불나방처럼 몰려드는 이들이었다고 할 수 있다.

하지만 우리가 몰랐던 것은, 사람들의 관심이나 인정을 받기 위해 그들이 무슨 일까지 할 수 있는가 하는 점이었다.

2월 6일, 델 판사는 세 명의 정신과 의사가 보낸 비밀 보고서를 근거로 레슬리 밴하우튼이 법적으로 심신상실이 아니라고 판단하고, 변호사 교체에 대한 그녀의 요청을 승인했다.

같은 날 법정에서 맨슨은 의외의 허세를 부렸다. "재판 빨리 들어가시죠. 내일이나 월요일에 합시다. 그날이 재판하기 좋은 날이거든요." 킨은 재판일을 3월 30일로 정했다. 이미 수전 앳킨스의 재판이 배정된 날이었다. 우리는 시간을 조금 더 벌었지만, 충분하지는 않았다.

2월 16일, 킨은 재판 장소를 교체해달라는 맨슨의 요청을 받는다. "아시다시피, 이 사건에 대한 세간의 관심은 미국 대통령을 살해한 범인에 대한 관심보다 더 큽니다", 맨슨이 말했다. "아시다시 피, 비정상적으로 관심이 커서 제게는 농담처럼 들리지만, 실제로 그 농담이 제 목숨을 앗아갈 수도 있습니다."

나중에 다른 변호사들도 비슷한 요청을 했는데, 재판 전에 있었던 사건의 유명세 때문에 로스앤젤레스에서는 공정한 재판이 불가능하다는 게 이유였지만, 맨슨은 특별히 강력하게 주장하지는 않았다. "다른 곳에서 재판이 열릴 것처럼 보이진 않기 때문에" 그런 요청은 실제로는 "사소한" 거라고 말했다.

킨은 자신이 공정한 재판을 받을 수 없을 거라는 맨슨의 논지에는 동의하지 않았지만, 그 요청을 거절하면서 "재판 장소를 바꾸는 것은, 심지어 그렇게 보장을 받는다 해도 그리 효과가 없을 것"이라고 지적했다.

검찰의 의견도 마찬가지였다. 캘리포니아 혹은 미국 전역에 그런 유명세가 미치지 않는 곳이 있을지 의심스러웠다.

변호사 측에서 요청할 때마다(재판이 끝날 때까지 수백 건이 있었다) 검찰은 대답을 준비해야만 했다. 구두 논쟁은 애런과 내가 번갈아가면서 했지만, 요약 문서는 내가 준비했고, 거기에는 꽤 많은 법적 검토가 필요했다. 모두 내가 맡은 막중한 수사 진행 외에 추가로 해야 하는 일이었다.

하지만 수사 과정에는 특별한 만족감이 있었다. 2월이 시작될 때는 여전히 사건에 커다란 구멍이 있었고, 우리는 많은 부분에서 어떤 정보도 갖지 못한 상태였다. 예를 들어 나는 무엇이 찰스 맨슨을 움직이게 한 건지 전혀 감을 잡지 못하고 있었다.

2월 말에는 감을 잡았을 뿐 아니라 훨씬 더 많은 것을 알게 되었다. 그때쯤 나는 처음으로 맨슨의 동기를, 그가 이 살인들을 지시한 이유를 이해했다.

내가 증인을 한 번만 조사하는 경우는 거의 없다. 잊히거나 중요하지 않게 여겨졌던 뭔가가 네 번째나 다섯 번째 조사에서, 제대로 된 맥락에 놓고 보면 사건에 핵심적인 것으로 밝혀지기도 한다.

대배심 전에 그레그 제이컵슨을 조사했을 때, 나의 주된 관심사는 맨슨과 멜처 사이의 연결점이었다.

그 신인 스카우터를 재조사하면서는, 1968년 초여름 데니스 윌슨의 집에서 맨슨을 처음 만난 이후로, 제이컵슨이 백 번도 넘게 찰리와 긴 대화를 나누며, 대부분 그의 철학에 대해 이야기했음을 알게 되었다. 지적인 젊은이면서 종종 히피의 생활 방식을 즐기기도 했던 그레그는, 패밀리에 합류한 적은 한 번도 없지만 맨슨을 만나기 위해 자주 스팬 목장을 방문했다. 제이컵슨은 맨슨에게서 상업적 가능성을 봤을 뿐 아니라, 그가 "지적인 자극"을 준다는 것을 알게 되었다. 큰 인상을 받은 그는 맨슨을 종종 다른 사람들에게 추천했고, 그중에는 시엘로 드라이브 10050번지의 소유주인 루디 알토벨리도 있었다. 알토벨리는 테리 멜처와 샤론 테이트에게 집을 빌려준 주인이었다.

나는 맨슨이 알고 있는 사람들이 폭넓고 다양하다는 사실에 놀랐다. 찰리는 카멜레온이라고 그레그는 말했다. 맨슨은 자신이 "천 개의 얼굴을 가지고 있고 그 모든 얼굴을 사용할 수 있다"고 곧잘 이야기했다. "상대방 한 명 한 명을 위한 가면을 가지고 있다고 했습니다."

배심원용 가면도 있을까? 궁금했다. 만약 맨슨이 재판에서 평화를 사랑하는 히피 가면을 쓴다면, 그레그의 말을 이용해 그 가면을 벗길 수 있을 것이다.

맨슨은 왜 가면이 필요하다고 생각했을지 그레그에게 물었다.

답. "상대방 수준에 맞춰서 대하려고 그랬겠죠. 스팬 목장의 일꾼에서부터 선셋 대로의 아가씨들까지, 그리고 저까지요."

나는 맨슨에게 "진짜" 얼굴이 있는지 궁금했다. 그레그는 그럴 거라고 했다. 그 진짜 얼굴 아래 그는 아주 강한 확신을 가지고 있었다. "자신의 확신을 찰리만큼이나 강하게 가진 사람은 드뭅니다. 일말의 동요도 없어요."

맨슨이 그렇게 믿는 근거는 뭘까요? 내가 물었다.

찰리는, 실제와 상관없이, 자신의 철학이 누군가에게 빚지고 있다고 한 적이 거의 없다고, 그레그는 대답했다. 하지만 찰리의 수준이 주위들은 것 이상이 아니라는 점은 분명했다.

맨슨이 사이언톨로지나 과정파The Process를 언급한 적이 있을까?

최후 심판의 교회로도 알려진 과정파는 매우 이상한 광신교 교단이다. 로버트 디그림스턴, 별칭 로버트 무어(이자 역시 맨슨과 마찬가지로 과거에는 사이언톨로지 신자였다)가 이끄는 이 교단의 교인들은 사탄과 그리스도를 동시에 숭배했다. 나는 막 이 교단에 대해서 알아보던 중이었는데, 신문 기사에 따르면 맨슨이 이 교단의 영향을 받았을 가능성이 있다는 정보를 얻었기 때문이다.

하지만 그레그는 맨슨이 사이언톨로지나 과정파를 언급한 적이 한 번도 없다고 했다. 그레그 본인도 과정파에 대해서는 들어본 적이 없었다.

찰리가 누군가를 인용한 적은 있을까? 내가 그레그에게 물었다.

있다고, 그레그가 대답했다. "비틀스와 성서요." 맨슨은 비틀스의 노래 가사를 그대로 인용하며, 숨은 의미를 수없이 찾아내곤 했다. 성서에서는 「계시록」 9장을 가장 자주 인용했다. 하지만 보통은 두 경우 모두 자신의 견해를 뒷받침하는 용도로만 인용했다.

나는 그 어색한 조합이 매우 흥미롭다고 생각했고, 나중에 그레그에게 더 자세히 물어볼 계획이었지만, 우선은 맨슨의 개인적 믿음과 태도에 대해 더 알고 싶었다.

문. "예를 들어 옳고 그름에 대해서 맨슨은 뭐라고 했습니까?"

답. "그 친구는 우리가 그릇된 일이나 잘못을 저지를 수 없다고 믿었습니다. 모든 게 선하니까요. 당신이 무슨 짓을 하든, 그건 그렇게 하기로 되어 있던 일입니다. 그냥 본인의 업보를 따르는 거죠."

철학적 모자이크가 모양을 잡아가기 시작한다. 내가 유죄 판결을 내리려 하는 이 남자에게는 도덕적 경계가 없다. 그는 비도덕적인 게 아니라, 총체적으로 무도덕적이다. 그리고 그런 인물은 언제나 위험하다.

문. "그자가 사람을 죽이는 건 잘못된 일이라고 말했습니까?"
답. "그렇지 않다고 했습니다."
문. "죽음에 관한 맨슨의 철학은 뭡니까?"
답. "죽음은 없습니다, 찰리의 사고방식에서는요. 죽음은 하나의 변화일 뿐이죠. 영혼 혹은 정신은 죽지 않습니다…… 그게 우리가 늘 논쟁했던 것입니다. 객관적인 것과 주관적인 것, 그 둘의 결합이요. 그 친구는 모든 게 머릿속에 있다고 했어요, 모두 주관이라고요. 죽음은 인간의 머릿속에서 태어난 두려움이니까, 머릿속에서 빼낼 수도 있는 거라고 했습니다. 그러면 더 이상 존재하지 않는 거죠……

찰리에게 죽음은 아이스크림콘을 먹는 것만큼도 중요하지 않은 겁니다." 그레그가 덧붙였다.

하지만 한번은 제이컵슨이 사막에서 땅거미를 밟아 죽였을 때 맨슨이 화를 내며 나무란 적이 있다. 그리고 다른 사람이 방울뱀을 죽이거나, 꽃을 꺾거나, 심지어 풀잎 하나만 밟아도 비난했다. 맨슨에게 있어 사람을 죽이는 건 잘못이 아니지만, 동식물을 죽이는 건 잘못이었다. 하지만 그는 또한 아무것도 잘못된 건 없다고, 일어난 일은 모두 옳다고 했다.

맨슨의 철학이 그런 모순으로 가득하다는 사실이 추종자들에게는 전혀 문제가 되지 않았던 모양이다. 맨슨은 각각의 개인이 모두 독립적이어야 한다고 말했지만, 패밀리 전체는 그에게 의존하고 있었다. 자신은 아무에게도 해야 할 일을 말해줄 수 없다고, 각자

# 스팬 영화 촬영 목장에서 데스밸리까지

스팬 영화 촬영 목장의 항공사진. 가상의 세계인이 쓰러질 듯한 영화 촬영장으로부터, 범인들은 살인이라는 너무나 현실적인 임무를 수행하기 위해 나섰다.

여든한 살에 거의 눈이 멀었던 목장주 조지 스팬은, 자신의 눈 역할을 해주던 맨슨의 여성들에게 의존하고 있었지만, 그들이 또한 찰리의 귀 역할을 하고 있다는 것은 몰랐다. 사진 속 스팬은 패밀리 구성원 집시와 함께 있다.

1969년 8월 16일에 이루어진 스팬 목장 습격에서 보안관서 부관들은 26명을 체포했다. 오직 맨슨만이 건물 지하에 숨었다. 왼쪽에서부터 오토바이 갱단 스트레이트 세이튼스의 대니 디칼로, 찰스 맨슨, 스트레이트 세이튼스의 로버트 라인하드, 그리고 목장 일꾼 후안 플린.

대규모 습격으로 끌려나온 맨슨 패밀리 구성원과 목장 일꾼들. 본 수색에서 자동소총을 포함해 엄청난 양의 무기가 압수되었다. 하지만 테이트 살인 사건 직전에 구입한 열두 개의 벅 칼은 어쩐 일인지 사라진 상태였다.

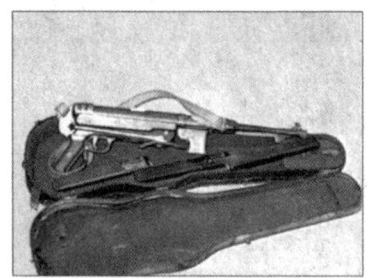

바이올린 케이스에 든 자동소총.

맨슨의 지휘용 사륜구동차. 운전대 옆의 특수 제작한 칼집에는 맨슨이 음악가 게리 힌먼을 벨 때 사용했던 검이 있었다. 라비앙카 살인 사건 당시에도 그는 그 칼을 가지고 갔다.

셰이 살인 사건 후 패밀리가 숨어든 고립된 바커 목장에 가려면, 믿을 수 없을 만큼 험한 이 건조한 저지대를 지나야 한다. 오직 사륜구동차만이, 그것도 누군가 앞에서 걸으며 길을 막고 있는 돌들을 치운 후에야 갈 수 있다.

바커 목장. 맨슨은 패밀리가 이곳에 머무르는 대가로, 다른 곳에서 살고 있는 목장주에게 비치 보이스의 골드 음반을 주었다. 관리가 안 된 상태였지만, 이곳은 데스밸리 대부분의 지역에 비하면 수영장까지 갖춘 오아시스 같은 곳이었다. 뒤쪽에 보이는 패밀리의 스쿨버스는 덜 험한 라스베이거스 쪽에서 끌고 왔다. (아래)

바커 목장 주변에 참호를 파고 보초를 섰지만, 사전에 준비한 습격에 패밀리는 무방비 상태로 당했다. 체포 후 인디펜던스에 수감된 사람은 다음과 같다, 집시(맨 왼쪽), 케이티, 브렌다, 스퀴키, 세이디(맨 오른쪽). 지프 옆에 선 사람은 리틀 패티다. 당시 경찰은 이 떠돌이 무리가 자동차 절도보다 더 심각한 범죄를 저질렀다는 것은 몰랐다.

욕실에 들어간 제임스 퍼셀 경관은 세면대 아래 선반에서 머리칼을 발견했다. 그 안에 찰스 맨슨이 있었다. 선반의 크기는 길이 91센티미터, 너비 46센티미터, 깊이 46센티미터였다.

바커 목장에서 압수한 물품들 중 영화 잡지 수십 권과 맨슨의 노래 가사가 든 가방이 있었다. 유명세를 얻지 못해 좌절한 음악가였던 맨슨은, 유명한 인물들 중 자신의 목표물을 정했다. 데블스 캐니언은 스팬 목장 건너편 샌타수재너 패스 인근에 있다. 우연의 일치일 수도 있고 아닐 수도 있지만, 테이트 살인 사건은 "밤 12시" 직후에 발생했다.
'이 산길에선 당신의 시야를 따라 날아가는 악마를 볼 수 있지/ 영원의 끝자락까지/ 샌타수재너는 당신이 원하는 모습이 될 수 있는 산길/ 샌타수재너는 당신이 나를 찾을 수 있는 산길/ 밤 12시에 사랑의 투쟁/ 당신이 밤에 나가면 무슨 일이든 괜찮아/ 데블스 캐니언에선 아무것도 보이지 않으니까.'(이미지 속의 노래 가사)

# 물증

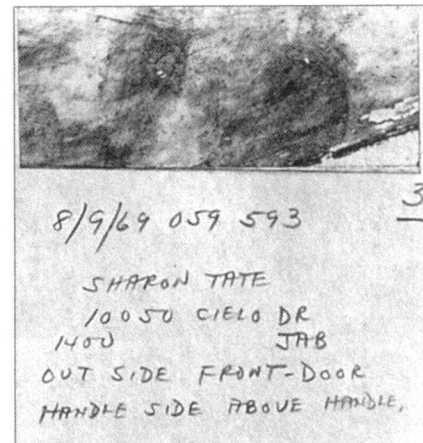

LAPD 지문 전문가 제롬 보엔이 테이트 저택의 현관문에서 발견한 잠재지문을 가리키고 있다. 오른쪽은 그가 작성한 카드.

사진에서는 열두 개 부분만 표시되어 있지만, 잠재지문(왼쪽)과 찰스 "텍스" 왓슨의 오른손 약지를 비교한 결과, 18개의 일치점이 드러났다.

 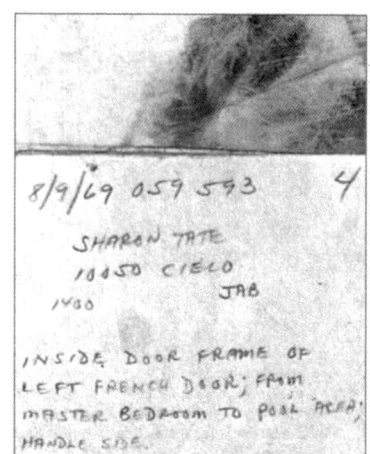

샤론 테이트의 침실에서 외부로 이어지는 프렌치 도어 안쪽에서 발견된 잠재지문과 지문 카드.

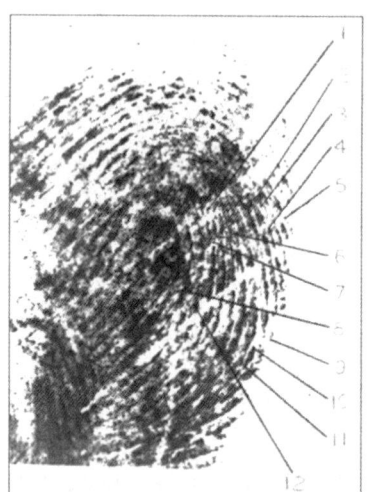 

잠재지문(왼쪽)과 퍼트리샤 크렌윙클이 제출한 지문 표본에서 17개의 일치점이 드러났고, 이는 지문이 일치함을 확증하는 데 필요한 10개보다 7개가 많은 것이었다.

수전 앳킨스의 자백에서 드러난 단서에 따라 1969년 12월 15일, TV 제작진이 피 묻은 옷 뭉치를 발견했다. 4개월 전 테이트 살인 사건 당시 범인들이 입은 후 처분한 옷이었다. LAPD 경관들이 과학수사국 조사를 위해 옷들을 비닐에 담고 있다.

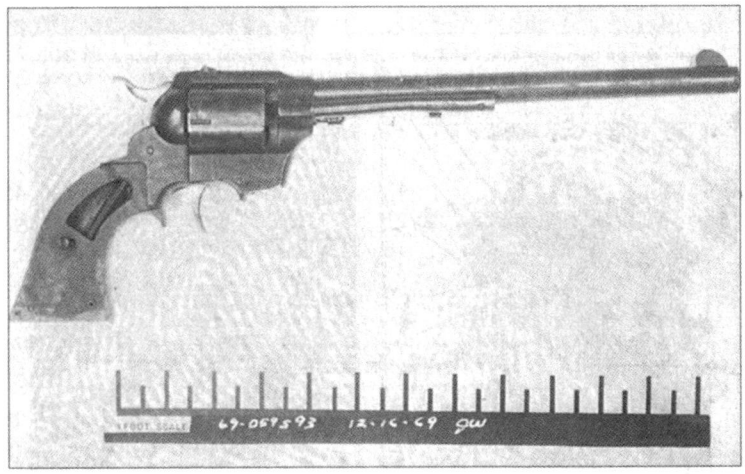

찰스 "텍스" 왓슨이 페어런트, 세브링, 프라이코프스키를 쏠 때 사용한 9연발, 22구경 하이 스탠더드 롱혼 리볼버. 1969년 9월 1일, 열 살 소년 스티븐 와이스가 자신의 집 뒤에 있는 언덕에서 발견했다. 밴 나이스의 LAPD 밸리 경찰서가 같은 날 총을 수거했지만, "확보 증거"로 분류된 후 잊힌 상태였다.

**CITY OF LOS ANGELES**
CALIFORNIA

OFFICE OF THE
CHIEF OF POLICE
THOMAS REDDIN

SAM YORTY
MAYOR

DEPARTMENT OF
POLICE
150 N. LOS ANGELES ST.
LOS ANGELES, CALIF. 90012
PHONE: 624-5211

IN REPLYING PLEASE GIVE
OUR REF. NO. 1.6

The following information and request for assistance is confidential. It is imperative for a successful conclusion of this case that the contents of this letter not be released to the news media or the general public.

During the early morning hours of August 9, 1969, a series of murders occurred in the City of Los Angeles. Pieces of a broken revolver grip were found at the scene. These have been identified as those originally used on the right side of a Hi Standard 22 long rifle "Long Horn" revolver, catalog number 9399. Revolver further described as follows: 9½" barrel, 9 shot capacity, 15" overall length, walnut grips, blue finish, weight 35 oz., price $75. Photo enclosed.

This particular revolver has only been manufactured since February, 1967. Through the cooperation of the Hi Standard Manufacturing Company of Hamden, Connecticut, we were furnished the serial numbers of all revolvers sold to California Hi Standard distributors. These serial numbers were checked through the CII and the enclosed listed weapon(s) were sold in your jurisdiction.

It is requested that you ascertain if this purchaser still has the revolver in his possession and visually check the weapon to see if the original grips are intact.

As a cover story, we suggest the following. "Your Department has some recovered property that is obviously stolen. One of the articles recovered was a revolver of the above description with the serial numbers partially obliterated. Your Department checked with the CII and ascertained that the purchaser in your jurisdiction has such a weapon. You are checking with him to obtain a lead on the obviously stolen property you have recovered."

In the event the purchaser has moved, please attempt to determine his present address.

In the event the purchaser has sold his revolver, please determine to whom he sold the weapon, their physical description and present address.

In the event the purchaser has loaned his revolver to someone, please determine to whom he loaned the weapon, their physical description and present address and the date of loan.

It is requested that you phone collect Robbery-Homicide Division, Area Code 213, MAdison 4-5211, Extension 2531, the results of your investigation. Direct your information to Lt. R. Helder and Sgts. J. Buckles and M. McGann.

ROBERT A. HOUGHTON, Deputy Chief
Commander, Detective Bureau

Enclosures (2)

1969년 9월 3일에서 5일 사이, LAPD는 하이 스탠더드 모델의 사진과 함께 위 편지를 미국 전역과 캐나다의 경찰서에 보냈다. 하지만 자신들의 관할구역 안에 있는 밴 나이스에 보내는 것은 잊어버렸다. 스티븐 와이스의 아버지가 끈질기게 전화한 끝에, 12월 16일이 되어서야 경찰은 자신들이 이미 테이트 살인 사건의 흉기를 확보하고 있음을 알게 되었다.

스팬 목장에서 발견된 "헬터 스켈터" 문짝. 라비앙카 저택에서도 '헬터 스켈터' 문구가 찍혀 있는 것이 발견되었지만, 그 중요성은 간과되었다.

## 찰스 맨슨 재판

빈센트 부글리오시 검사는 1969년 11월 450명의 검사 중 테이트-라비앙카 사건에 배정되었다. 그는 개인적으로 많은 증거를 수집했고, 미국 역사상 가장 길고, 가장 화제가 되었던 재판 끝에 찰스 맨슨, 수전 앳킨스, 퍼트리샤 크렌윙클, 레슬리 밴하우튼에 대한 유죄 및 사형 판결을 받아냈다.

로니 하워드, 약 스무 개의 별칭으로도 알려짐. 전직 콜걸이었던 그녀는 자신이 테이트, 라비앙카, 힌먼 살인 사건에 가담했다는 동료 수감자 수전 앳킨스의 말을 믿지 않았다. 앳킨스는 동료 수감자 버지니아 그레이엄에게 먼저 자백했지만, 경찰에 가장 먼저 연락한 사람은 하워드였다.

린다 캐서비언, 검찰 측 스타 증인. 어느 배우의 목을 따버리라는 맨슨의 명령을 받고, 이 작은 히피 여성은 다음과 같이 말했다. "찰리, 저는 당신이 아니잖아요, 저는 사람 못 죽여요."

테이트-라비앙카 살인 사건 재판 휴정 중 빈센트 부글리오시 검사와 대화 중인 후안 플린 증인. 패밀리의 살해 대상으로 지목되었지만 파란만장했던 이 파나마 출신 카우보이는 살아남았고, 맨슨이 자신에게 "내가 이 모든 살인을 저지르고 있다는 거 몰라?"라고 말했다고 증언했다.

키티 루트싱어. 살인범 바비 보솔레이의 여자친구. 그녀는 보안관서 수사관들에게 수전 앳킨스가 힌먼 살인 사건에 관여했다고 말했고, 덕분에 의도치 않게 그녀를 테이트 살인 사건과도 연결시켰다.

바이커 앨 스프링어. 그는 맨슨이 테이트-라비앙카 살인 사건을 저질렀다고 말했지만 형사들은 회의적이었다. 그는 2만 5000달러의 보상금을 받기 전에 실종되었다.

스트레이트 세이튼스 단원 대니 디칼로. 술과 여자를 좋아했지만 살인자는 아니다. 이 오토바이 라이더는 끈과 검, 그리고 칼이 맨슨의 것이라고 알려주었지만, 총 이야기가 나왔을 때는 갑자기 머뭇거렸다.

다이앤 레이크, 별칭 스네이크. 열세 살 때부터 패밀리 구성원이었던 그녀는 재판 후 새로운 삶을 시작했다.

바버라 호이트. 수사에 협조한 이유로 거의 목숨을 잃을 뻔했다. 패밀리는 그녀에게 LSD를 섞은 햄버거를 주었고, 그에 대한 반발로 그녀는 더 협조적인 증인이 되었다.

스테퍼니 슈람. 맨슨은 빅 서에서 그녀를 만났고, 살인이 있었던 이틀 동안 자신의 알리바이에 활용했다.

찰스 맨슨의 얼굴. 그녀의 추종자 스퀴키는 다음과 같이 말했다. "그 사람은 일종의 변신 요정이었죠. 매번 볼 때마다 변신하는 것 같았어요."

괴물 혹은 혁명적 순교자? 지하신문은 맨슨이 우리 시대 병폐의 상징인지 재림한 그리스도인지를 놓고 갈라졌다. 그에 대한 숭배는 지금까지도 계속된다.

The Story on Page One

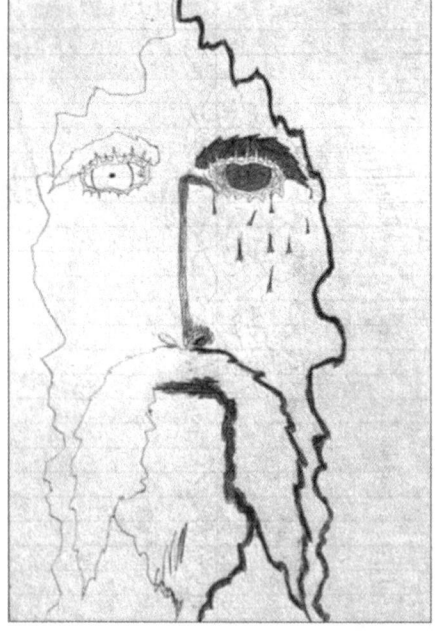

맨슨의 유머 감각을 보여주는 드문 예. 그는 다중 살인으로 재판을 받는 와중에도 신용카드를 신청했다.

재판 중에 작성한 낙서에서 맨슨의 또 다른 면이 드러났다.

"벌레." 재판 중에 수전 앳킨스와 레슬리 밴하우튼이 묘사한 부글리오시 검사. 증인들이 이어서 자신들의 야만적인 도살을 증언하는 동안 세 여성 피고는 낙서를 하고, 키득거리고, 지루하다는 표정을 지어 보였다.

배심원이 기소된 모든 혐의에 대해 피고 전원에게 유죄 평결을 내린 후 법원 앞에서 기자들에게 축하를 받으며 이야기를 나누는 부글리오시 검사.

맨슨의 변호사 어빙 카나렉. 언론은 그의 허풍에만 집중하며 그가 얼마나 효율적인지는 놓쳤다. 그는 마치 자신이 재판을 받는 것처럼 싸웠다.

찰스 "텍스" 왓슨은 몇 달 동안 송환을 거부하고 별도의 재판을 받기 위해 싸웠다. 판사는 그를 "불쌍한 텍스"라고 부르기도 했지만, 부글리오시는 그에 대해서 유죄 및 사형 평결을 받아냈다.

"우리 아버지가 풀려나기를 기다리는 거예요." 재판이 진행되는 동안 맨슨 패밀리의 구성원들은 정의의 전당 앞, 템플과 브로드웨이 모퉁이에서 농성을 이어갔다. 왼쪽부터 샌디, 위시, 캐시, 메리.

"당신들의 세상에서 나 자신을 지운 겁니다." 맨슨이 이마에 X자를 새기고 나타나자 추종자들도 따라했다. 나중에, 다시 맨슨의 선례를 따라 이들은 그 X자를 나치 십자가로 바꿨다.

유죄 평결 후 맨슨과 앳킨스, 크렌윙클, 그리고 밴하우튼은 머리를 밀었고, 길모퉁이의 여성들도 따라했다. "여러분 자녀들을 잘 챙겨야 할 거예요, 심판의 날이 다가오고 있으니까!" 카메라 쪽으로 얼굴을 보이는 사람들은 왼쪽부터 크리스털, 메리, 키티. 뒷모습이 보이는 사람들은 왼쪽부터 샌디, 스퀴키.

샌퀜틴 교도소의 사형수 감방으로 향하는 찰스 맨슨. 사형제가 폐지되면서 맨슨 본인의 판결도 종신형으로 감형되었다.

"자신의 사랑이 말하는 대로 해야 한다"고 말했지만, 또한 "내가 여러분의 사랑입니다"라고 말하기도 했고, 그가 필요로 하는 것은 그들에게도 필요한 것이었다.

나는 그레그에게 여성들에 대한 맨슨의 태도가 어떤지 물었다. 여성 피고들 때문에 특히 그 문제에 관심이 있었다.

여성들의 삶에는 두 가지 목표가 있다고 찰리는 말하곤 했다. 남성에게 봉사하는 것과 아이를 낳는 것. 하지만 그는 패밀리의 여성들이 자신의 자녀들을 직접 키우는 것은 허용하지 않았다. 그렇게 하면 자신들의 강박을 아이에게 물려주게 된다고 찰리는 주장했다. 찰리는 만약 자신이 부모와 학교, 교회, 사회가 만들어낸 속박을 제거할 수 있다면, "강력한 백인 인종"을 만들어낼 수 있을 거라고 믿었다. 맨슨이 읽었다고 주장하는 니체처럼 찰리 역시 "주인 종족의 존재를 믿었다".

"찰리에 따르면", 그레그가 말을 이었다. "좋은 여자들은 본인의 남자들이 좋은 사람들이기 때문에 그렇게 되는 겁니다. 그들은 남자들의 반영일 뿐이에요, 그게 아버지까지 올라갑니다. 한 여성은 그가 가깝게 지낸 모든 남성이 축적된 결과입니다."

그렇다면 패밀리에 그렇게 많은 여성이 있는 이유는 뭘까? 내가 물었다. 적어도 남성 한 명에 여성은 다섯 명쯤 있었다.

그건 여자들을 통해서만 찰리가 남자들을 끌어들일 수 있기 때문이라고, 그레그는 말했다. 남성은 권력과 힘을 대변한다. 하지만 남성들을 패밀리에 들어오게 하기 위해 그는 여성들이 필요했다.

다른 조사 대상들을 대할 때와 마찬가지로, 나는 그레그에게도 맨슨의 지배력을 보여주는 예가 있는지 물었다. 그레그는 그때까지 내가 발견한 최고의 사례를 알려주었다. 그레그가 패밀리와 저녁 식사를 한 것은 모두 세 번이었다. 매번 맨슨이 커다란 바위 위에 혼자 앉고, 패밀리의 다른 구성원들은 주위의 맨땅에 둥그렇게 모여 앉았다.

문. "텍스 왓슨이 바위에 올라간 적이 있습니까?"
답. "아니요. 당연히 없습니다."
문. "패밀리 구성원 중 누군가가 올라간 적은요?"
답. "찰리뿐이었습니다."

나는 그런 사례가 많이, 아주 많이 필요했다. 재판에서 그것들을 모두 제시하면, 배심원들은 맨슨이 추종자들, 특히 공동 피고들에게 그 정도의 장악력을 가졌으며, 그의 안내와 지침 그리고 지시가 없었다면 100만 년이 지나도 공동 피고들은 살인을 저지르지 않았으리라는 결론을 내릴 수밖에 없을 것이다.

나는 그레그에게 찰리의 야심에 대해 물었다. "찰리는 가수로 성공하기를 원했습니다", 그레그가 말했다. "돈벌이를 위한 수단으로서가 아니라, 자기 말을 대중에게 전하기 위해서요. 그는 사람들이 자신과 함께 살고, 사랑하고, 백인 인종을 해방시켜주기를 원했습니다."

흑인들에 대한 맨슨의 태도는 어땠는가?

그레그는 찰리가 "인종과 관련해서는 서로 다른 단계가 있고, 백인이 흑인보다 높은 단계를 차지하고 있는 거라고 믿는다"고 했다. 찰리가 흑인-백인 간의 섹스에 그토록 강하게 반대하는 이유도 그 때문이었다. "그건 진화 과정을 방해하는 행위이며, 덜 진화한 신경 체계를 더 진화한 신경 체계와 뒤섞는 거니까요."

제이컵슨은 이렇게 말했다. "찰리는 지상에 흑인이 있는 유일한 이유는 백인에게 봉사하기 위해서일 뿐이라고 했습니다. 백인의 요구에 맞춰 봉사해야 하는 거죠." 하지만 흑인들은 너무 오래 바닥에만 머물러왔다고 찰리는 말했다. 이제 그들이 권력의 고삐를 쥘 차례였다. 그것이 헬터 스켈터, 흑인-백인 혁명이 뜻하는 바였다.

그레그와 나는 여섯 번 이상 따로 만나서 이야기를 나누게 된다. 전에는 파편뿐이던 것들, 조각조각 있던 것들이 이제 서서히 제자리를 찾아갔다.

하지만 그렇게 서서히 드러난 그림은 너무나 괴상해서 거의 믿을 수 없는 수준이었다.


오랫동안 사람들을 조사하다보면 특별한 감각이 생긴다. 누군가 거짓말을 하거나 자신이 아는 것을 전부 말하지 않을 때 종종 그것을 감지할 수 있는 것이다.

테리 멜처를 다시 조사하면서 나는 그가 뭔가를 숨기고 있다고 확신했다. 조심스럽게 접근할 시간이 없었다. 나는 테리에게 다시 이야기하고 싶다고, 이번에는 변호사 쳇 라펜과 함께 와야 할 거라고 했다. 17일 라펜의 사무실에서 만났을 때, 나는 있는 그대로 말했다. "저한테 솔직히 말하지 않고 있습니다, 테리. 뒤에 뭔가 숨기고 있다고요. 그게 뭐든, 결국은 알려질 겁니다. 나중에 반대 심문에서 변호사가 밝혀내 놀라는 것보다는 지금 나한테 말하는 편이 더 나을 거예요."

맨슨이 테이트 살인 사건에 관여했다는 뉴스가 나온 다음 날, 테리는 런던에서 한 통의 전화를 받았다. 전화를 건 사람은 루디 앨토벨리, 시엘로 드라이브 10050번지의 소유주였다. 루디는 1969년 3월의 어느 날, 자신이 별채에서 샤워하고 있을 때 맨슨이 노크를 했다고 분명히 말했다. 맨슨은 몇 달 전 이사한 테리를 찾고 있다고 했지만, 성공한 매니저로서 많은 연예계 스타를 접해본 앨토벨리는, 맨슨이 사실은 자신을 만나러 온 것은 아닌지 의심했다. 맨슨이 대화를 자신의 음악과 노래에 관한 쪽으로 이끌어갔기 때문이다. 조금은 애매한 방식이었지만 앨토벨리는 관심이 없다고 분명히 말했고, 맨슨은 그대로 떠났다.

*별채라니!* "테리, 왜 미리 말하지 않은 겁니까?" 내가 말했다.

"관련 있는 일인지 확신을 못 해서요."

"세상에, 테리, 그러면 맨슨이 테이트 저택 안으로 들어가본 적이 있는 거잖아요. 당신도 아시겠지만 별채에 가려면 먼저 본채를 지나야만 합니다. 그건 맨슨이 주택과 마당의 배치에 익숙하다는 뜻이잖아요. 그보다 더 관련 있는 일이 어디 있습니까. 앨토벨리 씨는 지금 어디 있습니까?"

"남아프리카공화국 케이프타운이요", 멜처가 마지못해 대답했다. 수첩을 확인하고는 앨토벨리가 묵고 있는 호텔의 연락처를 알려줬다.

케이프타운에 전화했다. 앨토벨리 씨는 막 체크아웃을 했고 행선지의 연락처는 남기지 않았다. 하지만 테리는 루디가 며칠 후면 로스앤젤레스로 돌아올 예정이라고 했다.

"그 사람이 LA에 도착하면 바로 저한테 알려주십시오", 내가 말했다. 확실히 하기 위해 나는 별도로 몇몇 더듬이를 풀어서, 앨토벨리를 아는 다른 사람들에게도 그를 보거나 그의 소식을 들으면 알려달라고 부탁했다.

멜처와 이야기했던 날, 송환 문제의 절반이 해결되었다. 퍼트리샤 "케이티" 크렌윙클은 더 이상의 절차를 취소하고 즉시 자신을 캘리포니아로 보내줄 것을 요청했다. 24일, 처음 법원에 출두했을 때 그녀는 폴 피츠제럴드를 관선 변호사로 지정해줄 것을 요구했다. 피츠제럴드는 판사에게, 이해 충돌 가능성이 없다면 기꺼이 그녀의 변호를 맡겠다고 했다.

사실은 두 가지 이해 충돌 가능성이 있었다. 피츠제럴드는 힌먼 사건에서 보솔레이를 변호하고 있었고, 맨슨이 직접 자신을 변호하기 전에는 짧게나마 그의 변호사이기도 했다.

한 달 후 폴 피츠제럴드는 관선 변호사를 그만뒀다. 사무국에서 실제로 이해 충돌의 가능성이 있다고 판단한 것이다. 피츠제럴드의 동기가 순수하게 이상적인 것이었는지, 아니면 그가 사설 변호사로 활동하며 의뢰인의 무죄를 얻어내 명성을 쌓으려 한 것이었는지, 혹은 둘 다였는지는 알 수 없다. 하지만 그는 연봉 2만5000달러와 관선 변호사로서의 촉망되는 미래를 포기한 채 사실상 아무 보수도 없이 퍼트리샤 크렌윙클을 변호하기로 한 것이다.

테리 멜처는 전화하지 않았다. 하지만 나의 다른 연락책이 전화해서 루디 앨토벨리가 전날 LA에 도착했다고 알려주었다. 나는 앨토벨리의 변호사 배리 허슈에게 전화해 약속을 잡았다. 사무실을 나서기 전 소환장을 미리 작성해 주머니에 넣었다.

별채에서 있었던 일이 사실이냐고 묻고, 그래서 부인하는 대답을 듣는 위험을 감수하는 대신, 나는 있는 대로 용건을 밝혔다. "루디, 내가 여기 온 이유는 맨슨이 별채에 왔던 날 이야기를 듣기 위해서입니다. 테리가 말해줬습니다." *기정사실*이었다.

맞다고, 맨슨이 거기 온 적이 있다고 루디가 말했다. 하지만 그래서 그가 증언을 해야 하는 걸까?

루디 앨토벨리는 영리하고, 세련되고, 게다가 나중에 알게 되었지만, 가끔은 매우 재치 있는 모습도 보였다. 그가 관리했던 연예계 명사 중 몇 명만 꼽자면 캐서린 헵번, 헨리 폰다(그는 시엘로 드라이브 10050번지의 별채를 빌려서 지내기도 했다), 서맨사 에가, 버피 생마리, 크리스토퍼 존스, 샐리 켈러먼이 있었다. 하지만 이번 사건의 다른 증인들과 마찬가지로, 그 역시 두려움을 느끼고 있었다.

살인 사건이 있은 뒤 유럽에서 돌아온 그는, 시엘로 드라이브

1970년 2월 **531**

10050번지가 경찰에 의해 폐쇄되었음을 알게 되었다. 머물 곳이 필요했던 그는, 또한 자신도 피해자 가운데 한 명이 될 수 있었을 거라는 생각에(그건 지금도 마찬가지다), 본인이 보기에 가장 안전한 곳을 골랐다. 그는 테리 멜처와 캔디스 버건이 살고 있는 말리부의 해변 주택으로 들어갔다. 테리의 어머니 도리스 데이 소유의 집이었다. 테리와 루디는 살인 사건에 대해 몇 시간이나 이야기하며 누가 범인일지도 생각해봤지만, 맨슨의 이름은 한 번도 언급되지 않았다고 루디는 말했다. 맨슨이 살인 혐의로 기소되었고, 멜처에 대한 반감이 동기였을 수 있다는 소식을 들었을 때, 앨토벨리는 자신이 서던캘리포니아에서 가장 안전하지 않은 곳을 택했다고 생각했다. 그때를 생각하면 지금도 떨린다고 했다.

그가 두려움을 느끼는 이유는 또 있었다. 어떤 의미에서, 그 역시 맨슨을 거절했던 것이다.

"그 이야기를 해주시죠, 루디," 내가 제안했다. "그러고 나면 당신이 증언을 해야 할지 말지 정할 수 있을 것 같습니다. 맨슨은 어떻게 알게 된 거죠?"

앨토벨리는 1968년 여름 데니스 윌슨의 집에서 맨슨을 한 번 만난 적이 있다고 했다. 당시 맨슨은 그 집에서 지내고 있었고, 루디가 그 집에 들렀을 때 데니스가 맨슨의 곡이 담긴 테이프를 들려주었다. 유심히 들은 다음, 최소한의 예의를 담아 "근사하다"고 평가하고는 그 집을 나왔다.

앨토벨리가 맨슨과 그의 철학에 관심을 가질 수 있도록 데니스와 그레그가 몇 번이나 애를 썼다. 열심히 일해서 지금의 재산을 모은 앨토벨리는, 그렇게 남에게 빌붙는 맨슨에게는 마음이 가지 않았고, 두 사람에게 정확히 그렇게 이야기했다.

사건은 1969년 3월 23일 저녁 8시 혹은 9시에 일어났다. 루디가 그 날짜를 기억하는 건 다음 날 자신과 샤론이 함께 로마로 떠났기 때문이다. 루디는 사업 때문이었고, 샤론은 남편과 합류해 현지에서 영화를 제작할 예정이었다. 루디 혼자 별채에서 샤워하고 있을 때 크리스토퍼가 짖기 시작했다. 가운을 챙겨 입고 문 앞으로 갔더니, 현관 앞에 맨슨이 서 있었다. 맨슨이 노크를 했지만 샤워 소리에 묻혀버렸을 수도 있다. 짜증이 난 루디는 문을 열고 현관 앞의 불청객에게 다가갔다.

맨슨이 자기소개를 하려고 했지만 루디는 포치와 실내를 가르고 있는 덧문을 열지 않은 채 조금 퉁명스럽게 말했다. "당신이 누군지는 압니다, 찰리, 무슨 일이죠?"

맨슨은 테리 멜처를 찾고 있다고 했다. 앨토벨리는 테리가 말리부로 이사 갔다고 말했다. 맨슨이 주소를 물었고, 앨토벨리는 모른다고 했다. 사실이 아니었다.

대화를 끌어가기 위해 맨슨은 앨토벨리에게 무슨 사업을 하시느냐고 물었다. 앨토벨리는 맨슨이 이미 답을 알고 있다고 확신했지만, 어쨌든 대답했다. "연예계에 있습니다." 그리고 덧붙였다. "이야기를 좀더 하고 싶지만 찰리, 내일 출국 예정이라 짐을 싸야 합니다."

맨슨은 앨토벨리가 돌아온 후에 이야기를 나누고 싶다고 했다. 루디는 1년 이상 머무를 거라고 했다. 이 또한 사실이 아니었지만, 그는 앞으로도 맨슨과 이야기를 나눌 생각이 없었다.

맨슨이 떠나기 전에 루디는 왜 별채로 돌아온 거냐고 물었다. 맨슨은 본채에 있는 사람들이 가보라고 했다고 말했다. 앨토벨리는 세입자들이 귀찮은 일을 겪는 건 원치 않는다고, 앞으로는 이런 일이 없었으면 한다고 전했다. 그 말을 들은 맨슨은 떠났다.

나는 한 가지 질문이 다급하게 떠올랐지만, 먼저 앨토벨리에게 그때 맨슨의 모습과 포치의 조명 상태, 두 사람이 서 있었던 정확한 위치를 물었다. 전에도 만난 적이 있기 때문에 그게 맨슨이었다는 사실은 틀림없겠지만, 나는 확실히 하고 싶었다.

나는 다음 질문을 했고, 숨죽인 채 대답을 기다렸다. "루디, 그날 밤 본채에는 누가 있었습니까?"

"샤론, 기비, 보이텍 그리고 제이요."

*테이트 사건 피해자 다섯 명 중 네 명!* 이는 맨슨이 넷 중 누군가, 혹은 넷 모두를 봤을 수도 있다는 뜻이었다. 내가 루디와 이야기하기 전에는, 맨슨은 자신이 살인 지시를 내린 사람들을 한 번도 본 적이 없을 거라고 가정했다.

"루디, 그들은 모두 사망했습니다. 그날 밤 본채에서 있었던 일을 증언해줄 다른 사람이 있을까요?"

루디는 잠시 생각했다. 그날 저녁 일찍 본채에 간 적이 있고, 실은 맨슨이 찾아오기 몇 분 전에야 별채로 돌아왔다. "확실치는 않지만, 하타미도 있었을 겁니다." 그가 말했다.

이란 출신의 샤로크 하타미는 샤론의 개인 사진사이자 폴란스키의 절친이기도 했다. 하타미가 그날 오후에 집에서, 여행 짐을 싸는 샤론의 사진을 찍었다고 루디는 알고 있었다.

"저는 증언하고 싶지 않습니다, 부글리오시 검사님", 루디가 갑자기 말했다.

"이해합니다. 피할 방법만 있다면 당신을 증언대로 부르지 않겠습니다. 하지만 현실적으로는, 당신이 해준 이야기의 중요성을 고려하면 부르게 될 가능성이 더 큽니다." 꽤 오랫동안 그 문제에 대해 논의한 후 나는 소환장을 건넸다.

그런 다음 내가 말했다. "샤론에 대해 이야기해주시죠."

알고 지낸 시간은 짧았지만, 루디는 그녀를 아주 좋아하게 되었다고 말했다. 아름다운 사람이었다. 물론 외모도 아름답지만, 그가 말한 건 그런 게 아니었다. 그녀에게는 일종의 따뜻함과 선함이 있었고, 그건 그녀를 만나면 즉시 알아볼 수 있는 면모였지만 그때까지는 어떤 감독도 그런 모습을 화면 위로 끄집어내지 못했다. 둘은 자주 긴 대화를 나누었다. 그녀는 시엘로 드라이브 10050번지를 "사랑의 집"이라고 불렀다.

그런 다음 루디는 전에는 누구에게도 한 적 없는 이야기를 했다. 나는 재판에서는 전혀 활용할 수 없는 이야기라는 걸 알았다. 전문 傳聞에 불과했고, 전문을 사용할 수 있는 예외 조항도 많지만 이건 어떤 조항도 적용받을 수 없는 이야기였다.

로마로 가는 비행기 안에서 샤론이 그에게 이렇게 물었다. "그 섬뜩한 인상의 남자가 어젯밤에 또 온 거예요?"

그러니까 샤론은 맨슨을 본 것이다, 넉 달 반 후 자신의 살인을 사주하게 되는 섬뜩한 인상의 조그만 남자를 말이다!

뭔가 그런 강렬한 반응을 보일 만한 일이 있었던 것이다. 일종의 충돌. 어쩌면 예측할 수 없는 성미의 보이텍이 맨슨과 말다툼이라도 한 걸까? 아니면 맨슨이 샤론에게 뭔가 공격적인 말을 했고, 제이가 나서서 그녀를 지켜줬던 걸까?

나는 LAPD에 연락해 샤로크 하타미를 찾아보라고 했다.

헬더 경위가 테이트 대령의 친구를 통해 하타미를 찾았다. 사무실에서 그를 조사했다. 이란 출신에 아주 감정적인 이 사진가는 자신이 샤론을 얼마나 사랑했는지 말했다. "연애라는 뜻은 아닙니다, 그게 아니라"(그는 짧은 영어 실력에 대해 사과했다) "한 인간이 다른 인간이 지닌 자질을 사랑하는 겁니다".

나는 그보다 더 잘 표현할 수는 없을 것 같다고 했다.

그랬다, 누군가를 별채로 보낸 적이 있다고 했다. 한 번. 날짜는 기억나지 않지만, 샤론이 유럽으로 떠나기 전날이었다. 오후였다. 창밖을 내다보다가 어떤 남자가 마당으로 걸어 들어오는 것을 봤다. 어디로 가야 할지 몰라 망설이는 듯했지만, 한편으로는 자신이 그곳의 주인이라도 되는 양 고자세였다. 그런 태도가 하타미를 언짢게 했고, 그는 현관 앞으로 나가 남자에게 무슨 일이냐고 물었다.

나는 하타미에게 남자의 모습을 좀더 설명해달라고 했다. 남자는 로만 폴란스키처럼 키가 작고(폴란스키는 165센티미터, 맨슨은 158센티미터였다), 이십대 후반, 말랐으며, 머리는 길었다. 머리 색은? 짙은 갈색이었다. 수염을 기른 것은 아니지만 면도가 필요해 보였다. 하타미는 어떻게 알 수 있었을까? 그는 포치에서 내려가 판석이 깔린 보도에서 남자를 마주했다. 두 사람 사이의 거리는 기껏해야 90센티미터에서 120센티미터 사이였다.

나이만 제외하면(맨슨은 서른네 살이었지만, 그보다 젊어 보이는 것도 가능했다) 묘사는 일치했다.

남자는 사람을 찾고 있다며 이름을 말했지만, 하타미는 모르는 사람이었다.

멜처였을까? 내가 물었다. 그럴지도 모르지만, 정말로 기억나지 않는다고 하타미는 말했다.

"이곳은 폴란스키 씨 집입니다", 하타미가 말했다. "여기는 아니고, 어쩌면 당신이 찾는 사람은 뒤쪽에 있을지도 모르겠습니다", 그는 뒤쪽을 가리키며 말했다. "저쪽 뒷길로 가세요."

하타미가 말한 "뒷길"은 건물 앞의 흙길, 별채로 이어지는 길이었다. 하지만 내가 나중에 배심원들에게 주장했듯이, 미국에서 '뒷길back alley'이란 쓰레기통이 있는 곳이나 대피소를 뜻하기도 했다. 맨슨은 자신이 도둑고양이 취급을 받는다고 느꼈을 것이다.

내가 하타미에게 물었다, "당신은 어떤 어조로 말했습니까?" 그는 화가 나고 큰 목소리로 시범을 보여주었다. 로만이 없었기 때문에 자신이 샤론을 지켜야겠다는 생각이 들었다고 하타미는 말했다. "그 사람이 사유지에 들어와서는 알지도 못하는 사람들을 쳐다보는 게 마음에 들지 않았으니까요."

그 남자는 어떤 반응을 보였을까? 당황한 것처럼 보였다고 하타미는 말했다. "실례했습니다" 같은 말도 없이 돌아서서는 물러났다.

하지만 그 직전에, 샤론이 문 앞에 와서는 "누구예요, 하타미?"라고 물었다. 하타미는 남자가 누군가를 찾고 있다고 말했다.

하타미에게 집과 부지의 약도를 보여주며, 두 사람이 서 있었던 위치를 찍어달라고 했다. 샤론은 포치에 있었고, 보도에 있던 남자와의 거리는 180센티미터에서 240센티미터 사이였으며, 그들 중간에 장애물은 전혀 없었다. 찰스 맨슨이 샤론 테이트를 보고, 그녀도 그를 봤을 거라는 점에는 의심의 여지가 없었다. 샤론은 분명 자신의 살인을 지시할 남자의 눈을 똑바로 바라봤을 것이다. 이제 우리는 처음으로 맨슨이 살인 사건 전에 피해자들 중 한 명을 봤다는 증거를 확보했다.

남자가 별채 쪽으로 내려가는 동안 하타미는 보도에, 샤론은 포치에 있었다. 하타미에 따르면, 남자는 1, 2분 후에 다시 보도에 나타났다가 아무 말 없이 그곳을 떠났다.

내가 기대했던 것만큼의 마찰은 아니지만, 멜처의 거절과 앨토벨리의 애매한 거부, 그리고 "뒷길로 가세요"라는 하타미의 말은, 맨슨이 시엘로 드라이브 10050번지에 불만을 갖게 하기에는 충분했다. 게다가 이 사람들은 명백히 기성 체제에 속한 이들이었을 뿐 아니라, 맨슨이 되고 싶었지만 실패했던 바로 그 분야(연예계, 음반 업계, 영화계)에 자리를 잡은 사람들이었던 것이다.

일치하지 않는 점도 하나 있었는데, 바로 시간이었다. 하타미는 그 일이 오후에 있었다고 했다. 하지만 앨토벨리는 맨슨이 별채 포치에 나타난 게 저녁 8시에서 9시 사이였다고 주장했다. 둘 중 한 명이 헷갈렸을 수도 있지만, 가장 논리적인 설명은 맨슨이 그날 오후 별채에 갔다가, 아무도 없는 것을 발견하고는(앨토벨리는 오후 내내 외출해서 여행과 관련된 준비를 했다), 저녁에 다시 돌아왔다는 것이다. 맨슨이 "1, 2분 정도만" 있다가 다시 보도에 나타났다는 하타미의 말도 그런 가정을 뒷받침한다. 그 정도였으면 앨토벨리와 대화를 나눌 시간은 없었을 것이다.

하타미에게 열두 장쯤 되는 남성들 사진을 보여주었다. 그는 한 장을 골라서, 확실하진 않지만 그 남자처럼 보인다고 말했다. 찰스 맨슨의 사진이었다.

하타미를 조사하는 동안 나는 맨슨의 이름을 언급하지 않았다. 조사가 끝날 때쯤에야 하타미도 자신이 그날 이야기를 나눴던 남자가 샤론의 살인을 사주한 혐의로 기소된 남자일 수도 있다는 것을 깨달았다.

멜처에서 앨토벨리로, 다시 하타미로. 멜처가 뭔가를 숨기고 있다는 걸 의심하지 않았더라면, 맨슨이 시엘로 드라이브 10050번지에 들어간 적이 있다는 사실은 영원히 모를 수도 있었다.

인요 카운티 파일에서 발견한 짧은 메모에서 시작된 또 다른 연쇄 작용은, 테이트와 라비앙카 살인 사건의 동기와 관련해 사라졌던 조각을 드러냈다.

마침내, 처음 요구한 지 거의 석 달 만에, 인요 카운티 보안관서의 돈 워드 부관이 두 광부인 폴 크로켓과 브룩스 포스턴을 조사했던 테이프를 받을 수 있었다.

워드는 1969년 10월 3일 인디펜던스에서 두 사람을 조사했다. 바커 습격이 있기 전주였고, LAPD에서 맨슨 패밀리가 테이트-라비앙카 사건과 관련이 있음을 알았던 시점보다는 한 달 앞선 때였다. 워드의 조사는 이 살인 사건들과는 전혀 관련이 없었고, 당시 골라 워시에서 있었던 "히피 부류들"의 활동에 관한 내용이었다.

야외생활에 익숙한 사십대 중반의 크로켓은 1969년 봄 데스밸리 지역에서 광맥을 탐사하던 중 바커 목장에서 맨슨 패밀리의 선발대를 만났다. 당시에는 두 명뿐이었는데, 젊은 가출 여성 화니타 와일드부시와 18세 남성 브룩스 포스턴이었다. 날씬하고 유순한 편이었던 포스턴은 1968년 6월부터 패밀리와 함께 지내고 있었다. 밤이 되면 크로켓은 두 사람을 찾아가곤 했고, 매번 대화는 하나의 주제, 즉 찰리에 대한 것으로 흘러갔다. "그 친구들의 말은 믿을 수가 없었습니다." 크로켓이 말했다. "그러니까, 너무 말도 안 되는 이야기였거든요." 크로켓이 보기에 그들은 찰리가 재림한 그리스도라고 믿고 있는 게 분명했다. 그를 두려워하고 있다는 것도 분명했다. 그래서 신비주의라면 낯설지 않았던 크로켓은, 좀 이상하긴 하지만 심리학적으로는 효과적인 행동을 취했다. 그는 찰리와 마찬가지로 자신에게도 어떤 능력들이 있다고 말했다. "내게는 찰리가 그곳으로 돌아오지 못하게 하는 능력이 있다는 걸 두 사람에게 심어줬습니다."

다른 패밀리 구성원들(폴 왓킨스, 텍스 왓슨, 브렌다 매칸, 브루스 데이비스도 있었다)이 종종 바커에 와서 메시지나 보급품을 전해주었고, 머잖아 그 말은 맨슨에게도 전해졌다.

처음에는 맨슨도 코웃음을 쳤다. 하지만 매번 바커에 가려고 할 때마다 무슨 일인가가 생겼다. 트럭이 고장 난다든가, 스팬 목장이 습격을 받는다든가 하는 것이었다. 그사이 화니타가 크로켓의 동료인 밥 베리와 눈이 맞아 달아났고, 크로켓은 맨슨에게 가장 중요한 남성 추종자들을 "되돌리는" 일에 성공하고 있었다. 포스턴을 비롯해, 종종 맨슨의 부관 역할을 했던 폴 왓킨스, 그리고 나중에는 후안 플린도 거기에 포함되었다. 플린은 스팬에서 일하고 있던 키 크고 건장한 파나마 출신의 카우보이였다.

크로켓이 처음 포스턴을 만났을 때, 그는 "좀비"였다. 그건 포스턴 본인의 표현이었다. 그는 패밀리를 떠나고 싶은 마음이 여러 번 들었지만 "맨슨이 바이스처럼 제 정신을 꼭 붙잡고 있어서, 그 손아귀에서 벗어날 수가 없다"고, "어떻게 하면 떠날 수 있을지 모르겠다"고 했다.

크로켓은 다음과 같은 점을 발견했다. "(맨슨은) 추종자들을 세뇌해서 자신을 좋아하게 만듭니다. 온갖 종류의 것을 그들의 머리에 주입해놓았어요. 그럴 수 있다는 게 믿기지 않지만, 어쨌든 그자는 그렇게 했고 나는 그게 통한다는 걸 봤습니다." 크로켓은 포스턴의 "세뇌를 푸는" 작업을 시작했다. 그는 자신의 이런저런 광맥 탐사에 포스턴을 데리고 갔고, 체력을 길러주었고, 맨슨이 아닌 다른 것을 생각하게 했다.

1969년 9월 마침내 맨슨이 바커에 도착했을 때, 크로켓은 그를 처음 만나고는 "대단히 영리한 사람, 거의 천재에 가까운 사람"이라고 생각했다. "맨슨이 아주 괴상한 이야기를 했습니다. 나는 다 지어낸 거라고 생각했습니다." 머지않아 크로켓은 맨슨이 제정신이 아니라고 확신했을 뿐 아니라 다른 확신도 생겼다. "우리 중 누군가를 죽이는 걸 꽃을 밟는 것만큼이나 쉽게 생각했습니다. 실은 꽃을 밟는 것보다는 우리를 죽이는 쪽을 택할 것 같았습니다."

자신이 살아남을 확률은 맨슨이 생각하는 자신의 효용성에 비례한다고 판단한 그는, 자신이 쓸모 있는 사람임을 보였다. 보급품을 나를 때 자신의 트럭을 쓰게 하는 것 등등이었다. 자신은 물론이고 지금은 바커 목장 근처의 작은 오두막집에서 함께 살고 있는 전 맨슨교도들도 경계심을 높였다.

맨슨이 했던 괴상한 이야기 중에 흑인에 관한 것도 있었다. "(흑인들이) 온 세상을 날려버릴 준비를 하고 있다는 겁니다…… 찰리는 모두 준비해뒀어요, 마치 무슨 이야기책처럼…… 그 친구는 헬터 스켈터가 곧 닥칠 거라고 했습니다."

"헬터 스켈터는 그 사람이 흑인 반란을 부르는 말입니다", 포스턴이 설명했다. "그 사람은 깜둥이들이 반란을 일으키고, 사막에 숨어 있는 이들을 제외하고는 백인을 모두 죽일 거라고 말합니다……." 오래전에 맨슨은 포스턴에게 이런 말도 했다. "헬터 스켈터가 닥치면 도시들은 커다란 히스테리 상태에 빠지고 경찰(그 사람은 돼지들이라고 불렀습니다)은 어떻게 해야 할지도 모릅니다. 그러면 짐승들은 붕괴하고 흑인들이 그 자리를 차지할 텐데…… 아마겟돈의 전투가 임박하는 거죠."

포스턴이 워드 부관에게 말했다, "찰리의 기본적인 신조 중 하나는, 여자들이란 떡치는 용도밖에 없다는 거죠. 그 용도밖에 없습니다. 범죄도 없고, 죄도 없습니다. 모든 것이 옳은 일이고, 모든 것이 그저 게임입니다. 아이들이 노는 게임이랑 비슷한데, 어른들이 한다는 것뿐이죠. 하나님께서 이 게임의 막을 내리고, 선택된 사람들과 함께 새로 시작할 준비를 하고 계시다고 했습니다……."

자신이 선택한 사람들이 패밀리라고, 찰리는 말했다. 그들을 이끌고 사막으로 가서 14만 4000명이 될 때까지 세를 늘린다. 포스턴은 맨슨이 "성서에서 「계시록」을 읽고 떠올린" 생각이라고 했다. 맨슨은 「계시록」 7장, 각각 1만 2000명으로 이루어진 이스라엘의 열두 민족이 등장하는 부분에서 14만 4000명이라는 숫자를 가져온 것으로 보인다.

「계시록」뿐 아니라 호피족 인디언 전설에도 "바닥 없는 구멍"에 대한 언급이 나온다고 포스턴은 말했다. 맨슨에 따르면 그 구멍의 입구는 "데스밸리 아래, 인디언들이 알고 있는 황금의 바다에 있다"고 했다. 찰리는 다음과 같이 주장했다. "지상에 살았던 모든 준비된 종족은 지하로 숨어들면서 종족의 파멸을 면했다고 했습니다. 말 그대로요. 그들은 모두 황금도시에 살고 있는데, 거기에는 젖과 꿀이 흐르는 강이 있고, 열두 가지 열매를 맺는 나무들이 있어서 매월 다른 열매가 열린다든지 하는 식이죠. 그 아래에는 촛불이나 플래시를 가지고 갈 필요도 없는데, 왜냐하면…… 벽에서 빛이 나기 때문이고, 춥거나 너무 덥지도 않아요. 따뜻한 샘물과 신선한 물이 있고, 먼저 내려간 사람들이 그를 기다리고 있다고 했습니다."

찰리의 "바닥 없는 구멍"에 대해서는 이미 앳킨스와 제이컵슨이 말해주었다. 패밀리는 숨어 있는 "젖과 꿀이 흐르는 땅"에 대한 찰리의 설교를 즐겨 들었다. 그들은 그 존재를 믿었을 뿐 아니라, 그곳에 대한 확신이 강한 나머지 지하 천국으로 이어지는 통로를 찾기 위해 며칠씩 땅에 있는 구멍을 파보기도 했다.

그런 탐색에는 일종의 절박함도 있었는데, 왜냐하면 그들은 바로 그곳, 바닥 없는 구멍의 지하에서 숨어 지내며 헬터 스켈터가 지나가기를 기다릴 예정이었기 때문이다.

크로켓과 포스턴이 보기에 맨슨은 헬터 스켈터가 임박했다고 믿는 것이 분명했다. 그리고 그에 대한 대비도 있었다. 맨슨은 1969년 9월 바커 목장에 도착했다. 함께 온 여덟 명은 모두 중무장 상태였다. 다음 주에 더 많은 패밀리 구성원이 도착했는데, 훔친 사막용 사륜구동차나 그 외 차량을 타고 왔다. 그들은 전망대를 설치하고 요새를 구축했으며, 총기와 휘발유, 보급품들을 숨겼다.

(크로켓과 포스턴은 패밀리가 테이트-라비앙카 살인 사건과 관련 있다

는 사실을 몰랐기 때문에, 맨슨이 흑인들 외에 또 두려워하는 게 있다는 생각은 하지 못했다.)

맨슨은 포스턴을 포기하지 않았지만, 크로켓의 "세뇌 풀기"는 매우 효과적이었다. 맨슨은 폴 왓킨스가 자신을 떠날 때는 한층 더 당황했는데, 왓킨스는 여자 다루는 법을 아는 잘생긴 청년이었고, 덕분에 아가씨들을 데리고 오는 맨슨의 주된 모집책이었기 때문이다.

크로켓과 포스턴, 왓킨스는 손이 닿는 곳에 장총을 두고 잠을 자기 시작했다. 찰리와 클렘, 그리고/혹은 여성들이 오두막에 몰래 침입하려던 시도가 적어도 세 번은 있었다. 매번 세 사람은 운 좋게도 무슨 소리를 들었고, 그들의 계획에서 벗어날 수 있었다. 그러던 어느 날 밤, 후안 플린이 "황소 사냥을 위해" 와서는, 맨슨이 크로켓을 죽이라는 암시를 했다고 시인했다. 크로켓은 후안을 설득해(후안은 아주 독립적인 사람이어서 패밀리에 합류하지 않았다) 그 지역을 떠나라고 했다.

산양처럼 자유롭고 속박이 없는 생활에 익숙해져 있던 크로켓은, 조금은 완고했다. 그는 맨슨만큼이나 자신도 데스밸리에 있을 권리가 있다고 생각했다. 하지만 그는 현실주의자이기도 했다. 플린이 떠나고 왓킨스가 시내에 보급품을 구하러 나가고 나면, 자신과 포스턴만으로는 수적으로 대단히 불리해지는 셈이었다. "찰리에게 있어 나의 효용성은 이미 사라졌기 때문에, 만약 필요하다면 그 친구가 나를 언제든 없애버릴 수 있었습니다. 당장은 아니더라도요." 크로켓과 포스턴은 수통에 물을 채우고 음식도 챙겼다. 그리고 밤을 틈타 걸어서 그 지역에서 빠져나왔고, 거친 길을 32킬로미터 걸어서 웜스프링스에 도착했다. 그런 다음 차를 얻어 타고 인디펜던스에 와서, 보안관서의 워드 부관에게 찰스 맨슨과 패밀리에 대해 이야기했다.

테이프를 들은 후 나는 프랭크 파울스를 통해 크로켓과 포스턴을 로스앤젤레스에 데려오게 했다. 크로켓은 포스턴에 대한 맨슨의 장악력을 깨준 사람이지만, 포스턴이 훨씬 더 또박또박 말했다. 사건, 날짜, 장소 등등이 척척 나왔다. 그와 대조적으로 크로켓은 애매하게 말했다. "저는 그 영기靈氣를 느낄 수 있습니다. 저는 자유롭게 검사님께 말할 수 있습니다, 왜냐하면 그들도 내가 말하는 것을 알고 있을 테니까요."

크로켓은 우리가 맨슨에게 유죄 판결을 내릴 수 있을지 의심스럽다고 했다. "(왜냐하면) 그자가 직접 하는 일은 하나도 없으니까요. 추종자들이 그자를 위해 모든 걸 해줍니다. 그자는 사람들이 자신의 짓이라고 콕 집어 말할 수 있는 일은 절대 하지 않아요." 크로켓은 덧붙였다. "여자들은 모두 그자가 말하는 대로 하도록 세뇌당했고, 모두 칼을 가지고 있습니다. 어찌나 세뇌를 했던지 그 여자들은 존재하지 않는 거나 마찬가지예요. 그 여자들은 그의 분신에 불과합니다."

크로켓이 맨슨 및 그 패밀리와 접촉했던 일에도 관심은 있었지만, 나는 그가 더 중요한 뭔가를 제공해주기를 바랐다.

크로켓은 포스턴, 왓킨스, 플린이 맨슨에게서 벗어나는 것을 도와주었다. 그렇게 하기 위해서는 먼저 맨슨이 어떻게 그런 장악력을 가질 수 있었는지에 대해서도 어느 정도 통찰했을 것이다. 다른 이들도 맨슨이 추종자들을 "세뇌"했다고 말했다. 크로켓은 어떻게 그가 그렇게 할 수 있었는지 파악했을까?

크로켓은 그렇다고 했다. 하지만 그것을 분명히 표현해보려고 단어와 이런저런 정의의 늪에 빠져 허덕이다가, 결국 이렇게 말했다. "설명할 수가 없네요. 그건 심령의 일부입니다."

나는 크로켓을 증인으로 세울 순 없겠다고 판단했다.

브룩스 포스턴은 달랐다. 키가 크고 호리호리하며, 약간 시골뜨기 느낌이 있는 이 젊은이는 맨슨과 패밀리에 대한 정보로 가득한 저장고였다.

아주 인상적인 외모의 열일곱 살 청년 브룩스 포스턴은 데니스 윌슨의 집에서 맨슨을 처음 만났고, 그로부터 1년여 후 크로켓을 따라 나오며 그와 헤어질 때까지 "찰리 맨슨이 JC라고" 믿었다.

문. "JC라고요?"

답. "네, 찰리는 예수 그리스도Jesus Christ를 늘 그렇게 불렀습니다."

문. "찰스 맨슨이 자신이 JC, 그러니까 예수 그리스도라고 한 적이 있습니까?"

직접 입 밖에 내기보다는 암시하는 편이었다고, 브룩스는 말했다. 찰리는 자신에게 전생이 있었는데, 거의 2000년 전이었고, 자신이 십자가에서 한 번 죽은 적이 있다고 했다. (맨슨은 그레그 제이컵슨에게도 자신이 한 번 죽은 적이 있고, 그건 "아름다운 죽음"이었다고 말했다.)

찰리가 패밀리에게 즐겨 했던 이야기가 하나 있는데, 극적인 몸짓과 고통스러운 신음까지 완벽히 섞어가며 하는 것이었다. 브룩스는 그 이야기를 여러 번 들었다. 찰리에 따르면, 그가 헤이트 애시베리에서 지낼 때 "마법 버섯"(사일로사이빈)을 하고 환각에 빠진 적이 있었다. 누워 있던 침대가 갑자기 십자가로 바뀌고, 손발을 파고드는 못과 옆구리를 찌르는 칼날이 느껴졌다. 고개를 숙여 십자가 아래쪽을 봤을 때 마리아 막달레나(메리 브루너)가 있었는데, 그녀는 울고 있었다. 그가 "나는 괜찮아, 메리"라고 말했다. 그동안 맞서 싸웠지만 이제 포기했고, 죽음 앞에 자신을 내놓았다. 그리고 사후에는, 갑자기 모든 사람의 눈으로 세상을 볼 수 있었고, 그 순간 그가 온 세상이 되었다.

그런 이야기를 근거로 추종자들은 그의 진짜 정체를 조금도 의심하지 않았다.

나는 한 가지 궁금증이 생겼다. 1967년 7월 28일, 멘도시노 카운티에서 체포될 때까지 찰리는 본명을 사용했다. 그는 가출 청소년 루스 앤 무어하우스의 조사를 방해한 혐의로 기소되었다. 30일 형 집행 유예에 3년의 보호관찰 처분을 받았다. 직업에 대한 질문에 그는 성직자라고 대답했다. 하지만 그 사건 이후로, 그는 스스로 찰스 윌리스 맨슨이라고 했다. 맨슨이 자신의 이름에 대한 이야기를 했을까? 내가 물었다. 크로켓과 포스턴은 맨슨이 아주 천천히, 자신의 이름은 "찰스의 의지는 인간의 아들이다Charles's Will Is Man's Son"라고 말했다고 했다. 자신의 뜻은 인간의 아들의 뜻이라는 의미였다.

수전 앳킨스가 버지니아 그레이엄에게 이야기할 때 찰리의 성을 강조했지만, 그때까지 나는 그 이름이 얼마나 강력한지 생각해보지 못했다. 인간 아들Man Son. 그 이름은 현재 그가 추구하고 있는 무한한 존재 역할에 특화된 것이었다.

하지만 찰리는 이 모든 것을 한발 더 밀고 나갔다고 포스턴은 말했다. 맨슨은 패밀리 구성원들이 최초의 기독교인들이 부활한 존재이며, 로마인들은 기성 체제로 되돌아온 거라고 주장했다.

맨슨은 이제 로마인들이 십자가에 못 박힐 차례라며 가까운 추종자들에게 말했다.

맨슨은 정확히 어떻게 상대를 "세뇌"하는가? 브룩스에게 물었다.

다양한 방법이 있다고 포스턴은 말했다. 여성들에게는 보통 섹스로 시작한다. 찰리는 평범한 아가씨에게 그 여성 자신이 아름답다는 확신을 심어준다. 혹은 아버지에게 집착하는 아가씨라면 자신이 그녀의 아버지라는 이미지를 갖게 한다(수전 앳킨스에게는 두 가지 방법을 다 썼다). 혹은 만약 어떤 여성이 지도자를 찾고 있다면 자신이 그리스도라고 암시했다. 맨슨은 어떤 사람의 강박 그리고/혹은 욕망을 감지하고 그것을 이용하는 재능이 있었다. 남성이 처음 모임에 합류하면 찰리는 보통 LSD 환각을 경험하게 했는데, 표면적으로는 "정신을 여는 것"이라고 했다. 그다음엔 그렇게 영향을 잘 받을 수 있는 상태에 있는 동안 사랑에 대해 이야기하고, 그 사랑에 자신을 내줘야만 하고, 오직 개인적 자아로서의 존재를 버림으로써만 만물과 일체가 될 수 있다고 이야기했다.

제이컵슨을 조사할 때처럼 나는 포스턴에게 맨슨이 가진 철학의 원천에 대해 물었다. 사이언톨로지, 성서, 그리고 비틀스. 그가 아는 한 그 셋뿐이었다.

독특한 삼총사였다. 하지만 이제 나는 적어도 네 번째 영향이 있을 거라고 의심하기 시작했다. 바커에서 발견한 오래된 잡지들, 찰리가 니체를 읽었다고 주장했으며 주인 종족의 존재를 믿었다는 그레그의 언급, 거기에 더해 불편하지만 놀랄 만한 새로운 요소, 즉 맨슨과 제3제국 지도자 사이의 유사성을 생각하며 나는 포스턴에게 물었다. "맨슨이 히틀러에 대해 뭐라고 한 적이 있습니까?"

포스턴의 대답은 짧았지만 믿을 수 없을 만큼 소름끼쳤다.

답. "그 사람은 히틀러가 유대인의 업보를 평정할 준비를 마친 사람이라고 했습니다."

크로켓과 포스턴을 조사하는 데 거의 이틀을 꼬박 보내면서 새로운 정보를 많이 얻었고, 그중 일부는 유죄 입증에 매우 도움이 되는 것들이었다. 예를 들어 맨슨은 포스턴에게 칼을 들고 쇼숀에 가서 보안관을 죽이라고 암시한 적이 있었다. 자신이 새로 얻은 독립성을 진정으로 시험해보기 위해 포스턴은 그 계획 자체를 거부했다.

크로켓과 포스턴이 쇼숀으로 돌아가기 전에, 나는 후안 플린과 폴 왓킨스와도 이야기를 나누고 싶다고 그들에게 전했다. 후안이 나와 이야기할지는 확신할 수 없지만(이 덩치 큰 파나마 출신의 카우보이는 독립적인 놈이었다), 폴은 응할 것 같다고 했다. 이제 더 이상 찰리에게 여자를 공급해주는 일을 하지 않으니 남는 시간도 있을 듯싶었다.

왓킨스는 조사에 응했고, 나는 왓킨스와 포스턴, 크로켓이 LA 시내의 모텔에 머무를 수 있게 조치했다.

"폴, 나는 새로운 사랑이 필요합니다."

폴 왓킨스는 맨슨이 새로운 젊은 여성을 모집하기 위해 자신을 보냈던 이야기를 해주었다. 그는 패밀리 내에서 자신의 특별한 역할이 마음에 들었다고 인정했다. 유일한 문제는, 일단 자신이 적절한 후보를 찾고 나면 찰리가 먼저 잠자리를 갖겠다고 주장한다는 점이었다.

왜 맨슨이 직접 아가씨들을 고르지 않았을까? 내가 물었다.

"대부분의 아가씨에게 그 사람은 나이가 너무 많으니까요", 열아홉 살의 왓킨스가 대답했다. "여자들이 겁을 먹었어요, 그리고, 제 외모가 더 좋기도 하고요." 왓킨스가 찰리보다 더 잘생긴 건 분명했다.

나는 폴에게 어디에서 여성들을 찾았는지 물었다. 그는 십대 길순이들이 있는 선셋 대로로 나갔다. 혹은 고속도로로 나가 히치하이킹하는 여성들을 지켜봤다. 한번은 찰리가 그를 활동 영역에 가깝게 두기 위해, 나이 든 여인을 왓킨스의 어머니라고 속인 다음 그를 로스앤젤레스의 고등학교에 가짜로 등록시킨 적도 있었다.

왓킨스는 또한 그레이엄가의 집과 스팬에서 벌어졌던 난교 파티에 대해서도 이야기해주었다. 얼마 동안은 매주 한 번씩 파티가 있었다. 시작은 마약이었다(마리화나, 메스칼린, LSD 등 있는 건 뭐든 썼다). 맨슨이 마약을 나눠주고, 각자 어느 정도의 양을 할지 정해줬다. "모든 것이 찰리의 지시에 따라 이루어졌습니다", 폴이 말했다. 찰리가 돌아다니면서 춤추면 모두가 열차처럼 뒤를 따랐다. 그가 옷을 벗으면 나머지도 따라서 옷을 벗었다. 그러다 모두 벌거벗은 상태로 바닥에 누웠다. "그다음엔 숨을 열두 번 들이마셨다가 내뱉는 놀이를 하고, 눈을 감고 서로 몸을 비비는 겁니다. 모두가 서로에게 닿을 때까지요." 찰리가 난교를 지도했는데, 몸들의 위치를 잡아주고, 짝을 지어주고, 체위도 정해주었다. "마치 대작 조각 작품을 만들 때처럼 아름답게 배치하곤 했습니다", 왓킨스가 말했다. "대신 찰리는 찰흙이 아닌 따뜻한 사람의 몸을 사용한 거죠." 폴은 일반적으로 난교 중의 목표는 패밀리 전원이 동시에 절정에 도달하는 것이었지만, 한 번도 성공한 적은 없다고 했다.

맨슨은 종종 외부인들에게 강한 인상을 남기고자 그런 난교를 연출하기도 했다. 자신에게 쓸모가 있겠다는 느낌이 드는 손님이 있을 때면 그는 패밀리에게 이렇게 말하곤 했다. "자, 모여서 이 사람들에게 사랑하는 법을 보여줍시다." 손님의 반응에 상관없이 그 인상은 오래 남았다. "마치 악마에게 영혼을 파는 것 같았습니다", 왓킨스가 말했다.

맨슨은 "강박을 지우는" 일에도 그런 파티를 활용했다. 누군가 특정 행위에 가담하는 데 망설이면, 맨슨은 강제로 그 짓을 하도록 만들었다. 남성-여성, 여성-여성, 남성-남성, 성교, 구강 성교, 항문 성교, 그 어떤 금기도 없었다. 어떤 열세 살 소녀의 패밀리 가입식에서는 사람들이 지켜보는 가운데 맨슨이 소녀에게 항문 성교를 했다. 뿐만 아니라 맨슨은 자신이 모든 금기를 없애버린다는 것을 보여주기 위해 어린 소년의 "아랫도리"를 입으로 해주기도 했다.

찰리가 섹스를 적극적으로 활용했다고 폴은 말했다. 예를 들어 디칼로가 동료 바이커 무리를 패밀리에 합류시키려는 노력을 전혀 하지 않는다는 게 분명해지자, 맨슨은 대니에게 잘해주는 것을 그만두라고 여성들에게 말했다.

맨슨이 추종자들의 성생활마저 감독했다는 사실은 그의 지배력에 대한 강력한 증거였다. 나는 특히 공동 피고들과 관련해서 다른 사례들은 없었는지 왓킨스에게 물었다. 그는 한번은 스팬 목장에서 찰리가 세이디에게 이렇게 말한 적이 있다고 했다. "코코넛 반쪽이 먹고 싶은데, 리우데자네이루까지 가서라도 가져오세요." 세이디가 일어나서 문을 열고 나가려던 참에 찰리는 "신경 쓰지 마세요"라고 했다.

그것은 시험이었다. 또한, 추측하자면, 수전 앳킨스는 찰리가 요구한 일이라면 뭐든 할 거라는 증거였다.

다른 사람들을 조사할 때와 마찬가지로, 왓킨스에게도 맨슨이 사람들을 세뇌하는 방법에 대해 물었다. 그는 대단히 흥미로운 이야기를 했는데, 다른 패밀리 구성원들은 그 내용을 모르는 듯했다. 맨슨이 사람들에게 LSD를 나눠줄 때 본인은 다른 사람들보다 적은 양을 취했다는 것이다. 맨슨은 그 이유를 말한 적이 없지만, 폴은 맨슨이 "환각" 중에도 자신의 정신적 능력과 관련된 통제력은 유지하고 싶었기 때문일 거라고 짐작했다. LSD는 복용한 사람을 외부의 영향에 좀더 취약하게 만드는 약물로 알려져 있다. 맨슨은 LSD "환각"을 활용해 자신의 철학을 주입하고, 추종자의 약점과 두려움을 공격하며, 그들의 약속과 동의를 얻어냈다고 폴은 말했다.

맨슨의 부관으로서 왓킨스는 대부분의 다른 구성원보다 찰리의 신뢰를 즐겼다. 나는 맨슨이 사이언톨로지나 과정파를 언급한 적이 있는지 물었다. 왓킨스는 과정파 이야기는 한 번도 들은 적이 없지만, 맨슨이 교도소에서 사이언톨로지를 공부하고 "세타"가 되었다고 이야기한 적은 있다고 했다. 맨슨에 따르면 세타는 "완수"라는 의미였다. 1968년 여름, 찰리와 왓킨스가 로스앤젤레스 시내의 사이언톨로지 교회에 가서, 맨슨이 안내인에게 "'완수' 다음엔 뭘 하면 됩니까?"라고 물은 적이 있다고 했다. 안내인은 이미 맨슨이 마친 것들 외에는 답하지 못했고, 맨슨은 그대로 걸어 나왔다.

맨슨 철학의 한 가지 면모가 특히 나를 혼란스럽게 했다. 바로 두려움에 대한 그의 이상한 태도였다. 그는 두려움이 아름답다고 설교했을 뿐 아니라, 끝나지 않는 두려움 상태에서 살아야 한다고 패밀리에게 말하기도 했다. 그건 무슨 뜻이었을까? 폴에게 물었다.

찰리에게 두려움은 깨우침과 같은 거라고 왓킨스는 말했다. 두려움이 클수록 자각도 커지고, 따라서 사랑도 커진다. 진정으로 두려울 때는 "지금"에 이른다. 그리고 지금에 있을 때면 전적으로 의식할 수 있다.

맨슨은 아이들은 두려움을 느끼는 게 자연스럽기 때문에 성인들보다 더 잘 자각한다고 주장했다. 그리고 동물들이 인간보다 더 잘 자각하는데, 동물들은 늘 지금에 살고 있기 때문이다. 코요테는 지상에서 가장 잘 자각하는 동물이라고 맨슨은 주장했는데, 왜냐하면 녀석은 완벽한 공황 상태에 빠져 있기 때문이다. 모든 것을 두려워하기 때문에 아무것도 놓치지 않는다.

찰리는 늘 "두려움 장사"를 했다고 왓킨스는 계속 말했다. 그는 사람들이 두려워하기를 원했고, 더 많이 두려워할수록 더 좋았다. 똑같은 논리를 적용해, "찰리는 죽음이 아름답다고 했습니다, 사람들이 죽음을 두려워하니까요".

나는 패밀리 구성원들과 이야기하며, 맨슨이 개인 한 명 한 명의 두려움을 찾아내려 했음을 알게 되었다. 당사자가 그 두려움을 직시하고 제거할 수 있게 하려는 게 아니라, 자신이 그것을 다시 강조하기 위해서였다. 그것은 당사자를 통제하기 위해 언제든 마음대로 누를 수 있는 마법의 버튼이었다.

"뭘 하든 그 사람을 두려워하고 있다는 걸 찰리에게 들키면 안 됩니다." 크로켓이나 포스턴과 마찬가지로 왓킨스도 내게 조언했다. 스팬에서 지내던 어느 날, 아무런 경고나 도발도 없이, 맨슨이 갑자기 왓킨스에게 달려들어 목을 조른 적이 있다. 처음엔 폴도 저항했지만, 잠시 후 숨을 헐떡이다 갑자기 체념하고 저항을 멈췄다. "진짜 이상했어요", 왓킨스가 말했다. "그 사람에 대한 두려움이 멈추니까, 그 손이 목에서 떨어지고 저한테서 물러났거든요. 마치 그가 보이지 않는 힘의 공격이라도 받은 것처럼요."

"그러니까 짖는 개 같은 거군요", 내가 말했다. "두려움을 보이면 녀석이 달려들지만, 그러지 않으면 녀석도 달려들지 않는?"

"정확해요. 두려움이 찰리를 깨우는 겁니다."

폴 왓킨스는 태생적으로 브룩스 포스턴보다는 독립적이고, 누군가를 추종하는 부류가 아니었다. 하지만 그 역시 오랜 기간 패밀리와 함께 머물렀다. 여성들 외에, 그가 그렇게 머물렀던 다른 이유가 있었을까?

"찰리가 그리스도라고 생각했으니까요", 그는 눈 한번 깜빡이지 않고 말했다.

왓킨스와 포스턴은 둘 다 맨슨과 이어져 있던 탯줄을 끊은 사람들이었다. 하지만 둘 다 당시까지도 그에게서 완벽히 자유롭지는 못하다고, 아직도 맨슨의 영적 기운을 느끼는 순간들이 종종 있다고 했다.

폴 왓킨스는 맨슨의 살인 동기에서 잃어버린 고리를 마침내 제공해주었다. 하지만 제이컵슨이나 포스턴과 먼저 이야기하지 않았더라면 나는 그 중요성을 알아차리지 못했을 것이다. 그레그, 브룩스, 그리고 폴까지 세 사람을 조사하면서 나는 (1) 「계시록」에 대한 찰스 맨슨의 독특한 해석, (2) 영국 음악 밴드 비틀스에 대한 명백히 흥미로우면서도 복잡한 그의 태도를 이해하는 열쇠들을 얻을 수 있었다.

맨슨이 성서, 특히 「계시록」 9장에서 인용하는 것을 좋아한다고 여러 명이 말했다. 한번은 찰리가 제이컵슨에게 성서를 건넸는데, 이미 그 장이 펼쳐져 있었고, 제이컵슨이 읽는 동안 해당 구절에 대한 자신의 해석을 들려주었다. 한 가지만 예외여서 메모를 해뒀는데, 그레그에게 들은 이야기는 나중에 포스턴과 왓킨스에게 들은 것과도 일치했다.

"네 천사"는 비틀스였고, 그레그에 따르면 맨슨은 그들을 "지도자, 대변인, 예언자"로 여겼다. "그가 무저갱을 여니…… 또 황충이 연기 가운데로부터 땅 위에 나오매 그들이…… 권세를 받았더라…….."* 이는 영국 밴드에 대한 또 다른 언급이라고, 그레그는 말했다. 황충locust*과 비틀스**는 같은 것이다. "그 얼굴은 사람의 얼굴 같고, 또 여자의 머리털 같은 머리털이 있고……"도 분명 장발의 음악가들에 대한 언급이었다. 네 천사 중 한 명의 "입에서 불과 유

---

\* 이하 성서 번역은 대한성서공회판 참조.
\*\* 메뚜기.
\*\*\* '딱정벌레들'이라는 뜻.

황이 나온다"는 구절이 있다. "(그건) 말씀, 그러니까 비틀스의 노래 가사, 그들의 입에서 나온 권능을 말하는 거죠." 그레그가 말했다.

그 "불빛 호심경護心鏡"은 전자기타라고 포스턴은 덧붙였다. "전쟁을 준비한 말들"은 사막용 사륜구동차였다. 세상을 떠돌며 파괴를 퍼뜨릴 "2만 명에 이르는 마병대"는 바이커들이었다.

"땅의 풀이나 푸른 것이나 각종 수목은 해하지 말고 오직 이마에 하나님의 인침을 받지 아니한 사람들만 해하라 하시더라." 나는 그 이마의 인침이 궁금했다. 맨슨은 어떻게 해석했을까? 제이컵슨에게 물었다.

"그건 모두 주관적인 겁니다", 그레그가 대답했다. "그자는 사람들에게 표식이 있다고 했어요." 찰리는 그 표식이 무엇인지 정확히 말해주지 않았고, 자신, 그러니까 찰리가 "분간할 수 있고, 알 수 있다"고, "그 표식으로 그 사람들이 그의 편인지 아니면 적인지가 정해진다"고 했다. 찰리에게는 이쪽 아니면 저쪽이었다고 그레그가 말했다. "중간은 없습니다."

'여러 귀신과…… 금, 은, 동과 목석의 우상에 절하고'라는 구절이 있다. 맨슨은 그것이 기성 체제의 물질 숭배, 즉 자동차, 집, 돈을 말하는 거라고 했다.

문. "15절을 한번 봅시다. '네 천사가 놓였으니 그들은 그 연월일시에 이르러 사람 3분의 1을 죽이기로 준비된 자들이더라.' 그자가 이게 어떤 의미인지 이야기했습니까?"

답. "헬터 스켈터에 죽게 될 사람들이라고 했습니다…… 사람

3분의 1…… 백인들이요."
나는 내가 제대로 방향을 잡은 것임을 알 수 있었다.

맨슨의 성서 해석과 관련해 제이컵슨의 증언에는 나머지 두 사람과 다른 부분이 있었다. 「계시록」 9장 1절에 다섯 번째 천사에 대한 언급이 있다. 하지만 9장의 마지막에는 네 명의 천사에 대해서만 이야기한다. 비틀스도 처음에는 다섯 명이었다고 그레그는 설명했다. 그중 한 명이었던 스튜어트 섯클리프는 1962년 독일에서 사망했다.

포스턴과 왓킨스는(두 사람은 제이컵슨과 달리 패밀리 구성원이었다) 이 부분을 아주 다르게 해석했다. 1절의 전체 문장은 다음과 같다. "다섯째 천사가 나팔을 불매 내가 보니 하늘에서 땅에 떨어진 별 하나가 있는데 그가 무저갱의 열쇠를 받았더라."

패밀리 구성원에게 무저갱의 지배자인 그 다섯 번째 천사의 정체는 의심의 여지가 없었다. 그건 찰리였다.

11절은 다음과 같다. "그들에게 왕이 있으니 무저갱의 사자라 히브리어로는 그 이름이 아바돈이요 헬라어로는 그 이름이 아볼루온이더라."

이 왕에게는 라틴어 이름도 있는데, 두에이판에는 등장하지만 킹 제임스판으로 번역될 때는 의도치 않게 생략되었다. 그 이름은 엑스테르미난스였다.

엑스테르미난스, 별칭 찰스 맨슨.*

제이컵슨, 왓킨스, 그리고 포스턴이 알기에 맨슨은 「계시록」 9장의 마지막 구절에는 특별한 의미를 두지 않았다고 했다. 하지만 나는 몇 달 후 그 구절을 자주 떠올렸다.

"또 그 살인과 복술과 음행과 도둑질을 회개하지 아니하더라."

"「계시록」 9장과 관련해서 한 가지 기억해야 할 중요한 점은", 그레그가 말했다. "찰리가 그것이 지금 일어나는 일이라고 믿고 있다는 점입니다, 미래가 아니라요. 지금 시작되고 있으니 어느 쪽인지 선택해야 한다는 거죠…… 저쪽이냐, 아니면 그와 함께 사막으로 가느냐."

제이컵슨에 따르면 맨슨은 "비틀스가 대변인이라고" 믿고 있었다. "자신들의 노래를 통해 찰리에게 말을 걸고 있고, 바다 건너편에서 어떤 일들이 벌어질지 알려주고 있다는 거죠. 그는 아주 확고하게 믿고 있습니다…… 그 노래들이 예언이라고 생각하는데, 특히 그 화이트 앨범에 실린 곡들이 그렇다는 거예요…… 저한테 아주 여러 번 말했습니다."

왓킨스와 포스턴 역시, 맨슨과 패밀리는 비틀스가 자신들의 노래를 통해 찰리에게 말을 걸고 있다고 확신했다고 말했다. 예를 들

---

\* 엑스테르미난스 Exterminans의 어원을 따져보면, '절멸시키는 자' '파괴자'라는 뜻이다.

어 「아이 윌I Will」에 이런 가사가 있다. "마침내 내가 당신을 찾으면/ 당신의 노래가 대기를 채우겠지/ 큰 소리로 불러줘 내가 당신을 들을 수 있게/ 쉽게 당신에게 다가갈 수 있게……." 찰리는 이 부분을, 자신이 앨범을 내주기를 비틀스가 바라고 있다는 의미로 해석했다고 포스턴과 왓킨스는 말했다. 찰리는 비틀스가 JC를 찾고 있으며, 자신이 그들이 찾고 있는 JC라고 말했다. 또한 그는, 비틀스는 그리스도가 다시 지상에 왔다는 것, 그리고 로스앤젤레스에 살고 있는 것도 알고 있다고 했다.

"그자는 어떻게 그런 생각을 하게 되었습니까?" 내가 물었다.

화이트 앨범에 「허니 파이Honey Pie」라는 곡이 있는데, 가사는 다음과 같다. "오, 허니 파이 내 위치는 비극적이야/ 와서 내게 마법을 보여줘/ 너의 할리우드 노래를." 뒷부분에는 이런 가사도 나온다. "오 허니 파이 네가 나를 미치게 하고 있어/ 대서양을 건널 거야/ 네가 있는 그곳으로."

당연히 찰리는 그들이 대서양을 건너와, 데스밸리에서 그와 합류하기를 원했다. 그레이엄가의 집에 살 때(1969년 1월과 2월, 화이트 앨범이 발매된 직후였다), 맨슨과 여성들은 영국에 몇 통의 전보를 치고, 많은 편지를 쓰고, 적어도 세 통 이상의 전화를 걸어 비틀스에게 연락을 취하려 했다. 운이 없었다.

「허니 파이」에 나오는 "나는 사랑에 빠졌지, 하지만 게을러"라는 가사는, 찰리가 보기에는, 비틀스가 JC를 사랑하지만 게을러서 그를 찾지 않고 있다는 의미였다. 또한 그들은 최근에 인도까지 찾아갔지만, 그들이 따라갔던 마하리시는 엉뚱한 예언자라는 것을 알게 되었다.* 그리고「돈 패스 미 바이Don't Pass Me By」라는 노래의 첫 여덟 소절과,「여 블루스Yer Blues」, 초기의 신비 체험에 관한 앨범에 있는「블루 제이 웨이Blue Jay Way」라는 노래에서 JC/찰리를 찾고 있다고 했다.

이러한 정보는 대부분 재판에서는 사용하지 않을 것이다. 그냥 말이 안 됐다.

비틀스의 화이트 앨범은, 맨슨이 왓킨스와 포스턴을 비롯한 다른 이들에게 말한 바에 따르면 "혁명을 준비하는" 작업이었다. 이어서 나올 자신의 앨범은, 본인 말에 따르면 "코르크 마개를 열고, 혁명을 시작하는" 작업이 될 것이었다.

포스턴, 왓킨스, 그리고 다른 사람들의 말에 따르면 그레이엄가의 집에서는 찰리의 앨범에 들어갈 곡을 작곡하는 데 많은 시간을 보냈다. 하나하나가 메시지를 담은 곡이어야 했고, 바이커들처럼 특정 집단을 겨냥해 헬터 스켈터에서 그들이 맡게 될 역할의 개요를 알려줘야 했다. 찰리는 작곡에 열심이었다. 아주 정교해야 한다고, 그는 말했다. 비틀스의 노래들처럼, 그 진짜 의미는 준비된 사람들만이 자각할 수 있게 감춰져 있어야 했다.

맨슨은 이 앨범 제작과 관련해 테리 멜처에게 의지하고 있었다. 다수의 패밀리 구성원에 따르면, (멜처와 제이컵슨은 부인했지만) 어

---

\* 비틀스는 1968년 2월 인도에 가서 명상 수업에 참여한 적이 있다.

느 날 저녁 테리가 와서 곡들을 들어보겠다고 약속했다고 한다. 여성들이 집 청소를 하고, 쿠키를 굽고, 마리화나를 말았지만, 멜처는 나타나지 않았다. 포스턴과 왓킨스에 따르면, 맨슨은 이 일에 관한 한 멜처를 결코 용서하지 않았다. 멜처의 말은 아무 소용이 없다고, 그는 여러 번 화를 내며 말했다.

비틀스는 많은 음반을 냈지만, 1968년 12월 캐피톨에서 낸 두 장짜리 화이트 앨범은 맨슨이 가장 중요하게 여긴 것이다. 심지어 표지가 흰색이라는 사실도(그룹의 이름이 양각으로 새겨진 것을 제외하면 다른 디자인은 없다) 그에게는 의미심장한 것이었다.

그 앨범은 놀랄 만한 작품이었고 지금도 마찬가지인데, 비틀스의 가장 근사한 곡들은 물론 가장 이상한 곡들도 담고 있다. 서른 곡의 수록작은 달콤한 사랑의 발라드에서부터 대중적인 풍자곡, 그리고 다양한 녹음에서 떼어온 조각을 이어 붙인 불협화음까지 폭이 넓었다. 하지만 찰스 맨슨에게 그 앨범은 예언이었다. 적어도 자신의 추종자들에게는 그런 확신을 심어주었다.

「섹시 세이디Sexy Sadie」라는 곡이 담긴 화이트 앨범이 나오기 오래전에, 이미 찰리가 수전 앳킨스에게 "세이디 매 글루츠"라는 이름을 지어줬다는 사실도 패밀리에게는 맨슨과 비틀스가 정신적으로 호응하고 있다는 또 다른 증거였다.

앨범의 거의 모든 곡에 숨은 의미가 있었고, 맨슨은 그 의미를 추종자들에게 해석해주었다. 찰리에게 「로키 라쿤Rocky Raccoon」은 '쿤coon', 즉 흑인을 의미했다. 맨슨을 제외한 모든 패밀리 구성원에게

「해피니스 이즈 어 웜 건Happiness Is a Warm Gun」의 가사는 분명 성적인 함의를 갖는 것이었지만, 찰리는 그 곡을 통해 비틀스가 흑인들에게 총을 들고 흰둥이에게 맞서 싸우라고 전하는 거라고 해석했다.

포스턴과 왓킨스에 따르면, 패밀리는 화이트 앨범에 포함된 다섯 곡을 특히 자주 연주했다고 했다. 「블랙 버드Blackbird」 「피기스Piggies」 「레볼루션 1Revolution 1」 「레볼루션 9Revolution 9」 그리고 「헬터 스켈터」였다.

"검은 새가 한밤에 노래하지/ 부러진 날개를 써서 나는 법을 배우지/ 평생/ 너는 이 순간이 닥치기만을 기다렸지"는 「블랙버드」의 가사다. 제이컵슨에 따르면, "찰리는 그 순간은 지금이고, 흑인들이 일어나서 백인들을 타도하며, 자신들의 차례를 맞이할 거라고 믿었"다. 왓킨스에 따르면 이 곡을 들으며 찰리는 "비틀스가 흑인들에게 봉기하고 밀어붙이라고, 이제 시작하라고 세뇌하고 있는 것"이라고 했다.

이 곡을 처음 들었을 때, 나는 라비앙카 살인범들이 '닥치다arise'를 '일어나다rise'로 잘못 적은 거라고 생각했다. 하지만 제이컵슨은 찰리가 흑인들이 백인들에 맞서 "일어날" 거라고 말했다고 했다. 그레그는 "'일어나다'는 찰리에게 중요한 말들 중 하납니다"라며, 또 하나의 핵심적인 단어가 어디에서 기원했는지 알려주었다.

테이트 살인 사건과 라비앙카 살인 사건은 모두 "한밤에" 일어났다. 하지만 설사 그런 평행관계가 맨슨에게 중요했다고 하더라도, 그는 내가 조사했던 사람들에게는 그 점을 인정하지 않았다. 그리고 설사 "헬터 스켈터"의 사전적 의미를 알았다고 하더라도, 그 역시 인정하지 않았다. 「헬터 스켈터」의 가사는 이렇게 시작된다. "바닥에 내려가면 다시 미끄럼틀 꼭대기로 올라가지/ 거기서 멈추고 몸을 돌려 미끄러지지……." 포스턴에 따르면 이는 바닥 없는 구멍에서 올라오는 패밀리에 대한 언급이다.

설명은 간단하다. 비틀스의 고향인 영국에서 "헬터 스켈터"는 놀이공원에 있는 미끄럼틀을 부르는 이름이다.

유심히 들어보면, 「피기스」비틀스의 전 멤버 존 레넌, 폴 매카트니와 달리 조지 해리슨은 「피기스」를 포함해 자신이 쓴 가사를 인용하는 것을 허락하지 않았다의 배경에는 낑낑거리고 꿀꿀대는 소리가 들린다. 그레그를 비롯해 사람들이 말해준 바에 따르면 "돼지들"은 누구든 기성 체제에 속한 사람을 뜻했다.

맨슨 본인처럼, 이 노래도 꿀꿀이들을 공개적으로 비난하는데, 녀석들에게 정말로 필요한 건 시원한 매질밖에 없다고 말한다.

"그러니까 흑인들이 꿀꿀이들, 즉 기성 체제에 시원한 매질을 한다는 뜻이죠", 제이컵슨이 설명했다. 찰리는 정말로 그 가사를 좋아했고, 왓킨스와 포스턴은 그가 늘 그 부분을 인용하곤 했다고 말했다.

이 노래의 마지막 가사를 들을 때면 웨이벌리 드라이브 3301번지에서 벌어진 일을 떠올리지 않을 수 없었다. 그 부분은 돼지 부부가 외식하는 장면을 묘사하고 있는데, 엄격하게 정장을 차려입은 부부는 포크와 나이프로 베이컨을 먹는다.

로즈메리 라비앙카, 자상 41군데. 레노 라비앙카, 자상 12군데, 포크에 찔린 곳 7군데, 목에 칼, 배에 포크가 꽂혀 있었다. 그리고 벽에는 그의 피로 "돼지에게 죽음을"이라고 적혀 있었다.

"「피기스」의 마지막 부분에는 화음이 나옵니다", 왓킨스가 말했다. "화음이 낮아지다가 정말 괴상한 화음이 되죠. 돼지들이 꿀꿀대는 소리 다음에요. 그리고 「레볼루션 9」에도 같은 화음이 나옵니다. 잠시 후에 멈췄다가, 꿀꿀, 꿀꿀, 꿀꿀. 그 멈추는 사이에는 기관총 소리가 들리고요.

「헬터 스켈터」도 마찬가집니다", 폴이 계속 말했다. "정말 괴상한 화음이 있어요. 그리고 「레볼루션 9」에 같은 화음이 다시 등장하는데, 기관총 소리, 사람들이 비명 지르며 죽어가는 소리 등등도 함께 나오죠."

화이트 앨범에는 제목에 '혁명'이 들어가는 노래가 두 곡 있다.
속지를 보면 「레볼루션 1」의 가사는 다음과 같다. "너는 혁명을 원한다고 말하지/ 뭐 알겠지만/ 우리 모두 세상을 바꾸기를 원해……/ 하지만 너는 파괴를 원한다고 말하면서/ 나는 빼도out 된다는 건 모르잖아."
하지만 실제로 곡을 들어보면, "빼도"라는 가사 직후에 "끼워도in"라는 말이 들린다.
맨슨은 그것이, 한때 결정을 내리지 못하고 있던 비틀스가, 지금은 혁명을 선호하게 된 거라고 해석했다.

맨슨은 이런 "숨은 가사들"을 많이 활용했는데, 비틀스의 곡 다수에서 찾을 수 있었고 특히 화이트 앨범에는 넘쳐났다. 그 앨범은 자신, 그러니까 찰리/JC에게 직접 전하는 통신이라고 그는 추종자들에게 말했다.

후반부의 가사는 이렇다. "너는 진짜 해결책이 있다고 말하지/ 뭐 알겠지만/ 우리 모두 그 계획을 보고 싶어."

맨슨에게 이 부분의 의미는 명확했다. 노래해, 찰리, 우리가 어떻게 대학살을 피할 수 있는지 알려줘.

비틀스의 모든 곡 중 「레볼루션 9」는 단연 가장 괴상하다. 평론가들은 이 곡이 록의 새로운 방향을 보여주는 흥미진진한 시도인지, 복잡한 장난인지 판단하지 못했다. 어떤 평론가는 이 곡이 "질 나쁜 LSD 환각 상태"를 떠올리게 한다고 했다.

가사라고 할 만한 것도, 전통적인 의미의 곡조도 없다. 대신 이 곡은 속삭임, 비명, BBC 방송에서 잘라온 대화 조각, 고전음악 구절, 박격포 포탄, 아기 울음소리, 교회 찬송가, 자동차 경적, 축구장 함성 등 소음들의 조합인데, 사이사이에 "넘버 9, 넘버 9, 넘버 9"라는 후렴구가 반복되며, 절정 부분에서는 기관총 소리와 비명이 나오고, 이어서 상징적인 자장가가 분명한 부드러운 음성으로 "잘 자요"라고 말한다.

이는 또한 아마겟돈 전투, 도래할 흑백 혁명을 소리로 그려낸 거라고 맨슨은 주장했다. 곡을 직접 들어본 후에 나는 그런 분쟁이 있다면, 그 소리는 정말 이것과 비슷하게 들릴 것 같다고 쉽게 납득할 수 있었다.

포스턴은 이렇게 말했다. "그 노래를 들을 때 찰리는 배경의 소음들에 유심히 귀 기울였습니다. 기관총 소리와 돼지들이 꿀꿀거리는 소리 안에, 그리고 그 주위에서 한 남자가 '일어나라'라고 말하죠." 다시 들었을 때 나도 그 소리를 확인할 수 있었는데, 두 번 반복되었다. 처음엔 속삭이는 소리였고, 두 번째는 아주 긴 비명이었다. 처음은 곡이 시작되고 2분 34초 후에 나오는데, "보시다시피 자상이 많아"라는 말과 "세 번째 밤에 그에게 알려"라는 대사에 이어지는 군중의 함성 후, "넘버 9, 넘버 9" 직전에 나온다. 이는 잠재적인 증거였다. 제이컵슨과 포스턴을 통해, 나는 라비앙카 저택 벽에 피로 찍힌 "일어나라"라는 단어와 맨슨을 의심의 여지 없이 연결할 수 있게 되었다.

「레볼루션 1」에서 비틀스는 마침내 자신들도 혁명에 헌신하기로 결정했다. 「레볼루션 9」에서 그들은 흑인들에게 바로 *지금*이, 일어나 그 모든 것을 시작할 때라고 말하고 있었다. 맨슨에 따르면 그랬다.

맨슨은 이 곡에서 다른 메시지도 많이 받았지만("닉슨을 막아"도 그중 하나다), 적어도 그의 헬터 스켈터 철학과 관련해서는 이것들이 가장 중요했다.

찰스 맨슨은 1968년 봄, 그레그 제이컵슨을 처음 만났을 때부터 임박한 흑백 전쟁에 대해 이야기했다. 당시 지하세계에서는 "똥이 떨어지고 있다"라는 표현이 나돌았는데, 심판의 날이 목전에 있다든가, 모든 지옥이 열리고 있다 등 다양하게 해석되었고, 찰리도 인종 갈등을 이야기할 때 종종 그 표현을 썼다. 하지만 광분하는 모습은 보이지 않았다고 그레그는 말했다. 그건 그가 이야기하는 여러 주제 중 하나일 뿐이었다.

"찰리를 처음 만났을 때[1968년 6월], 그 사람은 헬터 스켈터 이야기는 전혀 하지 않았습니다." 폴 왓킨스가 말했다. "'똥이 떨어지고 있다'는 것에 대해서는 조금 이야기했지만, 그냥 간략하게만⋯⋯ 똥이 떨어지면 흑인들이 한쪽으로 몰리고, 백인들이 다른 쪽으로 몰릴 거라고, 그게 전부였어요."

그러다 그해 12월에 캐피톨이 비틀스의 화이트 앨범을 발매했고, 거기에 「헬터 스켈터」가 실려 있었다. 첫 부분 가사는 이렇다. "조심해 헬터 스켈터 헬터 스켈터 헬터 스켈터/ 조심해[배경에 비명] 헬터 스켈터/ 그녀가 빠르게 내려오고 있어/ 맞아 그녀가/ 맞아 그녀가."

맨슨은 패밀리 구성원 대부분이 있는 바커 목장에서 로스앤젤레스로 나왔다가 화이트 앨범을 처음 들었던 것으로 보인다. 포스턴에 따르면, 1968년 12월 31일 데스밸리로 돌아온 그는 사람들에게 이렇게 말했다. "비틀스가 뭐라고 하고 있는지 알아요? 헬터 스켈터가 내려오고 있답니다. 비틀스가 있는 그대로 그렇게 말하고 있다고요." 똑같은 표현이지만 배변과 관련된 것이 있던 자리에 맨슨은 이제 "헬터 스켈터"를 넣은 것이다.

1970년 2월

또 하나의 연결점이 만들어졌고, 이번에는 라비앙카 저택의 냉장고 문에 피로 적혀 있던 단어였다.

맨슨이 그 단어를 사용한 것은 그때가 처음이었지만, 마지막은 아니었다.

왓킨스, "그 사람이 이 비틀스 앨범과 헬터 스켈터와 그 모든 의미에 대해서 떠들어대기 시작했는데, 도무지 벗어날 수가 없었습니다…… 그리고 자기가 큰 그림을 그리고 나서 그걸 헬터 스켈터라고 불렀어요. 깜둥이들이 내려와 도시들을 갈기갈기 찢어놓을 거라는 의미였죠."

그리고 왓킨스는 덧붙였다. "비틀스의 앨범을 쉬지 않고 듣기 시작했습니다……."

데스밸리는 겨울에는 춥기 때문에, 맨슨은 캐노가 공원 안에 있는 그레셤가 20910번지에 있는 이층집을 발견했다. 스팬 목장에서 멀지 않은 샌퍼낸도밸리에 있는 공원이었다. 왓킨스는 이렇게 말했다. 1969년 1월, "우리는 모두 헬터 스켈터에 대비하기 위해 그레셤가로 이사했습니다. 그 일이 닥치는 것을 지켜보고, 도시에서 일어나는 모든 일을 보기 위해서요. 그 사람[찰리]은 그레셤가의 집을 비틀스 영화에 나오는 '노란 잠수함'이라고 불렀습니다. 일단 들어가면 나올 수 없다는 점에서 잠수함이랑 비슷했죠. 그저 창밖으로 내다보는 것만 할 수 있습니다. 우리는 사막용 사륜구동차와 오토바이를 구상했는데, 할리 스포스터를 스물다섯 대 마련할 계획이었어요…… 사막으로 가는 탈출 경로도 그리고…… 보급품 저장소

같은…… 그런 온갖 일을 진행했습니다.

그 사람이 큰 그림을 구상하는 걸 지켜봤습니다", 폴이 말했다. "아주 천천히, 아주 조심스럽게 했어요. 저는 그 구상을 곧이곧대로 믿었고요.

헬터 스켈터가 닥칠 때까지", 왓킨스가 그리움으로 가득한 한숨을 쉬며 덧붙였다. "찰리가 한 건 난교밖에 없습니다."

잭슨과 비틀스 이야기를 하기 전에 나는 이렇게 물었다, "찰리가 흑백 혁명에 대해 이야기한 적이 있습니까?"

답. "네, 그게 헬터 스켈터였습니다, 그자는 가까운 미래에, 거의 즉시 그 혁명이 일어날 거라고 믿었습니다."

문. "이 흑백 혁명에 대해 그가 뭐라고 했습니까? 어떻게 나타나고 어떤 결과가 나올 거라고 했나요?"

답. "흑인들이 백인들의 집에 침입해 작살을 내는 것으로 시작한다고 했습니다, 물리적으로 그들을 파괴하는 거죠, 길거리에서 공개적인 혁명이 일어날 때까지, 마침내 승리하고 세상을 장악할 때까지요. 그다음엔 흑인들이 백인들의 업보를 지는 겁니다. 그렇게 기성 체제가 되는 거죠."

왓킨스, "그 사람은 종종 시작이 얼마나 간단한지 설명했습니다. 흑인 몇 명이(와츠의 흑인놈* 약간) 벨 에어나 베벌리힐스 구역에 가

---

\* 와츠는 로스앤젤레스의 흑인 거주지역.

서…… 그 부자 돼지들이 사는 윗동네에서…… 정말로 그들을 작살내기만 하면 되는 거예요. 몸을 자르고, 피를 묻히고, 그 피로 벽에 뭔가를 적으면 됩니다…… 백인들을 돌아버리게 할 정말 잔학한 짓을 하는 거죠…….."

왓킨스와 이야기하기 전에 포스턴도 비슷한 내용을 말했지만, 왓킨스의 이야기에는 아주 중요한 세부 사항이 하나 더 있었다. "그 사람[맨슨]은 진짜 흑인들 집단이 빈민가에서 나와 로스앤젤레스나 다른 도시의 부유한 백인 구역에서 잔학한 범죄를 저지를 거라고 했습니다. 사람을 찔러 살인하고, 죽이고, 몸을 토막 내고, 벽에 피를 묻히고, 그 벽에 '돼지들'이라고 적는 거죠…… 피해자들 본인의 피로."

이는 엄청나게 강력한 증거였는데, 저택 현관문에 샤론 테이트의 피로 돼지라고 적혀 있었던 테이트 살인 사건뿐 아니라, 거실 벽에 레노 라비앙카의 피로 돼지들에게 죽음을이라고 적혀 있었던 라비앙카 살인 사건과도 맨슨을 연결시켜주는 것이었다. 나는 포스턴에게 맨슨이 정확히 어떤 말을 했는지, 그 대화는 언제 어디서 있었으며, 다른 사람들은 누가 있었는지 자세하게 물었다. 그런 다음 포스턴에게 누가 협조해줄 수 있을지 물었다.

나는 보통 재판에서 반복 증언을 피하는 편인데, 배심원들을 불편하게 한다는 걸 알기 때문이다. 하지만 맨슨의 헬터 스켈터 동기는 너무 괴상해서, 한 명의 증인만 상술하면 배심원들은 믿지 않을 것 같았다.

그 대화는 1969년 2월, 그레셤가의 집에서 있었다고 포스턴은 말했다.

이제 우리는 테이트-라비앙카 살인 사건이 있기 6개월 전, 찰스 맨슨이 패밀리에게 살인이 정확히 어떻게 일어날지, 피해자의 피로 "돼지"라는 단어를 적는다는 부분까지 이야기했다는 증거를 얻었다.

뿐만 아니라 테이트 저택과 라비앙카 저택에 피로 적혀 있던 글씨 하나하나를 맨슨과 연결할 수 있게 되었다.

하지만 이건 시작일 뿐이라고, 맨슨은 왓킨스에게 말했다. 이 살인들이 백인들 사이에 커다란 편집증을 불러일으킬 거라고 했다. "그 두려움 때문에 빈민가로 들어가 미친 듯이 흑인들을 쏴 죽이기 시작할 겁니다." 하지만 그들이 죽일 수 있는 건 "우선은 백인들과 함께 있는 흑인들"일 거라고 했다.

"진짜 흑인들(맨슨은 이를 블랙 무슬림, 그리고 블랙 팬더와 여러 번 동일시했다)은 영향도 받지 않을 겁니다." 그들은 숨어서 기다릴 거라고 그는 말했다.

살육 후에 블랙 무슬림들은 "밖으로 나와서 백인들에게 호소할 겁니다, '당신들이 우리한테 한 짓을 보십시오'라고요. 그러면 백인들도 둘로 나뉘는 거죠", 왓킨스가 말했다. "자유로운 히피와 불안한 보수주의자들로요……." 그러면 주들 사이의 전쟁, 형제가 싸우는 전쟁 비슷하게 돼서 백인이 백인을 죽이는 상황이 될 것이다. 그런 다음 백인들이 서로를 거의 다 죽이고 나면, "블랙 무슬림이 은신처에서 나와 모두 쓸어버리는 겁니다".

데스밸리의 바닥 없는 구멍으로 피신할 찰리와 패밀리를 제외하고는 모두 그렇게 된다고 했다.

그러고는 업보가 바뀐다. "흑인들이 위로 올라갑니다." 그리고 흑인들이 "쓰레기를 치우는 겁니다, 늘 해오던 것처럼 말입니다…… 백인들이 만든 쓰레기를 치우고, 세상을 조금씩 다시 세우고, 도시들을 다시 세우는 겁니다. 하지만 그걸 해놓고 어떻게 할지는 모릅니다. 운영할 수가 없는 거죠."

맨슨은 흑인들에게는 한 가지 문제가 있다고 말했다고, 왓슨은 전했다. 백인들이 알려준 일만 할 줄 안다는 것이다. 백인들이 방법을 알려주기 전에는 세상을 운영할 수 없다.

왓킨스, "그때 흑인이 찰리를 찾아와 말하는 겁니다, 그러니까, '저는 제 일을 했습니다. 모두 죽였습니다, 그러니까, 사람 죽이는 일에는 질렸습니다. 다 끝났어요'라고요.

"그러자 찰리가 흑인의 부스스한 머리를 잡고 엉덩이를 차면서, 가서 면화를 따고 착한 깜둥이가 되라고 하는 겁니다. 그 후로는 행복하게 사는 거죠……." 이제 성서에서 말한 대로 14만4000명이 된 패밀리(순수한 백인 주인 종족)는 바닥 없는 구멍에서 나온다. 그리고 "그때부터 우리 세상입니다. 우리와 흑인 하인들 외에는 아무도 없는 겁니다".

그리고 찰리의 복음에 따르면(그가 제자인 폴 왓킨스에게 전한 바에 따르면), 찰리 윌리스 맨슨, 다섯 번째 천사이자 JC인 그가 세상을 지배하게 된다.

폴 왓킨스, 브룩스 포스턴, 그레그 제이컵슨은 맨슨의 동기 헬터 스켈터의 뜻을 알려줬을 뿐 아니라, 왓킨스는 잃어버린 고리까지 제공해주었다. 찰스 맨슨은 병들고, 뒤틀리고, 무질서한 본인의 머릿속에서 자신이 흑백 전쟁과, 그 촉발제가 된 살인 사건의 궁극적인 수혜자가 될 거라고 믿었다.

어느 날 그레셤가의 집에서 LSD 환각에 빠져 있던 중, 맨슨은 왓킨스와 다른 추종자들에게 흑인은 지성이 없다고, "흑인들이 아는 건 백인들이 알려주거나 가르쳐준 것밖에 없기 때문에 누군가가 방법을 알려줘야만 합니다"라고 말했다.

내가 왓킨스에게 물었다, "뭘 하는 방법 말입니까?"

답. "헬터 스켈터를 일으키는 방법이요. 그 모든 것을 하는 방법."

왓킨스, "찰리는 그 일이 아직 닥치지 않은 것이 헤이트 애시베리에서 백인들이 어린 딸들을 흑인에게 대주기 때문이라고 했습니다. 그리고 자신의 음악이 나오면, 아름다운 사람들은 모두(그는 이걸 '사랑'이라고 불렀습니다) 헤이트 애시베리를 떠나고, 흑인들은 벨에어에 와서 섹스하려 할 거라고 했습니다."

흑인들은 젊은 백인 여성들 덕분에 일시적으로 "진정"된 거라고 맨슨은 주장했다. 하지만 그 진정제를 뺏으면(그의 앨범이 나오고 모든 젊은 사랑이, 피리 부는 찰리를 따라 사막으로 떠나면), 흑인들은 자신의 좌절을 표출할 또 다른 수단이 필요하고, 그때는 기성 체제를 향하게 될 것이다.

하지만 테리 멜처는 넘어오지 않았다. 앨범도 나오지 않았다. 1969년 2월 말의 어느 시점에 맨슨은 브룩스와 화니타를 바커 목장으로 보냈다. 나머지 패밀리는 스팬으로 돌아와 헬터 스켈터에 대비했다. "이제 현실적으로 준비할 것들이 있었기 때문에 사막으로 돌아온 거죠", 그레그가 말했다. 이 기간에 목장을 방문했던 그레그는 달라진 맨슨을 보고 충격받았다. 그때까지 그는 패밀리의 단결성과 그 자체의 완결성 및 자족성을 강조했지만, 이제는 외부인들, 즉 오토바이 갱단에 공을 들이고 있었다. 그 일이 있기 전까지 그는 반反물질주의자였는데, 지금은 차량과 총, 돈을 모으고 있었다. "이 모든 것이 찰리가 이전에 했던 행동이나 말과는 상반되는 거라서 놀랐습니다", 그레그가 말했다. 그는 그 일을 계기로 맨슨에 대한 환상이 깨지고, 결국 그와 갈라서게 되었다고 말했다.

새롭게 물질주의자가 된 맨슨은 돈을 벌려는 난폭한 계획을 세웠다. 예를 들어 패밀리의 여성들이 토플리스 댄서로 일하면 각자 일주일에 300달러에서 500달러는 벌 수 있을 거라고 누군가 제안했다. 맨슨은 그 계획이 마음에 들었다(열 명이면 일주일에 3000달러를 벌 수 있었고, 그걸로 지프와 사막용 사륜구동차, 심지어 기관총도 살 수 있었다). 그는 바비 보솔레이와 빌 밴스를 선셋 대로의 지라르 대행사에 보내 협상했다.

문제는 한 가지밖에 없었다. 자신의 모든 힘으로도, 맨슨은 작은 흙더미를 산으로 변모시킬 수는 없었다. 세이디를 포함해 몇몇을 제외하면, 찰리의 아가씨들은 가슴이 그리 인상적이지 못했다. 어떤 이유에서인지 맨슨은 대부분 가슴이 빈약한 여성들만 모아놓은 듯했다.

그레셤가의 집에 머무르는 동안 맨슨은 왓킨스에게 그해 여름 잔혹한 살인 사건이 일어날 거라고 했다. 이제 거의 여름이었지만, 흑인들은 일어나서 자신들의 업보를 수행할 기미를 전혀 보이지 않고 있었다. 1969년 5월 말 혹은 6월 초의 어느 날, 맨슨은 왓킨스를 스팬의 낡은 트레일러 근처로 따로 불러서 고백했다. "흑인들은 백인들이 알려준 것만 알 수 있으니까요." 그리고 덧붙였다. "제가 그 사람들에게 어떻게 하는지 보여줘야겠습니다."

왓킨스는 이렇게 말했다. "거기서 정말 괴상한 그림이 떠올랐습니다." 며칠 후 왓킨스는 바커로 떠났는데, 만약 계속 스팬에 머무르면 그 괴상한 그림이 무정부주의적인 현실로 실현되는 것을 볼 것 같아 두려웠기 때문이다.

1969년 9월, 맨슨 본인이 바커에 나타나 왓킨스와 포스턴이 도주했다는 것을 알게 되었다. 맨슨은 왓킨스에게 "쇼티를 아홉 토막 냈다"는 것은 이야기했지만, 테이트-라비앙카 살인 사건에 대해서는 전혀 언급하지 않았다. 하지만 왓킨스와 헬터 스켈터에 대해 상의하며 맨슨은, 아무런 설명 없이, "내가 흑인들에게 어떻게 하는지 보여줘야겠어"라고 말했다.

LAPD는 1969년 11월 말에 그레그 제이컵슨을 조사했다. 맨슨의 극단적 철학에 대해 이야기하려 하자 형사들 중 한 명이 말했다. "찰리는 미친놈이죠. 거기에는 전혀 관심 없습니다." 다음 달에는 형사 두 명이 쇼숀에 가서 크로켓, 포스턴과 이야기했다. LAPD는 왓킨스에게도 연락했다. 세 사람 모두 테이트-라비앙카 살인 사건에 대해 아는 것이 있느냐는 질문을 받았다. 그리고 셋 모두 아는 게 전혀 없다고 했고, 그들의 생각으로 그건 사실이었다. 셋 중 누구도 맨슨과 그 살인 사건을 연결해본 적이 없었다. 포스턴과 크로켓을 조사한 후 형사들 중 한 명은 이렇게 말했다. "아무것도 못 건진 출장이었네."

처음에는 그 네 명 중 누구도 맨슨이 테이트-라비앙카 사건의 배후에 있을 거라고 의심하지 않았다는 것을 믿을 수 없었다. 하지만 거기에는 몇 가지 그럴듯한 이유가 있음을 나는 알게 되었다. 맨슨이 제이컵슨에게 헬터 스켈터가 어떻게 일어날지 이야기했을 때, 벽에 피로 글씨를 쓰는 것에 대해서는 전혀 언급하지 않았다. 왓킨스와 포스턴에게는 그 이야기를 했고, 포스턴에게는 "돼지"라는 단어까지 언급했지만, 바커 목장에서는 신문을 보지 않았고, 너무 외진 곳에 있어서 라디오 방송도 잡히지 않았다. 인디펜던스와 쇼숀에 보급품을 구하러 가끔씩 나가며 살인 사건 소식을 들었지만, 두 사람 다 세세한 내용은 듣지 못했다고 말했다.

하지만 가장 큰 이유는 순전히 우연의 결과였다. 라비앙카 저택에 피로 쓴 글씨가 있다는 보도는 있었지만, LAPD는 그중 두 단어를 비밀로 유지하는 일에는 성공했다. 그 두 단어가 **헬터 스켈터**였다.

이 사실이 알려졌더라면 틀림없이 제이컵슨, 왓킨스, 포스턴을 비롯해 많은 사람이 라비앙카 살인 사건과(아마 인접한 시기에 벌어졌던 테이트 살인 사건까지도) 맨슨의 정신 나간 계획을 연결시켰을 것이다. 그리고 그들 중 적어도 한 명이 경찰에 그런 의심을 전했을 거라고 가정하는 것이 합리적이다.

그건 누구의 잘못도 아니고, 누구도 그 반향을 예상하지 못한 우연한 사고였지만, 만약 그런 일이 있었다면 살인자들은 사건이 있고 몇 달 후가 아닌 며칠 후에 잡혔을 테고, 도널드 "쇼티" 셰이와 어쩌면 다른 사람들도 여전히 살아 있었을 것이다.

이제 나는 동기를 알게 되었다고 확신했지만, 다른 단서들은 결실을 맺지 못했다.

실마의 스탠더드 주유소나 샌타모니카의 잭 프로스트 상점 종업원들은 우리의 "패밀리 앨범"에 있는 사람들을 한 명도 알아보지 못했다. 라비앙카의 신용카드는 모두 설명되었고, 수잰 스트루더스는 갈색 손가방이 어머니의 물건이라고 확정하지 못했다. 로즈메리가 갈색 손가방을 여러 개 가지고 있는 것이 문제였다.

LAPD가 스팬 목장의 통화 기록을 요청했을 때, 1969년 5월과 7월의 기록은 대부분 "분실 혹은 파기"된 상태였다. 다른 달(1969년 4월에서 10월까지)에 기록된 번호를 모두 확인했고, 패밀리의 활동에 대한 배경이 될 만한 정보는 일부 구할 수 있었지만, 살인자와 피해자들의 관계는 전혀 확인할 수 없었다. 테이트와 라비앙카 저택의 통화 기록에서도 아무것도 나오지 않았다.

오랜 기간 비와 햇볕에 노출되면 인간의 혈액을 구성하는 성분은 분해된다. 방송국 직원들이 발견한 옷에서 나온 얼룩은 벤지딘 검사에서 양성 반응을 보였고, 따라서 피일 가능성이 있었다. 그라나도는 그것이 동물의 피인지 인간의 피인지는 확정할 수 없었다. 하지만 그는 마침내 흰색 티셔츠에서 B형 혈액을(페어런트, 폴저, 프라이코프스키가 B형이었다), 짙은 색 벨루어 터틀넥에서 "O형으로 추정되는" 혈액을 찾아냈다. 세부 유형 검사는 하지 않았다.

옷에서는 머리카락도 일부 찾았는데, 그라나도는 여성의 머리카락으로 판정했고, 두 피해자 여성의 머리카락과는 일치하지 않았다.

나는 시빌 브랜드의 카펜터 소장에게 전화해 수전 앳킨스의 머리카락 표본을 요청했다. 2월 17일, 보안관서 부관 헬렌 타브가 수전을 교도소 내 미용실에 데리고 가 머리를 감기고 세팅해주었다. 그 후에 부관은 수전이 사용한 빗에서 머리카락을 회수했다. 나중에 퍼트리샤 크렌윙클의 머리카락도 비슷한 방법으로 확보했다. 그라나도는 크렌윙클의 표본은 가능성이 없다며 제외했지만, 앳킨스의 표본은 옷에서 발견한 것과 "매우 매우 유사하다"며, 그것이 수전 앳킨스의 머리카락일 가능성이 "아주 높다"고 결론 내렸다. 유사성을 확인하는 요소에는 색, 지름, 길이뿐 아니라, 수질髓質부의 특징까지 포함된다.

그 옷에서는 흰색의 동물 털도 발견되었다. 위니프리드 채프먼은 샤론이 키웠던 개의 털처럼 보인다고 했다. 샤론이 사망하고 얼마 후 그 개도 죽었기 때문에 비교해볼 수는 없었다. 나는 어쨌든 그 털을 증거에 포함시켰고, 채프먼 부인에게 그대로 증언해달라고 할 생각이었다.

2월 11일, 키티 루트싱어가 바비 보솔레이의 아이를 낳았다. 심지어 그 전에도 그녀는 비협조적인 증인이었고, 그녀에게서 조금이라도 정보를 얻어내는 건 무척 힘들었다. 나중에 그녀는 패밀리로 돌아갔다가, 떠났다가, 다시 돌아갔다. 증언대에서 무슨 말을 할지 몰랐기 때문에 결국 그녀를 증인으로 부르지 않기로 했다.

바이커 앨 스프링어에 대해서도 같은 결정을 내렸지만, 이유는 달랐다. 그의 증언은 대부분 디칼로 증언의 반복일 뿐이었다. 또한 그의 가장 결정적인 증언("우리가 다섯 명을 해치웠습니다"라는 맨슨의 말)은 *아란다* 원칙 때문에 사용할 수 없었다. 나는 스프링어를 여러 차례 조사했고, 맨슨이 살인에 대해 그에게 했다는 말 덕분에 맨슨의 변호 전략에 대해 조금은 감을 잡을 수 있었다. 패밀리의 여러 범죄 활동에 대해 이야기하던 중 맨슨은 스프링어에게 이렇게 말했다. "무슨 일이 생긴다 해도, 여자들이 다 책임질 겁니다."

나는 대니를 여러 차례 조사했고, 그중 한 번은 아홉 시간에 걸쳐 이전 조사에서는 나오지 않았던 정보를 상당히 얻을 수 있었다. 조사할 때마다 맨슨의 지배력에 대한 예들을 조금씩 더 얻을 수 있었다. 맨슨은 패밀리에게 식사 시간을 정해주었고, 자신이 자리에 앉기 전까지는 아무도 식사를 할 수 없게 했으며, 저녁을 먹으면서는 자신의 철학을 강의하곤 했다.

나는 맨슨이 이야기하는 중에 누군가 끼어든 적이 있느냐고 대니에게 물었다. 그는 "몇몇 계집애"가 말을 한 적이 한 번 있었다고 했다.

문. "어떻게 됐습니까?"

답. "그자가 개들한테 밥그릇을 던졌습니다."

디칼로는 증언을 몹시 꺼렸지만, 구티에레즈 경사와 나는 결국 증언하는 게 본인에게도 최선일 거라고 설득했다.

비치 보이스의 보컬이자 드러머인 데니스 윌슨의 조사는 성공적이지 못했다. 윌슨은 처음에 중요한 건 아무것도 모른다고 주장하다가 마침내 내게 "터놓고" 말하겠다고 했지만, 증언은 거부했다.

윌슨이 겁먹은 건 분명했고, 그럴 만한 이유가 없는 것도 아니었다. LAPD가 사건 해결을 발표하고 사흘 후인 1969년 12월 4일, 윌슨은 익명의 살해 위협을 받았다. 내가 알기로 그것이 유일한 위협은 아니었고, 나머지들은 심지어 익명도 아니었다.

윌슨은 패밀리의 범죄 활동에 대해서는 전혀 모른다고 주장했지만, 흥미로운 배경 정보들은 제공해주었다. 1968년 늦은 봄, 윌슨은 말리부를 지나던 중 같은 여성 히치하이커 두 명을 두 번 태워주었다. 두 번째에는 그 둘을 자신의 집으로 데려왔다. 데니스의 집은 선셋 대로 14400번지의 궁전 같은 저택으로, 이전에는 희극배우월 로저스의 집이었다. 여성들(엘라 조 베일리와 퍼트리샤 크렌윙클)은 두 시간 정도 머무르며 대부분은 찰리라는 사람의 이야기를 했다고 데니스는 말했다.

윌슨은 그날 밤 녹음이 있었고 새벽 3시가 돼서야 집에 돌아왔다. 진입로에 차를 세울 때 모르는 남자 한 명이 뒷문으로 나왔다. 겁을 먹은 윌슨이 물었다. "나를 해칠 겁니까?" 남자가 말했다. "내가 당신을 해칠 것처럼 보입니까, 형제?" 그런 다음 남자는 무릎을 꿇고 윌슨의 발에 입을 맞췄다(이는 찰리가 자주 했던 행동들 중 하나였다). 맨슨이 윌슨을 본인의 집으로 안내하자 집 안에는 열두 명의 불청객이 있었고, 거의 다 여성이었다.

그들은 몇 달간 머물렀고, 그동안 그 숫자도 거의 두 배로 늘었다(맨슨의 이 "선셋 대로 시기"에 찰스 "텍스" 왓슨, 브룩스 포스턴, 폴 왓킨스와 패밀리의 관계가 시작되었다). 이 경험으로 데니스는, 나중에 계산하기로는, 10만 달러 이상을 썼다. 맨슨이 지속적으로 돈을 뜯어낸 것 외에도, 클렘은 윌슨의 보험도 들지 않은 2만1000달러짜리 메르세데스 벤츠를 스팬 목장 입구의 산으로 끌고 가 망가뜨렸다. 패밀리는 윌슨의 옷장은 물론, 눈에 띄는 건 뭐든 마음대로 썼다. 윌슨이 패밀리 전체를 베벌리힐스의 병원에 데리고 가 페니실린 주사를 맞힌 것도 여러 차례였다. "임질 치료비로는 역사상 최고액이었을 겁니다", 데니스가 시인하듯 말했다. 윌슨은 심지어 맨슨에게 비치 보이스의 골드 음반을 아홉 장인가 열 장 주었고, 세이디의 치아 교정비도 지불했다.

막 이혼한 윌슨은 맨슨의 생활 방식이 어딘가 매력적이라고 생각했던 것이 분명하다. "비용만 제외하고요", 데니스가 내게 말했다. "찰리나 아가씨들과는 아주 잘 지냈습니다." 그와 찰리가 노래하고 이야기하는 동안 여성들은 집 안을 청소하고, 요리하고, 두 사람에게 필요한 것을 챙겨주었다. 윌슨은 찰리의 음악에 담긴 "자연스러움"이 좋았다고 말했지만, "찰리는 뼛속에 음악적 재능이 전혀 없습니다"라고 덧붙였다. 그럼에도 데니스는 다른 사람에게 "맨슨"을 팔아보기 위해 무척 애썼다. 샌타모니카의 녹음실을 빌려 맨슨의 곡을 녹음하기도 했다. (나는 그 테이프를 너무 들어보고 싶었지만, 윌슨은 파기했다고 주장했다. "거기에 담긴 울림은 이 지상의 것이 아니었으니까요.") 윌슨은 또한 멜처, 제이컵슨, 앨토벨리 등 연예계 내부나 가장자리에 있는 여러 사람에게 맨슨을 소개시켜주었다. 어느 파티에서 찰리는 딘 마틴의 딸 디나에게 반지를 건네며 패밀리에 합류하라고 요청하기도 했다. 디나는 그 반지를 가지고 있다가 남편에게 주었고, 맨슨의 요청은 거부했다고 내게 말했다. 비치 보이스의 나머지 멤버들과 마찬가지로, 그 누구도 이 "칠칠치 못한 꼬맹이 구루"에 대한 데니스의 호감을 공유하지 않았다.

윌슨은 그 시기에 맨슨과는 어떤 갈등도 없었다고 했다. 하지만 1968년 8월, 집의 임대 기간 종료를 3주 앞둔 시점에 데니스는 그레그의 집으로 들어가고, 매니저를 시켜 찰리와 아가씨들을 내쫓게 했다.

패밀리는 선셋 대로에서 스팬 목장으로 옮겨왔다. 윌슨은 얼마간 패밀리를 피한 듯하지만, 맨슨과는 종종 만났다. 데니스는 1969년 8월(정확한 날짜는 기억하지 못했지만, 테이트 살인 사건 이후인 건 분명했다), 맨슨이 자신을 찾아와 사막으로 돌아갈 수 있게 1500달러를 달라고 하기 전까지는 아무 문제도 없었다고 했다. 윌슨이 거절하자 찰리는 "당신이 자식들을 다시 못 보게 되더라도 놀라지는 마"라고 말했다. 데니스에게는 일곱 살 된 아들이 있었고, 분명 그 점이 증언을 망설이는 이유였다.

맨슨은 윌슨 본인도 협박했지만, 데니스는 내가 윌슨과 제이컵슨을 함께 조사할 때까지는 그 사실을 알지 못했다. 제이컵슨에 따르면 데니스가 맨슨의 요청을 거부하고 오래 지나지 않아, 찰리가 그레그에게 44구경 실탄을 건네며 이렇게 말했다고 한다. "데니스에게 가서 이거 구한 곳에 가면 훨씬 더 많다고 전해줘요." 이미 다른 협박에 데니스가 불안해하고 있다는 것을 알았던 그레그는, 그 이야기는 전하지 않았다.

그 일은 1969년 8월 말 혹은 9월 초에 있었다. 제이컵슨은 맨슨의 변화를 발견하고는 놀랐다. "그에게서 거의 전기가 뿜어져 나오는 것 같았습니다. 머리칼이 곤두서고, 눈빛이 거칠었어요. 유일하게 비유해보자면…… 마치 우리에 갇힌 짐승 같았습니다."

그 외에도 다른 위협이 있었을 가능성이 있지만, 이건 엄연히 추측일 뿐이다. 스팬 목장의 통화 기록을 살펴보면서, 1969년 9월 22일 누군가 스팬에 있는 공중전화로 데니스 윌슨에게 전화했고, 다음 날 윌슨은 해당 전화를 해지했다.

패밀리와 엮였던 일을 회상하며 데니스는 내게 이렇게 말했다. "제가 세상에서 제일 운 좋은 사람이네요, 돈만 잃고 빠져나왔으니까."

록스타에서 오토바이 라이더, 전직 콜걸까지 이 사건의 증인들은 모두 한 가지 공통점을 가지고 있었다. 그들은 목숨을 잃을 것을 두려워하고 있었다. 신문을 읽거나 TV를 켜기만 해도 많은 패밀리 구성원이 여전히 거리를 활보하고 있다는 것을 알 수 있었다. 스티브 그로건, 별칭 클렘은 보석으로 나와 있었고, 브루스 데이비스에 대한 절도 혐의는 인요 카운티에서 증거 불충분으로 기각했다. 그로건과 데이비스뿐 아니라, 쇼티 셰이의 목을 자른 것으로 의심되는 사람들 중 누구도 살인 혐의로 기소되지 않았고, 아직은 셰이가 죽었다는 물증도 없었다.

어쩌면 시빌 브랜드의 감방에서 수전 앳킨스는 비틀스의 노래 「섹시 세이디」의 가사를 떠올렸을지도 모른다.

"섹시 세이디 무슨 짓을 한 거야
모두를 바보로 만들었잖아……
섹시 세이디 넌 규칙을 어겼어
모두가 볼 수 있게 대놓고……
섹시 세이디 너는 죗값을 받을 거야

네가 자신을 얼마나 대단하게 생각하든······"

혹은 맨슨이 보낸 수많은 메시지가 다른 패밀리 구성원들을 통해 그녀에게 전해지고 있었던 것인지도 모른다.

수전이 카바예로에게 전화해 자신은 어떤 상황에서도 재판에서 증언하지 않을 거라고 했다. 그리고 찰리를 만나게 해달라고도 했다.

카바예로는 애런과 나에게 핵심 증인을 잃은 것 같다고 말했다.

우리는 린다 캐서비언의 변호사 게리 플라이슈만에게 연락해 대화를 나눌 준비가 됐다고 했다.

처음부터 플라이슈만은 의뢰인의 이익만 생각했고, 린다 캐서비언의 완전 면책권이 아니면 안 된다고 했다. 린다와 직접 이야기해 본 후 나는 면책권이 있든 없든 그녀는 우리와 이야기를 하고 싶어 하지만, 플라이슈만이 그걸 막고 있을 뿐임을 알게 되었다. 나는 또한 그녀가 송환을 거부하라는 플라이슈만의 조언에도 불구하고 캘리포니아로 돌아오기로 결정했다는 사실도 알고 있었다.

수차례의 협의 후 검찰청은 그녀가 증언한 후에 면책권을 보장하는 청원에 합의했다. 그 대가로 다음과 같은 합의가 있었다. (1) 린다 캐서비언은 테이트-라비앙카 사건에 대한 자신의 관련성을 모두, 완전히 이야기한다. (2) 린다 캐서비언은 모든 피고에 대한 재판 전 과정에서 진실하게 증언한다. (3) 린다 캐서비언이 진실을 증언하지 않을 경우, 혹은 그녀가 이유에 상관없이 증언을 거부할 경우, 그녀는 기소되지만 그녀가 검찰 측에 했던 증언은 그녀에게 불리하게 사용될 수 없다.

1970년 2월 26일, 해당 합의서에 영거, 리비, 부시, 스토비츠, 그리고 내가 서명했다.

이틀 후 나는 린다 캐서비언을 조사했다. 그녀가 테이트-라비앙카 사건에 대해 법집행기구 사람과 이야기한 것은 그게 처음이었다.

앞서 말했듯이, 수전과 린다 사이에서 고르라면 나는 볼 것도 없이 린다 쪽을 선호했다. 그녀는 아무도 죽이지 않았고, 그런 이유로 배심원 입장에서는 피에 굶주린 수전보다는 훨씬 더 받아들일 만했다. 이제 시빌 브랜드의 카펜터 소장 사무실에서 그녀와 이야기하게 된 나는, 모든 상황이 순리대로 정리된 것이 특히 기뻤다.

몸집이 작고 갈색 머리를 길게 기른 린다는 여배우 미아 패로를 많이 닮았다. 적어도 내가 알게 된 바로, 린다는 조용하고 유순하며 남을 쉽게 따르는 성격이지만, 거의 운명론에 가까운 내적 확신이 느껴져서, 스무 살보다는 훨씬 더 나이 들어 보였다. 붕괴된 가정의 산물인 그녀는, 본인 역시 두 번의 성공적이지 못한 결혼생활을 거쳤고, 마지막 상대인 젊은 히피 로버트 캐서비언과는 스팬 목장에 합류하기 직전에 헤어졌다. 타냐라는 두 살 된 딸이 있었고, 당시는 임신 8개월째였다. 아마 남편과 마지막 잠자리를 가졌을 때 임신된 걸로 본인은 생각하고 있었다. 패밀리와 함께 지낸 것은 한 달 반이 채 되지 않았는데("저는 숲에서 눈이 멀어버린 소녀랑 비슷했는데, 그냥 처음 나타난 길로 갔던 거예요"), 그동안 있었던 일을 이야기하면서 이제야 비로소 자신이 어둠 속에서 빠져나오는 듯한 느낌이라고 했다.

열여섯 살 때부터 혼자 지냈던 린다는 동부 해안에서 서부 해안까지 "신을 찾아" 떠돌아다녔다. 그 모색 과정에서 그녀는 여러 공동체와 무료 숙소에서 지냈고, 마약을 하고, 관심을 보이는 사람이라면 아무나와 잠자리를 가졌다. 그녀가 이 모든 것을 솔직하게 말해서 나는 종종 놀라기도 했지만, 그런 모습이 증언대에서는 도움이 될 것임을 알고 있었다.

첫 조사에서부터 나는 그녀의 이야기를 믿었고, 배심원들도 그럴 거라는 느낌이 들었다. 그녀는 거침없이 대답했고, 회피도 없었고, 자신이 아닌 다른 어떤 모습으로 보이려는 시도도 없었다. 그녀는 야만적일 정도로 솔직했다. 증인이 증언대에 서서 진실을 말할 때는, 심지어 그것이 본인에게 나쁜 영향을 미치더라도 그 말에 반박할 수 없다. 나는 만약 린다가 살인 사건이 있었던 두 번의 밤에 대해 진실을 말한다면, 그녀가 성적으로 문란했다거나, 마약을 했다거나, 도둑질했다는 사실은 하찮은 게 될 것임을 알았다. 문제는, 변호인 측이 그 이틀 밤에 벌어진 일에 대해 그녀의 신뢰성을 공격할 여지가 있는가 하는 점이었다. 나는 첫 조사에서 바로 그 답을 알 수 있었다. 변호인 측은 그렇게 할 수 없을 것이다, 그녀가 진실을 말하고 있다는 건 아주 명백했기 때문이다.

나는 28일 오후 4시 30분에 그녀와 이야기하기 시작했다. 이를 기점으로 긴 조사가 수도 없이 이어졌고, 그중 여섯 번은 6시간에서 9시간까지 진행되기도 했다. 조사는 모두 시빌 브랜드에서 이루어졌고, 보통은 그녀의 변호사만 동석했다. 매번 조사가 끝날 때면 나는 그녀에게 감방에 돌아가서 뭔가 이야기하지 않은 게 떠오르는 대로 "적어두라"고 말했다. 그런 메모 중 많은 부분이 편지로 전달되었는데, 거의 12쪽 혹은 그 이상이었다. 증거 공표법에 따라 그런 내용은 전부, 내 조사 기록과 함께, 변호인 측도 확인할 수 있었다.

증인이 이야기하면 할수록, 일치하지 않는 부분이나 모순된 부분이 나올 가능성이 커지고, 이는 반대편에서 문제 삼을 요소가 된다. 어떤 법률가들은 그런 문제를 피하기 위해 조사 혹은 재판 전 발표를 최소화하려고 노력하기도 하지만, 내 전략은 정반대였다. 만약 증인이 거짓말한다면, 그가 증언대에 서기 전에 그 사실을 알고 싶었다. 린다 캐서비언과 50시간 이상을 보내면서, 나는 그녀 역시 다른 증인들과 마찬가지로 몇몇 세부 사항에 대해 확신이 없고, 다른 부분에서는 헷갈리는 것을 봤지만, 거짓말을 시도하는 모습은 한 번도 보지 못했다. 뿐만 아니라 자신이 확신할 수 없는 부분에 대해서는 그것을 인정했다.

세부 사항을 많이 덧붙이기는 했지만, 그 이틀 밤에 대한 린다 캐서비언의 이야기는 기본적으로 수전 앳킨스의 이야기와 같았다. 몇몇 놀라운 점이 있었는데, 그건 아주 큰 부분이었다.

린다와 이야기하기 전에는, 그녀가 단 한 건의 살인, 그러니까 스티븐 페어런트를 총으로 쏘는 것만 목격했다고 생각했다. 하지만 이제는 그녀가, 칼을 쳐든 채 마당을 가로질러 애비게일 폴저를 쫓아가는 케이티와, 죽을 때까지 보이텍을 찌르는 텍스의 모습도 목격했음을 알게 되었다.

또한 그녀는 라비앙카 부부가 살해되던 날, 맨슨이 세 건의 다른 살인을 시도했다고 내게 이야기했다.

# 5부
## "지금 누구를 처형하고 있는지 모르는 겁니까?"

"거짓 그리스도와 거짓 선지자들이 일어나 큰 표적과 기사를
보여 할 수만 있다면 택하신 자들도 미혹하리라……
그러면 사람들이 너희에게 말하되 보라
그리스도가 광야에 있다 하여도 나가지 말고……"

—「마태복음」 24장 24~26절

"사막에서 체포되기 직전에 우리 열두 제자와
찰리밖에 없었어요."

—패밀리 구성원, 루스 앤 무어하우스

"몇몇 사람에게 내가 예수 그리스도일지도 모른다고
몇 차례 암시했지만, 아직 내가 어떤 존재인지,
누구인지 정하지는 않았습니다."

—찰스 맨슨

## 1970년 3월

3월 8일 게리 플라이슈만 변호사와 열두 명 남짓 되는 LAPD 및 LASO 수사관들이 동석한 가운데, 나는 시빌 브랜드에서 린다 캐서비언을 만났다. 린다에게는 시간을 거슬러, 거의 7개월 전에 있던 믿기 힘든 그 밤으로 돌아가는 여행이었다.

첫 도착지는 시엘로 드라이브 10050번지였다.

1969년 6월 말, 밥 캐서비언이 뉴햄프셔의 어머니 집에 있는 린다에게 전화해 화해를 시도했다. 캐서비언은 친구인 찰스 멜턴과 함께 토팽가 캐니언의 트레일러에서 살고 있었다. 최근에 2만 달러를 물려받고, 그중 절반을 이미 써버린 멜턴은 남미 끝까지 차를 타고 가 배를 한 척 빌리고, 전 세계를 항해할 계획을 세우고 있었다. 그는 린다와 밥, 그리고 또 다른 부부 한 쌍에게 함께 가자고 했다.

린다는 본인의 딸 타냐와 함께 로스앤젤레스로 날아왔지만, 화해는 이루어지지 않았다.

1969년 7월 4일, 캐서린 셰어, 별칭 집시가 멜턴을 찾아왔다. 두 사람은 폴 왓킨스를 통해 만난 적이 있다. 집시는 린다에게 "찰리라는 이 아름다운 남자"와 패밀리 이야기를 하고, 스팬에서의 생활은 사랑과 아름다움, 그리고 평화뿐이라고 했다. 린다에게 그것은 "말하지 않은 기도에 대한 응답" 같았다. 린다 캐서비언의 조사는 녹음하지 않았다. 정확한 인용은 나의 조사 노트, 그녀의 재판 증언, 혹은 그녀가 내게 썼던 편지에서 가지고 왔다. 같은 날 린다와 타냐는 스팬으로 들어갔다. 그날 맨슨을 만나지는 못했지만, 패밀리의 다른 구성원 대부분은 만났고, 그들은 다른 이야기는 거의 하지 않았다. 그녀가 보기에 "그들은 그 사람을 숭배"하는 것이 분명했다.

그날 밤 텍스가 그녀를 작은 방으로 데리고 가 "극단적인 이야기, 아무것도 잘못된 것이 없고 모든 게 옳다는, 제가 이해할 수 없는 이야기들"을 했고, "그다음에 저랑 사랑을 나누었는데, 아주 이상한 경험이어서, 마치 귀신에 씐 것 같았거든요". 끝났을 때는 주먹을 너무 움켜쥐어서 손가락이 아플 정도였다. 집시는 나중에 린다가 겪은 것이 자아의 죽음이었다고 말했다.

사랑을 나눈 후 린다와 텍스는 대화를 했고, 린다는 멜턴의 유산 이야기를 했다. 텍스는 그 돈을 훔쳐야 한다고 말했다. 린다에 따르면, 그녀는 그렇게 할 수 없다고 했다(멜턴은 친구, 형제였다). 텍스는 그녀가 잘못된 일을 하는 게 아니며, 모든 것은 나누어 가져야 한다고 말했다. 다음 날 린다는 트레일러로 돌아가 5000달러를 훔친 다음, 그 돈을 레슬리 혹은 텍스에게 건넸다. 이미 자신이 가진 것은 모두 패밀리에 넘긴 상태였다. 거기 있는 여자들이 "당신 것이 우리 것이고, 우리 것이 당신 거예요"라고 말했다.

린다는 그날 밤 처음으로 찰스 맨슨을 만났다. 그에 대한 온갖 이야기를 들었던 그녀로서는 자신이 시험을 받는 듯한 느낌이 들었다. 그는 그녀가 왜 목장에 왔는지 물었다. 그녀는 남편에게 버림받았다고 했다. 맨슨이 손을 뻗어 그녀의 다리를 만졌다. "제 다리를 만져서 기분이 좋은 듯했어요." 린다가 기억을 떠올렸다. 그런 다음 그는 그녀에게 머물러도 좋다고 말했다. 사랑을 나누기 전에 그는 그녀가 아버지에 대한 강박을 가지고 있다고 말했다. 린다는 그의 통찰에 감탄했는데, 의붓아버지를 싫어했기 때문이다. 그녀는 맨슨이 자신의 속을 보고 있는 듯한 느낌이 들었다.

린다 캐서비언은 패밀리 구성원이 되었고, 쓰레기통 원정에 나서고, 남자들과 잠자리를 가지고, 가택에 무단침입하고, 비틀스와 헬터 스켈터, 바닥 없는 구멍에 대한 맨슨의 설교를 들었다. 찰리는 흑인들은 단합했지만 백인들은 그러지 못했다고 그녀에게 말했다. 하지만 그는 백인들을 단결시킬 방법을 알고 있다고 했다. 유일한 방법이었는데, 그것이 무엇인지 그녀에게는 말해주지 않았다.

그녀도 묻지 않았다. 처음 만났을 때부터 맨슨은 "이유는 묻지 마세요"라고 강조했다. 그의 말이나 행동이 그녀를 혼란스럽게 할 때면, 그녀는 그 말을 떠올렸다. 그가 즐겨 썼던 또 다른 격언은 "어떤 의미도 의미 없다"였다.

패밀리 전체는 "흑인에 대한 편집증"에 빠져 있었다고 린다는 말했다. 주말이면 조지 스팬이 말을 빌려주는 짭짤한 사업을 했다. 종종 손님들 사이에 흑인들이 있곤 했다. 맨슨은 그들이 팬더스 단원들이며, 패밀리를 염탐하기 위해 온 거라고 주장했다. 흑인들이 올 때마다 그는 젊은 여성들을 숨겼다. 밤이면 눈에 덜 띄기 위해 짙은 색 옷을 입어야 했고, 결국 맨슨은 무장 보초를 세우고 새벽이 올 때까지 목장을 순찰하게 했다.

서서히 린다는 찰스 맨슨이 예수 그리스도라는 확신을 갖게 되었다. 본인이 직접 말한 적은 없지만, 어느 날 그가 물었다. "내가 누구인지 모르겠습니까?"

그녀가 대답했다. "모릅니다, 제가 뭔가 알아야 하는 건가요?"

그는 대답하지 않고 그저 미소만 지어 보이며, 장난스럽게 그녀를 안고 춤을 추듯 돌았다.

하지만 그녀에게는 의심이 있었다. 어머니들은 본인의 아이들을 돌볼 수 없었다. 그들이 자신과 타냐를 떼어놓았다고 그녀는 설명했다. "제가 아이한테 심어준 자아를 죽이기 위해서였어요. 처음에는 저도 동의했어요. 딸이 자립하는 것도 좋겠다고 생각했거든요." 또한 그녀는 맨슨이 다이앤 레이크를 때리는 것을 몇 번이나 봤다. 그녀는 (보스턴의 아메리칸 사이키델릭 서커스부터 타오스 인근의 대지의 아들들까지) 많은 공동체에 있어봤지만, 이런 광경은 처음이었고, 그래서 찰리의 계명을 잊은 채 집시에게 이유를 물어보았다. 집시는 다이앤이 진정 매질을 원하고 있고, 찰리는 그에 따르는 것뿐이라고 말했다.

그 모든 의심을 압도하는 한 가지 사실이 있었다. 그녀가 찰스 맨슨과 사랑에 빠졌다는 것이다.

린다가 스팬 목장에 들어온 지 한 달 남짓 지난 1969년 8월 8일 금요일 오후, 맨슨이 패밀리에게 말했다. "지금이 헬터 스켈터를 실행할 때입니다."

린다가 거기서 멈췄다고 해도, 그 한 가지만 증언하고 다른 말은 없었다고 해도 그녀는 귀중한 증인이 됐을 것이다. 하지만 린다는 해줄 이야기가 훨씬 더 많았다.

그 금요일 저녁, 식사를 마치고 한 시간쯤 지나 일고여덟 명의 패밀리 구성원이 살롱 앞의 널빤지 길에 모여 있을 때, 맨슨이 밖으로 나왔다. 그는 텍스, 세이디, 케이티, 린다를 따로 부른 뒤 옷을 갈아입고 칼을 챙기라고 했다. 린다에게는 운전면허증도 준비하라고 했다. 나는 나중에 알게 됐지만, 린다는 패밀리 구성원 중 유일하게 유효한 면허증을 가지고 있었다. 메리 브루너도 면허증이 있었지만, 그녀는 그날 오후 수감 중이었다. 이것이 맨슨이 린다를 다른 사람들과 함께 보낸 이유 중 하나였을 거라고 나는 결론지었다. 그녀와 달리 나머지는 그와 1년 이상 함께 지내온 사람들이었다.

린다는 자신의 칼을 찾을 수 없었고(세이디가 가지고 있었다), 래리 존스에게서 하나 구했다. 손잡이가 망가져서 테이프로 교체했다. 브렌다가 막 린다의 면허증을 찾았고, 바로 그때 맨슨이 린다에게 말했다. "텍스와 함께 가서 뭐든 시키는 대로 하세요."

린다에 따르면 텍스, 케이티, 그리고 본인 외에 브렌다 매칸과 래리 존스도 맨슨이 명령을 내릴 때 그 자리에 있었다.

브렌다는 계속 골수 구성원으로 남았고, 법집행기구에 협조하지 않겠다고 했다. 래리 존스, 본명 로런스 베일리는 몸집이 작고 말라빠진 농장 일꾼으로, 늘 패밀리의 환심을 사려고 애썼던 인물이다. 하지만 존스는, 맨슨의 표현에 따르면, 흑인의 면모가 있었고, 린다는 찰스가 늘 존스를 무시하며, 그를 "백인 자지에서 떨어진 종자"라고 불렀다고 했다. 맨슨이 테이트 살인범들에게 지시를 내리는 자리에 존스도 있었기 때문에 그는 매우 중요한 증인이 될 수 있었다(린다 캐서비언의 증언을 확증하는 별도의 증언이 마련되는 셈이었다). 나는 LAPD에 존스를 데리고 오라고 했다. 그들은 찾지 못했다. 그래서 검찰 수사국에 임무를 넘겼고, 결국 존스의 소재를 파악했지만 그는 우리를 철저히 무시했다.

린다는 맨슨이 자신에게 텍스와 함께 가라고 지시한 후, 그들은 목장 일꾼 조니 슈워츠의 낡은 포드에 함께 올라탔다고 했다.

린다에게 각자 어떤 옷을 입었는지 물었다. 그녀는 확실치는 않다며, 세이디는 짙은 파란색 티셔츠와 데님 멜빵바지였고, 케이티의 복장도 비슷했으며, 텍스는 검은색 벨루어 터틀넥과 짙은 멜빵바지였던 것 같다고 말했다.

TV 제작진이 발견한 옷들을 보여주자, 린다는 일곱 점 가운데 여섯 점을 알아봤고, 흰색 티셔츠 하나만 모른다고 했다. 논리적으로 추정하자면, 그 옷은 다른 셔츠 안에 입었기 때문에 못 본 것일 수도 있었다.

신발은 어땠을까? 내가 물었다. 여성들은 모두 맨발이었던 것 같다고 그녀는 말했다. 그리고 확신할 순 없지만, 텍스는 카우보이 부츠를 신었던 것 같다고 했다.

테이트 살인 사건 현장에서는 피 묻은 발자국이 많이 발견되었다. LAPD 소속 사람들의 것을 제외하고 두 개가 미확인 발자국으로 밝혀졌다. 부츠 뒷굽과 맨발 자국이었고, 이는 린다의 기억을 뒷받침하는 것이다. 다시 한번, 수전 앳킨스와 마찬가지로, 린다의 증언에 대한 별도의 확증이 절실히 필요했다.

수전에게 했던 질문(그날 밤 그들 중 누군가가 마약을 했는가)을 했고, 같은 답을 들었다. 아니었다.

텍스가 차량을 출발시킬 때 맨슨이 말했다. "잠깐" 혹은 "기다리세요". 그가 조수석 창문으로 몸을 기울인 채 말했다. "표시를 남기세요. 여성분들 뭘 써야 하는지 알죠, 뭔가 사악한 걸로."

텍스가 린다에게 칼 세 자루와 총 한 자루를 건네며, 천으로 싸서 차 바닥에 두라고 했다. 경찰 검문을 받으면, 그대로 밖으로 던져버리라고 텍스는 말했다.

린다는 22구경 롱혼 리볼버도 확인해주었다. 다만 손잡이 부분이 온전했고, 총신도 휘지 않았다고 했다.

린다에 따르면 텍스는 어디로 가는지, 무슨 일을 할 예정인지 말해주지 않았다. 하지만 그녀는 또 한 번의 가택침입 임무일 거라고 짐작했다. 텍스는 자신이 그 집에 가봤고 배치를 알고 있다고 말했다.

보안관 차량을 타고 시엘로 드라이브로 가는 동안, 린다는 텍스가 10050번지 철문 앞에서 차를 돌리고 전신주 옆에 주차했던 자리를 알려주었다. 그런 다음 커다란 빨간색 철사 절단기를 뒷자리에서 꺼내들고 전신주에 올라갔다. 철사 절단기가 맨슨의 개인 사막용 사륜구동차에서 발견되었기 때문에, 그녀의 확인은 해당 절단기가 패밀리뿐 아니라 맨슨과도 연관되어 있음을 밝히는 것이었다. 나는 특히 그 증거가 반가웠지만, 그 연관성은 이내 말 그대로 절단나고 만다.

텍스가 차로 돌아오고, 그들은 언덕 아래로 내려가 주차했다. 네 사람은 무기와 여분의 옷을 챙긴 채 은밀히 철문이 있는 곳으로 돌아왔다. 텍스는 흰색 끈도 꺼내서 어깨에 걸쳤다.

린다와 내가 보안관 차량에서 내려 시엘로 드라이브 10050번지 철문으로 다가가자, 루디 앨토벨리가 키우는 커다란 개 두 마리가 사납게 짖기 시작했다. 린다가 갑자기 흐느꼈다. "왜 우는 거죠, 린다?" 내가 물었다.

개들을 가리키며 그녀가 말했다. "왜 저 개들이 그날 밤에는 없었던 걸까요?"

린다가 철문 오른쪽, 자신들이 경사면을 올라가 담장을 넘었던 자리를 가리켰다. 반대편으로 내려갈 때, 진입로에서 갑자기 한 쌍의 전조등이 나타났다. "엎드리고 조용히 해", 텍스가 명령을 내렸다. 그가 튀어오르며 자동차를 향해 달려갔고, 차는 철문 개폐장치 근처에서 멈췄다. 린다는 남자 목소리를 들었다. "제발 해치지 마세요, 아무 말도 안 하겠습니다." 그런 다음 텍스가 열린 차창 안으로 총을 넣는 게 보였고, 네 발의 총성이 들렸다. 그녀는 남자가 운전석에 쓰러지는 것도 보았다.

(여기서 나는 뭔가 혼란스러웠고, 지금도 그렇다. 총상 외에 스티븐 페어런트에게는 왼손 손목에서 손바닥까지 방어흔이 있었다. 손목시계 줄뿐만 아니라 힘줄까지 끊어졌다. 분명 페어런트는 방어를 위해 열린 차창 쪽에 가깝게 있던 왼손을 들어올렸다. 타격이 너무 커서 손목시계가 뒷좌석까지 날아갈 정도였다. 따라서 텍스는 한 손에 칼을, 다른 손에 총을 든 채 차량에 다가갔고, 먼저 페어런트를 벤 후 총을 쐈던 것으로 보인다. 하지만 수전과 린다 모두 이 시점에 텍스가 칼을 들고 있는 것은 보지 못했고, 그가 칼을 휘두른 것도 기억하지 못했다.)

린다는 텍스가 차에 타고 전조등과 시동을 끄는 것을 봤다. 그런 다음 그는 차를 진입로 위로 밀며, 다른 이들에게도 따라오라고 했다.

총소리를 들은 린다는 충격에 빠졌다고 말했다. "머리가 텅 비었어요. 제 몸을 의식하며 본채 쪽으로 걸었습니다."

진입로를 올라가면서, 나는 린다에게 그날 밤에는 어느 등들이 켜져 있었느냐고 물었다. 그녀는 차고 옆의 벌레 퇴치등과 담장의 크리스마스트리 전구를 가리켰다. 작은 세부 사항이지만, 린다가 신문에서 읽은 것을 바탕으로 이야기를 꾸며낸 거라고 변호사가 주장할 경우에 대비해서는 중요한 점이었다. 이 부분은, 내가 수집한 다른 수많은 세부 사항과 마찬가지로 언론에 노출되지 않은 내용이기 때문이다.

본채에 다가갈수록 린다가 몸을 떨며 그녀의 팔에 소름이 돋는 것을 볼 수 있었다. 날씨가 춥지는 않았지만, 린다는 임신 9개월 상태였던 터라 나는 코트를 벗어 그녀의 어깨에 걸쳐주었다. 하지만 우리가 저택에 있는 내내 그녀는 계속 몸을 떨었고, 종종 뭔가를 가리키면서 울음을 터뜨리기도 했다.

그날 밤 본채에 도착했을 때 텍스가 린다에게 집 뒤쪽으로 돌아가 열린 창문이나 문이 있는지 확인해보라고 시켰다. 그녀는 일일이 확인해보진 않았지만, 모두 잠겨 있다고 전했다. (열려 있던 육아실 창문을 그냥 지나친 것은 이렇게 설명되었다.) 그런 다음 텍스는 정면 쪽 창문의 가림막을 칼로 찢었다. 실제 가림막은 그 후 교체되었지만, 린다는 정확한 창문을 가리켰다. 또한 그녀는 칼질을 가로로 냈다면서 실제와 일치하게 말했다. 텍스는 그녀에게 진입로에 있는 차로 돌아가 기다리라고 했다.

린다는 시키는 대로 했다. 1, 2분 후 케이티가 돌아와 린다에게 칼(손잡이에 테이프를 감은 칼이었다)을 달라고 했고, "소리를 잘 들어봐"라고도 말했다.

몇 분 후 린다는 본채에서 흘러나오는 "끔찍한 소리"를 들었다.

"안 돼, 안 돼, 안 돼"라는 남자의 신음이 들렸다. 비명이 계속되고, 중간중간 다른 목소리도 들렸다. 목숨을 살려달라고 간청하는 남성과 여성의 목소리였다.

린다는 "벌어지고 있는 일을 멈추고" 싶었기 때문에 "본채 쪽으로 달리기 시작"했다고 말했다. 보도에 도착했을 때 "한 남자가 있었어요. 키 큰 남자가 막 문밖으로 나와서 휘청거렸는데, 얼굴이 온통 피범벅인 채로 기둥 옆에 서 있었습니다. 얼마간 저랑 눈이 마주쳤는데, 얼마나 길었는지는 모르겠지만, 제가 '세상에, 너무 죄송해요'라고 말했거든요. 그러다가 그 남자가 덤불에 쓰러졌습니다.

그때 세이디가 집에서 뛰어나오길래 제가 말했어요, '세이디, 제발 그만해요! 사람들이 오고 있어!' 사실이 아니었지만, 저는 그 일을 멈추고 싶었거든요. 세이디가 '너무 늦었어'라고 말했어요".

수전은 자기 칼을 잃어버렸다고 불평하면서 다시 집 안으로 들어갔다. 린다는 계속 밖에 있었다. (이전에 수전이 내게, 그리고 대배심에서, 린다는 집 안으로 들어가지 않았다고 말했다.) 돌아선 린다는 머리색이 짙고 흰색 가운을 입은 여성이 잔디밭을 가로질러 달려가는 것을 보았다. 케이티가 칼을 치켜든 채 그 여성의 뒤를 쫓았다. 어찌 된 일인지, 키 큰 남성이 포치 옆의 덤불에서 휘청거리며 나와 잔디밭에서 다시 쓰러졌다. 린다는 텍스가 뭔가로(총인 것 같았지만 확실치 않았다) 남성의 머리를 때리고, 바닥에 쓰러진 남성의 등을 반복해서 찌르는 것을 봤다.

(여러 장의 사진을 본 후 린다는 키 큰 남성이 보이텍 프라이코프스키,

짙은 머리의 여성은 애비게일 폴저임을 확인했다. 프라이코프스키의 부검 보고서를 보니 51개의 자상 중 5개가 등에 난 것이었다.)

린다는 돌아서서 진입로를 달려 내려갔다. 5분쯤 지난 듯했고, 그녀는 철문 옆의 덤불에 몸을 숨겼다가, 다시 담장을 넘고 시엘로 드라이브를 달려 포드를 세워둔 곳으로 돌아왔다.

문. "왜 집들 중 하나에 들어가 경찰에 신고하지 않았습니까?" 내가 린다에게 물었다.

답. "처음 든 생각은 '하나님 도와주세요!'였어요. 그러다가 어린 딸이 떠올랐습니다, 걔는 [목장에] 찰리와 함께 있었거든요. 제가 어디 있는지, 어떻게 그곳에서 벗어날 수 있을지 아무것도 생각할 수 없었어요."

차에 올라 시동을 켜려고 할 때 "어느샌가 그들이 나타났어요. 모두 피범벅이더라고요. 좀비처럼 보였어요. 텍스가 시동을 끄고 내리라고 소리쳤습니다. 눈빛이 너무 끔찍했어요". 린다는 조수석으로 자리를 옮겼다. "그다음엔 텍스가 세이디를 몰아붙이며, 칼을 잃어버리면 어떡하냐고 소리쳤습니다."

텍스가 22구경 리볼버를 두 사람 사이에 내려놓았다. 린다는 손잡이 부분이 파손된 것을 보았고, 텍스는 남성의 머리를 때릴 때 망가졌다고 했다. 세이디와 케이티는 사람들과 싸울 때 상대가 머리칼을 잡아당기는 바람에 머리가 아프다고 불평했다. 또한 세이디는 키 큰 남자가 자기 머리를 때렸고 "그 여자"(샤론을 말하는 건지 애비게일을 말하는 건지 확실치 않았다)는 어머니 이름을 부르며 울었다고 말했다. 케이티는 손이 아프다며, 상대를 찌를 때 계속 뼈에 닿았고, 칼 손잡이가 정상이 아니라서 손에 멍이 들었다고 덧붙였다.

문. "당신은 어떤 느낌이었습니까, 린다?"

답. "충격을 받은 상태였습니다."

문. "다른 사람들은요, 그들은 어땠습니까?"

답. "그 모든 게 게임인 양 행동했습니다."

텍스, 세이디, 케이티는 차를 타고 이동하면서 옷을 갈아입었고, 린다가 텍스를 대신해 핸들을 잡았다. 린다 본인에게는 피가 묻지 않았기 때문에 갈아입지 않았다. 텍스가 피를 씻어낼 곳을 찾아야 한다고 말하며, 베니딕트 캐니언에서 벗어나 테이트 저택에서 멀지 않은 작은 거리로 접어들었다.

호스와 관련된 린다의 설명은 수전 앳킨스, 그리고 루돌프 웨버의 설명과 일치했다. 웨버의 집은 테이트 저택에서 2.9킬로미터 떨어진 곳이었다.

거기서 텍스는 다시 베니딕트 캐니언을 타고 시골풍의 어두운 언덕길을 달렸다. 도로 옆의 비포장 갓길에 차를 세운 다음 텍스, 세이디, 케이티가 린다에게 자신들의 피 묻은 옷을 넘겼고, 텍스는 그것들을 한 뭉치로 말아 언덕 아래로 버리라고 지시했다. 어두웠기 때문에 어디에 떨어졌는지는 볼 수 없었다.

차를 세운 다음 텍스가 린다에게 칼에서 지문을 닦고, 차창 밖으로 버리라고 말했다. 그녀는 시키는 대로 했다. 첫 번째 칼은 도롯가에 떨어졌고, 몇 초 후에 던진 두 번째 칼은 연석에 부딪혔다가

도로 위로 떨어졌다. 뒤돌아보니, 칼은 도로 위에 놓여 있었다. 린다는 몇 분 후 자신이 총도 버렸다고 생각했지만, 확실치는 않았다. 텍스가 버렸을 수도 있다.

얼마간 차를 타고 이동한 후 주유소에 차를 세웠다(린다는 거리 이름을 기억하지 못했다). 케이티와 세이디가 차례로 화장실에 가 몸에 묻은 피를 마저 씻어냈다. 그런 다음 그들은 스팬 목장으로 돌아왔다.

린다는 시계를 가지고 있지 않았지만 새벽 2시쯤 됐을 거라고 짐작했다. 찰스 맨슨은 그들이 출발했을 때와 같이 널빤지 길에 서 있었다.

세이디가 차 외관에 피가 묻었다고 말했고, 맨슨은 여성들을 시켜 헝겊과 스펀지로 차량 안팎을 닦게 했다.

그런 다음 맨슨은 그들에게 숙소로 들어가라고 했다. 브렌다와 클렘은 이미 들어가 있었다. 맨슨이 텍스에게 어땠냐고 물었다. 텍스는 대공황 상태였고, 진짜 엉망진창이었고, 온갖 곳에 사람들이 쓰러졌고, 모두 죽었다고 말했다.

맨슨이 네 사람에게 물었다. "후회됩니까?" 모두 고개를 저으며 "아니요"라고 말했다.

린다는 후회했다고 내게 말했다. 하지만 찰리에게 그렇게 인정할 수는 없었다. "목숨을 잃을까봐 두려웠거든요. 그 사람 눈에서 내가 어떤 느낌인지 알고 있다는 걸 볼 수 있었어요. 그 느낌은 그의 방식에 어긋나는 것이니까요."

맨슨이 말했다. "가서 주무시고 다른 사람들에겐 아무 말도 하지 마세요."

린다는 거의 종일 잤다. 세이디가 트레일러에 가보라고, TV 뉴스가 나오고 있다고 이야기한 것은 거의 해질녘이었다. 텍스를 본 기억은 없지만, 그 자리에는 세이디, 케이티, 바버라 호이트, 그리고 클렘이 있었다.

큰 뉴스였다. 처음으로 린다는 피해자들의 이름을 들었다. 그중 한 명인 샤론 테이트가 임신 중이었다는 사실도 알게 되었다. 린다 본인의 임신 사실을 안 것도 불과 며칠 전이었다.

"뉴스를 보는 동안 머릿속으로 계속 이렇게 말했어요. '왜 저런 짓을 했을까?'라고요." 린다가 말했다.

테이트의 저택을 나선 후 나는 린다에게 그들이 지났던 길을 알려달라고 했다. 그녀는 옷을 버리기 위해 차를 세웠던 갓길은 찾아냈지만, 텍스가 베니딕트 캐니언에서 벗어났던 위치는 찾지 못했다. 나는 운전을 맡은 보안관서 부관에게 곧장 포르톨라로 가자고 했다. 일단 도로에 접어들자 린다는 금세 9870번지를 알아보고 집 앞에 있는 호스를 가리켰다. 9870번지는 루돌프 웨버의 집이었다. 그녀는 자신들이 주차했던 자리도 가리켰다. 웨버가 알려준 자리와 같았다. 그의 주소는 물론, 그를 찾아냈다는 정보 자체가 신문에는 나오지 않았다.

베니딕트로 돌아와 린다가 칼을 버린 장소를 찾고 있을 때 부관들 중 한 명이 말했다. "일행이 생겼네요."

　차창 밖을 보니 채널 2 제작진이 우리를 따라오고 있었다. 그들이 거기 있었던 게 우연일 수도 있지만, 나는 의심이 들었다. 우리가 린다를 데리고 나왔다는 정보를 감옥이나 법원에 있는 누군가가 언론에 흘렸을 가능성이 더 컸다. 이 단계에서 린다 캐서비언이 검찰 측 증인이 될 거라는 사실을 아는 사람은 몇 명밖에 없었다. 나는 최대한 그 점을 비밀로 유지하려고 했다. 린다를 라비앙카 저택이나 다른 곳에도 데리고 가고 싶었지만, 이제 그 일은 미뤄야만 했다. 사람들이 알아볼 수 없게 린다에게 고개를 돌리라고 한 다음, 전속력으로 시빌 브랜드로 돌아가자고 기사에게 말했다.

　일단 고속도로에 오른 다음에는 TV 제작진을 따돌리려 했지만 성공하지 못했다. 그들은 내내 우리를 촬영했다. 맥 세넷\*이 나오는 코미디 같았지만, 언론이 경찰을 쫓는 것만 달랐다.

　린다가 감옥으로 돌아간 후 나는 맥간 경사에게 경찰학교 생도나 보이스카우트 단원들을 소집해, 칼을 찾는 작업을 하라고 했다. 린다의 증언을 통해 옷들을 버린 지점과 스티븐 와이스의 아들이 총을 발견한 경사면 사이, 3.6킬로미터가 채 안 되는 그 사이에 칼들이 있으리란 것을 알 수 있었다. 또한 우리는 린다가 뒤돌아 칼들 중 하나가 도로 위에 떨어져 있는 것을 봤기 때문에, 그 주변엔 어떤 형

---

\* 20세기 초반 미국의 유명 코미디언.

태든 조명이 있었다는 것도 알게 되었다. 이는 또 다른 단서였다.

이튿날인 3월 4일, 집시가 다시 플라이슈만의 사무실을 찾았다. 그녀는 플라이슈만의 법률 회사 동료 로널드 골드먼이 함께 있는 자리에서 "린다가 증언을 하면, 서른 명쯤 되는 사람이 무슨 짓을 벌일 것"이라고 말했다.

나는 이미 시빌 브랜드의 보안 상태를 점검했다. 아기가 태어날 때까지 린다는 의무실 근처 독방에서 지내고 있었다. 다른 수감자들과의 접촉은 없었고, 보안관서 부관들이 식사를 갖다주었다. 하지만 출산 후에는 다시 개방된 기숙사형 감방을 배정받고, 거기서 세이디, 케이티, 혹은 레슬리의 위협을 받거나 살해될 수도 있었다. 나는 카펜터 소장에게 다른 식의 배정이 가능한지 문의해봐야겠다고 메모했다.

리처드 카바예로 변호사는 불가피한 상황을 미룰 수 있었지만, 피할 수는 없었다. 수전 앳킨스와 찰스 맨슨의 면회는 3월 5일 로스앤젤레스 카운티 감옥에서 이루어졌다. 현장에 동석한 카바예로는 나중에 다음과 같이 증언했다. "두 사람이 가장 먼저 확인한 것은 상대가 린다 캐서비언을 만났는지 여부였습니다." 어느 쪽도 만나지 못했고, 두 사람 다 계속 노력하기로 했다.

맨슨이 수전에게 물었다. "가스실이 두렵습니까?"

수전은 이를 드러내고 웃으며 아니라고 대답했다.

순간, 카바예로는 자신의 의뢰인을 잃어버렸음을 확실히 깨달았다.

수전과 찰리는 한 시간쯤 이야기를 나눴지만, 카바예로는 둘의 대화 내용을 흐릿하게만 기억했다. "어느 시점부터 두 사람은 알아듣지 못할 소리, 혹은 은어로 말했고, 그때부터 나는 따라갈 수 없었습니다."

하지만 두 사람이 주고받는 표정이 모든 것을 말해주었다. 그건 "즐거운 귀향" 같았다. 세이디 매 글루츠가 거부할 수 없는 찰스 맨슨에게 돌아간 것이다.

그녀는 다음 날 카바예로를 해임했다.


3월 6일, 맨슨이 법정에 출두해 몇몇 새로운 요청을 했다. 그중 하나는 "재판을 담당한 지방검사보를 제가 겪은 것과 같은 기간 동안 구금할 것……"이었다. "본인의 변호를 준비하기 위해 필요하다고 여겨지는 곳은 어디든 자유롭게 다닐 권리"를 요구하기도 했다.

더 많은 요청이 있었고 킨 판사는 맨슨의 "기이한" 요구에 "경악"했다고 말했다. 킨은 맨슨의 "말도 안 되는" 요청에서 수많은 '발설 금지령' 위반 사례까지 파일 전체를 검토했다. 또한 그는 맨슨이 다시 법원에 모습을 드러내기 전에 루카스 판사 및 델 판사와 그의 행동에 대해 논의했고, "내가 보기에는 당신이 자신을 스스로 변호할 능력이 없다는 것이 너무나 분명하다"고 결론지었다.

맨슨은 분노에 차서 소리쳤다. "저뿐만 아니라 이 법정도 재판을 받을 겁니다!" 그리고 판사에게 말했다. "가서 손을 씻으세요. 당신은 더럽습니다."

법원, "맨슨 씨, 이로써 스스로에 대한 당신의 변호사 지위는 박탈되었습니다."

맨슨의 강한 반발이 있었지만, 킨 판사는 로스앤젤레스 형사변호사협회의 전임 회장 찰스 홀로피터를 맨슨의 등재 변호사로 지정했다.

"여러분이 나를 죽일 수는 있습니다", 맨슨이 말했다. "하지만 내게 변호사를 붙일 순 없습니다. 받아들이지 않겠습니다."

킨은 맨슨이 직접 변호사를 선택한다면, 홀로피터를 교체해달라는 요청을 고려해보겠다고 말했다. 나는 홀로피터의 명성을 알고 있었다. 그 변호사가 찰리에게 아첨할 일은 전혀 없을 테고, 아마 한 달 정도 버틸 듯싶었다. 내가 너무 관대했다.

의사 진행 막바지에 맨슨이 소리쳤다. "이 법정에는 하나님이 안 계십니다!" 마치 그것이 신호라도 되는 양 패밀리 구성원들이 자리에서 일어나 킨 판사에게 외쳤다. "당신은 법을 모욕하고 있어! 당신은 가짜야!" 판사는 그들 중 세 명(집시, 샌디, 마크 로스)에게 모욕죄를 적용하고, 카운티 감옥에서 5일 구류형을 선고했다.

수감 전 샌디의 소지품을 검사하자, 여러 물품 사이에 벅사의 칼이 있었다.

이 사건 후 로스앤젤레스 형법 재판소의 보안을 담당하고 있는 보안관서 부관들은, 방청객이 법정에 입장하기 전에 몸수색을 실시했다.

3월 7일, 린다 캐서비언이 병원에 후송되었다. 이틀 후 남자아이가 태어났고, 그녀는 에인절이라는 이름을 지어주었다. 13일에 감옥으로 돌아왔다. 아이는 함께 오지 않았는데, 린다의 어머니가 뉴햄프셔로 데리고 간 것이다.

그사이 나는 카펜터 소장과 상의했고, 그는 린다를 이전의 의무실 근처 독방에 그대로 두는 것에 동의했다. 방은 내가 직접 확인했다. 작은 방이었고, 가구는 침대와 변기, 세면대, 그리고 작은 의자와 책상이 전부였다. 깨끗했지만 황량했다. 그보다 훨씬 더 중요한 점은, 안전하다는 것이었다.

나는 며칠에 한 번씩 맥간에게 전화했다. 아니, 그는 아직 칼을 찾는 수색 작업을 하지 않고 있었다.

3월 11일, 수전 앳킨스는 리처드 카바예로의 해임을 정식으로 요청한 후, 그 자리에 데이 신을 지정해줄 것을 요구했다.

신이라면 맨슨이 인디펜던스에서 소환된 후 가장 먼저 연락했던 변호사들 중 한 명이었고, 몇몇 문제와 관련해 그의 대리인 역할을 했으며, 이미 40회 이상 면회하기도 했다. 킨 판사는 이해 충돌의 여지가 있을 수 있다고 생각했다.

신은 부인했다. 그러자 킨은 수전에게 그녀의 공동 피고와 밀접한 관련이 있는 변호사를 지정했을 때 발생할 수 있는 위험을 알렸다. 수전은 상관없다고, 신을 원한다고 했다. 킨은 교체를 허용했다.

나는 그때까지 신을 만난 적이 없었다. 마흔 살 정도였고, 한국 태생이었다. 언론에 따르면 맨슨 변호에 관여하기 전에 그의 주된 활동 분야는 서던캘리포니아의 가정에 멕시코인들을 알선하는 것이었다.

법원을 나서며 신은 기자들에게 수전 앳킨스는 "대배심에서 했던 이야기를 모두 부인할 것"이라고 말했다.

3월 15일, 우리는 린다 캐서비언을 다시 데리고 나왔다. 이번에는 눈에 띄는 보안관서 차량이 아니라, 표시 없는 경찰 차량을 사용했다.

나는 린다와 함께 라비앙카 부부가 살해되던 날 밤에 범인들이 움직였던 길을 따라가보고 싶었다.

그날(1969년 8월 9일 토요일) 저녁 식사 후, 린다와 패밀리 구성원 몇 명이 목장의 주방 앞에 서 있었다. 맨슨은 린다, 케이티, 레슬리를 따로 불러내서는, 옷을 갈아입고 숙소에서 자신을 보자고 했다.

이번에 그는 린다에게 칼 이야기를 하진 않았지만, 운전면허증은 다시 챙기라고 했다.

"저는 그냥 그 사람을 쳐다보면서, 아시겠지만, 눈으로 간청했어요, 저는 보내지 말라고요, 왜냐하면", 린다가 말했다. "다시 나가는 거고, 같은 일이 벌어지리라는 걸 알았으니까요. 하지만 무서워서 아무 말도 못 했습니다."

"지난밤은 너무 엉망이었습니다", 맨슨이 숙소에 모인 일행에게 말했다. "이번에는 내가 직접 어떻게 하는지 보여주겠습니다."

텍스는 전날 밤 사용했던 흉기들이 효율적이지 않았다고 불평했다.

린다는 숙소에서 칼 두 자루를 발견했고, 그중 하나는 스트레이트 세이튼스의 검이었다. 누군가 그 칼들을 집어드는 것은 보지 못했지만, 나중에 차량 앞좌석 밑에 세이튼스의 칼과 그보다 작은 칼 두 개가 놓여 있었다. 디칼로를 조사할 당시, 그는 이 무렵의 어느 날 밤 그 칼이 나와 있는 것을 본 적이 있다고 했다.

다시 한번 일행은 슈워츠의 포드에 올라탔다. 이번에는 맨슨 본인도 운전석의 린다 옆에 앉았고, 클렘은 조수석에, 텍스, 세이디, 케이티와 레슬리는 뒷좌석에 비좁게 앉았다. 모두 짙은 색 옷을 입고 있었고, 클렘만 예외로 황록색 필드재킷 차림이었다. 맨슨은 종종 그랬던 것처럼 목에 가죽끈을 두르고 양 끝을 가슴뼈 앞에서 하나로 묶은 모습이었다. 나는 린다에게 그런 가죽끈을 걸친 사람이 또 있었냐고 물었다. 그녀는 없었다고 했다.

출발 전에 맨슨이 브루스 데이비스에게 돈을 조금 달라고 했다. 디칼로가 패밀리의 총기를 관리했던 것처럼, 데이비스는 일행의 감사관처럼 훔친 신용카드나 위조 신분증 등등을 담당했다.

차량이 출발하고, 맨슨은 그날 밤은 두 팀으로 나눠 각자 다른 집을 맡을 거라고 했다. 먼저 한 팀을 내려준 후, 자신은 두 번째 팀과 함께 갈 예정이었다.

주유를 위해 차를 세웠을 때(신용카드가 아니라 현금을 사용했다), 맨슨은 린다에게 운전대를 맡겼다. 린다를 조사하며, 나는 맨슨이 (오직 맨슨만이) 어디로 갈지, 무엇을 해야 할지 지시했다는 것을 확실히 할 수 있었다. 텍스 왓슨이 뭔가를 지시한 적은 한 번도 없었다고 그녀는 말했다. 찰리가 완벽히 지휘하고 있었다.

맨슨의 지시에 따라, 린다가 고속도로를 타고 패서디나까지 운전했다. 고속도로에서 벗어난 후에는 그가 길을 너무 많이 바꿔서 그녀는 자신들이 어디에 있는지 확신할 수 없었다. 마침내 그가 어떤 집 앞에 차를 세우라고 했는데, 린다는 현대식 일층짜리 중산층 주택이었다고 했다. 그곳은 수전 앳킨스의 증언처럼, 맨슨이 내렸다가 나머지 일행에게 주변을 한 바퀴 돌아보게 한 후 다시 차를 탔던 집이었다. 창문으로 봤더니 아이들 사진이 있어서, 그 집은 "하고" 싶지 않았다고 했던, 하지만 앞으로는 아이들까지 죽여야 할 수도 있다고 덧붙였던 집이었다. 린다의 설명도 본질적으로는 수전의 증언과 같았다.

패서디나 일대를 돌아본 후 맨슨이 다시 운전대를 잡았다. "집들, 멋진 집, 부잣집과 나무가 많은 언덕을 올라가기 시작했던 게 기억납니다. 꼭대기까지 올라갔다가 차를 돌려서 어떤 집 앞에서 멈췄어요." 린다는 일층 주택인지 이층 주택인지는 기억나지 않지만 큰 집이었다고 했다. 하지만 맨슨은 집들이 너무 붙어 있다고 했고, 그들은 그곳을 떠났다.

잠시 후 맨슨이 어떤 교회를 발견했다. 교회 옆 주차장에 차를 세운 후 그가 다시 내렸다. 린다는 그가 목사나 신부를 "잡겠다"는 말을 한 것 같지만, 완전히 확신할 수는 없었다.

하지만 몇 분 후 돌아온 그는 교회 문이 잠겨 있다고 했다.

수전 앳킨스는 설명에서 교회에 대한 언급을 빼먹었다. 이 이야기는 린다 캐서비언에게서 처음 듣는 것이었다.

맨슨은 다시 린다에게 운전을 시켰지만, 그가 알려준 길이 너무 복잡해서 이내 위치를 알 수 없게 되었다. 나중에, 바다 쪽에서 선셋 대로를 다시 탔을 때, 수전 앳킨스가 빼먹은 또 다른 사건이 벌어졌다.

자신들 앞의 흰색 스포츠카 한 대를 발견한 맨슨이 린다에게 말했다. "다음 신호등에 걸리면 저 차 옆으로 붙이세요. 내가 운전수를 죽일 겁니다."

린다는 차를 스포츠카 옆에 멈췄지만, 맨슨이 뛰쳐나가는 순간 신호가 녹색으로 바뀌고 스포츠카는 멀어졌다.

또 한 명의 잠재적인 피해자는, 지금까지도 자신이 얼마나 죽음에 가까이 있었는지 모르고 있다.

이때까지 일행은 완전히 무작위로 돌아다녔고, 맨슨이 특정한 피해자를 염두에 두고 있었던 것으로 보이지는 않는다. 나중에 내가 배심원에게 주장하듯이, 이때까지는 거대하고 넓게 퍼진 인구 700만 명의 대도시에서 누구도, 집에 있든, 교회에 있든, 심지어 자동차 안에 있든 상관없이, 죽음과 피와 살인에 대한 맨슨의 채울 수 없는 갈망으로부터 안전했다.

하지만 스포츠카 사건 이후로 맨슨의 지시는 대단히 구체적이었다. 그는 린다에게 그리피스 공원에서 멀지 않은 로스앤젤레스 로스 펠리스 구역으로 가자고 했고, 주택 지역의 어느 집 앞에서 차를 세우라고 했다.

린다는 그 집을 알아봤다. 1968년 6월 남편과 함께 시애틀에서 타오스까지 차를 타고 가다 로스앤젤레스에 들른 적이 있었다. 친구 한 명이 메스칼린 파티가 열리는 그 집(웨이벌리 드라이브 3268번지)에 데리고 왔었다. 그 집에 살던 남성들 중 한 명의 이름이 해럴드였다고 그녀는 기억했다. 이 사건에 넘쳐나는 많은 우연의 일치에 또 하나가 추가되었다. 패밀리 구성원 중 누구도 해럴드 트루의 집에 와본 적 없었던 시기에, 린다는 와본 적이 있었던 것이다.

린다가 물었다. "찰리, 저 집을 하려는 건 아니죠? 그렇죠?"

맨슨이 대답했다. "아닙니다, 그 옆집입니다."

다른 사람들에게 차에 남아 있으라고 한 후 맨슨이 내렸다. 린다는 그가 벨트에 뭔가 끼워넣는 것을 알아차렸지만, 정확히 뭐였는지는 보지 못했다. 그녀는 맨슨이 진입로를 따라 올라가다 굽은 길을 돌아 사라질 때까지 지켜봤다.

확실치는 않지만, 나는 맨슨이 총을 가지고 있었을 거라고 짐작했다.

로즈메리와 레노 라비앙카에게는, 자신들의 죽음으로 끝이 날 공포의 시작이었다.

린다는 시간이 새벽 2시쯤이었다고 생각했다. 10분쯤 뒤 맨슨이 자동차로 돌아왔다.

나는 린다에게 그가 여전히 목에 가죽끈을 두르고 있었는지 물었다. 그녀는 그때는 알아차리지 못했지만, 그날 밤 늦은 시간에는 분명 가죽끈이 없었다고 말했다. 나는 레노 라비앙카의 손목을 묶었던 가죽끈을 보여주었고, 그녀는 맨슨이 목에 두르고 있던 것과 "같은 종류"라고 했다.

맨슨은 텍스, 케이티, 레슬리에게 갈아입을 옷을 챙겨 차에서 내리라고 했다. 그들이 첫 번째 팀이 되는 것임이 분명했다. 린다는 대화를, 전부는 아니지만, 엿들었다. 맨슨은 세 사람에게 집 안에 사람이 둘 있다고, 자신이 그들을 묶어두었으니 모든 게 괜찮을 거라고, 두려워할 것 없다고 말했다. 또한 그는 텍스, 케이티, 레슬리에게 전날 밤처럼 사람들이 무서워하면서 공황에 빠지는 일은 없도록 하라고 지시했다.

라비앙카 부부는 소름 끼치는 두려움을 느꼈다가, 찰스 맨슨의 언변에 안심했고, 그다음엔 도살당할 상태가 된 것이다.

나머지 대화를 린다는 조각조각만 들을 수 있었다. 맨슨이 세 사람에게 두 명을 죽이라고 구체적으로 명령하는 것은 듣지 못했다. 그들이 무기를 들고 가는 것도 보지 못했다. 맨슨이 "여러분이 자기들을 죽이리라는 건 모르게 하세요"라고 말하는 건 들었다. 그리고 일을 마친 후에는 차를 얻어 타고 목장으로 돌아오라고 지시하는 것도 확실히 들었다.

삼인조가 집을 향해 다가가고, 다시 차에 탄 맨슨은 린다에게 여성 손가방을 건네며 지문을 닦고 잔돈은 모두 꺼내라고 말했다. 열어보니 운전면허증이 있었고, 머리칼이 짙은 여성 사진이 붙어 있었다. 그녀는 여성의 이름이 "로즈메리"였고, 성은 "멕시코 혹은 이탈리아 성"이었다고 기억했다. 신용카드 여러 장과 여성용 시계도 있었다고 기억했다.

손가방 색깔이 뭐였냐고 묻자, 그녀는 빨간색이었다고 했다. 실제로는 갈색이었다. 또한 그녀는 잔돈을 모두 꺼냈다고 주장했지만, 그 손가방이 발견되었을 때 안쪽 주머니에는 동전들이 조금 남아 있었다. 두 가지 모두 이해할 만한 실수라고 나는 생각했다. 안쪽에 있는 주머니를 간과한 건 특히 그랬다.

다시 맨슨이 운전을 맡았다. 이제 린다가 조수석에 앉고 뒷좌석에는 수전과 클렘이 있었다. 맨슨은 린다에게 흑인 밀집 지역을 지날 때 보도에 던지라고 했다. 그것을 발견한 흑인이 신용카드를 사용하다 체포되면 사람들은 팬더스가 살인을 저질렀다고 생각할 거라고 그는 설명했다.

맨슨은 텍스, 케이티, 레슬리를 내려준 곳에서 멀지 않은 고속도로를 탔다. 오랫동안 달린 후 그는 고속도로에서 내려와 근처 주유소에 차를 세웠다. 맨슨은 자신의 계획을 바꾼 듯 린다에게 손가방을 여자 화장실에 두라고 했다. 린다는 시키는 대로 했고, 다만 너무 잘했을 뿐이었다. 변기 물탱크를 열고 원통형 공기통 위에 올려둔 지갑은 몇 달 동안 발견되지 않았다.

나는 린다에게 그 주유소에 뭔가 눈에 띄는 점이 있었는지 물었다. 그녀는 옆에 식당이 있었고, "오렌지색 조명이 빛나고" 있었던 것 같다고 했다.

실마의 주유소 옆은 데니스 식당이었고, 커다란 오렌지색 간판이 있었다.

린다가 화장실에 있는 동안 맨슨은 식당으로 들어가 밀크셰이크 네 잔을 사왔다.

아마 같은 시각에, 라비앙카 부부가 살해당하는 동안 그 살인을 명령한 남자는 밀크셰이크를 홀짝이고 있었던 것이다.

맨슨은 다시 린다에게 운전을 맡겼다. 한참이 지나, 아마 한 시간쯤 후, 그들은 베니스 남쪽 어딘가의 해변에 도착했다. 린다는 기름 보관 탱크를 봤던 것을 기억했다. 네 명 모두 차에서 내렸고, 세이디와 클렘은 찰리의 지시에 따라 뒤에 남고 그와 린다가 앞장서서 모래 위를 걸었다.

갑자기 맨슨은 다시 사랑이 넘치는 모습이었다. 마치 지난 48시간 동안 벌어진 사건들이 전혀 없었던 것만 같았다. 린다는 찰리에게 임신 사실을 알렸다. 린다가 이야기하는 동안 맨슨은 그녀의 손을 잡았다. "뭐랄까, 근사했어요, 그러니까, 그냥 이야기만 하는 거요, 제가 그 사람에게 땅콩을 주었고, 그 사람은 제가 모든 일을 잊을 수 있게 해줬어요, 기분 좋게 해줬어요."

배심원이 이 점을 이해할까? 그럴 거라고 생각했다. 맨슨의 신적인 권위와, 그에 대한 린다의 애정을 이해한다면 가능한 일이었다.

작은 도로에 접어들었을 때 순찰차 한 대가 멈추고 경관 두 명이 내렸다. 경관들이 두 사람에게 뭘 하고 있느냐고 물었다.

찰리가 대답했다. "그냥 산책 중입니다." 그런 다음, 마치 경관들을 알고 있다는 듯이 "내가 누군지 모릅니까?" 혹은 "내 이름 기억 못 하십니까?"라고 물었다. 경관들은 "모릅니다"라고 대답하고, 신분을 확인하지도 않은 채 순찰차로 돌아가 그곳을 떠났다. 그건 1분 정도만 이어진 "친근한 대화"였다고 린다는 말했다.

그날 밤 해당 구역을 순찰했던 경관들을 찾는 건 꽤 쉬운 일일 거라 생각했지만, 당시엔 내가 얼마나 잘못 생각하고 있는지 몰랐다.

자동차로 돌아왔을 때 클렘과 세이디는 이미 안에 있었다. 맨슨은 린다에게 운전을 시키면서 베니스로 가자고 했다. 가는 길에 셋에게 거기 아는 사람이 있는지 물었다. 아무도 없었다. 그러자 맨슨이 린다에게 물었다. "당신과 샌디가 베니스에서 만났던 그 남자는 어떻습니까? 그 사람도 돼지였나요?" 린다가 대답했다. "네, 배우였어요." 맨슨은 그의 아파트로 가자고 했다.

나는 린다에게 그 배우에 대해 물었.

8월 초, 그녀와 샌디가 부두 근처에서 히치하이킹을 했을 때 그 남성이 차를 태워주었다고 했다. 남성은 이스라엘 혹은 아랍 출신이고(린다는 어느 쪽이었는지 기억하지 못했다) 칼릴 지브란에 대한 영화에 출연한 적이 있다고 했다. 두 여성은 배가 고팠고, 그가 두 사람을 태우고 자기 아파트로 가서 점심을 차려주었다. 그 후 샌디는 낮잠을 잤고 린다와 남성은 잠자리를 가졌다. 여성들이 떠나기 전에 그는 약간의 음식과 여분의 옷을 주었다. 린다는 남성의 이름을 기억하지는 못했고, 외국인이라는 것만 기억했다. 하지만 그의 아파트는 찾을 수 있을 것 같았고, 그날 밤 맨슨이 운전대를 맡겼을 때 그 집을 찾아냈다.

아파트 앞에 차를 세웠을 때 맨슨이 린다에게 남자가 그녀를 들여보내줄 것 같은지 물었다. "그럴 것 같아요", 린다가 대답했다. 세이디와 클렘은? 린다는 들어갈 수 있을 거라고 했다. 그러자 맨슨은 그녀에게 주머니칼을 건네며 배우의 목을 가르는 시범을 보였다.

린다는 할 수 없다고 했다. "저는 당신이 아니잖아요, 찰리", 린다가 맨슨에게 말했다. "저는 아무도 못 죽여요."

맨슨은 자신도 남자의 집에 함께 가자고 했다. 린다는 찰리와 함께 계단을 올랐지만 일부러 엉뚱한 집을 가리켰다.

자동차로 돌아온 맨슨은 세 사람에게 구체적인 지시를 내렸다. 그들은 함께 배우의 아파트로 간다. 린다가 노크를 한다. 남자가 그녀를 들여보내면 세이디와 클렘도 함께 들어간다. 일단 집 안에 들어가면 린다가 남자의 목을 깔고 앉고 클렘이 그를 쏜다. 일을 마치면 차를 얻어 타고 목장으로 돌아온다.

린다는 맨슨이 클렘에게 총을 넘기는 것을 봤지만, 어떤 총인지 설명하지는 못했다. 세이디가 칼을 가지고 있었는지 여부도 그녀는 몰랐다.

"일이 잘못되면, 거기서 멈추고 하지 마세요." 맨슨이 말했다. 그런 다음 그는 운전석으로 이동해 차를 몰고 떠났다.

교회나 스포츠카 사건과 마찬가지로, 수전 앳킨스는 이 베니스 사건도 내게 이야기하지 않았고, 대배심에서도 일절 언급이 없었다. 앞의 두 일은 잊어버렸다고 할 수 있지만, 세 번째 일은 의도적으로 생략했을 거라는 의심이 들었다. 또 한 번의 살인 시도에서 본인이 적극적으로 관여했기 때문이다. 하지만 수전을 조사하는 시간이 길었다면 이 사건이 튀어나왔을 가능성도 있었다.

배우의 아파트는 꼭대기, 즉 5층이었지만 린다는 클렘과 세이디에게 그 사실을 말하지 않았다. 대신 4층에 도착했을 때, 그녀는 처음 나온 집의 문을 두드렸다. 잠시 후 한 남성이 졸린 목소리로 물었다. "누구세요?" 그녀가 "린다예요"라고 대답했다. 남자가 문을 살짝 열었고, 린다는 "아, 죄송합니다, 아파트를 잘못 찾았어요"라고 말했다.

문은 1, 2초 동안만 열렸고 린다는 남성을 흘긋 봤을 뿐이다. 린다는 확실치는 않지만 중년 남성이라는 인상을 받았다.

세 사람은 건물을 떠났고, 그 전에 동물적 감각에 충실한 세이디가 층계참에 배변을 했다.

나는 린다 캐서비언이 맨슨이 지시한 또 한 건의 살인을 막은 것이라고 확신했다. 그녀의 이야기를 확증하는 독립 증거를 위해, 그 배우뿐 아니라 문을 열어주었던 남성까지 찾는 것이 중요했다. 아마 그 남성은 새벽 4, 5시에 예쁜 아가씨가 잠을 깨웠던 일은 기억하고 있을 것이다.

클렘, 세이디, 린다는 아파트에서 멀지 않은 해변까지 걸었다. 클렘은 총을 버리려 했다. 그가 담장 근처의 모래 언덕 너머로 사라졌다. 린다는 그가 총을 묻었거나 담장 너머로 던졌을 거라고 생각했다.

퍼시픽 코스트 고속도로까지 걸어서 돌아온 그들은 차를 얻어 타고 토팽가 캐니언까지 왔다. 근처 말리부 피드빈 애완용품점 옆에 히피들의 숙소가 있었고, 세이디는 거기 있는 여성 한 명을 알고 있다고 했다. 린다는 나이 든 남자와 커다란 개도 한 마리 있었다고 떠올렸다. 셋은 그곳에서 한 시간 동안 머무르며 마리화나를 피운 다음 떠났다.

그들은 차를 두 번 더 얻어 탔고, 마지막 얻어 탄 차로 샌타수재너 패스 초입까지 왔고, 거기서 클렘과 린다는 내렸다. 다음 날 알게 된 사실이지만, 세이디는 차에 남아 폭포 구역까지 갔다고 했다.

린다와 클렘이 목장에 도착했을 때, 텍스와 레슬리는 이미 돌아와 방에서 자고 있었다. 케이티는 보이지 않았고 린다는, 마찬가지로 다음 날, 그녀 역시 폭포 근처의 야영장까지 갔다는 것을 알게 되었다. 린다는 응접실 침대에서 잠들었다.

이틀 후 린다 캐서비언은 스팬 목장에서 나왔다. 하지만 그녀가 빠져나온 방식이 검찰 측에 큰 고민거리를 안겨주게 된다.

린다를 라비앙카 저택에 곧장 데려가는 대신, 나는 보안관서 부관에게 로스 펠리스 구역으로 가자고 했다. 린다가 직접 그 집을 찾을 수 있는지 알고 싶었기 때문이다. 그녀는 라비앙카 저택과 트루의 집을 모두 정확히 가리켰고, 우리는 트루의 집 앞에 차를 세웠다. 맨슨이 걸어서 올라갔던 진입로 등등이 있었다.

그날 밤 맨슨이 먼저 차를 멈췄던 패서디나의 주택 두 곳도 찾고 싶었다. 몇 시간을 찾아봤지만 이번에는 실패였다. 린다는 배우가 살았다는 오션 프런트 워크 1101번지의 아파트를 찾았고, 그의 집인 501호와, 자신이 노크했던 403호도 찾았다. 나는 패칫과 구티에레즈에게 그 배우와 403호에 살았던 남자를 찾아서 조사하게 했다.

린다는 클렘이 총을 처리한 것으로 여겨지는 담장 근처의 모래 언덕도 알려주었다. 우리는 삽을 들고 주변 지역을 파헤쳤지만 무기를 찾지는 못했다. 누군가가 이미 발견했을 수도 있고, 클렘 혹은 다른 패밀리 구성원이 나중에 되찾아갔을 수도 있다. 어떤 종류의 총이었는지는 끝내 알 수 없었다.

아침 일찍부터 길을 나섰기 때문에 중국 식당에 들러 점심을 먹었다. 오후에는 패서디나로 돌아와 교회를 마흔 곳쯤 확인했고, 마침내 린다가 맨슨이 차를 멈췄던 교회를 찾아냈다. 나는 법원 제출용으로 교회와 근처 주차장의 사진을 찍으라고 LAPD에 지시했다.

린다는 손가방을 버렸던 실마의 스탠더드 주유소는 물론, 그 옆의 데니스 식당까지 확인했다.

그 모든 보안 조치에도 불구하고 우리는 발각되었다. 다음 날 『헤럴드이그재미너』에 다음과 같은 기사가 실렸다. "면책권에 더해, 캐서비언 양은 샌타모니카의 마담 우 식당에서 중식 저녁까지 먹는 '보너스'를 받았다. 식당 종업원들은 캐서비언 양과 피고 측 변호사 플라이슈만, 그리고 부글리오시 검사가 일요일 그곳에서 식사를 했다고 확인해주었다."

기사에서는 우리 외에도 LAPD 경관 여섯 명과 LASO 부관 두 명이 함께 있었다는 사실은 언급하지 않았다.

우리는 린다를 두 번 더 데리고 나와서, 패서디나에 있는 두 집을 찾아보려고 노력했다. 두 번 다 사우스 패서디나 경찰서 소속 경관들이 동행하며 린다가 묘사한 것과 비슷한 동네들로 안내했다. 마침내 언덕 꼭대기의 커다란 집을 찾았다. 그 집과 주변의 집들을 사진으로 찍으라고 지시했지만(맨슨이 말한 대로 아주 가까이 붙어 있었다) 집주인들에게는 알리지 않기로 했다. 자신들이 죽음에 얼마나 가까이 있었는지를 모르는 편이 더 편히 잠자리에 드는 데 도움이 될 거라 확신했다. 맨슨이 창문을 통해 아이들 사진을 확인했다는(수전과 린다 모두 그렇게 설명했다) 첫 번째 집은 결국 찾을 수 없었다.

린다에게는 과연 한 가지 특혜를 제공했고, 그건 "보너스"라고 부를 만했다. 그녀를 시빌 브랜드에서 데리고 나왔던 세 번 모두, 우리는 그녀가 뉴햄프셔의 어머니에게 전화해 두 아이와 이야기할 수 있게 해주었다. 전화 요금은 변호사가 냈다. 에인절은 고작 태어난 지 한 달밖에 되지 않아서 아무것도 이해할 수 없었지만, 그저 아이들에게 말한다는 것 자체가 린다에게는 큰 의미가 있었다.

하지만 그건 절대 그녀가 요청한 일이 아니었다. 그녀는 단 한 번도 뭔가를 요청한 적이 없었다. 그녀는 면책권을 받아서 기쁘다고, 그건 시간이 지나면 아이들과 함께 지낼 수 있다는 뜻이기 때문에 기쁘지만, 받지 못한다 해도 큰 상관은 없다고 한 번이 아니라 여러 번 내게 말했다. 그녀에게는 일종의 슬픈 숙명론적 태도가 있었다. 그녀는 있었던 일을 모두 이야기해야 한다는 것, 그리고 그 이야기를 하는 사람은 자신이 될 것임을 살인 사건이 벌어진 직후부터 알고 있었다고 말했다. 여느 피고들과 달리 그녀는 누구에게도 신체적 해를 입히지 않았고, 역시 여느 피고들과 달리 죄책감을 느끼는 것처럼 보였다. 이상한 아가씨였는데, 맨슨과 보낸 시간에 영향을 받았지만 다른 사람들처럼 그에게 조종을 받지는 않았다. 유순하고 쉽게 남을 따랐기 때문에, 맨슨은 그녀를 통제하는 데 큰 어려움이 없었던 것으로 보인다. 어느 지점까지는 그랬다. 하지만 그녀는 그 지점을 넘는 것은 거부했다. "저는 당신이 아니잖아요, 찰리, 저는 아무도 못 죽여요."

한번은 내가 그녀에게 이제는 맨슨에 대해 어떻게 생각하는지 물었다. 그녀는 여전히 그와 사랑에 빠져 있다며 이렇게 말했다. "그 사람이 한 말의 일부는 진실이에요", 그녀는 사려 깊게 관찰했던 것이다. "다만 저는 그 사람이 진실을 취한 다음, 그걸로 거짓을 만들어낸다는 점을 깨달았을 뿐이죠."

린다 캐서비언이 검찰 측 증인으로 증언한다는 소식이 알려진 직후, 채널 7의 앨 와이먼 기자가, 옷을 발견했던 제작진과 함께 내 사무실에 찾아왔다. 캐서비언이 우리에게 협조하기로 했다면 칼들을 버린 장소도 알려줬을 거라고 와이먼은 추측했다. 그는 해당 지역을 알려달라고 내게 간청했다. 방송국에서 수색팀과 금속탐지기 등 모든 것을 동원하겠다고 약속했다.

"보세요, 앨," 내가 말했다. "그쪽 사람들이 이미 옷을 찾았잖아요. 칼까지 찾아버리면 재판에서 어떻게 보이겠습니까? 이렇게 합시다. 사람을 보내도록 애써볼게요. 그 사람들이 나서지 않으면, 그때 내가 말씀드리겠습니다."

와이먼이 떠난 후 나는 맥간에게 전화했다. 칼들을 찾아보라고 지시한 지 2주가 지났다. 아직 하지 않고 있었다. 내 인내심은 바닥 났고, 나는 헬더 경위에게 전화해 와이먼의 제안에 대해 이야기했다. "재판에서 총은 열 살 소년이 찾았고, 옷과 칼은 채널 7에서 찾았다고 하면 LAPD가 어떻게 보이겠습니까?"

밥은 이튿날 수색팀을 보냈다. 행운은 없었다. 하지만 적어도 재판에서 경찰이 수색했다는 것을 입증할 준비는 된 셈이다. 그러지 않았다면, 변호사는 LAPD가 린다 캐서비언의 이야기에 회의적이었기 때문에 수색조차 하지 않았다고 주장할 수 있었다.

칼들을 찾지 못한 건 실망스러웠지만, 크게 놀랄 일은 아니었다. 린다가 차창 밖으로 칼들을 버리고 7개월이 지났다. 그녀의 증언에 따르면, 칼들 중 하나는 튀어서 도로 위에 떨어졌고, 다른 칼은 근처 덤불로 들어갔다. 도로는, 외곽 지역이긴 하지만 교통량이 많았다. 지나가던 운전수나 오토바이 라이더가 주웠을 가능성도 있었다.

경찰이 폴란스키의 가정부 위니프리드 채프먼을 얼마나 자주 조사했는지는 모르겠다. 나도 여러 번 그녀와 이야기를 나누었지만, 우리 모두 아주 분명한 한 가지 질문을 간과했다는 것을 그때까지는 깨닫지 못했다.

채프먼 부인은 8월 8일 금요일 정오 직후에 테이트 저택의 현관문을 자신이 닦았다고 증언했다. 그 말은 찰스 왓슨의 지문이 그 후에 생겼다는 뜻이다.

하지만 테이트 저택에는 두 번째 지문, 즉 퍼트리샤 크렌윙클의 지문도 있었고, 위치는 샤론 테이트의 침실에서 수영장으로 이어지는 문의 안쪽이었다.

내가 채프먼 부인에게 물었다. "그 문도 부인이 청소했습니까?" 그랬다. 얼마나 자주? 일주일에 두 번씩. 그렇게 해야만 했던 건, 손님들이 수영장으로 나갈 때 그 문을 사용하기 때문이라고 그녀는 설명했다.

중요한 질문이었다. "살인이 있던 주에도 씻었습니까, 그리고 했다면 언제 하셨습니까?"

답. "화요일에 마지막으로 했습니다. 그 문을 씻었어요, 앞뒤로, 식초와 물로 닦았습니다."

증거 공표법에 따르면, 나는 대화 내용을 기록하고 창고에 보관하기만 하면 되었다. 하지만 피츠제럴드와 그의 의뢰인에게 공정하기 위해, 나는 폴에게 전화해 말해주었다. "만약 크렌윙클이 살인이 있기 2주 전에 테이트 저택에서 수영하러 나가다 그 문에 지문을 남긴 거라고 주장할 생각이라면, 포기하는 게 나을 겁니다. 채프먼 부인이 8월 5일 화요일에 직접 그 문을 닦았다고 증언할 겁니다."

폴은 정보를 줘서 감사하다고 했다. 만약 그가 그런 근거로 변호 전략을 세웠던 거라면, 채프먼 부인의 증언은 치명적이었을 것이다.

이런 대화에서는, 비록 입 밖에 내서 말하지는 않지만 어떤 가정이 깔려 있게 마련이다. 공적인 위치가 어떻게 되든 상관없이, 나는 피츠제럴드가 자신의 의뢰인이 유죄임을 알고 있고, 나 역시 그 점을 알고 있다는 것까지 인식하고 있을 거라 확신했다. 법정에서 변호사가 실수로 그런 점을 인정하는 일은 아주 드물지만, 실내에서 따로 이루어지는 논의나 사적인 대화에는 이야기가 달랐다.

내가 변호인 측에 언급하지 않은 증거 물품 두 개가 있었다. 그들도 이미 봤을 거라고 확신했지만(둘 다 복사해서 제공된 자료에 포함되어 있었다), 그 중요성은 알아차리지 못했기를 바라고 있었다.

그중 하나는 교통 위반 딱지였고, 다른 하나는 체포 보고서였다. 각각은 중요하지 않은 것처럼 보였다. 하지만 함께 보면 그 둘은 맨슨의 알리바이 변호를 무너뜨리는 폭탄이 되었다.

맨슨이 자신은 살인들이 일어나던 밤에 로스앤젤레스 인근에 있지 않았다고 주장할 거라는 정보를 파울스에게 처음 들었을 때, 나는 라비앙카 팀 형사들인 패칫과 구티에레즈에게 그가 각각의 날짜에 실제로 어디에 있었는지를 밝혀줄 증거를 찾을 수 있겠는지 물었다. 그들은 훌륭하게 해냈다. 신용카드 거래 내역에서 얻은 정보와 현장 조사를 통해, 그들은 헬터 스켈터가 시작되기 전주에 있었던 맨슨의 활동을 시간 순서대로 맞춰낼 수 있었다.

1969년 8월 1일경, 맨슨은 몇몇 패밀리 구성원에게 새로운 사람들을 모집하기 위해 빅 서에 갈 예정이라고 했다.

그는 8월 3일 일요일 아침에 떠난 것으로 보인다. 7시에서 8시 사이에 캐노가 공원의 주유소에서 훔친 신용카드를 사용해 기름을 넣었다. 캐노가 공원에서 북쪽으로 달려 빅 서로 향했다. 이튿날 새벽 4시경 스테퍼니 슈람이라는 아가씨를 태웠고, 위치는 빅 서 남쪽으로 좀 떨어진 곳, 아마 고다에 있는 주유소였을 것이다. 매력적인 열일곱 살의 스테퍼니는 샌프란시스코에서 결혼한 언니가 살고 있는 샌디에이고까지 히치하이킹 중이었다. 맨슨과 스테퍼니는 그날 밤 근처 계곡에서 야영을 했고(아마 히피들의 숙소가 있는 새먼이나 라임킬른 크리크였던 것으로 보인다), 맨슨은 인생과 사랑 그리고 죽음에 대한 자신의 견해를 말해주었다. 맨슨이 죽음에 대해 많이 이야기했다고 스테퍼니는 기억했고, 그것이 무서웠다고 했다. 둘은 LSD를 하고 섹스를 했다. 맨슨은 스테퍼니에게 유난히 반했던 것 같다. 보통 그는 새로운 여성과 몇 번 섹스를 한 후에는 다른 새로운 "젊은 사랑"으로 옮겨갔다. 나중에 폴 왓킨스에게 말하기로는, 독일 혈통이었던 스테퍼니는 2000년 동안의 완벽한 육종育種의 결과라고 했다.

8월 4일, 맨슨은 여전히 훔친 신용카드로 루시아에서 기름을 넣었다. "히피 입장 불가"라는 커다란 간판이 걸린 상점을 속이는 것이 특별한 만족감을 주었던지, 이튿날에도 똑같이 했다.

5일 밤 맨슨과 스테퍼니는 북쪽으로 갔고, 스테퍼니는 그 이름을 기억하지 못했지만 맨슨은 "감성 캠프"라고 했다. 그곳은, 그의 설명에 따르면, 부자들이 주말에 각성된 상태에서 놀기 위해 찾는 곳이라고 했다. 그는 분명 에설런 인스티튜트를 말한 것이다.

당시는 에설런이 막 "성장 센터"로 유행하기 시작하던 때였다. 그곳의 세미나에는 요가 수행자에서 정신과 의사, 복음 전도사와 악마 숭배자까지 다양한 사람이 참석했다. 분명 맨슨은 에설런을 자신의 철학을 지지해줄 최선의 장소로 생각했을 것이다. 이전에도 그가 그곳에 갔는지는 알 수 없는데, 인스티튜트 관련자들은 그의 방문 자체를 인정하지 않았다. 1969년 7월 30일, 오후 3시 7분에 테이트 저택의 누군가가 캘리포니아주 빅 서의 에설런 인스티튜트, 408-667-2335번으로 전화했다. 짧은 장거리 전화였고, 요금은 총 95센트였다. 누가 전화를 걸었는지, 혹은 (수신 번호가 전화 교환대였기 때문에) 받은 사람이 누구였는지는 알 수 없다.

전화는 찰스 맨슨이 에설런을 방문하기 불과 6일 전에 있었기 때문에, 약간의 짐작을 가능케 한다. 몇 가지 알려진 것도 있다. 테이트 피해자들 중 누구도 맨슨이 거기 있는 동안 빅 서에 가지 않았다. 애비게일 폴저는 과거에 에설런의 세미나에 참석한 적이 있으며, 그녀의 샌프란시스코 친구 몇 명은 정기적으로 그곳을 방문했다. 그저 그녀가 누군가를 찾으려 했던 것일 수도 있지만, 추측일 뿐이다.

전화와 맨슨의 에설런 방문은 모두 수수께끼지만, 단 한 번의 예외(1969년 3월

23일에 하타미-테이트-맨슨이 마주쳤던 일)를 제외하면, 테이트-라비앙카 사건의 피해자와 살인자들 사이에 그 어떤 사전 연결점도 찾을 수 없었다는 점은 밝혀야 할 것 같다.

맨슨은 스테퍼니를 차에 둔 채 기타를 들고 나갔다. 잠시 후 그녀는 잠들었다. 다음 날 아침 잠에서 깼을 때, 맨슨은 이미 돌아와 있었다. 그는 기분이 좋지 않았는데, 왜냐하면 그날 늦게 갑자기 그녀를 때렸기 때문이다. 역시 나중에 바커 목장에서, 맨슨은 폴 왓킨스에게 다음과 같이 말했다. (왓킨스의 말을 인용하자면) "빅 서에 있는 동안 그가 에설런에 가서 그곳 간부로 짐작되는 사람들 앞에서 기타를 연주했는데, 그들은 그의 음악을 거절했습니다. 일부는 잠든 척했고, 일부는 '저한테는 너무 무겁네요', 그리고 '그런 음악을 들을 준비는 안 돼 있네요'라고 했고, 다른 일부는 '글쎄, 이해가 안 되네요'라고 말했고, 일부는 그저 자리에서 일어나 나가버렸다고 했습니다."

맨슨이 기성 체제로 여기는 사람들로부터 또 한 번 거절당한 것이다. 이는 맨슨 살인 사건 불과 사흘 전에 일어난 일이다.

단 한 명의 신참과 함께 맨슨은 8월 6일 빅 서를 떠났고, 같은 날 스팬 목장에서 몇 킬로미터 떨어진 샌루이스 오비스포와 채츠워스에서 기름을 넣었다. 스테퍼니에 따르면, 그들은 그날 밤 목장에서 저녁을 먹었고 그녀는 처음으로 패밀리를 만났다. 그들과 있으면 불편했고, 또한 맨슨이 다른 여성들에게도 애정을 나눠준다는 것을 알고 나서는, 자신에게, 오직 자신에게만 충실하겠다고 약속하면 2주 동안 머무르겠다고 했다. 놀랍게도 맨슨은 동의했다. 두 사람은 그날 밤 목장에서 멀지 않은 곳에 주차한 차에서 지냈고, 다음 날 스테퍼니의 옷을 찾기 위해 샌디에이고로 갔다.

도중에 오션사이드에서 남쪽으로 16킬로미터쯤 떨어진 5번 주간고속도로에서 두 사람은 캘리포니아 고속도로순찰대 리처드 C. 윌리스 경사에게 잡혔다. 기술적인 위반 때문에 잡힌 것이지만, 맨슨은 유효한 운전면허증을 소지하지 않았기에 딱지를 뗐다. 맨슨은 정확한 이름과 목장의 주소를 적고, 딱지에 직접 서명했다. 윌리스 경사는 딱지에 맨슨이 "1952년식 크림색 포드 베이커리 승합차, 차량번호 K70683 차량"을 몰고 있었다고 기록했다. 날짜는 1969년 8월 7일 목요일, 시간은 오후 6시 15분이었다.

패칫과 구티에레즈가 찾아낸 딱지는, 맨슨이 테이트 살인 전날 서던캘리포니아에 있었음을 증명해주었다.

스테퍼니가 옷을 챙기는 동안 맨슨은 그녀의 언니와 이야기했는데, 그녀 역시 비틀스 팬이었다. 그녀도 화이트 앨범을 가지고 있었고, 맨슨은 그녀에게 비틀스가 그 앨범에서 "모든 장면"을 펼쳐 보이고 있다고 말했다. 그는 흑인들이 백인들을 타도할 준비를 하고 있으며, 사막으로 도망가 바닥 없는 구멍에 숨는 자들만이 안전할 거라고 말했다. 도시에 남은 이들에 관해서라면, 맨슨은 "사람들이 도살당할 겁니다, 그들은 죽어서 잔디밭에 쓰러져 있을 거예요"라고 말했다.

24시간보다 조금 더 지난 후, 그의 예측은 시엘로 드라이브

10050번지에서, 엽기적인 세부 사항까지 모두 실현된다. 친구들의 도움을 조금 받아서 말이다.

스테퍼니에 따르면, 그날 밤 그녀와 찰리는 샌디에이고 어딘가에 주차한 후 차에서 잤고, 다음 날 오후 2시쯤 스팬 목장으로 돌아왔다.

스테퍼니는 날짜와 관련해서는 조금 흐릿했다. 그녀는 스팬 목장으로 돌아온 날이 8월 8일 금요일이라고 "생각"했지만, 확신은 없었다. 변호인 측이 이 점을 최대한 이용할 거라고 예상했지만 걱정하지는 않았다. 두 번째 증거가 맨슨이 1969년 8월 8일 금요일에 목장에 돌아와 있었음을 확증해주는 것이었기 때문이다.

린다 캐서비언에 따르면, 8월 8일 오후 맨슨은 메리 브루너와 샌드라 굿에게 신용카드를 주며 물건들을 사오게 했다. 오후 4시, 두 여성이 샌퍼낸도의 시어스 상점에서 차를 타고 달아나다 체포되었다. 신용카드가 도난된 것임을 알게 된 점원이 신고한 후였다. 샌퍼낸도 경찰의 체포 보고서에 따르면 그들은 "1952년식 포드 승합차, 번호판 K70683 차량"을 타고 있었다.

라비앙카 팀 형사들이 훌륭하게 파헤친 덕분에, 이제 우리는 맨슨이 1969년 8월 8일 금요일에 스팬 목장으로 돌아와 있었다는 물적 증거를 갖게 된 것이다.

교통 위반 딱지와 체포 보고서는 증거 공표 대상 자료였고, 다른 수백 건의 자료도 마찬가지였다. 나는 변호사 측이 그 둘의 공통분모, 즉 증거가 되는 번호판을 달고 있는 자동차에 대한 정보를 간과

하길 기대했다.

맨슨이 알리바이를 내세우며 변호하려 하면, 나는 그 번호판 증거를 사용해 알리바이가 조작된 것임을 밝힐 것이다.

물론 그날 맨슨이 스팬 목장에 있었음을 알려주는 다른 증거도 있었다. 슈람과 디칼로, 그리고 다른 이들의 증언 외에, 린다 캐서비언도 그날 오후 패밀리가 모였을 때 맨슨이 빅 서에 갔던 일을 이야기했다고 전했다. 그는 거기 있는 사람들이 "진실로 함께 있는 것은 아니며, 그냥 자신들만의 여행에 빠져 있는 것"뿐이라고, "그 사람들이 자신의 여행에는 함께하지 않았다"고 말했다.

그리고 그 말 직후 맨슨이 패밀리에게 말했다. "지금이 헬터 스켈터를 실행할 때입니다."

파편과 조각들, 대부분은 종종 정황이었다. 하지만 끈기 있게 파고들면 그건 형사사건이 된다. 그리고 하나씩 조사를 거듭할 때마다 사건은 점점 더 명확해졌다.

나는 스테퍼니 슈람을 오랜 시간 조사했는데, 그녀는 1969년 10월에 있었던 습격 몇 시간 전에 키티 루트싱어와 함께 바커 목장을 탈출했고, 장총을 든 클렘이 그 뒤를 쫓았다. 나는 습격이 하루 늦었더라면, 혹은 클렘이 좀더 빨랐더라면 두 여성에게 무슨 일이 있었을지 종종 궁금했다.

키티와 달리 스테퍼니는 패밀리와의 모든 관계를 끊었다. 우리는 그녀의 현주소를 변호인 측에 알리지 않았지만, 그녀가 애견 미용학원에서 일하고 있다는 걸 스퀴키와 집시는 알아냈다. "찰리는 네가 돌아오기를 원해", 그들이 그녀에게 말했다. 스테퍼니가 대답했다. "아니, 됐어요." 그녀가 아는 것들을 감안할 때, 그런 직접적인 거절은 용감한 행동이었다.

스테퍼니를 통해 나는, 바커 목장에 있는 동안 맨슨이 "살인 학교"를 운영했음을 알게 되었다. 그는 여성들 한 명 한 명에게 벅사의 칼을 주며 "돼지들의 목을 가르는" 시범을 보여주었다. 머리채를 잡고 고개를 젖힌 후 귀에서 귀까지 칼로 긋는 것이었다(스테퍼니가 잔뜩 겁먹은 모델이 되었다). 또한 그는 "귀나 눈을 찌른 다음 칼을 휘저어서 치명적인 조직에 최대한 닿게 해야 한다"고 했다. 세부 묘사는 더 엽기적이다. 맨슨은 만약 경찰 돼지들이 사막에 닥치면 죽이고, 작게 토막 내서 머리는 삶고, 해골과 제복을 장대 끝에 꽂아 다른 사람들을 겁줘서 몰아내야 한다고 했다. 한참 후에 나는 LASO의 부관 조지 파머와 윌리엄 글리슨이 1969년 12월 3일, 스테퍼니 슈람에게서 같은 정보를 상당 부분 들었음을 알게 되었다. 하지만 LASO는 이를 LAPD에 알리지 않았다.

스테퍼니는 맨슨이 8월 8일 금요일과 8월 9일 토요일 밤을 자신과 보냈다고 LAPD에 말했다. 그녀를 조사하며, 나는 8월 8일 저녁을 먹고 한 시간 후, 맨슨이 스팬의 트레일러에 그녀를 데리고 가 먼저 자라고 했고, 자신은 나중에 오겠다고 말했다는 것을 알게 되었다. 하지만 그녀는 이튿날 동트기 직전까지 그를 볼 수 없었다. 돌아온 그가 그녀를 깨웠고, 목장에서 길 건너편에 있던 데블스 캐니언의 숙소로 데리고 갔다.

그날 밤(8월 9일)에 대해 스테퍼니는 "어두워진 후에 그 사람이 나갔다가 한밤중인지 새벽인지에 돌아왔습니다"라고 말했다.

만약 맨슨이 스테퍼니 슈람을 또 다른 알리바이로 활용할 계획을 가지고 있다 해도, 우리는 그보다 훨씬 더 준비를 잘하고 있었다.

3월 19일, 법정에서 지정한 맨슨의 변호사 홀로피터가 두 가지를 요청했다. 찰스 맨슨의 정신감정을 할 것, 그리고 그의 사건을 나머지 사람들과 별도로 진행할 것.

분노한 맨슨은 홀로피터를 해임하려고 시도했다.

자신을 대변하는 이로 누가 좋겠냐는 질문에 맨슨은 "나 자신"이라고 대답했다. 킨 판사가 변호사 교체를 거부하자, 맨슨은 헌법 책을 들어서는, 법원에서는 이 책이 아무 소용 없다며 휴지통에 던져 버렸다.

맨슨은 결국 홀로피터 대신 로널드 휴스를 변호사로 지정해달라고 요청했다. 라이너나 신과 마찬가지로, 휴스도 맨슨에게 맨 먼저 전화했던 변호사들 중 한 명이었다. 이후 그는 늘 사건 주위를 맴돌았고, 주된 역할은 맨슨을 위해 심부름하는 것이었다. 이는 맨슨이 2월 17일에 서명한 문서, 휴스를 여러 법률 용역 중 한 명으로 지정한 문서에서도 암시되고 있다.

킨은 교체를 승인했다. 언론에서 "LA 카운티에서 가장 성공한 형사 변호사들 중 한 명"이라고 칭한 홀로피터는 13일 만에 빠졌다. 사건을 한 번도 맡지 않았던 휴스가 들어왔다.

지식인이라고 할 수 있는 휴스는 덩치가 크고 대머리에 수염을 제멋대로 기른 사람이었다. 복장에 한 다양한 장식은 좀처럼 서로 어울리지 않았고, 보통은 음식이 많이 묻어 있었다. 어떤 기자는 이렇게 적었다. "보통은 론이 아침으로 뭘 먹었는지 알 수 있습니다, 지난 몇 주 동안 뭘 먹었는지도요." 이후 이어질 몇 달 동안 내가 잘 알게 되고, 또 점점 더 존경하게 되었던 휴스는 언젠가 자신의 양복이 MGM에서 각각 1달러씩 주고 산 것이라고 말한 적이 있다. 발터 슬레자크*의 옷장에 있던 옷들이었다. 기자들은 어느새 그를 "맨슨의 히피 변호사"라고 불렀다.

휴스가 가장 먼저 한 두 가지는 정신감정과 재판 분리에 대한 요청을 철회하는 것이었다. 승인되었다. 세 번째와 네 번째 요청은 맨슨에게 스스로 변호하는 지위를 돌려주고, 법원에서 발언하게 해달라는 요청이었다. 거부되었다.

맨슨은 킨의 마지막 거부 두 가지가 마음에 들지 않았지만, 변호인단에 대해서는 불만을 가질 수 없었다. 라이너(밴하우튼), 신(앳킨스), 피츠제럴드(크렌윙클), 휴스(맨슨)까지 그렇게 넷은 모두 사건 초기부터 그와 관련되어 있던 사람들이었다.

우리는 모르고 있었지만, 다른 변화들도 기다리고 있었다. 피해자들 중 아이라 라이너와 로널드 휴스도 포함되는데, 둘은 감히 맨

---

\* 오스트리아 출신의 미국 배우.

슨의 의지에 도전했던 것이다. 라이너는 맨슨의 변호에 얽히는 바람에 상당한 시간과 돈을 허비하게 된다. 하지만 그가 잃은 것은 휴스에 비하면 작은 것이었는데, 휴스는 그로부터 8개월 후 목숨을 지불해야 했다.

3월 21일 애런과 나는 정의의 전당 복도를 걷다가, 엘리베이터에서 내리는 어빙 카나렉과 마주쳤다.

다른 곳에서는 거의 알려지지 않았지만, 카나렉은 로스앤젤레스 법정에서는 전설이었다. 이 변호사의 의사방해 전략 때문에 수많은 판사가 공개적으로 그를 법정에 설 수 없게 만들었다. 카나렉의 이야기들은 아주 상스럽고, 보통은 믿을 수 없어서, 실제로는 사실이어도 허구처럼 보일 지경이었다. 예를 들어 버턴 카츠 검사의 기억에 따르면, 카나렉은 검찰 측 증인이 자신의 이름을 밝히는 것에도 이의를 제기한 적이 있는데, 그 이름은 증인이 어머니에게서 처음 들은 것이고 따라서 "전문傳聞"에 해당되기 때문이라고 했다. 하지만 그런 사소한 이의는 카나렉의 지연 전략에 비하면 덜 짜증스러웠다. 예를 들자면, 굿맨 형사사건에서 카나렉은 기껏해야 몇 시간이면 끝났을 단순한 절도 사건을 석 달이나 끌었다. 훔친 돈은 100달러였고, 세금으로 들인 돈은 13만212달러였다.

스미스 앤 파월 형사사건에서 카나렉은 재판 전 발의에만 열두 달 반을 보냈다. 이후 배심원 선정에 추가로 두 달이 더 걸렸고, 의뢰인이 역겨워하며 그를 해고했다. 어빙 카나렉이 재판을 맡고 1년 반이 지날 때까지 배심원은 확정되지 않았고, 단 한 명의 증인도 출석시킬 수 없었다.

브론슨 형사사건에서, 대법원의 레이먼드 로버츠 판사는 카나렉에게 말했다. "나는 당신이 있는데도 불구하고 브론슨 씨가 공정한 재판을 받도록 최선을 다했습니다. 증인에 대해 그렇게 명백히 어리석고, 잘못된 질문을 던지는 것은 본 적이 없습니다. 당신은 단어수나 법정에서 보낸 시간 단위로 보수를 받습니까? 당신은 내가 만나본 이들 중 가장 심하게 의사를 방해하는 사람입니다."

배심원들이 없는 자리에서 로버츠 판사는 카나렉의 수법을 다음과 같이 정의했다. "당신은 가장 사소하고 중요하지 않은 부분에 대해 반대 심문을 하며 한없이 긴 시간을 들입니다. 시간 순서에 상관없이 전후 관계를 오가며 법정에 있는 모든 사람을 혼란스럽게 하고, 배심원들과 증인, 그리고 판사를 좌절케 합니다."

속기록을 검토한 항소법원은 판사의 이 발언이 편파적인 것이 아니며, 법원 기록에 의해 입증된다고 판단했다.

"우리한테 필요한 건 말이야 빈스", 애런이 농담처럼 내게 말했다, "어빙 카나렉을 이 사건에 붙이는 일이야. 그러면 재판이 10년은 걸릴 거야."

다음 날 로널드 휴스가 기자들에게 말했다. "밴 나이스의 변호사 I. A. 카나렉에게 맨슨의 변호사로 사건에 합류해달라고 요청했습니다. 카나렉은 자신이 월요일 밤 카운티 감옥에서 맨슨과 상의했다고 말했습니다."

어떤 기적도 없었지만, 찰리 맨슨이 1969년 7월에 총을 쏴 죽였던 블랙 팬더가 부활했다. 다만 그는 팬더가 아니라 그저 "전직 마약상"이었고, 그의 친구들이 맨슨에게 말했던 것과 달리, 그리고 맨슨과 패밀리가 믿었던 것과 달리, 맨슨의 총을 맞은 후 죽지 않았다. 그의 이름은 버나드 크로였지만, 로차포파라는 별명으로 잘 알려져 있었다. 크로를 찾고 있던 우리의 긴 수사는, 나의 오랜 지인이자 크로의 변호사였던 에드 토머스가 내게 전화하며 끝을 맞았다. 토머스는 우리가 자신의 의뢰인을 찾고 있다는 것을 알고 나서, 내가 크로를 조사할 수 있게 약속을 잡아주었다.

맨슨과 T. J.가 총격이 있던 아파트를 떠난 후, 죽은 척했던 크로는 친구들에게 구급차를 불러달라고 말했다. 친구들은 구급차를 부르고 나서 헤어졌다. 병원에서 경찰 조사를 받을 때 크로는 자신을 쏜 사람이 누군지, 왜 쐈는지 모른다고 했다. 그는 거의 죽을 뻔했고 18일 동안 위급한 상태였다. 총탄은 지금도 그의 척추 옆에 박혀 있었다.

내가 크로에게 관심을 가진 건 두 가지 이유에서였다. 첫째, 그 총격 사건은 찰스 맨슨이 직접 누군가를 죽일 능력이 있음을 증명했다. 유죄를 확증하는 단계에서는 이를 증거로 사용할 수 없겠지만, 다른 범죄들을 고려하며 형량을 정하는 단계에서는 꺼낼 수 있기를 희망했다. 둘째, 사건 설명으로 미루어 맨슨이 크로를 쐈던 총은 22구경 롱혼 리볼버였던 것으로 보이며, 불과 한 달쯤 뒤 텍

왓슨은 같은 총을 테이트 살인 사건에 사용했다. 우리가 크로의 몸에서 총탄을 꺼내고, 그것을 22구경 리볼버의 시험 사격에서 사용한 총탄과 비교해보면, 테이트 살인 사건에 쓰인 흉기가 맨슨의 손에도 쥐여진 적이 있음을 확인하는 셈이다.

과학수사국의 빌 리 경사는 총탄에 대해 그리 낙관적이지 않았다. 그는 그 총탄이 몸속에 9개월 이상 박혀 있던 터라, 산 때문에 찰흔擦痕이 지워져 제대로 분간하기 어려울 수 있다고 말했다. 그렇지만 가능할 수도 있었다. 나는 몇몇 외과 의사와 이야기했다. 다들 총탄은 꺼낼 수 있지만, 수술은 위험할 거라고 말했다.

크로에게 털어놓았다. 우리는 총탄을 꺼내기를 바랐고, 로스앤젤레스 카운티 병원에서 제거하기로 했다. 하지만 심각한 위험이 따르는 일이어서 나는 그 위험성을 줄여 말하지 않았다.

크로는 수술을 거절했다. 그는 그 총알이 일종의 자랑이라고 말했다. 꽤 괜찮은 대화 소재였다.


결국 맨슨은 증거 공표법을 통해 버나드 크로가 살아났다는 것을 알게 될 것이다. 하지만 그 전에 크로는 마리화나 혐의로 감옥에 갇힌다. 복도를 따라 끌려가는 동안, 변호인 접견을 마치고 교도관과 함께 지나가던 맨슨과 마주쳤다. 현장에 있던 부관의 말에 따르면 찰리가 얼른 뒤돌아보며 "죄송하지만 저는 해야만 했습니다, 당신도 어떤 건지 아시겠지만"이라고 말했다.

크로의 반응은, 반응이 있었는지 모르겠으나, 알려지지 않았다.

3월 말에 가까워지면서 검찰은 핵심 증인 가운데 한 명을 잃을 뻔했다.

한때 맨슨의 핵심 부관이었던 폴 왓킨스가 불붙은 폴크스바겐 캠핑 차량에서 구조되어 로스앤젤레스 제너럴 병원에 실려왔다. 얼굴과 팔, 등의 25퍼센트에 2도 화상을 입었다. 경찰과 이야기할 수 있을 정도로 회복한 왓킨스는, 촛불 밑에서 책을 읽다 잠이 들었다고, 그게 아니면 피우던 마리화나에서 불이 시작된 것 같다고 했다.

그는 모두 추측일 뿐이라고, 자신은 "불이 어디서 시작됐는지 확신할 수 없다"고 경찰에 말했다.

화재가 나기 사흘 전, 인요 카운티 당국은 왓킨스가 패밀리에 의해 살해될 거라는 소문을 들었다.

한참을 거슬러 올라가 1969년 11월, 나는 LAPD에게 패밀리에 잠입하라고 요청했다. 방어 전략과 관련된 그들의 계획을 아는 것만이 목적은 아니었다. 나는 경관들에게 이렇게 말했다. "우리가 막을 수 있음에도 또 한 번의 살인이 일어난다면 비극일 것입니다."

그런 요청을 적어도 열 번은 했지만, LAPD는 만약 위장 요원을 패밀리에 잠입시키면, 그 요원도 예컨대 마리화나 사용 같은 범죄를 저지르게 될 거라며 반박했다. 범죄가 성립하려면 범죄의 의도가 있어야 한다. 만약 업무의 일부로 한 행위이고, 범죄자를 잡기 위해 한 행위라면 그건 범죄가 아니다. 그래도 경찰이 주저하자, 나는 꼭 경관이 아니어도 된다고 했다. 마약, 도박, 심지어 매춘 사건에서도 돈을 주고 제보자를 사는 그들이, 우리 시대 최대의 살인 사건에서 어떻게든 한 명을 구하지 못할 리가 없었다. 하지만 씨도 안 먹혔다.

결국 나는 지방검찰청 수사팀에 의지했고, 그들이 제안을 받아들일 젊은이를 한 명 구했다. 그의 결단이 존경스러웠지만, 그는 단정하고, 머리도 짧고, 말 그대로 아주 바른 사람처럼 보였다. 절실하게 정보가 필요했지만, 나는 그를 살인자 소굴로 보낼 수는 없었다. 그들은 청년을 비웃다가, 난도질해서 죽였을 것이다. 그 계획은 포기해야 했다. 우리는 패밀리의 다음 계획에 대해서는 아무것도 모르는 상태였다.

## 1970년 4월

돼지PIG, 돼지들에게 죽음을DEATH TO PIGS, 일어나라RISE, 그리고 헬터 스켈터HEALTER SKELTER라는 단어들에 다른 문자는 13개만 있다. 필적 전문가는 테이트와 라비앙카 저택에서 발견된 피로 쓴 글씨를 피고들에게서 확보한 샘플과 비교하는 것은 (불가능하지는 않지만) 지극히 어려울 거라고 했다.

문제는 문자의 수가 적다는 것만이 아니었다. 글씨들은 적힌 것이 아니라 찍혀 있었다. 문자들이 컸고, 두 곳 모두에서 평범하지 않은 도구들이 사용되었는데, 테이트 저택에서는 수건이었고, 라비앙카 저택에서는 아마 말아서 뭉친 종이였을 것이다. 그리고 후자의 냉장고 문에서 발견된 두 단어를 제외하면, 모두 벽 높은 곳에 찍혀 있었고, 그 단어를 찍은 사람은 몸을 부자연스럽게 뻗어야 했을 것이다.

그 단어들은 증거로서는 가치가 없을 듯싶었다.

하지만 이 문제를 생각하던 중, 나는 만약 성공한다면 이 단어들을 아주 의미심장한 증거로 바꿀 수 있는 아이디어를 떠올렸다. 도박이었다. 하지만 먹힌다면, 해볼 만한 도박이었다.

우리는 누가 그 단어들을 찍었는지 알고 있었다. 수전 앳킨스는 대배심에서 자신이 테이트 저택의 현관문에 돼지라는 단어를 찍었다고 증언했고, 내가 조사했을 때는 퍼트리샤 크렌윙클이 라비앙카 저택에 글씨를 찍었다고 말했다. 수전이 대배심에서 했던 증언과 내게 했던 말은 우리가 했던 합의 때문에 증거로 쓸 수 없었지만, 그녀는 테이트 저택에 글씨를 찍었던 일을 로니 하워드에게도 고백했고, 우리는 그녀를 확보할 수는 있었다. 하지만 크렌윙클에 대해서는 낼 수 있는 증거가 아무것도 없었다.

미 수정헌법 5조는 "(누구도) 형사사건에서 자신에게 불리한 증인이 될 것을 강요받아서는" 안 된다는 것을 규정하고 있다. 미 대법원은 이 조항이 발언에 한해서만 적용되며, 피고는 본인의 신체와 관련된 증거는 거부할 수 없다고 규정했다. 이를테면 목격자 확인을 위해 모습을 보이는 것, 음주 운전 확인을 위한 호흡 측정에 동의하는 것, 지문과 필적 제공, 머리카락 샘플 제공 등이다. 법률 검토 후에 나는 시빌 브랜드의 카펜터 소장에게 구체적인 지침을 내렸고, 수전 앳킨스와 퍼트리샤 크렌윙클, 레슬리 밴하우튼에게 글씨 샘플을 요청하는 방법을 정확히 전달했다.

한 명 한 명에게 이렇게 알려야 했다. "(1) 당신은 거부할 법적 권리가 없다, (2) 당신은 변호인을 동반할 법적 권리가 없다, (3) 묵비권을 사용할 법적 권리에 샘플 제출을 거부할 권리는 포함되지 않는다, (4) 이 과정을 따르면, 샘플은 당신 사건에서 검찰 측 증거로 사용될 수 있다."

카펜터 소장은 선임 부관 H. L. 모스를 시켜 샘플을 확보하게 했다. 내 지침에 따라 그녀는 수전 앳킨스에게 위 내용을 전달하고, 이렇게 말했다. "돼지라는 단어가 테이트 저택에 피로 찍혀 있었습니다. 돼지라는 단어를 찍어주셔야겠습니다." 수전은 불평 없이, 요청대로 샘플을 찍었다.

레슬리 밴하우튼과 퍼트리샤 크렌윙클도 따로 불려와 자신들의 권리를 들었다. 그리고 각각 구두로 다음과 같이 요청받았다, "헬터 스켈터, 돼지에게 죽음을, 그리고 일어나라라는 단어가 라비앙카 저택에 피로 찍혀 있었습니다. 그 단어들을 찍어주셔야겠습니다."

내가 카펜터 소장에게 전한 메모에는 부관에게 일러둘 지침이 하나 더 있었다. "어떤 단어도 적어서 보여주지는 말 것." 나는 크렌윙클이 'helter'를 'healter'로 잘못 쓰는지 알고 싶었다, 냉장고 문에 적었던 것처럼 말이다.

레슬리 밴하우튼은 샘플을 찍었다.

퍼트리샤 크렌윙클은 거부했다.

우리가 도박에서 이긴 것이다. 이제 우리는 그녀의 거부를, 재판에서 그녀의 유죄를 입증하는 정황 증거로 사용할 수 있게 되었다.

증거로서 이는 이중으로 중요했는데, 왜냐하면 그때까지는 퍼트리샤 크렌윙클이 라비앙카 살인에 관여했다는 린다 캐서비언의 증언을 확증해줄 독립 증거가 전혀 없었기 때문이다. 법적인 면에서 봤을 때, 확증 증거가 없다면 크렌윙클은 그 혐의와 관련해 무죄를 받았을 것이다.

우리는 도박에서 이겼지만, 크렌윙클이 쉽게 이길 수도 있었다. 레슬리 역시 샘플 제출을 거부했다면 케이티의 거부가 지닌 위력은 희석되었을 것이다. 혹은 케이티가 샘플을 찍었다고 해도, 필적 전문가는 그녀가 찍은 글씨를 라비앙카에서 발견된 것과 비교할 수 없었을 것이다.

테이트-세브링 끈과 철사 절단기가 살인 사건 전에 맨슨의 소유였음을 밝히는 일에서는 운이 그만큼 따르지 않았다. 그것들은 맨슨에 대한 린다 캐서비언의 증언을 확증하는 데 필요한 증거로 내가 중요하게 여겼던 것이다.

우리는 현장에 있던 디칼로를 통해, 맨슨이 1969년 6월 샌타모니카의 잭 프로스트 상점에서 흰색 세 가닥 나일론 끈 60미터를 샀다는 것을 알고 있었다. 하지만 테이트 형사들이 마침내 프로스트 씨를 조사했을 때(내가 처음 요청한 지 석 달 반 만이었다), 그는 끈에 대한 주문 내역을 찾을 수 없었다. 뿐만 아니라 자신의 상점에 있는 것과 같은 끈인지도 확실히 말하지 못했다. 프로스트는 흰색 세 가닥 나일론 끈을 가지고 있었지만, 그건 지름이 1/2인치였던 것으로 기억했다. 테이트-세브링 사건의 끈은 5/8인치였다. 프로스트가 잘못 알았을 수도 있고, 혹은 끈의 상품 정보가 잘못됐을 수도 있지만, 변호인 측은 그냥 같은 끈이 아니라고 주장할 수 있었다. 제조사를 알아내고 다시 프로스트에게 확인하는 방법도 시도했지만, 이 또한 실패했다. 프로스트는 제조사에서 직접 물품을 공급받는 대신, 보통 도매상의 자투리 상점이나 경매장에서 조달했다.

이쪽도 깜깜했지만, 다른 쪽 역시 말 그대로 깜깜했다. 디칼로에 따르면, 맨슨은 그 끈의 일부를 조지 스팬에게 주고 목장에서 쓰게 했다. 하지만 스팬은 눈이 거의 멀었기 때문에 증인에서 제외되었다.

그때 나는 루비 펄을 떠올렸다.

경찰은 수차례 스팬 목장을 방문했지만, 무슨 이유에서인지 조지의 목장 관리인 루비를 조사한 경관은 한 명도 없었다. 나는 그녀가 소중한 정보의 보고임을 알게 되었다. 테이트-세브링 끈을 살펴본 그녀는 그것이 맨슨의 끈처럼 보인다고 말했을 뿐 아니라, 맨슨의 지배력을 보여주는 예도 많이 제공해주었다. 22구경 롱혼을 목장에서 여러 번 봤다고 기억했고, 라비앙카 저택에서 발견된 가죽 끈이 맨슨이 종종 착용했던 것과 비슷하다는 것을 알아보았다. 그리고 패밀리가 스팬에 도착하기 전에는 벽사의 칼을 본 적이 한 번도 없다고 했다. 하지만 1969년 여름 "갑자기 모두가 그 칼을 하나씩 가지고 있는 것" 같았다.

끈 판매와 관련된 기록 증거를 확보할 수 없어 실망했지만, 나는 루비를 만나서 반가웠다. 노련한 말 사육사인(뿐만 아니라 패밀리를 전혀 두려워하지 않는 강하고 활기찬 여성이었다) 그녀의 증언은 무게가 있을 듯싶었다. 그녀에게는 완고한 권위가 근사하게 흐르는 것 같았다. 맨슨이 인디펜던스에서 로스앤젤레스로 이송되었을 때, 루비 펄이 감옥에 있는 그를 면회했다. "내가 여기 온 이유는 하나밖에 없어, 맨슨", 그녀가 말했다. "쇼티가 묻힌 곳을 알고 싶어."

맨슨은 그녀의 눈길을 피하고 바닥만 바라보며 말했다. "블랙 팬더한테 물어보세요."

"찰리, 블랙 팬더는 한 번도 목장에 온 적 없다는 거 알잖아." 그녀는 그렇게 말하고는 등을 돌려 나왔다.

또 한 명 발견한 인물은 루비와 같은 날 내가 조사한 랜디 스타였다. 한때 영화 스턴트맨으로 교수형 장면 전문이었던 스타는, 테이트-세브링 끈이, 언젠가 계곡 바닥에 빠진 자동차를 견인하는 맨슨을 도와줄 때 자신이 썼던 끈과 "동일한" 것이라고 말했다. 스타가 내게 말했다, "맨슨은 늘 자신의 사막용 사륜구동차 운전석 뒤에 그 끈을 넣고 다녔습니다."

더 중요한 점은 랜디 스타가 22구경 롱혼 리볼버를 확인해주었다는 것이다. 그건 스타가 한때 가지고 있다가 맨슨에게 준 총이었다. 일련번호 1902708이었던 그 총은, 1969년 3월 12일 밤 캘리포니아주 엘몬테의 아처리 헤드쿼터스 상점 절도에서 훔친 무기들에 포함되어 있었다. 스타에 따르면, 그는 "론"이라고만 알려진 남자와의 거래에서 그 총을 구했다. 맨슨은 표적지를 놓고 하는 사격 연습을 위해 늘 그 총을 빌렸고, 랜디는 마침내 대니 디칼로 소유의 트럭과 총을 바꾸었다.

답을 얻지 못한 질문이 하나 더 있었다. 테이트 살인 사건이 벌어진 밤에 범인들은 왜 끈을 13.3미터나 가지고 갔을까? 피해자들을 묶기 위해? 다음 날 맨슨은 가죽끈 하나로 그 일을 해낼 수 있었다.

디칼로를 조사하던 중에 대답일 수도 있는 내용을 일부 얻었다. 대니에 따르면, 1969년 7월 말, 맨슨이 그에게 기성 체제의 돼지들은 "반드시 목을 가르고 거꾸로 매달아야 한다"고 말했다. 그렇게 하면 사람들에게 진짜로 두려움을 심어줄 수 있다고 맨슨은 말했다.

논리적으로 추론하자면, 범인들이 피해자들을 매달 의도로 그 밧줄을 가지고 간 것이라는 느낌이 들었다.

철사 절단기는 그 자체로 문제였다. 린다 캐서비언은 맨슨의 사막용 사륜구동차에서 발견된 절단기 두 개가, 그날 밤 차량에 있었던 것과 같은 것처럼 보인다고 말했다. 좋다. 과학수사국의 조 그라나도가 그것들로 테이트 저택의 전화선을 자르는 실험을 했고, 절단면이 같다고 결론지었다. 아주 좋다. 하지만 LAPD의 물증 관련 최고 전문가로 여겨지는 드웨인 울퍼는, 같은 절단 실험을 한 후 그것들이 사건에서 사용된 절단기가 아니라고 결론 내렸다.

포기할 마음이 없었던 나는 울퍼에게 전선의 팽팽한 정도가 변수가 될 수 있는지 물었다. 그럴 수 있다고 그는 말했다. 나는 다시 울퍼에게 전화 회사 직원과 함께 시엘로 드라이브 10050번지에 가서 한 번 더 절단 실험을 해달라고, 이번에는 살인이 있었던 날과 마찬가지로 전선이 팽팽하게 걸려 있는 상태로 해달라고 요청했다. 울퍼는 그렇게 실험했지만 그의 의견은 바뀌지 않았다. 살인이 있었던 밤의 절단면과 실험에서의 절단면은 일치하지 않았다.

테이트 살인 사건 후 철사 절단기의 날이 망가졌을 가능성도 있었지만, 울퍼의 실험은 맨슨과 테이트 증거 사이의 관련성을 말 그

대로 절단내버렸다.

  1969년 11월 19일, 내가 LAPD와 함께 스팬 목장에 갔을 때 22구경 총탄과 탄피를 다수 발견했다. 하지만 끔찍한 모래바람과 다른 단서들에 대한 추적 작업 때문에 수색은 겉핥기에 불과했고, 나는 리 경사에게 다시 돌아와 좀더 철저히 수색해보라고 요청했다. 몇 번이나 반복해서 요청했고, 1969년 12월 16일 LAPD가 22구경 롱혼 리볼버를 확보한 후에는 더 강하게 요청했다. 하지만 리는 1970년 4월 15일이 돼서야 스팬을 다시 찾았다. 조지 스팬의 거주지 뒤쪽으로 약 60미터 떨어진 도랑을 집중 수색한 리는 22구경 탄피 23개를 발견했다. 첫 수색에서 22개를 발견했으니, 모두 합쳐 45개였다. 두 번의 수색 작업에서 확보한 22구경 총탄들 중 살인 현장 혹은 사격연습장에서 발견된 것들과 일치하는 것은 하나도 없었다.

  두 번째 수색이 끝난 후에야 리는 스팬에서 나온 탄피에 대한 비교 실험을 실시했다. 실험 결과 45개의 탄피 중 15개가 테이트 살인에 쓰인 총에서 나온 탄피와 일치한다는 결론을 내렸다. 리는 스팬에서 나온 탄피의 테두리 자국을 (1) 총기의 탄창에 있던 탄피의 테두리 자국 (2) 사격연습장에서 발견된 탄피의 테두리 자국 (3) 총의 공이firing pin와 비교해 이런 결론을 내렸다.

  늦었지만, 다행히 재판 전에 우리는 그 총과 스팬 목장을 이어주는 과학적 증거를 갖게 되었다.

  한 가지 조건만 더 갖췄다면 더 행복했을 것이다. 만약 총이 발견되기 전에 리가 다시 가서 탄피를 찾았더라면 좋았을 것이다. 지금 상태로는, 변호인 측에서 두 차례의 수색 사이의 넉 달 반 동안 경찰 그리고/혹은 검찰이 증거를 "심은" 거라고 주장할 수 있었다.

몇 달째 한 가지 물적 증거가 특히 신경 쓰였다. 테이트 살인 현장의 거실 여행 가방 근처에서 발견된 안경이었다. 그것이 피해자들 것이 아니라면 자연스러운 결론은 범인들 중 한 명의 것이라는 뜻이다. 하지만 왓슨, 크렌윙클, 캐서비언은 모두 안경을 쓰지 않았다.

변호인 측이 이 점에 크게 의존하며, 그 안경이 피고들 것이 아니기 때문에 적어도 범인들 중 한 명은 잡히지 않았다고 주장할 것으로 예상됐다. 거기서 한 걸음만 더 나가면 엉뚱한 사람들이 재판을 받고 있다고 주장할 수도 있었다.

이는 검찰에게는 매우 심각한 문제를 제기했다. 그 문제는, 그 자체로 수수께끼라고 할 수는 없었지만, 로잰 워커와 이야기를 하면서 사라졌다.

수전 앳킨스가 버지니아 그레이엄과 로니 하워드 두 사람에게 살인을 자백했기 때문에, 나는 다른 사람들에게도 범죄와 관련된 이야기를 했을 수 있다고 생각했고, 시빌 브랜드에서 그녀와 특히 가깝게 지냈던 수감자를 찾아보라고 LAPD에 요청했다.

전 수감자 중 로잰 워커가, 비록 달가워하지는 않았지만 나와 이야기하기로 동의했다. 안쓰럽고 덩치가 큰 이 흑인 여성은 다섯 건의 마약 관련 혐의로 시빌 브랜드에 수감되었고, 일종의 걸어다니는 매점이어서 다른 수감자들에게 사탕이나 담배, 화장품 등을 팔왔다. 다섯 번짼가 여섯 번째 조사에서 로잰은 어떤 대화를 떠올렸고, 본인은 중요하지 않다고 생각했지만 내가 보기에는 의미심장한 대화였다.

어느 날 수전과 로잰이 라디오를 듣던 중, LAPD가 테이트 살인 현장에서 안경 하나를 발견했다는 뉴스가 나왔다. 수전은 재미있어하며 이렇게 말했다. "저 안경 주인을 체포한다면 너무한 거 아닐까? 그 사람이 잘못한 거라곤 안경을 잃어버린 것뿐인데 말이야."

로잰은 안경이 범인의 것일지도 모르지 않느냐고 대답했다.

수전이 말했다. "그렇게 된 게 아니야."

수전의 말은, 그 안경이 범인들의 것이 아님을 분명히 암시하는 것이었다.

다른 문제들도 있었다. 가장 큰 문제는 린다 캐서비언이 스팬 목장에서 탈출한 것과 관련 있었다.

린다는 라비앙카 살인이 있었던 밤 이후에 탈출을 결심했다고 내게 말했다. 하지만 맨슨은 그날(8월 11일) 밤 폭포 인근으로 그녀를 보냈고, 그녀는 맨슨이 세워놓은 무장 감시자들이 무서워 그날 밤에는 떠나지 못했다.

이튿날(8월 12일) 이른 아침 맨슨이 그녀를 찾았다. 그녀는 "정상적인" 옷을 입고 시빌 브랜드의 메리 브루너와 샌드라 굿, 그리고 카운티 감옥의 바비 보솔레이에게 메시지를 전해야 했다. 메시지는 "아무 말도 하지 말 것, 모든 게 문제없음"이었다. 린다는 스팬의 새로운 일꾼 데이브 해넘에게 차를 빌려 시빌 브랜드로 갔지만, 브루너와 굿이 법원에 출두했음을 알게 된다. 카운티 감옥에서 그녀의 신분 증명은 거부되었고, 보솔레이를 만날 수 없었다. 목장으로 돌아와 맨슨에게 성공하지 못했다고 말하자, 그는 이튿날 다시 시도해보라고 했다.

린다는 기회를 얻었다. 그날 밤 그녀는 가방에 옷가지 몇 개, 타냐의 기저귀와 핀을 챙겨서 비품 방에 숨겼다. 다음 날(8월 13일) 이른 아침, 그녀는 다시 해넘의 차를 빌렸다. 하지만 가방을 찾으러 가는 길에 맨슨과 스테퍼니 슈람이 그 방에서 자고 있는 것을 발견했다. 가방을 포기하기로 한 그녀는 타냐를 데리러 갔지만, 아이들이 폭포 구역으로 옮겨졌음을 알게 되었다. 이유를 설명하지 않고는 타냐를 데리러 갈 방법이 없었다고, 그녀는 말했다. 그래서 아이 없이 목장을 떠났다.

지시대로 로스앤젤레스에 가는 대신, 린다는 남편이 살고 있던 뉴멕시코주 타오스로 차를 몰기 시작했다. 해넘의 차는 앨버커키 외곽에서 고장이 났다. 그녀는 브루스 데이비스가 기름을 넣을 때 쓰라고 준 신용카드로 차를 수리해보려 했지만, 주유소 사장은 그 카드가 더 이상 유효하지 않다는 것을 알게 되었다. 그러자 린다는 해넘에게 편지를 써서 자동차를 어디서 찾을 수 있는지 알리고, 사과하며 키도 함께 넣었다. 그리고 나머지 여정은 차를 얻어 타고 계속했다.

(수전 앳킨스가 편지를 가로챈 것으로 보이는데, 그녀는 해넘에게 차량

정보와 키는 넘겼지만, 편지의 나머지 부분은 보여주지 않았다. 당연히 불만이었던 해넘은 버스를 타고 앨버커키로 가서 차량을 찾아왔다.)

린다는 타오스 외곽의 어떤 공동체에서 남편이 다른 여성과 살고 있는 것을 발견했다. 그녀는 남편에게 테이트 살인 사건과 두 번째 밤에 있었던 사건에 대해 이야기했고, 타냐를 스팬에 두고 온 것도 알렸다. 밥 캐서비언은 함께 스팬으로 돌아가 타냐를 찾아오자고 했지만, 린다는 맨슨이 자신들을 죽일까봐 두려웠다. 캐서비언은 며칠 동안 생각해보겠다고 했다. 기다리기 싫었던 린다는 차를 얻어 타고 타오스로 가 조 세이지를 만났다. 남들을 도와주는 것으로 유명했던 세이지는 다채로운 인물이었다. 51세의 선승이었던 그는 본인의 자연식自然食 교회 일이 바쁘지 않을 때면, 반환경오염을 주장하며 미국 대통령 선거운동을 했다. 린다는 로스앤젤레스로 돌아가 어린 딸을 데려올 수 있게 돈을 달라고 세이지에게 부탁했다. 하지만 세이지는 린다에게 질문하기 시작했고, 결국 그녀는 세이지와 제프리 제이컵스라는 젊은이에게 살인 이야기를 했다.

린다의 이야기를 믿지 못한 세이지는 스팬 목장에 전화를 걸었고, 먼저 신원을 밝히지 않은 여성을 거쳐 맨슨과 직접 이야기를 했다. 세이지는 맨슨에게(그의 반응은 상상만 해볼 수 있을 뿐이다) 린다의 이야기가 사실인지 물었다. 맨슨은 린다가 제정신이 아니라고, 그녀의 자아는 죽을 준비가 되지 않았고, 따라서 도망간 거라고 말했다.

린다는 찰리와 이야기하지는 않았지만, 다른 여성 한 명(그녀는 스퀴키였다고 생각했지만, 확신할 수는 없었다)과는 이야기를 나누었고, 그 여성이 8월 16일의 습격에 대해 말해주었다. 당국이 타냐를 보호하고 있음을 알게 되었다. 아기는 이제 위탁 가정에 있었다. 린다는 퍼트리샤 크렌윙클과도 이야기를 나누었는데, 케이티는 "떠들고 싶어서 참을 수가 없지, 그렇지?"라는 취지로 말했다.

린다는 이어서 말리부 경찰서에 전화해 타냐를 담당하고 있는 사회복지사의 이름을 확인했다. 사회복지사와의 통화에서 린다는, 타냐의 어머니라고 주장한 다른 여성이 직전에 아이를 데려가려고 시도했음을 알게 되었다. 증명할 수는 없지만, 나는 맨슨이 여성들 중 한 명을 보내 타냐를 데려오려 한 거라고 의심했다. 린다의 입을 다물게 하려는 보험으로 말이다. 세이지는 로스앤젤레스까지 왕복 항공권을 살 수 있는 돈을 줬을 뿐 아니라, 타냐를 되찾는 데 도움을 줄 로스앤젤레스의 변호사 게리 플라이슈만의 이름도 알려주었다. 플라이슈만을 만난 린다는, 살인에 대해서는 이야기하지 않고 그저 남편을 찾아 목장을 나온 거라고만 말했다. 결국 법원 심사 후에 모녀는 다시 만났고 비행기를 타고 함께 타오스로 돌아갔다. 하지만 밥은 여전히 다른 여성과 엮여 있었고, 린다는 타냐와 함께 차를 얻어 타고 처음엔 아버지가 살고 있는 플로리다주 마이애미로, 그다음엔 뉴햄프셔주 콩코드에 있는 어머니 집으로 갔다. 그 집에서 지내던 1969년 12월 2일, 테이트 사건과 관련해 그녀를 찾고 있다는 뉴스가 나오자 린다는 지역 경찰서에 출두했다. 송환 절차를 생략하고, 그녀는 다음 날 로스앤젤레스로 돌아왔다.

내가 린다에게 물었다. "타냐를 되찾고 12월에 체포될 때까지 왜 경찰에 연락해 당신이 알고 있는 것들을 말하지 않은 겁니까?"

맨슨이 두려웠다고, 린다는 말했다. 그가 자신과 타냐를 찾아 죽여버릴까봐 두려웠다고. 또한 그녀는 임신 중이었고, 아기가 태어난 후까지 그 시련을 이어가는 건 원치 않았다.

물론 다른 이유도 있었는데, 가장 중요한 것은 경찰에 대한 그녀의 불신이었다. 그녀가 지내고 있는 마약에 경도된 세계에서 경찰은 친구도 동지도 아니었다. 나는 이 설명이, 만약 제대로만 전달되면, 배심원들을 만족시킬 거라고 생각했다.

더 큰 문제가 남아 있었다. "어떻게 당신의 딸을 그 살인자 소굴에 두고 나올 수 있었습니까?"

나는 이 질문에 대한 배심원들의 반응뿐 아니라, 변호인 측이 이 질문을 활용할 용도가 더 걱정되었다. 린다가 타냐를 맨슨과 다른 이들이 있는 스팬 목장에 두고 왔다는 건, 그녀가 진심으로 그들이 살인자라고 믿지는 않았다는 정황 증거가 될 수 있고, 그녀의 증언에 담긴 주장과는 분명 모순되는 사실이다.

린다는 *자신이 경찰서에 가지 않는 한*, 타냐는 그곳에서 안전할 것 같았다고 대답했다. "내 안의 뭔가가 타냐는 안전할 거라고 말했습니다", 린다가 말했다. "아이한테는 아무 일도 없을 거라고, 그리고 이제는 떠날 때라고요. 저는 돌아와 아이를 찾아오게 될 걸 알고 있었습니다. 아이가 괜찮을 거라고 확신했어요."

배심원들이 이 대답을 받아들일까? 알 수 없었다. 재판일이 가까워지면서 생겼던 많은 걱정거리 중 하나였다.

헬더 경위와 구티에레즈 경사의 연락을 받은 세이지와 제이컵스는 린다의 증언을 확인해주었다. 하지만 두 사람 중 누구도 증인으로 쓸 수는 없었는데, 그들의 증언은 대부분 받아들여지지 않는 전문이었다. 농장 일꾼 데이비드 해넘은 자신이 8월 12일부터 스팬에서 일했고, 린다는 그날과 다음 날에 자신의 차를 빌렸다고 말했다. 감옥 기록을 확인한 결과, 브루너와 굿이 8월 12일 법원에 출두한 것도 사실이었다.

여러 조사에서 예상치 못했던 보너스들이 나왔다. 해넘은 자신이 방울뱀을 죽인 적이 있는데, 맨슨이 화가 나서 야단치며, "내가 당신 머리를 잘라버리면 기분이 어떨 것 같습니까?"라고 소리쳤다고 했다. 그리고 맨슨은 "나는 동물보다 차라리 사람을 죽일 겁니다"라고 덧붙였다. 나는 린다의 남편 로버트 캐서비언을 조사하는 동시에, 린다에게 5000달러를 도둑맞은 히피 박애주의자 찰스 멜턴과도 이야기를 나누었다. 멜턴은 1969년 4월에(린다가 패밀리를 만나기도 전이었다) 폴 왓킨스를 보러 스팬 목장에 간 적이 있다고 했다. 거기에 있는 동안 멜턴은 텍스를 만났는데, 그는 멜턴의 수염을 부러워하며, "언젠가는 찰리가 저도 수염을 기를 수 있게 해주겠죠"라고 말했다.

왓슨에 대한 맨슨의 지배력을 이보다 더 잘 보여주는 예는 찾을 수 없을 것이다.

얻은 것이 있었다. 잃은 것도 있었다. 그리고 그건 아주 큰 것들이었다.

살인이 있었던 이틀 밤에 대한 린다의 설명이, 처음부터 완전히 꾸며낸 이야기가 아니라는 것을 배심원들 앞에서 증명하려면, 그녀의 이야기를 일부라도 확증해줄 제3의 인물이 절실히 필요했다. 첫날 밤에 대한 확증은 루돌프 웨버가 해줬다. 하지만 둘째 날 밤에 관해서는 아무도 없었다. 나는 LAPD에 최우선 과제를 전달했다. 해변에서 맨슨과 린다와 대화를 나누었던 두 경관, 그날 밤 린다가 노크했던 방의 남자, 말리부 피드빈 애완용품점 옆집에 사는 남녀, 혹은 두 사람을 태워주었던 기사들 중 누구라도 찾으라는 것이었다. 그 사람들을 모두 찾고 싶었지만, 그중 한 명이라도 나오면 행복할 것 같았다.

린다는 두 경관이 차를 세우고 자신들을 검문했던 위치를 확인해주었다. 맨해튼 해변 근처였다. 하지만 로스앤젤레스는 말 그대로 거대도시였기 때문에, 그곳은 사법권이 중복되는 지역이었고, 한 곳이 아니라 세 곳의 법집행기구가 각각 순찰을 돌고 있었다. 세 곳 모두를 확인했지만 그날 밤의 일을 기억하는 사람은 한 명도 나오지 않았다.

린다가 말한 배우를 찾아내는 일에서는 그보다 운이 좋았다. 라비앙카 팀 형사 사투치와 닐슨은 그가 베니스 오션 프런트 워크 1101번지 501호에 그대로 살고 있다는 것을 알아냈다. 이스라엘이 아니라 레바논인이었고, 이름은 살라딘 나데르, 서른한 살이었다. 시인 칼릴 지브란에 대한 영화 「부러진 날개Broken Wings」 이후로 일이 없었던 그는, 1969년 8월 초 두 여성을 차에 태워주었다. 샌디와 린다의 특징을 정확히, 샌디가 눈에 띄게 임신한 상태였다는 것까지 기억했다. 두 사람의 사진을 정확히 확인했고, 린다가 내게 했던 것과 본질적으로 같은 이야기를 했지만, 자신과 린다가 침대로 갔다는 부분은 언급하지 않았다.

나데르를 조사한 후 수사관들은, 보고서에 따르면, "대상자에게 조사의 목적을 설명했다. 그는 그렇게 다정하고 사교적인 아가씨들이, 최선을 다해 자신들을 도와주었던 본인의 몸에 해를 끼칠 생각이었다는 걸 알고는 놀라움을 드러냈다".

두 사람의 이야기는 일치했지만, 나데르는 (다행히, 그리고 린다 덕분에) 그날 밤 범인 일당을 만나지는 않았기 때문에, 그의 이야기는 린다의 증언을 부분적으로만 확증해줄 뿐이었다.

한 층 아래는 린다가 노크를 했던 집이다. 린다는 403호의 문을 가리켰고, 나는 그 남자가 사건을 기억하기를 바라며, 구티에레즈와 패칫에게 그 남자를 찾아보라고 요청했다. 보고서를 받아보니 404호 세입자 보고서였다. 현장에 다시 갔을 때 403호는 1969년 8월에 비어 있었다는 이야기를 집주인에게 들었던 것이다. 단기 임차인이 그 집에 머물렀을 수는 있다고 주인은 말했지만(그런 일이 처음도 아니었다) 그 이상은 백지였다.

토팽가 캐니언 대로 3921번지(자신과 세이디, 클렘이 동트기 전에 들렀다고 린다가 말한 말리부 피드빈 애완용품점 옆집이었다)의 임대 관리인에 따르면, 9개월쯤 전에 한 무리의 히피가 비어 있던 건물로 들어왔다. 거기 살았던 이들은 모두 50여 명 되지만 자신은 아는 사람이 한 명도 없다고 말했다. 하지만 사투치와 닐슨은 1969년 2월에서 10월까지 그곳에 살았다는 젊은 여성 두 명을 찾아냈다. 둘 다 수전 앳킨스의 친구였고, 둘 다 린다 캐서비언을 만났던 일을 기억했다. 그중 한 명은 수전과 다른 여성, 그리고 남성 한 명이 자신들을 찾아온 적이 있다고 했다. 그녀가 그 일을 기억하는 건 (날짜와 시간, 혹은 함께 왔던 사람들은 모르겠지만) 본인이 "환각 상태"였고, 세 사람이 "악마처럼 보였기 때문"이라고 했다. 두 여성 모두 그 시기에 자신들은 "취해" 있을 때가 아주 많았기 때문에 기억이 흐릿하다고 했다. 증인으로서, 그들은 거의 소용이 없었다.

LAPD는 그날 밤 히치하이커를 태웠던 운전자들 역시 한 명도 찾지 못했다.

라비앙카 팀 형사들이 이 모든 수사를 진행했다. 그들의 보고서를 검토하며, 나는 그들이 단서를 추적하기 위해 모든 것을 다 했다고 확신했다. 하지만 둘째 날 밤에 있었던 일에 대한 린다 캐서비언의 이야기를 확정해줄 수 있는 사람 6명에서 8명 중에, 우리가 찾아낸 사람은 한 명뿐이라는 것이 현실이었다. 변호인 측에서 이 점을 크게 강조할 거라고 예상했다.

어떤 피고든 판사가 선입견을 갖고 있다는 진술서를 제출하고,

재판에서 그를 제외해줄 것을 한 번 이상 요구할 수 있다. 그런 이의 신청에는 이유를 제시할 필요도 없다. 4월 13일, 맨슨이 윌리엄 킨 판사에 대해 그런 진술서를 제출했다. 킨은 맨슨의 이의를 받아들였고, 재판은 찰스 H. 올더 판사에게 다시 배정되었다. 더 많은 진술서가 있을 거라 예상했지만(피고 한 명 한 명이 하나씩 낼 수 있었다) 피고 측 변호사들은, 짧은 협의 후에 올더를 받아들이기로 했다.

나는 올더 판사의 재판에 참여한 적이 없었다. 소문상으로 쉰두 살의 이 법관은 "터무니없지는 않은" 판사라고 했다. 제2차 세계대전에 전투기 조종사로 참전하기도 했던 그는 플라잉 타이거스 대대*에서도 복무했고, 1967년 로널드 레이건 주지사에 의해 판사로 임명되었다. 이번이 그가 맡은 가장 큰 사건이 될 것이다.

재판일은 6월 15일로 정해졌다. 일정이 연기되는 바람에 우리는 다시 왓슨이 다른 피고들과 함께 재판받을 수 있다는 희망을 갖게 되었지만, 왓슨의 변호사가 송환 일정과 관련해 또 한 번의 연기를 요청했고, 그 요청이 받아들여지면서 이내 그 희망은 사라지고 말았다.

힌먼 살인 사건에 대한 보솔레이의 재심이 3월 말에 시작되었다. 검찰 측 핵심 증인은 맨슨 패밀리의 초기 구성원인 메리 브루너였고, 그녀는 보솔레이가 힌먼을 찔러 죽이는 것을 목격했다고 증언

---

\* 중일전쟁 및 태평양전쟁 당시, 중화민국 소속으로 전투에 참여했던 미국인 부대.

했다. 브루너는 그 증언의 대가로 완전면책권을 받았다. 자신은 마지못해 그 자리에 있었던 것에 불과하다고 주장한 보솔레이는, 직접 증언대에 서서 힌먼의 살인범으로 맨슨을 지목했다. 배심원단은 브루너를 믿었다. 보솔레이의 첫 재판에서는 사건이 너무 빈약해 검찰은 사형을 구형하지 못했다. 이번에는 버턴 카츠 검사가 사형을 구형했고, 받아들여졌다.

이 재판에서 나는 두 가지가 걱정되었다. 하나는 메리 브루너가 맨슨의 혐의를 벗기기 위해 할 수 있는 건 다 했다는 점(이 때문에 나는 세이디, 케이티, 레슬리가 찰리를 구하기 위해 어디까지 할 수 있을지 궁금했다), 다른 하나는 대니 디칼로가 LAPD에서 했던 자신의 발언 중 많은 부분으로부터 애매하게 돌아섰다는 점이었다. 나는 대니 디칼로가 자신의 발언을 분명히 할 필요가 없다는 걸 알고, 발을 뺄 준비를 하는 것은 아닌지 걱정되었다. 힌먼 사건에서 증언하는 대가로 오토바이 엔진 절도 혐의에 대해서는 면책을 받았지만, 우리는 아직 테이트-라비앙카 사건과 관련해서는 그와 어떤 거래도 하지 않았다. 뿐만 아니라 2만5000달러의 포상금은 다른 사람과 나누어 받을 가능성이 크지만, 그 포상금을 받기 위해 그가 반드시 증언을 해야 하는 것도 아니었다.

디칼로와 브루너는 대배심이 열리기 전 같은 달에 증언했고, 이는 힌먼 살인 사건에서 찰스 맨슨, 수전 앳킨스, 그리고 브루스 데이비스에 대한 추가 기소로 이어졌다. 하지만 대배심에서 비공개로 증언하는 것과, 법정에서 맨슨을 직접 마주하는 것은 다른 일이었다.

대니가 불안해하는 것을 탓할 수는 없었다. 대배심 기소가 발표되자마자, 스팬에서 패밀리와 함께 지내던 데이비스가 사라졌기 때문이다.

## 1970년 5월

5월 초, 크로켓, 포스턴, 왓킨스는 클렘, 집시, 그리고 새 패밀리 구성원이 된 케빈이라는 청년을 쇼숀에서 만났다. 클렘이 왓킨스에게 말했다. "찰리가 밖으로 나오면 당신들은 사막 주변에 얼쩡거리지 않는 게 좋을 거라고 했습니다."

스팬 목장에서 나온 정보에 따르면 그곳에 있는 패밀리 구성원들이 "모종의 활동을 준비 중"인 것 같다고 했다.

맨슨의 여성들이 인터뷰를 너무 많이 해서 기자들 사이에서는 이름만으로도 통했다. 그 여성들은 찰리가 곧 나올 거라고 몇 번이나 무심코 말했다. 그리고 의미심장하게도 "석방"된다거나 "풀려난다"는 말은 전혀 없었다.

뭔가 계획이 세워지고 있는 것이 분명했다.

5월 11일, 수전 앳킨스는 자신의 대배심 증언을 취소한다는 성명을 발표했다. 맨슨과 앳킨스는 둘 다 그 성명을 근거로 신변 보호를 요청했지만 거부되었다.

애런과 나는 영거 지방검사와 상의했다. 세이디는 어느 쪽이든 선택을 해야 했다. 그녀가 대배심에서 진실을 말하면, 우리는 합의에 따라 그녀에게 일급 살인 혐의를 씌우지 않을 것이다. 만약 그녀가 직전의 성명처럼 자신의 증언을 번복하면, 우리 합의는 파기되는 셈이다.

내 의견을 말하자면 수전 앳킨스는 대배심에서 "본질적으로는 진실하게" 증언했지만, 다음 두 사항은 예외였다. 둘째 날 밤에 있었던 세 건의 다른 살인 시도를 생략한 것. 그리고 자신이 보이텍 프라이코프스키를 찔렀는지에 대해 애매하게 답변한 것(내가 조사할 때는 그 점을 인정했다)이었다. 그리고 나는, 샤론 테이트를 찌르지 않았다는 그녀의 증언이 거짓일 거라고 강하게 직감했다(이는 그녀가 버지니아 그레이엄과 로니 하워드에게 했던 자백을 통해 확증된다). 앳킨스와 검찰의 합의에 따르면, "본질적으로"라는 표현은 충분하지 않았다. 그녀는 완벽한 진실을 말해야 했다.

하지만 그녀의 성명을 통해 이 문제는 종결되었다. 그녀가 발언을 번복했다는 것을 근거로, 애런과 나는 수전 앳킨스에게도 다른 피고들과 마찬가지로 사형을 구형하도록 허용해줄 것을 영거에게 요청했다. 영거는 요청을 승인했다.

세이디의 입장 변화는 예상하지 못한 일이 아니었다. 하지만 또 하나의 변화는 거의 모든 사람이 예상치 못했던 것이다. 새로운 재판을 위한 청원에서 바비 보솔레이가 진술서를 제출했는데, 메리 브루너도 서명한 그 진술서에서 그녀는 보솔레이 재판에서 했던 자신의 증언이 "사실이 아니"라고 했다. 보솔레이가 힌먼을 찔러 죽였다는 자신의 말이 거짓이라는 것이다.

분명 놀랐겠지만 버트 카츠 검사는 재판의 다른 증거로 보솔레이의 유죄 판결을 받는 데는 충분하다고 주장했다.

수사를 진행하면서, 버트는 메리 브루너가 증언을 하기 며칠 전 스퀴키와 브렌다가 위스콘신에 있는 메리의 부모님 집을 방문했음을 알게 되었다. 그리고 진술서에 서명하기 이틀 전에 다시 스퀴키가, 이번에는 샌디와 함께 그녀를 방문했다. 버트는 그 여성들이 맨슨을 대신해, 메리 브루너가 증언을 번복하게 꼬드긴 거라고 배심원들에게 설명했다.

증언대에 선 메리 브루너는 처음엔 부인했지만, 변호사의 조언을 듣고는 입장을 바꿔서, 자신의 번복을 다시 번복했다. 재판에서 자신의 증언은 사실이라고 그녀는 말했다. *나중에* 그녀는 한 번 더 말을 뒤집었다.

결국 새로운 재판을 열어달라는 보솔레이의 요청은 거부되었고, 그는 샌퀀틴에서 사형수로서 항소를 기다려야 했다. 하지만 지방 검찰청은 복잡한 법적 딜레마에 빠졌다. 보솔레이 재판에서의 증언 이후, 법원이 메리 브루너에게 힌먼 살인에 대한 면책권을 줬기 때문이다. 위증으로 재판을 받을 가능성을 제외하면, 메리 브루너는 어떻게든 무죄가 된 것처럼 보였다.

힌먼 살인으로 기소된 맨슨은 델 판사 앞에 출두해 직접 변호를 허용해달라고 요청했다. 델이 발의를 거절하자, 맨슨은 어빙 카나렉과 데이 신을 변호사로 지정해달라고 했다. 델은 신이 맨슨과 수전 앳킨스를 모두 대리하면 "명백한 이해 충돌"의 여지가 있다며 제외했다. 그래서 카나렉이 남았다.

맨슨은 "우리 모두 카나렉 씨와 그의 기록을 잘 알고 있을 것 같은데요"라고 운을 떼며, 델 판사에게 다음과 같이 말했다. "이 사람을 제 변호사로 쓰고 싶지는 않습니다만, 제게 다른 선택의 여지를 남겨주시질 않네요. 저는 제가 뭘 하고 있는지 압니다. 믿어주세요, 저는 제가 뭘 하고 있는지 압니다. *이 사람은 이 도시에서 제가 고를 수 있는 최악의 인물이죠,* 그런데 판사님이 저를 그쪽으로 몰아가고 계십니다."

"저한테는 협박 같은 거 안 통합니다", 델이 맨슨에게 말했다.

맨슨, "그렇다면 더 큰 아버님께 맡겨보겠습니다."

델 판사는 맨슨이 법원의 결정에 항소할 수 있다고 말했다. 하지만 맨슨은 이미 테이트-라비앙카 재판에서 자신의 직접 변호 지위를 되찾기 위해 항소 중이었고, 델은 그 요청의 승인 여부가 판가름 날 때까지 최종 결정을 보류했다.

애런과 나는 카나렉이 대체 변호사로 들어올 가능성에 대해 영거 지방검사와 상의했다. 카나렉의 기록을 봤을 때, 그가 재판에 합류하면 재판이 2년 혹은 그 이상 이어질 확률이 대단히 높았다. 영거는 변호사를 재판에서 제외할 법적 근거가 있는지 물었다. 우리가 아는 한에서는 없지만, 법률을 한 번 더 살펴보겠다고 말했다. 영거는 법정 논쟁을 준비할 것을 요청하며, 카나렉의 부적합성을 강조하라고 조언했다. 내가 알아본 바에 따르면, 카나렉이 부적합하지는 않을 듯싶었다. 주된 문제는 그의 의사방해였다.

그것과 관련된 증거를 구하는 일은 문제없었다. 판사, 지방검사, 심지어 배심원들로부터 그의 물타기 및 의사방해 전략의 사례들을 들을 수 있었다. 어떤 지방검사는 카나렉을 다시 상대해야 한다는 것을 알고 나서 검사직을 그만두기도 했다. 그런 일을 하기엔 인생이 너무 짧다고 그는 말했다.

나는 맨슨이 힌먼 재판뿐 아니라 테이트-라비앙카 재판에서도 변호사를 카나렉으로 교체해달라고 요청하리라 예상하고, 논거를 준비했다. 그와 동시에, 그런 논거를 필요 없게 만들어줄 아이디어도 있었다.

어쩌면, 제대로 된 미끼만 있다면, 맨슨 본인이 카나렉을 내치도록 설득할 수도 있을 것 같았.


5월 25일, LAPD의 라비앙카 창고에서 자료를 뒤지던 중 벽에 기대어 세워놓은 목재 문짝 하나가 눈에 띄었다. 그 문에는 여러 색의 그림이 그려져 있고, "1, 2, 3, 4, 5, 6, 7—착한 아이들은 모두 천국에 간다네"라는 자장가 가사가 적혀 있고, 거기에 큰 글씨로 "**헬터 스켈터가 곧 찾아온다네**"라고 적혀 있었다.

깜짝 놀란 나는 구티에레즈에게 물었다. "도대체 이건 어디서 난 겁니까?"

"스팬 목장이요."

"언제요?"

그는 문짝에 붙은 노란색 자산資産 봉투를 확인했다.

"1969년 11월 25일입니다."

"그러니까 다섯 달 동안, 내가 범인들과 헬터 스켈터를 연결시키려고 그렇게 애쓰는 동안, 당신들은 이 문짝을, 바로 그 단어, 라비앙카 저택에서 피로 찍혀 있던 바로 그 단어가 적힌 이 물건을 가지고 있었단 말입니까?"

구티에레즈는 그렇다고 인정했다. 그 문짝은 알고 보니, 후안 플린의 트레일러에 있는 장식장에서 발견되었다. 당시에는 너무 사소한 거라고 판단해 아무도 증거로 등록하지 않았던 것이다.

구티에레즈가 다음 날 증거로 등록했다.

다시 한번 나는, 이미 수없이 이야기했지만, 형사들에게 후안 플린을 조사하고 싶다고 말했다.

플린이 얼마나 많이 알고 있는지는 전혀 알 수 없었다. 브룩스 포스턴이나 폴 왓킨스와 마찬가지로, 이 파나마 출신의 카우보이 역시 재판 전에 급조해서 출간된 페이퍼백의 저자들과 인터뷰했다. 하지만 그는 많은 것을 말하지 않은 게 분명했는데, 브룩스나 폴을 통해 알게 된 많은 사건이 책에는 실려 있지 않았기 때문이다.

## 1970년 6월 1~14일

테이트-라비앙카 재판이 시작되기 2주 전, 맨슨은 로널드 휴스를 어빙 카나렉으로 대체해줄 것을 요청하고, 승인을 얻었다.

나는 비공개회의를 요청하고, 이 재판을 둘러싼 법적 문제가 엄청나게 복잡하다는 것을 지적했다. 사건을 신속하게 처리하는 것으로 알려진 변호사가 붙어도, 재판은 넉 달 혹은 그 이상 소요될 수 있었다. "하지만 카나렉 씨가 맨슨 씨를 대변하는 것이 허용되면, 재판은 몇 년이 걸릴 수도 있습니다"라고 덧붙였다. 그리고 "카나렉 씨가 의사방해 전문가라는 사실은 법조계에서는 상식입니다. 저는 이 사람이 고의로 그렇게 하는 거라고 믿습니다. 이 사람은 진지합니다. 하지만 법원이 카나렉 씨를 저지할 방법은 없습니다. 모욕죄를 적용한다 해도 이 사람은 멈추지 않을 것입니다. 하룻밤 감옥에서 보내는 것은 기꺼이 받아들일 것이기 때문입니다".

재판을 "정의에 대한 풍자극"으로 만드는 대신, 내가 대안을 가지고 있다고 법원을 향해 말했다. 오랫동안 생각해온 것이고 애런과도 논의했지만, 나머지 사람들에게는 아주 놀라운 제안이 될 것임을 알고 있다고 했다.

"가능한 해결책으로, 검찰은 맨슨 씨가 줄곧 요구해온 것처럼 스스로 변호를 하고, 그가 선택한 변호사가 보조하도록 하는 방법에 반대하지 않습니다……."

맨슨은 놀란 표정으로 나를 쳐다봤다. 아마 검찰 측에서는 절대 들을 수 없는 말이라고 생각했을 것이다.

나는 이런 기회가 주어지면 맨슨이 카나렉을 내칠 걸로 기대하기는 했지만, 제안 자체도 진지했다. 처음부터 맨슨은 오직 본인만이 자신을 대변할 수 있다고 주장했다. 또한 그렇게 되지 않으면 문제를 일으킬 거라는 암시를 강하게 주었다. 그가 카나렉을 선임한 것도 그런 목적에 따른 것이 틀림없다고 생각했다.

또한 정식 교육을 받지는 못했어도 맨슨은 똑똑했다. 과거에 그들을 지배했던 인물이라면, 린다 캐서비언이나 브룩스 포스턴, 그 외에 다른 패밀리 구성원들이 검찰 측 증인으로 나왔을 때 "정상적인" 변호사들보다 훨씬 더 효과적으로 반대 심문을 할 수 있을 것이다. 그리고 법률적인 문제에 대한 조언이라면, 본인의 변호사 외에 세 명의 경험 많은 변호사를 상담역에 둘 수 있었다. 나아가 더 멀리 보자면, 맨슨의 요구를 거부하는 것이 항소의 빌미가 될지 모른다는 걱정도 들었다.

이어서 애런이, 델 판사의 법정에서 카나렉은 자신이 고를 수 있는 최악의 인물이라고 했던 맨슨 본인의 말을 인용했다.

카나렉이 그런 식의 진행에 강하게 저항하자 올더 판사는 다음과 같이 말했다. "스토비츠 씨와 부글리오시 씨가 당신에 대해서 한 말이 어쩌면 불공평하게 들릴 수도 있지만 카나렉 씨, 이 법정의 판사들 사이에서 일종의 상식처럼 된 이야기가 있고, 거기에는 진실이 상당 부분 담겨 있습니다. 당신의 개인적인 동기를 탓하는 것은 아닙니다만, 당신은 비상적으로 길게 시간을 끄는 것으로 유명합니다, 다른 사람들이라면 훨씬 더 짧은 시간에 해낼 수 있는 일들을요······."

하지만 자신이 이 문제를 고려하는 유일한 이유는, 맨슨이 카나렉을 변호사로 원하는 것이 맞는지 분명히 하고 싶기 때문이라고 올더는 말했다. 델 판사의 법정에서 했던 맨슨의 말 때문에 그 점이 의심스럽다고 했다.

카나렉은 한 가지 면에서는 LA 최고의 변호사라고 맨슨은 대답했다. "하지만 다른 많은 면에서는, 아마 제가 택할 수 있는 최악의 변호사일 것입니다." 맨슨이 말을 이었다. "저는 제가 직접 하는 것보다 저 자신을 더 잘 대변해줄 변호사는 한 명도 없다고 생각합니다. 저는 제가 법률가가 아니라는 것을 인식할 만큼 영리하며, 이 변호사들 뒤에서 소란을 일으키지 않을 것입니다. 저는 문제를 일으키기 위해 이곳에 온 것이 아닙니다······

여기에는 눈에 보이는 것 이상의 것들이 많습니다. 한 개인이 태어나고, 학교에 가고, 책에서 본 것들을 익히죠, 그리고 그 아는 것에 따라 인생을 살아갑니다. 그가 아는 건 다른 이들이 말해준 것뿐이죠. 그는 교육을 받고, 교육받은 이들이 하는 것을 합니다.

하지만 이 영역에서 벗어나면, 세대차가 생기죠, 자유연애 사회, 마약과 마리화나가 있는 세계로 들어가는 겁니다." 그리고 이 다른 세계에서는 현실이 달라지는 거라고 맨슨은 말했다. 여기선 경험만이 스승이 되고, 여기서는 "물을 직접 마셔보지 않으면, 혹은 비를 맞거나 강에 뛰어들어보지 않으면 물맛을 알 방법은 없는 것이죠".

법원, "제가 알고 싶은 건 말입니다, 맨슨 씨, 당신이 카나렉 씨로 괜찮은지 아니면 다시 생각해볼 것인지 하는 점입니다."

맨슨, "이미 설명드린 것 같습니다. 저는 저 자신이 아니면 괜찮지 않습니다. 아무도 저를 대변할 수 없습니다."

나는 맨슨에게 질문할 수 있게 해달라고 법원에 요청했다. 카나렉은 반대했지만 찰스는 동의했다. 나는 카나렉을 변호사로 쓰는 것에 대해 다른 변호사들과 상담했는지 물었다. 나는 그중 두 명, 피츠제럴드와 라이너가 카나렉이 사건에 참여하는 것에 불만이 아주 많다는 이야기를 들었다.

맨슨, "다른 사람의 의견은 구하지 않습니다. 저는 직접 결정합니다."

부글리오시, "카나렉 씨가 공정한 재판을 받게 해줄 것 같습니까?"

맨슨, "그렇습니다. 당신도 공정한 재판을 받게 해줄 것 같습니다. 이미 공정함을 보여주셨습니다."

부글리오시, "나는 당신이 공정한 재판을 받게 할 겁니다, 찰리, 하지만 나는 당신에게 유죄를 내리기 위해 나온 겁니다."

맨슨, "공정한 재판이란 뭘까요?"

부글리오시, "진실을 밝히는 것이지요."

결정, "이렇게 복잡한 사건에서 당신이 당신 자신을 변호하게 허락하는 것은 실수일 것 같습니다." 올더가 다시 맨슨에게 물었다, "카나렉 씨를 변호사로 확정하시겠습니까?"

"제가 이런 상황에 몰리는군요", 맨슨이 대답했다. "저의 다음 대안은 최대한 많은 문제를 일으키는 것입니다."

일주일이 조금 더 지나고, 우리는 그가 생각했던 첫 번째 경우를 없애버렸다.

패튼 주립병원으로 이송된 열여섯 살의 다이앤 레이크에 대해 병원 소속 심리학자는 "정신분열증" 판정을 내렸다. 나는 변호인 측이 이 점을 들어 그녀의 증언에 대한 신빙성을 떨어뜨리려 애쓸 것임을 알았지만, 크게 걱정하진 않았다. 심리학자는 의사가 아니고, 의학적 진단을 내릴 권한이 없기 때문이다. 병원 정신과 의사들은 그녀의 문제가 감정적인 것이며, 정신적인 것은 아니라고 했다. 청소년기의 행동장애에 약물 의존증이 더해졌을 가능성도 있었다. 또한 의사들은 그녀가 매우 좋아지고 있으며 재판에서 증언할 수 있을 거라고 확신했다.

나는 패칫 경사와 함께 6월 초에 패튼 병원을 방문했다. 인디펜던스의 감옥에서 처음 봤던 조그만 부랑자는 이제 여느 십대처럼 보였다. 그녀는 학교에서도 줄곧 A만 받고 있다고 내게 자랑스럽게 말했다. 패밀리에서 도망치기 전에는 인생이 얼마나 좋은 것인지 깨닫지 못했다고, 지금 돌아보면 자신이 "죽음의 구덩이"에 있었던 듯한 느낌이 든다고 했다.

다이앤을 조사하며, 나는 초기 조사에서는 나오지 않았던 많은 것을 알게 되었다. 윌로 스프링스의 사막에서 함께 지낼 때, 퍼트리샤 크렌윙클은 테이트 저택에서 자신이 애비게일 폴저를 침실에서 거실로 끌고 나왔다고 다이앤에게 말했다. 그리고 레슬리 밴하우튼은 자신이 누군가를 찔렀다고 인정하면서, 처음에는 망설였지만 찌르면 찌를수록 더 즐거웠다고 말했다.

다이앤은 또한 1969년 6월과 7월, 8월에 여러 차례 맨슨이 패밀리에게 이렇게 말했다고 전했다. "흑인들이 헬터 스켈터를 시작하게 하려면, 우리는 기꺼이 돼지들을 죽여야만 합니다."

그리고 몇 번이나(다이앤은 테이트-라비앙카 사건이 발생하기 한 달쯤 전인 7월이라고 믿고 있었다) 맨슨은 "나는 혁명을 시작해야만 합니다"라고 그들에게 말했다.

조사는 몇 시간 동안 이어졌다. 다이앤이 말한 것 중 한 가지가 내게는 무척 슬펐다. 스쿼키, 샌디, 그리고 패밀리 구성원들 중 일부 여성은 절대 다른 사람을, 심지어 부모님조차 사랑할 수 없을 거라고 그녀는 말했다. "왜 못 하죠?" 내가 물었다. "왜냐하면 모든 사랑을 찰리에게 줘버렸으니까요."

나는 다이앤 레이크가 이제 그 운명에서 벗어난 거라고 확신하며 패튼을 떠났다.

6월 9일, 법정에서 맨슨은 갑자기 의자를 돌리고 판사를 등진 채 앉으며, "법원은 저를 존중하지 않았습니다. 따라서 저도 법원에 대해 똑같이 하겠습니다"라고 말했다. 맨슨이 법정을 정면으로 마주하지 않자, 올더 판사는 몇 차례 경고 후에 집행관을 불러 그를 퇴장시켰다. 맨슨은 법정 옆의 구치실에 감금되었고, 그 방에서 재판 과정에 참여할 수는 없지만 스피커가 있어서 내용을 들을 수는 있었다.

올더는 맨슨이 바르게 처신할 것을 전제로 몇 차례 돌아올 기회를 주었지만, 그는 거부했다.

우리는 어빙 카나렉을 재판에서 떼어놓으려는 시도를 포기하지 않았다. 6월 10일, 나는 카나렉-휴스 교체에 대한 증거 청취를 요청했다. 핵심은 맨슨에게 카나렉을 변호사로 둘 법적 권리가 없다는 것이었다.

자신의 선택과 관련해 조언받을 권리는 무제한적이며 무조건적인, 절대적 권리가 아니라고 나는 주장했다. 그 권리는 자신에게 우호적인 판결을 바라는 피고들에게 주어지는 것이다. 맨슨이 그런 이유가 아니라, 온당하고 적법한 정의의 실현을 뒤틀고, 방해하고, 마비시키기 위해 카나렉을 골랐다는 점은 명백했다. "우리는 맨슨이 그렇게 하찮은 이유로 선택과 관련해 조언받을 권리를 사용할 수 없음을 제안합니다."

카나렉은 법원이 자신이 맡았던 재판 기록을 살펴보고, 지연 전략을 썼는지 확인해보라고 대답했다. 그 말에 올더 판사가 움찔하는 것을 본 것 같지만, 확실치는 않다. 올더의 근엄한 표정은 좀처럼 바뀌는 일이 없었다. 그가 무슨 생각을 하는지 짐작하는 것은 대단히 어려웠다.

카나렉의 기록을 조사하면서, 나는 한 시간 이상 이어진 우리 논쟁과 관련이 없는 것도 알게 되었다. 그 모든 시간 끌기와, 두서없는 발언, 의미 없는 요청, 그리고 마구잡이로 하는 무책임한 주장에도 불구하고, 어빙 카나렉은 종종 재판에서 이겼다. 예를 들어 카나렉은, 로널드 휴스가 이전에 재판을 맡아본 적이 없었지만, 그런 그의 평판이 맨슨에게 해가 될 거라는 이유로 그를 끌어내리려 시도한 적이 없었다고 주장했다. 결론적으로, 카나렉은 검찰 측의 발의는 "법적 근거가 없다는 이유로" 기각되어야 한다고 매우 적절하게 주장했다.

나는 그 점을 솔직히 인정했지만, "상황이 말 그대로 매우 악화되었기 때문에, 법원이 선구적인 입장을 취해줄 것"이 요구되고 있다고 지적했다.

올더 판사는 동의하지 않았다. 내 증거 청취 요청은 거부되었다.

영거 지방검사가 올더의 판정에 대해 캘리포니아 대법원에 항소했지만, 원래 판정이 유지되었다. 우리는 납세자의 돈 수백만 달러와, 재판에 관련된 모든 사람의 수많은 시간 및 불필요한 노력을 아끼려고 노력했지만, 어빙 카나렉은 찰스 맨슨이 원하는 동안은 테이트-라비앙카 사건에 남을 수 있었다.

"존경하는 재판장님이 맨슨 씨의 권리를 존중하지 않는다면, 제 권리도 존중할 필요 없습니다"라고 수전 앳킨스는 자리에서 일어나 뒤돌아서며 말했다. 레슬리 밴하우튼과 퍼트리샤 크렌윙클도 선례를 따랐다. 올더가 피고 측 변호인들에게 의뢰인들과 협의하라고 제안했고, 피츠제럴드는 소용없을 거라며, "이 사건에서는 의뢰인들을 최소한으로만 통제할 수 있기 때문"이라고 했다. 몇 차례 경고 후, 올더는 위층 배심원실에 여성들을 보낸 후 그곳에도 스피커를 설치했다.

나는 이 모든 사태에 대해 복잡한 감정이 들었다. 재판 내내 여성들이 맨슨의 행동을 따라하기만 한다면, 이는 그의 지배력에 대한 또 하나의 증거가 될 것이다. 하지만 그들을 법정에서 퇴장시키는 것은 항소로 이어지는 가역적可逆的 착오가 될 것이고, 사건 전체를 다시 다루는 것은 우리가 가장 원치 않는 일이었다.

현행법을 보면, 앨런 대 일리노이주 판례에 따라, 피고들이 방해행위에 가담할 경우 퇴장시킬 수 있다. 하지만 또 다른 사건인 자모라 형사사건은 좀더 미묘한 문제를 야기했다. 22명의 피고가 있었던 그 사건에서는, 상담 변호사의 위치 탓에 재판 도중 변호사들이 의뢰인들과 의사소통하는 것이 대단히 어려웠다. 이 때문에 항소

법원에서 결정이 뒤집혔고, 상담권right of counsel이란 피고와 그의 변호사가 재판 중에도 협의할 수 있는 권리라는 규정이 생겼다.

나는 올더에게 그 판례를 언급하며, 일종의 원격 소통 수단을 설치하자고 제안했다. 올더는 그런 조치는 필요없다고 했다.

정오 휴정 후에 여성들은 법정으로 돌아오겠다고 했다. 세 명을 대표해 크렌윙클이 올더에게 다음과 같이 말했다. "우리도 이 놀이에 참가해야만 합니다."

크렌윙클에게 재판은 바로 그것, 놀이였다. 계속 서 있던 그녀는 재판장을 향해 등을 돌렸다. 앳킨스와 밴하우튼도 즉시 따라했다. 올더는 다시 세 명을 퇴장시키라고 했다.

다음 날 모든 피고를 법정에 다시 불러 모은 올더 판사는, 만약 판사 앞에서 그런 행동을 계속하면 본인들의 사건을 심하게 훼손하는 것이라고 경고했다. "따라서 나는 여러분이 본인들의 행동을 진지하게 재고해보기를 요청합니다. 왜냐하면 자신들에게 해를 끼치고 있기 때문입니다." 다시 직접 변론 지위를 얻기 위해 시도한 후 맨슨은 이렇게 말했다. "좋습니다, 그렇다면 제게 아무것도 남는 게 없습니다. 이제 저를 죽이실 수 있습니다."

여전히 선 채, 맨슨은 고개를 숙이고 팔을 벌려 십자가 처형 자세를 취했다. 여성들도 얼른 따라했다. 부관들이 앉히려 하자 모두 저항했고, 맨슨은 부관과 바닥에 쓰러져 몸싸움을 벌였다. 부관 두 명이 그를 수감실로 끌고 갔고, 여성 부관들은 여성들을 밖으로 데리고 나갔다.

카나렉, "맨슨 씨에 대한 의료 지원을 요청합니다, 존경하는 재판장님."

법원, "집행관을 보내 도움이 필요한지 확인하겠습니다. 필요하다면 제공하겠습니다."

그는 의료 지원을 받지 못했다. 일단 수감실에 갇히고, 언론과 구경꾼들의 시야에서 벗어나면 맨슨은 완전히 다른 사람이 되었다. 그는 또 다른 가면, 온순한 수감자의 가면을 썼다. 인생의 절반을 교정시설과 교도소에서 보냈던 그는, 그 역할을 아주 잘 알고 있었다. 철저하게 "시설화"된 그는 규정에 따라 연기했고, 감옥 안에서는 좀처럼 문제를 일으키지 않았다.

정오 휴정 후에 우리는 카나렉의 수법 몇 가지를 맛볼 수 있었다. 압수 수색과 관련된 발의에서, 그는 맨슨의 체포는 불법인데 왜냐하면 "카바예로 씨와 부글리오시 씨가 앳킨스 양이 특정 발언을 하도록 음모를 꾸미고, 지방검찰청이 위증을 사주했기 때문"이라고 했다.

말이 안 될뿐더러 위증 사주는 대단히 심각한 범죄이기도 하다. 카나렉이 공개 법정에서, 언론 앞에서 그 말을 했기 때문에 나도 그에 맞춰 반응했다.

부글리오시, "존경하는 재판장님, 카나렉 씨가 입으로 설사를 할 생각이라면, 별도로 증거를 제출해야 한다고 생각합니다. 이자는 완전히 무책임합니다. 저는 긴급히 비공개회의를 열기를 요청합니다. 이자가 다음에 무슨 말을 할지 아무도 알 수 없습니다."

법원, "변론에 집중하십시오, 카나렉 씨."

카나렉이 빙빙 둘러간 후 결국 내세운 변론은 나머지 변호사들도 깜짝 놀라게 했다. 그는 다음과 같이 말했다. "맨슨 피고에 대한 체포 영장은, 불법적으로 확보한 위증에 기반하고 있습니다. 따라서 맨슨 씨에 대한 체포 역시 불법입니다. 따라서 맨슨 씨는 증거에서 제외되어야 합니다."

나는 사람을 증거에서 제외하는 것이 어떻게 가능한지 궁금했는데, 카나렉이 답을 주었다. 그는 "그 물적 증거, 즉 맨슨 씨의 신체가 이 법원에서 개념적으로라도 증거로 사용되지 않게 해줄 것을 요청합니다"라고 말했다. 그러니까, 카나렉의 뒤틀린 논리에 따르면, 증인들이 맨슨의 신원을 확인하는 것조차 허용되어서는 안 된다는 뜻이었다.

올더는 그 요청을 거부했다.

그날 어빙 카나렉은 또 다른 모습도 선보였는데, 그건 편집증에 가까운 의심과 불신이었다. 검찰은 수전 앳킨스의 대배심 증언을 사용하지 않겠다고 법원에 이미 말했다. 그 증언(찰스 맨슨이 테이트-라비앙카 살인을 명령했다는 수전의 발언)은 맨슨의 변호사가 절대 증거로서 원하지 않는 것이었다고 쉽게 생각할 수 있다. 하지만 카나렉은, 갑자기 경계심을 보이며, 우리가 그것을 사용하지 않는 것은 "그 증언이 어떻게든 훼손되었기 때문"이라고 주장했다.

올더는 주말 동안 재판을 휴정했다. 예심은 끝났다. 재판은 다음 월요일인 1970년 6월 15일에 속개될 예정이었다.

# 6부
# 재판

"지금 전개되는 이야기가 아주 괴상하지는 않다고 해도,
그 면면은 가슴을 찢어놓을 겁니다."

―진 스태퍼드

## 1970년 6월 15일~7월 23일

찰스 올더의 법정 104호는 정의의 전당 8층에 있다. 안내를 받아 사람으로 가득한 법정에 들어선 60명의 예비 배심원단의 표정은 지루함에서 궁금함으로 바뀌었다. 그리고 피고석으로 눈을 돌리자 갑작스러운 충격에 입이 떡 벌어졌다.

한 남성 배심원이 주변 사람들에게 들릴 정도로 크게 탄식했다. "세상에, 맨슨 재판이잖아!"

비공개회의에서 가장 큰 문제는 격리였다. 배심원 선정을 마치면 그들은 재판이 끝날 때까지 별도로 수용할 예정이었다. "그들을 비방으로부터 보호하고, 재판을 다룬 뉴스에 노출되지 않게 하기 위한" 조치였다. 이미 그들이 지낼 앰배서더 호텔 한 층의 일부를 빌리기로 예정되어 있었다. 배우자는 주말에 본인 비용으로 방문할 수 있지만, 외부인이나 사건을 다룬 뉴스 기자가 접근할 수 없도록 집행관들이 만전을 기할 예정이었다. 격리가 얼마나 이어질지는 아무도 몰랐지만(재판은 3개월에서 6개월 이상까지 걸릴 거라고 예측됐다), 선정된 배심원들에게 대단히 힘든 일이 될 것임은 분명했다.

스토비츠, "존경하는 재판장님께서는(웃자고 하는 이야기가 아닙니다) 몇몇 중죄인에게 3개월 미만의 구류형을 내리신 적이 있습니다."

법원, "분명히 그렇게 했습니다."

피츠제럴드, "하지만 앰배서더 호텔에 구류한 건 아니죠."

모든 변호사가 격리 조치에 대해 망설였지만, 강하게 반대한 사람은 어빙 카나렉 한 명뿐이었다. 카나렉은 언론의 적대적인 보도는 자신의 의뢰인에게 불리한 거라고 목소리를 높였는데, 나는 그 주장 뒤에는 카나렉이 아니라 맨슨이 있는 거라고 결론지었다. 그리고 맨슨이 배심원 격리를 원하지 않는 이유에 대해서도 나름 생각이 있었다.

올더 판사 본인도 이미 수차례 협박을 받았다는 소문이 있었다. 그가 보안관서에 보낸 비밀 메모에는 법정 보안 조치에 대한 내용이 적혀 있었는데, 마지막 문단은 다음과 같다.

"보안관서는 판사에게 운전사 겸 경호원을 제공하고, 재판 및 재판 후 절차가 끝날 때까지 판사의 거주지에는 24시간 보안 조치를 취한다."

열두 명을 추첨으로 뽑았다. 예비 배심원이 배심원석에 앉고, 올더는 격리가 "6개월까지" 이어질 수 있다고 설명했다. 이런 조치에 부당한 불편함을 느끼는 사람이 있느냐는 질문에 열두 명 중 여덟 명이 손을 들었다. 나중에, 여러 변호사의 예상치를 검토한 후 올더 판사는 기간을 "3개월 혹은 그 이상"으로 수정했고, 이후에 고충에 대한 불만은 줄어들었다.

사람들이 대거 법정에서 빠져나갈 것을 예상한 올더는, 배심원 기피 이유를 매우 엄격하게 적용했다. 하지만 어떤 상황에서도 사형에 찬성할 순 없다고 말한 사람들은 모두 제외했고, 수전 앳킨스의 자백을 읽은 사람들도 마찬가지였다. 이 점에 대해서는 간접적으로 접근했는데, 예비 배심원들에게 "피고들 중 누군가가 했던 범죄와 연루된 발언이나 자백을 본 적이 있습니까"와 같은 질문을 하면, 이에 대해서 몇몇이 "네, 『로스앤젤레스타임스』에 실린 그 기사요"라는 식으로 답했다. 이것을 포함해 재판 전 정보에 관한 조사는, 전체 배심원단에 영향을 미치지 않기 위해 개별적으로 비공개로 진행했다.

올더가 먼저 질문을 마친 후 변호사들이 예비 심문을 시작했다. 나는 가장 먼저 나섰던 피츠제럴드에게 실망했다. 그의 질문은 대부분 잡담 같았고, 사전에 준비하지 않은 티가 자주 났다. 예를 들어 피츠제럴드는 "본인 혹은 가족들 중 불행한 살인 피해자가 있었습니까?"라는 질문을 한 번이 아니라 두 번이나 했고, 동료 변호사들은 그를 쿡쿡 찌르며 만약 예비 배심원이 살인 피해자라면, 배심원으로 나올 수 없다고 알려줬다.

라이너는 훨씬 더 나았다. 그는 자신의 의뢰인 레슬리 밴하우튼을 다른 피고들과 떼어놓기 위해 최선을 다했다. 또한 그렇게 하면서 맨슨의 분노를 자극한 것도 분명했다. 카나렉은 검찰 측 질문만큼이나 라이너의 질문에도 이의를 제기했다.

신은 첫 번째 예비 배심원들에게는 열한 개의 질문만 했고, 올더는 그중 일곱 개가 부적절하다고 판단했다. 그의 예비 심문은 이의 제기와 주장을 포함해 13쪽밖에 되지 않았다.

카나렉은 맨슨이 쓴 게 분명한 수많은 질문을 읽으며 시작했다. 그것이 만족스럽지 않았는지, 찰리는 자신이 배심원들에게 "간단하고 사소하고 유치한 질문이지만, 제 현실에서는 실제적인 질문들"을 해도 되는지 올더에게 물었다. 거부당한 맨슨은 카나렉에게 "이 법정에서는 한마디도 더 하지 말 것"을 주문했다.

카나렉이 이후 법정에서 말한 바에 따르면, 맨슨은 자신이 이미 유죄로 여겨지고 있는 것이 불만이었다. 따라서 누가 배심원으로 선정되는지는 중요하지 않았고, 그들에게 질문할 필요도 없었다.

놀랍게도, 평소 대단히 독립적이었던 카나렉은 실제로 맨슨의 지시를 따르며 더 이상의 질문을 하지 않았다.

법률가들이 예비 심문에서 배심원들을 "가르치려" 해서는 안 되지만, 모든 법률가는 밥값을 하고 배심원 한 명 한 명을 자기편으로 만들기 위해 노력한다. 예를 들어 라이너는 "찰스 맨슨이 여성 피고들에 대해 일종의 '최면술'을 썼다는 이야기를 언론에서 읽거나 TV에서 본 적이 있습니까?"라고 물었다. 분명 라이너는 대답에 관심이 있었던 것이 아니라, 배심원들의 머릿속에 그런 암시를 심어 두려 했던 것이다. 마찬가지로, 나도 질문과 지침 사이의 가는 선을 타면서 각각의 배심원에게 다음과 같이 물었다. "검찰 측은 피고가 유죄임을 합리적으로 의심할 수 없을 만큼 증명할 부담이 있다는 것을 이해하고 계십니까? 그 어떤 의심도 할 수 없게 증명하는 것이 아니라, 합리적으로 의심을 할 수 없게 말입니다."

처음에 올더스 법률가들이 예비 배심원에게 정보를 주는 것을 허락하지 않으려 했다. 나는 사전에 이 점에 대해 그와 뜨겁게 논쟁했고, 마침내 그도 일반적 용어로 넌지시 질문할 수 있게 해주었다. 이는 중요한 승리라는 느낌이 들었다. 예를 들어 그 모든 재판 과정을 거친 후 일부 배심원이 "맨슨 씨는 현장에 없었기 때문에, 우리는 다섯 건의 테이트 살인에 대해서는 그가 유죄라고 할 수 없습니다. 그는 스팬 목장에 있었습니다"라고 말하는 상황은 원치 않았다.

맨슨에 대한 우리 사건의 핵심은 음모와 관련된 "대리 책임" 규정이었다. 어떤 범죄가 공모의 목적을 달성하기 위해 저질러진 것이라면, 공모에 가담한 공모자 각각은 동료 공모자들이 저지른 모든 범죄에 대해 법적으로 책임이 있다는 의미다. 이 규정은 공모자가 범죄 현장에 없었던 경우에도 적용된다. 예를 들어 A와 B, C가 은행을 털기로 결정한다. A는 절도를 계획하고 B와 C가 실행한다. 법률에 따르면 A는 은행에 들어간 적이 없다 해도 B, C와 마찬가지로 책임이 있다. 나는 이 점을 배심원들에게 지적하고 싶었다.

검찰 입장에서는 합리적 의심, 음모, 동기, 직접 및 정황 증거, 공범 규정 같은 본질적인 문제들을 배심원 각각에게 이해시키는 것이 중요했다.

우리는 올더 판사가 린다 캐서비언을 공범으로 선언하지 않기를 바랐다. 하지만 그가 선언하리라는 것은 꽤 확실했고 그는 나중에 그렇게 했다, 그러면 변호사들은 어떤 피고도 독립 증거가 없는 공범의 증언을 기반으로 유죄 판결을 받을 수 없다는 점을 십분 활용할 것이다. 관련 법을 조사하던 중 나는 캘리포니아 대법원의 웨인 형사재판 사건에서 법원이 증언 확증을 위해서는 "약간의" 증거만 있으면 된다고 판정한 것을 확인했다. 내가 이 판례로 올더의 관심을 끈 후, 그는 내가 질문에 "약간의"라는 단어를 쓸 수 있게 허용했다. 이것 또한 의미심장한 승리라고 나는 생각했다.

올더는 모든 예비 배심원이, 증거에 의해 보장된다면 사형 판결에 표를 던질 수 있음을 확실히 했지만, 나는 한발 더 나아가, 각각의 예비 배심원에게 (1) 젊은이 (2) 여성, 혹은 (3) 실제 살인 현장에 없다는 증거가 확보된 특정 피고에게도 기꺼이 같은 판결을 내릴 수 있는지 물었다. 나는 이 질문에 부정적인 대답을 하는 사람은 누구든 배제하고 싶었다.

맨슨과 여성들은 배심원 선정 과정에서는 어떤 소동도 일으키지 않았다. 하지만 개별적 예비 심문이 열리는 비공개회의에서 맨슨은 올더 판사를 말 그대로 몇 시간 동안 노려보곤 했다. 나는 그가 교도소에 있는 동안 믿을 수 없을 만큼 집중력을 키웠다고 결론지을 수밖에 없었다. 올더는 완전히 그를 무시했다.

하루는 맨슨이 내게도 그런 시도를 했다. 나는 곧장 그를 노려보며 응수했고, 그의 손이 떨릴 때까지 시선을 거두지 않았다. 휴정 시간에 나는 그의 옆으로 의자를 붙이고 물어보았다. "왜 떨고 있습니까, 찰리? 내가 무섭습니까?"

"부글리오시", 그가 말했다. "당신은 내가 나쁘다고 생각하지만, 그렇지 않습니다."

"나는 당신이 나쁘다고만 생각하지 않아요, 찰리. 예를 들어 당신이 동물을 사랑한다는 건 알겠습니다."

"그렇다면 내가 누구에게도 해를 끼치지 않을 거라는 점도 알겠군요", 그가 말했다.

"히틀러도 동물을 사랑했어요, 찰리. 블론디라는 개도 키웠는데, 내가 읽은 바에 따르면 아돌프는 블론디에게는 아주 다정했습니다."

보통 검사와 피고인은 재판 내내 두 마디도 나누지 않는다. 하지만 맨슨은 평범한 피고인이 아니었다. 그리고 그는 떠들기를 좋아했다. 우리가 나누었던 이상하고도 종종 대단히 시사점이 많은 대화 중 첫 번째였던 그 대화에서, 맨슨은 왜 자신이 이 살인 사건들의 배후에 있다고 생각하는지 물었다. "린다와 세이디가 모두 당신이 배후에 있다고 말했으니까요", 내가 대답했다. "이제 세이디는 나를 좋아하지 않습니다, 찰리, 그리고 당신이 예수 그리스도라고 생각하죠. 사실이 아니라면 그녀가 왜 내게 그렇게 말했을까요?"

"세이디는 그저 멍청하고 작은 쌍년일 뿐입니다", 맨슨이 말했다. "저기요, 저는 그 여자랑 두세 번 사랑을 나눴을 뿐입니다. 아기를 낳고 몸매가 망가진 후에는 그 여자에게 전혀 신경 쓰지 않았다고요. 그래서 그 여자가 그런 이야기를 한 겁니다, 관심을 받으려고요. 개인적으로 저는 누구에게도 해를 끼치지 않습니다."

"그런 헛소리는 집어치우쇼, 찰리, 나는 안 넘어가니까! 로차포파는 어떻게 된 겁니까? 그 사람 배에 총을 쐈잖아요."

"뭐, 네, 그자는 쐈죠", 맨슨이 인정했다. "그자가 스팬 목장에 와서 우리 모두를 잡으려 했으니까요. 그건 일종의 정당방위였습니다."

맨슨은 감옥 안 변호사나 다름없어서, 내가 먼저 그에게 헌법상의 권리를 고지하지 않으면 그의 말을 법정에서 사용할 수 없다는 점을 알고 있었다. 하지만 그 자백은, 이어진 여러 건의 인정과 함께, 나를 놀라게 했다. 그에게는 이상한 솔직함이 있었다. 우회적이고, 절대 직접적이지 않지만, 분명 그런 면이 있었다. 내가 콕 집어 말할 때마다 그는 피해나갔지만, 이 대화는 물론 우리가 나눈 수많은 대화에서, 자신이 살인 명령을 내리지 않았다고 딱 잘라 부인하는 일은 한 번도 없었다.

무고한 사람은 자신의 무고함을 항변한다. 대신 맨슨은 말장난을 했다. 그가 증언대에 서서도 그렇게 한다면, 배심원들이 그를 간파할 거라고 나는 확신했다.

맨슨이 증언대에 설까? 맨슨의 비대한 자아, 거기에 증언대가 전 세계 언론을 향해 자신의 철학을 소상히 알릴 기회였음을 감안하면, 증언할 수밖에 없을 거라는 의견이 지배적이었다. 하지만, 나는 이미 많은 시간을 들여 반대 심문을 준비하기도 했지만, 그가 어떻게 할지는 맨슨 본인만 알았다.

휴정이 끝나갈 때 내가 말했다. "대화 즐거웠습니다, 찰리, 하지만 당신이 증언대에 서서 이 이야기를 하면 훨씬 더 흥미로울 것 같네요. 나는 궁금한 게 아주아주 많습니다."

"예를 들면요?"

"예를 들자면", 내가 대답했다. "다른 사람들이 살기를 원하지 않는다는 미친 생각을, 당신은 도대체 어디서(터미널 아일랜드, 헤이트 애시베리, 스팬 목장) 갖게 된 걸까요?"

그는 대답하지 않았다. 잠시 후엔 미소를 지었다. 도전을 받은 것이다. 자신도 알고 있었다. 그 도전을 받아들일지 여부는 두고 볼 일이었다.

법정에서는 말이 없었지만, 맨슨은 배후에서 계속 활동적이었다.

6월 24일, 퍼트리샤 크렌윙클이 예비 심문 중에 끼어들어 피츠제럴드의 해임을 요청했다. "저는 이 심사를 어떻게 할지 변호사와 상의했지만, 그는 제가 요청한 대로 하지 않고 있습니다." 그녀가 법원을 향해 말했다. "저를 대변하는 목소리를 내야 하지만, 그렇게 하지 않고 있습니다……." 올더는 요청을 거부했다.

나중에 피고 측 변호인들이 각자 의뢰인들과 미팅을 가졌다. 크렌윙클을 변호하기 위해 관선 변호사 자리를 포기했던 피츠제럴드는 눈물이 그렁그렁한 상태로 나타났다. 나는 마음이 너무 안 좋아서 그를 안으며 이렇게 말했다. "폴, 이런 일로 낙담하면 안 됩니다. 아마 계속 변호사로 둘 거예요. 그렇게 안 되면 또 어떻습니까? 그냥 살인자 무리일 뿐입니다."

"야만적이고 배은망덕한 자들입니다." 피츠제럴드가 씁쓸하게 말했다. "이 사람들은 맨슨에게만 헌신합니다."

피츠제럴드는 미팅에서 무슨 일이 있었는지 내게 말하지 않았지만, 짐작하기 어렵지 않았다. 맨슨은 직접 혹은 여성들을 통해, 자신의 방식대로 하지 않으면 사건에서 해임될 거라고 변호사들에게 말했을 것이다. 피츠제럴드와 라이너가 『로스앤젤레스타임스』 기자 존 켄들에게 전한 바에 따르면, 변호사들은 모두 "침묵을 지키고" 예비 배심원들에게 어떤 질문도 하지 말라는 지침을 받았다.

다음 날 라이너가 그 명령을 따르지 않고 예비 심문을 이어가자 레슬리 밴하우튼은 그를 해임하려 시도했고, 크렌윙클이 했던 말을 거의 똑같이 반복했다. 올더는 그녀의 요청도 거부했다.

라이너의 질문들을 통해 그가 가진 계획에 대한 정보를 얻을 수 있었다. 예를 들어 그는 예비 배심원 한 명에게 다음과 같이 물었다. "레슬리 밴하우튼이 다른 피고들과 운명을 함께하길 바란다면, 그럼에도 당신은 증거가 불충분할 경우 그녀에게 무죄 판결을 내릴 생각입니까?"

7월 14일, 검찰 측과 변호인 측은 배심원 선정에 합의했다. 열두 명이 선서했다. 배심원은 남성 일곱 명, 여성 다섯 명이었고, 나이는 스물다섯 살에서 일흔세 살까지, 직업은 전기기술자에서 장의사까지 있었다. 열두 명의 배심원은 다음과 같다. 전기검사관 존 베어, 은퇴한 보안관서 부관 앨바 도슨, 학교 행정관 셜리 에번스 부인, 구술 녹음기 및 텔레타이프 교환수 에벌린 하인스 부인, 화학회사 직원 윌리엄 맥브라이드 2세, 사무직 관리인 셀마 매켄지 부인, 지금은 사라진 로스앤젤레스 『데일리 뉴스』의 연극평론 담당이었던 마리 메스머 양, 임원 비서 진 로즐랜드 부인, 전기기술자 안리 시스토, 장의사 허먼 튜빅, 은퇴한 공장 경비원 월터 비첼리오, 고속도로 기술자 윌리엄 자모라.

다양하게 섞인 배심원단이었고, 어느 쪽도 정확히 자신들이 원하는 바를 얻지는 못했다.

거의 자동으로, 변호인 측은 법집행기구와 관련된 사람들은 모두 반대하려 했다. 하지만 배심원 중 최연장자였던 앨바 도슨은 LASO 부관으로 16년 일했고, 공장 경비원으로 20년 일한 월터 비첼리오는 보안관서 부관으로 일하는 형제를 두었다.

한편 장의사 허먼 튜빅과, TWA사의 비서 출신인 진 로즐랜드 부인은 각각 여성 피고들과 비슷한 나이의 딸이 두 명 있었다.

선서하는 배심원들의 얼굴을 보며, 나는 그들 대부분이 배심원으로 선정된 것에 기뻐하고 있다는 느낌을 받았다. 결국 그 사람들은 역사상 가장 유명한 재판에 봉사하기 위해 선택된 것이었다.

올더는 금세 그들을 현실로 다시 데리고 왔다. 그는 배심원들에게 다음 날 법원에 나올 때 여행 가방과 옷가지, 개인용품을 챙겨오라고, 그 시점부터 격리될 거라고 안내했다.

후보 배심원을 선정하는 일이 남았다. 재판이 길어질 것을 예상한 올더는 여섯 명을 선발하기로 했고, 그건 예외적으로 많은 경우였다. 다시 한번 우리는 예비 심문 절차를 거쳤다.

다만 이번에는 아이라 라이너가 없었다. 7월 17일, 레슬리 밴하우튼이 공식적으로 라이너의 해임을 요청했고, 로널드 휴스가 그 자리에 지명되었다.

휴스와 맨슨, 그리고 밴하우튼에게 이해 충돌과 관련된 질문을 한 뒤, 올더 판사는 변호사 교체를 허가했다. 라이너는 빠졌고, 사건에 바친 8개월에 대한 감사 인사조차 받지 못했다. 맨슨의 전 변호사이자 "히피 법률가"였던 로널드 휴스, 산타클로스 같은 수염을 기르고 발터 슬레자크의 양복을 입은 그는 레슬리 밴하우튼의 등재 변호사가 되었다.

아이라 라이너가 해임된 이유는 한 가지, 단 한 가지뿐이었다. 그는 능력껏 최선을 다해 의뢰인을 대변했다. 그리고 자신의 의뢰인이 찰스 맨슨이 아니라 레슬리 밴하우튼이라고 제대로 판단했다.

맨슨의 얼굴에 희미하지만 분명히 미소가 떠올랐다. 그럴 이유가 충분했다. 그는 연합 변호 팀을 구성하는 데 성공했다. 피츠제럴드가 명목상 수장이었지만, 누가 명령을 내리는지는 명백했다.

7월 21일, 여섯 명의 후보 배심원이 선서하고, 그들 역시 격리되었다. 여섯 명의 후보 배심원은 다음과 같다. 은퇴한 공무원 프랜시스 체이슨 양, 주 고속도로관리국 직원 케네스 도트 주니어, 퇴역 공병대원 로버트 더글러스, 전화 설치기사 존 엘리스, 주부 빅토리아 캠프먼, 전화 관리기사 래리 실리. 배심원 선정에 5주가 걸렸고, 그사이 205명을 검토하고, 4500쪽에 가까운 속기록이 쌓였다.

힘든 5주였다. 올더와 나는 몇 번이나 충돌했고, 라이너와 올더는 더 자주 싸웠다. 또한 올더는 네 명의 변호사에게 법정모욕죄를 적용하겠다고 경고했고, 한 명에게는 실제로 적용했다.

공표금지 명령 위반 사례들도 있었다. 애런 스토비츠는 『롤링스톤』지와 인터뷰한 것이 문제가 되었고, 폴 피츠제럴드와 아이라 라이너는 "테이트 용의자들, 변호사들의 입을 다물게 하려고 애쓰는 중"이라는 『로스앤젤레스타임스』 기사에서 본인들의 의견을 낸 것이 문제가 되었다. 올더는 얼마 후 이 세 명에 대한 모욕죄 인용을 철회했지만, 어빙 카나렉은 운이 좋지 못했다. 7월 8일, 그는 법정에 7분 늦게 도착했다. 합당한 이유가 있었지만(당시 재판이 열리던 법원 건물에 주차 자리를 찾는 것은 지극히 어려웠다), 이전에 카나렉이 3분 지각했을 때 모욕죄를 적용하겠다고 경고했던 올더는 동정심을 보이지 않았다. 그는 카나렉에게 모욕죄를 적용하고 벌금 25달러를 부과했다.

우리가 배심원 선정을 위해 바쁘게 지내는 동안 맨슨의 살인자 두 명이 풀려났다.

메리 브루너는 힌먼 살인에 대해 다시 기소되고 체포되었다. 그녀의 변호사가 신변 보호 요청서를 제출했다. 그녀가 면책 합의의 조건을 지켰다고 판단한 캐슬린 파커 판사가 요청을 허가하고, 브루너는 풀려났다.

그사이 클렘, 본명 스티브 그로건은 바커 습격에서 확인된 자동차 절도로 유죄 판결을 받았다. 밴 나이스의 스테리 페이건 판사가 사건을 맡았다. 그는 그로건의 긴 전과 기록을 알고 있었다. 거기에 더해, 보통은 매우 관용적인 보호관찰 담당 부서에서도, 이 사건에서만큼은 그로건에게 카운티 감옥에서의 1년 형을 내려야 한다는 의견이었다. 애런도 판사에게 클렘은 대단히 위험한 인물이라고 알려주었는데, 그가 라비앙카 부부가 살해된 날 밤 현장에 함께 있었을 뿐 아니라, 쇼티 셰이의 머리를 직접 잘랐다는 증거도 있다는 정보를 주었다. 하지만 믿을 수 없게도, 페이건 판사는 클렘에게 곧장 보호관찰을 선고했다.

클렘이 스팬 목장의 패밀리로 돌아갔다는 소식을 듣고 나는 그의 보호관찰 담당관에게 연락해 클렘의 보호관찰을 취소할 수 있는지 물었다. 근거는 차고도 넘쳤다. 그의 보호관찰 조건으로는 부모님 집으로 거주지를 제한할 것, 직업을 구하고 유지할 것, 어떤 마약류도 복용 혹은 소지하지 않을 것, 마약 복용자로 알려진 사람과 교류하지 않을 것 등이 있었다. 그에 더해 그가 칼이나 총을 소지했던 일이 여러 차례 있었고, 사진으로 찍힌 적도 있었다.

보호관찰 감독관은 행동에 나서지 않았다. 나중에 그는 클렘이 두려웠다고 LAPD에서 인정했다.

브루스 데이비스는 잠수를 탔지만, 패밀리의 다른 골수 구성원들은 모두 눈에 잘 띄는 곳에 있었다. 클렘과 메리를 포함해 열두 명쯤 되는 구성원들이 매일 정의의 전당 입구와 복도에 나타나서는, 검찰 측 증인들이 증언을 위해 도착할 때마다 차갑고 도발적인 시선으로 쳐다봤다.

법정에 그들이 나타나는 문제는(샌디가 칼을 소지한 것이 밝혀진 후로 걱정거리였다) 애런이 해결했다. 특정 증인이 증언하는 동안 다른 증인들은 현장에 있으면 안 된다. 애런은 알려진 패밀리 구성원 전부를 검찰 측 증인으로 소환했고, 덕분에 변호인 측의 맹렬한 분노를 불러일으켰지만, 나머지 사람들은 모두 편안히 숨을 쉴 수 있었다.

## 1970년 7월 24~26일

테이트 살인 사건 재판 오늘 개시
검찰 측 "놀라운 동기"를 밝힐 거라 암시
샤론의 아버지가 첫 증인이 될 전망

많은 구경꾼이 자리를 얻어 맨슨을 볼 수 있기를 바라며 아침 6시부터 기다렸다. 그가 집행관과 함께 법정에 들어서자, 몇몇 방청객이 탄식했다. 맨슨의 이마에 핏빛 X 표시가 있었다. 전날 밤 언젠가 날카로운 도구로 자신의 맨살에 새긴 것이었다.

설명은 오래지 않아 나왔다. 법원 밖에서 추종자들이 그의 이름으로 된 선언문을 타자기로 쳐서 나눠주고 있었다.

"나는 당신들의 세계에서 스스로를 지웠습니다…… 당신들이 괴물을 만든 겁니다. 나는 여러분의 일부가 아니며, 여러분의 세계 출신도 아니고, 스스로 이해해보려 애쓰지도 않은 채 사물이나 동물, 사람들을 대하는 당신들의 그 부당한 태도를 용서할 수도 없습니다…… 나는 당신들이 지금 하고 있는, 그리고 과거에 했던 일들에 반대합니다…… 당신들은 신을 속였고, 예수 그리스도의 이름으로 세계를 말살했습니다. 나 자신에 대한 나의 신념은 당신들의 군대, 정부, 가스실보다, 당신들이 내게 하려는 그 어떤 일보다 강합니다. 나는 내가 뭘 했는지 압니다. 당신들의 법정은 인간의 놀이일 뿐입니다. 나를 판단하는 것은 사랑입니다…….'

법원, "찰스 맨슨, 수전 앳킨스, 퍼트리샤 크렌윙클, 그리고 레슬리 밴하우튼에 대한 형사 재판을 시작합니다."

"당사자와 변호인단, 배심원이 모두 참석했으므로……
검찰 측 모두진술 하시겠습니까?"

부글리오시, "네, 존경하는 재판장님."

나는 혐의를 요약하고, 피고들의 이름을 확인하고, 1969년 8월 9일 새벽에 시엘로 드라이브 10050번지에서, 그리고 다음 날 밤 웨이벌리 드라이브 3301번지에서 있었던 일을 전하고, 피해자들의 이름을 밝히는 것으로 모두진술을 시작했다. 검찰 측이 재판에서 제시할 증거들을 간략히 소개하는 과정이었다.

"신사 숙녀 여러분이 이 재판의 어느 시점엔가 스스로에게 묻게 될 질문, 우리가 그 대답에 대한 증거를 제시할 질문은 이것입니다.

이 일곱 건의 살인을 떠올리고 구상한 것은 도대체 어떤 악마 같은 정신인가? 일곱 명의 인간을 야만적으로 살해하려 했던 것은 어떤 정신인가?

우리는 이 재판에서 그 질문에 답하고, 피고 찰스 맨슨이 그런 악마 같은 정신의 소유자임을 밝히는 증거를 제시할 것입니다. 증거에 따르면 종종 한없이 겸손한 모습을 보이기도 하는 찰스 맨슨은, 자신을 예수 그리스도로 칭합니다.

이 재판에서 우리는 증거를 통해 맨슨이 떠돌이 부랑자이며, 좌절한 가수-기타리스트이고, 사이비 철학자임을 보여줄 것입니다. 하지만 무엇보다, 증거를 통해 찰스 맨슨이 평화를 사랑하는 히피라는 평범한 이미지 뒤에서 가면극을 하고 있는 살인자임을 최종적으로 밝힐 것입니다……

증거를 통해 찰스 맨슨이 권력에 대한 채울 수 없는 갈망과 폭력적 살인에 대한 강렬한 강박을 지닌 과대망상증 환자임을 보여줄 것입니다."

증거를 통해 맨슨이 자신들을 "패밀리"라고 부르는 떠돌이 부랑자 집단의 의심할 여지 없는 지도자이며 전제군주임을 밝힐 거라고 나는 말을 이었다. 이 집단의 이력과 구성을 간단히 전한 다음 나는 다음과 같이 평가했다. "변론에서 맨슨 씨는 패밀리에서는 자신을 비롯해 그 누구도 지도자가 아니며, 자신은 패밀리에게 그 어떤 일도 지시한 적이 없다고, 그러니 자신을 위해 살인을 지시한 일은 말할 것도 없다고 주장할 것입니다."

카나렉, "존경하는 재판장님, 검찰은 변호인 측 모두진술을 하고 있습니다."

법원, "기각합니다. 계속하세요, 부글리오시 씨."

부글리오시, "따라서 우리는 이 재판에서 찰스 맨슨이 사실상 패밀리의 독재 지도자라는 것, 패밀리 구성원들이 모두 노예처럼 그에게 복종했다는 것, 그가 늘 패밀리의 다른 구성원들이 자신의 명령에 따르게 했다는 것, 그리고 최종적으로 구성원들이 일곱 건의 테이트-라비앙카 살인 사건을 저질렀다는 것을 밝히는 증거를 제시할 예정입니다.

패밀리에 대한 맨슨의 전적인 지배력을 보여주는 증거는, 문제의 이틀 밤에 그가 일곱 건의 살인을 지시했다는 정황 증거가 될 것입니다."

검찰 측 핵심 증인은 린다 캐서비언이라고 배심원단에 말했다. 이어서 린다가 증언할 내용을 간략히 소개하고, 그 내용을 우리가 제시할 물적 증거, 즉 총, 끈, 살인자들이 테이트 살인 사건 당일에 입었던 옷 등과 연결시킬 예정이라고 했다.

그리고 이제, 살인 사건 발생 후에 모두가 궁금해하던 *왜?*라는 질문에 이르렀다.

검찰이 동기를 증명할 책임은 없다고 나는 배심원단에 말했다. 동기에 대해서는 어떤 작은 증거 하나도 제시할 필요가 없다. 하지만 동기에 관한 증거가 있다면 우리는 그 역시 제시할 예정인데, 왜냐하면 누군가에게 살인을 저지를 동기가 있다면, 그것은 그가 실제로 살인을 저지른 자라는 정황 증거가 될 것이기 때문이다. "이 재판에서 우리는 찰스 맨슨이 일곱 건의 살인을 지시한 동기에 관한 증거를 제시할 예정입니다."

만약 맨슨과 변호인이 "절도"라는 말을 기다리고 있다면, 그건 부질없는 짓이 될 것이다. 대신 맨슨 본인의 신념들이 거꾸로 그들을 향하게 될 것이다.

"우리는 동기가 한 가지 이상이라고 보고 있습니다", 내가 배심원단에 말했다. "폭력적인 죽음에 대한 맨슨의 열정과 기성 체제에 극단적으로 반발하는 정신 상태 외에 이 살인들에는 추가적인 동기가 있었음을 밝힐 예정이며, 이는 대단히 엽기적일지도, 어쩌면 살인 그 자체보다 더 엽기적일지도 모릅니다.

간략히 말하자면, 우리는 증거를 통해 맨슨이 헬터 스켈터, 영국 밴드 비틀스의 노래에서 빌려온 그 단어에 광적으로 집착하고 있었음을 밝힐 것입니다.

맨슨은 열렬한 비틀스 추종자이며, 그 밴드가 자신들의 노래 가사를 통해 바다 건너 자신에게 말을 거는 거라고 믿고 있습니다. 사실 맨슨은 그 가사들에서 자신의 철학에 대한 완전한 지지를 발견했다고 추종자들에게 말했습니다.

찰스 맨슨에게 그 노래 제목들 중 하나인 헬터 스켈터는, 흑인들이 일어나 백인 전체를 말살하는 일을 의미합니다. 그러니까 찰스 맨슨과 그가 선택한 추종자들만 예외인데, 그들은 헬터 스켈터를 피하기 위해 사막으로 가 바닥 없는 구덩이에서 지내기 때문입니다. 이는 맨슨이 신약의 마지막 부분인 「계시록」 9장에서 유추한 장소입니다……

몇몇 증인의 증언에 따르면 찰스 맨슨은 흑인들을 혐오했습니다. 하지만 그는 기성 체제의 백인들도 싫어해, 그들을 '돼지들'이라고 불렀습니다.

'돼지'라는 단어는 테이트 저택의 현관문 바깥쪽에 피로 찍혀 있었습니다.

'돼지들에게 죽음을' '헬터 스켈터' 그리고 '일어나라'라는 단어가 라비앙카 저택에 피로 찍혀 있었습니다.

증거에 따르면 이 일곱 건의 야만적인 살인의 여러 동기 중 하나는, 헬터 스켈터를 촉발하는 것이었습니다. 즉, 흑인들이 일곱 명의 백인을 살해한 것처럼 꾸며서 흑-백 혁명을 시작하는 것입니다. 자신의 뒤틀린 정신세계에 빠져 있었던 그는, 이 일을 계기로 백인 공동체가 흑인 공동체에 반감을 갖게 되고, 궁극적으로는 흑인과 백인 사이에 내전이 일어날 거라고 생각했습니다. 맨슨은 미국 모든 도시의 거리가 피바다가 될 거라고 추종자들에게 말했고, 또한 이 전쟁에서는 흑인들이 이길 거라고 예측했습니다.

맨슨은 백인을 모두 말살해버린 흑인들은 경험이 부족하기 때문에 자신들의 권력을 제대로 쓸 수 없게 되고, 따라서 그 권력을 헬터 스켈터에서 벗어나 있던 백인들에게 넘겨줄 거라고 전망했습니다. 즉, 찰스 맨슨과 그의 패밀리입니다.

맨슨의 머릿속에서는 그의 패밀리, 특히 본인이 흑백 내전의 궁극적인 수혜자였습니다.

우리는 맨슨의 철학에 대해서는 한 명이 아니라 여러 명의 증인에게 증언을 들을 예정입니다. 증거에 따르면 그 철학은 너무나 이상하고 너무나 엽기적이기 때문에, 단 한 명의 증언으로는 여러분이 믿을 수 없을 것이기 때문입니다."

지금까지는 맨슨에 대해서만 강조했다. 맨슨에게 유죄 판결을 내리는 것이 최우선이었다. 다른 사람들만 유죄가 되고 맨슨이 빠진다면, 그건 똘마니들의 죄만 밝히고 히틀러는 자유롭게 내버려두는 전범재판이나 다름없었다. 그런 이유로 나는 비록 공동 피고들이 그의 명령에 따라 실제로 살인을 저질렀지만, 그 살인을 명령한 것은 맨슨이라는 점을 강조했다.

하지만 거기엔 위험도 뒤따랐다. 내가 세 여성 피고의 변호인들에게 방어책을 만들어준 셈이었다. 형량을 결정하는 단계에서 그들은 앳킨스, 크렌윙클, 밴하우튼은 완전히 맨슨의 지배하에 있었기 때문에 맨슨만큼 죄가 무겁지 않고, 따라서 사형이 아니라 종신형을 받아야 한다고 주장할 수 있었다.

그와 정반대임을 증명해야만 한다는 것을 예측한 나는 모두진술에서부터 기반을 닦았다.

"찰스 맨슨의 추종자들은 어떨까요? 이 재판의 다른 피고들인 수전 앳킨스, 퍼트리샤 크렌윙클, 레슬리 밴하우튼 말입니다.

우리는 증거를 통해 이들이, 텍스 왓슨과 함께 일곱 건의 테이트-라비앙카 피해자들을 실제로 살해했음을 밝힐 것입니다.

또한 증거를 통해 그들이 이 집단 살인에 기꺼이 동참했음을 밝힐 것입니다. 이들은 과잉 살인을 했는데, 예를 들어 로즈메리 라비앙카는 41회 찔렸고, 보이텍 프라이코프스키는 51회 찔리고, 총을 두 방 맞고, 권총 손잡이로 머리를 13회 가격당했습니다. 이 피고들은 맨슨과는 별도로, 살인을 향한 의도를 지니고 있었습니다."

수전 앳킨스가 버지니아 그레이엄과 로니 하워드에게 했던 자백, 퍼트리샤 크렌윙클이 테이트 살인 현장에 있었음을 말해주는 지문, 그리고 레슬리 밴하우튼이 라비앙카 살인 현장에 있었음을 암시하는 증거들을 언급한 후 나는 다음과 같이 지적했다. "증거에 따르면 찰스 맨슨은 1967년 3월 샌프란시스코 헤이트 애시베리 구역에서 패밀리를 처음 조직했습니다. 패밀리가 해체된 것은 아시다시피 1969년 10월 바커 목장에서였습니다. 데스밸리 주변부의 어두운 곳에 위치한, 황량하고 고립된, 문명에서 벗어나 바위밖에 없는 은신처입니다. 그 기간에 일곱 명의 피해자와 샤론 테이트의 배 속에 있던 8개월 반 된 태아가 패밀리 구성원들의 손에 살해된 것입니다.

우리는 이 재판에서 증거를 통해, 이 일곱 건의 믿을 수 없는 살인이 아마 범죄사에서 가장 엽기적이고, 야만적이며, 악몽 같은 살인임을 밝힐 것입니다.

스토비츠 씨와 저는 피고들이 이 살인을 저질렀음을, 그들이 유죄임을 합리적인 의심을 넘어(이는 우리의 책임입니다), 모든 의심을 넘어 증명해 보일 계획입니다. 또한 우리는 최종 변론에서는 증거들을 종합해, 여러분이 피고 각각에게 일급 살인에 따른 판결을 내려주실 것을 요청할 계획입니다."

증인이 많은 긴 재판이 될 것임을 언급하며, 나는 "아주 희미한 글이라도 가장 좋은 기억보다 낫다"는 옛 중국 속담을 인용했다. 배심원들이 평의 과정에서 상세한 메모를 활용해줄 것을 재촉한 것이다.

나는 피고와 캘리포니아 검찰 양측이 받아 마땅한 공정하고 치우치지 않는 재판이 될 수 있을 거라 확신한다고 배심원들에게 말하는 것으로 모두진술을 마쳤다.

카나렉은 내가 모두진술을 하는 동안 아홉 차례나 이의를 제기했고, 법원은 전부 기각했다. 내가 진술을 마치자, 그는 진술 전체를 속기록에서 삭제하거나, 그게 어렵다면 무효 심리를 선언해야 한다고 주장했다. 올더는 두 건 다 기각했다. 피츠제럴드는 언론에서 내 발언이 '비열한 중상모략'이며, 헬터 스켈터를 동기로 언급한 것은 "정말 터무니없는 가정"이라고 했다.

나는 배심원들 앞에서 최종 변론을 할 때가 되면, 폴이 그런 주장은 차마 할 수 없을 거라는 강력한 예감이 들었다.

변호인 측은 검찰이 공소사실 진술을 마치고 첫 번째 증인 폴 테이트 대령을 부를 때까지도 모두진술을 하지 않았다.

샤론의 아버지는 군인답게 꼿꼿한 자세로 증언대에 서서 선서했다. 마흔여섯 살이었지만 그보다 젊어 보였고, 잘 다듬은 턱수염이 눈에 띄었다. 법정에 들어서기 전에 철저한 몸수색을 당했는데, 그가 맨슨을 죽이려 한다는 소문이 돌고 있었기 때문이다. 그는 피고들을 잠깐 돌아봤을 뿐이고 눈에 띄는 반응도 보이지 않았지만, 집행관들은 그가 법정에 있는 내내 유심히 지켜보았다.

우리의 직접 심문은 간략했다. 테이트 대령은 샤론을 마지막으로 봤던 상황을 기술하고, 자신의 딸과 폴저 양, 프라이코프스키, 세브링, 그리고 시엘로 드라이브 10050번지의 사진을 확인했다.

테이트 저택의 가정부 위니프리드 채프먼이 다음이었다. 나는 그녀가 두 개의 문을 청소한 과정에 대해 세세하게 질문하고, 배심원들이 시간 순서를 세울 수 있도록 그녀가 1969년 8월 8일 오후 저택을 나섰던 상황부터 이야기했다. 나중에 그녀를 다시 증언대에 불러 다음 날 아침에 발견한 상황에 대해 증언을 들을 계획이었다.

반대 심문에서 피츠제럴드는 채프먼이 살인 사건 발생 한 달 후에야 문을 청소한 이야기를 했으며, LAPD가 아니라 내게만 이야기했다고 지적했다.

이런 패턴은 계속됐다. 나는 증인들 각각에 대해 한 번이 아니라 여러 번 조사했기 때문에 이전에 경찰에는 알려지지 않았던 정보를 많이 밝혀냈다. 오직 나만 만났던 증인도 많았다. 이런 전략은 피츠제럴드가 처음 떠올렸지만, 더 키운 건 카나렉이었는데, 나중에는 적어도 그의 머릿속에서는 부글리오시가 사건 자체의 틀을 잡은 것처럼 되었다.

카나렉은 채프먼 부인에게 질문을 하나만 했으나, 좋은 질문이었다. 법정에 출두하기 전에 찰스 맨슨을 본 적이 있는가? 그녀는 없다고 대답했다.

최근에 결혼해서 아내를 떠나는 것이 반갑지 않았지만, 윌리엄 개럿슨도 고향인 오하이오주 랭커스터에서 날아왔다. 그는 LAPD에서 풀려난 후 그곳으로 돌아가 지내고 있었다. 저택의 전 관리인은 조금 수줍어하기는 했지만 진지했다. 나는 두 경관인 휘센헌트와 울퍼도 불러서, 전자에게서는 개럿슨의 전축 볼륨이 4와 5 사이에 있었다는 증언을 듣고, 후자에게서는 그가 했던 음향 검사에 대한 이야기를 들을 생각이었다. 하지만 개럿슨에게도 그날 밤 있었던 일에 대해 세세하게 질문했다. 배심원들은 총소리나 비명을 듣지 못했다는 그의 말을 믿는 것 같았다.

내가 개럿슨에게 물었다. "전축을 얼마나 크게 틀었습니까?"

답. "중간쯤이었는데…… 아주 크지는 않았습니다."

이는 개럿슨이 진실을 말하고 있다는 최고의 증거였다. 아무 소리도 듣지 못했다는 그의 말이 거짓이라면, 그는 분명 전축 소리가 컸다고도 거짓말을 했을 것이다.

피츠제럴드의 질문은 대부분 개럿슨의 체포, 그리고 경찰에서 있었을 걸로 짐작되는 험한 대우에 관한 것이었다. 나중에 재판 후반부에, 피츠제럴드는 개럿슨이 테이트 살인 중 적어도 한 건 이상에 관여했을 거라고 주장하게 된다. 이 단계의 반대 심문에서는 전혀 그런 조짐이 없었기 때문에 나는 그가 뒤늦게 편리한 희생양을 찾은 거라고 결론지었다.

카나렉은 이번에도 같은 질문을 했다. 아니라고, 전에는 맨슨을 본 적이 없다고 개럿슨이 대답했다.

증언대에 서기 전 내가 개럿슨을 조사했을 때, 그는 아직도 그날 밤에 있었던 일에 대한 악몽을 꾼다고 말했다. 오하이오로 돌아가기 전인 그 주 주말, 지금 본채에 살고 있는 루디 앨토벨리가 개럿슨을 시엘로 드라이브 10050번지로 초대해 둘러보게 했다. 저택은 고요하고 평화로웠다. 그 후로는 악몽을 꾸지 않는다고 개럿슨은 말했다.

그날 마칠 때까지 증인 세 명이 더 나왔다. 프랭크 게레로는, 그 주 금요일에 육아실에 칠을 했다고 증언했다. 정원사 톰 바르가스는 여러 손님이 드나들었고, 두 개의 여행 가방이 도착해 자신이 서명했다고 증언했다. 데니스 허스트는 그날 밤 8시경 자전거를 배달하러 갔고, 물건을 받은 사람은 세브링이었다며 사진을 보고 확인해주었다.

이제 검찰 측 핵심 증인을 위한 준비는 마쳤다. 나는 그를 월요일 아침 첫 번째 증인으로 부를 계획이었다.

모두진술을 들은 맨슨은 내가 자신의 정체를 파악했음을 깨달았을 것이다.

그날 오후 재판 종료 후 보안관서 부관 윌리엄 모핀 상사가 격리실에 있던 맨슨을 감옥 9층으로 데리고 가던 중, (모핀의 보고서를 인용하자면) "맨슨 수감자가 자신을 풀어주면 10만 달러를 주겠다는 각서를 쓰겠다고 말했다. 맨슨 수감자는 체포 전에 사막에서 지내던 생활로 되돌아가고 싶은 마음이 크다고도 언급했다. 또한 맨슨 수감자는 자신에게 돈은 아무것도 아니라고, 몇몇 사람이 큰돈을 주겠다고 연락해왔다고도 언급했다. 맨슨 수감자는 허락 없이 수감자들을 풀어주다 걸려도 6개월 형밖에 받지 않는다고도 말했다".

모핀은 이 매수 제안을 상관인 앨리 대위에게 보고했고, 앨리는 다시 올더 판사에게 알렸다. 이 일이 밖으로 알려지지는 않았지만, 올더는 다음 날 모핀의 보고서를 검찰과 변호인 측에 전달했다. 그 보고서를 읽고 나서 나는 맨슨이 다음엔 어떤 시도를 할지 궁금했다.

주말 사이 수전 앳킨스와 퍼트리샤 크렌윙클, 레슬리 밴하우튼은 성냥불로 머리핀을 달군 후, 자신들의 이마에 X 표시를 새기고, 바늘로 화상 자국을 떼어내 흉터를 더 잘 보이게 만들었다.

월요일 오전 법정에 들어선 배심원들에게 가장 먼저 눈에 띈 것은 그 X 표시였다. 맨슨이 이끌면 그 여성들이 따라한다는 시각적 증거였다.

하루 정도 후에는 샌디, 스퀴키, 집시를 포함해 패밀리 구성원 대부분이 똑같이 했다. 새로운 구성원이 가입할 때면 이것이 패밀리의 새로운 의식이 되었고, 그 의식의 마지막은 얼굴에 흐르는 피를 맛보는 것이었다.

## 1970년 7월 27일~8월 3일

여덟 명의 보안관서 부관이 린다 캐서비언을 시빌 브랜드에서 정의의 전당으로 호송했고, 패밀리 구성원들이 지켜보고 있는 입구를 우회해서 건물 안으로 들어왔다. 하지만 그들이 9층에 도착했을 때, 샌드라 굿이 갑자기 복도에 나타나 소리 질렀다. "네가 우리 모두를 죽이는 거야, 우리 모두를 죽이는 거라고!" 그 충돌을 목격한 이들에 따르면, 린다는 놀라기보다는 슬퍼하는 것처럼 보였다고 한다.

나는 린다가 도착한 직후에 그녀를 만났다. 변호사 게리 플라이슈만이 새 원피스를 사주었지만 엉뚱한 곳에 전달되었고, 그 탓에 그녀는 임신했을 때 입었던 임부복 차림이었다. 펑퍼짐한 옷 때문에 그녀는 피고라기보다는 히피처럼 보였다. 그런 사정을 설명하자, 올더 판사는 새 원피스가 도착할 때까지 비공개회의에서 다른 문제들을 먼저 논의했다. 나중에 수전 앳킨스가 브라를 잃어버렸을 때 피고에게도 유사한 편의를 제공했다.

부글리오시, "린다 캐서비언 증인을 요청합니다."

맨슨과 여성들을 바라보는 그녀의 슬픈 눈빛이, 그녀를 노려보는 그들의 적대적인 표정과 명백한 대조를 보였다.

서기, "오른손을 들어주시겠습니까?"

카나렉, "이의 있습니다, 존경하는 재판장님. 이 증인은 부적격이며, 제정신이 아닙니다."

부글리오시, "잠깐만요! 존경하는 재판장님, 이 사항에 대해서는, 법원이 변호인의 대단히 잘못된 행동에 대해 모욕죄를 적용해 줄 것을 요청합니다. 믿을 수 없는 행동입니다."

안타깝게도, 그건 너무나 믿을 수 있는 행동, 카나렉이 이 사건에 참여할 때부터 우리가 두려워했던 종류의 행동이었다. 배심원들에게 카나렉의 언급을 무시하라고 지시한 다음, 올더는 양측을 앞으로 불렀다. "분명히 말하지만, 변호인의 행동은 무도한 것으로……"

부글리오시, "법원은 변호인의 발언 자체를 막을 수 없다는 점은 알고 있습니다. 하지만 변호인이 다음에 무슨 말을 할지 알 수 없습니다. 만약 제가 공개 법정에서 비슷한 발언을 한다면, 저는 사건에서 배제되는 것은 물론 검찰에서도 쫓겨날 겁니다……"

카나렉을 방어하기 위해, 피츠제럴드가 변호인 측은 린다 캐서비언이 LSD를 적어도 300회 이상 복용했음을 밝혀줄 증인을 요청할 계획이라고 법원에 말했다. 변호인 측은 그 정도의 마약 복용 때문에 그녀는 정신적으로 증언할 수 없는 상태임을 주장할 거라고도 했다.

올더는 변호인 측이 어떤 증거를 제시하든, 법적인 것은 법정이나 비공개회의에서 논의할 문제이지, 배심원들을 향해 할 말은 아니라고 했다. 카나렉의 갑작스러운 발언에 대해 올더는 한 번만 더 그런 행동을 하면 "당신을 향해 어떤 행동을 취할 것"이라고 했다.

린다가 선서를 했다. 내가 그녀에게 물었다. "린다, 당신은 현재 본인이 일곱 건의 살인과 한 건의 살인 모의에 대한 혐의를 받고 있다는 걸 알고 있습니까?"

답. "네."

카나렉이 이의를 제기하며 무효 심리를 요청했다. 거부. 내가 두 번째 질문을 할 때까지 10분 정도가 흘렀다.

문. "린다, 당신은 지방검찰청과 당신의 변호사 사이에 있었던 합의를 알고 있습니까? 당신이 테이트-라비앙카 사건에 대해 아는 것을 모두 증언하면, 지방검찰청은 법원에 당신의 사면을 요청하고, 당신에게 씌워진 혐의를 모두 기각한다는 것입니다."

답. "네, 알고 있습니다."

카나렉이 네 가지 근거를 들며 이의를 제기했다. 기각. 이 합의를 먼저 꺼냄으로써 우리는 변호인 측의 큰 대포들 중 하나를 못쓰게 만들었다.

문. "그 합의에 따라 당신에게 발생할 이득 외에, 이 일곱 건의 살인에 대해 모두에게 말해야겠다고 결심하게 된 다른 이유가 있습니까?"

카나렉이 다시 홍수처럼 이의를 쏟아낸 후 린다는 대답할 수 있었다. "저는 진실에 대한 믿음이 강하고, 진실은 알려져야 한다고 생각합니다."

카나렉은 심지어 내가 린다에게 자녀 수를 묻는 것에도 이의를 제기했다. 그는 종종 하나라도 걸리기를 바라며 산탄총 전략을 쓰기도 했다. ("대답을 암시하는 유도 질문입니다, 근거가 없습니다, 추측이고 전문입니다.") 그의 근거 중 많은 부분이 전혀 적용될 수 없는 것이었다. 예컨대 어떤 주장도 하지 않았는데 "유도 질문입니다"라고 했고, 그냥 다음에 어떻게 할 거냐고 물었을 때도 "전문입니다"라고 소리쳤다.

그런 상황을 충분히 예상했던 나는 괴롭지 않았다. 하지만 린다가 맨슨을 처음 만났던 일, 스팬 목장에서의 생활을 이야기할 때까지 한 시간 이상 걸렸고, "패밀리"에 대한 자신의 정의를 이야기할 때는 다시 카나렉의 맹렬한 저항에 맞닥뜨려야 했다.

답. "글쎄요, 우리는 가족처럼 함께 지냈습니다, 함께 지내는 한 가족, 엄마, 아빠, 아이들처럼요. 하지만 우리는 모두 하나였고, 찰리가 대장이었습니다."

맨슨이 여성들에게 내렸던 다양한 명령에 대해 린다에게 질문할 때 올더 판사가 카나렉의 이의를 인정했다. 나는 판사석으로 갔다.

비전문가들은 전문이 법정에서 전혀 받아들여지지 않을 거라고 생각한다. 실제로 전문 조항에 해당되지 않는 예외가 많으며, 많은 법률가는 법이 거기에 따라야 한다고 생각한다. 내가 올더에게 말했다. "몇몇 경우에는 전문도 받아들여져야 합니다. 예를 들어 수전 앳킨스가 버지니아 그레이엄과 로니 하워드에게 했던 자백은 전문이지만, 전문 규정의 예외로 받아들여질 수 있다. 저는 이 사건에 수많은 법적 문제가 있을 거라고 예상했고, 사전에 조사도 했습니다—저 스스로 일종의 악마의 변호인을 자처한 셈입니다. 하지만 맨슨이 패밀리 구성원들에게 내린 지시와 관련해 이런 문제가 생길 거라고는 전혀 예상하지 못했습니다."

올더는 해당 발언이 전문 규정의 예외가 될 수 없다고 판단했기에 이의를 인정한 거라고 말했다.

이는 치명적이었다. 만약 올더가 그런 대화를 받아들이지 않는다면, 맨슨의 지배력이라는 사건의 틀과 함께 사건 자체가 날아가는 셈이었다.

그 일이 있고 재판은 하루 휴정했다. 애런과 J. 밀러 리비, 그리고 나는 그날 밤 늦게까지 판례를 찾았다. 다행히 당사자들끼리 나누었던 대화를 포함해, 그들의 관계를 보여줌으로써 어떤 공모가 있었음을 인정했던 사건이 두 건 있었다(프라티아노 형사재판과 스티븐스 형사재판). 이튿날 그 판례를 보여주었더니 올더 판사도 생각을 바꿔 카나렉의 이의를 기각했다.

이제 반대는 완전히 예상치 못했던 곳에서 나왔다. 애런이었다.

린다는 맨슨이 남성 방문자들을 패밀리에 합류시키기 위해 여성들에게 그들과 섹스하라는 명령을 내렸다고 이미 증언했다. 내가 물었다.

"린다, 성적 난교가 뭔지 아시죠?"

휴스뿐 아니라 카나렉도 즉시 의미심장한 단어를 써가며 이의를 제기했다. "우리는 이 사람들의 성행위를 재판하는 게 아닙니다. 이 사람들의 살인 행위를 재판하는 겁니다."

변호인 측에서 고함치며 이의를 제기했고, 올더는 그중 많은 부분을 인정했다. 애런도 내 쪽으로 몸을 기울이며 말했다. "이 부분은 건너뛰면 안 될까? 그저 시간 낭비야. 살인이 있었던 이틀 밤 이야기로 가자고."

"봐요, 애런", 내가 낮은 목소리로 말했다. "제가 판사랑 싸우고, 카나렉이랑 싸우고 있는데, 선배랑도 싸우고 싶지는 않아요. 이미 문제가 충분하다고요. 이건 아주 중요한 거고 반드시 이야기할 겁니다."

린다가 카나렉의 이의 제기 중간중간에 증언한 바에 따르면, 맨슨이 언제 난교를 열지 결정했다. 맨슨이 누가 참가하고 누가 참가하지 않을지 결정했다. 그런 다음 맨슨이 각각에게 할 일을 부여했다. 처음부터 끝까지 그가 지휘자였고, 그렇게 전체 상황을 조율했다.

맨슨이 추종자들의 가장 친밀하고 개인적인 삶까지 통제했다는 것은, 그의 지배력에 대한 매우 강력한 증거였다.

거기에 더해, 린다가 증언한 특정 난교 파티에 참가한 스무 명 남짓한 사람 중에는 찰스 "텍스" 왓슨, 수전 앳킨스, 레슬리 밴하우튼, 그리고 퍼트리샤 크렌윙클도 있었다.

성행위는 세세하게 묘사하지 않았고, 나 역시 린다에게 "집단 만남"에 대해서는 묻지 않았다. 일단 요점을 전한 다음, 나는 다른 증언들, 헬터 스켈터, 흑백 전쟁, 비틀스가 그들의 노래 가사를 통해 자신과 소통하고 있다는 맨슨의 믿음, 1969년 8월 8일 오후 늦게 그가 했다는 "지금이 헬터 스켈터를 실행할 때입니다"라는 말 등에 대해 물었다.

증언대에 선 그녀를 묘사하는 기사에서, 『로스앤젤레스타임스』는 심지어 그룹 섹스에 관해 이야기할 때도 린다 캐서비언은 놀라울 정도로 "엄숙하고 부드러운 어조였고, 심지어 얌전했다"라고 적었다.

그녀의 증언은 종종 감동적이기도 했다. 맨슨이 어머니와 자녀들을 분리했다고 이야기하고, 본인이 타냐와 떨어져 지냈을 때의 느낌을 전하며 린다는 이렇게 말했다. "가끔씩은, 그러니까 주변에 아무도 없을 때, 특히 찰리가 없을 때는 아이에게 사랑을 베풀고 젖도 줬습니다."

린다가 첫날 밤 스팬 목장을 나서기 전에 맨슨이 그들에게 내렸던 지시에 대해 말할 때, 변호인단과 함께 앉아 있던 맨슨이 손을 목에 대고 손가락 하나를 펼쳐 긋는 시늉을 했다. 다른 쪽을 보고 있던 나는 그 동작을 보지 못했지만, 린다를 포함한 다른 사람들은 봤다.

하지만 그녀는 멈추지 않고 답변했다. 텍스가 커다란 철문 앞에 차를 세웠던 일, 전화선을 잘랐던 일, 다시 언덕을 내려와 차를 세우고 걸어서 올라갔던 일 등을 전했다. 철문 옆 담장을 넘었던 일을 전할 즈음 법정 안에 긴장감이 쌓여가는 것을 느낄 수 있었다. 그리고 갑자기 전조등이 비쳤다.

답. "자동차 한 대가 우리 앞에 멈췄고, 텍스가 총을 든 채 달려갔습니다…… 남자가 '제발 해치지 마세요, 아무 말도 안 하겠습니다' 라고 했어요. 그리고 텍스는 남자에게 네 발을 쐈습니다."

스티븐 페어런츠의 살인을 전하며 린다는 흐느끼기 시작했는데, 내게 그 이야기를 할 때도 매번 마찬가지였다. 차오르는 분노와 린다의 반응 때문에 배심원들의 감정은 격앙되고 있는 것이 분명했다.

세이디는 키득키득 웃었다. 레슬리는 낙서를 했다. 케이티는 지루하다는 표정을 지었다.

그날 재판이 끝날 때까지 나는 케이티가 칼을 든 채 흰색 가운을 입은 여인(폴저)을 쫓던 상황, 텍스가 덩치 큰 남자(프라이코프스키)를 찌르던 상황까지 린다에게서 끄집어냈다. "그 사람은 계속 찌르고 찌르고 또 찔렀습니다."

문. "남자가 소리칠 때 무슨 말을 하는지 알았습니까?"

답. "말은 없었습니다, 그냥 말을 넘어선 뭔가, 그냥 비명이었습니다."

기자들은 카나렉이 이의를 제기할 때마다 숫자를 세다가, 사흘째 되던 날 200회가 넘어가자 그만두었다. 올더는 다시 한번 증인이나 검사의 발언을 방해하면 모욕죄를 적용하겠다고 카나렉에게 경고했다. 종종 내 질문과 린다의 대답 사이에 속기록 12쪽이 허비되기도 했다.

부글리오시, "다시 앞으로 돌아가야겠습니다, 린다. 이의 제기가 폭풍처럼 쏟아져서요."

린다의 증언 중간에 다시 카나렉이 끼어들자, 올더는 우리를 앞으로 불렀다.

법원, "카나렉 씨, 당신은 끼어들지 말라는 내 명령을 반복해서 직접적으로 어겼습니다. 변호인에게 모욕죄를 적용하겠습니다. 하룻밤 구류형에 처하며, 이 재판이 끝나는 즉시 집행해서 내일 아침 7시까지입니다."

카나렉은 "제가 증인에게 끼어든 게 아니라, 증인이 제 발언에 끼어든 겁니다!"라고 항의했다.

이튿날 카나렉은 동료를 데리고 나타났다. 내가 확인 목적으로 제출하려던 자료 중에는 칼집에 든 채 맨슨 개인의 사막용 사륜구동차 운전석 옆에 놓여 있는, 스트레이트 세이튼스의 검을 찍은 사진이 있었다. 그 사진이 보솔레이 재판에서 증거로 제출되었기 때문에 다른 법정에서 가지고 올 때까지는 확보할 수 없었다. "검찰은 방대한 양의 증거를 제출하지 않고 있습니다"라며 휴스가 독촉했다.

부글리오시, "기록을 위해서 말하자면, 저도 몇 분 전에 그 사진을 처음 봤습니다."

휴스, "전부 헛소립니다, 부글리오시 씨."

법원, "그 말은 법원에 대한 직접적인 모욕임을 밝힙니다."

나는 카나렉에게 모욕죄를 적용한 것에 대해서는 전적으로 동의했지만, 휴스에 대한 법원의 판단에는 동의하지 않았다. 그가 모욕한 대상이 있다면 그건 검사지 법원이 아니라고 말했다. 또한 그건 단순히 오해에서 비롯된 발언이며, 제대로 설명하면 그도 받아들일 거라고 했다. 올더는 이해심이 별로 없었다.

75달러의 벌금과 하룻밤 구류 중 선택하라는 법원의 요청에 대해 휴스는 이렇게 대답했다, "저는 빈털터리입니다, 존경하는 재판장님." 동정심이 전혀 없었던 올더는 하룻밤 구류형을 명령했다.

카나렉은 감옥에서 밤을 보내며 아무것도 배우지 못했다. 이튿날 아침, 그는 곧장 내 질문과 린다의 대답을 방해했다. 판사의 지적도 아무 효과가 없었다. 그는 사과한 뒤 곧장 같은 행동을 반복했다. 하지만 그런 방해는 종종 그가 증언을 막아내는 데 성공했다는 사실보다는 덜 신경 쓰이는 일이었다. 보통은 올더가 이의를 받아들이는 경우 나는 우회적으로, 다른 방식으로 증언을 끌어냈다. 예를 들어 피고들이 테이트 살인 사건이 일어난 다음 날 TV를 통해 그 뉴스를 봤느냐는 질문에 대해, 올더가 사건과 관련성이 없다며 기각했고, 나는 린다에게 살인 사건이 있었던 날 피해자들이 누구인지 알고 있었느냐고 다시 물었다.

답. "아니요."

문. "이 다섯 명의 이름을 처음 알게 된 건 언제입니까?"
답. "다음 날 뉴스를 보고 알았습니다."
문. "텔레비전에서요?"
답. "네."
문. "스팬 씨의 트레일러에서요?"
답. "네."
문. "함께 텔레비전을 볼 때를 제외하고, 살인 사건이 있었던 다음 날 텍스와 세이디, 케이티를 본 적이 있습니까?"
답. "음, 세이디와 케이티는 트레일러에서 봤습니다. 그날 텍스를 본 기억은 없습니다."

바버라 호이트가 증언대에 서서 (1) 세이디가 들어와 뉴스 채널을 틀어보라고 했다는 점 (2) 이날을 제외하면 세이디와 다른 사람들은 절대 뉴스를 보지 않았다는 점 (3) 뉴스 진행자가 테이트 소식을 전한 후 베트남 전쟁 이야기로 넘어가자 일행이 자리에서 일어나 그곳을 떠났다는 점을 증언하자 관련성은 분명해졌다.

두 번째 밤에 대한 질문에서 같은 주제가 반복되었다. 고속도로에서 빠지라는 말은 누가 했습니까? 찰리. 맨슨 씨를 제외한 누군가가 길을 알려주었습니까? 아니요. 맨슨 씨의 명령에 질문한 사람이 있습니까? 아니요.

두 번의 밤에 대한 그녀의 증언에는, 말 그대로 그 끔찍한 도륙이 있었던 밤에 현장에 있었던 사람만이 알 수 있는 세부 사항이 수없이 담겨 있었다.

그 증언이 얼마나 불리할지 일찌감치 파악한 맨슨은, 린다와 배심원이 모두 들을 수 있는 큰소리로 "이미 거짓말을 세 번이나 했어"라고 지적했다.

린다가 그를 똑바로 쳐다보며 대답했다. "아, 아니에요, 찰리, 저는 진실을 말했어요, 당신도 알잖아요."

7월 30일 오후 린다 캐서비언에 대한 직접 심문을 마쳤을 때, 배심원들도 그 점을 알게 되었다는 느낌이 들었다.

변호인 측에서 검찰 측에 불리한 증거를 가지고 있다는 걸 알고 있는 경우, 재판 전략의 일환으로 나는 보통 그 증거를 먼저 제시한다. 그렇게 하면 타격이 큰 레프트 훅이 그저 레프트 잽 정도로 바뀔 뿐 아니라, 배심원들에게 검찰 측은 숨기는 게 하나도 없다는 암시를 줄 수도 있다. 그런 이유로 나는 린다의 성적 방종과 LSD와 기타 마약류 복용을 직접적으로 언급했다. 그녀는 LSD를 50회 했으며, 마지막은 살인 사건이 벌어지기 석 달 전인 1969년 5월이었다고 증언했다. 그 점을 들어 그녀의 신빙성을 떨어뜨리려 했던 변호인 측은 뒷북을 치게 되고, 그렇게 함으로써 검찰 측 주장을 더 강화해주는 셈이었다.

린다가 스팬 목장에서 지내던 기간에 그곳에서 있었던 마약 복용에 관한 이야기를 꺼낸 것은 검찰이 아니라 크렌윙클의 변호사 피츠제럴드였다. "저는 실제로 온전히 저 자신이 아니었습니다…… 제가 대단히 즉흥적인 사람이고…… 다른 사람들 생각을 쉽게 받아들여서요." 하지만 그보다 더 중요한 것은, 그녀가 맨슨을 두려워했다는 사실이었다.

  문. "무엇을 그렇게 두려워했죠?" 피츠제럴드가 물었다.

  답. "그냥 무서웠어요. 묵직한 사람이었으니까요."

  무슨 말인지 설명해달라는 질문에 린다는 다음과 같이 대답했다, "그 사람에게는, 그러니까, 상대를 사로잡는 뭔가가 있었어요. 아주 묵직했죠. 그냥 묵직했습니다, 그거예요."

  피츠제럴드는 린다에게서 맨슨을 사랑했다는 말도 끌어냈다. "저는 그 사람이 재림한 메시아라는 느낌을 받았습니다."

  이어서 린다는 그녀뿐 아니라 다른 수많은 사람이 그렇게 쉽게 맨슨을 받아들인 이유를 설명해주는 말을 덧붙였다. 처음 그를 봤을 때, "저는 생각했습니다…… '이게 내가 찾던 거야'라고요. 그 사람에게서 그런 면을 본 거예요."

  맨슨은, 다른 사람들의 욕망을 비추는 거울이었다.

  문. "목장의 다른 사람들도 맨슨을 사랑하는 듯한 인상을 받았습니까?"

  답. "아, 네. 여성들은 그를 숭배하는 것 같았어요, 그를 위해서라면 무슨 일이든 기꺼이 하려고 했을 겁니다."

  헬터 스켈터, 흑인들에 대한 맨슨의 태도, 공동 피고들에 대한 그의 지배력. 이 각각의 주제에 대해 피츠제럴드의 질문은 린다의 앞선 증언을 더 공고히 하는 역할을 했다.

  종종 그의 질문이 반격을 가하기도 했다. 예를 들면 그는 린다에게 이렇게 물었다. "8월 8일 밤에 누구와 잠자리를 가졌는지 기억납니까?"

답. "아니요."

문. "10일에는요?"

답. "안 납니다, 어쨌든 모든 남자랑 잤을 거예요."

여러 차례나 린다는 자신에게 불리할 수도 있는 정보를 기꺼이 내놓았다. 하지만 그녀의 입에서 나오는 그 말들은 어딘가 진솔하고 진지한 것 같았다. 그녀가 너무 솔직해서 피츠제럴드의 경계는 무너졌다.

'난교'라는 말을 피하며 그는 이렇게 질문했다. "뒤쪽 건물에서 이루어졌던 애정 행각에 대해서 말입니다…… 당신도 즐겼습니까?"

린다가 솔직하게 대답했다. "네, 그랬던 것 같아요. 그랬다고 해야겠네요."

그런 게 가능하다면, 피츠제럴드의 반대 심문을 마친 후에 린다는 나의 직접 심문을 마쳤을 때보다 상태가 더 좋아 보였다.

1970년 8월 3일 월요일, 점심 식사를 마치고 2시쯤 법원으로 돌아오던 중 나는 갑자기 기자들에게 둘러싸였다. 모두들 동시에 말했고, 2, 3초 후에야 나는 그들의 말을 알아들을 수 있었다. "빈스, 뉴스 들으셨습니까? 닉슨 대통령이 방금 맨슨이 유죄라고 밝혔어요!"

### 1970년 8월 3~19일

피츠제럴드가 AP 통신사의 뉴스 사본을 가지고 있었다. 덴버에서 열린 법집행기구 회의에서, 본인 역시 법률가인 대통령이 언론을 향해 "범죄 행위에 관여한 인물들을 너무 칭송하고 영웅시하는" 경향이 있다며 불평했다.

대통령은 이어서 이렇게 말했다. "예를 들어 찰스 맨슨 사건에 대한 보도를 봅시다…… 매일 신문의 1면에 실리고 있죠. 저녁 뉴스에서도 보통 몇 분 정도 다룹니다. 직접적이든 간접적이든, 여덟 건의 살인에 대해 유죄인 사람입니다. 그런데 적어도 보도만 보자면 아주 매력적인 사람인 겁니다."

대통령의 그런 발언에 이어, 언론 담당 보좌관 론 지글러는 대통령이 "해당 범죄를 언급할 때 '혐의를 받고 있는'이란 표현을 빼먹었다"고 말했다. 에어포스 원을 타고 워싱턴으로 돌아가던 중에 닉슨 대통령은 다음과 같이 추가적인 발언을 했다.

"언론 담당 보좌관이 이론의 여지가 없는 말을 했음에도, 로스앤젤레스에서 진행 중인 테이트 사건 재판에 대해 내가 덴버에서 했던 발언이 계속 오해를 받고 있습니다.

나는 어떤 경우에도 누군가의 법적 권리에 대한 편견을 가지고 있지 않습니다.

기록을 바로잡기 위해 말하자면, 나는 테이트 사건 피고의 유죄 판결을, 그것이 실제든 실제가 아니든, 의도하지 않았고 지금도 의도하지 않고 있습니다. 이 사건과 관련된 모든 사실이 아직 밝혀지지 않았습니다. 피고들은 재판 단계에서는 무죄로 추정되어야 합니다."

우리는 비공개회의에서 이 문제를 논의했다. 다행히 그 소식이 터지기 전에 집행관들이 점심 식사를 위해 배심원들을 이동시켰다. 그들은 계속 위층 방에 격리되어 있었고, 따라서 그때까지는 어떤 뉴스에도 노출되지 않은 상태였다.

카나렉이 무효 심리를 주장했다. 기각. 격리 조치에 대해 줄곧 불신했던 그는 배심원들이 그 뉴스를 들었는지 확인하기 위해 예비 심문을 해줄 것을 요청했다. 애런이 말했다. "그건 빨간 깃발을 흔드는 것과 같습니다. 사전에 몰랐다고 해도, 예비 심문 후에는 확실히 알게 될 테니까요."

올더는 해당 요청을 "편견 없이" 기각했고, 따라서 나중에 어느 때든 다시 제기할 수 있었다. 또한 그는 집행관들에게 특별히 높은 수준의 보안 조치를 취하라고 지시했다. 그날 오후 배심원들이 머리기사를 볼 수 없게 하고자 그들을 호텔까지 태우고 다니는 버스의 창문을 코팅했다. 앰배서더 호텔의 공동 휴게실에는 텔레비전이 한 대 있었다. 보통은 집행관들을 시켜 뉴스를 제외한 어떤 프로

그램이든 볼 수 있었다. 그날 밤은 모두 회색 화면뿐이었다. 올더는 특히 변호인 측 책상에 아무것도 올려놓지 못하게 했다. 배심원들이 뜻하지 않게 볼 수도 있기 때문이었다.

법정에 돌아왔을 때 맨슨이 흡족한 미소를 짓고 있었다. 오후 내내 그 표정이었다. 모든 범죄자가 미국 대통령의 관심이라는 특혜를 입는 것은 아니었다. 찰스는 대박을 터뜨린 것이다.

배심원들이 내려오고, 앳킨스의 변호사 데이 신이 린다에 대한 반대 심문을 시작했다.

내가 린다의 증언을 지도했음을 다분히 암시하며, 그가 물었다. "첫 만남에서 부글리오시 씨가 무슨 이야기를 했는지 기억합니까?"

답. "음, 늘 진실을 말해야 한다고 강조하셨습니다."

문. "진실 부분 말고 그 외의 것을 묻는 겁니다."

그 외의 것이 중요하다는 투였다.

문. "부글리오시 씨가 당신의 발언 중 일부가 틀렸다든가, 혹은 당신의 답이 논리적이지 않다든가, 말이 되지 않는다고 한 적이 있습니까?"

답. "아니요, 이야기는 제가 했고. 부글리오시 씨는 제게 이야기하지 않았습니다."

문. "당신이 임신했다는 사실 때문에, 당신은 [테이트 저택에] 함께 들어가 가담하지 않고 밖에 머물렀던 것 아닙니까?"

**답.** "임신을 했든 안 했든 저는 그 누구도 죽이지 않았을 겁니다."
신은 한 시간 반 만에 질문을 포기했다. 린다의 증언에는 흔들림이 없었다.

생각에 잠긴 듯 무거운 몸짓으로 어빙 카나렉이 증인석으로 다가갔다. 그 몸짓은 속임수였다. 카나렉의 반대 심문에는 쉴 틈이 없었다. 어느 순간에든 이의를 제기할 만한 말을 툭툭 내뱉곤 했다. 예측도 할 수 없었다. 한 가지 주제를 다루다 아무 연관이 없는 다른 주제로 건너뛰곤 했다. 그의 질문은 너무나 복잡해서 심지어 본인도 흐름을 잃어버리고는 법원 속기사에게 다시 한번 읽어줄 것을 요청하곤 했다.

그의 말을 듣고 있는 건 고통스러울 정도로 피곤했다. 또한 그건 내게 매우 중요한 일이었는데, 앞의 두 변호사와 달리, 카나렉은 점수를 올렸기 때문이다. 예를 들어 그는, 린다가 타냐를 데려가기 위해 캘리포니아로 돌아왔을 당시, 사회복지사에게 자신은 8월 6일 혹은 7일에 캘리포니아를 떠났다고 말했다고 밝혔다. 그 말이 사실이라면, 그것은 테이트-라비앙카 살인 사건이 일어나기 전이었다. 날짜가 정확하다면 린다가 살인에 대한 증언을 모두 꾸며낸 것이 된다. 반면 카나렉이 암시한 것처럼 린다가 딸을 되찾기 위해 사회복지사에게 거짓말을 한 거라면, 그녀는 본인의 자유를 위해 법원에서도 거짓말을 할 수 있는 사람이 된다.

하지만 대부분 그는 횡설수설하며 증인은 물론 지켜보는 사람들까지 지치게 만들었다. 많은 기자가 재판 초반부에 이미 카나렉은 "제쳐"놓았다. 피고 측 변호인들의 말을 인용할 때는 훨씬 더 조리 있는 질문을 한 피츠제럴드를 인용했다. 하지만 그런 말폭탄 중간중간에 점수를 얻는 쪽은 카나렉이었다.

또한 그는 린다를 서서히 무너뜨리고 있었다. 그날(여섯 번째로 증언대에 선 날이었다) 막바지에 린다는 조금 지쳐 보였고, 대답도 덜 분명했다. 앞으로 며칠이나 더 이어질지는 아무도 몰랐는데, 카나렉은 여느 변호사들과 달리, 반대 심문이 얼마나 길어질 걸로 예상하느냐는 올더의 질문에 대답하지 않았다.

그날 밤 집으로 돌아오며 나는 배심원들을 격리시킨 조치에 다시 한번 감사했다. 신문 가판대마다 머리기사를 볼 수 있었다. 자동차 라디오에서는 정기적으로 속보를 전했다. 휴스, "나는 법원에서 지저분한 말을 했다고 모욕죄를 적용받았습니다. 하지만 닉슨은 대놓고 세상을 모욕했습니다." 피츠제럴드, "세상에서 가장 영향력 있는 사람이 당신에게 적대적이라는 사실에 기운이 몹시 빠집니다." 가장 많이 인용되는 것은 맨슨 본인의 말이었다. 피고 측 변호사를 통해 전달된 그의 발언은, 닉슨의 발언을 흉내낸 것으로, 비범하게 간결하고 핵심을 찔렀다. "베트남 전쟁에서 수십만 명을 살해한 사람이, 여덟 건의 살인에 대해 내가 유죄라고 추궁하고 있습니다."

다음 날 비공개회의에서 카나렉은 대통령을 공모 혐의로 고발했다. "로스앤젤레스 지방검찰이 캘리포니아주 법무장관에 출마했습니다. 증명할 수는 없지만, 이번 일은 이벨 영거와 대통령이 함께 벌인 거라고 주장하는 바입니다."

만약 그렇다면 "그는 더 이상 미합중국의 대통령이 아닙니다"라고 카나렉은 말했다.

법원, "그건 다른 절차를 통해 밝혀질 일입니다, 카나렉 씨. 우리 문제에 집중합시다…… 나는 배심원들이 언론의 그 어떤 보도에도 노출되지 않았다는 사실에 만족합니다…… 현시점에 추가적인 조치를 취할 이유는 없습니다."

카나렉이 반대 심문을 재개했다. 직접적으로, 린다는 자신이 쉰 번의 LSD "환각"에 빠졌다고 말했다. 이제 카나렉은 스물세 번째 환각에서 무슨 일이 있었는지 물었다.

부글리오시, "이의 있습니다. 터무니없는 질문입니다, 존경하는 재판장님."

규정집에는 그런 이의 제기가 없지만, 나는 반드시 있어야 한다고 생각했다. 올더 판사도 비슷한 생각을 한 모양인지 이의를 인정했다. 마찬가지로 내가 이의를 제기한 질문들은 "지겹도록" 반복되거나, "말이 되지 않는" 것들이었다.

정오 휴정 직후에, 맨슨이 갑자기 자리에서 일어나 배심원들을 향해 『로스앤젤레스타임스』의 1면을 들어 보였다.

집행관이 황급히 낚아챘지만, 이미 맨슨이 배심원에게 검은색의 커다란 기사 제목을 보여준 다음이었다.

**맨슨 유죄, 닉슨이 선언**

올더가 배심원들을 퇴장시켰다. 그런 다음 자신의 공개적인 지시를 무시하고 신문을 법정에 들고 온 변호사가 누구인지 알아내려 했다. 몇 차례의 부인이 있었고, 아무도 자백하지 않았다.

이제 어쩔 수 없이 배심원들에 대한 예비 심문을 해야 했다. 한 명 한 명 따로 불러서 선서하고 판사의 질문을 받았다. 열두 명의 배심원과 여섯 명의 후보 배심원 중 열한 명이 전체 기사 제목을 확인했고, 두 명은 '맨슨 유죄'라는 말만 봤고, 네 명은 신문 자체 혹은 '맨슨'이라는 이름만 봤다. 그리고 나머지 한 명인 자모라 씨는 아무것도 보지 못했다고 했다. "그때 저는 시계를 보고 있었습니다."

배심원은 모두 각자의 반응에 대해 질문을 받았다. 매켄지 씨, "뭐, 처음 든 생각은 '웃기네'였습니다." 맥브라이드 씨, "만약 대통령이 그런 말을 했다면, 정말 어리석은 짓이라고 생각했습니다." 메스머 양, "아무도 나 대신 생각할 수는 없는 겁니다." 도트 씨, "애초에 나는 닉슨에게 투표하지도 않았습니다."

광범위한 예비 심문 끝에 열여덟 명 모두 자신은 그 기사 제목으로부터 영향을 받지 않았으며, 오직 법정에서 제시된 증거만 고려할 것을 선서했다.

배심원들에 대해서라면 어느 정도 알고 있던 나는, 아주 단순한 이유로 그들을 믿는 쪽으로 기울었다. 배심원들은 자신이 특권을 얻은 내부자라고 생각한다. 하루하루가 지날수록 그들은 법정 드라마의 일부가 된다. 그들은 증거를 듣는다. 그들은, 오직 그들만이, 증거의 중요성을 판단한다. 그들은 자신들이 전문가이며, 법정 바깥에 있는 사람들은 아마추어라고 생각하는 경향이 아주 강하다. 도슨 배심원이 말했듯이, 그는 증언의 아주 작은 부분까지 모두 들었다. 닉슨은 그렇지 않았다. "저는 닉슨이 이 사건에 대해 *아무것도 모른다*고 생각합니다."

나의 전반적인 느낌은 배심원들이 *자신의* 역할을 빼앗으려 한 닉슨에게 분개하고 있다는 것이었다. 대통령의 발언이 맨슨에게 도움이 될 가능성은 다분했다. 대통령과 달리 배심원들이 더 철두철미하게 사건을 살피고, 그에게 증거 불충분을 적용할 수도 있었다.

전국 신문의 몇몇 평론가는 만약 맨슨이 유죄 판결을 받더라도, 닉슨의 발언 때문에 항소심에서 뒤집힐 거라고 했다. 그와 반대로, 그 기사 제목을 배심원들에게 보여준 것이 맨슨 자신이었기 때문에, 이는 "자발적 실수"에 해당된다. 그러니까 피고는 본인의 잘못된 행동으로부터 이익을 취할 수 없다는 단순한 의미다.

하지만 이 사태의 한 가지 면에 나는 신경이 조금 쓰이기는 했다. 미묘한 지점이었다. 기사 제목에서는 맨슨이 (여성들이 아니라) 유죄라고 선언했지만, 맨슨의 공동 피고들은 죄를 "뒤집어쓴" 거라는 주장이 나올 수도 있었다. 항소심에서는 그런 문제가 제기될 거라고 예상했지만, 그렇다고 "가역적 착오"의 조건을 충족시키는 것은 아니라고 확신했다. 모든 재판에는 실수가 있지만, 대부분이 항고심에서 뒤집힐 거라고 보장할 수는 없다. 만약 올더가 배심원 모두에게 예비 심문을 하고, 자신들이 그 기사로부터 영향받지 않았다는 서약을 받지 않았더라면, 뒤집힐 가능성도 있었다.

세 명의 여성 피고도 스스로에게 도움이 되지 않는 짓을 했다. 다음 날 피고석에서 일어난 그들은 한목소리로 말했다. "존경하는 재판장님, 대통령이 우리더러 유죄라고 했는데 왜 재판을 계속하는 겁니까?"

올더는 범인을 찾으려는 시도를 포기하지 않았다. 데이 신이 재판이 재개되기 직전 서류함에 가서 집행관들이 압수한 신문을 몇 부 들고 와 변호인단 자리에 두었다고 시인했다. 자신은 스포츠면을 보려 했다고, 1면도 따라왔는지는 몰랐다고 했다.

올더는 신에게 법원에 대한 직접 모욕죄를 적용하고, 카운티 감옥에 사흘 구류를 선고하며 재판 휴정 직후에 바로 적용된다고 했다. 이미 통상의 휴정 시간을 훨씬 넘어서고 있었다. 신은 차를 옮기고 칫솔을 가져올 수 있게 한 시간만 달라고 했다. 하지만 올더는 요청을 거부했고 신은 그대로 구금되었다.

다음 날 아침, 신은 소송 절차 연기를 요청했다. 낯선 침대, 더 낯선 공간에서 전날 밤 잠을 잘 자지 못했기 때문에 자신의 의뢰인을 효과적으로 변호할 수 없다고 했다.

문제는 그것만이 아니라고 신은 시인했다. "제 결혼생활에 문제가 있습니다, 존경하는 재판장님. 아내는 제가 다른 여성과 밤을 보냈다고 생각합니다. 아내는 영어를 모르고, 이제 우리 집 개도 제게 말을 안 걸 정돕니다."

신의 가정사에 대해서는 언급하지 않은 채, 올더는 신에게 점심 휴정 때 낮잠을 좀 자라고 했다. 요청은 거부되었다.

어빙 카나렉은 린다 캐서비언을 7일 동안 증언대에 세워두었다. 가장 충실한 의미에서 *반대* 심문이었다. 예를 들면 이런 질문, "캐서비언 부인, 당신은 새로운 남성들을 찾아서 스팬 목장에 들어간 겁니까? 그러니까 과거에 관계가 없었던 남성들을 찾아서?"

피츠제럴드나 신과 달리, 카나렉은 문제의 이틀 밤에 대한 린다의 증언을 현미경으로 들여다보듯이 점검했다. 그런 전략의 문제는, 적어도 변호인 측에서 보자면, 자신들에게 불리한 그녀의 증언을 두 번 세 번, 심지어 그 이상 반복해서 들어야 한다는 점이었다. 카나렉은 점수를 얻고 나서도 멈추지 않았다. 종종 어떤 주제를 너무 오래 붙잡고 있다가 본인의 논점을 놓쳐버리기도 했다. 예를 들어 린다는 테이트 살인 사건이 있던 날 밤 자신은 정신이 맑았다고 증언했다. 또한 페어런트가 총에 맞는 것을 본 후에는 충격에 빠졌다고도 했다. 카나렉은 두 대답의 모순을 지적하는 데 그치지 않고, 그런 충격이 지나간 후 그녀의 정신 상태가 정확히 어땠는지 물었다.

답. "언제 지나갔는지 모르겠습니다. 끝나기나 한 건지도 모르겠습니다."

문. "정신이 완전히 맑았다는 것이지요, 맞습니까?"

답. "네."

문. "어떤 약물의 영향을 받고 있었던 것도 아니지요, 맞습니까?"

답. "찰리의 영향을 받고 있었습니다."

린다는 질문에 계속 대답했지만, 카나렉이 그녀를 무너뜨리고 있는 것이 분명했다.

8월 7일, 우리는 배심원과 증인을 각각 한 명씩 잃었다.

월터 비첼리오 배심원이 자신과 아내의 건강 상태를 이유로 사임했다. 전직 보안요원이었던 그를 대신해, 후보 배심원들 중 한 명인 전화관리원 래리 실리가 들어왔다.

같은 날 나는 랜디 스타가 퇴역군인 병원에서 "병명 미상"으로 사망했다는 소식을 들었다.

스팬 목장의 전직 일꾼이자 파트타임 스턴트맨이었던 그는 테이트-세브링에서 사용된 끈이 맨슨이 가지고 있던 것과 같은 것이라고 증언할 참이었다. 더 중요한 점은, 맨슨에게 22구경 리볼버를 준 사람이 랜디였기 때문에, 그의 증언은 말 그대로 맨슨의 손에 총을 쥐여준 셈이라는 사실이었다.

이런 핵심 사항에 대해서 증언해줄 다른 증인들이 있기는 했지만, 나는 스타의 갑작스러운 사망이 다분히 의심스러웠다. 부검이 이루어지지 않았음을 알게 된 나는, 해보라고 지시했다. 스타의 사인은 귀 감염에 의한 자연사였다.

카나렉, "캐서비언 부인, 이 사진을 봐주십시오."
답. "아, 세상에!" 린다는 고개를 돌렸다. 그건 완전히 임신하고, 완전히 사망한 샤론 테이트의 컬러사진이었다.

린다는 그 사진을 처음으로 봤고, 그녀가 너무 충격을 받아 올더는 10분간 휴정을 선포했다.

린다가 테이트 저택에 들어갔다거나, 샤론 테이트의 시신을 봤다는 증거는 어디에도 없었다. 그래서 애런과 나는 카나렉이 그녀에게 사진을 보여주는 것에 항의했다. 피츠제럴드는 카나렉 부인이 테이트 저택과 라비앙카 저택 안에 들어가 살인에 동참했을 가능성이 충분하다고 주장했다. 올더는 카나렉이 그 사진을 보여줘도 좋다고 판정했다.

카나렉은 사망한 보이텍 프라이코스프키의 사진도 보여주었다.
답. "그 사람이 문 앞에서 봤던 남자입니다."
카나렉, "캐서비언 부인, 왜 우시는 거죠?"
답. "믿을 수가 없어서요. 그냥—"
문. "뭘 믿을 수 없다는 거죠, 캐서비언 부인?"
답. "그들이 저런 짓을 했다는 걸요."
문. "알겠습니다. 당신이 아니라, 그들이 저런 짓을 할 수 있다는 것 말이지요?"

답. "제가 저런 짓을 하지 않았다는 건 알고 있습니다."

문. "충격에 빠진 상태였다고 하셨죠, 그렇지 않습니까?"

답. "그렇습니다."

문. "그런데 어떻게 아시죠?"

답. "왜냐하면 제가 아니까요. 제게는 저런 짓을 할 능력이 없습니다, 저런 짐승 같은 짓을요."

카나렉은 테이트 사건 피해자 다섯 명의 시신 사진뿐 아니라, 로즈메리와 레노 라비앙카의 사진도 보여주었다. 심지어 그는 레노의 손목을 묶었던 가죽끈을 다루어보라고도 했다.

아마 카나렉은 린다를 당혹시켜 치명적인 자백을 끌어내길 바랐던 것 같다. 하지만 그는 오히려, 여느 피고들과 달리 린다 캐서비언이 그런 행동들에 담긴 사악함에 깊이 혼란스러워할 줄 아는, 예민한 사람임을 증명해 보였을 뿐이다.

린다에게 사진을 보여준 것은 실수였다. 다른 변호인들도 이내 그 점을 깨달았다. 카나렉이 사진을 꺼내서 린다에게 자세히 살펴보라고 할 때마다 배심원들은 인상을 찌푸리고 낮게 신음했다. 심지어 맨슨조차 카나렉이 제멋대로 행동한다며 항의했다. 그래도 카나렉은 고집을 부렸다.

로널드 휴스가 휴정 중에 복도에서 내게 다가왔다. "사과드립니다, 빈스—"

"사과하실 필요 없습니다, 론. '한창 논쟁 중'에 나온 말이니까요.

올더가 당신한테 모욕죄를 적용한 건 유감입니다."

"아니 그 이야기가 아닙니다", 휴스가 말했다. "제가 한 짓은 그보다 더 나빠요. 어빙 카나렉을 맨슨의 변호사로 추천한 게 접니다."

1970년 8월 10일 월요일, 검찰은 법원에 린다 캐서비언의 면책을 청원했다. 올더 판사는 같은 날 청원서에 서명했지만, 그녀에게 제기된 모든 기소를 공식적으로 각하하고 석방시킨 건 13일이었다. 그녀는 1969년 12월 3일부터 구금 상태였다. 맨슨, 앳킨스, 크렌윙클, 밴하우튼과 달리 그녀는 내내 독방에서 지내야 했다.

내 아내 게일이 걱정했다. "그 사람이 증언을 뒤집으면 어떻게 해요, 빈스? 수전 앳킨스가 그랬고, 메리 브루너도 그랬잖아. 이제 그 사람은 면책권도 얻었으니까—"

"여보, 나는 린다를 믿어", 내가 말했다.

진심이었지만, 머리 한쪽 구석에서는 궁금증이 생겼다. 그런 믿음이 잘못된 거라면 형사재판은 어떻게 되는 걸까?

다음 날 맨슨이 린다에게 긴 손편지를 보냈다. 처음에는 대부분 말도 안 되는 소리처럼 보였다. 하지만 유심히 들여다보면 핵심 표현에 작은 표시가 되어 있음을 알 수 있다. 오타를 수정하지 않은 채 요약하자면, 내용은 다음과 같다.

"사랑이 정말 사랑이라면 그것은 멈추지 않습니다…… 장난은 끝입니다. 끝을 본 다음에 다시 시작해야지요…… 당신을 당신의 사랑에 내어주고, 당신의 사랑을 자유롭게 해주세요…… 당신이 하고 있는 말들을 하지 않는다면 재판도 없을 겁니다…… 당신의 사랑을 놓치지 마세요 당신만을 위한 그 그 사랑을…… 사람들이 왜 JC를 죽였을까요? 답. 그가 악마이며 나빴기 때문입니다. 아무도 그를 좋아하지 않았죠…… 아무도 그것을 가지지 못하게 하는 건, 그들이 그것을 나에게 불리하게 사용하는 방법을 알아낼 것이기 때문입니다…… 사람의 아들에 대한 이 재판은 모든 인간이 스스로를 심판하는 것임을 세상에 보여줄 뿐입니다."

린다가 면책을 얻은 직후에 나온 이 편지의 메시지는 하나밖에 없다. 맨슨은 린다를 꼬드겨서 다시 패밀리에 합류시키려 시도하고 있었다. 자유를 얻은 그녀가 본인의 증언을 번복하기를 바라면서 말이다.

그녀의 대답은 그 편지를 내게 전한 것이었다.

맨슨이 린다에게 편지를 건네는 걸 본 사람은 많았지만, 그럼에도 카나렉은 그녀가 편지를 그의 손에서 강탈한 거라고 주장했다!

린다 캐서비언에 대한 반대 심문 중 가장 효과적이었던 건 놀랍게도 로널드 휴스의 것이었다. 비록 그의 첫 재판이었고 절차와 관련해 자주 실수하기도 했지만, 휴스는 히피 하위문화에 익숙했고 한때 그 무리의 일원이기도 했다. 그는 약물과 신비주의, 업보, 아우라, 영기靈氣에 대해 알고 있었고, 그녀에게 그것들에 대해 질문했다. 그는 그녀를 조금 별난 사람, 어딘가 독특한 기운이 있는 사람처럼 보이게 만들었다. 그는 그녀에게서 초능력을 믿는다는 말을 끌어냈고, 스팬에서 지내는 동안 실제로 자신이 마녀라는 느낌이 들었다고 시인하게 만들었다.

문. "당신이 맨슨 씨의 영기에 조종받고 있다는 느낌이 듭니까?"

답. "그런 것 같습니다."

문. "그가 기운을 많이 발산했나요?"

답. "그럼요, 지금 당장도 할 수 있습니다."

휴스, "존경하는 재판장님, 맨슨 씨는 그냥 가만히 앉아 있다고 기록에 남겨주십시오." 카나렉, "어떤 기운도 안 느껴집니다."

휴스는 린다에게 약물에 대해 질문을 많이 했는데, 모르는 사람이 법정에 들어왔다면 그녀가 마약 소지 혐의로 재판을 받는다고 생각했을 것이다. 하지만 린다의 분명한 대답은 그 자체로 그녀의 정신이 LSD 때문에 망가졌다는 혐의에 대한 반증이었다.

문. "자, 캐서비언 부인, 당신은 맨슨 씨가 예수 그리스도인 줄 알았다고 증언했습니다. 또 다른 사람이 예수 그리스도라고 생각한 적이 있습니까?"

답. "성서에 나오는 예수 그리스도요."

문. "언제부터 맨슨 씨가 예수 그리스도가 아니라고 생각하게 되었습니까?"

답. "테이트 저택에 갔던 밤부터입니다."

나는 배심원들이 린다에게 감명을 받았다고 확신했지만, 그와 별도로 독립적인 평가를 받는 것 역시 반가웠다. 휴스는 법원이 지정한 정신과 의사가 린다를 감정해줄 것을 요청했다. 올더가 대답했다. "이 재판에서 정신감정은 필요 없다고 생각합니다. 증인은 완벽히 제정신이며 분명히 말하고 있습니다. 일들을 기억하고 그것을 전하는 증인의 능력에 관해서라면 어떤 이상한 점도 찾을 수 없습니다. 모든 면에서 증인은 훌륭하게, 그리고 분명히 대답하고 있습니다. 요청은 거부합니다."

문. "당신은 마리화나, THC, 나팔꽃 씨, 사일로사이빈, LSD, 메스칼린, 페요테, 메세드린, 그리고 로밀라에 취한 적이 있다고 증언했습니다. 맞습니까?"

답. "네."

문. "그리고 본인이 마녀라고 믿었죠?"

답. "네."

휴스, "존경하는 재판장님, 더 이상 질문 없습니다."

재직접 신문의 목적은 기본적으로 증인의 증언을 되살리는 것이다. 린다의 증언은 되살릴 필요가 거의 없었고, 변호인들이 중간에 잘랐던 대답을 다시 온전히 설명할 수 있게 해주기만 하면 되었다. 예를 들어 나는 "충격에 빠진 상태"였다는 건 의학적 상태가 아니라 비유적 표현이었음을, 그녀가 상황을 분명히 파악하고 있었음을 다시 확인했다.

재직접 심문에서 검찰은 또한 반대 심문에서 처음 등장한 문제를 파고들 수도 있다. 반대 심문에서 5000달러 절도 이야기가 나왔기 때문에 나는 그 문제를 조금 더 완화하는 쪽으로, 그러니까 린다는 훔친 돈을 모두 패밀리에 전했으며, 그 후로는 그 돈을 본 적이 없고 거기서 이득을 취하지도 않았다고 말할 수 있었다.

재직접 심문 전까지 나는 린다가 타냐를 버려둔 채 스팬 목장에서 탈출한 이야기를 꺼낼 수 없었다.

그 이야기를 뒤로 미룬 것이 실제로는 이득이 되었다는 느낌이 들었는데, 왜냐하면 그때쯤엔 배심원들이 린다 캐서비언을 잘 알게 되었고, 그녀의 설명을 충분히 받아들일 수 있었기 때문이다.

직접 심문, 반대 심문, 재직접 심문, 재반대 심문, 재-재직접 심문, 재-재반대 심문. 8월 19일 수요일 정오 직전에 린다 캐서비언은 마침내 증언대에서 내려올 수 있었다. 무려 17일 동안 거기 서 있었고, 이는 그 어떤 재판에서보다 긴 시간이었다. 내가 했던 조사의 요약본 20쪽과 그녀가 내게 썼던 편지들의 복사본이 모두 변호인 측에 전달되었지만, 그녀가 이전에 밝힌 내용과 일치하지 않는 말을 한 적은 단 한 번도 없었다. 그녀가 아주 자랑스러웠다. 검찰 측의 스타 증인이 있다면, 바로 린다 캐서비언이었다.

증언을 모두 마친 그녀는 비행기를 타고 뉴햄프셔에 있는 두 자녀에게 돌아갔다. 하지만 아직 린다의 수난이 끝난 것은 아니었다. 카나렉은 변호인 측 요청이 있으면 그녀가 다시 나와야 하고, 왓슨이 재판에 출석할 때도 다시 증언해야 한다고 요청했다.

8월에 검찰 측이 잃어버린 증인은 랜디 스타 한 명만이 아니었다.

여전히 방랑벽에 시달리던 로버트 캐서비언과 찰스 멜턴은 하와이로 가버렸다. 나는 린다의 변호사 게리 플라이슈만에게 두 사람의 소재를 파악할 수 있는지 물었지만, 그는 그 둘이 지도에도 없는 섬으로 들어가 동굴에서 명상을 하고 있다고, 연락을 취할 방법은 없다고 했다. 나는 특히 멜턴이 증인으로 나와, "언젠가는 찰리가 저도 수염을 기를 수 있게 해주겠죠"라고 했다는 텍스의 발언에 대해 증언해주기를 원했다.

잃어버린 또 한 명의 증인은 검찰에 훨씬 더 큰 타격을 주었다. 라비앙카 부부가 살해되던 날 밤, 린다가 그 목숨을 구해주었던 배우 살라딘 나데르가 자신의 아파트를 비웠다. 친구들에게는 유럽 여행을 떠난다고 했지만, 행선지 주소를 남기지 않았다. 라비앙카 팀 형사들에게 레바논 영사관과 이민국을 통해 그의 소재를 파악해보라고 했지만, 성과가 없었다. 다음으로 나는 그의 아파트 전 주인이었던 엘리노어 랠리 부인을 조사해보라고 했다. 그녀는 적어도 1969년 8월에 나데르가 베니스 오션 프런트 워크 1101번지의 아파트 501호에 살고 있었다는 증언을 해줄 수 있었다. 하지만 나데르가 사라져버렸기 때문에 우리는 두 번째 밤에 대한 린다 캐서비언의 증언을 확증해줄 유일한 증인을 잃어버린 셈이었다.

그렇지만 8월 18일, 우리는 한 명의 증인을 찾아냈다. 그 시점까지 등장하지 않았던 가장 중요한 증인이었다.

왓킨스와 포스턴을 통해 조사에 응해달라는 요청을 보낸 지 7개월 만에, 마침내 후안 플린이 증언할 준비가 됐다며 결심했다.

그가 검찰 측 증인이 되는 것을 두려워한 패밀리는, 이 키 크고 호리호리한 파나마 출신의 카우보이를 괴롭히는 활동에 돌입한 상태였다. 거기에는 협박 편지, 말없이 끊어버리는 전화, 한밤에 차를 타고 그의 트레일러 곁을 지나가며 꿀꿀 소리를 내거나 "돼지!"라고 외치는 일 등이 포함되었다. 이 모든 일이 후안을 미쳐버리게 했고, 참지 못한 그가 LASO에 연락했으며, 거기서 다시 LAPD로 전달되었다.

나는 법정에 있었기 때문에 사투치가 그날 오후 파커 센터에서 플린을 조사했다. 짧은 조사였다. 녹취록이 있었는데 16쪽밖에 되지 않았지만, 아주 놀랄 만한 폭로가 담겨 있었다.

사투치, "찰스 맨슨이 현재 재판받고 있는 그 범죄로 기소되었다는 사실을 언제 처음 알게 됐습니까?"

플린, "현재 그 사람이 혐의를 받고 있는 그 범죄에 대해 알게 된 건, 그 사람이 그 살인을 저한테 자백했을 때인데……"

어눌한 영어였지만, 플린은 맨슨이 자신에게 살인을 자백했다고 말하고 있었다.

문. "라비앙카 부부에 대한 언급도 있었습니까, 아니면 모두 한 번에 이야기한 겁니까? 뭐였을까요?"

답. "글쎄요, 그게 모두 한 번에 이야기한 건지는 모르겠지만, 저는 그렇게 믿었습니다. 그 사람이 당시 자행되고 있던 살인의 주된 원인은 자기라고 했습니다."

문. "다른 이야기는 없었습니까?"

답. "이틀 동안 35명의 목숨을 뺏었다고 자인, 아니 자랑했습니다."

LAPD가 플린을 내 사무실로 데리고 왔을 때, 나는 사투치와 이야기를 나누거나 조사 녹취를 들어보지 않은 상태였고, 따라서 그를 조사하며 맨슨이 본인의 죄를 자인했다는 것을 알고 나서 완전히 놀랐다.

후안에게 질문하며, 나는 그 대화가 테이트 살인 사건이 TV에 나온 지 이틀에서 나흘 후에 스팬 목장의 주방에서 이루어졌음을 알게 되었다. 후안이 점심을 먹고 있는데 맨슨이 들어와 오른손으로 자신의 왼쪽 어깨를 쓰다듬었다. 그건 다른 사람들은 나가라는 신호 같았는데, 모두 즉시 자리를 떴기 때문이다. 무슨 일인가가 벌어지고 있었지만 정확히는 몰랐던 후안은 식사를 시작했다.

(패밀리가 스팬 목장에 온 후부터 줄곧, 맨슨은 195센티미터의 이 카우보이를 자신들 무리에 합류시키려고 애썼다. 맨슨이 플린에게 이렇게 말했다. "당신한테 금팔찌도 주고 거기에 다이아몬드도 박아줄게요. 그러면 당신은 나의 대장 좀비가 되는 겁니다." 다른 유인책도 있었다. 다른 남성들이 받는 것과 똑같은 미끼를 받았을 때, 플린은 처음에는 덥석 물었지만 줄곧 후회했다. "그 빌어먹을 성병이 떨어지지를 않는 겁니다, 석 달 넉 달이 지나도요." 플린이 내게 말했다. 계속 스팬에 머물기는 했지만 후안은

그 자그마한 찰리는 고사하고 그 누구의 좀비도 되기를 거부했다. 하지만 당시에 맨슨은 더 집요해지고 있었다.)

갑자기 맨슨이 후안의 머리채를 잡고 고개를 뒤로 젖힌 다음, 목에 칼을 대고 말했다. "이 개새끼야, 내가 이 모든 살인을 저지르고 있다는 거 몰라?"

맨슨이 테이트-라비앙카 사건을 직접 언급하지는 않았지만, 이 자인은 대단히 강력한 증거였다. 법적으로 볼 때 맨슨의 발언은 자백보다는 자인에 가깝다.

자인이란, 그 자체로는 유죄를 확증하기에 불충분하지만, 다른 증거들과 함께 고려할 때 유죄를 증명할 수 있는 피고의 발언을 말한다.

자백이란 피고가 현재 재판 중인 범죄 행위에 의도를 가지고 참여했음을 밝히는, 따라서 해당 범죄에 대해 유죄임을 밝히는 피고 본인의 발언을 말한다.

여전히 면도날처럼 날카로운 칼을 플린의 목에 댄 채 맨슨이 물었다. "나랑 같이 갈래, 아니면 내가 너도 죽여줄까?"

후안이 대답했다. "지금 제가 식사 중이고 바로 이 자리에 있습니다, 아시겠지만."

맨슨이 칼을 탁자에 내려놓고 말했다. "좋아, 그럼 네가 나를 죽여."

후안이 다시 식사를 하며 말했다. "그런 일은 하고 싶지 않네요, 아시겠지만."

많이 동요한 듯한 맨슨이 말했다. "헬터 스켈터가 곧 닥칠 거고, 우리는 사막으로 가야 해." 그런 다음 그는 후안에게 선택을 하라고 했다. 자신에게 맞서든가, 자신과 함께하든가 둘 중 하나였다. 만약 함께하고 싶으면, "폭포 구역으로 가서 내 여자들과 사랑을 나누면 된다"고 했다.

('내 여자들'이라는 맨슨의 표현은 그 자체로 강력한 증거였다.)

후안은 다음에 9개월짜리 매독이나 임질에 걸리고 싶으면 자신에게 알려달라고 맨슨에게 말했다.

당시 맨슨은 이틀 동안 35명을 살해했다고 허풍을 떨었다. 후안은 정확히 그렇게, 허풍이라고 판단했고 나도 동의했다. 그 이틀 동안 맨슨의 명령에 따른 살인이 일곱 건 이상 있었다면, 수사 단계의 어느 시점엔가 분명히 증거들이 나왔을 것이다. 또한 현재 진행 중인 재판에서는 증거로 받아들여질 수도 없기 때문에 나중의 그 발언은 쓸모가 없었다.

결국 맨슨은 칼을 집어들고 밖으로 나갔다. 그리고 후안은 식욕이 싹 사라졌음을 깨달았다.

나는 그날 밤 후안과 네 시간 동안 이야기를 나눴다. 맨슨의 자인은 놀랍기만 한 것이 아니었다. 맨슨은 1969년 6월 혹은 7월, 후안과 브루스 데이비스 그리고 클렘이 스팬 목장의 널빤지 길에 모여 있을 때 이렇게 말했다. "그러니까, 내가 결론을 내렸는데 말입니다. 헬터 스켈터를 진행하는 유일한 방법은 내가 직접 시내에 내려가서 흑인들에게 시범을 보이는 것밖에 없는 듯해요. 그 빌어먹을 돼지들을 한 무리 죽이는 걸로 말입니다."

플린이 밝혀준 내용에는 이런 것도 있다. 맨슨은 그를 죽이겠다고 여러 차례 협박했고, 한번은 22구경 롱혼 리볼버로 그를 쏘기도 했다. 맨슨이 후안에게 이런저런 사람들을 죽이라고 암시한 적도 여러 번 있었다. 또한 플린은 라비앙카 부부가 살해되던 밤에 그들 무리가 스팬을 나서는 것을 봤을 뿐 아니라, 세이디는 출발 직전에 "빌어먹을 돼지들 잡으러 가는 거예요"라고 말하기도 했다.

갑자기 후안 플린이 검찰 측 주요 증인이 되었다. 이제 문제는 증언대에 설 때까지 그를 보호하는 일이었다. 조사 내내 플린은 극도로 초조해했다. 복도에서 작은 소리만 들려도 긴장했다. 두려움 탓에 몇 달째 푹 자지 못하고 있다고 시인했다. 증언대에 설 때까지 자신이 격리 조치를 받을 방법이 있는지 물었다.

나는 LAPD에 연락해 후안을 감옥이나 병원에 수용해줄 것을 요청했다. 그가 길거리에 나오는 일만 없다면 어느 쪽이든 상관없었다.

평범하지 않은 사태가 재미있었던지 사투치는 후안을 데리고 가면서 무슨 죄목으로 체포되고 싶냐고 물었다. 글쎄요, 잠시 생각한 뒤 후안은 몇 달 전 사막에서 맥주를 마셨던 일을 자수하고 싶다고 했다. 국립공원 안이었기 때문에 그건 위법이었다. 플린은 그 혐의로 체포 및 수감되었다.

후안은 감옥에서 며칠을 보낸 후 그곳이 마음에 들지 않는다는 것을 충분히 알게 되었다. 사흘인가 나흘 후 그가 내게 연락을 시도했다. 곧장 연락이 되지 않아, 스팬 목장에 전화를 걸어 목장 일꾼들 중 누가 와서 자신을 보석으로 풀어달라는 메시지를 남겼다. 패밀리가 그 메시지를 가로챘고, 대신 어빙 카나렉을 보냈다.

카나렉이 보석금을 지불하고 플린에게 아침을 대접했다. 그는 후안에게 "누구와도 이야기하지 마라"라고 조언했다.

후안이 식사를 마치자 카나렉은 이미 스퀴키와 다른 여성들에게 연락했고, 그들이 그를 데리러 오는 중이라고 전했다. 그 말을 들은 후안은 즉시 그곳을 떠났다. 남은 기간에 그는 숨어 지냈지만, 정기적으로 내게 연락해서 자신은 잘 지내고 있고 때가 되면 증언하러 나가겠다고 확인해주었다.

재판에서 언급되지는 않았지만 후안에게는 증언해야 할 특별한 이유가 있었다. 쇼티 셰이가 그의 가장 친한 친구였던 것이다.

## 1970년 8월 19일~9월 6일

　캐서비언이 증언대에서 내려간 후, 내가 부른 증인들이 증언을 통해 그녀의 설명을 보충하거나 확증해주었다. 그 내용은 다음과 같다. 테이트 저택이 위치한 언덕 아래쪽에 있는 여학교 상담 교사 팀 아일랜드는 울음소리와 비명을 들었다. 루돌프 웨버는 호스 사건을 이야기하고 폭탄, 즉 자동차 번호판을 터뜨렸다. 존 슈워츠는 그것이 자신의 차량 번호임을 확인하고, 1969년 8월 초 이틀에 걸쳐 맨슨이 허락도 없이 밤에 그 차를 빌려갔다고 말했다. 위니프리드 채프먼은 1969년 8월 9일 아침 시엘로 드라이브 10050번지에 도착했을 때의 상황을 묘사했다. 짐 에이신은 채프먼 부인이 달려나와 "살인이요, 사람이 죽었어요, 시체, 피가 있어요"라고 소리치는 것을 듣고 경찰에 신고했다. 처음 현장에 도착한 LAPD 경관들(데로사, 휘센헌트, 버브리지)은 자신들이 목격한 끔찍한 광경을 묘사했다. 채프먼이 도착한 순간부터, 전화 회사 직원이 와서 전화선이 잘린 것을 확인한 것까지, 조금씩, 하나하나씩 사건 현장이 재구성되었다. 증인들이 증언대를 내려간 후에도 법정에는 으스스한 기운이 남아 있는 것 같았다.

레슬리 밴하우튼은 다섯 건의 테이트 사건에 대해서는 기소되지 않았기 때문에 휴스는 이 증인들에게 질문할 수 없었다. 대신 그는 흥미로운 요청을 발의했다. 해당 살인에 대한 심의가 진행되는 동안 자신과 의뢰인이 법정에서 나가게 해달라는 것이었다. 그 요청은 기각되었지만, 자신의 의뢰인을 그 사건에서 떼어놓으려는 시도는 맨슨의 집단 방어 전술에 정면으로 맞서는 것이었고, 나는 거기에 대해 찰리가 어떤 반응을 보일지 궁금했다.

맥간이 증언대에 섰고 나는 그가 테이트 저택에서 발견한 사항에 대해 길게 질문했다. 여러 세부 사항(권총 손잡이 조각, 끈의 종류와 치수, 탄피가 없었던 점 등등)이 갖는 사건과의 관련성이 배심원들에게 분명해졌다. 나는 특히 집 안을 뒤진 흔적이나 절도의 흔적이 없다는 점을 분명히 하려고 신경 썼다. 약물이 발견되었다는 점도 변호인들보다 먼저 밝혔다. 그리고 안경 하나도.

다음 증인인 로스앤젤레스 카운티 검시관 토머스 노구치가 나오기 전에 카나렉이 비공개회의를 요청했다. 자신이 마음을 바꿨다고 카나렉은 말했다. 재판 초반에 시신 사진을 캐서비언에게 보여주었지만, "다시 생각해보니, 제가 실수를 한 것 같습니다, 존경하는 재판장님". 카나렉은 해당 사진들, 특히 컬러사진들을 증거에서 제외해줄 것을 요청했다. 요청은 기각되었다. 그 사진들은 확인을 위해 사용될 수 있다고 올더는 판단했고, 그것들을 증거로 받아들일지 여부는 나중에 다시 심의하겠다고 했다.

매번 카나렉이 그런 술책을 쓸 때마다 나는 그 재주에 감탄했다. 그리고 매번, 그는 상상에 그치지 않고 직접 행동으로 옮겼다.

노구치 박사는 여러 차례 조사했지만, 그가 법정에 출두하기 전 내 사무실에서 마지막으로 다시 한번 회의를 했다. 샤론 테이트의 부검을 직접 진행하고 테이트 사건의 나머지 피해자 네 명의 부검을 감독했던 이 검시관은, 뭔가를 숨겼다가 사람을 놀라게 하는 버릇이 있었다. 검찰 측 증인이 아니라도 이번 재판에서는 그런 식으로 놀랄 일이 충분했던 터라 나는 그때까지 내게 말하지 않은 게 있는지 까놓고 물었다.

뭐, 한 가지 있다고 그는 시인했다. 부검 보고서에는 적지 않았지만, 목에 있는 긁힌 자국을 곰곰이 생각해볼 때, "샤론 테이트가 어딘가에 매달려 있었다"는 결론을 내렸다고 했다.

그것이 사인은 아니고, 아마 매달려 있었던 시간이 1분도 되지 않겠지만, 목의 그 긁힌 자국은 끈 때문에 생긴 열상으로 확신한다고 그는 말했다.

나는 그 내용을 포함해서 내 질문지를 수정했다.

노구치 박사의 증언은 거의 전부가 중요한 것이었지만, 몇몇 부분은 린다 캐서비언의 증언을 확증해준다는 점에서 특히 그랬다.

노구치 박사는 몇몇 자상이 뼈를 관통했다고 증언했다. 린다는 퍼트리샤 크렌윙클이, 칼이 뼈를 건드리는 바람에 손이 아팠다는 말을 했다고 증언했다.

린다는 자신이 차창 밖으로 버린 칼 두 자루의 칼날 길이가 같았고, 자신의 손으로 재봤을 때 약 14센티미터에서 16.5센티미터 사이일 거라고 했다. 노구치 박사는 많은 부분에서 자상의 깊이가 족히 13센티미터는 된다고 증언했다. 이는 린다가 말한 근사치에 가까울 뿐 아니라, 공격 자체의 극단적인 난폭함을 강조하는 내용이었다.

린다는 칼날의 폭이 2.5센티미터쯤이었다고 했다. 노구치 박사는 자상을 낸 칼날의 폭이 2.5센티미터에서 3.75센티미터 사이라고 증언했다.

린다는 칼날의 두께가 일반적인 부엌칼의 두 배나 세 배쯤이었다고 했다. 노구치 박사는 칼날의 두께가 21밀리미터에서 125밀리미터까지 다양하다고 했고, 이는 린다의 근사치와 일치했다.

린다는(그녀는 맨슨의 지시로 스팬 목장에서 칼을 간 경험이 몇 번 있었다) 그 칼들이 양날이었다고 증언했는데, 한쪽은 손잡이 부분까지, 다른 쪽은 칼끝에서 적어도 2.5센티미터까지 날을 세운 것들이었다. 노구치 박사는 전체 자상의 3분의 2 정도는 양날에 의해 난 것이며, 양쪽 다 3.75센티미터 위치까지는 날이 서 있고, 그다음부터 한쪽은 날이 없고 다른 쪽은 계속 예리한 칼이라고 증언했다. 나머지 자상 3분의 1은, 노구치의 말에 따르면, 외날에 의해 생긴 것들이었다. 하지만 그는 그 상처 역시 양날 칼에 의해 생겼을 가능성을 배제하지 않았는데, 날을 세우지 않은 부분이 상처 입구를 뭉개버려서, 겉으로는 외날 칼에 의한 상처로 보이게 만들었을 수도 있기 때문이다.

노구치에 대한 반대 심문에서 카나렉은 피해자들이 "영면"했다고 반복해서 말했을 뿐 아니라, 애비게일 폴저는 자신의 "안식처"로 떠난 거라고 표현했다. 무슨 공원묘지 안내인의 설명 같은 심문이었다.

그 바보 같은 짓을 맨슨이 놓칠 리 없었다. 그가 불만을 표했다. "존경하는 재판장님, 이 변호사는 제가 요청한 대로 하지 않고 있습니다, 그것도 아주 크게 다른 말을 하고 있습니다…… 이 사람은 제 변호사가 아닙니다, 법원의 변호삽니다. 이 사람을 해임하고 다른 변호사를 구하고 싶습니다."

나는 맨슨의 그 말이 진심인지 아닌지 확신할 수 없었다. 진심이 아니었다고 해도, 전략적으로는 좋은 시도였다. 사실상 찰리는 배심원들에게 "이 사람의 말이나 행동을 보고 나를 판단하지 마십시오"라는 메시지를 전하고 있었다.

그런 다음 카나렉은 폴저 양의 자상 열두 개에 대해 하나씩 질문했다. 그의 의도는, 변호인석에서 밝혔듯이, "린다 캐서비언의 과실"을 밝히는 것이었다. 카나렉은 만약 달려나와 도움을 청했더라면 폴저 양이 살 수 있었을 거라는 암시를 흘렸다.

그런 주장에는 몇 가지 문제가 있었다. 적어도 심문의 목적을 위해 카나렉은 린다가 현장에 있었음을 사실상 인정하고 있었다. 또한 퍼트리샤 크렌윙클의 관여도를 여러 번 반복해서 강조했다. 딱히 비윤리적인 면은 없었다. 결국 카나렉의 의뢰인은 맨슨이었기 때문이다. 놀라운 점은 크렌윙클의 변호사인 폴 피츠제럴드가 더 자주 이의를 제기하지 않았다는 점이다.

애런이 카나렉의 주장에 담긴 기본적 오류를 지적했다. "존경하는 재판장님, 크리스티안 바너드 박사*가 와서 피해자들을 수술한다 해도 대동맥 손상은 여전히 치명적이었을 겁니다."

나중에 배심원들이 퇴장한 후 올더는 맨슨에게 여전히 카나렉을 교체하길 원하냐고 물었다. 그사이 찰리도 생각을 바꾼 듯했다. 논의 도중에 맨슨이 그때까지 재판 진행과 관련된 자신의 감정에 대해 흥미로운 발언을 했다. "초반에는 꽤 잘했던 것 같습니다. 그런데 증언이 시작되고부터는 통제를 하지 못하는 것 같네요."

실제로 옷들을 가장 먼저 발견한 사람은 채널 7의 뉴스 진행자 앨 와이먼이었지만, 우리는 촬영감독 킹 배곳을 증인으로 불렀다. 와이먼을 불렀다면 그는 자신의 방송에서 우리 재판에 대한 이야기를 전혀 할 수 없었을 것이다. 배곳이 선서하기 전에 판사와 양쪽 법률가들은 그를 판사석 앞으로 불렀고, 수전 앳킨스의 자백 후에 옷을 찾으러 나간 것이 아님을 확인했다. 따라서 배곳이 증언할 때 배심원들은 TV 제작진이 요행에 맡긴 채 수색에 나선 것이었다는 인상을 받았다.

배곳이 다양한 옷을 확인해주고 나서 우리는 과학수사국의 조 그라나도를 불렀다. 조는 자신이 검사한 혈액 샘플에 대해 증언할

---

\* 세계 최초로 심장 이식 수술에 성공한 의사.

참이었다.

조가 증언대에 선 시간은 길지 않았다. 자신의 노트를 두고 와서 다시 가져와야 했다. 다행히 우리에겐 다른 증인도 준비되어 있었다. 수전 앳킨스의 머리카락 샘플을 확보해준 시빌 브랜드의 부관 헬렌 타브였다.

나는 개인적으로 조를 좋아하지만 증인으로서 그에게는 아쉬운 점이 많았다. 그는 대단히 어수선해 보였다. 본인의 업무와 관련된 전문 용어들을 제대로 발음하지 못했고, 종종 애매하고 확정적이지 않은 대답을 했다. 많은 곳에서 혈액 샘플을 채취하지 못한 점, 또한 많은 샘플에서 세부 유형 검사를 하지 않은 점 등도 그의 즉흥적인 태도를 딱히 만회해주지 못했다. 특히 나는 그가 현관문 앞에 고여 있던 두 군데 핏자국에서 샘플을 너무 적게 채취한 부분("무작위로 혈액을 채취했고, 나머지도 같은 혈액일 거라 생각했습니다"), 그리고 현관 옆 덤불에 묻어 있던 혈액을 검사하지 않은 점("당시 저는 혈액이 모두 같은 사람이 흘린 거라고 생각했던 것 같습니다"). 여기서 내 걱정은 그가 채취한 샘플들이 샤론 테이트와 제이 세브링의 혈액과 일치하지만, 둘 중 어느 쪽도 현관문 밖으로 나왔다는 증거가 없다는 사실이었다. 살인자들, 혹은 프라이코프스키 본인이 그 피를 묻힌 채 나온 거라고 배심원들 앞에서 주장할 수 있었지만, 변호인 측에서 린다의 증언의 신빙성을 떨어뜨리기 위해 그 점을 활용할 것을 예상한 나는 조에게 물었다. "무작위로 채취했다고 해서 구역 전체에 있던 혈액을 모두 대표하는 것은 아니지요?"

답. "그렇습니다. 제가 모든 혈액을 채취해야 했습니다."

그라나도는 의자에 있던 벅사의 칼과 페어런트의 차에 있던 시계라디오를 발견한 것도 이야기했다. 아쉽게도, LAPD의 누군가가 라디오를 켰던 것 같고, 따라서 시각은 오전 12시 15분이 아니었다. 나는 그런 조작은 그라나도가 시각을 확인한 후에 이루어진 거라고 덧붙였다.

얼마 후 조 그라나도는 LAPD에서 FBI로 이직했다.

법원 입장이 거부되자 패밀리는 정의의 전당 앞, 템플가와 브로드웨이가 만나는 모퉁이에 장사진을 쳤다. "아빠가 감옥에서 나오기를 기다리는 거예요", 샌디는 로스앤젤레스 도심에서 가장 분주한 교차로에 무릎을 꿇고 앉아 기자들에게 말했다. "우리 형제자매가 모두 자유롭게 풀려날 때까지 여기 있을 거예요", 스퀴키는 차량들이 속도를 늦추고 사람들이 멍하니 바라보는 앞에서 TV 인터뷰를 했다. 인터뷰에서 여성들은 그 재판을 "그리스도의 두 번째 십자가 처형"이라고 불렀다.

밤이면 그들은 건물 옆에 세워둔 버스에서 잤다. 경찰이 이를 금지하자 침낭을 들고 근처에 세워둔 흰색 승합차로 이동했다. 낮에는 무릎을 꿇거나 엉덩이를 바닥에 대고 앉아 인터뷰를 하고, 호기심을 보이는 젊은이들에게 선교했다. 골수 맨슨 교도와 들러리 추종자를 구분하는 건 쉬웠다. 전자는 모두 본인들 이마에 X자를 새겼고, 칼집에 넣은 사냥칼을 차고 있었다. 잘 보이는 곳에 내놓았기 때문에 무기를 숨기고 있다는 혐의로 체포할 수도 없었다. 경찰이 배회죄로 몇 차례 체포하기도 했지만, 경고 혹은 며칠의 구류 후에 되돌아왔고, 그런 일이 몇 차례 있고 나서는 경찰도 내버려두었다.

근처의 시 혹은 카운티 관공서에서 화장실을 제공했다. 공중전화도 마찬가지였다. 몇몇 정해진 시간에 여성들 중 한 명이 다른 패밀리 구성원들의 예약 전화를 기다렸고, 그런 발신자 가운데는 경찰에 수배 중인 인물들도 있었다. 감상적 기사를 쓰는 기자들은 재판을 취재하며 그들의 순수하고 생생하고, 전반적으로 괜찮은 외모, 그 헌신적인 모습에 대한 동정적인 이야기를 했다. 돈을 주는 기자들도 있었다. 그 돈이 좋은 목적에 쓰이는지, 아니면 다른 목적에 쓰이는지는 알 수 없었다. 우리가 아는 건 패밀리가 숨겨진 곳에서 무기와 화약을 쌓아가고 있다는 사실이었다. 그리고 패밀리는 동물 사냥에 반대했던 터라, 그 무기들은 자기방어를 위한 것이 아니었다고 생각하는 편이 안전했다.

어머니와 양아버지의 사망 때문에 수잰 스트루더스는 신경쇠약에 걸렸다. 서서히 회복하고 있기는 했지만, 우리는 프랭크 스트루더스를 증언대로 불러 레노와 로즈메리의 사진을 확인하고, 일요일 밤 집에 돌아왔을 때의 상황을 묘사하게 했다. 스탠더드 주유소에서 발견된 손가방과, 동전함에서 발견된 시계가 어머니 것이라고 확인해주었다. 애런의 질문을 받은 프랭크는 본인 역시 집에서 없어진 다른 물건은 알지 못한다고 증언했다.

루스 시빅은 토요일 오후에 라비앙카의 개에게 사료를 주었다고 증언했다. 아니, 그때 냉장고 문에는 핏자국이 없었다. 맞다, 개에게 사료를 줄 때 그녀가 문을 열고 닫았다.

신문 가판대의 존 포키아노스가 일요일 새벽 1시에서 2시 사이에 로즈메리와 레노와 이야기를 나눴다고 증언했고, 이어서 할리우드서의 경관 로드리게스와 클라인이 범죄 현장에 도착해 발견한 것들을 이야기했다. 클라인은 피로 쓴 글씨에 대해서도 증언했다. 강력반 형사 중 가장 먼저 도착했던 갈린도가 저택을 자세하게 묘사하며 이렇게 말했다. "집 안을 뒤진 흔적은 없었습니다. 값나가는 물건을 많이 볼 수 있었습니다." 그는 그 품목을 하나하나 열거했다. 브로다 형사는 레노 라비앙카의 부검 직전에 그의 목에 칼이 꽂혀 있는 걸 발견했다고 증언했다. 피해자의 머리에 베갯잇이 씌워져 있었기 때문에 다른 경관들은 놓친 사항이었다.

이어서 부검시관 데이비드 가쓰야마가 출석했다. 문제가 한 무더기 나왔다.

라비앙카 사건의 최초 수사 보고서에는 이렇게 적혀 있다. "[레노 라비앙카의] 목에서 발견된 빵칼이 두 건의 살인에 쓰인 흉기로 보인다."

여기에는 전혀 과학적인 근거가 없는데, 왜냐하면 두 건의 부검을 담당했던 가쓰야마가 피해자 상처의 치수를 측정하지 않았기 때문이다.

하지만 그 칼이 라비앙카 부부의 것이었기 때문에, 만약 그대로 두면 변호인 측에서 살인자들이 비무장 상태로 집 안에 들어갔다고, 따라서 그들은 살인 의도가 없었다고 주장할 수 있었다. 절도 중에 벌어진 살인도 여전히 일급 살인이지만, 이는 피고들이 사형을 피하는 데 영향을 미칠 수도 있었다. 그보다 더 중요한 것은, 이 사건의 전반적인 전제, 즉 맨슨이, 오직 맨슨만이 살인에 대한 동기를 가지고 있었고, 그 동기는 절도가 아니라(이는 수천 명이 가질 수 있는 동기다), 헬터 스켈터에 불을 댕기는 것이었다는 전제를 무효로 만들 수도 있다는 점이었다.

라비앙카 보고서를 받은 직후, 나는 부검 사진을 전부 확대해서 상처의 길이와 폭을 측정해보라고 가쓰야마에게 지시했다. 처음에는 상처의 깊이를 측정할 방법이 없다고 생각했는데, 상처의 깊이는 칼날의 최소 길이를 알려주는 정보였다. 하지만 검시관의 최초 도표를 살피던 중 로즈메리 라비앙카의 상처가 꼼꼼히 측정되었다는 것을 알게 되었는데, 하나는 깊이가 12.7센티미터, 다른 하나는 14센티미터였고, 레노 라비앙카의 상처 두 개는 모두 깊이가 14센티미터였다.

많은, 정말 많은 요청 후에야 가쓰야마는 마침내 사진의 상처들을 측정했다. 나는 그 측정치를 빵칼과 비교했고, 결과는 다음과 같다.

빵칼 날의 길이: 12.4센티미터

가장 깊숙한 상처의 깊이: 14센티미터

빵칼의 날 두께: 1.6밀리미터 미만

가장 넓은 상처의 두께: 4.8밀리미터

빵칼의 날 폭: 0.9센티미터에서 3센티미터

가장 긴 상처의 폭: 3.2센티미터

라비앙카 가족의 빵칼이 그 모든 상처를 냈을 리 없다고 나는 결론지었다. 길이, 폭, 두께, 모든 면에서 빵칼의 치수는 상처들보다 작았다. 따라서 살인범들은 자신들의 칼을 가지고 온 게 틀림없었다.

하지만 가쓰야마가 대배심에서 가죽끈을 전선과 혼동했던 것을 떠올린 나는, 위의 두 수치를 보여주며 (법정에서 질문하는 것과 똑같은 투로) 물었다. 레노 라비앙카의 목에서 발견된 빵칼이 이 모든 상처를 만들어낼 수 있는지 판단이 되십니까? 네, 라고 가쓰야마가 대답했다. 그래서 어떻게 판단하십니까? 네, 만들어낼 수 있습니다.

한숨을 참으며, 나는 숫자들을 다시 한번 비교해달라고 요청했다.

이번에는 그도 라비앙카의 빵칼이 그 모든 상처를 냈을 수는 없다고 결론지었다.

이중으로 확인하기 위해, 가쓰야마가 증언대에 서기로 한 날 나는 사무실에서 다시 그를 만났다. 그는 다시 한번 빵칼이 상처를 냈을 수도 있다고 했다가, 또 한 번 생각을 바꿨다.

"박사님", 내가 말했다. "지금 제가 당신을 가르치려는 게 아닙니다. 만약 박사님이 전문가로서 모두 빵칼로 낸 상처라고 의견을 내시면, 그걸로 괜찮습니다. 하지만 당신이 직접 제게 준 자료를 보면 그 빵칼이 모든 상처를 낸 것이 아니라고 추측할 수 있잖아요. 자, 어느 쪽입니까? 여기서 이렇게 말하고 증언대에서 다른 이야기를 하는 것만 피해주세요. 이제 결정을 하셔야 합니다."

그는 두 번째 대답을 고수했지만, 법정에서 질문할 때는 나도 몇 번인가 두려운 순간이 있었다. 하지만 그는 이렇게 증언했다. "[빵칼의] 치수는 제가 기록한 많은 상처에 비해 훨씬 더 작습니다."

문. "그러니까, 박사님 의견은 라비앙카 씨의 목에서 빼낸 칼이 다른 많은 상처를 낸 것은 아니라는 것이지요? 맞습니까?"

답. "네, 그렇습니다."

로즈메리 라비앙카는 41회 찔렸고, 그중 주로 등과 엉덩이에 있었던 16곳의 상처는 사후에 생긴 것이라고 가쓰야마는 증언했다. 질문을 받은 가쓰야마는 사후에는 심장이 신체의 나머지 부분에 피를 보내지 못하기 때문에, 사후에 생긴 상처는 좀더 밝은색을 띠면서 구분된다고 설명했다.

이는 매우 중요한 증언이었는데, 레슬리 밴하우튼이 다이앤 레이크에게 자신은 이미 죽은 누군가를 찔렀다고 말했기 때문이다.

가쓰야마 박사는 직접 심문을 통과했지만, 나는 반대 심문이 걱정되었다. 첫 부검 보고서에서 이 부검시관은 라비앙카 부부의 사망 시각을 8월 10일 일요일 오후로 기록했고, 그건 실제 살인이 발생한 시점보다 열두 시간 늦은 시각이었다. 이는 두 번째 밤에 대한 린다의 증언과 모순되는 것이었을 뿐 아니라, 피고 측 변호인들에게 알리바이를 만들 탁월한 기회가 되었다. 짐작하자면, 변호인들은 일요일 오후 스팬 목장에서 말을 타던 중 맨슨, 왓슨, 크렌윙클, 밴하우튼, 앳킨스, 그로건, 그리고 캐서비언을 봤다는 증인을 수도 없이 데리고 올 수 있었다.

나는 가쓰야마에게 사망 시간을 직접 묻지 않았을 뿐 아니라, 테이트 살인에 대해 노구치에게 질문할 때도 그 점은 묻지 않았다. 그의 증언은 린다의 증언을 보충해주었겠지만, 배심원들은 노구치에게만 사망 시각을 묻고 가쓰야마에게는 묻지 않는 이유를 궁금해 할 것이기 때문이다.

반대 심문의 첫 번째 타자였던 피츠제럴드는 변호인단의 무기고에서 어떤 폭탄이든 꺼내 쓸 수 있었고, 그건 확실히 큰 폭탄이었을 것이다. 하지만 그는 "질문 없습니다, 존경하는 재판장님"이라고만 말했다. 놀랍게도 신, 카나렉, 휴스도 마찬가지였다.

그렇게 했던 이유로 오로지 한 가지만 생각할 수밖에 없다. 그들은 증거 공표를 통해 이 모든 자료를 받아보았지만, 네 명 중 누구도 그 문서의 중요성을 알아차리지 못한 것이다.


수전 앳킨스에게 복통이 있었다. 작은 일이었지만, 이번에는 그 때문에 애런 스토비츠가 테이트-라비앙카 재판에서 빠졌다.

수전 앳킨스가 복통을 호소하면서 법정일 기준으로 나흘이 지났고, 그녀를 진찰하고 검사한 의사는 그런 통증은 "없다"고 말했다. 배심원들을 내보낸 후 올더 판사가 수전을 앞으로 불렀고, 그녀는 자신의 불편함을 늘어놓았다. 아무런 감흥을 받지 못한 채 "그녀가 연기하고 있다"고 확신한 올더는 배심원들을 다시 입장시켜 재판을 속개했다. 법정을 나서는 애런에게 기자가 수전의 증언에 대해 어떻게 생각하느냐고 물었다. 그는 "사라 베르나르*에 버금가는 연기였다"고 말했다.

다음 날 영거 지방검사 사무실에서 애런을 호출했다.

롤링스톤스 인터뷰 후에 영거가 애런에게 "더 이상의 인터뷰는 금지"라고 말했다. 본성상 '좋은 게 좋은' 식이었던 애런으로서는 그 명령을 따르는 것이 쉽지 않았다. 한번은 샌프란시스코에 있던 영거가 애런이 라디오에 출연해 그날 법정에서 있었던 일들에 대해 언급하는 것을 들은 적도 있다. 애런이 언급한 내용이 재갈 의무를 위반한 것은 아니지만, LA로 돌아온 영거는 "한 번만 더 인터뷰하면 재판에서 빠질 것"이라고 경고했다.

나는 애런과 함께 영거의 사무실로 갔다. 애런의 언급은 어떻게 봐도 인터뷰라고 할 수 없다고 나는 주장했다. 그건 그냥 지나가는 길에 한마디 한 것이었다. 재판 중에는 우리 모두 그런 언급을 한다. 외교적인 이유로 굳이 말하지는 않았지만, 당시 캘리포니아 법무장관에 공화당 후보로 출마했던 영거 본인도 몇 차례 기자회견을 열어 이 재판에 대해 이야기했고, 올더 판사는 그런 행태에 대해 불쾌감을 표하고 있었다. 하지만 영거는 권위적으로 선언했다, "아니, 이미 마음을 정했네. 스토비츠, 자네는 재판에서 빠지게."

\* 19세기 프랑스의 유명 배우.

나는 그 결정이 몹시 마음에 들지 않았다. 내가 보기에 그건 완전히 불공정했다. 하지만 항소할 방법이 없었다.

내가 재판을 준비하고 대부분의 증거를 확인했기 때문에 애런이 빠졌다고 해서 재판에 영향을 미치는 것은 아니었다. 하지만 우리는 배심원들에게 제시할 논거를 공유하기로 했고, 그 작업에만 며칠 걸릴 것이다. 혼자서 그것들을 처리하는 일은 이미 지고 있는 부담 외에 엄청난 부담을 추가로 지는 것이었다. 시간적인 면에서만 봐도 매일 밤 재판 준비에 두 시간을 더 들여야 한다는 의미였는데, 나는 이미 네다섯 시간씩 쓰고 있었다. 애런을 대체하기 위해 두 젊은 지방검사 도널드 뮤시크와 스티븐 케이가 투입되었지만, 아직 사건 숙지가 충분치 않아 질문지나 논거를 작성할 수는 없었다.

공교롭게도 스티븐 케이는 과거에 패밀리 멤버 샌드라 굿과 사귄 적도 있었다. 샌디에이고에서 자란 두 사람이 양가 어머니의 주선으로 데이트를 했던 것이다.

과학수사국 잠재지문 부서의 보엔 경사와 돌런 경사가 전문가다운 증언을 했다. 잠재지문, 표본, 채취 용지, 훼손된 지문, 부분 지문, 비전도 표면, 일치점 등, 두 경관이 증언을 마칠 때쯤 배심원들은 지문 감식에 대한 축약 강의를 들은 셈이었다.

보엔은 테이트 저택에서 잠재지문을 확보한 경위를 설명했고, 특히 현관문 바깥쪽과 샤론 테이트의 침실 프렌치 도어 안쪽에서 발견된 잠재지문을 강조했다.

내가 주문한 도표와 크게 확대한 사진들을 써가며, 보엔은 테이트 저택의 현관문에서 채취한 지문과 왓슨의 오른손 약지 지문 표본 사이에 18개의 일치점이 있으며, 주 침실 문에서 채취한 지문과 크렌윙클의 왼손 새끼손가락 지문 표본 사이에 17개의 일치점이 있음을 보여주었다. 그는 LAPD에서는 일치점이 10개 이상 있으면 일치하는 것으로 판단한다고 증언했다.

두 명의 별도 인물이 동일한 지문을 가지고 있거나, 동일 인물의 손가락들 중 지문이 같은 손가락이 있는 경우가 보고된 사례는 없다고 돌런이 증언한 후, 나는 그를 통해 LAPD 지문 감식 직원들이 조사하는 범죄 가운데 주인을 알 수 있는 해독 가능한 지문이 하나도 나오지 않는 경우가 70퍼센트라는 말도 끌어냈다. 따라서 수전 앳킨스의 지문이 테이트 저택 내부에서 나오지 않았다고 해서 그녀가 거기 없었다는 뜻은 아니라고, 나중에 배심원들에게 주장할 수 있게 되었다. 해독 가능한 깔끔한 지문이 나오지 않는 게 예외적이 아니라 일상적이었기 때문이다. 이 점을 세세하게 설명할 수도 있었다. LAPD가 범죄 현장에서 피고의 것과 일치하는 지문을 확보하는 경우는 불과 3퍼센트에 불과하다. 그러니까 97퍼센트의 현장에서는 일치하는 지문을 찾지 못한다는 것이다. 97퍼센트라는 수치는 피고의 지문이 발견되지 않은 사건에서는 강력한 것이다. 내가 이 사건에서 그 수치를 언급하지 않은 이유는 명백하다. LAPD가 시엘로 드라이브 10050번지에서 일치하는 지문을 하나가 아니라 두 개나 발견했기 때문이다.

라비앙카 저택에서는 맨슨, 크렌윙클, 혹은 밴하우튼의 지문이 발견되지 않았다. 변호인 측에서 이 점이 그들이 그곳에 가지 않았다는 증거라고 주장하리라 예상한 나는, 돌런에게 레노 라비앙카의 목에 꽂혀 있던 포크 손잡이에 대해 물었다. 칼의 손잡이는 잠재지문이 잘 남는 상아 소재였다. 그런 다음 이렇게 물었다. "그 포크에서 뭔가 확보한 게 있습니까, 훼손된 지문이나 어떤 흔적, 부분지문 등 뭐든 나온 게 있습니까?"

  답. "없습니다, 훼손된 지문조차 없었습니다. 실은 제가 어떤 인상을 받는가 하면", 카나렉이 이의를 제기했지만, 올더는 돌런에게 계속 말하라고 했다. "그 포크의 표면을 닦아낸 듯한 인상을 받았습니다." 돌런은 자신이 나중에 시험도 해봤다고 증언했다. 직접 그 포크를 쥐었다가 지문 채취를 해봤더니, "부분 지문이 나타났다"고 했다.

살인이 벌어진 날 저녁 6시쯤 시빅 부인이 냉장고 문을 열었다 닫았지만, 문의 에나멜 표면이나 크롬 손잡이에서 어떤 뭉개진 지문도 발견하지 못했다. 하지만 문을 시험했을 때, 확실히 "닦아낸 자국"은 찾을 수 있었다고 그는 증언했다.

또한 중요한 것은 테이트 저택에서 나온 크렌윙클과 왓슨의 잠재지문이었다. 크렌윙클의 지문이 샤론 테이트의 침실에서 바깥의 수영장으로 이어지는 문 안쪽에서 발견되었다는 사실은, 퍼트리샤 크렌윙클이 집 안에 있었다는 것을 증명할 뿐 아니라, 다른 증거들과 함께 고려할 때, 그녀가 애비게일 폴저를 쫓아서 문밖으로 나갔음을 암시하는 것이다. 집 안에 있던 혈흔과 문 자체, 그리고 외부에 있던 혈액은 B-MN형으로 밝혀졌는데, 애비게일 폴저의 혈액형 및 세부 유형이었다. 페어런트와 프라이코프스키도 B-MN형이었지만, 페어런트가 집 안에 들어갔다는 증거는 없고, 프라이코프스키는 현관문으로 달려나갔다는 증거가 있었다. 따라서 그 문에 크렌윙클의 지문이 있었다는 것은, 애비게일이 그쪽 방향으로 달려가고 크렌윙클이 칼을 든 채 뒤쫓는 모습을 봤다는 린다 캐서비언의 증언에도 부합한다.

더 결정적인 것은 왓슨의 지문이 발견된 위치였다. 보엔은 지문이 현관문 바깥쪽에 있었다고 증언했는데, 그에 덧붙여 지문이 손잡이보다 15센티미터나 20센티미터 높은 곳, 가장자리 근처에 손가락 끝이 *아래쪽*을 향한 형태로 찍혀 있었다고 말했다. 내가 배심원들에게 보여주었듯이, 그 위치에 그렇게 지문이 찍히려면, 왓슨은 테이트 저택 *안에서 밖으로* 나오는 중이어야 했다. 외부에서 그렇게 지문을 남기려면 그는 대단히 불편하고 부자연스러운 자세로 몸을 뒤틀어야만 했을 것이다. (독자들도 오른손 약지를 사용해 문 앞뒤에서 시험해보면 내 말을 이해할 것이다.)

왓슨이 프라이코프스키를 따라가다 그 지문을 남겼고, 크렌윙클은 폴저를 쫓다가 남겼다고 보는 것이 논리적인 가정이었다.

지문 증언에는 강력한 시사점이 있었다. 그리고 한 가지 약점이 있었다. 변호인들이 미확인 잠재지문들(테이트 저택에서 발견된 50개 중 25개, 라비앙카 저택에서 발견된 25개 중 6개였다)을 부각시킬 것을 예상한 나는 먼저 그 이야기를 꺼냈다. 그것들에 대해서는 몇 가지 설명이 가능했다. 동일 인물의 손가락 중 지문이 같은 손가락은 없기 때문에, 테이트에서 나온 잠재지문 25개는 최소 세 명 이상이 남긴 것이고, 라비앙카에서 나온 6개는 한 명이 남긴 것일 수 있다. 거기에 더해, 나는 돌런을 통해 잠재지문은 꽤 오래 남으며, 이상적인 조건이라면 실내의 지문들은 몇 달 동안 남기도 한다는 점을 확인했다. 그 점을 여유 있게 지적할 수 있었던 것은, 내가 가장 신경 쓰는 두 개의 지문, 크렌윙클과 왓슨의 지문이 최근에 위니프리드 채프먼이 청소한 자리에서 나왔다는 것을 이미 분명히 해두었기 때문이다.

피츠제럴드가 그 하나의 약점을 세게 치고 나올 거라고 예상했다. 하지만 그는 돌런이 가장 덜 취약한 부분, 즉 그의 전문성을 공격했다. 앞서서 나는 돌런이 과학수사국의 잠재지문 분야에서 7년간 일했고, 그 자리에서 8000건 이상의 지문 조사를 수행했으며, 50만 개 이상의 잠재지문을 대조했다는 점을 밝혔다. 이제 피츠제럴드는 돌런에게 이렇게 물었다. "만약 제 계산이 틀렸다면 말해주십시오, 경사님, 당신은 8000곳의 범죄 현장에 갔다고 증언했습니다. 만약 하루에 한 곳씩 갔고, 1년에 평균 200일 일했다면, 그 일을 40년째 하고 있는 게 됩니다."

답. "종이를 꺼내서 계산해봐야 할 것 같습니다."

문. "하루에 범죄 현장 한 곳씩 갔다고 가정하면 그렇습니다, 이게 적절합니까, 그러니까 하루에 한 곳씩 갔다는 게요, 경사님?"

답. "아닙니다, 변호사님."

문. "하루에 범죄 현장을 몇 곳씩 다닙니까?"

답. "어디든 갑니다, 거기서 일한 2, 3년 동안은 15곳에서 20곳 정도 다녔습니다."

문. "하루에요?"

답. "네, 변호사님."

피츠제럴드는 제 발에 걸려 넘어졌다. 그 자리에서 일어나 흙먼지를 털고 안전한 영역으로 이동하는 대신, 그는 숫자를 공격하면서 또 한 번 구덩이로 뛰어들었다. 숙제를 제대로 했더라면(그리고 지문은 자신의 의뢰인을 살인과 이어주는 유일한 물적 증거였기 때문에 숙제를 하지 않은 것에 대해서는 어떤 변명도 통할 수 없었다) 그는 1940년 이후로 과학수사국에서는 직원들 각각이 몇 번 호출을 받았는지, 해독 가능한 지문을 몇 개 확보했는지, 그리고 그 작업을 통해 용의자의 신원을 몇 번 확인했는지 정확히 기록한 자료를 보관 중임을 알았을 것이다. 이제 배심원들도 그 사실을 알게 되었다.

카나렉은 돌런에 대한 반대 심문에서 혈액 검사에 벤지딘을 사용함으로써, 그라나도가 라비앙카 저택의 지문 일부를 훼손했음을 암시하려고 애썼다. 그에게는 안된 일이지만, 돌런은 자신이 그라나도보다 먼저 라비앙카 저택에 도착했다고 알려주었다.

카나렉은 돌런에 대해서는 다른 검찰 측 증인보다 잘해내지 못했지만, 그렇다고 내가 경계심을 놓았다는 뜻은 아니다. 그는 어느 순간에든 다음과 같은 짓을 할 수 있었다.

카나렉, "존경하는 재판장님, 로스앤젤레스 경찰청이 린다 캐서비언의 지문은 비교조차 하지 않기로 했다는 점에서—"

부글리오시, "어떻게 그걸 압니까, 카나렉 씨?"

카나렉, "―이 증인에 대해서는 추가 질문 없습니다."

법원, "변호인의 언급은 뜬금없습니다."

부글리오시, "존경하는 재판장님, 배심원들에게 카나렉 씨의 불필요한 언급을 무시하라고 말씀해주시겠습니까?"

올더는 그렇게 했다.

휴스의 반대 심문은 짧고 핵심을 찌르는 것이엇다. 증인은 레슬리 밴하우튼의 지문 표본을 라비앙카 저택에서 나온 잠재지문과 비교해봤습니까? 네. 그런데 그 어떤 잠재지문도 레슬리 밴하우튼의 것과 일치하지 않았지요, 맞습니까? 네, 변호사님. 추가 질문 없습니다.

휴스는 뭔가를 배우고 있었다, 그것도 빨리.

카나렉이 뭔가를 잡았다고 생각한 피츠제럴드는 자신의 반대 심문을 시작하며 이렇게 물었다. "자, 증인은 테이트 저택과 라비앙카 저택에서 나온 잠재지문을 린다 캐서비언의 지문 표본과 대조해본 적이 있습니까?"

답. "네, 변호사님, 있습니다."

문. "대조 결과가 어땠습니까?"

답. "린다 캐서비언의 지문은 양쪽 어디서도 발견되지 않았습니다."

피츠제럴드, "감사합니다."

가능하다면 나는 LAPD를 무안하게 하는 일은 피하려고 노력했다. 하지만 그게 늘 가능했던 것은 아니다. 예를 들면 초반에 나는 데로사 경사가 철문 개폐 버튼을 눌렀던 일을 이야기해야만 했는데, 그래야 배심원들이 그 특정 지문에 대한 증언이 없는 것을 의아해하지 않을 것이기 때문이다. 열한 살의 스티븐 와이스에 대한 직접 심문에서 나는 소년이 1969년 9월 1일에 22구경 리볼버를 발견한 일에만 집중했다. 하지만 반대 심문에서 피츠제럴드는 같은 어떤 경관이 그 총을 수거하기는 했지만, LAPD 강력반은 1969년 12월 16일이 돼서야 해당 총을 확보했다는 이야기를 끄집어냈다. 스티븐의 아버지가 전화해 경찰이 이미 그 총을 가지고 있다고 알려준 후였다. 피츠제럴드는 또한 스티븐이 지문을 묻히지 않으려고 조심했지만, 그 총을 수거한 경관이 손으로 온갖 곳을 만지면서, 말 그대로 지문 범벅을 만들었다는 이야기도 꺼냈다.

나는 다음 증인이 안됐다는 생각이 들었다. LAPD 밸리 경찰서의 왓슨 경사가 증언대에 서서 자신이 그 총을 수거한 경관이라고 하자 방청객들도 대부분 웃음을 멈췄다.

왓슨 경관의 증언은 핵심적이었는데, 왜냐하면 그가 그 총을 확인해주었을 뿐 아니라(손잡이 오른쪽 조각이 떨어져 나갔고 총신이 휘었으며, 방아쇠가 망가져 있었다), 수거 당시 실탄이 두 발 있었고 나머지 일곱 개의 탄창은 비어 있었다고 증언했기 때문이다.

다음으로 칼킨스 경사가 나와 1969년 12월 16일에 자신이 파커 센터에서 밸리 경찰서로 가서 22구경 리볼버를 가지고 왔다고 증언했다.

반대 심문에서, 피츠제럴드는 1969년 9월 3일에서 5일 사이, LAPD가 해당 총에 대한 전단지(자신들이 찾고 있는 총의 사진과 상세한 설명이 담긴) 300여 장을 미국과 캐나다의 서로 다른 경찰서에 보냈다는 이야기를 꺼냈다.

LAPD가 전단지를 보낸 직후 밸리 경찰서에서 해당 총을 확보하지 못한 이유를 배심원들이 궁금해할 듯해 나는 재직접 심문에서 칼킨스에게 물었다. "밴 나이스에 있는 로스앤젤레스 경찰청 밸리 경찰서에도 전단지를 보냈습니까?"

답. "제가 아는 한 보내지 않았습니다, 검사님."

LAPD를 더 이상 무안하게 만들지 않기 위해, 나는 밸리 경찰서가 테이트 저택에서 얼마나 가까운지는 묻지 않았다.

## 1970년 9월 7~10일

캘리포니아주 변호사대회 때문에 법원이 사흘간 휴정에 들어갔다. 나는 그 기간에 논거를 준비했는데, 걸려온 전화 한 통 때문에 걱정되었다.

10일에 재판이 속개되었을 때, 나는 비공개회의에서 다음과 같이 말했다.

"우리 쪽 증인 중 한 명인 바버라 호이트가 부모님 집에서 나왔습니다. 자세한 사정은 모르지만 그녀의 어머니 말로는 바버라가 생명의 위협을 받고 있다고 합니다. 이 재판에서 증언하면 본인은 물론 가족까지 죽을 거라고 했답니다.

제가 아는 건 두 가지입니다. 검찰 측이 협박한 것은 아니라는 점, 그리고 미네소타에 살고 계신 저희 이모님이 한 것도 아니라는 점입니다.

가장 합리적인 추론은 피고들 측에서 협박했다는 것입니다.

이 이야기를 하는 것은 피고 측 변호인단과 그 의뢰인들에게, 위증을 사주한 사람이 누구든 검찰이 기소할 것임을 알려주기 위해서입니다. 기소할 뿐만 아니라, 우리 증인들이 증언대에 서면 배심원 앞에서 그들이 생명의 위협을 받고 있다는 것을 밝히기 위해 최선을 다할 것입니다. 서로 상관성이 있습니다.

피고들이 이 점을 친구들에게 전해주길 바랍니다."

일단 법정에 들어선 다음에는 그 걱정을 물려놓고 우리가 제시하는 증거에만 온전히 집중했다. 매우 중요한 과정이었다. 하나씩 하나씩 우리는 그 총을 스팬 목장, 그리고 찰스 맨슨과 연결시키려고 애썼다.

긴 휴정이 있기 전인 금요일, 과학수사국 화기 및 폭발물 반의 리 경사가 세브링이 맞은 총탄이 그 총에서 발사된 것임을 확인해주었다. 리 경사는 또한 테이트 저택에서 발견된 다른 총탄들은 찰흔이 충분하지 않아 대조가 어려웠지만, 그것들이 같은 총에서 발사된 것이 아님을 보여주는 표식이나 특징은 없다고 말했다.

그러한 연쇄관계의 또 다른 연결점, 즉 스팬 목장에서 발견된 탄피들에 대해 리에게 질문하려고 할 때, 피츠제럴드가 재판장 면담을 요청했다. 그는 해당 탄피들이 불법 수색에서 발견된 것이므로 증거로 받아들여질 수 없다고 주장했다.

"그런 이의가 제기될 것에 대비해 수색을 허락하는 조지 스팬의 말을 녹음해두었습니다. 칼킨스 경사가 가지고 있을 겁니다. 우리랑 함께 현장에 갔으니까요." 내가 말했다.

문제는 칼킨스가 테이프를 가지고 있지 않다는 점이었다. 지금, 거의 일주일이 지났지만 아직도 찾지 못하고 있었다. 마침내 내가 칼킨스를 불러 증언대에서 우리가 스팬의 허락을 얻었다고 증언하게 했다. 카나렉의 반대 심문에서, 칼킨스는 테이프가 "사라졌거나" 그것을 "잃어버린" 게 아니라고 했다. 그저 어디 있는지 찾을 수 없을 뿐이라고 했다.

올더는 결국 그 수색이 정당한 것이었다고 판단했고, 리는 현미경으로 대조했을 때, 해당 총을 시험 발사했을 때의 탄피와, 스팬 목장에서 발견한 15점의 탄피가 동일한 발포 압착 표시를 보였다고 증언했다.

몇 시간 동안 찰흔, 홈, 홈 사이의 평평한 면, 발포 압착 표시 등 고도의 기술적 사항에 대해 증언하고, 주로 어빙 카나렉이 백 번 이상의 이의를 제기한 후 우리는 테이트 살인에 사용된 총을 스팬 목장에 갖다놓을 수 있었다.

비록 증언에 동의하기는 했지만, 토머스 월먼, 별칭 T. J.는 마지못해 나온 증인이었다. 그는 패밀리와 완전히 단절하지 못하고, 흘러나왔다가, 흘러들어가곤 했다. 그는 태평한 생활 방식에 끌리다가도, 맨슨이 버나드 크로를 쐈던 밤에 대한 기억 때문에 거기서 멀어지고 있는 것처럼 보였다. 유죄 판결 단계에서는 그 총격 자체에 대해 이야기할 수 없다는 것을 알고 있었지만, 나는 그 직전 상황까지는 T. J.에게 물어보았다. 그는 맨슨이 전화를 받자마자 슈워츠의

1959년식 포드를 빌리고, 리볼버를 챙긴 다음, 본인과 함께 할리우드 프랭클린 대로의 아파트로 갔던 일을 떠올리며 이야기했다. 차를 멈춘 맨슨이 T.J.에게 리볼버를 건네며 벨트에 끼우라고 했다.

문. "그런 다음 둘이서 아파트에 들어갔죠, 맞습니까?"

답. "네."

내가 할 수 있는 건 거기까지였다. 그런 다음 나는 T.J.에게 22구경 하이 스탠더드 리볼버를 보여주며 물었다, "이 리볼버를 전에도 본 적이 있습니까?"

답. "없는 것 같습니다. 비슷해 보이지만, 그러니까, 확신할 수는 없습니다."

T.J.는 회피하고 있었다. 나는 그대로 놓아줄 생각이 없었다. 이어지는 질문에서 그는 그 총이 그날 밤 자신이 봤던 것과 한 군데만 다르다고 인정했다. 손잡이 한쪽이 떨어지고 없었던 것이다.

문. "자, 증인의 첫 진술에서, 제가 기억하기로는 이 총이 그 리볼버가 아니라고 하셨던 것 같은데요, 이제 비슷하다고 하시는군요."

답. "제 말은, 그게 그 총인지에 대한 확신이 없다는 겁니다, 그래도 그 리볼버처럼 보이기는 합니다. 꽤 많이 만들어졌으니까요."

나는 그런 소소한 제한은 걱정하지 않았다. 하이 스탠더드사의 로맥이 해당 모델은 상대적으로 흔하지 않다고 이미 증언했기 때문이다.

제한적이기는 했지만 T. J.의 증언은 극적이었는데, 왜냐하면 그는 맨슨과 그 총을 이어준 첫 번째 증인이었기 때문이다.

그날 밤 LAPD가 내게 연락했다. 바버라 호이트가 호놀룰루의 병원에 있었다. 누군가 그녀에게 치사량에 가까운 LSD를 주었다. 다행히 그녀는 제시간에 병원에 이송되었다.

바버라와 이야기하기 전까지는 자세한 사항을 알 수 없었다.

바커 목장에서 탈출한 후 이 예쁜 열일곱 살 소녀는 집으로 돌아갔다. 우리에게 협조적이기는 했지만 바버라는 증언을 몹시 망설이고 있었는데, 9월 5일 오후에 맨슨의 여성들이 연락해서 증언하는 대신 하와이에서 공짜 휴가나 보내자고 제안하자 그대로 받아들였다.

그녀를 설득하는 데 도움을 준 패밀리 구성원들은 스퀴키, 집시, 위시 그리고 클렘이었다.

바버라는 그날 밤을 스팬 목장에서 보냈다. 다음 날 클렘이 바버라와 위시를 태우고 패밀리의 은신처 중 한 곳으로 갔는데, 새로운 패밀리 구성원 데니스 라이스가 임대한 노스 할리우드의 주택이었다. 서른한 살인 라이스의 전과 기록은 1958년까지 거슬러 올라갔는데, 클렘과 마찬가지로 약물 소지에서 부적절한 노출까지 다양한 범죄로 수감되었다. 당시 그는 경관 폭행죄로 보호관찰 중이었다. 신입이기는 했지만 그는 금세 골수 구성원이 되었다.

라이스는 두 사람을 공항에 데려다주고, 항공권을 사주고, 현금 50달러에 신용카드까지 몇 장 주었는데, 그중에는 적절하게도 TWA사의 "탈출" 카드도 있었다. 두 여성은 가명을 사용해 호놀룰루로 갔고, 힐턴 하와이언 빌리지 호텔의 펜트하우스 스위트룸을 잡았다. 하지만 바버라는 섬 구경을 거의 못 했는데, 경찰이 바버라를 찾고 있다고 확신한 위시가 그냥 스위트룸 안에만 있자고 강요했기 때문이다.

방 안에서, 절친이었던 두 사람은 긴 대화를 몇 차례 했다. 위시가 바버라에게 말했다. "우리 모두 헬터 스켈터를 잘 넘겨야 해. 머리로 할 수 없다면 직접 몸으로 겪어야 하는 거라고. 머릿속에서 죽지 않으면, 헬터 스켈터가 닥쳤을 때 정말로 죽는 거야." 위시는 또한 린다 캐서비언이 이 세상에서 살날은 많이 남지 않았다고 전했다. 기껏해야 6개월이었다.

매일 아침 거의 같은 시각에 위시는 오랫동안 장거리 전화를 했다. (수신처는 노스 할리우드의 라이스 주거지에서 세 블록 떨어진 공중전화였다. 적어도 그 전화들 중 한 통은 맨슨이 없는 상황에서 패밀리의 비공식 지도자 역할을 맡고 있던 스퀴키와 나눈 것이었다.)

9월 9일 통화 직후에 위시의 태도가 갑자기 달라졌다. "아주 심각해져서는 저를 조금 이상하게 쳐다봤어요", 바버라가 말했다. 위시가 자신은 캘리포니아로 돌아가야 한다고, 하지만 바버라 본인은 그대로 하와이에 남아 있으라고 했다. 위시는 전화를 걸어 오후 1시 15분 캘리포니아행 비행기를 예약했다.

둘은 택시를 타고 공항으로 갔고, 정오 직전에 도착했다. 위시가 자신은 배가 고프지 않지만 바버라에게는 뭐 좀 먹으라고 했다. 식당에 들어갔고, 바버라는 햄버거를 주문했다. 햄버거가 나오자 위시가 계산하고 오겠다며 햄버거를 들고 밖으로 나갔다.

계산대에는 사람들이 줄 서 있었고, 몇 분 동안 바버라는 위시의 모습을 찾을 수 없었다.

다시 나타난 위시가 바버라에게 햄버거를 건넸고, 위시의 비행기를 기다리는 동안 바버라가 먹었다. 탑승 직전에 위시가 말했다. "그 햄버거에 LSD 열 알이 들어 있다면 어떻게 될까?" 바버라의 반응은 "와우!"였다. LSD를 한 번에 한 알 이상 하는 사람은 본 적이 없다고, 바버라는 나중에 말했다. 그런 생각을 하니 약간 겁이 났다.

위시가 떠난 후 바버라는 환각에 빠졌다. 해변으로 가는 버스를 타보려 했지만 속이 너무 울렁거려서 내려야 했다. 공황에 빠진 그녀는 이제 달리기 시작했고, 그렇게 달리고 달리고 또 달리다 쓰러졌다.

사회복지사 바이런 갤러웨이가 젊은 여성이 구세군 본부 앞 연석에 쓰러져 있는 것을 발견했다. 다행히 갤러웨이는 주립병원 직원이었고, 약물 환자 전문이었다. 여성의 상태가 대단히 심각하다는 것을 깨달은 그는 서둘러 퀸스 메디컬 센터로 그녀를 데리고 갔고, 거기서 바버라는 약물에 의한 급성정신병 진단을 받았다. 그녀를 진찰한 의사는 이름과 로스앤젤레스의 주소지까지는 확인했지만, 나머지 이야기는 이해할 수 없었다. 병원 기록에는 다음과 같이 적혀 있다. "환자는 '부글리오시 씨에게 전화해서 제가 오늘 샤론 테이트 재판에서 증언할 수 없다고 전해주세요'라고 말했다."

응급 처치 후 병원에서는 경찰과 그녀의 부모에게 전화했다. 그녀의 아버지가 하와이로 날아가 다음 날 로스앤젤레스로 데려올 수 있었다.

최초의 부분적인 보고를 받은 나는 사건과 관련된 사람들을 살인미수 혐의로 기소할 거라고 말했다.

바버라는 테이트 사건의 증인이었기 때문에 수사는 테이트 팀 형사인 칼킨스와 맥간이 맡았다.

## 1970년 9월 11~17일

대니 디칼로가 맨슨을 두려워하고 있다는 건 나도 알고 있었지만, 이 오토바이 라이더는 증언대에서 그런 모습을 잘 감췄다. 찰리와 여성들이 미소 지으며 "당나귀 댄"이라고 놀리자 그도 웃으며 받아주었다.

나는 디칼로가 보솔레이 재판에서 그랬던 것처럼 제한적인 대답을 할까봐 걱정되었다. 하지만 증언이 시작되고 몇 분 만에 내 걱정은 갑자기 디칼로에게서 올더 쪽으로 옮겨갔다. 디칼로를 통해 맨슨과 왓슨의 관계를 밝히려 할 때마다 올더는 변호인의 이의를 인정했다. 그는 저녁 식사 자리에서 맨슨이 흑인과 백인에 대한 자신의 철학을 이야기했던 부분에 대해서도 이의를 인정했다.

비공개회의에서 올더는 두 가지 사항을 확인했는데, 나는 완전히 충격을 받았다. 올더가 물었다. "맨슨이 지도자인지 아닌지 여부가 사건과 무슨 관련이 있습니까?" 그리고 그는 헬터 스켈터와 사건의 관련성에 대해서도 증거를 제시해줄 것을 요청했다! 올더는 마치 그때까지 재판에 없었던 사람처럼 보였다.

그의 태도에 대해 단순히 혼란스러움 이상의 감정이 들었던 나는 이렇게 대답했다. "증거라면 그가 흑인들이 백인들에게 등 돌리는 상황을 원한다고 자주 말했다는 점입니다. 물론 이는 이 살인들의 동기일 뿐입니다. 그뿐이죠. 그것 말고 대단한 의미는 없습니다."

내가 정리했다. "검찰은 맨슨 씨가 이 살인들을 명령한 거라고 생각하고 있습니다. 그의 철학이 이 살인들로 이어진 것입니다. 이 살인들의 동기는 헬터 스켈터에 불을 댕기는 것이었습니다. 그건 아주 자명해서 어떻게 표현해야 할지 모르겠습니다."

법원, "이렇게 제안하겠습니다, 부글리오시 씨. 점심 시간 동안 검찰 측이 증거라고 주장하는 것들을 통해 무엇을 보여줄지 잘 고려해보시길 바랍니다. 현재로서는 그 증거가 어떤 증인에게서 조금, 다른 증인에게서 조금 부분적으로 나올 예정이라는 건 알겠습니다. 흔치 않은 상황은 아닙니다. 하지만 지금까지는 흑인과 백인에 대한 맨슨 씨의 추상적인 믿음이 그 어떤 동기와도 상관없는 것처럼 보입니다."

점심 시간 내내 나는 진땀을 흘렸다. 다른 피고들에 대한 맨슨의 지배력을 확고히 구축하지 않으면, 그들이 맨슨의 지침에 따라 살인을 저지른 거라고 배심원들을 설득하는 것은 불가능했다. 만약 올더가 디칼로를 통해 흑백 전쟁에 대한 맨슨의 믿음을 끄집어내려는 나의 시도를 사전에 막는다면, 우리의 중량급 증인들(제이컵슨, 포스턴, 그리고 왓킨스)이 아직 나오지 않은 상황에서 큰 문제에 빠진 셈이었다.

나는 증언 허용과 사건과의 관련성에 대한 권위 있는 인용 자료로 무장하고 다시 비공개회의에 참석했다. 하지만 길고 열정적인 간청에도 불구하고 올더의 생각은 바꿀 수 없을 듯싶었다. 예를 들면 그는 여전히 맨슨에 대한 왓슨의 종속을, 혹은 내가 디칼로를 통해, 텍스가 태평하고 조금 취약한 성격이라는 점을 드러내려는 이유를 알아보지 못했다. 그 관련성이란, 그 둘을 확실히 하지 않으면 배심원은 이 살인들을 명령한 사람이 맨슨이 아니라 왓슨이었다고 추론하기 쉬웠다.

부글리오시, "변호인 측에서 그 증언을 배척하려 한다는 사실을 보면 그 관련성을 알 수 있다고 생각합니다."

카나렉, "제 생각에 이 문제의 핵심은 이 점인 것 같습니다, 그러니까 부글리오시 씨가 냉정함을 잃었다는 거죠. 맨슨의 유죄 판결을 받겠다는 편집증에 빠져서 말입니다."

부글리오시, "그는 일곱 건의 살인 혐의로 기소되었고, 저는 그 기소를 포기하지 않을 겁니다…… 이 증인들을 심문하고 텍스 왓슨의 이름뿐 아니라 그가 실제로 어떤 인물인지 밝혀낼 것입니다, 존경하는 재판장님."

법원, "그 시도까지 막을 생각은 없습니다, 부글리오시 씨."

법정으로 돌아온 나는 디칼로에게 정확히 몇 시간 전에 했던 질문을 다시 던졌다. "텍스 왓슨에게서 전반적으로 어떤 인상을 받았습니까?"

카나렉, "존경하는 재판장님, 유도 질문입니다."

부글리오시, "졸너 판례를 참조해주십시오, 존경하는 재판장님."

나는 올더가 "이의를 인정합니다"라고 말할 걸로 예상했기 때문에 그가 "기각합니다. 증인 대답하세요"라는 말을 들었을 때는 내 상상인 줄 알았다.

디칼로, "천하태평이었습니다. 착한 친구였어요. 저는 텍스를 좋아했습니다. 제가 본 바로는 화를 내거나 그런 경우는 없었습니다. 말도 많지 않았고요."

뒤를 돌아보니 돈 뮤시크와 스티브 케이는 믿을 수 없다는 듯 어안이 벙벙한 표정이었다. 몇 분 전 비공개회의에서 올더는 내 질문 맥락 자체에 반대했다. 그런데 이제 완전히 태도를 바꾼 것이다. 그가 다시 생각을 바꾸기 전에 최대한 빨리 질문을 진행하면서, 찰리가 텍스에게 뭔가를 시키면 텍스는 그대로 했다는 증언을 끄집어냈다.

올더가 지배력 문제에서 우리와 결을 맞췄다고 해서 그가 헬터스켈터의 관련성을 알아봤다는 뜻은 아니었다. 여전히 나는 행운을 바라며 다음 질문을 던졌다. "맨슨 씨가 흑백 문제에 대해 이야기했던 것이 기억납니까? 흑인과 백인에 대해서요."

동요하고 놀란 모습으로 카나렉이 이의를 제기했다. "이전에 했던 것과 같은 질문입니다!"

법원, "기각합니다. 증인 대답하세요."

답. "그는 흑인들을 좋아하지 않았습니다."

디칼로는 맨슨이 경찰과 백인 기성 체제에 맞서 흑인들이 전쟁을 일으키길 원했으며, 또한 그 둘을 "돼지들"이라고 불렀다고 증언했다. 찰리는 그 돼지들은 "목을 따서 거꾸로 매달아야 한다"고 말했다고도 했다. 또한 디칼로는 맨슨이 헬터 스켈터란 말을 사용하는 걸 많이, 아주 많이 들었다. 이 모든 내용에 대해 카나렉은, 종종 디칼로가 말하는 와중에도 이의를 제기했다. 올더가 말했다. "진행을 방해하고 있습니다, 카나렉 씨. 오늘 몇 번째 경고하고 있습니다. 이번이 마지막 경고입니다."

카나렉, "불필요한 이의는 저도 제기하고 싶지 않습니다, 존경하는 재판장님."

법원, "그렇습니까? 그럼 중단하세요."

하지만 몇 분 후 카나렉은 다시 시작했고, 올더가 그를 판사석으로 불렀다. 대단히 화가 난 올더가 카나렉에게 말했다. "당신은 증언에 끼어들고 방해하는 무슨 신체적 약점이나 정신적 결함이 있는 것처럼 보입니다. 내가 몇 번을 경고해도 반복적으로 그렇게 하고 있습니다, 반복, 반복, 또 반복해서요…… 당신은 이 증인의 증언을 방해하려는 겁니다. 그건 아주 명확합니다. 이제 저도 당신에 대해서는 갈 때까지 가보겠습니다, 카나렉 씨."

카나렉이 불평했다. "저는 법원의 명령을 따르려고 의식적으로 노력하고 있습니다."

법원, "아니, 아닙니다, 유감스럽지만 그런 설명은 통하지 않습니다. 그 말은 너무 자주 들었습니다. 당신의 전략에는 익숙해졌고, 나는 더 이상 그걸 용인하지 않겠습니다." 올더는 카나렉에게 법정 모욕죄를 적용했고, 그날 증언이 끝난 후 주말 동안 카운티 감옥 구류형을 내렸다.

대니 디칼로는 헬터 스켈터를 한 번도 이해하지 못했고, 이해하려고도 하지 않았다. 내게 인정했듯이, 스팬에 있는 동안 그의 주된 관심사는 "술과 아가씨들"이었다. 그는 흑백 문제에 대한 자신의 증언이 찰리에게 실제로 얼마나 타격을 줄지 알 수 없었고, 어떤 제한도 없이 자유롭게 증언했다. 하지만 물적 증거(칼, 끈, 총)에 대해 이야기할 때는 그 관련성을 알아보고 한발 물러났다. 많이 물러난 것은 아니지만, 자신이 확인한 내용을 약하게 만들 만큼은 충분했다.

대니를 조사할 때, 나는 LAPD의 녹취 테이프에 담기지 않은 내용을 아주 많이 알게 되었다. 예를 들어 그는 1969년 8월 초, 집시가 벅사의 칼을 열 개 혹은 열두 개 샀고, 스팬에 있는 여러 패밀리 구성원에게 나눠주었던 일을 떠올렸다. 그 칼들은, 디칼로에 따르면, 길이 약 15센티미터, 폭 2.5센티미터, 두께 0.3센티미터로, 캐서비언과 노구치가 알려준 칼의 치수와 아주 가까웠다. 8월 16일에 있었던 수색에 대한 보안관서의 보고서를 확인하던 중 나는 다량의 무기가 압수되었지만(바이올린 케이스에 든 자동소총도 있었다) 벅사의 칼은 하나도 나오지 않았음을 알게 되었다.

논리적인 가정은, 내가 나중에 배심원들에게 그렇게 주장하기도 했지만, 살인 사건 후에 벅사의 나머지 칼들은 버렸다는 것이다.

나는 LASO의 글리슨 경사를 불러 수색에서 칼은 발견되지 않았다는 증언을 받아낼 계획이었다. 하지만 먼저 대니에게서 그 칼의 구입과 관련된 증언을 듣고자 했다. 그는 증언했지만, 약간의 제한을 두었다. 내가 벅사의 칼을 산 것이 누구냐고 물었을 때 그는 이렇게 대답했다. "확실히는 모르겠습니다. 집시가 샀던 것 같은데, 확실치는 않습니다."

테이트-세브링 끈에 대해서, 디칼로는 맨슨이 잭 프로스트 상점에서 산 것과 "유사하다"고 증언했다. 나는 계속 밀어붙였다. "어딘가 달라 보이는 부분이 있습니까?"

답. "아니요."

디칼로는 "사막에서는 총소리가 멀리까지 퍼지기 때문"에 찰리는 총보다 칼을 선호했다고 말했다. 나는 디칼로에게, 스팬 목장에 있었던 총 가운데 맨슨이 특히 선호했던 게 있냐고 물었다. 그럼요, 디칼로가 말했다, 하이 스탠더드 22구경 번틀라인 리볼버였다. 나는 그에게 총을 보여주며 물었다. "전에 이 총을 본 적이 있습니까?"

답. "비슷한 것을 본 적 있습니다."

문. "어딘가 달라 보이는 부분이 있습니까?"

답. "방아쇠 부분이 망가졌네요."

그것 말고는?

답. "확신할 수 없겠는데요."

문. "왜 확신할 수 없죠?"

답. "모르겠습니다. 일련번호를 모르니까요. 그게 그 총인지 확신할 수 없습니다."

디칼로는 그 총을 닦고, 관리하고, 쐈다. 무기에 대해서는 폭넓은 지식을 가진 사람이다. 그 모델은 흔한 것도 아니다. 그리고 그는 그런 총이 테이트 살인에서 사용되었다는 말을 듣기도 전에 LAPD에서 총 그림을 그려주었다. (나는 확인 목적으로 이미 그 그림을 제시했고, 카나렉은 "전문"이라는 이유로 이의를 제기했다.) 그 리볼버를 확인해줄 사람이 있다면 바로 대니 디칼로였다. 그가 그렇게 하지 않은 것은, 내 생각에는, 두려웠기 때문이다.

조사 당시보다는 한 단계쯤 약한 모습을 보이긴 했지만, 나는 디칼로를 통해 방대한 양의 정보를 끌어내는 데 성공했다. 법정은 다시 사흘간 휴정에 들어갔고, 디칼로의 직접 심문에만 법정 기준으로 하루 반이 걸렸다. 내가 심문을 마친 것은 9월 17일이었다.

그날 아침 맨슨은 피츠제럴드와 신을 통해, 점심 시간에 격리된 방에서 나를 만나고 싶다는 말을 전해왔다. 두 변호사는 동석했지만 카나렉은 제외되었다.

나는 맨슨에게 무슨 말이 하고 싶은 거냐고 물었다.

"바버라 호이트 살인미수와 나는 아무 관련이 없다는 것만 알려드리고 싶었습니다." 맨슨이 말했다.

"당신이 명령을 내린 건지, 아니면 그들이 알아서 한 건지 나도 모릅니다", 내가 대답했다. "하지만 어느 쪽이든, 그 사람들이 당신을 기쁘게 하기 위해 그런 짓을 벌였다는 건 나도 알고 당신도 압니다."

맨슨이 무슨 말인가 늘어놓으려 했지만 내가 끊었다. "나는 정말 당신과 이야기할 기분이 아닙니다, 찰리. 만약 당신이 증언대에 설 배짱이 있다면, 그때 이야기하죠."

나는 맥간에게 "호놀룰루 햄버거 사건"이 어떻게 되어가고 있냐고 물었다, 신문에서는 호이트 살인미수라고 부르고 있었다. 맥간이 자신과 칼킨스는 어떤 증거도 찾지 못했다고 말했다.

나는 라비앙카 팀의 필 사투치에게 사건을 넘겼다. 필은 항공기 탑승권, 신용카드, 장거리 전화 등등의 정보가 담긴 적절하고도 상세한 보고서를 제출했다. 하지만 사건이 대배심에 넘어간 것은 12월이나 되어서였다. 그사이 위시, 스퀴키, 클렘, 집시, 그리고 라이스는 자유롭게 돌아다녔다. 나는 템플과 브로드웨이의 교차로에 있는 패밀리 구성원들 틈에서 종종 그들을 볼 수 있었다.

반대 심문에서 피츠제럴드가 디칼로에게 물었다, "맨슨 씨가 자신은 실제로 흑인들을 사랑하고 있다고 당신에게 암시한 것이 아닙니까?"

대니가 대답했다. "네. 그런 말을 한 번 한 적이 있습니다."

재직접 심문에서 나는 디칼로에게 그 한 번의 대화에 대해 물었다. 찰리는 그에게 흑인들을 사랑한다고 말했고, 이유는 "그들이 경찰에 맞서 싸우는 배짱이 있기 때문"이라고 했다.

신은 디칼로가 2만5000달러의 포상금을 알고 있었고, 그에 대해 그저 지나가는 정보 이상의 관심이 있었기 때문에 자신의 증언을 조작할 이유가 있다는 이야기를 끄집어냈다. 카나렉은 반대 심문에서 그 이야기를 더 자세히 파고들었다. 또한 그는 무기에 대한 디칼로의 기호를 길게 이야기했다. 앞서 디칼로가 총을 사랑한다고 했는데, 그 애정을 자세히 이야기해주겠느냐고 카나렉은 물었다.

디칼로의 답변이 법정을 뒤집어놓았다. "음, 저는 제 어머니보다 총을 더 사랑합니다."

카나렉이 어느 방향으로 몰아가는지는 쉽게 알 수 있었다. 그는 스팬 목장에서 모든 무기를 관리했던 책임자는 맨슨이 아니라 카나렉이었음을 입증하려고 애썼다.

카나렉이 화제를 바꿨다. 그가 디칼로에게 물었다. "스팬에서 지내는 동안 증인은 내내 맛이 간 상태 아니었습니까?"

답. "확실히 그랬습니다."

문. "너무 맛이 가서 누군가 침대까지 데려다줘야 했던 일도 많지 않았습니까?"

답. "몇 번은 혼자서 갔습니다."

카나렉은 디칼로의 음주벽은 물론, 날짜와 시간관념이 흐릿한 것에 대해서도 맹렬히 공격했다. 그런 그가 어떻게, 예를 들면 한 번의 특정한 토요일만 기억하고, 다른 밤은 기억하지 못하는 걸까?

"그건, 그 특정한 밤에는", 디칼로가 대답했다. "내가 잠자리를 가지면서 부츠를 벗지 않는다고 집시가 난리쳤기 때문입니다."

문. "증인 머릿속에 정확히 남은 것, 그러니까 정말로 기억하는 건, 섹스를 많이 했다는 것뿐이죠? 맞습니까?"

답. "뭐, 섹스라고 해도 몇몇 경우는 기억나지 않습니다."

카나렉은 점수를 좀 얻었다. 그는 디칼로가 이전에도(보솔레이 재판 중이었다), 스팬에서 지내는 동안 자신은 99퍼센트 맛이 간 상태였다고 증언했다는 사실을 끄집어냈다. 변호인 측은 이제 디칼로가 맛이 간 상태였기 때문에 특정 대화는 고사하고 어떤 일이 벌어지고 있는지조차 파악 못 했다고 주장할 수 있었다. 그런 변호인 측에는 안된 일이지만, 피츠제럴드가 디칼로에게 '취한' 것과 '맛이 간' 게 어떻게 다른지 물어봄으로써 의도치 않게 그 주장의 기반을 허물어버렸다.

답. "제 경우에 '취한' 건 길바닥에서 밥을 먹는 것이고, '맛이 간' 건 곤드레만드레가 되어 돌아다니는 겁니다."

## 1970년 9월 18일

그날 오후 깜짝 손님이 법정을 찾았다. 찰스 "텍스" 왓슨이었다. 아홉 달이나 끌며 결국 그를 따로 재판할 필요까지 생긴 시점에, 미 대법원 휴고 블랙 판사가 추가 송환 연기를 불허하면서 왓슨은 9월 11일 캘리포니아로 돌아왔다. 사투치 경사와 구티에레즈 경사가 항공편으로 그를 연행했는데, 왓슨은 거의 말이 없었고 대부분 멍하니 창밖만 바라봤다고 전했다. 구금 기간에 체중이 13킬로그램 정도 줄었고, 대부분은 로스앤젤레스 송환이 임박했음을 알게 된 마지막 두 달 동안 그렇게 되었다.

피츠제럴드가 왓슨을 법정으로 불렀고, 디칼로가 그를 알아보는지 확인했다.

피츠제럴드가 대단히 심각한 실수를 저지르고 있음을 파악한 카나렉은 필사적으로 이의를 제기했지만, 올더는 피고인 이동 명령을 승인했다.

왓슨이 법정에 들어설 때까지 배심원은 자리를 비운 상태였다.

그는 세 여성 피고를 보며 가볍게 웃어 보였고 여성들도 웃으며 손 키스를 날렸지만, 왓슨이 맨슨의 존재를 의식하는 것 같진 않았다. 배심원들이 입장했을 때, 왓슨은 이미 자리를 잡고 앉았고 마치 또 한 명의 방청객처럼 보였다.

피츠제럴드, "디칼로 씨, 증인은 앞에서 증인이 1969년 스팬 목장에 머무를 때 텍스 왓슨이라는 남자도 거기 있었다고 증언했습니다, 맞습니까?"

답. "네."

문. "이 법정에서 왓슨 씨를 알아보시겠습니까?"

답. "네. 바로 저기 있습니다." 대니는 텍스가 앉은 자리를 가리켰다. 배심원들은 호기심 가득한 표정으로, 그렇게 자주 들었던 이름의 주인공 쪽으로 끌리듯 시선을 돌렸다.

피츠제럴드, "이 신사분이 본인 소개를 해도 되겠습니까, 존경하는 재판장님?"

법원, "일어나서 이름을 말하세요."

자리에서 일어난 왓슨이 집행관에게 이끌려 한발 앞으로 나왔지만 아무 말이 없었다.

왓슨이 일어나는 순간 피츠제럴드의 실수는 명백해졌다. 단 한 번 쳐다보는 것만으로도 배심원들은 찰스 "텍스" 왓슨이 찰스 맨슨에게 뭔가를 명령할 부류의 인물이 아님을 알아봤고, 일곱 건의 살인을 사주하는 건 말할 것도 없었다. 그는 스물다섯 살보다는 스무 살에 가까워 보였다. 짧은 머리, 파란색 재킷, 회색 바지, 타이.

1969년 4월에 촬영한 머그숏에 있던, 야생적인 눈매의 괴물 대신(왓슨은 약물 관련 범죄로 체포되었다), 그는 전형적인 말쑥한 대학생처럼 보였다.

무대에 등장하지 않았다면 왓슨을 거물처럼 만들 수도 있었을 것이다. 하지만 일단 그를 봐버린 배심원들은, 절대 그런 생각을 할 수 없었다.

인디펜던스에서 처음 만난 후로 나는 샌디와 스퀴키와는 계속 이야기를 나누는 관계였다. 종종 둘 중 한 명 혹은 둘이서 함께 내 사무실에 들러 수다를 떨었다. 나는 보통 그런 시간을 만들었는데, 부분적으로는 그들이(그리고 세 명의 여성 피고가) 왜 패밀리에 합류했는지 여전히 궁금했기 때문이지만, 그뿐 아니라 혹시 다른 살인 계획이 있는지, 내가 경계할 만한 일이 있는지 알고 싶은 마음도 희미하게 있었다. 둘 중 누구도 경찰서에는 가지 않으려 했고, 나는 적어도 소통을 위한 통로 하나쯤은 열어두고 싶었다.

스퀴키보다는 샌디 쪽에 좀더 희망을 걸고 있었다. 스퀴키는 권력 놀이에 빠져 있었고(맨슨의 비공식 대변인이자 그가 없는 상태에서 패밀리를 이끄는 역할이었다), 그런 자신의 지위를 망치는 일은 전혀 하지 않을 것처럼 보였다. 하지만 내가 알기로 샌디는 맨슨의 기대에 어긋나는 행동을 몇 번 한 적이 있다. 소소한 반항이었지만(예를 들어 본인이 출산할 때 그녀는 패밀리가 아이를 받게 하는 대신 병원으로 갔다), 그건 어쩌면 피상적인 대화 이면에서, 내가 그녀의 인간적인 면모를 건드릴 수도 있음을 암시했다.

몇 달 전 샌디가 처음 내 사무실에 왔을 때, 우리는 패밀리의 신조에 대해 이야기했다. 샌디가 그건 평화라고 말했다. 나는 살인 사건이 있었는데, 그걸 어떻게 받아들일 수 있냐고 물었다.

"베트남에서는 매일 사람들이 죽어가고 있잖아요", 그녀가 맞받아쳤다.

"논의를 이어가기 위해서, 일단 베트남에서의 죽음도 살인이라고 칩시다", 내가 대답했다, "그렇다고 어떻게 그 일이 일곱 명을 살해한 일을 정당화할 수 있는 겁니까?"

그녀가 대답을 찾으려 애쓰는 사이에 내가 말을 이었다. "샌디, 당신이 정말 평화와 사랑을 믿는다면 그걸 증명해줬으면 합니다. 다음에 스팬 목장에서 살인의 광풍이 몰아치면, 다른 사람들도 당신들만큼이나 살고 싶어한다는 걸 기억하세요. 그리고 또 한 명의 인간으로서, 나는 당신이 그런 일이 생기지 않게 막아주기를 바랍니다. 내 말 무슨 뜻인지 알겠어요?"

그녀가 조용히 대답했다. "네."

나는 그녀의 말이 진심이기를 바랐다. 그 순진한 기대는 내가 바버라 호이트와 이야기하는 순간 사라졌다. 샌디가 바버라에게 하와이에 가야 한다고 설득한 패밀리 구성원들 중 한 명이었음을 알게 된 것이다.

18일, 법원을 나서려고 할 때 샌디와 두 명의 남성이 내게 접근했다.

"샌디, 당신한테 정말 정말 실망했습니다", 내가 말했다. "바버라 살인 계획을 세울 때 당신도 거기 있었죠. 당신도 분명 무슨 일이 진행 중인지 알았을 겁니다. 그런데도, 바버라는 당신 친구인데도, 당신은 어떤 말이나 행동도 하지 않았습니다. 왜 그랬죠?"

그녀는 대답 없이 그저 넋이 나간 듯 나를 쳐다봤다. 잠시 나는 그녀가 내 말을 못 들은 거라고, 약에 취한 거라고 생각했지만, 바로 그 순간 그녀는 아주 천천히 의도적으로 손을 내려 허리에 차고 있던 칼집을 만지작거렸다. 그게 그녀의 대답이었다.

역겨움을 느낀 나는 뒤돌아서 걸음을 옮겼다. 하지만 돌아보니 샌디와 두 남성이 나를 따라오고 있었다. 나는 걸음을 멈췄고, 그들도 멈췄다. 다시 걸음을 옮기자 그들도 따라왔고, 샌디는 여전히 손끝으로 칼을 만지작거리고 있었다.

그들이 서서히 거리를 좁혀왔다. 등을 돌리는 것보다는 정면으로 문제를 마주하는 게 낫겠다고 판단한 나는 돌아서서 그들에게 다가갔다.

"잘 들어, 이 쌍년아, 새겨들으라고", 내가 그녀에게 말했다. "네가 정말로 바버라 살인미수에 가담했는지 안 했는지는 모르지만, 만약 그랬다면, 내 자리에서 할 수 있는 일은 뭐든 다 해서 꼭 감옥에 처넣을 거야." 다음으로 두 남성을 바라보며, 만약 한 번만 더 따라오면 그 자리에서 작살을 내주겠다고 말했다.

나의 대응은, 상황을 감안하면, 예외적으로 온건한 편이었다고 생각한다.

카나렉의 생각은 달랐다. 21일 월요일에 재판이 속개되자, 그는 내가 변호인 측 증인들에게 개입했다며 모욕죄를 적용해줄 것을 요청했다. 또한 그는 내가 여성 앞에서 외설스러운 말을 했기 때문에 형법 415조 위반으로 체포되어야 한다고 주장했다.

## 1970년 9월 21~26일

"제 의견으로 부글리오시 씨의 행동은 모욕에 해당됩니다"라는 샌드라 굿의 발언이 어떤 내용도 없는 거라고 판단한 올더 판사는 카나렉의 몇 차례 요청을 기각했다. 맨슨은 다시 한번 점심 휴정 때 격리실에서 나를 보자고 요청했다. 그는 이 모든 일을—살인미수, 칼 소동, 재판까지—개인적으로 받아들이지는 말았으면 좋겠다고 말했다.

"아닙니다, 찰리", 내가 말했다, "나는 이 일에 배정된 거지, 내가 요청한 게 아닙니다. 이게 내 일입니다."

이제 그 여성들이 자신들의 의지로 행동한다는 것, 자신의 지배를 받는 사람은 아무도 없다는 것을 분명히 알게 되지 않았느냐고 맨슨이 말했다. 내가 미심쩍다는 듯한 표정을 보이자 그가 말했다. "보세요, 부글리오시, 만약 내가 검사님이 말하는 것처럼 모든 권력과 통제력을 가지고 있다면, 그냥 '브렌다, 가서 부글리오시를 처리해'라고 말만 하면 끝나는 겁니다."

맨슨이 자신의 핵심적인 암살자로 브렌다 매칸, 본명 낸시 피트먼을 콕 집어 말한 것이 흥미롭다고 생각했다.
나중에 맨슨의 그 말을 떠올릴 일이 생겼다.

개인적인 건 전혀 아니라고 했다. 하지만 그 일이 있은 직후부터 한밤중에 누군가 전화해 말없이 끊는 일이 시작되었다. 전화번호부에 없는 번호로 바꾼 후에도 이어졌다. 그리고 밤에 명예의 전당을 나서면 패밀리 구성원들이 미행하는 일이 몇 번 있었고, 거기에는 샌디도 있었다. 아내와 아이들이 차를 타고 동네를 다닐 때면 나는 가족의 정체가 드러나거나 차량 번호가 노출되는 것이 두려웠다. 내가 못 본 척하자, 아내도 얼른 상황을 파악하고는 내가 "미행자"들을 떨쳐낼 때까지 차를 돌렸다. 나중에 아내는, 겉보기는 그랬겠지만 실은 차분하지 않았다고 고백했다.
가족의 안전이 걱정되었지만 그런 일을 심각하게 받아들이지는 않았는데, 어느 날 오후 자신의 지배력 관련 증언에 분노한 맨슨이 집행관에게 "부글리오시와 판사를 죽여버릴 겁니다"라고 말했다.
집행관에게 그렇게 말하는 것으로, 맨슨이 우리에게 확실한 메시지를 전하려 한 것이다. 올더는 이미 보호를 받고 있었다. 다음 날 지방검찰청에서 재판이 진행되는 동안 내게 경호원을 붙여주었다. 다른 예방 조치들이 이루어졌고, 다른 사람들도 같은 보호를 받고 있기 때문에 일일이 열거할 필요는 없겠지만, 한 가지는 언급하고 싶다. 시엘로 드라이브 10050번지에서 벌어진 일이 재발하는 것을 방지하기 위해 우리 집에 무전기가 제공되었다. 전화선이 끊어지다면 그 무전기로 가장 가까운 경찰서와 직접 연락할 수 있었다.

재판의 주요 인물 중 경호원을 대동하는 사람은 올더와 나뿐이었지만, 피고 측 변호사 일부도(전부는 아니었지만) 패밀리 구성원들을 두려워하고 있다는 것은 비밀이 아니었다. 데이 신의 동료 변호사에 따르면, 그는 불청객이 찾아오는 것에 대비해 자신의 집 모든 방에 장전된 총을 두고 있다고 했다. 맨슨은 카나렉을 종종 살인 목록 맨 위에 올려놓기도 했지만, 그가 어떤 예방 조치를 취하고 있는지, 하고 있기나 한지에 대해서는 들은 바가 없다. 피고 측의 다른 변호사에 따르면, 맨슨은 카나렉을 죽이겠다고 몇 차례나 협박했다. 카나렉이 법정에서 자신을 죽이고 있으니까 그렇게 하는 게 공평한 처사라고 맨슨은 말했다고 한다.

한번은 맨슨이 피츠제럴드를 시켜 카나렉의 해임요청서를 작성하기도 했다. 내게 그 이야기를 해준 폴에 따르면, 카나렉은 말 그대로 무릎 꿇고 눈물까지 글썽이며 자신을 해임하지 말아달라고 맨슨에게 빌었다고 한다. 맨슨이 물러났고, 둘이 계속 티격태격하기는 했지만, 카나렉은 재판에 남았다.

매주 로스앤젤레스 감리위원회에서 재판 비용 명세서를 보도자료로 발표했다. 카나렉의 수없이 많은 이의 신청과 그에 따른 회의가 있었음에도, 우리는 매일 엄청난 양의 증언을 확보해가고 있었다. 법원의 어떤 경력 기자는 20년 넘게 일하면서 이런 재판은 처음 봤다고 말했다.

올더 판사는 지금까지는 카나렉을 억제하는 일을 탁월하게 해내고 있었다. 카나렉이 늘 요청하는 "증거 심리"를 절반만 받아줬어도 재판에 10년이 걸릴 거라는 예측은 현실이 되었을 것이다. 하지만 카나렉이 요청할 때마다 올더는 "관련 판례를 첨부해서 서류로 제출하세요"라고 말했다. 작업에 걸리는 시간 때문에 카나렉은 좀처럼 그런 수고는 하지 않았다.

검찰 쪽으로 말하자면, 나는 원래 증인을 100명 정도 부를 계획이었지만 80여 명으로 줄였다. 이 정도로 크고 복잡한 사건에서는 놀랄 만큼 적은 숫자였다. 하루에 여섯 명씩 증언대에 세우는 날도 있었다. 나는 가능하면 여러 목적에 부합하는 증인들을 부르려고 노력했다. 예를 들어 디칼로에게서 나는 다른 증언들에 더해 패밀리 구성원 각각의 이름과 연령대를 확인했다. 나머지 모든 구성원보다 나이가 많은 맨슨이 집단 내에서 종속적인 역할을 하지는 않았을 것임을 배심원들은 명백히 알 수 있었을 것이다.

보안관서 부관 윌리엄 글리슨을 불러 8월 16일 스팬 목장을 습격했을 때 벅사의 칼을 발견했냐는 질문을 하려 했지만, 낌새를 알아차린 카나렉이 이의를 제기했고, 올더가 받아들였다.

내가 거의 포기하고 있던 시점에 그런 칼이 없었다는 사실이 피고들에게 유리할 거라 판단한 피츠제럴드가 반대 심문에서 이렇게 물었다. "1969년 8월 16일 스팬 목장에 갔을 때 벅사의 칼을 발견했습니까?"

답. "못 했습니다, 변호사님."

바버라 호이트의 입을 다물게 하려던 패밀리의 시도는 역풍을 맞았다. 한때 증언을 망설였던 그녀가 이제는 대단히 적극적인 태도를 보이고 있었다.

바버라는 TV 시청과 관련된 린다의 이야기를 확증해주었을 뿐 아니라, 전날 밤, 그러니까 테이트 살인 사건이 있었던 밤에 세이디가 별채에 있는 이동식 전화로 연락해서는 짙은 색 옷 세 벌만 목장 입구로 갖다달라고 부탁한 일도 기억해냈다. 그녀가 도착했을 때 맨슨은 "벌써 출발했어요"라고 말했다.

바버라의 이야기는 린다 캐서비언의 증언에 대한 확증이면서, 동시에 맨슨이 관여했음을 보여주는 강력한 증거였다. 비록 실패하기는 했지만, 카나렉은 그 증언을 막기 위해 엄청나게 노력했다.

나는 반나절의 비공개회의 후에야 마이어스 목장 이야기를 꺼낼 수 있었고, 그때는 예상했듯이, 일부만 꺼낼 수 있었다.

1969년 9월 초의 어느 오후, 바버라는 마이어스 목장에서 낮잠을 자다 세이디와 위시가 주방에서 이야기 나누는 것을 들었다. 바버라가 자고 있다고 생각한 세이디는 위시에게 샤론 테이트가 마지막으로 죽었는데, 본인의 말에 따르면 "그 여자는 다른 사람들이 죽는 것을 지켜봐야" 해서 그랬다고 했다.

마침내 그 말을 끄집어낼 수 있었다. 하지만 *아란다* 원칙 때문에 대화의 나머지 부분은 물어볼 수 없었다. 바버라는 또한 세이디가 위시에게 애비게일 폴저가 집 밖으로 도망쳐 나갔다고 말하는 것을 들었다. 케이티가 그녀를 쫓아 잔디밭으로 나갔던 것, 애비게일이 너무 격하게 저항해서 텍스가 도와줘야 했고, 그가 애비게일을 찔렀다는 이야기도 들었다.

비공개회의에서 신은 자신이 바버라에게 그 대화에 대해 질문할 수 있어야 한다고 주장했다. 피고 측 다른 변호사들과 마찬가지로, 올더도 강하게 반대했다. 신은 그 대화를 "아란다화"하면(공동 피고에 대한 언급은 모두 생략하면) 결국 다섯 건의 살인이 모두 수전 책임이 되는 거라고 불평하면서, "그 자리에는 다른 사람들도 있었습니다, 존경하는 재판장님"이라고 말했다.

부글리오시, "그렇습니까, 데이?"

신은 수전 앳킨스가 테이트 살인 현장에 있었음을 의도치 않게 인정한 셈이었다. 그 대화가 공개 법정이 아니라 비공개회의에서 나온 것이 변호인과 그 의뢰인에게는 다행이었다.

패밀리의 다른 전 구성원들과 마찬가지로, 나는 바버라에게서도 맨슨의 지배력을 보여주는 많은 예, 그리고 그가 헬터 스켈터에 대해 했던 말들을 끄집어낼 수 있었다. 들을 수 없었던 것 한 가지는 바버라 호이트의 증언을 막으려는 패밀리의 시도였다.

바버라에 대한 반대 심문에서, 카나렉은 그녀의 도덕성에서 시력까지 모든 것을 공격했다.

바버라의 시력이 매우 나쁘다는 것을 알고 카나렉은 그녀의 안경을 벗게 한 다음, 법정을 돌아다니며 자신이 손가락 몇 개를 펼치고 있는지 물었다.

문. "몇 개로 보입니까?"

답. "세 개입니다."

카나렉, "그녀가 세 개라고 말했고 저는 분명 두 개를 펼쳐 보이고 있다는 걸 기록해주시기 바랍니다."

법원, "엄지도 보이는 것 같은데요."

카나렉은 결국 바버라의 시력이 나쁘다는 걸 증명해 보였다. 하지만 문제는 그녀의 시력이 아니라 청력이었다. 그녀는 마이어스 목장의 주방에서 세이디와 위시를 본 것이 아니라, 그들의 이야기를 들었다고 말했다.

카나렉은 바버라에게 이런 질문도 했다. "지난 2년 사이에 정신병원에 다닌 적이 있습니까?"

나는 보통 그런 질문에는 이의를 제기하지만 이번에는 아니었다. 카나렉이 넓은 문을 열어젖혔고, 나는 재직접 심문에서 살인미수 이야기를 꺼낼 수 있었다.

재직접 심문은 반대 심문에서 나온 문제에 대해서만 할 수 있다. 예를 들어 재직접 심문에서 나는 마이어스 목장의 침실과 주방 사이 거리가 얼마쯤 되는지 묻고, 청력 시험을 했다. 그녀는 문제없이 통과했다.

판사석으로 다가간 나는, 카나렉이 바버라 호이트가 상당 기간 정신병원에 다녔다고 암시했기 때문에, 내 쪽에서는 그녀가 정신병원에 하룻밤 머물렀을 뿐이며 그것도 정신적 문제 때문은 아니었다고 말할 권리가 있다고 주장했다. 올더는 동의했지만, 한 가지 조건을 달았다. 그녀에게 LSD를 준 사람이 누구인지는 물을 수 없다는 것이었다.

병원에 입원했던 상황을 이야기한 후 내가 물었다, "LSD는 자발적으로 복용한 겁니까?"

답. "아닙니다."

문. "다른 사람이 준 것입니까?"

답. "네."

문. "당신은 죽을 뻔했지요?"

카나렉, "유도 질문입니다, 존경하는 재판장님."

법원, "기각합니다."

그만하면 충분했다. 나는 배심원들이 알아서 판단할 거라고 확신했다.

1970년 9월 26일 토요일, 한 시기가 끝났다. 맹렬한 불이 서던캘리포니아를 휩쓸었다. 18미터 높이의 불의 장벽이 시속 128킬로미터의 바람을 타고 400제곱킬로미터를 태워버렸다. 지옥 같은 불길 속에서 스팬의 영화 촬영장이 모두 타버렸다.

목장 일꾼들이 말들을 구하려고 애쓰는 동안 맨슨의 여성들은 대화재의 불빛에 달아오른 얼굴로 춤추고 손뼉 치며 행복한 목소리로 외쳤다, "헬터 스켈터가 닥친 거야! 헬터 스켈터가 닥친 거야!"

## 1970년 9월 27일~10월 5일

스팬 목장에서 본인 일이 "똥 치우는 것"이었다고 소개한 후안 플린은 증언대에 선 자신의 모습을 즐기는 듯했다. 이 호리호리한 파나마 출신의 카우보이는 모든 증인 가운데 유일하게 맨슨에 대한 적대감을 공공연하게 드러낸 사람이었다. 찰리가 노려보며 기를 죽이려 했지만, 후안은 매서운 시선으로 되받아쳤다.

리볼버를 확인한 후 후안이 말했다. "맨슨 씨는 종종 이 총을 쐈습니다, 그러니까, 저를 향해서 말입니다, 그게, 제가 계곡 반대편에서 어떤 여성과 걷고 있을 때였습니다."

일단 시동이 걸리자 후안을 제지하기는 어려웠다. 그 여성은 말을 타러 스팬 목장에 온 사람이었고, 맨슨을 무시한 채 애정이 넘치는 후안과 계곡을 따라 내려갔다. 몹시 발끈한 맨슨이 두 사람이 있는 쪽으로 총을 몇 발 쐈다.

카나렉은 맨슨이 총 쏘는 걸 후안이 봤다는 내용 외에 나머지는 모두 기록에서 제외하는 데 성공했다.

또한 그는 후안이 제시한 가장 중요한 증거 두 가지도 제외하려 시도했지만, 실패했다.

1969년 8월 초의 어느 밤, 후안이 트레일러에서 TV를 보고 있을 때 세이디가 검정 옷을 입고 들어왔다. "어디 가요?" 후안이 물었다. "씨발, 돼지들 처치하러 가는 거예요." 세이디가 대답했다. 그녀가 나가고, 후안은 그녀가 조니 슈워츠의 노란색 포드에 타는 것을 봤다. 찰리, 클렘, 텍스, 린다 그리고 레슬리도 차에 탔다.

후안에 따르면 그 일이 있었던 건 저녁 8시 혹은 9시였고, 정확한 날짜는 기억나지 않지만 8월 16일의 습격이 있기 일주일쯤 전이었다. 논리적으로 추론하자면 그는 라비앙카 부부가 살해되던 날 밤의 이야기를 하고 있었다.

후안의 이야기는 증거로서는 물론 린다 캐서비언의 증언에 대한 확증으로서도 중요했다. 시간, 참석자, 자동차, 수전 앳킨스의 옷 색깔이 일치했을 뿐 아니라, 후안은 또한 맨슨이 운전하는 것도 봤다.

이어서 후안은 "하루쯤 후"에 있었던 주방에서의 대화에 대해 증언했다. 그때 맨슨이 그의 목에 칼을 들이대며 "이 개새끼야, 내가 이 모든 살인을 저지르고 있다는 거 몰라?"라고 말했다.

기자들이 입구에 몰려들었다.

맨슨, 살인 인정,
스팬 목장 카우보이가 주장

카나렉의 이의 제기로 대단히 타격이 큰 증거가 또 하나 제외되었다.

1969년 6월 혹은 7월의 어느 밤, 맨슨, 후안 그리고 또 한 명의 남성 패밀리 구성원이 차를 타고 채츠워스 주변을 지나던 중, 맨슨이 어느 "부잣집" 앞에 차를 멈추더니 후안에게 들어가 사람들을 묶으라고 지시했다. 그가 일을 마치자 맨슨은 차량 문을 열고, 그대로 인용하자면 "들어가서 씨발 돼지들을 처단하자고"라고 말했다. 후안이 "저는 됐습니다"라고 말했다.

사실상 테이트-라비앙카 살인의 예행연습이었다. 하지만 올더는 "편견을 심어줄 위험이 증거로서의 가치보다 크다"며 내가 후안에게 그 질문을 하는 것을 허용하지 않았다.

나는 똑같은 이유로 맨슨이 후안에게 했다는, "히틀러는 모든 것에 대한 최고의 답을 가지고 있었다"라는 말에 대해서도 질문할 수 없었다.

그 답이란 물론 살인이었지만, 카나렉의 이의 제기 때문에 배심원은 위의 두 일화를 들을 수 없었고 그 내용이 공표되지도 않았다.

반대 심문에서 피츠제럴드는 흥미로운 예외 사항을 지적했다. 맨슨이 한 번도 아니고 여러 번 협박한 것 같은데, 후안은 여전히 그의 주위에 머물렀다. 습격 후에는 심지어 패밀리와 함께 데스밸리로 이동했고, 거기서 2주 정도 머무른 후에야 따로 나와 크로켓, 포스턴, 왓킨스와 합류했다.

그 점은 나도 의아했다. 한 가지 설명은, 후안도 증언했듯이, 처음에는 그도 맨슨이 살인에 대해 "헛소리"를 하는 거라고, "제정신인 사람이라면 누군가를 죽이고 그걸 자랑하지는 않을" 거라고 생각했다는 것이다. 또한 후안은 태평스럽고 좀처럼 화를 내지 않는 사람이었다. 어쩌면 더 중요한 것은, 후안이 독립적인 놈이었다는 점이다. 맨슨의 살인 위협을 받고도 오랫동안 데스밸리를 떠나지 않았던 폴 크로켓처럼, 그는 협박에 지고 싶지 않았다.

카나렉이 피츠제럴드가 발견한 것을 이어받았다. "자, 플린 씨, 증인은 맨슨 씨와 함께 마이어스 목장에서 지내는 것이 무서웠습니까?"

답. "뭐, 알고 있었고 조심했습니다."

답. "질문에만 답해주세요, 플린 씨. 연기를 하시는 건 알겠습니다, 하지만 그냥 질문에만 답해주십시오."

답. "뭐, 거기서 지내는 게 좋았습니다, 그러니까, 저는 좋은 것만 생각하려는 편이라서요, 네. 하지만 한 고비 넘길 때마다, 뭐, 그게 가장 신경 쓰였고, 그러니까, 그들이 저를 얼마나 자주 죽이려고 했는지가요, 그러다가, 마침내 떠난 겁니다."

문. "그렇다면, 플린 씨, 어떻게 알게 되었고 조심했는지 말해주시겠습니까? 어떻게 자신을 지켰습니까?"

답. "뭐, 그곳을 떠난 게 저를 지킨 것입니다."

카나렉은 플린이 사투치의 조사를 받을 때는 맨슨이 목에 칼을 들이댄 일에 대해 한마디도 하지 않았던 사실을 끄집어냈다. "그건 숨겨놓으신 겁니까, 플린 씨. 법정에서 우리를 놀라게 하려고요?

그렇습니까?"

답. "아닙니다, 이전에 경찰에서도 말했습니다, 아시겠지만."

플린의 대답을 무시한 채, 카나렉이 말했다. "그러니까 플린 씨, 당신은 법정에서 이야기하려고 그걸 꾸며냈다는 거죠, 맞습니까, 플린 씨?"

카나렉은 플린이 최근에 자신의 증언을 조작한 거라고 추궁하고 있었다. 나는 그 점을 마음에 새겨두었지만, 머지않아 그 대화가 얼마나 중요한 것이 될지는 모르고 있었다.

사투치의 조사 내용에는 없었지만 내가 밝혀낸 일들에 집중하며, 카나렉은 칼 사건을 누군가에게 가장 먼저 이야기한 게 언제였는지 물었다.

"뭐, 쇼숀에 경관님들이 몇 분 계셨습니다, 아시겠지만, 그분들에게 말했습니다." 하지만 플린은 그들의 이름을 기억하지 못했다.

카나렉은 플린이 자신의 이야기를 꾸며내고 있다고 몇 번이나 암시했다. 후안은 자신이 거짓말쟁이라는 말을 순순히 듣고만 있지는 않았다. 그의 화가 슬슬 올라오고 있다는 것을 알 수 있었다.

플린이 자신의 연기 경력을 늘리기 위해(그는 몇몇 서부영화에 출연한 적이 있다) 증언에 나선 것임을 증명하는 일에 집중하며, 카나렉은 이렇게 물었다. "맨슨 씨에 대한 이 사건에 언론이 아주 많은 관심을 보이고 있다는 건 알고 계시죠, 아닙니까?"

답. "그러니까, 그건 내가 원하는 종류의 관심은 아니라고, 이 커다란 메기 같은 인간아."

법원, "그 기록을 끝으로, 카나렉 씨, 휴정하겠습니다."

휴정 후에 나는 후안에게 쇼숀에서 받았던 조사에 대해 물었다. 그는 경관들 중 한 명이 캘리포니아 고속도로순찰대 소속이었던 것 같지만, 확실하지는 않다고 했다. 그날 저녁 인디펜던스의 지방검사 사무실에 전화를 걸어 후안을 조사한 사람은 고속도로순찰대의 데이브 스튜버였음을 알게 되었다. 밤이 돼서야 캘리포니아 프레즈노에서 그를 찾아냈다. 맞다. 그는 1969년 12월 19일에 플린뿐 아니라 크로켓, 포스턴, 왓슨도 조사했다. 조사 과정을 모두 녹음했는데, 분량은 아홉 시간이 넘었다. 맞다, 아직 원본 테이프를 가지고 있었다.

달력을 확인했다. 플린은 하루 이틀 후 다시 증언대에 설 예정이었다. 스튜버는 사흘 안에 테이프를 들고 LA에 와서 증언할 수 있을까? 그럼요, 라고 스튜버가 말했다.

이어서 스튜버는 전혀 믿을 수 없는 이야기를 했다. 녹음테이프의 사본을 이미 LAPD에 전달했다는 것이다. 1969년 12월 29일이었다. 나중에 테이프를 전달받은 LAPD 형사가 누구인지 알게 되었다. 그 경관은(이후에 사망했다) 테이프를 받은 것이 맞지만 들어보지는 않았고, 다른 누군가에게 전달했는데 누구였는지는 기억나지 않는다고 했다. 그가 아는 사실은 자신에게 그 테이프가 없다는 것뿐이었다.

아마 인터뷰가 아홉 시간으로 너무 길었기 때문일 것이다. 혹은 어쩌면, 휴가철을 맞아 정신없는 와중에 잘못 처리되었을 수도 있다. 하지만 어떻게 설명하든 이미 1969년 12월에 로스앤젤레스 경찰청이, 맨슨이 스스로 테이트-라비앙카 살인 사건의 범인임을 암시했다는 진술이 담긴 녹음테이프를 가지고 있었다는 것, 그리고 내가 알아본 범위에서는, 그 내용을 확인하는 것은 고사하고 증거로 등록조차 하지 않았다는 불편한 사실을 지울 수는 없다.

일반적으로는 스튜버의 테이프를 재판에서 증거로 제출할 수 없는데, 증인의 발언을 강화하기 위해, 이전의 발언과 일치하는 내용의 발언을 사용할 수는 없기 때문이다. 하지만 이 원칙에도 예외는 있다. 만약 반대 측이 증인의 증언이 최근에 조작되었다고 주장하고, 이전의 일치 진술이 발언자가 증언을 조작할 이유가 생기기 전에 이루어진 것이라면 그런 증거도 받아들여질 수 있다. 카나렉이 "그러니까 플린 씨, 당신은 법정에서 이야기하려고 그걸 꾸며냈다는 거죠, 맞습니까, 플린 씨?"라고 최근에 후안이 증언을 조작한 거라고 주장했을 때, 내가 이전의 일치 진술을 제시할 수 있는 새로운 문이 열렸다.

반대 심문에서 여러 문이 열렸지만, 그중 가장 큰 문은 처음에는 문처럼 보이지도 않았다. 피고 측 변호인들은 후안이 사건들을 겪고 한참 후까지 자신의 이야기를 경찰에 하지 않았다는 사실을 많이 강조했다. 그렇게 문이 열렸고, 나는 그가 이야기하지 않은 이유를 제시해야만 한다고 주장했다. 그는 목숨을 잃을까봐 두려웠던 것이다.

카나렉이 이의를 제기하자 올더가 말했다. "반대 심문에서 온갖 이야기를 해놓고, 반대편이 그에 대해 아무것도 하지 않기를 기대하면 안 됩니다, 카나렉 씨. 상대를 코너로 몰아넣었는데 거기서 나오려는 시도도 하지 말라고 할 수는 없죠."

증언이 허용되었고 후안은 자신이 경찰에 가지 않은 건 "그렇게 하면 안전하지 않을 거라고 생각했기 때문입니다, 아시겠지만. 협박 메모를 몇 번 받아서……"라고 말했다.

실제로 후안은 협박 쪽지를 세 번 받았고, 모두 패밀리 구성원이 전한 것이었다. 마지막 것은 2주 전에 받았는데, 후안이 캐노가 공원에 있는 존 슈워츠의 트레일러에 살고 있다는 것을 스퀴키와 래리 존스가 알게 된 후였다. 해당 증언이 인정되는 것을 반대하는 과정에서 피츠제럴드가 흥미로운 발언을 했다. "저도 세 번이나 살해 협박을 받았지만 어디 가서 그 이야기를 하지는 않습니다."

부글리오시, "검찰 측에서 협박했습니까?"

피츠제럴드, "아니, 그 얘기가 아닙니다." 그는 더 이상 자세히 말하지 않았다.

올더는 후안이 협박 쪽지에 대해서는 증언할 수 있지만, 그것을 전해준 사람이 누군지 말해서는 안 된다고 했다. 또한 후안은 말없이 끊어버리는 전화, 한밤에 차를 타고 지나가며 꿀꿀 소리를 내거나 "돼지!"라고 외치는 일에 대해서도 증언할 수 있었다.

내가 물었다. "증인은 그런 일들을 협박으로 여긴 거죠, 맞습니까?"

답. "뭐, 저한테는, 아시겠지만, 아주 센 말로 들렸습니다."

문. "그게 시내로 나와서 신고하지 않은 이유들에 포함됩니까?"

답. "뭐, 이유들 중 하나입니다, 네."

문. "목숨을 잃을까봐 두려워서요?"

답. "네."

다른 이유는 뭐였냐고 묻자, 후안은 맨슨과 클렘, 텍스가 바커 목장에 있는 크로켓의 숙소에서 했던 소름 끼치는 일들에 대해 설명했다.

이 모든 증언은 고맙게도 피고 측 변호인들이 반대 심문에서 문을 열어주었기 때문에 나올 수 있었다.

카나렉이 패밀리 구성원들을 상대로 맨슨이 했다는 "세뇌"에 대해 후안에게 질문했기 때문에, 나는 맨슨이 후안과의 대화에서 부모, 학교, 교회, 그리고 사회가 구성원들에게 세뇌한 내용을 지우기 위해, 자신이 그 '세뇌를 풀어줘야' 하는 거라고 맨슨이 설명했던 일을 끄집어낼 수 있었다. 후안이 자아를 제거하기 위해, 맨슨은 "모든 결핍을 지워야만 하고…… 어머니와 아버지를 포기하고…… 모든 금지를 버리고…… 그냥 스스로를 비워야 한다"고 말했다고 했다.

맨슨이 사용한 기술은 대상이 남성이냐 여성이냐에 따라 달랐기 때문에, 나는 맨슨이 여성들의 세뇌를 해제할 때 어떤 방법을 썼는지 물었다. 후안이 그렇게 상세히 대답할 줄은 몰랐다.

답. "그게, 그러니까, 금지들을 없애기 위해서는, 그러니까, 여성 두 명을 데리고 가서, 그러니까, 눕게 합니다, 그리고 서로를 빨아주게 합니다, 아니면 제가 여성을 언덕으로 데리고 가서, 그러니까, 그냥 누워서 종일 그 여성이 제 자지를 빨게 하는 데……"

카나렉, "존경하는 재판장님, 재판장님! 드릴 말씀이 있습니다, 존경하는 재판장님?"

이전에 후보 배심원 중 한 명이 올더 판사에게 편지를 써서는, 일부 증언이 노골적으로 성적이라고 불평했다. 나는 그 배심원을 쳐다보지는 않았지만, 아마 격노했을 것이다. 판사에게 다가가던 중 피고석을 지날 때, 내가 맨슨에게 말했다. "걱정 마세요, 찰리, 내가 나쁜 일들을 모두 밝혀줄 테니까."

올더는 대답 전체를 무효로 했다.

내가 후안에게 물었다. "맨슨이 패밀리 구성원들의 '세뇌를 풀어주는' 계획에 대해 상의한 적이 있습니까?(맨슨의 말을 상세히 전할 필요는 없습니다, 후안.)" 후안이 "네"라고 말했고, 나는 거기서 끝냈다.

맨슨이 패밀리에게 절대 말하지 않은 것은, 세뇌를 해제하는 과정에서 그들을 자신의 굴종적인 노예로 다시 세뇌하고 있었다는 점이다.

반대 심문 내내 카나렉은, 이전의 다른 증인들에게 그랬던 것처럼, 후안이 내 지도를 받은 것임을 암시했다. 카나렉은 이번에도 재반대 심문을 시작하며 이렇게 말했다, "플린 씨, 이 사건에서 검찰 측에 도움이 되지 않을 것으로 보이는 질문을 받으면—"

부글리오시, "아, 그만하세요."

카나렉, "존경하는 재판장님, 의사방해를 하고 있습니다!"

부글리오시, "조용히 하세요."

법원, "부글리오시 씨, 다시 경고합니다, 검사님."

부글리오시, "카나렉 씨가 뭘 하고 있습니까, 존경하는 재판장님? 저를 모함하고 있고, 저는 그게 마음에 들지 않습니다."

법원, "앞으로 나오세요."

부글리오시, "그렇게 하지 않겠습니다. 여기서 듣겠습니다."

내 분노는 무엇보다 재판에서의 전략이었다. 카나렉이 매번 같은 수법을 쓰고, 배심원들이 그의 추궁에 일말의 진실이 있을 거라고 짐작하게 내버려둘 수는 없었다. 판사석에서 내가 올더에게 말했다. "허구한 날 제가 심각한 죄를 저지른 것처럼 이자에게 추궁받을 수는 없습니다."

법원, "터무니없습니다. 검사님은 카나렉씨의 심문을 방해했습니다. 배심원 앞에서 거친 언사를 썼습니다…… 법원에 대한 모욕죄를 적용하고, 50달러 벌금에 처합니다."

법원 직원들이 놀라는 앞에서, 나는 아내에게 전화해 벌금을 내게 했다. 나중에 검찰청 검사보들이 각자 1달러씩 내서 "부글리오시 변호 기금"을 만든 다음 아내에게 배상해주었다.

이전에 휴스가 말했듯이, 내가 누군가를 모욕했다면 그건 법원이 아니라 카나렉이었다. 다음 날 기록을 위해 나는 모욕죄를 받은 것에 대해 응답했다. "무엇보다 앞으로 법원이 두 가지 점을 고려해주셨으면 합니다. 본 건은 대단히 치열한 재판이며 종종 감정이 달아오르게 합니다. 그리고 카나렉 씨의 행동이 저를 자극할 때가 있다는 점도 고려해주시기 바랍니다."

내가 모욕죄를 받음으로써 이제 완벽해졌다. 이번 재판에 참여한 법률가는 모두 모욕죄를 적용받거나, 적용받을 거라는 경고를 받았다.

피고 측 변호인들은 맨슨을 두려워한 후안을 놀리는 일에 최선을 다했다.

휴스는 맨슨이 격리 상태이기 때문에 누군가를 해칠 가능성은 아주 낮은 것 같다고 말했다. 플린 씨가 맨슨 씨를 두려워하고 있다는 것을 배심원들이 믿을 걸로 생각하는가?

후안의 다음 대답은 검찰 측 증인 모두를 위한 말이었을지도 모른다. "그게, 맨슨 씨 본인이 아니라, 그가 가진 영향력이 두려운 겁니다, 그러니까."

이제 내게는 패턴이 보였다. 증언의 타격이 크면 클수록 맨슨이 소동을 일으킬 가능성이 커지고, 따라서 그가 (증거 자체가 아니라) 신문의 머리기사를 차지할 가능성도 커지는 거였다. 후안 플린의 증언은 그에게 심각한 타격이었다. 후안 플린이 증언하는 동안, 맨슨과 여성들이 폭발하면서 올더가 그들을 퇴장시키는 일이 몇 번이나 있었다. 10월 2일에 다시 그런 상황이 벌어지자 맨슨은 방청석을 보며 이렇게 말했다. "여러분 자신을 보세요. 어디로 향하고 있습니까? 파괴를 향하고 있는 겁니다, 그게 여러분이 가는 곳입니다." 그런 다음 그는 아주 이상한 미소를 지으며 덧붙였다. "오늘은 제가 아니라 여러분의 *심판의* 날입니다."

다시 한번 여성들이 맨슨의 말을 따라했고, 올더는 모두 퇴장시켰다.

카나렉은 격분했다. 나는 그저 녹취록에서 카나렉이 플린에게 거짓말을 했다고 추궁하는 부분을 판사에게 보여주었을 뿐이다. 올더가 판정했다. "물어볼 것도 없습니다, 표현하지 않았다고 해도, 최근에 증언을 조작했다고 직접 표현하지 않았다고 해도, 그런 암시가 담겨 있습니다." 고속도로순찰대의 데이브 스튜버는 조사 녹취테이프에서 맨슨이 범죄를 인정한 부분을 재생할 수 있었다. 쇼손에서 플린과 포스턴, 크로켓, 왓킨스를 조사할 당시 스튜버는 살인이 아니라 차량 절도를 수사하고 있었다. 그는 네 사람을 상대로 맨슨과 그의 패밀리에 대해 아홉 시간 넘게 조사했다. 재판 후 나는 캘리포니아 고속도로순찰대에 편지를 써서 그의 탁월한 업무 능력을 칭찬했다.

조사 상황을 설명한 후 스튜버가 녹음기를 놓고 문제의 발언이 나오는 부분을 재생했다. 그런 물적 증거에는 배심원에게 깊은 인상을 남기는 뭔가가 있다. 다시 한번, 배심원들은 증언대에 섰을 때 들었던 것과 아주 비슷한 플린의 말을 들었다. "그러다가 그 사람이 저를 아주 재밌다는 듯이 보더니…… 그러다가 제 머리를 이렇게 잡고, 목에 칼을 들이대더라고요…… 그리고 이렇게 말했습니다, '내가 이 모든 살인을 저지르고 있다는 거 몰라?'라고요."

1970년 10월 5일 월요일. 집행관 빌 머리는 무슨 일이 벌어질 것만 같은 느낌이 강하게 들었다고 나중에 회상했다. 수감자들을 매일 다루다보면 일종의 육감을 얻는데, 그날 격리실로 가던 중 맨슨이 아주 긴장해서는 예민한 반응을 보인다는 것을 알아챘다고 말했다.

피고들이 바르게 행동하겠다는 확답을 주지는 않았지만, 올더는 그들에게 한 번의 기회를 더 주고 법정으로 돌아오게 했다.

증언은 지루하고 극적이지 않았다. 이 시점에 중요한 단서는 없었지만, 나는 내가 다음에 무슨 증거를 들이밀지 찰리가 의심하고 있다는 느낌이 들었다. 일련의 증인을 통해 나는 맨슨이 주장할 알리바이를 깨기 위한 토대를 만들어가고 있었다.

LASO 경관 폴 화이틀리가 증언을 마치고 피고 측 변호사들도 반대 심문이 없다고 했지만, 그때 맨슨이 물었다. "제가 증인을 점검해봐도 되겠습니까, 존경하는 재판장님?"

법원, "아니요, 안 됩니다."

맨슨, "이 법정을 통해 저를 죽일 작정입니까?"

올더는 증인에게 내려가도 좋다고 말했다. 맨슨이 두 번째로 요청하며 덧붙였다. "저는 제 목숨을 걸고 어떻게든 싸울 겁니다. 제가 말로 싸울 수 있게 허락해야 할 겁니다."

법원, "멈추지 않으면 퇴장시키겠습니다."

맨슨, "멈추지 않으면 제가 당신을 제거할 겁니다. *제게도 나름 작은 조직이 있습니다.*"

그때까지 맨슨이 그런 놀랄 만한 자인을 한 적은 없기 때문에, 나는 이번에는 그가 연기를 하는 게 아니라 완전히 진지하다는 것을 알 수 있었다.

법원, "다음 증인 불러주세요."

부글리오시, "구티에레즈 경사입니다."

맨슨, "내가 농담하는 것처럼 보입니까?"

말로 옮기는 것보다는 훨씬 더 짧은 시간 안에 벌어진 일이었다. 오른손에 연필을 쥔 채, 맨슨이 갑자기 올더 판사를 향해 피고석 탁자를 뛰어넘었다. 그는 판사석에서 몇 미터 떨어진 곳에 내려서며 무릎을 꿇고 쓰러졌고, 빌 머리 집행관도 함께 뛰어가 그의 등에 올라탔다. 다른 부관 두 명이 급히 가세했고 짧은 소동 후에 맨슨의 팔은 제압되었다. 격리실로 끌려가던 중 맨슨이 올더에게 외쳤다. *"그리스도의 정의의 이름으로, 누군가 당신 목을 칠 거라고!"*

그런 대소동에 가세해 앳킨스, 크렌윙클, 밴하우튼이 자리에서 일어나 라틴어로 뭔가를 흥얼거렸다. 올더는, 내가 예상했던 것보다는 훨씬 덜 당황한 모습으로, 멈추라고 여러 번 경고했고, 마침내 그들도 퇴장시켰다.

집행관들에 따르면, 맨슨은 격리실에 들어간 후에도 계속 싸웠고, 수갑을 채우는 데 네 명이 필요했다고 한다.

피츠제럴드는 변호인들이 판사와 이야기를 나눌 수 있을지 물었다. 기록을 위해, 올더 판사는 자신이 사태를 어떻게 보고 있는지 설명했다. 피츠제럴드는 판사의 상태를 물었다.

법원, "맨슨 씨가 저를 향해 달려들 것처럼 보였습니다."

피츠제럴드, "그 점은 걱정됩니다, 비록—"

법원, "한 발만 더 다가왔다면 저를 지키기 위해 뭔가 행동을 취했을 겁니다."

판사의 상태 때문에 무효 심리를 요청하는 것이 자신의 의무인 것 같다고 피츠제럴드가 말했다. 휴스와 신, 카나렉도 합류했다. 올더가 대답했다, "그렇게 쉽지는 않을 겁니다, 피츠제럴드 씨…… 피고들이 본인들의 잘못된 행동으로 이득을 볼 수는 없습니다…… 기각합니다."

재판 후에 궁금해진 머리는 맨슨이 뛰어나간 거리를 재보았다. 3미터였다.

머리는 크게 놀라지 않았다. 맨슨의 다리와 팔 근육은 강했다. 그는 격리실에서 늘 운동을 하고 있었다. 이유를 묻자 집행관에게 이렇게 말했다. "사막 생활을 위해 나 자신을 단련하는 겁니다."

머리는 직접 점프를 해보기로 했다. 순간적인 아드레날린 폭발이 없었던 그는, 피고석을 뛰어넘는 것조차 불가능했다.

올더 판사는 배심원들에게 "오늘 아침에 보고 들은 것은 무시하시라"라고 지시했지만, 살아 있는 한 그들은 절대 잊을 수 없을 것이다.

모든 가면이 벗겨졌다. 그들은 찰스 맨슨의 진짜 얼굴을 본 것이다.

믿을 만한 소식통에 따르면, 그 일 이후로 올더 판사는 법정은 물론 비공개회의를 할 때도 법복 아래에 38구경 권총을 차고 다닌다고 했다.

*심판의 날*. 법원 앞 교차로에서 죽치고 있던 여성들도 맨슨의 말을 따라 음모론을 속삭였다. "심판의 날까지 기다려야지. 그때 헬터 스켈터가 진짜로 닥칠 거야."

*심판의 날*. 그건 무슨 뜻일까? 맨슨의 탈옥 계획? 응징의 대연회?

언제인지도 중요했다. 배심원이 "무죄" 혹은 "유죄" 판결을 내리는 날일까? 아니면 그 후에, 같은 배심원들이 "삶" 혹은 "죽음"을 결정하는 날일까? 아니면 선고하는 날일까? 아니면 그건 혹시 내일일까?

*심판의 날*. 그 말을 점점 자주 듣게 되었다. 어떤 설명도 없었다. 어쩌면 펜들턴 해군기지에서 발생한 수류탄 도난 사건에서부터 심판의 날의 첫 단계가 시작된 것인지도 몰랐다.

## 1970년 10월 6~31일

몇 주 전 법정에서 사무실로 돌아와보니, 버지니아 그레이엄의 대리인 로버트 스타인버그 변호사의 음성 메시지가 들어와 있었다.

전임 변호사의 조언에 따라 버지니아 그레이엄은 정보를 숨기고 있었다. 스타인버그는 그 정보를 내게 전달하도록 그녀를 설득했다. 음성 메시지에 따르면 "특히 수전 앳킨스는 그레이엄 양에게 다음 살해 계획에 대해 자세히 이야기했고, 그 대상에는 프랭크 시나트라와 엘리자베스 테일러도 포함되어 있다"고 했다.

나는 매우 바빴던 터라 공동 검사 스티브 케이를 보내 그녀를 조사하게 했다.

버지니아에 따르면, 수전 앳킨스가 자신에게 힌먼, 테이트, 라비앙카 살인에 대해 이야기하고 며칠 후(아마 1969년 11월 8일 혹은 9일이었을 것이다), 수전은 다시 시빌 브랜드에 있는 버지니아의 침대로 다가와 영화 잡지를 뒤적였다. 잡지를 보니 자신이 계획했던 다른 살인들 생각이 난다고 수전은 말했다.

엘리자베스 테일러와 리처드 버턴을 죽이기로 마음먹었다고, 수전은 아무렇지 않게 말했다. 칼을 시뻘겋게 달궈서 엘리자베스 테일러의 옆얼굴에 갖다 댈 거라고 했다. 그건 어느 정도는 자신의 표식이었다. 그런 다음 테일러의 이마에 "헬터 스켈터"라고 새길 계획이었다. 그다음엔 눈알을 파내고(찰리가 시범을 보여준 적이 있다) 또—

버지니아는 그러는 동안 리처드 버턴은 어떻게 할 거냐고 물었다.

아, 둘 다 묶여 있어요, 라고 수전은 말했다. 다만 이번에는 목과 발도 묶어서 "다른 사람들처럼" 도망가지 못하게 할 거라고 했다.

그런 다음엔 수전이 말을 이었다. 버턴을 거세할 계획이었는데, 그의 성기와 엘리자베스 테일러의 안구는 병에 담을 예정이었다. "그리고 있잖아요, 그걸 에디 피셔에게 보내는 거예요!"라고 수전은 웃으며 말했다.*

수전이 생각했던 또 한 명의 피해자 후보 톰 존스에 대해서는, 강제로 섹스를 할 계획이었다고 했는데, 칼을 들이대고 있다가 그가 절정에 오른 순간 목을 딸 생각이었다.

스티브 매퀸도 목록에 있었다. 매퀸에 대해서는 어떻게 할 계획이었는지 수전이 설명하기도 전에 버지니아가 끼어들며 말했다. "세이디, 그냥 그 사람들을 찾아가서 죽일 수는 없어!"

그건 아무 문제도 안 된다고 수전이 말했다. 그들이 사는 곳은 찾

---

\* 리처드 버턴과 에디 피셔는 모두 엘리자베스 테일러와 결혼한 적이 있다.

기 쉬웠다. 그다음엔 "테이트에서 했던 것처럼" 몰래 들어가면 되는 일이었다.

프랭크 시나트라에게는 다른 선택지가 있었다고, 수전은 말을 이었다. 프랭크가 여자를 좋아하는 건 알고 있었다. 그냥 그의 집을 찾아가 문을 두드린다. 친구들은 밖에서 기다릴 것이다. 일단 집 안에 들어가서 시나트라를 거꾸로 매달고, 그의 음악을 틀어놓고는 산 채로 가죽을 벗길 예정이었다. 그 가죽으로 지갑을 만들어서 히피 상점에 팔면, "모두가 프랭크를 조금씩 나눠 가질 수" 있었다.

수전은 온 세상이 알려면 피해자는 유명인이어야만 한다는 결론에 이르렀다고 말했다.

그 말을 듣고, 버지니아는 수전과의 대화를 마무리 지었다. 왜 더 일찍 그 이야기를 하지 않았느냐고 스티브 케이가 묻자, 버지니아는 너무 미친 이야기라서 아무도 자신을 믿어주지 않을 걸로 생각했다고 대답했다. 심지어 전임 변호사도 그 일에 대해서는 아무 말도 하지 말라고 조언했다.

그건 세이디 본인의 계획이었을까, 아니면 찰리의 것이었을까? 내가 수전 앳킨스에 대해 파악한 바에 따라 판단하자면, 그게 그녀에게서 나온 생각인지 의심스러웠다. 증거는 없지만, 아마 그녀가 맨슨에게서 그런 생각을 취한 거라고 생각하는 게 합리적인 추측이었다.

어느 쪽인지는 중요하지 않았다. 테이프 녹취록을 읽으며, 그중 어느 부분도 증거로 제출할 수 없을 것임을 알게 되었다. 법적으로 그 녹취록은 테이트-라비앙카 살인 사건과 관련성이 거의 없었고, 그나마 있다 해도, 피고에게 압도적으로 불리한 영향을 미친다는 점이 컸다.

버지니아 그레이엄의 이야기가 증거로서는 쓸모없었지만, 증거 공표법에 따라 피고 측 변호사는 누구나 그 내용을 볼 수 있었다.

그 녹취록은 머지않아 그 자체로 법적인 일을 겪게 된다.

처음 경찰에 신고한 사람은 로니 하워드였지만, 수전이 최초로 자백한 사람은 버지니아 그레이엄이었기 때문에 그녀를 먼저 증언대에 세웠다.

그녀의 증언은 유난히 극적이었다. 배심원들이 테이트 저택 내부에서 벌어진 일을 듣는 것은 처음이었기 때문이다.

그레이엄과 하워드의 증언은 수전 앳킨스에 대해서만 적용된 터라 오직 신 변호사만 그들을 반대 심문할 수 있었다. 그는 두 사람의 발언보다는 배경에 대해 공격했다. 예를 들어 그는 로니 하워드가 가명을 열여섯 개나 사용했다는 이야기를 꺼냈다. 또한 매춘부로서 돈을 많이 벌었는지도 물었다.

올더는 신을 판사석으로 불러서 이렇게 말했다. "규정은 알고 계시지요, 신 씨? 놀란 눈으로 쳐다보면서 내가 무슨 말을 하는지 모르는 척은 하지 마세요."

신, "존경하는 재판장님, 사람에게 본인의 직업에 대해서도 물을 수 없다는 뜻입니까?"

검찰은 버지니아 그레이엄 혹은 로니 하워드와 어떤 "거래"도 하지 않았다. 하워드는 위조 혐의에 대해 불기소 처분을 받았고, 그레이엄은 코로나에서 형기를 마쳤다. 하지만 신은 그 두 건이 모두 일종의 보상이라고 주장했다. 로니에게 2만5000달러에 대해서도 알고 있냐고 묻자, 그녀는 "제가 받을 줄 알았습니다"라고 무뚝뚝하게 대답했다.

재직접 심문에서 내가 두 사람 각각에게 물었다. "법정에서 증언하는 것이 보상금을 받는 전제 조건이 아니라는 점은 알고 있습니까?" 이의 신청이 있었고, 인정되었다. 하지만 핵심은 전했다.

수전 앳킨스가 동료 수감자인 로니 하워드, 조 스티븐슨, 킷 플레처에게 쓴 편지는 범죄 혐의가 매우 짙은 것이었다. 나는 그것이 진짜임을 밝히기 위해 필적 전문가를 부를 준비를 했지만, 시간을 줄이기 위해, 수전이 쓴 것이 틀림없다고 신이 확인해주었다. 하지만 그것들이 증거로 제시되기도 전에, 아란다 원칙을 적용해 앳킨스의 공동 피고에 대한 내용은 삭제해야 했다. 그 작업은 배심원들이 없는 비공개회의에서 이루어졌다.

카나렉은 거의 모든 내용을 지우려고 분투했다. 그의 끊임없는 이의 제기에 역겨움을 느낀 피츠제럴드가 "여생을 전부 여기서 보낼 수는 없습니다"라며 올더에게 불평했다. 마찬가지로 역겨워진 올더가 카나렉에게 말했다. "좀더 분별력을 가지고, 발의나 이의 제기, 혹은 열 살 아이도 말이 안 되거나 관련성이 없다고 판단할 수 있는 발언으로 기록을 망치지 마시라는 조언을 드리고 싶습니다만……."

하지만 카나렉은 몇 번이나 반복해서 다른 피고 측 변호사들이 놓친 미묘한 부분들을 지적했다. 예를 들어 수전은 로니에게 쓴 편지에 이렇게 적었다. "언니가 밀고자라는 말을 처음 들었을 때는 목을 따버리고 싶었어요. 그러나 진짜 밀고자는 나이고, 내가 따버릴 목은 바로 내 목이라는 생각이 퍼뜩 들었죠."

자신의 일을 "밀고"하지는 않는다고 카나렉이 주장했다. 그건 "자백"이다. 그러니 이는 다른 사람이 관여되었음을 암시한다는 것이다.

19쪽이 넘는 녹취록에 대한 논쟁이 이어졌고, 대부분은 민감한 문제였지만, 결국 법정에서 읽을 특정 부분을 다음과 같이 편집했다. "언니가 밀고자라는 말을 처음 들었을 때는 목을 따버리고 싶었어요. 그러나 내가 따버릴 목은 바로 내 목이라는 생각이 퍼뜩 들었죠."

카나렉은 스티븐슨이 받은 편지에서 "사랑 사랑 사랑"이라는 표현도 삭제하기를 원했는데, "그 말이 맨슨을 지칭하기 때문"이라고 했다.

법원, "거트루드 스타인의 말처럼 들리는데요."

"사랑"은 수전의 편지에서 몇 안 되는 긍정적인 표현이었기 때문에 신은 그것들을 남겨두기 위해 맞서 싸웠다. "원하는 게 뭡니까, 그녀를 살인자로 만들고 싶은 겁니까?"

## 리즈, 시나트라 살인 목록에

로스앤젤레스『헤럴드이그재미너』가 10월 9일에 기사를 터뜨렸는데, 윌리엄 파 기자가 독점으로 작성한 것이었다. 기사가 나올 것을 전날 밤 알게 된 올더 판사는 다시 한번 배심원들의 버스 창문을 가려 교차로의 뉴스 가판대에서 신문의 머리기사를 보지 못하게 했다.

파의 기사는 버지니아 그레이엄의 발언을 직접 인용하고 있었는데, 자료는 증거 공표를 통해 피고 측 변호인들에게 넘어간 상태였다.

비공개회의에서 질문을 받은 파는 자료의 제공자 혹은 제공자들을 밝힐 수 없다고 했다. 캘리포니아 법에 따라 기자에게 강제로 제공자를 밝히게 할 수 없었던 올더는 파를 보내주었다.

한 명 혹은 여러 명이 공표금지 의무를 위반한 것이 분명했다. 하지만 올더는 이 문제를 강하게 제기하지 않았고, 그걸로 끝인 것 같았다. 당시에는 그 일이 요란한 문제가 되어 그 결과 파가 구속되는 일은 없을 것처럼 보였다.

올더의 조사를 받기 전, 파는 버지니아 그레이엄의 변호사 로버트 스타인버그에게 피고 측 변호사들 중 한 명에게서 자료를 받았다고 말했다. 하지만 누구인지는 밝히지 않았다.

인상적인 외모의 그레그 제이컵슨은 대단히 중요한 증인이었다. 나는 키 크고 세련되게 차려입은 그 연예인 스카우터가 맨슨과 했던 대화에 대해 세세한 증언을 들었다. 그런 대화에서 두 사람은 헬터 스켈터, 비틀스, 「계시록」 9장, 그리고 죽음에 대한 맨슨의 기이한 태도 등에 대해 논의했다.

제이컵슨에 이어 샤로크 하타미가 증언대에 서서, 1969년 3월 23일 오후 시엘로 드라이브 10050번지에서 맨슨과 마주쳤던 상황에 대해 증언했다. 배심원과 시민들은 처음으로, 샤론 테이트가 자신의 살인을 명령하게 될 남자를 본 적이 있음을 알게 되었다.

카나렉은 마침내 루디 앨토벨리라는 임자를 만났다. 직접 심문에서 시엘로 드라이브 10050번지의 소유주는 데니스 윌슨의 집에서 맨슨을 처음 만났다고 증언하고, 이어서 샤론 테이트가 로마로 떠나기 전날 밤 별채에 나타났던 맨슨에 대해 꽤 상세하게 묘사했다.

시엘로 드라이브 10050번지 방문을 거절당한 것 때문에 앨토벨리에게 큰 반감을 가지고 있던 카나렉이 물었다. "자, 현재 증인이 살고 있는 시엘로 드라이브 10050번지의 부지는 아주 안전하죠, 맞습니까?"

답. "그러기를 바랍니다."

문. "제가 거기 있는 증인의 요새에 들어가려고 했을 때, 이야기를 나누었던 것 기억하십니까?"

답. "변호사님이 은근히 암시하거나 협박했던 것 말입니까?"

문. "제가 뭘 암시하고 협박했단 말입니까?"

답. "그러니까 '우리가 조치를 취하겠습니다, 앨토벨리 씨' '두고 봅시다, 앨토벨리 씨' '바로 이 집에서 법정을 열고, 이 집에서 재판이 열리게 하겠습니다, 앨토벨리 씨' 같은 거요."

앨토벨리는 법원이 명령을 내리면 기꺼이 따르겠다고 카나렉에게 말했다. "그 경우를 제외하고는 안 됩니다. 여기는 가정집입니다. 관광지나 괴물 쇼를 하는 장소가 아닙니다."

문. "증인은 이 법정을 존중합니까, 앨토벨리 씨?"

답. "당신보다는 더 존경하는 것 같습니다, 카나렉 씨."

변호인 측의 이의에도 불구하고, 나는 제이컵슨, 하타미, 앨토벨리에게서 듣길 원했던 증언의 95퍼센트를 끄집어내는 데는 성공했다.

다음 증인을 심문할 때는 갑자기 큰 문제가 발생했다.

찰스 쾨닉이 자신이 일했던 실마의 스탠더스 주유소 여자 화장실에서 발견한 로즈메리 라비앙카의 손가방에 대해 증언하기 위해 증언대에 섰다. 그는 변기 탱크의 뚜껑을 열었다가, 기구에 걸린 채 정확히 수면에 걸쳐 있는 손가방을 발견한 경위를 이야기했다.

카나렉은 반대 심문에서 쾨닉에게 화장실에 대해 엄청나게 오랫동안 질문하며 방청객과 기자들이 키득키득하게 만들었다. 나는 갑자기 그가 뭘 하려는지 깨달았다.

카나렉은 쾨닉에게 화장실의 변기와 관련해 표준 서비스 지침이 있는지 물었다.

쾨닉은 스탠더드 주유소의 작업 지침에 따르면 화장실은 한 시간에 한 번 청소하는 것으로 되어 있다고 대답했다. 변기 탱크에 넣어두는 파란색 용제는 "떨어질 때마다" 갈아줘야 한다고 그는 덧붙였다.

얼마나 자주 하는 걸까? 카나렉이 물었다.

주유소의 "조장" 혹은 대장으로서, 쾨닉은 직접 화장실 청소를 하지는 않고 그 일을 다른 직원에게 맡겼다. 따라서 나는 이 질문 혹은 그와 비슷한 질문에 대해 유도 질문이라고 이의를 제기할 수 있었다.

다행히 그 후에 법원은 그날 일정을 마쳤다.

나는 곧장 LAPD에 전화를 걸어 다급하게 요청했다. 형사들에게 1969년 8월 10일(린다 캐서비언이 그곳에 손가방을 뒀다고 증언한 날)부터 1969년 12월 10일(쾨닉이 손가방을 발견한 날)까지 그 특정 주유소에서 일한 사람들을 모두 찾아서 조사해달라고 했다. 그리고 카나렉이 그들과 접촉해 뭔가 말을 심어주기 전에 형사들이 먼저 조사해주기를 원했다. "이렇게 말하세요. '스탠더드 주유소 작업 지침에 적힌 건 잊어버리세요. 당신이 지침을 말 그대로 이행하지 않았음을 알게 된 고용주가 무슨 말을 할지도 생각하지 마세요. 그냥 사실대로만 대답해주십시오. 그곳에서 일하는 동안 변기의 파란색 용제를 교체한 적이 있습니까?'"

파란색 용제를 교체하려면 탱크 뚜껑을 열어야만 한다. 누군가 그 작업을 했다면 즉시 손가방을 봤을 것이다. 만약 카나렉이 그 넉 달 사이에 자신이 파란색 용제를 교체했다고 주장하는 직원을 한 명만 찾아낼 수 있다면, 변호인 측은 누군가 그 가방을 "심어놓은" 거라고 강력히 주장할 수 있었다. 그건 린다 캐서비언의 증언 전체에 대한 신뢰성을 무너뜨릴 뿐 아니라, 검찰이 맨슨에게 뭔가 틀을 씌우려고 애쓰고 있다는 암시도 줄 수 있었다.

LAPD가 전 직원 몇 명을 찾아냈지만, 전부는 아니었다. (그중 파란색 용제를 교체했다는 사람은 없었다.) 다행히 카나렉은 우리보다 운이 좋지 않은 듯했다.

휴스는 쾨닉에게 질문을 몇 개밖에 하지 않았지만 꽤 파괴적이었다.

문. "현재 실마는 백인이 압도적으로 많은 지역이죠, 그렇지 않습니까?"

답. "네, 그렇게 생각합니다."

문. "실마가 흑인 밀집 지역은 아니지요?"

답. "네."

린다에 따르면, 맨슨은 흑인들이 그 손가방을 발견하고 신용카드를 사용하기를, 그래서 흑인들이 살인 사건에 대해 비난받기를 원했다. 동기에 대한 내 가설은 모두 이 가정에 기반하고 있다. 그렇다면 왜 맨슨은 그 손가방을 백인들 구역에 뒀을까?

사실의 관점에서 보자면, 맨슨이 빠졌던 고속도로 출구는 샌퍼낸도밸리의 흑인 밀집 구역인 패코이마 북쪽이었다. 나는 쾨닉에게 그 정보를 얻어내려 했지만, 변호인들이 이의를 제기했고, 따라서 이후에 패칫 경사를 불러 그와 관련된 증언을 들어야만 했다.

단 한 명의 증인인 주요소 직원을 통해 변호인들은(특히 카나렉과 휴스는) 검찰 측이 구성한 사건에 커다란 구멍을 두 개나 뚫었다.

이쯤 되자 나는 적의 범위를 좁혔다. 피츠제럴드는, 보기에는 근사했지만 점수를 거의 얻지 못했다. 신은 호감이 갔다. 휴스는 첫 재판치고 엄청나게 잘했다. 하지만 대부분의 언론이 이 재판의 광대로 생각하고 있고, 거의 모든 점수를 혼자서 올리고 있는 사람은 어빙 카나렉이었다. 몇 번이나 반복해서 카나렉은 중요한 증거를 제외하는 데 성공했다.

예를 들어 스테퍼니 슈람이 증언대에 섰을 때, 카나렉은 맨슨이 바커 목장에서 "살인 학교"를 지휘했다는 그녀의 증언에 이의를 제기했고, 올더가 이를 인정했다. 나는 올더의 판정에 항의했지만 그 판정을 뒤집을 방법은 없었다.

직접 심문에서 스테퍼니는 8월 8일 금요일 오후에 자신과 맨슨이 크림색 승합차를 타고 샌디에이고에서 스팬 목장으로 돌아왔다고 증언했다. 반대 심문에서 피츠제럴드가 그녀에게 물었다. "하루를 착각한 것 아닙니까?" 이는 맨슨이 여전히 자신의 알리바이를 꾸밀 계획을 세우고 있음을 암시했고, 나는 재직접 심문에서 그들이 전날 받은 교통 딱지를 꺼냈다. 8월 8일에 작성된 브루너와 굿에 대한 체포 보고서에는 같은 차량의 등록번호가 적혀 있었다. 이제 살인 사건 당시에 찰리는 서던캘리포니아에 있지도 않았다는 피고 측 주장은 무너뜨릴 준비가 된 셈이었다.

하지만 나로서는 맨슨이 자신만의 깜짝 폭탄을 가지고 있고, 그것을 터뜨리기만 기다리고 있었다는 건 알 도리가 없었다.

알다시피, 그런 것이 있었다.

구티에레즈 경사, 문에 적혀 있던 "헬터 스켈터"에 대하여. 드웨인 울퍼, 테이트 저택에서 실시한 음향 실험에 대하여. 제럴드 프리드먼, 스티븐 페어런트의 마지막 통화에 대하여. 로잰 워커, 안경에 대한 앳킨스의 언급에 대하여. 해럴드 트루, 맨슨이 라비앙카 저택 옆집을 방문했던 일에 대하여. 매켈러 경사, 크렌윙클이 앨라배마주 모빌에서 체포되기 직전에 신원을 속이려 했던 일에 대하여. 한 조각 한 조각씩 쌓아갔다. 그렇게 해서 마침내 설득력이 생기기를 나는 바랐다.

검찰 측 증인은 몇 명밖에 남지 않았다. 그리고 나는 변호인 측이 어떻게 나올지 여전히 모르고 있었다. 검찰은 변호인 측에 증인들 명단을 제공해야 했지만, 변호인 측은 그럴 의무가 없었다. 이전에 피츠제럴드는 언론 인터뷰에서 증인을 서른 명 정도 준비했으며, 그중에는 마마 카스, 존 필립스, 그리고 비틀스의 존 레넌 같은 유명인도 포함되어 있다고 했다. 레넌은 자신의 가사 해석에 대한 증언을 할 거라고도 했다. 그에 더해, 맨슨 본인이 증언대에 설 거라는 소문 정도가 단서의 전부였다. 하지만 맨슨의 증언 여부도 애매했다. 찰리와 이야기해본 내 경험에 따르면, 그는 동요하고 있었다. 증언할 수도 있고 안 할 수도 있었다. 나는 계속해서 그를 자극했는데,

어쩌면 너무 많은 수를 부린 것은 아닌지 걱정되기도 했다.

맨슨이 판사를 공격한 후로 피고들은 법정에 출입시키지 않고 있었다. 하지만 테리 멜처가 증언하기로 한 날, 올더는 그들이 돌아오는 것을 허용했다. 맨슨과 마주하고 싶지 않았던 테리가 내게 물었다. "제가 격리실로 가서 스피커를 통해 증언할 수 있을까요?"

모든 검찰 측 증인 가운데 멜처가 맨슨을 가장 크게 두려워하고 있었다. 두려움이 너무 커서 정신과 치료를 받고 있으며, 1969년 겨울부터 24시간 경호원을 고용했다고 내게 말했다.

"테리, 그들이 그날 밤 당신을 노렸던 게 아닙니다", 나는 그를 안심시키려고 애썼다. "맨슨은 당신이 더 이상 그 집에 살지 않는다는 걸 알고 있었어요."

하지만 멜처는 몹시 불안해했고, 증언대에 서기 전에 안정제까지 먹었다. 조사 당시보다 어딘가 약해진 듯한 모습이었지만, 증언을 마친 후에는 확실히 안도한 표정으로, 맨슨이 자신에게 미소를 지어 보였다고, 그러니까 자신의 증언에 대해 큰 불만은 없는 것 같았다고 내게 말했다.

카나렉은, 아마 맨슨의 요청 때문이었을 텐데, 멜처에게 질문하지 않았다. 휴스는 윌슨과 맨슨이 테리를 시엘로 드라이브 10050번지에 데려다주었을 때, 아마 테리가 철문의 버튼을 누르는 것을 봤을 거라고 주장했다. 이제 변호인들은 맨슨이 철문 개폐 장치를 알고 있었고, 린다가 주장하는 것처럼 살인자들이 담장을 넘어갈 필요는 없었다고 주장할 수 있게 되었다.

이때쯤 나는 왓슨과 맨슨이 둘 다 살인 사건 전에 시엘로 드라이브 10050번지를 수차례 방문했다는 증거를 가지고 있었다. 하지만 배심원들은 그 이야기를 들을 수 없었다.

몇 달 전 나는, 테리 멜처가 그 집에서 나오고 폴란스키 부부는 아직 들어오기 전에, 그레그 제이컵슨이 딘 무어하우스에게 그 집을 짧게 빌려주었다는 사실을 알게 되었다. 그 기간에 텍스 왓슨은 적어도 세 번, 많게는 여섯 번 무어하우스를 방문했다. 피츠제럴드와의 개인적인 대화에서 나는 그 이야기를 꺼냈고, 그는 자신도 이미 알고 있다고 했다.

나는 왓슨 재판에서 그 증거를 제시할 생각이었지만 이 재판에서는 아니었고, 피츠제럴드도 같은 생각이기를 바랐다. 그건 맨슨이 아니라 왓슨의 관련성을 부각하는 증거였기 때문이다.

같은 기간에 맨슨도 그곳을 방문했을 거라 의심했지만 재판이 한창 진행될 때까지는 증거가 없었는데, 그러던 중 맨슨도 시엘로 드라이브 10050번지를 "대여섯 번" 방문했음을 밝혀주는 최고의 제보자를 알게 되었다. 그 제보자란 바로 맨슨 본인이었는데, 집단 회의에서 본인이 그 점을 인정했기 때문이다. 하지만 맨슨은 본채에는 들어가지 않았다며 부인했다. 본인 말에 따르면, 그와 텍스는 사막용 사륜구동차를 타고 언덕을 오르내렸을 뿐이었다.

하지만 나는 맨슨을 추궁하는 데 그 정보를 사용할 수 없었다. 맨슨 본인도 알고 있듯이, 그와 나의 대화는 모두 그의 강력한 요구에 따라 이루어졌고, 당시 본인의 법적 권리에 대한 고지는 없었기 때문이다.

분명히 신기한 상황이었다. 맨슨은 나를 죽이겠다고 맹세했지만, 또한 정기적으로 나를 만나 떠들어대기를 원했다.

우리 대화도 신기하기는 마찬가지였다. 예를 들어 맨슨은 개인적으로 법과 질서를 믿는다고 했다. 당국이 법과 질서를 "확고하게 통제"해야 한다고 그는 말했다. 법이 어떤지는(옳은지 그렇지 않은지는 상대적인 문제였다) 상관없지만, 권력을 가진 쪽이 엄격히 집행해야 하는 거라고 했다. 그리고 여론은 억눌러야만 했는데, 왜냐하면 사람들의 일부는 이쪽을, 다른 일부는 저쪽을 원하기 때문이었다.

"달리 말하면, 당신의 결론은 독재군요", 내가 지적했다.

"그렇죠."

범죄 문제에 대해서도 간단한 해결책이 있다고 맨슨은 내게 말했다. 감옥을 비우고 범죄자들을 모두 사막으로 추방하는 것이다. 하지만 먼저 그들의 이마에 X자를 새기고, 만약 도시에 나타나면 즉시 알아차려 총살한다.

"사막에서 그들을 관리하는 게 누구일지는 두 번 생각할 필요도 없겠죠, 찰리?"

"그렇죠." 그가 씨익 웃었다.

또 한번은, 맨슨이 닉슨 대통령에게 편지를 써 자신에게 권력을 넘겨달라고 요청했다고 말했다. 관심이 있다면 내게 부통령 자리를 주겠다고 했다. 내가 탁월한 검사고, 언어의 대가며, "많은 일에서 옳은 견해를 가지고 있다"고 했다.

"어떤 일들 말입니까, 찰리? 헬터 스켈터, 살인을 집행하는 방식, 삶과 죽음에 대한 당신의 철학 같은 것들?"

맨슨은 미소만 지을 뿐 대답하지 않았다.

"우리 둘 다 당신이 살인을 명령했다는 걸 알고 있습니다", 내가 말했다.

"검사님, 비틀스였습니다, 그들이 내놓은 음악이요. 그들이 전쟁에 대해 이야기하고 있습니다. 이 친구들은 그 음악을 듣고 메시지를 알아차린 거예요, 잠재의식입니다."

"라비앙카 부부를 살해하던 밤에는 당신도 함께 갔습니다."

"저는 밤에 자주 외출합니다."

직접적인 부인은 한 번도 없었다. 그를 증언대에 세우는 것을 더 이상 미룰 수 없었다.

맨슨은 자신이 감옥을 좋아하지만, 사막과 태양, 여자를 더 좋아한다고 말했다. 나는 샌퀜틴 교도소의 휴게실은 본 적이 없지 않냐고 말했다.

자신은 죽음이 두렵지 않다고 맨슨은 답했다. 죽음도 하나의 생각에 불과했다. 전에는 죽음이 두려웠다고, 이번 생뿐만 아니라 전생에서도 많이 두려웠다고 했다.

나는 크로를 쏠 때는 죽일 의도가 있었냐고 물었다.

"물론이죠, 저는 눈 하나 깜짝하지 않고 누구든 죽일 수 있습니다." 그가 대답했다. 내가 이유를 물었고, 그는 "당신들이 오랫동안 나를 죽여왔으니까요"라고 했다. 이 모든 살인 사건 때문에 괴롭지 않느냐고 질문하자, 맨슨은 자신에게는 어떤 의식도 없다고, 모든 것은 그저 생각일 뿐이라고 대답했다. 오직 그만이, 그 자신만이 자신의 생각 위에서 통제하며, 그 누구에게나 어떤 것에도 세뇌당하지 않고 있는 거라고 했다.

"주변이 붕괴되기 시작하면, 내가 내 생각을 통제하고 있다고 여기는 게 좋을 겁니다", 맨슨이 말했다. "나는 내가 뭘 하는지 알고 있습니다. 내가 뭘 하는지 *정확히* 알고 있다고요."

맨슨은 브룩스 포스턴과 폴 왓킨스의 증언을 자주 방해했다. 카나렉도 끈질기게 방해하자 올더는 그를 판사석으로 불러 화난 목소리로 말했다. "당신은 하찮고, 장황하고, 혼란스럽고, 바보 같은 이의 제기로 증언을 방해하고 있습니다. 이 재판 내내 몇 번이나 반복해서 그렇게 하고 있습니다⋯⋯ 내가 당신을 유심히 관찰했는데 말입니다, 카나렉 씨. 당신이 뭘 하고 있는지 정확히 알겠습니다. 나는 두 번이나 법정 모욕죄를 적용했습니다. 다음번에도 망설이지 않고 적용할 겁니다."

포스턴과 왓킨스가 눈에 띄게 막강한 증인이라는 건 카나렉과 맨슨도 분명히 알 수 있었다. 그들은 헬터 스켈터의 발전 과정을 차근차근 따라가며 제시했는데, 제이컵슨처럼 지적으로 그것을 이해한 것이 아니라, 한때 진정으로 그것을 믿었던 사람으로서, 희미한 개념이 서서히 끔찍한 현실로 실제화되는 과정을 지켜봤던 패밀리 구성원으로서 그렇게 했다.

반대 심문은 그들의 증언을 조금도 흔들지 못했다. 오히려 세부 사항만 더 끌어냈을 뿐이다. 예를 들어 카나렉이 포스턴에게 질문할 때, 그는 맨슨의 지배력을 보여주는 좋은 예를 우연찮게 제시했다. "찰리가 주변에 있을 때면, 마치 선생님이 교실 뒤에 서 있는 것 같았습니다."

휴스가 포스턴에게 물었다. "당신은 맨슨 씨의 최면술에 걸린 듯한 느낌을 받았습니까?"

답. "아니요, 저는 찰리가 최면술을 썼다고 생각하지 않습니다."

문. "그가 어떤 권위를 가지고 있다고 생각합니까?"

답. "그 사람이 예수 그리스도라고 생각했습니다. 저한테는 충분한 권위입니다."

맨슨과 보냈던 시간을 회상하며 포스턴은 이렇게 말했다. "찰리에게서 많은 것을 배웠습니다, 하지만 그가 모든 사람을 자유롭게 해주었던 건 아니라고 생각합니다." 왓슨은 이렇게 말했다. "찰리는 늘 사랑에 대한 설교를 했습니다. 하지만 찰리는 사랑이 뭔지 전혀 모릅니다. 사랑과는 거리가 너무 먼 사람이라 웃기지도 않습니다. 죽음이 찰리의 환각제입니다. 정말 그렇습니다."

캘리포니아로 송환된 후 찰스 "텍스" 왓슨은 특이한 행동을 보이고 있었다. 처음부터 말수가 극히 적었던 그가 마침내 완전히 입을 닫아버린 것이다. 같은 수감동에 있는 죄수들은 그의 감방이 너무 비위생적이라며 불만을 제기했다. 몇 시간 동안 허공을 응시하다가 갑자기 감방 벽에 몸을 던져 자해했다. 족쇄를 채운 후에는 식사를 거부했고, 강제로 음식을 먹였음에도 체중은 49킬로그램까지 줄었다.

적어도 그런 증세의 일부는 꾸며낸 것이지만, 그의 변호사 샘 버브릭은 세 명의 정신과 의사가 그를 감정하게 해달라고 법원에 요청했다. 세 의사의 결론은 달랐지만 한 가지 점에서는 일치했다. 왓슨이 급속도로 태아 상태로 회귀하고 있으며, 즉시 조치를 취하지 않으면 치명적인 일이 벌어질 거라는 뜻이었다. 이런 감정 결과를 근거로, 10월 29일 델 판사는 왓슨이 증언을 하기에 적합하지 않은 상태라고 판정하고, 아타스카데로 주립병원에 입원시켰다.

맨슨이 휴정 중에 나를 보자고 요청했다.

"빈스, 텍스와 30분만 같이 있게 해주십시오. 내가 그 친구를 낫게 해줄 수 있습니다." 맨슨이 격리실 너머에서 말했다.

"유감입니다, 찰리", 내가 말했다. "그런 모험을 할 수는 없습니다. 만약 당신이 그 친구를 낫게 해주면, 모두들 당신이 예수 그리스도라고 믿을 테니까요."

## 1970년 11월 1~19일

왓슨이 아타스카데로에 입원하기 전날, 두 명의 정신과 의사가 열일곱 살의 다이앤 레이크는 증언할 수 있는 상태라고 판정했다. 패튼 병원에서 퇴원한 후 그녀에게 좋은 소식들이 있었다. 바커 습격 후 그녀와 친분을 쌓았던 인요 카운티 수사관 잭 가디너와 그의 아내가 다이앤의 양부모가 된 것이다. 다이앤은 고등학교를 졸업할 때까지 그 부부 및 두 사람의 자녀들과 함께 지내게 될 것이다.

아란다 원칙 때문에 배심원들이 전혀 듣지 못한 이야기들이 있었다. 예를 들어 텍스가 레슬리에게 로즈메리 라비앙카를 찌르라고 시켰고, 나중에 그들이 손댄 곳에서 지문을 모두 지우게 했다는 이야기가 그랬다. 케이티가 그 이야기를 다이앤에게 했지만, 그녀가 공동 피고들에 대해 한 말은 모두 삭제해야 했다.

다이앤은 레슬리에게서 들은 이야기에 대해 증언할 수 있었다. 문제는 레슬리가 자신이 누구를 찔렀는지는 말하지 않았다는 점이다. 그녀는 자신이 이미 죽은 사람을 찔렀고, 장소는 그리피스 공원 근처였으며, 집 밖에 보트가 한 대 있었다고 이야기했다. 나는 배심원들이 그런 사실을 근거로, 그녀가 라비앙카 부부 이야기를 한 거라는 결론을 내릴 수 있기를 바랐다. 다이앤은 또한 8월의 어느 아침에, 레슬리가 스팬 목장의 별채로 와서 손가방과 신용카드, 그리고 자신의 옷을 태웠다고 증언했다. 동전이 든 주머니만 남겼는데, 그 돈으로 여성들이 함께 음식을 사 먹었다고 했다. 하지만 그녀는 정확한 날짜를 기억하지 못했고, 나는 그 일이 일어난 것이 라비앙카 부부가 살해된 다음 날 아침이었음을 배심원들이 추론할 수 있기를 바랐지만, 그랬다는 증거는 없었다.

이는 레슬리 밴하우튼과 라비앙카 살인 사건을 연결시키는 린다 캐서비언의 증언에 대한 유일한 독립 증거였기 때문에, 휴스의 반대 심문은 매우 아팠다. 거기서 다이앤은 레슬리가 보트 이야기를 한 것인지 아니면 자신이 신문에서 그 이야기를 읽은 것인지 확신할 수 없다고 했다.

휴스는 또한 그녀의 이전 발언에서 사소하게 일치하지 않는 점들에 집중했고(그녀는 사투치의 조사에서는 동전들이 손가방에 들어 있었다고 한 반면, 내가 조사할 때는 비닐 봉투에 들어 있었다고 했다), 커다란 폭탄이 될 수도 있는 일을 하나 터뜨렸다. 직접 심문에서 다이앤은 자신과 리틀 패티, 그리고 샌드라 굿이 그 돈을 나눠 썼다고 "생각"한다고 말했다.

샌디가 그 자리에 있었다면 라비앙카 살인 사건 다음 날인 8월 10일 아침일 수는 없었는데, 왜냐하면 샌드라 굿은 메리 브루너와 함께 여전히 구금 상태였기 때문이다. 하지만 계속 캐묻자, 다이앤은 샌디는 "없었을 수도 있다"고 했다.

반대 심문에서 카나렉은 구티에레즈 경사가 가스실을 언급하며 다이앤을 협박했던 이야기를 꺼냈다. 피츠제럴드도 앞서 있었던 증언에서 일치하지 않는 점을 이야기했다. 다이앤은 대배심에서 자신이 8월 8일과 9일에는 스팬 목장이 아니라 인요 카운티에 있었다고 증언했다. 재직접 심문에서 내가 다이앤에게 물었다. "대배심에선 왜 거짓말을 했습니까?"

답. "사실대로 말하면 패밀리 구성원들이 저를 죽일까봐 무서웠습니다. 그리고 찰리가 말하지 말라고 했습니다. 권력을 가진 당국자에게는 아무 이야기도 하지 말라고 했습니다."

11월 4일, 구티에레즈 경사가 커피를 한잔 마시려고, 휴정을 맞아 여성 피고들이 쉬고 있던 배심원실에 들어갔다. 퍼트리샤 크렌윙클의 이름이 적힌 노란색 메모장을 발견했는데, 거기 메모와 낙서 사이에, 케이티는 "헤엘터 스켈터healter skelter"라는 단어를 세 번이나 적었다. 라비앙카 저택의 냉장고 문에 적혀 있던 것과 똑같은 오타였다.

하지만 올더는 그것을 증거로 제시할 수 없다고 했다. 나는 그가 백 퍼센트 잘못 판단한 거라고 생각했다. 틀림없는 정황 증거였고, 관련성이 있으며, 받아들일 수 있는 증거였다. 하지만 올더는 다르게 판정했다.

올더는 크렌윙클이 샘플 글씨를 찍길 거부했다는 사실을 증거로 제시하겠다고 했을 때도 무슨 말인지 모르겠다는 표정을 지어 보였다. 그런 상황은 정황 증거로 받아들일 수 있지만, 크렌윙클에게 다시 한번 기회를 줘야 한다고 했고, 그녀에게 그렇게 명령했다.

문제는 크렌윙클이 이번에는 변호사의 조언에 따라 샘플을 제공할 수도 있다는 점이었다. 그렇게 되면, 진짜 문제가 될 것임을 나는 알고 있었다.

케이티는 거부했다. 폴 피츠제럴드의 조언에 따른 것이다!

LAPD에서 찍은 글씨가 일치하는지 여부를 판정하는 작업이, 불가능하다고는 할 수 없지만, 대단히 어려운 일임을 피츠제럴드는 모르고 있었다. 그리고 LAPD가 일치를 판정할 수 없게 되면, 법적으로 퍼트리샤 크렌윙클은 라비앙카 사건에서 무죄로 방면되어야만 했다. 샘플 제공을 거부한 사실은 크렌윙클이 이 범죄들과 관련되어 있다는 캐서비언의 증언을 뒷받침하는 유일한 독립 증거였다.

크렌윙클은 "처벌을 면할" 엄청난 기회를 받았던 것이다. 지금까지도 나는 그녀의 변호사가 왜 그런 조언을 해서 그 기회를 날려버렸는지 이해할 수 없다.

검찰 측의 마지막 증인 블레이크 스크틀라 박사와 해럴드 디어링 박사는 다이앤을 검사했던 정신과 의사들이었다. 직접 심문과 재직접 심문에서 나는 그 두 사람으로부터 LSD가 강력한 약물이기는 하지만 기억 장애를 일으키지는 않으며, 뇌에 손상을 입힌다는 의학적 증거는 없다는 취지의 증언을 끌어냈다. 이것은 중요했는데, 피고 측 변호인들은 검찰 측 증인 다수가, 특히 린다와 다이앤이 LSD에 "취해서" 환상과 현실을 구분할 수 없는 상태였다고 주장했기 때문이다.

스크들라는 LSD를 복용한 사람들도 현실과 비현실을 구분할 수 있다고 증언했다. 사실 그들은 종종 매우 각성된 상태를 보이기도 한다. 스크들라는 더 나아가 LSD는 환각이 아니라 환상을 만들어내는데, 다른 말로 하자면, 실제로 있는 대상을 보는 것은 분명하지만, 그것이 받아들여지는 모습이 달라진다는 의미였다. 이는 많은 사람을 놀라게 했는데, LSD는 환각제로 알려져 있었기 때문이다.

왓킨스가 증언대에 섰을 때, 나는 폴이 스무 살에 불과하지만 이미 LSD를 150회 내지 200회 복용했다는 사실을 끄집어냈다. 하지만, 배심원들도 분명 알아차렸을 텐데, 그는 검찰 측 증인 가운데 가장 명석하고 가장 또박또박 말했다. 스크들라는 이렇게도 말했다. "저는 LSD를 수백 번 복용하고서도, 약에 취해 있는 동안 어떤 감정적인 혼란도 보이지 않는 사람을 여러 번 봤습니다."

피츠제럴드가 스크들라에게 물었다. "일정 기간 LSD를 다량 복용하면 사람이 좀비처럼 되거나, 그 과정에서 이성적 사고력이 파괴되는 것 아닙니까?"

만약 내가 짐작했던 것처럼, 피츠제럴드가 이런 가정을 근거로 변호를 위한 토대를 마련하려고 시도한 거라면, 이어진 스크들라의 대답에서 그 토대는 완전히 무너져버렸다. 스크들라는 "저는 그런 경우를 본 적이 없습니다, 변호사님"이라고 대답했다.

디어링 박사가 검찰 측 마지막 증인이었다. 그는 11월 13일 금요일에 증언을 마쳤다. 16일 월요일에는 대부분 검찰 측 자료를 증거로 제시하며 보냈다. 모두 320점이었고, 카나렉은 총기에서부터 테이트 저택의 축척 지도까지 한 건 한 건에 대해 이의를 제기했다. 그가 가장 강하게 반발한 증거는 시신을 찍은 컬러 사진들이었다. 거기에 맞서 내가 주장했다, "이 사진들이 소름 끼친다는 점은 법원 앞에서 인정합니다. 그 점에 대해선 이론의 여지가 없지만, 피고들이 이 살인을 저지른 자들이라고 검찰은 당연히 추정하고 있습니다. 그들은 이 소름 끼치고 끔찍한 광경에 책임이 있는 자들입니다. 이건 그들이 자신의 손으로 저지른 일입니다. 배심원들도 이들이 한 짓을 볼 자격이 있습니다."

올더 판사도 동의했고, 사진들은 증거로 인정되었다.

한 가지 자료는 끝내 증거로 채택되지 못했다. 앞서 언급했듯이, 테이트 살인 사건이 있었던 밤에 범인들이 입었다 버린 옷에는 흰색 개털이 많이 묻어 있었다. 그것들을 본 위니프리드 채프먼은 샤론이 키우던 개의 털처럼 보인다고 내게 말했다. LAPD에 그 털들을 가져오라고 요청했지만, 경찰에서는 핑계만 댔다. 결국 테이트 담당 형사들 가운데 한 명이 정의의 전당에 오던 중 길을 건너다 개털이 든 유리병을 떨어뜨렸고, 단 하나만 회수할 수 있었다는 사실을 알게 되었다. 말 그대로 "지푸라기라도 잡는다"라는 표현이 이릴 때 딱 맞는 것임을 실감하며, 나는 그 단 한 올의 개털을 증거로 제출하지 않기로 했다.

월요일 오후 4시 27분, 재판이 시작되고 정확히 22주 후, 그리고 내가 재판에 배정된 지는 1년에서 이틀이 모자란 그날, 나는 법원에 말했다. "존경하는 재판장님, 캘리포니아주 검찰은 변론을 마칩니다."

재판은 11월 19일 목요일까지 휴정이었고, 그 기간에 피고 측 변호인들은 각각 통상적인 재판 기각을 요청했다.

1969년 겨울에는 대다수의 법률가가 이 시점쯤 되면 맨슨이 증거불충분으로 석방될 걸로 예상했다.

나는 그 시점에도 이 나라의 법률가들이, 피고 측 변호사들까지 포함해서, 그렇게 생각하고 있는지 궁금했다.

올더는 모든 발의를 기각했다.

법원, "변호를 계속할 준비가 됐습니까?"

피츠제럴드, "네, 존경하는 재판장님."

법원, "첫 번째 증인을 불러주세요, 피츠제럴드 씨."

피츠제럴드, "감사합니다, 존경하는 재판장님. 변론을 마칩니다."

법정에 있던 사람들은 거의 전부 무방비 상태가 되었다. 올더 판사는 너무 놀라서 몇 초간 말을 잇지 못했다. 형사재판에서 궁극적인 핵심은, 사람들이 생각하는 것처럼 피고의 유죄 혹은 무죄 여부가 아니다. 핵심은 검찰 측이 합리적인 의심과 도덕적 확신을 넘어 피고가 유죄임을 증명하는 법적 책임을 충분히 수행했는지 여부다. 미국의 형법 체제에서 "무죄"는 결백함과 전적으로 동일한 것이 아니다. "무죄"란 검찰 측이 사건을 증명해내지 못했다고 배심원들이 법적으로 판단했다는 의미다. 증거불충분에 근거해 "무죄" 판결을 내리는 것은, 배심원들이 다음의 두 경우 중 하나로 판단한 결과다. 피고가 결백하며 기소된 범죄를 저지르지 않았다고 믿는 경우, 혹은 검찰 측이 구성한 사건이 충분히 강하지 못해, 피고의 유죄 여부를 합리적 의심과 도덕적 관심을 넘어 확신할 수 없는 경우다. 피고 측은 검찰 측 증인을 반대 심문하는 과정에서 자신들의 논거를 충분히 제시했다고 생각한 것이다. 이는 흔한 변호 전략이며, 변호인 측 증인들에 대한 검찰의 반대 심문을 사전에 차단함으로써, 검찰이 맨슨과 공동 피고들에 대한 유죄 여부를 합리적 의심을 넘어 증명하지 못했다는 주장에 의지하는 전략이다. 그렇게 되면 피고들은 무죄 판결을 받는다. 린다 캐서비언은 공범이었기 때문에, 나는 그들이, 다른 독립 증거에 의해 확증되지 않는 경우 "공범의 증언에 기반해 판결을 내릴 수 없다"는 캘리포니아 형법 1111조에 근거해 주장을 펼칠 것임을 알고 있었다. 이 재판에서는 그런 독립 증거가 없었다.

하지만 가장 놀라운 일이 또 기다리고 있었다.

# 7부
# 바람 속의 살인

"공기에서 뭔가 느낄 수 있습니다, 아시겠지만.
공기에서 뭔가를 느낄 수 있어요."

―후안 플린

"고자질쟁이나 다른 적들은 손을 볼 겁니다."

―샌드라 굿

"실종된 테이트–라비앙카 살인 사건 재판 변호사
로널드 휴스는, 실종 직전 친한 친구에게 자신은
맨슨이 두렵다고 고백했다."

―『로스앤젤레스타임스』

## 1970년 11월 19일~12월 20일

피츠제럴드는 변호인 변론을 마친다고 말했다. 하지만 세 명의 여성 피고는 증언을 하겠다며 소리쳤다.

올더 판사는 변호인들을 비공개회의에 불러 정확히 무슨 일이 벌어지고 있는지 물었다.

피고 측 변호인과 의뢰인들 사이에 의견이 갈렸다고 피츠제럴드는 말했다. 여성들은 증언하길 원했고, 변호인들은 그에 반대하며 변론을 마치길 원했다.

한 시간 동안 격렬한 토론을 한 뒤 분열의 진짜 이유가 밝혀졌는데, 피츠제럴드가 비공개를 전제로 이야기해주었다.

세이디, 케이티, 그리고 레슬리는 증언대에 서서 자신들이 살인을 계획하고 실행에 옮겼다고 증언하기를 원했다. 맨슨은 관계없다는 것이다!

찰리는 자신의 폭탄을 터뜨리려고 시도했지만, 여성 피고들의 변호사가, 적어도 당분간은, 간신히 진정시킬 수 있었다. 처음으로 맨슨에게 맞서며, 로널드 휴스가 이렇게 말했다. "의뢰인을 창밖으로 던져버리는 재판 절차에는 함께하지 않겠습니다."

이어서 발생한 법적 문제는 어마어마했지만, 기본적으로 그 문제란 효과적인 변호를 할 권리와 증언할 권리 사이에서 무엇을 우선시할 것인가 하는 문제로 귀결되었다. 어느 쪽을 택하든 항소로 이어지는 가역적 착오가 될 것을 걱정한 나는, 주 대법원의 판단에 맡기자고 제안했다. 하지만 올더는 비록 변호인이 변론을 마쳤다고 했고, 또 의뢰인들에게 증언대에 서지 말라고 조언했다고 해도, 증언할 권리는 "다른 모든 권리에 우선한다"고 결정했다. 여성들의 증언은 허용되었다.

올더는 맨슨에게도 증언을 원하는지 물었다. "아니요", 그는 그렇게 대답하고, 잠시 머뭇거리다가 덧붙였다. "그러니까, 어쨌든 이번에는 아닙니다."

공개 법정으로 돌아온 후, 카나렉은 맨슨을 분리해 별도의 재판을 받게 해달라고 요청했다.

찰리는 이제 배를 버리고, 여성들을 가라앉히려 하고 있었다. 그 요청을 기각한 후, 올더는 배심원들을 들어오게 하고 수전 앳킨스를 증언대로 불러 선서를 들었다. 하지만 데이 신은 그녀를 심문하기를 거부했고, 만약 자신이 준비된 질문을 한다면 그건 그녀에게 유죄 판결을 내리는 것과 같다고 말했다.

완전히 새로운 문제가 발생했다. 올더는 다시 비공개회의를 열어 지적했다, "변호인 측의 이 모든 조작은 단 하나…… 재판을 망가뜨리기 위한 것임이 분명해졌습니다…… 나는 그런 일이 생기게 내버려두지 않을 겁니다."

역시 비공개회의에서, 그리고 배심원들이 없는 자리에서 수전 앳킨스가 자신은 "있던 그대로, 자신이 본 그대로" 증언하길 원한다고 올더 판사에게 말했다.

법원, "본인 입으로 본인에게 유죄 판결을 내릴 위험이 있습니다, 그 점을 알고 있습니까?"

앳킨스, "알고 있습니다." 또한 그녀는 이렇게 덧붙였다. "사실에 근거해 유죄 판결을 내리라고 하세요. 저는 한 무리의 정황에서 추측한, 그리고 여기저기 흩어진 거짓말들을 근거로 유죄 판결을 받는 것은 원치 않습니다. 왜냐하면 부글리오시 씨, 당신의 기반이 무너지고 있으니까요. 그게 무너지는 것을 내가 봤습니다. 당신은 교활하고 비열한 여우입니다."

부글리오시, "만약 그 기반이 무너지고 있다면, 세이디, 왜 당신이 그것을 다시 단단히 다져주려는 겁니까? 행복해야죠. 그 기반이 무너지면 당신은 바커 목장으로 돌아갈 수 있습니다. 왜 증언대에 서서 나를 도우려는 거죠?"

신은 만약 올더가 의뢰인에게 질문하라고 명령한다면, 자신은 변호인 해임을 요청할 거라고 했다. 피츠제럴드가 비슷한 반응을 보이며 이렇게 덧붙였다. "제 입장에서 보자면 이건 일종의 자살 방조입니다."

그 문제를 해결하지 못한 채 그날 재판은 끝났다.

이튿날 맨슨은 자신도 증언대에 서길 원한다는 말로 모두를 놀라게 했다. 사실 그는 누구보다 먼저 증언대에 서겠다고 했다. 하지만 아란다 문제가 발생할 가능성 때문에 맨슨이 배심원 없는 곳에서 가장 먼저 증언하는 것으로 정해졌다.

맨슨이 선서를 했다. 그는 카나렉의 질문을 받는 대신 자신이 발언하겠다고 요청했고, 허용받았다.

그는 한 시간 넘게 발언했다. 거의 사과하는 투로, 처음에는 너무 낮은 목소리로 말해서 복잡한 법정에 모인 사람들은 그가 있는 쪽으로 몸을 기울여야만 했다. 하지만 몇 분 후에는 목소리가 달라지고, 점점 더 강렬하며 활달하게 말했는데, 내가 그와 대화하던 중에 발견한 것처럼 그럴 때면 그의 얼굴도 달라졌다. 아무것도 아닌 맨슨. 순교자 맨슨. 스승 맨슨. 예언자 맨슨. 그는 그 모든 것이 될 수 있었고, 거기에 더해 그런 변신은 종종 이야기하는 도중에 이루어지기도 했다. 그의 표정은 계속 감정들이 바뀌다가, 마침내 하나의 얼굴이 아니라 여러 얼굴이 뒤섞인 만화경처럼 되는 조명 쇼와 비슷했다. 그 얼굴들은 모두 현실이었지만, 오직 그 순간에만 그랬다.

그는 장황하게 떠벌리고, 산만하고, 같은 말을 반복했지만, 그의 발언에는 전체적으로 최면을 거는 듯한 뭔가가 있었다. 자신만의 이상한 방식으로 그는 마법의 거미줄을 치고 있었는데, 감수성이 예민한 추종자들에게 썼던 방법과 다르지 않았다.

맨슨, "많은 일이 있었고 저나 이 사건의 공동 피고들에 대한 나쁜 이야기가 많았지만, 그 대부분을 정리하고 명확하게 할 수 있습니다……

저는 학교에 다니지 않았고, 따라서 읽고 쓰는 것을 썩 잘하지는 못합니다. 저는 감옥에서 지냈고 어리석게 지냈습니다, 여러분의 세상이 커지는 동안 저는 계속 어린아이로 지냈습니다, 그리고 여러분이 하는 일을 보면 저는 이해하지 못합니다……

여러분은 육식을 하고 여러분보다 더 나은 존재를 죽입니다. 그러고는, 심지어 살인자들도 여러분의 자녀들이 얼마나 나쁜지 말합니다. 여러분이 여러분의 자녀들을 지금의 모습으로 만든 것입니다……

칼을 들고 여러분에게 달려드는 이 자녀들, 이들은 여러분의 자녀입니다. 여러분이 그들을 가르친 겁니다. 제가 가르친 게 아닙니다. 저는 그저 그들이 일어서게 도와줬을 뿐입니다.

여러분이 패밀리라고 부르는 목장 사람은 대부분 여러분이 원치 않았던 사람들, 길가에서 지냈던 사람들, 부모가 내쫓은 사람들이며, 소년원에 가고 싶지 않았던 사람들입니다. 그래서 저는 최선을 다해 그들을 제 쓰레기 더미에 불러 모아 이렇게 말했습니다, 사랑은 아무 잘못도 없다고 말입니다……

저는 만약 좋은 생각을 가지고 한 일이라면, 형제자매를 위해 하는 일은 뭐든 좋은 거라고 그들에게 말했습니다……

저는 제 고국을 청소하는 일을 하고 있었습니다, 닉슨이 했어야 하는 일이죠. 그 사람이 길가에 가서 자신의 자녀들을 챙겨야 했지만, 그렇게 하지 않았습니다. 그는 백악관에 앉아 그들을 전쟁터에 보내고 있습니다……

저는 여러분을 이해하지 않습니다, 하지만 그러려고 노력하지도 않을 겁니다. 저는 누구도 심판하지 않습니다. 제가 심판할 수 있는 사람은 저 자신뿐입니다…… 하지만 이건 압니다, 여러분의 마음이나 영혼 깊은 곳에서는, 제가 이 사람들을 살해한 것에 책임이 있다면 여러분은 베트남 전쟁에 책임이 있다는 것을 말입니다……

저는 여러분 중 누구도 심판할 수 없습니다. 여러분에 대해선 어떤 악의도 없지만, 여러분에게 줄 훈장도 없습니다. 하지만 저는 지금이 여러분 모두 자신을 돌아보고, 여러분 안에 살아 있는 거짓말을 심판하기에 좋은 때라고 생각합니다.

저는 여러분을 싫어할 수 없지만, 이 말은 하겠습니다. 여러분이 스스로를 죽일 때까지 시간이 많지 않다는 겁니다, 여러분 모두 미쳤으니까요. 여러분은 그 일이 제 탓이라고 하겠지만…… 저는 여러분 한 명 한 명 안에 살고 있는 존재일 뿐입니다.

제 아버지는 감옥입니다. 제 아버지는 여러분의 체제입니다…… 저는 여러분이 만든 존재일 뿐입니다. 저는 여러분의 반영일 뿐입니다.

저는 감옥에 가지 않기 위해 여러분의 쓰레기통을 뒤지며 먹고 살았습니다. 저는 여러분이 버린 옷을 입었습니다…… 저는 여러분의 세계에서 잘 지내기 위해 최선을 다했지만, 이제 여러분은 저를 죽이려 합니다, 저는 여러분을 보며 스스로에게 말합니다, 여러분이 *저를* 죽이기를 원한다? 하! 저는 이미 죽었습니다, 평생 죽은 상태였습니다. 저는 여러분이 만든 무덤에서 23년을 보냈습니다.

가끔은 여러분에게 되돌려줄 생각을 합니다. 가끔은 여러분에게 달려들어 여러분의 총에 맞아버릴까 하는 생각을 합니다…… 할 수 있다면, 이 마이크를 뽑아서 여러분의 뇌가 튀어나올 때까지 패버릴 수도 있습니다. 여러분이 당해야 마땅한 일이니까요, 여러분이 당해야 마땅한 일……

제가 여러분에게 화를 낼 수 있다면, 여러분 한 명 한 명을 죽여버릴 겁니다. 만약 그게 죄라면, 저는 받아들이겠습니다……

이 자녀들, 이들이 한 모든 일은, 형제를 사랑하는 마음에서 한 것입니다……

제가 이들에게 형제를 위해서라면 뭐든 할 수 있음을 보여주었고, 전장에 나간 형제를 위해 목숨도 바칠 수 있음을 보여주었습니다. 그리고 그들은 자신만의 기치를 내걸고 밖으로 나가 자신들의 일을 하고 있는 겁니다. 그건 제 책임이 아닙니다. 제가 사람들에게 해야 할 일을 말해준 것이 아닙니다……

이 자녀들[여성 피고들을 가리키며]은 자기 자신을 모색하고 있었습니다. 그들이 한 일은, 그게 무슨 일이든, 스스로 한 것입니다. 그들 자신이 여러분께 설명드릴 겁니다……

모두 여러분의 두려움 때문입니다. 여러분은 그것을 투사할 어떤 대상을 찾고 있고, 쓰레기통을 뒤져 먹을 것을 찾는 나이 들고 너저분한, 아무것도 아닌 사람을 고른 겁니다. 그 아무것도 아닌 사람이 부족하기 때문에, 교정시설에서 쫓겨난 자, 여러분이 생각할 수 있는 그 모든 지옥 같은 구멍에서 질질 끌려온 자들을 이 법정에 세운 겁니다.

*저를 망가뜨릴 생각이십니까? 불가능합니다!* 여러분은 오래 전에 저를 망가뜨렸습니다. 여러분은 오래전에 저를 죽였습니다……"

올더는 맨슨에게 더 할 말이 있는지 물었다.

맨슨, "저는 아무도 죽이지 않았고, 누구를 죽이라고 명령한 적도 없습니다.

몇몇 상황에서 몇몇 다른 사람에게 제가 예수 그리스도일 수 있다고 암시했지만, 저는 아직 제가 무엇인지, 혹은 누구인지 결정하지 않았습니다."

누군가는 자신을 그리스도로 불렀다고 맨슨은 말했다. 교도소에서 그의 이름은 숫자였다. 이제 누군가는 가학적인 악귀를 원하고 있고, 자신을 그렇게 봐도 상관없다고 했다. 될 대로 되라고, 유죄, 무죄. 모두 말일 뿐이었다. "여러분은 저를 원하는 대로 처분할 수 있지만 제게 손을 댈 수는 없습니다. 왜냐하면 저는 오직 저의 사랑일 뿐이니까요…… 만약 여러분이 저를 교정시설에 넣는다면, 그건 아무 의미도 없습니다. 왜냐하면 지난번 시설에서 저를 쫓아낸 것도 여러분이니까요. 저는 석방을 원하지 않습니다. 저는 저 자신을 좋아하기 때문에 시설에 있는 것도 좋아합니다."

올더 판사는 맨슨에게 "아주 멀리까지 나가신 것 같습니다"라고 말하고는, 당면한 문제에만 집중해달라고 요청했다.

맨슨, "당면한 문제요?…… 부글리오시 씨는 정력적인 검사이며, 세련된 교육을 받고, 단어나 말뜻의 대가입니다. 그는 천재입니다. 그는 법률가들이 원하는 걸 모두 갖추고 있지만 한 가지가 부족합니다. 바로 사건입니다. 그는 사건을 구성하지 못했습니다. 제가 스스로를 변호할 수 있다면, 직접 증명해 보이겠습니다……

이 사건의 증거는 총입니다. 목장에는 총 한 자루가 있었습니다. 모두의 총이었죠. 누구든 그 총을 집어들고 뭐든 원하는 것을 할 수 있었습니다. 제가 그 총을 가지고 있었다는 사실을 부인하는 게 아닙니다. 제가 그 총을 가지고 있을 때가 많았습니다.

끈도 마찬가집니다." 맨슨은 자신이 그 끈을 샀다고 인정했다. 45미터였다. "왜냐하면 목장에선 끈이 필요하니까요."

옷? "부글리오시 씨가 그 옷들을 발견해서 아주 편리해졌습니다. 그런 일에는 일가견이 있는 것 같네요."

혈흔? "음, 그건 정확히 말하면 혈흔이 아닙니다. 벤지딘 반응일 뿐입니다."

가죽 끈? "가죽 끈이 달린 모카신을 신은 사람이 얼마나 많습니까?"

일곱 구의 시신 사진, 169개의 자상? "이런 무시무시한 사진을 보여주며 그들이 암시하는 바는 이것입니다. '저자가 석방되면 여러분에게도 이런 일이 벌어질 수 있습니다'라는 것이죠."

헬터 스켈터? "그것은 말 그대로 혼란을 뜻할 뿐입니다. 누군가에 대한 전쟁이 아닙니다. 어떤 사람들이 다른 사람들을 죽이는 상황을 의미하는 것이 아닙니다…… 헬터 스켈터는 혼란입니다. 혼란이 빠른 속도로 닥치고 있습니다. 혼란이 빠른 속도로 닥치고 있는 걸 보지 못한다면, 뭐든 마음대로 불러도 좋습니다."

음모? "음악이 젊은이들에게 일어나서 기성 체제에 맞서라고 말하는 것이, 기성 체제가 급속도로 세상을 망가뜨리고 있다고 말하는 것이 음모입니까? 그게 음모입니까?

음악은 매일 그렇게 말하고 있지만, 여러분이 귀가 먹고, 말을 못 하고, 눈이 멀었기 때문에 그 음악에 귀를 기울이지 못하는 겁니다……

그것은 제 음모가 아닙니다. 제 음악도 아닙니다. 저는 음악이 전하는 것을 들을 뿐입니다. 그 음악이 '일어나라'고 말하고, '죽여라'라고 말합니다.

왜 저를 탓하십니까? 제가 그 음악을 쓴 게 아닙니다."

증인들에 대해서. "예를 들어 대니 디칼로를 봅시다. 그는 제가 흑인들을 증오한다고, 자신과 생각이 비슷했다고 말했습니다…… 하지만 실제로 제가 대니 디칼로에게, 혹은 다른 사람들에게 했던 일은 스스로의 모습을 되비쳐준 것뿐입니다. 만약 그가 자신은 흑인을 좋아하지 않는다고 말하면, 저는 '알았어요'라고 말합니다. 그러면 결과적으로 그는 맥주를 한잔 더 마시고 돌아가며 '찰리도 나랑 생각이 같아'라고 말하는 거죠.

하지만 실제로 그는 찰리의 생각이 어떤지 모릅니다. 왜냐하면 찰리는 절대 자신의 생각을 내비치지 않으니까요.

저는 여러분처럼 생각하지 않습니다. 여러분은 자기 삶을 중요하게 생각하죠. 뭐, 제 삶은 그 누구에게도 중요했던 적이 없습니다……"

린다 캐서비언. 그녀가 맨슨에게 불리한 증언을 한 이유는 그녀가 맨슨을 아버지로 생각하고 있고, 그녀가 아버지를 단 한 번도 좋아한 적이 없었기 때문이다. "그래서 그녀는 증언대에 섰고, 그 죽어가는 남자의 눈을 봤을 때 그것이 *제* 잘못이라고 생각했다고 말합니다. 그게 제 잘못이라고 생각한 건 본인 스스로는 죽음을 마주할 수 없었기 때문입니다. 하지만 그녀가 죽음을 마주할 수 없는 게 제 잘못은 아닙니다. 저는 죽음을 마주할 수 있습니다. 내내 그랬습니다. 교도소에서는 죽음과 함께 삽니다, 늘 죽음에 대한 두려움이 있죠. 그곳은 아주 폭력적인 세계이고, 늘 주변을 살피며 지내야 하니까요."

다이앤 레이크. 그녀는 관심을 받고 싶어했다. 관심을 얻기 위해 문제를 일으키고, 사고를 저지를 사람이다. 그녀는 아버지가 자신을 벌 주길 원했다. "그래서 여느 아버지들이 그렇듯이, 저는 그녀가 목장에 불 지르는 상황을 막기 위해 공들여서 그녀의 정신 상태를 조정한 겁니다."

그랬다, 그는 패밀리의 젊은 여성과 남성들에게 아버지 같은 존재였다. 하지만 그들에게 "약해지지 말고, 저에게 의지하지 마라"라고 가르친다는 의미에서만 아버지였다. 폴 왓킨스도 아버지를 원했다. "제가 말했습니다. '남자가 돼야지, 아들아, 스스로 서서 직접 네 아버지가 되어야만 해'라고요. 그래서 그 친구는 사막으로 가서 폴 크로켓에게서 아버지의 이미지를 발견한 겁니다."

그랬다, 그는 후안 플린의 목에 칼을 들이댄 적이 있다. 그랬다, 그는 자신이 그 모든 살인에 책임이 있다고 말했다. "저는 실제로 일말의 책임감을 느낍니다. 이런 오염에 대해 책임을 느낍니다. 모든 상황에 대한 책임을 느낍니다."

그는 브룩스 포스턴에게 칼을 가지고 가 쇼숀의 보안관을 죽이라고 말한 것을 부인하지 않았다. "저는 쇼숀의 보안관을 모릅니다. 그러니까 제가 그 말을 하지 않았다는 게 아니라, 만약 그런 말을 했다면, 당시에는 그것이 좋은 아이디어라고 생각했을 수도 있다는 뜻입니다.

솔직히 말하면, '칼과 갈아입을 옷을 챙겨서 텍스가 시키는 대로 하세요'라는 말을 한 기억은 없습니다. '칼을 가지고 가서 보안관을 죽이세요'라고 말한 기억도 없습니다.

사실 저는 누가 뱀이나 개, 고양이, 혹은 말을 죽이는 것만 봐도 미칠 지경입니다. 심지어 육식도 좋아하지 않습니다. 저는 그 정도로 살상에 반대하는 입장입니다……

저는 그 어떤 일에 대해서든 죄의식을 전혀 느끼지 않습니다. 왜냐하면 제가 보기엔 잘못된 것이 하나도 없으니까요…… 저는 늘 '사랑이 시키는 대로 하세요, 저는 제 사랑이 시키는 대로 하겠습니다'라고 말했습니다…… 여러분의 자녀들이 여러분이 하고 있는 일을 저지른 것이 제 잘못입니까?

여러분의 자녀들은 어떻습니까?" 맨슨은 화가 난 듯, 마치 그대로 튀어나가 법정 안의 모든 사람을 공격할 것처럼 증인석에서 살짝 일어나며 말했다. "그냥 소수일 뿐이라고 말하실 겁니까?

아주 많이, 더 많은 사람이 같은 방향으로 움직이고 있습니다.

그들이 길거리를 내달리고 있고, 그들이 곧장 여러분을 향해 가고 있습니다!"

나는 맨슨에게 몇 가지만 질문했고, 사전에 준비한 건 하나도 없었다.

문. "당신은 자신이 이미 죽었다고 말했습니다, 맞습니까, 찰리?"

답. "검사님 머릿속에서 죽었다는 겁니까, 아니면 제 머릿속에서 말입니까?"

문. "원하는 대로 정의해보세요."

답. "어린아이도 알다시피, 죽었다는 건 더 이상 없다는 뜻입니다. 그냥 거기 없는 거죠. 거기 없다면, 그건 죽은 겁니다."

문. "당신은 얼마나 오랫동안 죽은 상태입니까?"

맨슨은 직접적인 답을 피했다.

문. "정확히 말하자면, 당신은 자신이 2000년 가까이 죽어 있었다고 생각하지요, 그렇지 않습니까?"

답. "부글리오시 씨, 2000년은 우리가 살고 있는 순간에 비하면 상대적인 겁니다."

문. "104호 법정이 갈보리 언덕에서는 꽤 멀리 떨어져 있다고 말할 수는 있겠죠, 그렇습니까?"

맨슨은 자신이 원하는 건 자신의 자녀들을 데리고 사막으로 돌아가는 것뿐이라고 말했다. 나는 "사막으로 돌아가도록 당신을 풀어줄 수 있는 사람은 이 사건의 배심원 열두 명뿐입니다"라고 말하고, 그가 한 시간 넘게 증언했음을 상기시킨 후 덧붙였다. "이 사건의 배심원들은 당신의 말을 한마디도 듣지 못했습니다." 그리고 마지막 질문을 던졌다. "맨슨 씨, 배심원들 앞에서, 오늘 이 공개 법정에서 했던 증언을 똑같이 해볼 의향이 있습니까?"

카나렉이 이의를 제기했다. 올더가 이의를 인정했고, 나는 반대 심문을 마쳤다.

놀랍게도, 나중에 올더가 왜 맨슨의 반대 심문을 진지하게 하지 않았는지 물었다. 나는 그 이유가 분명하다고 생각했다. 배심원들이 없었기 때문에 나로서는 얻을 것이 없었다. 배심원들이 있는 자리에서 찰리가 증언대에 섰다면 그에게 물어볼 것이 노트 몇 권을 채울 만큼 잔뜩 있었지만, 그 전에 예행연습을 시켜줄 생각은 전혀 없었다.

하지만 올더가 맨슨에게 이제 배심원 앞에서 증언하기를 바라느냐고 물었을 때, 그는 이렇게 대답했다. "이미 제가 지고 있던 짐을 모두 내려놓았습니다."

맨슨이 증언대에서 내려와 피고석 앞을 지날 때, 세 여성 피고에게 "이제 여러분이 꼭 증언하지 않아도 됩니다"라고 말하는 것을 들었다.

중요한 문제였다. "이제"라는 건 무슨 뜻일까? 나는 맨슨이 포기하지 않았고, 적절한 시기를 재고 있을 뿐이라는 의심이 들었다.

변호인 측이 자료를 제출한 후, 올더 판사는 양측이 배심원 안내 및 변론을 준비할 수 있게 열흘간 휴정을 선포했다.

이 재판이 첫 재판이었던 론 휴스는 배심원 앞에서 변론을 펼치거나, 배심원들이 평의에 들어가기 전에 판사가 제공하는 안내 작업에 참여한 적도 없었다. 하지만 그 과정을 기대하고 있는 것이 분명해 보였다. 그는 텔레비전 뉴스 진행자 스탠 앳킨슨에게 레슬리 밴하우튼이 무죄 판결을 받을 걸로 확신한다고 말했다.

하지만 그는 노력해볼 기회조차 얻지 못했다.

11월 30일 월요일 재판이 재개되었을 때 로널드 휴스는 없었다.

올더가 물어봤지만 피고 측 다른 변호인들은 그의 소재를 몰랐다. 피츠제럴드는 론과 마지막으로 이야기한 것이 목요일 혹은 금요일이었고, 당시에는 아무 문제가 없어 보였다고 말했다. 휴스는 종종 로스앤젤레스에서 남서쪽으로 210킬로미터 떨어진 황무지 세스페 핫 스프링스에서 캠핑하며 주말을 보내곤 했다. 전주에 그곳에 큰 홍수가 났다. 휴스가 고립되었을 가능성이 있었다.

다음 날 휴스가 금요일에 두 명의 십대 젊은이 제임스 포셔, 로런 엘더와 함께 엘더의 폴크스바겐을 타고 세스페에 갔다는 사실을 알게 되었다. 두 젊은이는(조사는 받았으나 구금되지는 않았는데)

비가 내리기 시작했을 때 자신들은 LA로 돌아오기로 했지만, 휴스는 일요일까지 머무를 예정이었다고 했다. 하지만 두 사람이 출발하려 할 때 자동차가 진창에 빠졌고, 그들은 차를 버리고 걸어서 나와야 했다.

다음 날인 28일 토요일 아침, 다른 세 명의 젊은이가 휴스를 봤다고 했다. 당시 그는 홍수가 난 지역에서 멀리 떨어진 고지대에 혼자 있었다. 젊은이들과 잠시 대화를 나눌 때 그는 아프거나 위험에 처한 듯한 기색이 전혀 없었다. 거짓말탐지기 검사를 했지만 셋은 더 이상 아는 것이 없음이 밝혀졌고, 구금되지 않았다. 포셔와 엘더가 휴스를 마지막으로 본 것은 하루 전이었고, 두 사람의 말은 거짓말탐지기 검사 없이 그대로 인정되었다.

악천후 때문에 벤투라 보안관서에서는 이틀 후에야 헬리콥터를 띄워 주변 지역을 수색했다. 그사이 소문이 무성했다. 그중 하나는 휴스가 변론을 피하기 위해, 혹은 재판을 거부하기 위해 일부러 나타나지 않았다는 것이었다. 론을 아는 나로서는 강한 의심이 들었다. 기자들이 휴스가 살았던 곳을 찾아갔고, 나는 그 소문이 사실이 아니라고 확신했다.

그는 친구 집 뒤쪽에 있는 차고 매트리스에서 잠을 잤다. 기자들에 따르면 그곳은 엉망이었는데, 어떤 기자는 자신의 개도 거기서는 재울 수 없을 것 같다고 했다. 하지만 차고 벽에는 로널드 휴스의 변호사 자격증이 액자에 든 채 단정하게 걸려 있었다.

휴스의 외모와 일치하는 남자를 봤다는 신고가 여러 곳에서 많이 들어왔지만(리노에서 버스를 타는 모습, 샌버나디노 고속도로에서 차를 타고 가는 모습, 바하의 술집에서 술을 마시는 모습), 어떤 것도 확인되지 않았다. 12월 2일, 올더 판사는 레슬리 밴하우튼에게 휴스가 없는 동안 공동 변호인을 선임하는 게 좋을 것 같다고 말했다. 레슬리는 변호사가 누구든 거부하겠다고 했다.

12월 3일, 폴 피츠제럴드와 상의한 후, 올더는 맥스웰 키스를 레슬리의 공동 변호인으로 선임했다.

차분하고 어딘가 수줍어하는 듯한 사십대 중반의 남성 키스는, 보수적인 복장이나 법정에서의 태도가 휴스와는 무척 대조적이었으며, 법조계에서 평판이 매우 좋았다. 그를 잘 아는 사람들은 그가 양심적이고, 정말 윤리적이며, 대단히 전문적이라고 평가했다. 그가 맨슨이 아니라 자신의 의뢰인을 대변할 것이라는 점은 처음부터 분명히 했다.

그 점을 감지한 맨슨은 자신과 여성들이 직접 변호할 수 있게 변호인을 모두 해임해달라고 요청했다("저들은 우리 변호인이 아닙니다. 우리 말에 귀 기울이지 않습니다"). 또한 그는 자신들이 변론할 수 있게 다시 재판을 열어줄 것도 요청했다. 스물한 명의 증인이 기다리고 있다고 그는 말했다. 두 요청 모두 기각되었다.

키스 앞에는 해야 할 일이 잔뜩 있었다. 변론을 준비하기에 앞서 1만 8000쪽이 넘는 152권의 녹취록부터 숙지해야 했다.

올더는 키스가 준비할 수 있게 재판을 연기했지만, 양측 법률가들에게 이렇게 덧붙였다. "다음 고지가 있을 때까지 매일 아침 9시에 만납시다."

올더가 머릿수를 확인하고 싶은 것임이 분명했다.

며칠 전 스티브 케이는 맨슨이 여성들에게 "폴을 잘 지켜봐요, 뭔가 준비하고 있는 것 같으니까"라고 말하는 것을 들었다. 나는 피츠제럴드에게 그 대화 내용을 분명히 전했다. 변호사 한 명이 사라진 것만으로도 문제는 충분했다.

세스페 지역에 대한 항공 수색과 이어진 지상 수색에서도 휴스의 흔적은 발견되지 않았다. 버려진 폴크스바겐을 찾았고, 법원 속기록 뭉치는 있었지만, 레슬리 밴하우튼의 비공개 정신감정서를 포함해 휴스가 가지고 있는 것으로 알려진 다른 문서들은 사라지고 없었다.

12월 6일, 폴 피츠제럴드가 기자들에게 "론이 죽은 것 같습니다"라고 말했다. 12월 7일, 휴스를 찾는 긴급 전단이 전국에 뿌려졌고, LASO는 "다른 단서가 하나도 없을 때 쓰는 방법입니다"라고 시인했다. 12월 8일, 올더 판사가 앰배서더 호텔에 가서 배심원들에게 재판이 지연되는 이유를 설명했다. 또한 그는 이렇게 덧붙였다. "크리스마스 연휴에도 격리 상태로 지내셔야 할 것 같습니다." 배심원들의 반응은 짐작했던 것보다는 훨씬 더 나았다. 12월 12일, 로널드 휴스의 수색은 정체 상태였다.

휴스가 패밀리에 의해 살해되었다는 소문은 끊이지 않았다. 적어도 당시에는 그에 대한 증거가 없었다. 하지만 그런 추측을 낳을 근거는 차고도 넘쳤다.

한때는 맨슨의 심부름꾼에 불과했지만, 재판이 진행되면서 휴스는 점점 그에게서 독립했고, 결국 두 사람은 직접 변호 여부를 놓고 갈라섰다. 휴스는 자신의 의뢰인이 증언대에 서서 찰리에게 면죄부를 주는 것에 강하게 반대했다. 나는 또한 폴 피츠제럴드를 포함해 여러 소식통을 통해 휴스가 맨슨을 두려워하고 있다는 것을 알고 있었다. 맨슨 사건에서 그런 두려움을 드러낸 것이 황소 앞에서 붉은 깃발을 흔드는 것과 같은 효과를 냈을 수 있다. 두려움이 찰리를 자극한 것이다.

만약 그랬다면 그의 살인에는 몇 가지 이유가 있다. 피고 측의 다른 변호인들을 겁먹게 해서, 그들이 형량 판결에서 맨슨이 직접 변호하게 해줄 수도 있었다(변호인들 중 한 명은 휴스의 실종에 너무 놀라서 그대로 술집으로 갔고, 결국 음주 운전으로 체포되었다). 또한 그 일은 재판을 지연시키려는 술책일 수도 있었다. 그 사태가 무효 심리로 이어지거나, 항소심에서 역전할 수 있는 무대를 만들어주기를 기대한 것이다.

추측일 뿐 그 이상은 아니었다. 단 하나, 어쩌면 관련이 없을지도 모르는 사건만이 예외였다. 휴스의 살아 있는 모습이 마지막으로 목격되고 나흘 후인 12월 2일, 도주 중이던 브루스 데이비스와 낸시 피트먼, 별칭 브렌다 매칸이 경찰에 자수했다. 패밀리의 골수 구성원이었던 두 사람인데, 피트먼은 위조 혐의에 대한 공판일에 나타나지 않은 채 몇 주 동안 도주 상태였고, 힌먼과 셰이 살인에 모두 관여했던 데이비스는, 제로가 "자살을 감행"했던 총을 만졌지만 어찌 된 일인지 지문은 남기지 않았고, 사이언톨로지를 연구하던 두 학생을 살인한 사건의 유력한 용의자였다. 이 살인 사건은 이 책 후반부에서 논의할 것이다. 데이비스는 도주 후 7개월째 잡히지 않고 있었다.

내 머릿속에서 두 사건이 연결된 건, 그저 시기상의 근접성 때문일 수도 있다. 휴스의 실종, 데이비스와 피트먼의 깜짝 자수. 하지만 나는 이 두 일이 어떤 식으로든 관련이 있다는 느낌을 지울 수 없었다.

테이트-라비앙카 재판이 재개되기 사흘 전인 12월 18일, 로스앤젤레스 카운티 대법원은 스티브 그로건(별칭 클렘), 리넷 프롬(별칭 스퀴키), 루스 앤 무어하우스(별칭 위시), 캐서린 셰어(별칭 집시), 그리고 데니스 라이스를, 증인(바버라 호이트)의 재판 참여를 방해하고 단념시키려는 모의를 한 혐의로 기소했다. 살인 모의를 포함해 세 가지 다른 혐의에 대해서는 변호인 측이 995건의 이의를 신청했고, 쇼트 판사는 결국 해당 혐의를 기각했다.

우리는 LSD 과용이 치명적이라고 생각하지만(사건에 관여한 패밀리 구성원들도 같은 생각이었을 것이다), 의학 전문가에 따르면 LSD 과용이 직접적인 사인이 된 경우는 아직까지 알려진 바가 없다고 했다. 하지만 LSD 때문에 주변 환경을 잘못 판단해서 사망으로 이어지는 사건은 많았다. 예를 들어 자신이 날 수 있다고 확신한 누군가가 고층 빌딩의 창밖으로 뛰어내리는 것이다. 나는 바버라가 호놀룰루 시내의 차량들 사이로 뛰어다니는 장면을 상상했다. 그녀가 죽지 않은 건 패밀리의 실수 때문이 아니었다. 하지만 결과적으로, 라비앙카 팀 형사들이 최선을 다했음에도, 검찰은 사건을 탄탄하게 구성하지 못했다.

재판을 기다리는 동안 그들 다섯 명 중 네 명이 보석으로 풀려났다. 그들은 즉시 정의의 전당 교차로에 돌아왔고, 남은 재판 기간 내내 띄엄띄엄 자리를 지켰다. 바버라에게 LSD가 든 햄버거를 건넸던 위시는 임신 9개월 상태였기 때문에 쇼트 판사는 본인의 서약서를 받은 후 풀어주었다. 그녀는 즉시 캘리포니아를 떠났다.

데이비스와 함께 체포된 낸시 피트먼은 위조 혐의에 대해 무죄 판결을 받았다. 몇 주 후 그녀는 카운티 감옥에서 면회 중 맨슨에게 LSD를 건네려다가 다시 체포되었다. 30일 구류 후에 풀려난 그녀는 교차로의 패밀리 모임에 합류했고, 얼마 후에는 또 다른 살인에 가담하게 된다.

## 1970년 12월 21일~1971년 1월 25일

재판이 재개되었을 때 네 명의 피고는 소란을 일으켰는데(맨슨이 판사에게 클립을 던지고, 여성들은 "휴스를 제거"했다며 판사를 비난했다) 모두 그날 신문의 머리기사를 차지하기 위해 계획된 행동임이 분명했다.

올더는 네 명을 퇴장시켰다. 집행관에게 끌려나가던 세이디가 내 뒤로 지나갔다. 나는 그때 벌어진 일을 봤다기보다는 느꼈다. 그녀는 자료가 놓여 있는 탁자를 쓰러뜨렸고, 그게 내 뒤통수를 때린 것이다. 사고를 목격한 사람들은 그녀가 벅사의 칼을 집으려고 달려드는 것처럼 보였다고 말했다. 그 사건 이후로 칼은 피고들의 손이 닿지 않는 먼 곳에 두었다.

맥스웰 키스는 녹취록과 다양한 문서를 다 읽은 덕분에 증거들에는 익숙해졌지만, 자신이 효과적으로 의뢰인을 대변할 수 있을지 전혀 확신이 없다고 말했다. 피고들이 증언하는 자리에 자신은 있지 않았고, 따라서 그들의 처신이나 신뢰성을 판단할 수 없기 때문이라고 했다. 이를 근거로 그는 무효 심리를 요청했다.

키스는 끈질기게 주장했지만, 올더 판사는 상소 법원에서는 실제 재판에 없었던 법률가들이 매일 논거를 펼치고 있다고 언급하며 그 요청을 기각했다.

그것을 포함해 몇 가지 요청이 기각된 후, 검찰 측 모두변론이는 재판을 시작할 때 하는 모두진술과는 완전히 구분된다이 시작됐다. 캘리포니아에서는 유죄 여부를 판정하는 재판 단계에서 검찰 측이 모두변론을 하고, 이어서 변호인 측이 모두변론(혹은 반론)을 한 다음, 마지막으로 최종 변론(혹은 요약 변론)을 한다. 따라서 유죄 여부를 판정하는 재판에서는 검찰 측이 마지막 발언을 하는 셈이다.

형량을 결정하는 재판까지 열린다면, 양측이 두 번의 변론을 하고 변호인 측이 마지막 발언을 하게 된다.

나는 이미 재판이 시작될 때부터 몇백 시간을 들여 유죄 판정 재판의 모두변론을 준비했다. 결과는 손으로 쓴 400쪽가량의 노트에 담겨 있다. 이때쯤엔 그 내용을 아주 잘 알고 있어서 읽어볼 필요도 없이, 그저 가끔 살피며 확인만 하면 될 정도였다.

나는 도표나 기타 자료를 활용해 살인, 공동 모의 등 배심원들이 고려해야 할 법적 항목을 깊이 논의하는 것부터 시작했다. 판사가 배심원들에 제공한 지침이 인쇄물로 전달되었는데, 막연하고 추상적인 용어로 적힌 공식적인 법조문들이어서, 종종 변호사들도 이해할 수 없는 내용이었다. 뿐만 아니라 판사들은 배심원들에게 그 법조문이 사건에서 밝혀진 사실에 어떻게 적용되는지도 말해주지 않았다. 따라서 배심원들의 머릿속에서 법조문은 손에 잡히는 어떤 것과 전혀 이어지지 않는, 그저 허공에 떠 있는 실타래일 뿐이었다. 나는 재판을 맡을 때마다 상식적인 예를 들고, 법률 용어를 배심원들이 이해할 수 있는 단어와 생각으로 번역하고, 말 그대로 그 조항들을 증거와 이어가며 연결점을 만들어내는 작업에 주안점을 두었다.

그 후에는 모두변론의 핵심 부분, 즉 증인 한 명 한 명의 증언을 요약하고, 때로 그들이 증언대에서 했던 말을 그대로 인용하며, 그 증언을 다른 증거와 연결하고, 거기서 추론을 끌어내는 작업에 착수했다. 변론에 사흘이 걸렸고, 빡빡하고 잘 짜인 발표였으며, 변론을 마칠 때쯤에 나는 맨슨의 지배력과 그의 동기, 사건과의 관련성, 그리고 왓슨, 앳킨스, 크렌윙클, 밴하우튼의 관련성까지 모든 의심을 넘어 확고히 전달했다는 느낌이 들었다.

찰리도 파악한 듯했다. 모두변론 마지막에 그는 자신을 풀어달라며 모핀 집행관을 매수하려고 했다. 첫날 모두변론을 마친 후에는 밤에 탈옥을 시도하기도 했다.

LASO에서는 공식적으로 부인했지만 부관 중 한 명이 내게 자세한 상황을 이야기해주었다. 매일 맨슨의 몸과 감방을 수색해왔음에도 맨슨은 끝에 추가 달린 믿을 수 없이 긴 끈을 어떻게든 하나 구할 수 있었다. 어떤 도구나 수단을 사용했는지는 알 수 없지만(해당 공간은 감시가 끊이지 않는 곳이었다), 그는 그 끈을 자신의 감방 앞 복도를 지나 창밖으로 늘어뜨렸고, 그대로 끈은 10층 건물을 지나 지면까지 닿았다. 그리고 한 명 혹은 여러 명의 공범이 반입품을 거기에 묶었다. 하지만 무슨 일인가가 생겨 맨슨은 그 끈을 다시 당겨 올릴 수 없었다. 다음 날 부관 한 명이 정의의 전당 모퉁이에서 끈과 반입품을 발견했다. 마리화나 한 봉지와 쇠톱 날 한 자루였다.

바르게 행동하겠다는 약속을 받고 올더 판사는 다음 날 아침 세 여성 피고를 법정에 복귀시켰다. 복귀할 생각이 없다고 한 맨슨은 격리실에 남아 재판 과정을 들었다.

내가 다시 변론을 시작하자마자 레슬리가 소동을 일으켰다. 세이디와 케이티가 따라했고, 세 명은 다시 퇴장당했다. 이번에는 세이디가 내가 서 있는 연단 앞으로 지나갔다. 갑자기, 아무 경고도 없이 그녀가 여성 부관의 다리를 차고는, 내 노트를 집어들고 반으로 찢었다. 그 노트를 다시 챙기며 나도 모르게 낮은 목소리로 "이런 쌍년이!"라고 내뱉었다.

도발당하기는 했지만, 나는 냉정함을 유지하지 못한 것을 후회했다.

다음 날 롱비치『인디펜던트』에 다음과 같은 머리기사가 실렸다.

맨슨 검사
수전에게 한 방 먹이다

메리 니스웬더 기자는 이렇게 적었다. "핵심 검사가 욕을 하고 피고 중 한 명을 때리려 하면서 소동은 절정에 달했다…… 부글리오시는 여성의 손을 치며 자신의 노트를 빼앗고, 그런 다음 그녀에게 '이런 쌍년이!'라고 소리쳤다."

법정에 있던 모든 사람과 마찬가지로, 올더 판사도 그 사건을 조금 다르게 봤다. 기록을 위해 그 일을 정리하며, 그는 내가 수전과 몸싸움을 벌였다는 혐의에 대해서 이렇게 말했다. "완전히 잘못됐다. 부글리오시 씨는 그 누구와도 몸싸움을 벌이지 않았다. 실제로는 [그녀가] 연단을 지나던 중에 그 위에 있던 노트를 집어든 것이다."

나는 이 재판을 취재한 기사 중 이것이 유일한 오보였다고 말하고 싶지만, 안타깝게도 몇몇 기자의 보도에는—그중에는 대표 통신사 기자도 있었고, 그런 보도는 전국의 신문에 실렸다—너무 오류가 많아서, 마치 그들이 다른 재판을 참관하고 있는 것만 같았다. 반면 『로스앤젤레스타임스』의 존 켄들이나 로스앤젤레스『헤럴드이그재미너』의 빌 파 같은 기자는 본인의 일을 탁월하게 해내며, 종종 법률가들이 놓친 작은 의미까지 찾아냈다.

크렌윙클이 퇴장한 후, 올더 판사는 양측 법률가들을 판사석으로 불러 자신은 더 이상 참을 수 없다고 말했다. "보시다시피 지난 몇 달 동안 피고들이 합심해서 움직인다는 것을 법원은 명확히 알았습니다…… 피고들이 법원을 자신들의 무대로 활용하고 있다는 것이 명확한 상황에서, 어떤 미국 법정도 그런 유의 터무니없는 상황에 말려들 이유는 없다고 생각합니다……." 이어서 올더는 유죄 판결 재판의 남은 기간 동안 피고들은 법정에 돌아올 수 없다고 선언했다.

나는 크리스마스 휴정 전에 내 변론을 마치기를 희망했지만 카나렉의 수많은 이의 제기 때문에 그럴 수 없었다.

크리스마스에도 격리되어야 했던 배심원들의 기분은 호텔 메뉴판에 "아, 속았다"라고 쓴 메모를 보면 잘 알 수 있었다. 가족 방문이 허락되었고, 앰배서더 호텔에서 특별 파티도 준비했지만, 대부분은 비참한 시간이었다. 이렇게 오랫동안 집을 떠나 지낼 거라고 생각한 사람은 아무도 없었다. 재판이 끝난 후에도 자신들의 일자리를 유지할 수 있을지 걱정하는 사람이 많았다. 그리고 판사를 포함해 누구도, 그게 언제가 될지 감히 짐작할 수 없었다.

주말에는 배심원과 후보 배심원들이(언제나 두 명의 남성 부관 및 여성 부관이 동행했다) 디즈니랜드, 영화 스튜디오, 샌디에이고 동물원 등을 방문했고, 대부분은 서던캘리포니아를 평생 봐온 것보다 훨씬 더 많이 구경했을 것이다. 그들은 로스앤젤레스 전역에서 저녁 식사를 했다. 볼링, 수영을 하고 심지어 나이트클럽에도 갔다. 하지만 이는 그들이 겪은 긴 고난에 대한 부분적인 보상일 뿐이었다.

사기를 유지하기 위해 집행관들은 창의력을 꽤나 발휘했다. 예를 들어 역사적으로 가장 널리 보도되는 재판이긴 했지만 대부분의 일이 비공개회의에서 진행되고 기자들이 보도할 내용이 거의 없는 날도 있었다. 그럴 때면 빌 머리 집행관은 배심원들이 여전히 머리기사를 차지하고 있는 듯한 인상을 주기 위해 신문의 많은 부분을 오려냈다.

하지만 배심원들도 서서히 압박을 느끼기 시작했다. 대부분 나이가 많았던 그들은 본인만의 사고방식이 있었다. 어쩔 수 없이 논쟁이 일었고 내분도 생겼다. 성격이 급한 남성 배심원 한 명이, 공용 텔레비전에서 자신이 원하는 채널을 보여주지 않는다는 이유로 앤 오어 집행관을 때리는 일이 있었다. 종종 머리와 오어가 새벽 4시나 5시까지 자지 못하고 배심원들의 불평을 들어줘야 하는 날도 있었다. 유죄 판결 재판의 막바지에 이르면서, 나는 증거가 아니라, 배심원들이 의견 일치를 보지 못한 채 평의를 시작하는 상황이 걱정되기 시작했다.

배심원들의 만장일치를 깨는 데는 한 명이면 충분했다.

12월 28일 월요일, 나는 피고 측 변호인의 주장이 배심원들에게 미칠 심리적 영향을 줄이기 위해, 이번 사건을 어떻게 생각하는지 전하는 것으로 모두변론을 마무리했다.

"변호인들은 공동 모의가 없었다고 주장할 것입니다…… 변호인들은 헬터 스켈터 동기는 말이 안 되고, 우스꽝스러우며, 믿을 수 없다고 여러분께 말할 것입니다…… 비틀스의 노래에 대한 맨슨의 해석은 평범하다고 말할 것이고…… 린다는 LSD에 취해 제정신이 아니라고 말하고, 그녀가 면책특권을 얻기 위해 이야기를 꾸며냈다고 말하고, 린다의 증언을 확증해주는 보충 자료가 없다고 말할 것입니다…… 아마 변호인들은 자신들이 변론하지 않은 것은 검찰 측이 사건을 증명하지 못했기 때문이라고 말할 것입니다…… 그들은 찰스 맨슨이 살인자가 아니라고, 그가 벼룩 한 마리도 해치지 못하는 사람이라고 말할 것입니다.

변호인들은 찰리가 패밀리의 지도자가 아니라고 말할 것입니다. 그가 이 살인에 대한 명령을 내리지 않았다고…… 이 사건은 정황 증거밖에 없는 사건이라고 말할 것입니다. 마치 정황 증거가 잘못된 것이라도 되는 양 말입니다. 그들은 린다의 증언이라는 직접 증언은 완전히 무시하고 있습니다.

1만 8000쪽의 녹취록에서, 변호인들은 여기저기 증인들의 증언이 일치하지 않는 부분들을 찾아낼 것입니다. 그건 당연한 일이지만, 변호인들은 그걸 이용해 검찰 측 증인이 거짓말을 한 거라고 주장할 겁니다."

그런 다음 나는 배심원들에게, 이 사건의 증거를 진지하게 평가할 수 있는 지성을 갖춘 남녀로서, 상식과 이성을 발휘해, 정확하고 공정한 판결을 내려줄 것을 부탁했다.

"이 나라와 주의 법률에 근거해 피고들은 재판을 받을 권리가 있고, 그렇게 되었습니다.

또한 그들은 편견 없는 배심원들에게 공정한 재판을 받을 권리가 있고, 역시 그렇게 되었습니다.

이 모든 것이 그들이 받아야 할 권리였습니다!

그들이 이렇게 일곱 건의 무분별한 살인 사건을 저질렀기 때문에 캘리포니아주 검찰은 유죄 판결을 내릴 권리가 있습니다."

퍼트리샤 크렌윙클의 모두변론을 시작하면서 폴 피츠제럴드가 말했다. "검찰 측이 증언대에 세운 증인들을 모두 반박하려면 1974년까지 이 자리에 있어야 할 것입니다." 생각지 않게 검찰 측 사건이 탄탄함을 강조했을 뿐 아니라, 그에 대해 변호인 측이 맞설 능력이 없음을 드러낸 것이다.

피츠제럴드의 변론은 매우 실망스러웠다. 주장할 수 있는 부분이 있었음에도 하지 않았을 뿐 아니라, 증거를 잘못 말하는 일이 되풀이되었다. 그는 세브링이 교살당했다고 했다가, 피해자들은 모두 칼에 찔려 사망했다고 했다. 팀 아일랜드가 페어런트의 비명을 들었다고 했다. 샤론을 "메리 폴란스키"라고 불렀고, 범인들이 침실 창문을 통해 테이트 저택에 들어갔다고 했다. 프라이코프스키가 칼에 찔리고 폭행당한 횟수를 헷갈려했다. 그는 두 번째 밤에 린다가 운전했다고 했지만, 실제로는 맨슨이 했다. 반대 경우도 있었다. 또한 그는 스팬 목장 습격 당시 현장에 있지도 않던 부관의 이름을 언급하기도 했다.

검찰은 "살인, 살인, 살인"을 강조했다고 피츠제럴드는 말했다. "사실 이것이 살인인지부터 결정해야 합니다." 배심원들이 가장 먼저 결정해야 할 것은 "범죄가 있었다면, 그것이 어떤 범죄인가 하는 점입니다."

"그리고 22구경 권총은 누군가를 죽이는 데는 효과적이지 못하다는 생각이 듭니다만……"

"누군가를 교살하는 것은 명백히 말이 안 되고……"

"만약 당신이 범죄 기획자라면, 그리고 검찰이 주장하는 것처럼 당신에게 잘 보이려는 노예들의 정신과 몸에 절대적인 지배력을 행사할 수 있다면, 남자들이 해야 할 일에 여자들을 보냈겠습니까?…… 신사 숙녀 여러분, 여성은 생명을 낳는 사람입니다. 사랑하고, 임신하고, 아기를 낳는 사람입니다. 그들은 생명을 주는 사람이지, 그것을 앗아가는 사람이 아닙니다. 여성은 폭력에 반대합니다……."

피츠제럴드의 변론 중 자신의 의뢰인을 향한 증거를 언급한 부분은 일부밖에 없었다. 그건 확실히 반박이라고 할 수 없었다.

그는 이렇게 말했다. "[테이트 저택에서 발견된] 지문이 퍼트리샤 크렌윙클의 것인지 의심스럽습니다." 설사 그것이 그녀의 것이라고 해도, "퍼트리샤 크린윙클이 손님이나 친구로 그 집에 초대를 받았다고 생각할 수 있고, 그럴 가능성이 있으며, 또한 합리적이기도 합니다".

대단한 친구다!

크렌윙클이 다이앤 레이크에게 했다는 소위 자백, 즉 자신이 애비게일 폴저를 침실에서 거실까지 쫓아가 찔렀다는 말도 전혀 자백이 아니라고 피츠제럴드는 말했다. 그녀는 자신이 언제 어디서 그 말을 했는지 밝히지 않았다. 어쩌면 그 대화는 1967년 샌프란시스코에서 이루어진 것일 수도 있다.

피츠제럴드는 린다 캐서비언의 신뢰성을 무너뜨리는 작업에 아주 많은 시간을 할애했다. 모두변론에서 나는 이렇게 언급했다. "신사 숙녀 여러분, 린다 캐서비언은 저 증언대에 18일 동안 섰습니다. 그 어떤 사건의 그 어떤 증인보다 더 이례적으로 긴 시간 동안 증언한 겁니다. 저는 그 18일 동안 린다 캐서비언이 늘 진실과 함께했다는 점에 여러분도 동의하실 거라고 생각합니다." 피츠제럴드는 그 점을 반박했다. 하지만 그는 린다의 발언에서 일치하지 않는 점을 단 하나도 인용하지 못했다.

그의 변론에서 상당 부분은 찰스 맨슨에 대한 사건에 할애되었다. 피츠제럴드는 맨슨의 철학에 대한 증언이 모두 "그가 어느 정도는 우파 성향의 히피"임을 보여준다고 말했다. 맨슨, 맨슨, 맨슨.

피츠제럴드는 자신의 의뢰인 퍼트리샤 크렌윙클이 아니라, 찰스 맨슨에 대한 장황하고도 열정적인 탄원으로 변론을 마쳤다. 그는 맨슨에 대한 증거가 충분하지 않다고 결론지었다.

퍼트리샤 크렌윙클에 대한 증거가 충분하지 않다는 언급은 단 한 번도 없었다.

그는 자신의 의뢰인에게 무죄 판결을 내려달라고 배심원에게 요청하지도 않았다.

데이 신은 자신의 의뢰인 수전 앳킨스에게 불리한 증언을 했던 증인들의 목록을 만들었다. 한 명 한 명에 대해 반박하겠다고 말했다.

"목록의 첫 번째 증인은 린다 캐서비언입니다. 저는 피츠제럴드 씨가 캐서비언 양의 증언을 적절하게 다루었다고 굳게 믿습니다."

그런 다음 그는 디칼로, 하워드, 그레이엄, 워커의 전과 기록을 훑었다.

대니 디칼로에 대해, "이런 자가 여러분의 사위가 된다면 어떻겠습니까? 이런 자가 여러분의 딸을 만나고 다닌다면 어떻겠습니까?"

버지니아 그레이엄에 대해, "이런 여성을 여러분의 크리스마스 파티에 초대할 수 있겠습니까? 아마 은식기는 모두 숨겨야 할 것입니다.

부글리오시 씨가 웃었습니다. 적어도 제가 졸리게 한 것 같지는 않네요."

신의 변론은 녹취록 38쪽에 불과했다.

신에 이어 등장한 어빙 카나렉의 변론은 모두 1182쪽이었다.

카나렉은 맨슨에 대한 내 주장은 대부분 무시했다. 방어하기보다는 계속 공격적인 자세를 취하며 다른 두 명, 즉 텍스와 린다를 반복해서 강조했다. 린다 캐서비언이 스팬 목장에서 가장 먼저 잠자리를 가진 사람은 누구인가? 누구를 위해 5000달러를 훔쳤는가? 테이트 저택에 함께 갔던 사람은 누구인가? 찰스 "텍스" 왓슨이었다. 이 살인 사건에 대한 가장 논리적인 설명은 단순하다고 카나렉은 말했다. "한 남성에 대한 한 여성의 사랑"이다.

자신의 의뢰인에 대해서 카나렉은, 그가 평온한 사람이며, 죄가 있는지 모르겠지만 있다면 유일한 죄는 사랑을 설파하고 실천한 것뿐이라고 했다. "이제 검찰이 이러한 혐의를 씌우고 있는데, 그들은 불손한 이유로 찰리 맨슨을 잡으려 하고, 제 생각에 이는 맨슨의 생활 방식과 관련이 있는 것 같습니다."

그의 발언의 많은 부분이 내게는 우스꽝스럽게 들렸지만, 나는 그의 변론 중에 메모를 많이 했다. 그는 작은 의심들을 심었고, 만약 그것들에 대해 반박하지 않으면 배심원들이 평의에 들어갔을 때 큰 의심으로 나아갈 수도 있기 때문이었다.

만약 범행의 목적이 흑백 전쟁을 일으키는 거라면, 왜 두 번째 밤에서 멈췄던 걸까? 세 번째 밤, 네 번째 밤은 왜 없었던 걸까?…… 검찰 측은 왜 나데르와 해안의 경관, 그리고 린다가 목숨을 구해줬다고 주장하는 남성을 데리고 오지 못했을까? 화장실 변기에서 발견된 손가방을 통해 맨슨 씨가 인종 전쟁을 시작하려 했다고 믿을 수 있을까?…… 텍스가 페어런트의 차량을 진입로까지 민 거라면, 왜 그의 지문은 차량에서 발견되지 않았는가?

카나렉은 몇 번이나 이 재판을 "서커스"라고 불렀고, 이에 대해 올더 판사는 격한 반응을 보였다. 또한 그는 검찰 측이 증거를 감추고 있다는 카나렉의 주장에 대해서도 격하게 반응했다. "이번 재판에서 그 누구든 뭔가를 숨겼다는 증거는 전혀 없습니다"라고 올더는 말했다.

카나렉의 변론 이틀째가 끝나갈 무렵 올더 판사는 카나렉이 배심원들을 졸리게 하고 있다고 했다. "제가 당신에게 변론을 어떻게 하라고 말할 수는 없습니다", 올더가 판사석에서 말했다. "하지만 변론을 과도하게 길게 끄는 것이 당신의 의뢰인에게 최선의 효과를 내지는 않을 거라고 조언합니다……."

그는 셋째 날과 넷째 날에도 계속했다.

다섯째 날, 배심원들이 자신들에게는 잠 쫓는 약을, 카나렉 씨에게는 수면제를 좀 주라는 메모를 집행관에게 건넸다.

여섯째 날 올더가 카나렉에게 경고했다. "당신은 이 재판에서 다른 권리들을 사실상 허비한 것과 마찬가지로, 지금 변론의 권리를 허비하고 있습니다…… 변론이 더 이상 변론이 아니라 의사진행방해가 되는 어떤 지점이 있습니다, 카나렉 씨…… 지금 당신이 그 지점에 닿으려 하고 있습니다."

카나렉은 하루를 더 끈 뒤 다음과 같은 말로 자신의 변론을 마쳤다. "찰스 맨슨은 그 어떤 혐의에 대해서도 무죄입니다."

카나렉의 변론 도중에 맨슨은 격리실에서 몇 번이나 끼어들었다. 한번은 배심원들에게 들릴 만큼 큰소리로 "그냥 자리에 앉으라고요! 문제를 더 악화시키고 있습니다"라고 외치기도 했다.

어느 날 점심 휴정 중에 맨슨이 나를 보자고 했다. 이전에 있었던 몇 번의 요청에 대해서는, 증언대에 서면 얼마든 나와 이야기할 수 있다고 말하며 거부했지만, 이번에는 그가 원하는 게 뭔지 알고 싶었다.

요청을 받아주길 잘했다는 생각이 들었는데, 그와 가졌던 대화 중 가장 얻은 게 많았다. 맨슨이 공동 피고인 세 여성에 대한 자기감정을 정확히 말해주었던 것이다.

맨슨은 몇 가지 잘못된 인상을 깔끔하게 정리하고 싶다고 했다. 하나는 자신이 "우파 히피"라는 피츠제럴드의 언급이었다. 개인적으로 나는 그 말이 어느 정도 유효하다고 생각했지만, 맨슨의 생각은 달랐다. 그는 스스로 히피라고 생각한 적이 한 번도 없다고 했다. "히피는 기성 체제를 싫어하기 때문에 숨어들어서 자신들만의 체제를 만듭니다. 그들도 다른 이들보다 나을 게 없어요."

또한 그는 세이디와 케이티, 레슬리가 자신이 고를 수 있는 최고의 인물들이었다고 생각하지 않길 바란다고 했다. "여성들을 살펴봤더니 이들 셋이 가장 남자처럼 보여서 고른 겁니다"라고 그는 말했다.

무슨 이유에서인지 그는 내게 그 점을 확신시키려 했고, 다시 한 번 강조하며 덧붙였다. "저는 아주 이기적인 사람입니다. 이 여성들에겐 아무 관심도 없습니다. 저는 저 자신을 위해 나선 거라고요."

"그들에게도 그렇게 이야기했습니까, 찰리?" 내가 물었다.

"그럼요. 직접 물어보세요."

"그렇다면 왜 그들은 당신을 위한 일을 하는 걸까요? 왜 그들은 당신이 가는 곳이라면 어디든, 심지어 샌퀜틴의 가스실까지라도 기꺼이 따라가려는 걸까요?"

"왜냐하면 제가 진실을 말해줬으니까요", 맨슨이 대답했다. "다른 남자들은 그들을 속이고 '사랑해, 너만 사랑해' 같은 헛소리를 하죠. 저는 그들을 솔직하게 대합니다. 저는 제가 세상에서 가장 이기적인 남자라고 말합니다. 사실이 그렇습니다."

하지만 당신은 형제를 위해 죽을 수 있다고 늘 말하지 않았느냐고 내가 깨우쳐주었다. 그건 모순 아닌가?

"아니, 그것까지 이기적인 겁니다." 그가 대답했다. "제가 형제를 위해 기꺼이 죽지 않으면, 형제도 나를 위해 목숨을 바치지 않을 테니까요."

맨슨이 내게 솔직히 말하고 있다는 느낌이 강하게 들었다. 세이디, 케이티, 그리고 레슬리는 찰리를 위해 기꺼이 살인을 저지르고, 심지어 자기 목숨까지 바칠 수 있었다. 하지만 찰리는 그들을 전혀 신경 쓰지 않고 있었다.

레슬리 밴하우튼을 변호하게 된 맥스웰 키스는, 증인들의 증언 당시에 현장에 있지도 않았지만 네 변호사 중 최고의 변론을 펼쳤다. 그는 또한 다른 피고 측 변호인들이 재판 내내 엄두도 내지 못한 일도 했다. 맨슨 근처에도 간 적이 없던 그가, 맨슨에게 일격을 가한 것이다.

"목장의 여성들이 모두 맨슨을 신으로 믿었다는 기록이 반복적으로 나오고 있습니다, 정말로 그렇게 믿었던 것 같습니다.

여성들이 그의 명령을 어떤 의문도 제기하지 않고 따랐다는 기록이 나옵니다.

여성 공동 피고들과 왓슨 씨가 맨슨 씨의 연장이라는(즉 그의 손발이라는) 검찰 측 가설을 인정한다면, 만약 그들이 생각 없는 로봇임을 인정한다면, 그들은 사전에 모의한 살인에 대해 유죄가 될 수 없습니다." 일급 살인을 저지르려면 사전에 악의를 품어야 하고, 생각하고 계획을 짜야 하는 거라고 키스는 주장했다. "하지만 이들은 결정을 내릴 정신이 없었고…… 여성 피고들 및 왓슨 씨의 정신은 다른 누군가에 의해 완전히 조종받고 있었습니다."

레슬리 본인에 대해서 키스는, 그녀가 검찰이 주장한 모든 짓을 했다고 해도 여전히 죄를 지은 것은 아니라고 주장했다.

"기껏해야, 만약 다이앤 레이크의 말을 믿고 싶다면, 그녀는 그 자리에 있었을 뿐입니다.

기껏해야, 증거에 따르면, 그녀는 썩 좋지는 않았던 이번 살인 임무 후에 뭔가를 했을 뿐입니다.

그리고 기껏해야, 그녀는 살인 임무 후에 일부 지문을 닦아냈을 뿐입니다. 그런 행동 때문에 그녀가 동조자나 선동자가 되는 것은 아닙니다.

역겨우시겠지만, 이미 죽은 사람을 또 찔렀다고 해서 살인이나 살인 공모에 대해 유죄 판결을 받지는 않습니다. 이 나라에서는 사자死者를 훼손하는 것이 분명 범죄이지만, 그녀는 그 혐의로 기소된 것이 아닙니다."

이 사건은 반드시 증거에 기초해 판정되어야 한다고 키스는 주장했다. 그리고 "증거에 따르면 신사 숙녀 여러분, 저는 이렇게 말하는 바입니다. 레슬리 밴하우튼은 석방해주셔야 합니다".

나는 1월 13일에 최종 변론(요약 변론)을 시작했다.

내 생각에 최종 변론은 재판에서 가장 중요한 부분인데, 그것이 배심원들에게 하는 마지막 말이기 때문이다. 다시, 몇백 시간을 준비했다. 변호인들의 주장을 하나하나 반박하는 것으로 시작했다. 이를 통해 남아 있는 의심을 해소할 수 있길 바랐는데, 그렇게 하지 않으면 사건의 핵심과 그 심각성을 최대한 확고하게 요약해야 하는 마지막 단계에서 배심원들이 혼란을 느낄 수 있기 때문이다.

변호인 한 명 한 명을 차례로 언급하자면, 나는 피츠제럴드의 변론에서 법률 혹은 증언과 관련해 스물네 가지 오류를 지적했다. 맨슨이 이 살인을 명령한 거라면 여성들이 아니라 남성들을 보냈을 거라는 암시에 대해 나는 이렇게 물었다. "피츠제럴드 씨는 케이티, 세이디, 레슬리가 이런 일에 적합하지 않다고 암시하는 겁니까? 피츠제럴드 씨는 그들이 만든 수공품에는 만족하십니까?" 피츠제럴드는 또한 린다가 피 묻은 옷이 발견되기 며칠 전에 그것들을 해당 장소에 숨겨둔 거라고 주장했다. 나는 린다가 12월 2일 캘리포니아로 돌아와 구금되었으며, 그 옷들은 12월 15일에 발견되었음을 배심원들에게 상기시켰다. "아마 피츠제럴드 씨는 린다가 그사이 어느 날 밤 시빌 브랜드에서 빠져나와 옷들을 챙기고, 거기에 피를 묻힌 다음, 베니딕트 캐니언 로드까지 차를 얻어 타고 가 옷을 언덕에 버리고, 다시 차를 얻어 타고 감옥으로 돌아와 자기 방에 숨어들었다는 이야기를 여러분이 믿어주기를 바라는 듯합니다."

피츠제럴드는 이 사건의 정황 증거들을 하나의 사슬에 비유한 다음, 하나의 연결 고리가 사라지면 사슬 자체가 망가지는 거라고 했다. 나는 그것들을 밧줄에 비유했다. 밧줄의 가닥 하나하나는 사실이며, "사실이 하나씩 더해질 때마다 밧줄은 더 강력해지고, 마침내 그 힘으로 피고들에게 정의의 심판을 내릴 수 있는 것입니다".

신은 반박할 만한 논점을 거의 제시하지 못했다. 카나렉은 대단히 많은 논점을 제시했고, 나는 그것들을 하나하나 반박했다. 몇 개만 예를 들자면,

카나렉은 검찰 측이 일곱 점의 의상을 피고들에게 왜 입어보게 하지 않았느냐고 물었다. 나는 그 질문을 뒤집어, 그 옷들이 맞지 않는다면, 왜 변호인들이 그것을 배심원 앞에서 보여주지 않았느냐고 물었다.

페어런트의 차량에서 왓슨의 지문이 발견되지 않은 것에 대해서는, 나는 LAPD가 출동한 범죄 현장의 70퍼센트에서 판독 가능한 지문이 발견되지 않는다는 돌런의 증언을 상기시켜주었다. 또한 손을 움직이면서 왓슨의 지문이 판독 불가능하도록 뭉개졌을 가능성이 크다고 덧붙였다.

어떤 질문에 대한 답이 없을 때면 솔직하게 인정했다. 하지만 보통은 적어도 하나, 혹은 여러 개의 답이 가능했다. 안경은 누구 것일까? 솔직히 우리는 알 수 없다. 하지만 세이디가 로잰 워커에게 했다는 말을 근거로, 그것이 범인들의 물건임을 알고 있다. 의자에

서 발견된 벅사의 칼에는 왜 피가 묻어 있지 않았을까? 카나렉은 그 점을 지적했다. 좋은 지적이었다. 우리 쪽에서는 답할 수 없었다. 하지만 세이디가 보이텍과 샤론을 찌르기 전에, 아마 보이텍을 묶으려고 시도하던 중에 칼을 잃어버렸고, 나중에는 케이티나 텍스에게 칼을 빌린 거라고 추측해볼 수는 있었다. "그녀가 어떤 칼을 사용했는가 하는 것보다 더 중요한 점은, 그녀가 두 사람을 찔렀다고 버지니아 그레이엄과 로니 하워드에게 자백했다는 사실입니다."

7일에 걸쳐 진행된 카나렉의 변론의 핵심은, 검찰이 자신의 의뢰인 찰스 맨슨에 대한 혐의를 조작했다는 주장이라고 나는 배심원들에게 말했다.

"달리 말하자면, 신사 숙녀 여러분", 내가 지적했다. "일곱 건의 잔혹한 살인이 있었고, 경찰과 검찰은 합심해서 '히피들을 잡아 기소하자, 생활 방식이 마음에 안 드는 누군가를 말이야. 그냥 어떤 히피든 괜찮아'라고 마음먹은 후, 우리가 작위적으로 불쌍한 찰스 맨슨을 골랐다는 이야깁니다.

찰스 맨슨이 이 재판의 피고가 된 건, 그가 젊은 여성들과 잠자리를 갖는 긴 머리의 부랑자이고, 신랄한 체제 비판자여서가 아닙니다.

그가 재판에 나온 건, 그가 일곱 명의 사람이 차가운 최후를 맞이하도록 명령을 내린, 사악하고도 극악무도한 살인자이기 때문입니다. 그것이 그가 재판에 선 이유입니다."

나는 검찰 때문에 이 재판이 유난히 길어졌다는 카나렉의 주장에 대해서도 강하게 반박했다. 배심원들은 크리스마스와 새해를 집에서 보내지 못했는데, 그 점에 대해 검찰을 탓하며 평의에 들어가는 것은 원치 않았다.

"어빙 카나렉, 지루함의 화신 같은 그가 이 재판을 6개월 이상 끌어온 것에 대해 검찰을 탓하고 있습니다. 여러분이 최고의 증인입니다. 검찰이 부른 증인들은 모두 짧고 핵심적인 질문을 받았을 뿐입니다. 증인들이 며칠씩 증언대에 서야 했던 건 직접 심문이 아니라, 반대 심문 때문이었습니다."

맥스웰 키스에 대해서는 "자신의 의뢰인 레슬리 밴하우튼을 위해 할 수 있는 것을 모두 해냈다"고 나는 평가했다. "그는 최선을 다했습니다. 키스 씨에게는 안된 일이지만, 그의 주장을 뒷받침할 만한 사실과 법률은 없습니다. 키스 씨, 본인의 주장을 유심히 들여다보면, 린다 캐서비언과 다이앤 레이크가 진실을 이야기했다는 사실을 부인할 수 없을 겁니다. 기본적으로 그의 입장은, 레슬리가 린다와 다이앤의 대화에서 언급한 그 일을 했다고 해도, 여전히 유죄는 아니라는 것입니다.

저는 맥스가 적어도 그녀의 무단침입에 대해서는 유죄를 인정하는지 궁금합니다."

키스, "인정합니다."

맥스의 반응이 나를 놀라게 했다. 그는 사실상 레슬리가 라비앙카 저택에 있었다는 점을 인정한 것이다.

레슬리가 로즈메리 라비앙카를 찔렀을 때 이미 그녀가 사망한 상태였다고 해도, 그녀는 공동 모의와 동조 및 선동자로서 일급 살인에 유죄가 된다고 나는 배심원들에게 말했다. 범죄 현장에 함께 있으면서 심리적으로 지원해줬다면, 그것으로 동조 및 선동죄가 된다. 하지만 레슬리는 그보다 훨씬 더 나아가서, 피해자를 찌르고 지문을 닦는 등의 행동을 했다.

또한 로즈메리가 죽은 후에 그녀를 찔렀다는 것은 레슬리의 말일 뿐이었다. "로즈메리가 입은 마흔한 개의 자상 중 사후에 생긴 것은 열세 개뿐입니다. 나머지 스물여덟 개는 어떻게 된 것일까요?"

그랬다, 텍스, 세이디, 케이티 그리고 레슬리는 로봇, 좀비, 자동인형일 뿐이었다. 그건 의심의 여지가 없다. 하지만 그들이 찰스 맨슨에게 전적으로 종속되어 있고, 그를 추종하고, 맹목적으로 따른다는 의미에서만 그렇다. 오직 그 의미에서만 그렇다. "그렇다고 해서 그들이 찰리 맨슨이 시킨 일을 원하지 않았다는 의미는 아니며, 이 살인에 기꺼이 참여하기를 원하지 않았다는 뜻도 아닙니다. 오히려 모든 증거는 반대 방향을 가리키고 있습니다. 이틀 밤의 이 끔찍한 살인에 대해 피고들이 찰리 맨슨의 뜻에 반대했다는 증거는 전혀 없습니다.

"린다 캐서비언만이 반대했습니다. 베니스에서 '찰리, 저는 당신이 아니잖아요, 저는 사람 못 죽여요'라고 했습니다."

다른 사람들은 그저 맞서지 않았을 뿐 아니라, TV에서 테이트 살인 사건이 보도될 때 웃기까지 했다고 나는 지적했다. 레슬리는 칼로 찌르는 것이 즐거웠다고, 찌르면 찌를수록 자신은 더 즐겼다고 다이앤에게 말했다. 세이디는 그것이 성적인 절정보다 더 좋았다고 버지니아와 로니에게 말했다.

"이 세 명의 여성 피고가 찰스 맨슨을 따르며 그가 시킨 것은 뭐든 했다는 사실 때문에 그들이 일급 살인 혐의에서 면책을 받는 것은 아닙니다. 그것은 전혀 안전막이 아니며, 어떤 보호도 아닙니다. 만약 그렇다면 마피아의 청부살인자나 암살자는 살인에 대한 붙박이 보호책이 있는 셈입니다. 그 사람들도 그저 '뭐, 두목이 시키는 일을 했을 뿐입니다'라고 말하면 됩니다."

키스 씨는 또한 "왓슨과 세 명의 여성이 일종의 정신적 장애가 있어서 고의로 사전에 모의하는 일이나, 심지어 사악한 계획을 세우는 일을 할 수 없다고 암시했습니다". 여기서 문제는 변호인 측이 심신상실이나 지적 능력 결여에 관한 증거를 전혀 내놓지 않은 것이라고 나는 배심원들에게 말했다. 오히려 피츠제럴드는 이 여성들이 "총명하고, 직관적이며, 예민하고, 좋은 교육을 받았다"고 말했다는 점을 상기시켰다. 증거들을 봐도 "이 피고들은 살인이 일어났던 이틀 밤에는 아주아주 명확하게 생각하고 행동했음"을 알 수 있었다.

전화선을 끊고, 린다에게 소리를 잘 들으라고 지시하고, 몸에서 피를 씻어내고, 옷과 무기를 처분하고, 지문을 닦아냈다. "그들의 행동을 볼 때 이틀 밤 모두 그들은 자신이 하고 있는 일을 정확히 인지했음을 알 수 있습니다. 그들은 살인 의도를 지니고 있었고, 실제로 살인했고, 잡히지 않기 위해 할 수 있는 모든 일을 했습니다.

그들은 지적 능력 결여로 어떤 괴로움도 겪지 않았습니다, 신사숙녀 여러분. 그들의 문제는 마음의 결여, 영혼의 결여입니다."

여전히 자신의 낡은 수법에 집착하며, 카나렉은 사소한 이의 제기로 내 변론을 끊임없이 방해했다. 다시 한번 모욕죄를 적용받고 100달러의 벌금을 먹은 후에도 카나렉은 멈추지 않았다. 법률가들을 판사석으로 부르며 올더가 말했다. "재판을 거치면서 나는 카나렉 씨가 이번 소송과 관련해서는 어떤 양심의 가책이나 윤리의식, 직업적인 책임감이 없다는 우울한 결론에 이르렀습니다. 기록에 이 점을 분명히 남기고 싶습니다."

카나렉, "제가 선서라도 해야 할까요?"

법원, "카나렉 씨, 당신이 선서한다고 해도 나는 믿을 수 없습니다."

변호인 측 변론을 반박한 후에 나는 오후 전체를 린다 캐서비언의 증언을 확인하는 것으로 보냈다. 올더 판사가 배심원들에게 전달할 지침 중 하나는 공범의 증언에 관한 사항이었다. 피츠제럴드와 카나렉은 둘 다 "공범의 증언은 신뢰해서는 안 된다"라는 해당 조항의 시작 부분만 읽어주었다. 하지만 둘은 거기서 멈췄다. 나는 배심원들에게 나머지 부분을 읽어주었다. "하지만 이는 공범의 증언을 무조건 무시해야 한다는 의미가 아니라, 이 사건의 증거들에 비추어 세심하고 주의 깊게 검토한 후, 그에 맞도록 비중 있게 다루어야 한다는 의미다."

그런 다음 나는 린다 캐서비언의 증언과는 완전히 별개인, 다른 증인들이 증언을 통해 제공한 증거들을 언급하며, 그것들이 그녀의 증언을 확증하고 뒷받침해준다는 것을 보여주었다. 린다는 왓슨이 페어런트에게 총을 네 방 쐈다고 증언했다. 노구치 박사는 페어런트가 총을 네 방 맞았다고 증언했다. 린다는 페어런트가 조수석 쪽으로 쓰러졌다고 증언했다. 경찰 사진을 보면 페어런트가 조수석 쪽으로 웅크리고 있음을 알 수 있다. 린다는 왓슨이 창문 가림막을 가로로 찢었다고 증언했다. 휘센헌트 경관은 가림막이 가로로 찢어져 있었다고 증언했다. 나는 테이트 살인 사건이 있었던 날 밤과 관련해서만, 린다의 증언을 확증해주는 다른 증거들을 45건 확인했다.

결론을 지었다. "신사 숙녀 여러분, 지문 증거, 총기 증거, 자백, 기타 모든 증거를 볼 때, 세상에서 가장 회의적인 사람이라고 해도 린다 캐서비언이 진실을 말하고 있음을 확신할 수 있을 겁니다."

이어서 나는 여성들부터 시작해 맨슨 본인에 이르기까지, 피고 한 명 한 명에 대한 증거를 일일이 열거했다. 또한 녹취록을 보면 패밀리와 공동 피고들에 대한 맨슨의 지배력을 언급하는 부분이 238회나 등장한다고 지적했다. 그가 이틀 밤의 살인과 관련해서도 공동 피고들을 지배하고 지시를 내렸음에 틀림없다는 추측은 잘못

되었을 리 없다고 나는 강조했다.

길었던 지난 몇 달을 되돌아보며, 나는 그의 지배력을 보여주는 사례를 조금이라도 찾아내는 것이 얼마나 어려웠는지 떠올렸다.

헬터 스켈터. 재판 중에 이에 대한 증거는 많은 증인의 입에서 조각조각 드러났다. 나는 이제 그 조각들을 모아, 하나의 파괴력 있는 묶음으로 만들어냈다. 아주 강하게, 그리고 확신에 차서, 나는 헬터 스켈터가 이 살인 사건들의 동기이며, 이 동기는 찰스 맨슨에게, 오직 찰스 맨슨에게만 해당되는 것임을 증명했다. 나는 "헬터 스켈터"라는 단어가 피로 찍혀 있다면, 그건 범죄 현장에 남은 맨슨의 지문과 같은 거라고 주장했다.

거의 막바지였다. 몇 시간 후면 배심원들은 평의에 들어갈 예정이었다. 나는 아주 강력한 어조로 변론을 요약했다.

"신사 숙녀 여러분, 찰스 맨슨은 자신이 생명을 줄 능력이 있다고 말했습니다. 테이트-라비앙카 살인 사건이 벌어진 밤에는, 자신이 인간의 생명을 앗을 권리도 있다고 생각했던 것입니다.

그는 절대 그런 권리를 가질 수 없지만, 어쨌든 그렇게 생각했습니다.

1969년 8월 8일의 더운 여름밤, 찰스 맨슨은, 자신에게 전적으로 몸을 맡긴 사람들의 정신을 겁탈하고 망가뜨린 악마 같은 스승이었던 이자는, 스팬 목장에 있는 지옥불에서 냉혹하고 피에 굶주린 로봇 셋을 보냈고, (그에게는 아쉬운 일이지만) 한 명의 인간도 보냈습니다. 바로 자그마한 히피 여성 린다 캐서비언이었습니다.

피해자들의 사진을 보면 왓슨, 앳킨스, 크렌윙클은 그들의 주인 찰스 맨슨이 내린 살인 임무를 아주 잘 수행했음을 알 수 있습니다……

그 결과는 아마 범죄사에서 가장 비인간적이고, 악몽 같고, 공포로 가득한, 야만적인 살인과 인간 도륙의 시간이었습니다. 무력하고 무방비 상태였던 피해자들이 목숨을 지키려고 어둠 속에서 간청하고 비명을 지르는 동안, 그들의 몸에서 뿜어나온 피가 핏빛 강물이 되었습니다.

할 수만 있었다면 왓슨, 앳킨스, 그리고 크렌윙클은 절정의 환희가 가득한 표정으로 피바다에서 헤엄이라도 쳤을 겁니다. 수전 앳킨스는, 흡혈귀처럼 실제로 샤론 테이트의 피를 맛보기도 했습니다……

바로 다음 날 밤, 레슬리 밴하우튼이 살인자 무리에 합류하고, 불쌍한 레노와 로즈메리 라비앙카는 찰스 맨슨의 살인 광기를 만족시키기 위해 야만적으로 도살당합니다……

검찰은 이 피고들에 대해 엄청난 양의 증거를 제시했고, 그 증거 대부분은 과학적이며, 그 모든 것이 피고들이 이 살인을 저질렀음을 증명하고 있습니다.

증언대에서 나온 증거들을 바탕으로 할 때, 이들이 유죄라는 점에 대해서는 합리적으로 의심의 여지가 없을 뿐 아니라(우리 검찰의 책임은 여기까지입니다), 그 어떤 의심도 할 수 없습니다……

신사 숙녀 여러분, 검찰은 증거를 수집하고 제시하는 본연의 일을 했습니다. 증인들은 증언대에서 선서 후에 증언함으로써 그들의 일을 했습니다. 이제 여러분이 이 정의의 연쇄에서 마지막 고리입니다.

저는 평의 후에 여러분이 다음과 같은 판결을 가지고 이 법정으로 돌아와주시기를 정중하게 요청드립니다." 그런 다음 나는 검찰의 구형 내용 전체를 읽었다.

이제 나는 변론의 마지막 부분, 신문에서 "사자들의 점호"라고 부르게 된 내용에 이르렀다. 배심원들이 기억할 수 있게, 이름을 하나씩 부를 때마다 호흡을 두면서 읽었다.

"배심원 여러분", 조용히 읽어나가기 시작했다. "샤론 테이트…… 애비게일 폴저…… 보이텍 프라이코프스키…… 제이 세브링…… 스티븐 페어런트…… 레노 라비앙카…… 로즈메리 라비앙카……는 지금 우리와 함께 이 법정에 있지 않고, *각자의 무덤 안에서 정의를 부르짖고 있습니다.* 정의는 여러분이 유죄 판결을 가지고 돌아올 때에만 실현될 수 있습니다."

나는 노트를 챙기며, 재판 과정에서 인내심과 집중력을 보여준 것에 대해 배심원들에게 감사했다. 대단히, 대단히 긴 재판이었고, 그들의 개인적인 삶에 엄청난 부담을 주었다고 언급했다. "여러분은 배심원의 모범을 보여주었습니다. 이 재판의 원고는 캘리포니아주 주민입니다. 저는 여러분이 그들을 실망시키지 않을 거라고 전적으로 확신합니다."

점심 정회 후에 올더 판사가 배심원들에게 안내 사항을 전달했다. 1971년 1월 15일 오후 3시 20분, 재판이 시작되고 정확히 7개월 후에 배심원들이 평의를 위해 법정을 나섰다.

배심원들은 토요일 내내 평의하고, 일요일은 쉬었다. 월요일에 두 가지 요청을 전해왔다. 첫 번째는 비틀스의 화이트 앨범을 들을 수 있게 축음기를 제공해줄 것이었다. 증거로 제시되고 자주 이야기되었지만, 법정에서는 한 번도 그 앨범을 틀은 적이 없었다. 그다음은 배심원들이 테이트 저택과 라비앙카 저택을 방문하게 해줄 것이었다.

변호사들과의 오랜 협의 끝에, 올더는 첫 번째 요청은 받아들이고 두 번째 것은 거부했다. 본인 역시 사망 현장 중 어느 쪽도 가본 적이 없기 때문에 궁금한 게 당연하지만, 그런 방문은 재판을 다시 여는 것에 버금가는 행위이며, 결국 증인들을 다시 부르고, 반대 심문 등등도 다시 이어질 거라고 판사는 판단했다.

화요일에 배심원단이 수전 앳킨스가 전 동료 수감자들에게 보낸 편지를 다시 읽어달라고 했다. 그렇게 해주었다. 이 정도로 크고 복잡한 사건에서는 전례 없는 일일 테지만, 배심원들은 단 한 번도 증인들의 실제 증언을 다시 읽어달라고 요청하지 않았다. 나는 재판 내내 그들이 직접 작성한 방대한 메모에 의존하고 있을 거라고 짐작했다.

수요일, 목요일, 금요일. 배심원들에게서 다른 소식은 없었다. 주말이 끝나려면 아직 많이 남았지만, 『뉴욕타임스』는 배심원이 시간을 너무 끌고 있다고, 아마 교착 상태에 이른 것 같다고 보도했다.

나는 그런 상황이 전혀 괴롭지 않았다. 나는 이미 언론에 배심원들이 최소한 4, 5일 안에는 나오지 않을 걸로 예상한다고, 일주일 반 동안 평의실에 머무른다고 해도 놀라지 않을 거라고 말했다.

또한 나는 사건을 입증하는 것에 대해서도 걱정하지 않았다.

내가 걱정한 것은 인간의 본성이었다.

완전히 다른 배경을 가진 사람 열두 명이, 역사상 그 어느 배심원들보다 더 오랜 시간 함께 갇혀서 지냈다. 나는 이 열두 명에 대해 아주 많이 생각했다. 배심원 중 한 명이 자신의 경험을 책으로 쓰겠다고 밝혔고, 일부 배심원은 그 책에서 자신이 어떻게 그려질지 염려했다. 바로 그 배심원이 배심장이 되기를 원했고, 후보에도 오르지 못하자 하루 이틀 동안 다른 사람들과 함께 식사도 하지 않았다. 배심장 투표에서 은퇴한 보안관서 부관 앨바 도슨과 장의사 허먼 튜빅이 동률이었다. 동전을 던져서 튜빅을 배심장으로 결정했다. 신앙심이 아주 깊었던 튜빅은 매일 평의의 시작과 끝에 묶음 기도를 했고, 긴 격리 기간에 외부의 영향에 흔들리지 않는 안정감을 제공했다. 그 인물이 개인적인 반감이나 모욕감 때문에 평의를 교착 상태에 빠트린 걸까? 알 수 없었다.

튜빅과 로즐랜드에게는 세이디, 케이티, 레슬리와 또래인 딸이 있었다. 그 점이 그들의 결정에 영향을 미칠까, 미친다면 어떤 방향으로 미칠까? 역시 알 수 없었다.

법정에서 오간 눈빛을 근거로, 배심원 중 가장 어린 윌리엄 맥브라이드 2세가 레슬리 밴하우튼 피고에게 약간의 호감을 가지고 있다는 소문이 있었다. 근거 없는 풍문이지만, 배심원실에서 무슨 소식이든 나오기를 오래 기다리던 기자들은, 맥브라이드가 레슬리에게 이급 살인을 적용할지, 혹은 그녀가 무죄라는 쪽에 투표할지 내기를 걸었다.

사건을 배정받은 직후에 나는 찰스 맨슨의 배경과 관련된 정보를 최대한 많이 요청했다. 대부분의 증거와 마찬가지로 그런 정보도 조각조각 전달되었다. 검찰 측 변론을 마친 후에야 나는 맨슨이 워싱턴DC의 국립소년훈련원에서 보낸 7개월에 대한 기록을 받아 볼 수 있었다. 대부분의 정보는 이미 익숙한 것이었지만, 한 가지 놀랄 만한 예외가 있었다. 만약 사실이라면, 이는 (증오와 두려움, 그리고 사랑을 양분 삼아) 흑백 혁명에 대한 맨슨의 괴상하고도 엽기적인 강박의 씨앗이 되기에 충분한 것이었다.

맨슨은 열여섯 살이던 1951년 3월 훈련원에 입소했다. 면담 후에 작성된 그의 입소 서류에 가정 환경에 대한 항목이 있었다. 처음 두 문장은 다음과 같다. "부친: 미상. 스콧이란 이름의 유색인 요리사였던 듯한데, 임신 당시 소년의 어머니는 그와 난잡한 관계를 가졌던 것으로 보인다."

맨슨의 아버지는 흑인이었을까? 기록의 나머지 부분을 읽으며, 나는 비슷한 내용을 두 군데 더 발견했지만 추가적인 세부 사항은 없었다.

맨슨의 기록에 그런 내용이 포함된 것에 대해서는 몇 가지 설명이 가능하다. 첫 번째 설명은 완벽한 실수라는 것이다. 맨슨 본인도 알지 못했던 관료 체계의 잘못이다. 또 다른 가능성은 그가 면담에서 아버지와 관련해 거짓말을 했다는 것이지만, 그런 거짓말을 해서, 특히 남부에 있는 교정시설에서 얻을 수 있는 이익이 무엇일지는 상상할 수 없다. 그리고 그 말이 사실일 가능성도 있다.

한 가지 가능성이 더 있었고, 어떤 의미에서 이는 그 정보의 사실 여부보다 더 중요했다. 젊은 찰스 맨슨은 그것이 사실이라고 믿었을까? 그랬다면, 이는 오랜 시간을 거슬러 올라가 그의 기괴한 철학, 즉 흑인들이 백인들에게 승리를 거두지만, 시간이 지나면서 그 권력의 고삐를 맨슨 본인에게 넘겨준다는 철학의 근원을 설명해주는 것이 된다.

나는 한 가지는 확실히 알고 있었다. 이 정보를 미리 알았다고 해도 사용하지는 않았을 거라는 점이다. 휘발성이 너무 강한 정보였다. 하지만 나는, 맨슨 본인에게 물어보기로 했다, 만약 기회가 생긴다면 말이다.

1월 25일 월요일 오전 10시 15분, 감기에 걸려 누워 있던 나는 법원 서기 진 대로의 전화를 받았다. "방금 소식을 들었습니다. 배심원들이 평결을 내렸습니다. 올더 판사님이 최대한 빨리 양측 법률가들과 비공개회의를 열기를 원하십니다."

배심원들이 떠난 후에 정의의 전당은 요새처럼 되어갔다. 같은 날 비밀 지침이 내려졌고, 그 시작은 다음과 같았다. "'심판의 날'

이라고 명명한 재판 방해 시도가 일어날 가능성이 있다는 정보 보고에 따라, 추가적인 보안 조치를 취하는 바입니다……." 이어서 27쪽의 세세한 지침이 주어졌다. 정의의 전당 전체가 봉쇄되었고, 무슨 이유로든 건물에 들어가려는 사람은 소지품을 제출하고 몸수색을 받아야 했다.

그렇게 삼엄한 경비를 하는 이유는 발표되지 않았다. 패밀리와 가까운 소식통에 따르면, LASO는 자신들이 들은 이야기를 믿을 수 없었다고 한다. 펜들턴 해군기지에서 일하던 맨슨의 추종자 한 명이 수류탄 한 상자를 훔쳤다. 그 물건을 "심판의 날"에 은밀히 반입하고, 맨슨을 자유롭게 하는 일에 사용할 계획이라고 했다.

다시 한번, 우리는 패밀리가 말하는 심판의 날이 정확히 무슨 의미인지 알 수 없었다. 하지만 그 이야기의 일부가 사실이라는 점은 확실히 알고 있었다. 패밀리 구성원 한 명이 펜들턴의 무기고에서 일했고, 그가 그만둔 후에 수류탄 한 상자가 사라진 것이다.

11월 15일, 양측 법률가들이 비공개회의에 참석했다. 올더 판사는 배심원들을 입장시키기 전에 형량 판결에 대해 논의하고 싶다고 했다.

캘리포니아 재판 체계는 2단계로 구성된다. 이제 막 끝난 첫 단계는 유죄 판결이다. 피고들 중 유죄 판결을 받은 이가 나오면 형량 판결이 이어지는데, 그 단계에서는 같은 배심원들이 해당 범죄의 형량을 정한다. 이 사건에서 우리는 모든 피고에 대해 일급 살인을 구형했다. 만약 배심원들이 그 평결을 가지고 나온다면 가능한 형량은 종신형과 사형, 두 가지뿐이었다.

대부분의 사건에서 형량 판결은 아주 짧다.

법률가들과 협의한 후에, 올더 판사는 형량 판결 단계가 필요해지면 사흘 안에 개시하겠다고 결정했다. 올더는 또한 판결문을 읽고 배심원 전원이 평결을 확인할 때까지 법정을 봉쇄하겠다고 했다. 배심원과 피고들이 먼저 퇴장한 후, 기자들이 나가고, 다음으로 방청객들이 나가는 순서로 했다.

세 여성이 먼저 들어왔다. 재판 중에는 보통 꽤 화려한 옷을 입었지만, 옷을 갈아입을 시간이 없었던지 모두 단조로운 죄수복 차림이었다. 하지만 기분은 좋아 보였고, 키득키득 웃으며 귓속말을 나누었다. 맨슨이 들어오며 그들에게 윙크했고, 그들도 윙크를 했다. 찰리는 흰색 셔츠에 파란색 스카프를 두른 모습이었고, 새로 다듬은 콧수염이 눈에 띄었다. 심판의 날을 위한 또 다른 얼굴이었다.

한 무리로 이동한 배심원들이 배심원석에 들어서고, 이미 수백 번 해왔던 것처럼 각자 지정된 자리에 앉았다. 이전과 다른 게 있다면 방청객들이 그들의 얼굴에서 단서를 읽어내려 하고 있다는 점이었다. 법정과 관련해 가장 유명한 신화는 배심원들이 유죄 판결을 내릴 때는 피고의 얼굴을 보지 않는다는 것이다. 이는 전혀 사실이 아니다. 배심원들은 맨슨이 쳐다볼 때 눈을 마주치지 않았지만, 그렇다고 얼른 시선을 돌리지도 않았다. 그들의 얼굴에서 읽을 수 있는 것은 피곤한 긴장감뿐이었다.

법원, "배심원과 후보 배심원 전원 참석했습니다. 휴스 씨를 제외한 변호인단 모두 참석했습니다. 피고들 참석했습니다. 튜빅 씨, 배심원 평결이 나왔습니까?"

튜빅, "네, 존경하는 재판장님, 나왔습니다."

법원, "평결문을 집행관에게 전달해주십시오."

배심장 튜빅이 평결문을 빌 머리에게 전했고, 머리가 다시 올더 판사에게 전했다. 올더가 아무 말 없이 평결문을 살피는 동안 세이디, 레슬리, 케이티는 조용해졌고, 맨슨은 초조한 듯 콧수염을 매만졌다.

법원, "서기는 평결문을 읽어주세요."

서기, "캘리포니아주 대법원, 로스앤젤레스 카운티와 캘리포니아주 주민 대 찰스 맨슨, 퍼트리샤 크렌윙클, 수전 앳킨스, 그리고 레슬리 밴하우튼 재판, 사건번호 A-253156. 104호 법정."

대로는 27건에 이르는 별도 판결의 첫 번째를 읽기 전에 잠시 말을 멈췄다. 몇 분처럼 느껴졌지만 사실은 몇 초에 불과했다. 모두들 앉은 자리에 얼어붙은 채 기다렸다.

"위 소송의 배심원인 우리는 다음과 같이 평결합니다. 피고 찰스 맨슨, 애비게일 폴저 살인으로 캘리포니아 형법 187조에 따라 유죄, 기소장 1조에 있는 중죄 및 일급 살인 혐의."

나는 맨슨을 쳐다봤고, 비록 그의 표정에는 아무 변화가 없었지만 손이 떨리는 것을 보았다. 여성들은 어떤 감정도 내비치지 않았다.

배심원들은 나흘에 걸쳐 42시간 40분 동안 평의했는데, 이렇게 길고 복잡한 재판에서는 놀랄 만큼 짧은 시간이었다. 평결문을 읽는 데는 38분이 걸렸다.

검찰이 찰스 맨슨, 퍼트리샤 크렌윙클, 그리고 수전 앳킨스에 대해 요청했던 판결이 그대로 나왔다. 모두 살인에 대한 공동 모의 및 일곱 건의 일급 살인에 대해 유죄였다.

맥브라이드가 레슬리 밴하우튼에 대해 좀더 가벼운 평결을 내리고 싶다는 뜻을 내비쳤지만, 투표 단계에서는 한 가지 선택지밖에 없었고 결국 만장일치가 되었다는 이야기를 나는 나중에 들었다.

배심원 한 명 한 명이 평결문을 확인하는 동안, 레슬리가 케이티를 돌아보며 말했다. "배심원들 봐봐, 슬퍼 보이지 않아?" 그녀가 옳았다, 그들은 슬펐다. 분명 아주 힘든 고역이었다.

배심원들이 퇴장할 때, 맨슨이 갑자기 올더를 향해 소리쳤다. "아직도 우리한테 변호를 허락하지 않는 겁니까? 당신 오래 못 갈 거야, 이 노친네야!"

카나렉은 판결에 이상할 정도로 반응을 보이지 않았다. 피츠제럴드는 언론에서 "우리는 처음부터 최악의 결과를 예상했습니다"라고 말했지만 완전히 동요한 모습이었다. 법원 밖에서 그는 기자들에게 이렇게 말했다. "재판 장소를 바꿔달라는 요청이 거부되었을 때 졌다는 느낌이 들었습니다. 적대적이고 우리를 싫어하는 배심원들이었습니다. 피고들은 클리블랜드에서 샘 셰퍼드가 가진 정도의 기회밖에 없었습니다, 즉 전혀 없었다는 뜻입니다."* 피츠제럴드는 더 나아가 재판이 캘리포니아가 아닌 곳에서 열렸다면, 어디서든 모든 피고가 무죄 판결을 받았을 걸로 확신한다고 말했다.

"저는 그 말을 조금도 믿지 않습니다", 내가 언론에 말했다. "변호인 측의 한탄일 뿐입니다. 배심원들은 공정했을 뿐 아니라, 증언대에서 나온 증언에만 전적으로 기반해서 평결을 내린 것입니다."

"그렇습니다", 나는 제일 많이 나온 질문에 대해서도 그렇게 대답했다. "우리는 네 명의 피고 모두에게 사형을 구형할 것입니다."

정의의 전당 교차로에 있던 맨슨의 여성들은 라디오로 먼저 소식을 들었다. 그들도 이상하리만큼 차분했다. 브렌다가 기자에게 "혁명이 다가오고 있습니다, 곧이요"라고 말하고, 샌디는 "다음은 당신들이에요, 당신들 모두요"라고 말했지만, 그건 맨슨이 몇 달 전 법정에서 했던 말이고, 이후로 그들은 그 말을 따라하고 있을 뿐이었다. 눈물은 없었고, 어떤 감정 표현도 없었다. 마치 그들은 전혀 신경 쓰지 않는 것 같았다. 하지만 나는 그것이 사실이 아님을 알고 있었다.

나중에 TV에서 인터뷰를 보며, 나는 아마 그들이 최악의 상황을 예상하며 준비하고 있었던 것 같다고 정리했다.

돌아보면, 다른 가능성도 생겨나고 있었다. 한때 맨슨의 위계질

---

* 샘 세퍼드는 1954년 아내를 살해한 혐의로 유죄 판결을 받았다가, 이후 장소를 옮겨 미국 대법원에서 무죄 판결을 받은 인물이다.

서에서 맨 아래에 있던 사람들, 섹스와 출산, 그리고 남성들에게 봉사하는 일에만 쓸모 있었던 여성들이 이제 그의 가장 주된 사도들이 되었다. 이제 찰리가 그들에게 의존하고 있었다. 그들이 판결에 동요하지 않은 것은, 이미 그들이 어떤 계획을 마련 중이었기 때문일 가능성이 높다. 만약 제대로 수행된다면, 맨슨뿐 아니라 패밀리의 다른 구성원들도 자유롭게 해줄 계획이었다.

# 8부
# 여러분의 도시에서 일어나는 불길

"미국의 신사 숙녀 여러분, 여러분이 틀렸습니다.
저는 유대인의 왕도 아니고 히피 광신교 지도자도 아닙니다.
저는 여러분이 만든 모습이며 미친개 악마 살인자 악귀
문둥이는 여러분 사회의 반영입니다…… 여러분이 공정한
재판 혹은 기독교의 정의라고 부르는 이 광기의 결과가
어떻게 되든, 이 점은 여러분도 알 수 있을 겁니다.
제 마음의 눈으로 보면, 제 생각이 여러분의 도시에
불길을 일으키고 있습니다."

—테이트-라비앙카 살인에 대한 판결 후에 찰스 맨슨이 발표한 성명

## 1971년 1월 26일~3월 17일

형량 판결 단계에서 배심원들이 정해야 할 유일한 사안은 피고들이 종신형을 받느냐, 아니면 사형을 받느냐 하는 것뿐이다. 따라서 경감할 만한 정황, 배경, 뉘우침, 그리고 재활 가능성 등등이 고려된다.

재판이 길어지면서 배심원들이 소외되는 것을 막기 위해 나는 증인을 두 명만 불렀다. 토머스 드라이넌 경관과 버나드 "로차포파" 크로였다.

드라이넌은 1966년 오리건주 스테이턴에서 수전 앳킨스를 체포할 당시, 그녀가 25구경 권총을 소지하고 있었다고 했다. "저는 앳킨스 양에게 그 총으로 뭘 할 생각이냐고 물었습니다", 드라이넌이 회상했다. "그녀는 기회만 있었다면 나를 쏴 죽였을 거라고 말하더군요."

드라이넌의 증언은 수전 앳킨스가 찰스 맨슨을 만나기 전부터 마음속에 살의를 품고 있었음을 증명해 보였다.

반대 심문에서 신은 드라이넌에게 25구경 권총에 대해 물었다.

문. "크기가 아주 작았습니다, 장난감 총처럼 보이는데, 맞습니까?"

답. "글쎄요, 제가 보기엔 아니었습니다."

크로는 1969년 7월 1일, 맨슨이 자신의 복부를 쏘고 죽게 내버려둔 상황을 묘사했다. 크로의 증언이 중요했던 건, 맨슨이 직접 살인을 저지를 능력이 있음을 증명하기 때문이었다.

2월 1일, 나는 검찰 측 심문을 마쳤다. 그날 오후 변호인 측이 첫 번째 증인을 불렀다. 케이티의 부모 조지프와 도러시 크렌윙클이었다.

조지프 크렌윙클은 자신의 딸이 "지극히 평범하고 말도 아주 잘 듣는 아이"였다고 했다. 그녀는 파랑새단, 캠프파이어 소녀단, 욥의 딸 모임, 오듀본 협회 회원이었다.\*

피츠제럴드, "따님이 동물에게 다정했습니까?"

크렌윙클 씨, "아주 많이 그랬습니다."

퍼트리샤는 교회 성가대에서 노래했다고 크렌윙클 씨가 또 증언했다. 탁월한 학생은 아니더라도 좋아하는 과목에서는 좋은 성적을 받았다. 앨라배마주 모빌에 있는 예수회 학교 스프링힐대학에 한 학기를 다닌 후, 로스앤젤레스로 돌아와 의붓언니와 아파트에서 함께 지냈다.

---

\* 파랑새단, 캠프파이어 소녀단, 욥의 딸 모임은 모두 미국의 소녀 모임이고, 오듀본 협회는 야생동물 보호회다.

크렌윙클 부부는 퍼트리샤가 열일곱 살 때 이혼했다. 조지프 크렌윙클에 따르면 씁쓸한 감정은 없었다. 그와 아내는 헤어졌지만, 친구관계를 유지했다.

하지만 1년 후, 퍼트리샤가 열여덟 살이 됐을 때, 그녀는 가족과 직장을 버리고 맨슨에게 합류했다.

도러시 크렌윙클은 딸에 대해 이렇게 말했다. "다른 생명체를 해치기보다는 자해를 할 아이입니다."

피츠제럴드, "따님을 사랑했습니까?"

답. "딸을 정말 사랑했습니다. 앞으로도 늘 사랑할 거예요. 딸이 그런 끔찍하고 무시무시한 짓을 했다고는 절대 믿을 수 없습니다."

피츠제럴드, "감사합니다."

부글리오시, "질문 없습니다, 존경하는 재판장님."

피츠제럴드는 퍼트리샤 크렌윙클이 아버지와 스프링힐에서 제일 따랐던 신부를 비롯한 여러 사람에게 쓴 편지를 증거로 제출하려 했다.

모두 전문이었고 채택이 불가능했다. 내가 이의 제기만 하면 되는 일이었다. 하지만 하지 않았다. 그 편지들이 배심원들의 동정심을 불러일으키리라는 걸 알았지만, 나는 정의가 그런 기술적인 부분을 압도할 거라고 생각했다. 이제 문제는 이 여성들이 사형 판결을 받는지 여부였다. 그리고 그것은 내가 아니라 배심원들이 결정할 사안이었다. 나는 그렇게 대단히 심각한 결정을 내리기 위해서라면, 아무리 관련성이 적은 정보라도 그들이 모두 알아야 한다고 생각했다.

피츠제럴드는 내가 그 증거들을 인정하자 안도하며 고마워했다.

키스는 레슬리의 어머니 제인 밴하우튼을 직접 심문했다. 나중에 키스는 레슬리의 아버지가 비록 증언을 원하지 않았지만, 딸을 백 퍼센트 신뢰했다고 내게 말했다. 크렌윙클 부부와 마찬가지로 밴하우튼 부부도 이혼했지만, 딸을 통해 이어져 있었다.

밴하우튼 부인은 이렇게 말했다. "레슬리는 말하자면 활달하고, 함께 있으면 재미있는 아이였습니다. 유머 감각이 아주 탁월했습니다." 로스앤젤레스 교외의 알타데나에서 태어난 그녀에게는 오빠와 남동생, 여동생이 있었는데, 여동생은 밴하우튼 부부가 한국에서 입양한 아이였다.

레슬리가 열네 살 때 부모님은 별거 후 이혼했다. "그 일이 딸에게 큰 상처를 준 것 같습니다"라고 밴하우튼 부인은 증언했다. 같은 해 레슬리는 본인보다 나이가 많은 청년 바비 매키와 사랑에 빠졌고, 임신했고, 낙태했고, 처음으로 LSD를 했다. 그 후로 그녀는 적어도 일주일에 한 번씩, 어떤 때는 두세 번씩 환각제를 복용했다. 퍼트리샤 크렌윙클은 맨슨을 만나기 전부터 LSD를 했다. 십대 초반에 살이 많이 쪘던 그녀는 열네 살 혹은 열다섯 살 때 다이어트 약을 복용했고, 빨간 약(마약의 일종인 세코바비탈의 속칭), 메스칼린, 그리고 LSD를 복용했는데, 사망한 의붓언니이자 헤로인 중독자였던 샬린이 제공해주었다.

몬로비아 고등학교 1학년과 2학년 시절, 레슬리는 축제 여대표들 중 한 명이었다. 3학년 때도 도전했지만 그때는 떨어졌다. 낙심한 그녀는 매키와 함께 헤이트 애시베리로 떠났다. 하지만 그곳에서 펼쳐진 광경에 겁먹은 그녀는 집으로 돌아와 고등학교를 마치고, 1년짜리 비서 교육과정도 마쳤다. 그사이 매키는 자아실현협회 SRF의 견습 성직자가 되었다. 관계를 이어가기 위해 레슬리도 견습 수녀가 되었고, 마약과 섹스를 끊었다. 그녀는 여덟 달 정도 그런 생활을 하다가 매키는 물론 요가 모임과도 결별했다.

밴하우튼 부인은 이후의 시기에 대해서는 증언하지 않았다. 아마 거의 아는 것이 없었을 수도 있다. 조사를 통해 나는 레슬리가 갈 때까지 갔다는 것을 알고 있었다. 전직 수녀였던 그녀는 이제 마약에서 로스앤젤레스 『프리 프레스』의 섹스 파트너 광고에 응하는 것까지 "뭐든 시도하려고" 안달이었다. 오랜 친구마저 그녀가 "너무 삐뚤어졌다"며 절교했다.

몇 달 동안 밴하우튼은 캘리포니아 북부의 공동체에서 생활했다. 이 시기에 바비 보솔레이를 만났다. 보솔레이는 자신만의 부랑자 "가족"을 꾸리고 있었고, 거기에는 집시와 게일이라는 아가씨가 있었다. 레슬리도 4인 가족의 일원이 되었다. 하지만 게일이 질투했고, 말다툼이 없는 날이 거의 없었다. 먼저 집시가 탈퇴하고 스팬 목장으로 갔다. 얼마 지나지 않아 레슬리도 이어서 맨슨 무리에 합류했다. 그녀의 나이 열아홉 살이었다.

이 무렵 레슬리는 어머니에게 전화해, 자신은 연을 끊기로 결심했으며 다시는 자신의 소식을 듣지 못할 거라고 전했다. 그리고 레슬리가 체포될 때까지 어머니는 소식을 듣지 못했다.

키스가 밴하우튼 부인에게 물었다. "지금은 따님에 대해 어떤 감정을 가지고 계십니까?"

답. "저는 레슬리를 아주 사랑합니다."

문. "늘 그랬던 것처럼요?"

답. "그보다 더 사랑합니다."

부모들이 증언하는 동안, 나는 사망자들의 지인과 마찬가지로 그들 역시 피해자임을 깨달았다.

피고들의 부모를 먼저 부른 것은 변호인 측 전략에서 보자면 실수였다. 그들의 증언과 그들이 처한 곤경이 법정에 있는 모든 이의 동정심을 불러일으켰다. 그들은 변호인 측 심문의 맨 마지막, 배심원들이 평의에 들어가기 직전에 불렀어야 한다. 실제로 다른 증인들이 증언할 때쯤 그들은 거의 잊히고 말았다.

신은 수전 앳킨스와 관련해 어떤 증인도 부르지 않았다. 그녀의 아버지는 그녀와 관련된 일이라면 더 이상 어떤 것도 하지 않으려 한다고 신이 전했다. 그가 원하는 것은 직접 맨슨을 손보는 것뿐이라고 했다.

『로스앤젤레스타임스』의 기자가 태평양 북서부의 어느 도시에 있는 찰스 맨슨의 어머니를 찾아냈다. 재혼 후 다른 이름으로 살고 있는 그녀는 찰스의 어린 시절에 결핍이 있었다는 이야기는 허구라고 주장하며 이렇게 덧붙였다. "그 아이는 버릇없는 응석받이였습니다."

카나렉은 그 어머니를 증인으로 세우지 않았다. 대신 맨슨의 가석방 담당관 새뮤얼 배럿을 불렀다.

배럿은 가장 인상적이지 않은 증인이었다. 그는 맨슨을 처음 본 게 "1956년 무렵, 그때쯤"이었다고 했다. 맨슨이 보호관찰 중이었는지 가석방 중이었는지는 기억하지 못했다. 그는 자신이 150명을 담당하고 있었고, 그들 각각에 관한 일을 모두 기억할 수는 없다고 했다.

반복해서, 배럿은 살인 전에 있었던 맨슨의 이런저런 혐의의 심각성을 축소했다. 그가 그렇게 하는 이유는 분명했다. 그게 아니라면, 사람들이 맨슨의 가석방이 철회되지 않은 이유를 궁금해할 것이기 때문이다. 사람들은 여전히 궁금해했다. 맨슨은 전직 사기꾼이나 약물중독자로 알려진 사람들, 미성년 여성들과 어울렸다. 자신의 소재를 보고하지 않았고, 일자리를 구하려는 시도도 거의 하지 않았고, 자신의 행동에 대해 반복적으로 거짓말을 했다. 1969년 상반기 6개월에만 한정해서, 그는 다른 것은 제쳐두더라도, 자동차 절도와 마약 소지, 강간, 미성년자 비행 방조 등으로 기소되었다. 가석방을 철회할 이유는 차고도 넘쳤다.

휴정 중에 어떤 기자가 복도에서 내게 다가왔다. "세상에, 빈스", 그가 탄식했다. "만약 배럿이 예컨대 1969년 4월 맨슨의 가석방을 철회했다면, 샤론과 다른 사람들은 오늘까지 살아 있었을 거라는 생각이 들지 않았습니까?"

나는 공표 금지 의무를 핑계로 대답하지 않았다. 하지만 그런 생각이 들었다. 그런 생각을 아주 많이 했다.

직접 심문에서 배럿은 맨슨의 수감 기록 내용 중 그의 행동과 관련해 위험이 있음을 암시하는 부분은 없었다고 증언했다. 반대 심문에서 나는, 카나렉의 이의 제기를 물리치고, 맨슨이 1957년 연방 교도소에서 탈옥을 시도했다는 내용을 배럿에게 확인해보게 했다.

스퀴키를 시작으로 위증의 행렬이 이어졌다.

스물두 살의 리넷 앨리스 프롬은 자신이 중상층 가정 출신이며 아버지는 항공 기술자라고 했다. 본인이 열일곱 살 때 아버지가 자신을 집에서 쫓아냈다고 그녀는 말했다. "그래서 제가 베니스에서 보도에 앉아 울고 있을 때 한 남자가 다가와서 말을 걸었습니다. '아버지가 집에서 쫓아낸 모양이네, 그렇죠?'라고요.

그 사람이 찰리였습니다."

스퀴키는 메리 브루너를 제외하고는 자신이 다른 어떤 여성보다 먼저 맨슨을 만났다는 사실을 강조했다.

패밀리와 관련된 질문에서 피츠제럴드는 이렇게 물었다. "여러분에게 지도자가 있었습니까?"

답. "아니요, 우리는 바람을 타고 다녔습니다."

지도자는 없었다, 하지만—

"찰리는 우리의 아버지였습니다, 그러니까 우리가 사물을 분별할 수 있게 해준다는 점에서요."

찰리는 다른 사람들과 똑같았다, 하지만—

"제가 구석에 엎드려서 책을 읽고 있으면, 찰리는 지나가다가 책의 내용을 말해주곤 했습니다…… 그리고 그 사람은 우리의 생각도 알고 있었습니다…… 그 사람은 언제나 행복했고, 언제나…… 종종 화장실에서 머리를 빗곤 했는데, 그러면 사람들이 모두 모여서 그를 지켜보았습니다, 그 사람이 너무 재미있으니까요."

스퀴키는 우두머리이자 주인의 가르침을 부인할 수 없었다. 피츠제럴드가 비틀스의 화이트 앨범의 중요성을 최소화하려 하자 그녀는 "그 앨범에는 많은 것이 담겨 있습니다, 아주 많이요"라고 대답했다. 그녀는 "저는 찰리가 '헬터 스켈터'라는 말을 하는 것을 한 번도 들어본 적이 없습니다"라고 주장했지만 이어서 이렇게 말했다. "그건 혁명과 균형의 문제입니다. 흑인들이 위로 올라오고 있는 거예요, 당연하죠."

그건 분명 피츠제럴드가 원한 대답이 아니었고, 그는 자신의 반응을 숨기지 못하는 것처럼 보였다.

프롬, "왜 그런 얼굴을 하고 계시죠?"

피츠제럴드, "미안합니다, 계속하시죠."

올더 판사가 양측 법률가들을 불러 말했다. "증인의 지금 행동은 피고들에게 해를 끼칠 뿐입니다."

내가 올더에게 말했다. "제가 이의를 제기하지 않는 이유가 궁금하신 거라면, 그건 증인의 증언이 검찰 측에 유리하다고 생각하기 때문입니다."

반대 심문을 할 필요가 거의 없다는 점에서 실제로 도움이 되었다. 예를 들어 내가 준비했던 질문들 중 하나를 카나렉이 대신 해주었다. "증인은 찰스 맨슨이 예수 그리스도라고 생각합니까?"

스퀴키는 대답하기 전에 잠시 망설였다. 그녀는 예수를 부인한 제자가 될 것인가? 그러지 않기로 결정한 모양이었다. 그녀는 이렇게 대답했다. "저는 동굴과 숲속에 살던 기독교인들은 아무런 죄의식이나 수치심 없이, 옷을 벗고 햇빛 아래 누워 지낼 수 있는 어린아이 같은 존재였다고 생각합니다…… 그리고 예수 그리스도는 아기 아버지가 누군지도 모르는 여인에게서 태어난 남자입니다."

스퀴키는 증언대에 선 패밀리 구성원 중 가장 진실에 가까운 말을 한 증인이었다. 하지만 그녀는 피고들에게 큰 해를 끼쳤고, 이후로 피츠제럴드는 다른 변호사들이 증인을 부르게 하고 가만히 있었다.

키스가 브렌다 매칸(본명 낸시 로라 피트먼, 19세)을 불렀다. 브렌다는 매력이 없지 않았지만 거칠고 공격적인 조그만 아가씨였고, 적대감으로 가득 차 곧 폭발할 것만 같았다.

그녀의 아버지는 "펜타곤에서 미사일 유도 조정 장치를 설계했다". 그 아버지도 열여섯 살이 된 그녀를 집에서 쫓아냈다고 그녀는 주장했다. 할리우드 고등학교를 중퇴한 그녀는 패밀리 같은 것은 없으며, 찰리에 대해서도 "전혀 지도자가 아니었어요. 그보다는 찰리가 우리 주변을 맴돌며 우리를 돌봐준 것에 가깝습니다"라고 말했다.

하지만 스퀴키나 그녀의 뒤를 따랐던 다른 여성들과 마찬가지로, 브렌다의 세계도 단 하나의 축을 중심으로 움직이는 게 분명했다. 찰리는 아무것도 아닌 사람이었지만 "그 사람이 앉아 있으면 주변에 모든 동물이 모여들었어요, 당나귀나 코요테 그런 것들이요…… 그리고 한번은 그가 팔을 뻗어 방울뱀을 쓰다듬어주기도 했습니다".

카나렉의 질문을 받은 브렌다는 린다에 대해 이렇게 말했다, "매일 LSD를 하고…… 약을 했고…… 린다는 텍스를 아주 사랑했고…… 매일 텍스를 따라다녔고……."

반대 심문에서 내가 브렌다에게 물었다. "만약 찰스 맨슨이 요구한다면 당신의 목숨을 포기할 수 있습니까?"

답. "여러 번이나 그 사람은 제게 생명을 주었습니다."

문. "질문에 답해주세요, 브렌다."

답. "네, 그럴 것 같습니다."

문. "찰스 맨슨을 위해 증언대에서 거짓을 말할 수 있습니까?"

답. "아니요, 저는 증언대에서 진실을 말할 겁니다."

문. "그렇다면 그를 위해 죽을 수는 있지만, 거짓말은 할 수 없다는 거네요."

답. "그렇습니다."

문. "선서 후에 거짓말하는 것이 죽는 것보다 더 심각한 일이라고 생각합니까, 브렌다?"

답. "저는 죽음을 그렇게 진지하게 생각하지 않습니다."

이 증인들은 모두 본인의 직계 가족에 대해서는 대단히 적대적이었다. 예를 들어 샌드라 굿은 샌디에이고의 주식 중개인이었던 아버지가 자신과 의절했다고 주장했지만, 그것은 아버지가 그녀에게 수천 달러를 보내고, 맨슨에게 돈을 더 보내라는 협박을 받은 후의 일이라는 점은 언급하지 않았다.

맨슨은 구성원들이 가족과 연을 끊게 하는 한편, 자신과의 유대는 더욱 단단히 했다. 증언 내내 그 점이 보였다. 스퀴키나 브렌다보다 한술 더 떠서, 샌디는 맨슨의 "마법 같은 능력"에 대해 열광적으로 떠들었다. 그녀는 찰리가 죽은 새에게 숨을 불어넣어 되살린 이야기를 했다. "원하기만 하면 그 사람은 자신의 목소리로 이 건물을 흔들어놓을 수 있다고 믿습니다…… 한번은 그 사람이 고함을 쳐서 창문이 깨지기도 했습니다."

형량 판결 단계 전까지 배심원들은 템플가와 브로드웨이가 만나는 모퉁이에서 패밀리 구성원들이 장사진을 치고 있다는 사실을 몰랐다. 샌디는 그곳 생활에 대해 조금 감동적으로 말했다. "스모그 때문에 대부분은 하늘을 볼 수 없습니다. 늘 땅을 파고 있어요. 매일 새로운 계획이 진행 중이고, 늘 뭔가를 짓고 있습니다. 늘 뭔가를 뜯어내고 새로운 뭔가를 세우는데, 보통은 콘크리트 건물이에요. 거기는 완전 제정신이 아닙니다. 광기예요, 거기 있으면 있을수록 그런 느낌이 듭니다. 그 느낌 때문에 맛이 갈 것 같습니다."

내가 반대 심문을 포기하자 샌디는 몹시 화가 나서 물었다. "왜 저한테는 아무것도 안 물어보시죠?"

"당신이 한 말에서 검찰 측에 불리한 부분은 하나도 없기 때문입니다, 샌디", 내가 대답했다. "사실 당신은 우리를 도와주었습니다."

나는 샌디가 살인 사건들이 벌어지던 시각에 맨슨은 스팬 목장에 있지도 않았다고 증언할 것을 예상했다. 그녀는 그렇게 하지 않았고, 나는 변호인 측이 알리바이를 활용한 변호를 포기한 것임을 알게 되었다. 그렇다면 그들이 뭔가 다른 것을 염두에 두고 있다는 의미였다. 하지만 그게 뭘까?

맨슨과 세 명의 여성 피고는 형량 판결 단계에서 법정으로 돌아오는 것이 허용되었다. 그들은 이제 훨씬 더 조용하고 훨씬 더 가라앉은 모습이었는데, 마치 크렌윙클이 "연극"이라고 묘사한 이 과정 끝에 자신들의 목숨을 잃을 수도 있다는 점을 마침내 깨달은 것만 같았다. 스퀴키와 다른 맨슨 패밀리 여성들이 증언하는 동안, 그들의 스승은 생각에 잠긴 듯 콧수염을 매만지며 '음, 있는 그대로 말하고 있군' 하며 생각하는 표정이었다.

여성 증인들은 자신이 가진 옷 중 최고의 옷을 입고 증언대에 섰다. 그 자리에 서서 찰리를 돕는 일이 자랑스럽고 행복했던 것이 분명했다.

배심원들은 모두 같은 표정, 믿을 수 없다는 표정이었다. 심지어 메모를 하려는 배심원조차 없었다. 나는 그들 모두가 놀랄 만한 대비에 대해 곰곰이 생각하고 있었을 거라고 짐작했다. 증언대에 선 여성들은 사랑과 음악과 아이들에 대해 이야기했다. 하지만 그 사랑과 음악과 아이들 이야기가 이어지는 동안, 같은 집단이 밖으로 나가 다른 사람들을 도살했다. 그리고 놀랍게도, 그들에겐 사랑과 살인 사이에 어떤 불일치나 갈등도 없었다.

2월 4일, 나는 카나렉이 증인들에게 던진 질문을 듣고는 맨슨이 증언대에 서지 않을 것임을 확신했다. 반대 심문에서 찰리를 무너뜨릴 기회를 얻지 못했다는 점은 나로서는 전체 재판 가운데 가장 실망스러운 부분이었다.

같은 날 검찰청은 찰스 "텍스" 왓슨이 로스앤젤레스로 송환돼 재판을 받을 수 있는 상태가 되었다는 소식을 들었다.

아타스카데로에 입원한 지 사흘 만에 왓슨은 규칙적으로 식사를 하게 되었다. 한 달 후, 그를 검사한 정신과 의사는 이렇게 적었다. "말을 하지 않는 것을 제외하면 현재 이상 행동의 징후는 보이지 않는데, 그 침묵은 이유가 있는 의도적인 침묵이다." 다른 의사는 나중에 이렇게 적었다. "정신과 검사에서 기존의 정신병에는 부합하지 않는 분산된 반응을 보이고 있다……." 요약하자면, 텍스가 미친 척하고 있다는 뜻이다. 이 모든 자료는 텍스가 재판에서 정신 이상을 주장할 경우 유용하게 쓰일 수 있다는 것을 나는 알았다. 현재 진행 중인 재판에 이어 그의 재판이 예정되어 있었다.

캐서린 셰어, 별칭 집시는 변호인 측의 가장 유용한 거짓말쟁이였다. 스물여덟 살의 그녀는 또한 패밀리에서 가장 나이 많은 여성이었다. 그리고 전체 구성원 중 가장 특이한 배경을 가지고 있었다.

그녀는 1942년 파리에서 태어났고, 아버지는 헝가리인 바이올린 주자, 어머니는 독일계 유대인 난민이었다. 프랑스 지하조직의 조직원이었던 양친은 모두 전쟁 중에 자살했다. 여덟 살의 그녀는 미국 가정에 입양되어 건너왔다. 양어머니는 암으로 고통받다가 캐서린이 열여섯 살 때 자살했다. 심리학자였던 양아버지는 시각장애인이었다. 캐서린은 아버지가 재혼할 때까지 돌보다가 이후에 집을 떠났다.

그녀는 할리우드 고등학교를 졸업한 후 3년간 대학에 다녔고, 결혼하고, 1년 후 이혼했다. 어릴 때부터 바이올린 신동이었던 그녀는 노래할 때 목소리가 비범하게 아름다웠고, 몇몇 영화에서 배역을 따냈다. 토팽가 캐니언에서 촬영한 그런 영화 중 한 편에서, 그녀는 역시 작은 역할을 맡았던 바비 보솔레이를 만났다. 두 달쯤 후 보솔레이가 그녀를 찰리 맨슨에게 소개했다. 그녀 쪽에서 첫눈에 사랑에 빠졌지만, 그럼에도 그녀는 이후 6개월 동안 보솔레이 무리와 돌아다닌 후에야 그들과 헤어져 스팬 목장에 들어왔다. 패밀리에 합류할 당시에는 공산주의자로 자처했지만, 이내 맨슨은 자신의 교리가 권위 있는 것임을 그녀에게 확신시켜주었다. "모든 여성 중 집시가 찰리를 가장 깊이 사랑했습니다"라고 폴 왓킨스는 내게 말했다.

"우리는 모두 같은 판결을 받았습니다", 그녀가 배심원들에게 말했다. "우리는 모두 바로 여기 LA라는 가스실에 있는 겁니다, 아주 천천히 작용하는 가스실입니다. 모든 도시에서 공기가 사라지고 있습니다. 더 이상 공기도 물도 없고, 식량은 사라지고 있습니다. 그것들이 여러분을 오염시키고 있습니다. 여러분이 먹는 음식이 여러분을 오염시키고 있습니다. 더 이상 흙도 없고, 더 이상 나무도 없을 겁니다. 사람들, 특히 백인들이 이 지구를 죽이고 있습니다."

"하지만 이건 찰스 맨슨의 생각이 아닙니다, 이건 제 생각입니다"라고 그녀는 얼른 덧붙였다.

증언대에 선 첫날 집시는 어떤 폭탄도 떨어뜨리지 않았다. 대신 재판에서 나온 증언의 여러 부분을 반박하려고 노력했다. 그녀는 레슬리가 외출해서 물건을 훔치는 일이 잦았다고 했는데, 이는 숙소에서 있었던 일을 해명하려는 시도였다. 또한 5000달러를 훔치자는 제안을 한 건 린다였다고 주장했다. 그리고 린다는 타냐를 원하지 않았고, 그래서 아기를 패밀리에 버린 거라고 했다.

이틀째 증언이 돼서야 카나렉의 재직접 신문에서, 그러니까 카나렉이 증인에게 다가가는 것을 요청하고 그녀에게 뭔가를 말한 후에야 집시는 갑자기 다른 동기 이야기를 꺼냈다. 맨슨이 살인 사건들에 전혀 관여하지 않았음을 주장하기 위해 고안한 동기였다.

집시는 테이트-라비앙카 살인 사건을 기획한 것은 찰스 맨슨이 아니라 린다 캐서비언이라고 주장했다! 린다는 바비 보솔레이를 사랑하고 있었다고 집시는 말했다. 바비가 힌먼 살인 사건으로 체포되자, 린다가 힌먼 살인 사건과 유사한 것을 저지르자고 여성들에게 제안했다는 것이다. 그러면 경찰이 두 범죄를 연결시킬 테고,

다른 사건들이 발생할 때 보솔레이는 구금된 상태일 것이므로 자유롭게 풀려날 수 있다고 믿었다.

"모방 범죄" 동기는 그 자체로는 놀랍지 않았다. 실제로 애런 스토비츠는 『롤링스톤』 기자와의 인터뷰에서 그것을 몇몇 가능한 동기 중 하나로 제시했다. 하지만 그 동기에는 한 가지 잘못된 점이 있었다. 바로 사실이 아니라는 점이다. 하지만 맨슨을 무죄로 만들고 헬터 스켈터 동기에 대한 의심을 불러일으키기 위해, 집시를 필두로 변호인 측 증인들은 이제 자신들만의 가짜 증거를 만들어내기 시작했다.

그들이 그렇게 뒤늦게 공들이고 있는 시나리오는 이기적인 만큼이나 투명하기도 했다.

집시는 1969년 8월 8일 오후에 린다가 자신에게 계획을 설명하며 함께할 거냐고 물었다고 주장했다. 겁먹은 집시는 산으로 도망쳤다. 자신이 돌아왔을 때 살인은 이미 벌어졌고 린다는 보이지 않았다고 했다.

집시는 더 나아가 바비 보솔레이가 힌먼 살인 사건에 대해 무죄라고 증언했다. 그가 한 일은 힌먼 소유의 차량을 운전한 것뿐이었다. 그리고 맨슨은 두 사건 모두에 관여하지 않았다. 힌먼 살인은 린다, 세이디, 그리고 레슬리가 벌인 짓이었다!

맥스웰 키스가 급히 이의를 제기했다. 판사석에서 그가 올더 판사에게 말했다. "이 증인은 제 의뢰인에게서 힌먼, 테이트, 라비앙카 살인 사건에 참여했다는 자백을 끌어내려는 것 같습니다. 이는 무도한 짓입니다!"

법원, "카나렉 씨가 자신이 원하는 바를 조금이라도 알고 있는지 궁금합니다."

피츠제럴드, "저도 염려스럽습니다."

카나렉, "저는 정확히 알고 있습니다."

키스가 지적했다. "저는 어제 이 증인과 카운티 감옥에서 증언과 관련된 대화를 나눴습니다. 레슬리에 대해서는 무해한 증언이었습니다. 그런데 갑자기 '쾅' 하고 이 법정에서 폭탄을 맞은 겁니다."

반대 심문에서 내가 물었다. "집시, 당신은 레슬리와 세이디를 희생해서 찰스 맨슨을 무죄로 만들려는 것 아닙니까?"

답. "그런 말은 하지 않을 겁니다. 사실이 아닙니다."

그녀의 신뢰성을 무너뜨리기 위해 나는 집시가 이전에 했던 발언에서 일치하지 않는 여러 지점을 문제 삼았다. 그런 후에야 가짜 동기 문제로 돌아올 수 있었다.

집시는 테이트-라비앙카 살인을 듣자마자 린다, 레슬리, 세이디가 관여한 거라 확신했다고 증언했다.

내가 그녀에게 물었다. "린다, 세이디, 레슬리가 어떻게든 테이트-라비앙카 살인에 관여했고, 맨슨 씨는 무고하며 그 사건과 아무 관련이 없다고 생각한다면, 린다와 나눴다는 그 대화에 대해 왜 오늘 이전에는 당국에 이야기하지 않았습니까?"

답. "사건과 관련해서는 어떤 일도 하고 싶지 않았으니까요. 저는 당신들에게 의존하고 싶지 않았습니다."

반대 심문 초반에 집시는 자신이 맨슨을 사랑한다고, 그를 위해서라면 죽을 수도 있다고 인정했다. 그 발언을 상기시킨 후에 내가 말했다. "좋습니다, 그리고 당신은 맨슨이 이 살인들과는 아무 관련이 없다고 믿는다는 거죠?"

답. "맞습니다."

문. "그런데도 당신은 몇 달 동안 그런 소중한 정보를 알리지 않은 채 그를 감옥에 그대로 둔 겁니까?"

집시는 즉답을 피했다.

문. "린다가 당신에게 함께 가서 사람을 죽이자고 했다는 그 유명한 대화에 대해, 누군가에게 가장 먼저 말한 것은 언제입니까?"

답. "바로 지금입니다."

문. "오늘이요?"

답. "아, 네."

문. "그러니까 오늘 증언대에서 처음으로 당신은 이 소중한 정보를 알리기로 결심했다는 거네요, 맞습니까?"

답. "그렇습니다."

내가 그녀를 꼼짝 못 하게 만들었다. 이제 배심원들에게 다음과 같이 주장할 수 있었다. 한쪽에서는 맨슨이 일곱 건의 살인 혐의로 재판을 받고 있고, 다른 쪽에서는 집시가 재판이 시작된 날부터 템플가와 브로드웨이가 만나는 모퉁이에서 하루 24시간 내내 지내고 있다. 맨슨을 사랑하고 그를 위해 목숨도 바칠 수 있다고 한 여성이, 형량 판결 단계가 열릴 때까지 기다렸다가, 그것도 재직접 심문에서야 자신이 아는 바를 누군가에 밝히기로 한 것이다.

1971년 2월 9일 오전 6시 1분, 대지진이 서던캘리포니아 대부분의 지역을 강타했다. 리히터 규모 6.5의 그 지진으로 65명이 사망하고 수백만 달러의 재산 피해가 발생했다.

잠에서 깬 나는 패밀리가 우리 집을 습격할 수도 있다고 생각했다.

잠에서 깬 배심원들은 호텔 방 천장에서 물이 쏟아지는 것을 발견했다.

길모퉁이의 여성들은 찰리가 지진을 일으킨 거라고 기자들에게 말했다.

재해에도 불구하고 재판은 평소처럼 그날 아침에 열렸고, 증언대에 선 수전 앳킨스는 본인만의 지진 같은 증언을 했다.

의뢰인에 대한 데이 신의 첫 번째 질문은 다음과 같았다. "수전, 당신은 테이트-라비앙카 살인 사건에 개인적으로 관여했습니까?"

검정 점퍼와 흰 블라우스 차림에 소녀처럼 보이는 수전이 차분하게 대답했다. "네."

이때쯤 양측 법률가들은 세 여성 피고가 증언대에 서서 "자백"할 것임을 알고 있었지만(일주일 전 피츠제럴드가 비공개회의에서 언급했다), 배심원과 방청객들은 크게 놀랐다. 그들은 자신이 들은 말을 믿지 못하겠다는 듯 서로를 쳐다봤다.

신은 이어서 수전의 성장 배경 이야기를 끄집어냈다. 어린 시절의 신앙생활("저는 교회 성가대에서 노래했습니다"), 암으로 사망한 어머니("어머니가 왜 죽었는지 이해할 수 없었고, 가슴이 아팠습니다"), 신앙을 잃어버렸던 일과 아버지와의 문제("아버지는 끊임없이 '너는 계속 나빠지는구나'라고 말씀하셨습니다. 그래서 그냥 계속 나빠졌어요"), 샌프란시스코에서의 토플리스 댄서 생활, 오리건에서 체포 당시 총을 지니고 있었던 이유("뱀이 무서웠습니다"), 마약에 빠졌던 일, 헤이트 애시베리, 그리고 찰스 맨슨과의 운명적인 첫 만남.

범죄 이야기로 돌아온 그녀는 이렇게 증언했다. "이 모든 일은 제가 힌먼을 죽인 데서 시작됐습니다, 그 사람이 제 사랑을 다치게 할 것 같아서요······."

올더 판사가 정오 휴정을 선언했다. 증언대에서 내려오기 전에 수전이 나를 보며 말했다. "저기요, 부글리오시 씨. 검사님의 작업은요, 그게요, 없어요, 그 검사님이 말한 동기요. 너무 바보 같고, 너무 멍청해요."

그날 오후 세이디는 힌먼이 살해된 경위에 대해 새로운 이야기를 읊었다. 수전에 따르면 그날 맨슨이 힌먼의 집에 가서 자신들이 이미 구입한 자동차의 등록증에 서명하라고 강요했을 때, 게리가 그에게 총을 들이댔다. 맨슨이 달아나자 게리는 그의 등에 총을 쏘려 했다. "저는 어쩔 수 없었습니다. 그 사람이 제 사랑을 다치게 할 것 같아서요. 저는 칼을 가지고 있었고 힌먼에게 달려들어 죽였습니다······ 바비는 제가 한 짓 때문에 감옥에 간 겁니다."

그녀의 이야기에는 커다란 구멍들이 있었다. 나는 반대 심문을 위해 메모를 했다.

수전의 증언에 따르면, 보솔레이가 체포된 후 린다가 모방 범죄를 제안했다. "……린다가 칼과 갈아입을 옷을 챙기라고 했습니다…… 베벌리힐스의 그 사람들이 자신을 속여서 MDA*라는 새로운 마약을 1000달러에 팔아먹었다고 했어요."

스팬 목장을 떠날 때의 상황에 대해 수전은 이렇게 말했다. "린다가 제게 LSD를 줬고, 텍스에게는 STP*를 줬습니다…… 그날 밤에 린다가 모든 것을 지시했습니다…… 아무도 우리가 어디로 가는지, 무엇을 할 것인지 찰리에게 말하지 않았습니다…… 린다는 거기 가본 적이 있기 때문에 길을 알았습니다…… 텍스가 맞이 가서 페어런트를 쏘고…… 린다가 집 안으로 들어가고…… 린다가 제게 본인의 칼을 줬습니다." 그때 데이 신이 벅사의 칼을 꺼내 날을 세운 채 수전에게 건네려 했다.

법원, "칼은 다시 접어주세요!"

신, "저는 크기를 확인하려는 것뿐입니다, 존경하는 재판장님."

수전은 듬성듬성 자신의 이야기를 이어갔다. 자신이 샤론 테이트를 잡았고 "텍스가 돌아와 그녀를 보며 말했습니다. '죽여.' 그래서 죽였어요…… 그냥 찔렀을 뿐인데 그 여자가 쓰러졌고, 또 찔렀습니다. 몇 번이나 찔렀는지는 모르겠습니다……." 샤론이 아기를

---

\* 환각제의 일종.
\*\* 합성 환각제의 일종.

살려달라고 간청했고, "제가 '닥쳐. 듣고 싶지 않아'라고 말했습니다".

수전의 말은 무시무시할 정도로 서늘했지만, 그녀의 표정은 대부분 소탈하고, 심지어 어린아이 같았다.

그 대조를 묘사할 방법은 한 가지밖에 없었다. 그건 믿을 수 없을 정도로 외설적이었다.

힌먼 사건 이야기를 하며, 수전은 레슬리 밴하우튼을 범죄 현장에 끌어들였다. 레슬리가 그 사건에 관여했다는 증거는 지금까지 전혀 없었다.

라비앙카 부부가 살해된 밤 이야기를 하며, 수전은 등장인물들을 추가로 각색했다. 맨슨은 함께 가지 않았다고 그녀는 말했다. 린다가 운전했다. 텍스는 라비앙카 저택에 잠입했다. 린다가 베니스에서 배우를 죽이자고 했다. 그리고 스팬 목장에 돌아왔을 때 "찰리는 자고 있었"다.

그녀가 꾸며내서 덧붙인 다른 이야기도 말이 안 되기는 마찬가지였다. 나와의 대화나 대배심 증언에서 맨슨에 대해 암시한 것은, 그렇게 하면 내가 맨슨을 포함해 피고들이 사형 판결을 받지 않을 수 있도록 개인적으로 알아보겠다고 약속했기 때문이라고 주장했다.

그 주장에 대한 가장 좋은 반박은 카바예로에서 있었던 조사에서 그녀는 이미 맨슨에 대해 암시했다는 사실이다. 우리가 처음 만나기 며칠 전에 있었던 일이다.

그 첫 만남에 대해 세이디는 이렇게 말했다. "부글리오시 검사가 들어왔습니다. 지금 입고 있는 것과 비슷한 복장이었습니다. 회색 정장, 조끼."

문. "1969년에 있었던 일이죠, 맞습니까?"

답. "맞아요. 당시에는 검사님이 훨씬 더 젊어 보였습니다."

지난 14개월 동안 우리 모두 많은 일을 겪었다.

이어서 신이 수전에게 쇼티에 대한 질문을 시작했다! 나는 판사에게 할 말이 있다고 했다.

부글리오시, "존경하는 재판장님, 지금 벌어지는 상황을 믿을 수가 없습니다. 지금 변호인이 쇼티 셰이 이야기를 하고 있습니다!" 데이를 돌아보며 내가 말했다. "다른 살인 사건을 끌어들이면 더 불리해집니다, 그리고 공동 피고들에게도 불리해집니다." 올더도 동의했고 신에게 매우 조심하라고 당부했다.

나는 신이 계속한다면 항소에서 재판이 뒤집힐지도 모른다며 걱정했다. 의뢰인을 증언대에 세운 다음 본인이 기소되지도 않은 살인에 대해 자백하게 하는 이유는 도대체 뭐였을까?

피츠제럴드가 직접 심문을 이어갔다. 그는 수전에게 테이트 피해자들이 살해당한 이유를 물었다.

답. "형제를 감옥에서 꺼내오는 것이 옳다고 믿었으니까요. 저는 여전히 그게 옳다고 믿고 있습니다."

문. "앳킨스 양, 피해자들 가운데 개인적인 증오나 반감 때문에 살해된 사람이 한 명이라도 있습니까?"

답. "아니요."

문. "그들에게 어떤 느낌, 그러니까 감정적인 느낌을 가지고 있었습니까? 샤론 테이트, 보이텍 프라이코프스키, 애비게일 폴저, 제이 세브링, 스티븐 페어런트, 이들 중 누구에게라도요?"

답. "전혀 모르는 사람들이었습니다. 알지도 못하는데 어떻게 감정적 느낌을 가질 수 있었겠습니까?"

피츠제럴드는 수전에게 그 일이 자비로운 살인이라고 생각하는지 물었다.

답. "아니요. 사실 샤론 테이트를 죽일 때 저는 어떤 자비도 없었다고 생각합니다."

수전은 "그 일을 하는 동안 옳은 일을 하고 있다"는 것을 알았다고 설명했다. 그걸 알 수 있었던 건, 옳은 일을 할 때면 "기분이 좋기 때문"이다.

문. "사람을 죽이는 일이 어떻게 옳을 수 있습니까?"

답. "사랑으로 하는 일인데 어떻게 옳지 않을 수 있을까요?"

문. "참회하는 마음은 전혀 없습니까?"

답. "참회요? 저한테 옳은 일을 한 건데요?"

문. "유감이라는 생각은 듭니까?"

답. "저한테 옳은 일을 한 건데 유감이요? 저는 어떤 죄의식도 없습니다."

피츠제럴드는 한 대 맞은 듯한 표정이었다. 참회하는 마음이 전혀 없다는 것을 드러냄으로써 변호인이 그녀에게 갱생 가능성이 있다고 주장하는 것도 불가능해져버렸다.

네 명의 피고가 유죄라고 배심원들이 판결한 후, 형량 판결 단계에서 갑자기 이상한 상황이 돼버렸고, 나는 어떤 의미에서 다시 한번 맨슨의 유죄를 입증해야 했다.

반대 심문을 너무 격렬하게 하면, 이미 유죄 판결이 났다는 사실을 내가 잊어버린 것처럼 보일 수도 있었다. 반대 심문을 피하면 유죄 판결에 대한 찜찜한 의심이 남고, 평의에 들어간 배심원들이 형량 판결을 투표할 때 영향을 미칠 수도 있었다. 따라서 나는 마치 빗줄기 사이로 걸어가듯 조심스럽게 진행해야 했다.

변호인들, 특히 어빙 카나렉은 헬터 스켈터 동기와는 다른 동기, 즉 모방범 동기를 통해 그런 의심을 심어주려고 애썼다. 그 동기에 대한 증언은 전혀 신빙성 없다고 생각했지만, 그렇다고 가만히 앉아서 배심원들도 나와 똑같이 생각할 거라고 짐작하고 있을 수만은 없었다.

수전이 맨슨을 위해 거짓말하는 이유를 설명하려면, 맨슨에 대한 그녀의 철저한 헌신을 최종적으로 배심원들에게 증명해 보이는 것이 중요했다. 반대 심문을 시작하며 내가 물었다. "세이디, 당신은 찰스 맨슨이 재림한 그리스도라고 믿습니까?"

답. "빈스, 지난 4, 5년 동안 너무 많은 사람에게서 그리스도를 봐서요, 그중 누가 재림한 예수인지 말하기는 어렵습니다."

내가 같은 질문을 다시 한번 했다.

답. "거기에 대해 생각해봤는데요. 조금 생각해봤는데…… 맨슨이 그리스도라는 생각을 즐겨 했던 것 같습니다, 네…… 모르겠어요. 그럴 수도 있겠죠. 만약 그렇다면, 와, 세상에!"

나는 수전이 로니 하워드에게 쓴 편지, "언니가 그리스도의 재림을 믿는다면, M.이 바로 우리를 구원하기 위해 온 사람이에요"라고 적힌 그 편지를 보여준 후 물었다, "지금 그 증언대에 서서도 세이디, 찰스 맨슨이, 저기 앉아서 자기 머리를 다듬고 있는 저 사람이 예수 그리스도일 수도 있다고 믿습니까?"

답. "어쩌면요. 그건 판단에 맡길게요. 그럴 수도 있고, 아닐 수도 있죠."

나는 계속 밀어붙였고 마침내 그녀도 인정했다. "저 사람은 제게 신이고, 너무 아름다운 신이어서 저는 그 신을 위해서라면 뭐든 할 수 있습니다."

문. "심지어 살인도 저지를 수 있습니까?" 내가 곧장 물었다.

답. "신을 위해서라면 뭐든 할 겁니다."

문. "살인도 포함해서요?" 밀어붙였다.

답. "그렇습니다. 그게 옳은 일이라고 믿으면요."

문. "그러니까 당신은 당신의 신, 맨슨을 위해 테이트 저택에서 다섯 명을 살해한 거죠, 그렇지 않습니까?"

수전은 잠시 숨을 멈췄다가 말했다. "저는 저의 신 바비 보솔레이를 위해 그들을 살해했습니다."

문. "아, 그러니까 당신에게는 두 명의 신이 있군요."

그녀는 애매하게 다음과 같이 대답했다. "신은 한 분뿐입니다. 그 신이 우리 모두의 안에 계십니다."

수전이 그런 사항에 대해 증언했기 때문에 검찰은 그녀의 이전 발언(대배심 증언까지 포함해서) 중 일치하지 않는 내용을 이용해 증언을 문제 삼을 수 있었다.

반대 심문에서 나는 수전에게 테이트 저택에 간 이유를 다시 한 번 말하게 했다. 그녀가 모방범 동기라는 말도 안 되는 이유를 반복했고, 나는 나와의 면담, 대배심, 그리고 하워드에게 쓴 편지에서 수전 본인이 헬터 스켈터가 동기였다고 말했던 부분을 상기시켜주었다.

나는 또한 그녀가 나와의 면담과 대배심에서, 맨슨이 일곱 건의 테이트-라비앙카 살인을 명령했다고 말한 부분을 언급했다. 두 번째 밤에는 맨슨이 모든 것을 지시했고, 그날 밤엔 그들 중 누구도 약을 하지 않았다고 말했던 부분도 끄집어냈다.

그런 다음 그녀에게 힌먼, 테이트, 라비앙카 사건에 대한 본인의 각본을 다시 한번 단계별로 이야기하게 했다. 그녀가 실수할 것임을 알고 있었고, 과연 그녀는 실수를 반복했다.

예를 들어 나는 이렇게 물었다. "당신이 게리 힌먼을 찔러 죽일 때 찰스 맨슨은 어디 있었습니까?"

답. "맨슨은 가고 없었습니다. 그 사람은 게리의 귀를 자르자마자 떠났어요." 자기도 모르게 그 사실을 인정한 그녀는, 서둘러 자신이 힌먼의 귀를 다시 붙여주려고 시도했다고 덧붙였다.

내가 그녀에게 다시 상기시켜주었다. 힌먼이 맨슨에게 총을 겨눴다. 맨슨이 달아났다. 힌먼이 맨슨에게 총을 쏘았다. 자신의 사랑을 보호하기 위해 그녀가 힌먼을 찔러 죽였다. 도대체 어느 시점에 그녀가 플로렌스 나이팅게일 흉내를 냈던 거냐고 내가 물었다.

수전은 나아가 바커 습격으로 체포되기 전까지 맨슨에게는 자신이 힌먼을 죽인 것을 말하지 않았다고 주장했다. 즉, 1969년 7월부터 10월까지 맨슨과 함께 지냈지만 그 일을 언급하지 않았다는 뜻일까? "그렇습니다." 이유는? "맨슨이 물어보지 않았으니까요."

그녀는 테이트와 라비앙카 살인에 대해서도 그에게 말하지 않았다고 주장했다. 그리고 이틀 전까지는 린다 캐서비언이 살인을 총지휘했다는 것 역시 아무에게도 말하지 않았다.

문. "1969년 8월 9일에서 1971년 2월 9일 사이에, 린다가 이 살인 사건들의 배후에 있었다는 걸 어떻게 누구에게도 말하지 않을 수 있었습니까?"

답. "그냥 말 안 했어요. 간단합니다."

문. "그 살인 사건을 저질렀다고 패밀리 구성원 누군가에게 말한 적은 있습니까?"

답. "아니요."

문. "외부인인 로니 하워드나 버지니아 그레이엄에게는 말하면서, 어떻게 본인의 패밀리에게는 말하지 않을 수 있습니까, 세이디?"

답. "아무것도 말할 필요가 없었습니다. 제가 한 일은 저 사람들과 함께 한 겁니다, 그것뿐입니다."

문. "그런 일들 중에 일곱 건의 시신도 포함되는 겁니까?"

답. "대단한 일도 아닙니다."

나는 그 믿을 수 없는 발언의 충격이 가라앉을 때까지 잠시 기다렸다가 물었다. "그러니까 일곱 명의 사람을 죽인 것이 그냥 평범한 일이었다는 거네요, 대단한 일이 아니고, 그렇습니까, 세이디?"

답. "당시에는 그랬다는 겁니다. 그냥 해야 할 일이었을 뿐입니다."

나는 피해자들에 대해 어떤 느낌이 들었는지 물었다. 그녀가 대답했다. "사람처럼 보이지도 않았습니다…… 저는 상점 마네킹을 대하듯 샤론 테이트를 대했습니다."

문. "상점 마네킹이 말하는 걸 들어본 적은 없지요, 세이디?"

답. "없습니다, 검사님. 하지만 그 여자는 IBM 기계처럼 말했어요…… 계속 빌고 간청하고, 간청하고 빌기만 했습니다. 그 소리를 듣는 게 지긋지긋해서, 그래서 찔렀습니다."

문. "그리고 비명을 지르면 지를수록 더 찔렀지요, 세이디?"

답. "네, 그게 어때서요?"

문. "그리고 당신은 샤론을 보며 '이봐, 나는 자비가 없어'라고 말했습니다, 맞습니까, 세이디?"

답. "맞습니다. 제가 그렇게 말했습니다."

부글리오시, "추가 질문 없습니다."

2월 16일 화요일, 비공개회의에서 장시간의 토론 끝에 올더 판사는 배심원들에게 격리를 종료하기로 결정했다고 통보했다.

그들은 눈에 띄게 놀라고 흥분했다. 8개월 이상 갇혀 지냈고, 이는 미국 역사상 가장 긴 배심원 격리였다. 패밀리의 괴롭힘은 여전히 걱정되었지만, 격리해야 할 다른 이유들(힌먼 사건에 대한 언급, 『로스앤젤레스타임스』에 실린 수전 앳킨스의 자백, 그녀의 대배심 증언 등)은 모두 사라졌다. 배심원들은 그 증거를 세이디와 다른 이들의 증언에서 모두 들었다.

마치 새로운 배심원들이 온 것 같았다. 다음 날 열두 명이 배심원석에 들어올 때, 모두 미소를 짓고 있었다. 그들이 미소 짓는 것을 마지막으로 본 게 언제였는지 기억도 나지 않았다.

하지만 그 미소는 오래가지 않았다. 퍼트리샤 크렌윙클이 이제 증언대에 섰고, 테이트와 라비앙카 살인 사건에서 자신의 역할을 자백했다.

수전 앳킨스보다 더 어처구니없는 증인이었다. 모방범 동기에 대한 그녀의 증언은 애매하고, 막연하고, 구체적인 세부 사항이 없었다. 그녀가 증언대에 선 이유는 맨슨에게서 관심을 떼어놓으려는 것뿐이었다. 그 대신, 앞서 증언대에 섰던 다른 패밀리 구성원들과 마찬가지로, 그녀는 그의 중요성만 반복해서 강조했다. 예를 들어 스팬 목장에서의 생활에 대해 그녀는 다음과 같이 말했다. "우리는 숲속의 요정이나 숲속의 피조물 같았습니다. 머리에 꽃을 꽂은 채 숲 사이를 돌아다녔고, 찰리는 작은 피리를 들고……"

애비게일 폴저에 대해서는 이렇게 말했다. "그래서 제가 손에 칼을 쥐고, 그 여자가 도망갔는데, 그렇게 달려서, 달려서 뒷문으로 나갔고, 저는 그 문을 절대 안 만졌습니다, 그러니까 제가 그 문을 절대 만지지 않았기 때문에 지문이 나올 리가 없는데…… 그렇게 제가 그 여자를 찌르고 계속 찔렀습니다."

문. "그녀를 찌르고 나서는 어떤 기분이었습니까?"

답. "아무 기분도 안 들었습니다, 그러니까, 어떻게 설명할까요? 그냥 그렇게 됐고, 그대로 괜찮아 보였습니다."

로즈메리 라비앙카의 살인에 대해서. 케이티에 따르면 그녀와 레슬리는 로즈메리 라비앙카를 데리고 그녀의 침실로 데려갔고, 옷장의 옷을 구경하고 있을 때 레노의 비명이 들렸고, 로즈메리는 전등을 집어들고 그들에게 휘둘렀다고 했다.

레노 라비앙카의 시신을 훼손한 것에 대해서. 로즈메리를 살해한 후 케이티는 레노가 거실 바닥에 누워 있던 것을 떠올렸다. 다음과 같은 생각이 퍼뜩 떠올랐다. "아들들을 군대에 보낼 순 없잖아요, 그래서 그 남자의 가슴에 전쟁을 남겼습니다. 마침 손에 포크를 들고 있어서, 그걸 남자의 배에 꽂았습니다…… 그다음엔 벽으로 가서 글씨를……"

반대 심문에서 내가 물었다, "애비게일 폴저에게 올라타 그녀의 몸을 칼로 찌를 때, 그녀가 비명을 질렀습니까?"

답. "네."

문. "그녀가 비명을 지를수록 더 찔렀습니까?"

답. "그런 것 같아요."

문. "그녀가 목숨을 구하기 위해 비명을 지를 때 신경 쓰이지 않았습니까?"

답. "아니요."

케이티는 애비게일을 찌를 때 실은 자기 자신을 찌른 거라고 증언했다. 나의 다음 질문은 대답을 바라는 것이 아니었다. "하지만 당신은 피를 전혀 흘리지 않았습니다, 그렇죠, 케이티? 애비게일만 흘렸습니다, 그렇지 않나요?"

피고 측 변호인들은 정치적 돼지(힌먼), 돼지(테이트), 돼지에게 죽음을(라비앙카)이라는 단어들은 범인들이 경찰이 세 사건을 연결시킬 수 있게 하려고 남긴 단서라고 주장했다. 하지만 최초에 내가 세이디에게 왜 힌먼의 집 벽에 정치적 돼지라는 말을 적었냐고 물었을 때, 그녀는 만족스러운 답을 내놓지 못했다. 또한 그녀는, 만약 이것이 모방 범죄라면, 테이트 저택에 정치적 돼지가 아니라 그냥 돼지라고만 적은 이유에 대해서도 말하지 못했다. 그리고 지금 케이티는 라비앙카의 냉장고 문에 **헬터 스켈터**라고 적은 이유도 설득력 있게 설명하지 못했다.

맥스웰 키스도 모방범 동기를 받아들이지 못하는 게 분명했다. 재직접 심문에서 그가 케이티에게 물었다. "테이트 저택과 라비앙카 저택에서 벌어진 살인 사건은 바비 보솔레이를 감옥에서 꺼내려는 시도와는 아무 관련이 없습니다, 그렇지 않습니까?"

답. "글쎄요, 설명하기 어렵습니다. 그냥 그런 생각일 뿐이었고,

그 생각이 실현된 겁니다."

올더 판사는 갈수록 카나렉에게 염증을 느꼈다. 받아들일 수 없는 질문을 계속하면 다섯 번째로 모욕죄를 적용하겠다고 경고했다. 데이 신도 탐탁지 않기는 마찬가지였다. 방청객이 준 메모를 신이 수전 앳킨스에게 전달하는 모습이 발각되었다. 일주일 전에는 교차로에 있는 한 여성이 신의 이름이 적힌 법원 속기록을 읽고 있는 모습도 눈에 띄었다. 올더가 그 일을 지적하자 신은 "그 사람들이 속기록을 읽어보려고 빌려간 겁니다"라고 해명했다.

법원, "뭐라고 하셨습니까? 이 사건의 공표 금지 의무는 알고 계십니까?"

신은 알고 있다고 인정했다.

법원, "제가 보기에 신 씨, 당신은 지금 공표 금지 의무를 조금도 개의치 않고 있으며, 줄곧 그래온 것처럼 보입니다. 저는 오랫동안, 아주 오랫동안 재판 정보가 새어나가고 있다고 생각했는데, 그게 당신에게서 비롯된 듯한 느낌이 듭니다."

맥스웰 키스는 마지못해 자신의 의뢰인 레슬리 밴하우튼을 증언대로 불렀다. 그녀의 성장 환경을 확인한 후 키스는 판사에게 다가갔다. 그는 올더에게 자신의 의뢰인이 힌먼 사건과 관련 있다고 자백할 거라고 말했다. 본인과 "몇 시간이나" 상의했지만 소용없었다고도 했다.

그녀가 자신의 이야기를 읊기 시작하자 꾸며낸 이야기임이 투명하게 드러났다. 레슬리에 따르면 메리 브루너는 힌먼의 집에 한 번도 가본 적이 없고, 찰스 맨슨과 바비 보솔레이는 둘 다 실제 살인이 일어나기 전에 그곳을 떠났다. 게리를 죽인 건 세이디였다고 그녀는 말했다.

레슬리는 적어도 힌먼 살인 사건 현장에 있었다고 말함으로써 자신이 그 사건과 관련이 있음을 암시했고, 라비앙카 살인 사건에 대한 자신의 관련성을 낮추려는 노력은 하지 않았다. 자신은 테이트 사건에 대해서는 아는 게 전혀 없으며, 둘째 날 밤에 외출할 때도 자신들이 어디로 가서 뭘 하는 건지 전혀 몰랐다고 했다. 로즈메리 라비앙카를 살해한 것은 거의 정당방위처럼 보이게 말했다. 로즈메리가 자신에게 전등을 먼저 휘둘렀고, 그 후에야 "제가 칼을 집어들었고, 퍼트리샤도 칼을 들고 있었는데, 우리가 그 여자를 찌르고 베기 시작했습니다".

문. "그때까지 증인은 누군가를 해칠 의도가 있었습니까?"
답. "아니요."
문. "그녀가 죽은 것처럼 보였는데도 찔렀습니까, 레스?"
답. "그 여자가 죽기 전이었는지 후였는지는 모르겠지만, 제가 찔렀습니다…… 죽었는지 몰랐습니다. 그 여자가 바닥에 누워 있었습니다."
문. "그녀가 바닥에 누워 있기 전에도 찔렀습니까?"
답. "기억나지 않습니다."

레슬리가 그런 일을 잊어버렸다는 건, 사막에 돌아올 때까지 그 살인에 대해 맨슨에게 말하지 않았다는 주장만큼이나 어처구니가 없었다.

아주 조심스럽게, 키스는 레슬리가 자신의 행동을 뉘우치고 있음을 보이려고 시도했다.

문. "레슬리, 라비앙카 부인의 살해에 가담한 것에 대해 슬픔이나 부끄러움, 혹은 죄의식을 느낍니까?"

답. [멈춤]

문. "하나씩 해봅시다. 그 일에 대해 슬픔을 느낍니까, 유감이나, 불행하다는 것을?"

레슬리의 대답에 법정에서는 거의 냉기가 느껴졌다. "유감sorry은 다섯 글자밖에 안 되지만, 그걸론 아무것도 되돌릴 수 없습니다."

문. "레슬리, 저는 당신이 그 사건에 대해 어떻게 느끼고 있는지 밝히려고 애쓰고 있습니다."

답. "제 느낌이 어떠냐고요? 이미 벌어진 일입니다. 그 여자는 없어요."

문. "그런 일이 없었기를 바라고 있습니까?"

답. "어떤 일이 다른 식으로 벌어졌으면 좋았을 거라고 바라지 않습니다. 그건 바보 같은 생각입니다. 절대 그런 식으로 되진 않을 거예요. 이미 벌어진 일을 없었던 걸로 할 순 없습니다."

문. "그런 일이 있었던 것에 대해 울고 싶다거나 그런 느낌은 없습니까?"

답. "운다고요? 그 여자가 죽어서? 제가 죽음 때문에 운다면, 그건 죽음 자체에 대해서입니다. 죽은 사람이 그 여자 하나만은 아니니까요."

문. "그런 생각을 종종 합니까?"

답. "법정에 있을 때만요."

재판이 진행되는 동안 레슬리 밴하우튼은 대부분 순진한 소녀 같은 행동을 유지했다. 이제 그런 모습을 벗어버렸고, 배심원은 처음으로 그녀가 실제로 얼마나 차갑고 무감각한지 보고 있었다.

카나렉의 심문에서 그녀 본성의 또 다른 면이 드러났다. 그의 몇몇 질문에 화가 나고 초조해진 그녀는, 호전적이고 빈정대는 대답을 했다. 그런 독기가 하나씩 튀어나올 때마다 배심원들은 흠칫 놀라며 마치 그녀를 처음 보는 듯한 표정을 지었다. 심지어 맥브라이드도 그녀의 눈을 똑바로 쳐다보지 못했다.

레슬리 밴하우튼은 두 건의 살인에 대해 유죄 판결을 받았다. 나는 그녀가 그 행위에 아주 적극적으로 가담했기 때문에 사형 판결을 받아야 마땅하다고 생각했다. 하지만 그녀가 저지르지도 않은 사건을 근거로 배심원들이 사형에 표를 던지는 것은 원치 않았다. 나는 그녀의 변호인 맥스웰 키스에게, 레슬리가 힌먼의 집에 간 적이 없었다는 점을 명백히 하겠다고 말했다. "그러니까 배심원들이 그녀가 거기 있었다고 생각하고, 당신 의뢰인에게 불리한 판결을 내리기 쉬울 것 같은데, 그건 옳지 않다고 생각합니다."

또한 반대 심문에서 이렇게 물었다. "증인은 세이디, 그리고 바비 보솔레이와 함께 게리 힌먼의 집에 갔던 게 당신이라는 이야기를, 이 증언대에 서기 전에 누군가에게 한 적이 있습니까?"

답. "퍼트리샤에게 했습니다."

문. "실제로 집 안에 들어간 건 당신이 아니라 메리 브루노였습니다, 그렇지 않습니까?"

답. "검사님 그건 말입니다."

나는 게리 힌먼 사건에 대해서 레슬리에게 혐의가 없음을 보이려고 노력했지만, 로즈메리 라비앙카 살인 사건에 대해서는 정반대였다. 반대 심문을 마칠 때쯤, 레슬리는 자신이 로즈메리가 살아 있을 때도 찔렀으며, 그녀의 엉덩이와 목만 찔렀던 것도 아님을 인정했다. "등도 두어 번 찔렀을 수 있어요." (나중에 배심원들에게도 상기시켜주었지만, 등의 자상 중 다수는 사후에 생긴 것이 아니고, 그중 로즈메리 라비앙카의 척추를 절단한 자상은 그 자체로 치명적인 것일 수도 있었다.)

나는 세이디나 케이티와 마찬가지로, 그녀의 모방 범죄 이야기는 현실성이 없다고 강조했다. 예를 들어 그녀는 자신이 바비 보솔레이와 "대책 없이 사랑에 빠졌"으며, 이 살인들은 그를 구하기 위한 시도였다고 증언했지만, 정작 보솔레이의 재판 두 건에서는 증언대에 서지도 않았다는 점을 지적했다. 본인의 이야기가 사실이라면 그를 석방시킬 수도 있었는데 말이다.

그 시점에 나는 낚시를 한번 해보기로 했다. 정확히는 알 수 없지만, 나는 레슬리가 첫 번째 변호사 마빈 파트에게 이 살인들에 관한 진실을 이야기했을 거라고 강하게 확신하고 있었다. 파트가 그녀의 이야기를 녹음했다는 건 알고 있었다. 직접 들어본 적은 없지만, 파트가 판사에게 한번 들어보라고 거의 간청했던 것은 기억하고 있었다.

부글리오시, "레슬리, 이 재판이 시작되기 전에 누군가에게 찰스 맨슨이 그 살인들을 명령했다고 말하지 않았습니까?"

답. "법원이 지정해준 변호사 마빈 파트가 다음과 같은 사실을 주장했습니다. 그러니까 제가—"

키스가 그녀의 말을 가로막고, 비공개 대화 내용을 언급하고 있다며 이의를 제기했다. 나는 레슬리 본인이 파트의 이름을 꺼냈고, 그녀로서는 비공개 조건을 철회할 권리가 있다고 올더 판사에게 말했다. 카나렉도 이의를 제기했다. 내가 어떤 이야기를 꺼내려 하는지 알아차린 것이다.

밴하우튼, "카나렉 씨, 제가 대답할 수 있게 제발 좀 닥쳐주실래요?…… 이전에 법원에서 지정해준 마빈 파트라는 변호사가 있었습니다. 그분은 저를 풀어주는 것과 관련해 많은 아이디어를 가지고 있었지만, 모두 본인의 생각일 뿐이었습니다. 그분이 몇 번 녹음을 했고, 제가 말해줬으면 하는 내용의 핵심을 알려줬습니다. 그리고 저는 그 내용을 말했습니다."

문. "파트 씨에게 어떤 말을 했습니까?"

답. "기억나지 않습니다. 오래전 일이라서요."

나는 파트 씨에게 맨슨이 살인을 명령했다고 말하지 않았느냐고 물었다.

답. "파트 씨에게 분명 그렇게 말했습니다."

파트 씨에게 맨슨이 둘째 날 밤에 함께 갔고, 웨이벌리 드라이브에 차를 멈췄을 때 맨슨이 내려서 라비앙카 저택으로 들어갔다고 말하지 않았느냐고 물었다.

몇 번이나 애매한 대답으로 피하다가 레슬리는 화를 내며 답했다. "분명 그렇게 말했습니다!"

법원, "잠시 휴정하겠습니다―"

밴하우튼, "부글리오시 씨, 당신은 사악한 사람입니다!"

패밀리 구성원들은 하나같이 맨슨이 흑인들을 미워하지 않았다고 증언했다. 하지만 최근에 내가 알게 된 내용에 비춰보면, 몇몇은 아주 흥미로운 대답을 했다. 피츠제럴드가 스쿼키에게 물었다. "그는 흑인들을 사랑했습니까, 아니면 미워했습니까?" 그녀가 대답했다. "그 사람은 흑인을 사랑했습니다. 그의 아버지니까요, 흑인은 찰리의 아버지입니다." 집시는 다음과 같이 증언했다. "우선 찰리는 인생의 대부분을 감옥에서 보냈습니다. 그러니까 흑인들을 아주 아주 잘 알게 됐죠. 사실, 그러니까 제 말은, 그 사람들은 그에게 아버지나 다름없습니다." 레슬리도 아주 비슷한 말을 하며 이렇게 덧붙였다. "찰리가 흑인들을 미워한다면, 그건 자신을 미워하는 겁니다."

휴정 시간에 내가 맨슨에게 물었다. "찰리, 당신 아버지가 흑인이었습니까?"

"뭐라고요?" 그는 그 질문에 놀란 듯했지만, 질문 자체가 어이없어서 그랬는지, 아니면 나에게 알리고 싶지 않았던 뭔가를 내가 알게 되었기 때문인지는 알 수 없었다. 하지만 그의 대답에 애매한 면은 없었고, 단호하게 부인했다.

그는 진실을 말하는 것처럼 보였다. 하지만 나는 궁금했고, 여전히 궁금하다.

다음 증인은 증언대에 서는 게 처음이 아니었다. 어빙 카나렉의 요청에 따라 뉴햄프셔에서 소환된 린다 캐서비언이 다시 증인 선서를 했다. 피츠제럴드, 키스, 그리고 신은 그녀를 부르는 것에 반대했다. 카나렉은 그들의 충고에 귀를 기울였어야 했다. 린다는 다시 한번 잘 대처했고, 내가 반대 심문할 필요도 없었다. 그녀의 이전 증언은 조금도 흔들리지 않았다.

린다와 그녀의 남편, 그리고 두 자녀는 뉴햄프셔의 작은 농가에서 함께 살고 있었다. 떠돌이 밥 캐서비언은 든든한 기둥 같은 사람이 되었고, 나는 두 사람의 결혼생활이 이제야 제대로 돌아가는 것 같다는 이야기를 들어서 기뻤다.

루스 앤 무어하우스(별칭 위시, 20세)는 대니 디칼로에게 첫 번째 돼지 사냥을 더는 못 기다리겠다고 말한 적이 있다. 그녀 역시 구성원들이 후렴구처럼 내뱉는 "찰리는 지도자가 아닙니다"라는 말을 반복했다. "방울뱀들이 그 사람을 좋아해서, 그 사람은 녀석들과 놀 수도 있었어요", 그리고 "그 사람은 노인을 젊은이로 바꿔놓을 수 있습니다"라고도 했다.

모방범 동기에 좀더 극적인 요소를 덧붙이기 위해 위시는 바비 보솔레이가 린다 캐서비언의 둘째 아이의 아버지라고 주장했다.

내가 물었다. "찰스 맨슨과 세 명의 여성 피고를 위해서라면 뭐든 할 수 있죠, 그렇지 않습니까, 위시?"

그녀가 즉답을 피했고, 나는 물었다. "그들을 위해 살인도 할 수 있죠, 그렇지 않습니까?"

답. "저는 목숨을 빼앗을 수 없습니다."

문. "좋습니다, 그 이야기를 해봅시다, 위시. 바버라 호이트라는 여성을 아시죠?"

변호인의 조언에 따라 위시는 호이트의 살인미수에 대한 질문에는 대답을 거부했다. 법률적으로, 증인이 반대 심문에 대해 대답을 거부하면 해당 증인의 증언 전체는 무효가 된다. 위시가 여기에 해당됐다.

전체 증인 중 가장 이상한 사람은 스티브 그로건(별칭 클렘, 19세)이었다. 그는 자신의 뇌에 있는 "흔적 기억engrams"에 대해 이야기하고, 아버지에 대한 질문에 어머니 이야기를 하고, 패밀리의 진짜 지도자는 맨슨이 아니라 메리 브루너가 낳은 맨슨의 아이 푸 베어라고 했다.

카나렉은 그로건이 대답할 때 올더가 웃었다며 불평했다. 올더가 대답했다, "이 증인과 관련해 웃긴 부분은 하나도 못 찾겠습니다, 그건 분명히 말씀드리죠…… 당신이 이 사람을 부른 이유를 저는 이해하지 못하겠지만, 뭐 그건 당신 일이고…… 어떤 배심원도 이 증인의 말을 믿지는 않을 겁니다, 그건 약속드리죠."

쇼티 셰어의 머리를 자른 그 젊은이는 완전 백치처럼 보였다. 계속 이를 드러내고 웃었고, 웃긴 표정을 지었고, 맨슨보다 더 심하게 자신의 수염을 만지작거렸다. 하지만 조심스러웠던 몇몇 대답에서 암시하듯이 그건 단순히 파티에서의 역할 놀이가 아니었다.

클렘은 린다, 레슬리, 세이디, 텍스, 그리고 케이티와 함께 어느 날 밤 차를 타고 나갔던 일을 떠올렸다. 그는 린다가 먼저 LSD를 나눠주었으며, 맨슨은 함께 가지 않았다고 주장했다. 하지만 그는 그날이 라비앙카 살인 사건이 있었던 날이었음을 말하지 않기 위해, 자신이 죄를 뒤집어쓰는 일을 피하기 위해 아주 조심했다.

그가 하는 말의 다수가 맨슨의 말을 그대로 인용한 것이었다. 예를 들어 "패밀리에 합류한 것은 언제입니까, 클렘?"이라고 물었을 때, 그는 "제가 흰색 피부를 갖고 태어났을 때부터입니다"라고 대답했다.

나는 또한 바커 목장에서 체포되었던 일에 대해서도 물었다. 이미 직접 심문에서 나왔던 이야기다. 어떤 혐의로 기소되었냐고 내가 물었다.

답. "약속 위반으로 체포되었습니다."

문. "약속 위반? 여성에게 했던 약속입니까, 클렘, 아니면 뭡니까?"

답. "특정 날짜에 트럭을 돌려주기로 한 약속이었습니다."

문. "아, 알겠습니다. '자동차 절도'라고도 하죠. 그렇지 않습니까, 클렘?"

변호인들이 다음 증인을 불렀다. 빈센트 T. 부글리오시였다. 판사 앞에서 피츠제럴드는 이것이 평범하지 않은 상황임을 인정했다. "반면에 이 사건에서 부글리오시 씨는 검사이면서 수사를 담당하기도 했습니다."

데이 신은 수전 앳킨스에 대한 내 조사와 그녀의 대배심 증언에 대해 질문했다. 왜 수전 앳킨스가 대배심에서 진실을 말하지 않았다고 생각하느냐고 물었다. 나는 이유들을 하나하나 밝히고, 무엇보다 그녀가 샤론 테이트를 찔렀다고 확신했다고 말했다.

문. "어떻게 그런 결론에 이르렀습니까?"

답. "우선 그녀는 증언대에서 그 점을 시인했습니다, 신 씨. 또한 그녀는 로니 하워드와 버지니아 그레이엄에게 자신이 샤론 테이트를 찔렀다고 말했습니다."

신은 수전이 진실을 말하면 사형을 구형하지 않겠다고 했던 검찰의 "거래" 이야기를 다시 꺼내려고 시도했다. 올더는 다음과 같이 말했다. "수전 앳킨스는 자신이 대배심에서 거짓말을 했다고 이 재판에서 선서 후에 증언했습니다. 어떤 합의가 있었다고 해도, 그 발언 자체로 그런 합의를 무효화하기에는 충분합니다."

키스는 내게 레슬리가 파트와 녹음한 테이프를 들어본 적이 있는지, 혹은 그 내용과 관련해 파트와 논의한 적이 있는지 물었다. 나는 그런 적 없다고 대답했다. 카나렉의 반대 심문은 너무나 동떨어진 이야기여서 결국 올더가 중단시켰다.

이어진 며칠 동안 나온 증인은 애런 스토비츠, 전직 로스앤젤레스 지방검사이자 현재는 캘리포니아 법무장관인 이벨 영거, 폴 카루소와 리처드 카바예로 변호사, 그리고 언론인인 로런스 실러였다. 1969년 12월 4일에 있었던 협의, 앳킨스의 증언 녹음, 그녀의 이야기 판매, 그녀의 대배심 증언, 그리고 맨슨을 만난 다음 날 카바예로를 해고한 일과 관련해 모든 사항이 논의되었다. 실러가 증언대에 섰을 때 신은 전체 재판 과정에서 가장 끈질기게 반대 심문을 진행했다. 신은 수전의 이야기가 얼마나 팔렸는지, 그리고 그 돈이 어느 은행에 있는지 정확히 알고 싶어했다. 신은 수전을 대변하는 입장에서 그녀의 몫을 받기로 되어 있었다.

그 증인들에 대한 반대 심문에서 나는 몇몇 의미 있는 성과를 얻었다. 예를 들어 카루소의 심문에서는, 1969년 12월 4일의 미팅에서 그가 수전 앳킨스는 "맨슨에 대한 두려움 때문에" 재판에서 증언하지 않을 거라고 말했다는 사실을 끄집어냈다.

하지만 카나렉도 (검찰 입장에서는) 가장 큰 성과를 한 가지 얻어 주었다. 앳킨스의 전 변호인이었던 카바예로에게 그는 이렇게 물었다. "세 곳의 현장에 피로 적혀 있던 말에 대해 [수전 앳킨스는] 뭐라고 했습니까?"

카바예로, "그 질문은 하지 말라고 했을 텐데요, 어빙."

카바예로가 본인의 의뢰인에게 유리한 뭔가를 숨기고 있다고 확신한 카나렉이 같은 질문을 반복했다.

카바예로가 한숨을 쉰 다음 말했다. "수전은 찰스 맨슨이 헬터 스켈터를 일으키기는 원했지만, 그 일이 빨리 일어나지 않고 있다고 말했습니다. 그리고 '돼지'라는 단어를 사용한 것은 흑인들이 그 범죄를 일으킨 걸로 믿게 만들기 위해서였다고 했습니다. 팬더스와 그 비슷한 사람들이 기존 체제를 지칭할 때 '돼지'라는 단어를 쓰니까요. 그게 목적이라고 했습니다, 헬터 스켈터가 충분히 빨리 일어나지 않고, 찰리가 세상의 파멸을 일으키기를 원했다는 것이요. 그게 이 모든 살인이 벌어진 이유라고 했습니다.

그 질문은 하지 말라고 제가 말했죠, 카나렉 씨."

모방범 동기를 밀어보려던 시도가 참담하게 실패한 후, 피고 측 변호인들은 이제 다른 전략으로 갈아탔다. 그들은 다수의 정신과 의사를 증언대로 불러, LSD가 세 명의 여성 피고의 정신 상태에 영향을 미쳤기 때문에 그들은 본인의 행동에 책임질 수 없는 상태였음을 입증하려 했다.

그건 진짜 변호라고 할 수는 없었지만, 만약 철저하게 반박하지 않는다면, 상황을 누그러뜨리고 판결이 종신형 쪽으로 조금 더 기울어지게 만들 수는 있었다.

첫 번째 증인 안드레 트위드 박사는 본인이 LSD 전문가라고 했지만, 그의 증언은 대부분 인정받는 현장 전문가들의 견해와 달랐다.

트위드는 어떤 젊은이가 LSD에 취한 상태에서 어머니와 할머니를 죽이라는 목소리를 들었고, 그대로 행동했던 사례를 알고 있다고 주장했다. 그 단 하나의 확인되지 않은 사례를 근거로, 트위드는 "LSD에 취한 상태에서 사람은 살인을 저지를 수 있다"는 결론을 내렸다. 또한 그는 LSD가 뇌에 손상을 가져올 수 있다고 생각한다고 말했다.

반대 심문에서 나는 트위드 박사가 퍼트리샤 크렌윙클과 고작 두 시간만 이야기를 나누었을 뿐임을 밝혔다. 그는 재판 기록을 읽지 않았고, 그녀의 친구나 친척들을 조사하지도 않았다. 그는 LSD 분야에서 대조 실험을 진행한 적도 없고, 해당 주제에 대한 강의는 한 번밖에 한 적이 없으며, 논문은 한 편도 쓰지 않았다. 자신이 왜 전문가라고 생각하는지 물었을 때, 그는 조금은 거만하게 다음과 같이 대답했다. "주변 사람들이 경력을 보고 전문가라고 하면 전문가 아닙니까? 많은 사람이 저를 전문가로 여기고 있고, 그래서 저 역시 스스로를 전문가로 생각하는 일에 익숙해진 겁니다."

문. "증인은 UCLA의 토머스 운거라이더 박사가 LSD 분야의 전문가라고 생각합니까?"

답. "네, 그렇습니다."

문. "증인보다 더 전문가입니까?"

답. "저는 그런 판단을 내릴 입장이 아닙니다. 그건 다른 사람들에게 맡기겠습니다."

문. "증인은 UCLA의 듀크 피셔 박사가 LSD 분야의 전문가라고 생각합니까?"

답. "네."

나는 그 두 사람이 "정서장애와 LSD 문제"라는 논문을 썼고, 거기서 "LSD가 뇌에 유기적인 손상을 입힌다는 과학적 증거는 없다"는 결론을 내렸다고 지적했다.

트위드는 적어도 지금까지 나온 증거로만 보자면 그 말이 옳다고 인정할 수밖에 없었다.

1969년 12월 24일, 퍼트리샤 크렌윙클은 앨라배마주 모빌에서 정신과 의사 클로드 브라운 박사에게 검사를 받았다. 트위드가 부분적으로 브라운 박사의 보고서를 기반으로 자신의 결론을 내렸기 때문에 나도 반대 심문 직전에 해당 보고서를 받아보았다.

그 보고서는 폭탄이었고, 나는 트위드 박사에 대한 다음 질문에서 그 점을 암시했다.

문. "퍼트리샤 크렌윙클에 관한 증인의 의견을 확립하는 과정에서, 테이트 살인 사건이 있던 날 밤 찰스 맨슨이 그녀에게 텍스 왓슨과 함께 가라는 말을 했다고 그녀가 브라운 박사에게 알린 사실을 고려했습니까?"

수없는 이의 제기가 쏟아지고, 판사 앞에서 길게 회의한 후에 트위드 박사는 그 점도 고려했다고 인정했다. 퍼트리샤 크렌윙클이 다시 증언대에 섰고, 그녀는 브라운 박사에게 그렇게 말한 것은 맞지만, 해당 발언은 사실이 아니라고 했다.

이제 우리는 완벽한 성과를 얻었다. 맨슨은 자신이 무죄를 받기 위해 세이디, 케이티, 레슬리를 증언대에 세웠다. 하지만 나는 이들 세 명이 맨슨이 이 사건의 배후에 있음을 이전에 다른 사람들에게 이야기한 적이 있다는 것을 입증해 보였다.

브라운의 보고서에는 다른 놀라운 점들도 있었다. 크렌윙클은 자신이 모빌로 온 것은 "맨슨이 자신을 찾아내서 죽일까봐 두려웠기 때문"이라고 의사에게 말했다. 이는 맨슨에게는 불리하지만 피츠제럴드의 의뢰인 퍼트리샤 크렌윙클에게는 유리한 내용이었다. 하지만 이 이야기를 꺼낸 것은 피츠제럴드가 아니라, 피츠제럴드가 심문을 마친 후 자신의 심문을 시작한 키스였다. 또한 그녀는 테이트 살인 사건이 있던 날 밤 자신은 약에서 깬 상태였고, 그날 밤엔 어떤 약도 하지 않았으며, 살인 사건 후에 "우리가 한 짓 때문에 체포될까봐 두려웠지만, 찰리는 '아무도 우리를 건드릴 수 없다'고 했다"고도 말했다.

후자의 발언은 케이티가 자신의 행동에 대한 결과를 잘 알고 있었음을 보여주는 것이다.

이 점은 중요했는데, 피고 측 변호인들은 자신들의 질문을 통해 세 명의 여성 피고가 살인을 저지를 당시 제정신이 아니었음을 암시하려고 노력했기 때문이다.

캘리포니아 법에 따르면 정신이상 관련 탄원은 재판 시작 전에 제출해야 한다. 그러면 유죄 판결 후에 별도의 정신이상 판정 절차가 진행된다. 하지만 변호인 측은 적법한 시기에 그런 요청을 하지 않았다. 따라서 피고들이 제정신인지 아닌지에 관한 문제는 어떤 의미에서는 관련이 없는 것이었고, 배심원들이 결정해야 할 사항도 아니었다. 하지만 또 다른 의미에서 그것은 핵심적인 문제였다. 만약 피고 측 변호인들이 배심원들을 상대로 피고들의 정신 상태에 대한 의심을 불러일으킨다면, 이는 형량과 관련된 투표에 강력한 영향을 미칠 수도 있었다.

갑자기 나는 맨슨의 유죄를 다시 한번 입증해야 할 뿐 아니라, 이 여성들이 법적으로 정신이상이 아니라는 것까지 입증해야 했다.

캘리포니아를 포함한 대부분의 주에서 정신이상에 대한 법적 판정은 맥노튼 원칙을 따르고 있다. 무엇보다 맥노튼 원칙은, 피고가 정신이상 혹은 정신적 결함을 이유로 자신의 행위가 잘못된 것임을 인지하지 못했다면, 그 피고는 법적으로 정신이상이라고 규정하고 있다. 하지만 피고 자신이 개인적으로 해당 행위가 잘못된 것이 아니라고 믿는 것만으로는 충분하지 않다. 만약 그렇다면 모든 사람이 각자의 법을 따르게 될 것이다. 예를 들어 어떤 남자가 여성 열두 명을 강간한 후에 "저는 강간이 잘못됐다고 생각하지 않습니다"라고 말하며 법적 처벌을 피해갈 수 있다. 결정적 요소는 사회가 그 행동을 잘못된 것으로 여기고 있다는 점을 그가 알고 있었는지 여부다. 만약 알고 있었다면, 그는 법적으로 정신이상이 될 수 없다. 그리고 들키지 않기 위해 의도적으로 했던 행동들, 전화선을 자르고, 지문을 지우고, 신분을 위조하고, 범죄와 관련된 증거들을 처리했던 것 등은 피고들이 자신의 행동이 사회적으로 잘못된 것임을 알고 있었다는 정황 증거다.

앞서 트위드 박사는 퍼트리샤 크렌윙클은 이 살인이 잘못된 것인 줄 몰랐다고 증언했다. 이제 내가 반대 심문에서 물었다. "증인의 견해에 따르면, 퍼트리샤 크렌윙클이 이 살인을 저지를 당시 그녀는 자신이 하고 있는 행동이 사회적으로 잘못된 것임을 알고 있었다고 생각합니까?"

답. "그랬다고 생각합니다."

부글리오시, "추가 질문 없습니다."

3월 4일, 맨슨은 수염을 단정하게 다듬고 머리는 완전히 밀어버렸는데, 그 이유에 대해 기자에게 "저는 악마이고, 악마는 늘 대머리입니다"라고 말했다.

흥미롭게도 이번에는 세 명의 여성 피고가 그를 따라하지 않았다. 뿐만 아니라 그가 법원에서 종종 과장된 행동을 보여도, 여성들은 유죄 판결 단계에서 그랬던 것처럼 그의 말을 반복하지 않았다. 비록 늦기는 했지만, 그런 장난이 맨슨의 지배력을 입증하는 것일 뿐임을 그들도 깨달은 것이다.

다음 증인인 정신과 의사 키스 디트먼은, LSD가 뇌에 손상을 주지는 않지만 개인의 성격에 해로운 영향을 줄 수 있다고 증언했다. 또한 그는 LSD를 사용하는 사람은 외부 영향에 더 취약하며, 레슬리가 약물을 한 것이, 그녀에 대한 맨슨의 영향력과 함께, 그녀가 살인에 가담하는 데 큰 영향을 미친 요소였다고 발언했다.

밴하우튼, "모두 엄청난 거짓말입니다. 저는 베트남 전쟁과 텔레비전으로부터 영향을 받았습니다."

반대 심문에서 나는 모든 사람이 LSD에 같은 반응을 보이는 것은 아니며, 약물을 받아들이는 개인의 성격 구조에 따라 다르다는 말을 디트먼에게서 끌어냈다. 그다음엔 디트먼이 레슬리를 검사한 적이 한 번도 없고, 따라서 그녀의 성격 구조가 어떤지 알 수 없으며, LSD가 그녀의 정신 상태에 영향을 미쳤다고 해도, 그 영향이 어떤 것이었는지 그는 알 수 없다는 점을 지적했다.

또한 뒤집어 말하면, 그녀를 검사한 적이 없기 때문에 그는 레슬리에게 유전적 살인 충동이 있는지 여부도 확실히 판정할 수 없었다.

재직접 심문에서 키스가 디트먼에게 물었다. "유전적 살인 충동은 무슨 의미입니까?"

답. "해당 인물이, 말하자면 일반인들보다 더 큰 살인 본능을 지니고 있다는……"

문. "증인의 견해에 따르면, 정신의학의 관점에서 어떤 이들은 다른 사람들보다 더 큰 살인 본능을 지니고 있습니까?"
답. "글쎄요, 어떤 사람들이 은밀하게든 노골적으로든 적대심과 공격성을 더 지니고 있기는 합니다. 그런 의미에서, 그런 사람들이 살인 같은 강력 범죄를 더 쉽게 저지를 수 있습니다."

디트먼 박사는 내가 형량 판결의 최종 변론에서 제기하려고 준비했던 핵심 논점을 분명하게 말해주었다.

거의 전설적인 "헤이트의 히피 의사" 조엘 포트 박사는 전혀 그런 사람처럼 보이지 않았다. 사회 및 건강 문제 해결을 위한 전국 센터의 창립자인 그는 사십대로 보였고, 보수적인 복장을 하고, 조용하게 말했으며, 머리를 기르지도 않았다(사실 그는 대머리였다). 그의 증언에 화가 난 맨슨은 "저 사람이 히피를 본 적이 있다면, 그건 자신의 차를 타고 가면서 도로에서 본 게 전부입니다"라고 소리쳤다.

맨슨이 화를 내는 것도 당연했다. 심지어 직접 심문에서도 포트 박사는 변호인 측보다는 검찰 측에 더 도움이 되었다. 약물에 관한 책을 한 권 쓰고, 다른 열한 권 책의 공동 저자이기도 한 그는 "마약이 그 자체로 마법 같은 변신을 가능하게 해주는 것은 아닙니다. 다른 많은 요소가 있습니다"라고 말했다.

반대 심문에서 내가 다른 요소 중 하나를 언급했다. 포트는 다음과 같이 말했다. "[레슬리 밴하우튼을 검사한 결과] 맨슨 씨의 영향력이 이 살인의 수행에 있어 의미심장한 역할을 했다고 개인적으로 생각합니다."

반대 심문에서 또 하나의 핵심적인 성과가 있었다. 여성들이 살인 사건 당시에 LSD에 취해 있었고, 따라서 자신들의 행동에 책임이 없다는 주장을 무력화하기 위해 나는 포트에게 물었다. "박사님, LSD에 취한 사람들이 폭력적으로 되지는 않는다는 게 사실입니까?"

답. "사실입니다."

여전히 맨슨의 지배력에 대한 검찰의 가설을 공격하기 위해 카나렉이 포트에게 물었다. "자, 그렇다면 누군가, 그러니까 프랑켄슈타인류의 영화를 제외하고 말입니다, 누군가 가만히 앉아서 사람들을 세뇌하고, 그 사람들이 밖으로 나가, 예를 들면 무장 강도나 절도, 폭행 사건을 저지르게 하는 것을 본 적이 있습니까? 그런 경우를 알고 있습니까?"

답. "네. 어떤 의미에서는 군대에서 병사들을 훈련시키는 게 바로 그런 경우입니다…… 군대는 동류 집단 기술이나, 특정 국가의 시민들에게 주입된 애국적 이상 등을 활용해, 특정한 유형의 행동을 끌어냅니다."

포트 박사는 비록 사형제에 반대하는 입장이지만, 이 살인 사건은 너무나 야만적이고 무감각하며, 형벌을 경감해줄 만한 정황이 전혀 없기 때문에 정의에 따라 범인을 사형에 처해야 한다고 생각하는 많은 사람 중 한 명이었다. 나는 법정 밖 복도에서 그와 이야기를 나누며 그 사실을 알게 되었는데, 그는 본 사건에서 피고 측 증인으로 불려나온 것이 대단히 안타깝다고 말했다. 맨슨 패밀리가 모든 젊은이에게 남긴 오점이 걱정된다는 그는, 찰스 "텍스" 왓슨을 재판에 세우면 검찰 측 증인으로 나오겠다고 제안했고, 나는 나중에 그 제안을 받아들였다.

그 복도 대화에서 나는 피고 측의 다음 증인이 잠재적으로 타격을 줄 수 있음을 알게 되었다. 키스가 오후 재판에서 조엘 사이먼 호크먼을 부르기로 했다는 것을 알게 된 나는 점심 시간을 줄이고 30분쯤 그 정신과 의사를 만났다.

놀랍게도 맥스웰 키스는 자신이 부른 증인을 만나보지도 않은 상태였다. 그는 "준비 없이" 증인을 부른 셈이었다. 단 5분만 박사와 이야기를 나눴더라면 키스는 절대 호크먼을 증인으로 부르지 않았을 것이다. 레슬리를 상담했던 박사는 LSD가 그녀에게 중요한 영향을 미치지 않았다고 생각했다. 오히려 그는 레슬리 밴하우튼에게 뭔가 심각하게 잘못된 부분이 있다고 느끼고 있었다.

증언에서, 그리고 감정 후 자신이 쓴 정신과 보고서에서 호크먼 박사는 레슬리 밴하우튼이 "버릇없는 공주"이며, "좌절감, 혹은 본인의 만족을 미루는 것"을 견디지 못한다고 했다. 어린 시절부터 줄곧 그녀는 충동 조절을 대단히 어려워했다. 일이 원하는 대로 풀리지 않으면 분노를 표출했는데, 예를 들면 입양된 여동생을 신발로 때리기도 했다.

호크먼은 다음과 같이 적었다. "전반적인 관점에서 볼 때, 레슬리 밴하우튼은 심리적으로 장전된 총과 같았고, 좀처럼 있을 법하지 않은 기괴한 상황들이 맞물리며 그 총이 발포된 것이다."

호크먼은 내가 오랫동안 의심해오던 점을 확인해주었다. 세 명의 여성 피고 중 레슬리 밴하우튼이 찰스 맨슨에게 가장 덜 헌신적이었다. "그녀는 [맨슨의] 철학을 듣긴 했지만, 거기에 취하지는 않았다." 또한 "찰리와 성적으로 그렇게 잘 맞지도 않았다. 그녀는 '찰리랑 할 때는 바비랑 할 때만큼 잘 맞지 않았어요'라고 말했다……." 호크먼에 따르면, 레슬리는 아름다움에 집착했다. "바비는 아름다웠지만, 찰리는 신체적으로는 그렇지 않았어요. 찰스는 키가 작죠. 그게 늘 저를 식어버리게 만들거든요."

하지만 그녀는 그의 명령에 따라 사람을 죽였다.

키스가 호크먼에게 물었다. "박사님, 맨슨 씨가 그녀와 접촉하는 과정에서 그녀의 사고방식이나 행동, 혹은 어떤 특정 행동에 영향을 미친 거냐고 그녀에게 물어보셨습니까?"

답. "본인은 부인했습니다. 하지만 저는 그 말을 믿지 않습니다."

문. "왜 믿지 않으시죠?"

답. "그게, 어떤 무의식적 단계에서 그 일이 의미가 없었다면 그녀가 현장에 그렇게 오래 머무르지 않았을 것이기 때문입니다."

최종 변론에서 내가 지적했듯이, 많은 사람이 스팬 목장에 왔지만 계속 머무른 건 소수였다. 머물렀던 사람들은 맨슨이 찔끔찔끔 내놓은 사악한 처방전이 본인들 입에 맞았기 때문에 그렇게 했던 것이다.

호크먼에 따르면, 자신과 이야기하던 중에 레슬리가 "일종의 원초적인 기독교, 세상에 대한 사랑, 모든 것에 대한 수용"을 고백했다고 했다. "그래서 저는 '그럼, 그런 고백을 하는 사람이 어떻게 누군가를 죽일 수 있습니까?'라고 물었습니다. 그녀는 '그게요, 그것 역시 제 안에 있는 거예요'라고 대답했습니다."

맥스웰 키스는 거기서 멈췄어야 했다. 하지만 그가 호크먼에게 물었다. "증인은 그걸 어떻게 해석하십니까?"

답. "저는 그게 좀더 현실적이라고 생각합니다. 사실 그녀 안에 뭔가가 있었다고 생각합니다. 본인은 본인의 감정적인 면에 대해 계속 부정하고 있지만, 거기 분노가 있었다고 생각합니다."

키스는 거기서도 멈추지 않았다. 그는 이제 이렇게 물었다. "분노가 거기 있었다는 건 무슨 의미입니까?"

답. "제 견해로는 누군가를 죽이려면 분노, 즉 어떤 감정적인 반응이 필요합니다. 그런 감정이 그녀 안에 있었다는 데는 의심의 여지가 없습니다."

문. "그녀가 라비앙카 부인을 한 번도 본 적이 없다는 점을 고려해주십시오, 그런데도 이 사건이 벌어질 때 그녀 안에 어떤 분노가 있었다는 게 증인의 견해입니까?"

답. "그게, 그녀로서는 라비앙카 부인을 모르는 편이 더 쉬웠을 겁니다…… 좋은 감정을 가지고 있는 누군가를 죽이는 건 어렵습니다. 라비앙카 부인에게 딱히 특별한 점은 없었을 거라고 생각합니다.

분명히 말씀드리겠습니다. 라비앙카 부인은 하나의 대상, 레슬리가 자신의 감정을 투사한 검은 화면 같은 존재였습니다. 환자가 전혀 모르는 어떤 분석가에게 본인의 감정을 투사하는 것과 비슷합니다…… 본인의 어머니, 아버지에 대한 감정, 기성 체제에 대한 감정 같은 것들……

저는 그녀가 아주 오랫동안 몹시 화에 차 있는 소녀였을 거라고 생각합니다, 아주 오랫동안 소외되었던 소녀이기도 하고요, 화와 분노는 그것과 관련이 있습니다."

호크먼은 내가 종결 변론에서 이야기할 핵심 사항 중 하나를 분명하게 말하고 있었다. 그러니까 레슬리, 세이디, 케이티, 그리고 텍스는 찰스 맨슨을 만나기 전에 이미 자신들 안에 적대감과 분노를 품고 있었다는 점 말이다. 그들은 린다 캐서비언, 폴 왓킨스, 브룩스 포스턴, 후안 플린, 그리고 T.J.와 달랐다. 이들은 모두 자신을 위해 살인을 하라고 맨슨이 요청할 때 거부했다.

텍스 왓슨, 수전 앳킨스, 퍼트리샤 크렌윙클, 레슬리 밴하우튼은 하겠다고 했다.

따라서 그들에게는 살인을 저지르게 한 뭔가 특별한 면모가 있어야만 했다. 일종의 내적 결함, 찰리와는 상관없는 것들이었다.

본인의 사건을 엉망으로 만들기는 했지만, 키스는 맨슨에게 책임을 씌우려고 노력했다. 피츠제럴드는 호크먼에 대한 심문에서 반대로 했다. 맨슨의 영향이 실제로는 뭐였냐고 호크먼에게 물었을 때 다음과 같은 대답이 나왔다. "그의 이념, 그의 존재, 그녀와의 관계에서 그가 맡았던 역할이 그녀의 감정과 태도를 크게 강화하는 데 기여했습니다. 또한 그녀의 전반적인 사회적 소외, 기성 체제로부터의 소외를 강화하는 데도 기여했습니다."

문. "그렇다면, 실제로, 증인의 말은 (A) 맨슨이 그녀에게 상당한 영향을 미쳤을 수 있다, 그리고 (B) 만약 그가 상당한 영향을 미쳤다면, 그녀의 충동에 대한 억제력을 낮춰준 것일 뿐이다, 라는 의미입니까?"

답. "그렇습니다."

문. "그렇다면 맨슨이 레슬리 밴하우튼에 대해 갖는 영향력은 증인의 전문적인 견해에서 볼 때, 기껏해야 빈약한 것에 불과합니다, 맞습니까?" 레슬리 밴하우튼과 피츠제럴드의 의뢰인 퍼트리샤 크렌윙클 사이에 구분은 큰 의미가 없었다. 두 여성은 모두 패밀리에 합류했고, 맨슨의 지배에 굴복했으며, 궁극적으로 그를 위해 살인했다. 맨슨에게 레슬리가 살인을 저지르게 한 책임이 없음을 밝히려고 애쓰는 과정에서, 피츠제럴드는 동시에 맨슨이 케이티의 살인에 대해서도 책임이 없음을 밝히려 애쓰는 셈이었다. 호크먼의 답변은 레슬리뿐 아니라 케이티와 세이디에게도 치명적이었다.

답. "분명히 하기 위해 다른 예를 하나 들어보겠습니다…… 누군가 와서 '애플파이를 다 먹어버리자'라고 했다고 가정해봅시다. 분명 그런 제안에 여러분은 유혹을 느끼지만, 애플파이를 먹을지 말지에 대한 최종 결정은 여러분 자신에게서 나오는 것입니다. 그러니까 다른 사람들이 영향을 미칩니다. 하지만 그 상황에서 최종적인 중재자나 결정자는 아닌 것입니다……

누군가 여러분에게 사람을 쏘라고 할 수도 있지만, 그런 행동을 하는 결정은 여러분 안에서 나오는 것입니다."

카나렉은 자신의 차례가 되자 그 낌새를 놓치지 않았다. "그러니까 증인의 말은, 쉽게 말하자면, 누군가 칼을 들고 사람을 찌른다면 그 결정이 당사자의 것이라는 뜻이지요?"

답. "최종적인 분석에서는 그렇습니다."

문. "그건 칼을 휘두른 사람의 개인적 결정입니까?"

답. "네."

역설적이게도 카나렉과 내가 이제 같은 편이 되었다. 우리 둘 다 이 여성들이, 맨슨과는 별도로, 자신들 안에 살의를 지니고 있었음을 증명하려 애쓰고 있었다.

맨슨은 호크먼에게 큰 감명을 받았고, 처음에는 그에게 검사를 받고 싶다고 했다. 하지만 나중에 그런 생각을 접었고, 나는 안도했다. 맨슨이 호크먼을 속일 것이라는 걱정은 없었다. 하지만 호크먼이 맨슨의 이야기에 넘어가지 않는다고 해도, 카나렉은 증언대에서 그 이야기를 반복하게 했을 것이다. 결국 호크먼을 매개로, 맨슨은 배심원 앞에서 자신이 원하는 바를 모두 얻을 수 있는 셈이었고, 나는 반대 심문을 할 수도 없었을 것이다.

호크먼은 세 여성 모두에게서 "그들이 이전부터 겪었던 소외, 이전부터 보였던 반사회적이고 일탈적인 행동"을 발견했다. 패밀리에 합류하기 전부터 레슬리는 평균적인 사람들보다 큰 감정적 문제를 지니고 있었다. 세이디는 아버지가 하지 말라고 경고했던 일들을 적극적으로 찾아나섰다. 호크먼은 "그녀는 이제 와 되돌아보면, 찰스 맨슨이 없었다고 해도 자신은 결국 살인이나 치명적인 상해로 감옥에 갔을 거라고 생각하고 있습니다"라고 지적했다. 케이티는 열다섯 살에 첫 섹스를 했다. 상대 소년은 다시 만나지 않았고, 그 경험 때문에 엄청난 죄의식으로 괴로워했다. 맨슨이 그 죄의식을 없애주었다. 그는 또한 그녀를 패밀리에 받아줌으로써 그녀가 그토록 갈망했던 인정받는 경험을 제공하기도 했다.

호크먼은 그 셋 중 세이디가 다른 둘보다는 조금 더 뉘우치고 있다는 느낌을 받았다. 그녀는 종종 자신의 인생이 그대로 끝났으면 좋겠다고 말했다. 하지만 그는 또한 "이 여성에게 관습적인 도덕심이나 양심이 없는 것을 보고 사람들은 깜짝 놀랄 것이다"라고도 했다. 그리고 그는 이렇게 증언했다. "그녀가 자신의 현재 상황, 즉 유죄 확정 및 사형 판결의 가능성에 대해 어떤 불편함이나 불안함을 느끼고 있다는 증거는 보이지 않습니다. 오히려 그녀는 자신의 현재 상황에 대해 눈에 띄게 평온하고 수용적인 모습을 보입니다."

호크먼에 따르면 세 여성 모두 "그 어떤 일에 대해 어떤 죄의식도" 부인하고 있다. 그리고 그는 그들이 실제로 선악 같은 건 없으며, 도덕이란 상대적인 것이라고 지적으로 믿고 있는 듯하다고 했다. "하지만 저는 심리학자로서, 비이성적이고 무의식적인 차원에서 존재하는 감정을 이성적으로 제거할 수는 없다는 것을 알고 있습니다. 살인이 잘못된 것이라고 느끼며 평생을 살아왔다면, 지적으로 살인은 괜찮은 거라고 스스로에게 말할 수 없습니다."

즉, 호크먼은 이 여성들이 인간으로서 내면 깊은 곳에서 어느 정도의 죄의식을 느끼고는 있지만, 의식적으로 그것을 억누르고 있다고 믿었다.

키스가 호크먼에게 물었다. "박사님 견해로는, 레슬리가 집중 치료에 영향을 받거나 반응을 보일 것 같습니까?"

답. "그럴 것 같습니다."

문. "다른 말로 하자면, 그녀가 완전히 망가진 영혼이고 절대 재활할 수 없다고 생각하시는 건 아니죠?"

답. "그 정도로 망가진 영혼이라고 생각하지는 않습니다, 네."

정신과 의사에게, 구원받지 못할 사람이란 없다. 이는 본질적이고 기본이 되는 증언이다. 하지만 피고 측 변호인 중 맥스웰 키스 한 명만 그 질문을, 그것도 재직접 심문에서 던졌다.

앞서 나는 호크먼이, 피고 여성들이 사건이 있었던 이틀 밤에 LSD에 취해 있었다고 전해 들었을 뿐임을 밝혀냈다. 이제 다시 그에게 물었다, "LSD에 취한 어떤 사람이 살인을 저질렀던 사례를

LSD 관련 자료에서 보신 적이 있습니까?"

답. "없습니다. 자살은 있지만 살인은 없었습니다."

나중에 배심원들에게도 물었지만, 왓슨, 앳킨스, 크렌윙클, 밴하우튼이 모두 예외라고 할 수 있을까?

호크먼의 증언 중 많은 부분이 세 여성의 정신 상태에 관한 것이었다. 수전 앳킨스가 겪고 있는 문제는 진단이 가능하다고 그는 말했다. 어린 시절의 결핍 증후군이 신경성 성격 장애라는 결과를 낳은 것이다.

이것은 맥노튼이 정의한 법적인 정신이상이 아니었다.

레슬리 밴하우튼은 미숙하고 유난히 충동적인 인물로, 깊은 생각 없이 즉흥적으로 행동하는 경향이 있었다.

이 또한 맥노튼이 정의한 법적인 정신이상이 아니었다.

모빌의 정신과 의사 클로드 브라운은 크렌윙클에 대한 보고서에서, "제가 크렌윙클 양을 봤을 때 정신분열증적 반응을 나타냈습니다"라고 적었지만, 다음과 같이 덧붙이기도 했다. "하지만 현재 혐의를 받고 있는 살인을 저지를 때도 그런 정신 상태였는지는 확실히 말할 수 없습니다."

정신분열증은 맥노튼이 정의한 법적인 정신이상일 수도 있다. 하지만 브라운 박사의 의견은 제한적이었고, 피츠제럴드가 호크먼 박사에게, 크렌윙클에 대한 진단을 근거로 했을 때 그녀가 정신분열증을 앓고 있거나 과거에 앓았다는 의견에 동의하느냐고 질문했을 때, 호크먼은 "아니라고 하겠습니다"라고 대답했다.

그러한 요점들을 배심원들에게, 그들도 이해할 수 있는 용어로 전하는 작업이 남았다.

재직접 심문에서 나는 호프먼에게 "정신질환"이라는 단어를 정의해달라고 했다. 그는 "현실과의 접점을 상실하는 것"이라고 대답했다.

이어서 물었다. "현단계에서 박사님, 세 명의 여성 피고가 정신질환을 앓고 있다고 보십니까?"

답. "아니요."

문. "박사님 견해로는 세 명의 여성이 정신질환을 앓은 적이 있습니까?"

답. "아니요."

부글리오시, "증인에게 다가가도 되겠습니까, 존경하는 재판장님? 개인적인 질문을 하고 싶습니다."

법원, "네, 그렇게 하십시오."

이미 호크먼 박사에게 던진 적 있는 질문이었다. 하지만 나는 그의 답을 확실히 듣고 싶었다. 그 답을 들은 후에, 검찰석으로 돌아와 관련 없는 질문을 몇 가지 하면서 배심원들이 우리가 무슨 이야기를 하고 있는지 알 수 없게 했다. 그리고 서서히 큰 질문을 던지기 위한 준비를 했다.

문. "'정신이상'이라는 용어는 박사님께 익숙하겠죠, 당연히?"

답. "네."

문. "기본적으로 박사님이 생각하는 '정신이상'의 정의는 일반인들이 생각하는 '정신병자'와 같은 말입니까?"

답. "'정신이상'이라는 단어가 일반적으로는 '정신병자'라는 뜻으로 쓰인다고 생각합니다."

문. "그렇다면 정신의학의 관점에서, 박사님은 세 명의 여성 피고가 현재 정신이상이 아니며, 정신이상이었던 적도 없다고 보시는 거죠, 맞습니까?"

답. "그렇습니다."

정신이상과 관련된 증언이라면, 호크먼의 대답으로 상황 종료였다.

피고 측 변호인들은 형량 판결 단계에서 세 명의 증인만 더 불렀고, 모두 패밀리의 골수 구성원이었다. 다들 증언대에 선 시간은 짧았지만, 그들, 특히 첫 번째 증인의 증언은 이전에 있었던 그 어떤 증언보다 더 충격적이었다.

마이어스 목장 소유주의 손녀 캐서린 질리스는 패밀리의 상투적인 말을 앵무새처럼 읊었다. 찰리는 아무도 이끌지 않았다. 인종 전쟁에 대한 이야기는 없었다. 이 살인들은 바비 보솔레이를 풀어주기 위해 저질러진 것이다.

차갑게, 사무적으로, 스물한 살의 여성은 라비앙카 살인 사건이 있던 날 밤의 상황에 대해 증언했다. "케이티를 따라 자동차로 가서, 저도 함께 갈 수 있을지 물었습니다. 린다, 레슬리, 케이티는 차에 타고 있었어요. 그 친구들은, 자신들의 일을 하려는 사람이 아주 많아서 저는 함께 갈 필요가 없다고 했습니다."

카나렉의 직접 심문에서 캐시가 말했다. "아시겠지만, 저는 형제를 위해서라면 기꺼이 살인할 수 있습니다, 우리 모두 그렇습니다."

문. "그건 무슨 뜻입니까?"

답. "다른 말로 하자면, 형제를 감옥에서 꺼내기 위해서라면 저는 사람을 죽일 수 있다는 뜻입니다. 그날 갔더라면 저도 살인을 했을 겁니다……"

문. "그들과 함께 가지 못하게 만든 건 뭡니까, 그런 이유가 있습니까?"

답. "그냥 그 친구들한테 제가 필요 없었던 것뿐입니다."

피츠제럴드는 그녀의 대답에 담긴 거슬리는 면을 줄이기 위해 다음과 같이 질문했다. "누군가를 감옥에서 꺼내기 위해 사람을 죽여본 적이 있습니까?"

작게 이상한 미소를 지으며, 캐시가 고개를 돌리고는 배심원단을 똑바로 바라보며 대답했다, "아직은 없습니다."

캐시는 직접 심문에서 케이티가 자신에게 테이트-라비앙카 살인 사건에 대해 이야기했다고 말했다. 반대 심문에서 내가 물었다. "케이티가 이 사람들을 죽였다는 이야기를 할 때, 당신은 조금이라도 불편했습니까?"

답. "사실 저한테는 거의 영향을 미치지 못했습니다, 그 친구들이 했다는 걸 알고 있었으니까요."

문. "그러니까 기분이 상하지 않았던 거네요?"
답. "네, 전혀 상하지 않았습니다."
문. "살인자들과 계속 함께 살지 않는 편이 낫겠다는 결정은 하지 않았지요?"
답. "전혀 안 했습니다."
문. "그들과 함께 가지 않은 것에 대해서는 기분이 상했습니까?"
답. "저도 함께 가고 싶었습니다."

맨슨 패밀리의 첫 번째 구성원이었던 메리 브루너는, 맨슨이 힌먼 살인 사건과 관련이 있다고 말하지 않으면 자신이 기소될 거라고 경찰이 말했다고 주장했다. 하지만 이제는 그 증언을 뒤집고, 심지어 자신은 힌먼의 집에 있었다는 것조차 부인했다.

키스는 메리 브루너가 바비 보솔레이 재판과 힌먼 사건 대배심에서 증언했고, 두 번 다 힌먼이 살해될 당시 레슬리 밴하우튼이 현장에 있었다는 이야기는 하지 않았다는 사실을 지적했다.

나는 그녀에게 질문하지 않았다. 이미 핵심은 전달되었다.

브렌다 매칸이 다시 증언대에 섰고, 테이트와 라비앙카 살인 사건이 있던 날 밤, 맨슨은 데블스 캐니언에서 스테퍼니 슈람과 자고 있었다고 증언했다.

브렌다에 대한 반대 심문의 근거는 이미 15개월 전에 준비되어 있었다. 나는 그녀가 대배심 증언에서 자신과 맨슨이 그 이틀 밤에 어디에 있었는지 기억나지 않는다고 말했던 사실을 지적했다.

브렌다가 마지막 증인이었다. 그녀는 1971년 3월 16일 화요일에 증언을 마쳤다. 그날 오후, 몇 차례 지연되기는 했지만(예를 들어 카나렉은 게리 힌먼이 사망했다는 사실 자체를 확증할 수 없다고 했다), 피고들은 퇴장했다. 수요일에 배심원단에게 안내 사항을 전달하고, 목요일에 재판은 최종 단계에 이르렀다. 이제 남은 것은 변론, 평의, 그리고 판결뿐이었다.

## 1971년 3월 18~29일

　형량 판결에서 나는 모두진술을 짧게 10분만 했다. 재판 중 내가 진술할 때면 계속 그랬듯, 맨슨은 격리실에 앉아서 듣기로 했다. 이러한 행동을 하는 심리는 분명했다. 그는 내가 본인 이야기를 하는 동안 배심원들이 자신에게 집중하는 것을 원치 않았다.

　나는 다음과 같은 말로 시작했다. "저는 찰스 맨슨이 이 살인 사건에 관여하지 않은 것처럼 보이게 만들려는 세 여성 피고와 변호인 측 증인들의 광적인 노력에 대해서는 언급하지 않겠습니다. 그들이 저 증언대에서 자신들의 신 찰스 맨슨을 위해 거짓말했다는 것은 여러분 모두 분명히 보셨을 거라 생각합니다.

　음, 찰스 맨슨은 이미 유죄 판결을 받았습니다. 그는 일곱 건의 일급 살인과 한 건의 살인 공모에 대해 유죄입니다.

　신사 숙녀 여러분, 제가 보기에 여러분이 내려야 하는 어려운 결정은, 이 피고들이 사형 판결을 받아야 하는가 하는 점입니다. 그들이 저지른 믿을 수 없을 만큼 무자비하고, 야만적이고, 비인간적인 살인을 고려할 때, 사형만이 타당한 판결입니다." 그런 다음 나는 내 논거의 핵심을 말했다. "만약 이 사건이 사형 판결을 내리기에 타당한 것이 아니라면, 그 어떤 사건에서도 사형을 내릴 수 없을 것입니다. 그들이 한 행위를 볼 때, 종신형은 대단한 선물이자 대단한 자비, 지금까지 있었던 가장 대단한 베풂이 될 것입니다.

여러분이 내려야 하는 어려운 결정은, 네 명의 피고 모두에게 사형 판결을 되돌려주는 굳건함이 여러분에게 있는가 하는 점입니다."

나는 피고 측 변호인들이 의뢰인들의 목숨만큼은 살려달라고 간청할 걸로 예상했다. 그런 간청은 칭찬할 만할 뿐 아니라 이해도 할 수 있는 거라고 나는 배심원들에게 말했다. 그렇다면 "변호인들이 유죄 판결 단계에서 본인들의 의뢰인이 이 살인 사건에 가담하지 않았다고 주장했지만, 형량 판결 단계에서는 여성 피고들 본인이 증언대에 서서 '네, 우리가 했습니다'라고 말한 것도 이해해줘야 합니다."

이 피고들이 사악하고 비인간적인 방식으로 일곱 명의 목숨을 앗을 이유는 전혀 없었다고 나는 지적했다. 경감을 고려할 정황은 전혀 없었다.

"신사 숙녀 여러분, 이 피고들은 인간이 아닙니다. 인간은 심장과 영혼을 가지고 있습니다. 심장과 영혼을 가진 이라면 피고들이 이 일곱 명의 피해자에게 저지른 짓을 할 수가 없습니다.

이 피고들은 괴물 인간이며, 괴물 변종입니다.

"테이트-라비앙카 살인 사건 재판에 타당한 결말은 하나밖에 없습니다", 내가 결론을 말했다. "그것은 네 피고 모두에게 사형 판결을 내리는 것입니다."

카나렉은 본인의 진술 초반부에 "맨슨 씨가 온통 선하기만 한 건 아닙니다"라고 분명히 밝혔다. 하지만 그는 이어서 "맨슨 씨는 우리 앞에 놓인 이 문제와 관련해서는 무고합니다"라고 말했다.

그렇다면 그는 왜 재판에 서게 되었는가? 카나렉은 자신이 좋아하는 두 가지 주제로 돌아왔다. "맨슨 씨는 여성을 좋아한다는 사실 때문에 이런 문제에 휘말린 것입니다." 그리고 그가 재판에 선 것은 "지방검찰청에 있는 누군가가 대박을 친 다음 '내가 찰스 맨슨을 잡았어'라고 말할 수 있기 때문입니다".

카나렉의 진술은 사흘 동안 이어졌다. "우리는 이들의 생명을 살려둠으로써 미합중국에 공적으로 봉사할 수 있습니다. 왜냐하면 혁명이 발생한다면, 이 사건이 촉매가 될 수 있기 때문입니다"라는 말처럼, 종종 어이없는 경우도 있었다. 그리고 퍼트리샤 크렌윙클이나 레슬리 밴하우튼과 달리 "찰스 맨슨은 여기 와서 증언해줄 가족도 없습니다"라는 말처럼 종종 의도치 않게 웃기기도 했다. 하지만 대부분의 경우 그는 작은 의심의 씨앗을 심으려고 애썼다.

만약 수전 앳킨스가 맨슨을 무죄로 만들기 위해 증언대에서 거짓말을 했다면, 그녀는 왜 맨슨이 힌먼 사건에 대해서는 유죄라고 했을까? 맨슨이 스팬 목장 사람들을 보호하기 위해 직접 크로를 쏘았다는 사실은, 그가 다른 사람이 자신을 위해 행동하게 만들 필요가 없다는 증거 아닐까? 그리고 맨슨이 살인 사건에 관여하지 않았다는 이 여성들의 말이 거짓이라면, 이들은 또한 본인들이 슬픔과 참회를 느끼고 있다는 거짓말도 하지 않았을까?

카나렉은 모방범 동기에 대해서는 짧게만 언급했고, 그 동기를 주장하려는 시도는 하지 않았다. 대신 그는 또 다른 동기를 주장했다. "이 사람들 중 일부가[아마 테이트 사건 피해자들을 지칭하는 듯했다] 마약과 관련된 행위를 했음을 감안하면, 이런 일은 일어나지 않을 수도 있습니다."

다음으로 진술한 데이 신은 이 여성들이 의식적으로는 아니더라도 무의식적으로 뉘우치고 있다고 믿는다는 호크먼 박사의 발언에만 매달렸다.

수전에 대해서 신은 "그녀는 아직 젊습니다. 고작 스물한 살입니다. 저는 아직 재활의 희망이 있다고 믿습니다…… 언젠가는 결국 자신이 한 일이 옳지 않았음을 깨달을 정도로 재활할지도 모릅니다. 저는 그녀가 운과 기회를 얻을 자격이 있다고, 그래서 언젠가는 석방되어 남은 인생을 감옥 밖에서 살아갈 수 있을 거라고 믿습니다."

이는 신으로서는 나쁜 전략이었는데, 수전 앳킨스가 종신형을 받는다면 언젠가는 가석방으로 풀려날 것임을 암시했기 때문이다. 법에 따르면 검찰은 그 점을 따질 수 없는데, 피고에 대한 매우 편파적인 주장이기 때문이다.

네 명의 피고 측 변호인 중 맥스 키스가 최고의 모두진술을 했다. 또한 그만이 나의 주장에 대한 반박을 제대로 시도했다.

"부글리오시 씨는 이 재판에서 사형 판결이 타당하지 않다면, 사형 판결은 어디서도 타당하지 않을 거라고 말했습니다. 글쎄요, 저는 살인 판결이 타당했던 적이 한 번이라도 있었는지 궁금합니다."

"부글리오시 씨는 유죄 판결 단계의 마지막 진술에서 사망한 사람들을 호명했습니다. 신사 숙녀 여러분, 이제 제가 살아 있지만 죽은 것이나 다름없는 이들을 호명하겠습니다. 레슬리, 세이디, 케이티, 스쿼키, 브렌다, 위시, 샌디, 캐시, 집시, 텍스, 클렘, 메리, 스네이크, 그리고 더 많을 거라는 점에는 의심의 여지가 없습니다. 이들의 삶, 특히 이 세 여성의 삶은 너무나 망가져서, 몇몇 경우에는 회복이 불가능할 수도 있습니다. 저는 그러지 않기를 바라지만, 그럴 수도 있습니다."

레슬리 밴하우튼이라면 재활이 가능하다고 그는 강하게 주장했다. 그녀는 사형에 처할 게 아니라 연구를 해야 한다. "그녀를 용서해주시라는 말을 하는 게 아닙니다, 용서는 신의 일입니다. 저는 그녀에게 스스로를 되찾을 기회를 주실 것을 부탁드립니다. 그녀가 한 짓은 진짜 레슬리가 한 짓이 아닙니다. 오늘의 레슬리는 죽게 내버려둡시다. 아마 그렇게 될 테고, 그 과정은 느리고 고통스러울 것입니다. 그리고 한때 레슬리였던 이가 다시 살아가게 합시다."

이어진 폴 피츠제럴드의 진술에서 그는 맨슨이 퍼트리샤 크렌윙클에 대해 책임이 있다는 언급은 물론, 그런 암시도 하지 않았다.

"퍼트리샤 크렌윙클은 스물세 살입니다", 피츠제럴드가 지적했다. "하루 365일로 계산하면, 23년은 대략 8400일이고, 20만 시간에 해당됩니다.

이번 공격을 준비한 시간은 기껏해야 세 시간입니다.

20만 시간 중 불과 세 시간 동안 일어난 일 때문에 그녀가 판단을 받아야겠습니까?"

3월 23일 재판이 시작되기 직전에 나는 휴게실에 들렀다. 맨슨이 근처 격리실에서 큰소리로 내게 말했다. "제가 사형을 받으면 피를 많이 흘리게 될 겁니다. 제가 받아들이지 않을 테니까요."

법원 서기와 스티브 케이도 그 말을 엿들었다. 케이는 참지 못하고 법정을 뛰쳐나가 기자들에게 그 말을 전했다. 그 소식을 들은 나는 기자들에게 보도하지 말아달라고 부탁했다. 『헤럴드이그재미너』는 동의하지 않았고, 다음과 같은 제목의 기사를 내보냈다.

### 맨슨 살해 위협
### 죽을 운명이라면 테러 예정이라고 협박

하지만 그 전에, 무슨 일이 있었는지 알게 된 올더 판사는 진술이 끝날 때까지 기다리지 않고, 즉시 배심원들을 격리시켰다.

최종 변론에서 나는 앞서 있었던 변호인들의 주장을 조목조목 반박했다. 예를 들어 변호인 측은 린다가 수전 앳킨스의 녹음테이프를 듣고 자신의 이야기를 만들어냈다고 주장했다. 나는 린다가 두 현장에 모두 있었는데, 무슨 이유로 테이프를 들을 필요가 있었겠느냐고 물었다.

카나렉은 사형 판결을 내리면 살인자가 되는 거라고 배심원들에게 말했다. 이는 대단히 중대한 주장이었다. 자신의 말을 보충하기 위해 그는 십계명의 다섯 번째 계명 "사람을 죽이지 마라"를 인용했다.

그에 대한 대답으로 나는 성서학자나 신학자들은 대부분 그 계명의 원문을 "살인을 저지르지 마라"라는 의미로 해석하고 있으며, 1970년에 발간된 뉴잉글리시 성서에서도 정확히 그 표현으로 나온다고 배심원들에게 말했다.

십계명은 「출애굽기」 20장에 등장한다고 나는 지적했다. 카나렉이 말하지 않은 것은 바로 다음 장에서 사형을 인정하고 있다는 점이었다. 「출애굽기」 21장 12절에 "사람을 쳐죽인 자는 반드시 죽일 것이나"라고 적혀 있고, 같은 장 14절에는 "사람이 그의 이웃을 고의로 죽였으면 너는 그를 내 제단에서라도 잡아내어 죽일지니라"라고 적혀 있다.

카나렉은 지배관계는 없었다고 주장했다. 유죄 판결 단계에서 나왔던 모든 증거에 더해, 나는 형량 판결 단계에서 있었던 일도 덧붙였다. "앳킨스, 크렌윙클, 그리고 밴하우튼이 희생양 역을 자처하고, 자신들이 살인에 가담했음을 인정했고, 저 증언대에서 맨슨은 관여하지 않았다고 거짓말을 했습니다. 그들이 그렇게 증언대에서 기꺼이 거짓말을 했다는 사실 자체가, 무엇보다 그들에 대한 맨슨의 지배력을 증명합니다……." 패밀리의 다른 증인인 스퀴키, 샌디, 그 밖의 이들에 대해서도, "그들은 모두 저 증언대에서 고장난 녹음기 같았습니다. 모두 같은 생각을 가지고 있고, 같은 말을 하고, 서로가 서로의 복사판일 뿐이었습니다. 그들 모두는 여전히 찰스 맨슨에게 굴복하며 그에게 종속되어 있습니다. 그들은 맨슨의 낙인을 받은 노예들입니다"라고 말했다.

나는 이제 모방범 동기에 대해 이야기했다. 내 목적은 그 동기를 완전히 박살 내는 것이었지만, 너무 오래 끌면서 마치 거기에 신뢰성을 더해주는 듯한 인상은 피해야 했다.

"정말 웃긴 이야깁니다. 신사 숙녀 여러분", 그렇게 시작했다. "세 여성 피고와 피고 측 증인들이 맨슨의 죄를 벗겨주려고 애쓰는 방식 말입니다.

그들은 이 살인에 대해 헬터 스켈터 외에 다른 동기를 더 만들어 내야 했습니다. 왜일까요? 왜냐하면 유죄 판결 단계에서 열 명 이상의 증인이 맨슨을 헬터 스켈터와 연관시켰기 때문에, 저 증언대에 서서 이번 살인 사건들의 동기가 헬터 스켈터라고 말할 수는 없었던 겁니다. 그 말을 하면, '네, 찰스 맨슨이 이 살인 사건들을 총지휘했습니다'라고 인정하는 셈이 되니까요. 그래서 모방범 동기를 만들어낸 겁니다.

변호인 측의 이 말도 안 되는 이야기가 처음부터 완전히 날조되었다는 근거는 스무 개에서 서른 개 정도 들 수 있지만, 그런 걸로 여러분의 시간을 뺏지는 않을 거고, 여러분의 지성을 모욕하는 일도 하지 않겠습니다." 나는 몇 가지만 지적했다.

린다 캐서비언은 유죄 판결 단계에서, 바비 보솔레이를 석방시키기 위해 이 살인들을 저질렀다는 이야기는 누구에게도 듣지 못했다고 증언했다.

게리 힌먼은 네 번 이상은 찔리지 않았다. 보이텍 프라이코프스키는 51회 찔렸고, 로즈메리 라비앙카는 41회, 레노 라비앙카는 26회 찔렸다. 이것이 모방 범죄라면 꽤 큰 차이였다.

그리고, 만약 이 살인들이 완벽한 모방 범죄라면 테이트 저택과 라비앙카 저택에는 왜 "정치적 돼지"라는 표현이 쓰이지 않은 걸까? 그리고 뒤의 두 현장에는 왜 피로 찍은 손바닥 자국이 없었던 걸까?

그 말도 안 되는 동기를 박살 내는 가장 강력한 증거는 1969년 2월에 이미, "모방할 힌먼 사건 자체가 있기 한참 전, '정치적 돼지'라는 모방할 단어가 존재하기 한참 전에 맨슨이 브룩스 포스턴과 (공동 피고들도 전부 포함해서) 다른 패밀리 구성원들에게 다음과 같이 말했다는 사실입니다. 포스턴은 이렇게 말했습니다. '그 사람은 진짜 흑인들 무리가 빈민가에서 나와 로스앤젤레스나 대도시의 가장 부유한 동네에서 잔혹한 범죄를 저지를 거라고 했습니다. 칼로 찌르고, 죽이고, 몸을 토막내고, 벽을 피로 물들이며 그 벽에 "돼지들"이라고 적을 거라고 했습니다'".

"벽에 '돼지'라고 적는다고요", 내가 반복했다.

"따라서 테이트 저택과 라비앙카 저택에 '돼지'라고 쓴 것은 힌먼 사건을 모방한 게 아니라, 헬터 스켈터를 시작하려는 맨슨의 청사진 중 일부일 뿐입니다.

우연히도 카나렉 씨는 이 '헬터 스켈터'라는 단어가 라비앙카 저택의 냉장고 문에 찍혀 있었던 이유는 설명조차 하지 않으려 했습니다. 헬터 스켈터가 바비 보솔레이를 석방시키는 일이나, 테이트 저택에서 발견된 것으로 보이는 1000달러어치의 환각제 흔적과는 무슨 관련이 있는 걸까요? 아무 관련이 없습니다, 그뿐입니다. '헬터 스켈터'라는 단어가 라비앙카 저택의 냉장고 문에 찍혀 있었던 이유는, 이 재판에서 나온 모든 증거가 의심의 여지 없이 보여주었듯이, 그것이 이 야만적인 살인의 주된 이유였기 때문입니다.

맞습니다, 힌먼 살인 사건과 테이트-라비앙카 살인 사건은 서로 관련이 있습니다." 나는 그렇게 인정했다. "하지만 그 연관성은 이 말도 안 되는 바비 보솔레이 일이 아닙니다. 두 사건의 관련성은, 맨슨 씨가 테이트-라비앙카 살인 사건을 지시했을 뿐 아니라, 힌먼 살인 사건도 지시했다는 점입니다. 그것이 관련성입니다."

린다 캐서비언이 이 살인 사건들을 총지휘했다는 수전 앳킨스의 주장에 대해서 나는 형량 판결 단계 이전에는 그녀가 그런 이야기를 전혀 하지 않았음을 지적했다. "그러다 갑자기 린다 캐서비언이 찰스 맨슨이 된 것입니다."

나는 그 주장이 말도 안 되는 이유를 몇 가지 지적했는데, 그중에서도 온순하고 수동적인 린다가 한 달 만에 패밀리에서 지도력을 발휘했다는 것은 터무니없는 이야기라고 말했다. "이런 살인을 지시할 사람은 오직 한 명밖에 없습니다, 신사 숙녀 여러분, 그리고 그의 이름 머리글자는 CM입니다. 혹은 JC라는 별칭도 있습니다. 그리고 지금 그자는 격리실에서 제 말을 듣고 있습니다……."

이 모든 일에서 가장 말도 안 되는 부분은, 세이디와 집시가 둘 다 1년 반이 넘도록 그 비밀을 숨긴 채 위증을 해왔다는 점이다. 그들은 패밀리의 다른 구성원들뿐 아니라 맨슨의 변호사에게도 말하지 않았다. 둘 다 찰리를 사랑하고 그를 위해서라면 기꺼이 죽을 수도 있다고 증언했음에도 불구하고 말이다.

"왜 그들은 맨슨에게 이 동기를 이야기하지 않았을까요? 왜냐하면 그런 동기는 존재하지 않았기 때문입니다. 그건 최근에 조작해 낸 것입니다."

맨슨의 알리바이, 즉 그가 사건이 있었던 이틀 밤에 스테퍼니 슈람과 데블스 캐니언에 있었다는 주장에 대해서는 이렇게 말했다. "맨슨 씨의 낙인이 찍힌 노예들은 모두 이 형량 판결 단계에서 그렇게 증언했지만, 바로 이 스테퍼니 슈람, 맨슨과 함께 있었다는 당사자만 맨슨이 자신과 함께 있지 않았다고 증언했다는 게 이상하지 않습니까?"

다음으로 나는 네 명의 피고가 사형 판결을 받는 문제에 대해 이야기했다. 사형제를 지지하는 가장 강력한 주장은, 내 생각에는, 방지 효과, 즉 추가적인 살인을 막을 수 있다는 것이다. 하지만 아쉽게도 캘리포니아 형법에 따르면 검찰은 방지 효과를 주장할 수 없고, 징벌 효과만 주장할 수 있다.

"본 사건은 전형적인 살인 사건이 아닙니다, 신사 숙녀 여러분. 이는 입에 담지도 못할 잔혹한 짓이 행해진 일방적인 전쟁이었습니다. 만약 피고 전원이 사형 판결을 받지 않는다면, 전형적인 일급 살인은 카운티 감옥에서 구류 열흘 정도의 처벌이 어울릴 겁니다."

피고들을 사형에 처한다고 해도 일곱 명의 피해자가 살아 돌아오는 것은 아니라는 피츠제럴드의 주장에 대해서는 이렇게 말했다. "그런 논리 전개를 인정하면, 누가 어떤 범죄를 저질러도 처벌할 수 없습니다. 왜냐하면 누구를 처벌하든 그 범죄가 저질러졌다는 사실은 지울 수 없으니까요." 예를 들어 "방화범을 처벌한다고 건물이 다시 세워지는 것도 아닌데 처벌하지 맙시다, 이렇게 됩니다".

캘리포니아에서는 피고가 17세 이하면 사형 판결을 내릴 수 없다. 피츠제럴드가 세 명의 여성 피고를 반복해서 "어린이들"이라고 불렀지만, 나는 배심원들에게 레슬리는 21세, 수전은 22세, 케이티는 23세임을 상기시켜주었다. "그들은 어떤 기준으로 보든 성인이며, 자신들의 행동에 온전한 책임이 있습니다."

세 여성 피고가 정신이상이라는 변호인의 주장에 대해, 나는 세 명 모두를 검사한 유일한 정신과 의사 호크먼 박사가 그들은 정신이상이 아니며, 정신이상이었던 적도 없다고 말한 점을 상기시켰다.

호크먼 박사는 우리 모두 살상을 할 수 있다고 증언했음을 나는 지적했다. "박사님은 우리 모두 살인을 저지를 수 있다고 말한 것이 아닙니다. 살상, 그러니까 정당화할 수 있는 인명 살상, 자기방어, 혹은 타인을 지키기 위한 살상과 살인 사이에는 큰 차이가 있습니다. 신사 숙녀 여러분, 저는 우리 모두가 이 세 여성 피고가 그랬던 것처럼 아무 이유 없이 낯선 사람을 살해할 수 있다고는 절대 생각할 수 없습니다.

이들이 한 짓을 할 수 있으려면 특별한 유형의 사람이어야 합니다. 동료 인간의 생명에 아무런 가치도 두지 않는 사람이어야 합니다.

그렇습니다, 왓슨, 앳킨스, 크렌윙클, 그리고 밴하우튼이 이 살인을 저지른 건 찰스 맨슨이 그렇게 지시했기 때문입니다. 하지만 그들 안에, 그들의 사고 체계에 이미 살인이 존재하지 않았더라면 그들은 백만 년이 지나도 절대 이 살인을 저지르지 않았을 겁니다. 맨슨은 그들이 이미 할 수 있는 일들을 하라고 말했을 뿐입니다."

거기에 더해, 맨슨이 *강제로* 왓슨과 여성들이 자신을 위해 살인을 저지르게 했다는 증거는 없었다. "사실 그들은 함께 가기를 원했다고 추론할 수 있습니다. 그게 패밀리 내부의 일반적인 감정이었던 것으로 보입니다. 캐시 질리스의 증언이 그렇습니다. 수전 앳킨스가 후안 플린에게 했다는 '씨발 돼지들 처치하러 가는 거예요'라는 말이 그렇습니다. 그게 강제로 가는 사람이 하는 말처럼 들리십니까?"

맨슨이 살인 지시를 내렸다. 하지만 왓슨과 세 여성은 개인적으로 그 살인을 저질렀다. "왜냐하면 그들이 원했기 때문입니다. 이 점에 대해 오해가 없기를 바랍니다. 이들이 피해자들을 살해하길 원치 않았다면, 그들은 그저 하지 않았으면 될 일입니다."

나는 이제 세 여성의 성장 환경을 검토했다. 패밀리의 다른 여성 구성원들과 마찬가지로, "이들은 하나의 공통분모를 가지고 있습니다. 이들 각각은 사회와 부모에 대한 혐오감과 반감, 맹렬하고 역겨운 감정을 가지고 있는 것이 분명합니다". 세 여성 모두 찰스 맨슨을 만나기 전에 이미 사회에서 낙오된 상태였고, 모두 맨슨을 만나기 전에 이미 LSD나 그 외 약물에 빠졌고, 모두 맨슨을 만나기 전에 이미 진짜 가족을 버렸다.

십대의 딸 두 명을 둔 진 로즐랜드 배심원을 똑바로 바라보며 내가 말했다. "이들을 이웃집 소녀들과 혼동하지 않기를 바랍니다. 세 피고 여성은 찰스 맨슨을 만나기 전에 이미 자신들의 진짜 가족과 사회를 부인하고 연을 끊었습니다.

사실 그들이 바로 자신들의 가족과 사회를 경멸적으로 부인하고 거부했기 때문에, 결국 찰스 맨슨과 어울리게 된 것입니다. 그것이 정확한 이유입니다.

맨슨은 단지 매개, 그들이 이미 지니고 있던 사회와 인간에 대한 역겨움과 증오를 폭력으로 바꾸어준 동력에 불과했습니다."

나는 맥스웰 키스가 주장할 내용을 예상했다. "어쩌면 여러분은 세 여성 피고가 부도덕하고 사악하긴 하지만, 찰스 맨슨에 비하면 상대적으로 부도덕하고 사악한 정도가 덜하다고, 그러니 맨슨에게 사형을 선고하고 세 여성 피고에게는 종신형을 선고하면 되겠다고 생각하실지도 모르겠습니다.

그런 접근 방식이 지닌 문제점은, 맨슨의 극단적인 부도덕함과 사악함 때문에 이 세 여성 피고가 말 그대로 이득을 보게 된다는 것입니다. 그런 논리에 따르면, 만약 아돌프 히틀러가 찰스 맨슨의 공동 피고였다면, 아돌프 히틀러라는 형언할 수 없는 사악함 때문에 맨슨이 종신형을 받아야 하는 게 됩니다." 세 여성 피고를 맨슨과 비교하기보다는, 그들 한 명 한 명이 했던 행동을 평가하고, 그 행동이 사형을 받아 마땅한 것이었는지를 결정해야 한다고 배심원들에게 말했다. 그런 다음 나는 맨슨부터 시작해 피고 각각의 행동을 적시하며, 그들이 종신형이 아니라 사형을 받아야 하는 이유를 차례대로 열거했다.

배심원들은 분명 이런 질문을 하고 싶을 거라고 나는 지적했다. 왜 참회하지 않는가? 대답은 간단했다. "맨슨과 그의 공동 피고들은 사람 죽이는 일을 좋아했습니다. 그게 그들이 참회하지 않는 이유입니다. 폴 왓킨스가 증언했듯이 '죽음이 찰리의 환각제입니다'."

내 진술은 막바지에 이르렀다.

"이제 피고 측 변호인들은 피고들을 한 번만 봐주자고 여러분에게 요청할 겁니다. 피고들이 이 사건의 희생자 일곱 명을 봐줬습니까?

이제 피고 측 변호인들은 피고들에게 기회를 한 번 더 주자고 여러분에게 요청할 겁니다. 피고들이 이 사건의 피해자 일곱 명에게 그 어떤 기회를 주었습니까?

이제 피고 측 변호인들은 피고들에게 자비를 베풀어달라고 여러분에게 요청할 겁니다. 이 사건의 피해자 일곱 명이 제발 살려달라고 간청했을 때, 피고들은 자비를 베풀었습니까?"

이어서 나는 배심원들에게 9개월 전 예비 심문에서, 만약 이 사건이 타당하다면 그들 각각은 사형 판결에 한 표를 던질 수 있다고 내게 말했던 사실을 상기시켰다. 내가 다시 말했다. "만약 사형 판결이 캘리포니아주에서 그저 공허한 두 단어 이상의 의미를 가진다면, 이 사건이야말로 그 판결이 타당합니다."

나는 결론을 내렸다. "캘리포니아 검찰을 대표해, 이 길었던 역사적 사건의 배심원으로서 여러분이 보여준 어마어마한 공적 기여에 대해서는, 어떤 감사의 인사도 부족할 것이라는 말씀을 전합니다."

그날 밤 저녁 식사 후 내가 아내 게일에게 말했다. "오늘 밤 내가 해야만 하는 일이 뭔가 있을 텐데." 하지만 없었다. 1년 반 동안, 일주일에 7일을 온전히 이 사건에만 빠져서 지냈다. 이제 내가 할 수 있는 일은 피고 측 변호인들의 최종 진술을 듣고 배심원들이 판결을 내릴 때까지 기다리는 것뿐이었다.

카나렉은 내가 연단의 물에 독을 탔을지도 모른다는 말로 시작해서, 하루도 더 지난 후 성서의 장들을 차례차례 읽는 것으로 진술을 끝냈다.

"지금은 부활절 기간인데, 어쩌면 맨슨 씨와도 관련이 있을지 모르겠습니다. 처음엔 말도 안 되는 이야기라고 얼굴을 붉혔지만, 그리고 맨슨 씨가 그리스도와 같은 신성함을 지녔다고 암시하는 것도 아니지만, 누가 알겠습니까?"

관련이 없는 반박을 하고 있다며 여러 차례 카나렉에게 경고했던 올더 판사는 마침내 부활과 관련된 부분에서 그의 설교를 끝내게 했다.

신은 검찰청, 특히 나를 공격하는 일에 자신의 시간을 할애했다. "앳킨스 양은 친구도 없이 익사하는 중입니다…… 그러다 노를 들고 있는 부글리오시 씨를 본 겁니다. 그녀가 말했습니다, 아, 여기 좀 도와주세요. 앳킨스 양은 노를 향해 팔을 뻗었습니다. 그런데 부글리오시 씨가 어떻게 했을까요? 그는 그 노로 그녀의 머리를 내리쳤습니다."

키스는 사형 자체에 대한 강력한 반론을 펼쳤다. 하지만 그 전에 이렇게 말했다. "이상하게도, 어쩌면 그렇게 이상한 게 아닐 수도 있겠지만, 저는 부글리오시 씨의 진술 중 어떤 부분은 진심으로 인정합니다.

저는 맨슨 씨가 이 여성들을 지배하고 살인을 지시했다는 그의 설명을 인정합니다.

'보솔레이 석방' 동기는 말도 안 된다는 것을 인정합니다.

힌먼 살인 사건을 레슬리의 범행으로 보면 안 된다는 그의 말을 인정합니다.

레슬리의 증언과, 이 사건에서 다른 여성들의 증언을 볼 때 맨슨 씨의 지배력과 영향력이 여전히 모든 부분에서 작용하고 있다는 그의 주장에 동의합니다."

그러한 주장을 부정하는 건 증거를 부정하는 거라고 키스는 말했다. 그러니까 키스는 이 살인 사건과 관련해 맨슨의 유죄를 최초로, 그리고 유일하게 인정한 피고 측 변호인이었다.

하지만 키스는 피고들 중 누구에게도, 심지어 찰스 맨슨에게도 사형 판결을 내리는 데는 동의할 수 없다고 했다. 왜냐하면 키스 본인의 의견으로는 "찰스 맨슨이 정신이상"이기 때문이며, 자신의 생각을 세 명의 피고에게 주입하는 과정에서 그들에게도 광기를 전염시켰기 때문이다.

키스는 이렇게 결론 내렸다. "레슬리에게 속죄의 기회를 줍시다, 그녀가 받아 마땅한 것입니다. 이 점을 기억해주시기 바랍니다. 부글리오시 씨의 표현을 빌리자면 린다 캐서비언은 맨슨과 그의 패밀리에 이어져 있던 탯줄을 끊었습니다. 레슬리도 똑같이 할 기회를 줘야 합니다. 그녀에게 삶을 줘야 합니다. 감사합니다."

피츠제럴드는 짧게 진술했고, 마지막 부분에서 세 여성 피고가 사형 판결을 받으면, 샌퀜틴 교도소의 가스실에서 어떻게 처형될지 상세하게 묘사했다. 그것은 부적절한 진술이었고, 나는 이의를 제기했다. 판사석 앞에서 폴은 계속하게 해달라고 올더 판사에게 말 그대로 빌었다. "이건 대단히 중요합니다! 얼마나 중요한 건지 법원에 전달할 방법이 없습니다!" 그가 몹시 절박했기 때문에 나는 한발 물러나 상황을 가정법 형태로 전달한다면, 그러니까 사실이 아니라 "이런 일이 있다고 생각해봅시다"라는 식으로 이야기한다면 이의를 제기하지 않겠다고 했다. 그는 그렇게 했고, 진술이 끝나자 올더 판사가 배심원들에게 안내 사항을 전달했다. 배심원들은 1971년 3월 26일 금요일 오후 5시 25분에 법정을 나섰다.

배심원들이 찰스 맨슨에 대해 사형 판결을 내릴 거라는 점에는 자신이 있었지만, 여성들에 대해서는 확신이 없었다. 캘리포니아 역사상 오늘날까지 단 네 명의 여성만 사형 집행을 당했고, 그들 중 아무도 이 피고들만큼 젊지 않았다.

배심원들이 적어도 나흘 이상 법정을 비울 거라고 예상했다. 하지만 이틀 후인 월요일 오후에 전화를 받았을 때, 한 가지 판결만 나왔다는 것을 알 수 있었다. 나머지 판결까지 나오기에는 너무 이른 시간이었다. 나중에 알기로, 실제 평의는 불과 열 시간 만에 이뤄졌다고 한다.

3월 29일 월요일 오후 4시 24분, 다시 한번 삼엄한 경비 속에서 배심원들이 판결을 들고 법정으로 돌아왔다.

맨슨과 여성들은 먼저 법정에 들어와 있었다. 이미 배심원들에게 인상을 주기에는 늦었지만 여성들도 머리를 모두 민 상태였다. 하지만 서기가 첫 번째 판결을 읽기 전에 맨슨이 소리쳤다. "어떻게 제가 변호할 기회를 주지도 않고 넘어갈 수 있습니까…… 여러분은 제게 그렇게 할 권위가 없습니다…… 여기 있는 이들 중 절반은 저보다 못한 사람들입니다……." 올더가 그를 퇴장시켰다.

변호 기회가 없었다는 맨슨의 주장은 말이 되지 않았다. 유죄 판결 단계에서 그가 하려 했던 변호는 형량 판결 단계에서 모두 나온 게 분명했다. 그에 대한 배심원들의 반응이 이제 방청객과 기자들로 가득한 비좁은 법정에서 전달될 예정이었다.

서기가 첫 번째 판결을 읽었다. "위에 적시된 행위에 대해 우리 배심원은, 기소장 1조의 일급 살인 혐의로 유죄 판결을 받은 피고 찰스 맨슨에게 사형을 확정합니다."

크렌윙클, "당신들은 스스로를 판결한 거야."

앳킨스, "문 잘 잠그고 애들 조심해야 할 거야."

밴하우튼, "여러분 체제는 장난이야. 이 눈멀고 어리석은 인간들아. 당신들 자식이 돌아설 거야."

올더 판사는 세 여성을 퇴장시켰다. 그들은 서기가 기소장의 모든 혐의에 대해 네 명 전부에게 사형을 내린 판결문을 읽는 것을 스피커로 들었다.

올더 판사는 판사석에서 내려와 배심원 한 명 한 명과 악수했다. "만약 제가 배심원에게 훈장을 수여할 수 있는 위치에 있다면, 분명히 말하건대, 여러분 모두에게 달아줬을 겁니다."

처음으로 배심원들은 언론에 자신들의 고충을 말할 수 있었다.

배심장 허먼 튜빅은 기자들에게, 배심원들이 "동기는 헬터 스켈터였"음을 확신했다고 말했다. 셀마 매켄지 부인은 배심원들이 여성 피고들에게 덜 가혹한 형량을 내릴 여지를 찾아보려고 "분명 노력했지만, 찾을 수 없었다"고 말했다. 윌리엄 맥브라이드는 다음과 같이 언급했다, "여성들에게 동정심을 느꼈지만, 동정심이 정의에 개입해서는 안 됩니다. 그들이 한 짓을 볼 때 사형을 받아 마땅합니다." 마리 메스머는 성장 환경 때문에 나머지 두 명보다는 수전 앳킨스가 더 안됐다고 생각했지만, 세 명 모두 전혀 뉘우치지 않는 모습에 충격을 받았다고 했다. 맨슨에 대해서 그녀는 이렇게 말했다. "저는 사회를 지키고 싶었습니다. 맨슨은 아주 위험한 영향을 미치고 있다고 생각합니다." 십대 자녀 세 명을 두었고 그중 둘은 딸인 진 로즐랜드는 재판에서 가장 끔찍한 부분은 레슬리 밴하우튼이 "그 커다란 눈으로 저를 쳐다볼 때였습니다"라고 말했다. 로즐랜드 부인은 다른 사람을 조종하는 맨슨의 능력은 그 자신에게서 나오는 것이 아니라 "그의 추종자들의 정신과 영혼에 있는 공백에서 나오는 것"이라고 말했다.

나중에 『라이프』는 "맨슨 배심원, 긴 시련의 끝"이라는 기사를 실었다.

역설적이게도, 같은 호에 "폴 매카트니, 비틀스 해산에 대해 말하다"라는 제목의 기사도 실렸다.

매카트니에 따르면 화이트 앨범을 제작하던 중 멤버들 사이에 봉합할 수 없는 문제가 있었다고 했다.

폴 테이트 대령은 사형 판결과 관련해 다음과 같이 말했다고 한다. "그게 우리가 원했던 겁니다. 우리가 예상했던 것이고요. 하지만 이런 일에 환호할 수는 없고, 만족감이 들지도 않습니다. 정의가 이루어졌다는 느낌에 가깝습니다. 당연히 저는 사형을 원했습니다. 그자들은 제 딸과 손주를 앗아갔습니다."

테이트 부인은 어떤 인간도 다른 이의 목숨을 앗아갈 권위는 없다고, 그건 신에게 달린 일이라 믿는다고 기자에게 말했다.

로만 폴란스키는 특별한 언급이 없었고, 언론에서 접촉한 다른 피해자들의 친척도 마찬가지였다.

샌디, 캐시, 그리고 교차로에 있던 다른 여성들은 네 명 중 누구라도 사형 판결을 받으면 자신들도 기름을 붓고 분신해버릴 거라고 협박했다. 그 협박을 실행에 옮기지는 않았지만, 모두 나중에 머리를 밀어버렸다.

판결 소식을 들은 샌디는 TV 카메라를 향해 소리쳤다. "사형? 당신들도 모두 죽게 될 거야!"

선고를 제외하면 재판은 끝났다. 미국 역사상 가장 긴 살인 사건 재판으로 9개월 반이 걸렸고, 가장 비싼 재판이어서 약 100만 달러가 들었다. 그리고 가장 요란한 재판이었다. 배심원들은 225일 동안 격리되었고, 이전의 어떤 배심원들보다 긴 시간이었다. 재판 기록은 209권, 3만1716쪽, 약 800만 단어로, 소형 도서관 규모였다.

거의 모든 이에게 그 시련은 길었을 뿐 아니라 값비싸기도 했다. 고용인에게 급여를 받을 수 있을 거라고 기대했던 몇몇 배심원은, 뒤늦게 급여를 받을 수 없다거나 일자리를 잃어버렸다는 이야기를 들어야 했다. 예를 들어 로즐랜드 부인은 TWA사가 재판이 끝날 때까지 급여를 지급하겠다는 구두 약속을 지키지 않는다고 주장했고, 체불 임금이 2700달러에 이른다고 주장했다. TWA는 그런 합의를 부인했다. 그런 거절 사례가 몇 건 있었다.

피고 측 변호인들의 재정적 손실은 어마어마했다. 피츠제럴드는 "말 그대로 거덜났습니다"라고 말했다. 그는 기자들에게 자신의 수입은 3만 달러 정도 줄었고 재판 비용으로 1만 달러를 썼다고 말했다. 전축을 비롯해 여러 물건을 팔아야만 했고, 5000달러의 채무까지 지게 되었다. 여섯 번 결혼한 데이 신은 "집세와 자녀 양육비, 부양금이 모두 밀렸습니다"라고 말했다. 신은 앳킨스의 책 인세로 1만 9000달러를 받았지만, 본인 주장에 따르면 그중 1만6000달러는 맨슨 패밀리에 다시 들어갔다고 한다. 카나렉은 자신의 재정 상황에 대해 언급하기를 거부했다. 하지만 피고 측의 다른 변호인 한 명에 따르면, 재판 도중 어느 시점에 맨슨이 카나렉에게 비용을 지불하기 위해, 신에게 앳킨스의 계좌에서 5000달러를 빼서 그에게 보내주라고 요청한 적이 있다고 했다. 추가 요구가 있었는지, 카나렉이 얼마나 더 받았는지는 알 수 없다. 법원에서 지정한 변호사로 카운티에서 수당을 받은 키스는, 사설 변호사 일이 줄었고, 유명세 때문에 새로운 의뢰인은 받을 수 없을 걸로 예상한다고 인정했다.

이 재판과 관련해 또 한 명의 변호사가 목숨을 잃었다.

맨슨의 판결과 관련해 눈더미처럼 쏟아지는 이야기 속에, 같은 날 나온 작은 소식 하나는 거의 눈에 띄지 않은 채 지나갔다.

벤투라 카운티 보안관서에서 실종된 변호사 로널드 휴스의 것으로 보이는 시신을 발견했다고 보고했다. 심하게 부패한 시신은 두 바위 틈에 엎드린 자세로, 휴스의 살아 있는 모습이 마지막으로 목격된 곳에서 몇 킬로미터 떨어진 세스페 계곡에서 발견되었다.

낚시꾼 두 명이 토요일 이른 시간에 시신을 발견했지만 일요일 밤이 돼서야 신고했는데, "우리 낚시 여행을 망치고 싶지 않았기 때문"이라고 말했다.

발견 당시에는 사인이 알려지지 않았다. 검찰청을 통해 나는 즉시 부검을 지시했다.

## 1971년 4월 19일

올더 판사는 1971년 4월 19일을 선고일로 정했다.

올더가 본인 판단으로 적어도 몇몇 평결을 사형에서 종신형으로 감경할 거라는 추측이 있었다. 이전 사건에서 올더가, 네 명의 아이가 자고 있는 두 침대에 휘발유를 붓고 그중 한 명을 살해한 피고에 대해 그렇게 한 적이 있었기 때문이다. 하지만 나는 개인적으로 올더가 배심원들을 칭찬했기 때문에 그들의 평결을 뒤집으며 다른 결정을 내리지는 않을 거라고 생각했다.

19일에 변호인 측에서 몇 건의 발의를 제출했고, 그중에는 새로운 재판을 요청하는 것도 있었다. 올더 판사는 피고들에게 할 말이 있는지 물었다. 맨슨만 있다고 했다.

찰리는 왼손을 떨었고 거의 눈물을 흘릴 것처럼 보였다. 아주 고분고분하게, 떨리는 목소리로 그가 말했다. "저는 이 법정을 제 아버지로 받아들입니다. 저는 평생 동안 언제나 아버지의 법을 따르려고 최선을 다했고, 아버지의 심판을 받아들였습니다."

법원, "이 재판이 진행된 아홉 달 반 동안, 온갖 수식어가 사용되었고, 온갖 과장이 난무했지만, 남은 것은 일곱 건의 무분별한 살인이 있었다는, 일곱 명의 목숨이 전혀 모르는 사람들에 의해 사라졌다는 허망하고 황량한 사실뿐입니다……

저는 이 행위를 유심히 살피고 감경 사유가 있을지 고려했지만, 어떤 사유도 찾지 못했습니다……

심사숙고 끝에 사형이 적합할 뿐 아니라, 그렇게 해야만 하는 상황이라고 저는 판단했습니다. 이 사건에 사형을 내리지 않는다면 다른 어떤 사건에도 내릴 수 없다는 검찰 측 주장에 동의할 수밖에 없습니다."

맨슨을 향해 올더 판사는 다음과 같이 말했다. "본 명령에 따라 교정국은 당신을 샌퀜틴 교도소에 수감할 것이며, 그곳에서 캘리포니아 주법에서 규정하고 있는 방식으로 사형이 집행될 것입니다."

당시에는 여성 수감자용 사형수 수감동이 없었다. 프론테라 여성 교도소에 특별 수감동이 건설 중이었고, 앳킨스, 크렌윙클, 밴하우튼은 그곳에서 집행을 기다릴 예정이었다.

항소심은 2개월에서 최대 5년까지 걸릴 것으로 예상되었다.

실제로, 그들의 운명은 1년 안에 결정되었다.

판결 후에, 나는 다시는 찰스 맨슨을 보지 못할 거라고 예상했다. 하지만 나는 그를 두 번 더 만났고, 두 번째 만남은 대단히 특이한 상황에서 이루어졌다.

## 에필로그_공유된 광기

"그녀의 상황을 전체적으로 묘사하려면 더 깊은 연구가 필요합니다. 하지만 현단계에서 그녀가 가족 광기라는 증상으로 고통받고 있다고 할 수 있습니다. 어떤 집단 내에서 일종의 광기가 공유된 것입니다."

—조엘 호크먼 박사, 수전 앳킨스에 대한 정신감정 보고서

"저는 찰리와 1년간 줄곧 함께 살았고, 띄엄띄엄 2년을 살았습니다. 저는 찰리를 압니다. 그를 속속들이 압니다. 제가 찰리가 되었습니다. 한때 저의 모든 것이 곧 찰리였습니다. 이제 제겐 아무것도 남지 않았습니다. 그리고 패밀리의 사람 모두에게 아무것도 남지 않았습니다. 그들 역시 모두 찰리입니다."로버트 헨드릭슨의 다큐멘터리 영화 「맨슨」.

—폴 왓킨스

"우리는 여러분이 만든 존재입니다. 우리는 여러분의 TV를 보며 자랐습니다. 우리는 「건스모크Gunsmoke」 「해브 건 윌 트래블Have Gun Will Travel」 「FBI」 「컴뱃Combat」을 보며 자랐습니다. 「컴뱃」은 제가 가장 좋아하는 방송이었습니다. 「컴뱃」은 한 편도 빠트리지 않고 다 봤습니다."로버트 헨드릭슨의 다큐멘터리 영화 「맨슨」.

—브렌다

"필요한 일이 있다면, 하면 됩니다. 누군가 죽어야 할 필요가 있다고 잘못된 건 없어요. 그 일을 하고, 그렇게 한발 나아가는 겁니다. 어린이 한 명을 골라 사막으로 보냅니다. 가능한 한 많은 아이를 고르고, 방해가 되는 사람은 누구든 죽입니다. 그게 우립니다."로버트 헨드릭슨의 다큐멘터리 영화 「맨슨」.

—샌디

"사과 한 알에서 작게 상한 부분이 있다면, 그 부분을 도려내는 겁니다."

—스퀴키

"제가 다시는 밖으로 나오지 않기를 희망하는 편이 나을 겁니다."

—바비 보솔레이

맨슨과 여성들이 유죄 판결을 받았지만 재판은, 그리고 살인은 아직 끝나지 않았다.

검찰 측 증인 바버라 호이트의 살인미수와 관련해 다섯 명의 피고 중 네 명은 카운티 감옥 90일 형을 받았지만, 마지막 한 명은 완전히 처벌을 피했다.

내가 맡은 재판은 아니었지만, 나는 그 사건이 처리된 방식이 의문스러웠다. 피고들에 대한 증거가 빈약하다는 느낌이 들었고, 증인들을 하와이에서 비행기로 데리고 오는 비용 때문에 검찰청과 LAPD 그리고 피고 측 변호인들은 "거래"에 합의했다. 피고 측이 공모 혐의에 대해 변론을 포기하고 증인을 부르지 않기로 한 것에 대한 대가로, 검사는 혐의를 중죄에서 경범죄로 낮추는 발의를 제출했다. 스티븐 스토더스 판사는 해당 발의를 승인하고, 1971년 4월 16일 다섯 명의 피고 중 네 명—리넷 프롬(별칭 스쿼키), 스티브 그로건(별칭 클렘), 캐서린 셰어(별칭 깁시), 데니스 라이스—에게 카운티 감옥 90일 형을 선고했다. 이미 15일을 복역했기 때문에, 75일 후에는 그들이 거리로 나갈 수 있었다.

다섯 번째 피고 루스 앤 무어하우스(별칭 위시), 실제로 바버라 호이트에게 LSD 범벅의 햄버거를 주었던 그녀는 처벌을 면한 채 풀려났다. 판결의 때가 되었을 때 그녀는 나타나지 않았다. 법원에서 체포 영장을 발부했고, 그녀가 네바다주 카슨 시티에 살고 있는 것으로 알려졌지만, 검찰은 그녀를 송환하는 수고를 들일 필요가 없다고 판단했다.

찰스 "텍스" 왓슨은 1971년 8월에 재판에 회부되었다. 준비 단계에서 나는 법원 도서관이 아니라 의학 도서관에서 더 많은 시간을 보냈는데, 왓슨이 심신상실을 이유로 무죄를 주장하고 정신분석학적인 변론을 시도할 거라고 어느 정도 확신했기 때문이다.

이 재판에서는 세 단계—유죄 판결, 심신상실 판결, 그리고 형량 판결—가 가능했다.

피고 측 변호인 샘 버브릭은 왓슨이 증언대에 서서 자백할 거라고 내게 말했지만, 그럼에도 나는 유죄 판결 단계에서 강력한 사건을 구성해야만 한다는 것을 알고 있었다. 왓슨의 증언이 자신에게 유리한 내용일 거라고 생각하는 편이 안전했기 때문이다. 또한 나는 비록 왓슨이 맨슨의 지배를 받기는 했지만, (린다에게 5000달러를 훔치라고 지시했던 일 등을 증거로 제시하면서) 그가 자신의 행동에 법적 책임을 질 수 있을 만큼의 독립성을 갖추고 있다는 것을 증명해야 했다. 그렇다면 유죄 판결 단계에서 핵심 쟁점들 중 하나는, 살인 사건 당시에 왓슨의 정신적 능력이 저하된 상태였는지 여부였다. 만약 그랬다면, 그는 의도를 품거나 사전에 계획하는 능력이 없는 셈이 되고, 배심원은 테이트-라비앙카 사건의 주범에게 일급 살인이 아니라 이급 살인에 대한 유죄 판결을 내리게 될 것이기 때문이다.

급수에 상관없이 살인 범죄에 대한 유죄 판결을 받으면 심신상실 여부에 대한 재판이 이어질 텐데, 거기서 유일한 쟁점은 살인 사건 당시 왓슨이 심신상실이었는지 아니었는지다. 나는 변호인들이 다수의 유명한 정신과 의사를 동원하고(여덟 명이 불려 나왔다), 그들이 왓슨은 심신상실 상태였다는 의견을 제시할 걸로 예상했으며, 그 예상은 옳았다. 따라서 나는 압도적인 반대 심문으로 그들의 증언을 무력화해야 할 뿐 아니라, 수많은 증거를 제시하며 왓슨이 살인 사건 당시 자신의 정신적 능력을 충분히 통제하고 있었고, 사회의 눈으로 볼 때 자신이 하고 있는 행동이 잘못되었음을 잘 알고 있었다는 것을 보여주어야 했다. 한마디로 나는 그가 법적으로 심신상실이 아님을 증명해야 했다. 전선을 잘랐던 것, 린다에게 칼에서 지문을 지우게 한 것, 루돌프 웨버와 대화할 때의 말투, 그리고 살인 사건 몇 주 후 데스밸리 당국의 조사를 받을 때 가명을 사용한 것 등이 내 사건을 증명해줄 주요 증거였는데, 모두 잘못된 행동에 대한 왓슨의 자의식과 죄의식을 보여주는 정황 증거였다.

 왓슨이 일급 살인에 대해 유죄이며 심신상실이 아니라는 판결을 받으면, 그다음엔 배심원들이 궁극적인 문제, 그의 생사를 가르는 문제를 결정해야 한다. 이는 내가 앞선 재판 과정에서 여성들의 형량 단계에서 겪었던 문제들을 다시 마주해야 한다는 뜻이었다.

 또 다른 문제는 왓슨의 품행이었다. 대학생 이미지를 주려는 시도가 분명했을 텐데, 왓슨은 아주 보수적인 차림으로—짧은 머리, 셔츠와 타이, 파란색 재킷, 느슨한 바지—법정에 나타났다. 그럼에도 그는 이상해 보였다. 눈이 흐릿하고 전혀 초점이 없는 것 같았다. 린다 캐서비언, 폴 왓킨스, 브룩스 포스턴, 다이앤 레이크 같은 증인들이 자신에게 파멸적인 증언을 할 때에도 반응을 보이지 않았다. 입이 늘 살짝 벌어져 있어서 정신 지체아 같은 느낌을 주었다.

증언대에 서서 피고 측 변호인들의 직접 심문을 받을 때, 텍스는 맨슨의 비열한 노예처럼 행동했다. 그는 테이트-라비앙카 피해자들을 총으로 쏘고 칼로 찌른 것을 인정했지만, 샤론 테이트는 찌르지 않았다고 했다. 그리고 사전 계획이나 의도에 대해서는 모두 맨슨과 여성들에게 떠넘겼다.

내 반대 심문에 심하게 흔들린 텍스는 종종 자신이 바보 연기를 해야 한다는 것을 까먹기도 했다. 심문을 마칠 때쯤엔 배심원들도 그가 자신의 정신적 능력을 통제할 수 있으며, 늘 그래왔다는 것을 분명히 알 수 있었다. 나는 또한 그가 샤론 테이트도 찔렀다는 것, 피해자들을 사람이 아니라 그저 "덩어리"로 생각했다는 것, 그가 조엘 포트 박사에게 테이트 저택의 사람들이 "머리 잘린 닭처럼 이리저리 뛰어다녔다"고 말했으며, 그 말을 할 때 미소 지었던 것을 인정하게 만들었다. 또한 나는 자신은 찰스 맨슨에게 세뇌당한 생각 없는 좀비에 불과했다는 그의 이야기를 무너뜨렸을 뿐 아니라, 지금은 자신이 한 짓을 뉘우치고 있다는 주장에 대해서도 강한 의구심을 품게 만들었다.

왓슨의 증언은 몇 가지 궁금증을 해소해주었다.

LAPD 증거 전문가 드웨인 울퍼가 알아낸 것과 달리, 왓슨은 맨슨의 사막용 사륜구동차에서 발견된 철사 절단기가 그날 밤 테이트 저택의 전화선을 자를 때 사용한 것이라고 확인해주었다.

또한 시엘로 드라이브 10050번지의 살인 사건이 있던 날, 맨슨이 왓슨에게 정확한 지침을 내렸던 시점도 밝혀졌다. 왓슨은 다음과 같이 증언했다. "찰리가 저를 자동차 뒤로 불러서는…… 총과 칼을 건넸습니다. 그 총과 칼을 가지고 테리 멜처가 살던 집으로 가라고 했습니다. 그 집에 있는 사람들을 최대한 처참하게 죽이라고 했습니다. 영화배우 같은 사람들이 살고 있다고 말했던 것 같습니다."

왓슨의 재판 내내 가장 힘들었던 부분은 증거나 피고 측 변호인, 혹은 변호인 측 증인들이 아니라 판사인 아돌프 알렉산더였다. 그는 피고 측 변호인 샘 버브릭과 개인적으로 친구 사이였다.

알렉산더는 반복적으로 피고 측에 유리한 결정을 내렸을 뿐 아니라, 거기서 훨씬 더 나아가기도 했다. 예비 심문에서 그는 "우리 중 많은 사람이 사형에 반대합니다"라고 말했다. 검찰 측 증인들이 증언할 때 그는 말도 안 되며 믿을 수 없다는 듯한 표정을 지어 보였다. 변호인 측 증인들이 증언대에 섰을 때는 부지런히 뭔가를 메모했다. 이 모든 행동이 배심원 바로 앞에서 이루어졌다. 그는 또한 검찰 측 증인들에 대해 자주 반대 심문을 했다. 결국 나는 참을 수 없었다. 내가 판사석에 다가가 이 재판은 법원 재판이 아니라 배심원 재판이며, 검찰 측 증인에게 반대 심문을 함으로써 판사가 증인들을 믿지 못하는 듯한 인상을 배심원들에게 주고 있다며 알렉산더에게 말했다. 그리고 배심원들이 보기에 판사는 중대한 비중을 지닌 존재이기 때문에 그러한 행태는 검찰 측에 대단히 불리하게 작용하고 있다고 했다. 나는 판사가 증인들에게 묻고 싶은 것이 있으면, 피고 측 변호인에게 메모로 전달하고 그들이 질문하게 하는 방법을 써달라고 제안했다.

이후로 알렉산더는 검찰 측 증인들에 대한 반대 심문을 멈췄다. 하지만 그는 계속해서 나를 놀라게 했다. 배심원들이 평의에 들어갈 때, 그는 심지어 증거 서류를 배심원실에 보내지도 않았고(이는 자동으로 해야 하는 조치다), 내가 요청한 후에야 그렇게 했다. 그리고 한번은 법정 내에서 있었던 비공식 대화에서 피고를 "불쌍한 텍스"라고 부르기도 했다.

재판이 끝나갈 무렵, 역시 비공개 대화에서 나는 그에게 "당신은 내가 이 사건에서 일급 살인에 대한 유죄 판결을 받아내는 과정에서 가장 큰 장애물이었습니다"라고 말했다.

알렉산더 판사 때문에 생긴 문제들에도 불구하고, 1971년 10월 12일 배심원들은 일곱 건의 일급 살인과 한 건의 살인 공모에 대해 유죄 판결을 내렸다. 10월 19일, 배심원들이 두 시간 반 만에 왓슨은 심신상실이 아니라고 판정함으로써, 내가 피고 측이 동원한 정신과 의사들의 증언을 효과적으로 무너뜨렸음이 밝혀졌다. 그리고 10월 21일, 배심원들은 불과 여섯 시간 동안 회의를 위해 사라졌다가 사형 판결을 들고 법정으로 돌아왔다.

재판은 두 달 반 동안 진행되었고 비용은 25만 달러가 들었다. 또한 거의 소형 도서관 규모라고 할 만한 테이트-라비앙카 살인 사건 자료에 네 권, 5916쪽의 재판 자료가 추가되었다.

알렉산더 판사는 성실하게 임해준 배심원들에게 감사의 뜻을 전하면서도, 왓슨에게 판결을 내리는 날 "만약 배심원이 없는 재판이었다면, 저는 다른 판결을 내렸을 겁니다"라고 덧붙였다.

진행 중이던 다른 재판에서는, 수전 앳킨스가 게리 힌먼 살인에 대해 유죄 판결 및 종신형을 받았다. 그녀에 대한 판결에서 레이먼드 초트 판사는 "그녀가 어떤 공동체에도 위협이 되는" 존재라며, "평생 구속 상태로 지내야 한다"고 말했다.

변호인은 힌먼-셰이 살인 사건에 대해 찰스 맨슨과 브루스 데이비스, 스티브 그로건이 별도의 재판을 받을 수 있게 했다. 도널드 "쇼티" 셰이의 시신은 발견되지 않았지만(지금까지도 발견되지 않았다), 버트 카츠 검사와 앤서니 만젤라 검사, 그리고 스티븐 케이 검사는 각각의 피고를 대상으로 모든 혐의에 대해 유죄 판결을 얻어내는 어려운 작업을 해냈다. 맨슨과 데이비스에게는 종신형이 내려졌다. 그로건 재판의 배심원들은 사형 평결을 내렸지만, 1971년 크리스마스 이틀 전이었던 최종 판결일에 제임스 콜츠 판사는 "그로건은 너무 어리석고 너무 약에 취해 있었기 때문에 스스로는 아무것도 판단할 수 없었"고, "누구를 죽이고 살릴지를 결정한 사람"은 찰스 맨슨이라고 언급하며 종신형으로 낮춰주었다.

본인의 예비 심문 단계에서 직접 변호를 하게 해달라는 요청을 거부한 판사에게 화가 났던 맨슨은 법원에서 "저는 유죄를 인정합니다. 제가 쇼티의 머리를 잘랐습니다"라며 탄원했다. 판사는 탄원을 거부했고 맨슨은 다음 날 철회했다. 맨슨이 기자들을 돌아보며 "제 부하들에게 여러분에 대한 살인을 시작하라고 전했습니다"라고 말했다.

이번에도 맨슨의 대리인은 어빙 카나렉이었다. 어빙이 맡으면 재판이 길어지고, 샌퀜틴의 사형수 감방으로 가는 것도 그만큼 늦춰질 것임을 알았던 것이다.

모든 재판 내내 맨슨 무리의 여성들은 템플가와 브로드웨이 모퉁이에서 농성을 계속했다. 말 그대로 정의의 전당의 그림자 아래서, 매일 교차로를 오가는 수천 명의 인파를 지켜보며, 그들은 수감된 맨슨 패밀리 구성원들을 전부 탈옥시키는 기괴한 계획을 세웠다.

1971년 7월 말, 이 책의 공동 저자는 샌프란시스코 베이 지역의 패밀리 구성원을 통해 패밀리가 다음 달에 맨슨을 탈옥시킬 계획이라는 정보를 입수했다. 그 구성원은 탈옥의 구체적인 방법을 듣진 못했지만, 추가적인 세부 사항을 알려주었다. 패밀리가 무기와 탄약을 비축하고 있다고 했다. 로스앤젤레스 남부에 가옥 한 채를 비밀리에 임대했고, 거기서 탈옥한 수감자들이 지내게 될 거라고도 했다. 그리고 맨슨의 탈출과 함께 "헬터 스켈터가 진짜로 시작되며, 혁명이 작동할 것"이라고 했다.

그저 바람에 불과했을까? 확신할 수 없었던 나는 해당 정보를 LAPD에 넘겼다. 그 과정에서 맨슨이 힌먼-셰이 재판에 요청한 증인들 중 케네스 코모라는 폴섬 교도소의 수감자가 포함된 것을 발견했다. 그는 제스 제임스라는 별칭으로 유명한 인물이었다. 공개되지는 않았지만, 일주일 전 로스앤젤레스로 이송된 코모는 기록의 전당 건물에서 탈출하는 데 성공했다. 하지만 LAPD는 코모가 여전히 인근에 머무르고 있는 것으로 짐작했다. 맨슨의 탈출과 관련해서도 소문은 있었지만, 결정적인 정보는 없었다. 경찰은 그 이야기를 믿지 않으려는 듯했다.

예정대로 한 달이 지나지 않아 맨슨 패밀리는 탈옥 작전을 시도했다.

1971년 8월 21일, 폐점 시간 직전에 여섯 명의 무장 강도가 로스앤젤레스 교외 호손의 웨스턴 서플러스 스토어에 침입했다. 한 명이 여성 직원과 두 명의 손님에게 총을 겨누는 사이, 나머지 범인들은 장총과 엽총, 권총을 뒷골목에 세워둔 승합차에 실었다. 소방차에 발각되었을 때 그들은 모두 140정의 총기를 지니고 있었다. 무음 경보장치로 상황을 파악한 LAPD가 이미 뒷골목을 봉쇄한 상태였다.

강도들은 총을 쏘며 튀어나왔다. 10분간의 총격전이 이어졌고, 승합차에 50발의 총알이 박히고 경찰차에도 20발이 박혔다. 놀랍게도 사망자는 나오지 않았고, 범인들 중 세 명이 가벼운 부상을 입었다.

여섯 명의 강도는 모두 맨슨 패밀리 구성원이었다. 체포된 사람은 다음과 같다. 메리 브루너, 27세. 최초의 패밀리 구성원. 캐서린 셰어(별칭 집시), 29세. 데니스 라이스, 32세(셰어와 라이스는 둘 다 바버라 호이트의 입을 막으려는 시도로 받은 90일 형을 막 마치고 나온 상태였다). 로런스 베일리(별칭 래리 존스), 23세. 이자는 테이트 사건 범인들이 스팬 목장에서 출발하던 밤에 현장에 있었다. 탈옥수 케네스 코모, 33세. 또 한 명의 패밀리 구성원인 열아홉 살의 찰스 러빗은 총격전 중에 도망쳤지만 결국 체포되었다.

체포 후에 이 무리가 또한 8월 13일에 있었던 로비나 맥주 영업소 강도 사건도 저질렀다는 것이 밝혀졌다. 그 사건으로 그들은 2600달러를 마련했다.

경찰은 이들이 법원을 대상으로 한 샌러펠 사건* 같은 습격에 필요한 총기와 탄약을 확보하기 위해 강도 사건을 벌인 거라고 결론 내렸다. 스티브 그로건은 자신의 재판에 맨슨을 증인으로 불렀다. 맨슨이 법원에 출두하는 날 패밀리가 법원을 공격하고, 두 사람 모두를 꺼낼 계획이었다.

사실 실제 계획은 더 화려했다. 그리고 적절한 상황이 되고 대중의 압박이 충분했다면, 그 계획은 먹힐 수도 있었다.

이 사건 전에 밝혀지지는 않았지만, 호손 강도 사건에 관여했던 한 패밀리 구성원에 따르면 실제 계획은 다음과 같았다.

훔친 무기를 사용해 패밀리는 747기를 납치하고, 맨슨을 포함해

---

* 1970년 캘리포니아주 샌러펠에서 있었던 법원 습격 사건.

수감된 패밀리 구성원들이 풀려날 때까지 한 시간마다 승객을 죽인다는 것이었다.

호손 절도 사건 피고들의 재판이 진행되는 동안 특별한 보안 조치가 취해졌는데, 부분적으로는, 피고 측 변호인들이 부른 증인들 때문에 아서 알라콘 판사에 따르면 "로스앤젤레스 카운티에서 살인자들이 가장 많이 모이는 상황"이 되어버렸기 때문이다. 맨슨, 보솔레이, 앳킨스, 크렌윙클, 밴하우튼, 그로건, 데이비스를 포함해 유죄 판결을 받은 살인범 열두 명이 증언대에 섰다. 그들이 한곳에 모여 있는 광경은 모두를 조금 불안하게 했다. 이때쯤엔 정의의 전당이 탈출 불가능한 건물이 아니라는 사실을 패밀리도 알고 있었기 때문에 특히 그랬다.

1971년 10월 20일 이른 아침, 케네스 코모가 13층 감방의 창살을 쇠톱으로 자르고, 침대 시트를 이어서 만든 밧줄을 타고 8층까지 내려와, 104호 법정(불과 몇 달 전 내가 맨슨과 세 명의 여성 공범을 기소했던 곳이다)의 창문을 발로 차서 깨고 들어갔고, 그다음엔 계단을 통해 건물 밖으로 나갔다. 샌드라 굿이 코모를 패밀리 소유 승합차에 태우고 갔다. 나중에 샌디는 승합차를 들이받고 체포되었지만, 코모는 일곱 시간 동안 체포를 피해다녔다. 스퀴키, 브렌다, 키티, 그리고 두 명의 다른 여성도 함께 체포되었지만, 탈출 방조 및 교사에 대한 확증이 없어서 풀려났다.

호손 재판이 진행되는 동안 맨슨을 탈출시키려는 시도는 없었다. 하지만 배심원 두 명이 유죄 판결에 투표하면 살해하겠다는 협박 전화를 받았고, 후보 배심원으로 교체되었다. 해당 전화는 신원이 밝혀지지 않은 패밀리 여성 구성원과 관련이 있었다.

집시와 라이스는 이전의 검찰 측 증인 살인미수에 가담한 혐의에 대해서는 90일 구류밖에 받지 않았지만, 이번의 경관을 향한 총격에 대해서는 법원이 조금 더 심각하게 받아들이고 있다는 점을 알게 되었다. 두 사람과 그들의 공범들은 두 건의 무장 강도 사건으로 기소되었다. 라이스는 유죄 판결을 받고 주립교도소에 수감되었다. 나머지 공범들도 두 건 모두 유죄 판결을 받았고, 형량은 다음과 같다. 러빗, 5년에서 종신형까지 연속 집행. 셰어, 10년에서 종신형까지. 코모, 15년에서 종신형까지. 브루너와 베일리, 20년에서 종신형까지.

샌드라 굿은 결국 탈출 방조 및 교사 혐의로 기소되었다. 그녀의 변호인, 그 유일무이한 어빙 카나렉은 그녀가 코모에게 납치된 거라고 주장했다. 배심원들은 그 주장을 받아들이지 않았고, 샌디는 6개월형을 받았다.

코모가 탈출하던 날, 레이먼드 초트의 법정에 모습을 드러낸 카나렉은 자신의 전매특허 주장을 펼쳤다. "지금 이 특정한 시점에서 이 탈출이 의도적으로 이루어졌다는 증거는 전혀 없는 것으로 보입니다."

초트 판사는 그렇다면 코모는 왜 13층에서 8층까지 벽을 타고 내려온 것인지 물었다.

"근사한 광경이니까요, 재판장님", 카나렉이 설명했다.

맨슨이 아직 힌먼-셰이 살인 사건 재판을 받는 동안, 나는 어느 날 우연히 그 법정에 들어갔다. 기분 전환 삼아 구경꾼 입장이 되고 보니 안도감이 들었다.

최근 법정에서 나치의 검은색 돌격대 군복을 즐겨 입고 있는 맨슨이 나를 발견하고는, 집행관을 통해 이야기를 나누고 싶다는 뜻을 전해왔다. 나 또한 그에게 묻고 싶은 게 몇 가지 있었던 터라 휴정 시간까지 기다렸다. 우리는 법정의 수감자 구역에 앉아 4시 30분부터 거의 6시까지 이야기를 나눴다. 당시 그가 받고 있는 혐의에 대한 이야기는 하나도 나오지 않았다. 우리는 대부분 그의 철학에 대해 토론했다. 나는 특히 그가 가진 몇 가지 개념의 발전 과정에 관심 있었고, 사이언톨로지나 과정파로 알려진 사탄 숭배 교단, 즉 최후 심판의 교회와 그의 관계에 대해 길게 질문했다.

맨슨은 자신이 내게 "악감정을 갖고 있지 않다는 것"을 알려주기 위해 나와 대화하고 싶었다고 말했다. 그는 자신에게 유죄 판결을 내리는 과정에서 내가 "환상적이고 탁월하게 일을 해냈다"고 말하고는, "검사님은 제가 공정한 재판을 받게 해주었습니다, 약속하셨던 것처럼요"라고 덧붙였다. 그는 결과에 불만도 없다고 했는데, 그 이유에 대해서는 "감옥은 늘 제 집이었습니다. 마지막까지 그곳을 떠나고 싶지 않았는데, 검사님이 다시 보내준 것뿐입니다"라고 말했다. 거기선 식사도 규칙적으로 나왔고, 대단하다고 할 수는 없었지만 스팬 목장에서 먹는 쓰레기보다는 나았다. 그리고 원하지 않으면 일을 할 필요도 없었기 때문에 기타 연주를 할 시간이 넘쳐났다.

"그렇겠네요, 찰리, 하지만 거기에는 여성이 한 명도 없잖아요", 내가 말했다.

"계집들은 필요 없습니다", 그가 대답했다. "내가 가졌던 여자들은, 모두 내게 *자신*을 사랑해달라고 요구했습니다. 제가 요구한 적은 한 번도 없습니다. 저는 여자들 없이도 잘 지낼 수 있습니다." 교도소에서도 섹스는 아주 많이 한다고 그는 말했다.

맨슨은 여전히 비틀스의 음악과 LSD가 테이트-라비앙카 살인 사건의 원인이라고 주장했지만, "스팬 목장에서 그 쥐새끼 같은 친구들이 무슨 짓을 하고 있는지 알고 있었기 때문에" 그런 일이 일어날 것은 알고 있었다고 인정했다. 그리고 이렇게 덧붙였다. "그래서 제가 그 친구들에게 물었습니다. '자, 이 끈을 원해? 이 총을 원해?'라고요. 그리고 나중에 무슨 일이 있었는지는 아무에게도 말하지 말라고 했습니다."

공개된 법정에서는 매우 조심했지만, 우리의 사적인 대화에서 맨슨은 흑인들을 종종 "깜둥이"라고 불렀다. 그는 흑인들을 좋아하지 않는다고 말했다. "저는 아무도 미워하지 않습니다만, 그들이 저를 미워한다는 건 알고 있습니다"라고 말했다.

헬터 스켈터라는 익숙한 주제로 돌아와, 나는 언제쯤 흑인들이 권력을 차지할 걸로 생각하느냐고 물었다.

"제가 그들을 막은 건지도 모르겠습니다", 그가 대답했다.

"재판 때문에 백인들이 각성했다는 뜻입니까?"

그의 대답은 간단하고, 슬펐다. "그럼요."

우리 대화는 1971년 6월 14일에 있었다. 다음 날 변호인들 중 한 명이 불만을 제기했고, 초트 판사는 공개 법정에서 증거 청취를 진행했다. 나는 우리 대화의 요지를 증언했고, 맨슨이 나와 이야기를 나누고 싶다고 요청한 것이지 그 반대는 아니며, 진행 중인 재판에 대한 내용은 전혀 없었다고 말했다. 그 점에 있어서 비윤리적인 부분은 전무하다고 진술했다. 뿐만 아니라 나는 카나렉에게도 맨슨이 나와 이야기를 하고 싶어했다고 전했지만, 카나렉은 그냥 퇴장해버렸다.

러스티 버렐 집행관은 대화 내내 함께 자리를 지켰고, 이야기가 흥미로워서 업무 시간을 지나서까지 머물렀다. 그가 내 설명을 뒷받침해주었다. 맨슨 본인도 마찬가지였다.

맨슨, "저분이 한 이야기는 완전히 옳습니다. 저는 지난해부터 저분과 이야기를 나누고 싶었고, 그건 제 요청에 따른 것이었습니다."

청취 자체에 대해서 맨슨은 이렇게 말했다. "존경하는 재판장님, 저는 이 일이 전혀 공정하지 않다고 생각합니다. 아시겠지만, 이것은 제 실수였습니다."

초트 판사는 거기에 동의하고, 부적절한 일은 전혀 없었다고 판정하며 청취를 마쳤다.

이 사건에 담긴 모순을 언론은 놓치지 않았다. 언론에서는 맨슨이 일곱 건의 살인에 대해 자신을 기소한 사람을 위해 증언대에 섰다고, 믿을 수 없다는 투로 전했다.

맨슨의 신념에 대한 내 관심은 처음 이 사건을 배정받았을 때로 거슬러 올라간다. 몇몇 원천은 앞부분에서 언급했다. 비록 재판에서 증거로 제출하지는 못했지만 나머지 요소들이 끼친 영향도 그냥 지나칠 수는 없는데, 그것들이 이 병적인 집착이 탄생하는 단서들이 되었다는 점에서 그렇다.

그레그 제이컵슨을 비롯한 몇몇 사람을 통해 나는 맨슨이 이런저런 개념들을 빌려와 절충했음을 알게 되었다. 또한 나는 그의 수감 기록이나 그와 나눴던 대화를 통해, 사이언톨로지에 대한 맨슨의 관심이 그저 지나가는 변덕 이상이었음을 알게 되었다. 맨슨은 폴 왓킨스에게 그랬던 것처럼, 내게도 자신이 최고 단계인 "세타 클리어"를 획득한 후에는 더 이상 사이언톨로지의 필요성을 느끼지 못했다고 말했다. 나는 적어도 그 주장의 뒷부분은 믿고 싶었다. 내가 했던 광범위한 조사에 따르면, 1967년 교도소에서 석방된 후에 맨슨이 어떤 식으로든 사이언톨로지와 관계를 이어갔다는 증거는 없다. 맨슨의 핵심 제자들 중 한 명인 브루스 데이비스는 사이언톨로지와 밀접한 관계를 맺고 있었고, 1968년 12월에서 1969년 4월까지 런던 본부에서 일하기도 했다. 사이언톨로지 대변인에 따르면 데이비스는 약물 문제로 조직에서 쫓겨났다고 한다. 그는 스팬 목장의 맨슨 패밀리로 돌아와 힌먼과 셰이 살해에 가담했다.

사이언톨로지가 맨슨의 정신 상태에 영향을 미쳤다고 해도, 그것을 측정할 수는 없다. 그가 교도소 내에서 "감사역"과의 만남을 통해 마인드 컨트롤과 관련된 지식 및 기술을 습득한 것은 분명한데, 나중에 자신의 추종자들을 세뇌하는 데 그 기술을 활용하게 된다.

과정파, 즉 최후 심판 교회와 맨슨의 관련성은 더 오래 지속되었고, 그를 훨씬 더 매혹시켰다. 이 사탄 숭배 집단의 지도자는 로버트 무어라는 사람인데, 교단 내에서의 이름은 로버트 디그림스턴이었다. 본인부터 사이언톨로지 창립자 L. 론 허버드의 제자였던 무어는 1963년경 사이언톨로지와 결별하고 자신만의 집단을 꾸렸다. 그와 그의 추종자들은 나중에 멕시코와 미국을 비롯해 세계 곳곳을 돌아다녔지만, 적어도 몇 달 혹은 그 이상의 기간은 샌프란시스코에서 지냈다. 그는 빅 서의 에설런 인스티튜트에서 열리는 세미나에 참석한 것으로 알려졌는데, 맨슨이 그곳을 방문했던 시기와 겹치는지는 알 수 없다.

디그림스턴의 가장 열정적인 제자들 중 한 명이 빅터 와일드라는 인물인데, 젊은 가죽 장인으로 과정파 내에서 이름은 일라이 형제였다.

1967년 12월까지 빅터 와일드의 주거지이자 샌프란시스코의 과정파 본부는 헤이트 애시베리의 콜가 407번지였다.

1967년 4월에서 7월까지, 찰스 맨슨과 이제 막 걸음마를 뗀 그의 패밀리는 두 블록 떨어진 콜가 636번지에 살고 있었다. 맨슨의 호기심을 고려하면, 그가 적어도 사탄주의자들을 조사해봤을 가능성이 있고, 그들의 가르침에서 일부를 "빌려왔다"는 설득력 있는 증거들도 있다.

테이트-라비앙카 재판 중에 있었던 우리 대화에서, 나는 맨슨에게 로버트 무어나 로버트 디그림스턴을 아느냐고 물었다. 그는 디그림스턴은 모른다고 했지만, 무어를 만난 적은 있다고 했다. "지금 그 사람을 보고 계신 겁니다, 무어와 저는 한 몸이에요"라고 그는 말했다. 나는 두 사람이 비슷한 생각을 하고 있다는 뜻으로 받아들였다.

그 대화가 있고 오래 지나지 않아 과정파 대표 두 명, 존 아버지와 매슈 형제가 나를 찾아왔다. 내가 본인들 단체에 대해 물어봤다는 소식을 들은 후 매사추세츠 케임브리지의 과정파 본부에서 보낸 사람들이었는데, 맨슨과 무어는 한 번도 만난 적이 없고 무어는 폭력에 반대한다는 점을 분명히 전하려 했다. 두 사람은 또한 과정파의 서적을 잔뜩 남겨놓고 갔다. 다음 날 "존 아버지"와 "매슈 형제"의 이름이 맨슨의 면회자 목록에 올라 있었다. 그들이 무슨 이야기를 했는지는 알 수 없다. 내가 아는 것은 맨슨과의 마지막 대화에서 내가 과정파에 대해 물었을 때 그가 대답을 얼버무렸다는 점이다.

1968년과 1969년, 과정파는 미국 전역에서 대규모로 신자를 모집했다. 그들은 1968년 5월과 6월 로스앤젤레스에 와서 1969년 가을까지 적어도 몇 달을 머무른 후 10월에 영국으로 돌아갔는데, 그 기간에 적어도 200명의 히피를 자신들의 신도로 개종시켰다고 주장했다. 그때 맨슨 그리고/혹은 그의 집단과 접촉했을 수 있지만, 그에 대한 증거는 찾을 수 없었다. 나는 맨슨과 과정파의 접촉이 1967년 샌프란시스코에서 있었다고 생각하는 쪽인데, 이미 암시했듯이, 당시 그의 철학은 막 형성되던 참이었다. 과정파의 서적에서 볼 수 있듯이, 맨슨의 가르침과 그들의 가르침 사이에 유사점이 많은 것으로 미루어볼 때 어떤 식으로든 접촉이 있었을 것이다.

양쪽 모두 아마겟돈이 임박했음을 설파했는데, 그 전쟁에서는 선택된 소수를 제외하고는 모두 파멸한다. 양쪽 모두 「계시록」에서 그러한 주장의 근거를 찾고 있다. 양쪽 모두 헬스 에인절스 같은 오토바이 갱단이 최후의 날에 활약할 군대라고 생각했다. 그리고 양쪽 모두 그들을 자신의 편으로 만들려고 적극적으로 노력했다.

과정파에 따르면 우주의 세 위대한 신은 여호와, 루시퍼, 그리고 사탄이며, 그리스도는 이 셋을 융합하는 궁극적인 통합자다. 맨슨은 더 간단한 이원론을 주장했는데, 추종자들 사이에서 그는 사탄이면서 동시에 그리스도로 알려져 있었다.

양쪽 모두 그리스도의 재림을 설파했는데, 이는 비범한 주장이라고는 할 수 없지만 양자의 해석이 특별했다. 과정파 홍보 책자에는 이렇게 적혀 있다. "사랑을 통해, 그리스도와 사탄은 상대에 대한 적의를 무너뜨리고 종말을 위해 하나가 되었습니다. 그리스도는 심판하고, 사탄은 그 심판을 집행합니다." 맨슨은 이번에 그리스도가 오시면, 십자가에서 처형되는 것은 로마인들, 즉 기성 체제가 될 거라고 말했다.

두려움에 대한 맨슨의 태도는 아주 신기해서 거의 독창적이라는 느낌까지 들었다. 적어도 두려움에 대해서만 다룬 과정파 잡지의 특별판을 읽기 전까지는 그랬다. "두려움은 득이 됩니다…… 두려움은 행동의 결정체죠. 그것은 활력소이자, 초반부에 갖춰야 하는 무기입니다. 두려움은 존재가 스스로 노력을 기울이게 만들고, 그가 새로운 경지에 오르게 자극하고, 실패의 씁쓸함을 쓸어버리게 합니다." 단어들은 다르지만, 이는 정확히 맨슨이 설파했던 내용이다.

맨슨은 바닥 없는 구멍에 대해 자주 이야기했고, 과정파는 바닥 없는 공백을 말했다.

과정파는 조직 내에서는 (적어도 1969년까지는) 스스로를 "가족"이라 부르고, 구성원들은 형제, 자매, 어머니, 아버지로 불린다.

과정파의 상징 문양은, 맨슨이 자신의 이마에 새긴 나치 십자가와 완전히 똑같지는 않지만 비슷했다.

과정파의 가르침 중에 맨슨 본인의 것과 유사한 내용으로 다음과 같은 것이 있다. "지금이 종말의 시간이다…… 동물을 죽이는 것은 궁극적인 죄악이다…… 그리스도는 적을 사랑하라고 하셨다. 그리스도와 사탄을 사랑하라…… 양과 염소가 함께 가야만 하니. 순수한 사랑이 천국의 정점에서 내려와, 지옥 깊은 곳에서 올라온 순수한 증오와 하나로 결합하리라."

과정파의 전 신도 한 명은, 두 명의 오토바이 갱단 살인 사건(두 사건 모두 과정파와는 관련이 없었다)과 관련해 LAPD에서 조사를 받던 중 교단에 대해 다음과 같이 말했다. "그 사람들은 자신들의 생각을 주입할 수 없는 사람이나, 자신들과 뜻을 함께하지 않는 사람들을 싫어합니다. 자신들이 말하는 '회색 세력' 즉 기성 체제의 부자나 흑인들에게는 전적인 반감을 가지고 있습니다."

문. "왜 그들은 흑인을 싫어하는 겁니까?"

답. "모르겠습니다. 그냥 싫어해요."

문. "흑인에 대한 자연스러운 반감을 가지고 있습니까?"

답. "자연스러운 반감을 가지고 있기도 하지만, 또한 흑인이 전반적으로 뭔가 무력 행동을 시작할 것으로 보고 있습니다...... 그들은 화에 차 있는 사람들을 정말 잘 알아봅니다."

이는 단지 교단과 연을 끊은 전 구성원 한 명의 의견일 뿐 과정파의 공식 입장과는 다를 수 있다. 하지만 맨슨 본인의 철학과의 유사성은 소름 끼칠 정도다.

이상은 내가 발견한 유사점들에 불과하다. 하지만 그것만으로도, 맨슨 본인이 직접 과정파 신도가 된 적은 없지만 이 사탄 교단에서 많은 것을 빌려왔다는 확신이 들기에는 충분했다. 맨슨이 이 집단에서 빌려오지 않은 가르침이 적어도 하나는 있다. 과정파에서 미혼 신자는 계속 순결을 유지해야 한다.

바비 보솔레이는 영화 제작자 케네스 앵거와 잠시 가깝게 지낸 적이 있는데, 앵거는 오토바이 갱단과 신비주의 교단 양쪽 모두에 깊이 관여했던 인물이다. 보솔레이는 앵거의 영화 「일어나라 루시 퍼Lucifer Rising」에서 루시퍼 역으로 출연한 적이 있다. 맨슨을 만나기 전의 일이었다.

수전 앳킨스에 대한 정신감정 보고서에서 조엘 호크먼은 1967년 혹은 1968년 맨슨을 만나기 전 샌프란시스코에서 지내던 시절에 대해 이렇게 적었다. "이때 그녀는 본인이 사탄의 시기라고 부르는 것에 접어들었다. 그녀는 사탄주의자 앤턴 라베이와 관련이 있었다. 샌프란시스코를 기반으로 사탄 제일교회를 창립한 라베이는, 그쪽 분야를 잘 아는 사람들 사이에서는 악마 같은 사탄주의자보다는 화려한 흥행사로 알려져 있었다. 그는 폭력과 희생 제의를 경멸한다고 여러 차례 말했다. 그녀는 상업적인 마녀 집회에 참가하고, 집회 첫날 처음으로 LSD를 했던 일을 떠올렸다. 집회 중에 관 속에 누워 있어야 했는데 그동안 환각을 경험했다. 그녀는 관에서 나오고 싶지 않았고, 결과적으로 커튼은 15분 늦게 내려왔다. 그녀는 자신이 살아 있는 반면 추한 세상의 나머지 모든 것은 죽어 있는 듯한 느낌이 들었다고 했다. 이어서 약 8개월 동안 '사탄 환각 상태'에 빠져 지냈다."

테이트-라비앙카 재판에서 퍼트리샤 크렌윙클은 낙서를 하곤 했다. 그녀가 주로 그렸던 소재는, 빌 머리 집행관에 따르면, 악마의 머리와 멘데스의 숫양으로, 둘 다 사탄의 상징이었다.

보이텍 프라이코프스키를 죽이기 전에 찰스 "텍스" 왓슨은 "나는 악마다, 악마의 일을 수행하기 위해 왔다"라고 말했다.

가르침은 물론 본보기 면에서도 맨슨에게 중요한 영향을 미친 인물은 죽은 사람이었다. 아돌프 히틀러. 맨슨은 히틀러를 존경하며 그에 대해 자주 이야기했다. 그는 추종자들에게 "히틀러는 모든 것에 대한 최고의 답을 가지고 있었다"며, 그는 "유대인의 업보를 평정할 준비를 마친 사람"이라고 했다. 맨슨은 자신도 그만큼 역사적인 인물, 흑인들의 업보를 되돌려놓을 뿐 아니라, 모든 아리아 인종 ─ 모든 백인, 모든 미국 패밀리 ─ 도 평정할 지도자라고 생각했다.

히틀러와 맨슨 사이에는 표면적인 면이나 본질적인 면에서 유사점이 있다.

둘 다 채식주의자였다. 둘 다 몸집이 작았다. 둘 다 어린 시절 깊은 상처를 받았고, 그 심리적 상처가 사회에 대한 깊은 반감을 일으켰다고 할 수는 없겠지만, 어느 정도 원인이 되었다. 둘 다 서출庶出이라는 낙인으로 괴로워했는데, 맨슨은 본인이 사생아였고 히틀러는 아버지가 그랬다.

둘 다 정처 없는 방랑자였다. 둘 다 좌절했고, 거절당했고, 예술가였다. 둘 다 사람보다 동물을 좋아했다. 둘 다 밀교에 깊이 몰두했다. 둘 다 다른 사람을 시켜 살인을 저질렀다.

둘 다 인종차별주의자였다. 하지만 둘 다 그렇게 경멸하는 사람들의 피가 자신에게도 흐르고 있다고 생각했다는 증거가 있다. 많은 역사가는 히틀러가 자신의 조상 가운데 유대인이 있다는 두려움에 시달렸다고 믿고 있다. 만약 맨슨의 교도소 기록이 정확하다면, 그도 아버지가 흑인이라고 믿었다.

둘 다 굴종적인 노예들에게 둘러싸여 지냈다. 둘 다 다른 사람들의 약점을 찾아내고, 그것들을 이용했다. 둘 다 반복을 통해, 같은 말을 반복하며 추종자들을 세뇌했다. 둘 다 두려움이 가진 심리적 효과를 깨닫고 적극 활용했다.

둘 다 증오하는 사람들을 칭하는 표현이 있었다. 히틀러에게는 '슈바이네훈트'*였고, 맨슨에게는 '돼지들'이었다. 둘 다 추종자들이 "최면을 거는 것 같은"이라고 표현한 눈빛이었고, 둘 다 존재감과 신적 권위를 지니고 있었으며, 인간적 설득력이 믿을 수 없을 정도로 강했다. 장군들은 히틀러의 군사 계획이 미친 짓이라고 설득하기 위해 그를 찾아갔다가, 진정한 신자가 되어 돌아섰다. 딘 무어하우스는 자신의 딸 루스 앤을 훔쳤다는 이유로 맨슨을 죽이기 위해 스팬 목장에 찾아갔다. 하지만 그는 결국 무릎 꿇고 그를 숭배하게 되었다.

둘 다 타인에게 끼치는 영향력이 믿을 수 없을 만큼 강했다.

맨슨과 히틀러의 추종자들은 모두, 그들의 지도자가 저지른 괴물 같은 행위를 철학적 추상화를 통해 설명할 수 있었다.

아마 히틀러에게 가장 중요한 단 하나의 영향력은 니체였을 것이다. 맨슨은 제이컵슨에게 자신이 니체를 읽었다고 말했다. 사실이든 아니든—맨슨은 읽기가 서툴렀고, 니체는 읽기 쉬운 책이 아니다—맨슨과 히틀러는 둘 다 니체 철학의 기본적인 세 가지 신조,

---

\* '멧돼지 사냥개'라는 뜻의 독일어.

즉 여성은 남성보다 열등하다, 백인은 다른 모든 인종보다 우월하다, 목적이 옳다면 살인도 잘못된 것이 아니다, 라는 신조를 믿었다.

과연 둘 다 살인을 저질렀다. 둘 다 거대한 계획을 달성하기 위해서라면 집단 살인도 괜찮고, 심지어 바람직하다고 믿었다. 두 사람 다 그런 계획을 품고 있었다. 두 사람 다 엄청난 강박을 지니고 있었다. 히틀러에게는 제3제국이었고, 맨슨에게는 헬터 스켈터였다.

몇몇 유사점은 단순한 우연의 일치가 아니다. 어느 만큼이 맨슨이 의도적으로 빌려온 것인지, 어느 만큼이 무의식적인 모방인지는 알 수 없다. 나는 기회만 있었다면 맨슨이 또 다른 히틀러가 되었을 거라고 생각한다. 나는 그가 대규모 집단을 살해하기 전에 멈췄을 거라고는 생각할 수 없다.

몇몇 의문이 남는다. 그중 하나는 맨슨 패밀리 구성원이 저지른 살인의 횟수다.

맨슨은 35건의 살인을 저질렀다고 후안 플린에게 자랑했다. 처음 후안이 그 이야기를 했을 때 나는 찰리의 병적인 허풍에 불과한 거라고 생각하고 싶었다. 하지만 이제 증거가 있었고, 심지어 당시에는 사실이 아니었다고 해도, 지금까지 사건의 전체 수치는 맨슨이 말한 것에 가깝거나 그것을 넘어설 수도 있었다.

1969년 11월, 수전 앳킨스는 로니 하워드에게 "절대 해결하지 못할 살인 사건이 열한 건 있어요"라고 말했다. 레슬리 밴하우튼도 마이크 맥간에게 조사받을 때 같은 수치를 말했고, 위시는 패밀리가 죽인 사람을 "샤론을 제외하고도" 열 명 더 알고 있다고 바버라 호이트에게 말했다.

수전은 버지니아 그레이엄에게 힌먼-테이트-라비앙카 사건의 피해자 여덟 명 외에 "더 있고, 전에도 더 있었다"고 말했다. 그중 한 명은 의심할 것도 없이 셰이였다. 다른 한 명은 맨슨 본인과 마찬가지로 수전도 죽은 걸로 잘못 생각했던 "블랙 팬더"(버나드 크로)였을 것이다.

카바예로 테이프에서, 테이트 살인 사건에 사용된 22구경 롱혼 리볼버가 "다른 살인 사건들"에도 쓰였다는 수전의 말은, 크로 일에 대한 언급이었을 것이다. 하지만 테이프에서 수전은 단수가 아니라 분명 복수로 말했다.

수전은 또한 버지니아에게 "사막에도 그들이 해치운 사람이 세 명 더 묻혀 있어요"라고 말했다. 버지니아에 따르면 수전은 "아주 무심하게 말했고, 구체적인 이름은 언급하지 않았"다. 스티브 자브리스케는 포틀랜드 경찰서에서 찰리와 클렘이 테이트 살인 사건 및 라비앙카 살인 사건과 관련되어 있다고 신고했지만, 경찰을 설득하진 못했다. 스티브는 또한 찰리가 어떤 남자의 머리를 총으로 쐈다는 이야기를 에드 베일리에게 들었다고도 했다. 베일리에 따르면 그 사건은 데스밸리에서 있었고, 사용된 총은 45구경 자동소총이었다. 1970년 5월 LAPD의 조사를 받을 때 베일리(본명 에드워드 아서 베일리)는 그 이야기를 부인했다. 하지만 잠시 패밀리와 가깝게 지냈던 또 다른 정보원은 "바커 목장 뒤 깊은 곳에 남자

두 명과 여자 한 명이 묻혀 있다"는 이야기를 들은 적이 있다고 주장했다.

시신은 발견되지 않았다. 하지만 도널드 "쇼티" 셰이의 시신도 발견되지 않은 건 마찬가지였다.

1968년 10월 13일, 클리다 딜레이니와 낸시 워런이라는 두 여성이 캘리포니아주 유카이아에서 남쪽으로 몇 킬로미터 떨어진 곳에서 폭행당하고 가죽끈에 목이 졸린 채 사망했다. 당시 패밀리 구성원 몇 명이 그 지역에 있었다. 이틀 후 맨슨은 갑자기 패밀리를 스팬 목장에서 바커 목장으로 옮겼다. 멘도시노 카운티 보안관서는 분명 관련이 있을 거라고 확신했다. 하지만 확신은 증거가 아니었다.

1968년 12월 30일 오전 3시 30분, 작가 한스 하베의 열일곱 살 된 딸 마리나 하베가, 데이트를 마치고 돌아오던 길에 웨스트 할리우드의 어머니 집 앞에서 납치되었다. 그녀의 시신은 새해 첫날, 보몬트 드라이브 근처 멀홀랜드 외곽에서 발견되었다. 사인은 목과 가슴에 난 다수의 자상이었다.

피해자가 패밀리 구성원 한 명 혹은 여러 명과 아는 사이라는 소문이 있었지만, 확인되지는 않았다. 추종자들은 대부분 바커 목장에 있었지만, 맨슨은 12월 30일 로스앤젤레스에 있다가 이튿날 바커로 돌아갔다. KNXT의 뉴스 진행자 칼 조지를 포함해 몇몇 사람은 분명 연관이 있다고 믿었지만, 결정적인 관계는 밝혀지지 않았고, 해당 살인 사건은 여전히 미제로 남아 있다.

1969년 5월 27일 밤, 다윈 오렐 스콧이 켄터키주 애슐랜드의 아파트에서 난도질당한 채 사망했다. 너무나 야만적인 살인이었고, 열아홉 차례 찔린 피해자는 정육점 칼에 찍힌 채 바닥에 고정돼 있었다.

예순네 살의 다윈 스콧은 스콧 대령, 즉 찰스 맨슨의 아버지로 추정되는 인물의 형이었다.

1969년 봄, 오토바이를 타고 다니며 스스로 "전도사"라고 부르는 캘리포니아 출신 구루가 몇몇 여성 추종자와 함께 애슈랜드에 나타났다. 그는 10대들에게 공짜로 LSD를 나눠주며 헌팅턴 근처 버려진 농가에서 공동체를 꾸리려고 시도했다. 그리고 자경단이 농가에 불을 지르고 몰아냈던 4월까지 그곳에 머물렀다. 애슈랜드 지역 신문에 따르면 "사람들이 히피를 좋아하지 않았고, 그들이 주변에 있는 것을 더 이상 원하지 않았기 때문"이라고 했다. 지역 주민 중 적어도 네 명이 그 전도사와 맨슨이 동일 인물이라고 기자들에게 말했다. 그런 확인에도 불구하고, 적어도 그 시기의 일부 동안 맨슨이 캘리포니아에 있었던 사실은 몇몇 기록으로 밝혀졌고, 스콧이 살해되던 밤에도 캘리포니아에 있었던 것으로 보인다.

1969년 5월 22일, 맨슨은 가석방 담당관 새뮤얼 배럿에게 전화해 비치 보이스와 함께 텍사스에 가는 것을 허가해달라고 요청했다. 맨슨이 그들에게 고용되었다는 것을 증명하지 못해 허가는 나오지 않았다. 스콧이 살해되던 날인 5월 27일에 쓴 편지에서, 맨슨은 비치 보이스가 자신 없이 떠났고 자신은 데스밸리에서 스팬 목장으로 돌아왔다고 적었다. 맨슨에 대한 배럿의 관리는 최소한이라고 할 수도 없을 정도였다. 배럿은 6월 18일까지 맨슨과 다시 이야기하지 않았다.

배럿은 편지의 소인을 확인하지 않았다. 그는 편지가 쓰이고 7일 후인 6월 3일에야 그 편지를 받았다고 기록했다. 맨슨이 그 편지를 알리바이로 활용했을 가능성이 있다. 또한 그가 자신의 살인자들 중 한 명을 보내 스콧을 죽였을 가능성도 있다. 하지만 두 가능성은 엄연히 추측일 뿐이다. 다윈 스콧 살인 사건은 여전히 미제로 남아 있다.

1969년 7월 17일 이른 아침, 열여섯 살의 마크 월츠는 낚시를 하기 위해 채츠워스에 있는 부모님 집을 나와 차를 얻어 타고 샌타모니카로 갔다. 그의 낚싯대는 나중에 부두에서 발견되었다. 그의 시신은 7월 18일 오전 4시 멀홀랜드에서 조금 떨어진 토팽카 캐니언 외곽에서 발견되었다. 어린 월츠의 얼굴과 머리는 심하게 멍들어 있었고 가슴에 22구경 총을 세 발 맞은 상태였다.

목장 일꾼도 패밀리 구성원도 아니었지만 월츠는 종종 스팬 목장 근처를 돌아다녔다. LASO는 스팬에 조사관을 보냈지만, 그곳 사람들 누구도 살인 사건과 관련이 있다는 증거는 찾아내지 못했다.

하지만 월츠의 형이 목장에 전화해 맨슨에게 "당신이 내 동생을 죽인 거 알아. 내가 당신을 죽여버릴 거야"라고 말했다. 행동에 옮기지는 않았지만, 그는 분명 맨슨이 사건을 저지른 거라고 생각했다.

대니 디칼로가 LAPD에서 마라톤 조사를 받을 때 이런 질문을 받았다. "그 총에 맞은 열여섯 살 소년에 대해 아는 거 있습니까?"

디칼로가 대답했다. "그건 목장 사람들하곤 아무 관련이 없습니다. 이유를 말씀드리죠. 왜냐하면 그 사람들도 [저만큼이나] 크게 놀랐거든요. 자기들이 죽였으면 저한테 이야기했을 겁니다."

디칼로는 수사관들에게 월츠의 형이 전화했던 이야기를 알려주었다. 그중 한 명이 물었다, "그 형은 왜 찰리를 의심했던 것 같습니까?" 디칼로가 대답했다. "거리에 미친놈이 너무 많아서, 그냥 총을 꺼내 아무 이유 없이 머리를 날려버릴 것 같으니까요."

사건은 LASO 담당이었고 LAPD는 더 이상 파고들지 않았다. 이 살인 사건은 미제로 남아 있다.

한 달 사이에 찰스 맨슨과 그의 살인자 패밀리는 아홉 명을 도살했다. 게리 힌먼, 스티븐 페어런트, 제이 세브링, 애비게일 폴저, 보이텍 프라이코프스키, 샤론 테이트, 레노 라비앙카, 로즈메리 라비앙카, 그리고 도널드 셰이.

셰이 살해 후 다수의 여성 구성원이 "청소" 작업에 가담한 것으로 알려졌지만, 그들 중 누구도 종범으로 재판을 받지 않았고, 일부는 오늘도 거리를 돌아다니고 있다.

1969년 10월 12일 맨슨이 체포되고도 살인은 멈추지 않았다.

앞서 언급했듯이, 1969년 11월 5일, 존 필립 호트(별칭 크리스토퍼 지저스, 제로)가 베니스의 해변 주택에서 총에 맞아 사망했다. 경찰이 도착했을 때 네 명의 패밀리 구성원이 여전히 현장에 있었고,

제로는 러시안룰렛을 하다 자기 총에 맞았다고 주장했다. 린다 볼드윈(별칭 리틀 패티, 본명 매달린 조앤 코티지)은, 그 일이 벌어질 당시 옆의 침대에 누워 있었다고 말했다. 나머지 사람들—브루스 데이비스, 수전 바텔(별칭 컨트리 수), 캐시 질리스—은 모두 그 장면을 보지는 못하고 소리만 들었다고 경관들에게 말했다.

적어도 한 명, 어쩌면 모두가 거짓말을 했다.

테이트-라비앙카 재판의 형량 결정 단계에서 내가 캐시에게 물었다. "제로가 스스로를 쐈다고 했는데, 누가 그 이야기를 해줬습니까? 분명 제로는 아닐 텐데요."

답. "아무도 말해줄 필요 없었습니다. 제가 봤습니다."

문. "아, 당신도 현장에 있었습니까?"

답. "네."

문. "어떻게 된 일인지 설명해주시겠습니까?"

답. "제가 그 사람이랑 이야기하고 있었는데, 그 사람이 옆방으로 갔어요. 리틀 패티가 침대에 누워 있었습니다. 그가 침대의 그녀 옆에 앉았고, 팔을 뻗어 총을 잡고는 그대로 쐈어요."

문. "그게 다입니까?"

답. "네."

문. "마른하늘에 날벼락처럼요?"

답. "네, 바로 마른하늘에 날벼락처럼요."

세 가지 큰 질문이 남는다. 왜 제로는 장전된 총으로 러시안룰렛을 했을까? 그가 가죽 총집에서 총을 꺼낸 거라면 왜 총집에는 지문이 없을까? 그리고, 브루스 데이비스가 총을 집었다고 인정했다면, 왜 그의 지문은 물론 제로의 지문도 총에 없는 걸까?

맨슨이 테이트-라비앙카 살인 사건에 관여했다는 소식이 언론에 실리고 일주일 후, 『로스앤젤레스타임스』 기자 제리 코언은 제로가 총에 맞을 당시 현장에 있었다는 사람의 연락을 받았다. 제로는 러시안룰렛을 한 것이 아니라고 했다. 그는 살해당했다.

그 남성은 스물다섯 살 정도였고, 키 172센티미터에 금발, 왜소한 몸집이었다. 그는 코언에게 자신의 이름을 밝히지 않았으며, "죽을 만큼 두렵다"고 했다. 그날 밤 베니스의 주택에는 여섯 명에서 여덟 명의 사람이 모여 마리화나를 피웠다. "제로를 죽인 건 계집애들 중 한 명이었습니다"라고 제보자는 코언에게 말했다. 하지만 그는 구체적으로 누구였는지는 말하지 않았는데, 최근에 맨슨 패밀리의 또 다른 모임에서 그 여성이 손가락으로 칼을 가리키며 자신을 세 시간 동안 노려봤다고 했다.

제보자를 조사하는 과정에서 코언은 그가 테이트-라비앙카 살인 사건 후에 패밀리와 관계를 갖기 시작했음을 알게 되었다. 그는 맨슨을 만난 적이 없지만, 패밀리 구성원들로부터 "경찰이 모르는 살인이 더 많이 있으며, 패밀리는 생각하는 것보다 훨씬 더 큰 조직"이라는 말을 들었다고 했다.

제보자는 북부 캘리포니아의 마린 카운티로 가기 위해 돈이 필요했다. 코언은 그에게 25달러를 주며 제로를 살해한 사람의 정체를 밝히면 더 줄 수 있다는 암시를 했다. 코언은 그 남자를 다시는 보지 못했다.

    1969년 11월 16일, 로렐 캐니언 인근 멀홀랜드와 보몬트 드라이브에 있는 제방에서 젊은 여성의 시신이 발견되었다. 마리나 하베의 시신이 발견된 곳과 거의 같은 위치였다. 갈색 머리에 십대 후반, 키 174센티미터, 몸무게 52킬로그램의 그녀는 가슴과 목에 칼로 157회 찔렸다. 루비 펄은 그녀가 스팬 목장에서 패밀리와 함께 있는 것을 본 적이 있다며, 이름은 "셰리"였던 것 같다고 했다. 맨슨 패밀리의 여성들은 종종 가명을 바꿔 쓰기도 했지만, LASO는 셰리가 한 명뿐이고, 셰리 앤 쿠퍼, 별칭 시미 밸리 셰리임을 밝혀냈다. 그녀는 바버라 호이트와 함께 바커 목장을 탈출했고, 다행히 아직 살아 있었다. 사망한 지 하루가 지나지 않은 피해자는 제인 도 59번이 되었다. 그녀의 정체는 아직 밝혀지지 않았다.
    그녀의 사망 시점이 제로의 사망 시점과 가까운 것을 보면, 그녀도 살인 현장에 있었고, 입막음을 위해 살해당했을 가능성이 있었다. 하지만 이는 엄연히 추측일 뿐이며, 뒷받침해줄 증거는 없다. 그녀의 살인 사건은 미제로 남아 있다.

    1969년 11월 21일, 열다섯 살의 제임스 샤프와 열아홉 살의 도린 골의 시신이 로스앤젤레스 시내 뒷골목에서 발견되었다. 두 십대는 다른 곳에서, 날이 긴 칼 혹은 총검으로 살해된 후 그곳에 버려졌다. 두 사람 모두 50회 이상 칼에 찔렸다.

람파츠 경찰서의 얼 디머 경위와 『로스앤젤레스타임스』의 코언이 샤프-골 살인 사건을 조사했다. 두 사람은 패밀리가 그 살인 사건에 관여했을 가능성이 크다고 생각했지만, 사건은 아직 미제로 남아 있다.

제임스 샤프와 도린 골은 둘 다 사이언톨로지 신자였고, 골은 사이언톨로지 교회에서 거주하는 "클리어"였다. 미확인 보도에 따르면, 도린 골은 맨슨 패밀리 구성원 브루스 데이비스의 전 여자친구였는데, 데이비스 본인도 한때 사이언톨로지 신자였다.

샤프와 골, 그리고 제인 도 59번이 살해될 당시 데이비스가 어디에 있었는지는 밝혀지지 않았다. 제로의 사망과 관련해 조사를 받은 직후 그는 사라진 상태였다.

1969년 12월 1일, 패밀리 구성원인 샌디 굿의 남편 조엘 딘 퓨가 런던의 호텔 방에서 목에 칼을 맞고 사망했다. 앞서 적었듯이, 현지 경찰은 이 사건을 자살로 처리했다. 퓨의 사망 소식을 들은 인요 카운티의 지방검사 프랭크 파울스는 공식 조사에 착수했고, 특히 브루스 데이비스가 사건 당시 영국에 있었는지 알아보기 위해 인터폴에 그의 비자를 확인해줄 것을 요청했다.

영국 경찰청은 다음과 같은 답신을 보내왔다. "데이비스는 1969년 4월 25일, 런던 공항에서 미국으로 떠난 것으로 확인되었으며, 6122568번 미국 비자를 소지하고 있었습니다. 당시 그는 서리주 펠브리지의 도머 코티지를 체류지로 적었는데, 해당 주소지는 사이언톨로지 교단 소유로 신자들이 거주하고 있습니다.

현지 경찰은 데이비스에 대한 정보를 갖고 있지 않지만, 그가 1969년 4월 이전에 영국을 방문한 것으로 파악하고 있습니다. 하지만 이것은 우리 측 공식 기록에서 나온 정보가 아닙니다."

데이비스는 모습을 드러내지 않다가 1970년 2월 스팬 목장 습격에서 체포되었고, 인요 카운티에서 자동차 절도와 관련해 조사를 받은 후 풀려났다. 대배심이 힌먼 살인 사건에 대해 그를 기소하자 다시 사라졌다가, 로널드 휴스의 의문에 싸인 실종 사건 나흘 후인 1970년 12월 2일에 나타났다. 앞서 언급했듯이 그는 패밀리 구성원 브렌다 매칸과 함께 있었다.

세 건을 제외하면 모두 맨슨 패밀리와 관련이 있다고 증명되거나 의심되는 사건들이다. 더 있을까? 나는 LAPD 및 LASO 경관들과 그 점을 논의했고, 우리는 연관성이 있을 수 있다고 생각했다. 그들은 사람 죽이는 걸 좋아했기 때문이다. 하지만 물증이 없었다.

세 건의 살인 사건 중 두 건은 1972년 후반에야 일어났다.

1972년 11월 8일, 북부 캘리포니아 젠빌의 러시안 리버 리조트 단지 인근에서 차를 얻어 타려던 사람이 땅에서 손이 튀어나와 있는 것을 보았다. 경찰이 시신을 꺼내자 짙은 색 해군 정복 차림의 젊은이였다. 엽총을 맞고 머리가 잘린 상태였다.

피해자는 로스앤젤레스 카운티 출신인 스물여섯 살의 전직 해군 제임스 T. 월렛으로 밝혀졌다. 이 정보는 11월 10일 금요일 라디오와 텔레비전 뉴스로 보도되었다.

11월 11일 토요일, 캘리포니아주 스톡턴에서 경찰이 웨스트 플로라가 720번지의 주택 앞에 세워둔 월렛의 스테이션왜건을 발견했다. 집 안에 들어가는 것을 거부당한 경찰은 그대로 치고 들어갔는데, 남성 두 명과 여성 두 명을 체포하고 다수의 권총과 엽총을 압수했다.

두 여성은 모두 이마에 맨슨 패밀리의 X자 표식을 했는데, 스물한 살의 프리실라 쿠퍼와 스무 살의 낸시 피트먼, 별칭 브렌다 매칸이었다. 경찰이 그 집에 들어가고 몇 분 후, 세 번째 여성이 전화해서 자신을 태우러 오라고 했다. 경찰이 그 말대로 했고 스물네 살의 리넷 프롬, 별칭 스퀴키를 체포했다. 그녀는 맨슨이 없는 동안 사실상 패밀리의 지도자였다.

두 남성은 스물네 살의 마이클 몬포트와 서른세 살의 제임스 크레이그였는데, 모두 캘리포니아 여러 지역에서 다수의 무장 강도 사건을 저질렀던 주립교도소 탈옥범이었다. 두 사람 다 왼쪽 가슴에 'AB'라는 문신을 하고 있었다. 주 교정국 대변인에 따르면, 이는 아리안 형제단Aryan Brotherhood의 약자로, 해당 단체는 "백인 수감자 집단으로, 인종차별주의에 경도되어 있을 뿐 아니라 청부살인을 포함해 폭력단 활동까지 하고 있다……"고 했다.

집 안에 있던 경찰은 지하실의 흙이 방금 퍼낸 것임을 알아차렸다. 수색영장을 받아와 땅을 파기 시작했고, 다음 날 이른 아침 열아홉 살 로런 윌렛의 시신을 발견했다. 그녀는 머리에 총을 한 발 맞았고, 사망 시각은 금요일 늦은 밤 혹은 토요일 이른 새벽이며, 칼에 맞아 죽은 남편의 소식이 뉴스에 나오고 얼마 지나지 않은 시점이었다.

경찰 조사에서 프리실라 쿠퍼는 로런 윌렛이 "러시안룰렛을 하던 중" 스스로를 쏜 거라고 주장했다.

제로와 마찬가지로 윌렛 부인도 그 주장을 반박할 수 없었지만, 스톡턴 경찰은 LASO보다는 더 회의적이었다. 세 여성과 두 남성은 살인 혐의로 기소되었다.

그들의 재판은 1973년 5월로 예정되어 있었다. 하지만 4월 2일, 다섯 명 중 네 명이 법원에 출두해 유죄를 인정했다. 마이클 몬포트는 로런 윌렛 살인에 대한 유죄 판결을 받고, 7년에서 종신형까지 주립교도소 징역형을 받았다. 대법원 판사 제임스 다라는 제임스 크레이그에 대해서, 살인에 대한 사후종범 및 불법 무기, 즉 총신을 자른 엽총을 소지한 혐의로 각각 5년과 2년을 선고하고, 연속 집행을 명했다. 두 여성은 살인에 대한 사후종범 혐의로 유죄 판결을 받았다. 프리실라 쿠퍼와, 패밀리 암살범의 주요 후보라고 맨슨이 직접 내게 말했던 낸시 피트먼, 별칭 브렌다는 주립교도소에서 최대 5년형을 받았다.

또 다른 패밀리 구성원 마리아 알론소(별칭 크리스틸, 21세)가 스톡턴 감옥에 접이식 칼을 몰래 반입하려다 체포되었다.

스퀴키도 마찬가지였다. 리넷 프롬이 로런 윌렛의 살인에 관여했음을 보여주는 증거가 불충분했기 때문에 그녀에 대한 기소는 각하되었고, 자유롭게 풀려난 그녀는 다시 맨슨 패밀리에서 지도력을 발휘했다.

몬포트와 종범인 스물세 살의 윌리엄 가우처는 제임스 윌렛 사망 사건에 대해, 이급 살인 유죄 판결 및 5년형에서 종신형까지 주립교도소 징역형을 받았다. 살인 사건에 대한 사후종범으로 자수한 크레이그는 최대 5년형에 이를 수 있는 징역형을 추가로 받았다.

두 살인 사건의 동기는 알려지지 않았다. 윌렛 부부는 맨슨 패밀리와 적어도 1년, 혹은 그 이상 관계를 유지해오고 있었다. 로런 윌렛은 남편의 사망 사실을 알고 난 후, 경찰 신고를 막기 위해 살해된 것으로 경찰은 추정했다. 제임스 윌렛 살인 사건에 대해서는, 그가 패밀리가 저지른 절도를 신고할 생각이었다는 것이 경찰의 공식 판단이었다.

다른 가능성도 있었다. 제임스와 로런 윌렛은 다른 살인 사건에 대해 너무 많이 알고 있다는 이유로 살해되었을 수도 있다.

제임스와 로런. 어딘가 익숙한 이름들이다. 마침내 연관성을 찾아냈다. 1970년 11월 27일, 제임스 포셔와 로런 엘더가 로널드 휴스 변호사를 세스페 핫 스프링스까지 태워주었다. 휴스가 실종된 후 두 사람은 조사를 받았지만 거짓말탐지기 검사는 없었다. 경찰은 홍수 지역에서 두 사람이 떠난 후에도 휴스가 살아 있었다는 사실에 만족했다.

처음에 나는 "엘더"가 로런 윌렛의 가운데 이름일 거라고 생각했지만, 그렇지 않았다. 또한 경찰 보고서와 기사를 확인해봐도 포셔와 엘더에 대한 묘사는 없었다. 찾아낸 것은 두 사람의 나이뿐이었는데, 둘 다 열일곱 살이었다. 주소도 있었지만 그들은 이미 오래전에 그곳을 떠난 상태였다. 그들을 추적하려는 다른 시도들은 실패했다.

제임스 포셔와 제임스 윌렛이 동일 인물일 가능성은 없어 보인다. 1970년에 윌렛은 열일곱 살이 아니라 스물네 살이었을 것이다. 하지만 로런은 확실히 흔치 않은 이름이었다. 그리고 1972년에 열아홉 살이었다면, 1970년에는 열일곱 살이다.

우연의 일치일까? 이 사건에서는 훨씬 더 이상한 우연의 일치도 있었다.

하지만 한 가지는 밝혀졌다. 맨슨의 골수 추종자가 한 자인이 사실이라면, 로널드 휴스는 맨슨 패밀리에게 살해되었다.

테이트-라비앙카 사건의 재판 결과가 나오고 몇 주 후, 내가 벤투라 카운티에 요청했던 부검 보고서가 도착했다. 치아 엑스레이를 비교해본 결과 일치했다. 시신은 로널드 휴스의 것이었다. 하지만 부검 보고서의 나머지 부분은 신문 기사보다 나을 게 별로 없었다. 보고서에는 이렇게 적혀 있었다. "사망자는 머리와 어깨가 커다란 바위에 끼어 있었고, 얼굴은 물웅덩이에 박힌 상태로 발견되었다." 한쪽 팔은 어깨 부분에서 거의 잘려 있었고, 가슴과 등에 큰 상처가 있었다. 그것을 제외하면 "외견상 폭력이 있었다는 증거는 없으며, 엑스레이 검사에서도 잘못된 행위의 증거는 발견되지 않았다". 시신이 심하게 부패했기 때문에 이런 결론들은 확실성이 떨어진다. 보고서가 밝혀낸 핵심 정보는 하나도 없었다. "사망 정황: 확인 불가. 사망 원인: 확인 불가."

보고서에 따르면 시신의 위장에 "약물 성분"이 남아 있었다. 하지만 정확한 성분은—조제약인지, 독극물인지—사망 정황이나 사망 원인과 마찬가지로 확인 불가였다.

부검 보고서에 크게 실망한 나는 우리 사무실 수사관에게 직접 휴스의 사망 사건을 조사해줄 것을 요청했다. 요청은 거부되었는데, 잘못된 행위의 증거가 없기 때문에 그런 조사는 불필요하다고 했다.

하지만 최근까지도 문제는 여전했다. 테이트-라비앙카 재판이 여전히 진행 중일 때 영화감독 로런스 메릭이 맨슨 패밀리에 대한 다큐멘터리 영화 제작을 시작했다. 「맨슨」이라는 단순한 제목의 영화는 살인 사건들을 짧게만 다루고, 주로 스팬 목장과 바커 목장의 생활에 집중했다. 나도 몇 부분에서 내레이션을 맡았고, 다수의 맨슨 추종자가 인터뷰를 했다. 영화는 1972년 베니스영화제에서 상영되었고, 이듬해 아카데미상 후보에도 올랐다. 영화를 제작하는 과정에서 메릭은 패밀리 여성들의 신뢰를 얻었다. 예를 들어 샌드라 굿은, 로스앤젤레스 카운티 감옥에 수감 중이던 자신과 메리 브루너가 테이트 살인 사건 소식을 들었을 때의 상황에 대해 다음과 같이 말했다. "메리가 이렇게 말했어요, '그렇지!' 저는 '와우, 우리가 해낸 것 같네'라고 말했고요."

카메라가 없고 녹음도 되지 않는 상황에서, 샌디는 메릭에게 다른 일들에 대해서도 시인했다. 다른 증인들도 있는 장소에서 그녀는 패밀리가 "서른다섯 명에서 마흔 명 정도"를 살해했다고 말했다. 그리고 "휴스는 복수극의 첫 번째 대상"이었다.

재판은 맨슨 서사시의 마지막 장이 아니었다. 『로스앤젤레스타임스』 기자 데이브 스미스는 『웨스트』지에서 다음과 같이 지적했다. "맨슨 사건의 막을 내려버리는 것은, 다음에 튀어나올 짐승에 대한 낌새를 놓치는 일이며, 따라서 한밤중에 들리는 불길한 소리를 여전히 두려워해야 한다는 의미다. 1969년 8월에 우리가 그랬듯이 말이다."

집단 살인은 역사 내내 벌어져왔다. 테이트-라비앙카 사건 후에도 캘리포니아에서만 다음과 같은 일이 있었다. 인력 중개업자 후안 코로나는 25명의 이민 농장 노동자를 살해한 혐의로 기소되었다. 존 린리 프레이저는 빅터 오타 박사와 그의 아내, 아들 두 명, 그리고 비서를 살해한 후 시신을 오타 씨의 수영장에 버렸다. 허버트 멀린은 몇 달에 걸쳐 13명을 살해했는데, 피해자의 연령은 세 살에서 일흔세 살까지였다. 에드먼드 켐퍼 3세는 할머니와 할아버지를 죽인 후 심신상실 판정을 받았고, 다시 정상 판정을 받고 석방된 후에는 어머니와 친구, 여섯 명의 여대생을 살해했다. 그리고 떠돌이

전과자 둘이서 총 17명을 살해하는 일도 있었다.

　마지막 두 명을 제외하면 모두, 법적으로 심신상실이 아니더라도 분명 제정신이 아닌 외톨이들이 직접 살인을 저지른 것이었다.

　맨슨 사건은 특이했으며, 여전히 그렇다. 만약 샌드라 굿의 주장처럼 패밀리가 현재까지 35건에서 40건의 살인을 저질렀다면, 이는 거의 미국 기록일 것이다. 하지만 이 사건이 호기심을 불러일으키고 계속 사람들의 관심을 끄는 이유는 피해자들의 수치 때문이 아니라, 미국 범죄사에서 비슷한 사례를 찾아볼 수 없는 다른 요소들의 결합 때문이다. 피해자들의 유명세. 범인들의 정체가 밝혀질 때까지 몇 달 동안 이어졌던 추측과 억측, 그리고 순수한 공포. 흑인과 백인의 아마겟돈을 촉발시킨다는, 믿을 수 없을 만큼 이상한 동기. 세계에서 가장 유명한 록밴드 비틀스의 가사와 범죄 동기의 결합. 그리고 그 모든 것의 배후에서 조종했던, 다른 사람들이 자신을 위해 살인을 저지르게 할 만큼 특별한 힘을 지닌 악마 같은 구루. 대부분 젊은 여성이었던 그들은 그의 명령에 따라 밖으로 나가 전혀 모르는 사람들을 야만적으로, 즐기듯이 살해했고, 죄의식을 느끼거나 뉘우치는 모습은 전혀 보이지 않았다. 이 모든 요소가 맨슨을 가장 두려운 집단 살인자로 만들고, 이 살인을 미국 역사상 가장 괴상한 사건으로 만들었다.

　맨슨이 어떻게 그런 통제력을 지니게 되었는가 하는 점은 가장 당혹스러운 문제로 남아 있다.

　테이트-라비앙카 재판 과정에서 요점은, 그가 통제력을 지녔다는 것을 증명하는 일이었지 어떻게 그렇게 할 수 있었는가는 아니었다. 하지만 맨슨이라는 현상을 전체적으로 이해하려면 이 어떻게라는 문제가 대단히 중요하다.

우리는 어느 정도 대답을 알고 있다.

떠돌이 시절에 맨슨은 아마 수천 명의 사람을 만났을 것이다. 대부분은 그를 따르지 않았을 텐데, 그가 대단히 위험한 자임을 감지했기 때문일 수도 있고, 그의 병든 철학에 반응하지 않았기 때문일 수도 있다.

그의 무리에 합류한 이들은, 지적했듯이, 전형적인 이웃집 아가씨나 청년들이 아니었다. 찰스 맨슨은 피리 부는 사나이처럼 텍사스주립대학의 농구 코트에 갑자기 나타나, 찰스 왓슨에게 LSD를 건네고 범죄의 세계로 이끈 것이 아니다. 왓슨은 졸업을 1년 남기고 대학을 그만둔 후 캘리포니아로 갔고, 약물에 빠졌을 뿐 아니라 스스로 판매하던 중에 찰스 맨슨을 만났다. 왓슨뿐 아니라 다른 패밀리 구성원들도 대부분 맨슨을 만나기 전에 이미 사회에서 벗어났다. 그들은 거의 모두가 맨슨을 만나기 전부터 사회와 사회가 대변하는 모든 것에 대한 적의를 깊이 품고 있었다.

그와 함께하기로 한 사람들은, 조엘 호크먼 박사의 증언처럼, "본인들 안에 있는" 이유로 그렇게 한 것이다. 요컨대 어떤 욕구가 있었고 맨슨이 그것을 채워준 것처럼 보인다. 하지만 그것은 양쪽 모두가 서로 선택하는 과정이었다. 누가 머무를지는 맨슨이 결정했기 때문이다. 분명 그는 자신의 권위에 도전하고, 무리에서 불화를 일으키고, 자신의 신조에 의문을 제기할 것 같은 인물은 원하지 않았다. 그들이 선택하고, 맨슨이 선택하고, 그 결과가 패밀리였다. 스팬 목장에 몰려들어 머물렀던 사람들은 기본적으로 같은 생각과 느낌을 가지고 있었기 때문에 그렇게 한 것이다. 그것이 맨슨의 원재료였다.

이 재료를 한 무리의 무자비한 암살자, 자신을 위해 사회에 대한 어마어마한 적대감을 표출해줄 인물들로 다듬어가는 과정에서 맨슨은 다양한 기술을 발휘했다.

그는 구성원들의 욕구를 감지하고, 거기에 편승했다. 그레그 제이컵슨이 말했듯이, "맨슨은 수천 개의 얼굴을 가지고 있어서, 모든 인간의 욕구 수준에 맞춰줄 수 있었다". 사람들의 "마음을 흔드는" 능력이 아주 뛰어나서 그의 제자 중 다수는 그가 자신들의 생각을 읽을 수 있는 거라고 생각했다.

나는 이 과정에서 어떤 "마법"이 있었다고는 생각하지 않는다. 교도소에서 오랜, 아주 오랜 시간 동안 인간의 본성을 연구했고, 본인이 정교한 사기꾼이기도 했던 그는 거의 모든 인간이 시달리고 있는 문제들이 있음을 깨달았다. 나는 그의 "마법 같은 능력"이란, 적절한 때에 적절한 사람에게 진부하고 기본적인 이치를 말할 수 있는 능력, 그 이상도 이하도 아닐 거라고 강하게 의심하고 있다. 예를 들어 어떤 아가씨든, 특히 가출한 여성이라면 아버지와 문제가 있을 가능성이 크고, 스팬 목장에 온 사람이라면 뭔가를 찾고 있을 가능성이 높았다. 맨슨은 그 뭔가를 집어내는 일에 집중했고, 적어도 그와 비슷한 것을 제공했다. 아버지의 대리인, 그리스도 같은 존재, 인정이나 소속감, 지도자가 없는 상황에서의 지도자 역할 등이 모두 그런 것이었다.

약물은 또 하나의 수단이었다. 재판 중 정신과 의사들의 증언에서 밝혀졌듯이, LSD는 원인 물질이라기보다는 촉매였다. 맨슨은 약물을 대단히 효과적으로 활용해서 추종자들을 영향력에 취약하게 만들고, 자신의 생각들을 주입하고, "동의"를 이끌어냈다. 폴 왓킨스가 내게 말했듯이, 찰리는 늘 다른 사람들보다 소량의 LSD를 복용하며 자신이 통제하는 상황을 유지했다.

그는 반복을 활용했다. 거의 매일 자신을 따르는 사람들에게 설교하고 강연하면서, 그는 서서히 그리고 체계적으로 그들의 거부감을 지워나갔다. 맨슨 본인이 법원에서 다음과 같이 말했다. "늘 같은 이야기를 주입하면 누구에게 무엇이든 설득할 수 있습니다. 그들이 100퍼센트 믿지는 않는다 하더라도 거기에 대한 의견을 가질 수 있죠. 특히 다른 의견을 가질 수 있는 정보들이 없는 상황이라면요."

그리고 그가 활용한 또 다른 핵심 요소들이 있다. 반복 외에 그는 고립을 활용했다. 스팬 목장에는 신문도 시계도 없었다. 사회의 나머지 부분과 격리함으로써, 그는 시간이 없는 그 땅에서 자체의 가치 체계를 가진 자신만의 작고 엄격한 사회를 만들어냈다. 그것은 전체적이고 완결된 사회, 외부 세계와는 완전히 어긋나는 사회였다.

그는 성性을 활용했다. 대부분의 사람이 성적인 강박을 지니고 있음을 깨달은 그는, 설교와 본보기를 통해, 섹스에는 잘못된 것이 없다고, 그렇기 때문에 금지와 죄의식을 지워버리는 거라고 가르쳤다.

하지만 섹스 이상의 뭔가가 있었다. 사랑도, 아주 많은 사랑도 있었다. 이 점을 간과하면 그들 사이에 존재하는 가장 강한 연대를 놓치게 된다. 이 사랑은 공유에서, 공통의 문제와 즐거움, 그리고 찰리와의 관계에서 자라난다. 이들은 모든 의미에서 진짜 가족이며, 형제, 자매, 어머니 역할을 맡은 사람들이, 전지전능한 가부장에 의해 이어져 있는 사회적 단위다. 요리, 설거지, 세탁, 바느질, 집에서 그렇게 싫어했던 잡일들을 지금은 기꺼이 하고 있는데, 그런 활동이 찰리를 기쁘게 하기 때문이다.

그는 두려움을 대단히, 대단히 효과적으로 활용했다. 그 기술을 교도소에서 익혔는지 아니면 나중에 익혔는지는 알 수 없지만, 이는 다른 사람을 조종하는 가장 효과적인 수단이었다. 그 이상일 수도 있다. 오랫동안 범죄와 그 영향을 연구해온 스탠퍼드대학 교수 필립 짐바도는 『뉴스위크』 기사에서 다음과 같이 지적했다. "주변의 두려움 수준을 높임으로써, 자신의 두려움은 좀더 평범하고 사회적으로 받아들여질 만한 것이 된다." 맨슨 본인의 두려움은 편집증에 걸쳐 있었다.

그는 추종자들에게 인생은 게임이고, "신비로운 마법의 여정"이라고 가르쳤다. 어느 날은 커틀러스를 든 해적이 되어, 자신들의 상상 속의 배에 오르려는 사람은 누구든 난도질한다. 다른 날은 옷을 갈아입고 스스로 카우보이를 쫓는 인디언이나, 주문을 거는 마녀가 된다. 게임. 하지만 거기엔 늘 '그들 대 우리'라는 하나의 패턴이 있었다. 호크먼은 다음과 같이 증언했다. "역사적으로 누군가가 살인을 저지르도록 세뇌하는 가장 쉬운 방법은, 스스로 외계인이라는 확신을 주는 것이라고 생각합니다. 그들은 그들이고 우리는 우리라는, 그래서 그들이 우리와 다르다는 확신을 주는 것입니다."

크라우츠krauts, 잽스Japs, 국스Gooks, 돼지들.*

이름을 바꾸고 역할극을 함으로써, 맨슨은 자신만의 정신분열증 환자들 무리를 만들었다. 어린 수전 앳킨스, 교회 성가대에서 노래하고 암으로 죽어가던 어머니를 간호했던 그녀는, 세이디 매 글루츠의 행동에 책임질 필요가 없었다.

그는 추종자들 안에 있던 잠재적 증오, 가학적 폭력에 대한 타고난 성향을 이끌어내고, 공통의 적인 기성 체제에 초점을 맞췄다. 그는 피해자들을 상징으로 만들면서 비인격화했다. 사람을 찌르는 것보다는 상징을 찌르는 것이 더 쉬웠다.

그는 추종자들에게 완전히 무도덕적인 철학을 가르쳤고, 이는 그들의 행동을 전적으로 정당화해주었다. 만약 모든 것이 옳다면, 아무것도 잘못일 수 없었다. 만약 아무것도 현실이 아니라면, 그리

---

\* 크라우츠, 잽스, 국스는 각각 독일인, 일본인, 동양인을 경멸하는 표현.

고 모든 삶이 게임이라면, 후회할 필요도 없었다.

쓰레기통이나 공유 옷더미에서 구할 수 없는 물건은, 훔쳤다. 단계별로. 구걸, 좀도둑, 매춘, 절도, 무장 강도. 마지막으로 뭔가를 구하려는 목적이 아니라 찰리의 의지로, 그리고 찰리의 의지는 인간의 아들의 의지였으므로 마지막 단계, 기성 체제에 대한 궁극적 저항, 그들의 전적인 헌신을 보여주는 증거로서, 살인이었다.

코미디언들은 "가족은 함께 살인하고slays, 함께 산다stays"며 말장난을 한다. 하지만 섬뜩한 농담 뒤에 진실이 있다. 자신들이 가장 엄격한 계명을 어겼다는 것을 아는 상태에서, 그것이 그들만의 비밀이 되어 오히려 더 강력한 연대가 만들어진다.

그는 종교를 활용했다. 성서에서 자기 철학을 뒷받침하는 요소를 많이 찾아냈을 뿐 아니라, 종종 자신이 재림한 그리스도라는 암시를 흘렸다. 그는 자신만의 열두 제자를 두었고, 그 수는 몇 배나 되었다. 유다는 둘이었고, 세이디와 린다가 있었다. 사막으로의 피신, 바커 목장. 그리고 그의 재판은 정의의 전당에서 열렸다.

그는 또한 음악도 활용했다. 본인이 실패한 음악가이기도 했지만, 음악이 무엇보다 젊은 사람들에게 더 잘 침투할 수 있는 방법임을 이해했던 것이 틀림없다.

그는 자신의 뛰어난 지성을 활용했다. 그는 추종자들보다 나이가 많았을 뿐 아니라, 더 똑똑하고, 더 말을 잘하고 전문적이었으며, 훨씬 더 영리하고 교활했다. 수감 경험, 어디서나 적응하는 사기꾼의 말솜씨, 그리고 포주 경험을 하며 생긴 다른 사람에 대한 통제력 등을 활용하면, 순진하고 쉽게 감동받는 추종자들에게 병든 것은 그들이 아니라 사회라고 설득하는 데 전혀 문제가 없었다. 그것 역시 정확히 그들이 듣고 싶어하던 말이었다.

이 모든 요소가 맨슨이 다른 사람들을 지배하는 데 기여했다. 하지만 이 모든 것을 더하면 살인을 하고도 뉘우치지 않게 되는 걸까? 그럴 수도 있지만, 나는 뭔가가 더 있다고, 그가 추종자들의 정신을 겁탈하고 왜곡시켜서 가장 뿌리 깊은 계명, 즉 살인하지 말라는 계명을 어기고, 그의 명령에 따라 기꺼이, 그리고 열정적으로 살인을 저지르게 하기까지 뭔가 빠진 고리가 있었을 거라고 생각한다.

그의 신적인 권위나 수수께끼 같은 인성에 뭔가가, 아직 누구도 따로 떼어내서 확인할 수 없었던, 손에 잡히지 않는 자질과 힘이 있을지도 모른다. 그게 뭐든, 맨슨은 자신이 활용하는 공식을 완벽히 알고 있다고 나는 확신한다. 그리고 우리는 그 공식을 모른다는 점이 걱정이다. 맨슨 사건이 남긴 두려운 유산은, 그것이 다시 일어날 수 있다는 것이다.

나는 찰스 맨슨이 특이하다고 믿는다. 그는 확실히 미국 역사상 가장 흥미로운 범죄자들 중 한 명이며, 그와 같은 집단 살인자가 또 나타날 것 같지는 않다. 하지만 꼭 예언자가 아니라도 오늘날 사회에서 적어도 그의 광기에 담긴 잠재성은 볼 수 있을 것이다. 사람들이 권위적 인물에 무비판적으로 의지해 자신이 하고 싶은 대로 하는 곳이라면—악마 숭배, 좀더 광적인 예수 운동 분파, 극우 혹은 극좌파, 혹은 새로운 감성에 호소하는 환각 집회든 상관없이—그 잠재성은 있다. 이런 집단에서 또 다른 찰스 맨슨을 낳지 않기를 바랄 뿐이다. 하지만 그런 소름 끼치는 가능성이 존재하지 않는다고 보는 건 순진한 생각일 것이다.

맨슨 이야기에는 행복한 결말도 있다. 그리고 행복하지 않은 것도 있다.

바버라 호이트와 다이앤 레이크는 고등학교로 돌아가 졸업했고, 맨슨과 지냈던 시절의 상처가 영원히 남았는지 모르겠으나, 겉으로 드러나는 것은 거의 없었다. 바버라는 간호사가 되기 위한 공부를 하고 있다.

스테퍼니 슈람은 본인의 애견 미용실을 열었다. 폴 왓킨스와 브룩스 포스턴은 짝을 이루어 이뇨 카운티의 다양한 클럽에서 공연했다. 그들의 노래는 로버트 헨드릭슨이 제작한 맨슨 다큐멘터리 영화의 배경 음악으로 쓰일 정도로 좋았다.

화재 후에 조지 스팬은 목장을 투자 회사에 매각했고, 회사는 그곳을 미국을 방문한 독일 관광객들을 위한 관광 목장으로 개발할 예정이었다. 그는 오리건주 클라마스 폴스 인근의 다른 목장을 매입했고, 루비 펄이 그곳을 운영했다.

최근에는 후안 플린의 소식을 듣지 못했지만, 그는 걱정되지 않았다. 후안은 언제나 자신을 챙길 능력이 있었다. 마지막으로 그를 본 건 내 사무실에서였지만, 무슨 이유에서인지 그의 모습을 상상할 때면 예쁜 여자친구를 뒤에 앉힌 채 커다란 백마를 타고, 석양을 배경으로 근사한 삶을 향해 달려가는 모습이 떠오른다. 그것이, 후안 본인이 생각하는 자신의 모습일 것이다.

아내가 사망한 후 로만 폴란스키는 몇 편의 영화를 제작했고, 그중에는 새로운 버전의 「맥베스」도 있었다. 평론가들은 그의 맥베스 해석이 테이트 살인 사건과 유사한 점이 있어서 혼란스럽다고 지적했다. 폴란스키 본인은 반짝이는 칼을 든 채 『에스콰이어』인터뷰에 응했고, 기사에 따르면 최근에 시엘로 드라이브 10050번지에서 멀지 않은 곳에 집을 구해서 로스앤젤레스로 돌아왔다고 한다.

폴란스키의 변호사는 LAPD와 협의해서, 2만5000달러의 현상금을 다음과 같이 나눴다. 로니 하워드와 버지니아 그레이엄은 각각 1만2000달러를 받았다. 살인 무기인 22구경 권총을 발견한 소년 스티븐 와이스는 1000달러를 받았다.

대니 디칼로와 앨런 스프링어는 현상금을 받을 입장이 아니었다. 대니는 왓슨 재판 직후 총기 소지에 대한 연방 혐의로 기소되었고, 보석 후 캐나다로 도주했다. 그의 소재는 알 수 없다. LAPD에 따르면 바이커 앨 스프링어는 그냥 "사라졌다". 그는 생사 여부조차 알 수 없다.

로니 하워드는 칵테일 바 종업원으로 일해보려 했지만, 일자리를 유지하는 것은 어려웠다. 어디를 가도 "맨슨 사건의 밀고자"라는 것이 밝혀졌다고 그녀는 말했다. 일터에서 집으로 돌아오다 두들겨 맞는 일이 몇 차례 있었고, 어느 날 밤에는 누군가 그녀의 아파트 거실 창밖에서 쏜 총이 머리에서 불과 몇 센티미터 떨어진 곳에 맞았다. 암살을 시도한 범인의 정체는 밝혀지지 않았다. 다음 날 그녀는 기자에게 말했다. "애초에 입을 열면 안 되는 거였어요."

버지니아 그레이엄은 가석방 후에 법률사무소의 안내원 일자리를 구해서 순조롭게 재활 중인 것처럼 보이던 중 가석방 규정을 위반했다. 이 글을 쓰고 있는 지금, 그녀는 여전히 도망자 신분이다.

맨슨 패밀리가 계획 중인 "유명인 살해"와 관련된 정보원을 밝히라는 요청을 빌 파 기자가 거부하고 7개월 후, 올더 판사는 파를 다시 불러 정보원을 밝히지 않으면 모독죄를 적용하겠다고 했다.

캘리포니아 법률에 따르면 기자의 취재원 보호는 보장되어야 한다. 하지만 테이트-라비앙카 재판 이후로 파는 로스앤젤레스 『헤럴드이그재미너』를 그만두고 홍보 업무를 하고 있었다. 올더는 그가 더 이상 기자가 아니기 때문에 법률의 보호를 받을 수 없다고 했다.

파는 올더의 명령이 정당하다면 뉴스 미디어와 시민들이 고통받는다고 주장했다—나는 그 주장이 설득력 있다고 생각했다. 익명성이 보장되지 않으면 많은 사람이 언론에 본질적인 정보를 제공하지 않으려 할 것이기 때문이다. 법률적 근거는 물론 개인적 확신에 따라 파는 정보원을 밝히길 거부했다. 그는 변호사의 만류에도 불구하고 두 명의 변호사, 그리고 공표금지 의무를 지켜야 하는 또 다른 사람에게서 그레이엄의 녹취록 복사본을 받았다고 말했다. 하지만 그들의 이름은 밝히지 않았다.

올더 판사의 명령에 따라 피고 측 변호인 데이 신, 어빙 카나렉,

폴 피츠제럴드와 검찰 측의 스티븐 케이, 도널드 뮤시크, 그리고 내가 증언대에 섰다. 여섯 명 모두 선서 후에 파에게 녹취록을 주지 않았다며 부인했다. 그 여섯 명 중 적어도 두 명은 거짓말을 했다. 내가 아는 것은 나는 파에게 녹취록을 건네지 않았다는 사실이다. 누가 건넸는지는 나만큼이나 독자들도 짐작하실 수 있을 것이다.

올더 판사는 파에게 민사상 모독죄를 적용하고, 무기 징역형을 선고했다. 나중에 그는 로스앤젤레스 카운티 감옥에서 47일을 복역하다가, 새로운 항소 후 미국 대법원 윌리엄 O. 더글러스 판사의 명령으로 석방되었다.

파가 형법상 모독죄를 적용받고 이어서 형량까지 받았다면, 최고형은 징역 65일에 벌금 6500달러였을 것이다. 하지만 올더는 민법상 모독죄를 적용하고 무기 징역을 선고했다. 이는 만약 올더가 계속 버티고 상급심에서도 파의 항소를 인정하지 않았다면, 그는 찰스 올더가 70세가 되어 강제 은퇴할 때까지 15년을 감옥에 있어야 했다는 의미다.

맨슨 패밀리의 골수 구성원 중 많은 이가 다양한 교정시설에 수감돼 있다. 다른 구성원들은 흩어져 다른 지도자들을 따르고 있었다. 내가 들은 마지막 정보에 따르면 캐시 질리스는 오토바이 라이더 한 명과 지내며 "엄마"가 되었다. 다른 이들도 신문 머리기사를 장식했다. 마리아 알론소, 별칭 크리스털은 스톡턴 살인 사건 직후 석방되었다가, 1974년 3월 외국인 총영사를 납치하고 그 대가로 로스앤젤레스 카운티 감옥에서 두 명의 죄수를 탈출시키려는 계획을 세운 혐의로 다시 체포되었다. 이 글을 쓰고 있는 지금, 그녀의 재판은 아직 시작되지 않았다.

맨슨을 영웅화하지 않더라도, 그를 전적으로 부정적이지만은 않게 묘사한 책과 연극, 영화들이 한동안 홍수처럼 쏟아졌다. 그리고 얼마 동안은 맨슨을 숭배하는 문화가 일어났다. "맨슨 4인조를 석방하라"고 적힌 배지가 나왔을 뿐 아니라, '다시 패밀리'라는 암적인 운동도 성장하고 있었다. 인터뷰에 응한 신참자들은—그들은 맨슨과는 어떤 개인적 접촉도 없었다—외모나 말투가 스퀴키, 샌디, 그리고 그 밖의 구성원들과 정확히 똑같았는데, 이는 맨슨의 광기가 전달될 수 있다는 대단히 불편한 가능성을 보여주었다. 하지만 그런 이상한 시기는 금방 지나갔고 이제 맨슨 패밀리의 잔재는 거의 남지 않았지만, 그 작은 스퀴키, 맨슨의 대의를 가장 열렬히 지지했던 그녀는 여전히 신념을 지키고 있다.

찰리가 없는 동안 이론의 여지가 없는 지도자 역할을 수행하고 패밀리의 활동 계획에 관여한 것으로 보이지만, 또한 절도에서 살인까지 열 번 이상 체포되었지만, 그녀는 그중 몇 번만, 그것도 작은 혐의에 대해서만 유죄 판결을 받았다. 뿐만 아니라 얼마 전 그녀는 다른 곳도 아닌 로스앤젤레스 검찰청에서 최고의 대변자를 발견했다.

젊은 지방검사보 윌리엄 멜처는 스퀴키 무리가 템플가와 브로드웨이 모퉁이에서 농성을 벌일 때 처음 스퀴키를 알게 되었다.

1970년 크리스마스에 멜처의 아내가 여성들에게 쿠키를 구워서 갖다주며 우정은 커져갔다. 스퀴키가 스톡턴 살인 혐의에서 풀려난 후, 그녀는 그래나다 힐스 무장 강도 사건 용의자로 다시 체포되었다. 경찰이 엉뚱한 사람을 잡았다고 확신한 멜처는 성공적으로 그 점을 증명해 보였고 그녀는 풀려났다. 『로스앤젤레스타임스』와의 인터뷰에서 멜처는 그녀의 혐의를 벗겨준 것은 "검사로 일하는 3년 동안 가장 만족스러웠던 일"이라고 말했다. 그 집단이 "경찰이나 법원에 대한 감정이 좋지 않다는 것은 알고 있지만, 저는 정의가 거리의 그들 편에서도 통한다는 것을 알려주고 싶었습니다". 멜처는 언젠가 그 여성들에 대한 책을 쓰고 싶다고 덧붙였다. "저는 비극이나 폭력을 들추는 책은 쓰고 싶지 않습니다. 그런 책은 용납할 수 없습니다. 저는 그 집단에서 본 아름다움에 대해 쓰고 싶습니다. 전쟁에 반대하는 그들, 그들의 진정성과 관대함에 대해서요."

찰스 맨슨, 찰스 왓슨, 수전 앳킨스, 퍼트리샤 크렌윙클, 레슬리 밴하우튼, 그리고 로버트 보솔레이의 운명은 1972년 2월 18일에 결정되었다. 그날, 캘리포니아주 대법원은 6대 1로 캘리포니아주에서 사형제를 폐지하기로 선언했다. 이는 "잔인하고 예외적인 처벌"을 금지하는 주 헌법 1조 6항에 근거한 결정이었다. 1972년 6월 미국 대법원은, 절대적 권력을 가진 판사가 지침 없이 자의적으로 내린 사형 판결은 미국 수정헌법 8조를 위반한 것으로 "잔인하고 예외적인 처벌"에 해당된다고 5대 4로 결정했다.

이후 캘리포니아를 포함한 일부 주에서 사형제를 회복하는 법을 통과시키고 집단 살인을 포함해 몇몇 범죄에 대해 반드시 사형을 선고하도록 했지만, 이 글을 쓰는 지금까지 미국 대법원은 해당 법률의 적법성에 대한 결정을 내리지 않고 있다.

캘리포니아의 법이 적법한 것이라 해도, 새로운 법을 소급 적용할 수는 없기 때문에 맨슨 패밀리 살인자들에게는 적용할 수 없다.

캘리포니아에서 집행을 기다리던 107명에 대한 형량은 저절로 종신형으로 감형되었다.

브루스 데이비스 재판에서 피고 측 증인으로 출석하기 위해 로스앤젤레스에 있었던 맨슨은 그 소식을 듣고는 환하게 미소 지었다.

캘리포니아에서 종신형을 받은 사람은 7년이 지나면 가석방을 신청할 수 있다.

1972년 8월 캘리포니아주 여러 수감시설에서 사형수 감방의 마지막 죄수가 "운동장", 즉 일반 수감자들 틈으로 이감되었다. 이 글을 쓰는 지금 앳킨스, 크렌윙클, 그리고 밴하우튼은 프론테라의 캘리포니아 여성 교도소 특별보안 수감동에 있지만, 때가 되면 그들도 일반 수감자들 무리에 합류할 것으로 보인다.

퍼트리샤 크렌윙클에 대한 정신감정 보고서에서 조엘 호크먼은, 세 여성 피고 중 케이티가 현실감이 가장 불안정하다고 했다. 그의 의견에 따르면 나머지 사람들과 격리되고 맨슨의 마법에서 벗어나면 그 감각마저 잃어버리고, 완전히 정신병 환자가 될 가능성이 높았다.

레슬리 밴하우튼에 대해서는, 세 여성 중 맨슨에 대한 헌신이 가장 약했지만 그럼에도 그를 위해 살인을 저질렀고, 나는 그녀가 더 강경하고 거칠어질까봐 두려웠다. 장차 그녀의 재활에 대해서 나는 거의 희망을 품을 수 없었다.

데이브 스미스 기자가 수전 앳킨스에 대해 쓴 『로스앤젤레스타임스』 기사는 내가 오랫동안 느껴왔던 바를 표현하고 있었다. "그녀의 행동―법정에서의 대담함과 연기, 누군가와 눈이 마주쳤을 때 보이는 귀엽고 새침한 모습, 아무도 관심을 보이지 않는 상황에서 드러나는 뭔가에 홀린 듯한 모습―을 지켜보며 나는 어느 날 그녀가 비명을 지르고, 절대 멈추지 않을 것 같다는 느낌을 받았다."

맨슨 패밀리의 다른 수감자들―찰스 왓슨, 로버트 보솔레이, 스티브 그로건(별칭 클렘), 그리고 브루스 데이비스―은 모두 지금은 일반 수감자들과 함께 있다. 텍스는 더 이상 심신상실인 척하지 않고 정기적으로 면회 오는 여자친구도 있다. 바비는 미국 교도소에 대한 TV 다큐멘터리에서 트루먼 커포티와 인터뷰를 한 뒤 전국적으로 상당한 관심을 받았다. 그로부터 얼마 후 그는 샌퀜틴 교도소 운동장에서 싸움을 하다 턱이 깨지고 손이 탈구됐다. 싸움은 아리안 형제단 내 권력 투쟁의 결과였는데, 보솔레이는 형제단의 단원이었다. 아리안 형제단은 지난 몇 년간 캘리포니아 교도소 여러 곳에서 열두 건 이상의 치명적인 칼부림 사건을 일으켰고, 네오나치 조직을 포함해 이전의 몇몇 집단을 이어받았다. 전체 단원의 수는 알려져 있지 않지만 200여 명의 골수 단원 수감자가 있는 것으로 여겨지며, 특히 찰스 맨슨과 같은 인종적 신념을 가지고 있다. 유산은 계속해서 살아남는다.

맨슨 패밀리 살인자 중 그 지도자만이 특별 대우를 받고 있다. 1972년 10월, 찰스 맨슨은 북부 캘리포니아 폴섬 교도소의 최고 보안 교정시설로 이감된다. "감옥 안의 감옥"으로 불리는 그곳은 일반 수감자들 사이에서는 안전하게 통제할 수 없는 "문제 수감자"들을 위한 특별 시설이다. 이감과 함께 맨슨은 집행을 기다리는 수감자들이 누리는 특권을 모두 잃었을 뿐 아니라, "적대적이고 공격적인 태도" 때문에 일반적 수감자의 권리마저 잃었다.

"교도소는 나의 집입니다, 내가 가졌던 유일한 집이죠"라고 맨슨은 종종 말했다. 1967년 그는 당국에 자신을 석방하지 말아달라고 간청했다. 누군가 그의 경고에 귀를 기울였다면 이 책이 쓰일 일도 없었을 테고, 이제는 죽어버린 35명에서 40명 사이의 사람은 여전히 살아 있었을 것이다.

그를 기소하면서 내가 자신을 집으로 돌려보낸 것뿐이라고 맨슨은 말했다. 다만 이번에는 똑같지 않을 것이다. 샌퀜틴의 교도관 루이스 넬슨은 맨슨이 폴섬에 이감되기 전에 다음과 같이 말했다. "맨슨 같은 인물을 일반 수감자들과 함께 두는 것은 위험합니다. 다른 수감자들의 눈에 그는 그저 일급 살인을 저지른 것이 아니니까요. 그는 임신한 여성을 살해했고, 그런 부류는 교도소 사회구조에서 아주 높은 지위에는 오를 수 없습니다."

또한 로버트 케네디 상원의원 암살범 시르한 시르한과 마찬가지로, 맨슨의 유명세는 본인에게 최악의 적이 되었다. 교도소에 있는 한, 맨슨은 계속 등 뒤를 살피며 자기 목에 날붙이를 꽂고 유명해지려는 죄수가 없는지 주의해야 할 것이다.

맨슨, 왓슨, 보솔레이, 데이비스, 그로건, 앳킨스, 밴하우튼, 그리고 크렌윙클이 1978년에 가석방 대상이 된다고 해서, 그들이 가석방될 거라는 뜻은 아니다. 그저 그들이 가석방을 신청할 수 있는 가장 빠른 때가 그때라는 의미일 뿐이다. 캘리포니아에서 일급 살인범의 평균 수감 기간은 10년 6개월에서 11년이다. 범죄의 끔찍함이나 감경 요소가 전혀 없음을 감안하면, 나는 그들의 수감 기간이 더 길어질 걸로 생각한다. 여성들은 15년에서 20년, 남성들도 — 맨슨 본인을 제외하면 — 비슷할 것이다. 1974년 이 책이 출간될 당시 내가 이렇게 계산한 이유는, 유죄 판결을 받은 살인범들을 계속 수감 상태에 두는 것에 있어서 캘리포니아는 미국 내에서 최악을 기록을 가지고 있었기 때문이다. 이러한 상황은 1978년 주 검찰 주도하에 캘리포니아 의회가 형법 190조를 제정하면서 하룻밤 만에 달라졌다. 190조에 따르면 일급 살인으로 유죄 판결을 받은 죄수가 반드시 복역해야 하는 최소 수감 기간은 7년에서 25년으로 거의 네 배나 늘었다. 기술적으로 이 조항이 테이트-라비앙카 살인 사건의 범인들에게 소급 적용되는 것은 아니지만, 유죄 판결을 받은 살인범들의 복역 기간에 대한 가석방 심사위원회의 생각과 태도를 극적으로 바꾸어놓았기 때문에, 사실상의 효과가 있었다. 현재(2001년) 비공식적으로 추정해보자면, 테이트 살인 사건에 가담하지 않은 밴하우튼은 다음 10년 안에 석방될 테고, 앳킨스와 크렌윙클은 다음 20년에서 25년 사이에 석방될 것이다. 왓슨과 맨슨은 남은 인생을 철창 안에서 보낼 거라고 확신한다.

패밀리의 지도자에 대해서라면, 나는 그가 적어도 25년 이상, 아마 평생 감옥에 있을 것이라 생각한다.

1973년 10월 중순, 샌프란시스코 『크로니클』에 따르면 캘리포니아에서 가장 험한 감옥인 폴섬 교도소 4-A동에서 30여 명의 수감자가 교도소의 처우에 항의하는 "평화 시위"를 벌였다.

두려움을 가장 잘 활용했던 남자는 시위에 참여하지 않았다.『크로니클』의 기사에는 다음과 같이 적혀 있다. "집단 살인범 찰스 맨슨도 4-A동 수감자이지만, 교도소 대변인은 그가 이번 시위에 참여하지 않았다고 밝혔다. 맨슨은 과거에 다른 수감자들에게 위협을 받은 적이 있으며, 교도소 담당자에 따르면 공격받을 것이 두려워 좀처럼 자신의 감방에서 나오지 않고 있다고 한다."

## 후기
— 빈센트 부글리오시

내가 배심원들을 향한 종결 변론에서 말했듯이, 찰스 맨슨이 "스팬 목장에 있는 지옥불에서 냉혹하고 피에 굶주린 로봇 셋을 보내" 잔인하고 악몽 같은 테이트-라비앙카 살인 사건을 일으킨 지 25년이 지났지만, 온 나라는 계속 맨슨 살인 사건에 관심을 보이고 있다. 그리고 내가 특히 뉴스 미디어에서 늘 듣는 질문은 '왜'이다.

왜 이 집단 살인이 — 여느 집단 살인과 달리 — 전 세계 수백만 명의 사람을 자극하고 그들을 사로잡는 걸까? 사건 5주년이 되었을 때, 존 F. 케네디 대통령 살인 사건을 제외하고는 유일하게, 미국뿐 아니라 전 세계에서 기념 기사와 뉴스 보도, 텔레비전 특집 프로그램이 나왔다. 올해에도 BBC와 독일 국영방송 ARD에서 이 사건 25주년을 다룬 특집 방송이 방영되었다. 『로스앤젤레스타임스』 기사에 따르면 맨슨은 미국 교도소 역사에서 그 어떤 수감자보다 많은 우편물을 받고 있고, 그중에는 패밀리에 합류하고 싶다는 젊은이들의 편지가 놀랄 만큼 많다. 맨슨의 티셔츠는 전국에서 잘 팔리고 있다. 그에 대한 연극 여러 편이 제작되었으며, 심지어 뮤지컬 「맨슨 패밀리」도 1990년 7월 뉴욕의 링컨 센터에서 초연되고, 이 뮤지컬의 사운드 트랙 CD는 1992년에 발매되었다. 수백만 장의 앨범을 판 밴드 건스 앤 로지스가 최신 앨범에서 맨슨이 작곡한 곡 「너의 게임을 봐, 아가씨 Look at Your Game, Girl」를 불렀다. 믿거나 말거나, 캘리포니아의 전위적 타이포그래퍼는 '맨슨'이라는 활자체를 만들었는데, 『타임』에 따르면 미술감독들은 95달러를 내면 "맨슨 보통체나 맨슨 변형체, 혹은 맨슨 진한체로 연쇄살인범의 시대정신을 다룬 에세이를 제작할 수 있다"(나중에 비판 때문에 모두 메이슨 Mason 체로 이름을 바꿨다). "맨슨을 석방하라"라는 낙서가 영국의 대도시들을 뒤덮고 있고, BBC의 윌리엄 스칼란 머피에 따르면 맨슨에 대한 영국인들의 관심은 거의 작은 광기 수준에 이르고 있다고 한다. 1994년 3월 4일, 머피는 내게 쓴 편지에 이렇게 적었다. "맨슨의 곡이나 그를 지지하는 곡을 부른 영국 밴드가 32팀이고, 독일을 비롯한 유럽 전역에 40여 팀이 더 있습니다. 지난주에는, 지금까지 들어본 노래 중 최악인 「찰리의 69년은 좋은 해였지 Charlie's 69 Was A Good Year」가 나왔는데, 인디고 프라임이라는 밴드가 녹음한 곡이었습니다. 유감스럽지만 그 곡은 잘 팔리고 있는 것 같습니다. 무슨 이유에선지 신新맨슨 숭배 문화의 중심지는 맨체스터인데, '맨슨을 석방하라'라고 적힌 티셔츠를 팔고(이 티셔츠는 광적인 무도장에서 큰 인기를 끌고 있습니다) 그의 음악을 틀어주는 상점이 다섯 곳이나 있습니다. 맨체스터에만 한정된 이야기가 아닙니다. 1월에는 맨슨의 곡만 연주한 콘서트가 런던에서 열렸고 2000명의 관객이 참석했습니다. '맨슨에게 고마워하는 모임' 헬터 스켈터 UK가 체셔주 워링턴에 본부를 두고 왕성히 활동 중입니다. 맨슨을 지지하는 포스터는 대도시에서 흔히 볼 수 있으며, 특히 맨슨주의 밴드들의 공연장 입구에서 그렇습니다. 이런 밴드들을 지지하는 사람들은 대부분 25세 미만입니다. 정말 무서운 점은 그들 중 다수가, 맨슨에 관한 자료를 구할 수 있는 대로 구해서 읽고 맨슨 '빠'가 돼서, 헬터 스켈터에도 크게 공감하고 있다는 사실입니다. 이들은 극우 정당 혹히 영국국민당과도 강하게 이어져 있습니다." 1976년 이 책을 바탕으로 한 텔레비전 영화가 영국에서 방영되자 텔레비전 영화 사상 최고의 시청률을 기록했고, 살인 사건을 다룬 여느 영화들과 달리 미국을 비롯한 다른 나라에서 해마다 어김없이 재방송되고 있다. 1994년 3월에는 이 사건을 다룬 ABC의 특집 방송이 텔레비전 시사 프로그램 초방으로는 최고 평점을 받기도 했다. 다시 말하지만, 왜 이런 일이 일어나는 걸까?

테이트-라비앙카 살인 사건 후, 로스앤젤레스에 "쓰레기봉투 살인자"라는 인물이 등장했다. 부랑자나 차를 얻어 타려는 사람들을 살해하고 시신을 토막 내 쓰레기봉투에 담았기 때문에 붙은 이름이었다. 그는 21건의 살인 사건으로 기소되었다. 하지만 나는 이 살인범의 이름을 기억하지 못한다. 로스앤젤레스 시민 100명에게 물어도 그의 이름을 아는 사람은 한 명도 없을 거라고 장담한다. 이는 드문 일이 아니다. 집단 살인이 벌어지고, 살인 용의자가 체포되고 재판을 받으면, 늘 상당한 보도가 이어진다. 하지만 일반적으로는, 시간이 지나면서 살인 사건과 범인의 정체는 일반인들의 머릿속에서 지워지는 경향이 있다. 맨슨 사건은 그렇지 않았다. 사실 아직도 최종적으로 정체가 밝혀지지 않은 잭 더 리퍼를 제외하면, 맨슨은 아마 역사상 가장 유명하고 악명 높은 집단 살인자일 것이다. 왜 그렇게 된 걸까?

가장 많이 회자되는 견해는 범죄가 우리 사회 구조의 진화에서 분기점이 된다는 것이다. 이 견해에 따르면 맨슨 사건은 미국에서 "순수의 종말"(사랑, 평화, 그리고 공유라는 주문)이었으며, 히피와 그들이 상징했던 모든 것의 죽음을 알리는 조종弔鐘이었다. 그 시절에 대한 존 디디온의 회고록 『더 화이트 앨범The White Album』에서 그녀는 다음과 같이 적었다. "내가 아는 로스앤젤레스의 많은 지인은 1960년대가 1969년 8월 9일에 갑자기 끝났다고 믿었다…… 그리고 어떤 의미에서 이는 사실이다." 심지어 1994년 현재에도, 다이앤 소이어*는 맨슨 살인 사건이 "사랑의 시대에 종말을 가져왔고, 미국 깊숙한 곳에서 뭔가가 달라졌다"는 말로 그런 생각을 지지하고 있다.

다른 사람들은 덜 호들갑스럽게, 이 살인이 반문화라는 꽃이 씨앗이 되어 흩어져버린 것을 상징하는 사건이라고 느끼고 있다. 1989년 사건 20주년을 맞아 『타임』에서는 세 명의 살인자 여성은, "젊은 세대를 휩쓸었던 마약과 섹스, 그리고 혁명과 관련된 헛소리의 물결에 휩싸인, 평범한 집안의 딸들이었다"라고 적었다.

또 다른 사람들은 살인 사건 후에 얼마간, 맨슨과 그 추종자들은 10년에서 20년 정도 이어지던 반문화 운동의 방향이 연장된 것을

---

\* 미국 언론인.

상징한다고 말했다. 그런 식이었다.

하지만 이 모든 가설에는 그것들을 뒷받침해주는 경험적 증거가 없다. 예를 들어, 비록 맨슨 사건이 그 몰락을 가속화하기는 했지만, 한때 우드스톡(맨슨의 살육 일주일 전에 열렸다)에서 가장 근사한 마지막 숨결을 내뿜었던 물병자리의 시대Age of Aquarius*는 이미 쇠락하는 중이었다. 반항과 날것들이 분출되던 시대가 비판에 직면하면서 이 운동의 성지 헤이트 애시베리도 붕괴되고 있었고, 운동에 동력을 제공하는 정치적 근거가 되었던 베트남 전쟁에서 미국은 발을 빼기 시작했다. 뿐만 아니라 맨슨과 그가 뿌린 광기는, 기성 체제에 대한 반발이 열기를 띠며 점점 강해지던 1960년대 후반의 정신을 제대로 반영한 것도 아니었다. 그런 반발이 새로운 질서를 원한 것은 사실이지만, 대체로는 평화적 수단을 통한 새로운 질서였다. 맨슨은 현 상황을 바꾸기 위해 폭력과 살인을 옹호했다. 이 책의 본론에서 말했듯이, 어떤 사람들에게 맨슨은 영웅이었지만, 당시 이루어진 조사에 따르면 언론에서 "히피"라고 일컬은 젊은이 다수가 맨슨이 신봉한 것, 즉 폭력은 자신들의 신념과 반대된다고 말했다. 나는 맨슨이 언제든 튀어나올 수 있는 일탈 현상이라고 생각하지만, 1960년대 후반은 분명 맨슨 같은 사람이 등장할 수 있는 비옥한 토양이었다. 그 시기는 성과 마약 혁명, 학내 소요와 인권 시위, 인종 갈등의 시대였고, 베트남 전쟁에 대한 끊어넘치는 불만이 이들 각각과 섞이며 폭풍처럼 흔들리던 시대였다. 그리고

---

* 점성술에서 '자유와 형제애'를 상징하는 시대.

맨슨은, 이런 열기의 많은 것을 빌려와 본인의 미사여구를 만들었다.

그로부터 25년이 지난 후 어떤 착오도 없이 뒤돌아보면, 맨슨과 그 살인자들이 기성 체제에 반하는 운동이 나아가던 방향의 연장을 대변하는 것이 아니었음을 확실히 알 수 있다.

그리고 이 살인 사건들이 남긴 사회학적 의미와 유산이라면, 사람들이 독재적인 숭배 대상에게 정신과 영혼을 내어주면, 추종자들이 되돌아올 수 없는 어떤 지점이 오고, (역사에서 전제 군주들을 따랐던 대중을 보면 알 수 있듯) 그 군주는 어디로 가든 추종자들을 데리고 간다는 진실을 재확인했다는 점이다. 문선명 목사의 예에서 볼 수 있듯이, 문 목사 본인이 요트와 저택을 사들이는 동안 추종자들은 맨바닥에서 자고 옥수수죽을 먹어야만 했다. 짐 존스와 데이비드 코레시의 경우는 자살이었다. 맨슨은 살인이었다.

이 사건의 시간을 초월한 반향에 대해 좀더 평범한 설명을 찾아보려는 사람들은, 맨슨과 그의 부하들이 35명에서 40여 명을 살해했고, 이미 프랭크 시나트라, 리즈 테일러, 리처드 버턴, 스티브 매퀸, 톰 존스 같은 유명인들을 살해할 계획을 가지고 있었다는 사실을 지적한다. 하지만 유명인 살해 계획을 제외하면, 20명이나 30명을 살해한 다른 집단 살인범들도 있었던 게 확인되었다(존 웨인 게이시는 33명을 죽였다). 어떤 이들은 사건의 잔혹성을 이야기하지만, 비록 극소수이기는 해도, 더 잔혹한 살인 사건들도 있었다. 피해자의 유명세를 이야기하는 사람들도 있지만, 사실 그들은 그 정도로 유명한 사람들이 아니었다.

이 모든 요소가 의심의 여지 없이 이 사건의 영속성에 기여했지만, 나는 이렇게 시간이 흐른 후에도 맨슨 사건이 사람들의 흥미를 끄는 건, 맨슨 살인 사건이 역사에 기록된 것 중 가장 기괴한 사건임이 분명하기 때문이라고 본다. 그리고 이유가 뭐든, 사람들은 이상하고 기괴한 일에는 자석처럼 끌리게 마련이다. 이 살인 사건들이 일어나지 않았다면, 그리고 누군가 같은 사실과 배경 정보들을 가지고 소설을 썼다면, 사람들은 몇 쪽만 읽고 내려놓았을 것이다. 내가 이해하기로, 좋은 소설이 되려면 뭔가 믿을 만한 것이어야 하는데 이 이야기는 너무 나갔기 때문이다.

이 사건이 지속적으로 관심을 끄는 또 다른 강력한 이유가 있다. "맨슨"이라는 이름 자체가 사악함의 은유가 되었고, 그를 거의 신화적인 지위까지 올려놓았기 때문이다. 찰스 맨슨은 인간성의 어둡고 사악한 면모를 상징하는 인물이 되었다. 그리고 또한 인간 본성에는 순수하고 아무것도 섞이지 않은 악에 흥미를 갖는 면모도 있다. 좀더 작은 단위에서는, (악의 궁극적인 행위로서) 살인을 다룬 인기 있는 책과 텔레비전 프로그램이 왜 이렇게 많은 걸까? (바다 건너편에서 누군가 조지 오웰의 1946년 에세이 『영국에서 살인 사건의 감소』를 언급하기도 했다. 그 책에서 오웰은 자신과 영국인들이 안락한 거실에서 자극적인 살인 사건을 읽는 데서 얻었던 즐거움에 대해 이야기했다.) 인간의 생명에 그렇게 큰 가치를 두는 우리가, 변태적인 방식이라고 해도, 왜 생명을 소멸시키는 행위를 찬양하는 걸까? 그 질문에 대한 대답이 뭐든 상관없이, 그것은 사람들이 히틀러와 잭 더 리퍼,

그리고 맨슨에게 계속 흥미를 느끼는 이유에 대한 부분적인 대답일 뿐이다.

악과 마찬가지로, 두려움도 그 자체로 사람을 매혹시킨다. 공포영화의 수준은, 일반적으로 사람들이 겁먹게 하는 정도에 직접적으로 비례한다는 것을 우리는 알고 있다. 그리고 맨슨은 사람을 겁먹게 한다는 점에서는 아마 그 누구도 능가할 것이다. 텔레비전 화면이나 잡지 표지에서부터 지하에서 유통되는 그의 앨범, 그리고 런던 마담 튀소 박물관에 있는 밀랍 모델까지 다양한 곳에서, 그의 히틀러 같은 시선은 우리를 바라보고 있다. "사람들은 암이나 지진처럼 맨슨을 두려워한다"라고 한 기자는 1979년에 썼다. 그 기자는 캘리포니아 주립교도소 교도관의 말을 인용하며 다음과 같이 말을 이었다. "최근 뉴욕에 사는 어떤 여성이 전화를 걸어 맨슨이 탈옥해서 유대인들을 추적하는 꿈을 꿨다며, 그가 탈옥할 가능성이 없는 게 확실한지 알고 싶다고 했다." 『로스앤젤레스타임스』의 하워드 로젠버그는 맨슨을 "미국에서 가장 유명한 악귀"라고 일컬었다. 그가 명령한 살인 사건은 공포영화에서도 보지 못한 유형이었을 뿐 아니라, 그는 두려움에 무시무시한 차원을 추가하기까지 했다. 그건 다른 사람들이 어떤 의문도 품지 않은 채 자신의 명령에 따라 낯선 사람을 죽일 수 있게 하는, 악마 같고 독특한 재능이었다. 미국에서 폭력의 역사를 연구한 정신과 의사 데이비드 에이브러햄슨은, 이런 현상에 비견할 만한 사례를 들어본 적이 없다고 했다. 유명한 다른 집단 살인범들은—찰스 스타크웨더, 데이비드 버커위츠, 헨리 리 루카스, 찰스 휘트먼, 리처트 스펙에서 테드 번디까지, 후안 코로나, 딘 콜, 아돌포 데 헤수스 콘스탄소, 존 웨인 게이시, 리처드 라미레즈에서 제프리 다머까지―예외 없이 직접 살인을 저지르거나, 다른 이들과 함께 거기에 가담했다. 따라서 이 살인자 계보의 중량급 범인들이 불러일으키는 공포는 늘 제한적이었다. 다른 사람들을 조종하고 그들을 통해 사회에 대한 자신의 적개심을 표출하게 하는 맨슨의 능력 때문에 살인의 가능성은 기하급수적으로 높아지고, 두려움도 그만큼 더 커지는 것이다.

맨슨을 짐 존스 목사나 데이비드 코레시와 비교하는 사람들도 있다. 각각의 추종자가 보기에 존스, 코레시, 맨슨은 모두 구세주였고, 자신들을 믿는 사람들의 삶을 완전히 조종하고 지배했다. 하지만 공통점은 거기까지다. 존스와 코레시는 마지막 순간에 정신을 놓은 상태에서 추종자들에게 자살을 명령하고, 이어서 스스로도 목숨을 끊었다. 다른 사람들이 집단 자살에 동참하도록 그들의 내면에 영향력을 행사하는 것과, 추종자들과 함께 어두운 거리로 내려가 아무 집이나 찾은 다음, 그들을 들여보내 살육을 저지르게 하는 것은 크게 다르다. 존스와 코레시의 마지막 나날까지, 어느 쪽이든 다른 사람을 보내 누군가를 죽이게 했다는 증거는 없다. 맨슨에게는 살인이 자신의 종교이자 신념, 삶의 방식이었다. 폴 왓킨스가 말했듯이, "죽음이 찰리의 환각제"였다.

노예처럼 온순했던 맨슨의 추종자들은 그의 지옥 같은 열정까지 공유하게 되었다. 동료 수감자 로니 하워드와 버지니아 그레이엄에게 자신들의 살인 행각 및 전국을 돌아다니며 사람들과 그 가족을 닥치는 대로 죽인다는 패밀리의 계획에 대해 이야기할 때, 수전 하워드는 신이 나서 "많이 하면 할수록 더 좋아요"라고 말했다.

맨슨이 계속 미국 주류의 관심을 끌고 있다면, 거기에는 광적인 요소들도 관여하고 있다. 오늘날 악마주의자에서 네오나치 스킨헤드까지, 불만에 가득 차고 도덕적으로 뒤틀린 미국 내의 집단은 거의 모두 맨슨과 그의 유독한 철학을 받아들이고 있다. 칼럼니스트 윌리엄 버클리가 썼듯이, 맨슨은 "전국 최고의 반反시민"이 되었다. 웨인 맥과이어는 『아쿠아리안 저널』에서 "언젠가는 찰스 맨슨이 미국 민중의 영웅으로 변신할 것이다"라고 예언했다. 그보다는 프랑스 사람들이 와인을 그만 마시는 게 더 빠를 것 같지만, 맨슨은 실제로 우리 문화 주변부의 많은 영역에서 영웅으로 여겨지고 있다. 맨슨의 티셔츠와 건스 앤 로지스의 앨범은 맨슨을 신격화하고 낭만화하려는 시도가 현재 진행형임을 보여준다. 두 편의 영상이 제작 중이며(영국 텔레비전 다큐멘터리 「맨슨: 인간, 미디어, 음악 Manson: The Man, the Media, the Music」그리고 미국의 장편 영화 「사막의 맨슨 Manson in the Desert」이다), 이런 작품들이 관객의 관심을 살인에서 멀어지게 함으로써, 아쉽게도 앞서 언급한 결과를 낳고 있다. 1994년 인터뷰에서 열일곱 살의 악마주의자 +내털리는 "찰스 맨슨은 우상이자 롤모델입니다"라고 말했다. 그 살인이 벌어진 건 그녀에 따르면 "맨슨이 쓰레기와 쓸모없는 인간들을 정리하는 새로운 정부 및 군주를 원했기 때문"이다. 악마주의자 동료이자 샌프란시스코에서 그녀와 함께 살고 있는 스물한 살의 남자친구 +로버트는 테이트-라비앙카 사건에 대해 이렇게 덧붙였다. "저는 힘이 옳다고 생각합니다. 자기 목숨을 지킬 준비가 되어 있지 않은 사람은, 그 목숨을 잃을 때 울부짖어서도 안 됩니다." 스물한 살의 백인 우월주의자 +윌리는 다음과 같이 말했다. "(저는) 테이트 살인 사건 20주년을 맞아 그에게 헌정된 헤비메탈 공연에서 맨슨을 접했습니다. 평화와 사랑을 숭배하는 사람들은 이미 만난 적이 있는데, 악마 숭배자들을 만났을 때는 그들이 상징하는 온갖 부정적인 면모가 마음에 들었습니다. 그래서 이후로는 맨슨을 지지하는 이들과 어울려 다니고 있습니다." 윌리는 백인인 자신이 미국 사회 내 인종차별주의의 희생자이며, 흑인들은 "원시인 같고, 우리 문화에 너무 많다"고 이야기했다. 만약 맨슨이 석방되면 "우리 삶의 질을 높여줄 것"이라고 했다. 다년간 맨슨과 편지를 주고받은 마흔두 살의 네오나치주의자 +알렉스는 자신이 맨슨을 "발견"한 일이 어린 시절 아돌프 히틀러와 국가사회당을 발견한 것에 비견할 만하다고 했다. 그는 맨슨이 "오늘날 세계에서 가장 혁명적인 지도자"이며, "수억분의 일의 조합 덕분에 그런 이념과 개성, 그리고 실질적인 존재감을 갖게 되었기 때문에" 특별하다고 했다.

극단주의자들이 존 웨인 게이시나 제프리 다머 같은 집단 살인범들에 갖는 관심은, 일반 시민들이 갖는 관심과 크게 다르지 않다. 그런 부류는 통제할 수 없는 살인 충동을 충족시키려는 이유만으로 사람을 죽이는, 병든 사이코패스에 불과하다. 이런 살인자들이 얼마간 미디어의 관심과 흥미를 끄는 것은 어쩔 수 없지만, 그들에게는 추종자나 딱히 덧붙일 말이 없고, 그들이 입을 연다 해도 극단주의자조차 귀를 기울이지 않는다. 이런 살인 괴물들이 자신의 폭력으로 전하는 메시지는 심한 불쾌감뿐이다. 반면 맨슨과 그의 살인은 극단주의자들에게 완전 대박이다. 방향이 잘못되었다고 해도 그의 폭력은 정치적이고 혁명적인 것이며, 그 점이 주변부 사람들에게 호소력을 가진다. 또한 대부분의 집단 살인범이 지닌 밋밋한 지성을 알고 있는 극단주의자들은, 맨슨이 지닌 의심의 여지가 없는 지성과, 색다르고 종종 사람을 흥분시키는 그의 통찰, 암호 같은 대답과 비유, 그리고 수수께끼 같은 말을 하며 그 밑으로 어떤 메시지를 전하는 그의 정신적인 능수능란함을 존경한다. 요컨대 그들은 맨슨이라는 신비에 빨려들어간다.

교도소 담장 밖에서는 맨슨풍 문화와 신비주의가 자라고 있었지만, 수감번호 #B-33920번 수감자 찰스 맨슨은 이제 쉰아홉 살이고, 캘리포니아주 코커런의 주립교도소에 수감돼 있다. 코커런은 프레즈노에서 남쪽으로 96킬로미터 떨어진 중부 캘리포니아 샌요아킴 밸리에 있는 인구 9000명의 도시로, 원래는 타치 인디언 부족의 거주지였던 툴레어 호수에 세워졌다.

1972년 10월 6일, 샌퀜틴의 사형수 감방에서 새크라멘토 인근 폴섬 교도소로 이감된 맨슨은 1974년 3월 20일 바커빌의 의료시설에 입원했다가, 1975년 6월 7일 샌퀜틴으로 돌아왔고, 1976년 3월 11일 다시 바커빌에 수감돼 1985년 7월 17일까지 머물렀다. 이것이 특정 교도소에 가장 오래 머물렀던 경우다. 1985년 7월 18일 샌 퀜틴에 돌아왔고 현재 수감 중인 코커런에는 1989년 3월 15일에 이감되었다.

캘리포니아 교정국의 공보관 팁 킨델은 맨슨의 이감이 모두 "교정국의 규율 및 보안에 따른 조치"였다고 말했다. 테이트-라비앙카 살인 사건으로 얻은 유명세와 무법자로서의 명성은, 맨슨이 스스로를 바라보는 방식에 상당한 영향을 미쳤고, 교도소 내에서 더 공격적으로 행동하게 만들었다. 그가 모범수였던 적은 한 번도 없지만, 살인 사건 전에 길었던 수감 기록에서는 교도소 내에서 공격적인 행동을 한 사례를 찾아볼 수 없었다. 하지만 킨델은 살인 사건으로 수감된 후에 그는 여섯 번이나 교도소 직원을 물리적으로 공격했고(손으로 때리고, 뜨거운 커피를 뿌리거나 가래침을 뱉는 등) 마지막 사례는 1992년 2월에 있었다. 뿐만 아니라 그는 직원들을 수없이 협박하기도 했다. 맨슨은 "C.D.C. 115s" 즉 캘리포니아 교정국 규범을 모두 59회나 위반했다. 하지만 코커런의 공식 기록에 따르면 지난 한 해 동안은 "소란을 피우지 않았고, 어떤 문제에도 휘말리지 않았다". 교도소 상담사 어니스트 콜드런은 맨슨이 "주기적인 행동 패턴을 보이고 있다. 협조적인 시기가 짧게 있고, 그 후로는 돌변해서 폭력적인 행동으로 직원들을 협박하는데, 특히 경험이 없는 직원들을 대상으로 하고 있다"고 지적했다.

1972년과 1973년, 폴섬에 있는 동안 맨슨 본인은 동료 수감자에게 두 차례 공격을 당했다. 또한 캘리포니아 주립교도소 당국은, 오랫동안 이런저런 폭력단 단원들이 "맨슨과 접촉했다"는 보고가 교도소 직원들에게 전달되었다고 말했다. 하지만 맨슨의 목숨을 노렸던 시도는 바커빌의 의료시설에 있을 때 한 번뿐이었다. 맨슨을 그곳에 보낸 주된 이유는 많은 사람의 짐작처럼 그곳에 정신과 병동이 있기 때문이 아니라, 캘리포니아 교정 체계에서는 그곳이 맨슨 같은 특별 죄수들을 수감하기에 가장 좋은 곳이기 때문이다. 바커빌은 대부분 교도소 수감자 가운데 약한 부류들을 수감하는 곳이다. 신체적 혹은 정신적으로 결함이 있는 사람들은 감옥 안에서 가해자보다는 피해자가 되기 쉽다. 1984년 9월 25일, 바커빌의 휴게실에서 잰 홈스트롬과 함께 작업한 것이 맨슨에게는 불운이었다. 하레 크리슈나교단 단원이었던 홈스트롬은, 1974년 패서디나의 부인과 의사였던 아버지를 총으로 살해한 혐의로 종신형을 받고 복역 중이었다(범행 현장이 맨슨 살인 사건을 떠올리게 하는 게 얄궂었는데, 홈스트롬은 자기 집 벽에 피로 "태아 살인자"라고 적었다). 홈스트롬이 맨슨에게 페인트 시너를 뿌리고 불을 붙여, 얼굴과 머리, 그리고 손을 중심으로 전신에 20퍼센트의 2도 및 3도 화상을 입혔다. 교도소 당국자들이 "정신질환으로 인한 경감"으로 판정한 홈스트롬은, 맨슨이 자신의 하레 크리슈나 기도를 못 하게 하고, 종교적 신념을 이유로 협박했기 때문에 그에게 불을 붙였다고 말했다. 또한 그는 "신께서 맨슨을 죽이라고 명령하셨다"라고 주장하기도 했다.

오늘날 캘리포니아 교도소 체제에서 진정한 "독방 감금"은 존재하지 않는다. 하지만 수감자들은 다른 수감자와 감방을 공유하지 않고, 일반 수감자와 격리된 채 한정된 죄수들과만 어울리는 상황에 대해 여전히 그 표현을 사용한다. 테이트, 라비앙카, 셰이, 그리고 힌먼 살인 사건으로 23년을 복역하는 동안 맨슨은 대부분 그런 상태로 지냈다.

1980년 8월 바커빌에서 맨슨은 처음으로 교도소 내 작업을 배정받았다―개신교 교회 정원사 및 관리인이었다. "신선한 공기를 마시는 건 10년 만입니다. 망치지 않겠습니다"라고 그는 말했다. 2년 가까이 규정을 깔끔하게 지키는 생활을 유지한 끝에 1982년 6월, 본인의 요청에 따라 "주 집단" 즉 일반 수감자들 사이에 배치되었다. 망치지 않겠다는 맨슨의 결심은 1982년 10월 29일까지 유지되었다(혹은 위반 사항이 발각되지 않았다). 쇠톱 날과 마리화나가 그의 감방에서 발견되었다. 또한 1985년 바커빌에서 샌퀜틴으로 돌아온 후에는 그의 신발 안에서 10센티미터짜리 쇠톱 날이 발견되었다.

탈옥에 대한 맨슨의 관심과 계속 교도소에 머물고 싶다는 1967년 터미널 아일랜드에서의 발언은 어떻게 조화를 이루는 걸까? 당시 그는 교도소가 자신의 집이 되었다고, 바깥세상에는 적응할 수 없을 것 같다고 말했다. 심지어 지금도, 나는 맨슨이 교도소 안에서 비참하거나 심지어 불행하지 않을 거라고 생각한다. 59년의 인생 중 42년을 유치장과 교정시설, 교도소에서 보낸 덕분에 그는 시설에 완전히 적응했고, 따라서 교정시설 자체에서는 불편함을 느끼지 않을 것이다. 하지만 1967년 출감 후 그는 분명 자신만의 여성들을 거느리는 일이나("저기 헤이트에서 저는 정원사로 통합니다. 어린 꽃들을 아주 잘 돌보거든요"라고 그는 스퀴키를 처음 만났을 때 말했다), 사막용 사륜구동차를 타고 사막을 오르내리는 일을 즐기게 되었다. 그에 더해, 이제 맨슨은 이전과 달리 뒤를 조심해야 했다. 이름을 날리고 싶은 나머지 자신을 죽여 유명해지려는 죄수들이 있다는 것을 그도 알고 있었다. 이어진 교회 수색에서 마리화나가 든 가방 네 개, 30미터의 나일론 끈, 그리고 우편 주문용 열기구 홍보 책자가 발견되었다. 교도소에서 탈출구를 찾지 못할 경우 맨슨은 "교도소를 날아서 벗어날" 생각을 했던 것이다. 김빠진 보여주기식 처분이었겠지만, 교도소 당국은 실제로 아홉 건의 살인으로 연속 집행되는 아홉 건의 종신형을 받은 남자를 마리화나 소지로 주 검찰청에 신고했지만, 좀더 제정신이었던 견해가 지배적이라 실제 기소로 이어지지는 않았다.

바커빌에 있는 동안 맨슨은 정신과 집단 치료에는 참가하지 않았고, 자신이 동의한 개인 면담 시간 동안 정신과 의사와 말장난만 했다. 교도소 의사가 작성한 맨슨의 정신과 감정들 중 하나에는 다음과 같이 적혀 있다. "지적 능력은 평균 이상이며, [로르샤흐 검사에서] 정신분열증 판정이 나왔다. 전체 행동이 정신분열적이라는 의미는 아니며…… 맨슨은 편집증 경향이 있는 수동-공격적 인성이라고 할 수 있다."

맨슨의 반응? "당연히 제게는 편집증이 있습니다. 제가 기억하는 한 늘 편집증이 있었습니다. 그리고 지금은 단지 살아남기 위해서라도 그렇게 되어야 합니다. 정신분열증에 대해서라면, 거리에서 아무나 잡아와서 교도소 한가운데 던져놓으면, 온갖 종류의 분열된 인성을 볼 수 있을 겁니다. 저한테는 1000개의 얼굴이 있으니까, 500명의 정신분열증 환자인 셈이네요. 평생 저는 그 얼굴들을 하나하나 연기했습니다. 때로는 사람들이 저에게 어떤 역할을 강요했기 때문이고, 때로는 제가 아닌 다른 누군가가 되는 편이 더 나았기 때문입니다." 바커빌의 정신병동에서 잠시 지낸 후, 맨슨은 "정신과의 연구 대상 혹은 별종"에 불과하다는 정신과 보고서에 따라 다시 이감되었다.

남은 인생을 당연히 교도소에서 보낼 것임을 알고 있던 맨슨은 1978년부터 시작된 가석방 심사를 거부하거나, 그 자리를 설교 혹은 단순히 재미를 위한 자리로 활용했다. 1978년에는 세 시간 동안의 설교로 가석방 위원들을 융숭하게 대접했다. 수염을 기르고 더 부룩한 머리를 한 맨슨은 자신이 교도소에서 나갈 수 없다는 것을 인정했다. 하지만 단 한 번도 일관성이 없었던 맨슨은 다음과 같이 덧붙였다. "저는 미쳤습니다. 저는 분개한 상태입니다. 제 몸의 뼛속 하나하나까지 분개했기 때문에, 법을 어기지 않았다고 해도 교도소로 돌아가야만 합니다." 감탄한 듯 팔을 휘저으며 반쯤 노래하듯 발표를 이어갔다. "저는 여러분의 집행자가 아닙니다. 저는 여러분의 악마도 아니고 여러분의 신도 아닙니다. 저는 찰스 맨슨입니다." 자신이 인생의 대부분을 감옥에서 보냈다고 위원들에게 다시 한번 상기시킨 후, 그는 이렇게 말했다. "저는 태어난 후 줄곧 감옥에서 자랐습니다." 그는 "스코틀랜드, 독일, 호주에 오라는 요청을 받았지만" 관심이 없었다고 위원회에서 말했다. 가석방된다면 어디로 가고 싶냐는 질문에는 "사막으로 가고 싶습니다, 동물들과 이야기하고 농사를 지으면서 살 겁니다"라고 대답했다. 위원회는 가석방을 불허하며 맨슨의 범죄는 "상상을 넘어선다"고 지적했다. 이듬해에 맨슨은 자신이 가석방위원회에서 할 이야기가 없다는 말과 함께, 위원회 위원들에게 전해달라며 모노폴리 게임에서 쓰는 100달러 종이 몇 장과 "앞으로 나아가서 200달러 받으세요"라고 적힌 행운카드를 감방 교도관에게 전했다.

가석방 심사를 취재하는 기자와 이야기하는 것이 즐거웠던 그는 그중 한 명에게 이렇게 말했다. "여러분이 저보다 더 감옥에 있는 겁니다. 살면서 지켜야 할 규칙이 저보다 더 많으니까요. 저는 가만히 앉아서 느긋할 수 있습니다. 여러분도 그렇습니까?" 그는 다른 기자의 팔을 잡은 채 그녀의 귀에 대고 속삭였다. "여기서 나가는 출구 아시죠? 저를 꺼내주시면 함께 사막으로 가서 기자님 머리를 날려버릴 만한 것들을 보여드리겠습니다."

1981년의 가석방 심사에서는 해골과 뼈로 만든 십자가가 그려진 티셔츠 차림으로, 일어났다 앉기를 반복하고, 이리저리 오가고, 심사를 방해하고, 위원들에게 자주 소리를 질렀다. 그는 위원들에게 이렇게 말했다. "저는 10년 동안 독방에 있었습니다. 아무 생각이 없습니다. 사라져버렸어요, 여러분. 여러분이 하는 이야기를 절반도 못 알아듣겠습니다." 이어서 "저는 전혀 성장하지 않았습니다. 아홉 살에 처음 감옥에 들어왔습니다. 저는 읽기나 쓰기가 썩 좋지 못하고, 계속 꼬마 상태에 머물렀습니다. 저는 1954년에 생각을 멈췄습니다."

1986년, 맨슨은 가석방 심사에 출석하지 않고 장문의 성명서를 보냈다. "저에게 쏟아진 심판과 비난이 여러분이 범죄라고 부르는 성스러운 전쟁이 되어 여러분 자신에게 돌아갈 것입니다." 그는 계속 적었다. "저는 지상에서의 삶을 위해 균형을 촉구했습니다. 법원 유치장에서 보낸 시간과 어둠의 세계로부터 저는 우리를 괴롭히는 전갈 같은 힘을 지닌 악귀와 악마를 풀어놓았습니다. 저는 제게 내려진 심판에 맞춰 일곱 개의 봉인과 일곱 개의 단지를 풀었습니다…… 여러분은 오랫동안 제게 약을 먹이고, 교도소 복도 아래위로 끌고 다니고, 제 머리를 도마 위에 올려놓고, 사슬을 채우고, 불태웠지만, 여러분은 저를 이길 수 없습니다…… 저에 관해 말해진 모든 이야기 중 제가 한 말은 없습니다. 만약 여러분이 잘못된 예언을 보게 된다면 그건 여러분이 내린 판단의 반영일 뿐입니다."

　　같은 해에 그는 백악관의 로널드 레이건 대통령에게 편지를 써서 조언했다. "계속 [아이들에게] 뭘 하면 안 되는지 주입하세요, 그러면 그 아이들 머릿속에 어떤 일이 가능하고 이루어질 것인지에 대한 생각이 만들어질 겁니다." 또한 그는 "편히 계세요, 찰스 맨슨"이라고 서명하기 전에 레이건에게 다음과 같이 말했다. "제가 마지막 사람은 아니지만, 저는 우리가 살아남기 위해 필요한, 균형 잡히고 질서 있고 평화로운 하나의 정부를 구성할 수 있는 모든 생각을 가지고 있습니다."

　　1992년 4월 21일의 마지막 가석방 심사에서, 맨슨은 이마의 반항적인 나치 표식이 선명한 모습으로 세 명의 가석방 심사위원(현재는 형기 심의 위원회라고 부른다) 앞에서 자신이 살인을 명령했다는 혐의에 대해 반박했다. "모두들 제가 그 사람들의 지도자라고 하지만, 저는 그저 아이들을 따르는 사람일 뿐입니다…… 저는 신의 법리를 어기지 않았고 인간의 법률도 어기지 않았습니다."

앞선 가석방 심사에서와 마찬가지로 그는 사실상 혼자 모든 말을 했다. 가장 평범한 질문에도 그는 끊임없이 말을 늘어놓았고, 마치 의식의 흐름처럼 신, 경제, 람보, 영국 여왕, 제1차 세계대전과 제2차 세계대전, 교황, J. 에드거 후버, 주정뱅이들, 베트남, 체스, 기독교 윤리, 맥아더 장군, 트루먼 대통령, 닌자 전쟁과 폭동, 샌디에이고 동물원, J. R. 유잉, 폭력배 프랭크 코스텔로, 그리고 암사슴과 수사슴의 관계, 개와 닭의 관계 등 여러 인물과 주제에 대해 이야기했다. 그리고 언제나 같은 주제, 즉 환경 파괴를 멈춰야 한다는 주제로 돌아왔다. 그는 위원들이 모계 사회에 살고 있는 반면 자신은 부계 사회에 살고 있다고 말했다. "여러분은 여러분의 여자에게 돌아가세요. 저는 제 여자에게 돌아가지 않습니다." 구체적으로 밝히지는 않았지만, 그는 심사에서 자신의 서명을 대가로 밖에 있는 사람에게 500달러를 받았다고 인정했다. 또한 맨슨은 맨슨 티셔츠가 한 장씩 팔릴 때마다 10센트씩 받는다. 캘리포니아에서, 유죄가 확정된 수감자의 수익은 해당 범죄와 직접 관련이 있을 때만 몰수할 수 있다. 티셔츠와 건스 앤 로지스의 앨범에 든 그의 노래는 몰수 대상이 되지 않는다(현재 캘리포니아에서 입법 예정인 상원 법안 1330조는 몰수의 범위를 넓혀 "범죄 행위를 통해 얻은 유명세에서 발생한 가치"까지 포함하시키고 있다). 반면 1971년 다섯 명의 테이트 사건 희생자 중 한 명인 보이치에크(보이텍) 프라이코프스키의 아들이 맨슨과 네 명의 공범을 대상으로 50만 달러의 배상금 판결을 받았다. 판결의 강제 집행 결과(1994년 현재 이자를 포함해 120만 달러다), 1994년 2월 독일에 거주 중인 그 아들은 건스 앤 로지스 앨범에 든 맨슨 노래의 수익금 7만2000달러를 처음 수령했다.

그의 가석방을 불허한 위원회는 다음 심사를 1997년으로 정했다. 캘리포니아 형법에 따르면 가석방 심사 사이의 최대 기한(5년)에 맞춘 것이었다.

샤론 테이트의 어머니 도리스는 1992년 7월 암으로 사망하기 전까지 맨슨과 다른 살인자들의 가석방 심사를 대부분 방청했고, 전국적인 지지를 얻는 데 성공해 맨슨과 다른 범인들을 평생 교도소에 두라는 편지를 35만2000통 모았다. "저는 아이를 살리기 위해 비명을 지르고 간청했던 [샤론의] 목소리와 함께 살고 있습니다"라며 그녀는 종종 말했다. 1970년대 후반, 테이트 부인은 살해당한 자녀를 둔 부모 모임을 로스앤젤레스에서 공동 설립했고, 모임은 구성원들에게 정신적, 감정적 지원을 제공하고 있다. 1990년 6월 스톡홀름에서 열린 국제 피해자 권리 회의에 미국 대표로 참석하기도 했던 테이트 부인은 새크라멘토에 도리스 테이트 범죄피해자 사무국을 열었다. 사무국은 무엇보다 범죄피해자 권리의 입법화를 적극적으로 홍보하고 있다.

그 어머니가 사망한 후에는 스물여섯 살의 언니가 살해될 당시 열한 살이었고, 지금은 놀랄 만큼 그 언니와 닮은 패티 테이트가 어머니의 중요한 작업을 충실하고도 효과적으로 이어가고 있다. 패티는 눈물 고인 눈으로 언니에 대해 이렇게 말했다. "언니는 아주 다정하고 친절한 사람이었습니다. 저는 언니를 너무 좋아해서, 언니를 위해서라면 무슨 일이든 할 수 있었어요."

코커런은 중간 단계에서 최고 단계까지의 보안을 유지하는 시설이다. 맨슨은 보안 수감동Secutiry Housing Unit, SHU의 가로 2미터 세로 3.8미터 감방에 다른 수감자와 함께 수감돼 있다. "교도소 안의 교도소"라고 불리는 SHU는 코커런에서 최고 단계의 수감동이다. 맨슨은 하루 세 번 교도관에게 식사를 받는데, 음식은 식반에 담긴 채 감방 문에 있는 배식구로 전달된다. 조식은 오전 6시 30분, 중식은 정오, 석식은 오후 5시다. 일주일에 10시간 미만으로 근처 담장이 있는 운동장에서 동료 수감자 열 명과 함께 운동한다. 맨슨은 감방에 라디오와 텔레비전을 가지고 있지만, 사랑해 마지않는 기타는 없는데, SHU에 기타는 반입이 허용되지 않기 때문이다. 같은 수감동에 있는 모든 수감자와 마찬가지로, 그는 작업 배정을 받지 않는다. 캘리포니아 교정국에 따르면, 현재 맨슨을 수감하는 데 들어가는 납세자의 돈은 연간 2만525달러다.

맨슨은 그에게 편지를 쓰는 사람들과는 가능한 한 오랫동안 관계를 유지하고 있다. 또한 자신과 펜팔을 주고받을 생각이 없는 사람에게도 편지를 쓰는 것으로 보이는데, 지난 시절 동안 내게는 모두 네 통을 보냈다. 1986년, 『맨슨이 직접 말하다("누엘 에몬스와의 대화")Manson in His Own Words』가 출간되었다. 거기 실린 생각은 맨슨의 것이지만, 문장은 분명 그의 것이 아니었다. "신화를 깨기 위해" 맨슨은 자신과 열렬한 추종자들이 만들어낸 다른 신화, 즉 테이트 라비앙카 살인 사건은 "여성들"의 생각이었다는 신화를 되살려내려고 애썼다. 맨슨은, 에둘러 말하기는 했지만, 라비앙카 부부 살해는 자신이 명령한 것이 맞다고 인정한 반면, 첫날밤의 테이트 살인 사건에 대한 명령은 계속 부인했다.

책 끝부분에 맨슨은 다음과 같이 적었다. "내가 역사상 가장 악명 높은 범죄자라는 사실에 빠져서 지낸 시기가 있었습니다. 그런 상태에서 모든 유명세를 즐겼고, 어떤 바보 같은 작자가 나를 위해 '돼지들을 처리하겠다'고 제안했을 때는 기쁘기까지 했죠. 어떤 여성들은 아기를 안고 와서 '찰리, 당신을 위해서라면 세상에서 어떤 일도 하겠어요. 저는 당신의 모습을 보며 이 아기를 키우고 있습니다'라고 말했습니다. 그런 편지나 방문들이 나를 기쁘게 했지만, 그것이 나의 개인적인 병이었습니다. 어떤 병이기에 계속 내게 아이와 추종자들을 보내주는 걸까요? 그렇게 하는 것은 거기 바깥의 당신들 세상입니다. 저는 편지를 부탁한 적도 없고 저를 찾아와달라고 한 적도 없습니다. 그럼에도 우편물은 계속 도착하고, 작고 아름다운 순수의 꽃들은 계속 교도소 문 앞에 나타납니다."

상대적으로 온화한 이런 발언 후에 맨슨은 갑자기 돌변해 자신은 절대 석방되지 않을 거라고 말하고, 특유의 사악하고 애매한 말로 자신의 책을 마무리한다. "제 눈은 사진기입니다. 제 정신은 여러분의 세계에 있는 텔레비전 채널보다 더 많은 신호를 받고 있습니다. 거기에는 어떤 검열도 없습니다. 그것들을 통해 저는 저만의 세상과 우주를 가집니다. 그래서…… 육신만 교도소에 있다는 것을 압니다. 제 의지는, 여러분의 거리를 걷고 곧장 여러분 틈에 있습니다."

감옥 안에 있는 상황도 인기 가수가 되려는 맨슨의 욕망에 찬물을 끼얹지 못했다. 1982년 바커빌의 감방에서 맨슨은 두 번째 앨범「찰스 맨슨의 좋은 시절 성가 Charlie Mansons's Good Time Gospel Hour」를 녹음했다. 맨슨은 자신의 인생과 샌퀜틴의 사형수 감방 친구들에 대해 직접 작곡한 발라드곡을 불렀다. 배경으로 근처에 있는 텔레비전 소리와 변기 물 내리는 소리도 들린다. 맨슨의 첫 앨범「거짓말LIE」은(앨범 사진은 그가 표지에 실린 1969년 12월 19일자『라이프』였다) 의미심장하게도 테이트 살인 사건이 있기 정확히 1년 전인 1968년 8월 9일에 녹음되었다. 맨슨 패밀리의 여성 몇 명이 코러스 부분을 맡았고, 맨슨은 자신이 작곡한 곡을 불렀다. 두 앨범 모두 몇몇 해적판으로 제작되었고 아주 귀한 소장품이 되었는데, 어느 얼터너티브 음반 상점의 주인은 만약 둘 중 하나가 자기 손에 들어오면, "절대 팔지 않을 겁니다. 값어치가 아주 높거든요"라고 내게 말했다.

놀랍게도, 1967년 맨슨이 출옥했을 때 기회를 주지 않았던 음반 업계 관계자들에게 산더미 같은 비난을 쏟아내는 사람들이 있다. 진짜 기회가 주어졌더라면 살인 사건도 일어나지 않았을 거라고 그들은 덧붙인다. 어쩌면 그 말이 사실일 수도 있겠지만, 이렇게 "조건부"의 인과관계를 들자면, 만약 1912년 빈에서 누군가 히틀러의 그림을 사주었더라면 제2차 세계대전도 일어나지 않았을 것이다.

또한 감옥에 있다고 해서 맨슨이 미국의 대규모 텔레비전 시청자들에게 접근하는 것을 막진 못했다. 미디어(NBC의 투데이 쇼, CNN, BBC, 찰리 로즈, 톰 스나이더, 1994년 3월의 ABC 특집 등)에서 그를 찾았고, 그가 독기 어린 말을 뿜어낼 수 있게 해주었다. 1988년 헤랄도 리베라와의 인터뷰에서 그는 이렇게 말했다. "저는 당신네 개새끼들을 더 처단할 겁니다. 최대한 많이 죽일 거라고요. 하늘에 닿을 때까지 시체를 쌓아올릴 겁니다. 아마 5000만 명쯤 될 것 같습니다. 그러면 제 나무와 공기와 물과, 제 야생을 좀더 구할 수 있을 것 같습니다." 리베라가 "당신이 죽인 사람이 아홉 명입니다"(맨슨이 아홉 건의 살인 사건에서 유죄 판결을 받은 것에 대한 언급이었다)라고 말하자 맨슨은 대답했다. "아홉 명보다 훨씬 더 많습니다, 친구, 훨씬 더 많아요, 그보다 훨씬 더 많다고요." 리베라가 패밀리의 여성들에게 살인을 지시했냐고 묻자, 그는 이렇게 반응했다. "여자들에겐 뭘 해야 할지 이야기하지 않습니다. 그들은 뭘 해야 할지 아니까요." 그가 리베라에게 말했다. "저는 법을 만듭니다. 저는 법을 만드는 사람이에요. 저는 기초를 닦는 사람입니다."

살인 사건 후 25년 동안 맨슨 패밀리가 다시 뉴스에 크게 등장하게 한 사건은 1975년 리넷 "스퀴키" 프롬의 제럴드 포드 대통령 암살 시도였다. 1974년 10월 맨슨이 샌퀜틴에서 폴섬으로 이감된 후, 스퀴키와 샌드라 굿은 그와 최대한 가까이 있기 위해 (서쪽으로 24킬로미터 떨어진) 새크라멘토로 이주했다. 스퀴키와 샌드라는 맨슨의 면회는 물론 서신 교환도 할 수 없었지만, 당시 교도소 대변인은 두 사람이 한 달에 한 번쯤은 교도소를 찾아와 "맨슨이 어떻게 지내는지 물어봤다"고 했다. 스퀴키와 샌드라는 『타임』과의 인터뷰에서 맨슨의 수감이 거대한 계획의 일부라고, "언젠가는 맨슨이 그리스도처럼 다시 일어날 걸로 믿으며, 그가 일어나는 날에 맞춰 자신들도 준비하고 있다"고 말했다. 스퀴키와 샌드라, 그리고 그들이 패밀리에 새로 끌어들인 시간제 간호사 수전 머피는 주 의사당에서 몇 블록 떨어진 구도심의 하숙집에 다락방을 얻었다. 1975년 9월 5일, 화창하고 상쾌한 아침 시간에 포드 대통령이 제리 브라운 주지사를 만나기 위해 의사당 앞 공원으로 걸어나왔다.

스퀴키는 비밀경호국의 관찰 대상인 위험 인물 명단에 올라 있었을 뿐 아니라, 특히 몇 주 전에는 샌드라와 함께 새크라멘토 언론에 성명서를 발표해 "만약 닉슨 치하의 현실이 새로운 가면(포드)을 쓴 채 계속 위법적으로 이 나라를 운영한다면, 여러분의 가정은 테이트-라비앙카의 집과 미라이를 합친 것보다 훨씬 더 피로 물들 것입니다"라고 전했다. 닉슨 전 대통령에 대한 맨슨 패밀리의 혐오는, 당연히 재판 중에 맨슨이 유죄라고 생각한다고 했던, 신문 머리기사에 실린 발언 때문이었다. 에드 샌더는 베스트셀러 『패밀리The Family』에서, 맨슨은 자신이 건 마법 때문에 닉슨이 몰락한 것으로 믿고 있다는 바커빌의 상담사 말을 인용했다. 하지만 대통령 경호원들은 가까운 곳에 밝은 빨간색 장옷과 행진을 위한 터번까지 두르고 있던 장난꾸러기 같은 여성들에게 주의를 기울이지 않았다. 포드가 목련나무 옆에서 걸음을 멈추고 미소 짓는 지지자들과 악수하려던 순간, 스퀴키가 무리에서 튀어나와, 불과 60센티미터 떨어진 곳에서 장옷 밑에 있던 총을 꺼내 겨눴다. 즉시 비밀경호국 요원 래리 부엔도프가 스퀴키의 총 든 손을 잡고 바닥에 쓰러뜨렸다. 분노에 가득 찬 채 스퀴키가 외쳤다. "발사가 안 됐어. 믿어져? 발사가 안 됐다고." 그 총이 발사되지 않은 이유가 어떤 *의심의 여지*도 없이 밝혀지는 일은 절대 없을 것이다. 분명 스퀴키가 사용한 45구경 군용 콜트에는 네 발의 총탄이 들어 있었지만, 발사될 약실은 비어 있었다. 총을 발사하려면 스퀴키는 총 상단부의 슬라이드를 당겨 탄창에 있는 총탄을 약실로 밀어올려야 했지만, 그녀는 그렇게 하지 않았다. 스퀴키는 방아쇠만 당기면(부엔도프와 또 다른 목격자는 금속이 딸각거리는 소리를 들었다고 했는데, 이는 해머가 공이를 때리는 소리였을 것이다) 총기가 발사되는 걸로 생각했던 걸까? 스퀴키가 총기 다루는 법을 알고 있다고(다큐멘터리 「맨슨」에서 그녀가 소총의 노리쇠를 다루는 장면이 나온다) 믿었기 때문에, 법집행기구 내부를 포함해 많은 사람은 그녀가 포드를 다치게 할 의도가 없었던 거라고 확신했다. 그럼에도 이제 프레즈노 대법원 판사가 된 드웨인 키스는 "그녀가 대통령을 죽일 의도를 가지고 있었음이 분명하다"고 내게 말했다. 유죄 판결을 이끌어내려면 검찰은 그 점을 증명해야 했다.

어찌 됐든 스퀴키는 1975년 9월 15일자『뉴스위크』와『타임』표지를 장식하면서 이제 자신의 신 찰리에 버금가는 이목을 끌고 있다. 연방 재판에서 그녀가 너무 소란을 피워 판사는 재판 과정 대부분에서 그녀를 퇴장시켜야 했지만, 퇴장 전에 그녀는 본 재판의 쟁점 중 하나는 "여러분 거실의 창가에 놓인 피아노만큼이나 분명하다"고 말했고, 이는 정확한 비유였다. 스퀴키의 증언 없이 재판은 3주 동안 이어졌고, 이후 평의에서 로버트 콘보이 배심원은 "많은 사람이 약실에 총탄이 없는 총은 흉기로 볼 수 없다고 생각했다"고 말했다. 하지만 배심원단은 스퀴키의 포드 대통령 암살 미수에 대해 유죄 평결을 내렸고(1965년 이전에는 대통령 암살이 연방 범죄가 아니라 주 단위의 범죄였다), 그녀는 미국 역사상 해당 범죄로 기소되고 유죄 판결을 받은 최초의 여성이 되었다. 스퀴키는 종신형을 받았다.

이 시도 배후에 맨슨이 있었을까? 나는 처음에는 아닐 거라고 생각했다. 맨슨은 늘 자신이 죽음을 두려워하지 않는다고 말하고, 추종자들에게도 죽음은 삶의 끝이 아니며, "그저 또 다른 높은 곳", 심지어 아름다운 것이라고 이야기했지만("삶은 저를 두렵게 합니다. 죽음은 안락함입니다"라고 그는 말했을 뿐 아니라, 종종 자신이 부활했다고 암시하기도 했다), 나는 그가 9개월 반의 재판 기간에 실은 얼마나 자신의 목숨을 지키기 위해 싸웠는지를 직접 확인했다. 불과 3년 전에 사형수 신세를 면한 그가, 포드처럼 자신과 거리가 멀고 관심의 대상도 아니었던 인물 때문에 새로운 사형 판결을 감수하는 것은 말이 되지 않았다. 키스 역시 맨슨은 관여하지 않았다고 생각했고, 검찰은 그를 기소할 증거를 찾지 못했다. 꼬마 고아 애니Little Orphan Annie*처럼 맨슨이 강제로 패밀리와 격리되어 있던 동안 엄마 가장 역할을 했던 스퀴키는, 본인의 행동을 통해 맨슨에게 인상을 남기고 싶었을 것이다. 그녀는 포드 암살이 성공하든 그렇지 못하든, 그런 화려하고 대범한 반사회적 행동이 분명 맨슨을 기쁘게 할 것임을 알고 있었던 게 틀림없다.

포드 암살 시도 후 영장에 따라 실시된 스퀴키의 아파트 수색에서, 경찰은 부치기 직전의 편지 한 뭉치를 발견했다. 발신자는 "징벌을 위한 국제 인민재판"이라는 인상적인 이름의 조직이었는데, 그 구성원은 제한적이어서 스퀴키, 샌드라 굿, 수전 머피뿐이었다. 편지는 유명 대기업 경영자와 미국 정부 관리들에게 만약 대기와 수질 오염을 지속하며 환경 파괴를 멈추지 않으면 죽이겠다고 협박하는 내용이었다. 그 밖에 다른 수신자들이 적힌 긴 목록도 발견되었다. 머피와 함께 우편물로 협박장을 보내려는 혐의로 체포됐다가 보석된 후에도, 굿은 라디오와 TV를 통해 같은 협박을 계속했고, 주간州間 통신 수단을 통해 살해 협박을 한 것으로 네 건의 연방법을 위반했다.

굿은 재판에서 직접 변호했고, 다섯 건의 혐의에 대해 유죄 판결을 받았으며(머피는 공동모의 혐의 한 건이었다), 판사에게 최대형인 25년형을 선고해달라고 요청했다. 판사는 15년을 주었다. 재판 중

* 미국의 만화 주인공.

그녀의 "상담역"이었고 지금은 새크라멘토의 연방지방법원 판사로 있는 윌리엄 슈브는, 만약 그녀가 동의만 했다면 자신이 협상을 통해 분명 훨씬 더 적은 형량을 받을 수 있었을 거라 말하고 있다.

테이트-라비앙카 사건의 공범들은 모두 맨슨과 마찬가지로 여전히 종신형으로 수감되어 있다.

살인 현장에서 맨슨의 주요 부관이자 테이트-라비앙카 살인 사건의 주범인 찰스 "텍스" 왓슨은, 맨슨과 의절한 채 현재 캘리포니아주 아이원의 뮬크리크 주립교도소에 있다. 1972년 9월부터 샌 루이스 오비스포의 캘리포니아 남성 격리소 CMC에 수감되었다가, 1993년 4월 지금의 교도소로 이감되었다. CMC에 있던 1973년, 왓슨은 레이먼드 회크스트라 목사("레이 목사"로 알려진 전설적인 교도소 선교사다)를 통해 기독교인으로 다시 태어났다. 왓슨은 견습 목사이자 CMC 기독교회의 부목사 자격으로 세례를 하고, 성서 공부 모임을 이끌고, 수감자 모임에서 설교도 한다. 1980년, 왓슨은 노르웨이인 아내 크리스틴과 함께 비영리 단체인 넘치는 사랑 목회 Abounding Love Ministries, ALMS를 조직해 운영하고 있다. 두 사람은 1979년 결혼해 세 명의 자녀를 두고 있다. 1979년 그는 목사 서품을 받았고, 현재 전국의 회원들에게 종교 강연 테이프와 소식지를 전하는 대가로 매달 1500달러의 기부금을 받고 있다.

왓슨이 1978년 레이 목사와 함께 쓴 책 『당신은 나를 위해 죽을 수 있습니까? Will You Die for Me?』는 맨슨과 함께 지냈던 삶과 살인, 그리고 궁극적으로 기독교로 개종한 이야기를 시간순으로 담고 있다. 맨슨에 대해서 그는 "나는 나 자신을 전적으로 내주었다"라고 적고 있다. 또한 자신은 "신이 되고 싶었던 악마 같은 자 때문에" 죽음과 파괴의 힘에 봉사했다고 말한다. 맨슨이 악마에 "홀렸고, 지금도 여전히 홀려 있다"고 믿는 그는, 맨슨의 유일한 관심사는 "죽음이었지만, 예수님은 삶을 약속했다"고 했다. 1990년 5월에 있었던 가석방 심사에서 왓슨이 교도소 정신과 의사에게 했던 충격적인 자백이 밝혀졌다. (왓슨은 1993년 1월의 가석방 심사는 포기했는데, 자신은 가석방 자격이 없다고 스스로 규정했다.) 정신과 의사는 "지난 3년 동안의 일대일 상담에서, [왓슨은] 비로소 범죄 피해자와 피해자의 가족들에 대해 진심으로 뉘우치는 감정을 느끼기 시작했다"고 적었다. 동요한 가석방 심사위원이 왓슨에게 지난 18년 동안 어떤 느낌이 들었는지 묻자 왓슨은 다음과 같이 대답했다. "그러니까, 전에도 이런 경험이 없었던 것은 아니지만, 지난 몇 년간 제 인생에서 있었던 일들 때문에 더 절실히 그런 느낌이 들었습니다." 왓슨은 1975년 기독교인이 된 이후의 경험에 대해, "신에게 제 행동을 용서받았다는 걸 알게 되어 좋았습니다. 하지만 우리는 종종 그 사실 뒤에 숨을 수도 있다고 생각했다가, 지난 3년 동안은 저를 새로운 시각으로 제대로 볼 기회가 있었습니다. 저를 열고, 저 자신이 아니라 다른 사람의 눈으로 그 범죄를 보게 되었다는 의미입니다."

본인이 가석방 심사에서 이야기한 바에 따르면, 왓슨의 뒤늦은 깨달음은 어느 정도는 수잰 라버지(이전 이름은 수잰 스트루더스)와의 어색한 관계 때문인 것으로 보인다. 수잰은 로즈메리 라비앙카가 레노를 만나기 전에 낳았던 딸이다. 세 번 결혼하고 이혼했으며, 살인 사건 당시에는 스물한 살이었던 수잰은 1987년 CMC에서부터 왓슨에게 면회를 오기 시작했다. 그녀는 실제로 1990년 가석방 심사에 나타나 본인의 어머니를 죽인 살인자를 석방해달라고 열정적으로 탄원했는데, 왓슨은 자신의 끔찍한 범죄를 속죄하고 있으며, 기독교인으로 개심함으로써 자신의 과거를 극복했으니 더 이상 사회에 위협이 되지 않는다고 말했다.

1994년 6월 5일 내게 쓴 편지에서 왓슨은 이렇게 적었다. "깊은 참회와 함께, 맨슨을 그런 사람으로 만드는 과정에 있었던 제 역할에 대해 세상 사람들에게 사과하는 바입니다. 많은 피해자께, 제 마음은 제 행동에 대한 슬픔으로 가득하다고 말씀드립니다…… 누군가 자신이 저지른 범죄 때문에 사형을 받아야 한다면, 그건 저입니다. 저는 하나님과 그분의 자비가 제게 두 번째 기회를 주었다고 믿으며, 제 인생에 대해서는 또 다른 계획을 갖게 되었습니다…… 주께서 저를 증거로 삼아 다른 이들을 그리스도에게 이끌 수 있다면, 다른 더 큰 야망은 없습니다."

CMC에 있는 동안 왓슨은 정보처리사와 사무기기 정비사 자격 과정을 수료했다. 현재 뮬크리크에서 맡은 작업은 "수감동 관리", 즉 본인이 수감된 건물의 두 층을 깨끗하게 유지하는 일이다. 뮬크리크 교도소 대변인은 왓슨이 테이트-라비앙카 사건으로 수감된 이후, "1973년에 사소한 위반으로 한 차례 문제를 일으켜 징계를 받은 적이 있다. 그는 사고 없이 징계 프로그램을 수료했다"고 알려 주었다.

수전 앳킨스, 퍼트리샤 크렌윙클, 그리고 레슬리 밴하우튼은 왓슨과 마찬가지로 맨슨과 의절하고 살인에 대한 반성을 드러냈다. 모두 여전히 프론테라의 캘리포니아 여성 교도소에 있다. 주에 세 개뿐인 여성 교도소 중 하나인 프론테라는 누군가가 "철조망을 두른 대학 캠퍼스"라고 묘사한 곳이다. 맨슨의 여자 셋은 모두 매력적이고 잘 관리된 별채 같은 단위 주택에서 지내고 있다(한 단위당 수감자는 두 명이다). 세 여성 모두 가석방 심사를 거쳤고, 총 열 번 탈락했다. 그들 중 누군가가 석방된다면 밴하우튼이 가장 먼저일 거라는 게 중론인데, 앳킨스나 크렌윙클과 달리 그녀는 라비앙카 사건에만 관여했고 테이트 살인 사건과는 관련이 없기 때문이다. 그에 더해, 수백 명의 지지자로 잘 구성된 "레슬리의 친구들"이라는 모임이 가석방위원회에 정기적으로 그녀의 석방을 촉구하고 있다.

교도소 대변인에 따르면, "[이 여성들의] 시설 내 품행은 좋은 평가를 받고 있다". (사실 크렌윙클은 23년 동안 단 한 번도 규정을 위반하지 않았는데, 가석방위원회 위원들도 "흔치 않은" 사례라고 말했다.) 현재 감독 수준은 중급 보안이며, 모두 일반 죄수들과 함께 지내고 있다. 그리고 크렌윙클과 밴하우튼은 각자 앳킨스와 친한 것보다는, 둘이서 더 잘 지내고 있는 것으로 전해진다.

여성들 중 가장 유명한 수전 "섹시 세이디" 앳킨스는 왓슨보다 훨씬 더 먼저 기독교로 개종했다. 1974년 초, 패밀리의 전 구성원이자 힌먼-셰이 살인 사건으로 폴섬 교도소에 수감 중이던 브루스 데이비스의 중재로, 수전은 기독교인의 삶에 대해 깊이 생각하기 시작했다. 기독교인으로 다시 태어난 데이비스는 그녀에게 많은 편지를 썼고, 신약성서를 포함해 기독교 서적을 읽어보라며 추천하고 안내했다. 1977년에 출간된 『사탄의 아이, 신의 아이Child of Satan, Child of God』(밥 슬로서와 공저)에서, 그녀는 1974년 9월 말의 어느 저녁 혼자 감방에 있다가, 작지만 진지한 목소리로 자신이 저지른 무시무시한 범죄에 대해 용서를 받고 싶다는 말을 내뱉었다고 회상했다. "갑자기 제 머릿속에서 문이 하나 생겼습니다. 손잡이가 있었어요. 그 손잡이를 잡고, 당겼습니다"라고 그녀는 적었다. 그 문이 열리자 자신 위로 빛이 홍수처럼 쏟아졌다고 그녀는 말한다. 가운데 부분이 한층 더 밝았는데, 그게 예수님임을 알 수 있었다. "그분이 제게 말씀하셨습니다— 말 그대로, 쉽게, 가로 2.7미터, 세로 3.4미터의 감방에서요. '수전, 나는 진정 이곳에 있다. 나는 네 마음속에 머무르기 위해 온 것이다. 바로 지금 너는 다시 태어나고 있다…… 너는 이제 신의 자녀니라. 너는 깨끗이 씻겼고 네 죄는 모두 용서받았느니라'라고요." 앳킨스는 계속해서 바로 그날 밤, 오랜만에 처음으로 "악몽을 꾸지 않고 깊이 잘 수 있었다고—두렵지 않고 따듯했다"고 말한다. 책의 마지막 페이지에서 그녀는 "주께서 언젠가는 저를 이곳[프론테라]에서 풀어주시고, 모든 사람, 특히 십대 시절 제가 그랬던 것처럼 뒤틀리고 길 잃은 사람들에게 선교할 수 있게 해주실 것"을 믿는다고 적고 있다.

그녀는 샤론 테이트를 찔렀던 일은 부정하고 있지만, 이제 그곳에 있으면서 "그 일을 멈추기 위해 아무것도 하지 않았"기 때문에 도덕적으로 과실이 있었던 것이나 마찬가지라고 덧붙였다. 1980년대 중반, 샤론 사건에 관여한 것에 대해 샤론 테이트의 어머니에게 사과할 의향이 있냐는 기자의 질문에 그녀는 다음과 같이 대답했다. "제 감정을 말로 표현할 수는 없습니다. '죄송합니다, 제발 용서해주세요' 같은 말은 과용되고 있고, 제 감정에는 부적합합니다."

앳킨스는 1981년 9월, 쉰두 살의 텍사스 남자 도널드 리 레저와 결혼했다. 레저Laisure는 자신의 이름에 있는 s자 자리에 달러 표시$를 쓰는 사람이다. 결혼 당시 그는 재산이 "미화 9억 9900만 달러에, 외국 화폐로는 그보다 일곱 배쯤 많다"고 했으며, 신부 가까이 머무르기 위해 프론테라 교도소 근처에 1200만 달러짜리 태양열 주택을 지을 계획이라고 했다. 뉴스 보도에 따르면 레저는 "다이아몬드 반지와 넥타이핀, 커다란 순금 버클이 달린 벨트를 치렁치렁 매달고, 선글라스, 시가, 카우보이 모자와 오렌지색 캐주얼 정장 차림으로 휘황찬란하게" 교도소 교회에서 열린 결혼식에 나타났다. 바깥의 교도소 주차장에 세워둔 그의 캐딜락 지붕에는 빳빳하게 편 텍사스의 주기州旗가 꽂혀 있었다.

수전이 레저와 오랫동안 편지를 주고받기는 했지만, 아쉽게도 그에 대해 알지 못한 세부 사항이 두 가지 있었다. 그의 부는 존재하지 않았다. 그리고 어쩌면 더 중요한 것은, 레저는 파리에서 치마 길이가 바뀌는 것만큼이나 자주 결혼하는 습관이 있었다는 사실이다. 결혼 3개월 후, 그녀는 교도소의 가족생활 단위 아파트에 부부 면회를 위해 찾아온 레저에게 "텍사스로 돌아가라"고 말하고, 그 결혼은 "극적인 실수"였다고 결론지었다. 레저는 이듬해에 이혼 서류를 제출했다. 1987년, 수전은 재혼했다. 그녀보다 열다섯 살 연하였던 남편은 서던캘리포니아의 로스쿨에 다니고 있다. 그녀는 이 두 번째 결혼에 대해 "제 인생에서 처음으로 건강하고 성공적인 관계"라고 묘사했다.

1994년 5월 11일에 내게 보낸 장문의 타자 편지에서 앳킨스는 다음과 같이 적었다. "25년 전, 검사님은 스무 살에서 스물두 살 사이의 여성 세 명과 서른다섯 살의 전과자를 재판에 세웠습니다. 25년이 지난 지금, 세 여성은 마흔다섯 살 전후가 되었고, 모두 모범적인 수감 기록을 보이고 있으며, 교육 프로그램 덕분에 학사 학위를 받았고, 할 수 있는 범위 내에서 모든 자선 조직과 프로그램에 참여하고 있으며, 그리고 이 사악한 범죄에 가담했던 일을 참회하고, 그것을 수치스럽게 생각하며, 후회하고 있습니다…… 그리고 이제 예순한 살이 된 그 전과자는 이마에 나치 표식을 새긴 채 가석방 심사에 나타나고 있습니다. 저는 그것이 모든 것을 말해준다고 생각합니다."

앳킨스는 맨슨에 대해 대단히 비판적이지만, 여전히 그를 위해 기도하고 있다고, "찰리도 그리스도를 향해 돌아설 것"이라고 말했다. 앳킨스는 원격 수업을 통해 단기 문학사 학위(2년)를 취득했는데, 평균 학점 3.5점을 받고 졸업했다. 또한 정보처리사 과정을 마쳤으며, 현재는 법률보조원 수업을 듣고 있다. 프론테라에서는 교도소 직업교육 프로그램 중 봉제 수업 진행자로 일하고 있다.

1976년, 라비앙카 부부 살인에 대한 레슬리 밴하우튼의 유죄 판결이 뒤집히고 캘리포니아주 항소 법원 상소 법정에서 새로운 재판이 열렸다. 원심 막바지에 그녀의 변호사 로널드 휴스가 실종되었을 때, 그녀가 요청한 무효 심리를 찰스 올더 판사가 허용하지 않은 것은 과실이었음이 인정되었기 때문이다. 첫 번째 재심에서 불일치 배심이 나왔지만, 그녀는 1978년 최종적으로 유죄 판결을 받았다. 1970년에서 1971년 사이에 있었던 원심의 유죄 판결 단계에서와 달리, 두 번의 재심에서 밴하우튼은 라비앙카 사건에 온전히 가담했음을 배심원 앞에서 인정했다. 그녀는 부분적으로는, 환각성 약물을 상습적으로 장기간 복용한 결과 정신질환이 생겼고, 그에 따라 정신적 능력이 감소한 상태였다고 호소했다. 최종심 몇 달 전에 그녀는 친구와 지인들이 모은 20만 달러의 보석금을 내고 잠시 석방되었으며, 그녀에 대한 책을 쓰고 있던 『크리스천 사이언스 모니터』 출신의 전직 작가와 함께 지냈다. 책은 초고까지 완성되었지만, 최종적으로 출간되지는 못했다.

밴하우튼은 1980년대 초 빌 시원이라는 남성과 짧게 결혼생활을 유지했다. 그녀 쪽에서 잘못을 저지르거나 공모한 사실은 없지만, 짧은 결혼 기간에 시원은 여성 교도소 교도관의 근무복을 지니고 있었던 것이 밝혀졌다.

밴하우튼은 원격 수업을 통해 영문학 학사 학위를 취득했다. 또

한 단편소설을 쓰고 있는데, 그중 한 편이 교도소 문학 선집에 실렸다. 한때는 교도소 소식지를 편집하기도 했으며, 교도소 내의 작은 퀼트 모임에 참여하고 있다. 밴하우튼은 살인 사건에서 본인의 책임에 대해 "맨슨이 잘못을 인정하지 않았다는 사실에 마음이 상했다"고 말한다. "저는 제 책임을 인정하는데, 그 책임의 일부는 맨슨이라는 인물을 만들어내는 데 일조했다는 것입니다. 추종자에 불과했다는 것은 핑계가 되지 않습니다." 밴하우튼은 현재 교도소에서 사무 일을 보고 있다.

퍼트리샤 크렌윙클은 폰테라에서 원격 수업을 통해 이학사 학위를 취득했고, 역시 정보처리사 과정을 수료했다. 크렌윙클은 한 번도 결혼하지 않았다. 맨슨의 여자 세 명 중 가장 운동신경이 좋은 그녀는 교도소 소프트볼팀에서 뛰고 있고, 현재는 수감자 소방대의 "조교"로, 대원들이 불에 맞서는 데 필요한 체력을 갖출 수 있도록 훈련시키고 있다. 그녀와 밴하우튼은 약물 남용으로 교도소에 온 젊은이들을 대상으로 한 프로그램에서 상담사로 활동하고 있다.

1988년 크렌윙클은 살인 사건을 뉘우치고 있다고 하면서도, 테이트 살인 사건 당시 자신이 죽인 애비게일 폴저는 "보이는 모습이 전부가 아닌 사람, 즉 마약 중독자"였을 가능성이 있다고 정신과 의사에게 말했다. 1993년 가석방 심사에서 크렌윙클은 갈라진 목소리로 눈물을 흘리며 위원들에게 다음과 같이 말했다. "제가 뭘 하든, 제 인생에서 1분도 바꿀 수 없습니다. 그 값을 치르려면 죽는 수밖에 없습니다. 저는 여러분이 뭘 바라는지 알고 있지만, 스스로 제

목숨을 앗을 수는 없습니다." 1994년 ABC 특집 방송에서 그녀는 "매일 눈을 뜨면 제가 가장 고귀한 것, 즉 목숨을 빼앗은 사람이라는 자각이 듭니다. 그런 자각과 함께 사는 것이 가장 힘듭니다"라고 말했다. 하지만 "그건 제가 받아 마땅한 겁니다. 매일 아침 일어나 그런 자각을 하는 것이요"라고 덧붙이기도 했다. 자신은 살인을 명령하지 않았다는 맨슨의 주장에 대해서는 다음과 같이 말했다. "찰리는 전적으로 거짓말을 하고 있습니다. 그 사람의 공개적인 허가 없이는 어떤 일도 할 수 없었습니다―그런 건 허용되지 않았습니다." 그녀는 "제게 편지를 보내는 젊은이들이 우리가 저지른 일을 옳은 것으로 생각하는 듯해 걱정입니다. 우리가 저지른 일에서 옳은 것은 전혀, 전혀 없습니다. 그 젊은이들에게 제가 뭔가 말해줄 게 있다면, 그자[맨슨]는 따를 만한 사람이 아니라는 것입니다." 맨슨이 관여한 살인 사건으로 유죄 판결을 받은 패밀리 구성원 중 한 명을 제외하고는 모두 지금까지 감옥에 있다. 도널드 "쇼티" 셰이와 게리 힌먼 살해 혐의로 유죄 판결을 받은 브루스 데이비스는 현재 샌루이스의 캘리포니아 남성 격리소에 있으며, 역시 힌먼 사건으로 유죄 판결을 받은 로버트 보솔레이는 캘리포니아주 수전빌의 캘리포니아 교정센터에 있다. 셰이 살인 사건으로 유죄 판결을 받은 스티브 그로건(패밀리에서의 이름은 "클렘 터프츠")은 석방되었다.

그로건은 맨슨 패밀리 구성원 중 모든 면에서 가장 나사 풀리고 (사이키델릭 약에 취해) 멍한 인물이었다. 패밀리 안에서도 그는 미친놈 취급을 받았다. 하지만 셰이 살인 사건 당시 열여덟 살이던 그로건이 감옥에서 보인 변화는 놀라울 정도였다. 당시 그로건을 기소하고, 로스앤젤레스 카운티 대법원 판사를 역임한 후 지금은 은퇴한 버트 카츠는, 공개적으로 참회를 밝힌 그로건에게 "좋은 인상"을 받았으며 그가 "사려 깊고 이해심 있는 젊은이"로 성숙했다고 생각한다고 말했다. 셰이 살인 사건의 주 수사관이었던 로스앤젤레스 보안관서의 윌리엄 글리슨 경사는 그로건의 변화가 "경이롭다"고 했다. 그로건은 감옥에서 수채화를 능숙하게 익혔고 기타 연주를 했으며, 항공기 엔진 정비사 자격증을 취득했다.

오랫동안 맨슨 패밀리와 관련해 품어왔던 수수께끼 하나가 그로건 덕분에 풀렸다. 아마 반항적인 생각을 가진 구성원들에게 겁을 주기 위해 만들어진 이야기일 텐데, 셰이는 그로건에 의해 머리가 잘렸고, 그 시신은 스팬 목장의 서로 다른 아홉 군데에 묻혔다는 것이 맨슨 패밀리와 관련된 오래된 소문이었다. 하지만 법집행기구에서 목장을 광범위하게 파봤지만 셰이 혹은 그의 신체 일부를 찾는 데는 실패했다. 1977년, 캘리포니아주 트레이시의 듀엘 직업교육 교도소에 있던 그로건이 카츠를 만나게 해달라고 요청했다. 자신이 셰이의 머리를 자르지 않았다는 것, 그리고 셰이의 시신이 아홉 토막으로 잘리지 않았다는 것을 증명하기 위해 그는 카츠에게 지도를 그려준 다음 셰이의 시신이 있는 곳을 정확히 짚어주었다. 이어서 글리슨과 그의 동료가 그로건이 알려준 위치에서 온전히 있는 셰이의 시신을 발견했다. 목장에서 400미터쯤 떨어진 곳에 있는 가파른 제방 아래쪽이었다. 1985년 11월 18일 그로건은 석방되었고, 1988년 4월 13일엔 가석방 조건도 모두 해제되었다.

오늘날 맨슨에게는 그 어느 때보다 많은 지지자와 동조자가 있지만, 현재 감옥 안이든 밖이든 자신들을 맨슨 패밀리로 일컬으며 그 명성을 이어가려는 집단은 없다. 1960년대 후반 그가 주위에 끌어모았던 떠돌이 음악가와 부랑자, 그리고 잠재적 살인자들은 이제 없고, 그들의 자리를 대신할 새로운 집단은 등장하지 않았다. 그의 전 추종자들은 두 명을 제외하고는 모두 그와 이어진 탯줄을 끊고 새로운 삶을 시작했다. 오직 스퀴키와 샌드라(맨슨은 두 사람을 "빨강"과 "파랑"이라고 불렀다), 두 사람의 얼굴에만 아직도 전도의 빛이 빛나고 있었고, 둘은 여전히 이론의 여지 없이 맨슨과 결합돼 있었으며, 열정적으로 그의 복음을 설파했다.

스퀴키는 웨스트버지니아주 앨더슨의 연방 교도소에서 종신형의 대부분을 복역했다. 현재는 플로리다주 마리아나에 있는 연방 교도소에 있는데, 1989년 3월 3일 앨더슨에서 그곳으로 이감되었다. 얼마 전 AP통신에 따르면 그녀는 "우리 모두에게 곧 커튼이 내려올 겁니다, 맨슨에게 모든 것을 바치지 않으면 너무 늦을 겁니다"라고 말했다고 한다. 1977년, 맨슨과 함께 지냈던 삶에 대한 미출간 원고에서 그녀는 다음과 같이 적었다. "제가 맨슨의 본처라고 사람들은 말합니다…… [하지만 맨슨의] 본처는 진리입니다. 진리는 누구보다, 그 무엇보다 먼저 왔고, 그는 살아서든 죽어서든 그녀와 함께 있을 겁니다." 1987년 12월 23일, 맨슨이 미주리주 아바의 친구에게 쓴 편지에서 자신이 고환암에 걸렸다고 밝혔다는 소식을 들은 스퀴키는, 그에게 가기 위해 몇 시간 만에 앨더슨을 탈옥했지만, 며칠 후 불과 3.2킬로미터 떨어진 곳에서 체포되었다. 맨슨의 개인 의료 기록은 기밀이며, 캘리포니아 교정국은 맨슨이 실제로 암에 걸렸는지, 현재는 어떤 상태인지 확인해줄 수 없다고 했다. 그해 초 친구에게 쓴 편지에서 그녀는 "나는 그 사람을 생각할 때만 살 수 있고, 또 살아 있다는 느낌이 드는 것 같아"라고 말했다.

샌드라 굿은 15년의 형기 중 10년을 복역했다(그중 1980년에서 1985년까지 5년은 앨더슨에서 스퀴키와 함께 있었다). 현재 그녀는 코커런의 맨슨 교도소에서 가까운 캘리포니아주 핸퍼드에 살고 있다. 그녀는 면회에 갈 특권이 없지만, 지리상 맨슨과 가까이 있다는 것에 만족하고 있다. 외곽에서 그를 대변하고 응원하는 핵심 인물이 된 그녀는 전국의 텔레비전 시청자들을 포함해 관심이 있는 사람이라면 누구에게나, 맨슨은 테이트-라비앙카 살인 사건에서 무죄이며, 온 나라가 따라야 하는 "환상적인" 사람, "아이들이 자기 자신이 될 수 있게" 해줄 사람이라고 이야기하고 있다. 굿의 남자친구 조지 심프슨은 면회가 가능하기 때문에 맨슨과의 중재자 역할을 하고 있는 것으로 알려졌다.

굿은 패밀리의 전성기에 맨슨이 종종 입곤 했던 조끼를 자랑스럽게 보관하고 있는 것으로 보인다. "찰리의 여자들"이 수년에 걸쳐 악마, 마녀, 악령을 비롯해 흑마법이나 악마 숭배와 관련된 이미지들을 수놓은 것이었다. 또한 그 조끼에는 재판 도중 맨슨을 위해 정의의 전당 바깥에서 24시간 농성했던 여성들이 삭발할 때 나온 머리칼도 붙어 있다.

한때 맨슨 무리의 구성원이거나 패밀리와 관련 있었던 사람들은 사방으로 흩어져 언론으로부터 본인들의 사생활을 지키고 있다. 맨슨의 이름은 테러와 동의어가 되었기 때문에, 그들의 지도자가 자주 이야기했던 「요한계시록」 9장의 이마에 인침을 받은 사람들처럼, 패밀리의 전 구성원 역시(적어도 우리가 알기에는 패밀리가 저지른 혐오스러운 범죄에 가담하지 않은 사람들까지도) 평생 낙인이 찍힌 셈이다. 자신들의 배경을 알면 차분하게 받아들일 사람이 거의 없다는 것을 알기 때문에, 그들 대부분은 새로운 삶에서 자신들의 과거를 비밀로 유지하고 있다.

마지막으로 들은 정보에 따르면 린다 캐서비언은 뉴햄프셔를 떠나, 태평양 연안 남서부에서 가명을 쓰며 남편 및 세 자녀와 함께 살고 있다. 뉴햄프셔 밀퍼드에서 린다와 함께 지냈던 그녀의 친구는 기자에게 "린다는 평범한 삶을 살고 있습니다. 아이들을 학교에 태워주고, 학부모교사연합에서 활동하고, 그런 것들을 하면서요"라고 말했다. 내가 기꺼이 간호학교에 들어가도록 도왔던 바버라 호이트는 이제 북서부에서 간호사로 일하고 있다. 바버라는 이혼 후 새로 구입한 공동주택에서 딸과 함께 살고 있다. 그녀는 "캠핑, 낚시, 그림 그리기, 배구 등을 하며" 활동적인 삶을 누리고 있다.

여느 보도들과 달리, 다이앤 레이크는 은행 임원 혹은 부행장이 된 것이 아니다. 그녀는 은행 창구 직원으로 오랫동안 일했고, 최근

생활에 대해서는 "행복한 결혼을 했고, 미국 서부에서 남편과 세 아이와 함께 행복한 기독교인의 삶을 살고 있습니다"라고 말했다. 키티 루트싱어는 이혼 후 두 자녀와 함께 캘리포니아에서 살고 있다. 스티브 그로건은 보도에 나온 것처럼 로스앤젤레스 샌퍼낸도밸리에서 도장공으로 일하고 있는 것이 아니다. 아주 가까운 사람이 내게 알려준 바에 따르면 그는 직업상(구체적으로는 밝혀지지 않았다) 여러 주를 돌아다니며 "일을 아주 잘, 사람들이 기대했던 것보다 훨씬 더 잘해내고 있다"고 한다.

패밀리의 최초 여성 구성원이었던 메리 브루너는 맨슨 무리에 합류할 당시 버클리의 캘리포니아주립대학 사서 조수로 일하고 있었다. 이후 캘리포니아주 호손의 웨스턴 서플러스 상점 절도에 가담한 혐의로 6년 반을 복역했고, 현재는 중서부에서 가명으로 지내고 있다. 독신이고 사무직에 종사하고 있다.

캐서린 셰어는 호손 절도 사건으로 5년을 복역했다. 현재는 남서부 주에서 두 번째 남편과 스물세 살이 된 대학생 아들과 함께 살고 있다. 1981년 맨슨 패밀리의 지인이었던 케네스 코모와 이혼한 후 그녀는 패밀리와는 완전히 연을 끊었다고 말했다. 다이앤 레이크와 마찬가지로, 그녀는 "행복한 결혼을 했고, 교회 일에 적극적으로 활동하는 기독교인"이 되었다고 한다. 셰어는 파리에서 헝가리인 바이올린 주자인 아버지와 독일 출신의 유대인 망명객 어머니 사이에서 태어났는데, 두 사람 다 제2차 세계대전 중에는 나치에 저항하는 지하 레지스탕스 조직에서 활동했다. 이제 그녀는 "지난

10년 동안 교통 딱지 하나 떼지 않을 정도로" 깨끗하게 살고 있다고 했다. 또한 퍼트리샤 크렌윙클이나 패밀리의 다른 전 구성원들과 마찬가지로 그녀도 많은 젊은이가 맨슨을 숭배하며 따르는 것을 깊이 걱정하고 있다. 이 때문에 그녀는 현재 텍사스를 기반으로 활동하는 작가와 함께 책(『그녀는 집시 여성이었다 She Was a Gypsy Woman』)을 집필 중이고, 이를 통해 젊은이들에게 "진실을 말하며, 맨슨의 진짜 모습이 어떤 것인지" 밝힐 예정이라고 했다.

테이트-라비앙카 재판의 형량 결정 단계에서 셰어는 그 살인의 동기가 (내가 확고하게 맨슨과 연결시켰던) 헬터 스켈터가 아니라, 맨슨과 아무 관련이 없는 모방범 동기였다고 증언했다. 1994년 4월 초에 있었던 나와의 대화에서, 그녀는 내가 알고 있던 것이 맞는다고, 자신의 증언이 사실이 아니었다고 인정했다. 모방범 동기 이야기는 (뿐만 아니라 맨슨이 아니라 린다 캐서비언이 살인 사건의 배후 인물이라고 했던 본인의 증언도) 맨슨을 사형 판결에서 구하기 위해 꾸민 것이며, 본인은 명백한 지시에 따라 그렇게 증언했다고 말했다.

캐서린 질리스는 이혼 후 생활 보호를 받으며 데스밸리 근처에서 네 자녀와 함께 살고 있다. 그녀는 자신의 쌍둥이 딸이 장학생이라며 아주 자랑스러워하고 있다. 스테퍼니 슈람이 어떻게 되었는지는 아무도 모른다. 낸시 피트먼은 아리안 형제단의 전 단원이었던 마이클 몬포트와 결혼했는데, 형제단은 맨슨이 1970년대 중반 느슨하게나마 일정한 관계를 유지하던 조직이었다. 그녀는 몬포트가 유죄 판결을 받은 로런 윌렛 살인 사건의 사후종범으로 1년을 복역했다. 현재는 독신이며, 네 자녀와 함께 태평양 북서부 연안에서 살고 있다. 최근 그녀의 가장 큰 걱정은 "한때 자신이 맨슨 패밀리에 속했다는 사실 때문에 자식들에게 생길 수 있는 피해를 막는 것"이라고 한다.

폴 왓킨스, 내게 맨슨의 헬터 스켈터 동기에 대한 연결 고리를 제공했던 지적이고 또박또박 말을 잘했던 그 친구는 1990년 백혈병으로 사망했다. 폴과 그의 두 번째 아내 마사는 두 딸과 함께 데스밸리 남쪽 끝에 있는 사막의 작은 마을 테코파에서 살았다. 그와 아내는 주변에서 원석을 캐내 테코파의 보석상에 팔았다. 폴은 또한 밀교 문화의 심리와 약물 남용의 치명적 효과에 대해 폭넓게 강연했다. 그의 책 『찰스 맨슨과 함께한 나의 삶 My Life with Charles Manson』은 1979년에 출간되었다.

오랫동안 폴(작곡 및 노래를 하고, 색소폰과 플루트를 연주했다)과 그의 절친 브룩스 포스턴(작사, 기타)은 '사막의 태양 Desert Sun'이라는 밴드를 구성해 데스밸리 주변 지역의 나이트클럽에서 연주했다. 스스로 텍사스 출신의 시골뜨기라고 부르는 브룩스는 현재 뉴올리언스의 비폭력 밀교 집단에 소속돼 있다고 하는데, 확인되지는 않는다.

데니스 라이스는 호손 절도 사건으로 5년을 복역하고, 맨슨 패밀리 구성원과 접촉하지 않는다는 가석방 조건을 위반한 혐의로 2년을 더 복역했다. 현재 그는 목사 서품을 받은 후 "진짜 자유" 선교단의 단장을 맡고 있다. 남서부 주에서 두 번째 아내와 함께 살고 있는 그는, 본인 표현에 따르면, "미국 전역의 고등학교와 구치소, 교도소에서 인생을 바꾸는 예수 그리스도의 권능에 대해" 설교하고 있다고 한다. 그는 여섯 명의 자녀를 두었는데, 모두 "하나님을 모시는 기독교인"이라고 자랑스럽게 말한다.

루스 무어하우스는 남편과 세 자녀와 함께 중서부 주에서 살고 있다. 파나마 출신의 카우보이 후안 플린은 파나마로 돌아가 목장에서 일하고 있다. 1970년대 후반 나는 대니 디칼로를 찾고 있다는 캐나다 법집행기구의 연락을 받은 적이 있는데, 디칼로는 캐나다 출생이었다. 캐나다의 사생활 보호법 때문에 오타와의 캐나다 경찰국에서는 해당 정보를 찾을 수 없었다. 현재 디칼로가 어디에 있는지는 전혀 알 수 없다.

나는 "맨슨의 아이들"이 어떻게 되었느냐는 질문을 자주 받는다. 모두 여덟 명인데, 그중 넷은 데니스 라이스와 그의 첫 번째 아내 사이에서 태어난 3남 1녀였다. 라이스의 아들 중 둘은 지금 남서부 주에 있는 교회 목사로 지내며, 지역 기독교 교회에서 열심히 활동하고 있다.

샌드라 굿의 아들 선스톤 호크에 대해서는, 미식축구 장학생으로 대학에 진학해 라인맨으로 활약하고 있다는 것 외에는 알려진 바가 거의 없다.

린다 캐서비언의 딸 타냐는 뉴햄프셔에서 린다와 함께 지내며 자랐다.

현재 타냐는 북서부 태평양 연안에서 살고 있으며, 결혼했고, 최근에 첫아이를 낳아 린다를 할머니로 만들어주었다.

수전 앳킨스의 아들 제조조스 재드프랙은 입양되었는데, 양부모는 내과 의사로 알려져 있다. 법원 기록은 기밀로 분류되었고, 앳킨스 본인도 아들의 소재에 대해서는 모르고 있다.

맨슨과 메리 브루너의 아들 발렌틴 마이클("푸 베어")은 메리의 부모님이 위스콘신주 오클레어에서 키웠다. 3학년이 될 때까지 아이는 자신의 진짜 아버지를 몰랐고, 엄마를 누나로 알고 있었다. 1993년, 마이클은 자신을 추적해 찾아온 기자에게 자신은 한 번도 맨슨을 찾아간 적이 없다고, "보고 싶은 마음도 없고, 맨슨은 그저 저와는 아무 관련이 없는 사악한 사람일 뿐입니다"라고 말했다. 맨슨 패밀리를 연구하는 빌 넬슨에 따르면, 이제 스물여섯 살이 된 마이클은 콜로라도주에서 여자친구와 세 살 된 아들과 함께 살며, 배관 회사의 영업사원으로 일하고 있다. 최근에 공인중개사 자격증을 땄다. 마이클은 자신을 길러준 조부모에게 깊이 감사하고 있고, 지금까지도 엄마보다는 조부모들과 더 가깝게 지내고 있다.

삶의 어느 단계에서 맨슨 및 그의 패밀리와 의미심장한 접촉이 있었던 사람들 중 도리스 데이의 아들이자 음반 제작자였던 테리 멜처가 있다. 테이트 살인 사건이 일어난 집의 전주인이자, 맨슨이 그를 통해 본인의 음반을 녹음하려 했지만 실패했던 멜처는 현재 서부 해안에서 호텔과 부동산업을 주로 하고 있다. 하지만 음악계에도 계속 관여하고 있다. 1985년 이후로 그는 비치 보이스 음반의 제작자로 활동하고 있다. 테리와 그의 아내는 그들이 살고 있는 공동체의 공공 영역에서도 상당히 적극적으로 활동 중이다.

데니스 윌슨의 집에서 맨슨을 만났고, 삶에 대한 맨슨의 철학이 지적인 자극이 된다고 생각해 멜처에게까지 소개해준 그레그 제이컵슨은, 캘리포니아주 라구나 비치의 매력적인 공동체에서, 본인의 말을 인용하자면, "반쯤 은퇴한 상태로 좋은 삶을 이어가고" 있다. 코미디 배우 루 코스텔로의 딸인 그레그의 아내와 그레그는 이혼했고, 그는 재혼하지 않았다. 근처 뉴포트 비치에 있는 중국 식당의 공동 소유주이며, 골동품 매매를 하고, 지역 음악가들과 함께 작곡 활동을 하고 있다.

비치 보이스의 드러머 데니스 윌슨. 1968년 늦은 봄, 선셋 대로에 있는 그의 집에 맨슨이 패밀리와 함께 초대도 없이 들이닥친 적이 있고, 내가 맨슨의 녹음테이프를 찾고 있다고 했을 때 "거기에 담긴 울림은 이 지상의 것이 아니"어서 폐기했다고 한 그 윌슨은, 1983년 12월 27일 캘리포니아주 마리나 델 레이에서 친구의 보트 옆에서 다이빙을 하던 중 익사했다. 부검 보고서에는 익사 원인으로 추정되는 사항이 기록되어 있다. 윌슨의 혈중알코올농도가 0.26퍼센트, 캘리포니아주의 음주 운전 위반 수치보다 세 배나 높았다. 그의 체내에서는 코카인과 발륨 잔류물도 발견되었다. 건스 앤 로지스는 맨슨의 곡을 처음 녹음한 밴드가 아니었다. 가사를 조금 바꾸기는 했지만(예를 들어 '존재exist'는 '저항resist'으로, '형제brother'는 '연인lover'으로 바꾸었다) 「존재를 멈추다Cease to Exist」라는 곡이 「사랑하지 않는 법을 배우지 못했어Never Learn Not to Love」라는 새로운 제목으로 바뀐 채 1968년 12월 8일에 발매된 비치 보이스의 앨범 '산 위의 파랑새Bluebirds over the Mountain' B면에 실렸다. 해당 곡은 차트 61위 이상은 오르지 못했지만, 45rpm의 해당 앨범 양쪽 면에 있는 곡들은 이듬해 캐피톨 레코즈에서 발매된 비치 보이스의 앨범 '20/20'에 그대로 포함되었다. 비치 보이스는 그 곡의 작곡자가 맨슨임을 밝히지 않았지만, 폴 왓킨스, 브룩스 포스터, 그레그 제이컵슨은 모두 그것이 맨슨의 곡이라고 내게 말했고, 1986년에 출간된 『비치 보이스의 평전 영웅과 악당들: 비치 보이스의 진실Heroes and Villans: The True Story of the Beach Boys』의 저자 스티븐 게인스도 그 점을 인정했다.

오랫동안 미국 록 음악의 역사를 추적해온 뉴욕의 작가 마이크 루빈은, 지난 10년 동안 건스 앤 로지스 외에 적어도 다섯 팀의 록 그룹이 맨슨의 곡이나 그에게 바치는 곡을 녹음했다고 한다.

1994년 1월 초, 인더스트리얼 록 그룹 나인 인치 네일스가 자신들의 최신 앨범 '추락하는 나선Downward Spiral'을 테이트 저택에서 녹음했다. 밴드의 보컬이자 작곡가 트렌트 레즈너는 앨범 녹음을 위해 날림으로 가정용 스튜디오 "르 피그"를 설치하기는 했지만, 또한 논쟁적인 가사가 담긴 「피기Piggy」와 「돼지들의 행진 March of Pigs」 같은 곡들이 포함되어 있기는 하지만("돼지"라는 단어는 테이트 저택 현관문에 피로 찍혀 있었고, "돼지들에게 죽음을"이란 문구는 라비앙카 저택의 거실 벽에 찍혀 있었다), 모두 우연의 일치에 불과하다고 말했다. 그러니까 그에게 해당 집을 빌려준 부동산 중개인이 그곳이 테이트 사건의 현장임을 알려주지 않았다는 것이다. "르 피그" 녹음실은 하드록 그룹 매릴린 맨슨도 사용했는데, 밴드의 리드 싱어 맨슨 씨는 곧 발매될 앨범 '어떤 미국 가족의 초상Portrait of an American Family'의 보컬 부분을 그곳에서 녹음했다.

조지 스팬은 비가 많은 오리건의 날씨는 물론 자신이 1971년에 사들인 농장도 그다지 마음에 들지 않았다. 1년 후 로스앤젤레스로 돌아온 그는 법적으로는 이혼한 상태였던 아내의 집으로 들어갔다. 스팬은 1974년 후반 여든다섯의 나이로 사망했다. 스팬의 딸들 중 한 명은 한때 서커스의 마장마술 곡예사였다가 스팬 목장에서 스팬을 도와 사육사로 지냈던 루비 펄이 오리건까지 함께 갔다고 말했다. 스팬이 아내와 재결합하자 루비는 오리건의 작은 목장을 샀고, 지금도 그곳에 살고 있다.

1979년, 로니 하워드는 신원 불명의 두 남성에게 폭행을 당한 후 로스앤젤레스의 병원에서 사망했다. 1970년 아카데미상 다큐멘터리 부문 후보작 「맨슨」을 제작한 로런스 메릭은 1977년 자신의 할리우드 촬영장에서 총에 맞아 사망했다. 경찰은 두 살인 사건 모두 맨슨 혹은 그의 패밀리와는 관련이 없다는 결론을 내렸다.

가석방 문제를 해결한 후 버지니아 그레이엄은 폴란스키의 보상금으로 받은 1만2000달러로 호놀룰루의 힐튼 하와이언 빌리지 호텔에 온천을 열었다. 생존자가 된 버지니아는 현재 하와이 카일루아코나의 미술관 관리자이며, 1974년에 출간한 『꼬시기의 즐거움The Joy of Hooking』을 증보해, 『나와 잤던 사람들: 귀부인, 저택, 살인, 그리고 맨슨Look Who Is Sleeping in My Bed : Madames, Mansions, Murder and Manson』이라는 새로운 제목으로 완성했다. 그녀가 1973년의 책에서 나에 대해, 특히 내가 자신에게 누명을 씌웠다는 맨슨의 익숙한 불평에 대해 언급해준 것이 고마웠다. "제가 빈센트 부글리오시 씨에게 했던 말을 확인하기 위해 몇 번이나 검찰청에 드나들었는지 기억이 나지 않을 정도입니다. 부글리오시 씨에 대해 이 이야기는 해야겠습니다. 저는 어떤 종류의 권위도 그리 좋아하지 않지만, 그 사람은 전적으로 공정하고, 숨김이 없고, 솔직했습니다. 사건에 유리한 방향으로 제 증언을 조금이라도 바꿔달라는 암시는 전혀 없었습니다. 그 사람은 또 다른 극단, 즉 사실에만 관심이 있었습니다."

스팬 목장은 1970년 9월 뉴홀에서 해안까지 지역을 휩쓴 들불에 타버린 후에 복구되지 않았다. 조지 스팬에게서 해당 부지를 구입했던 독일 회사는, 자신들이 계획했던 독일인 관광객을 위한 목장 리조트를 개발하지 않았다. 오늘날, 잔인했던 맨슨 패밀리가 한때 그곳에 살았다는 흔적은 전혀 찾아볼 수 없다. 목장에 있던 허름한 건물은 모두 사라지고, 결국 캘리포니아주에 팔린 부지는 그대로 버려져, 잡초만 무성한 땅이 되었다.

테이트 저택은 살인 사건 당시 주인이던 루디 앨토벨리 이후에 주인이 몇 번 바뀌었다. "그 장소의 역사"가 마음에 들지 않았던 현재 주인은 1994년 1월 건물을 부수었고, 현재는 주변의 다른 집들을 압도할 만한 1000만 달러짜리 거대한 저택을 짓고 있다. 라비앙카 저택은 오랫동안 어떤 필리핀 부부가 소유하고 있었는데, 아내는 이멜다 마르코스의 친구로 알려져 있다. 최근에 부부는 집을 딸과 사위에게 팔았다.

맨슨 재판의 참여자 중, 맨슨의 변호사였던 어빙 카나렉은 1990년 1월 29일 캘리포니아주 변호사 협회에서 자격을 박탈당했다. 그는 1990년 10월 26일, "기소 중인 혐의"로 변호사를 그만두었다. 나는 기소의 근거(비공개 자료였다)는 물론 현재 카나렉의 행방도 모른다.

퍼트리샤 크렌윙클의 변호사 폴 피츠제럴드는 베벌리힐스에서 활동하고 있으며, 로스앤젤레스 지역에서 형사 전문 변호사로 이름을 떨치고 있다. 훌륭한 재판 변호사인 피츠제럴드는 계속 높은 비율로 재판에서 이기고 있고, 그 과정에서 법정에서 품위나 예의를 잃지도 않고 있다. 두 덕목 모두 법정에서는 유지하기 어려운 것이다.

수전 앳킨스의 변호사 데이 신은 1992년 10월 16일, 의뢰인의 돈을 착복한 혐의로 변호사 자격을 박탈당했다.

로널드 휴스를 대신해 레슬리 밴하우튼을 변호했던 세련된 변호사 맥스웰 키스는 여전히 로스앤젤레스에서 개인 사무실을 운영하고 있고, 올해 로스앤젤레스 형법변호사협회에서 평생공로상을 받았다.

벤투라 카운티 세스페 핫 스프링스에서 사망한 로널드 휴스의 사인은 아직까지도 풀리지 않았다. 1976년, 당연히 이름을 밝히길 원치 않았던 맨슨 패밀리의 전 구성원이 내게 전화했다. 그는 다른 추가 정보나 증거 없이, 휴스가 맨슨 패밀리에게 살해당했다고 단정적으로 말했다. 벤투라 카운티 보안관서의 그레그 허스번드 경위는, 휴스의 사망이 사고사인지, 살인인지, 자살인지 확정되지 않았기 때문에 휴스 사건 파일은 여전히 열려 있지만, 현재 사건에 배정된 수사관은 없다고 했다. 살인 사건에는 공소시효가 없다는 사실을 기억해야 한다.

나는 거의 글쓰기에 전념하며, 아주 예외적인 경우에만 재판을 맡고 있다. 최근에 쓴 두 권의 논픽션이 모두 1991년에 출간되었는데, 각각 『바다가 말해주겠지 And the Sea Will Tell』와 『미국의 마약: 승리를 위한 재판 Drug in America: The Case for Victory』이다. 현재는 존 F. 케네디 대통령 암살에 대한 책을 집필 중이다. 이 사건에 대한 내 생각은, 리 하비 오스월드가 케네디를 죽였고, 단독범이었다는 것이다.

이 책의 공동 저자 커트 젠트리는 1991년 『J. 에드가 후버: 인물과 그의 비밀 J. Edgar Hoover: The Man and the Secret』을 집필했다. 이 책은 후버의 평전 중 결정판이라고 할 수 있고, 나는 물론 다른 많은 사람도 대단한 문학적 성취라고 평가하고 있다.

나의 공동 검사였던 애런 스토비츠는 늘 판사가 되고 싶어했다 (나는 그에게 충분히 자격이 있다고 생각한다). 1991년 10월, 검찰에서 은퇴한 애런은 로스앤젤레스 카운티 북동부에 있는 샌퍼낸도 법원의 기간제 판무관이 되었다. 그의 유머 감각은 그대로여서, 애런 본인은 자신이 "샌퍼낸도밸리의 와프너 판사"라고, 그래서 자신의 소액 재판정에 오는 사람들에게 "시민 법정 재방송을 보게 될 것"이라고 말하고 있다고 했다.\*

찰스 올더 판사는 은퇴했고, 1987년 법정을 떠났다.

---

\*  와프너 판사는 1980년대 미국의 텔레비전 프로그램 「시민 법정 People's Court」에 출연해서 유명해진 현직 판사다.

제이 로버트 내시의 세 권짜리 책 『피로 쓴 글씨와 나쁜 놈들 Bloodletters and Badmen』은 사실상 미국 역사에서 유명한 범죄자들의 인물 사전이다. 1권의 표지 인물은 제시 제임스이고, 2권은 알 카포네, 3권은 맨슨이다. 사악한 범죄자들이 모인 전당에서도 맨슨은 뚜렷한 존재감을 지니고 있으며, 비록 부정적인 유명세라고 해도 본인은 그것을 즐기고 있는 것처럼 보인다.

찰스 맨슨이 명령을 내리고 지휘한 극악무도한 짓이 벌어진 후 25년이 지났고, 그 전까지 없었던 집단 살인은 이제 우리 사회에서 거의 기본 요소가 된 것 같다. 불만에 차거나 실성한 살인자가 튀어나와 전 직장, 패스트푸드점, 법률 회사 등에서 다섯 명, 열 명 혹은 그 이상의 사람을 죽인다. 그런 살육이 저녁 뉴스에 나와도 무감각해진 시민들은 더 이상 충격을 받지 않는다. 하지만 다행히 지금까지 맨슨의 사악함이나 그가 지휘한 악마 같은 특유의 살인 행위가 다시 이 나라를 강타하는 일은 없었다. 우리는 앞으로도 계속 그렇기를 바랄 뿐이다.

V. B.
1994년 6월

## 옮긴이의 말

"맨슨은, 다른 사람들의 욕망을 비추는 거울이었다."(729쪽)

언제부턴가 출장이든 여행이든 외국에 나갈 일이 있으면 그 지역에서 벌어진 범죄와 관련된 책들을, 가능하다면 논픽션으로 찾아 읽고 있다. 그곳 사람들이 어떻게 살아왔고, 살아가고 있는지를 압축적으로 보여주는 사례로 범죄만 한 것이 없다고 생각하기 때문이다. 내가 생각하는 범죄란 '욕망이 폭력적으로 표출되는 사태'다. 그리고 사람들의 욕망에 구체적인 형태를 부여하고, 범인들이 범죄에 활용한 수단을 제공하는 것은 특정 시기, 특정 지역이라는 구체적인 조건이다. 그런 디테일이 곧 그 사회의 가장 솔직한 초상이 된다. 그중에서도 유난히 특정 시기, 특정 사회를 대변하는 것처럼 보이는 사건들이 있다. 그런 사건은 동시대를 살아가는 사람들이 공유하는 욕망 혹은 세계관을 노골적으로 드러내고, 그렇게 '역사적' 사건이 된다. 이 책에서 다루는 맨슨 사건이 바로 그랬다.

2022년 미국에 잠시 체류할 때 현지 서점의 'True Crime' 서가는 빠짐없이 확인하고 다녔다. 어느 서점을 가든 이 책은 가장 잘 보이는 곳에 진열되어 있었다. 1974년에 처음 나온 책이, 거의 50년이 지난 후에도 여전히 활발히 읽히고 있다는 사실만으로도 이 책의 가치는 쉽게 알아볼 수 있었다. 더 흥미로웠던 것은, 책의 배경이 되고 있는 로스앤젤레스의 어느 대형 서점에서는 이 책이 '지역 안내' 코너에도 놓여 있었다는 점이다. '범죄가 그 지역을 보여준다'라는 평소 생각을 확인한 나는 그 서점에서 책을 샀고 바로 읽기 시작했다. 방대한 분량이었지만 읽기를 마칠 때까지 한순간도 지루하지 않았다.

기성 체제에서 벗어나 있던 부랑자 무리가 로스앤젤레스 부촌의 영화감독 집에 침입해 감독의 부인(여배우였다)을 포함해 다섯 명을 말 그대로 무참히 살해했다. 체제의 가장 외곽에 있던 이들이 그 체제의 정점에 있던 사람들을 대단히 야만적인 방식으로 죽였다는 개요만으로도 이미 상징적인 사건이었다. 할리우드의 화려함, 1960년대 히피의 저항과 자유, 비틀스의 화이트 앨범 등이 미친 문화적 영향 등은 이미 어느 정도 알고 있다고 생각했던 것들이다. 하지만 1000쪽이 넘는 이 책을 읽다보면, 그렇게 피상적으로만 알고 있던 개념들이 사람들의 삶에 어떤 식으로 구체적인 영향을 미치고 있는지 확인할 수 있다. 맨슨 살인 사건 후에 두려움을 느낀 할리우드의 유명인들이 얼마나 허둥댔는지, 미국의 밀교 집단이 얼마나 다양한지, 사랑과 자유를 주장하는 선한 사람들인 줄로만 알았던 샌프란시스코의 히피들이, 전부는 아니겠지만, 실은 얼마나 제멋대로이고 책임감 없는 사람들이었는지, 초강대국 미국의 경찰력이라는 것이, 역시 전부는 아니겠지만, 실은 얼마나 허술한지 등등을 구체적으로 확인하는 사이에, 1960~1970년대 미국 그리고 캘리포니아라는 시공간이 하나의 이미지가 아니라 구체적인 삶의 배경으로서 변모하는 것을 확인할 수 있었다. 이 책이 범죄 서적 코너뿐 아니라 '지역 안내' 코너에도 놓여 있었던 이유를 납득하고도 남을 정도였다.

맨슨, "공정한 재판이란 뭘까요?"
부글리오시, "진실을 밝히는 것이지요?"(677쪽)

위의 내용이 내가 기대했던 바라면, 번역 작업을 하면서 미처 생각지도 못했던 소득도 있었다. 그리고 그건 책의 대부분을 차지하고 있는 재판과 관련된 부분에서 저자이자 이 사건의 검사였던 부글리오시가 보여준 끈기와 정의감 덕분이었다. 재판과 관련된 내용을 번역하던 중 새삼스럽게 국어사전을 찾아봤다. 법이란 '사회의 정의 실현'을 위해 '정당한 방법으로 강제하는' 규칙이라고 했다. 맨슨 일당이 법을 어긴 것이 분명해 보이는 상황에서 그들을 처벌하는 일은 간단할 것 같았지만, 그렇지 않았다. 그 과정이 지난했던 이유는 맨슨 일당의 상상을 초월하는 무법적 행동이 유례가 없는 것이었기 때문이고, 또한 맨슨의 변호인 카나렉으로 대변되는, 공적인 가치에 대한 고민 없이 법 '기술'에만 능숙한 이들이 방해 전략을 펼쳤기 때문이다. 읽는 것만으로도 피곤하고 기운 빠지게 하는 그런 태도 앞에서 저자는 지치지 않는 것은 물론, 단 한 번도 '정당한' 절차를 벗어나지 않은 채 끈기 있게 사건을 구성해나갔고, 결국 범인들에게 법정 최고형을 내리는 데 성공한다. 그건 단순히 통쾌함을 넘어, 법에 담긴 가치가 지켜졌음을 확인하는 과정이었다. '끈기 있는 법'이, 공동체의 가치를 무시하고 제멋대로 행동하는 무법자와 본인의 욕망에만 충실한 기회주의자들에게 맞서 결국 승리하는 과정을 따라가면서, 나는 이 책에서 그려지는 범죄의 잔혹함이나 종종 보이는 사회의 허술함에도 불구하고, 희망을 잃지 않아도 된다는 소중한 깨달음을 얻었다. 그런 가치가, 책이 출간된 지 50년 후에도, 그것도 미국과는 다른 우리나라에서도 충분히 독자들에게 호소력을 가질 거라 확신한다.

분량이 분량인 만큼 쉽지 않은 번역 작업이었다. 나에게 낯선 분야였던 법률 및 재판 관련하여 자문해준 원종찬 판사에게 감사의 말을 전한다. 그리고 무엇보다 아직 국내에 낯선 범죄 논픽션 관련 서적임에도 출간 제안을 흔쾌히 수락하고, 번역과 편집 과정에서 역자를 전적으로 신뢰해준 글항아리의 강성민 대표와 이은혜 편집장에게 존경의 마음을 전하고 싶다.

김현우

# 헬터 스켈터
: 맨슨 살인 사건의 진실

초판인쇄 2025년 6월 27일
초판발행 2025년 7월  4일

지은이 빈센트 부글리오시 · 커트 젠트리
옮긴이 김현우
펴낸이 강성민
편집장 이은혜
마케팅 정민호 박치우 한민아 이민경 박진희 황승현 김경언
브랜딩 함유지 박민재 이송이 김희숙 박다솔 조다현 김하연 이준희

펴낸곳 (주)글항아리 | 출판등록 2009년 1월 19일 제406-2009-000002호

주소 경기도 파주시 문발로 214-12, 4층
전자우편 bookpot@hanmail.net
전화번호 031-955-2689(마케팅) 031-941-5161(편집부)

ISBN 979-11-6909-406-1 03300

잘못된 책은 구입하신 서점에서 교환해드립니다.
기타 교환 문의 031-955-2661, 3580

www.geulhangari.com